2005年国家高速公路网规划

高速公路

大运高速祁县至临汾段灵石石村沟特大桥（师国梁摄影）

内蒙古包头黄河二桥（内蒙古交通运输厅供稿）

沈大高速公路（翟云峰摄影）

同三线福建泉厦高速公路互通立交（福建省交通运输厅供稿）

2006年11月建成的大广高速公路濮阳至安阳段（河南省交通运输厅供稿）

2007年建成通车的邵怀高速公路江现高架桥（湖南省交通运输厅供稿）

成渝高速公路鸟瞰（重庆市交通委供稿）

云南昭通至待补高速公路是国道主干线二连浩特至河口公路在云南境内的重要路段，起点昭通市昭阳区新民镇至会泽县城段长110.77公里。图中的高速公路与老国道形成鲜明的对比（杜江荣摄影）

青银高速陕西省子靖路靖边段（黄金峰摄影）

宁夏第一高速公路——姚叶高速公路银川立交桥（宁夏交通运输厅供稿）

新疆和田至阿拉尔沙漠公路一段（阿迪力·那迪尔摄影）

普通公路

山西大同分局省道积大线（柴立峰摄影）

山西晋中公路分局养护的国道108线文明示范路（陕西省公路局供稿）

2006年建成绥满公路（高勇摄影）

江苏沭阳205国道和迎宾大道路口加油站交叉口渠化（江苏省公路局供稿）

312国道京杭大运河江苏共线段夜景（江苏省公路局供稿）

湖北省神宜公路（湖北省交通运输厅供稿）

农村公路

北京怀柔喇碾路改造前(杜宏利摄影)

北京怀柔喇碾路改造后(杜宏利摄影)

2006年建成后的黑龙江桃南农村公路（李久江摄影）

江苏常州农村公路(张全林摄影)

甘肃省甘南州农村公路（马季摄影）

桥隧

苏通大桥创造了最大主跨、最深塔基、最高桥塔、最长拉索四项桥梁"世界纪录",被誉为中国由桥梁大国向桥梁强国转变的标志性工程(葛克平摄影)

杭州湾跨海大桥(浙江省交通运输厅供稿)

2006年11月28日,大广高速公路开封黄河大桥建成通车(河南省交通运输厅供稿)

2007年11月10日建成通车的湖南省邵怀高速公路雪峰山隧道(湖南省交通运输厅供稿)

1997年7月1日香港回归之日通车的广东虎门大桥(广东省交通运输厅供稿)

四川省二郎山隧道,1998年12月19日胜利贯通(四川省交通运输厅供稿)

贵州关岭至兴义高等级公路北盘江特大桥（贵州省交通运输厅供稿）

拉贡机场拉萨河特大桥（刘春辉摄影）

陕西秦岭终南山隧道(徐德谦摄影)

连霍高速新疆伊犁果子沟大桥(王治平摄影)

道路运输

北京北官厅换乘站改造前(公交集团供稿)

北京北官厅换乘站改造后(公交集团供稿)

2007年底,内蒙古自治区嘎查村通班车率100%。这是农牧民乘坐农村牧区班车(内蒙古自治区交通运输厅供稿)

繁忙的青藏公路(陈邦贤摄影)

海南省海汽快车开进黎苗村寨(符雄摄影)

Zhongguo Gonglu Shi

中国公路史

(第三册)

中国公路学会 主编

人民交通出版社股份有限公司
China Communications Press Co.,Ltd.

内容提要

《中国公路史（第三册）》，记述了1991年至2010年这20年间，我国公路事业的发展的辉煌成就，在着重记述公路基础设施取得跨越式发展历程的同时，重点从战略规划、建养管理、技术进步、运输发展、法制建设、体制改革、精神文明等各个方面，记述了公路行业改革创新、抓住机遇、不断取得突破的历程。

图书在版编目(CIP)数据

中国公路史. 第三册/中国公路学会编. ——北京：人民交通出版社股份有限公司，2017.6
ISBN 978-7-114-13829-4

Ⅰ.①中… Ⅱ.①中… Ⅲ.①公路运输-交通运输史-中国-1991-2010 Ⅳ.①F542.9

中国版本图书馆CIP数据核字(2017)第099457号

书　　名：	中国公路史（第三册）
著 作 者：	中国公路学会
责任编辑：	陈鹏　杨捷
出版发行：	人民交通出版社股份有限公司
地　　址：	(100011) 北京市朝阳区安定门外外馆斜街3号
网　　址：	http://www.ccpress.com.cn
销售电话：	(010) 59757973
总 经 销：	人民交通出版社股份有限公司发行部
经　　销：	各地新华书店
印　　刷：	北京盛通印刷股份有限公司
开　　本：	880×1230　1/32
印　　张：	32.625
字　　数：	784千
插　　页：	9
版　　次：	2017年6月　第1版
印　　次：	2017年6月　第1次印刷
书　　号：	ISBN 978-7-114-13829-4
定　　价：	150.00元

(有印刷、装订质量问题的图书由本公司负责调换)

《中国公路史(第三册)》

编审委员会

主任委员：

杨传堂　李盛霖　黄镇东

副主任委员：

冯正霖　戴东昌　刘小明　翁孟勇　王展意
李居昌　胡希捷

委员(按姓氏笔划排序)：

付国民　李　刚　邬　丹　刘文杰　刘　鹏
杨　咏　汪临发　张德华　陈锁祥　赵冲久
徐成光　徐文强

编辑工作委员会

主任委员：

杨　咏　徐成光

副主任委员：

汪临发　刘文杰

委员(按姓氏笔划排序)：

付国民　李　扬　吕　娟　刘卫民　吴春耕
杨国峰　张　俭　徐文强　徐德谦

编写人员

主　编：刘文杰

副主编：徐德谦

目 录

综述 …………………………………………………………… (1)
  一、20 年的历史进程 ………………………………………… (2)
  二、20 年的主要成就 ………………………………………… (10)
  三、20 年的基本经验 ………………………………………… (21)

第五章　公路建设的逐步提速
（1991 年 1 月—1998 年 5 月）………………………………… (27)
  第一节　规划引领 …………………………………………… (27)
    一、国道网规划 …………………………………………… (27)
    二、"五纵七横"国道主干线布局规划 …………………… (32)
    三、公路主枢纽规划 ……………………………………… (37)
    四、"八五"计划（1991—1995 年）……………………… (38)
    五、"九五"计划（1996—2000 年）……………………… (40)
  第二节　高速公路 …………………………………………… (42)
    一、对高速公路认识的深化 ……………………………… (42)
    二、济南会议掀起高速公路建设高潮 …………………… (47)
    三、高速公路建设逐步提速 ……………………………… (51)
    四、各省（区、市）高速公路零的突破 ………………… (54)
    五、投融资政策及机制转变 ……………………………… (57)
  第三节　干线公路及县乡公路 ……………………………… (62)
    一、国省干线公路建设 …………………………………… (62)
    二、县乡公路建设 ………………………………………… (66)
    三、公路扶贫及援藏公路工作 …………………………… (67)
  第四节　桥隧建设 …………………………………………… (74)
    一、桥梁建设取得突破性进展 …………………………… (74)

二、隧道建设迈向长大化 ················ (78)
第五节　公路运输 ······················· (81)
　一、客运的多元发展 ···················· (83)
　二、货运的快速增长 ···················· (97)
　三、客运站场及货运市场建设 ············ (104)
　四、运输市场管理 ······················ (107)
　五、车辆及公路运输安全管理 ············ (111)
　六、出入境汽车运输 ···················· (113)
第六节　建设管理 ······················· (115)
　一、建设市场管理 ······················ (115)
　二、工程质量监管 ······················ (120)
　三、工程建设监理 ······················ (124)
第七节　养护管理 ······················· (129)
　一、公路养护事业稳步发展 ·············· (129)
　二、公路路政管理 ······················ (133)
　三、公路绿化 ·························· (135)
　四、GBM 工程 ························· (137)
　五、文明样板路创建 ···················· (138)
　六、"绿色通道"建设 ··················· (140)
第八节　规费征收与管理 ················· (141)
　一、规费征收 ·························· (141)
　二、征稽机构建设 ······················ (145)
第九节　行业体制机制改革 ··············· (146)
　一、部机关机构改革及职能调整 ·········· (146)
　二、地方公路管理体制机制改革 ·········· (149)
　三、公路交通国有企业改革 ·············· (155)
第十节　行业法制建设 ··················· (163)
　一、《公路法》颁布施行 ················ (163)

二、行业主要法律、法规、规章……………………（170）
　　三、技术政策及技术标准……………………………（176）
第十一节　公路科技教育………………………………（180）
　　一、科技发展战略与体制改革………………………（180）
　　二、公路科技工作……………………………………（183）
　　三、公路勘设及建养技术……………………………（190）
　　四、公路安全、环保及运输技术……………………（199）
　　五、科研基础设施建设………………………………（202）
　　六、教育与培训………………………………………（202）

第六章　公路事业的加快发展
（1998年6月—2010年12月）……………………………（214）
第一节　发展战略与重大决策…………………………（214）
　　一、新世纪交通发展"三阶段"战略…………………（214）
　　二、福州会议确定加快公路建设目标………………（216）
　　三、行业发展战略……………………………………（219）
　　四、成都会议确定西部大开发公路建设目标………（226）
第二节　发展蓝图………………………………………（229）
　　一、国家高速公路网规划……………………………（229）
　　二、全国农村公路建设规划…………………………（236）
　　三、国家公路运输枢纽布局规划……………………（239）
　　四、西部公路发展总体规划…………………………（243）
　　五、区域交通发展规划………………………………（247）
　　六、"十五"发展计划（2001年至2005年）…………（251）
　　七、"十一五"发展规划（2006年至2010年）………（254）
　　八、全国公路网规划…………………………………（257）
第三节　高速公路实现跨越式发展……………………（259）
　　一、高速公路的加快建设……………………………（259）
　　二、西部地区高速公路加快建设……………………（262）

三、高速公路初步成网 …………………………………………（264）
　　四、高速公路改扩建 ……………………………………………（268）
　　五、高速公路服务区逐步完善 …………………………………（270）
　　六、高速公路网的社会和经济效益 ……………………………（274）
第四节　干线公路建设与改造 ………………………………………（283）
　　一、国道主干线及重点干线公路建设 …………………………（283）
　　二、路网改造 ……………………………………………………（287）
　　三、西部开发公路通道建设 ……………………………………（289）
　　四、普通干线公路服务区的产生与发展 ………………………（291）
第五节　农村公路的快速发展 ………………………………………（294）
　　一、农村公路内涵的逐步明晰 …………………………………（294）
　　二、农村公路建设的快速发展 …………………………………（296）
　　三、公路扶贫和援藏公路工作的新发展 ………………………（312）
　　四、农村公路建设的巨大效益 …………………………………（324）
第六节　桥隧建设跻身世界先进行列 ………………………………（326）
　　一、桥梁建设全面赶超 …………………………………………（326）
　　二、隧道建设快速推进 …………………………………………（339）
第七节　公路运输基础地位不断强化 ………………………………（352）
　　一、公路客运稳步增长 …………………………………………（355）
　　二、货运能力大幅提升 …………………………………………（385）
　　三、场站服务水平不断提高 ……………………………………（410）
　　四、运输市场监管理念创新 ……………………………………（412）
　　五、车辆管理及安全服务水平提升 ……………………………（418）
　　六、出入境汽车运输的新进展 …………………………………（424）
第八节　建设管理全面加强 …………………………………………（429）
　　一、建设市场管理的法制化 ……………………………………（429）
　　二、公路建设质量年及公路工程质量管控 ……………………（435）
　　三、工程监理市场的发展 ………………………………………（441）

四、农村公路建设管理 …………………………………………（ 446 ）

第九节　养护与管理的新进展 ………………………………（ 455 ）
一、公路养护理念转变 …………………………………………（ 455 ）
二、公路养护事业的新发展 ……………………………………（ 459 ）
三、公路路政管理 ………………………………………………（ 465 ）
四、治理超限超载 ………………………………………………（ 468 ）
五、公路应急处置体系建设 ……………………………………（ 479 ）
六、公路绿化 ……………………………………………………（ 482 ）
七、农村公路养护管理 …………………………………………（ 484 ）
八、GBM工程及文明样板路创建 ………………………………（ 487 ）
九、公路安保工程和灾害路段整治 ……………………………（ 488 ）
十、桥梁养护和危桥改造 ………………………………………（ 494 ）
十一、"绿色通道"建设 …………………………………………（ 499 ）

第十节　费税改革的推进与完成 ………………………………（ 502 ）
一、养路费完成历史使命 ………………………………………（ 502 ）
二、"车购费改税"改革圆满完成 ………………………………（ 506 ）
三、养路费征稽机构改革和征费人员分流安置 ………………（ 508 ）

第十一节　深化体制机制改革 …………………………………（ 509 ）
一、部机关职能调整及大部制改革 ……………………………（ 509 ）
二、各地交通管理体制及公路管理体制机制改革 ……………
　…………………………………………………………………（ 515 ）
三、交通企业深化改革 …………………………………………（ 538 ）
四、武警交通部队的改革 ………………………………………（ 541 ）

第十二节　行业法规体系建设 …………………………………（ 541 ）
一、《公路法》修正 ………………………………………………（ 541 ）
二、法规体系逐步完善 …………………………………………（ 543 ）
三、公路行业法律、行政法规及主要部门规章 ………………（ 551 ）
四、技术政策及技术标准 ………………………………………（ 569 ）

第十三节　科技进步与人才培养 …………………… （575）
　　一、科技发展战略与改革管理 ………………………… （576）
　　二、公路科技工作 ……………………………………… （586）
　　三、公路勘设及建养技术 ……………………………… （602）
　　四、公路安全、环保及运输技术 ……………………… （621）
　　五、科研基础设施建设 ………………………………… （630）
　　六、教育与人才培养 …………………………………… （634）

专题记述 ……………………………………………………… （651）
　　一、行业精神文明创建与文化建设 …………………… （651）
　　二、收费公路 …………………………………………… （712）
　　三、公路环保与节能减排 ……………………………… （727）
　　四、国际与地区合作交流 ……………………………… （752）
　　五、港澳台公路概况 …………………………………… （799）

大事记 ………………………………………………………… （839）

附录 …………………………………………………………… （1014）
　　公路交通行业主要指标对比（1978—2013年）……… （1014）

综　述

　　《中国公路史（第三册）》，记述 1991—2010 年这 20 年间我国公路事业发展的历史。为使本书与《中国公路史（第二册）》实现对接，这里先将中国共产党第十一届三中全会后至 1990 年这十余年间中国公路事业发展的缘由作简要回顾。

　　——公路行业贯彻落实"各部门、各行业、各地区一起干，国营、集体、个人以及各种运输工具一起上"，"把交通运输搞通、搞活、搞上去"，"有河大家走船，有路大家走车"等一系列改革开放的方针政策，解放和发展了道路运输生产力。

　　——公路行业贯彻落实发展公路事业的顶层设计，在"三主一支持"长远规划设想及《国家干线公路网（试行方案）》指导下，开展公路规划、建设。实践证明，采用现代化公路网纵横网格相结合的路线布局方式，符合国情，方法科学，规模密度基本合理，结构和通达深度适当，对我国公路发展发挥了较强的指导作用。

　　——公路行业贯彻落实 1984 年 12 月国务院第 54 次常务会议做出的提高养路费标准、征收车辆购置附加费、集资或贷款修建高速公路和主要交通建筑物如桥梁、隧道等，车辆通过时允许收过路费和过桥费等重大决策，为公路建设提供了资金保障。

　　——公路行业贯彻落实开拓创新、敢闯敢试的时代精神，实现了高速公路零的突破。于 1989 年在沈阳（大连）召开"全国高等级公路建设经验交流现场会"（简称沈阳会议），推广了沈

(阳)大(连)高等级(高速)公路建设的经验,破除了"高速公路不适合中国国情"等疑虑和思想障碍,为我国高速公路建设提速树立了样板,奠定了技术基础,推动了高速公路的发展。

——公路行业贯彻落实国务院副总理邹家华在沈阳会议上提出的"统筹规划,条块结合,分层负责,联合建设"的高等级公路建设十六字方针,明确了国家投资、地方筹资、社会融资、利用外资的筹资政策以及加强规划和前期工作的基本原则。这一高等级公路建设的体制机制一直延续至今,对高速公路的发展起到了积极的推动作用,也是1998年"全国加快公路建设工作会议"(简称福州会议)后公路基础设施实现跨越式发展的有力保证。

1978—1990年,改革开放十余年取得的业绩,为我国公路事业的进一步发展,奠定了良好的思想基础和物质基础。《中国公路史(第三册)》就是在上述基础上,客观描述1991—2010年这20年间公路事业前进的轨迹和业绩。

一、20年的历史进程

1991—2010年的20年,在中华人民共和国公路发展的历程中,处于发展最快的时期,公路基础设施建设取得的成就前所未有。

放眼世界,这20年,世界经济从快速发展逐渐步入下行轨道,对中国经济影响巨大。1997年东南亚金融危机爆发,世界经济开始衰退;10年后的2007年,美国爆发次贷危机,并逐步引发世界性的金融危机,世界经济开始陷入长期停滞的泥潭。为应对世界经济危机,党中央、国务院果断决策,投入巨资加快基础设施建设,我国公路事业由此获得了难得的发展机遇。

纵观国内,这20年是跨越"八五"、"九五"、"十五"和"十一五"时期的20年,是我国经济快速发展的时期。从1992年党的十四大到 2007 年党的十七大，党中央先后提出了建设社会主义市场经济体制、西部大开发战略、全面建设小康社会、落实科学发展观、促进社会和谐发展等目标任务，这些国家战略对公路交通建设和行业改革起了巨大的引领和推动作用。

1991—2010 年的 20 年，公路事业的发展，与国内外经济形势和党中央方针政策的推动密不可分，更与全体从业者的改革创新、艰苦奋斗密不可分。20 年里，以"加快公路建设"为主题的福州会议（1998 年 6 月）作为分界点，划分为两个阶段。

（一）1991 年初至 1998 年 6 月福州会议召开前，是公路事业稳步发展的阶段，高速公路建设开始成为行业发展的重点。

这一阶段的特征是，全国性的国道主干线网规划形成，公路基础设施开始以国道主干线为重点，以建设高速公路或高等级公路为主线。

1990 年，"三主一支持"交通发展战略中关于"公路主骨架"的构想，被正式确定为"国道主干线"规划方案。交通部经过进一步研究调整，于 1991 年向国务院报送了《关于国道主干线系统规划布局方案的报告》（即"五纵七横"国道主干线系统），明确要用几个五年计划的时间、在 2020 年前后，完成简称为"五纵七横"、总长 3.5 万公里、以汽车专用公路为主的"国道主干线系统"建设。

1992 年初，邓小平同志南方谈话后，我国进一步迈开改革开放的步伐。1992 年 7 月，交通部在认真分析全国公路、水路交通运输发展现状的基础上，提出《关于深化改革、扩大开放、加快交通发展的若干意见》，共 25 条，明确提出公路交通到 2000 年上新台阶的目标。同年 10 月，党的十四大召开，作出了建立社会主义市场经济体制的历史性决策。1993 年 6 月 18 日至 23 日，为部署 2000 年跨世纪公路建设上新台阶的任务，研究加快公路建设的政策措施，交通部在山东济南和青岛召开"全国公路建设工作会议"(简称济南会议)。这是继1989年沈阳会议后,在我国高速公路发展史上具有里程碑意义的又一次重要会议。沈阳会议的重要性,在于解决了高速公路"是否要建"的问题,破除了全行业甚至全社会思想上的障碍,并且在技术上初步解决了高速公路的建设问题。济南会议,在"五纵七横"国道主干线规划的指导下,则着重地解决了"高速公路如何建设"的问题,明确了以"两纵两横三个重要路段"为重点的建设目标,从而掀起了我国高速公路建设的第一波高潮。

1997年7月3日,《中华人民共和国公路法》历经近20年的反复起草、修改之后,获得第八届全国人大常委会第26次会议审议通过,由国家主席江泽民签署第86号主席令颁布,于1998年1月1日起实施。公路行业最高层次法律的颁布,标志着公路法制建设进入了全新的时代。

这一阶段,涵盖了国家第八个五年计划时期(1991年至1995年)。对交通行业来说,"八五"时期是实施"三主一支持"交通发展战略的第一个五年。在交通"八五"计划指导下,公路行业集中力量相继完成了"五纵七横"国道主干线规划的一批主干工程,交通基础设施面貌大为改观,公路运输能力迅速增长。

这一阶段,也正是国家第九个五年计划时期(1996年至2000年)的头三年。交通部认真贯彻中央精神,明确要求交通行业实行两个具有全局意义的根本性转变(经济体制从传统的计划经济体制向社会主义市场经济体制转变,经济增长方式从粗放型向集约型转变)。要求"抓好六件大事、实现六大目标",即狠抓"基础设施建设工程",实现交通基础设施建设上新台阶目标,使交通运输的紧张状况有明显缓解,对国民经济的制约状况有明显改善;初步建立起统一、开放、竞争、有序的交通运输市场,为国民经济提供安全、优质、及时的运输保障;进一步转换交通企业经营机制,国有大中型交通企业基本建立起现代企业制度；全面实施"科教兴交"战略，抓好"交通人才工程"，使交通事业的发展转移到依靠科技进步和提高劳动者素质的轨道上来；加快交通法制建设步伐，理顺交通行业管理体制；加强思想政治工作，搞好"两班建设"（领导班子和基层班组建设），实现"两个提高"（提高交通职工队伍素质、提高交通行业文明程度），使交通行业精神文明建设达到新水平。

在"三主一支持"交通发展战略指导下，"八五"之初，交通部积极推动，在各地开展公路项目的前期准备工作，积累了一大批成熟的项目。同时，"八五"和"九五"时期，在"依靠科技，振兴交通"和"科教兴交"战略指导下，将科技工作和人才培养作为行业发展的重点，积极开展行业科技体制改革，确保科技创新和教育培训资金投入，推动行业联合攻关，调动了交通部、地方交通主管部门和企业的积极性，形成了"需求导向""技术推动"的行业科技运行机制，促进了成果的转化。这些工作，为下一阶段公路加快建设，奠定了项目、技术和人才的基础。

1997年9月12—18日召开的党的十五大，确立邓小平理论为党的指导思想之一。大会系统、完整地提出并论述了党的社会主义初级阶段的基本纲领。第一次提出"两个一百年"的概念，同时将邓小平同志1979年提出的"三步走"战略的第三步进一步具体化，提出了"新三步走"的三个阶段性目标，即21世纪第一个10年，实现国民生产总值比2000年翻一番，使人民的小康生活更加富裕，形成比较完善的社会主义市场经济体制；再经过10年的努力，到建党100周年时，使国民经济更加发展，各项制度更加完善；到21世纪中叶建国100周年时，基本实现现代化，建成富强、民主、文明的社会主义国家。据此，交通部于1998年1月14日召开的"全国交通工作会议"上，提出了交通现代化的三个发展阶段：第一阶段，从"瓶颈"制约、全面紧张走向"两个明显"（即交通运输的紧张状况明显缓解，对国民经济的制约状况明显改善）；第二阶段，从"两个明显"到基本适应；第三阶段，从基本适应到基本实现现代化。

正当公路事业迈着稳健步伐向前发展的时候，1997年下半年，东南亚地区爆发金融危机，并于1998年开始对我国的经济发展产生严重影响。为应对亚洲金融危机、保持国民经济稳步快速发展，党中央、国务院做出"实施积极财政政策，加快基础设施建设，扩大内需"的重大决策，这为我国公路事业发展带来难得的发展机遇，推动公路事业进入以"加快发展"为特征的新阶段。

（二）1998年6月福州会议召开至2010年底的12年多，是我国公路事业加快发展的阶段，以高速公路为主的基础设施实现了跨越式的发展。

这一阶段显著特征是，在党中央、国务院"实施积极财政政策，加快基础设施建设，扩大内需"决策的推动下，以福州会议为起点，掀起了全国加快公路建设的高潮。

1998年6月20—23日，为落实党中央、国务院部署，交通部在福州召开"全国加快公路建设工作会议"，国务院副总理吴邦国出席会议并讲话。会议明确，在1997年完成1200亿元的基础上，将1998年全社会公路建设投资规模增加至1600亿元，同比增加1/3。下半年，随着危机影响的深入，8月23日，又增加至1800亿元，比1997年增长50%。

截至1998年底，全社会公路投资实际完成2168亿元，比计划增长了80.7%。1998年当年的公路新建规模达到85615公里，其中高速公路15932公里，当年新建公路45677公里，其中高速公路1663公里，加上以往建设和按新标准提高等级的里程2299公里，高速公路里程达到8733公里。公路建设，成为1998年拉动经济的重点行业之一。据抽样调查显示，1998年，公路建设平均每月吸纳的劳动力，使用和消耗的钢材、水泥、沥青、木材、汽柴油、砂石类材料等，不仅大大加快了公路事业发展的步伐，而且拉动了相关产业的生产。1998 年完成公路建设投资 2168 亿元，据专家测算，增加国内生产总值（GDP）0.35 个百分点，扩大内需的效果初步显现。1998 年，国家实行积极财政政策，国务院决定发行 1000 亿元财政债券，国家计划发展委分两批下达交通债券共计 131.14 亿元，占全国债券总规模的 13.1%，其中公路 126.14 亿元；加上投入的公路财政专项资金 10.85 亿元，地方财政专项资金 115.29 亿元，1998 年实际安排公路债券项目 203 个，年度投资 960.38 亿元。

这充分说明：一是国务院将加快公路建设在内的基础设施作为扩大内需的重点；二是公路前期工作扎实，项目储备充分，在国家各行业中利用财政债券份额最高。交通部狠抓公路建设计划的落实，按项目严格检查工程建设进度和质量，于当年下半年连续四次（7 月 22 日、9 月 18 日、10 月 9 日和 11 月 17 日）召开全国加快公路建设电视电话会议，推动公路工程建设，全国上下掀起了公路建设的热潮。

福州会议，成为我国高速公路发展史上继 1989 年沈阳会议、1993 年济南会议后，又一次具有里程碑意义的重要会议。这次会议，将我国公路基础设施推入了加快发展的轨道，促进我国公路基础设施实现了跨越式发展。

2000 年 7 月 20—21 日，为落实党中央、国务院"西部大开发必须加强基础设施建设，近期要以公路建设为重点"的指示，交通部在成都召开"西部开发交通基础设施建设工作会议"（简称成都会议）。明确西部地区以公路为主，重点分国道主干线、省际连接线和乡村通达工程三个层次推进建设进程，同时出台一系列政策措施。成都会议，是公路行业继沈阳、济南、福州会议后又一次具有重要意义的会议。成都会议解决了西部地区公路建设"如何加快"的问题，为西部地区公路建设快速追赶全国的步伐奠定了基础，同时也为全国性农村公路的加快建设吹响了号角。

进入新世纪，在基本实现"三步走"的第一、第二步目标后，2002年11月8日，党的十六大明确提出，"21世纪头二十年，对我国来说，是一个必须紧紧抓住并且可以大有作为的重要战略机遇期"。大会报告中提出的，发展社会主义市场经济、走新型工业化道路、繁荣农村经济和加快城镇化建设、推进西部大开发和区域经济协调发展、参与国际经济技术合作和竞争、提高人民生活水平等任务，无不与公路交通息息相关，都对公路行业的发展提出了新的、更高的要求。

2003年2月11日召开的"全国交通厅局长会议"上，交通部党组在明确加快农村公路建设总目标时，发出了"修好农村路，服务城镇化，让农民兄弟走上油路和水泥路"的号召。全国加快农村公路建设的大幕正式开启，我国农村公路迎来了前所未有的"黄金发展期"。

2003年10月11日，党的十六届三中全会明确提出："坚持以人为本，树立全面、协调、可持续的发展观，促进经济社会和人的全面发展。"科学发展观的提出，为公路行业转变发展思路指明了方向。公路全行业在这一阶段的发展中，贯彻科学发展观，着重于发展理念、发展方式的转变，着力解决交通发展中深层次的矛盾和问题，在公路全行业大力推广环境保护、土地节约、节能减排、资源节约和可持续发展的新理念，牢固树立"安全、环保、舒适、和谐"的指导原则。

在继续加快基础设施建设的同时，几个全国性公路规划的出台，为行业加快建设奠定了良好基础。2004年底到2005年初，经国务院批准，交通部先后出台《国家高速公路网规划》《全国农村公路建设规划》；2007年出台《国家公路运输枢纽布局规划》；同时期，还先后出台了泛珠三角、长三角、振兴东北和中部崛起等区域性公路水路交通发展规划。以这些国家级公路网规划为指导，全国31个省(区、市)在2008年底前基本完成了本省(区、市)域内的高速公路网或干线公路网规划，初步形成现代化高速公路网的蓝图。

进入"十一五"时期，根据国民经济和行业转变发展方式的实际，交通部提出了做好"三个服务"(即："服务经济社会发展大局，服务社会主义新农村建设，服务人民群众安全便捷出行")，推进"三个转变"(即：交通发展由主要依靠基础设施投资建设拉动向建设、养护、管理和运输服务协调拉动转变；由主要依靠增加物质资源消耗向科技进步、行业创新、从业人员素质提高和资源节约环境友好转变；由主要依靠单一运输方式的发展向综合运输体系发展转变)等新理念。

2007年10月15日，党的十七大召开，确定"三个代表"为党的指导思想。中共中央总书记胡锦涛在十七大报告中，充分肯定交通基础设施建设取得的显著成效。报告中提出的，加快转变经济发展方式，发展现代服务业，加强基础产业基础设施建设，加快发展综合运输体系，统筹城乡发展，建设社会主义新农村，推动区域协调发展，实现基本公共服务均等化等工作，都与公路事业的加快发展密切相关。

2008年3月11日，第十一届全国人大一次会议审议通过了《国务院机构改革方案》。其中包括"组建交通运输部，加快形成综合运输体系"。2008年3月23日，"大部制"改革后的"交通运输部"正式挂牌成立，加强综合交通运输体系建设成为行业发展的重要目标。

2008年，为应对次贷危机对我国的不利影响，党中央、国务院做出进一步扩大内需、促进经济增长的重大决策部署。11月5日，国务院总理温家宝主持召开国务院常务会议，明确"进一步扩大内需、促进经济增长"的十项措施。其中，把加快交通基础设施和民生工程建设作为扩大内需的重要举措,在资金投入、项目审批等方面予以倾斜。这为交通运输业克服困难、实现新的发展提供了机遇。

2009年1月15日召开的"全国交通运输工作会议",交通运输部明确提出要发展现代交通运输业。2010年1月18日召开"2010年全国交通运输工作会议",交通运输部强调,要加快发展现代交通运输业。这是2008年以来,全国交通工作会议连续三年将"发展现代交通运输业"作为工作的重心。发展现代交通运输业,成为"十一五"及此后一个时期,公路交通行业发展的重点。

2001—2010年的这一阶段,正是国家第十个五年计划和第十一个五年计划时期。"十五"期间全社会完成交通建设投资2.24万亿元,是"九五"完成投资的2.17倍,一个五年计划的投资比中华人民共和国成立以来完成的投资总和还要高出52%。"十一五"交通发展规划与以往不同的是,强调要把"以人为本"作为交通运输发展的价值取向,把满足经济社会和人民群众的交通出行需求作为交通工作的出发点和落脚点,不仅要提供经济、高效、可靠和便捷的运输服务,还要保证公平共享,惠及全社会。交通行业克服各种困难,应对国际金融危机,抗击冰雪地震灾害,为保障北京奥运会及上海世博会等各项重大活动顺利进行,做出了重要贡献。

二、20年的主要成就

自20世纪初公路在我国大陆出现,至今不过百年历史。本书涉及的20年,在我国公路百年历史中,仅占1/5,但公路事业取得的成就却令世界瞩目,成为我国公路发展史上最为光彩夺目的时段。20年中,中国公路事业坚持以经济建设为中心,坚持四项基本原则和改革开放,取得的主要成就可概括为以下六项。

（一）公路基础设施实现跨越式发展。

公路基础设施建设，特别是高速公路的跨越式发展，农村公路迎来黄金发展期，成为公路行业最为社会公众熟知，也是让百姓获益最大的亮点。

我国公路总里程，1990年底为102.83万公里，2010年底公路总里程跃升至400.82万公里（其中包括经过2004年、2005年全国农村公路普查后，在2006年纳入统计的村道里程142万公里；除村道外，1990年至2010底新增公路里程达258.82万公里），里程增长的速度前所未有；全国一级、二级公路里程达到37.32万公里，在公路总里程中所占比重达到9.31%，分别是1990年底4.60万公里、占比4.47%的8.11倍和2.08倍，公路的技术等级得到大幅度提升，整体路网技术水平快速提升；公路密度达到每百平方公里41.75公里，是1990年底10.71公里的3.90倍。公路网的数量、质量均实现大幅度提升。

公路桥梁、隧道数量大幅增长，建设质量、技术水平快速提升。2010年底，我国公路桥梁达到65.81万座、3048.31万延长米，分别是1990年底16.85万座、505.56万延长米的3.91倍和6.03倍；公路隧道达到8384处、512.26万延长米，分别是1993年（1990年无统计数字）682处、13.55万延长米的12.29倍和37.81倍。在悬索桥、斜拉桥、拱桥和梁桥四大桥型中，世界上各桥型主跨前十位的桥梁中，我国均占五座以上，其中斜拉桥占了七座，除悬索桥的主跨居第二位外，其余桥型主跨的世界第一均为我国公路桥梁所有。同时，我国在跨江、跨海、高山深谷桥梁以及长大隧道建设方面，都已居于世界前列。桥梁、隧道不仅在数量上实现大幅增长，而且明显向长大化、巨型化方向发展，技术、质量、管理上的进步同样十分明显。

截至2010年底,我国高速公路里程达到74113公里,是1990年底522公里的141.98倍。从我国大陆第一条高速公路通车算起,高速公路里程到1999年突破1万公里,用了11年,但到2002年突破2万公里只用了3年,随后的8年里,高速公路里程迅速迈过了3万、4万、5万、6万和7万公里五大台阶,发展速度令世界瞩目;"五纵七横国道主干线"建设任务提前13年于2007年基本完成,西部开发8条省际通道的提前建成,使公路网发挥出巨大的整体效益。

2000年国家实施西部大开发,交通部随即启动了西部乡村通达工程,农村公路成为加快建设的另一个重点。2003年开始,在全国范围内先后启动了西部通县油路工程、乡村通畅和通达工程、革命圣地农村公路建设以及红色旅游公路建设等。通过实施"五年千亿元"工程,农村公路和客运基础设施建设开始突飞猛进。1990年,我国的县乡公路里程为71.10万公里,2006年将村道纳入统计后,到2010年底,我国农村公路(含县道、乡道和村道公路)里程达到350.65万公里。1990年底,我国通公路的乡、村比率分别为96.0%和74.0%;2010年底,全国乡、村通达率分别达到99.97%和99.21%。其中,北京、天津、河北、辽宁、上海、江苏、福建、江西、山东、河南、湖北、广东、海南、甘肃、青海、宁夏等16个省(区、市)乡镇、建制村的通达率达到100%。农村公路里程、通达率以及路面铺装水平的大幅度提高,使农村公路的通行状况有了本质的改善。农村公路基础设施的巨大变化,改善了广大农村的交通条件,改变了农村公路交通长期落后、制约经济发展的局面,为统筹城乡协调发展提供了强有力的支撑。农村公路基础设施的快速发展,惠及了广大农民兄弟,为发展农村经济、为农民致富奔小康提供了强大的生机、动力和基础保障。

全国人民及众多专家对我国公路建设取得的成就，均做出充分肯定。以胡鞍钢为代表的专家学者，曾高度评价这 20 年公路交通基础设施建设的巨大成就，认为："中国在过去的 20 多年里创造了人类历史上最大规模的交通革命，在交通基础设施建设方面取得了显著成就，从世界'交通小国'发展成为世界'交通大国'，有力地支撑了世界现代史上最大的经济奇迹的创造。"

（二）公路运输服务保障能力显著提高。

由于公路基础设施建设的跨越式发展，为公路运输的加速发展提供了坚实的基础。作为与公众生活息息相关的交通运输方式，公路运输的基础性地位日益巩固，其运输的保障性作用日益突出，在综合运输体系中的支撑性作用日益凸显。

1990 年，全国公路客运量和旅客周转量分别为 64.81 亿人和 2620.32 亿人公里，在综合运输体系中分别占 83.9% 和 46.6%；2010 年底，全国公路客运量和旅客周转量分别为 306.3 亿人和 14913.90 亿人公里，在综合运输体系中分别占 93.4% 和 53.7%。客运量和旅客周转量分别是 1990 年的 4.7 倍和 5.7 倍。2010 年，高速公路旅客平均行程已达到近百公里。

1990 年，全国公路货运量和货物周转量分别为 72.40 亿吨和 3358.10 亿吨公里，在综合运输体系中分别占 74.6% 和 12.8%；2010 年底，全国公路货运量和货物周转量分别达到 242.5 亿吨和 43005.40 亿吨公里，在综合运输体系中分别占 75.7% 和 31.3%。公路货运量和货物周转量分别是 1990 年的 3.35 倍和 12.81 倍。

2010 年，高速公路货物平均运距达 213.58 公里，远高于 2001 年货运的平均运距——59.9 公里；其中跨省货物的平均运距达到 490 公里。公路运输适用于短途的"传统"成为过去，提升了公路网在综合运输体系中的作用和地位。

1990年，全国平均每人每年乘用火车、轮船、飞机三种交通工具的次数之和与乘用汽车次数分别为1.09次和5.67次。2010年底分别达到1.62次和22.84次，人们乘用汽车的次数的快速增长，从一个侧面反映了公路运输满足了广大公众出行的需求，也印证了公路交通事业的快速、全面发展。

经济的快速发展，公路基础设施的加速建设，加快了汽车进入家庭的步伐。1990年底，全国民用汽车拥有量为551.36万辆，其中私人汽车拥有量为81.62万辆；2010年底，全国民用汽车保有量达到9086万辆，其中私人汽车保有量达到6539万辆，同比分别增长15.48倍和79倍。根据国务院发展研究中心2003年《中国汽车产业的增长潜力与外部发展环境问题研究》发布的成果，一个国家一般在拥有汽车的家庭达到10%至20%时开始步入汽车社会。以此为标准，北京、上海、广州等大型城市以及众多中小城市，已经迅速步入汽车社会。汽车已经融入广大人民群众的日常生活，人们的出行方式、需求进入快速提升的时代，对出行安全、便捷、服务水平、信息服务等方面的需求呈快速上升的趋势。

1990年底，全国拥有汽车站、停靠点16万多个，拥有客运班线5.2万多条，其中农村班线3.23万条，占客运班线总量的62.14%。21世纪以来，特别是"十一五"期间，公路运输全行业开展农村客运网络化试点，加快客运站建设，启动了农村客运班车通达工程，成效显著。到2010年底，全国营业性客车完成公路客运量305.27亿人、旅客周转量15020.81亿人公里。2010年底，全国每年平均日发送的跨省线路1.6万条、跨地市线路3.6万条、跨县线路3.5万条，日发送的跨省、跨地市、跨县及县内的班次分别达到6万、18.4万、37.5万；全国拥有公共汽电车运营线路33672条，运营线路总长度63.37万公里。2010年，道路客运占全社会新增运量的比例达到93.7%。拥有农村客运班线达8.5万条,乡镇、建制村通班车率分别达到98%、88%,不仅班线数量已是1990年的2.28倍,而且其运营质量、发车密度已不可同日而语,很多农村客运班线实现了公交化运营。农村客运班线和客运站建设取得突破性进展,方便了农民群众的出行。

20年来,在国家紧急的能源、粮食、原材料等大宗物资抢运中,公路网发挥出突出的应急保障作用;历年春运、"五一"及"十一"长假的运输,特别是春运中,道路运输担当起了"兜底"重任,基本保障了城乡居民出行的需求。基本建成了4.3万公里的鲜活农产品"绿色通道"网络,仅全网开通的2007年当年就减免通行费30亿元。建立起全国道路运输信息系统,实施了部省道路运输管理信息系统的联网试点,交通部网站和各省公路交通系统网站,成为服务公众出行、办事的便捷窗口,服务社会公众的能力大幅度提高,得到广大人民群众的称赞。建立了道路运输应急反应机制,在防控"非典"、防治"禽流感"以及抗洪、抗雨雪冰冻灾害、四川汶川抗震救灾以及青海玉树地震、甘肃舟曲特大泥石流灾害等抢险救灾工作中,公路行业第一时间抢通和保障了有关"生命线"的通行,发挥了突出作用。经国务院、中央军委批准,武警交通部队纳入国家交通运输应急救援力量,国有大型交通运输企业、武警交通部队在保障运输服务、完成急难险重任务中发挥了生力军作用。圆满完成北京奥运会和残奥会、国庆60周年庆祝活动、上海世博会及广州亚运会、亚残运会等重大活动的运输和安全保障任务。

(三)行业法制建设和管理水平大幅提升。

行业法制体系基本形成,为行业法制化奠定了良好基础。行业管理不断加强,逐步步入市场化、法制化轨道。

1997年《公路法》颁布实施。截至2010年底,围绕《公路法》的宣传和实施，交通部（交通运输部）建立并完善了交通立法机制，先后制定一系列配套的法规和规章，初步形成了以《公路法》为龙头的公路行业法律、法规、规章和规范性文件体系，涵盖了行政管理，公路规划、勘察设计、建设、养护、路政管理，规费征收管理等所有方面。推行了行政执法责任制，加强了执法队伍建设和管理，规范了交通行政执法行为，推进了综合执法试点，保证交通法律法规的正确实施；深化了交通行政审批改革，促进行业开放和政府职能转变；规范了行政复议工作，开展了《行政许可法》的监督检查；强化了对基层法制工作和依法行政的指导；同时，大力开展交通运输执法必究和法制宣传教育活动；加快了道路运输、城市公交、出租车管理、农村客运等的立法进程。加之省级人大常委会和省政府也相继出台了一大批地方性公路法规和规章，使交通法制工作日趋完善，为交通事业又好又快发展提供了制度支撑和法律保障。

20年来，为指导公路行业的发展，交通部（交通运输部）面向市场，结合我国经济社会发展需要、基础设施建设、重大关键技术问题等，适时制定出台公路技术政策，显著提高了公路交通科技实力，引导公路建设、养护和管理走上可持续发展轨道。在公路建设市场管理上，以市场准入、市场行为管理为重点，严格资质管理，推进信用体系建设，规范从业主体市场行为，开展市场督查，强化法规和制度执行与落实。在公路养护和管理上，为适应新时期发展的需要，20世纪90年代，根据"管养分离，事企分开"的原则，初步实现了"三个转变"（养护生产单位由事业型向企业型转变，养护任务由指定养护向合同养护转变，养护形式由分散的小道班向大道班，即工区、站的机械化作业转变）。21世纪以来，提升理念、提高效率成效显著，从"GBM工程"（公路标准化、美化工程）逐步发展为"畅安舒美路"创建，在安全保障、桥梁养护、应急处置、规范评价标准以及治超长效机制建设等方面做了大量工作，干线公路灾害防治、危桥改造、安保工程成效显著，初步建成部公路网管理与应急处置中心。组织开展"平安工地"建设活动，施工安全生产形势总体稳定。在养护里程大幅增长、养护资金严重不足的前提下，保证了整体路网路况水平稳中有升。2006年，交通部在"全国公路养护管理工作会议"上，明确提出"更好地为公众服务"的养护管理理念，强调"公路建设是创造财富，养护管理是保护财富"。在运输市场进一步开放后，加强了市场监管，着力于规范市场、提高运输服务能力和水平。2008年大部制改革后，交通运输部加强了城市公交、出租车、农村客运等方面的管理。

（四）科技创新和人才培养支撑着行业高质量、高速度发展。

20年来，公路交通科技充分发挥出"第一生产力"的作用。

积极推进科技创新，逐步建立起基本适应公路事业发展需要的科技创新机制和体制，提高了科技成果转化率和科技进步贡献率，为公路交通的跨越式发展提供了强有力的支撑保障，成为公路基础设施加快发展的先导。

1995年8月，为贯彻国家"科教兴国"战略和1994年"全国教育工作会议"精神，交通部在长春召开的"全国交通成人与职业技术教育工作会议"明确，继续坚持从交通规费中提取1%的经费用于交通教育；继续坚持按不低于职工工资总额的1.5%比例提取职工教育经费，不足部分由本单位适当给予补助；按国务院规定，可按科技开发、技术引进、技术改造和产品创优服务等项目资金的1%左右提取交通新技术培训费，列入项目预算。2000年，交通部发布《交通部关于加强技术创新、推进交通事业发展的若干意见》，明确各省（区、市）的交通主管部门在有交通规费来源时，每年应当提取其交通规费的1%至1.5%用于技术创新。同时，明确各省（区、市）交通主管部门除每年提取交通规费的1%至1.5%用于重大专项技术研究开发外，对重点公路基建工程项目，还要提取其投资的1%建立先进技术研发专项基金，由各地交通主管部门统筹安排、专款专用，加大政府对技术推广应用和产业升级的扶持力度。这为行业科技与教育的发展带来了"源头活水"。

20年里，施工装备、成套技术及科研力量的发展，为行业的加快建设提供了有力的支撑。不仅公路科技项目研究快速增长，而且获国家科技奖的公路项目也集中涌现，依托重大工程取得的科技成果表现突出。高等级公路施工成套技术、特殊地质公路修筑成套技术、航测遥感计算机辅助设计一体化勘察设计技术、养护管理系统、桥梁管理系统等公路建设、养护技术的突破，为我国公路事业快速发展提供了强大的技术支撑；深水、大跨径、近海、海湾以及高山深谷等多种地域、多种型式桥梁以及双洞多车道隧道、大跨连拱隧道等设计、集成施工和防灾减灾技术的突破和创新，为我国桥梁、隧道建设的加快发展提供了有力支撑；智能交通系统(ITS)、公路快速客货运输技术、地理信息系统与车辆辅助驾驶技术的开发应用，提高了公路的通行能力和道路运输效率；车辆综合节能技术、治理超限超载技术、道路客运及危险货物运输车辆全程跟踪与安全监控技术的开发应用，以及环境影响评价技术、生态环境保护与恢复技术、景观保护及利用技术、污染应急处治技术等公路环保技术不断取得重大进展，增强了公路交通的可持续发展能力；公路信息化建设步伐不断加快，大大提高了全行业信息传递、处理和决策的效率，为建设、管理、监控和防灾救援的发展提供了广阔的空间。

科技教育改革的不断深化，为行业源源不断地输送人才。多渠道增加教育投入，初步适应了公路行业各级管理部门、企事业单位的快速增长的人才需求，特别是关键性和前沿性的领域培养出一大批高层次科技创新人才、一大批具有高新知识和管理能力的技术骨干和高级管理人才，支撑着公路基础设施建设的跨越式发展，支撑着桥梁、隧道步入世界前列，支撑着养护管理自动化水平的提升，支撑着管理决策和服务社会水平的大幅提升，从而大大增强了公路全行业的核心竞争力。

（五）行业对外开放和合作交流不断扩大。

我国高速公路起步之初，得益于对经济发达国家进行的考察和借鉴。随着行业实力的不断增长，对外开放交流更多地从技术的学习引进，转变成全方位交流互通与基础设施项目建设的技术输出与合作。

在利用外资加强公路建设方面取得突出成就，利用世界银行贷款、亚洲开发银行贷款及日本协力基金修建公路项目，缓解了我国公路建设资金的短缺问题，并通过引进外资，将菲迪克(FIDIC)条款等先进的施工管理方法带入中国，同时引进了先进的施工成套设备和技术，迅速提高了我国公路建设和管理的水平。

中外交通高层领导人互访遍及五大洲，签署了一系列协议、协定和备忘录；与周边国家，与欧洲、中亚、东盟及美国、加拿大、澳大利亚、韩国、日本等地区和国家签订多项公路技术交流协议。积极参与联合国亚太经社会等国际组织的活动。积极参与"亚洲公路网"中国境内路线的规划和建设，并为周边国家提供援助。积极参与东盟—中国(10+1)区域交通合作、大湄公河次区域交通合作。建立并积极参与上海合作组织交通部长会议机制，积极实施区域公路运输通道建设。积极发展与周边国家的公路运输合作和交流，到2010年底，我国与周边接壤的13个国家签订了政府间汽车运输协定，商定开通了200多条国际道路运输线路，对外开放口岸达69个。积极参与国际组织的活动，提升了中国的整体形象,改善了我国公路交通的国际环境。

(六)行业精神文明创建和文化建设新成果不断涌现。

20世纪90年代以来,公路行业的从业者积极投身交通行业精神文明建设,参加"两学一树"、"三学一创"、"三学四建一创"和"学树创"等群众性文明创建活动,着力建设公路文化,端正行业风气,狠刹"三私"(以权谋私、以车谋私、以船谋私)、整顿"三差"(服务环境脏乱差,服务态度冷横硬)、治理"三乱"(乱设卡、乱收费、乱罚款),涌现出众多的先进单位、先进人物,受到中央领导接见和表彰的有"新时期交通工程技术人员的楷模"陈刚毅、"以路为家、爱岗敬业、争当铺路石"的四川甘孜州雀儿山五道班养路工(班长)陈德华等。一大批叫得响、记得住的大型工程成为公路行业的典型代表,"沈大精神"(解放思想、敢为人先的典型)、"太旧精神"(太原至旧关高速公路,自力更生、艰苦奋斗的典型)等先进典型在全国公路系统获得宣传推广。公路行业还出现了一批焦裕禄式的人民公仆,如:在抗洪抢险第一线亲自指挥、被泥石流卷走牺牲的云南省德宏傣族景颇族自治州盈江县交通局长赵家富,因长期超负荷工作、积劳成疾、壮年病逝的山东省滨州市交通局长高发明和北京市路政局门头沟公路分局副局长曹广辉等。

公路行业文明建设与时俱进,逐步发展到重视公路行业文化建设,积极实施"五个一工程":形成一批交通文化研究成果,总结提炼一种交通精神,征集确定一个交通行业徽标,创作一批交通文艺作品,完善一批交通博物馆,全面增强交通文化的吸引力和感召力。在交通运输部推动下,整理出版了多卷本交通文化建设的系列丛书,涵盖公路交通行业的各个方面,包括《公路文化》《路文化》《桥文化》《公路执法文化》《征稽文化》《道路运输文化》《车文化》《站文化》等。

三、20 年的基本经验

回顾1991—2010年这20年公路事业的发展，在党中央、国务院的领导下，公路全行业认真贯彻中国特色社会主义理论、路线、方针和政策，贯彻"实施积极财政政策，加快基础设施建设，扩大内需"的决策，贯彻"国家投资、地方筹资、社会融资、引进外资"的投融资方针，贯彻"统筹规划、条块结合、分层负责、联合建设"的方针，是20年来公路行业能够抓住机遇、深化改革、扩大开放、促进发展、保持稳定的根本保证。以下几个"必须坚持"，值得全行业认真记取并继续发扬。

一是，必须坚持"发展是硬道理"，把加快发展作为公路行业的第一要务，抓住机遇、用好机遇。 20年的实践证明，机不可失，时不再来。公路行业牢牢把握中央出台重大政策的战略机遇，紧紧抓住邓小平同志南方谈话的发展机遇，抓住扩大内需的机遇，抓住西部大开发的机遇，抓住建设社会主义新农村的机遇。"机遇总是青睐有准备的人"，20世纪80年代中期，交通部着眼于国家经济和行业发展的未来，着手高速公路建设的调研考察，积累一手资料，进行技术储备。20世纪90年代初，交通部在"三主一支持"长远发展战略的指导下，完成"国道主干线系统"规划并立即着手实施。为此，"八五"伊始，交通部积极推动、严格规范各地开展公路项目前期工作。特别是1991年，交通部在宁夏、广州等地分片区召开多次公路项目前期工作会议，对公路项目前期工作提出明确要求，从而在严格规范的前提下，储备了大批项目。1998年福州会议后，全国公路建设之所以能在大幅度提高投资、大幅度加快建设速度的前提下保证质量，实现速度、质量双丰收，确保1998年当年公路基础设施建设能够大幅"吸纳"贷款投资、确保拉动经济的效应，都与20世纪90年代初开始，在国道主干线系统规划指导下，全行业做了大量充分细致的前期工作、完成众多项目储备密不可分。这也是1998年下半年，公路行业两次大幅度调升投资额度并最终大幅度超额完成任务的底气所在。世纪之交，党中央做出实施西部开发的战略决策后，交通部制定了西部开发交通建设规划，将加快公路建设步伐从东部迅速推向广袤的西部地区，西部地区公路建设步伐的迅速提升，同样与大量细致规范的前期工作、项目储备密不可分。

二是，必须坚持"两个充分发挥""两个紧紧依靠"（即充分发挥中央的积极性，充分发挥地方的积极性；紧紧依靠地方党委、政府，紧紧依靠广大人民群众办交通），在行业统一规划、标准的指导和引领下，调动各级地方政府和人民群众参与公路建设的积极性，集中动员全社会力量，全力以赴，不断加快公路基础设施建设。 中华人民共和国成立以来，公路行业一直秉承"统一领导、分级管理"的原则，特别注重发挥中央、地方的积极性，紧紧依靠各级地方、政府和广大人民群众，逐步形成了"统筹规划、条块结合、分层负责、联合建设"的机制。特别是改革开放以来，通过深化改革、引入市场化手段，在公路网规划、技术支撑等方面，出台多项措施，引领地方政府参与公路建设，在资金补助支持等方面，对有项目、有配套资金的地方主动衔接，从而调动了各级地方政府参与公路建设的积极性。"要想富，先修路"，不仅是广大人民群众的心中的呼声，也成为行业和各级地方政府齐心协力、加快公路建设的真实写照。公路行业在紧紧依靠各级地方政府、依靠广大人民群众办交通的过程中，将部门行为转变为政府行为，将行业行为转变为社会行为。开放建设市场、多元化投融资、全社会办交通，成为20年来公路基础设施建设步伐不断加快且势头不减的根本动力。

三是，必须坚持用科学的规划指导公路事业的发展，实事求是，逐步实施，将宏伟蓝图科学地转化为活生生的现实。 20

年来，根据国民经济和社会发展的总体目标，交通部（交通运输部）大力加强公路交通发展战略、政策和规划的研究。在"三主一支持"交通发展战略构想基础上，交通部制定的《国道主干线系统规划布局方案》于1992年获国务院批准；1993年，交通部进一步提出实现交通现代化三个发展阶段的目标，提出了公路交通到2000年上新台阶的目标，开始重点建设"两纵两横和三个重要路段"；21世纪头十年里，交通部又陆续制定出台了《国家高速公路网规划》(简称"7918"网)、《全国农村公路建设规划》以及《国家公路运输枢纽布局规划》等中长期发展规划，并得到了国务院批准；同时，制定了多个区域性公路交通发展规划，对全国公路建设和发展加强了指导。根据国家经济发展的实际，对行业战略、规划和建设步伐不断修正完善，使我国公路发展的蓝图更加清晰，步骤更加明确，不断引领、推进公路事业的科学发展。

四是，必须坚持"科教兴交""人才强交"，着力建设创新型、资源节约型、环境友好型的公路行业，引领行业实现可持续发展。 20年来，公路行业不断创新发展理念，打破传统思想的束缚；坚持"科教兴交"和"人才强交"战略，把科技创新和人才培养放在重要位置。坚持积极自主创新和引进吸收并举。紧密结合基础设施建设、运输生产中的关键问题，通过软科学研究、重大装备开发、行业联合科技攻关、引进先进技术、科学成果推广应用等多种形式，开发应用了一批先进适用的成套技术和装备，使科技成果转化率和科技进步贡献率明显提高。在特殊地质条件下的公路建设技术、特大跨径桥梁建设技术、特长隧道建设技术等方面取得了重大突破和创新，并跻身世界强国行列。同时，迅速提升了公路基础设施的勘察设计、建设施工、养护管理的水平，在自主创新的基础上形成了众多具有自主知识产权的新技术。在大型桥梁、隧道等工程的管理和运营上，有诸多独特的创新，填补了空白，实现了突破；在公路的勘察设计、施工建设和管理中，着力确立新型的环保理念，突出和谐、环保、节约和可持续发展，走出了一条具有中国特色的发展之路。形成了具有公路行业特色的人才培养机制，形成了梯次完整、门类齐全的人才结构，公路交通行业整体从业人员的素质大幅度提高。依靠科技进步和人才培养，提高公路交通发展的整体效益，是公路交通发展的内在需求，更是公路交通行业可持续发展的客观需要。

五是，必须坚持"依法治交"和"以德治交"相结合，不断完善法制体系，加强精神文明建设，抓好党风廉政建设，为公路行业的发展提供可靠的保障。 20年来，公路行业坚持立法与执法并重、执法与监督并举，逐步建立和完善"依法治交"的局面。1998年加快公路建设之初，在建设市场全面开放的前提下，交通部在以往公路建设市场管理的基础上，迅速完善并严格推行以项目法人责任制、招标投标制、合同管理制及施工监理制为代表的"四项制度"，着重从法制建设的角度遏制工程建设中的腐败问题。行业法制建设步伐也不断加快，构建起公路法规体系框架，为"依法治交"奠定了坚实的基础。同时，在全行业坚持党的领导，充分发挥基层党组织的战斗堡垒作用和广大党员的先锋模范作用，切实加强和改进思想政治工作，坚持广泛深入地开展群众性精神文明创建活动，不断推动公路行业文明建设向前发展。认真贯彻党中央关于党风廉政建设的部署，坚持标本兼治、综合治理、惩防并举、注重预防的方针，建立健全了具有公路交通行业特色的教育、惩治和预防腐败体系，基本做到了关口前移，全程监管，逐步建立完善了工程项目监察体系。"依法治交"与"以德治交"相结合，形成一支依法行政、敬业奉献、清正廉洁的干部职工队伍，是公路事业不断取得新成就的重要保障。

六是，必须坚持以人为本、民生为先，切实转变行业发展理念，提升行业服务水平。 20 年来，公路基础设施的加快发展，迅速扭转了公路基础设施长期滞后的局面，这是前所未有的大好局面。公路具有点多、线长、面广的特点，在综合交通运输体系中居于基础性、支撑性的地位，发挥着联结其他交通运输方式的作用，是唯一能实现门到门服务的交通运输方式。公路基础设施的发展，为我国快速进入汽车社会奠定了坚实的物质基础。同时，人民群众迅速提升的出行需求，也给行业提出了新的任务。21 世纪，交通部（交通运输部）适时提出"以人为本"、做好"三个服务"、建设现代交通运输业等理念，努力推动行业管理体制改革，在提升服务能力和水平上挖掘自身潜力，努力转变行业发展方式，基本满足了人民群众便捷、舒适、安全出行的需求，实现了行业的快速平稳和可持续发展。

诚然，这 20 年的发展并非一帆风顺，还有不少地方不能适应国家经济发展、人民出行需求迅速提升的客观要求，还要靠行业继续深化改革、加快发展来实现：一是公路基础设施建设取得了巨大成就，但发展并不平衡，城乡差别、东中西部的差距仍然较大。二是由于对改革开放以后国家经济的发展速度以及社会公众出行需求的快速提升的认识相对滞后，因此全国性公路网规划未能一步到位，同时对各省规划的协调有所不足，一定程度上形成了断头路等问题，影响了路网整体功能的发挥。三是行业服务的理念、能力与水平，与人民群众的要求、与国民经济发展的需求、与行业发展的客观规律还有较大差距，尚待进一步提升。四是多年来公路"重建轻养"的趋势没能得到根本扭转，深化公路管理体制改革、保障养护资金稳定、加强养护管理显得尤其紧迫。五是建设低碳、绿色交通，走可持续发展之路依然任重道远。六是行业法治建设有待完善，特别是执法能力有待进一步提升。七是站在"十三五"的今天来回顾

1991—2010年这20年,虽然公路运输行业在综合运输中最早开放市场,但我们的认识依然赶不上时代的飞速发展,有的地方还不够大胆,很多不敢想的事最终虽然实现了,但与快速发展的国家经济和社会生活来说,依然不能完全适应。

20年来,公路行业取得的成就令人鼓舞,令世界瞩目。在新的历史起点上,公路事业将继续前进,为建设世界"交通强国"、使交通真正成为中国经济、社会发展的"先行官"做出更大贡献。

第五章 公路建设的逐步提速
(1991年1月—1998年5月)

第一节 规划引领

一、国道网规划

党的十一届三中全会开启了我国改革开放的历史新时期,为改变我国公路的落后面貌,适应新时期经济建设的需要,交通部开展了国道网的规划编制工作。1981年6月,交通部向国务院报送《关于划定国家干线公路网的报告》,1981年11月,经国务院批准,国家计委、国家经委和交通部以交计〔1981〕789号《关于划定国家干线公路网的通知》联合发布《国家干线公路网(试行方案)》(简称"国道网规划"),规划路线70条,总长10.92万公里。

进入20世纪90年代,《国家干线公路网(试行方案)》已经实施近十年。实践证明,采用首都放射线和现代化公路网纵横网格相结合的路线布局方式,符合国情,方法科学,规模、密度基本合理,结构和通达深度适当,对我国公路规划建设、养护管理、投资决策及项目评价等方面发挥了较强的指导作用。随着改革开放十多年,国民经济以较快速度持续发展,产业结构和城镇布局发生了很大变化,国道网规划在一些技术细节上存在一定的局限。从1991年起,交通部着手对国道网规划进行调整,并于1994年以交计发〔1994〕87号向国务院报送了《关于批准国家干线公路网的请示》,并得到国务院批准。

在深入调查研究、总结经验、广泛征求意见的基础上,交通部基本确定了国道网的规划设计思路,从提高国道网的科学性、系统性和规划连续性的目的出发,按照"整体不变、局部调整"的原则,对国道网规划进行了调整。根据"交通量小"和"仅限于一个省内的个别路线应予取消"的原则,取消了226(楚雄至墨江)和313(安西至若羌)两条国道;同时,按照适应经济发展、城镇布局和资源分布、促进对外开放、避让环境敏感区的原则,进一步优化布局方案,对57个路段的走向进行了局部调整。调整后的国道网路线由原70条减为68条(调整后的国道网编号、路线及里程详见表5-1),总里程由10.92万公里降为10.63万公里,占当时全国公路总里程的10.1%。其中北京放射线12条计2.30万公里,南北纵线27条计3.71万公里,东西横线29条计4.62万公里。调整后的国道网,密度为每万平方公里国土有国道111公里,每万人口占有国道0.92公里。

国家干线公路网路线布局　　　　　　　　　表5-1

首都放射线(12条,里程22980公里)		
编号	路线名称及走向	里程(公里)
101	北京—承德—沈阳	858
102	北京—山海关—沈阳—长春—哈尔滨	1231
103	北京–天津–塘沽	142
104	北京–济南–福州	2284
105	北京–南昌–广州–珠海	2361
106	北京–兰考–黄冈–广州	2497
107	北京–郑州–武汉–广州–深圳	2449
108	北京–太原–西安–成都–昆明	3356
109	北京–银川–兰州–西宁–拉萨	3763

第五章 公路建设的逐步提速(1991年1月—1998年5月) 29

续上表

首都放射线(12条,里程22980公里)		
编号	路线名称及走向	里程(公里)
110	北京-呼和浩特-银川	1063
111	北京-通辽-乌兰浩特-加格达奇	2034
112	北京环线宣化-唐山(北)-天津-涞源(南)	942
	小计里程	22980

南北纵线(27条,里程37054公里〈不含台湾环线〉)		
编号	路线名称及走向	里程(公里)
编号	路线名称及走向	里程(公里)
201	鹤岗-牡丹江-大连	1822
202	黑河-哈尔滨-吉林-沈阳-大连—旅顺	1696
203	明水-扶余-沈阳	656
204	烟台-连云港-上海	918
205	山海关-淄博-南京-屯溪-深圳	2755
206	烟台-徐州-合肥-景德镇-汕头	2324
207	锡林浩特-张家口-长治-襄樊-常德-梧州-海安	3566
208	二连浩特—集宁-太原-长治	737
209	呼和浩特-三门峡-柳州-北海	3315
210	包头-西安-重庆-贵阳-南宁	3005
211	银川-西安	604
212	兰州-广元-重庆	1084
213	兰州-成都-昆明-景洪—磨憨	2852
214	西宁-昌都-景洪	3008
215	红柳园-敦煌-格尔木	645
216	阿勒泰-乌鲁木齐-巴仑台	826
217	阿勒泰-独山子-库车	1082
218	清水河—伊宁-库尔勒-若羌	1129
219	叶城-狮泉河-拉孜	2139

续上表

南北纵线（27 条，里程 37054 公里〈不含台湾环线〉）

编号	路线名称及走向	里程(公里)
220	东营–济南–郑州	526
221	哈尔滨–同江	639
222	哈尔滨–伊春	332
223	海口–榆林（东）	322
224	海口–榆林（中）	296
225	海口–榆林（西）	431
227	西宁–张掖	345
228	台湾环线	—
小计里程		37054

东西横线（29 条，里程 46214 公里）

编号	路线名称及走向	里程(公里)
301	绥芬河–哈尔滨–满洲里	1448
302	珲春—图们–吉林–长春–乌兰浩特	1024
303	集安–四平–通辽–锡林浩特	1265
304	丹东–通辽–霍林河	818
305	庄河–营口–敖汉旗–林东	561
306	绥中–克什克腾	689
307	黄骅–石家庄–太原–银川	1193
308	青岛–济南–石家庄	659
309	荣城–济南–宜川–兰州	1961
310	连云港–徐州–郑州–西安–天水	1153
311	徐州–许昌–西峡	694
312	上海–南京–合肥–西安–兰州–乌鲁木齐–霍尔果斯	4708
314	乌鲁木齐–喀什–红其拉甫	2073
315	西宁–若羌–喀什	2746
316	福州–南昌–武汉–兰州	1985

续上表

东西横线（29 条，里程 46214 公里）

编号	路线名称及走向	里程（公里）
317	成都–昌都–那曲	1917
318	上海–武汉–成都–拉萨–聂拉木	4907
319	厦门–长沙–重庆–成都	2631
320	上海–南昌–昆明–畹町—瑞丽	3315
321	广州–桂林–贵阳–成都	1749
322	衡阳–桂林–南宁–凭祥—友谊关	1045
323	瑞金–韶关–柳州–临沧	2316
324	福州–广州–南宁–昆明	2201
325	广州–湛江–南宁	771
326	秀山–毕节–个旧—河口	1239
327	连云港—济宁—菏泽	395
328	南京–扬州–南通	243
329	杭州–宁波–沈家门	190
330	温州—寿昌	318
	小计里程	46214

调整后的国道网规划，更符合国民经济发展和人民便捷出行的需求：一是尽可能将人口密集、产业集中、资源丰富的地区连接起来，路网布局更趋合理，线路走向更有利于发挥国道的干线作用，促进沿线地区经济发展；二是路线调整后，多连通国家一级边境口岸6个，增加了近75%，更有利于促进对外陆路运输的发展，更适应对外开放的需要；三是总里程缩短近3000公里，有利于提升国道网的总体运输经济效益；四是解决了原规划中个别路段走向不明确和省际间的接线存在多种方案的弊端；五是取消了个别作用不明显的路线，保证了国道网规划总体处于较高的水平；六是调整方

案尽可能考虑了环境保护的要求,如特别考虑了城市绕越问题,原则上国道路线不再穿越城市的城区,对穿过国家自然保护区或对沿线自然条件产生不利影响的路线也进行了调整,如调整穿过四川卧龙大熊猫自然保护区的317国道的路线走向。

二、"五纵七横"国道主干线布局规划

根据党中央制定的我国社会主义现代化建设分三步走的战略目标和经济发展战略部署,从我国交通运输发展的实际情况出发和参考国外交通发展历程,根据国务委员邹家华的指示,交通部在1989年全国交通工作会议上提出的《1991-1995年公路水运交通发展要点》,对我国水运、公路建设规划提出了"三主"(公路主骨架、水运主通道、港站主枢纽)的基本设想。1990年,交通部提出:从"八五"开始,用几个"五年计划"的时间,在以发展综合交通体系为主轴的交通运输业总方针指导下,以"三主一支持"(公路主骨架、水运主通道、港站主枢纽和交通支持系统)的长远发展设想为目标。这一设想得到国务院领导的充分肯定。其中的"公路主骨架"定名为国道主干线系统。

在实施部署上,"八五"是起步期。重点建设北京、上海、广州、武汉、西安、重庆等大区域中心城市和部分省会城市重要出入口以及通向周围发达地区的路段;"九五"重点建设沿海发达地区以及部分内陆省区的路段,使部分国道主干线线路初具规模;2001年至2010年使12条国道主干线中能有几条线路全线贯通;2011年至2020年,最终建成国道主干线系统。

1991年1月26日至29日召开的"全国交通工作会议"上,交通部将《国道主干线系统初步方案》向各省(区、市)

交通主管部门广泛征求意见。经再次修改后，于同年8月向国务院报送了《关于国道主干线系统规划布局方案的报告》。1992年，《关于国道主干线系统规划布局方案的报告》获得国务院批准。1993年6月，交通部以交计发〔1993〕600号《关于印发〈国道主干线系统规划布局方案〉的通知》，正式发布《国道主干线系统规划》。自此，《国道主干线系统规划布局方案》进入全面部署实施阶段。

《布局方案》规划了由"五纵七横"共12条国道主干线组成的国道主干线公路网。"五纵七横"国道主干线系统总里程3.45万公里，其中高速公路约2.58万公里，占74.85%；一级公路1479公里，占4.3%；二级公路7178公里，占20.85%。综合考虑当时我国公路建设资金投入力度、建设水平等因素，规划提出在2020年前后建成这一系统。国道主干线贯通首都、各省省会、各自治区首府、直辖市、经济特区、主要交通枢纽和重要对外开放口岸。连接了1990年当时全国467个城市中的203个，占43%；约覆盖6亿人口，占全国总人口的55%；约覆盖全国城市总人口的70%，连接了全国所有人口在100万人以上的特大城市和93%的人口在50万人以上的大城市。

"五纵七横"国道主干线具体路线包括："五纵"里程15590公里，由同江至三亚、北京至福州、北京至珠海、二连浩特至河口及重庆至湛江5条南北纵向路线组成；"七横"里程20500公里，由绥芬河至满洲里、丹东至拉萨、青岛至银川、连云港至霍尔果斯、上海至成都、上海至瑞丽及衡阳至昆明7条东西横向路线组成。"五纵七横"国道主干线扣除1610公里共用线段外，实际规划里程34480公里。（详见表5-2）

"五纵七横"国道主干线规划　　　表 5-2

五　纵

名称	路线及走向	里程(公里)
同三线	同江—哈尔滨—(含珲春至长春支线)—长春—沈阳—大连—烟台—青岛—连云港—上海—宁波—福州—深圳—广州—湛江—海安—海口—三亚	约5700
京福线	北京—天津(含天津至塘沽支线)—济南—徐州(含泰安至淮阴支线)—合肥—南昌—福州	约2540
京珠线	北京—石家庄—郑州—武汉—长沙—广州—珠海	约2310
二河线	二连浩特—集宁—大同—太原—西安—成都—昆明—河口	约3610
渝湛线	重庆—贵阳—南宁—湛江	约1430
小计		15590

七　横

名称	路线及走向	里程(公里)
绥满线	绥芬河—哈尔滨—满洲里	约1280
丹拉线	丹东—沈阳—唐山(含唐山至天津支线)—北京—集宁—呼和浩特—银川—兰州—西宁—拉萨	约4590
青银线	青岛—济南—石家庄—太原—银川	约1610
连霍线	连云港—徐州—郑州—西安—兰州—乌鲁木齐—霍尔果斯	约3980
沪蓉线	上海—南京—合肥—武汉—重庆—成都(含万县经南充至成都支线)	约2970
沪瑞线	上海—杭州(含宁波经杭州至南京支线)—南昌—长沙—贵阳—昆明—瑞丽	约4090
衡昆线	衡阳—南宁(含南宁至友谊关支线)—昆明	约1980
小计		20500

在建设标准上，为保证该系统的功能与作用的充分发挥，以专供汽车行驶的高速公路为主，在我国西部边陲及内地某些城镇密度稀疏的路段，也可以建设部分一般二级公路。预计该系

统建成后,将以占全国2%的公路里程,承担全国20%以上的交通量;在大城市、省际间和区域间,实现400—500公里当日往返、800—1000公里当日直达的目标;预计可带来直接经济效益400—500亿元,间接经济效益达2000亿元;初步形成由高等级公路为主组成的现代化公路运输网络。

在实施原则上,必须在坚持长远规划指导下,对具体建设项目实施宏观调控,并根据需要与可能,分期分批逐步实施。一是贯彻"统筹规划、条块结合、分层负责、联合建设"和"中央与地方相结合,以地方为主"的原则;二是遵循"远近结合、量力而行、分期分段"和"自力更生与争取外资相结合,以自力更生为主"的原则;三是根据"经济效益和系统效益"的原则,优先选择经济效益好并较长线路实现贯通,同时做好配套设施的规划建设,争取在尽可能短的时间内形成较长距离、大通行能力的运输线路,为缓解全国性综合运输通道紧张局面、提高综合运输效率做出贡献;四是按照"项目建设与经济水平相适应"的原则,项目近期选择以适应交通需求发展为主,后期应注重国土开发和适应交通发展相结合。

"五纵七横"国道主干线系统规划的提出,是我国公路发展史上第一个经缜密研究、科学论证形成的全国骨架公路网长远发展规划,描绘了我国主干线公路长远发展的蓝图,抓住了当时公路交通发展的主要矛盾,为理清我国公路交通发展思路,开辟了新的解决途径:一是大力建设封闭运行的高等级公路,明确提出公路主干线建设走汽车专用公路(即高速公路)的路子;二是集中中央和地方的力量,即举全国之力,加快建设连接主要城市间、省际间、大经济区间交通特别繁忙的主要公路干线,尽快形成若干条横亘东西、纵贯南北的大容量、高效率运输通道;三是引导了公路投资方向,避免了项目建设和国家投资的随意性,提高了投资效率和路网规模效益;四是拉开了我国大规模建设高速公路的序幕，显著提升了主要公路通道的技术水平和通行能力，大幅提高了干线公路汽车行驶速度和公路运输效率，有效缓解了公路交通对国民经济的瓶颈制约。

在完成全国国道网调整和国道主干线系统规划后，1991年，交通部以(91)交计字707号发布《关于编制1991—2020全国公路网规划的通知》，要求各省(区、市)于1994年底前完成本省(区、市)的公路网30年规划，并组织和指导各省(区、市)进行公路长远发展规划的研究和制定。至1996年，新中国成立以来第一次全国各省(区、市)公路网长远发展规划相继完成。据此统计，预计到2000年、2010年和2020年，我国公路总里程将分别达到120万、135万和150万公里。公路交通将为我国实现第二步、第三步经济发展战略目标作出更大贡献。

"两纵两横三个重要路段"(即同江至三亚、北京至珠海、连云港至新疆霍尔果斯、上海至成都以及北京至沈阳、北京至上海和西南地区出海公路通道)，全长约1.78万公里，占"五纵七横"国道主干线布局规划总里程的52%，贯穿23个省(区、市)，连接100多个大中城市，对国民经济和社会发展具有重要战略意义。1992年，交通部在《关于深化改革、扩大开放、加快交通发展的若干意见》(共25条)中明确提出，先期建设"五纵七横"规划中的"两纵两横"。1993年6月召开的济南会议，就"八五"、"九五"期间全国公路建设的主要目标达成共识，即在2000年前基本贯通"两纵两横"、力争建成"三个重要路段"的目标。在三个重要路段中，京沈线是丹拉国道主干线的一段，是连接华北、东北的主要通道，全线以高速公路贯通；京沪线由京福、同三线的三段连接组成，是华北、华东的重要连接通道，全线以高速公路贯通；西南地区出海公路通道，是西南地区出海的重要通道，以高速公路和高等级公路贯通。从此，"两纵两横三个重要路段"，成为国道主干线建设的重中之重。

三、公路主枢纽规划

在公路水路交通"三主一支持"长远规划指导下，1992年，交通部编制了《全国公路主枢纽布局规划》，确定了全国45个公路主枢纽的布局方案(详见表5-3)。

全国公路主枢纽城市一览表　　　　　　表5-3

地　　区	城　市　名　称
东部地区	北京、天津、石家庄、唐山、沈阳、大连、长春、哈尔滨、上海、南京、徐州、连云港、杭州、宁波、温州、福州、厦门、济南、青岛、烟台、广州、深圳、汕头、湛江、海口
中部地区	太原、合肥、南昌、郑州、武汉、长沙、衡阳
西部地区	呼和浩特、成都、重庆、贵阳、昆明、拉萨、西安、南宁、柳州、兰州、西宁、银川、乌鲁木齐

公路主枢纽，是处于公路主骨架与水运主通道、铁路和航空干线交会处的全国综合运输网重要结点上，具有运输组织管理、中转换装、装卸储存、多式联运、通信信息和生产生活辅助服务等6项基本功能的公路运输站场服务系统。包括中心站和网络站，在全国道路运输站场枢纽中，层次最高且辐射面最广，起主导作用，与一般道路运输站场枢纽以及遍布全国的客货集散地(站)共同构成全国道路运输服务网络，也是港站主枢纽、综合运输枢纽的重要组成部分，是多种运输方式相互衔接、发展综合运输的组织中心之一。公路主枢纽与港口主枢纽信息互通、相互衔接、作用不同、各具特色，共同组成"三主一支持"长远规划中的港站主枢纽。

45个公路主枢纽，覆盖了我国31个省(区、市)的省会(首府)城市、80.6%人口在100万以上的特大城市和73.3%工业产值在100亿元以上的城市。

在地理分布上，东部地区占 55.6%，中部地区占 15.6%，西部地区占 28.9%；相邻主枢纽间的平均间距，东部为 200 至 300 公里，中部为 300 至 400 公里，西部为 500 公里以上，符合综合运输网、公路网、国道主干线系统东密西疏的特点，也与东、中、西三个地带的经济发展水平、人口密度相适应。

按综合运输体系的布局，45 个公路主枢纽均位于两种或两种以上运输方式交会处，其中有 24 个位于枢纽港所在城市，28 个位于铁路枢纽所在城市，有 43 个位于航空港所在城市，沿海主要港口、铁路大枢纽和国际空港基本全部包含在内，有利于多种运输方式有机衔接，有效促进综合运输系统的形成和发展。

同时明确，为发挥公路主枢纽的功能和作用，需围绕组织管理、通信信息、生产服务和辅助服务四个子系统进行建设。

公路主枢纽按规划将在 30 年内建成。届时，不仅运输能力显著提高，而且所有主枢纽将具有运输组织、中转换装、装卸储存、多式联运、通信信息以及生产、经营、管理和生活辅助服务等多项基本功能。对有效组织运输，压缩客货滞留时间，减少中转环节，发展联合运输，培育和发展统一开放、竞争有序的运输市场等都具有重大意义。公路主枢纽布局方案的实施，有效缓解了公路运输站场设施严重落后的状况，显著提升了运输服务能力和水平。

四、"八五"计划（1991—1995 年）

根据《中共中央关于制定国民经济和社会发展十年规划和"八五"计划的建议》部署，1991 年 1 月 25—29 日，交通部在"全国交通工作会议"上明确了公路、水路交通"八五"期间的指导思想和发展目标。

交通"八五"计划的指导思想是：遵循党的"一个中心两个基本点"的基本路线和十三届七中全会精神，坚定不移地贯彻改革开放方针；依靠各级政府，调动各方积极性，加速交通发展；集中力量，保证重点，正确处理点面关系；按产业政策要求，调整运输经济结构，进一步抓好支农交通建设；坚持把科技、教育作为振兴交通的战略重点；发扬艰苦奋斗精神，努力提高运输经济效益；坚持贯彻"安全第一"，争取安全工作再上新台阶；坚持两个文明一起抓。

"八五"期间的发展目标是：进一步缓解交通运输的紧张状况，努力提高对国民经济服务的适应程度；抓好"三主一支持"建设的起步工作，为实现长远规划打下坚实基础；根据国家产业政策要求，加速基础设施建设；继续深化改革，加强行政管理和行业管理；搞好运输市场治理整顿，使以公有制为主的各种运输力量协调健康发展；积极探索并逐步形成计划与市场相结合的运输经济运行机制；以经济效益为中心，完善承包经营责任制，增强大中型交通企业活力；大力抓好交通教育和科技工作，为运输生产、基本建设和管理提供智力和技术支持；加强精神文明建设，端正行业风气，提高职工队伍素质，保证各项任务顺利完成。

"八五"期间公路基础设施建设的任务是：到"八五"期末，新增公路通车里程6万公里，改建公路3万公里。重点建设国道主干线4000余公里，其中高速公路500多公里，汽车专用一二级公路3600公里。重点建设对国民经济有重大影响和最不适应社会经济发展需要的国道主干线，国家干线公路特别是交通繁忙区段的汽车通行能力得到改善。继续改建、扩建大城市环城公路、大中城市出入口公路和过境公路，基本解决拥挤问题。相应发展省干线公路和县乡公路。认真抓好GBM工程。扶持贫困地区的公路建设，逐步消除干线公路上运输繁忙渡口和公铁平交道口。有重点地建设边防公路和公路主枢纽，继续加强汽车站场建设，到"八五"末基本完成地市级汽车站的改建。在支持保障系统涉及公路行业方面，将重点建设部属大专院校公路骨干专业的设施和设备，公路教育要进入国内先进行列；科研方面重点建设公路综合试验场等大型科研试验基地和设施；建成以卫星通信为主的全国交通专用长途通信网。

"八五"计划明确的主要公路建设项目包括：（北）京（天）津塘（沽）、上海至常州、杭（州）甬（宁波）、佛（山）开（平）等高速公路；济（南）青（岛）、（北）京石（家庄）、成（都）渝（重庆）、西（安）宝（鸡）、海南环岛东线、哈尔滨至大庆等 20 多条汽车专用一、二级公路；以及东明黄河桥、三门峡黄河桥、江阴长江桥、铜陵长江桥、宁夏六盘山隧道等 20 余座独立大桥和隧道；川藏、青藏等国边防公路。

"八五"时期，是实施"三主一支持"规划的第一个五年。在交通"八五"计划的指导下，截至 1995 年底，公路全行业目标明确、重点突出，集中力量相继完成了"三主一支持"规划的一批主干工程，交通基础设施面貌大为改观。公路总里程达到 114 万公里，新增公路 11.2 万公里，是计划目标的 124%。其中高速公路增加 1619 公里，里程达到 2141 公里。新增一二级汽车专用公路 7300 多公里。大中城市出入口公路和过境公路继续得到改善，口岸公路、陆岛公路、国防交通建设得到加强。县乡公路新增 7.9 万公里，通公路的乡镇、行政村分别达到 98% 和 80%。公路运输能力迅速增长，在国民经济中的作用明显加强。

五、"九五"计划（1996—2000 年）

1995 年 9 月 25—28 日，党的十四届五中全会通过了《中共中央关于制定国民经济和社会发展"九五"计划和 2010 年远景目标的建议》。《建议》明确，实现"九五"计划和 2010 年远景目标的关键是实行两个具有全局意义的根本性转变，一是经济体制从传统的计划经济体制向社会主义市场经济体制转变；二是经济增长方式从粗放型向集约型转变。

1996年1月23—26日,交通部在"1996年全国交通工作会议"上明确了"九五"期间发展我国交通事业的指导思想和主要任务。交通部部长黄镇东在工作报告中指出,做好"九五"期间交通工作的关键,是实行两个具有全局意义的根本性转变。具体到交通行业而言,转变经济体制,就是要按照中央关于建立社会主义市场经济体制的总体部署,理顺管理体制,深化企业改革,培育和发展交通运输市场,建立符合市场经济规律的宏观调控体系,为交通事业的发展奠定经济体制基础;转变经济增长方式,就是要在加快交通发展过程中,着力改变传统增长方式,提高交通运输经济质量,防止和克服重速度轻效益、重建设轻养护、重生产轻安全、重经营轻管理、重创收轻服务、重开源轻节流、重外延轻内涵等倾向,走出一条既有速度又有效益的交通运输发展新路子。

"九五"交通行业的主要任务是,"抓好六件大事,实现六大奋斗目标"。即,狠抓交通基础设施建设工程,使交通运输的紧张状况有明显缓解;初步建立统一、开放、竞争、有序的交通运输市场,为国民经济提供安全、优质、及时的运输保障;进一步转换经营机制,使国有大中型交通企业基本建立现代企业制度;全面实施"科教兴交"战略,抓好"交通人才工程",使交通事业的发展转移到依靠科技进步和提高劳动者素质的轨道上来;加快交通法制建设步伐,理顺行业管理体制;加强思想政治工作,搞好"两班建设"(领导班子和基层班组),实现"两个提高"(提高交通职工队伍的素质,提高交通行业的文明程度),使行业精神文明建设达到新水平。

"九五"期间公路基础设施建设的主要任务是,重点建设"两纵两横三个重要路段",形成几条通过能力大、规模效益好的南北向、东西向的公路运输大通道;建设其他国道主干线和对区域经济至关重要的其他公路及重要国边防公路，加强中西部地区、贫困地区公路建设。"九五"期间预计新增公路里程 11 万公里，其中高速公路 6500 公里，一二级汽车专用公路 3500 公里。由于 1998 年 6 月福州会议后公路基础设施的加快建设，实际的发展大大超出预期。

"九五"期间，公路基础设施实现跨越式发展。一是公路总量大幅度增长，五年新增里程 24 万公里，全国公路通车里程超过 140 万公里；二是高速公路建设迅猛发展。五年新增 1.3 万公里，通车里程已达 1.6 万公里，京沈、京沪高速公路实现了全线贯通，在我国华北、东北、华东之间形成了一条公路运输大通道；三是建成了一批具有世界先进水平的公路桥梁及长大隧道；四是路网结构逐步优化，"五纵七横"国道主干线已建成 1.8 万公里，占规划里程的一半以上，为我国国道主干线的提前建成奠定了基础。二级以上公路增加到 18.9 万公里，比 1995 年翻了近一番，占公路总里程的比重由 8.3% 提高到 13.5%。五是公路通达深度进一步提高。五年新增 662 个乡镇、52872 个行政村通了公路。到 2000 年底，通公路乡镇比重达到 98.3%，通公路行政村比重达到 89.5%。

第二节 高速公路

一、对高速公路认识的深化

80 年代初期到中期，虽然在交通部主导下，公路行业做了大量的舆论引导、知识普及工作，尽管公路拥堵状况十分严重、对经济发展的制约已经十分明显，但发展高速公路的舆论环境尚未形成，审批环节控制依然很严，在全社会的认识上并不统一。

沈大公路于1984年6月动工，是按一级公路标准获国家计委批准建设的，仅是在沈阳至鞍山段通车后，在辽宁省、交通部的不懈努力下，报国务院副总理李鹏同意，全线才得以按高速公路标准建设。除沈大高速外，全国只有(北)京(天)津塘(沽)、广(州)深(圳)等路线按高速公路标准获准建设。同时，上海沪(上海)嘉(定)以及莘(庄)松(江)、广东广(州)佛(山)、陕西西(安)临(潼)高速都是总长未超过20公里，省、部一级有权审批，得以按高速公路标准开工建设的。其他如京石(北京至石家庄)、济(南)青(岛)、成(都)渝(重庆)、合(肥)宁(南京)、宁(南京)扬(州)、武(汉)黄(石)、昌九(南昌至九江)、贵(阳)黄(果树)、哈(尔滨)阿(城)等路线，都是以汽车专用公路的名义获准建设、按高速公路标准施工。

1988年10月31日沪嘉高速，11月4日沈大高速沈阳、大连南北两段的相继通车，我国大陆高速公路实现零的突破。此后，1989年8月广东广佛；1990年9月辽宁沈大全线、京津塘北京至天津杨村段，同年10月陕西西临，同年12月上海莘松等高速公路相继通车。1990年底，我国高速公路通车里程达到522公里。除高速公路外，20世纪80年代末期到90年代初，还有1987年京石路北京六里桥至赵辛店段、1989年沈阳至桃仙机场、张家港至沙洲，1991年武(汉)黄(石)、贵(阳)黄(果树)等一批一二级汽车专用公路相继通车。这些高速公路及高等级汽车专用公路相继投入使用，使从北至南、由东到西越来越多的使用者，亲身感受到了公路全程控制出入具有的快速、舒适和安全的优点。特别是与原来交通混行、人车同路、快慢不分、拥堵不堪、秩序混乱、事故不断的老路相比，这些高速公路或汽车专用公路因全程控制出入带来的行车快捷、安全，因路面平整、线形顺畅带来的乘坐舒适、惬意的优势，淋漓尽致地体现出来。

沈大公路纵贯辽东半岛，连接着辽宁省的省会沈阳以及辽阳、鞍山、营口、大连五座大中城市、两大港口（大连、营口）和两大国际机场（沈阳桃仙、大连周水子），大大缩短了这些城市之间的时空距离。沈大高速未建成前，从沈阳到大连的车程需要10个小时，而沈大高速通车后，两地车程缩短至只有4小时。沈阳、辽阳、鞍山这些内陆城市，由于与海边的距离"缩短"了，与港口城市相差无几。沈阳到最近的海港——营口鲅鱼圈港区过去车程6个多小时，而走沈大高速只需3个小时。于是，每当盛夏，每天都有成千上万的沈阳人涌到营口的鲅鱼圈浴场"洗海澡"。"辽宁变小了"，这是沈大高速公路全线通车后，许多辽宁人的共同感受。众多使用者亲身体验后绘声绘色的描述、口口相传的口碑，比任何媒体的宣传都更直接、更有效，高速公路建设在人们思想上的阴霾开始消散。全长375公里的沈大高速，占了当年中国大陆高速公路总里程的近72%，人们对高速公路的切身感受和媒体的评价报道多来自于这条路，因此沈大当之无愧地赢得了"神州第一路"的美誉。

除沪嘉、沈大两条因中国大陆高速公路零的突破而蜚声中外的高速公路外，90年代初期，还有一条高速公路因一场不期而至的天灾而名扬全国。这就是合（肥）宁（南京）高速公路。

20世纪80年代中期，合宁公路也是以一级汽车专用公路获批、后改按高速公路标准建设的。在合宁高速计划通车的1991年春夏之交，江淮流域提前一个月进入梅雨期。从5月下旬至7月中旬，这一地区连降暴雨，强度大、时间长，安徽的合肥、全椒、江苏的常州、兴化等局部地区30天的降雨量接近或超过百年一遇。在受灾较严重的安徽省，通往省会合肥的所有公路、铁路交通全部中断。合肥骆岗机场虽因地势较高没有被淹没，但由于通往外界的道路全部中断也已无法使用，合肥市成为"孤岛"，数百万人被洪水围困。而当时基本建成、尚未达到正式通车条件的合宁高速公路合肥至全椒段,因为在建设期间按高速公路标准,采用百年一遇的洪水水位设计建设,在水灾中未被淹没,合宁高速"意外"地成为合肥市通往外界的唯一通道。正是有了合宁高速公路,6月4日,国务院总理李鹏得以通过该路赶赴灾区一线,亲自指挥抗洪救灾。据不完全统计,在抗洪抢险最为关键的十多天里,通过该路向灾区运送了30多万吨紧急救灾物资,运送抢险人员、疏散灾民及被困旅客共25万人次。没想到尚未通车,合宁高速就发挥出如此巨大的作用,灾区的广大干部群众于是亲切地把合宁高速公路称为"救命路"。

快速、舒适加上较高的抗灾和通行能力,这是最初的高速公路使用者们实实在在能亲身体会到的好处,对消除社会上的疑虑效果明显。但要让国家有关政府部门、有关研究机构的专家以及众多媒体和全社会认可,仅凭人们对高速公路的这几点"直观感受"还远远不够,高速公路和汽车专用公路的另外几点优势,是通过长时间科学的调查、统计和多方宣传,才取得广泛共识的。

研究表明,一般两车道干线公路,因为交通混行,汽车每昼夜交通量超过5000车次就会产生拥堵。而四车道高速公路每昼夜设计通车流量就能达到5万车次,且平均行车时速至少是两车道干线公路的2倍以上。高速公路上一辆汽车的作用,相当于普通干线公路的两三辆。据实地测试,全长近137公里的贵阳至黄果树汽车专用公路,虽然仅有一级路25.25公里,其余均为二级路,但1990年底通车后的实测表明,车速平均提高45.2%,行驶时间缩短37.5%。

高速公路的运输,符合现代社会的需求。有关研究统计表明,总投资22亿元的沈大高速公路,因实现了快速、高效、安全,每年仅运输成本即可减少4亿元;1991年2月试通车、投资3.5亿元的武(汉)黄(石)一级汽车专用公路,到当年10月的统计数据表明，共通行汽车 106 万辆，旅客运输量达 507 万人、客运周转量达 2.8 亿人公里，货物运输量达 183 万吨、货运周转量达 9100 万吨公里，为各方带来直接经济效益 0.65 亿元。贵黄公路的统计也表明，相比普通公路，每辆汽车平均节油达 15.4%，车辆小修次数下降 50%，环保节能的效益明显。1992 年 12 月合宁高速安徽段通车后，行驶车辆的综合成本下降约 48%，日交通量由通车初期的 2000 辆次，到 1998 年上升至 1 万辆次以上。此外，高速公路更适于集装箱等现代化大型车辆开展集约化运输，更加符合现代化公路运输系统重载、高效的需求。高速公路"经济、高效、集约"的优势十分突出。

据发达国家相关统计，相比于普通公路，美国高速公路的车祸事故率下降 56%，英国下降 62%，日本下降 89%，安全效益十分明显。在我国，1987 年 11 月竣工的京石一级汽车专用公路北京六里桥至赵辛店段，到 1988 年上半年的统计表明，在行车时速提高 3 倍的前提下，交通事故减少 70%，事故下降幅度十分明显；沈大高速全线通车后，交通事故死亡人数比建路前下降 83.3%，受伤人数下降 54.9%。

沈大高速公路开通后，促进了沿线的经济发展，带动了客货快速流通，沿线的乡镇工业、商业企业因路而生、因路而兴，蓬勃发展；同时，沈大沿线的城市改造和建设步伐明显加快，很多市、县重新修订了规划，加快发展步伐。据统计，1990 年至 1993 年，辽宁新增的 8 个县级市、113 个建制镇中，沈大高速沿线分别占有 5 个和 54 个。1992 年 12 月合宁高速公路安徽段全线通车前，该路沿线三资企业只有 20 家，到 1998 年，猛增到 1219 家，是通车前的 61 倍，总投资额达到 46.6 亿美元。高速公路带动沿线区域经济发展的作用十分明显。

广大群众的亲身体会以及科学研究得出的结论，最具有说服力。如果说 20 世纪 80 年代中后期，高速公路还处于起步阶段的话;到了90年代,高速公路就进入了快速发展的轨道。"要想富,先修路""公路通,百业兴""小路小富,大路大富,高速公路快富"等口号,已经为各级政府部门、研究机构和媒体认可,特别是被广大城乡干部群众所接受和传颂,高速公路建设的思想认识障碍烟消云散,成为历史。

二、济南会议掀起高速公路建设高潮

1990年12月30日,中国共产党十三届七中全会在《中共中央关于国民经济和社会发展十年规划和"八五"计划的建议》中明确提出:要"优先发展交通运输和邮电通信,适应国民经济和对外开放的需要。"1991年4月9日,第七届全国人大四次会议批准的《中华人民共和国国民经济和社会发展十年规划和第八个五年计划纲要》指出:加强交通、通信等基础设施建设,"是今后十年的一项重要任务"。《纲要》明确,今后10年或更长时间内,优先发展交通产业,对公路运输,要"重点建设国道主干线,特别是京广、京沪、沈哈、陇海干线以及沿海运输繁忙地带的高速公路和汽车专用公路。相应建设省级干线公路和县乡公路,积极扶持贫困地区公路建设。有重点地建设其他公路"。《建议》和《纲要》进一步明确了国道网建设重点向国道主干线和高等级公路倾斜的方针。

在"五纵七横"国道主干线规划获得国务院批准的1992年,邓小平同志南方发表谈话。同年3月9日至10日,中共中央政治局全体会议召开。会议认为,邓小平同志的谈话不仅对中国当前的改革和建设,对开好十四大,具有十分重要的指导作用,而且对中国整个社会主义现代化建设事业具有重大而深远的意义。会议指出,必须坚定不移地贯彻执行党的"一个中心、两个基本点"的基本路线,抓住当前的有利时机,加快改革开放的步伐,集中精力把经济建设搞上去,沿着有中国特色的社会主义道路继续前进。解放和发展生产力,是我们党领导人民建设社会主义的根本任务,不仅要在社会主义条件下发展生产力,而且要通过改革解放生产力。按照邓小平同志关于"三个有利于"的标准,看准了的,就大胆地试,大胆地闯。计划和市场,都是经济手段,要善于运用这些手段,加快发展社会主义商品经济。会议强调,当前要特别注意抓住改革和建设中牵动全局的重大问题,深入调查研究,确定今后一个时期的战略思想和政策主张,并认真组织实施。各级领导要力戒形式主义和官僚主义。要警惕右,但主要是防止"左"。

1992年7月25日,为进一步深化改革、改变交通运输滞后局面,交通部在认真分析全国公路、水路交通运输发展现状的基础上,提出《关于深化改革、扩大开放、加快交通发展的若干意见》(即25条),提出公路、水运交通到"2000年上新台阶"的目标。《意见》明确,要把"两纵两横"作为"五纵七横"国道主干线中的重中之重先期实施。

1992年10月12日,中国共产党第十四次全国代表大会在北京召开,会议确立了社会主义市场经济体制的改革目标。这标志着我国改革开放和现代化建设事业进入了一个新的阶段,对交通运输提出了更高、更迫切的要求。

公路全行业坚决贯彻党中央深化市场经济体制改革的精神。交通部认真分析了全国公路、水路交通运输发展的现状,着重研究了加快交通基础设施建设改革开放步伐、改变交通运输滞后局面的规划和措施,采取了一系列措施。1993年1月11日召开的"全国交通工作会议",以贯彻十四大精神为主题,就2000年交通运输上新台阶的实施工作,做出具体部署。

1993年6月18日至23日,"全国公路建设工作会议"在山东济南、青岛召开(简称济南会议)。这次会议的主要任务是:认真贯彻中共十四大和国务院总理李鹏在八届全国人大一次会议上所作《政府工作报告》的精神,以加快公路交通基础设施建设为主题,分析形势,总结经验,明确任务,力争公路建设到2000年迈上新台阶。

会上,国务院副总理邹家华讲话,明确了五方面工作:一是加快交通基础设施建设,是建立社会主义市场经济体制,加速经济发展和扩大对外开放的迫切需要,必须增强改变交通落后状况的紧迫感,从政策上、资金上为发展交通运输提供支持。二是加快交通基础设施建设要充分依靠地方、动员群众,发展综合运输,坚持"统筹规划、条块结合、分层负责、联合建设"的方针,把中央、地方、社会各方面的积极性都发挥出来。三是解决建设资金不足问题,必须坚持改革开放,扩大资金筹措渠道,建立良性循环机制。四是发展公路交通运输,必须坚持建设和管理并重的方针,依靠科技进步,加强人才培养,既要搞好建设,又要加强管理。要搞好监理工作,确保工程质量。处理好高等级公路和一般公路的关系,先通后畅,目标是要提高公路运输的速度、效率和效益。五是分析了当前国民经济形势,对宏观经济要有比较清醒的认识,从而摆正交通建设的位置,为国民经济发展增加后劲,解放思想,尽力而为,实事求是,量力而行。邹家华特别指出:"要处理好高等级公路和一般公路的关系,先通后畅,目标是要提高公路运输的速度、效率和效益"。

交通部部长黄镇东作了《解放思想 加快步伐 实现公路建设新目标》的工作报告,分别就全国公路建设的新发展、面临的问题进行了阐述,提出了此后一个时期公路建设的任务、加快公路建设的政策措施。

黄镇东指出,改革开放10年来,特别是"七五"以来,我国公路运输有了很大发展,但与世界发达国家比较还相当落后,与国民经济加速发展的新形势要求很不适应。这种"落后"和"不适应"集中反映在公路交通基础设施方面。主要表现是：

公路数量少、密度低。每平方公里国土面积仅有110米公路，仅约为美国和印度的1/6。

等级低、质量差。二级以上公路只占5.58%，等外路达到25.5%，至今还没有一条贯穿南北、东西的高等级公路。

通行能力不足。国道网中年均昼夜交通量超过设计通行能力上限的占总里程一半以上。全行业经过"七五"期间的努力，公路网通行能力虽提高49%，而客货周转量却已分别增长52%和98%，公路交通紧张程度不降反升，与经济建设的差距越来越大，特别是国家干线公路及通往开放港口、陆路口岸的公路经常出现阻塞。

混合交通严重，车速慢，事故多。拖拉机、畜力车、自行车、行人与汽车混行，行车速度很慢，干线公路平均时速只有三四十公里。每年约5万人死于公路交通事故，万车死亡率为发达国家的二三十倍。

公路基础设施欠账太多、严重滞后的主要原因是，对公路建设长期投入不足，建设规模与国民经济发展速度不相适应。

黄镇东强调，我们必须采取各种措施，努力改变公路交通的落后状况，使交通运输基本适应国民经济和社会发展需要。按照交通部制订的2000年我国公路、水路运输和基础设施建设上新台阶的目标，公路总里程应达到125万公里，比1990年增加22万公里，二级汽车专用路标准以上公路翻两番，达到1.85万公里，其中高速公路3000公里。"两纵两横"国道主干线应基本以高等级公路贯通，"三个重要路段"力争建成，形成对国民经济和社会发展具有重要战略意义的高等级公路运输大通道。其他国道主干线及通往重要港口和陆上主要口岸的干线公路混合交通和拥挤状况应有明显改善。

今后8年，要下大力量抓好高等级公路建设。计划新建二级汽车专用路以上公路1.4万公里,其中"八五"期间建5400公里,"九五"期间建8600公里。必须重视大通道建设,必须下定决心,集中力量,首先抓好"两纵两横"国道主干线建设。

与此同时,继续重视县乡公路和扶贫公路的建设,提高公路等级,增加路网密度。

"济南会议"后,全国掀起了高速公路建设高潮,把我国高速公路建设推到了一个新的发展阶段,极大地推动了尚处于起步阶段的高速公路建设。

站在历史的角度、从取得的成就来回望1993年的"济南会议",这无疑是继1989年"沈阳会议"明确我国必须发展高速公路后,我国高速公路发展史上又一次具有里程碑意义的大会。

三、高速公路建设逐步提速

截至1991年底,除辽宁因1990年沈大高速公路通车,高速公路达到375公里外,其余有高速公路的省份,北京、天津、河北、上海、广东和陕西,里程均未超过40公里,全国高速公路通车里程为574公里。1992年,全国高速公路通车里程达652公里,年增里程78公里,高速公路分布增加了山东省的16公里,北京、天津的里程分别增加36公里、10公里,达到了71公里和67公里外,其余省份的高速公路里程依然没有突破50公里。

1992年,交通部在《关于深化改革、扩大开放、加快交通发展的若干意见》(共25条)中首次明确提出,先期建设"五纵七横"规划中的"两纵两横"。为贯彻落实党的十四大精神,加快交通运输发展,"1993年全国交通工作会议"上,针对交通基础设施欠账太多、严重滞后的问题,交通部明确提出,"必须加快交通运输发展步伐,攀登新的台阶,力争到2000年基本适应国民经济和社会发展的需要"。其中公路基础设施建设的重点,就是要基本贯通联结我国主要经济区域100多个省会、中心城市和重要口岸的"两纵两横"国道主干线。同年6月的济南会议，交通部正式提出"两纵两横三个重要路段"，确定2000年基本贯通"两纵两横"、力争建成"三个重要路段"的目标。这是"两纵两横三个重要路段"作为一个整体概念第一次出现。"两纵两横三个重要路段"，全长约1.78万公里，贯穿23个省（区、市），连接100多个大中城市，总长约占"五纵七横"国道主干线总里程的近52%。在当时我国还没有形成纵贯南北、连通东西的大通道的情况下，这些路段的贯通，对国民经济和社会发展具有十分重要的战略意义。

从此，"两纵两横三个重要路段"成为"八五"后三年及"九五"期间高速公路建设的重中之重，开始了大规模建设。

"两纵两横三个重要路段"共7条线。两纵包括：同江至三亚，长约5700公里；北京至珠海，长约2310公里。两横包括：连云港至霍尔果斯，长约3980公里；上海至成都，长约2970公里。三个重要路段包括：北京至沈阳，长约700公里；北京至上海，长约1350公里；重庆至湛江西南出海通道，长约1430公里。

按照规划目标，到2000年，"两纵两横"国道主干线将建成高速公路4200多公里，其他高等级公路9000余公里，除个别省际间交通量极少路段外，基本以高速公路和高等级公路贯通，使行车时速达到60公里以上。"三个重要路段"中，京沈线是丹拉线的一段，是连接华北、东北的主要通道，全线将以高速公路贯通；京沪线由京福、同三两线的三段连接线组成，是连接华北、华东的重要通道，全线将以高速公路贯通；西南地区出海公路大通道，连接重庆、贵阳、南宁，直达北部湾地区，是西南地区出海的重要通道，将以高速公路和高等级公路贯通。"两纵两横三个重要路段"贯通后，我国国道主干线上交通拥堵现象将明显缓解。

目标任务明确后,"八五"后三年,"两纵两横三个重要路段"为主的高速公路建设速度明显加快。

1993年9月25日,京沪线京津塘高速天津段通车,该高速公路全线通车。

1994年12月18日,全长269.6公里的京珠线北京至石家庄高速河北段全幅通车,北京与石家庄实现高速连通;同年12月26日,全长81公里的连霍线郑州至开封高速公路通车。截至1994年底,全国高速公路总里程达1603公里,分布在北京、辽宁、天津、河北、山东、安徽、上海、河南、广东、陕西、甘肃、深圳等12个省份和特区。其中,通车里程在100公里以上的有5条(段):沈阳至大连高速公路(375公里)、济南至青岛高速公路(318公里)、北京至石家庄高速公路(270公里)、京津塘高速公路(143公里)、广州至深圳高速公路(122公里)。通车里程在100公里以下的主要有:北京首都机场高速公路、沈阳绕城(南段)高速公路、(安徽)龙塘至吴庄高速公路、上海至嘉定高速公路、(上海)莘庄至松江高速公路、开封至郑州高速公路、广州至佛山高速公路、(深圳)梅林至观澜高速公路、西安至临潼高速公路、(甘肃)天水至北道高速公路。

1995年12月1日,全长340.2公里的沪蓉线成渝一级汽车专用公路通车,西南地区成都和重庆两大中心城市实现高等级公路连通;同年通车的"两纵两横三个重要路段"工程还有京珠线郑州至新乡、连霍线郑州至洛阳高速公路等路段。

截至1995年底,全国高速公路里程达到2141公里,是1990年底的4.1倍。

进入"九五"期,"两纵两横三个重要路段"规划及国道主干线规划的高速公路建设继续加速。截至1996年底,高速公路里程达到3422公里,当年建成高速公路1281公里,这是我国年增高速公路里程首次突破1000公里，为"九五"期公路建设赢得开门红。1996年当年，同三线长(春)(四)平、深(圳)汕(头)，连霍线陕西西安至潼关的临潼至渭南段通车，沪蓉线沪(上海)宁(南京)，京沪线泰(安)化(马湾)，京珠线郑(州)许(昌)、长(沙)湘(潭)等高速公路相继通车；"五纵七横"国道主干线杭瑞线杭(州)甬(宁波)、青银线太(原)旧(关)、京福线南(昌)九(江)高速建成，山西、江西两省高速公路实现零的突破；上海至南京、石家庄至太原、杭州至宁波、南昌至九江、深圳至汕头、长沙至湘潭等又一批大中城市实现高速公路连通，为沿线经济发展注入新的活力。

1997年，国道主干线京珠线石(家庄)安(阳)新(乡)，同三线泉(州)厦(门)，京沪线德(州)齐(河)段通车，还有吉林长春至吉林、黑龙江哈尔滨至大庆公路、山东德州至齐河公路、内蒙古呼和浩特至包头高速(半幅)、广西桂林至柳州高速、海南海(口)洋(浦)等高速公路路段以及西南出海通道贵(阳)遵(义)一级汽车专用公路等路段建成通车，石家庄至郑州、泉州至厦门、贵阳至遵义等重要城市实现高等级公路连通。

据统计，1993年至1997年的5年中，我国高速公路建设规模增大，建设逐步提速，共建成高速公路4119公里，年均通车的高速公路里程达到了823.8公里，是1988年至1992年这五年的6.3倍。截至1997年底，我国公路总里程达到122.6万公里，其中1997年当年开通高速公路1349公里，刷新1996年突破1000公里的增长纪录，全国高速公路里程达到4771公里。

济南会议后，高速公路的建设速度得到明显提升。

四、各省(区、市)高速公路零的突破

"七五"末期，中国大陆高速公路零的突破，由上海沪嘉高速和辽宁沈大高速实现。两条高速公路先后于1988年10月31

日和11月4日通车。沪嘉高速公路由于里程短,效益并不十分明显;而沈大路南北段共131公里实现通车,里程较长,高速公路效益的发挥更加明显。1989年,全长15.7公里的广(州)佛(山)高速公路通车;1990年9月1日,沈大高速公路全线375公里通车后,综合的效益更加突显;1990年9月12日,京津塘高速公路北京至天津杨村段主体工程试通车(含河北段6.84公里)。80年代末90年代初,高速公路作为先进的公路基础设施,只出现在上海、辽宁、广东、北京、天津和河北等少数东部、南部的沿海省份,1990年10月27日通车的陕西西(安)临(潼)高速,成为这一时期广大中西部地区建成的唯一的高速公路。这一时期建成的高速公路,除辽宁沈大高速全线达到375公里以外,其他各省(区、市)的路段均只有二三十公里,建设只能说处于初级阶段。

20世纪90年代以后,高速公路建设开始在全国普及,虽然建设的资金依然比较紧张,但与之前舆论环境的艰难相比,资金的困难已经不可同日而语。1991年至1998年福州会议之前,成为中国各省(区、市)高速公路实现突破的时期。

1991年3月18日,全长70.30公里、被称为"楚天第一路"的武(汉)黄(石)一级汽车专用公路通车(后更名为武黄高速公路),湖北高速公路实现零的突破。5月14日,全长136.89公里的贵州贵(阳)黄(果树)汽车专用公路通车。该路段含一级公路25.24公里,二级汽车专用公路(半幅高速)111.65公里,实现了贵州省高速公路零的突破。10月4日,全长136公里的安徽省合(肥)宁(南京)高速公路通车,实现安徽省高速公路零的突破。12月21日,当年开工并建成、长7公里的浙江沪(上海)杭(州)甬(宁波)高速公路钱江二桥段通车。这一路段按高速公路标准建设,浙江实现高速公路零的突破。沪杭甬高速全长248公里,1995年12月开始分段竣工,1998年底全线竣工。

1992年12月底，全长65公里的海南省环岛东线高速公路海口至黄竹段(右幅)竣工通车，海南省实现高速公路零的突破。海南省环岛东线高速，全长251公里，右幅工程于1995年12月底全线通车，左幅于2001年9月底全线竣工，历时10年。

1993年12月18日，全长318.2公里的山东省济(南)青(岛)高速公路通车，山东实现高速公路零的突破。

1994年7月1日，全长13.15公里的甘肃省天(水)北(道)高速公路通车，甘肃省实现高速公路零的突破。12月18日，全长224公里的京珠线(北)京石(家庄)高速河北段全幅通车，这是河北省建设的首条高速公路(1990年9月通车的京津塘高速公路河北段，长6.84公里，实现了河北高速公路零的突破)。12月26日，全长64.4公里的河南省郑(州)开(封)高速公路通车，河南实现高速公路零的突破。

1995年9月21日，全长340公里的四川省成(都)渝(重庆)高速公路通车，结束了四川(226公里)、重庆(114公里)没有高速公路的历史。

截至"八五"末的1995年底，全国已有17个省份实现高速公路零的突破，占到全国所有省份的一半以上。"九五"时期，高速公路继续着突破的步伐。

1996年1月28日，全长138公里的江西省(南)昌九(江)高速公路通车，江西实现高速公路零的突破。6月25日，全长144公里的山西太(原)旧(关)高速公路通车，实现山西高速公路零的突破，并铸就了"自力更生、艰苦奋斗、不屈不挠、勇于奉献"的"太旧精神"。9月15日，全长274公里(其中江苏段248.21公里)的沪(上海)宁(南京)高速公路通车，江苏省实现高速公路零的突破。9月19日，全长133.26公里的吉林省长(春)(四)平高速公路通车，吉林省实现高速公路零的突破。10月25日，全长45公里的云南省昆(明)嵩(明)高速公路通车。

这是云南省高速公路零的突破。12月15日，全长的55.1公里的长(沙)(湘)潭高速公路建成通车，湖南省实现高速公路零的突破。

1997年5月1日，全长138.46公里的广西桂(林)柳(州)高速公路通车，实现广西高速公路零的突破。6月30日，全长150.40公里的内蒙古呼(和浩特)包(头)高速公路(半幅)通车，内蒙古实现高速公路零的突破。10月6日，全长132.86公里的黑龙江省哈(尔滨)大(庆)高速公路通车，实现黑龙江省高速公路零的突破。12月15日，全长81.90公里的福建泉(州)厦(门)高速公路通车，福建实现高速公路零的突破。

截至1997年底，已有27个省份实现了高速公路零的突破。高速公路覆盖了我国近90%的省份。

五、投融资政策及机制转变

新中国成立直至20世纪70年代末，我国公路行业一直实行计划经济体制，虽然公路事业相比于中华人民共和国成立前有了天翻地覆的变化，但公路基础设施建设单纯依靠养路费，资金严重不足，建设速度相对缓慢。作为综合运输体系中最为基础和活跃的运输方式，公路运输在改革开放后，不但没能发挥优势，成为经济发展的带动力量，与快速发展、活力十足的经济态势相比，却成为经济、社会发展的制约因素。公路行业的发展缺乏动力，最重要的原因就是计划经济的管理模式无法适应市场经济的发展要求。改变现状最重要的是创新，也是对行业影响最深的改革，莫过于转变计划经济的投资建设模式，建立起市场经济为主导的投资建设模式。这其中，资金来源向多渠道开拓、筹融资政策和机制向市场化转变，成为促进公路建设发展的原动力。

改革开放后，为解决公路建设资金问题，国家先后出台了多项政策，加之行业本身不断开拓创新，在公路建设投融资体制改革上闯出了一条新路。除加大政府投入外，还积极运用市场机制，采取多渠道、多层次、多形式、多元化筹集建设资金，逐步形成了"国家投资、地方筹资、社会融资、利用外资"的投融资体制。

1984年11月30日，交通部向国务院报送《关于加快公路建设的报告》，提出关于拓宽公路建设资金来源和具体筹措措施的建议。同年12月25日，国务院第54次常务会议，听取了交通部部长钱永昌关于加快公路建设问题的汇报。会议批准了《关于加快公路建设的报告》并明确，公路建设要以经济发达地区为重点，实行从大小经济中心向外辐射、从沿海向内地辐射的方针，并扩大公路建设资金来源。其具体措施就是扩大公路建设资金来源的三项政策，即适当提高养路费征收标准；征收购置车辆附加费；允许贷款或集资修建路桥隧，收费还贷。其三项政策措施后来被概括为："贷款修路，收费还贷"。"贷款修路，收费还贷"政策的实施，成为公路基础设施实现跨越式发展的主要动力。

1990年1月13日，交通部发布的《公路、水运交通产业政策实施办法（试行）》明确提出，交通业是社会经济发展的基础产业，必须先行一步，超前发展。要从根本上改变我国交通长期滞后的局面，没有长远的部署是不行的。从"八五"开始，要用几个五年计划的时间，加快交通建设。实施办法的制订将贯彻长远与近期相结合，以近期为主的原则。近期，即"八五"期间，使公路、水运交通紧张状况能有所缓解。远期，将随国家产业政策的调整，使交通运输逐步适应国民经济和社会发展的需要。《办法》明确提出，多方筹集和有效使用建设资金，加速交通基础设施建设。继续鼓励地方对交通投资，采取国家补助、地方集资、民工建勤、民办公助、以工代赈等办法，加快发展地方交通。公路建设征地拆迁，由地方政府负责。在统一规划下，本着"谁投资、谁使用、谁受益"的原则，提倡用户自建专用公路；引导外资投向，多渠道、多形式、多层次地吸引更多的国外投资，重点用于国道主干线公路系统的建设。这是交通部首次以规范性文件的形式，明确投融资主体可以多样化。这份文件的出台，在具体操作层面把公路建设筹融资推向了多元化、市场化。

1993年济南会议上，交通部部长黄镇东提出的确保公路建设上新台阶的政策措施中，首先要求要用好国家对公路建设的现有扶持政策。黄镇东指出，国务院及有关部委对公路建设的扶持政策共五项，即：提高公路养路费标准、提高部分用于公路建设，征收车辆购置附加费，贷款修建公路、桥梁、隧道收取车辆通行费，"民工建勤"养护和修建地方公路，"以工代赈"修路。在政策执行上，各地差异较大，特别是养路费和车购费，漏征现象比较严重，挪用情况也时有发生，应该重视改进。其次，要紧紧依靠各地政府的领导和支持，进一步完善对交通的优惠政策。包括增加财政投入，养路费提交的能交基金和预算调节基金要返还公路建设，在土地征迁上给予优惠，借鉴其他省区市的优惠政策，并在客货附加费等方面给予支持。三是采取更多改革开放的措施，筹集建设资金。包括建立公路建设股份公司，向社会筹资；支持公路建设投资单位在公路两侧实施土地开发，征收土地增值费等；在征收流转税时适当征收公路交通基础设施建设附加费；吸引外资；建立起建设资金广泛筹集、有偿使用、滚动发展的良性循环机制。四是要加强现有公路的养护和管理。

90年代，在中央的政策指引、交通部筹融资改革措施的推动下，公路行业的资金来源大为拓展，除国家投资，征收养路费、车购费和客货运附加费等，开始向市场化、多元化、多渠道发展。

利用外资，是改革开放以来公路建设的重要资金来源。1979年，我国开始利用外国政府和国际金融组织贷款，重点用于干线公路建设，对外商参与公路、独立桥梁、隧道设施的建设和经营实行鼓励。特别是1992年邓小平同志南方谈话后，吸引外资工作从广度和深度上有了突破，形成一个外商投资建设交通基础设施的高潮。从1992年开始，中外合资、合作、外商独资、境外股票上市、转让经营权、项目融资等各种直接利用外资形式取得了很大进展。利用外资弥补了我国国内建设资金的不足，对交通基础设施的改善和发展起到了积极的作用。利用外资建设公路主要是两个渠道：一是直接利用外资，与外商合作投资公路建设项目，或转让已建成公路的收费权直接获取外资，用于公路建设；二是利用外国政府贷款和国际金融组织贷款，包括世界银行、亚洲开发银行、日本协力基金等。特别是利用外国政府贷款和国际金融组织贷款不仅引进了资金，而且引进了先进的技术、设备和管理经验，逐步形成了一套符合国际管理和国外贷款机构要求的管理程序和办法，而且快速提高了我国高速公路建设的技术和装备水平，使国内高速公路建设迅速进入机械化时代。到20世纪90年代中期，公路建设利用外资的形式已从最初的贷款、合资、独资、合作，发展到境外发行股票、转让经营权等多种形式。据不完全统计，1997年当年，公路建设利用国际金融组织、政府贷款共完成18个项目，实际利用外资17亿美元；在建项目15个，利用外资建设28亿美元；拟利用外资项目26个，计划用外资52亿美元。

利用资本市场，采取转让公路收费权、发行企业债券以及发行股票等形式，进一步拓宽了融资渠道。通过公路的资产重组，盘活了巨额的存量资产，加速了高速公路的建设进程。1986年12月13日，福建厦门国际公司首家向社会发行厦门高集海峡大桥建设债券,为建设高崎至集美海峡大桥筹集资金;通过对业绩较好的收费公路项目进行资产重组,对多元投资主体进行调整,组建公路股份有限公司上市发行股票,是利用资本市场加速筹融资的有效方式。1996年8月,广东省高速公路发展股份有限公司发行1.35亿股境内上市外资股(B股)成功在深交所挂牌上市,成为国内第一家公路上市公司,拉开了公路企业上市的序幕。1996年10月9日,交通部令1996年第9号发布《公路经营权有偿转让管理办法》,标志着我国第一次承认公路经营权转让的合法性,承认经营权可作为贷款抵押担保的同时,进一步规范了收费公路经营权转让行为。到1997年底,交通系统共有上市公司29家,其中发行A股股票20支、B股股票7支、H股股票6支。1997年当年,广东深圳高速公路股份有限公司、浙江沪杭甬高速公路股份有限公司、江苏宁沪高速公路股份有限公司、四川成渝高速公路股份有限公司先后成功地发行H股,并在香港挂牌上市交易,共募集建设资金110亿元。吉林延边公路建设股份有限公司发行3000万股股票,募集资金1.08亿元,成为首家在国内发行A股的上市公司。尔后,重庆路桥建设股份有限公司股票也在上海证交所挂牌上市。

公路投融资体制改革取得明显成效的关键,在于坚持以市场为导向,促进行业的全面开放,建立了投资激励机制,调动了各方利益主体的积极性,吸引大量社会投资,变行业行为为政府行为、社会行为,形成了全社会大办交通的局面,极大地促进了公路基础设施的建设。其中影响最为深远的,当属被简称为"贷款修路,收费还贷"的政策措施。如果没有这项政策的落实到位,就没有后来公路基础设施的跨越式发展。

统计资料表明,改革开放以前,我国交通固定资产的投资占全社会固定资产投资的比例一般为2%—4%,改革开放后到1990年,虽然每年交通固定资产投资额有了大幅增加,但所占比例仍在 2%—4%左右。1991 年到 20 世纪 90 年代中后期，这一比例开始逐步增大到 4%—6%。实践证明，公路基础设施的快速发展，与具有中国特色的公路多渠道筹融资机制的逐步建立密不可分。

第三节　干线公路及县乡公路

一、国省干线公路建设

"八五"是我国公路运输现代化建设历程中的重要时期，是实施"三主一支持"交通长远战略规划的第一个五年，面临着抓好"三主一支持"建设起步的任务。

1991 年 1 月 25 日，交通部召开的全国交通工作会议明确了"八五"期间公路建设任务，其中，国省干线公路建设的任务包括：重点建设国道主干线 4000 公里，其中高速公路 500 多公里，汽车专用一二级公路 3600 公里；继续改建扩建大中城市出入口公路和过境公路，基本解决车辆出入和过境的拥挤问题；相应发展省干线公路和县乡公路。1993 年"济南会议"不仅明确提速高速公路建设，而且加快了国道主干线公路建设改造的步伐。

"八五"期间，在国道网和"三主一支持"规划的指导下，国道主干线公路加快了改造和建设的步伐。这五年里，竣工的重点国道干线公路工程主要有：1991 年，贵阳至黄果树、武汉至黄石汽车专用公路通车。1992 年，全长 517 公里的广东广州至汕头汾水关公路改造通车，广东、福建两省的主要交通干道由三四级公路，升级为二级公路。1993 年 12 月 18 日，全长 318 公里的济南至青岛高速公路通车；同年，石太一级汽车专用公路通车。1994 年，山东省烟台至威海一级汽车专用公路通车，山东两个重要的海港城市由高速公路连通。1995 年，内蒙古呼和浩特至集宁、河南郑州至新郑高速、湖北江陵至宜昌公路、四川成渝公路、云南昆明至曲靖公路、陕西西安至宝鸡公路、宁夏石嘴山至营盘水公路等重点项目建成。

除重点国道主干线加快建设外,其他普通国道干线也不断地加快改造和建设的步伐。据不完全统计:

1991年,101国道北京至承德线河北段全线改建为二级公路;109国道甘肃段开始全线按二级以上标准改建,西藏段开始第二次大规模整治;213国道四川成都至藉田段开始按平原微丘区二级公路标准改造;227国道青海大通至扁都口段除大坂山隧道外的197.6公里开始改建,察汗诺至德令哈段改建工程由预备项目转为"八五"后期建设项目,同时给予补助70%资金的优惠;327国道山东费县至泗水段按二级公路标准改建等等。

1992年,307国道河北小榆林西至衡水石家庄界改造升级为二级汽车专用公路;314国道喀什至红其拉甫段改建成三级公路;321国道贵州大方至黄花坪段,作为西南公路出海辅助通道,改造为二级公路。

1993年,101国道辽宁段基本完成二级公路改造,北京段部分路段进行了大修改造;104国道泰安至曲阜段改建成二级以上标准,并被交通部评为"全国十大公路工程"之一;河南三门峡黄河公路大桥建成,结束了209国道通过茅津渡口过河的历史;213国道四川汶川至松潘段1993年开始按山岭重丘区二三级公路标准改造;314国道赛尔墩至马鞍桥段50公里改建成二级公路。

1994年,102国道北京段改造为高速公路,102国道河北卢龙至抚宁段1995年改建为二级公路;104国道浙江段开始不间断拓宽改造,技术等级和路面等级大幅提高;215国道青海花海子二道班至大鱼滩段,以"万丈盐桥"闻名于世,开始按二级公路标准开工改造;321国道贵州榕江内定威至坝街段和从江县境内段修通，打通贵州省境内所有国道断头路；312国道陕西段在1994年基本实现三级油路的基础上，开始铺筑一二级路，大力修建隧道、大桥。

1995年，323国道江西段全线235公里实施二级公路改造，铺筑水泥混凝土路面；327国道山东段济宁至兖州段一级公路建成。

"八五"期间，公路全行业集中力量，超额完成了建设计划，一批国道主干线公路工程建成通车。特别是高等级公路发展迅速，五年中除新增1619公里高速公路外，还新增一二级汽车专用公路9328公里。截至"八五"末的1995年底，我国公路总里程达到115.7万公里，其中高速公路达到2141公里，一二级公路里程达到9.45万公里，分别是1990年的4.10倍和2.05倍。在"八五"期间新增的干线公路中，二级以上高等级公路为5万余公里，占新增里程的1/3；二级以上公路在国家干线公路网中的比重净增了4个百分点。干线公路趋向高等级化，缓解了干线公路运输压力，有力促进了国民经济的发展。公路网技术水平和综合服务水平有了较大改善和提高。

截至"八五"末的1995年底，"五纵七横"12条国道主干线已建成近5000公里，完成了14.53%。其中"两纵两横和三个重要路段"建成近2600公里，为规划建设里程的20.3%；另有28%、约3600公里的路段已开工建设，为实现"九五"期基本贯通"两纵两横和三个重要路段"打下了基础。

"八五"期间，全国公路事业迅速发展，公路密度有所提高，"七五"末每百平方公里有公路10.71公里，到"八五"末达到了12.05公里。其中等级公路增加16.97万公里，同期等外公路里程减少4.1万公里；公路有路面里程增加16万公里，高级、次高级路面里程增加12.7万公里。

"九五"期间，全国公路建设按两个根本性转变(即经济体制的根本性转变和经济增长方式的根本性转变。经济体制的根本性转变，是由计划经济向市场经济转变；经济增长方式的根本性转变，是由粗放型向集约型转变）的要求，主要任务是继续抓好"两纵两横三个重要路段"国道主干线建设，建设其他国道主干线和对区域经济发展至关重要的其他公路。目标明确后，"九五"前两年国道干线公路建设速度继续提升。

1996年，全年新增二级以上公路1.56万公里，占当年新增里程的54%，公路网整体技术结构在逐步改变，技术标准稳步提升。主要工程项目包括：301国道绥满线哈（尔滨）大（庆）段改建成高速公路；327国道济宁东南环一级公路建成通车；329国道浙江朱家尖大桥改接线开工；330国道丽水至缙云段复线开工建设。其他干线公路如成（都）绵（阳）、昆（明）曲（靖）等干线公路，也于同年建成。

1997年，全年新增二级以上公路里程1.88万公里，占公路里程增长数的46%，其中绝大部分铺装高级、次高级路面，公路网技术结构进一步合理，行车条件进一步改善；干线公路建设的投资开始向内地倾斜，中西部地区建设步伐加快，当年新增的二级以上公路中，西部地区占47.8%。

1997年建设的国道干线项目，主要包括：107国道广东段清远至连州一级公路；207国道河北段分期开工改建；214国道青海倒淌河至玉树段全线完成三级公路改建，扎曲河大桥至多普玛段新改建三级公路工程开工；301国道哈尔滨至阿城段改建为高速公路；302国道珲乌线长春至吉林段改建完成；316国道陕西段全线按二三级公路标准完成沥青路面改建；320国道江西上饶至鹰潭、南昌进贤界山岭至温家圳至高坊岭、省庄至高安大城、宜春境内高安大城至泗溪、宜春至分界埠，萍乡境内分界埠至芦溪等段共267.1公里完成二级公路改造；322国道广西段重要路段、也是"五纵七横"衡昆线的桂（林）柳（州）高速公路马坡至黄冕段建成。这些重点国道主干线路段的通车，对加快国道主干线网的形成具有重要意义。

到1997年底，全国二级以上高等级公路达到13.10万公里，比1995年底增加6400多公里；高级、次高级路面里程达到46.75万公里，比1995年底增加8.07万公里。公路网的技术水平和路面质量及综合服务水平明显提高。

二、县乡公路建设

县乡公路是公路网的重要组成部分。20世纪90年代，农村经济的快速发展，对县乡公路建设提出了更高的要求，国家用以工代赈、交通扶贫、加大养路费投入等多种方式，进一步加大了帮扶力度，县乡公路建设开始逐步提速。

根据《国家"八五"计划纲要》提出的我国经济发展目标，交通部确定了公路"八五"基本建设重点，要求在重点建设国道主干线和城市出口路的同时，"相应发展省干线公路和县乡公路"。"八五"期间，全国县乡公路稳步发展。截至1995年底，全国5年里新增县乡公路里程10.98万公里，县乡公路总里程达到82.1万公里，占公路总里程的70.9%；乡镇和行政村的公路通达率分别从1990年底的96%、74%增加到97.1%、80%，不通公路的乡镇和行政村分别比1990年减少904个和6.03万个。公路密度由1990年底的每百平方公里10.71公里增加到12.05公里。同时，中西部老、少、边、穷地区扶贫公路建设得到加强，建成一批改善贫困地区行车条件、对发展经济和脱贫致富有重要意义的县乡公路。

1996年，根据国家加快中西部地区经济建设和"八七"扶贫攻坚计划的战略部署，中西部地区经济建设和扶贫公路建设的投资力度加大，诸多县乡村公路的建成通车，公路通达深度又有了较大增加。1996年全国有60个乡镇、10148个行政村修通了公路,促进了农村经济发展和脱贫致富的进程。

1997年和1998年,县乡公路建设仍然保持加速的发展势头。1997年,按国民经济规划发展的总体要求,中西部地区公路建设速度加快,新增里程约占当年全国增长里程的70%。

到1997年底,全国不通公路的乡镇和行政村分别比1995年减少686个和2.44万个,通达率分别达到98.5%和85.8%;公路密度达到每百平方公里12.78公里。

进入20世纪90年代后,各省(区、市)积极采取措施,因地制宜,加快建设县乡公路和通村公路,县乡公路得到了较快发展。

三、公路扶贫及援藏公路工作

1. 全国公路扶贫工作

在国家开展"以工代赈"兴建扶贫公路10年后,为进一步解决农村贫困问题,缩小东西部地区差距,实现共同富裕的目标,1994年4月15日,《国务院关于印发〈国家八七扶贫攻坚计划〉的通知》发布。《国家八七扶贫攻坚计划》在"奋斗目标"中明确,要加强基础设施建设,重点是"绝大多数贫困乡镇和集贸市场、商品产地的地方通公路";在"资金的管理使用"中明确,"新增的以工代赈主要用于修筑公路,以及解决人畜饮水困难。要重点修筑县乡之间的公路和通往商品产地、集贸市场以及为扶贫开发项目配套的道路";在"部门任务"中明确,"交通部门要配合实施以工代赈计划,增加投入,加快贫困县、乡公路建设……。"

交通部扶贫的重点是西南的石山地区、西北的黄土高原地区以及水库移民区、滩区和边远少数民族地区。据此,交通部于1994年6月和10月,分别召开"全国交通扶贫工作座谈会",总结过去的扶贫工作,落实《国家八七扶贫攻坚计划》,组织编制"八五"后二年和"九五"交通扶贫计划。交通部扶贫的范围是列入《国家八七扶贫攻坚计划》中的592个贫困县。

1995年是全面贯彻实施《国家八七扶贫攻坚计划》的第一年,为实现交通扶贫工作的奋斗目标,各级交通部门有组织、有计划地开展了交通扶贫工作,进一步加大了交通扶贫投资力度,加强了对交通扶贫工作的组织和领导,制定了"九五"交通扶贫规划,加快了公路扶贫项目建设的进程。

1995年10月24—27日,交通部在山东省泰安市召开了"全国交通扶贫工作会议"。交通部部长黄镇东作了题为《提高认识,把握机会,坚决打好交通扶贫攻坚战》的工作报告。国务委员陈俊生为会议发来贺电。会议总结了交通扶贫工作的经验,研究了交通扶贫攻坚措施,部署了"九五"期间交通扶贫工作。1995年当年,交通部与各省(区)合资新建、改建扶贫公路6397公里,桥隧88座8334延米。

"八五"期间,交通部积极配合《国家八七扶贫攻坚计划》的实施,中西部老、少、边、穷地区扶贫公路建设得到加强,建成了一批改善贫困地区生存条件,对发展经济脱贫致富有重要意义的县乡公路。

"九五"期间,扶贫公路建设进入了攻坚阶段。据统计,截至1997年,条件比较好的贫困地区基本修通公路,但全国尚有5800万贫困人口没有脱贫,他们大多集中于环境恶劣、地形地貌复杂的地区,公路施工难度大、造价高,全国扶贫公路建设的资金缺口达100亿元以上。交通部于1997年4月24—26日在太原召开"第二次全国交通扶贫工作会议",对打好交通扶贫攻坚战进行再动员、再部署。会议指出,今后4年交通扶贫工作的主要任务是:基本完成剩余的贫困县对外出口路或经济干线路建设,东、中部地区尚余的约200个不通公路的乡镇基本通公路,西部地区有条件的乡镇基本上通公路,全面实现交通扶贫攻坚目标。确定交通扶贫的重点是中西部地区、贫困县集中连片区和少数民族地区，难点是深山区、石山区、荒漠区、高寒区、黄土高原区和库区、滩区。会议提出了"坚持从实际出发、实事求是、因地制宜开展交通扶贫工作"和"一手抓干线公路建设，一手抓扶贫公路建设"的工作方针。

通过努力，全国扶贫工作取得明显成效。到1998年，全国乡镇通公路、行政村通机动车的比例由1994年的96.8%、78.5%分别提升到98.7%和87.7%，贫困地区交通落后面貌大为改观。

与此同时，全国各省（区、市）也在交通扶贫工作中取得了很大成效。

2. 交通部定点扶贫

在推动全国公路扶贫工作的同时，交通部还承担政府定点扶贫的任务。1994年，根据中央扶贫开发领导小组部署，交通部定点扶贫重点联络县由原来河南省栾川县和云南省怒江州的泸水、贡山、福贡4个县，增加为11个县，即增加河南省伊川、洛宁、嵩县、汝阳、新安、宜阳和云南省兰坪县。交通部机关及在京部属单位先后选派多批干部赴定点扶贫地区蹲点扶贫，交通部领导除每年带队督促检查外，还先后多次深入两地现场办公，帮助解决实际问题。当年，共修通扶贫公路1940公里。

交通部党组对交通扶贫工作十分重视。1994年10月召开交通扶贫座谈会，总结过去扶贫工作落实国家八七攻坚计划，组织编制"八五"后二年和"九五"交通扶贫计划。交通部扶贫的范围是列入国家八七攻坚计划中的592个贫困县，扶贫公路建设的重点是：贫困地区通往经济较发达地区，对脱贫具有重要意义的主要通道（经济干线）公路建设；通往不通公路贫困乡镇的公路建设；脱贫效果显著的资源开发公路、断头路等公路建设。

1995年10月24—27日，交通部在山东泰安召开"全国交通扶贫工作会议"，贯彻中共十四届五中全会和全国扶贫开发工作会议精神，总结交通扶贫工作，交流经验，研究交通扶贫攻坚措施，部署"九五"期间交通扶贫工作。交通部于1995年初选派部机关及直属在京单位的26名干部进驻河南省洛阳市（及其7县）和云南省怒江傈僳族自治州，帮助交通部扶贫点开展扶贫工作，取得显著成绩。1994—1997年，交通部扶贫工作共新改建扶贫公路2.12万公里、桥隧206座（处）计2.82万延米。

在河南洛阳，1986年开始的定点扶贫为第一阶段。1994年后，以实施《国家八七扶贫攻坚计划》为标志，洛阳定点扶贫进入第二阶段。1995年，交通部确立了"建设经济路，打通资源路，开发旅游路，接通断头路"的目标。1997年，交通部把推动农业科技开发，调整经济结构，提高农业产业效益，增加农民收入作为扶贫工作的一个重点课题加以实施。设立"农业科技扶贫专项基金"，大力实施科技扶贫计划。扶贫方式也从单一的投资建设扶贫公路扩展为以交通基础设施建设为龙头，实施教育、科技等全方位的开发式扶贫，使扶贫效果明显增强。这一阶段有伊川和新安2个县整体脱贫。

1990年3月，云南的怒江州被交通部、云南省定为扶贫联系点。交通部、云南省交通厅和省公路局通过调查研究，确定建设8个扶贫公路项目。此后，交通部、云南省交通厅、公路局的有关领导和人员多次亲临现场，了解8个扶贫公路项目的进展情况，解决具体问题。1994年8月，在8个项目基础上，交通部又确定了3个新的扶贫项目：改建六库至片马公路、新建跨越怒江的贡山茨开汽车大桥、建设六库汽车站。到1995年，全长363公里的8个扶贫公路建设项目相继竣工通车。同时，为解决边疆各族群众过江难问题，交通部帮助在怒江州架设的12座人马吊桥也于1995年全部建成，其中3座建在澜沧江上,甚至有的吊桥还能通过手扶拖拉机。1995年以后,交通部、云南省加大对怒江州的交通扶贫工作力度,投资2亿元以上,上马5个新的公路扶贫项目。这些项目竣工后,怒江州新增油路143公里、弹石路59公里,大大提高了公路等级和抗灾能力。其中,六库至片马公路改建工程为怒江州增加了对外通道,加快了片马口岸的开发,促进了中缅边境贸易的发展。

3. 援藏公路工作

新中国成立以后,中央人民政府对西藏的经济发展给予了特殊支持,拨给大量财政、专项补贴和重点项目建设资金,调集大批物资进藏,这其中,公路交通成为援藏的重点之一。1954年12月25日,举世闻名的川藏、青藏公路建成通车,创造了人类公路建设史上的奇迹,使西藏有了和祖国内地紧密相连的"生命线",从此拉开了西藏现代化交通发展的序幕。

进入20世纪90年代,公路援藏工作逐渐掀起了高潮,为西藏的加快发展,为巩固边疆做出了突出贡献。1990年8月13日,交通部部长钱永昌带队完成对西藏交通的考察后提出,为西藏培训养路技术工人,具体培训任务由陕西省公路局承担。1992年4—10月、1993年2—8月,陕西省公路局先后开办两期培训班,在接受培训的100名机械化养路工人中,60%以上为藏族学员。1993年8月24日,交通部副部长李居昌率交通部工作组,进行了为期7天的西藏公路交通状况考察。工作组视察了青藏公路并看望在沿线施工的武警官兵、路桥工人和道班工人。这一时期,公路援藏工作平稳发展。

1994年7月20—23日,党中央、国务院在北京召开第三次"西藏工作座谈会",确定了"分片负责、对口支援、定期轮换"的新的援藏方针,15个省市分别对口支援西藏7个地市,中央有关部委对口支援西藏自治区直属单位。会议落实了全国支援西藏的62个、投资总额达23.8亿元的建设项目。从此,援藏工作走上了"输血"与"造血"并举、着力加强西藏自我发展能力的新时期。

1994年8月31日，由交通部副部长刘锷率领的赴藏工作团，经过为期一周的实地考察，对由交通部承担的拉萨至贡嘎机场公路整治工程和中尼公路的危桥施工等公路建设项目进行部署，要求优先保证该项目的资金投入，确保质量，严格按照GBM标准施工。9月17日，交通部派出专家组赴西藏落实拉贡公路美化工程的技术方案及整治措施。11月3日，交通部考察组利用纪念川藏、青藏公路通车的机会，考察了川藏公路整治现场，并与西藏自治区人民政府常务副主席杨传堂，就川藏公路第二期改造整治工程举行了座谈。

1995年1月10日，在"全国交通工作会议"上，交通部部长黄镇东倡议全国交通行业开展"为西藏养路职工送温暖"活动，得到全国公路交通行业积极响应。活动从1995年起，计划用3年时间，组织除宁夏、新疆、青海、四川、云南、甘肃等省（区）以外的全国其他省（区、市）及6个计划单列市的公路交通部门，对西藏国、省、县各级公路上的150余座道班危房进行援建改造，每座道班的投资20万元。活动开展后，全国29个省（区、市）和计划单列市的交通系统参加了送温暖活动，共投资3130万元，交通部专项补助770万元。西藏自治区党委和政府对"送温暖"活动减免税费，享受自治区成立30周年大庆项目的优惠政策。西藏交通厅多方协调，认真组织，确保工程进度和工程质量。在各方的努力下，原定三年完成的"送温暖"活动，至1997年2月提前1年圆满完成。两年间共完成投资3945万元，完成援建改造道班房156座及其配套设施建设，总面积4万余平方米。"送温暖"活动开展以后，不仅改善了西藏养路职工的工作生活条件，加强了民族团结，更大大增强了交通系统的凝聚力，推动了文明行业的建设，同时对全国交通系统干部职工来说,也是一次展示社会主义制度优越性和爱国主义教育的活动。为了总结"送温暖"活动的经验,进一步做好援藏工作,1997年7月14—17日,交通部在西藏召开了"送温暖活动总结验收会",交通部部长黄镇东参加会议,并对科技推广、人才培训等方面进一步对口支援,提高西藏交通发展的整体技术水平与科技含量进行了部署。同时要求全国交通系统广大干部职工继续做好新时期的援藏工作,为西藏的繁荣稳定和经济发展做出更大的贡献。

1997年,交通科技和教育援藏也快速发展。当年10月,公路桥梁管理系统援藏项目完成验收,同时还增加了路面管理系统和公路客运系统的推广应用工作。

20世纪80年代中后期及整个90年代,是第二次、第三次西藏工作座谈会明确的100多个建设项目集中实施的时期,公路基础设施的推进使西藏的公路交通迅速迈入了现代化的门槛。据统计,"八五"期间,援藏资金达到14.7亿元,"九五"期间有了大幅度增长。

4. 教育扶贫

1987年,交通部在调查研究的基础上,确定陕西、甘肃、新疆、宁夏、云南、贵州、四川、江西、福建、河南、广西、山西等12个省(区)的205个贫困县作为交通教育扶持对象,并于同年召开这些省(区)交通厅教育处长会议,研究扶持工作方针及具体落实措施。交通部明确,"七五"期间补助投资1000万元,为上述省(区)培养本科生205人、专科生410人、中专生和培训班毕业生各1640人。其中,当年安排补助人才培训经费400万元。

"八五"期间,交通部加大交通教育扶贫力度。继续对云南、四川、新疆、贵州等22个省(区)开展交通教育扶贫工作,在更大程度地改善了这些地区交通教育办学条件的同时,为老、少、边、穷地区交通部门培养大专生1300人，中专技校生1万人，培训在职人员1.97万人。同时，贯彻落实党中央、国务院关于全国支持西藏的方针，交通部在呼和浩特交通学校等3所中专学校专门为西藏开办路桥、汽运、财会、文秘4个专业，共培养300多名中专生；在重庆交通学院重点培养60名藏族学生。此外，又拨专款帮助西藏交通厅建立教育基地，并开设1所交通电视中专分校。交通智力援藏工作的开展，有力地支持了西藏交通建设。

"九五"期间，交通部制定了《"九五"期间交通教育扶贫计划》，对扶贫范围和基本任务做出新的规定，并对扶贫计划的实施及资金的筹措和管理工作提出了要求。1996年和1997年，交通部共投入教育扶贫资金1600万元，带动地方投入配套资金2576万元，共培养大专生1772名、中专和技校生1.18万名，培训各类干部1.81万名。

第四节　桥隧建设

一、桥梁建设取得突破性进展

1991—1997年间，国道干线公路等级不断提高。与之相应，一批重点桥梁工程在技术、规模上开始取得突破。我国建设的桥梁，已由中跨钢梁桥、混凝土梁桥、拱桥，向大跨连续梁桥、斜拉桥、悬索桥、结合梁桥、钢管拱桥发展；经过多年的探索和积累，公路桥梁建设成套技术得到提升；数座大跨度的斜拉桥、悬索桥的成功设计、建设和管理运营，开始吸引世界的目光。

"八五"开局之年的1991年，桥梁建设取得开门红。5月1日，我国第一座跨海大桥——厦门大桥试通车。这座大桥，桥面宽23.5米,全长6599米,主桥长2070米,结构为46孔、45米等跨等截面预应力连续箱梁,荷载达到汽车—超20级、挂车—120,设计行车时速80公里。其集美互通立交桥,沟通了福厦公路、漳厦公路和福漳公路。11月19日建成的上海南浦大桥,是上海市区跨越黄浦江的第一座大桥,桥宽30.35米,总长8346米,其中主桥长846米。主桥为一跨过江的双塔双索面钢与混凝土结合梁斜拉桥,主跨423米,当时位居同类桥型全国第一、世界第三。两岸各设一座150米高的"H"型钢筋混凝土主塔,桥塔两侧各以22对钢索连接主梁索面,呈扇形分布,桥下可通行5万吨级船舶。从此,我国的斜拉桥跨径突破400米。同年12月21日建成的杭州钱塘江二桥,是我国首座公铁平行连续梁桥,公路和铁路的正桥均为18孔三向预应力钢筋混凝土箱型连续梁桥,跨径布置为45+65+14×80+65+45米,全长1340米。同年12月25日建成的北京市西厢工程,是经国务院总理办公会批准建设的全国重点工程,北起复兴门立交南端,南至菜户营与京开路相接,全长11公里,其中的天宁寺立交为四层互通立交,是当时国内城市最大的互通立交之一。

  1993年9月15日,上海杨浦大桥通车。该桥全长8354米,主桥长1172米、宽30.35米,为双塔双索面钢—混凝土结合梁斜拉桥结构,主跨602米,超越南浦大桥成为当年的全国第一,也跃居世界第一。邓小平为该桥题写了桥名。12月31日,全长1310.09米的河南三门峡黄河公路大桥通车,209国道一举跨越黄河天堑。该桥主桥桥跨布置为105+4×160+105米。同年12月竣工通车的山东省东明黄河公路大桥,是交通部和山东省"八五"重点公路建设项目。主体为国内首座刚构—连续组合体系,桥梁全长4142.14米,桥宽18.5米。桥跨布置为27×40+30×50+(75+7×120+75)+14×40米。设计荷载等级为汽车-超20级,挂车-120。同年12月竣工通车的还有湘潭湘江公路二桥,是交通部和湖南省

"八五"重点公路建设项目。大桥全长 1830.35 米，桥宽 20.5 米。主桥为 50+5×90+50+7×42.5 米等截面钢筋混凝土连续箱梁桥。设计荷载等级为汽车—超 20 级，挂车—120。采用大直径双柱式无承台下部构造、贝雷架挂篮连续千斤顶悬拼大断面大吨位整体箱梁、连续桥梁顶推、大面积压浆处理河中基础等新技术、新工艺，解决了施工难点，保证了大桥的顺利建成。

1994 年 2 月 1 日，位于 209 国道的湖北郧阳汉江公路大桥通车，该桥为全长 601 米、主跨 414 米、总宽 15.6 米的斜拉桥，是我国第一座地锚式大跨度预应力混凝土斜拉桥。

1995 年 6 月，沟通四条国道的武汉内环线的重要桥梁——武汉长江二桥通车，主跨 400 米，为双塔双索面钢筋混凝土斜拉桥，是长江上此类桥型的第一座。12 月，汕头海湾大桥建成。该桥主跨 452 米，为双铰预应力钢筋混凝土加劲梁悬索桥，由我国自行设计、施工和运营管理，也是当时中国首座大跨径悬索桥，居当时同类桥型世界前列，被誉为中国公路桥梁建设史上的又一里程碑。同年 12 月通车的还有铜陵长江大桥和沪蓉线关键工程之一——黄石长江公路大桥。铜陵长江大桥全长 2592 米，主跨 432 米，为预应力钢筋混凝土双塔扇形索面斜拉桥。此桥的建成结束了八百里皖江无大桥的历史，由公路行业的单位独立设计和建设，标志着我国公路行业桥梁的设计、建设水平实现了质的提升，跨入全国乃至世界的先进水平。黄石长江公路大桥南北贯通 106 国道、东西连通沪蓉国道主干线，为五跨预应力混凝土连续刚构桥，主跨 245 米。

"八五"期间建设的这些重大桥梁工程，在工艺复杂、施工难度大的条件下，不仅技术先进、结构新颖；而且实现了工期短、造价低、质量好的目标。到 1995 年底，全国桥梁达到 19.64 万座、627.89 万延长米，分别是 1990 年底的 16.85 万座、505.56 万延长米的 1.17 倍和 1.24 倍，桥梁长度的增长幅度大于数量的增长,桥梁开始向长大化发展。使我国公路桥梁勘察设计和建设技术、管理水平,实现了全面的提升。

进入"九五"后,我国桥梁建设延续"八五"期间的良好趋势,在数量、质量和技术水平上继续快速发展。

1996年8月,三峡水利枢纽前期准备工程关键项目之一——主跨900米、通过特种施工车辆的西陵长江大桥竣工,该桥为钢箱梁悬索桥,主跨居当时国内第一、世界第七,这是我国悬索桥跨度上的一次明显突破。同年8月,广西邕宁邕江大桥竣工,为主跨312米的中承式钢管混凝土拱桥,主跨居当时世界同类桥型之首。

1997年,公路桥梁建设取得新突破。1997年7月1日——香港回归祖国之日通车的广东虎门大桥。该桥全长4.61公里,其主航道桥跨径888米,是我国公路上的第一座跨度近900米的大型悬索桥;辅航道桥为三跨预应力混凝土连续刚构桥,主跨270米刷新了当时连续刚构桥的世界纪录。此前的5月,香港青马大桥建成,为当时中国跨径最大的悬索桥,主跨1377米。此桥为全世界最长的公路、铁路两用的重载悬索大桥,其设计、施工技术水平居世界前列。同年6月,上海徐浦大桥通车,为主跨590米的斜拉桥。同年的5月和11月,重庆先后建成万县、涪陵、江津三座长江公路大桥。其中,万县长江公路大桥主跨420米,居当时钢管混凝土箱形拱桥的世界第一。

截至1997年底,公路桥梁达到21.08万座、695.19万延长米,分别比1990年底增加4.23万座、189.63万延长米。90年代前七年,桥梁数量和延长米数年均分别增长6042.86座和27.09万延长米,年均桥梁数量、延长米数的增长量,分别是"七五"期间的1.34倍、1.62倍。

这个时期,在四种主要桥型上,一批具有代表性的桥梁开始跻身世界前列。一是悬索桥除香港的青马大桥主跨达1377米以外，我国大陆地区以西陵长江大桥、广东虎门大桥为代表，主跨已经接近千米量级，主跨的大幅度提升，证明了设计、建设技术已经有了很大的发展；二是斜拉桥勘设、施工技术已经有所突破，主跨从90年代初期的三四百米已经延伸至600米这个量级，最具代表性的是上海的杨浦大桥；三是在我国建桥的传统技术强项——拱桥、梁桥方面，以1997年建成的重庆万县长江公路大桥和广东虎门大桥辅航道桥为代表，其420米、270米的主跨幅度，已经步入世界前列。

90年代前七年，公路桥梁建设取得的进步，标志着我国的现代化公路桥梁，在勘察设计、施工技术、建设管理等诸多方面，已经具备跻身世界前列的技术实力，从而迈开了全面赶超世界水平的步伐。

二、隧道建设迈向长大化

在发展历程和特点上，公路隧道除比桥梁起步稍晚外，其中经历的艰难和取得的成就与公路桥梁十分相似。

新中国建国直至改革开放之前的30年，修建的公路等级均偏低，线形指标要求不高。20世纪50年代，我国仅有公路隧道30多座，总长约2500米，且单洞长度都很短。20世纪60、70年代，我国干线公路上曾修建了一些长百米以上的隧道，但技术标准也不高。改革开放以后，随着公路建设的发展，公路隧道开始有所发展，具有代表性的工程有：广东深圳梧桐山隧道和珠海板樟山隧道、福建鼓山隧道和马尾隧道、甘肃七道梁隧道等。到1990年底，我国建成的千米以上隧道已有十余座。

"八五""九五"期间，随着我国高速公路的快速发展，为了克服地形或高程障碍、改善公路线形、保证路线平顺、缩短里程、保护生态环境、提高行车安全性等，大型现代化公路隧道进入快速增长时期。

"八五"期间,我国公路隧道发展较快,数量较快增长,建设长度和质量均有较快的提升,山岭隧道和水下隧道同步发展。

1991年,长度超过800米的319国道福建板寮岭隧道、205国道福建五显岭隧道以及宁夏六盘山公路隧道等工程开工。特别是六盘山隧道,全长2385米,海拔2000多米,其设计、施工难度均较高。这些隧道工程,技术先进、结构新颖、工艺复杂、施工难度大。这些工程的实施,标志着我国隧道设计、施工和建设管理能力又迈上了新的台阶。

1992年12月26日,长3180米的福建罗宁高速公路飞鸾岭隧道右线开工。

1993年12月28日,广州珠江水下隧道建成。该隧道全长1238.5米,河中段全长475米,呈南北走向,隧道共有3条管道,分3个孔,西侧两孔为双车道汽车管道,东侧一孔管道设计时为广州地铁一号线的双轨管道。隧道北端出入口位于荔湾区黄沙,连接内环路、六二三路,南端出入口位于上芳村,连接花地大道是穿越珠江的一条过江隧道,是我国大陆首次采用沉管法设计施工的大型水下公路隧道。

1994年10月,成渝高速公路重庆段中梁山隧道、缙云山隧道以及宋家沟一号、二号隧道建成通车,总长1.2万余延长米。其中,中梁山隧道和缙云山隧道是成渝高速公路的控制工程和投资重点,这也标志着,隧道开始在高速公路的建设中扮演举足轻重的角色。中梁山隧道左洞长3165米,右洞长3163米;缙云山隧道左洞长2528米,右洞长2478米,均为双洞四车道。中梁山隧道是我国当时建成的最长公路隧道。这些长大隧道的贯通,使成渝高速公路重庆段的里程缩短了44公里。建设中应用了许多新技术、新材料和新工艺,为我国长大公路隧道的建设积累了有益的经验和科技成果。同年8月,长3700多米的江苏连云港云台山隧道建成。该隧道系人防工程,单洞两车道。其开通运行,为连云港的公路疏港运输提供了一条便捷的通道。

1995年11月8日,浙江宁波甬江隧道建成,这是继1970年上海黄浦江打浦路隧道通车后,我国建成的第二条越江隧道。该隧道位于宁波镇海的甬江入海口,为单孔两车道汽车隧道,全长1019米,水下段长420米,修建在海相沉积、饱和流塑状黄色淤泥质粘土的软弱地基上。

"八五"的五年里,多处超千米的隧道工程开工、竣工,标志着我国隧道在设计、施工及运营管理的全方位上迈开了追赶国际先进水平的步伐。到1995年底,我国公路已经有隧道797处、18.35万延长米,众多盘山公路的"弯拐"成为历史。

"九五"时期,公路隧道建设步伐比"八五"时期明显加快。特别是随着国道主干线上一些较大规模高速公路路段的起步建设,众多公路隧道甚至隧道群开始涌现。

1996年五六月间,川藏公路二郎山隧道东西段同时开工。1996年1月22日,双洞平均长3599米的三峡专用公路控制性工程——木鱼槽隧道贯通,全路于10月1日全线通车。11月29日,上海延安东路南线水下隧道建成。

1997年3月18日,宁夏六盘山公路隧道正式建成通车。该隧道是312国道穿越六盘山的关键控制工程,是当年我国西北地区最长的公路隧道,长度列全国第四。该隧道工程,全长12.37公里,其中隧道横穿六盘山分水岭,工程东起固原什字镇,西止隆德峰台乡,长2385米,宽9米,高5米,引道长9981米。该隧道的贯通,免除了汽车翻越六盘山的28个回头弯,公路运距缩短了6公里,减少汽车行程1小时,消除了"欧亚大陆桥"上的一个梗阻点,使昔日"峰高华岳三千丈,险居秦关百二重"的天险雄关变成通途,也为旅游观光增添了新的内容。同年6月,双洞等长1080米的福建泉州至厦门高速公路大坪山隧道贯通。同年,京珠国道主干线广东段大宝山隧道建成,该路段全长300余公里中，共有隧道11座，其中超过千米的有6处，大宝山隧道是其中长度最长、规模最大的一处，双洞六车道。其中左洞长1565米，右洞1585米，隧道净宽14米，净高5米，设计行车时速100公里。同年12月20日，全长3455米、宽13.1米、高7.3米、单向三车道的北京八达岭高速二期控制性工程——潭峪沟隧道竣工，成为当时国内及亚洲长度最长、跨度最大的三车道公路隧道。此外，同年建成的广西桂柳高速公路中，包括隧道1942米；贵州贵阳至遵义汽车专用公路中，包括隧道3处。

到1997年底，我国公路隧道数量，从1993年（此前无统计）的682处、13.55万延长米，增加至957处、27.09万延长米，分别增长了0.4倍和1倍。公路隧道向长大化发展的趋势十分明显；同时复杂条件下的隧道勘察设计、施工建设、规模与结构型式、环保技术、安全保障系统、运营管理水平，以及相关规范体系的建立与完善等方面都有长足进步。

第五节 公 路 运 输

（注：行业内，涉及公路运输、城市道路运输管理时，一般习惯使用或贯以"道路运输"一词。而在客货运统计时，用词则为"公路客、货运量""公路客、货周转量"。为避免混乱，在涉及公路运输及道路运输管理的叙述上，本书一律用"公路客货运输"。仅在引用法规、规章、组织机构及会议名称时，为尊重历史仍使用"道路运输"一词。）

在综合运输体系中，公路运输具有最密集的路网基础设施、最广泛的活动地域、最深入的服务空间、最大的机动灵活性，并具有联结其他交通运输方式的优势，在综合运输体系中最具基础性、支撑性的作用。公路运输业肩负人员和物资流通的重任，与广大人民群众的生产、生活关系最为密切，是国民经济体系中重要的基础性产业，也是充满活力的产业，在经济发展和社会生活中承担着"先行官"的作用。

20世纪90年代以后，公路基础设施特别是高等级公路得以快速发展，公路基础设施在质量上、规模上都有了很大改善，对国民经济的"瓶颈"制约逐步缓解，也为公路运输业的快速发展奠定了基础。这一时期，公路运输的综合效益初步显现。同时，公路运输装备水平不断提升，经营向集约化、规模化方向发展的趋势初步形成。公路运输行业中，高速公路客运兴起，为满足旅客对高速、便捷、舒适、安全性需求的大幅增长，客运车辆更新加快，向高档化、舒适化、大型化方向发展的趋势明显；公路货运汽车，也在向专业化、专用化方向发展。在综合运输体系中，公路客运量、旅客周转量的比重均大幅上升，公路货运量、货物周转量比重平稳上升。

改革开放以后，特别是1983年交通部实行"有河大家走船，有路大家走车"的政策，放开运输市场，极大地激发出社会从事公路运输的积极性，释放出被束缚的生产力。公路运输成为综合交通中开放市场最早、最彻底的行业，公路客货运输的发展，最早接受了市场竞争的洗礼，也最早赢得了发展的先机。到1990年底，公路运输全年完成客运量达64.81亿人，是1978年的4.34倍；公路全年客运量占综合交通（公路、铁路、水运、民航）客运总量的83.9%，是1978年的1.43倍。全国平均每年每人乘用汽车的次数达到5.67次，是1978年的3.66倍，是乘火车次数的6.75倍、轮船的51.75倍、飞机的3960倍。虽然这时人均乘用飞机的次数已经比1978年增长了5倍多，增速高于汽车运输，但绝对数量与汽车不可同日而语。数据证明，汽车是人们出行最主要的交通运输工具。1990年底，公路的全年货运量达到72.4亿吨，是1978年的4.78倍；公路全年货运量占综合交通(公路、铁路、水运、民航和管道)总货运量的74.6%,是1978年的1.57倍。数据表明,到"七五"期结束的1990年底,公路客货运输在综合交通运输体系中占据着重要地位。

进入20世纪90年代,交通运输业固定资产投资大幅增长,1990年为11.2%,1995年达到21.2%,到1998年就达到30%以上。交通运输业成为固定资产投资和吸纳劳动力的重要产业,成为带动国民经济发展的"发动机"。同时,伴随国家经济的快速发展,公路基础设施特别是高等级公路的逐步快速发展,公路基础设施的"瓶颈"制约开始缓解,加之20世纪80年代率先改革开放的成果积累,公路运输全行业步入快速发展、极具活力的时期。20世纪90年代初中期,随着公路基础设施的快速发展,公路客货运输量快速增长,其在综合运输中的基础地位进一步稳固,在综合运输中的主导地位进一步突显。截至1997年底,公路的客货运量分别达到120.46亿人、97.65亿吨,分别占综合运输总量的90.8%和76.4%,分别是1990年的1.86倍、1.35倍、1.08倍和1.04倍;客货运量分别比1990年增长了55.65亿人、25.25亿吨,在综合运输体系中的占比分别增长近7个和2个百分点。

据统计,20世纪90年代以前,我国交通运输(含邮政)全行业的产值在国内生产总值中所占比重低于5%。进入20世纪90年代,交通运输全行业的生产总值进一步增长,在国内生产总值的比重中稳定在6%以上。据统计,1998年,交通运输业的生产总值在国内生产总值中的占比达到6.2%,其中,当年全国公路运输全行业的营运收入达到3200亿元,占到当年国内生产总值的3.8%,分别是铁路的4倍多、民航的6倍多。公路运输在综合运输体系中的基础性、支撑性地位十分突出。

一、客运的多元发展

进入20世纪90年代后,随着公路基础设施的发展,特别是高速公路的迅速发展，公路主要从事中短途客运的局面大为改观。出租车行业开始得到迅猛发展，城乡客运向多元化发展，旅游客运开始兴起。随着汽车逐步进入家庭，一种新兴的旅游方式——自驾游应运而生。各种运输方式的加快发展，促进公路客运市场竞争日益激烈，提升服务水平成为占领市场的重要手段。

1. 城乡客运迅猛发展

改革开放以后，公路行业市场的开放，公路基础设施的快速发展，公路客运量和旅客周转量呈加速增长的态势，城乡公路客运获得了长足的发展。

1991年全国公路运输完成客运量68.27亿人，旅客周转量2871.74亿人公里，分别比上年增长5.34%和8.75%，增速相比前几年明显提高，旅客周转量的增长幅度更大。

到"八五"结束的1995年，年度公路客运量首次突破百亿人，达到104.08亿人，旅客周转量达到4603.10亿人公里，分别是1991年的1.52倍和1.60倍，年均增速接近10%。两个数据在综合运输中所占比例，已经分别达到88.8%和51.1%，比5年前分别增长5个和4.5个百分点。公路客运在综合运输体系的地位稳步提升。

在公路客运量快速增长的同时，客运市场的从业主体也发生了很大变化，社会其他部门和个体经营者从业车辆的增幅明显高于传统的交通部门。截至1995年底，公路客运市场已经形成交通部门、社会其他部门和个体经营者三足鼎立的局面。同时，从事公路运输的中外合资、合作企业发展迅速，公路客运市场形成多个从业主体相互竞争、共同发展的良好态势，多元化竞争的格局已经形成。

与公路客运市场的发展同步，部分旅客对公路客运的要求不再只停留于走得了，而更希望走得好、走得快，由注重经济性向舒适性转化，这就向公路客运的服务提出了更高要求，也为高档客车大规模进入市场以及高速公路客运的发展提供了市场先决条件。

进入"九五"时期，公路客运量和旅客周转量继续保持快速增长。到1997年底，公路客运量和旅客周转量分别达到120.46亿人和5541.40亿人公里，分别是1995年的1.16倍和1.20倍，在综合运输中的占比分别达到90.8%和55.1%。1997年底，客运量相比1990年大幅增长近7个百分点，客运量在综合运输总客运量中占据90%以上份额，是铁路客运的近13倍、水路客运的53倍多、民航客运的近214倍，其与其他运输方式连通、中转、接驳的作用更显突出。也可以这样说，铁路、民航、水运及旅游出行的发展，同样促进了公路客运的增长，公路客运更为其他运输方式的发展提供了坚实的基础和支撑。

随着农村公路条件的不断改善，特别是进入"八五"后，农村公路客运也开始快速发展。到1996年底，全国除西藏墨脱外实现了县县通公路，有97%的乡镇和83%的行政村通了公路；有95%的乡镇和74%的行政村通了客车。在全国公路营运班线的37万辆客车中，县以下农村班线营运的为16.65万辆，占45%，另有出租汽车10万辆分布在县及县以下城镇，与部分简易机动车一起承担着短途客运任务。在1996年全国112亿人的公路客运量中，农村客运量为67亿人，约占60%；全国已开通农村客运班线3.9万条，日开行班次28万个，分别占全国公路客运总班线和总班次的49%和70%；全国已拥有直接为农村客运服务的县级和乡级等级汽车客运站1.6万个。据交通部对14个省份的调查统计，已有43个县(市)实现了村村通客车。如，山东省桓台县地处鲁中平原，总面积510平方公里，辖13个乡镇和1个开发区，343个行政村，总人口47万。到1995年底，该县实现了村村通客车，客运通车里程已达3081公里，客运线路 43 条，投入营运客车 252 辆，营运班次 632 班，客运线路站点距村 1 公里以内的村庄通车率达 100%。

2. 高速公路客运兴起

1990 年全线贯通的沈大高速公路，给公路客运带来巨大变革。

沈大高速纵贯辽东半岛沿线的"五城三港"，即沈阳、鞍山、辽阳、营口、大连五城及大连、旅顺、营口三港，贯穿了辽宁省经济最为发达的城市带，这为高速公路客运的发展提供了良好的契机。

沈大高速公路开通后，沈阳至大连的公路客运班线运距由原来的 430 公里缩短至 391 公里，甚至比铁路还短 9 公里；全程车程约为 4 小时，比铁路的特快列车还快 2 小时，其速度与旅游直达列车的时间基本相同；其运营的豪华型高档客车票价，介于火车软座和硬座之间；高速班车班次安排灵活，发车密度大，乘坐安全舒适、手续简便，还可就近下车。作为新生事物的沈大高速公路客运，一开始就受到市场的青睐，不仅在与同线路铁路运输的竞争中处于优势地位，也有效缓解了沈大区段铁路客运长期紧张的局面。两地的乘客在公铁两种运输方式的竞争中，得到了最大的实惠。到 1991 年底，在沈大高速公路营运的客车已达 271 辆，其中国营专业运输企业 201 辆，均为高中档车型，日均发车 521 个班次，日均客运量 2.6 万多人，全年运送的旅客达到近 950 万人。

此后，在相继建成的京津塘高速、济青高速上，高速公路客运也得到快速发展。到"八五"末的 1995 年，成渝高速公路通车后，与同线位铁路运输相比，运行距离缩短 164 公里，运行时间减少一半，仅需 4 小时。同时，成渝高速公路在全国首次投放高级大客车，将乘坐舒适度、服务档次提升到新的水平；而其不足民航 1/3、比铁路卧铺还便宜的票价，高速公路客运的竞争优势更加明显。成渝高速客运一经开通，就受到广大乘客热烈的欢迎。相比于老成渝公路一天只有几个班次，成渝高速日单向发车达到100多班次。

"九五"以后，高速公路客运得到迅速发展。随着汉口至宜昌、广州至深圳、北京至天津、北京至太原、西安至宝鸡、上海至南京、南昌至九江等高速公路相继开展高速公路客运，极大促进了全国高速公路客运的发展。

1996年6月25日，太原至旧关高速公路通车后，北京至太原的高速客运班车运行时间缩短至6小时，日均客流迅速升至3000人；1996年9月15日，沪宁高速公路开通后，到当年底不足4个月的时间里，直达班车数量已发展到70多对。此后，各省纷纷成立高速公路客运集团，高速公路客运向规模化经营发展。同时，高速公路快速客运的服务水平也不断提升，很多运输公司采用了航空式的服务。

截至1997年底，全国高速公路里程达到4771公里，全国已经有27个省份开通了高速公路，大部分高速公路均开通了快速客运班线，高速公路快速客运进入全面发展时期。高速公路快速客运以其良好的服务、舒适的乘车条件、快捷安全的运输、相对合理的价格赢得了旅客，经营快速客运的企业也获得了较好的经济效益。很多国有大中型汽车运输企业已将发展快速客运作为发展方向，高速公路快速客运步入加快发展时期。

3. 跨省长途客运

20世纪80年代，我国市场开放，经济快速发展。进入90年代，数以百万计的农民工进出广东、福建等沿海省份以及京沪等中心城市，公路客运成为这些外出务工人员出行的主要方式之一。随着公路条件和车辆状况的逐步改善，省际间公路长途客运开始兴起，特别是东南沿海和一些中心城市发展十分迅速。

长途客运班线主要由国有骨干运输企业经营，开辟的长途和运距在500公里以上甚至1000公里以上的超长途客运班线。公路跨省客运实行一票贯通，充分发挥其长途、快速的优势，减少了旅客周转，既方便了群众，又减轻了铁路客运的压力。这些超长跨省客运班线，以广东、广西、湖南、四川、贵州、福建、浙江、湖北、河南、北京等省（区、市）发展最快。据统计，到1991年底，广东、广西、福建、江西、湖南、海南六省区省际间公路客运线路已达1747条，日发客运班次2734个，日运送旅客超过13.2万人次。其中，夜行班车日发774个班次，经济效益和社会效益十分显著。如，1991年，福建每天发往深圳、广州、温州、上海、珠海等地的省际长途客运班车达293班次。其中厦门、漳州、泉州、石狮等地每天发往深圳、广州、珠海的夜间长途直达班车就有35个班次，日运送旅客1500多人，客车实载率都在90%以上。以漳州至深圳为例，当时乘火车需经厦门、广州，全程2000多公里，需两三天到达。而乘坐跨省客运汽车，全程540多公里，每天16时发车，次日6时就到深圳，既缩短了时间，又为旅客节省了住宿费，而且车型大、行驶平稳、舒适度高，深受广大旅客的欢迎。广东、广西两省区地域相连，在改革开放的推动下，较早打破省域行政界限，以经济发达城市为辐射中心，积极开拓沟通省区之间客货运输线路。1991年，仅粤桂两省区每天乘坐汽车的旅客就近3.5万人，缓解了铁路、水运、航空等运输方式运力不足的状况。

"八五"时期，针对当时省际公路客运存在的管理薄弱、运输市场竞争激烈、混乱以及相互关系中不易协调解决的问题，交通部运输管理司于1991年12月20—1日在广州召开"六省区省际间公路客运座谈会"，明确了省际间旅客运输要充分体现人便于行，全心全意为旅客服务的宗旨，贯彻平等互利、对等经营的原则，尽可能照顾到有关各方的经济利益，并通过加强管理，不断地促进省际间公路旅客运输事业的发展。据不完全统计，截至1991年底，在跨省客运比较发达的广东、广西、福建、江西、湖南、海南六省区，省际间公路客运线路已达1747条，日发客运班次2734个，日运送旅客超过13.2万人。其中，夜行班车日发774班次，省际间公路客运线路的经济效益和社会效益十分显著。

跨省长途客运的发展，将公路客运的平均运距大大延长，改变了公路客运以短途为主的格局，500公里以上的长途和1000公里以上的超长途客运班线越来越多，公路卧铺客车随之兴起。这一时期，部分公路运输企业采用多种形式，顺应市场需求，发挥专业企业的特长，引进豪华客车，改善车型结构，积极开拓1000公里左右的长途客运班线，使"出门难""乘车难"问题基本上得到解决。如，新疆乌鲁木齐至喀什全程近2000公里，普通客车需运行3天，途中要住宿两个夜晚，而卧铺客车开通后，除途中停车吃饭和更换驾驶员外，车辆昼夜运行，只需36个小时即可抵达，运行时间缩短了近一半。

截至1995年底，全国省际客运班线长度大多已达五六百公里，还有更多线路突破了1000公里，甚至达到了2000公里以上。最长的班线是从河南商丘至新疆乌鲁木齐，运距达3800多公里。跨省公路客运的发展，有效填补了铁路和民航运输的不足。1995年春运，四川、贵州等省认真组织进出广东的长途客运包车，实行门到门编队运行，及时将本省外出民工安全送达目的地。四川省在春运期间共组织了4000多辆大客车，运送进出广东的民工45万人，平均每天9000人，相当于平均每天发5列铁路旅客列车，高峰时每天运送1.8万人。贵州省在春运期间共组织2500多辆大客车，运送进出广东的本省民工28万人，平均每天5600人，相当于3列铁路旅客列车的客运量。高峰时更是高达每天运送1.3万人，解决了铁路春运一票难求的难题。

公路运输的平均运距稳步增长，客运班线长度不断增加，提升了公路客运的竞争力，同时也为铁路、民航等客运提供了有效的补充，在长途客运市场形成了多样化的竞争态势。

1996年1月1日，交通部颁布实施的《省际道路旅客运输管理办法》，简化了手续，进一步打破了地区封锁，使省际客运管理更加规范，运输能力不断增强，运输线路网更加密集，运距继续增长，为广大旅客提供了更为方便、灵活、快捷、舒适的服务，也大大提高了公路旅客运输的竞争力。省际客运的迅速崛起，进一步促进了统一、开放、竞争、有序的运输市场的培育，基本解决了群众出行难的问题。省际公路旅客运输管理逐步走上规范化的轨道，发展十分迅速。

到1996年底，全国共有省际客运线路4000多条，日发2万多个班次，参与省际客运的营运客车5.9万辆，年客运量已达3亿人。

省际公路长途客运，不仅满足日常人们出行的需求，在一年一度的春运，特别是珠三角、长三角及京津等中心城市的民工疏运中更发挥出重要作用。春运期间旅客运输流时、流向高度集中，而铁路、民航等运输方式因班次少、购票不方便或票价较高、通达密度不足、延伸不够等原因，使得大批旅客和民工转向了公路客运特别是公路长途客运。各地交通部门在春运期间通过加强运输组织，调配大批运力，增开省际客运加班车和鼓励汽车运输企业开展包车运输，对大批量民工组织包车编队运行，确保了广大旅客走得了、走得好、走得及时、走得有序。1996年春运期间，交通部门共运送省际间民工2400万人，有效缓解了春运紧张状况，为组织民工有序流动和维护安定团结的社会局面做出了积极的贡献。

4. 出租汽车客运

改革开放以前，全国只有为数不多的城市拥有少量出租汽车。1978年改革开放后，出租汽车客运业开始逐步发展。1984年以后，出租汽车得到快速发展，几年时间已形成一定规模，如广州市每万人拥有出租汽车37辆，厦门市达28辆。除大城市外，许多县城甚至一些乡镇也开始出现出租汽车。

进入20世纪90年代，出租汽车发展进入"井喷时代"。1990年，全国200多个城市共有出租汽车11万辆。到1997年，全国城市出租汽车达到68万辆。出租汽车增多和消费量的扩大，反映了国民经济的发展和人民生活水平的提高。在出租汽车数量增多的同时，出租汽车的服务区域和服务对象也在不断扩大。

出租汽车客运已成为各地交通部门公路运输行业管理的重要内容，但管理体制上还存在不统一的问题。20世纪90年代初期，全国82%以上的城市和所有的县级城镇的出租汽车已纳入交通部门行业管理，管理车辆占车辆总数的60%。交通部门开始在出租车管理上推行用经济手段调控市场行为的尝试。1992年，自深圳市率先在出租小汽车方面实行招标经营后，大连、哈尔滨、武汉、沈阳等城市交通部门也推行了这项改革措施。据统计，截至1992年底，全国客运出租汽车已达20万辆。

"八五"期间，出租汽车成为客运发展的新热点，发展速度和车辆数均超过客运班车。到"八五"末期，出租汽车在一些大城市已趋于饱和，受限于公路条件等因素，大城市均对出租车数量采取限控措施。随着经济的发展，出租汽车开始向中小城市、县城推广普及。据统计，截至1994年底，包括县级市在内全国有出租汽车的城市已达1093个，其中89%以上纳入交通部门的行业管理。

截至1995年底的统计数字，全国出租汽车总数已达50万辆，短短5年数量翻了两番。其中，由交通部门直接管理的为24.2万辆，占总数的59%。在全国329个直辖市、地级市、地级行政机构所在地的城市中，有258个城市的出租汽车由交通部门管理，其中福建、浙江、海南、广西、安徽、黑龙江、河北、内蒙古、甘肃、青海、西藏等11个省、自治区的出租汽车全部由交通部门统一管理；其他省、自治区城市中的出租汽车，一部分由交通部门管理，一部分由交通部门和其他部门共同管理；少数城市由城市管理部门管理。

到1996年底，全国出租汽车总数已跃至60余万辆，其中10万辆出租汽车分布在县及县以下城镇，与部分简易机动车一起承担着零星旅客的短途客运任务。

出租汽车行业的快速发展，满足了城乡群众短途出行的需要，但也引发一些问题。针对出租汽车行业发展迅速，从业人员队伍素质、服务质量参差不齐，群众意见较大等问题，交通部及各地交通主管部门着力加强法规建设，继交通部1989年出台《出租汽车、旅游汽车客运管理规定》、1992年杭州市人大立法出台《杭州市出租汽车管理办法》之后，黑龙江、广西、广东、海南、西藏等省区人大或政府都在地方法规或规章中明确了出租汽车的管理问题，厦门、青岛、石家庄、兰州、株洲、十堰等一批城市政府相继制订发布了《出租汽车管理规定》。在加强法规建设的同时，交通部及各地交通主管部门加强了对出租汽车行业精神文明建设的引导，并取得了良好的效果。1995年7月24日至10月30日，交通部和中国公路运输协会联合组织开展了"全国交通出租汽车客运优质服务百日竞赛活动"，有24个省、自治区的300多个市(含县级市)的17万余辆出租汽车参加了竞赛。合肥、开封等市的市长走上街头参加宣传，检查出租汽车；兰州、齐齐哈尔等市把竞赛与当地的节庆活动结合起来；各地报纸、广播、电视纷纷把出租汽车竞赛作为热点新闻报道。百日竞赛有力地促进了出租汽车的管理和服务水平的提高，涌现出一批勇斗歹徒、助人为乐、拾金不昧的先进人物和模范事迹。据不完全统计，各地参赛司机做好事近万件，拣拾物品、现金共折合人民币300多万元。

1996年3—12月，交通部、中宣部、河北省先后召开会议，向全国推广石家庄出租汽车行业文明创建的经验，全国出租汽车行业普遍开展了学习活动。到1997年，全国有56个出租汽车客运企业创建为部级文明单位，出租汽车行业的规范化建设和服务水平得到大幅提升。

5. 旅游客运发展

改革开放以后，公路基础设施和汽车业的相互促进和发展，为旅游、自驾游等个性化的出游提供了方便。20世纪80年代，旅游客运快速增长，特别是旅游热点地区，人数成倍增长。而到90年代中期后，随着汽车进入家庭，自驾游也开始迅速增长。

20世纪80年代开始，各地交通部门开通了广州至珠海、桂林至阳朔、北京至八达岭、南京至扬州、郑州至开封、济南至泰安、成都至灌县以及武当山、麦积山等景区的旅游专线公路，总计达2000余公里。进入20世纪90年代，随着沈大高速、贵黄公路以及济青、成渝、桂柳、贵遵等高速（高等级）公路的建成，大大方便了游客的出行，促进了公路旅游客运的快速发展。

与公路客运市场的发展趋势相同，进入90年代，经营公路旅游客运的车辆和企业越来越多，从而使旅游客运形成了多元化发展的格局。公路客运企业改进旅游服务工作，采取多种形式组织游客观光。如，组织吃、住、行的"一条龙"服务；组织多个景点串联的一日游、两日游或多日游，并配备专职导游进行讲解；开展定线、不定线旅游客运；在节假日、寒暑假和春夏旅游旺季，开展包车业务等。多种方式的灵活经营，方便了旅游者，满足了个性化出游的需要。

众多公路客运企业建立专门机构，统筹安排旅游客运工作，与旅游部门密切联系,掌握市场动向。根据季节旺淡,合理安排班次,调度车辆,满足游客需求。同时不断开辟旅游新线路、新景点,促进旅游客运进一步发展。很多位于旅游点的公路客运企业开始扩大客运站场,改善候车条件;根据旅游客人不同档次的需求,扩大运力,购置新车,配备大、中、小型及高档豪华、中档、普通客车;组织职工培训,学习外语,为外国游客提供优质服务。

据统计,1991年全国国内旅游人数约3亿人。到1997年,这个数字翻了一番还多,达到6.44亿人,其中城镇居民2.59亿人,人均花费约600元;农民3.85亿人,人均花费近150元。到1998年,我国专门从事旅游的客车已达1.5万辆,其中高档车达到3754辆。

6. 自驾游的兴起

1995年"五一"节后,全国开始实施每周"双休日"制度,全国性节假日大幅增长,为人们旅游休闲创造了基本条件。随着我国经济和公路基础设施的快速发展,到20世纪90年代中期,北京、上海、天津、广州、深圳、杭州等经济发达的中心城市的人均收入快速增长,汽车开始走入家庭。

1991年,我国私人汽车拥有量96.04万辆,其中客车仅30.36万辆,不足私人汽车拥有量的1/3。到1995年底,我国私人汽车拥有量和私人客车拥有量分别达到249.96万辆、114.15万辆,客车占比跃升到了45.67%。到1997年,我国私人汽车拥有量和私人客车拥有量分别增长到358.36万辆、191.27万辆,客车占比达到53.37%。1995年,我国城镇居民家庭人均可支配收入和农村居民家庭人均纯收入快速增长,特别是进入"九五"后,一些经济发达中心城市的部分人群收入增长幅度更大,私人轿车得到迅速发展,加之假期的延长,催生出一种新兴的休闲旅游方式——自驾车旅游。

自驾游于20世纪50年代兴起于美国，而后流行于西方发达国家。我国自驾游的兴起，标志着人们旅游及出行方式发生了革命性的变化，也是国家经济发展和人民生活水平迈上新台阶的重要标志。在经济发达的大城市，如华南的广州、深圳，华北的北京，华东的南京、上海，西南的昆明、成都等地，长假期间自驾游的车流主要集中于该市1000公里范围内的沿线及景点。同时，城市郊区游客流也大幅攀升，平时的双休日里，自驾车的一个主要形式就是城里人涌向周边农村，开展郊区游、农家游。

自驾游具有路线自主、人员分散、形式多样、行动自由，但出行时间、车流量相对集中的特点，这些新的变化，给公路交通主管部门的管理和服务提出了更高的、全新的要求。

交通部从20世纪90年代中期特别是"九五"期以后，从确保春运、"五一"和"十一"长假运输入手，大力加强对公路的巡查和维护，保证公路状况良好、畅通。各收费站增加值班人员，增设收费道口，加强交通疏导，保障车辆快速通过，为广大旅客出行创造了良好交通环境的同时，客观上也满足了自驾游的需要。同时，交通部及各地公路交通部门，大力提高对广大公众出行的信息化服务水平，既满足平时服务和管理的需要，也起到了节假日和长假里引导自驾车合理出行的作用。特别是长假期间，交通部和各地交通部门开始着手通过全国高速公路和景区公路的交通流量观测网，向社会发布各路段交通流量的即时信息，为公众提供出行参考服务。

7. 春节旅客运输

对于归心似箭的游子来说，春节回家的路，无论多少冰霜雨雪，多少艰难困苦，都难挡心中的那份归家的渴望。而一年一度的春运，对公路和交通运输部门来说，是每年一次的大考。

春运工作，历来得到全国公路交通系统的高度重视。为了人们能安全顺利到家，圆这个一年一度的团圆梦，公路交通运输行业的数百万干部职工，每年都要把自己和家人团聚的这一刻奉献在路上。

1991—1998 年的春运，公路旅客人数逐年攀升。1991 年春运的 40 天里，全国公路运送旅客达 7.1 亿人次；到 1994 年春运，运送旅客数相比 3 年前净增 1 亿余人，总人数突破 8 亿人次；到 1998 年春运，运送旅客已经突破 13 亿人次，年平均增长达到 5% 以上。春运旅客的快速攀升，给公路交通运输管理和安全提出了挑战。

每年春运之前和春运期间，交通部和各省（区、市）交通主管部门，都要组织春运检查组，分赴各省（区、市）、大中城市、重点县及边远山区及直属单位，直接安排、指导春运工作，对售票、运力安排、安全、运营服务及运输管理等各项工作开展检查，动员干部职工坚守岗位，确保旅客走得安全、走得顺畅；各地交通运输和客运站场，都会在春运期间，加紧健全和落实各项安全规章制度，实行规范管理、科学管理，从制度上保证春运安全。

除每年春运例行的检查、组织和动员外，如出现新的情况，春运的管理组织还会呈现新的特点。

如，1992 年春运初期，为及时疏运旅客，交通部发出专电，要求各省简化省际间汽车加班审批手续，以保证车站不积压旅客。春运过程中，华东地区遇到了 20 多年未有过的迷漫大雾，数日不散。各省运输部门一方面密切注视气象动态，另一方面精心部署，组织运力。经过广大干部职工共同努力，终于克服了不良气候带来的种种困难，在确保安全的前提下，合理安排运力，及时增加班次，使整个春运期间各车站、码头很少发生积压旅客现象，较好地实现了旅客走得了、走得安全的要求。

如，1994 年，各地的汽车站都采取增设窗口，延长售票时间，开展电话订票，到大专院校及大中型厂矿、企事业单位上门售票等措施，方便旅客购票乘车；运输企业还结合春运，广泛开展了"优质服务"劳动竞赛，主动为旅客排忧解难，为交通部门在社会上树立良好形象作出了贡献。

1995年以后，随着公路长途客运的方兴未艾，有关省（区）交通主管部门积极引导运输企业，发挥长途旅客运输的优势，主动服务，有效组织外出务工人员集中返程运输。1997年、1998年春运，公路运输发挥了兜底作用，有效缓解了春运的紧张状况，为组织民工有序流动和维护安定团结的社会局面作出了积极贡献。

二、货运的快速增长

20世纪80年代初，"有路大家走车"的开放政策发挥出巨大的效益。1985年，全社会完成的公路货运量和货物周转量分别达到53.81亿吨和1903.00亿吨公里，在综合运输体系中的比重分别跃升至72.1%和10.4%，分别比改革开放之初的1978年增长了24.6和6.9个百分点。到1990年底，公路货运量和货物周转量分别达到71.4亿吨、3358.10亿吨公里，在综合运输体系中比重分别达到74.6%和12.8%，公路货运在综合运输中的基础地位更加突出。

20世纪90年代，在建立社会主义市场经济体制的新形势下，公路货物运输得以迅速发展。到1995年，公路货运量和货物周转量分别达到94.04亿吨和4694.90亿吨公里，分别是1990年底的1.32倍和1.40倍，在综合运输体系中的比重分别达到76.2%和13.1%；到1997年，公路货运量和货物周转量分别达到97.65亿吨和5271.50亿吨公里，在综合运输中的比重为76.4%和13.7%；货物周转量的快速增长，货运运距的显著增长，显然得益于高速公路的快速发展。这一时期公路货运的特点,呈现出货物种类增多、价值增大,特别是运距大幅延长,原来运距以三四百公里为主,到"八五"末期的1995年,数千公里运距的公路货物运输已经屡见不鲜。

20世纪90年代,依托高速公路的发展和市场的开放,我国公路运输业开始向经营市场化、装备专业化、运输远程化方向发展。运送的货品开始向两极发展,一种是传统的以能源和原材料为主、批量大、品种单一的大宗货源继续保持增长;另一类新增加的是货类多、批量小、附加值高的货源。运输方式,也开始向多样化方向发展。

90年代中期以后,高等级公路不断增多,为发展快速运输创造了良好条件,并使之成为公路运输业新的经济增长点。交通部开始着手在全国建立高速公路快运系统。1997年12月22日至24日,交通部在武汉召开"全国高速公路快运系统建设座谈会",明确了建立快运系统的目标、基本原则和重点。

1. 大宗货运

大宗货物就是指那些生产量、贸易量、运输量或消费量等比较大的产品,也包括有关国计民生的粮食、煤炭、石油、农业用品等生产、生活资料。

"八五"期间,全社会固定资产投资快速增长,国家基础设施、农业、能源等建设步伐不断加快,年均达到1.28万亿元,到1995年,我国全社会固定资产投资首次突破2万亿元。进入"九五"后,全社会固定资产投资获得更快发展。据国家统计局数据显示,"九五"头两年,即1996年和1997年的全社会固定资产投资年均达到2.39万亿元,是"八五"时期年均投资1.28万亿元的1.87倍。全社会固定资产投资和大宗货物运输关系最为密切,投资的成倍增长,使房地产开发、煤炭、石油开采、制造业以及钢铁、发电机组、化工、木材、水泥生产和交通基础设施建设等得到快速发展,由此带来了大宗货物运输的迅猛增长。

20世纪90年代，煤炭、原油、钢材、铁矿石等能源和原材料大宗货物仍是公路运输的重点，同时各级交通部门还对重点港站的粮、棉、油、盐等关系国计民生的大宗物资推行合同运输。

在铁路货运能力相对不足的情况下，20世纪90年代，公路运输继续承担着国家大宗货物运输任务，特别是电煤、燃油以及各类生产资料的运输。其中煤炭的公路运输比较典型。

我国的煤炭分布北多南少、西多东少，而煤炭的消耗却主要是在东南部省份。"八五"期间，我国煤炭产量平均每年增长4000万吨，年均增长率3.4%，满足了国民经济快速发展的需要。据统计，1994年全国煤炭产量12.3亿吨，1995年产煤12.92亿吨。但是，煤炭运输受到铁路运力不足的严重制约。铁路每年只能完成国有重点煤矿生产的88%的煤炭，不足每年煤炭总产量的四成，其余基本靠公路运输解决。以重点产煤省份山西为例，20世纪90年代，山西省煤炭年均产量2亿多吨，其中产量最高的1996年达到过3.49亿吨。山西所产的煤炭，约10%靠公路运输直接出省。同时，通过铁路调运的山西煤炭有80%以上也要靠汽车实现集运。

铁路运力的严重不足，使得公路运输过多承担了运煤的压力。仅1992年至1993年，承担北煤南运800万吨紧急任务的秦皇岛、上海、宁波、广州等港口，有相当大一部分煤炭就是通过公路运输完成了港口的集疏运。

2. 大件运输

20世纪60年代开始，一些重达数百吨的不可拆解的成套工业、化工设备部件，最终"进场"仍要由公路转运。进入20世纪90年代，大件运输仍由公路部门负责组织实施，随着国家工业建设规模和设备向大型化发展，大件货物运输的纪录被不断刷新。如，1994年5月渤海石油公司承运了一件83.7米长的大型设备，是天津石油化工联合公司引进西班牙14万吨乙烯工程大型设备中的一件，重229吨，直径5.19米，挂车单轴最大载荷24.5吨，牵引车最大功率390马力。运输历时两天，运距93公里。

1996年，交通部公路管理司组织开展了公路大型物件运输企业的情况调查工作。调查显示，截至1995年底，全国拥有载重量在50吨以上(含50吨)车组的运输企业共153户，368个车组，计44689个吨位。按地区分布，华东最多，拥有54户，100个车组，11125个吨位；东北次之，拥有21户，91个车组，9547个吨位；华北拥有21户，72个车组，9287个吨位；中南拥有24户，46个车组，7455个吨位；西南拥有17户，33个车组，4815个吨位；西北最少，拥有16户，26个车组，2460个吨位。总车组中载重量在300吨至500吨的车组有20个，500吨以上的车组有6个。表明我国大件运输企业及装备已经形成规模，分布基本合理，能够基本满足大件运输的需要。

"九五"以后，大件运输的装备和技术更加成熟。大型平板运输车、大型吊装及牵引设备等得到了快速发展，大件运输能力成为大型物流企业参与市场竞争的重要手段，成为物流企业技术、管理水平和综合实力的集中反映。大件运输在重量、长度、运距等方面的纪录屡次刷新。

1997年5月，渤海石油运输公司完成运输天津石化总公司630吨加氢裂化反应器，突破了1991年由上海市大型物件汽车运输公司为镇海石化总厂承运600吨加氢裂化反应器(连托架)的纪录。

1997年9月和11月，上海市大型物件汽车运输公司完成2批6台巨型储罐的任务。其中单件重量为650吨的有4台，长度74.3米，直径7.3米，刷新了重量纪录。

1997年8—9月间,北京市大型物资运输公司完成了连云港至西安安康铁路隧道工地大型掘进机的运输任务,全程1350公里,创出大件运输车队翻越秦岭的纪录。

3. 零担货运

所谓零担货物运输,是指一张货物运单(一批)托运的货物重量或容积不够装满一车,可与其他几批甚至上百批货物共用一辆货车装运的一种运输方式。汽车零担货运点多、面广、分散,涉及千家万户。零担货车以其机动灵活的优势,活跃于城镇街巷、农村腹地、边远山区,零担货车的足迹遍布大江南北、四面八方,先集零为整,又化整为零,较好地适应了市场需要。零担运输的发展,促进了运输企业之间、各种运输方式之间的横向协作和联合经营。这也是最能体现公路货运灵活多样、实现门到门运输的方式。

20世纪80年代后,在城市经济体制改革和工业结构调整的推动下,轻工业和制成品工业的发展加快,生产资料中的成品、半成品和消费资料中的中高档商品越来越多地进入流通领域。1983年公路运输市场开放后,汽车零担货物运输得到发展。至1990年底,全国已拥有厢式零担货车3200辆,开辟零担货运线路3500条,其中省际线路达到1400多条,当年开行零担货运班次16.8万对。形成了以北京、沈阳、上海、广州、武汉、成都、昆明、西安等大城市为中心,连接华北、华东、中南、西南、西北地区的零担运输网络,并逐步向零担运输集装箱化发展。

"八五"中后期,公路零担货运的运距已经普遍超过500公里、甚至2000公里以上的零担班线也开始大量出现,从我国东北、西北至广州、深圳的直达汽车零担运输已十分普遍。1993年,甚至还开辟了新疆乌鲁木齐至哈萨克斯坦首都阿拉木图、全长1052公里的国际零担班线。同时,零担货物运输中出现新的运输方式,如快件运输、直达运输和保时运输等方式开始涌现,形成了专业和社会运输企业及业户共同经营、竞相发展的新局面。到1994年底,全国公路整车和零担货运线路可达全国138个城市,各类小商品,向北可运到黑龙江黑河,向西可运到新疆霍尔果斯,向南可运到云南瑞丽。1994年,全国公路共完成小商品货运量1287.89万吨。随着货运市场的逐步发展,大量的零担货源流向各类货运交易市场,其中很多由社会车辆通过回程配载的形式承运至各地,既经济又及时,已经成为汽车零担货运的重要形式。

1996年部分大中城市相继开办了小型零担快捷货物运输业务,受理城市内短途接取送达服务。这种货物运输服务方式有效地解决了由于城市交通流量的不断增加,大中型货车在城内通行受到限制,货主无法及时将所需货物运抵目的地,跨区域货物到达本地,也只能等待夜间进行作业,给货主带来极大不便。为了实现"门到门"运输,提高公路货物运输服务质量,更好地发挥公路运输机动、灵活的优势,"宅急便"、特快专递、"货的"等不同形式的小件货物运输,较好地满足了短距离运输不足1吨的货物进出城市的需要,充分显示出公路货物运输的快捷与便利。为了更好地规范小型货运车辆的管理,维护正常的经营秩序,保障货主及货物的安全,促进汽车零担运输业的健康发展,1996年,交通部对1987年出台的《汽车零担货物运输管理办法》进行了修订并颁布实施,主要对行业管理部门与经营业户间的关系进行了调整,明确了经营业户的开业经济技术条件、审批程序等。部分大中城市也相继出台了关于小型零担快捷货物运输的管理办法,对从事货运车辆出租业务经营业户的经营行为做出了明确的规定。与此同时,交通主管部门还与当地物价部门、技术监督部门联合制定了货运出租车辆的计费管理办法,进一步完善了管理手续,使承运双方的合法权益得到了保障。服务形式的不断创新，促进了物流业的发展，也使零担运输的市场得到拓展。

4. 集装箱运输

公路集装箱运输具有安全、快捷、优质、高效、环保等诸多优点，是公路运输现代化的主要标志之一。

"八五"期间，以集装箱为代表的现代化公路货运方式获得较快发展。1994年，当年完成港口国际集装箱汽车运输量370万标准箱，公路直达集装箱运量10万自然箱。截至1995年底，全国共有国际集装箱专用车辆1.6万辆，约2.5万个箱位；国内集装箱专用车辆近2万辆，分别比1990年底增长了7倍、7.3倍和9倍。集装箱中转站250多个，比1990年增加近170个。1995年，汽车运输企业承运港口国际集装箱近500万标准箱，占港口国际集装箱吞吐量的近80%；承运铁路集装箱500万自然箱，占铁路集装箱发运和到达量的70%；承运公路直达集装箱30万自然箱。

"九五"时期，集装箱运输进入新的发展阶段。集装箱汽车甩挂运输是一种先进的运输组织形式，具有提高经济效益、降低运输成本、加快车辆周转、促进节能减排等优点，部分零担运输和大宗货物运输也开始集装箱化。为推动集装箱甩挂运输的开展，国家经济贸易委员会、公安部、交通部于1996年7月22日联合发布了《关于开展集装箱牵引车甩挂运输的通知》。《通知》明确：鼓励有条件的汽车运输企业开展集装箱甩挂运输。各地经贸、公安、交通等管理部门要积极支持运输企业开展集装箱甩挂运输，简化手续，加强合作，及时解决集装箱甩挂运输中的问题，做好协调、监督、管理和服务工作。

此外，公路在危险货物运输和历次抢险救灾的人员和物资运输中，也发挥着重要的、基础性的作用。

三、客运站场及货运市场建设

1. 客运站场

"七五"期间，各省（区、市）陆续开征客运建设附加费，从根本上解决了公路运输站场基础设施建设的资金来源问题，显示出了强大的政策威力。如，到20世纪的80年代末90年代初，江苏省全省所有中心城市客运站、70%以上县级站及部分重点乡镇车站得到了改善；山东省已有60%的县以上汽车站得到改建、扩建，5年内建设站房共10万平方米。

截至1993年底，全国已有各类汽车客运站1.77万个，站点网络初步形成。到"九五"后期，继大城市客运站改造和建设基本完成后，客运站建设的重点向中小城市和县城转移。截至1995年，全国已建成投入使用的正规客运站达到1.96万个，简易客运站4600个。

"九五"期间，交通部进一步加强了汽车客运站场管理。1997年1—10月，交通部开展了全国汽车客运站级别核定和普查工作。根据《汽车客运站级别划分和建设要求》的规定和交通部的要求，各级交通主管部门对本辖区内的汽车客运站的数量进行了统计，对各个汽车客运站的服务设施配置、站场面积、发送能力等基本情况进行了核查。经过严格审查和普查，交通部批准了杭州汽车东站等261个汽车客运站为一级汽车客运站，各省（区、市）交通厅（局、委、办）共批准二级汽车客运站1955个，三级客运站2393个，四级客运站2851个，等外站4310个，全国共计有各级汽车客运站1.18万个。根据核定的站级，各级交通部门给一、二、三级汽车客运站颁发了相应的站级牌匾，并按照《汽车客运站收费规则》的规定，对全国汽车客运站的费收情况进行了清理，严禁超标准、超范围、巧立名目收费。

据全国汽车客运站普查结果，我国汽车客运站建设取得很大成绩。一是各地交通主管部门几年来投入大量资金，努力提高汽车客运站的建设水平，增加、完善服务设施，车站站容站貌有了很大改观，服务设施更加完善。据统计，261个一级汽车客运站的站房面积达158.84万平方米，站场面积达263.74万平方米。大部分一级站配备了空调、电子显示屏等设施，基本实现了计算机售票。有的车站还建立了电子监控、车辆检测、危险品检测仪等设备，车站服务和管理水平明显提高。二是全国汽车客运站总体布局趋于合理。在省会城市和部分大城市规划的45个公路运输主枢纽，部分已建成投入使用。在绝大部分大中城市中都具有1个以上的有较大规模、旅客发送量较大的汽车站，县城都建成了具有一定规模、设施比较完善的汽车站，乡镇汽车站大部分也具有了一定面积的站房、车场和基础服务设施，已基本形成规模配套、布局合理的客运站网络。客运线路逐步密集、班次增多，旅客候车时间缩短。三是汽车站内部设计日趋合理，向"大车场、小站房"发展，原来存在的人、车、行包流交叉的问题得到了逐步改善。

2. 货运市场及服务业

"八五"期间，在建立货运有形市场的基础上，各地交通部门为适应商品流通的需要，探索建立新型货运市场组织形式，依托商品市场建设货物运输交易市场的工作，如浙江的义乌和绍兴柯桥、辽宁的沈阳五爱和海城西柳、黑龙江的鸡西、吉林的长春、湖南的常德桥南和衡阳等地，都建成了一批规模较大的货运交易市场。全国已初步形成了三种比较典型的市场模式，即以义乌、西柳为代表的集约经营、组织化程度高、适合零散货物集疏运的集约型货运交易市场；以鸡西为代表的，以建立运输代办网络、提供多功能服务为主，具有货运代理性质，为大宗货源服务的网络型货运交易市场；以长春货运一条街为代表的，以集中车辆为主的简易型货运交易市场。此外，在常德等地，还出现了集客货运输、汽车维修、商贸等于一体，集吃、住、行、购、娱等诸功能于一处，运贸结合的综合性运输交易市场。到 1994 年底，全国已建成各种形式的货运交易市场 1174 个，交通专业企业对外开放的公用型货运站场 355 个。浙江义乌、辽宁沈阳五爱等大型货运市场又有新的提高。义乌市北方货运市场在运作上已开始采用计算机管理，同时又投入 3700 多万元，建设南方货运市场，新市场比原有的北方货运市场规模更大，功能更齐全，更完善。沈阳五爱货运市场基本建成，已开始部分运营。各地在培育和发展货运市场的同时，注意加强市场管理，一个统一、开放、竞争、有序的货运市场正在逐步形成。

在公路货物运输日益发展、货物运输市场逐步建立的形势下，与之相适应，以货物受理业务为主的货运服务业迅速兴起，蓬勃发展。到 1994 年底，全国共有货运代理业户 5958 家、货运配载业户 1776 家、货运信息中心 588 家，还有仓储理货业户 1359 家。这些货运服务经营业户独立于货物运输业，有的自成体系，联成网络，受理全国各地的货物运输，为货主提供经济便利的运输服务，同时为过往车辆配载，提高了实载率和运输效率。整个货运服务业已成为一个与运输相对独立的子行业，是货物交换的主要场所，货运市场的重要依托，货物流转的中心，在货运交易市场中发挥着重要的作用，代表着现代货运组织系统的发展方向。

进入"九五"后，各地交通部门结合公路运输场站基础设施建设，组织有关企业和运政管理部门联合建立以配载、信息服务、停车、餐饮等为主要内容的不同功能、不同规模的货运信息服务网络。部分省在省内建立货运信息服务网络的同时，在外省（市）也设立了服务网点，通过传真、电话等为本省运输车辆提供货源信息。

四、运输市场管理

针对1992年出现经济过热,到1993年开始加剧的态势,中央于1993年6月24日正式下发了《中共中央国务院关于当前经济情况和加强宏观调控的意见》。以这一文件为标志,在建立社会主义市场经济体制下,抑制经济过热和通货膨胀为主要目标的宏观调控全面展开,采取的措施主要包括加强和稳定农业基础、控制固定资产投资的过快增长、控制信贷规模等等。

在诸多发展因素影响下,1992—1997年,我国GDP增长率呈下降趋势,公路货运发展与国民经济发展趋势基本相符。1997年亚洲金融危机使得国民经济增长下降,公路货运量呈现负增长趋势。

市场经济体制客观上要求管理机构坚持管理服务并重,寓服务于管理之中。加强行业管理,规范市场行为,打破地区封锁,促进公平竞争,努力为公路运输业发展创造一个良好外部环境,是公路运输管理机构的基本职责。各级交通部门及运管机构树立行业管理就是为行业发展服务的思想,按政企分开和精简统一高效的原则,在日常行业管理工作中,加快实现了职能转变。主要体现为:一是减少行政审批事项,简化行政审批程序,提高审批公正性。如对开业、客运线路审批工作,坚持集体审批制度,提高了工作的透明度。二是加强运输市场秩序整顿和规范力度,打击非法经营、严重侵害消费者及守法经营者权益的违章经营行为,维护运输市场秩序。三是转变工作作风,坚持上门服务等便民方式。四是加强公路运输管理信息系统建设,提高管理科技含量,推动运管工作的规范化、科学化、自动化。五是突破传统地方保护主义思想禁锢,破除人为分割市场和地区封锁现象。行业管理理念及方式的根本转变,为制定和实施科学合理的运输政策提供了观念和体制机制上的保障。

1. 严格市场准入

20世纪80年代末90年代初的行业开放政策，在很短时间内就取得了显著成效。特别是在国家没有大幅度增加投资的情况下，运力供给总量迅速增加。但另一方面，由于政策未及时调整，一味地放任运力盲目增长，使公路运输市场供求关系在实现短暂平衡后，很快进入了运输供给相对过剩的时期。1992年起，汽车货运除个别货类仍按指令性运输管理外，进一步全面实行放开经营。与此同时，市场准入政策更加重视规范。1993年交通部印发《公路货物运输业户开业技术经济条件》(交运发1993〔31〕号文)，制定了货运市场准入条件，规定了经营公路货运业在开业时必须具备的车辆、设施、资金、人员和企业组织、外资货运企业开业经营等方面的基本技术经济条件，规范了零担货运、危险货物运输，将货运市场准入纳入规范化轨道。

2. 运输结构调整

改革开放以来，公路运输的发展实现了由部门行为向社会行为的转化，为国民经济做出了巨大贡献。但在发展中，也出现了一系列的结构性问题和矛盾。一是经营业户多，企业规模小，行业集中度低；二是车型结构与运力布局不合理；三是重客运轻货运和重干线轻支线运输思想普遍存在，导致国有企业客货运输经营业务发展很不平衡；四是公路客货运输生产组织落后，形式单一，运输效率低，服务水平不高；五是站场基础设施建设滞后，功能配置和布局很不完善。为此迫切需要进行结构调整。

——运力结构调整。

运力调整主要指车辆总量、车型结构和运力的布局调整等方面内容。主要针对普通车辆相对过剩，重型、小型车辆所占比例仍较小的问题进行调整，使车型结构、运力布局以及在用车辆保有量更加合理。总体来说,虽然货运车型开始向重型化、小型化及专业化趋势发展,但这一时期运力调整的力度不够,成效不显著,货运运力结构的变化较慢,不能很好地适应现代物流对干线运输、城市配送和特殊货运服务的需要。

——运输经营结构调整。

20世纪90年代,各级政府行业主管部门比较清醒地认识到"重客轻货"的不利影响,着力调整经营结构,对公路货运、物流以及运输辅助服务业的发展也给予了进一步的重视与关注。

1996年8月,"全国公路零担货物运输工作会议"在石家庄市召开。会议肯定了10年来公路零担货物运输取得的成绩,提出了"九五"期间加速发展公路零担货运所采取的措施、目标规划、方向和重点,即发展区间及省际零担货运班线,积极开展零担快件运输及限时特快专运业务。这次会议对零担货运提质升级,实现松散型到集约型转变,有重要历史指导意义。同年12月,交通部又颁布了《道路零担货物运输管理办法》,为零担货运提质升级提供了法制化保障。

20世纪90年代以后,危货运输市场由封闭转向开放。为引导危货运输市场形成多部门、多层次的专业化、规范化的危货运输体系,交通部于1993年12月发布了《道路危险货物运输管理规定》,明确了公路危险货物运输的管理机构和管理措施,建立了审批制度,规定了经营公路危险货物运输的企业、车辆、人员等基本条件和技术经济条件,从运输管理、维修管理、事故处理和监督检查等方面提出了具体的要求。《规定》下发后,一些省、自治区、直辖市交通主管部门还结合本地的实际制定了实施细则或管理办法。为了更好地贯彻《道路危险货物运输管理规定》,交通部公路管理司又于1994年10月印发了实施意见。1995年和1996年,中国道路运输协会和西安市运输总公司承担我国核工业部门委托的首批核能燃料公路长途运输任务,圆满完成运输任务。表明危货运输经营范围更加广阔,服务质量和水平又上了新的台阶。

20世纪90年代以来,集装箱汽车运输业务得到了较快发展。为加强管理,国务院生产办于1992年5月23日,会同交通部、铁道部、对外经贸部、海关总署等五部门,以国生调度(1992)198号下发了《关于加快发展国际集装箱联运的通知》,同时成立了全国集装箱工作协调小组,从组织上确立了集装箱运输的宏观协调管理机构。"九五"时期,集装箱运输进入新的发展阶段后,为推动集装箱甩挂运输的开展,国家经济贸易委员会、公安部、交通部于1996年7月22日,以国经贸运〔1996〕493号联合发布了《关于开展集装箱牵引车甩挂运输的通知》,明确鼓励有条件的汽车运输企业开展集装箱甩挂运输。各地经贸、公安、交通等管理部门要积极支持运输企业开展集装箱甩挂运输,简化手续,提供方便,加强合作,及时解决集装箱甩挂运输中的问题,做好协调、监督、管理和服务工作。到"九五"中后期,公路集装箱运输,伴随着海运国际集装箱运输和国内铁路集装箱运输的发展而不断成长壮大,初步形成以沿海、内河主要外贸港口和重点铁路枢纽站、中心城市为主的集装箱集疏运网络。

——推进运输组织结构调整。

"八五"和"九五"初这一时期,我国公路运输组织水平与发达国家相比有很大差距,体现为客货运输组织技术落后,单车承包和一家一户作坊式的经营组织方式致使运输效率低下。传统家长式经营管理方式严重影响了经济效益提高。同时,运输市场中地区封锁和地方保护主义又制约了运输企业和行业的发展壮大。因此在提高运输装备水平和加强运输站场基础设施建设等硬件建设的同时,交通部采取了以提高运输组织化水平、提升运输效率和经济效益为目的的运输组织结构调整政策。主要是通过鼓励开展高速公路结点接驳运输试点、公路甩挂运输等，促进市场规模化、集约化、网络化经营，以提高经济效益，降低运输成本，加快车辆周转，促进节能减排等。

3. 完善市场监管

这一阶段的市场监管得到加强，管理对象由主要针对车辆、企业，扩展为车辆、企业、从业人员并重，更加注重安全管理等领域新体制机制的建立，监管政策走向全方位。

在运价政策方面，主要通过扩大市场价格调节范围、细化价格档次和类别、下放价格调控权，来积极适应市场规律，充分发挥市场定价的作用。

在深化市场监管方面，针对货运市场发展水平和管理水平的不平衡，在采取日常监管手段的同时，通过开展阶段性整顿治理，达到了应有的监管效果，实现预定的管理目标。

五、车辆及公路运输安全管理

1. 汽车维修与检测市场管理

汽车作为公路运输的运载工具，20世纪90年代以来取得突飞猛进的发展，营运保有量快速增加。而汽车的技术状况与能耗、安全等密切相关，因此，加强车辆技术管理、保障公路运输安全成为交通运输管理部门的重要任务。

"八五"和"九五"期间，是机动车维修市场培育和发展的关键期，市场机制不断完善，维修技术取得重大突破。1990年3月7日，交通部发布实施了《汽车运输业车辆技术管理规定》（交通部令1990年第13号），根据坚持预防为主，依靠科技进步和技术与经济相结合的原则，对原"定期保养、计划修理"的汽车保修制度做了重大改革，确立了"预防为主、定期检测、强制维护、视情修理"的汽车维修制度。在这一时期，汽车综合性能检测技术也得到快速发展，1991年4月22日，交通部发布《汽车运输业车辆综合性能检测站管理办法》(交通部令1991年第29号),确立了汽车综合性能检测的法律地位和工作职责,将综合性能检测作为掌握营运车辆技术状况,监控汽车维修质量的重要手段。

20世纪90年代,交通部高度重视维修检测的科技创新工作,组织多项科技攻关,在机动车维修检测领域取得一系列重要突破,形成了成套、成体系的不解体检测诊断技术装备、工艺规范,维修方式也逐渐从传统的"大拆大卸"演变成了以精准的故障诊断为基础的"换件修理",维修检测工具电子化、智能化特征日趋明显,基本改变了过去以手工和简单机械操作为主的修车模式。为了规范市场秩序,保障消费者权益,1991年4月10日交通部发布《汽车维修质量管理办法》(交通部令1991年第28号)、1998年6月12日发布《汽车维修质量纠纷调解办法》(交公路发〔1998〕349号)等部门规章;1996年发布实施了《中国汽车维修行业发展规划》(交公路发〔1996〕849号),有序引导行业的健康发展。在此期间,市场规模不断扩大,能较好地适应社会车辆的维修需求,从根本上消除了"修车难"的问题,彻底扭转了过去找关系修车、跑大城市修车的供给短缺状态。

这一时期,全国实施了营运汽车综合性能检测及技术等级评定、车辆强制维护等制度,公路运输的保障能力得到增强。

2. 驾驶员培训管理

1993年和1994年,国务院明确,交通部门负责对驾驶培训机构和驾驶员培训工作宏观方面的行业管理;公安部门负责对驾驶员的考核发证工作。根据上述精神,1995年3月27日,交通部发布《汽车驾驶员培训行业管理办法》(交公路发〔1995〕246号)及《中华人民共和国机动车驾驶员培训管理规定》(交通部令1996年第11号)等部门规章,规范了驾驶培训机构的许可与经营活动,推动了机动车驾驶员培训市场的平稳发展,保证了驾驶员供给与需求基本平衡,适应了交通运输事业的发展。

进入20世纪90年代后,机动车驾驶员培训的服务对象发生进一步变化。随着汽车开始普及,与此前将驾驶作为一种职业、谋生手段不同,普通家庭成员的驾驶培训量逐渐增加,驾驶已经作为一种基本的生活技能,得到广泛的认可。此时,为了吸引更多的培训学员,机动车驾驶员培训机构开始注重完善硬件软件设施,提升自身的服务水平。驾驶员培训开始快速发展。

3. 运输安全管理

进入20世纪90年代,随着公路运输业的蓬勃发展和机动车保有量的快速增长,公路运输量和周转量、交通环境、公路运输经营主体等产生了较大变化,给公路运输安全管理带来了巨大挑战。

针对社会主义市场经济环境、运输企业内部经营和管理体制的变化、单车租赁承包经营以及个体车辆挂靠经营的广泛出现,在体制改革、机制转变、车辆增加、安全生产管理工作难度加大的情况下,各级交通主管部门和汽车运输企业积极寻求对策,采取了一些适应市场经济需要的安全管理措施。为了进一步贯彻"安全第一、预防为主"的方针和"企业负责、行业管理、国家监察、群众监督、劳动者遵章守纪"的安全生产管理体制,落实"管生产必须管安全、谁主管谁负责"的安全管理原则,1997年9月2日,交通部发布了《交通汽车运输企业安全生产管理办法》,对交通汽车运输企业安全生产管理的目的、管理原则、管理机构、管理职责、管理制度和奖惩办法等做了比较明确的规定。在全国范围开展"安全生产周"、反"三违"月活动、"红旗文明车"的评选活动,营造了公路运输安全生产良好氛围。

这一时期,在经济快速发展,车辆、驾驶员数量均大幅增长的前提下,公路运输安全形势比较平稳,没有出现大幅下滑。

六、出入境汽车运输

中国地域辽阔,陆地边界线长达2.2万公里,与朝鲜、俄罗斯、蒙古、哈萨克斯坦、吉尔吉斯斯坦、塔吉克斯坦、阿富汗、尼泊尔、印度、巴基斯坦、不丹、缅甸、老挝、越南等14个国家和香港、澳门2个地区(1997年香港、1999年澳门回归祖国后,分别成立香港、澳门特别行政区。此前,交通部组织制定了《对香港澳门恢复行使主权后内地与港澳间汽车运输政策和管理办法》,内地与港澳间汽车运输开启了新的时代)毗邻。到1995年底,已开放的一类沿边公路口岸(含冬季冰上汽车运输和夏季轮渡汽车运输)共55个,二类沿边公路口岸34个;此外,经边境省级人民政府批准对外开放的地方口岸及边民互市口岸、临时过货点有100余个。出入境汽车运输,极大地促进了中国同周边国家和港澳地区间的贸易往来和互补性经济技术合作,成为各边境省(区)双边(多边)贸易的主要运输方式,也成为了中国外贸运输的重要组成部分。

"八五"期间,口岸出入境汽车客货运输快速增长。为促进汽车出入境运输健康发展,适应进一步扩大改革开放的需要,交通部于1992年7月30日在长春召开了"全国汽车出入境运输管理座谈会",就如何做好汽车出入境运输管理工作提出了建议。1992年,中国分别同哈萨克斯坦、俄罗斯两国签订了双边汽车运输协定,并同越南、老挝、巴基斯坦、尼泊尔、吉尔吉斯斯坦等国就双边汽车运输协定签订问题进行了接触。到1995年,中国政府同周边国家陆续签订了10个政府间双边、多边汽车运输协定,这些协定包括中俄、中蒙、中哈、中吉、中巴、中尼、中老、中越和中乌政府汽车运输协定及中、哈、吉、巴四国过境运输协定。这些协定的签署执行,开通了中国同周边国家间的陆上通道,出入境汽车运输在中国沿边省(区)蓬勃兴起。

截至1995年底,中国已开通同周边国家间的汽车客货运输线路81条,其中客运线路31条,货运线路50条,对应口岸之间的汽车运输线路绝大部分已经开通。在此基础上，本着平等互利的原则，运输线路正从两国间口岸地，向相互腹地的货源集散地和中心城市延伸，直达客货运输线路已达53条。另外，内地与港澳地区间汽车运输的发展，为广东省及其辐射地对外开放，起到了积极的推动作用，也为中国恢复对香港、澳门行使主权，实现平稳过渡作出了积极贡献。

"九五"期间，各边境省（区）交通运输主管部门，分别与其接壤的外方交通运输部门进行了工作互访，进一步加强了中国同相关国家交通运输部门之间的合作，使汽车出入境运输逐步向国际惯例靠拢。

1995年12月11—13日，交通部在昆明市召开了"全国出入境汽车运输管理工作会议"，总结了自改革开放以来，中国出入境汽车运输的发展情况，交流管理工作中的经验，研究存在的问题，分析了出入境汽车运输工作所面临的形势，并对今后的工作做出部署。

进入"九五"后，口岸出入境汽车运输持续了迅速发展的良好势头。1997年4月，中国政府同乌兹别克、吉尔吉斯斯坦草签了三国政府汽车运输协定，开通了三国间的汽车运输线路。至1998年，中国政府已同周边国家政府签署了11个双边、多边汽车运输协定。根据道路运输市场状况，在有利于引进外资和先进管理技术的原则下，批准立项了中外合资、合作道路运输企业763家，其中货运企业430家、客运企业114家、汽车维修企业219家。

第六节 建设管理

一、建设市场管理

在消化吸收西（安）三（原）、京津塘等高速公路引入现代化建设管理制度的基础上，20世纪90年代，交通部不断深化公路基础设施建设制度改革，深入广泛开展公路工程招投标管理，探索市场经济条件下公路建设项目的管理体制，逐步建立起以项目业主(法人)责任制、工程招投标、工程监理制和合同管理制等"四项制度"为主导的公路建设市场管理体制和运行机制，逐步将公路建设项目推向市场，并纳入依法管理的轨道。

1. 项目管理

《公路工程招标国际文件范本》通过审定后，1991年新开工的高等级公路或其他重点公路工程项目，开始通过招标确定施工单位和管理方式。在竞争中提高建设、管理水平，施工监理作为一种新的管理模式更加普及，除交通部要求进行施工监理试点的工程项目外，很多省份交通主管部门管理的公路建设项目，也积极开展施工监理。北京市在总结京津塘高速公路监理经验的基础上，在京石三期高速公路建设中，坚持京津塘模式的施工监理，使京石三期工程建设取得了当年开工，当年竣工，质量优良的好成果。

1992年，我国部分地区积极探索公路建设项目管理体制改革，试行筹划、建设、运营、还贷一条龙的经营机制，体现了按社会主义市场原则组织建设的特点。如，北京首都机场高速公路率先由中国公路桥梁建设总公司与京津塘高速公路公司北京市分公司联合成立"首都机场高速公路发展公司"，组织首都机场高速公路建设；安徽省成立"合芜高速公路有限公司"，进行合肥至芜湖高速公路建设；江苏省成立"扬子江大桥有限公司"筹划江阴长江大桥等江苏境内长江大桥的建设；此外还有吉林的长春至四平高速、贵州的贵阳至遵义高等级公路也试行这种管理模式。这种叫作项目业主责任制管理模式的出现，虽然只是试行，但表现出强大的生命力。为加快推广这种做法，同年11月9日，国家计委发布《关于建设项目实行业主责任制的暂行规定》。

为了推动试行公路项目业主责任制，交通部于1993年3月在长春市召开部分省市交通主管部门参加的座谈会，传达全国基本建设管理座谈会精神，结合公路建设的状况，探讨公路项目业主责任制的意义和可行性。

1993年，沪宁高速公路、杭甬高速公路、洛阳至开封公路、海南环岛公路东线、西安至宝鸡公路以及黄石、铜陵两座长江公路大桥等大型项目开始按《规定》进行试点；同年，陕西、湖北、贵州、安徽等四省的高等级公路管理局对已建公路进行了项目业主责任制转化的试点。项目业主责任制在公路行业内的推广，取得了良好效果。

实施项目业主责任制是公路建设领域的一项重大改革。此前由交通主管部门组成建设指挥部或领导小组，组织公路建设、建成后交养护部门管理的公路建设管理体制，转变为由具有项目业主资格的法人机构，全面负责项目的筹划、筹资、建设(立项、设计、施工)以及建成后的养护管理、收费和还贷，形成了公路项目全过程管理的新体制。这项制度作为市场经济的主体，充分利用经济规律办事，使责、权、利成为有机的整体，使企业真正实现了自主经营。

项目业主责任制的确立，加上"六五"和"七五"期间先后推行的招标投标制、工程监理制、合同管理制，规范公路建设市场的"四项制度"初步形成，并逐步纳入公路建设管理之中，成为规范公路建设市场行为的基本制度，并在公路建设市场的发展过程中不断丰富和完善。

2. 市场管理

"八五"期间，高速公路建设规模逐步扩大，加强公路建设市场管理成为交通部及各省(区、市)公路交通主管部门的重要工作内容。加强市场管理，一方面，要进一步推进公路建设市场的开放；另一方面，为发挥政府引导监督职能，加强市场监管，维护公平竞争的市场秩序，交通部在企业准入、资格审查、资信登记等方面做了大量工作。

1991年，交通部《关于进一步搞好地方交通企业的若干意见》明确提出，加强运输和交通建设市场宏观管理，交通部和各省区市交通主管部门要依法加强对进入建设市场的企业、经营单位的资格、资质等级审查。建设单位要严格按部省颁布的施工定额制定合理标价，包括必要成本和7%的计划利润，以创造平等合理的招投标环境。

1994年，交通部加强了对在建项目的检查和抽查，各地也普遍加强了公路建设管理工作。公路建设市场管理得到加强，促进了投资效益和工程质量的稳步提高。公路建设"政府监督，施工监理，企业自检"的三级质量保证体系得到进一步加强和完善。各地普遍建立了行使政府监督职能的质量监督站，健全了质量监督程序，经常深入工地对项目工程质量进行监督检查；施工监理工作得到进一步推广。

1995年11月15日，交通部发布新修定的《公路工程竣工验收办法》，加强了公路工程的质量验收管理。为整顿公路建设市场，规范市场行为，1995年，按照新修订的《公路工程施工企业资质等级标准》，交通部对全国公路施工企业进行了资质重新就位，36个部属公路施工企业、95个地方主兼营公路施工企业取得了新的各级资质等级。

"八五"期间，既是公路步入快速发展的时期，也是公路建设市场管理逐步加强的时期。交通部开始着手制定《公路建设市场管理办法》；为配合招投标制度的推广和健康发展，编写了《公路工程国际招标文件范本》、《公路工程国内招标文件范本》；为适应高等级公路施工和质量管理需要，陆续修订了各种设计、施工技术规范和《公路工程质量检验评定标准》；为推动质量监督工作的开展和监理工程师制度的执行，制定颁布了《公路工程质量监督办法》、《公路工程监理工程师注册管理办法》；为加强公路施工企业管理，修订了《公路工程施工企业资质标准》。各地交通部门还配合制定出本省的实施办法和细则。通过立项审查、招标、开工报告、实施检查、竣工验收等各个环节来加强管理，增强控制。公路建设管理逐步纳入规范化、法制化的轨道。截至1995年底，在公路建设市场中，"政府监督、工程监理、企业自检"三级质量保证体系进一步完善；项目业主责任制、工程招投标制度、工程监理制度、合同管理制度等"四项制度"得到普遍推广和实施，工程质量逐步提高，取得了良好成效。当年，交通部和中国公路学会联合召开"公路发展战略研讨会"，在世界银行资助下，开展了道路数据库、公路施工企业调查等公路建设管理的基础性研究。公路建设管理逐步向规范化、法制化的轨道靠近。但在公路建设市场方面，一些问题仍不容忽视，如市场行为不规范、合同意识不强等，仍需要在加强管理上下大气力。

作为最早打破地区和部门界限、全面开放建设市场的行业，随着公路建设市场改革的不断深入，市场竞争日趋激烈，为进一步加强公路建设管理，建立起"统一开放、竞争有序"的公路建设市场体系，1996年7月11日，交通部令1996年第4号发布《公路建设市场管理办法》，自当年10月1日起实施。《办法》重点突出了政府交通行政主管部门的宏观调控作用和监督管理职能，总结了"六五"以来公路建设管理的成功经验，通过建立项目报建、资信登记、标书审查和资格预审等制度，严格规范业主、承包商和中介机构等市场主体的运作行为。这是公路建设领域第一部较全面、系统地阐述公路建设管理程序和公路建设有关各方义务、责任的综合性管理办法，通过项目报建、资信登记、标书审查和资格预审等制度严格规范了作为市场主体的业主、承包商和中介机构等各方的运作行为,重点突出了政府交通行政主管部门的宏观调控作用和监督管理职能。《办法》的实施,使公路建设市场进一步向全社会开放,即凡是具备条件的企业,不分行业、经济类型,均可平等参与公路建设的市场竞争。

1997年,按照《公路建设市场管理办法》的规定,全国各级交通主管部门进一步加强公路建设管理和对市场运作行为的规范和指导,通过资信登记对施工从业单位进行整顿和宏观调控,并初步建立起动态管理体系,增强了市场对优化建设施工资源配置的作用,提高了施工单位基本素质、技术装备、科技含量和机械化施工水平,而且质量意识、质量控制力度、质量成果都有较大改观。同年8月1日,交通部发布《公路工程施工招标资格预审办法》和《公路工程施工招标评标办法》,分别对资格预审范围、应遵循的原则、评审机构、资格审查文件内容、审查程序和评审报告格式以及评标的原则、机构、程序、报告格式等做出明确规定,对整顿公路建设市场、指导、监督公路招标投标工作具有十分重要的意义。截至1997年底,全国公路建设管理体制基本与国际接轨,普遍实行了公开招标、工程监理等制度。

二、工程质量监管

1991年,各地交通主管部门结合公路建设特点,普遍加强了在建项目的质量检查和质量控制,重点工程项目质量检查和竣工验收数据表明,工程质量有所提高。

1992年6月10日,交通部以交公路发〔1992〕443号发布《公路工程质量监督暂行规定》,明确公路工程实行"政府监督、施工监理、企业自检"的质量保证体系,明确公路工程质量监督部门是政府对公路工程质量进行监督管理的专职机构,代表政府对公路工程质量进行强制性监督管理，建设、设计、施工、监理单位在工程实施阶段均应接受质量监督部门监督，同时《暂行规定》对质量监督的机构人员、职责、程序等做出明确规定。

公路工程项目招投标的普及和工程监理制度的推广，有效地促进了工程质量水平的提高。全国公路建设基本上形成了"政府监督，施工监理，企业自检"的三层质量控制体系。通过竣工验收的合宁、哈大、杨江等公路及厦门大桥、钟祥汉江大桥等项目的工程质量，被评为优良等级。在建项目的质量管理水平和分项、分部工程质量也有大幅度提高。随着公路建设事业的发展，在严格的工程质量管理和市场竞争之下，促进了一批施工企业的成长，丰富了施工经验，各施工企业普遍加强了质量管理和成本核算。参与公路建设的一些大中型施工企业开始扭亏为赢，企业产值利润率普遍提高，开始向质量效益型方向发展。

"八五"后三年，在加强质量管理体系建设的同时，交通部及各省（区、市）公路交通主管部门，还加强了对在建项目经常性的检查和抽查。

1993年交通部组织部分省市有关专家，对在建的成渝、石太等8个项目进行了质量和管理工作的检查。1995年，交通部除组织有关专家对在建的山西太旧高速公路、广东深汕一级汽车专用公路、吉林长四高速公路、广西柳桂汽车专用一级公路、福建泉厦高速公路等十几个项目进行质量大检查外，还组织了1994年度公路工程优秀勘察、优秀设计、优质工程"三优"评选活动，共评出部级优秀勘察项目2个，优秀设计项目15个，优秀工程16个。各地公路主管部门也加强了在建项目的经常检查和抽查，加大了工程现场检查的深度和频率，如1993年开始，江苏、辽宁、山东、西藏、广西等省（区）对在建公路项目逐一检查，发现问题，及时督促有关单位解决，扭转了项目管理的被动局面；结合质量检查，有的省市还在公路交通系统内部开展建设质量年活动。

"八五"期间，随着公路建设市场的管理加强，项目管理中"四项制度"的推广和落实，公路建设质量稳定提升，但总体来看，公路工程建设质量的一些通病，如桥头跳车、路面平整度差等问题，仍未根治。

1996年，各级交通建设主管部门继续加强公路建设市场管理、工程质量监督工作。7月，交通部在吉林省吉林市召开"全国交通基本建设质量监督、工程监理工作会议"，全面总结了"八五"开展监督、监理工作的成绩和经验，表彰了16个先进质监站、76名优秀质监人员和23个先进监理单位、97名优秀监理工程师。对"九五"质量监督和工程监理工作进行了布置，提出了"九五"开展监督、监理工作的指导思想和工作目标。截至当年底，全国公路交通系统成立质量监督站58个，其中地方质监站37个；从事质量监督工作的专业人员达2000多人。公路建设任务较重的辽宁、江苏、河北、四川、吉林、广东、福建等省还组建了地市质监站，扩大了监督覆盖面，强化了监督体系，使质监工作逐步走向行业管理。所有大中型建设项目均已纳入监督范围，多数小型建设项目也实行了质量监督，有些地区已将监督范围扩大到所有交通行业的建设项目。这一年，为加强质量监督站间的联系与协作，建立了东北、华北、西北、西南4个公路工程质监片区网会。通过网会活动，进行专业技术研讨，发布质监信息，交流质监经验，推动全国质监工作的开展。同时，按照统一规划、分级管理的原则，交通部加强了对各级质监站的指导检查。各级质监站加强自身建设，重视廉政教育、职业道德教育和业务培训工作。在质监工作中，逐渐总结出质量监督工作的指导思想和重点：把好"三关"，即开工前把好资质审查关、施工中把好监督检查关、竣工时把好质量核定关；

抓好"三重",即重点工程、重点部位、重要单位。使公路工程质量监督总体水平明显提高,效果更加显著。

1997年,交通部在完善质量管理体制、健全质量运行机制、加强法规制度建设、健全质量监督体系等方面做了大量工作。7月17日,交通部以公监字〔1997〕162号印发了《公路工程试验检测机构资质管理暂行办法》,明确了从事工程检测的机构的资质条件,对规范性开展试验检测工作提出了要求;12月12日,交通部以交公路发〔1997〕817号印发了《关于进一步加强质量监督管理工作的通知》,对交通基础设施建设质量监督进一步提出了要求,明确了质监机构的监督范围和责任。当年,交通部全年考核验收了浙江省交通厅工程质量监督站,湖北省、湖南省交通建设工程质量监督站。至此,全国31个省(区、市)中,已有28个省份质量监督机构通过了交通部的考核验收。按照政企分开的原则,个别监督、监理职能不分的质监站完成了机构分立重组,理顺了关系,确保政府监督规范运作。通过对质监站的考核检查,促进了质监站的自身建设,完善了内部各项规章制度,质监人员的业务素质和政策水平有所提高,树立了良好的社会形象。

1997年,交通部组织对13个省份的14个在建公路重点项目以及《公路建设市场管理办法》执行情况进行检查。检查结果表明,《公路建设市场管理办法》颁布实施一年来,在规范建设、设计、施工、监理单位的行为和建设市场管理方面发挥了重要作用。各地普遍加强了招标的资格审查和招标文件审查工作,有效地控制了进入公路建设市场从业队伍的资质,提高了招投标质量。在检查的项目中,7个省制定了实施细则(含办法或贯彻意见),9个省全面开展了施工企业的资信登记工作。受检项目均较好履行基本建设程序,从立项到开工等手续齐全,建立了三级质量保证体系,明确了质量目标。河北省提出了"争创90

年代样板路"和"精品工程"的目标;辽宁省在建设管理中实行"优质优价、优监优酬"的激励机制,充分调动参建各方的积极性。各级质量监督机构充分发挥政府职能,广泛宣传质量法规,严肃查处质量问题,客观评价工程质量水平,监督建设、设计、监理、施工等参建各方的市场行为,促进了工程质量总体水平的提高。但是,各地区质量管理水平差异较大,个别地区、项目问题仍较突出,如标段划分过小、合同价格偏低、赶工献礼问题突出、存在非法分包质量通病治理不力等。交通部对河北省宝坻至山海关高速公路、辽宁省沈阳至山海关高速公路、江苏省江阴大桥、山东省济南黄河大桥、云南省楚雄至大理高速公路提出表扬,并对10个施工企业提出通报批评。同年,16个省份按照要求对本省范围内在建公路项目实行自查。

三、工程建设监理

1986年,交通部选择使用世界银行贷款兴建的西安至三原公路,首次进行菲迪克(FIDIC)条款——工程监理制度的试点。1987年,交通部相继在京津塘高速公路、济青公路、开洛公路、成渝公路、昌九公路和厦门高集海峡大桥等公路项目中扩大推广试点。1989年12月25日,交通部组建了部工程建设监理总站(后更名为"交通部基本建设质量监督总站"),着手制订、修订《公路工程国际招标文件范本》、《公路工程施工监理办法》、《公路、水运工程监理工程师注册办法》等一系列规章,使监理制度朝正规化、制度化方向发展。此后,在交通部主导和推动下,全国各省(区、市)交通主管部门先后成立了相应的地方交通基建质量监督机构。

为用好资金,明确责任,大多数省份成立了建设、运营一体的项目管理公司,实行小业主、大监理的管理模式,充分依靠社会监理,组织项目建设。以投资方参与项目建设管理为特征的 BOT 模式，由于项目业主缺少专业技术人才，更迫切需要监理工程师参与项目建设管理。这种形势，客观上为监理制的推行搭建了一个大舞台，吸引了大批工程技术人员从事监理行业。

这个时期，交通行业监理市场已经初步形成，交通部为引导监理行业有序发展、推动监理制度尽快建立，出台了一系列的政策和制度。一是加强宣传，总结宣传以京津塘高速公路为代表的一批监理试点项目取得的成功经验，鼓励各建设项目积极探索，勇于改革，为推行工程监理制营造舆论氛围。二是明确大中型交通建设项目必须实行工程监理制，把监理制度的执行纳入到基本建设程序，作为工程验收的一个重要环节，同时也鼓励其他项目实行工程监理制，使监理制度在行业内得到确立。三是发布了《公路、水运工程监理单位监理资格审批暂行规定》和《公路、水运监理工程师注册办法》。明确了监理从业企业和从业人员的基本条件，保证监理队伍的基本素质。四是根据交通行业的特点，发布了《公路工程施工监理办法》，明确了监理工作的程序、范围以及工作深度和行为准则，作为开展监理工作的基本依据。五是开展了大规模监理业务知识普及培训，除对监理人员培训外，也对业主、设计、施工单位的人员进行培训，使建设各方都了解监理，认识监理，支持监理，正确地运用这种科学的管理办法，提升交通行业建设管理水平。

特别是交通部 1992 年 5 月 16 日发布的《公路工程施工监理办法》(交工发〔1992〕378 号)明确规定：列入公路基本建设计划的大中型公路工程项目，均应实行施工监理；同时，确立了公路工程监理"本土化"的基本原则。《办法》除对公路施工监理的组织实施、职责权限、监督和纠纷做出更加详细的规定外，还提出了"严格监理、热情服务、秉公办事、一丝不苟"的监理原则。其中，"严格监理"是菲迪克条款的本质属性，而"热情服务"则是适应我国国情的需要。这就要求,监理不仅要站在承包商对立面,监督承包商严格执行标准和程序,而且也有义务针对工程中出现的矛盾和问题提出意见和建议,帮助承包商完善施工组织和工艺,使建设各方形成合力,共同完成工程建设目标。"秉公办事、一丝不苟",则是对监理人员最基本的工作方式和方法的要求。这个监理原则的确定,构成了公路交通监理制度的框架,也被称之为"具有中国特色的监理制度"。

在不断探索的基础上,交通部制订了一系列工程监理的规章制度,一个符合中国国情的公路工程监理体制初步形成。为适应交通工程管理专业化、科学化、社会化的新趋势,一批初具规模的公路、水运工程监理公司(事务所)相继组建,一批有经验、懂监理的工程师陆续通过部考核评审,获得监理工程师注册资格。为了不断提高监理工程师的业务水平,培养工程监理的新生力量和向交通工程界普及工程监理常识,交通部工程建设监理总站于1990年举办了公路工程和水运工程监理的专业培训班。到1992年底,共举办培训班48期,培训学员3400余名,其中公路工程3000余名;交通部批准注册的工程监理单位共计28个,其中公路工程22个;批准注册的监理工程师共1668人,其中公路工程1136人,内含专项监理工程师319人。到1992年底,全国公路工程建设项目已普遍实行工程监理制度。

截至1993年底,全国公路交通建设利用外资贷款的工程项目,已全部参照菲迪克条款实行监理,部分贷款已得到国际金融机构认可,由中国具有监理工程师资格的工程技术人员自行操作;国内投资的高等级公路、大型桥梁、隧道等大中型公路交通建设项目均普遍实行了监理制度;其他工程也采用了类似的监理形式。交通部批准的公路监理单位增长到43家,公路工程监理工程师达2006人,单位、从业人员同比翻了近一番,公路工程监理队伍已初步形成。

"八五"期间，全国交通系统受监工程项目436个，投资额达1462亿元。到"八五"末期，公路建设工程管理纳入规范化、法制化轨道，工程监理制度从无到有，经历了试点和稳步发展两个时期。

"九五"期间，工程监理制度进入了全面推行阶段。

1996年，为进一步规范监督、监理工作，在总结监理工程师资质管理工作的基础上，交通部修订颁发了《公路、水运工程监理工程师资质管理办法》；为提高监理业务培训的质量和效果，印发了《公路工程监理业务培训管理暂行办法》。按照国家有关建设管理体制改革的总体要求，交通部积极推行工程建设监理制度，建立了工程项目管理新的运行机制，加大了现场监督管理力度，增强施工管理的预见性和科学性，使工程建设处于受控状态，保证了一批重点工程项目、技术含量高的项目的顺利实施。随着公路建设市场管理的日益规范，监理队伍也不断发展壮大。

1997年，在公路交通行业全面推行工程监理制度的十年里取得了显著成绩，受到了社会各界的赞誉。国道、省道以及大中型和重要的小型公路工程建设项目均已实行工程监理制度。同时，参与工程建设的各方，也通过监理制度本身了解、适应了菲迪克条款的管理模式，队伍的整体素质明显提升，交通系统监理队伍也得到发展和提高，市场更加成熟。一些监理公司提出要监理出高质量的工程，监理自身工作质量必须是高标准的口号，强化内部管理，率先通过了ISO9000质量标准体系认证；有的监理公司注重科学管理，建立了一套比较完善、规范的监理工作程序，开发使用了监理管理的计算机专用软件，使项目管理上了一个新台阶；有的监理公司开展公司内部的巡回检查，征求业主意见，加强职业道德教育，规范监理人员行为，树立好的样板，推动了企业精神文明建设；有的监理公司注意积累，不断扩大企业技术装备和实力，抓人才优势，注意监理人员的再教育，加大设备投入，做好监控检测，监理平行检测频率达到20%以上，有效地控制了工程质量。截至1997年底，交通系统共有129家监理单位取得了交通部批准的监理资格，7108人取得监理工程师资格，监理队伍得到迅速发展。当年，举办了378期监理业务培训班，5370人参加了培训。截至1997年底，累计举办各种监理业务培训班392期，培训人数达3万余人，有力地推动了监理工作的开展。1997年12月11—13日，交通部在广西北海市召开了全国公路、水运工程监理经验交流会，总结交流了推行监理制十年来的成绩和经验，提出了推行监理规范化进程的要求和措施，统一了认识，明确了下一步工作方向。

到1998年，质量监督机构基本完善，交通部基本建设质量监督总站人员编制由10人增加到18人，全国交通系统已建成部管质量监督站61个，绝大部分省区还建立了地市级质监站，一个覆盖全国的交通建设工程质量监督网已基本形成，有效地对工程质量进行执法监督检查；部质监总站完成了全国省厅级公路工程质监站的考核验收工作，审批了上千名质监工程师和质监员的资质；交通基础设施建设的监督覆盖面已达到90%以上。实行监理制度以来，全国质监机构共组织制定了公路、水运工程质量监督暂行规定、施工监理办法、资质管理办法等规章制度30多件，积极指导、协助各地质监站制定了相应的配套制度或实施细则，建立了较完善的交通建设工程质量监督管理的法规体系。在公路工程建设市场中，监理制度已经建立，监理市场逐步形成，工程质量试验检测管理取得明显成效，已有31家公路、水运工程试验检测单位通过交通部资质审批，1700余人获得从业资格。

第七节 养护管理

"三分建，七分养"，这耳熟能详的一句话，虽然不是科学定量，却形象地说明了养护管理在公路事业中的重要地位。

"八五"和"九五"期间的公路养护，延续着改革开放以后稳定发展的势头，实现了交通部提出的预定目标，各省（区、市）在公路养护管理体制、机制的改革上进行了积极探索，取得了一定成效。

一、公路养护事业稳步发展

为适应公路建养事业的发展，总结公路养护与管理工作的经验，1990年6月19—23日，交通部在辽宁省大连市召开"全国公路养护与管理工作会议"。会议提出，"八五"期间公路工作的总体要求为："全面规划，协调发展；加强养护，积极改善；科学管理，提高质量；依法治路，保障畅通"的三十二字方针。交通部要求各级交通部门根据会议的精神，做好本地区"八五"期间公路发展规划及相应的实施措施，并把公路养护与管理工作提高到一个新的水平。

1991年3月1日，交通部制定《公路科学养护与规范化管理纲要》(1991~2000年)，并于4月8日正式发布。《纲要》提出十项原则是：全面贯彻公路工作"三十二字方针"；以"务实、创新、科学、奉献"为实施口号，促进公路法制建设、科技进步、GBM工程，改进规费征收、路政管理、附属生产、基础和基层建设等工作；超前准备高等级公路养护与管理；深化公路养护与管理体制改革；摆正建、养、管三者关系；推行完善经济责任制；实施GBM工程，根治公路脏、乱、差；依靠科技进步和挖潜，提高养护管理水平；发展养护机械，特别要抓好高等级公路养护机械化管理；加强职工队伍建设等。同时，《纲要》明确了10项科学养护及15项规范管理的措施。《纲要》的出台，把公路纳入了科学养护与规范化管理的轨道。

20世纪90年代初，针对计划经济体制下形成的养护生产组织方式存在的机构臃肿、水平低下、"大锅饭"严重等弊端，在大连会议精神及《公路科学养护与规范化管理纲要》的指导下，交通部提出，建立适应社会主义市场经济要求的新型养护生产模式。为此确立的改革总体思路是：按照生产与管理分离的原则，精简管理机构，建立精干高效的养护管理队伍，在养护生产中引入竞争机制，彻底改变"大锅饭"体制，提高公路养护资金的使用效率和养护质量。各省（区、市）在以下几方面，对公路养护体制改革进行了有益的摸索：一是加快培育和发展养护工程市场。将公路管理部门所属工程队、运输队、生产厂站等与公路管理机构分离，使其成为自主经营、自负盈亏的法人实体，参与市场竞争，对原有道班、工区进行合并重组，进行企业化管理，逐步推向市场。二是改革公路养护投资体制，全面推行定额养护。把"按人拨付"养路费变为根据养护定额和养护工程量核定并下拨经费，并逐步通过招投标确定养护生产企业，大力推广路面和桥梁管理系统，实现养护投资决策的科学化。三是改革人事用工制度。明确公路养护生产单位可自主用工，以合同方式进行统一管理，形成能进能出的择业机制和择优录用的竞争上岗机制，通过保险、福利等社会保障体系，对下岗人员进行合理安置。四是改革分配制度。采取内部竞标或公开招标方式，选择养护生产单位，并依工程完成情况支付费用，在养护生产单位内部实行"多劳多得"，彻底打破"大锅饭"。五是完善各项管理制度，提高管理水平。各地重点建立系统的公路养护工程管理、评级办法和检查制度，如养护工程招投标办法、养护质量检查制度及评价标准等，做到有章可循。

为适应市场经济的要求，交通部对一系列养护标准规范进行了修订。1991年12月30日，交通部、劳动部以(91)交人劳字945号文联合发布新修订的《公路养护定员标准》，按照"先进、合理、科学、规范"的原则，规定了公路养护专业机构的生产人员、管理人员和服务人员的定员。新《标准》与1979年交通部颁布的《公路养护定员标准》比较，按可比口径养路工人定员标准每公里降低0.1~0.2人，在定员范围上新补充了隧道养护工人、沥青拌合场(站)工人、乳化沥青站工人、交通量观测工人、收费工人和养路费征稽人员的定员。1992年5月21日，交通部发布《公路里程和公路养护统计指标及计算方法的规定》，为保证公路里程和公路养护资料的准确性、科学性提供了标准。1993年，为加强和提高公路养护与管理水平，交通部组织编写了第一本较完整，具有权威性、指导性的《公路养护与管理手册》，启动《公路养护技术规范》的修订工作。1994年，为加强和提高公路养护与管理水平，交通部发布实施了《公路养护质量检查评定标准》和《公路养护工程分类范围规定》，完成了《公路养护技术规范》征求意见稿。

"八五"期间，对市场经济条件下公路养护进行的一系列探索，取得了明显成效。为进一步解决公路养护管理中的新问题，建立适应社会主义市场经济发展的养护管理机制，保证"九五"期间公路建设、养护、管理工作的协调发展，1995年6月21—25日，交通部在合肥召开"全国公路养护管理工作会议"。会议总结交流了公路养护管理工作中的先进经验，研究了进一步改革和完善公路管理的运行机制，讨论制定了"九五"期间公路养护管理工作方针和实施措施。交通部副部长李居昌在会上发表《深化改革，强化管理，再创公路养护管理工作新局面》的讲话，总结了"八五"公路养护取得的显著成绩：一是公路技术状况明显改善和提高。到1994年底，公路养护里程达到104.7万公里，比1990年增加9.04万公里。优等路里程增加了24.2%，良等路增加了7%，差等路减少了21.1%。二是GBM工程取得显著成绩。到1994年底，全国达到GBM工程标准的公路里程有3.13万公里，占国省道干线总里程的11.8%。三是路政管理和规费管理得到加强。四是改革创新搞活公路养护管理工作新路子的探索取得新成绩。五是重视和加强了公路养护管理新技术、新工艺的推广应用。六是公路养护职工队伍和基层建设得到加强。会议确定了"九五"公路工作"建养并重，协调发展；深化改革，强化管理；提高质量，保障畅通"的二十四字指导方针，同时通过了《交通部关于全面加强公路养护管理工作的若干意见》、《公路养护标准规范体系》、《公路减灾规划》等三个文件。这次会议，强调"建养并重、建养管协调发展"的方针，明确了"九五"的奋斗目标，提高了对公路养护管理工作重要性的认识，为"九五"公路建设、养护、管理的协调发展指明了方向。

为进一步贯彻落实"九五"公路工作"二十四字方针"，1997年9月8—11月15日，交通部对全国干线公路养护与管理工作进行了大检查，对照交通部颁布的《国省干线公路养护和管理检查计分标准》，按千分制严格考核，全国30个省（区、市）前三名排序为：上海、山东、河北。

这是中华人民共和国以来首次组织的全国性干线公路检查，内容包括：国省干线公路养护计划安排、公路路况、养护质量、收费路桥、GBM工程、文明样板路、公路管理站（道班）、路政管理和治理"三乱"等，实际检查里程2.87万公里，约占全国国省干线公路里程的10%，检查面之广、内容之细超过了以往历次检查。大检查活动，促进了全国公路养护工作的开展，1997年也因此被称为全国的"公路养护年"。

"九五"期间，全国公路养护工作进入新阶段，随着改革的不断深入，养护方式、道班结构、用工制度和职工素质等均发生较大变化。1996年开始，吉林省借鉴国外公路养护的做法及国内其他行业，特别是农村家庭联产承包责任制的改革经验，研究在公路养护管理上实行公路国有民养的新体制，先在全省选了9个道班，继而于1997年扩展到104个道班、2242公里养护路段进行试点，在打破"铁饭碗"等弊端上，取得了一定的成效。上海市按照"统一领导、分级管理"的原则，规范了公路管理机构，明确划分了市、县公路管理机构的职能，基本实现了机构精简、职权统一、运转高效的改革目标，初步实现了公路管理与养护生产相分离。辽宁省充分利用社会保障体系，集中资金为职工购买医疗和养老保险，解除了职工的后顾之忧，为改革的顺利推进创造了条件。安徽、湖北、广东、天津、河北等省(市)加快了机械化大道班建设步伐，有70%以上的小道班改造成机械化大道班。江西、云南、湖北等省通过组建公路养护公司，将市场竞争机制和现代企业制度引入公路养护生产中，有效地激发了养路职工的积极性和创造性，生产潜力得到充分发掘。

二、公路路政管理

20世纪90年代后，公路建设步伐开始逐步加快，给公路路政管理提出了更高的要求。

为加强路政管理，1990年9月24日，交通部令1990年第24号发布《公路路政管理规定(试行)》，自1990年10月1日起施行。

《规定》出台后，1990年和1991年，各省(区、市)重点在干线公路范围内加强了路政管理，开展以制止和清理公路两侧违章建筑物为主要内容的"治理整顿公路环境秩序"的活动，取得了显著效果：有效控制了公路两侧的违章建筑，清理拆除了一大批侵占路产的违章建筑物，取缔、迁移大量占路集贸市场；

拓宽了城镇过境公路；得到了广大人民群众的拥护和支持。这次集中整治的效益远远超出公路本身的范围，解决了其他部门难以解决的问题，如陕西一次拆除了宝鸡峡、渭惠等灌渠上的违章建筑物200多处，受到水利部门好评。经过整治，多数干线公路路面平整、路容整洁、水沟畅通，通行条件明显改善。1993年，为进一步加强公路路政管理工作，依法治路，维护公路路产，交通部组织编写了《公路路政管理案件处理100例》，对各地依法进行公路路政管理、规范公路路政执法行为提供了借鉴。

1994年，结合公路文明样板路创建和公路绿化、GBM工程实施等工作，各级公路部门加强了路政队伍管理，大部分地方对路政队伍实行半军事化管理；有的地方路政人员与林政部门、纠风部门人员配合，对破坏路树、公路"三乱"等行为实施综合治理，取得了良好的效果。

为加强交通行政执法队伍建设，逐步建立交通行政执法人员的资质考核认证制度，促进交通管理部门依法行政，1997年11月26日，交通部令1997年第16号发布《交通行政执法证件管理规定》，自1998年1月1日起施行。《规定》要求统一规范包括路政执法人员在内的全国交通行政执法证件的制式、使用和管理。统一规范前，交通行政执法证件在使用和管理工作中，主要存在着证件种类多、管理不规范等问题。由交通部颁发的执法证件有8种，各省（区、市）在此基础上又有所增加，损坏了交通管理部门的形象，给交通行政执法队伍的管理造成了一定程度的混乱，证件的不规范使用使行政执法相对人对执法人员的执法资格产生疑虑。《规定》明确，省级交通行政主管部门、交通部直属及双重领导行政管理机构是本地区或本部门交通行政执法证件的发证机关，发证机关的法制工作部门具体负责证件的颁发和管理工作。《规定》明确了颁发交通行政执法证件人员的资格条件,明确建立证件的年度审验制度,使执法证件不仅仅起到证明执法人员身份的作用,同时通过对证件的管理,加强了交通行政执法队伍的建设。公路路政管理开始被纳入严格统一管理的轨道。

三、公路绿化

公路绿化是公路规划、建设和养护不可或缺的重要内容,是日常公路养护的重要方面,也是国土绿化的重要组成部分。公路绿化可一举数得,对于公路而言,不仅可以稳固路基、保护路面、延长公路寿命,而且具有防治水土流失,改善沿线生态环境,诱导司乘人员视线,保障行车安全等作用。

1991年,全国新增公路绿化里程32万公里。新栽、补植乔木1596.5万株、灌木2473.8万株,种草80.3万平方米,种花389.9万株。全国公路绿化达标里程为43.7万公里,公路绿化率已接近70%。京深、京哈、京张、京密及天津外环线等一些主要干线公路,已形成绿色长廊。1991年全国各地在抓好全面绿化工作的同时,突出了重点绿化工程,北京、河北、河南、湖北、湖南、广东六省市,在统一部署下,结合GBM工程的实施,使2500多公里长的107国道全面实现了绿化和美化。

1991年是"八五"的第一年,公路绿化工作取得了较好成绩,但由于过去欠账较多,绿化任务仍然较重。根据国务院批准实施的《全国造林绿化规划纲要》的要求,为在2000年实现公路全部绿化,交通部编制了《1991~2000年全国公路绿化规划纲要》,提出"巩固、完善、提高、发展"的方针,坚持"因地制宜,因路制宜,宜灌则灌,宜花草则花草"和"全面规划,分步实施"的绿化原则,明确到1995年,县道以上公路全部实现绿化;到2000年乡道及专用道路全部实现绿化。

1993年全国公路绿化已达48万公里,其中国道绿化里程达到6.5万公里，占国道应绿化里程的93%。1993年，全国公路系统有17个省市的22个单位、3个省市的4名个人，获全国绿化委员会的表彰。

1994年，全国公路绿化里程达到50万公里。

1995年，是实现"八五"公路绿化规划目标的最后一年。当年全国绿化公路2.41万公里，新植、补植乔木1894万株，花灌木582.69万株，铺种草坪6857万平方米。全国公路绿化达标里程达到51.18万公里，占公路总里程的44.24%，占全国公路可绿化里程的近70%，实现了"八五"规划的目标。

1996年是"九五"第一年，随着高等级公路的陆续建成，对公路绿化的要求日趋提高。针对过去绿化标准低、随意性大的实际情况，各地抓规划设计，进行现场调查，绘制设计图纸，以指导施工。如江苏省沪宁高速公路在路两侧专门征用8米宽的绿化用地，组织专业技术人员进行设计，突出了主线景观和互通置景的效果，以草坪、灌木为主的绿化形式，衬托出高等级公路的大气势。北京公路局及工程指挥部领导，在北京八达岭高速公路施工中，严格按照交通部《关于加强公路绿化若干意见》的精神，将绿化工程与道路工程同设计、同施工、同验收，做到了路成树就，达到了一定的景观效果。天津市公路局对市区通往外环公路的主要出口及迎宾路和旅游路沿线都进行了精心的规划设计，形成了乔灌花草、落叶和常绿相结合的公路绿化面貌，使公路绿化总体水平上了新的台阶。

1996年，全国新植路树公路里程3.57万公里，栽植乔木34008.2万株，灌木48634.3万丛，草坪3715.6万平方米，同时，创建花园式公路站及道班200多个，使公路周围环境不仅实现了绿化，而且也更加美化，提高了使用价值和景观效果。

1997年，全国干线公路检查结果表明，公路绿化有了进一步的发展。部分路段实现了乔、灌、花、草相结合的多层次绿化。干线公路基本实现了畅、洁的目标。

"九五"期间,交通部发布了一系列规章,指导公路绿化工作,并把公路绿化逐步纳入到环保工程中进行总体实施。如1996年7月8日交通部发布的《公路建设项目环境影响评价规范》中明确要求,"有针对性地优化绿化树种、绿化结构和层次,提高绿化防治效果。"

四、GBM 工程

公路标准化、美化工程简称"GBM 工程"。GBM 是"公路标准化、美化"汉语拼音字头的缩写。

1988年、1989年交通部先后组织开展107、102两条国道GBM工程。进入90年代后,GBM工程开始在全国推广。

1991年2月21日,交通部发布《国、省干线GBM工程实施标准》。1991年11月5—18日,交通部组织检查组对107国道全线GBM工程进行了检查验收和GBM杯评比。107国道全线实施GBM工程取得的主要成绩表现在以下方面:一是公路技术标准显著提高,全线已实施路段全部达到二级公路以上技术标准。二是提高了公路的通行能力和抗灾能力。平均行车时速由30—40公里,提高到50—60公里,油耗降低10%—20%,运输成本下降约为20%左右,交通事故减少17%—18%。湖北、河南两省在遭受特大水灾期间,107国道始终保持畅通,成为当地抗洪救灾的生命线。三是提高了公路的规范化管理水平。四是突出了公路特有的建筑美和景观美。五是全线公路养护质量优良。1991年一至三季度,全线平均好路率达90%以上。六是重视和加强了公路的科学养护管理工作。七是路政管理工作得到加强。全线已基本形成了一个完整的路政管理体系。

1991年和1992年,交通部采取导向性投资补助的方式,在101、105、104、320、312、204等国道线段、部分省干线及旅游公路上组织实施 GBM 工程,使 GBM 工程在全国普遍推开,全国国省干线公路实施 GBM 工程的里程达到 1.5 万公里,取得了显著的经济效益和社会效益。

1993 年,交通部按《GBM 工程检查验收标准》,分别对河南、山东、江苏、四川、贵州、广西等六省(区)的 GBM 工程进行检查验收,达标率达到 83.5%至 100%。

1994 年底,全国达到 GBM 工程标准的公路里程达到 3.1 万公里,提前完成交通部"八五"期间 GBM 工程的实施目标,社会、经济效益显著。不论是公路的技术标准、通行能力、抗灾能力和规范化管理水平,还是公路本身特有的景观美、建筑美都有显著提高和充分体现,受到社会各界用路者的好评。

五、文明样板路创建

创建文明样板路,是在实施 GBM 工程的基础上,通过强化管理,规范公路的养护、收费、路政管理等各项工作,杜绝"三乱"现象,最终建成畅通、安全、舒适、优美的公路交通环境,提高公路养护管理水平的一项重要工程和主要载体。

1994 年 4 月,交通部做出创建 107 国道文明建设样板路的决定,于 5 月 31 日发布了《107 国道文明建设样板路实施标准》,目的是结合治理公路"三乱",开展创建"文明样板路"活动,彻底改善行车环境,树立全新的公路交通形象。107 国道起自北京,止于广东深圳,是贯通京、冀、豫、鄂、湘、粤五省一市的公路交通大动脉,全长 2150 公里,是当时全国国道网中车流密度最大、效益最好的一条南北大动脉。在沿线各省(市)人民政府和广大公路职工的共同努力下,1994 年 11 月 15—26 日,经交通部检查组对全线检查验收认定,107 国道文明样板路建设全线达标,平均达标率为 94%。实现了全线线形流畅、标号标志齐全、公路"三乱"有效整治、改善交通环境、提高公路通行能力的目标。创建活动受到沿线广大人民群众的普遍欢迎。

交通部在总结107国道创建文明样板路的成功经验时指出，短时间内达到创建目标，得到社会广泛赞誉，关键原因有三：一是沿线各级政府大力支持。交通部做出创建决定后，沿线各省（市）政府对组织实施这项工作高度重视。沿线各地市政府把治理公路"三乱"、建设文明样板路作为一件大事来抓，许多市长、县长亲自上路检查、开现场会解决难题，做到了"不仅挂帅，而且出征"。二是有关部门通力配合，综合治理。沿线各省（市）公安、工商、城建、土地等部门密切配合，充分发挥各自的职能作用，使文明样板路建设步入了标本兼治、综合治理的轨道。三是公路部门突出重点，狠抓落实。沿线各级公路部门充分发挥主力军作用，集中人力、物力、财力，采取切实可行的措施，以实施GBM工程为手段，以强化规范化管理为目标，保证了文明样板路建设的顺利实施。北京市在实施文明样板路建设工作中，认真贯彻执行国发（1991）41号文件，克服困难，将北京琉璃河收费站与河北省涿县收费站合并，实行合署办公，为跨省（市）高速收费站设置探索了经验。

在巩固107国道创建成果的基础上，交通部制定了《"九五"国道文明样板路建设规划》，将104、102、324、307、319、312、320等7条国道纳入《建设规划》，决定到2000年底，每年创建一条国道文明样板路。文明样板路创建工作从此正式铺开。同时，各地交通主管部门也纷纷制定了本地区的文明样板路建设规划。

1995年3月27日，交通部以交公路发（1995）243号发布《国家干线公路文明建设样板路实施标准》，详细规定了干线公路文明样板路创建标准、验收办法。1995年，根据国务院国发〔1994〕41号文件精神，按照《"九五"国道文明样板路建设规划》要求，交通部在途经京、冀、津、鲁、苏、皖、浙、闽六省二市，全长2340公里的104国道组织实施文明样板路建设工程。

1996年，102国道文明样板路通过验收。

1997年，交通部开始组织实施324国道的文明样板路创建。创建活动展开后，在不到一年的时间里，324国道二级或二级以上的里程达到1987公里，三级路达到632公里，实现了公路线型顺畅、路面平整、附属设施完善、标志标线齐整，基本消灭脏乱差和"乱设卡、乱收费、乱罚款"的"三乱"现象，收费站设置合理的目标，被沿线群众誉为"致富路""小康路"。

六、"绿色通道"建设

"绿色通道"最早是指农民或蔬菜经营者向城市保障及时供应新鲜蔬菜的主要运输干线公路，后"绿色通道"的概念从新鲜蔬菜运输通道扩大到所有鲜活农产品的运输通道。

改革开放后，社会主义市场经济蓬勃发展，人民生活水平大幅提高。特别是90年代后，大中城市居民日常消费新鲜蔬菜的数量与日俱增，对蔬菜的质量和品种都有了更高的要求。随着公路交通条件的改善，蔬菜生产就地销售的传统格局发生重大改变，南菜北运、西菜东调成为家常便饭，蔬菜市场和运输日趋活跃。

鲜菜运输是一种时限要求很强的保鲜货运。由于菜农多用普通汽车或拖拉机运送蔬菜，没有条件控温，只能依季节抢运。而在运输过程中，遇到的突出问题就是公路上"三乱"（乱设卡、乱收费、乱罚款），导致车辆流通不畅，严重的甚至造成整车鲜菜霉烂变质，这种现象引起国务院领导同志的重视。

1995年5月3日，国务院副总理李岚清主持会议，专门研究了北京市"菜篮子"工作的问题，并形成了《关于研究北京市"菜篮子"工作的会议纪要》。《纪要》明确指出，各有关部门要加强合作，大力整顿北京市蔬菜流通秩序，严厉打击"路霸""菜霸"，坚决制止任何不合理的收费、罚款，认真解决外地调菜进京公路沿线上的"三乱"问题。为保证"绿色通道"运输畅通，交通运管、稽征检查要加强源头管理，对运送蔬菜车辆一律放行。发现有违规运菜车辆要先放行，后处理。同时，公路部门要加强蔬菜运输通道公路的建设、养护和管理，不断提升路况，保证道路完好，保证"绿色通道"畅通。

1995年5月，交通部、公安部、国务院纠风办等两部一办会同国家林业局，在全国开通了第一条"绿色通道"——全长500公里的山东寿光至北京"绿色通道"。随后，1996年11月又开通了全长3300公里的海南至北京"绿色通道"。

1997年，山东、河北两省交通部门对绿色通道的基础设施建设加大了投入；海南至北京"绿色通道"开通后，沿线各省、区交通部门认真执行《关于保障海南省蔬菜运输绿色通道畅通的通知》，做了大量的工作。当年，有关媒体的新闻记者，沿这条"绿色通道"进行了采访，菜农、消费者和运销商都比较满意，国务院领导也给予了充分肯定。

第八节　规费征收与管理

一、规费征收

1. 养路费

公路养路费是公路养护建设最稳定的资金来源，是公路事业发展的重要基础之一。据不完全统计，新中国从1950年8月开征养路费，到1990年底，40年征收的养路费不足2000亿元。从20世纪90年代以后，随着汽车业的快速发展，养路费征收额也快速增长，到2009年费改税前，18年时间征收总额达到1万亿元以上。这一时期，养路费征收额增长明显，但从养路费征管工作的难度来看，也是前所未有的。

1987年10月,国务院发布《中华人民共和国公路管理条例》,明确了公路养路费征缴的法规依据。其中第18条明文规定:"拥有车辆的单位和个人,必须按照国家规定,向公路养护部门缴纳公路养路费。"同年,国家计委、经委、交通部、财政部联合发布了《公路养路费使用管理规定》,规定公路养路费的使用必须贯彻"全面规划、加强养护、积极改善、重点发展、科学管理、保证畅通"的方针;"本着干支公路兼顾,以干线公路为主,养护与改建兼顾,以养护为主的原则,由省级公路管理部门统一管理,统筹安排",同时,还规定了公路养路费使用范围、使用安排的比例等,由此进一步细化、深化了公路养路费征收的法律基础、原则和功能。

1991年10月15日,交通部、国家计委、财政部、国家物价局联合发布《公路养路费征收管理规定》,再一次明确了征缴双方的权利和义务,要求征稽机构及人员按规定征费,要求有车单位和个人按规定缴费。同时明确全国统一使用《中华人民共和国公路养路费》票证,实行一处交费、通行全国的制度。同年11月11日,为配合贯彻执行《规定》,交通部和国家物价局联合制定印发了《公路汽车征费标准计量手册》,统一全国汽车征费计量标准。

根据《公路科学养护与规范化管理纲要(1991年~2000年)》,"八五"期间,交通部要求各省(区、市)养路费征收做到微机联网,做到用软盘向交通部报送报表。1993年,"养路费和车购费征收系统"软件通过部级鉴定,规费征收和管理逐步迈向信息化。

对于养路费的征收、使用和管理,交通部十分重视,每年都对有关省份的养路费管理和使用进行审计,对出现的问题采取措施,严格整改。如1995年,驻部审计局组织各省(区、市)交通厅(局、委)开展了1994年公路养路费征收、使用管理情况审计，并派出检查组对四川、云南、内蒙古、江西等四省区进行重点检查，共审计养路资金279亿元，支出300亿元，查出各种违纪金额7.55亿元。对查出的问题，各省（区、市）公路交通主管部门均进行了纠正和处理，提出了进一步加强养路费征管的意见和措施。

1997年《公路法》颁布。《公路法》第三十六条明确"公路养路费用采取征收燃油附加费的办法。拥有车辆的单位和个人，在购买燃油时，应当按照国家有关规定缴纳燃油附加费。征收燃油附加费的，不得再征收公路养路费。"虽然《公路法》第三十六条同时明确："具体实施办法和步骤由国务院规定。燃油附加费征收办法施行前，仍实行现行的公路养路费征收办法。"但由于公众对法律表述的理解并不全面，加之有些媒体、专家对《公路法》有关养路费规定的片面宣传和报道，使部分车主对国家养路费征收的改革产生误解，对法律条文的解读以偏概全。于是，每到年终岁末，养路费征收的难度都加大，逃缴养路费甚至暴力抗法的行为屡见不鲜，大吨小标、外挂逃费等问题都呈上升趋势，养路费征收工作难度不断增加。

为进一步加强养路费征管，交通部、财政部于1997年12月12日联合发布《关于印发〈养路费收支预决算编制暂行办法〉的通知》，对养路费等交通规费的征收提出具体要求。尽管有两部的《暂行办法》撑腰，但养路费征收的难度仍在不断加大。

20世纪90年代以后，各省（区、市）为加强养路费征管，相继出台一些地方性法规和政府规章，以确保养路费征收工作的顺利进行。如，1991年8月6日，北京市人民政府第24号令发布《北京市公路养路费征收管理办法》；1994年8月14日，山西省人民政府令第52号发布《山西省公路养路费征收管理规定》。

在《公路法》颁布实施后，养路费征收工作面临新的形势时，有的省（区、市）修订或重新颁布有关法规，以加强养路费的征管。如，1998年1月9日，辽宁省人民政府第148次常务会议通过并发布《辽宁省公路养路费征收办法》，明确本省境内拥有车辆的单位和个人必须按规定缴纳公路养路费，违反本办法的行为，将按《辽宁省公路养路费征收管理条例》的规定实施处罚；1998年5月21日，四川省人民政府令第108号发布《四川省公路养费征收管理实施办法》，明确了征收养路费的机构、部门，要求本省区域内的车主应当缴纳养路费，并对违规行为规定了罚则。有的省（区、市）虽然没有修订相关法规，但也加强了养路费征收管理有关法规的宣传和执行，确保养路费的征收。

2. 车购费

1984年12月25日，国务院第54次常务会议决定，对所有购置车辆的单位和个人开征车辆购置附加费（国务院国发〔1985〕50号发布《车辆购置附加费征收办法》），国产车费率为车价的10%，进口车为15%，为公路建设提供了资金保障。

车购费原来由汽车生产厂家代缴。1994年1月1日，根据国务院通知，即日起车辆购置附加费由车籍所在地交通征稽部门向车主直接征收。收费环节改在了车辆的购买阶段，同时进口车的费率也降到车价的10%。这一时期，交通部加大了车购费的征收、审计和管理的力度，确保了资金的征管和使用。

到20世纪90年代中后期，民用车辆开始快速发展，车购费的征收随之出现较快增长，交通部加强了车购费的征收及管理。1996年4月1日，交通部、财政部以交财发〔1996〕286号联合发布《车辆购置附加费统计管理暂行规定》，并自发布之日起实施。《暂行规定》要求，各级车购费主管部门加强对车购费统计工作的领导，各级车购费征管单位应根据工作需要配备专职或兼职统计人员，负责车购费的统计管理工作，各级车购费主管部门及其征管单位应当建立统计工作岗位责任制，并对统计人员实行考核与奖惩制度。

1997年12月3日,交通部、财政部以交财发〔1997〕788号文联合发布《关于违反〈车辆购置附加费征收办法〉的处罚规定》,明确了对未按规定缴纳车购费的缴费人以及伪造缴费凭证、收据、印章等的处罚措施,同时对车购费征管人员的执法行为进行了规范。

尽管如此,车购费征稽工作仍在滑坡。据1998年交通部对海南、河南、江苏和四川四省1997年度车购费审计的结果显示,在车辆产销大幅增长的有利环境下,四省均未完成年度车购费征收计划,最低的只完成计划的51.7%。车购费征收滑坡的趋势十分明显。

二、征稽机构建设

交通征稽机构是行使行政执法管理职能,依法代表国家向拥有车辆的单位和个人征收公路交通规费的专职执法机构。

为提高公路管理的效率,1978年,各省(区、市)交通监理机构开始成立,公路养路费的征收统一划归交通监理机构负责,征收方式也由在道路上设卡收费改为固定的按牌征费。1986年10月,国务院以国发〔1986〕94号文件发布《关于改革道路交通管理体制的通知》。道路交通管理体制改革后,将公路养路费征收人员及其使用的设施与交通监理机构分开,由交通部门领导和管理。

自1987年起,交通征稽专职机构在全国各地相继成立,负责辖区交通规费的征收和稽查工作。重庆市组建交通综合执法总队,征稽局属于公务员序列。西藏交通规费征稽局2007年1月列入公务员管理。青海、湖北、新疆等交通征稽局参照公务员管理。其他交通征稽机构基本上都属于行政事业单位,工作人员主要是事业单位人员编制。有些省份的交通规费征稽工作则由省公路局、路政局等部门征收和管理,但都设立了专门的养路费征管机构。交通征稽部门征收的交通规费种类主要有：公路养路费、公路客运附加费、公路货运附加费、车辆通行费等。因为各地交通管理体制的差异，各种交通规费的征收管理部门也各有不同，有的隶属交通局征收，有的隶属道路运输管理部门征收，有的隶属交通征稽机构征收。有的省（市）征稽机构还征收公路重点建设费（江西）、新增车辆费（山西1993年3月1日起开始征收，2000年7月1日起停止征收）等，但公路养路费作为核心费种一直是由交通征稽机构统一征收。

第九节　行业体制机制改革

公路管理体制，是国家关于公路管理工作在机构设置、隶属关系、职能划分等方面的体系、制度、形式的总称。

改革开放以后，各地因地制宜，按照"统筹规划、条块结合、分层负责、联合建设"的方针，对公路养护管理体制和机制、高速公路管理体制和运营机制实施改革，建立起多种多样的管理体制和机制。特别是进入90年代以后，随着公路基础设施建设的需求加大、速度提升，建设养护资金的需求不断加大，公路建设与养护、加强管理与调动地方积极性之间的矛盾日益突出，加快公路管理体制、运行机制改革的呼声不断增高，公路管理体制和机制改革步入攻坚阶段。

一、部机关机构改革及职能调整

1988年，国家机构编制委员会批准交通部机构改革的"三定"方案，明确交通部行政基本职责是：国务院对全国水路、公路交通实行组织领导和宏观调控，归口进行行业管理的职能部门。进入90年代，交通部继续按1988年确定的机构改革模式调整。1992年，根据邓小平同志南方谈话和党的十四大确定的改革方向，国务院在机构改革方面的指导思想进一步明确和深化。

1993年3月22日，第八届全国人大一次会议审议通过的《关于国务院机构改革方案的决定》明确，其核心任务是：在推进经济体制改革的同时，建立起有中国特色的、适应社会主义市场经济体制要求的行政管理体制，改革的重点是继续转变政府职能。据此，交通部研究新的改革方案，并上报国务院。

1994年2月25日，国务院办公厅发布《关于印发交通部职能配置、内设机构和人员编制方案通知》（即"三定方案"）。"三定方案"明确此次改革的原则是：政企职责分开、简政放权、加强宏观调控和行业管理职能。明确交通部的主要职责，包括"根据国民经济和社会发展需要，制订全国公路和水路交通行业发展战略、方针、政策和法规，并监督执行"等共12项。根据公路、水路两种运输方式的实际情况和特点，明确主要调整部内分设机构为：将原来的运输管理司、工程管理司调整为公路管理司、水运管理司和基建管理司；将政策法规司和体制改革司调整为体改法规司，并冠以"精神文明建设办公室"名称，同时明确各机构的相应职能。调整后，交通部由17个司局级机构组成。

公路管理司的主要职责明确为：归口管理公路运输、基础设施建设和维护、管理工作。组织制订公路行业政策、规章、标准、规范和定额；参与制定公路行业规划、中长期计划和年度计划；培育管理公路运输和建设市场，负责大中型和部限额以上公路建设项目设计文件审查并监督协调项目实施，协调和审批国际、跨省线路，拟定、实施国际运输合作协议和运输协定，指导城乡客、货的衔接协调工作，负责公路运输价格管理，负责汽车维修市场、汽车驾驶学校和驾驶员培训工作的行业管理。

此次改革的另一项重点，是理顺内外工作关系，主要包括：

一是分清与公安部在道路交通管理中的有关职责分工。即按交通部负责交通经济、技术管理，公安部负责交通安全管理的原则，进一步划清两部职责和关系。二是交通投资公司行使的"投资计划、项目初步设计审批"两项政府职能，划归交通部。三是中国交通进出口总公司作为全资子公司成建制划入招商局集团。

此次改革后，交通部机关行政编制585名，与1988年相比，在编人员减少19%。

1998年3月10日，第九届全国人大一次会议审议通过的《关于国务院机构改革方案的决定》，明确改革的目标是：建立办事高效、运转协调、行为规范的政府行政管理体系，完善国家公务员制度，建设高素质、专业化的行政管理队伍，逐步建立适应社会主义市场经济体制的、有中国特色的政府行政体制。据此，交通部职能与机构进行调整。

职能调整如下：职能划出2项，即将大连等6个代管的海事法院纳入国家司法系统，将出租车管理职能交给地方各城市人民政府。职能划入1项，即汽车出入境 运输。职能转变3项，即①除国家重点和大中型交通基础设施建设项目外，交通部不再直接管理项目的立项审查、评估、评优等事项；除国家重大科技项目外，交通部不再直接管理科技项目的成果鉴定、评审、评奖、推广等事项。②交通行业有关培训、企业年度会计报表审计等事务性工作，交社会中介机构处理。③交通企业集团二级单位领导班子调整和企业经济性项目的投资、生产计划、运输班期调整等生产经营权下放企业。

1998年6月18日，国务院办公厅印发《交通部职能配置、内设机构和人员编制规定》，赋予交通部"拟定公路、水路交通行业的发展战略、方针政策和法规并监督执行"等主要职责11项。

与1994年"三定方案"相比，主要部内机构变化如下：将水运管理司和基本建设管理司合并,组建水运司,并将部台办成建制划入水运司;将科学技术司和教育司合并,组建科技教育司;综合计划司更名为综合规划司;公路管理司更名为公路司。调整后,交通部由14个司局级机构组成。

此次调整,公路司行业管理的职能得到加强。其职能明确为:拟定公路建设和道路运输的行业政策、规章和技术标准;维护公路建设和道路运输行业的平等竞争秩序;监督管理重点公路建设项目的实施;负责公路规费稽征、公路养护、路政、收费公路的管理;负责道路运输、汽车维修市场、汽车驾驶学校和驾驶员培训工作的行业管理;负责运价政策的拟定和汽车出入境运输管理。

1998年的机构改革,在确定各司局职责时,全部取消了直接干预企业管理的职能,进一步理顺了体制,加强了宏观调控和行业管理。改革后,交通部机关行政编制300名,司局编制在原司局职数的基础上,按50%比例进行精简。

至此,交通部作为国务院主管全国公路行业的行政主管部门,公路司作为具体职能部门,公路管理的主体框架基本形成。交通部内部具有公路管理事权的司局主要有公路司、规划司、财务司、体法司。其中,公路司负责制订相关技术规范、法律法规、行业发展政策、公路建设、养护、路政管理、公路应急、收费公路监管、重点公路建设项目的建设进度与初步设计审批等,并监督执行。综合规划司主要负责公路规划、公路建设年度投资、公路战备、交通统计等。财务司主要负责收费经营公路审批、公路建设资金的预算管理等。体法司主要负责公路执法队伍建设等。

二、地方公路管理体制机制改革

20世纪90年代初中期,为适应改革开放后经济的快速发展，建立符合市场经济规律的公路管理体制和养护运行机制，各地均进行了长期的、艰苦的探索。从"八五"开始到1998年福州会议前，以高等级公路开始快速发展为特征，各地出现高等级公路、普通国省干线公路、县乡公路管理逐步分开的趋势，国省干线公路管理体制机制的改革可谓"百花齐放"，出现"条条、条块、块块"三种模式并存的局面。

1. 高速公路管理体制

从1988年我国实现高速公路零的突破开始到1991年底，高速公路建设规模较小，仅8个省份拥有高速公路，建设和管理大多直接沿用国外模式或普通国省干线公路的经验，但由于投资主体的多元化，已经开始表现出管理主体多元、管理方式多样的特点。

1992年开始，众多省（区、市）开始省内的高速公路建设，并很快建成投入使用，到"八五"末期的1995年，我国高速公路里程已经达到2141公里，17个省份拥有高速公路，其中辽宁达509公里，广东、河北、河南、山东分别达到358公里、231公里、230公里和220公里。

1996年10月9日，交通部令1996年第9号颁布《公路经营权有偿转让管理办法》，并自同年11月1日施行，从此公路经营权转让、抵押、担保成为合法经营行为，虽然银行贷款进入公路领域的规模还十分有限，但《办法》的出台，为银行贷款进入公路行业扫清了法律障碍，为高速公路融资开拓了一条新的市场化途径。到1997年底，全国高速公路通车里程跃升至4771公里，拥有高速公路的省份达到27个，高速公路形成一定规模。

这一时期，由于建设投资来源的不断丰富，市场因素的导入，加剧了计划经济体制和市场经济环境之间的矛盾，政出多门、权责不明的弊端日益显现。这些矛盾，集中体现在高速公路安全和路政管理两方面，公安交警及公路路政部门之间矛盾不断，重复、越权执法的问题时有发生。

这一时期，我国高速公路的管理体制主要有以下几种模式：

一是省交通厅组建高速公路集团公司直管模式。省级政府将省域范围内高速公路予以整合，由省交通厅独资或控股成立公路经营集团公司，履行出资人职能，实行产权管理与行政管理，如四川、陕西等省。

二是事业性高速公路管理局直管模式。省交通厅专门设立与管理普通公路的省公路管理局并列的省高速公路管理局负责全省范围内的高速公路管理工作，如辽宁、吉林等省。

三是省(市)政府授权高速公路集团公司直管模式。在该模式下，高速公路集团公司一般归省国有资产管理委员会管理，省交通厅(委)履行行业管理职责，如，北京、江苏、广东等省市。

四是少数高速公路由非国有独资或控股的民营、外资股份公司或者由经股份制改造并在资本市场上市的公众公司进行管理。这种模式，一般是公司负责建成后的经营、养护、收费，而经营管理阶段的路政执法业务由省交通厅派出机构承担或委托执法。

2. 国省干线公路管理体制

国省干线公路作为我国道路运输的主干力量，从中华人民共和国成立以来，一直就是国家及各省(区、市)重点管理的对象，其管理体制的改革即便在高速公路初步成网后，也仍然是我国公路管理体制改革的主流。

改革开放以来，我国的公路管理体制和运行机制改革，一直围绕着"强化管理"与"调动地方积极性参与公路建设"两大主题进行，这其中既客观地反映出中央、地方政府责权利关系的复杂，也反映出公路建设、养护二者在不同发展阶段中关系的复杂。

进入20世纪90年代后，随着基础设施建设特别是高速公路建设的不断加速，使得平衡建设、养护二者关系，加强公路养护管理与调动各级政府参与公路建设积极性之间的矛盾更加突出。

各地体制机制改革的历程，充分反映出平衡好公路建设、养护二者关系的错综与复杂。1991—1998年加快公路建设前，为改革公路管理体制中存在的计划经济体制遗留下来的"政企不分、事企不分、机构重叠、职能交叉、缺乏竞争、效率低下"等问题，各省（区、市）根据本地的客观条件，都在积极推进公路管理体制、机制改革。

因各省（区、市）经济、社会发展的不均衡，表现在养护管理体制上也体现出多样化。改革开放初期，普遍实行人财物由省公路局统一管理，20世纪80年代后期至90年代初中期，部分省（市）下放了管理体制，实行行业管理。这一时期，全国公路体制总体上形成垂直型管理和条块结合管理两大模式，而条块结合的管理又进一步细分为"以块为主"和"以条为主"两种模式。三种模式在行业内被形象地概括为"条条""块块"和"条块"。

"条条"管理，即由省公路局直接负责国省道的建设、养护和管理，地市、县公路局的人、财、物由省公路局实行垂直管理，如甘肃、贵州、宁夏、新疆、西藏等。"块块"管理，省公路局在业务上对各地市公路管理机构实施行业管理，地市公路管理机构的人、财、物管理权均隶属同级政府，地市以下的公路管理体制由各地市人民政府确定，如四川、浙江、广东等。"条块"管理，即国省干线的财与物采用自上而下的计划管理，人事管理则隶属当地政府，如山东、河北、辽宁等。到1998

年，国省干线管理体制的三种模式在全国基本形成各占 1/3 的局面。

3. 农村公路管理体制

此时期的农村公路的内涵，包括县道和乡道公路，其管理以县乡政府为主。即县道和少量重要乡道由县交通局或其下设的县乡公路管理机构负责管理；乡道由乡级政府负责管理。省级交通主管部门或公路管理机构，对县道、乡道负责行业指导并给予一定的资金补助。村道仍按村民自建自管自养的原则管理。

4. 公路养护运行机制改革

新中国建立以来，对公路养护管理十分重视，干线公路实行三级管理，设立道班养护。按交通部要求，平均每 10 公里设一个道班，按公路等级不同，每公里配置 1—1.5 名养护人员，机械设备折合成人力计算。改革开放后，各地普遍借鉴农村家庭承包经营的经验，打破大锅饭，在公路养护生产中推行经济责任制，探索分段、承包等养护新形式，个别地区还实行了定额养护、计件工资，极大促进了养护事业的发展。1990 年 6 月，交通部在大连召开全国公路养护与管理工作会议后，公路养护得到进一步重视，各地开始大道班建设的试点，随着公路基础设施的发展，机动运输能力的提高，在充分考虑养护生产实际的前提下，有的省份从扩大道班功能、便于集中养护和方便职工生活出发，将原 10 公里一个道班改建为 30 公里一个，将部分远离城镇的道班向城镇靠近，这样，职工人数相对集中，文化生活得到一定程度改善，也在一定程度上方便了职工就医、子女上学，解决了职工的后顾之忧。到 20 世纪 90 年代初期，全国公路道班总数由 5 万多个减少到 3 万多个。

20 世纪 90 年代中期以后，随着公路等级的提高，养护工作的科技含量也在不断提高，传统的养护作业方式已远远不能适应公路养护。各地进一步开展大道班建设,有些地方还开展了"道班建设年活动",集中建设了一批功能相对齐全、规模较大的养护道班或养护工区,极大地改善了养路职工的生活生产条件。同时,不断推进养护运行机制改革,探索以承包养护为核心内容的改革发展,如吉林省的"国路民养",即,将公路划分为若干个段落,按养护难易,运距长短,使用材料的多少,实行包干。由道班长承包后,自行组成养护队伍养护,公路段按进度分期支付养护资金。"国路民养"得到交通部的认可,在全国引起关注,前往吉林参观学习的人很多,一些地方也相继开展了类似的养护改革。此外,江苏省公路部门开展了以管养分离、事企分开为目标的改革,将养护、工程、服务等经营性单位,全部从公路管理机构中剥离出去,把从事建设养护的生产人员全部分流到企业,省、市、县级公路机构由原来的生产管理改为行政管理。在机制改革中,江苏公路部门所属137家工程养护、三产企业与公路管理机构脱钩,精简职工1.8万人。辽宁省在推行运行机制改革之前,进行了充分的调研,推行养老保险、失业保险和医疗保险社会统筹;搞好资产界定和转移,为养护公司事改企创造条件;按照"四制"要求,进一步健全和完善公路建设市场准入制度、公路建设招投标制度管理办法、公路养护工程企业资质管理办法等规章制度;大力发展第三产业,为安置下岗分流人员做准备等四项措施。实践表明,四项措施的推行解除了辽宁公路养护改革的后顾之忧。

但是,由于我国东西部、南北方的经济发展水平不同,地理环境差异很大,全国无法制定统一的国省干线养护运行模式,而是鼓励各省(区、市)根据本省实际情况进行探索。

虽然有些省份通过运行机制改革,如在养护工作中引入市场机制,同时随着养护机械化及科技水平的提高,一定程度上达到了增效目的,但就全国来说,减人的目的并未达到。到

1998年，全国养护职工达到88万人，比1980年净增31.2万，增长率达到55%，而同期公路里程增长仅为38%，而且人员的快速增长期恰恰是进入"九五"后，各省加快公路管理体制改革进程、下放公路管理体制过程中产生的"副产品"。

这一时期的县乡公路，由县乡人民政府负责养护管理，由省公路管理部门负责行业指导和补助资金。一般由地市交通局下设县乡公路管理处，县交通局设地方公路养护段，根据里程多少，再由养护段下设道班负责日常养护和保通工作。

高速公路的运营管理内容相对复杂，除交通安全、路政外，还有收费、养护、通信监控及服务区管理等辅业管理。这一时期，高速公路的养护管理根据市场化程度的不同，大致分为自行养护和对外承包两种模式。自行养护模式中，除成立养护中心外，还有的省份通过成立养护公司来完成高速公路的养护业务。

高速公路与国省干线和农村公路最大的不同是，养护运营管理中具有更多的市场经济特点。

三、公路交通国有企业改革

90年代初中期，管理直属及双重领导交通企业的生产，是交通部及各省(区、市)行业主管部门的重要工作内容之一。

1. 深化改革，搞活企业，提高经济效益

1991年，交通部和各省(区、市)以及计划单列市交通系统共有公路施工企业122个，企业化管理的事业单位442个；职工人数25.75万人，其中技术人员3.7万人，占职工总数的14%。其中，经建设部批准的一级公路施工企业21个，职工人数6.97万人，其中技术人员6615人，占职工总数的9%。截至1991年底，交通系统公路施工企事业单位固定资产为46.97亿元，人均1.8万元。

1991年5月16日,国务院发布《关于进一步增强国营大中型企业活力的通知》。为贯彻《通知》精神,1991年6月15至19日,交通部在河北秦皇岛市召开"部属企业和双重领导港口企业工作会议",研究讨论搞活部属及双重领导企业的措施。十几家企业在会上交流了经验,部属运输、港口、工业企业与部签订了第二轮承包经营合同。会后,交通部于7月9日,以(91)交体字471号印发《关于进一步搞活部直属和双重领导大中型交通企业的若干意见》(30条);同年11月8日,交通部以(91)交体字773号印发《关于进一步搞好地方交通企业的若干意见》(25条),要求各地结合交通行业实际情况,指导交通企业深化改革。

1991年9月23—27日,中央工作会议专题研究如何进一步搞好国营大中型企业,提出改善国营大中型企业外部条件的12项措施和企业内部加强管理的8项工作,同时提出,"八五"时期为集中力量增强大中型企业活力和提高企业效益的时期。为贯彻中央精神,交通部成立以部长黄镇东为组长、各司局主要领导为成员的搞好企业领导小组,并在大量调研后提出"总体规划、分工负责、分类指导、突出重点、兼顾一般"的工作方针,提出了进一步搞好大中型交通企业的意见。同年11月11日,交通部搞好企业领导小组经讨论通过《搞好部属施工企业意见》,针对搞好部属公路施工企业提出11条措施,主要包括:贯彻计划经济与市场调节相结合的原则,继续实行招投标制,少数项目可实行议标或作为指令性计划分配;加强交通建设市场管理,严格对投标单位的资格审查,加强对标书、标底的审查、建立评标结果的审批制度,推行招标合同施工范本;及时调整定额及工程预算单价;加快设备更新和技术改造;补充施工企业流动资金;建立新技术开发基金;减免所得税;帮助施工企业清理交通系统内的三角债;改善基地建设和住房建设;扩大与开拓国外市场，简化出国审批手续，帮助解决国外承包工程资金的低息贷款及三类物资进出口权；支持企业抵制"三乱"等。

1991年，在国家有关部门的支持下，国务院制定的改善企业外部条件的一些措施得到落实。如：部属运输企业从1991年起固定资产综合折旧率平均提高1.2个百分点；部属工业企业可按销售收入的1%提取新产品开发基金；西安、郴州筑路机械厂等列入国家"双保"企业等。

1991年，全国交通企业在深化内部改革、转换经营机制、提高经济效益方面，主要做了以下工作：一是完善承包经营责任制。为使新一轮承包经营责任制更加科学、规范，1991年2月2日，交通部发布《全民所有制交通企业承包经营责任制实施办法(试行)》，对承包经营责任制的原则，组织领导，内容和形式，承包利润基数和增长幅度，承包单位与企业内部经济责任制，承包经营者，承包经营合同，承包发包双方的权利、义务和违约责任，合同执行的考核与奖罚都做出明确规定。二是进一步扩大企业经营自主权。各级交通主管部门适当下放一些权力，使企业增强了活力。主要包括：在保证完成国家重点物资运输任务的前提下，基层企业可按分工自揽货源，组织协议运输；鼓励基层企业多渠道筹措资金，增强发展能力；鼓励基层企业改革用工、分配制度；鼓励基层企业积极开拓中外合资和国内联营项目，大力发展多元产业。三是指导企业积极走向市场，开拓市场。四是改革内部分配等制度，调动广大职工的生产积极性。如，青海省公路桥梁工程公司推行全员风险抵押承包，各类人员按责任大小交纳不同风险金，增强约束机制。在内部分配上，生产工人实行计件、定额和包工工资制；管理人员的工资按内部经济责任目标考核，同经济效益挂钩等。五是改革劳动人事制度，实行人员优化组合。六是拓宽企业生产经营范围，增强应变能力。七是实行企业兼并，促进生产要素合理流动。如，南京市交通局支持优势企业兼并亏损企业，通过7例兼并，实现存量资产合理流动2100万元，生产要素得到重新配置，使企业经济结构（包括经营结构和组织结构）得到了调整优化。

1992年，以邓小平同志南方谈话和3月中央政治局会议为标志，中国改革开放和现代化建设事业进入了一个新的阶段，对交通运输提出了更高更迫切的要求。交通部认真分析了全国公路、水路交通运输发展的现状，着重研究了加快交通基础设施建设改革开放步伐、改变交通运输滞后局面的规划和措施，于7月间提出了《关于深化改革、扩大开放、加快交通发展的若干意见》，共25条。关于政府与企业关系，《若干意见》明确，要"转变政府职能，转换企业经营机制。政府交通主管部门要抓好行业管理。按照国务院《全民所有制工业企业转换经营机制条例》，制定《交通企业转换经营机制实施办法》，明确政府交通主管部门与企业的关系，落实企业经营权。推动企业的改组和联合，提出组建中国远洋运输集团和中国长江航运集团的方案，积极开展交通股份制企业试点工作，贯彻'一业为主，多种经营'的方针，延伸运输服务，实行多元经营"。

1993年1月8日，交通部、国家体改委、国务院经贸办以交体发〔1993〕18号联合发布《全民所有制交通企业转换经营机制实施办法》；2月13日交通部以交体发〔1993〕111号发布《认真贯彻执行〈全民所有制工业企业转换经营机制条例〉的意见》。两文件分别针对部属和双重领导企业、地方交通企业，对转换企业经营机制，加强交通企业活力，提高企业素质和效益，加快向市场经济体制过渡起到了直接作用。转换企业经营机制的关键是转变政府职能，为此，交通部年初制订了《1993年交通部深化企业改革，转换企业经营机制工作要点》，要点包括六大工作任务和25项具体工作内容和要求。当年，全国公路交通企业在转换经营机制方面，探索和完善了各种形式的承包经营责任制；深化了企业三项制度改革；扩大了基层单位经营自主权；调整运输结构和企业组织结构；改革企业管理体制和精简企业机关处室和人员；进行股份制、租赁经营和组建企业集团试点；发展多元经济、规模经济；剥离非主营单位，减轻企业负担，使企业能够自觉进入市场、开拓市场，参与竞争。企业活力和经济效益有了明显提高。企业转换经营机制的工作取得了明显成效。例如，交通部第一公路工程总公司认真做好转换经营机制工作，深化内部改革，转换经营机制，苦练内功，使企业有了新的发展。1993年，完成产值6.13亿元，同比增长83.04%；实现利润918.87万元，同比增长4.38%；单位工程竣工优良品率100%，被批准为中国首批一级资质工程总承包企业。

1995年，全国对国有交通企业经营管理和现状调查结果显示：截至1994年末，除西藏自治区外，全国29个省（自治区、直辖市）地、市以上交通部门所属国有交通企业1171家，其中大中型企业653家，占56%；职工人数约150万人，其中大中型企业职工约130万人，占87%；固定资产原值442亿元，净值313亿元。部属和双重领导企业71家，其中大中型企业67家，占94%；职工人数58.5万人，其中大中型企业职工58.3万人，占99.7%；固定资产原值1099亿元，净值704.6亿元。在企业内部三项制度改革方面，各企业普遍实行了干部聘任制、全员劳动合同制、岗位技能工资制。在分配上，向苦、脏、累、险和技术含量高、责任大的岗位倾斜，调动了广大干部职工的生产积极性。

2. 建立现代企业制度，组建企业集团，开展股份制试点及改造

1991年开始，交通部以组建中国远洋运输、中国长江航运两大集团公司为契机，开始推行现代企业制度。

1992年，按照国务院关于股份制试点的工作部署，交通企

业股份制试点取得很大进展。较早完成股份制改造的企业获得快速发展，如蛇口安达运输股份有限公司、深圳鸿基运输实业股份有限公司等。此外，当年完成股份制改造的深圳赤湾港航股份有限公司、天津轮船实业开发股份有限公司、天津港储运股份有限公司、广东海运股份有限公司以及由西安筑路机械厂组建的西安新洋商标印刷有公司，也都取得了很好的效果。1992年，组建企业集团的工作也获得突破性进展。在完成上报中远、长航两大水运集团组建方案的同时，责成中国公路车辆机械公司牵头，筹建"中通车辆机械集团"。

1993年，股份制试点领域扩大，汽车运输、公路基建等行业都有了试点企业。特别是广东省高速公路发展股份有限公司、海南高速股份有限公司、江苏宁沪高速公路股份有限公司、湖南长永公路股份有限公司以及四川绵江、川北、川南、川西等高等级公路建设开发股份有限公司的成立，大大拓宽了高速公路建设的融资渠道，加快了高等级公路的建设步伐。例如，广东省高速公路发展股份有限公司是全国首家高速公路股份制企业，总股本6.16亿股，主营高速公路建设、施工，各类工程承包，公路养护管理，汽车加油等，1993年实现税后利润7900多万元。海南高速股份有限公司成立后，为使股东前期取得合理投资收益，海南省政府允许该公司参与周边、沿线成片土地开发，允许经营房地产、旅游业等。实行股份制筹集到资金后，公路建设速度加快，整个海南东线高速公路于1994年全线修通。

截至1994年底，在进行现代企业制度试点、股份制试点方面，各省（区、市）共确定32家交通企业为现代企业制度试点单位，计划单列市确定7家交通企业为现代企业制度试点单位，交通部确定了9家企业为现代企业制度试点单位，并开始制定试点实施方案。

1995年9月，交通部在安徽贵池市召开"交通系统现代企业制度试点企业座谈会"。会上，一些试点企业介绍了成功的做法和经验，同时，也对试点企业仍面临的市场发育不完善、企业办社会、流动资金严重短缺、债务沉重、冗员多等难点问题，进行了深入的研讨，提出了一些可供参考解决的思路。

1996年，建立现代企业制度仍是公路交通企业改革的重要内容，共有48家企业列入交通部、省、自治区、直辖市、计划单列市政府建立现代企业制度试点企业的行列，其中包括公路运输企业22家，交通工业企业6家，公路工程企业4家。

1996年，在列入交通部试点范围的9家部直属及双重领导企业中，有3家已经制定了实施方案。地方的45家试点企业中，29家在当年完成了方案批复，16家已经正式挂牌运作。当年，股份制改造取得了进展，先后有7家公路交通企业为股票发行预选单位，其中包括宁波华通运输股份有限公司、广东省高速公路发展股份有限公司、安徽皖通高速公路股份有限公司等，至此，交通系统在境内外上市的企业达到21家。其中，1996年8月15日，广东省高速公路发展股份有限公司向境外发行的1.35亿股B股在深交所上市，成为中国第一家上市的公路建设企业，其股票也被称为"中国公路第一股"。

1996年10月28日，中国公路桥梁建设集团、中国港湾建设集团获国家经贸委批准成立。1997年11月18日和12月6日，中国路桥、中国港湾分别在北京正式挂牌，成为公路行业参与国内外公路、桥梁建设的主力，同时，提高了中国公路交通企业在国外的竞争实力。

1997年，企业股份制改造继续进行，特别是公路建设上市公司发展较快，广东深圳高速公路股份有限公司、浙江沪杭甬高速公路股份有限公司、江苏宁沪高速公路股份有限公司、四川成渝高速公路股份有限公司先后成功地发行H股，并在香港挂牌上市交易，共募集建设资金110亿元人民币；吉林延边公路建设股份有限公司发行3000万股股票，募集资金1.08亿元，成为首家在国内发行A股的上市公司，其后重庆路桥建设股份有限公司股票也在上海证交所挂牌上市。到1997年底，公路交通行业上市公司达到29家。

1998年，交通行业股份制工作取得新的进展。以交通业务为主的上市公司共34家，其中发行A股的公司24家，发行B股的8家，发行H股的6家。此外，中通客车股份有限公司、华北高速、东北高速、广西高速、厦门路桥等公路行业企业取得了A股发行额度；中国路桥集团国际建设股份有限公司、四川路桥取得了发行指标；江西赣北高速获准发行B股；山东基建、温州基建、河北京畿高速公路股份公司、宁波港等4家交通企业被确定为第五批境外上市预选企业。同时，为解决公路建设资本金不足问题，经交通部与中国证监会积极工作和多次协商，选择了华北高速公路股份有限公司、东北高速公路股份有限公司、湖南长永高速公路股份有限公司、广西五洲交通股份有限公司作为第一批使用国家特批指标的公路公司在国内发行A种股票。

3. 交通部与部属企业脱钩

1998年，为贯彻党中央、国务院关于党政机关与所办经营实体、直属企业脱钩的有关精神，交通部两次召开党组会和党组扩大会，研究部署与部属企业脱钩工作：成立以主管副部长为组长的脱钩工作领导小组，设立专门办事机构；拟定了脱钩工作的动员部署、清理整顿、确定分类处理意见、报批和实施具体脱钩工作等4个工作步骤；召开脱钩企业党政领导主要干部会议，对部属企业脱钩工作进行动员；在调查研究和充分听取企业意见的基础上，研究提出部与直属企业脱钩的分类处理意见。此次脱钩工作，涉及部直属企业30家(不包括部与地方双重领导的37家港口），职工31.9万人，其中离退休人员8.9万人，资产1325.2亿元。

这期间，为加强国家公路交通管理机关宏观战略研究的力量，交通部决定将原交通部水运规划设计院和交通部公路规划设计院中从事规划工作的部门，成建制合并组成交通部规划研究院。部规划研究院于1998年3月4日正式成立，成为专门从事交通发展规划、战略及政策研究，公路、水运、支持系统建设项目前期及后评价，规划项目环境影响评价，交通行业规划理论方法研究，工程设计与咨询以及交通基础设施重点建设项目预、工可项目代交通部审核及代国家发展改革委评估咨询等工作的单位，而将水运规划院和公路规划院中原有的企业职能剥离出去。部规划院的成立，为此后形成覆盖国家高速公路、农村公路等较为完整的交通长远发展规划体系，为交通行业的全面协调和可持续发展奠定了良好的基础。

1998年当年，交通部与部属企业彻底实现脱钩。完成政企分开后，交通部可以集中全部精力，加强全行业的管理。行业管理内容主要有以下8项，即：制定行业发展战略和发展规划；制定行业管理法规和产业政策；监督和管理交通运输市场；组织和管理交通基础设施建设；制定行业技术标准、规范和定额；维护交通秩序，保障交通安全；提供交通信息服务；抓好行业精神文明建设。

第十节　行业法制建设

一、《公路法》颁布施行

1.《公路法》从起草到实施历时近20年

全国公路行业的龙头法——《中华人民共和国公路法》的起

草工作，启动于 1979 年 11 月。此后，交通部经与各省交通主管部门反复研究、多次修改，拟就了《中华人民共和国公路法（征求意见稿）》。1982 年 4 月 27 日，交通部向国务院上报了《关于请求颁发〈中华人民共和国公路法〉的报告》。1986 年，在对《公路法》做出较大修改后，再次报送国务院审查。

1987 年 10 月 3 日，国务院发布《中华人民共和国公路管理条例》，作为行政法规，是《公路法》出台前最高级别的行业法规，初步解决了自新中国成立以来，公路行业建设、管理、养护缺乏根本法规层面依据的问题。

进入 20 世纪 90 年代，随着公路建设不断提速，《公路管理条例》在实施过程中很快显现出不足，迫切需要进行修改、补充，整个行业需要在国家法律层面上出台本行业的基础法律，从规划、设计、建设到运营、养护、管理，对公路的各种社会关系给予全过程、全方面规范和调整。

1990 年开始，交通部总结了《公路管理条例》实施以来的经验，分析了改革开放、特别是"八五"以来在公路建设、管理上出现的新情况、新问题，在反复听取各省（区、市）人民政府和国务院有关部门意见的基础上，借鉴国外公路立法的经验，再次形成了《公路法（送审稿）》，并于 1995 年 4 月 22 日报请国务院审批。此后，国务院法制局经反复研究、修改，形成了《中华人民共和国公路法（草案）》，提请国务院常务会议讨论。1997 年 2 月，《公路法（草案）》由国务院总理李鹏提请全国人大常委会审议。

1997 年 7 月 3 日，第八届全国人大常委会第 26 次会议审议通过《中华人民共和国公路法》，并自 1998 年 1 月 1 日起施行。

《公路法》颁布施行，为公路行业法规体系的完整构建奠定了坚实的基础。公路法制建设进入了全新的时代。

《公路法》颁布实施后，1987 年国务院颁布的《公路管理条例》继续实施,并未废止,但其中与《公路法》相抵触的内容则以其上位法——《公路法》为准。此后,交通部开始着手对《公路管理条例》进行修订。

《公路法》在公路规划、建设、养护、经营、使用和管理等方面确立了一系列重要的法律制度,从国家法律层面上确立了发展公路事业的基本方针和重要原则,既为加强公路建设和管理提供了法律依据,又为公民、法人和其他组织投资、经营和使用公路提供了法律保障。《公路法》进一步明确各级人民政府在公路建设和管理中的职责,进一步明确交通主管部门和公路管理机构建设、养护、管理公路的职责,进一步完善公路建设和养护制度,进一步强化公路管理力度,进一步规范了公路监督检查行为,同时,相比于《公路管理条例》,有了较大的补充和发展。

《公路法》确立了一系列发展公路事业的基本方针和重要原则。包括:国家鼓励、引导和规范多渠道筹集公路建设资金;帮助和扶持少数民族地区、边远地区和贫困地区发展公路建设;鼓励公路工作方面的科技研究;公路的发展应当全面规划、合理布局、确保质量、保障畅通、保护环境、建设改造与养护并重;合法使用公路和公路受国家保护;公路建设应当贯彻切实保护耕地、节约用地;主管部门的职责和责任义务相统一等等。这些方针和原则,体现了国家对公路交通基础设施的战略构想和高度重视。

《公路法》拓展了公路建设资金渠道,除肯定《公路管理条例》中规定的国家和地方投资、专用单位投资、中外合资、社会集资、贷款等筹资方式外,规定筹集公路建设资金可以依照法律或国务院有关规定决定征收用于公路建设的费用,可依法向国外金融机构或外国政府贷款建设公路,鼓励国内外经济组织依法投资建设、经营公路,可以依照法律、行政法规的规定发行股票、公司债券、转让公路收费权筹集资金。设置专章对收费公路作了较为全面的规定，把收费公路经营纳入了法制的轨道。

《公路法》增加了"公路规划"一章，明确和规范公路规划编制的原则和程序，理顺了各级公路规划之间的关系，明确了公路规划与其他规划间的关系。为防止公路街道化，保障公路运行和畅通，还规定"规划和新建村镇、开发区，应当与公路保持规定的距离并避免在公路两侧对应进行"。同时，对公路的命名和编号也做出相应规定。

《公路法》的颁布实施，是新中国公路行业发展史上的一件具有划时代意义的大事，是公路法制建设的里程碑。

2. 《公路法》颁布施行的重大意义

《公路法》颁布施行，对于建立健全公路法规体系，全面推进依法行政、依法管理，促进和保障公路事业的持续、健康、快速发展，起到了重要作用。

《公路法》实施后，公路行业无论在法律体系建设，公路的规划、建设、养护和管理，收费公路的建设、经营、管理以及公路建设的监督检查等方面都取得了长足的进步，社会各界特别是公路系统依法治路的意识大大增强，公路事业在国民经济发展中的重要地位得到了极大加强。

一是为公路法规体系的构建奠定了根基。《公路法》是公路工作的基本法、龙头法，从最高的法律层面，对公路工作的所有方面都进行了原则性的规定。其施行标志着公路走上了依法建路、依法用路、依法管路的法治轨道。《公路法》颁布施行后，交通部着手进行与《公路法》配套的各项法规、规章的编制、修订工作，确立了以《公路法》为龙头的公路系统法制体系框架。各级公路交通主管部门围绕《公路法》的宣传和实施，建立、健全了公路法规体系。各省级人大常委会、省政府出台了一系列有关公路建设、管理的地方性法规和政府规章，涉及公路的建设、管理、筹资等各个方面。《公路法》出台后短短十年里，公路法制建设走上了规范化的轨道，并基本形成了以《公路法》为龙头，配套法规、规章为辅助的科学、完备和有序的、适应社会主义市场经济的公路行业法规体系。

二是营造了依法治路的良好氛围。《公路法》颁布之后，全国各级交通主管部门将宣传工作摆上重要议事日程，各地相继成立了由主管部门领导挂帅的宣传工作领导小组，制定了切实可行的实施方案。在宣传过程中，充分利用各种宣传媒介，增强了宣传的辐射力和影响力；举办了内容丰富、形式多样的公路现场主题宣传活动，交通主管部门领导亲力亲为，带领广大干部职工投身其中，掀起了宣传《公路法》的一波又一波高潮，使人民群众知晓并渐渐了解、熟悉《公路法》的相关内容。

三是提高了公路部门依法治理的水平。《公路法》的实施，对公路监督检查人员提出了新的更高的要求。公路监督检查人员必须熟悉国家有关法律和规定，公正廉洁、热情服务、秉公执法。交通部领导曾多次深入基层，举办专题讲座，分层分批对执法单位领导及执法人员进行集中培训，充分调动了公路行业学习的积极性。各级交通主管部门也建立了相应的定期学习制度，以机制促学习，以制度保实效。各地以《公路法》为中心内容，大力开展培训，广泛讨论交流，定期举行考试，不定期进行抽查，用知识竞赛等形式把"学法用法"活动引向深入。执法人员业务能力大大加强，综合素质显著提高，一大批熟悉并善于运用法律、法规解决问题的执法人员成长起来，投入到依法治路的一线。同时，随着法律意识在全民的深入，一些实际工作生活中发生的涉路诉讼案例，对各级公路管理部门加强公路管理、切实依法行政、规范养护生产、提升服务水平，均起到了极大的促进作用。

四是拓宽了公路建设的资金渠道。公路建设涉及建设成本、征地、拆迁等问题，而资金缺乏一直是制约和困扰公路事业发展的关键所在。《公路法》施行后，全国各地、各级交通部门依照《公路法》的有关规定，积极探索融资方式的新突破，不断改进招商引资方式方法，创造良好投资环境，吸引经济组织及民间资金投资公路建设，从而开创了多形式、多层次、多渠道资金筹措的新局面。收费公路的依法设立，更是大大加快了各地公路建设的步伐，有效缓解了公路建设资金短缺的矛盾，提高了路网整体运营水平，促进了公路交通事业快速发展。

五是完善了公路发展的规划。区别于以往颁布的法规和规章，《公路法》第一次把公路发展规划放在了非常重要的位置，提出了"统筹规划、合理布局、突出重点"的原则，明确了公路规划应当根据国民经济和社会发展及国防建设的需要编制，要与城市建设发展规划和其他方式的交通运输规划相协调。各地交通主管部门及时制定了发展规划，进一步加快了以公路为重点的交通基础设施建设步伐，公路建设实现了跨越式发展。"十五"期间，交通部完成了国家高速公路网、农村公路建设等全国性公路规划以及长三角、珠三角、东北地区老工业基地等区域交通规划。各省（区、市）也开始了本省区域内的高速公路或干线公路网规划，并基本于2007年底完成。同时，《公路法》对公路的命名和编号也作了具体规定。随后，交通部启动了相应工作，于2006年底制定完成《国家高速公路网路线命名和编号方案》，就国家高速公路网统一命名和编号范围、方案及省级高速公路网与国家高速公路网命名和编号的衔接等三方面问题进行了明确。2007年7月24日，交通部召开"国家高速公路路线命名和编号实施工作电视电话会议"，正式启动国家高速公路网路线统一命名和编号工作，公路的规划和命名、编号完全纳入法制化轨道。此项工作于2010年第三季度完成。

六是保障了路政管理的顺利进行。《公路法》确立了路政管理的十五条法律制度,赋予交通主管部门和公路管理机构实施管理的必要权力和手段,理顺了路政管理体制,强化了路政综合治理,强化了对超限运输的管理工作,有利于对公路的保护,制止和制裁各种非法行为。各级交通主管部门充分利用《公路法》赋予的监督检查和处罚处理手段,对公路两侧建筑控制区的违章建筑和非公路标志牌进行强制清理,强化了经常性路政巡查和涉路工程的审批管理,尤其是加大了对超限运输车辆的管理力度。对于违法行为的及时查处,有力地维护了路产路权,确保了公路完好畅通,在依法行政的同时为公众提供了良好的运输服务。

七是加强了公路养护的科学管理,保障公路安全畅通。按照《公路法》的要求,各级公路管理机构把养护管理作为基础性工作来抓,搞好日常养护,确保路面处于良好的技术状态,使公路网的总体服务水平有了明显提高。同时,加强大中修养护工程施工的规范化管理,严格技术规范和操作规程,设立规范的施工和警示标志,确保了行车安全。部分省份在注重公路设施养护管理的同时,还注意加强公路养护的市场化运作,在公路养护招投标、企业化运作方面做了有益的探索。公路养护市场化机制的推进,对加强公路养护管理、降低养护成本、提高公路养护质量起到了积极作用。

八是有效维护了公路建设的正常秩序。在《公路法》颁布实施的第二年,国家做出扩大内需、加快公路基础设施建设的决策,为了紧紧抓住国家加快基础设施建设的机遇,全力加快公路建设,交通部及各地交通主管部门严格按照《公路法》和国家有关基本建设程序的规定,依法建立了"统一开放、竞争有序、充满活力"的公路建设市场,积极推行项目法人责任制、招标投标制、工程监理制和合同管理制等"四项制度",建立健全了质量保证体系。交通建设市场的开放度和透明度明显提高,建设环境日趋改善,提高了建设管理水平,确保了公路工程建设的质量,以高速公路为主的高等级公路建设取得跨越式发展,农村公路建设迎来黄金发展期。

二、行业主要法律、法规、规章

20世纪90年代后,国家颁布的与交通行政有关的法律、法规众多,内容更具综合性和规范性,公路交通行业的法制建设开始步入规范化的轨道,进入较快发展的时期。

"七五"期间出台的《中华人民共和国公路管理条例》,对公路的建设、管理、养护等进行全过程的规范。"八五"期间,全国公路交通法制围绕落实《条例》,做了大量工作。

在养护管理工作中,结合《条例》及部颁《公路管理条例实施细则》,交通部于1992年5月21日颁布《公路里程和公路养护统计指标及计算方法的规定》,将公路养护生产的评定、统计等纳入科学化、规范化轨道。在路政管理上,围绕落实《条例》,各省(区、市)开展了以制止和清理公路两侧违章建筑物为主的整治活动,取得显著效果。仅据陕西、湖南、河北、浙江四省1991年统计,当年停建违章建筑物1596户,清理拆除违章建筑物2.16万户、61.73万平方米,迁移临时和固定的占道集贸市场239处,清理占道摊点1.99万个,取消公路边的开山取石场地80处。特别是,为满足公路建设规模迅速扩大、市场不断开放的需要,交通部在抓好建设工程实施的同时,大力加强法制建设。为规范公路建设市场,制定了《公路建设市场管理办法》;为配合招投标制度的推广和健康发展,编写了《公路工程国际招标范本》《公路工程国内招标范本》;为适应高等级公路施工和质量管理需要,陆续修订了各种设计、施工技术规范和《公路工程质量检验评定标准》;为推动质量监督工作的开展和监理工程师制度的执行，制定颁布了《公路工程质量监督办法》《公路工程监理工程师注册管理办法》；为加强公路施工企业管理，修订了《公路工程施工企业资质标准》。各地交通部门还配合制定出本省的实施办法和细则。通过立项审查和招标、开工报告、实施检查、竣工验收等各个环节来加强管理，增强控制。公路建设管理逐步向规范化、法制化的轨道靠近。

"九五"以后，公路建设市场开始升温，公路建设法规体系建设随之开始加快，随着相关法规规章出台和深入实施，公路建设市场和工程质量监管不断加强，市场治理和工程质量监管取得了明显成效，这期间建成的一些重点公路和桥隧工程，如沪宁高速、太旧高速、万县长江公路大桥、北京八达岭高速潭峪沟隧道等，在建设规模、质量监控、技术提升和管理水平上开始名扬全国。

1996年7月出台的《公路建设市场管理办法》，针对20世纪80年代中期以后公路建设市场中的突出问题，给予规范。例如，业主方面：不恰当的行政干预过多，给施工企业增加难以承受的条件；压价定标，私下授标，随意性较大，同时标段的划分不合理；资质审查不严或强行指定分包，干预采购，强令赶工，干涉监理和施工队伍自主权；拖欠工程款问题严重。施工企业方面：承诺虚假条件，低价抢标，先中标再扯皮；大单位中标，小单位进场，非法转包，层层分包；资质弄虚作假，越级承包，施工中不按操作规程办事。交通行政主管部门方面；缺乏有效控制和制约手段，监督管理乏力。同时社会上一些不法分子钻管理疏漏的空子，进行伪造政府文件和印鉴、贿赂、诈骗等犯罪活动，危及公路建设项目的工程质量、造价和工期控制，在社会上造成了不良影响。

《公路建设市场管理办法》实施后，在规范建设、设计、施工、监理单位的行为和建设市场管理方面发挥了重要作用，起到了预期作用。到 1997 年，《办法》实施一年后，各地普遍加强工程建设招标的资格审查和招标文件审查，有效控制了进入公路建设市场从业队伍的资质，提高了招投标质量。当年，在交通部组织的重点项目和《办法》执行情况检查中表明，已有 7 个省份制定了有关"实施细则""实施办法"或"贯彻意见"，9 个省份全面开展了施工企业的资信登记工作；受检的工程项目，均较好地履行基本建设程序，从立项到开工等手续基本齐全，建立了三级质量保证体系，明确了质量目标。根据检查结果，交通部对河北省宝坻至山海关高速公路、辽宁省沈阳至山海关高速公路、江苏省江阴大桥、山东省济南黄河大桥、云南省楚雄至大理高速公路等重点工程提出表扬。

1997 年 8 月 1 日，交通部发布了《公路工程施工招标资格预审办法》和《公路工程施工招标评标办法》，于 1997 年 10 月 1 日施行。这两个《办法》与《公路建设市场管理办法》《公路工程招标投标管理办法》相衔接，构成了公路建设市场管理和招投标工作的完整的规章体系。两个《办法》对《公路建设市场管理办法》进行了细化，使工程施工招投标的行为实现了具体化、规范化、可操作化。

1. 法律

《中华人民共和国公路法》。1997 年 7 月 3 日经第八届全国人大常委会第 26 次会议审议通过，自 1998 年 1 月 1 日起施行。内容包括：总则、公路规划、公路建设、公路养护、路政管理、收费公路、监督检查、法律责任和附则等九章八十八条，对公路规划、建设、养护以及经营、使用和管理全过程做出明确规定。在公路规划、资金筹措、收费公路建设管理等方面均具有开创性。《公路法》的出台，为公路行业法规体系的建设打下了坚实的根基。

2. 行政法规

《中华人民共和国公路管理条例》。1987 年 10 月 3 日国务院发布,根据 2008 年 12 月 27 日《国务院关于修改〈中华人民共和国公路管理条例〉的决定》修订。《条例》自 1988 年 1 月 1 日起实施;《决定》自 2009 年 1 月 1 日起施行。《条例》包括总则、公路建设、公路养护、路政管理、法律责任、附则共六章 38 条。

《城市道路管理条例》。1996 年 6 月 4 日国务院令第 198 号发布,自 1996 年 10 月 1 日起施行。内容包括:总则、规划和建设、养护和维修、路政管理、罚则和附则等六章四十五条。其中涉及公路行业的条款是第十五条,内容是"县级以上城市人民政府应当有计划地按照城市道路技术规范改建、拓宽城市道路和公路的结合部,公路行政主管部门可以按照国家有关规定在资金上给予补助。"

3. 部门规章

《公路养路费征收管理规定》。1991 年 10 月 15 日,交通部、国家计委、财政部、国家物价局以交工字 714 号文件联合发布。《规定》贯穿两条主线:一是要求征稽机构及其人员按规定征费,二是要求有车单位和个人按规定缴费,并明确规定了征缴双方的权利和义务。加强了征收管理内容,改进了具体使用过程的可操作性,进一步明确了公路养路费是由公路主管部门统一管理的公路管理机构具体征收的管理体制。并规定全国统一使用《中华人民共和国公路养路费》票证,实行一处交费、通行全国的制度,强调了养路费征收统一领导集中管理的原则。为配合贯彻执行《规定》,交通部和国家物价局于 1991 年 11 月 11 日以(91)交工字 789 号文件,联合印发了《公路汽车征费标准计量手册》,在全国统一了汽车征费计量标准。

《公路工程施工监理办法》。1992 年 5 月 16 日,交通部以交工发〔1992〕378 号发布,1992 年 6 月 1 日施行。内容包括总则、监理组织、职责与权限、政府监督及纠纷处理、附则等五章二十三条。

《交通法规制定程序规定》。1992年8月6日,交通部令1992年第38号发布,1992年9月1日施行。内容包括:总则,形式,立法计划,起草、审定和发布,修改、解释、废止和报备,附则等六章三十五条,对交通法规相关定义、制定程序及交通立法行为进行了规范。

《交通行政复议管理规定》。1992年8月6日,交通部令1992年第39号发布,自1992年9月1日起施行。《规定》共计二十八条,明确了复议的各级管辖部门,申请复议的时效及申请程序等内容,并对行政复议的有关文书格式进行了规范。

《交通行政执法监督规定》。1995年3月20日,交通部令1995年第1号发布,于1995年7月1日起施行。内容包括:总则、行政执法、行政执法监督和附则等四章二十二条。为配合其实施,交通部同时制定下发了《交通行政执法检查制度》《交通行政执法重大行政处罚决定备案审查制度》《交通规范性文件备案审查制度》《交通行政赔偿案件备案审查制度》《法律、法规、规章和规范性文件实施情况年度报告制度》《交通行政执法错案追究制度》《交通行政执法年度工作报告制度》等7项制度,基本建立健全了交通行政执法监督的制度体系。

《公路建设市场管理办法》。1996年7月11日,交通部令1996年第4号发布,自1996年10月1日起施行。这是第一部较全面、系统地阐述公路建设管理程序和公路建设有关各方的义务和责任的综合性管理办法,内容包括:总则、管理与职责、项目报建及资信登记、招投标管理、合同签订与履行、项目实施管理、法律责任、附则等八章四十一条。规定了各级交通主管部门对公路建设市场的管理权限及职责,对建设单位与勘察设计、施工、监理、咨询单位间的各种经营活动进行规范。《办法》明确,凡是具备条件的企业,不分行业、不分经济类型,公路建设市场的大门均向其敞开,创造了公平竞争的市场机制,促进了企业在竞争中的自我完善、自我发展、自我壮大。事实证明，通过加强市场开放和法制建设，通过市场的优胜劣汰竞争，培育起了一支科技和装备水平高、管理手段科学、应变能力强的公路建设的队伍，具备较高素质的建设队伍担当起公路建设主力军的角色，使我国公路建设水平迅速接近或达到了国际先进水平。

《公路经营权有偿转让管理办法》。1996年10月9日，交通部令1996年第9号发布，1996年11月1日起施行。内容包括：总则、公路经营权的界定、转让公路经营权的组织管理、公路经营权转让范围、公路经营权资产价值的评估、转让公路经营权的审批程序、公路经营权收益的使用、附则等八章三十三条。对公路经营权转让做出严格规定，规范了经营权转让的行为，对公路收费年限、费收的使用方向均做出严格限定。

《公路工程施工招标资格预审办法》。1997年8月1日，《交通部关于发布〈公路工程施工招标资格预审办法〉、〈公路工程施工招标评标办法〉的通知》(交公路发〔1997〕451号)颁布，1997年10月1日起施行。《预审办法》内容包括：总则、资格预审管理和程序、资格预审文件、资格评审、资格预审评审报告、附则等六章二十六条，对资格预审范围、应遵循的原则、评审机构、资审文件内容、审查的程序和评审报告格式等作了具体规定，办法要求对投标申请人的施工业绩、施工能力、财务状况和信誉等方面进行全面审查并评分，按照资格总分高低，每个合同标段推荐4至8家单位通过资格预审。

《公路工程施工招标评标办法》。1997年8月1日，《交通部关于发布〈公路工程施工招标资格预审办法〉、〈公路工程施工招标评标办法〉的通知》(交公路发〔1997〕451号)颁布，1997年10月1日起施行。《招标评标办法》内容包括：总则、评标管理与程序、符合性审查与算术性修正、商务和技术评审、澄清、标底与评标价、定标条件、评标报告、附则等九章三十六条。《办法》对评标的原则、评标机构、评标程序、评标报告格式等作了明确要求。办法规定合同应授予通过符合性审查、商务及技术评审、报价合理、施工技术先进、施工方案可行、重信誉、守合同、能确保工期和质量的投标人。评标一律采用综合评分的办法，对影响工程质量、工期和投资的主要因素逐项评分，推荐综合分最高的投标人中标。

《交通行政执法证件管理规定》。1997年10月16日经第13次部长办公会议通过，同年11月26日以交通部令1997年第16号颁布，1998年1月1日起实施。《规定》共计二十五条，明确要求全国交通行政执法证件实行全国统一制式、统一管理的制度，证件是公路路政、道路运政等行政执法人员从事交通行政执法工作的资质和身份证明，并对发证机关、持证人员的资质条件、证件使用及监管等做出明确规定。

在国家和部级层面加强行业法律、法规建设的同时，20世纪90年代，特别是90年代中期以后，各省(区、市)公路行业立法的步伐明显加快。各省(区、市)从人大层面，相继出台有关公路行业的地方性法规，为进一步加强公路建设和管理，奠定了基础。从省政府层面，也相应出台了有关公路、路政、高速(高等级)公路、收费公路管理的政府规章，为在这一时期加强公路建设、养护和路政管理，实现"依法治路"，提供了法律依据。

三、技术政策及技术标准

技术政策是充分调动社会资源，引导市场主体创新行为的重要手段，是政府指导产业技术发展、促进产业技术进步的重要依据。

公路技术政策，对公路行业技术进步和产业的发展具有巨大的促进作用。制定并实施公路行业技术政策,采取引导、支持和鼓励性政策措施,促进现代科技成果在公路行业发展中的应用,对于提高公路行业技术水平,加快公路交通发展方式转变,具有重要意义。

标准是对重复性事物和概念所做的统一规定,它以科学、技术和实践经验的综合为基础,经过有关方面协商一致,由主管机构批准,以特定的形式颁布,作为共同遵守的准则和依据。技术标准,是对本领域中需要协调统一的技术事项所制定的标准,包括基础技术标准、产品标准、工艺工法标准、检测试验方法标准及安全、环保等标准。技术标准在公路行业具有技术法规的作用。

"八五"以后,面对公路基础设施建设和道路运输的快速发展,交通部作为全国公路交通行业的主管部门,坚持面向交通发展主战场,紧密结合经济社会发展需要、基础设施建设任务、生产中的重大关键技术问题,适时制定出台公路、水运主要技术政策和技术标准,显著提升了公路交通科技实力和施工管理水平,引导公路建设、养护和管理走上了可持续发展的轨道。

1. 1997年版《公路、水运交通主要技术政策》

1985年1月1日,交通部颁布的《公路、水运主要技术政策》正式试行,一直沿用到"九五"时期。

根据邓小平同志"科学技术是第一生产力"的思想,以《中共中央、国务院关于加速科学技术进步的决定》和《国民经济和社会发展"九五"计划和2010年远景目标纲要》提出的两个根本性转变为依据,为推动交通行业科技进步,促进交通事业发展,适应高速(高等级)公路建设快速发展的趋势,规范全行业在科技进步进程中的行为,实现技术结构的调整和优化,交通部于1997年6月19日以交科发〔1997〕362号颁布了重新修订的《公路、水运交通主要技术政策》,1985年1月颁布试行的《公路、水运主要技术政策》同时废止。

其中，公路技术政策主要有：加快国道主干线系统建设，提高路网技术水平和规模效益；公路发展要实行建设与养护并重的政策；按照交通量、使用任务和性质及投资效益，迅速提高干线公路技术等级，发展高级、次高级路面，提高路面铺装率，加速改造无路面和中低等级路面公路；公路桥梁桥型的选择应遵循因地制宜、就地取材、便于施工和养护以及技术先进、经济合理、与周围环境协调，并保证通盘安全的原则；提高干线公路桥梁承载能力，适应使用要求；重视发展公路隧道；大力发展和推广公路、桥梁建筑和养护新材料、新工艺及新结构；提高公路桥梁和隧道机械化施工、养护水平，加强公路、桥梁、隧道的科学养护和管理；高速公路交通工程设施的设置，应适应交通安全和交通流疏导的需要；发展公路测设新技术；积极研究路网规划理论和方法。

2. 公路工程技术标准、规范和规程

《公路法》第二十二条规定，公路建设必须符合公路工程技术标准。《公路工程技术标准》是公路工程建设最基本的技术法规。

交通部于 1981 年颁布的《公路工程技术标准》（JTJ 001—81），对整个 20 世纪 80 年代产生了重大影响，将公路建养管带入标准化的轨道。到 80 年代中后期，随着经济的发展以及交通需求的剧增，在开始修建高速公路的同时，干线公路混合交通问题亟待解决。交通部对如何排除对汽车纵向、横向的干扰进行研究，提出结合路网布局修建只准汽车行驶的汽车专用公路、对一级公路实行部分控制出入等技术措施。1988 年修订《公路工程技术标准》（JTJ 001—81）时，考虑到对高速公路的争议以及建设资金的缺乏，结合混合交通等特点，将公路分为汽车专用公路和一般公路两类。新建一二级汽车专用公路，在当时对促进公路发展、满足运输需求起到了积极作用。到90年代中期，高速公路从无到有，已经初具规模，汽车专用公路也发展迅速，尤其是高速公路建设逐渐掀起高潮，公路建设资金也开始有多渠道来源保证。

为适应新形势，满足高等级公路建设增长、有效指导生产实践的需要，1994年，根据交通部公路工程建设标准、规范等工作的统一计划，交通部批准发布了11项有关公路工程的技术标准、规范，它们是：《公路工程质量检验评定标准》(JTJ 071—94)、《高速公路交通安全设施设计及施工技术规范》(JTJ 074—94)、《公路养护质量检验评定标准》(JTJ 075—94)、《公路沥青路面施工技术规范》(JTJ 032—94)、《公路水泥混凝土路面设计规范》(JTJ 012—94)、《公路路线设计规范》(JTJ 011—94)、《公路工程水泥混凝土试验规程》(JTJ 053—94)、《公路工程石料试验规程》(JTJ 054—94)、《公路工程无机结合料稳定材料试验规程》(JTJ 057—94)、《公路工程集料试验规程》(JTJ 058—94)、《公路隧道施工技术规范》(JTJ 042—94)。其中《高速公路交通安全设施设计及施工技术规范》《公路养护质量检验评定标准》《公路隧道施工技术规范》及《公路工程集料试验规程》4项为新编规范，其余均为对20世纪80年代颁布规范的修订。新编和修订规范标准补充了原标准规范体系中的缺项和技术内容，较好地反映了此阶段公路建设的先进技术和管理水平，充实了规范内容，满足了高等级公路建设的需要。

进入"九五"时期，随着勘察设计、建设施工的逐步成熟，交通部在总结公路建设特别是高速公路建设实践经验的基础上，1997年修订《公路工程技术标准》时，结合公路发展趋势和汽车专用公路建设及其使用情况，决定取消汽车专用公路，按照功能及适应交通量将公路分为高速公路、一级公路、二级公路、三级公路、四级公路五个技术等级，并取消了地形分类。

1997年11月26日，交通部批准发布《公路工程技术标准》（JTJ 001—97），自1998年1月1日起施行。1988年发布的《公路工程技术标准》（JTJ 001—88）同时废止。新《标准》将高速公路按计算行车时速分为：120公里、100公里、80公里和60公里四个档次，并新增了六车道、八车道标准。对受条件限制的高速公路和一般公路均规定了变化值，允许合理地降低标准。新《标准》既保持了新老标准的连续性，又为与国际接轨做了技术准备，使《标准》更加先进合理。修订后的标准使公路分级更加明确合理，具有较强的实用性及可操作性，对我国高速公路的建设起到了巨大促进作用。

第十一节 公路科技教育

公路事业发展的实践证明，科技是当之无愧的"第一生产力"。这一时期，科技创新成果不断涌现，在决策支持、勘测设计、路桥建设、养护管理、信息化建设、安全环保、道路运输等技术，以及人才培养方面，科技教育都体现出强大的生命力，为公路事业的快速发展注入了强劲的活力。

一、科技发展战略与体制改革

1. 多层次的科研开发体系建设与"科教兴交"战略实施

这个时期，根据公路事业的发展需求，逐步调整了科技工作的组织结构和运行机制，基本形成了三个层次的科研开发体系。第一层次是由交通部组织的科技项目，包括国家科技攻关、工业性试验、重大技术装备开发及引进消化吸收计划等；第二层次是联合各省（区、市）交通主管部门，实行"集资投入、共同管理、协调计划、联合攻关"的行业联合攻关计划；第三层次是地方交通部门、公路企事业单位根据各自的实际需要进行的研究开发工作。三个层次之间互相渗透、互相补充、互相推动，促进了公路全行业的科技进步，保障了公路事业快速发展的需要。

1990年9月，交通部在济南召开"全国交通科技工作会议"，提出了"依靠科技，振兴交通"的战略方针，公路全行业切实把公路事业发展转移到依靠科技进步和提高劳动者素质的轨道上来。科技进步在促进公路事业的发展中，开始确立起先导地位。

1991年是"八五"计划开局之年，交通部部长钱永昌在1月25日召开的"全国交通工作会议"上，高度评价"七五"期间公路交通科技、教育工作取得的成果，同时要求，"坚持把交通科技、教育作为振兴交通的战略重点来抓"。当年6月，交通部下达《第八个五年(1991~1995)交通重点科技项目计划》，安排公路科技方面的主要研究和推进方向是：公路路线和桥梁计算机辅助设计(CAD)技术的开发和推广应用，高等级公路路面建设新技术，公路路面评价、养护技术及检测设备，新型客运汽车和公路专用挂车研制，筑养路成套机械设备研制，公路客货运输现代化管理技术，公路长大桥及长隧道建设技术等等。

1992年，交通部提出了《关于公路、水运交通行业近期技术进步的方向和任务》。要求以公路、水运交通发展需求为导向，以提高经济、社会效益为中心，坚持"目标明确、重点突出、系统配套、协调发展、着重应用"的原则，搞好科技与交通发展的"结合"和"转化"。确定重点开发有利于调整结构、提高效益的新技术、新产品、新工艺、新材料，强调组织科技攻关、重点技术开发和科技成果的推广应用工作。

1995年，是公路科技发展历史上一个重要的年份。这一年5月，中共中央、国务院颁布了《关于加速科学技术进步的决定》，并召开了"全国科学技术大会"，明确提出了"科教兴国"战略。会后，交通部下发了关于学习贯彻《决定》和全国科学技术大会精神的通知。并于同年11月在北京召开"全国交通科学技术大会",交通部部长黄镇东做了《实施科教兴交战略,推动交通事业持续发展》的工作报告,明确提出在全国交通行业实施"科教兴交"战略;确定了"九五"期间和到2010年交通科技发展的目标和主要任务。黄镇东指出,"七五"到"八五"期间,"在公路交通领域,交通科技工作面向高等级公路建设和道路运输的主战场,起到了促进和先导作用,取得了显著的效益。公路和桥梁CAD技术以及遥感技术的开发应用,改变了我国公路工程设计长期沿用人工测量、手工绘图的落后局面。经过系统研究和工程实践提出的半刚性基层沥青路面结构、各种型式的水泥混凝土路面结构,为高等级公路具有优良使用功能的路面提供了技术保证。高等级公路的安全设施,监控、收费、通信系统,在设计和施工技术上迈上了一个新的台阶。路面与桥梁评价养护管理系统的推广应用,使传统的养护决策管理方法已从经验型向科学型转变。此外,自行开发并批量生产的施工装备和运输装备,部分满足了公路建设和道路运输的急需。"会议提出,要结合实施《公路、水运交通科技发展"九五"计划和到2010年长期规划》,做好以下工作:坚定不移地实施"科教兴交"战略,努力实现科技与交通发展的紧密结合;加快深化交通科技体制改革的步伐;为加速科技进步创造良好环境和条件。

"科教兴交"战略的实施,对推动交通科技进步、加速实现交通现代化具有重要意义。

2. 行业科技体制改革

1992年6月,交通部根据《中共中央关于传达学习邓小平同志重要谈话的通知》和1992年"全国科技工作会议"精神,制定了《交通部对加快深化直属科研单位科技体制改革的若干意见》,明确指出加快深化交通科技体制改革步伐,继续建立和完善科技与交通发展有机结合的新体制。《意见》要求,按照行业发展的实际,引导直属科研单位合理分流,充分运用市场机制和经济杠杆的调节作用,推动科研单位进入科技市场。交通部直属科研院所要按照"经济建设必须依靠科学技术,科学技术工作必须面向经济建设"的基本方针,深化改革,继续推进取消科技事业费、实行院所长负责制、内部承包责任制及建立科技基金等项改革,充分发挥市场机制作用,促进科技工作与交通建设实际相结合。

与此同时,各省(区、市)的交通科研单位也大都经历了改制过程,大多数科研事业单位也深化改革,成为经营性的市场主体;大部分技术骨干和设备投入到了市场经营中;个别省交通科研所还转化为股份制企业。为顺应这个形势,各级交通科技管理部门不断推进体制改革,按照"不为所有,但为所用"的原则,全面建立交通行业科技研发基地,对原有的基础配套设施加以扩充、完善、强化,形成必要的规模与能力,使其拥有国家级的实验室、检测和测试中心;调整和引进一流科技人才,使其成为具有国家水平的科研基地。

1994年1月,交通部在"全国交通工作会议"上明确,进一步深化交通科技体制改革,积极促进科技经济一体化,实行"稳住一头,放开一片"的方针,实施交通科研系统结构调整、人才分流和机制转换。1994年3月,交通部完成部机关机构改革后,按照职能转变、面向行业的要求,组织编制的《交通行业科技发展"九五"计划和2010年长期规划》,除项目计划外,还增加了跨世纪人才培养、科技成果转化、资金投入、技术市场培育和发展、科研基础设施建设、扩大国际科技合作等内容。

二、公路科技工作

1. 行业联合科技攻关

行业联合科技攻关,是推进公路行业科技进步的重大举措。

目的是进一步调动和发挥交通部、地方公路交通主管部门和企业的积极性,加强宏观调控和导向作用;便于沟通信息,形成全方位开放的科技攻关格局;便于提高各参加单位的科技水平;便于进一步筹集科技资金,更有效地支持一批重点科技项目,从而探索建立起以"需求导向"和"技术推动"为运行机制的科技计划管理模式,促进科技成果尽快转化为生产力。

1992年11月,"交通部行业联合科技攻关理事会首次会议"在北京召开。会议组成了由24个省(区、市)交通厅(局)和交通部及有关司局领导参加的首届理事会;通过了《"八五"交通部行业联合科技攻关计划暂行管理办法》;从各单位申报的36个项目中,表决通过了首批行业联合科技攻关项目35项。行业联合科技攻关工作顺利实施。1993年8月,"交通部行业联合科技攻关理事会第二次会议"在昆明召开,参加行业联合科技攻关的省份增加到25个。各省(区、市)根据自身不同情况,结合其重点工程建设、运输方式改革、技术装备更新的需求,理出了一大批科技项目。理事会从96个项目中批准了49个。

1994年9月,"交通部行业联合科技攻关理事会第三次会议"在福州召开,会议总结了前两年的经验,要求继续努力完成已经确定的行业联合科技攻关项目。

1995年召开的"全国交通科学技术大会"指出,"行业联合科技攻关是推进交通全行业科技进步,更好地发挥部和省(区、市)交通厅局两级交通部门积极性的有效途径,取得了初步成效"。

1996年11月,交通部在长沙召开的"行业联合科技攻关理事会第四次全体会议"指出,截至1996年末,"八五"期间立项的105个项目中除跨"九五"的项目外,共完成72项,成效显著。仅1996年和1997年,行业联合攻关分别有6个和11个项目获当年度交通科技进步奖。如,预弯预应力混凝土简支梁研究，高原山区高、弯、坡、装配式预应力桥梁(桥面连续)的设计和施工研究，合芜、合宁高等级公路建设若干关键技术的研究与应用，陕西省农村公路1991至2020年发展战略研究，江苏省交通厅信息管理和办公自动化系统开发应用的研究，干旱缺水地区路基压实的研究等，都紧密结合行业发展的实际，不仅直接解决当时公路建设中的难题，而且具有较强的推广应用价值。

实践证明，"八五"行业联合科技攻关体现出四大优势：一是围绕促进科技与经济紧密结合这一核心，各省在组织项目时联合了交通系统内外的科技人才共同协作，充分发挥了人才优势；二是由部、省集资共同投入，保证了项目的经费投入强度，发挥了筹措资金的优势；三是通过联络员会议、理事会会议上的交流及日常的交流，增加了交流渠道，加快了信息传递速度，保证了立项的水平和成果共享，发挥了信息优势，；四是各级领导充分重视，为作好这项工作的提供了保证，发挥了组织优势。

2. 公路交通信息化

"八五"期间，公路行业紧跟世界潮流，深入开展了现代信息技术的研究和应用，信息化技术渗透到公路建设、运输和管理的各个方面，有效地改造了传统的公路交通行业，大幅度提高了效率和质量，也潜移默化地改变着人们的理念，为推进公路交通现代化提供了强有力的技术支撑。

1994年，交通部启动了"部(机关)信息系统工程"，开始建设部机关大楼局域网和广域网；目标是以文字处理、文件管理和事务处理为主实现办公自动化，建设基本数据库和业务系统。1995年，交通部启动"技术市场网络(TTMN)建设"和"国际互联网(INTERNET)交通信息资源开发利用研究"两项基础性科技信息课题，力求为交通科技信息的网络化和信息资源的充分利用提供重要的技术支撑。

到"八五"末期，交通部机关信息系统工程初步建成，各省（区、市）交通和公路主管部门的管理信息系统得到稳步发展。湖南、江苏、山东、辽宁等省交通厅着手规划并建设联结本地区交通系统的交通运输信息省域网络，实现地区内交通信息的资源共享。

"九五"以后，顺应信息化技术的发展趋势，交通部于1996年8月，在原"交通部经济信息领导小组"的基础上，调整组建了"交通部信息化工作领导小组"，下设办公室，负责日常工作。1997年4月通过了《公路、水运交通信息化"九五"规划和2010年远景目标（纲要）》，明确了全行业信息化建设的指导方针、奋斗目标和主要任务。按照《纲要》要求，交通部当年部机关局域网与国际互联网（Internet）的互联，1998年实现部机关局域网与各节点单位的互联。

这一时期交通信息化发展，促进了高速公路工程的信息化建设。90年代初期，在京津塘高速公路首次采用了光纤数字传输系统（PDH），这是我国第一个技术较先进、网络较完整的高速公路专用通信系统，标志我国高速公路专用通信网技术水平进入了新的发展阶段。通过"八五"国家重点科技攻关项目——"高等级公路安全控制系统计算机辅助设计技术"的研究。随后陆续制定了包括隧道在内的收费和监控系统外场设备的行业技术标准和设计规范，以及公路工程基本建设项目设计文件编制办法。公路信息化工程逐步走向标准化、规范化设计道路。90年代中后期，开始自主研究、设计、开发适合我国国情的成套监控、通信、收费系统。1997年开始，我国陆续在沪宁高速、太旧高速等高速公路上，成功地使用非接触式IC卡替代进口的磁性券（或卡）作为通行凭证，实现了路段收费系统的全部收费设备、特别是车道控制机等关键设备和收费应用软件的国产化，为高速公路的收费、通信使用国产系统和设备提供了技术保证。

同时，在监控系统方面也陆续开发研制成功各种外场设备和相应应用软件，并投入到实体工程中应用。

3. 软科学研究及决策支持技术

20世纪90年代公路交通软科学由改革开放初的运输经济、公路工程经济为主，发展到涵盖公路发展战略规划、政策法规、标准规范、行业管理、体制机制改革、企业发展等公路交通各个领域，以为行业决策提供技术支持为目标，重点研究解决宏观、战略层面行业发展的重大问题为主，如公路车购费的征收、公路费税改革、"五纵七横"国道主干线规划、公路主枢纽布局规划、公路水运主要技术政策等规划、政策的出台，都与软科学研究的成果密切相关。

"八五"公路软科学研究重点：一是加强公路发展战略的研究；二是开展宏观调控决策支持系统和微观调控决策支持系统的研究，建立相应的基础数据库、方法库、知识库及模型库，形成可操作的应用软件系统；三是开展公路运价调控系统的研究，提出"九五"公路运价调整方案意见；四是继续加强交通网络规划方法研究，提出全国公路网络规划的方法，并解决与地区网络规划的接口；五是对交通运输的投入产出进行初步探讨等。此外，根据行业发展趋势和特点，增加了公路运输、环境保护、劳动保护、安全保障体系、施工技术及运输装备等方面的技术经济政策研究内容，力图使交通行业的技术经济政策成为一个较完整的体系，提高了公路交通决策科学化水平。如对公路、水运中长期战略目标相关关系进行了深入系统的研究，突出了公路主骨架、水运主通道、港站主枢纽和支持保障系统在综合运输体系中的地位、作用和对国民经济贡献的定量分析、协调发展关系，提出用三十年左右的时间完成"三主一支持"系统的建设，并出台了"五纵七横"国道主干线布局等相关规划，以指导行业发展，并广为交通领域和地方交通规划借鉴。

"九五"时期,公路软科学研究管理进一步加强。1996年,交通部颁布《交通部软科学研究计划管理办法》。在办法中为强化成果的实施与应验,提出成果上报制度和跟踪研究,每个软科学研究成果在结题评审后,要上报成果简介,并要求课题组跟踪研究一年,写出被采纳、使用的情况报告,使软科学研究逐步建立起科学、有序的管理。1998年,交通部发布《软科学研究项目管理工作程序》,规范了软科学研究的管理。

1996—1998年,软科学研究围绕着公路交通发展的热点及战略、规划等问题开展,研究的内容主要涵盖:中长期战略规划、加快交通基础设施建设、培育和发展公路运输市场、改革公路交通管理和加强宏观调控问题、加强公路交通法制建设、综合运输体系发展中重大技术政策问题等方面,取得了显著成果。如《面向二十一世纪公路交通发展战略研究》,系统分析归纳了公路交通在社会经济和综合运输体系中的地位和作用,分析预测了二十一世纪前叶公路交通发展的环境、形势与需求,提出了我国公路交通未来发展的战略方针和三个发展阶段的战略目标、重点,以及相应的发展政策措施;《高速公路产业带的研究》,通过对沈大、京塘、沪嘉、广深等高速公路修建给沿线经济带来的影响,通过大量事实和数据所得出的结论,澄清了社会上对高速公路的模糊认识,阐述了高速公路在国民经济发展中的战略地位和作用,对国家有关部门制定相应的政策具有现实意义和实用价值。

4. 新技术推广

新技术推广,是公路交通科技成果转化成生产力的重要环节。大量技术成熟、经济有效的科技新成果在行业推广实施,对公路建设速度提升、工程质量稳步提高、生产效率和经济效益稳步增长取得了明显效益。

"八五"期间,重点抓了政府主导型的示范性项目,主要包括：节能新技术、新工艺；以信息技术改造传统产业；提高行业技术水平和产品质量；安全生产、环境保护等社会效益显著的新技术；国家科技攻关、工试、开发项目的科技成果。

公路行业重点推广内容有：建立干线公路路面评价养护系统(CPMS)；在省级公路设计部门推广公路路线 CAD 和公路桥梁 CAD 技术，促进公路设计技术现代化；大面积推广乳化沥青稀浆封层，以替代进口沥青，减少路面病害；公路加筋土技术、粉煤灰在公路工程中的应用技术、水泥混凝土路面修筑技术等。如在水泥混凝土路面专项修筑技术推广工作中，结合国家科技工作引导性项目——《中国水泥混凝土路面发展对策及修筑技术》，本着边研究、边推广的原则以及使科技成果及时转化为生产力的方针，及时地将该项目所取得的各项阶段成果在全国进行了推广和应用，使中国水泥混凝土路面修筑技术及工程质量有了很大的提高，大大加快了水泥混凝土路面的发展步伐。

除抓好示范性项目外，交通部每年都发布一批实用性强、技术先进、成熟的专项科技成果推广应用推荐项目，鼓励地方和企业采用，并结合实际情况实施。仅 1991 年的第一批推广推荐项目，就达 100 项。

"九五"期间，科技成果推广工作的成效更加显著。

1996 年 8 月，交通部在广州召开"'八五'期间交通部科技成果推广工作总结交流和展示会"。会议总结了"八五"期间交通部科技成果推广工作经验，研究讨论了"九五"交通部科技成果推广工作。期间，12 个国家级、部级新技术重点推广项目向大会进行了展示。这次会议的召开，对进一步加大科技成果的推广力度，转变观念，推动交通系统科技成果的转化与应用具有重要意义。

1996 年至 1998 年三年里，近 50 项科研新技术成果得到重点推广。公路运输全行业统计信息系统，公路桥梁管理系统，水泥混凝土路面滑模施工技术，道路沥青包装材料及灌装技术等项目的推广，取得丰硕成果和良好效益。

三、公路勘设及建养技术

"八五"期间，适应高等级公路的快速发展，公路勘察设计、施工建设、养护管理及运营监控等技术发展迅速。在勘察设计方面，道路、桥梁 CAD 技术的推广应用，成倍提高了公路勘察设计的效率；公路建设领域，高等级公路半刚性基层沥青路面和抗滑表层成套技术、水泥混凝土路面修筑技术及装备的推广使用，大大提升了高等级公路建设的质量和速度；在公路养护方面，以计算机、自动化和信息化技术为主导的路面工程质量快速检测系统、公路路面和桥梁养护管理系统的应用，加速了养护管理的现代化进程。

"九五"期间，公路勘设及建养科技继续以高等级公路规划建设和道路运营管理两方面的需求为导向，开展系统化的基础、应用和开发研究。初步形成了以设计、修筑、养护、管理为主体的公路工程成套技术和以维修、节能、装备、场站为重点的公路运输成套技术体系。同时，通过各种形式的技术交流和推广应用、纳入标准规范等，大大提高了公路建设和养护的整体技术水平。

1. 公路勘察设计技术

20 世纪 90 年代，我国公路勘察设计，在地理信息系统、航测、遥感、计算机辅助设计集成技术的应用等方面，取得了 8 项重大科技成果：现代高新空间信息技术为核心的全新的公路勘察设计技术体系、IKONOS(依科诺斯)卫星图像控制布设和加密模式、IKONOS 卫星图像高精度定位、多级工程地质遥感勘察体系、工程大地水准面模型的建立、多时相的地表空间变化分析、测量基准的确定、IKONOS 卫星图像与公路 CAD 的集成，形成了一整套以现代信息技术为核心的全新的公路勘察设计技术体系,成倍提高了勘察设计的效率。

2. 公路建养技术

——岩土工程技术。

在路基岩土工程作业中,采用重型压实标准,大大提高了公路路基的强度、稳定性和抗渗透性。"八五"末期,冲击压实技术引入我国;"九五"期间,该技术开始推广应用,使路基土方压实度提高了三四倍,减少了工后沉降,促进了路基稳定性的提高,为高速公路的路基压实提供了有效手段。

高等级公路路基综合稳定技术推广应用。

我国高等级公路建设首先在沿海与内陆平原地区迅速开展。地势低洼潮湿、土质含水量高的软土地带的路基设计施工质量成为高等级公路建设成败的关键。高等级路面排水系统设计方法、土工织物用于路基排水和降低地下水位等成果,在20世纪90年代高等级公路建设的应用中取得了良好的经济和社会效益。

冻土地区公路修筑技术。我国多年冻土总面积达215万平方公里,占陆地国土面积的23%。青藏高原是世界上惟一的高海拔、低纬度的多年冻土地区,占我国冻土面积的60%以上。多年冻土地区公路修筑一直是世界性难题。针对青藏公路建设和历次改建中的工程冻害问题,交通部早在1973年就成立青藏公路科研组,开展了多年冻土地区修筑沥青路面有关技术问题的研究。于1985年开展的第三期研究,在前两期成果的基础上,选定了新的课题包括:高原多年冻土地区公路工程地质研究、公路路基稳定性研究、沥青路面修筑技术研究总结以及青藏公路工程科研管理系统开发等。此阶段研究成果显著、实用性更强,包括:将青藏公路沿线多年冻土划分为高温冻土、低温冻土,并提出以零下1.5摄氏度为划分界限;采取"保护冻土,控制融化速率"及"综合治理"的原则;首次提出将冻土温度与路基设计原则结合起来,并将其融入路基高度设计中;首次提出高原多年冻土路基在不降低道路服务水平的前提下,通过加强侧向保护,允许冻土上限适量下移的新理论;首次将无机结合料用于高原多年冻土地区的路面结构中;首次将热棒制冷、钢纤维水泥混凝土、EPS 隔热层材料、SBR 改性沥青、金属波纹管涵等新技术、新材料、新结构引入公路建设;采取提高路基或设置隔热层、采用钢纤维水泥混凝土路面等综合措施保护冻土;大规模铺设 SBR 改性沥青路面,大大减少了路面裂缝,提高了路面使用寿命;采用波纹管涵和热桩技术治理多年冻土构造物冻害取得成功等等。这些研究成果为青藏公路 1991—1999 年整治工程提供了必要的依据和资料。这一时期,多年冻土地区公路修筑技术研究,还在青藏高原东部 214 国道青康公路、227 国道宁张公路以及东北的大、小兴安岭地区 202 国道黑北公路修筑工程中取得成果。

——公路路面技术及材料。

水泥混凝土路面修筑技术。水泥混凝土路面刚度大、强度高、板体性好,其抗洪能力远远超过沥青路面。在 1991 年部分省市的特大洪涝灾害中,发挥了重要作用。据统计,从建国到 1988 年的 38 年间全国共修水泥混凝土路面 8264 公里,平均每年新建 217 公里。到 1995 年底全国水泥混凝土路面的修筑里程已达 4.62 万公里,7 年净增 3.79 万公里,平均每年新建 5415 公里,是前 38 年年平均修建里程数的 25 倍。水泥混凝土路面修筑技术为此做出了重要贡献。

高等级公路半刚性基层沥青路面和抗滑表面成套技术。通过对影响高等级公路路面抗滑的路面微观构造、宏观构造和污染性滑溜三个要素进行深入研究,提出了一套修建抗滑表层的技术措施。这套适用于工地和固定实验室应用的多功能仪器和相应的试验方法,一直被运用;相关研究成果,荣获 1992 年度交通部科技进步一等奖和1993年度国家科技进步二等奖。

粉煤灰筑路技术。开展粉煤灰综合利用是国家的长期指导方针，利用粉煤灰筑路是大宗应用粉煤灰的有效途径之一。为此，交通部在"八五"前两年里，先后在昆明、杭州、济南、苏州召开粉煤灰筑路的现场技术交流会、研讨会，使粉煤灰修筑路堤由少量试验工程走入了高等级公路工程。同时编制了《粉煤灰路堤设计施工暂行技术规定》，出版《粉煤灰筑路技术与应用》《粉煤灰筑路技术译文集》及施工示范工程录像带。各地推广应用粉煤灰修筑路堤的技术，开拓了在公路工程中大宗利用粉煤灰的途径，取得了显著的社会经济和环境效益。

——公路养护管理技术。

路面养护管理系统（CPMS）与桥梁养护管理系统（CBMS）。CPMS与CBMS是集工程技术、检测技术、决策技术、计算机技术为一体的专业性管理系统，目的是以数据为信息、以评价预测为基础、以优化决策为依据，使公路路面、桥梁养护管理工作向现代化过渡，养护计划的制定向科学化发展，从而提高有限养护资金的利用率，提高养护对策的针对性，提高公路路网的总体服务水平。"八五"期间通过国家级的推广项目，在全国进行推广。截至1995年底，CPMS推广省（区、市）已达15个，推广覆盖面绝大部分均达到了推广目标的要求；CBMS的推广省（区、市）已达20个，其效益十分显著。

路桥质量检测技术。20世纪80年代开始，交通部通过国家计委技术引进项目、世行贷款项目和对外技术合作，引进成套路面、桥梁检测和试验设备，并开展多项自动检测设备的开发和研究，生产出一大批路面、桥梁检测、试验的设备和应用技术，满足了90年代以后公路建设、养护管理快速发展的需要，并为此后相关技术的国产化及养护管理的进一步发展奠定了基础。

3. 桥梁勘设及建养技术

随着高等级公路的发展，公路桥梁技术有较大进步。除传统的拱桥、梁桥技术不断发展外，现代斜拉桥、悬索桥开始出现。这一时期建成的桥梁，已经一改公路桥梁工程在我国土木工程界"默默无闻"的状况。出现了一些国内闻名、技术领先的标志性工程。

这一时期，我国公路桥梁的科学技术进入技术追踪、全面发展、寻求突破阶段，公路现代化大型桥梁在勘察设计、建设施工技术上已经具备相当的实力，为桥梁建设提供了技术支撑。

桥梁勘察设计技术。

20世纪90年代以后，随着个人计算机（PC机）性能的快速提升和普及，开发可视化桥梁CAD软件成为可能，也成为必然的发展趋势。"九五"期间，国内开始桥梁设计集成CAD系统的研制，研制开发了系列桥梁专用程序，如，桥梁设计集成CAD系统、公路桥梁结构设计计算系统等，能进行大量复杂的计算、分析，大大提高了工作效率，对国内桥梁设计的发展起到了重要的支撑作用。

桥梁施工技术。

20世纪90年代后，为适应公路桥梁由中跨钢梁桥、混凝土梁桥、拱桥，向大跨连续梁桥、斜拉桥、悬索桥、结合梁桥、钢管拱桥发展需求，公路桥梁技术进一步向大跨径、深水基础、桥形多样化、高科技含量方向发展，桥梁建设成套施工技术取得长足进步。

拱桥、梁桥施工技术，我国具有传统的优势。这一时期，对于拱桥的施工，我国已形成了一整套具有中国特色的无支架施工方法。以悬臂扣挂吊装为主，结合悬臂桁架法、转体法与劲性骨架法。在悬臂扣挂吊装法上，我国成功地用于多跨长大拱桥。平面转体法施工拱桥，是我国独创，利用地形搭少量支架,浇筑半个拱圈,然后向河中转动,合龙成拱;并将平转或竖转结合起来使用。劲性骨架法,是先合龙劲性拱架,再挂模板,浇筑箱形拱,我国成功地在劲性骨架上设置钢管混凝土,在工艺上作了重大改进,保证拱圈均匀下沉、受力均衡,避免过去曾有过的变形与应力大起大落、正负反复的现象。在加劲梁的架设方法上,也趋于多样化,除采用跨缆吊机架设外,也采用一般缆索吊机及桥面吊机安装的方法。对于梁桥及斜拉桥的施工,以悬臂浇筑或吊装方法为主,跨径较小的桥梁,可用顶推法或移动模架法,少数梁桥也曾用转体施工法。

此外,20世纪80年代末期以后,钻孔灌注桩技术在全国各地迅速普及,成为一些重要桥梁主塔、主墩重要的基础建构技术。

桥梁检测、运营及管理系统技术。

桥梁质量检测及管理系统已建立了完整的技术体系,为保障桥梁运营安全、延长桥梁结构寿命,实现我国桥梁质量现场检测高效化、评价精准化、养护科学化和旧桥加固合理化提供了强大的技术支撑。

20世纪90年代,是我国公路桥梁全面开展桥梁质量检测、评定、加固和管理养护现代化初步发展的时期。"八五"初,交通部提出"完成国道桥梁的定性、定类等检测工作,并采取修理、加固、改造等工程措施逐步提高桥梁荷载等级,基本消灭干线公路上的'危桥',切实扭转'养路不养桥'的倾向",并将之作为公路养护工作的指导目标之一。为此,全国各级公路主管部门积极广泛开展公路桥梁质量检测和管理系统的推广应用工作。

这期间,在桥梁功能评定方面,"公路桥梁使用功能评价方法研究""用动力法快速检测钢筋混凝土简支梁桥使用承载力研究"及"旧桥承载能力评定方法"等成果,使我国公路桥梁承载力评定实现有章可循。加之CBMS的推广及应用,初步构建起我国公路桥梁技术状况和使用功能评价的方法与标准体系。

此期间,旧桥加固技术开始推广应用,特别是在国道干线"文明样板路"创建中,各省公路主管部门主持对沿线的桥涵进行加固。如,1995年和1998年,104国道、307国道先后完成文明样板路创建,分别加固桥梁159座和191座,用较小的投资大幅提升了路况,取得了明显效果。

4. 隧道勘设及建管技术

公路隧道相比于铁路、水利和矿山隧道(隧洞),是发展比较晚的,但也是20世纪90年代以来发展最快的。与上述行业的隧道(隧洞)相比,公路隧道有自身的特点:一是大跨扁平结构,其跨度远大于铁路和矿山隧道;二是公路隧道穿越的地质条件异常复杂,围岩稳定性差,这是同样跨度大小的水利隧道所不能想象的;三是公路隧道为满足线形、逃生等需要,采用的结构型式要比铁路隧道复杂得多;四是公路隧道为保证行车舒适性、安全性,必须配备复杂的运营机电系统,主要包括通风、照明、消防、监控、通信、供配电、救援等,这是其他行业隧道所不需具备的;特别是,公路隧道通行的车辆具有很强的随意性、不确定性的特点,保证安全要比其他行业的隧道难度大很多。这些特点都决定了,公路隧道的技术要求难度更大、更复杂,也促使公路隧道必须在设计、施工、运营、安全管理和养护方面开展大量的开拓创新性的研究工作,解决自身特有的建设、安全和管理运营等技术难题。

据交通部统计,1979年,我国有公路隧道374处,到1993年达到682处,平均每年增长20处;而到1998年底,我国公路隧道已突破1000处,达到1093处,5年里年均增长达到82处,是此前年增长速度的4倍。在快速发展的公路隧道背后,科技进步的推动作用十分显著。

我国公路隧道建设,由于具有上述特点,再加上我国是多山国家，穿山越岭的隧道是我国公路隧道主要的类型，而我国山区地质条件又异常复杂，隧道建设中遇到的有断层破碎带、高地应力、岩爆、岩溶、黄土、松散地层、膨胀性围岩、泥石流、瓦斯地层、富水、冻土等等问题。水下公路隧道同样会遇到类似问题。我国建成的众多过江、海底隧道，同样要克服地质勘测、风化深槽、涌水、坍塌、地表下沉等等难题。很多难题没有现成的可资借鉴的技术，在设计、建设和管理中需要不断地自主创新。经过艰苦探索，逐步形成了具有我国公路行业特点的、独特的隧道技术体系。

20世纪90年代，我国公路隧道技术水平的进步，集中体现在规范初步确立、隧道长度突破、施工技术和设备以及运营监控设施的现代化上。

交通部于1990年发布了《公路隧道设计规范》。"八五"时期，交通部开始公路隧道施工、养护、管理等系列规范的制定研究。如1995年发布《公路隧道施工规范》后，公路隧道从勘察设计到建设施工的过程，完全纳入规范化的轨道。

1992年，为适应公路隧道建设快速增长的要求，促进公路隧道建设技术进步，交通部在重庆公路所建立了公路隧道专业实验室。该实验室拥有：国内外首创的内外加载结构实验系统，全国唯一、亚洲最大的长200米的1∶1实体实验隧道及隧道通风模型实验系统，隧道及地下建筑现场环境检测系统，隧道施工控制系统，隧道质量检测与地质超前预报系统，岩土物化参数测试评价系统，隧道专用产品测试评价系统以及处行开发的围岩稳定非确定性反分析软件和照明设计软件等。隧道专业实验室的建成，大幅度提升了我国公路隧道科研试验水平，为此后大规模公路隧道的建设提供了坚实的技术、科研支撑，也培养了一大批公路隧道的专业科技人才。

在隧道施工上，20世纪80年代后，以锚喷支护和柔性衬砌为主要特征的新奥地利隧道施工方法(简称新奥法，NATM)开始引入公路隧道建设中。此期间，公路隧道在使用新奥法设计与施工、CAD 技术、纵向通风研究、防排水技术、沉埋等方面取得了一定成绩。其中，重庆中梁山隧道采用全断面、全机械掘进方式，创造了平均月掘进 330 米的最快纪录。大宝山隧道是京珠国道主干线粤境南段最早开工的项目，采用新奥法施工，并采用比单一模注混凝土衬砌有更强支护能力的新型复合衬砌。为保证施工能安全、顺利地进行，根据不同地质区段采用了全断面台阶式开挖、侧壁导坑开挖等不同开挖方式；衬砌施工采用现场立模浇筑、模板台车大面积浇筑以及长管棚注浆、水导管注浆等超前支护措施；同时，装置了现代化的运营管理设施。再如，1997 年贯通的八达岭高速潭峪沟隧道，全长 3455 米、宽 13.1 米、单向三车道，是当时亚洲跨度最大、世界第五宽的公路隧道。该隧道也是基于新奥法理论，开口施工中设计并使用了套拱进洞技术，施工中遵循"超前管、弱爆破、短开挖、强支护、勤量测"的原则，在主隧道和平导的一部分采用复合式衬砌结构，采用在喷混凝土层与二次衬砌间铺设低密度聚乙烯(LDPE)防水板的方法防水。潭峪沟隧道的建设，成功总结出一套在复杂地质、水文条件下修建长大跨度、宽度公路隧道的方法。这些采用新奥法施工的特长、超宽公路隧道，为此后山区公路隧道的设计、建设积累了宝贵的实践经验。

这期间，我国水下公路隧道的设计、施工技术实现了新的飞跃。如 1993 年底建成的广州珠江水下隧道，是我国大陆首次采用沉管法设计施工的大型水下公路隧道，其水下沉管分 5 节预制和沉放。在施工中，施工方采用船上预制管节的方案，即"移动干坞"方法实现了工厂化的预制。安装时，将管节用拖轮拖抵隧道位置再沉放和连接，实现了隧道埋深浅、工程占地少、工程投资低的目标。1995 年建成的浙江宁波甬江隧道，建成在水下软土地基上，同样采用沉管法。而分别建成于1988年和1996年的上海延安东路南北两条过江公路隧道施工中，采用了盾构法。这几条水下隧道的建设，为此后熟练运用盾构、沉管方法建设公路隧道，积累了宝贵的技术经验。

这期间，我国公路隧道安全保障、运营管理等方面的技术，也开始借鉴国外的先进理念和技术，迈出了追赶世界先进水平的步伐。进入20世纪90年代，随着隧道特别是长大公路隧道的快速发展，行业对公路隧道的运营管理特点有了更多认识，思想上也引起了足够重视，在借鉴国外先进的公路隧道运营管理技术的同时，开始对公路隧道安全有了更多的考虑。在公路隧道设计中，不但增加了路面车道标线、进出口限速和限高等标志，在长大公路隧道的设计建设中，监控、通信、通风、消防、照明等设施也成了统筹考虑的标准配置。如，1994年建成通车的重庆中梁山隧道和缙云山隧道，均为一洞采用全射流和一座斜竖井分段送排风、另一洞采用全射流纵向通风的方案，这种带有研究试验性质的设计，在技术上初步解决了长大公路隧道的通风难题，在我国公路隧道的设计、施工现代化以及运营、管理技术进步上具有重要意义。1997年通车的312国道宁夏六盘山公路隧道，属当时我国西北地区最长的公路隧道，长度列全国第四。该隧道设计配置了完整的通风、照明、消防、通信、排水等设施设备，配备有相应的养护、路政、收费及安全监控人员，对隧道进行昼夜值守、巡查，实现了公路隧道的全天候监管和运营。这一时期，特别是"九五"以后建成运营的长大隧道，基本都具备了完整的通风、照明、消防、通信等保障设施，我国隧道行车的安全监控及运营管理技术，初步迈入了现代化的门槛。

四、公路安全、环保及运输技术

20世纪90年代，在公路基础设施快速发展的同时，提高道路运输效率，保证运输安全，加强行业环保工作渐渐深入人心，相关科研成果为确保公路行车的安全、环保及运输效率的提升和节能减排奠定了基础。

1. 公路安全保障技术

到20世纪90年代初中期，我国公路特别是高等级公路建设按照有关规范要求，基本能够满足安全行车的需要。1996年，由交通部、公安部、邮电部、化工部等部代表组成的"全国交通工程设施(公路)标准化技术委员会"成立，并开展了"公路交通工程设施综合标准化"研究，大大提高了交通工程设施综合标准化水平。公路工程的设计优化，安全设施的标准化，从硬件上实现了对行车过程中的各种偶发事件提供快速反应和应变保障的措施，提高了道路的安全服务水平，减少了交通事故或减轻交通事故的严重程度，防止了二次事故发生。

这些技术成果的应用，为新世纪后我国公路交通事故数和伤亡人数逐步下降做出了应有的贡献。

2. 公路环保技术

公路基础设施的建设、维护以及道路运输行为，必然会对自然环境造成一定的影响。20世纪90年代以后，随着公路建设的快速发展，严格行业环境保护管理的需求日益紧迫。1990年，交通部下达了《公路环境影响评价规范》的编制任务。1991年，交通部编制的《公路建设项目环境影响评价规范及编制办法(征求意见稿)》明确，对公路建设项目，将在可行性研究阶段提交环境影响报告书。同年，辽宁省沈阳至本溪高速提交的环境影响报告书，得到亚行环保专家的一致好评。1992年，交通部编制完成了3项环保行业标准，并开始对过去的有关行业标准进行整顿。1996年首次编制完成并发布《公路环境影响评价规范(试行)》，有力地推动了公路建设项目的环境影响评价工作。1998年发布《公路环境保护设计规范》，独立设立了景观与绿化一章，公路与自然景观的和谐得到进一步重视。

3. 道路运输技术

"八五"期间，为适应高速公路为代表的高等级公路快速发展需求，快速、长距离客货运输的增长给道路运输科技发展提出新的要求。道路运输方面的科技任务主要是：为大幅度提高运输效率和效益提供成套技术、交通控制及运输安全关键技术。重点包括四个方面：一是汽车货物运输关键技术，包括货运枢纽站建设和管理的关键技术、符合高档商品运输条件的大型高速专用车厢以及大型柴油车快速诊断技术及设备、大型柴油车快速诊断技术、在用汽车节能产品的评价体系等；二是公路客运关键技术，包括开发总长14米的双层卧铺公路客车以及30座位以上的高级轻型客车，研究电子计算机技术等现代信息技术的应用；三是研发交通控制及运输安全关键技术，重点是高速公路交通控制技术的开发；四是开发大型公路客车以及适合中小客流的轻型客车以及大吨位集装箱半挂车、保温油罐车、软体或硬体箱式半挂车等车辆。

"九五"期间，在道路运输科技发展方面提出，要紧紧追赶世界先进水平，大力发展智能交通系统。同时明确，要为提高公路运输效率和效益，配合以45个公路主枢纽站为主体的货运网络系统建设规划的实施，大力开展对现代化客货运输系统建设和管理技术的研究开发，逐步建设和发展公路运输的物流系统，组建全国公路货运配载信息中心。

着重开展培育和发展交通运输市场问题、交通企业建立现代企业制度问题的研究；着力于公路快速货运网络系统开发和示范工程、新型公路客车和底盘的开发研制等；在行业联合攻关计划中，明确要重点开展公路客运枢纽站计算机管理系统开发、公路货运专用车辆开发研制、汽车检测和节能技术研究开发、危险货物运输安全技术研究等。

初步形成了以维修、节能、装备、场站为重点的公路运输成套技术体系。并通过各种形式的技术交流和推广应用、纳入标准规范等，大大提高了道路运输生产的整体技术水平。

五、科研基础设施建设

公路行业，是个专业性、应用性很强的行业，专业性的科研和实验基础设施建设，对行业科研能力和技术水平的提升具有举足轻重的作用。

"八五"期间，公路科研基础设施得到进一步完善，先后建成重庆公路科研所客车性能试验室、公路科学研究所公路交通工程综合试验场等一批科研、生活保障设施，配套了部分科研试验设备和仪器，改善了科研环境和条件。

"九五"期间，建成了一批具有行业特点的重点实验室。进一步完善了公路交通工程综合试验场的使用功能，在一期工程的基础上，配套建设汽车试验工程设施，并可在其现有场区内，配套建设道路结构及材料、风洞试验、筑路设备等试验室；为建设智能公路运输系统工程研究中心，配套建设公路CAD、交通工程模拟、工程检测等试验室；建设公路隧道及岩土工程、桥梁结构动力试验室。这些科研基础设施的建成，为公路科学研究、实现科技成果产业化奠定了坚实的物质基础。

六、教育与培训

20世纪90年代，公路交通行业先后实施"科教兴交"战略、"交通人才工程"，建立和完善了职业资格制度，交通教育事业得到快速发展，加之不断普及的干部职工培训，使公路行业人才梯队建设、选拔手段、人才管理不断加强，形成了高精尖人才、创新型人才、技能型人才、应用型人才配置比较合理，人才建设规划、职业资格管理、培训制度比较完善的局面。行业人才综合素质得到全面提升,为公路事业的发展奠定了坚实的基础。

1. 发展历程

为落实党中央提出的"把经济建设转移到依靠科技进步和提高劳动者素质轨道上来""百年大计、教育为本"的战略思想,1990年6月,交通部在辽宁大连召开"全国交通教育工作会议",明确了"八五"期间各级各类交通教育的目标和任务。同年,交通部制定了《交通普通高等教育规划纲要》、《交通职业技术教育规划纲要》和《交通成人教育规划纲要》。提出了"八五"期间交通教育发展的基本目标。

1991年,交通部在部属各高等学校提出的"八五"计划和十年规划基础上,正式确定了交通部《交通教育事业十年规划和"八五"计划纲要》,对今后10年交通普通高等教育发展的规模、基本任务等提出了明确要求。为加强交通部属普通高等学校教务工作的规范化、制度化、科学化建设,交通部制订了《关于交通高校整顿校风校纪,加强学风建设的意见》、《交通部部属普通高等学校考试考务工作管理规则》、《交通部部属普通高等学校考试监督查员工作条例》等文件。同时,交通普通高等学校在国际交流、教育研究等方面也开展了大量的工作。

1992年7月,交通部印发《关于深化改革、扩大开放、加快交通发展的若干意见》明确,加快交通科技、教育体制改革,把交通运输现代化建设的重点转到依靠科技进步和提高劳动者素质的轨道上来。抓好交通院校的综合改革,扩大办学自主权;对争取达到国际、国内先进水平的航海、公路等重点学科建设,给予重点支持。

按照党的十四大"必须把教育摆在优先发展的战略地位,努力提高全民族的思想道德和科学文化水平,这是实现我国现代化的根本大计",以及1993年2月,党中央、国务院颁布的《中国教育改革和发展纲要》提出的开创教育事业的新局面的要求,交通部印发了《扩大部属高等学校办学自主权的若干意见》，在专业设置、招生和就业、面向社会办学、筹措教育经费、人事管理制度等方面授予各部属高校更多的办学自主权，并承担相应的义务，使部属高校逐步向自主发展、自我约束的办学机制转轨，成为面向社会办学的法人实体。

1995年8月，为贯彻1994年6月召开的"全国教育工作会议"精神和"科教兴国"战略，交通部在长春召开"全国交通成人与职业技术教育工作会议"，进一步明确了交通成人教育与职业技术教育在"科教兴交"战略方针中的重要地位，明确提出交通基础设施建设工程和交通人才工程并举的方针，交通部部长黄镇东强调："交通系统的各级领导在交通教育的投入上一定要开明一点，在教育上舍得花钱，宁可少修一公里路，少建一个深水码头，也要拿出点钱搞教育。"特别强调要"依靠政策，畅通资金渠道，确保教育投入"，要求"九五"期间交通教育资金投入应高于"八五"期间，并确保来源稳定；继续坚持从公路养路费等交通规费中提取1%左右用于交通教育；继续按不低于职工工资总额1.5%的比例提取职工教育经费，不足部分由本单位适当给予补助；按国务院规定，可按科技开发、技术引进、技术改造和产品创优服务等项目资金的1%左右提取交通新技术培训费，列入项目预算。

1995年11月，交通部在北京召开"全国交通科学技术大会"。黄镇东部长做了《实施科教兴交战略，推动交通事业持续发展》的报告，总结了改革开放以来，全国交通系统依靠科技进步、加快交通发展的经验，提出了实施"科教兴交"战略。"七五"期间和"八五"之初，交通部投入的教育资金年均达到1亿元，到"八五"中后期，每年投资增加到1.5亿元。

2. "交通人才工程"实施及人才培养

20世纪90年代以后，通过多渠道增加交通教育投入、营造人才培养的良好环境,公路行业人才教育培养的步伐大大加快,高层次人才大量涌现,各级各类专门人才、特别是一线专业急需人才大量增加,造就了一支数量充足、结构合理、素质优良的公路专业人才队伍,初步缓解了人才短缺的矛盾,基本满足了公路行业各级管理部门、企事业单位对人才的渴求,支撑着公路事业的发展。特别是在关键性和前沿性的领域,培养出一大批高层次的科技创新人才和具有高新知识和管理能力高级管理人才,大大提升了公路行业的核心竞争力。

1994年,交通部结合跨世纪发展的需要,提出在"九五"期间实施"交通人才工程"。1995年12月,交通部发布的《关于加快培养交通系统跨世纪专业技术人才的实施意见》明确提出,要建立青年人才资助评选奖励、学术报告会和优秀论文评选、出国和国内进修培训、继续教育证书制度,建立交通系统青年高级专业技术人才库,各单位要加强学术或技术梯队建设,积极参与国家"百千万人才工程"等。

1996年召开的"全国交通工作会议"上,交通部明确了"九五"期间实施"交通人才工程"的主要目标。到1996年,"交通人才工程"的实施已确定53名培养对象,落实研究课题52项,为交通系统具有发展潜力的优秀青年科技人才提高基础理论水平、独立开展科研活动创造了良好的条件。1997年,交通部继续实施"交通人才工程",跨世纪青年专业技术人才和青年科技英才的培养工作顺利进行,全年共立项36项,其中,跨世纪青年专业技术人才项目21项,直属科研单位青年科技英才项目13项,留学归国人员项目2项,培养人才37名,项目全部开始执行。

1998年1月21日,《交通部学术和技术梯队管理暂行办法》出台,提出加强学术和技术梯队建设,提高学术和技术梯队水平,带动交通专业技术队伍整体素质的提高。《办法》明确,每个学术和技术梯队由5—11人组成,其中1名带头人,2—5名第二梯队成员，2—5名第三梯队成员。明确学术和技术梯队应形成以主体学科为主，相关学科为辅的人才群体。同时，对学术和技术带头人的条件提出明确要求。同年6月2日，交通部制定并下发了《交通部跨世纪优秀专业技术人才专项经费资助项目及优秀青年科技人才项目管理暂行办法》，组织完成了人才项目的跟踪管理调研。

3. 行业教育及培训

公路行业教育培训，包括高等教育、职业教育、干部职工培训、远程教育等，多层次人才教育培训的发展，基本满足了公路交通行业发展的需要。

——高等教育。

20世纪90年代，交通普通高等教育认真贯彻落实国家宏观教育决策，结合公路事业发展的实际，不断深化改革、统筹规划、合理布局，结合实施"交通人才工程"和"211工程"，进一步加强了交通高校基础设施建设，完善了人才培养机制，在科学研究及成果推广上取得了显著成绩。

1993年4月，交通高等教育开始实施"211工程"建设；1995年，西安公路学院更名为西安公路交通大学。

1995年，交通高校开始"学分制"试点和面向21世纪教学内容和课程体系的改革。1995年12月，交通部制定《交通教育事业"九五"计划和2010年发展规划》，其中明确高等教育的目标是：建立起与交通事业发展和改革相适应、办学规模适当、结构基本合理、教育质量较高、办学效益较好、能适应社会主义市场经济体制、面向21世纪的交通高等教育体制。重点保证大连海事大学和西安公路交通大学"211工程"建设工作；进一步加强重点学科、课程、实验室建设；争取适当增加博士点和博士后流动站，在个别高校成立研究生院。加强师资队伍建设，逐步建立以具有博士、硕士学位教师为主体的师资队伍。

"八五"期间,交通普通高校获得较快发展。到1995年底,交通部属11所普通高校的招生数由1990年底的6900人增长到1.05万人,其中研究生和本科生分别从181人和4024人增长410人和6168人;在校生从2.5万人增长到3.7万人;专任教师中具有正副高级职称的由近21%上升为32.4%。五年里,交通普通高校教学、科研等能力得到较大幅度提升。

进入"九五",交通部属普通高等教育坚决落实"科教兴国"战略,交通普通高等教育得到较快发展。1997年,按照实施"交通人才工程"的目标要求,交通部重点安排专项资金用于高等教育基础设施建设,加快了"211工程"的建设进度。西安公路交通大学完成了公路与城市道路工程学科、汽车运用工程学科、工程机械学科、基础学科及相关学科建设项目的初步设计。按国家重点实验室标准建成了道路工程、汽车运用工程和工程机械三个实验中心,采用网络技术形成校园公共信息服务网络,科研水平大幅提高,以现代科学技术应用于公路交通为重点,在高等级公路建设养护、筑养路机械与设备、载运工具运用工程、高速运输车辆工程等领域广泛开展了科学研究;教育水平大幅提升,仅1995年以后的三年里,就为公路交通行业输送高级专业技术人才1万余名,其中研究生500余名,本科生5200名;学科建设大见成效,1998年5月,经国务院学位办批准该校为首批交通运输工程一级学科博士学位授权单位,同年11月,国家人事部批准设立该一级学科博士后流动站。

1998年交通部以提高交通高等教育质量为中心,开展了重点学科评定工作,西安公路交通大学交通运输工程被批准为博士、硕士学位授权一级学科,重庆交通学院的桥梁与隧道工程学科、长沙交通学院的道路与铁道工程学科增列为交通部重点学科。

20世纪90年代,交通部属高校充分发挥了学科优势,在行业科研方面做出了突出贡献。例如，由西安公路交通大学负责研发的"半刚性基层沥青路面""公路卧铺客车""旧桥加固技术"等项目，被交通行业广泛采用并取得了良好效果；长沙交通学院承担各类纵向科研课题 69 项，共 29 项获省部级以上科技进步奖。仅 1990 年至 1998 年，交通部属院校就获得省部级科技进步奖以上奖项 293 项，其中国家发明奖 2 项，国家科技进步奖 12 项，省部级一等奖 16 项。到 1998 年底，交通部属普通高校已评出的首批学科学术带头人 39 名。

——职业教育。

与交通高等教育同步，20 世纪 90 年代，由交通职业学校、普通中专和技工学校等组成的交通职业教育体系也获得了快速发展。

1990 年 9 月，交通部印发《交通职业技术教育发展纲要（1991 年~1995 年）》，提出"八五"期间职业教育的基本目标是：以办好现有的普通中专和技工学校为重点，坚持学校教育与形式多样的实用技术教育相结合，形成以规范化学校为主干、结构合理、规模适度、从初级到高级的交通职业教育体系；1992 年 3 月，交通部印发《交通教育十年规划和"八五"计划纲要》。两个《纲要》的出台，对"八五"期乃至 2000 年交通职业教育事业发展起到了重要的指导和宏观调控作用。

"八五"期间，交通职业教育改革深入开展。1992 年，交通部在成都召开"交通职业技术教育综合改革座谈会"；1993 年 4 月，在潍坊召开"交通职业技术教育校办产业研讨会"；1994 年 12 月，在南宁召开"全国交通系统职业技术教育改革与发展工作会议"。这些会议的召开，对"八五"期间职业教育改革起到了指导作用。

"八五"期间，交通职业中专和技校的改革逐步深化，广泛开展了教育评估，规范了学校管理，提高了教学质量。1991 年，交通部印发了《交通系统规范化普通中等专业学校的标准(试行)》,并开展规范化评检,促进了学校的规范化建设,同时开展了技工学校的评估检查,推动了技工学校的建设。1992年开始,交通职业学校全面开展了校内管理综合改革,调整了内部管理体制,引进了竞争机制,普遍实行了聘任制和结构工资制。1993年,根据国家教委《关于普通中等专业学校专业设置管理的原则意见》,交通部属普通中专学校开始调整专业,改进招生工作,挖掘办学潜力,在规范化学校建设方面取得一定成效;同时结合交通部技工教育情况,对深化部属技工学校改革提出意见。1994年,重点开展普通职业技术学校的规范化建设,实施评检验收,当年交通部批准了首批19所交通系统规范化技工学校;同年8月,13所交通普通中专学校获评为国家级重点技工学校。

"八五"五年里,交通系统普通中等专业学校共招生8.03万人,在校学生累计达23万人,毕业生共5.47万人。五年里,交通系统技工学校也得到快速发展。1991年,全国有179所交通技工学校,其中部属的19所,据对147所技工学校的统计,1991年招生、在校生和毕业生数量分别为1.77万人、4.16万人和1.40万人;到1995年,全国交通系统技工学校达到189所,据对182所技工学校的统计,当年招生、在校生和毕业生分别为3.23万人、7.33万人和2.65万人。

交通部于1996年2月正式印发《交通职业技术教育规划纲要(1996~2000年)》,为"九五"期间职业技术教育的发展指明了方向。

"九五"期间,交通系统开展了多形式的职业技术教育,职工队伍的科学文化、技术业务素质有了明显提高。在大规模、高水平交通基础设施建设实践中,锻炼和造就了一大批技术人才和专家,为公路建设事业发展提供了智力支持和人才保障。

"九五"期间,交通职业技术教育主要做了以下工作:

一是突出了重点学校、重点专业建设,发展了交通高等职业教育。1996年,交通职业技术教育工作结合重点学校、重点专业建设,深化了教育改革,着力于提高教育质量和办学效益。同年11月,交通部对26所中专学校开办的汽车运用工程专业进行教育质量评估,对16所中专学校的汽车运用工程专业进行了部级重点专业点评审。1997年,按照"集中力量,办好重点学校,继续抓好国家级重点和交通系统规范化学校建设"的要求,交通部于9月在贵州召开了"交通系统重点中专学校暨部级重点专业点建设工作会议",明确"九五"交通重点中专学校和部级重点专业点建设任务以及师资队伍建设等问题,在重点专业建设方面,根据交通部提出的"集中力量,突出重点,办出在社会上有影响的名牌职技学校和名牌专业"的精神,1997年对19所交通技工学校所设公路施工与养护专业进行了教育质量评估。1998年,交通部评定了首批部级"电视中等专业学校示范性分校"及部级重点技工学校;在劳动部组织的国家重点技工学校评估中,当年度有交通系统的13所技校被列为国家级重点校;在重点专业建设方面,有6所学校所设公路与桥梁专业通过部级重点专业点复审,1所学校公路桥梁专业通过部级重点专业点评审;吉林省交通职工大学和吉林省交通学校合并成立吉林交通职业技术学院,这是交通系统第一所职业技术学院,标志着交通高等职业教育有了进一步的发展。

二是着力于师资队伍培养。1996年,交通部举办交通系统重点中专学校校长读书班,研讨交通中专教育改革与发展的新思路;同时,根据交通部《关于开展评定交通职业技术教育教学带头人工作的通知》精神,交通部成立了交通职业技术教育教学带头人评审委员会,对加强交通职业技术教育师资队伍建设产生了积极影响。

三是强化教学基本建设。1996年，交通部颁发了交通中专学校公路与桥梁专业、汽车运用工程专业以及技工学校相关专业的教学计划和大纲，更新部分教学内容，突出实践教学，突出了按需培养的方针。

——干部职工教育与培训。

交通职工、成人教育及培训扎根于人的持续发展和终身教育理念，着力于对交通从业者进行专业知识和技能的教育和培养，适应了行业知识和技术快速更新的现实，是行业教育发展的重要工作之一，对提高交通职工队伍整体素质具有重大意义。交通职工教育与培训具有历时长、专业繁杂、实践性强的特点，多采用培训班、夜校、业余大学及半工半读等形式开展。

进入20世纪90年代后，交通职工成人教育取得较大发展。"八五"期间，交通职工教育和培训继续以岗位培训为重点，大面积开展资格岗位培训，同时加强了成人高、中专教育的整顿和评估检查，促使教学水平明显提高，职工学历教育得到进一步发展，交通系统职工队伍的素质得到进一步提升。

"八五"期间，交通职工学历教育稳定发展。五年里，交通部重点加强了部属成人高教的管理。1991年和1992年，交通部组织对部属院校承办的成人高教《专业证书》教育班进行复查清理，1993年，交通部属成人高校招生开展了委托招收应届高中毕业生，试办了"招工与招生相结合"班，推动了部属成人高等教育发展；为加强部属成人高等学历教育管理，交通部于1994年印发《交通部成人高等教育毕业证书验印工作暂行办法》《交通部成人高等学校专业设置办法（试行）》，并印发了《交通部属成人高等教育分学校现设专业目录（试用）》，进一步规范了成人高等学历教育的管理。1993年，根据国家教委有关改革成人中专招生工作的精神，交通部对部属成人中专招生进行重大改革，成立了"交通部成人中等专业学校招生办公室"；1994年，交通部进一步改革部属成人中专招生办法,制定了更有利于生产骨干及老、少、边、贫地区考生入学的政策,根据社会和企业需求,采取招工与招生相结合的方式,拓宽了招生渠道。1995年3月,交通部下发《关于组织开展"八五"交通成人教育工作检查的通知》,采取自查与复查相结合、以自查为主的方式进行,有力促进了成人高、中专教育的发展。

"九五"期间,为全面贯彻、实施1996年2月下发的"九五"期间《交通成人教育规划纲要》中提出的各项任务,交通系统各单位继续抓紧岗位培训;在成人学历教育方面,交通部着力对部属高校成人教育质量进行评估,促进了各级各类成人教育学校的规范化建设。

在岗位培训方面,"九五"五年里主要抓好职工培训,每年参加各类培训的职工达到100万人以上,大大提高了交通职工队伍的整体素质和专业水平。"九五"期间,交通部重点抓了交通行政执法人员岗位培训。1996年,交通部颁布《关于贯彻实施〈中华人民共和国行政处罚法〉的通知》和《交通行政执法人员三年岗位培训工作规划》。1997年3月,交通部下发《交通行政执法人员岗位培训实施办法》,对培训工作进行布置。会后,编写出版了10个门类岗位培训必修课教材24种,委托8所部属院校开办了11期交通行政执法人员岗位培训师资培训班,培训各门类教师568人。

在成人学历教育方面,1996年,按国家教委要求,交通部组织对部属11所普通高校的职工教育进行评估;在部属成人中专各校开展了省(部)级示范性学校评选工作。1997年,交通部分别组织对部属5所独立设置成人高校的办学水平及交通部电视中专示范性分校进行了评估,促进了成人高、中等专业学校的改革和规范化建设,使各校办学条件和管理水平都有了不同程度的改善和提高。

——远程教育。

远程教育是学生与教师、学生与教育组织之间主要采取多种媒体方式进行系统教学和通信联系的教育形式,是将课程传送给校园外的一处或多处学生的教育。现代远程教育随着计算机技术、多媒体技术、通信技术的发展,特别是互联网的迅猛发展产生了质的飞跃,成为高新技术条件下兼容面授、函授和自学等传统教学形式,以多种媒体优化组合为主导的新型教育方式。与面授教育相比,现代远程教育突破了时空的限制,提供了更多的学习机会,扩大了教学规模,降低了教学的成本。

从办学特色、办学规模、远程教育手段以及在交通行业的影响来看,交通远程教育主要以交通部电视中等专业学校和全国现代远程教育培训网络协作组展开。

交通部结合公路交通行业点多、面广、线长、人员分散、工作繁重的特点,成立了以现代电化教学为基础、以远程教育模式为手段大规模培养专门人才的电视中专学校,以缓解和改变行业专门人才严重不足的状况。

进入20世纪90年代,交通远程教育呈现快速发展态势。交通部先后投资数百万元,用于交通部电视中专的基础设施、设备的建设;同时加强了电视中专教育的评估和管理,完善远程教育网络,扩大办学规模,编写制作文字和音像教材,保证并稳步提高教学质量。1992年9月,电视中专西藏工作站在拉萨成立,标志着远程教育网络已经延伸到全国所有少数民族自治区。

交通部电视中专办学成效显著,1992年8月,被国家教委授予"全国成人中等专业教育先进学校"称号;1994年5月,交通部电视中专实施以扩大办学规模、提高教学质量为目标的教改工程,有力地提高了办学质量;1995年8月,交通部授予部电视中专"全国交通系统教育先进集体"称号。

第六章 公路事业的加快发展
(1998年6月—2010年12月)

第一节 发展战略与重大决策

一、新世纪交通发展"三阶段"战略

在1989年提出,到1991年基本形成"三主一支持"交通发展战略,及以后据此战略形成的"国道主干线"规划的实施过程中,交通部对公路发展的总体战略和长远规划不断深化和充实,1998年1月14日召开的"1998年全国交通工作会议"上,交通部部长黄镇东明确提出,实现交通现代化的三个发展阶段,即第一阶段从"瓶颈"制约、全面紧张到"两个明显",第二阶段从"两个明显"到基本适应国民经济和社会发展的需要,第三阶段从"基本适应"到基本实现交通运输现代化。

2001年5月25日,交通部以交规划发〔2001〕265号印发《公路、水路交通发展的三阶段战略目标(基础设施部分)》,用于指导各级交通主管部门编制与实施中长期发展规划。

《战略目标》首先判定,交通运输全面紧张和"瓶颈"制约状况已得到缓解,但是公路、水路交通基础设施仍然薄弱,表现在:基础设施总量不足,基础设施和装备技术标准低,结构性矛盾突出,地区间发展差距加大,交通安全问题严重等。为此,明确指出,"发展仍是公路、水路交通的主要任务""今后5—10

年是我国经济和社会发展的重要时期,是进行经济结构战略性调整的重要时期……2010之后,我国劳动力增长速度放慢,老龄人口增高,社会保障负担加重,财政开支增加,经济增长速度放慢,我国经济开始进入从总量扩张向质量改善的转折期。因此,21世纪前10年是我国经济发展的关键时期。要适应经济和社会的发展需要,公路、水路交通必须抓住时机,加快发展"。随后,《战略目标》提出,公路、水路交通发展的三个阶段及其标志是:

第一阶段,到2010年,公路、水路交通紧张和制约状况要实现全面改善,东部地区的公路、沿海港口、内河航运基本适应国民经济和社会发展的需要。在量的方面,主要通道和港站枢纽的能力基本满足需要,但基础设施的总体能力仍不能适应经济快速发展的需要。在质的方面,安全、快速、舒适和便捷的服务水平有较大幅度提高,但仍不能满足社会生产力和人民生活水平提高后的发展要求。其中公路基础设施建设的重大标志性成果是:公路"五纵七横"国道主干线全面建成,形成横连东西、纵贯南北的全国性运输大通道。

第二阶段,到2020年,公路、水路交通能够满足国民经济与社会发展需要,不会对社会经济的加快发展构成新的制约,储备能力和应变能力全面提高。在量的方面,运输供给总体上与经济社会需求基本保持平衡。在质的方面,服务水平得到很大提高,能够基本满足当时社会生产力和人民生活水平对质量方面的要求,实现"货畅其流、人便于行"。东部地区的公路、沿海港口与内河基本实现现代化。公路交通基础设施建设的重大标志性成果是:基本建成东、中部地区高速公路网和西部地区八大公路通道;县乡公路总里程有较大发展,初步实现网络化。

第三阶段,到2040年,形成高效、经济、快捷、安全的国内运输网络及国际化大通道,与其他运输方式共同构筑完善的综合运输体系，实现客运快速化、货运物流化、运营智能化、安全与环境最优化，使公路、水路交通基本实现现代化，达到中等发达国家水平，为国家基本实现现代化发挥支撑和先导作用。其主要标志是：基础设施网络已经全面建成，技术等级与构成已经充分满足运输发展的需要，量与质达到优化。公路交通基础设施网络层次分明、布局合理、结构优化、功能完善。沿海主要港口成为重要的区域性或国际性物流中心。

"三阶段"战略目标及发展战略的制定，为21世纪初期公路交通发展指明了方向。

二、福州会议确定加快公路建设目标

1997年7月2日，以泰国政府被迫宣布放弃泰铢与美元的固定汇率制、引发泰铢大幅度贬值为导火索，东南亚地区爆发严重金融危机，对亚洲经济造成巨大冲击，遏制了亚洲经济快速发展的势头，一些国家政局出现动荡。

随后，此次金融危机对我国经济的影响逐渐显现，而且比预料的更加严重。到1998年5月，预计年增长10%左右的我国出口贸易额，首次出现1.5%的负增长；银行坏账快速上升，国内失业增多、金融体系紊乱等问题开始显现。

为应对亚洲金融危机造成的不利影响，党中央、国务院对宏观经济政策进行了重大调整，做出了"实施积极财政政策，加快基础设施建设，扩大内需"的重大决策，具体措施是：1998年重点实施公路、铁路、通信、环保、农林及水利等基础设施建设。公路建设成为其中的重中之重。

为落实党中央、国务院部署，1998年6月20日至23日，交通部在福州召开"全国加快公路建设工作会议"。

福州会议明确，将1998年公路建设投资规模由原计划的1200亿元调增至1600亿元，正式开放国内银行贷款进入公路建设领域。中共中央政治局委员、国务院副总理吴邦国出席会议并在讲话中指出：要从国家整个经济发展的全局来看待这次会议，保持全年8%的增长关系到国家的政治信誉、香港的繁荣稳定，这不仅是经济问题，也是政治问题。公路部门肩上扛着促进公路建设发展和带动国民经济发展的双重责任。交通部部长黄镇东在讲话中强调："加快公路建设是党中央、国务院做出的重大决策，是确保今年经济增长目标的重要措施之一，对于维护改革、发展、稳定的大局具有战略意义，也为改变我国公路交通滞后局面带来了极好的机遇。交通系统各级领导要充分认识肩负的崇高使命，以高度的政治责任感，积极行动起来，采取有力措施，确保完成今年和未来几年的建设任务。"此次会议，对以加快高速公路为主的公路基础设施建设做出三个方面部署。

一是"九五"后三年高速公路主要目标为：快干七条线，建设主骨架，改善公路网，扩大覆盖面，力争全国公路在总量、质量和管理水平上实现新的突破；到2000年，"两纵两横三个重要路段"中的京沈、京沪和西南出海通道等三个重要路段基本贯通，高速公路通车总里程超过8000公里；到2002年，"两纵两横三个重要路段"基本建成。

二是1998年当年的公路建设任务是：重点加快在建项目建设，力争开工建设一批新项目。重点公路建设投资达到900亿元，路网改造和主枢纽建设投资达到500亿元。从原计划安排的135个重点项目中，优选有条件加快的101个项目，增加贷款353亿元；选择"两纵两横三个重要路段"中基本具备开工条件的14个和"五纵七横"国道主干线中的14个重要项目路段，作为新开工项目，增加投资90亿元，其中贷款47亿元。

三是明确筹集建设资金的三项主要措施。其一，积极配合，抓紧落实国务院支持公路建设的四项措施：国家财政当年拨款30亿元，主要用于中西部公路建设；为确保公路建设项目资本金部分不低于35%，同意当年7月1日起公路客运附加费每人公里增加1分钱，作为公路建设基金，纳入财政预算管理，全额用于公路建设，预计当年可筹集公路建设资金20亿元；同意交通部与国家证监会研究，将效益好并有中央投资的收费公路项目进行资产重组，发行股票，争取年内上市，解决当年公路建设资本金的缺口；境内收费公路投资基金可作为产业投资基金试点，预计筹集100亿元。其二，争取地方政府继续对公路建设实施优惠政策，增加地方财力对公路建设的投入，并从本地区实际出发，为公路建设出台一些新的支持政策，同时，在政策允许的范围内，为公路建设征地、拆迁、施工、占地、用料等营造宽松的环境。其三，抓好银行贷款的落实到位。按照中央的部署，加快公路建设的资金来源，以增加银行贷款和发行公路债券为主。关键是抓好贷款的落实到位。各地交通主管部门和建设业主单位，要根据统一规划和建设重点，及时准备好项目，配足资本金，主动与银行洽谈，加快项目贷款的落实。现有的收费公路和养路费或各地建立的公路建设基金，取得银行同意后，可以作为贷款和发行债券的担保。

从1984年"贷款修路，收费还贷"政策出台到1998年福州会议之前的14年里，由于受投资巨大、回收期长、公路收费年限限制以及国内经济发展迅速等因素的影响，国内银行贷款进入公路行业的金额十分有限，公路建设获得国内银行贷款的支持也十分困难。福州会议以后，在国际金融危机、国内经济下行、就业困难等压力下，在党中央、国务院正确决策的推动下，国内银行业开始积极投资公路建设，银行贷款很快成为我国公路建设最主要的资金来源，逐步占到高速公路建设投资的70%左右，真正成为公路基础设施建设快速发展的"推动力"。

1998年的福州会议，成为继1989年沈阳会议、1993年济南会议后，我国高速公路发展史上具有里程碑意义的第三次会议。

三、行业发展战略

进入 21 世纪,为适应国民经济和公路交通行业快速发展的实际,交通部加强了行业发展战略的研究和指导。

2001 年 4 月 9 日,交通部以交规划发〔2001〕160 号印发《公路、水路交通结构调整意见的通知》指出,今后 5—10 年,是我国经济和社会的发展的重要时期,是进行经济结构战略调整的重要时期,为适应国家经济发展和经济结构战略性调整的要求,必须对交通运输结构实行调整,实现资源优化配置,提高效益和质量,全面提升公路水路交通行业整体素质,加快公路水路交通现代化进程。以党的十五届五中全会精神为指针,以经济效益为中心,以提高行业的整体素质、服务水平和竞争能力为目标。从交通行业的实际出发,把发展作为主题,把结构调整作为主线,在发展中调整,在调整中实现快速发展。要坚持结构调整的市场化取向,充分发挥市场机制和政府调控的双重作用。依靠科技进步和技术创新,促进交通产业升级。坚持综合运输体系协调发展和可持续发展道路,满足国民经济、社会发展和国家安全的需要。《意见》明确了公路交通结构调整的重点和政策措施。

2002 年 8 月 1 日,交通部印发《公路水路交通发展战略》,在评价公路、水路交通发展成就和分析当前存在主要问题的基础上,提出交通发展必须适应我国国民经济快速发展及经济结构战略性调整,必须适应加快农村经济发展、实施西部大开发战略的需要,还必须适应综合运输体系建设和现代物流以及经济全球化的需要。通过对公路、水路交通的定位,提出实施战略的主要方针是:以满足经济社会发展需要、提高人民生活水平为根本目的,以发展先进的公路、水路交通生产力为中心任务,以公路、水路交通结构调整为主线,以建立现代综合运输体系为方向，以体制创新和科技进步为动力，以可持续发展为基本要求，以运输安全和国防安全为基本出发点。为顺利实现三阶段(即交通部于1998年1月14日"全国交通工作会议"上，提出的交通现代化三个发展阶段：第一阶段，从"瓶颈"制约、全面紧张走向"两个明显"；第二阶段，从"两个明显"到基本适应；第三阶段，从基本适应到基本实现现代化)战略目标，强调选择"整体协调"推进作为基本战略模式。同时还明确了2020年前公路、水路交通发展的战略重点和措施。

党的十六届三中全会提出科学发展观，为公路发展方式的转变指明了方向。公路交通行业在贯彻落实科学发展观的实践中，重视发展理念、发展方式的转变。进入21世纪后，公路交通行业在发展思路、理念上，不断探索、调整，在保持基础设施建设平稳、快速发展的同时，更着力于解决交通发展中深层次的矛盾和问题。一系列创新理念开始在全行业中付诸实践。

2003年2月11日，"2003年全国交通工作厅局长会议"在北京召开。交通部部长张春贤指出，20世纪头20年交通发展的总体要求是："坚持速度、结构、质量、服务、管理、效益和可持续发展相统一，努力实现交通新的跨越式发展""交通新的跨越式发展，应该是数量、质量、技术、管理的同步跨越。也就是说，实现交通新的跨越式发展，要更加强调整体性、功能性和协调性，而不仅仅是某一方面。"同时，张春贤公开承诺，交通部门要以实际行动，做负责任的政府和负责任的行业，心中装着百姓，敢于负责，让百姓出行越走越舒畅。在此次会议上，交通部将四川省川(主寺)九(寨沟)公路改建工程确定为落实生态保护和可持续发展战略、促进公路与自然环境相和谐的"示范工程"，开始了公路建设创新理念的探索。

2004年1月11日全国交通工作会议，交通部部长张春贤以《坚持科学的发展观，为促进经济社会全面发展提供交通运输保障》为题所做的工作报告，明确提出了交通实现新的跨越式发展的主要目标和基本思路。主要目标是：到 2010 年使公路、水路交通对国民经济的制约状况得到全面改善，到 2020 年基本适应国民经济和社会发展需要。基本思路是：要全面树立可持续的发展观，正确把握发展度、协调度、可持续度三者的关系，正确处理局部与全局、眼前与长远的关系，正确处理发展与人口、资源、环境的关系，保持交通健康稳定的发展态势，认真解决好发展速度与建设质量、规模扩张与合理把握标准、合理经济的工程方案比选与生态环境保护、建设改造与养护管理等诸多矛盾，实现质量型、效益型、功能型和可持续的跨越式发展。

2004 年 4 月 6 日和 13 日，交通部先后下发《关于在公路建设中实行最严格的耕地保护制度的若干意见的通知》《关于开展公路勘察设计典型示范工程活动的通知》。关于勘察设计示范活动的通知强调，设计是工程建设的灵魂，坚持科学发展观，提升公路勘察设计理念，科学确定技术标准，合理选用技术指标，严格保护耕地，最大限度保护自然环境。两个通知的落实，是公路这个传统的行业的重大创新，环境保护、土地节约、资源节约、和谐发展、科学发展等理念逐步深入人心，"安全、环保、舒适、和谐"的理念在工程实践中得到了切实贯彻。

为进一步落实党的十六届三中全会"坚持以人为本，树立全面、协调、可持续的发展观，促进经济社会和人的全面发展"的要求，贯彻"2004 年全国交通工作会议"以新理念、新思路、新举措推进交通工作的要求，2004 年 9 月 25 日，交通部在南京召开"全国公路勘察设计工作会议"。会议指出，在勘察设计工作中树立和落实科学发展观，必须把更新理念这个源头性、前提性、战略性的重要问题解决好，设计、施工、建设单位以及专业人员、各级领导都要以新的理念为指导，并贯彻到业务工作中。会议强调，勘察设计要树立起"六个坚持，六个树立"的新理念,即"坚持以人为本,树立安全至上的理念;坚持人与自然相和谐,树立尊重自然、保护环境的理念;坚持可持续发展,树立节约资源的理念;坚持质量第一,树立让公众满意的理念;坚持合理选用技术指标,树立设计创作的理念;坚持系统论的思想,树立全寿命周期成本的理念"。此次会议对全行业树立新的勘察设计及建设理念产生了重要的指导作用。

2005年3月30日,交通部以交规划发〔2005〕131号发布《关于印发交通行业树立和落实科学发展观指导意见的通知》。《意见》共21条,明确指出,党的十六届三中全会提出"以人为本,全面、协调、可持续"的科学发展观,要全面、准确把握科学发展观对交通行业的基本要求,坚持把"用户为本"作交通行业的核心价值;坚持把发展作为第一要务,全面提升交通供给能力和服务品质;坚持走运输安全型、质量效益型、资源节约型、环境友好型的交通可持续发展之路;坚持依靠观念创新、体制创新、管理创新与技术创新,为交通更快更好发展提供强大动力;坚持正确的政绩观和科学的人才观。《意见》明确提出,交通发展不仅要考虑需要,也要考虑资源约束。同时要求进一步落实建设节约型行业的各项要求。

"十五"期间,公路基础设施实现了跨越式的发展,公路网的规模效益初步显现。但总体上,交通仍然是国民经济、社会发展的薄弱环节。进入"十一五"后,公路行业面临新的挑战,落实科学发展观,转变发展方式,实现新的跨越式发展、和谐可持续发展的新课题摆在全行业面前。

2006年1月15日,交通部部长李盛霖在"2006年全国交通工作会议"上指出,中央提出"十一五"期间要保持经济平稳较快发展,加快转变经济增长方式,建设资源节约型、环境友好型社会,这是对交通事业发展提出新的更高要求。李盛霖强调,全行业要以科学发展观统领全局,加强基础设施建设和管理;

保护耕地、节能降耗,做好资金保障;把创新能力摆在突出位置,站在行业外的角度审视行业存在的问题,在实现可持续发展上有新突破,加快建设创新型行业,进一步推进交通行业由传统产业向现代运输业转变的历史进程。

为适应新的发展形势,满足国民经济和人民出行提出的更高要求,交通部在发展战略和理念上进一步推动创新。

2006年4月5日,交通部以交规划发〔2006〕140号印发《建设节约型交通指导意见》。《意见》明确提出建设节约型交通的总体思路、指导原则和战略目标。总体思路是:树立和落实科学发展观,按照建设节约型社会的基本要求,在加快公路水路交通发展中,以提高资源利用效率为核心,以节约土地、岸线、能源、建筑材料,实现资源综合利用与发展循环经济为重点,调整运输结构,推进科技进步,加强法制建设,创新体制机制,完善政策措施,实现交通发展对资源的少用、用好、循环用。指导原则是:坚持在发展中节约,坚持全过程、全领域节约,坚持制度创新与技术创新结合,坚持市场主导与政府引导,坚持远期与近期结合。战略目标是:树立节约型交通发展理念,实现基础设施耐久化、运输结构合理化、资源利用高效化,降低增量资源的使用和基础设施全寿命周期成本,提高运输供给能力和资源的使用效率,引导节约型的交通增长方式和消费模式,为交通全面埋设可持续发展提供有力保障。同时,提出了"十一五"末与2005年相比,公路每亿车公里用地面积下降20%等具体目标以及要求和措施等。

2006年7月18日,交通部以交科教发〔2006〕363号印发《建设创新型交通行业指导意见》。《意见》强调,要把创新能力作为发展的战略基点,贯穿到交通现代化建设的各个方面,转变增长方式,提高发展质量,增强服务能力,走以创新促发展之路。《意见》明确,建设创新型行业的战略重点是"四个创新"

(理念创新、科技创新、体制机制创新和政策创新)。7月21日，交通部在北京召开"建设创新型交通行业工作会议"。会议把创新摆在交通工作更加突出的位置，首次明确提出树立"四个理念"(以人为本、好中求快、协调发展、可持续发展)，坚持"四个创新"，做好"三个服务"(服务国民经济和社会发展全局，服务社会主义新农村建设，服务人民群众安全便捷出行)。会上，交通部部长李盛霖所作的主题报告强调，要深刻认识建设创新型交通行业的重大意义。创新是我党长期坚持的治党治国之道，是交通实现跨越式发展的基本经验，是在新的历史起点上实现交通又快又好发展的战略选择。要求全行业准确把握建设创新型行业的深刻内涵、指导方针、总体目标和战略要点，努力解决好交通发展中面临的突出矛盾和主要问题，如资金、质量和耐久性、管理体制创新、科技创新体系建设以及资源节约、环境友好型发展道路等。这次会议，为"十一五"公路交通行业的科学发展，开启了思路，明确了目标。

2006年12月29日，本"2007年全国交通工作会议"上，交通部部长李盛霖以《努力作好三个服务，推进交通事业又好又快发展》为题所作的工作报告明确提出，要紧紧抓住机遇，积极应对挑战，调整交通结构，转变增长方式，注重推进创新，强化行业管理，不断提高"三个服务"的水平。努力做好"三个服务"，既是交通工作贯彻落实科学发展观的根本要求，也是做好交通工作的时代要求。全行业一定要不断增强做好"三个服务"的主动性、积极性和创造性，并在实践中不断深化、丰富和完善，加快推进交通由传统产业向现代服务业的转型的进程，为经济社会发展当好先行，提供保障。推进交通事业又好又快发展。

2007年11月，交通部召开"全国公路建设座谈会"，在推动落实勘察设计新理念的同时，提出要在建设过程中注重工程项目的功能性、耐久性等内在品质,给公路建设管理与技术水平的升级注入了新要求。

2008年1月3日,国务院副总理曾培炎在致全国交通工作会议的贺信中指出,"在新的一年,要深入贯彻落实党的十七大精神和科学发展观,按照中央经济工作会议的部署,转变发展方式,推进自主创新,调整交通结构,完善行业管理,建设资源节约型、环境友好型交通体系,努力提高交通公共服务、安全监管与救助的能力和水平,加快发展现代交通运输业,为促进经济社会又好又快发展做出新贡献。"1月5日召开的"2008年全国交通工作会议"中,交通部部长李盛霖在工作报告中指出,在总结多年交通发展实践经验的基础上,发展现代交通业,就是用现代科学技术、管理技术改造和提升交通,提高交通基础设施、运输装备的现代化水平和运营效能;适应现代服务业的发展要求,不断拓展交通服务领域;走资源节约、环境友好的发展之路;促进综合运输体系发展,提高交通现代化水平。推进现代交通业的发展,关键在于促进发展方式的根本性转变。要努力做到"三个转变",即交通发展由主要依靠基础设施投资建设拉动向建设、养护、管理和运输服务协调拉动转变;由主要依靠增加物质资源消耗向科技进步、行业创新、从业人员素质提高和资源节约环境友好转变;由主要依靠单一运输方式的发展向综合运输体系发展转变。

2009年1月15日、2010年1月18日召开的当年度全国交通工作会议上,发展现代交通运输业继续成为会议的重点。

"2009年全国交通运输工作会议"强调,要发展现代交通运输业,就要加快调整交通运输结构,转变发展方式;要抓住新的机遇,加快交通基础设施发展;要适应税费改革变化,构建交通运输发展的新体制新机制;要推进综合运输体系发展;要提高安全监管和应急处置能力。

"2010年全国交通运输工作会议"进一步明确提出，转变发展方式、加快发展现代交通运输业要做好"五个努力"：努力推进综合运输体系发展，努力提高交通运输设施装备的技术水平和信息化水平，努力促进现代物流业发展，努力建设资源节约型、环境友好型行业，努力提高安全监管和应急保障能力。

切实转变行业发展方式，发展现代交通运输业，促进综合交通运输的发展，成为全行业当前和今后一个时期的中心任务。

四、成都会议确定西部大开发公路建设目标

20世纪80年代中期，我国在"七五"计划中提出东中西部三大经济区划分，确定了首先发展东部沿海地区经济的梯度发展战略。经过改革开放后十几年的建设，东部地区进入了自我发展、自我积累的良性循环阶段。西部地区发展滞后，特别是公路等基础设施的水平，与东部的差距不断加大。

1999年11月15日至17日召开的"中央经济工作会议"明确提出，"实施西部大开发战略，直接关系到扩大内需、促进经济增长，关系到民族团结、社会稳定和边防巩固，关系到东西部协调发展和最终实现共同富裕。"

为落实党中央、国务院西部大开发的指示精神，1999年11月22日，交通部在京召开"加快西部地区交通建设与发展座谈会"，商讨西部十省（区、市），以加快公路建设为主的交通发展问题，提出发展西部公路交通的基本思路和措施。会上，交通部部长黄镇东讲话指出，发展西部交通事业意义重大。近10年来，公路交通建设的重点在东部，投资的重点也在东部，截至1998年底，全国72%的高速公路建设集中在东部地区，东部各省区的路网已初步完善，现在应不失时机地把开发重点转向西部，带动西部，这是社会主义共同富裕的要求。1999年底，交通部编制完成《关于加快西部地区交通建设与发展的汇报提纲》。2000年1月,交通部制定《关于加快西部地区公路、水路交通发展若干意见》,并于1月24日在昆明召开的"2000年全国交通工作会议"上广泛征求意见,随后上报国家发展计划委员会。同年三四月间,《若干意见》的规划思路获得国务院领导的原则同意。

2000年3月,国务院总理朱镕基在九届全国人大三次会议所的《政府工作报告》中指出:"当前和今后一段时期,要集中力量抓好以下几个方面。一是加快基础设施建设。以公路建设为重点,加强铁路、机场、天然气管道干线的建设。"9月,朱镕基在新疆考察工作时明确指出:"加快基础设施建设,是西部大开发的当务之急。集中力量抓好一批水利、交通、通信、电网和城市基础设施等重大工程,就可以有力地带动经济发展全局。"

2000年7月,交通部就加快西部地区公路建设的有关情况向国务院总理朱镕基和副总理吴邦国作了专题汇报。随后,交通部于7月20日至21日在成都召开"西部开发交通建设工作会议"。国家发展计划委员会、财政部、中国人民银行、解放军总后军交部等单位和西部10个省(区、市)及广西、内蒙古、新疆生产建设兵团交通厅(局)的负责人参加了会议(按1986年全国人大六届四次会议通过并公布的"七五"计划,内蒙古、广西被划分在中部地区。1997年重庆市直辖后,划入西部地区。由于内蒙古和广西两个自治区人均国内生产总值的水平,正好相当于上述西部十省市区的平均水平,2000年国家制定的在西部大开发中享受优惠政策的范围又增加了内蒙古和广西这两个少数民族自治区)。会议的主要任务是根据中央实施西部大开发战略部署的要求,分析西部地区交通工作面临的新形势,研究加快西部地区交通建设的政策措施,部署西部地区的交通建设任务。

国务院副总理吴邦国出席会议并做了《加快交通基础设施建设　为西部大开发当好先行》的讲话。吴邦国强调："在西部大开发中，交通基础设施建设是基础性工作。加快交通等基础设施建设，尽快改变交通落后状况，是实施西部大开发的当务之急和长远大计"。会上，交通部部长黄镇东以《贯彻落实中央决策　加快西部交通建设　为实施西部大开发战略做出贡献》为题发表讲话。

成都会议指出，公路运输在西部地区占有绝对优势，在公路、铁路和水路三种主要运输方式中，公路线路里程占90%以上；公路客运量占93.3%、货运量占85.4%，分别比全国平均水平高出2.2%、8.6%。虽然公路运输在西部占据绝对优势，但西部地区公路建设仍远远赶不上经济发展的需要，与东部的差距仍在拉大。1980年，东部地区公路密度是西部的4.2倍，1999年差距扩大到5倍多；1980年，东部地区二级以上公路里程占总里程比重为2.2%，比西部高0.7%，到1999年差距扩大为13%。西部地区不通公路的乡镇、行政村数量分别是东部地区的20倍和2倍，占全国总数的85%和50%。西部地区"路网行车条件差，公路技术等级低、通达水平低，公路建设资金不足、自我发展能力不足、支持保障力度不足"，这"一差两低三不足"的问题依然存在，而且与东部地区相比，还有扩大的趋势。

会上，交通部提出《加快西部地区公路交通发展的规划纲要》，并就《加快西部地区公路发展总体规划》作了说明。《总体规划》将建设重点分为国道主干线、区域路网和乡村通达工程三个层次，供与会代表讨论。

在提出西部地区公路规划蓝图的同时，成都会议强调，"西部大开发，包括加快交通基础设施建设，不能简单地沿用旧体制和传统的发展模式，要适应建立社会主义市场经济体制的要求，积极采用新思路、新办法、新机制，探索新的发展模式"。会议明确，在以下五个方面加强西部地区公路建设的筹融资：

一是在长期国债资金、中央财政性建设资金、国家政策性银行贷款以及国际金融组织和外国政府优惠贷款等使用方面，尽可能加大对西部地区交通等基础设施建设投资支持力度。

二是交通部车辆购置附加费专项资金要加大对西部地区公路建设的支持和倾斜力度，力争在原有的基础上有较大幅度的增加。

三是在用地政策、项目审批、"以工代赈"和"以粮代赈"等方面，采取鼓励和支持西部地区公路建设的政策。

四是把已建成的效益好的公路项目，按照有关程序和规范管理的要求，组织上市，公开向国内外发行股票；转让公路经营权，盘活存量资产，以"老路"换"新路"。

五是在市场准入方面实行开放政策，积极吸引外资。要充分利用加入世贸组织的过渡期，在西部地区将一些长期保护、垄断的行业优先开放，鼓励、吸引内外资进入西部，参与交通、能源、通信等基础设施建设。

在成都会议出台的一系列政策措施推动下，西部地区公路基础设施建设进程开始快步追赶。此次会议，不仅对西部地区公路建设影响深远，也开启了全国农村公路大发展的序幕。

第二节　发展蓝图

一、国家高速公路网规划

1998年福州会议后，公路基础设施建设步入快车道。到2000年底，我国的高速公路里程达到1.6万公里，公路基础设施度过了改革开放前的长期滞后、改革开放最初10年的严重制约阶段，开始步入明显缓解阶段。

我国高速公路的发展，在总体规划上，世纪之交建成和在建的高速公路，主要是依据"五纵七横"国道主干线规划实施的，这个规划是在20世纪80年代末90年代初的社会经济和交通发展背景下提出的，12条路线覆盖能力有限，高速公路总量不足，未形成网络，难以发挥整体的规模效益。21世纪初，公路交通运输的明显缓解，是相对于较低的社会经济发展水平和运输水平而言的，要完成交通现代化的目标，公路基础设施离适度超前于国民经济和社会发展的客观要求，尚有很大差距。

20世纪头20年，是我国全面建成小康社会的重要战略机遇期。实现全面小康社会的发展目标，加快现代化建设，需要一个与之相适应的安全、高效、可持续的交通运输系统。在发展战略上，规划建设国家高速公路网是全面建设小康社会和实现现代化的迫切需要；在发展规划上，发达国家的经验表明，高速公路的发展，必须以科学规划为指导；在建设管理上，需要整合资源优势，形成布局合理、运转高效的全国高速公路网络，规范高速公路管理，提高服务质量。

2001年，交通部开展了国家高速公路网规划的初步研究，并于2002年正式启动编制工作。

2002年11月8日，党的十六大胜利召开，我国进入全面建设小康社会的历史新时期。实现全面小康社会的发展目标，加快现代化建设，需要一个与之相适应的更加安全、高效、更密集、可持续的公路交通运输系统。在这个系统中，国家高速公路主干网络必须占有极其重要的地位，将发挥不可替代的作用。从国家发展战略和全局考虑，在我国高速公路快速发展的历史阶段，尽快规划建设国家高速公路网十分必要和紧迫。

2003年3月19日，交通部部长张春贤向国务院副总理曾培炎和总理温家宝专呈了《关于公路国道主干线建设问题的报告》。报告指出，西方经济发达、交通现代化的国家，出于政治、经济、国防等方面需要，都在经济快速增长期规划和建设国家公路主干线甚至高速公路网，其共同经验是：国家高度重视建设主干线、集中在一定时期持续建设、国家专项投资予以保障。我国已进入全面建设小康社会的新阶段，社会经济的发展、参与国际竞争以及汽车快速发展的趋势，对高速公路建设提出了更高的要求。为集约利用国土资源，促进国土均衡开发，指导、协调各地高速公路的建设，交通部正在研究制定国家高速公路网规划，合理布局高速公路网络。为加快推进"五纵七横"国道主干线建设，建议"十五"后期继续安排一定的国债投资，并保持车购税专项资金的稳定投入。这样，"五纵七横"在新一届政府任期内可以全部建成。同时建议，国家高速公路网规划编制完成后，请国务院审批，以保证规划实施的权威性、连续性和稳定性。

曾培炎副总理于3月27日批示：建成我国高速公路网或国道主干线的规划，结合即将启动的"十一五"计划统筹研究，请交通部先提出计划设想。"十五"期要着力抓好"五纵七横"国道主干线的建设，本届政府任期内建成通车。黄菊副总理于3月28日批示：同意培炎同志意见和交通部建议，抓紧"五纵七横"国道主干线建设，实现本届任内建成通车。交通部要抓紧研究并提出下一步规划设想。温家宝总理于3月30日批示：同意。国家高速公路网规划编制完成后，报国务院审批。

根据国务院领导的批示，交通部随即要求加快规划工作进度。2003年12月29日，国务院副总理黄菊、曾培炎召集专题会议，肯定了交通部所做的工作，原则同意布局的框架，并就规划的必要性和紧迫性、规划的指导思想和基本原则以及相关的重大问题作出重要指示。2004年1月5日，黄菊在听取交通部工作汇报时强调，要做好国家高速公路网规划，立足我国国情和未来20年内我国经济建设和社会发展需要，重点做好高速公路网的宏观布局。2004年1月11日至12日召开的"2004年全国交通工作会议"上，交通部提交了《国家高速公路网布局规划（草案）》，向与会代表、专家征求意见。同年一季度，交通部根据2003年12月29日国务院专题会议精神，对规划作出进一步深化和完善，并提交国家发展和改革委员会，拟由国家发改委综合协调后，报国务院审批。2004年4月至8月，国家发改委先后主持召开3次专家论证和征求意见会，并就规划提出了具体的指导性意见。

2004年12月17日，国务院总理温家宝主持召开国务院常务会议，原则通过《国家高速公路网规划》。随即，国家发改委以发改交运〔2004〕3057号印发《国家高速公路网规划》。

2005年1月13日，国务院新闻办召开新闻发布会，向全社会正式公布《国家高速公路网规划》。交通部部长张春贤在讲话中指出："《规划》的出台将对中国经济社会的发展以及公众的生活方式和质量产生重大而深远的影响，必将成为中国高速公路长远发展和交通运输现代化的战略蓝图，标志着中国高速公路发展进入了新的历史阶段"。国家发改委副主任张晓强，在回答中外记者提问时特别强调，"整个交通仍然是制约我国国民经济和社会持续、健康、快速发展的一个主要瓶颈。从这点来讲，我们的几种主要交通运输方式，不论是公路、铁路、水运、港口，还是航空，和目前的需要，和全面小康目标相比还有很大的差距。因此，各种交通方式都需要有进一步的发展"。

《国家高速公路网规划》，总体上贯彻"东部加密、中部成网、西部连通"的布局思路。明确将在未来的30年内建成国家高速公路网，形成一个覆盖全国的、比较完善的干线高速公路网。其中的近期目标明确为：到"十五"末，建成3.5万公里，占总里程的40%以上；到2007年末本届政府任期内，建成4.2万公里，占总里程的近一半，全面完成"五纵七横"国道主干线系统中的高速公路；到2010年，国家高速公路网总体上实现"东网、中联、西通"的目标，建成5至5.5万公里，占总里程的60%—65%。

《规划》用高速公路连接了包括台、港、澳在内的当时人口超过20万以上的城市，覆盖全国10亿以上的人口和GDP总量85%以上的地区；实现东部、中部和西部分别在平均半小时、一小时和两小时之内抵达高速公路；连接国内主要4A级旅游城市、主要国家一类公路口岸和交通枢纽城市。

《规划》明确，将以北京为中心建设7条放射线、9条南北纵向线、18条东西横向线和5个地区环线以及联络线，简称为"7918网"。总规模约8.5万公里，其中主线6.8万公里，地区环线、联络线等其他路线约1.7万公里。具体规划方案如下：

首都放射线7条，包括：北京至上海、北京至台北、北京至港澳、北京至昆明、北京至拉萨、北京至乌鲁木齐、北京至哈尔滨。

南北纵向线9条，包括：鹤岗至大连、沈阳至海口、长春至深圳、济南至广州、大庆至广州、二连浩特至广州、包头至茂名、兰州至海口、重庆至昆明。

东西横向线18条，包括：绥芬河至满洲里、珲春至乌兰浩特、丹东至锡林浩特、荣成至乌海、青岛至银川、青岛至兰州、连云港至霍尔果斯、南京至洛阳、上海至西安、上海至成都、上海至重庆、杭州至瑞丽、上海至昆明、福州至银川、泉州至南宁、厦门至成都、汕头至昆明、广州至昆明。

具体方案如下表(详见表6-1)：

国家高速公路网规划方案

表 6-1
单位：公里

\multicolumn{3}{c}{北京放射线}	\multicolumn{3}{c}{南北纵线}	\multicolumn{3}{c}{东西横线}
序号	起终点	里程	序号	起终点	里程	序号	起终点	里程
1	北京—上海	1245	1	鹤岗—大连	1390	1	绥芬河—满洲里	1520
2	北京—台北	2030	2	沈阳—海口	3710	2	珲春—乌兰浩特	885
3	北京—港澳	2285	3	长春—深圳	3580	3	丹东—锡林浩特	960
4	北京—昆明	2865	4	济南—广州	2110	4	荣成—乌海	1820
5	北京—拉萨	3710	5	大庆—广州	3550	5	青岛—银川	1600
6	北京—乌鲁木齐	2540	6	二连浩特—广州	2685	6	青岛—兰州	1795
7	北京—哈尔滨	1280	7	包头—茂名	3130	7	连云港—霍尔果斯	4280
			8	兰州—海口	2570	8	南京—洛阳	710
			9	重庆—昆明	838	9	上海—西安	1490
						10	上海—成都	1960
						11	上海—重庆	1900
						12	杭州—瑞丽	3405
						13	上海—昆明	2370
						14	福州—银川	2485
						15	泉州—南宁	1635
						16	厦门—成都	2295
						17	汕头—昆明	1710
						18	广州—昆明	1610

此外，规划方案中还包括辽中环线、成渝环线、海南环线、珠三角环线、杭州湾环线等5条地区性环线、2段并行线和30余段联络线。

国家高速公路网建成后,可以在全国范围内形成"首都连接省会、省会彼此相通、连接主要地市、覆盖重要县市"的高速公路网络,达到如下的效果:

充分体现"以人为本",最大限度地满足人的出行要求,创造出安全、舒适、便捷的交通条件,使用户直接感受到高速公路系统给生产、生活带来的便利;

重点突出"服务经济",强化高速公路对于国土开发、区域协调以及社会经济发展的促进作用,贯彻国家经济发展战略;

着力强调"综合运输",注重综合运输协调发展,规划路线将连接全国所有重要的交通枢纽城市,包括铁路枢纽50个、航空枢纽67个、公路枢纽140多个和水路枢纽50个,有利于各种运输方式优势互补,形成综合运输大通道和较为完善的集疏运系统;

全面服务"可持续发展",进一步促进国土资源的集约利用、环境保护和能源节约,有效支撑社会经济的可持续发展。

《国家高速公路网规划》基本涵盖了"五纵七横"国道主干线系统,符合新世纪我国经济、社会和公路行业发展的实际,对全国的高速公路及干线公路的规划和建设具有很强的指导作用。《规划》的出台,将全国的高速公路规划和建设纳入科学化、规范化的轨道,高速公路建设的速度进一步提升。

3年后的2007年12月18日,国务院新闻办召开新闻发布会。交通部副部长翁孟勇宣布,"五纵七横"国道主干线已经提前13年实现基本贯通,《国家高速公路网规划》的建设里程已经完成了4.2万公里,基本完成了规划的一半,但《国家高速公路网规划》建设任务依然艰巨。在党中央、国务院的正确领导,各级政府的大力支持和广大交通职工的共同努力下,《国家高速公路网规划》建设将稳步推进,在改善百姓出行条件、提高百姓生活质量等方面发挥更加重要的作用。在不久的将来，中国人民将享有越来越便捷、越来越舒适、越来越安全的交通出行服务。

到 2010 年底，我国高速公路里程达到 7.41 万公里，其中国家高速公路建成 5.77 万公里，完成《国家高速公路网规划》总里程的 67.88%，总体上实现了"东网、中联、西通"的目标。其建设速度，远远高于"7918 网"规划的 30 年建成的目标。

二、全国农村公路建设规划

1998 年的福州会议，在加快高速公路、干线公路建设的同时，还提出改造和完善路网的任务。1998 年当年，路网改造项目实际到位资金 692 亿元，县乡公路到位资金 394 亿元。到世纪之交的"九五"末期，全国县乡公路通达深度进一步提升，路网结构更趋合理。

2000 年 7 月 20 日，交通部在成都召开的"西部开发交通建设工作会议"，明确了除国道主干线建设和区域路网改造外，乡村通达工程被列为 2010 年前西部地区公路建设的三大重点之一。这不仅加快了西部的农村公路建设，也拉开了全国农村公路加快建设的序幕。

2000 年 8 月 14 日，交通部会同国家发展计划委员会，联合以交规划发〔2000〕418 号发布《关于加快农村公路发展的若干意见》，提出农村公路建设的指导思想和基本原则，同时明确规划目标和建设重点。

规划目标：一是到 2005 年，使公路建设制约农村经济发展的状况得到初步缓解，基本解决我国广大农村出行难、生产和生活资料调入难、生产产品运出难问题，为农民脱贫致富创造基本条件，实现所有可通公路的乡镇和 96% 以上可通公路的行政村通公路;二是到 2010 年,使农村公路基本适应农村经济发展需要,为现代农业发展和全面实现小康提供保障,基本实现全国所有可通公路的行政村通公路,同时对东部、中西部县乡村道路的等级提出明确要求;三是到 2020 年,农村公路发展水平能够适应农村经济发展需要,县乡公路初步实现网络化。

建设重点:实施农村公路"通达工程",以西部地区为重点,主要抓好"三路"建设。即,抓好通往经济中心、交通中心及连接国省干线公路等对外出口公路的农村"出口路"建设;抓好资源开发、旅游和贫困地区联片开发等经济效益好、交通量较大的农村"经济路"建设;抓好目的在于逐步打通具备不同建设条件的乡镇、行政村的"通乡、通村路"建设。东部地区重点是提高技术等级和路面改造,西部地区重点是增加通达深度和提高抗灾能力,中部地区重点是协调发展技术等级和抗灾能力同步提高。

随着西部大开发的深入开展,"十五"期间,农村公路迎来了发展的黄金时期。2001 年和 2003 年,"西部地区通县公路建设工程"和"乡村通达工程"相继启动,加之革命圣地公路、扶贫公路、红色旅游公路建设等项工程的实施,全国农村公路建设进入了快速发展的时期。

随着农村公路数量的大幅增长,要继续加快农村公路发展,确保建设有序、协调地开展,需要有更长远的考虑,有科学的规划来指导。

2004 年 1 月 11 日,交通部召开"全国交通工作会议",提出了《全国农村公路建设规划(草案)》供与会代表讨论。《规划》分析了农村公路发展现状,指出农村公路发展的形势,提出了农村公路建设发展的指导思想和原则、目标及重点任务,明确了农村公路建设发展的政策措施。经多次修改和完善后,《规划》上报国务院。2005年2月2日,国务院第80次常务会议审议通过了《农村公路建设规划》。2005年8月23日,交通部在国家发展和改革委员会印发的《农村公路建设规划》基础上,将农村公路"通达工程"建设规划内容一并纳入,以交规划发〔2005〕388号印发了《全国农村公路建设规划》。

《建设规划》提出了"政府主导、分层负责,统筹规划、分步实施,因地制宜、分类指导,建养并重、协调发展"的指导方针,确定的21世纪前20年农村公路建设总目标是:具备条件的乡(镇)和建制村通沥青(水泥)路,基本形成较高服务水平的农村公路网络,使农民群众出行更便捷、更安全、更舒适,适应全面建设小康社会的总体要求。

《建设规划》确定的发展目标:一是"十一五"建设目标。即到"十一五"末,基本实现全国所有具备条件的乡(镇)通沥青(水泥)路(西藏自治区视建设条件确定),东中部地区所有具备条件的建制村通沥青(水泥)路,西部地区基本实现具备条件的建制村通公路。到2010年,全国农村公路里程达到310万公里。二是2011年至2020年建设目标。到2020年,具备条件的乡(镇)和建制村通沥青(水泥)路,全国农村公路里程达370万公里。全面提高农村公路的密度和服务水平,形成以县道为局域骨干、乡村公路为基础的干支相连、布局合理、具有较高服务水平的农村公路网,适应全面建设小康社会的要求。

《建设规划》提出的农村公路建设重点为:在"十五"的基础上,继续推进农村公路"通畅工程"和"通达工程"。东部地区继续安排乡通村公路建设,全面实现"油路到村";中部地区在继续实施"通村"公路建设的同时,全面实现"油路到乡",基本实现"油路到村";西部地区重点改造"县通乡"公路,加快建设通村公路，基本实现"油路到乡""公路到村"（西藏自治区视建设条件确定）。《建设规划》指出，实现上述目标，5年时间农村公路的建设总规模约90万公里。其中，"通畅工程"50万公里，东部地区约12万公里、中部地区约28万公里、西部地区约10万公里（未含西藏建设里程）；"通达工程"40万公里，东部地区约5万公里、中部地区约6万公里、西部地区约29万公里（未含西藏建设里程）。中央安排农村公路沥青（水泥）路改造工程投资1000亿元，通达工程投资400亿元。

《建设规划》要求，进一步明确各级政府职责、权限和义务，分工协调，共同推进农村公路建设。对于农村公路建设的资金来源，《建设规划》明确指出，要建立国家和省（区、市）级人民政府对农村公路建设较为稳定的投资来源，逐步形成政府为主、农村社区为辅、社会各界共同参与的多渠道农村公路投资新机制。一是国家每年用于农村公路建设的资金在200亿元以上；二是地方各级人民政府要加大对农村公路建设的财政投入；三是利用以工代赈资金和扶贫资金，加大贫困地区农村公路建设力度，继续争取利用国际金融组织贷款，支持农村公路建设；四是积极探索加大农村公路建设资金投入的有效渠道，统筹考虑干线公路和农村公路建设资金，推行"以路养路"政策，将建设干线公路缴纳的重点公路工程营业税及收费公路营业税等用于农村公路发展。同时利用冠名权、绿化权、路边资源开发权等市场化手段，鼓励、吸引企业等社会力量投资农村公路，鼓励企业和个人捐赠等。

三、国家公路运输枢纽布局规划

进入21世纪，公路主枢纽所在城市的社会和经济环境不断发展变化，公路基础条件不断改善和道路运输结构的逐步调整，公路主枢纽站场规划建设中布局选址、建设内容、建设规模、服务功能、运营方式、管理机制、实施进展等方面都有了新的变化。到"十五"末,随着《国家高速公路网规划》《全国农村公路建设规划》以及长三角、泛珠三角、振兴东北老工业基地以及中部崛起等区域性公路建设规划的相继出台,道路运输站场建设也被纳入相关规划。

2002年开始,交通部开始着力于公路运输枢纽的调整,在已经规划的全国45个公路主枢纽货运站场中增加物流功能,修订和完善交通基础设施规划,促进现代物流的发展。2002年下半年,交通部启动的22个"十一五"交通发展重大研究课题中,包括了《全国集装箱一体化运输系统及枢纽站场布局规划》和《公路水路交通在现代物流业中的作用及以主枢纽为依托的物流中心规划研究》。2003年,公路主枢纽建设安排客运站、货运站场以及部分枢纽信息中心建设项目,年度完成投资3.6亿元。

为适应新时期公路交通发展的要求,加快建设与国家高速公路网相协调,与铁路、港口等其他运输方式紧密衔接、布局合理、运转高效的国家公路运输枢纽建设。在《全国公路主枢纽布局规划》的基础上,交通部制定《国家公路运输枢纽布局规划》。

《布局规划》是适应全面建设小康社会和现代化建设对公路运输的需要,是落实交通运输服务国民经济和社会发展全局、服务社会主义新农村、服务人民群众安全便捷出行的重要举措,是实施和完善国家高速公路网、促进交通运输向现代化服务业发展的迫切需要,是建立现代综合运输体系的基础条件,是提高公共交通资源利用效率、建立资源节约型、环境友好型交通运输行业的必然要求。国家公路运输枢纽的功能是服务支撑经济社会发展,服务公众便捷安全出行,保障国家安全,服务可持续发展。

《布局规划》总体上采用"多因素定量计算为基础,关键因素遴选,综合优化调整"的布局思路和方法,将1992年《全国公路主枢纽布局规划》中的45个公路主枢纽全部纳入,是继《全国公路主枢纽布局规划》后的又一项国家级公路运输枢纽规划,是对《国家高速公路网规划》的进一步完善。形成的规划方案,与铁路、港口等其他运输方式紧密衔接,并与国家高速公路网共同构筑成全国便捷、高效的公路快速运输网络。

《布局规划》贯彻了"依托国家高速公路网,完善综合交通运输体系,覆盖主要城市、服务全国城乡"的布局思路,提出的布局方案最终形成179个国家公路运输枢纽城市,其中12个为组合枢纽,涉及196个城市。其作用和效果显著:一是体现了"以人为本"的原则。国家公路运输枢纽覆盖所有直辖市、省会城市和计划单列市及地级城市137个,覆盖城市占全国地级以上城市总数的60%,覆盖总人口占全国总人口的60%,覆盖78%的国家4A级旅游景区,为公众旅游、休闲出行创造了便利。二是突出了"服务经济"的思想。国家公路运输枢纽覆盖城市的地区生产总值约占全国国内生产总值的87%,覆盖84%的国家开放口岸、56%的陆路边境口岸和98%的国家级经济技术开发区。加大了长江三角洲、珠江三角洲、环渤海等经济发达地区的枢纽覆盖密度,充分考虑了支持西部大开发、振兴东北老工业基地、促进中部地区崛起等战略的需要。三是强化了"综合运输"的理念。覆盖100%的沿海主要港口和93%的内河主要港口、全部的大中型枢纽机场、所有特等火车站和铁路集装箱中心站以及68%的一等火车站,有助于充分发挥公路运输的集疏作用,进一步提高我国综合交通运输的整体效率。

2007年4月29日,交通部以交规划发〔2007〕220号印发《国家公路运输枢纽布局规划》。具体的公路运输枢纽布局方案如下(见表6-2):

国家公路运输枢纽布局方案

表 6-2

地区	省份	城市	数量
东部	北京	北京	1
	上海	上海	1
	天津	天津	1
	河北	石家庄 唐山 邯郸 秦皇岛 保定 张家口 承德	7
	辽宁	*沈(阳)抚(顺)铁(岭) 大连 锦州 鞍山 营口 丹东	6
	江苏	南京 *苏(州)锡(无锡)常(州) 徐州 连云港 南通 镇江 淮安	7
	浙江	杭州 *宁(波)舟(山) 温州 湖州 嘉兴 金华 台州 绍兴 衢州	9
	福建	福州 *厦(门)漳(州)泉(州) 龙岩 三明 南平	5
	山东	*济(南)泰(安)青岛 淄博 *烟(台)威(海) 济宁 潍坊 临沂 菏泽 德州 聊城 滨州 日照	12
	广东	*广(州)佛(山) *深(圳)莞(东莞) 汕头 湛江 珠海 江门 茂名 梅州 韶关 肇庆	10
	海南	海口 三亚	2
	东部合计		61
中部	山西	太原 大同 临汾 长治 吕梁	5
	吉林	长春 吉林 延吉 四平 通化 松原	6
	黑龙江	哈尔滨 齐齐哈尔 佳木斯 牡丹江 绥芬河 大庆 黑河 绥化	8
	安徽	合肥 芜湖 蚌埠 安庆 阜阳 六安 黄山	7
	江西	南昌 鹰潭 赣州 宜春 九江 吉安	6
	河南	郑州 洛阳 新乡 南阳 商丘 信阳 开封 漯河 周口	9
	湖北	武汉 襄樊 宜昌 荆州 黄石 十堰 恩施	7
	湖南	*长(沙)株(洲)潭(湘潭) 衡阳 岳阳 常德 邵阳 郴州 吉首 怀化	8
	中部合计		56

续上表

地区	省份	城市	数量
西部	内蒙古	呼和浩特 包头 赤峰 通辽 呼伦贝尔 满洲里 巴彦淖尔 二连浩特 鄂尔多斯	9
	广西	南宁 柳州 桂林 梧州 *北(海)钦(州)防(城港) 百色 凭祥(友谊关)	7
	重庆	重庆 万州	2
	四川	成都 宜宾 内江 南充 绵阳 泸州 达州 广元 攀枝花 雅安	10
	贵州	贵阳 遵义 六盘水 都匀 毕节	5
	云南	昆明 曲靖 大理 景洪 河口 瑞丽	6
	西藏	拉萨 昌都	2
	陕西	*西(安)咸(阳) 宝鸡 榆林 汉中 延安	5
	甘肃	兰州 *酒(泉)嘉(峪关) 天水 张掖	4
	青海	西宁 格尔木	2
	宁夏	银川 固原 石嘴山	3
	新疆(兵团)	乌鲁木齐 哈密 库尔勒 喀什 石河子 奎屯 伊宁(霍尔果斯)	7
		西部合计	62
		全国合计	179

注：*为组合枢纽。

根据《布局规划》，"十五"期间主要安排前期工作，为"十一五""十二五"布局规划的实施奠定了坚实基础。

四、西部公路发展总体规划

1999年6月17日，江泽民总书记在西北五省区国有企业改革和发展座谈会上提出，要抓住世纪之交的历史机遇，加快西部地区开发步伐，对推进全国的改革和建设，对保持党和国家的长治久安，是一个全局性的发展战略，不仅具有重大的经济意义，而且具有重大的政治和社会意义。在编制下一个五年计划时，要把加快西部地区发展作为一个重要方针。为贯彻落实中央关于抓紧研究西部地区的大开发、加快中西部地区发展的战略部署，交通部组织编制了《加快西部地区公路发展总体规划》。

2000年7月20日，交通部在成都召开"西部开发交通建设工作会议"，交通部副部长胡希捷在会上发表讲话，阐述了交通部编制《总体规划》的背景、思路。

《总体规划》明确，加快西部地区公路交通发展必须坚持和把握五项原则。即，"统筹规划，条块结合，分层负责，联合建设""分类指导，突出重点""正确处理效率与公平的关系""建设、管理、养护并重""倡导技术创新，走可持续发展的道路"。

《总体规划》提出的发展目标是：用20年时间，使西部地区公路交通发生根本变化，建成布局合理、功能完善的路网，总体满足社会经济发展的需求。具体实施步骤是：到2010年实现明显改善，2020年形成骨架路网；力争到21世纪中叶，建成现代化公路运输网络。会议强调，要实现这一目标，关键是抓好前10年的工作。

《总体规划》将西部开发公路建设重点分为三个层次，即国道主干线、区域路网工程和乡村通达工程。

第一层次是国道主干线。"五纵七横"12条国道主干线中有9条连通西部地区。2010年，西部地区9条国道主干线基本建成，其余路段将实现突破性进展。这9条国道主干线是：

丹东至拉萨（丹拉线），全长4669公里，西部地区里程3458公里；

青岛至银川（青银线），全长1562公里，西部地区里程471公里；

连云港至霍尔果斯（连霍线），也是"两纵两横"中的一横，

全长4268公里,西部地区里程3364公里;

上海至成都(沪蓉线),也是"两纵两横"中的另一横,全长2714公里,西部地区里程1020公里;

上海至瑞丽,全长3370公里,西部地区里程1794公里;

衡阳至昆明(衡昆线),含南宁至友谊关支线,全长2201公里,西部地区里程1835公里;

绥芬河至满洲里(绥满线),全长1492公里,西部地区里程639公里;

二连浩特至河口(二河线),全长3602公里,西部地区里程2902公里;

重庆至湛江(渝湛线),全长1314公里,西部地区里程1248公里。

这9条国道主干线在西部地区的总里程1.6万余公里,截至1999年底,已建成约5000公里,在建里程6000公里,其余5000公里将在10年内加快建成。

第二层次为西部地区区域路网工程。区域路网工程重点是西部地区8条省际通道,还包括重要国省干线、国边防公路、站场枢纽等,总规模约19.5万公里。

2010年,8条西部省际通道基本建成,与8条国道主干线形成沟通西中东部,贯穿西南、西北,通江达海,连通周边国家的公路网,形成完善的大通道,西部地区公路发展取得明显成效。届时,国道、省际间的通道将构成2.8万公里骨架路网,除乌鲁木齐和拉萨市之间外,其他相邻省会、自治区首府及直辖市,西部与中东部相邻省会城市之间,均由高等级公路相连接。

西部地区8条省际公路通道是:

兰州至磨憨公路,为连接西北、西南及对外连接口岸的重要公路运输通道,全长2490公里;

阿荣旗至北海公路(含南宁经梧州至桂林支线),为连接华北、西北、西南地区的南北出海通道,全长6059公里;

阿勒泰至红其拉甫公路,是连接新疆南疆和北疆及对外连接口岸的公路运输通道,全长2990公里;

银川至武汉公路,是连通西北与中部地区及通达长江的公路运输通道,全长1620公里,西部地区里程1120公里;

西安至合肥公路,是连通西北与华东地区的公路运输通道,全长860公里,西部地区里程230公里;

重庆至长沙公路,是连接中西部的便捷公路运输通道,全长1000公里,西部地区里程457公里;

西宁至库尔勒公路,是西北地区横向公路运输通道,全长2190公里;

成都至樟木公路,是西藏通往四川,再利用沪蓉线与东中部连通,同时连通口岸的公路运输通道,全长2897公里。

这8条西部地区省际公路通道,总规模约1.8万公里,除少数路段外,原则上以二级以上高等级公路技术标准实施,需新改建的路段约1.2万公里;同时,西部各省会、首府及直辖市到所在本省地州市及区域对外通道干线公路达二级以上标准,车流量较大的路段建成一级或高速公路,任务非常艰巨。

第三层次为乡村公路通达工程。地州到县公路基本为三级标准的高级次高级路面,偏远地区达四级公路标准,县至乡镇为四级路以上标准,实现路面硬化,乡镇到行政村通机动车,有条件的通等级公路。建设总规模约15万公里,力争97%的乡镇和92%的行政村通公路。

会后,在吸纳有关省(区、市)意见的基础上,交通部对《总体规划》作了进一步深化。2001年8月,国务院原则同意交通部上报的《加快西部地区公路交通发展规划纲要》,并正式实施。到2004年、2005年《国家高速公路网规划》和《全国农村公路建设规划》发布时,西部骨架公路布局得到了进一步完善。

在《纲要》的指导下,西部地区相关省(区、市)先后出台《关于加快公路建设的决定》,把公路建设作为地区交通建设的重中之重。在交通部指导下,编制了本省(区、市)的"十五""十一五"公路建设发展规划,指导广大西部地区公路的科学、协调、有序和加快发展。

据统计,截至2009年底,西部大开发10年间,西部开发8条省际公路通道92.4%的路段建成,其余路段到2010年底前已全部通车;西部地区公路总里程从1999年的53.3万公里增加到2009年底的147.7万公里,占全国公路总里程38.6%;公路密度由每百平方公里7.7公里增长至21.4公里。

公路基础设施的快速发展,显著增强了西部地区对内对外交通保障能力,为西部地区经济的发展、加强与中东部的交流注入了新动力。

五、区域交通发展规划

在编制《国家高速公路网规划》《全国农村公路建设规划》的同时,交通部为落实党中央、国务院振兴东北、中部崛起等战略决策,协调东南部沿海发达地区以及其他区域的公路网规划,先后出台了相关的区域公路网规划,以指导相关地区的公路规划、建设。

2005年3月4日,交通部印发《振兴东北老工业基地公路水路交通发展规划纲要》。振兴东北等老工业基地,是党中央从全面建设小康社会全局着眼做出的重大战略决策,加快东北地区公路交通发展,是振兴东北老工业基地的先决条件。规划范围包括辽宁、吉林和黑龙江三省,规划期为2004年至2020年。其指导思想是:坚持"以人为本",贯彻全面、协调、可持续的科学发展观,着眼于东北老工业基地振兴和全面建设小康社会的需要。规划目标是：建立布局协调、能力充分、运行高效、服务优质、安全环保的区域一体化公路水路交通体系，以高速公路、主要港口和内河水运主通道为骨干，实现基础设施、运输服务、信息资源、政策法规等各方面的衔接与协调，全面适应东北地区经济和社会发展的需要，为东北老工业基地振兴和全面建设小康社会提供可靠的交通保障。到 2010 年，公路水路交通适应振兴东北老工业基地的需要；到 2020 年，公路水路交通适应东北地区全面建设小康社会的需要，辽宁率先基本实现公路水路交通现代化。《规划纲要》以水路交通基础设施为重点，突出强调空间、时间、功能上的跨省衔接，对东北三省制定公路水路交通建设规划及相关专项规划具有较强的指导作用。

2005 年 3 月 4 日，交通部印发《长江三角洲地区现代化公路水路交通规划纲要》。长江三角洲地区属于东部地区，包括上海、江苏和浙江两省一市，是我国传统的"鱼米之乡"。地区国土面积仅占全国 2.2%，人口却占全国 10%，创造了全国近 25% 的国内生产总值和 1/3 以上的外贸进出口总额，具有重要的区位优势。加强该地区公路网科学规划、集约建设，加强协调、科学发展，不仅对本地区公路交通发展意义重大，对全国公路事业的科学发展也具有很强的示范、带动作用。规划期为 2004 年至 2020 年。《规划纲要》以实现交通运输现代化为目标，以区域公路水路交通一体化为主线，突出强调跨省公路水路基础设施的布局衔接及功能互补。《规划纲要》在肯定该区域取得公路水路交通跨越式发展成就的同时，指出该区域存在的问题：出现交通基础设施不适应社会经济快速发展、交通运输一体化程度不高、资源环境与交通发展矛盾突出等。规划确定其现代化的基本标志是：拥有当时世界先进水平的交通设施、装备和运输服务体系。主要特征包括：稳定性、均衡性、智能性、人性化和可持续性。规划的原则包括：先进性、开放性、统筹协调、系统性和可持续发展等。具体基础设施规划包括：沿海港口、公路、内河航道、综合运输枢纽、支持系统等五大方面。明确2010年前实施重点为：优先建设以国家高速为主的高速公路网，扩大区域内大城市间和区域对外运输通道容量，内河水运主通道和主要集装箱运输通道达到标准，综合运输枢纽紧密衔接各种运输通道，形成完善的集装箱运输系统、外贸大宗物资转运系统和能源运输系统，基本适应国民经济发展需要。到2020年，建立能力充分、衔接顺畅、运行高效、服务优质、安全环保的现代运输体系，总体水平力争进入世界先进行列。

2005年12月30日，交通部印发《促进中部地区崛起公路水路交通发展规划纲要》。根据全面建设小康社会的要求和国家关于促进中部地区经济崛起的有关部署，《规划纲要》包括我国中部地区的山西、安徽、江西、河南、湖北、湖南等六省，人口占全国的28.1%，农村人口超过全国的30%；人均GDP是全国平均水平的84%，是东部地区平均水平的40%左右。中部地区地处我国内陆，承东启西，接南连北，是我国生产要素流动的桥梁和纽带。"中部通，则全国通；中部活，则满盘皆活"，中部地区公路水路交通发展关系到全国交通的畅通，关系到我国经济社会发展的全局，区位十分重要。《规划纲要》针对中部地区高等级公路通道数量少、能力不足，公路网络通达深度不够，农村交通落后，提出加快中部地区公路水路交通发展的方向和重点是：强化通道建设，全力构建高速公路骨架网络；注重路网改善，扶持国道改造升级；加快农村公路发展，重点建设"村村通"工程；推进综合运输枢纽建设，构建中心城市和港口城市客货运输综合枢纽建设。《规划纲要》确定的发展目标是：争取用10年左右时间，中部地区致力于形成完善、高效、和谐的现代综合运输体系，建成能力充分、组织协调、运行高效、服务优质、技术先进、安全环保的客货运输系统，为用户提供安全、便捷、经济、可靠、和谐的出行服务和高效率、低成本的现代物流服务。

2005年12月30日,交通部发布《泛珠江三角洲区域合作公路水路交通基础设施规划纲要》。泛珠江三角洲区域,包括广东、福建、江西、湖南、广西、海南、四川、贵州、云南九省区,总面积约200万平方公里,占全国的1/5;2004年区域生产总值约占全国的34%。该区域跨越华南和西南,涵盖我国南部沿海和西南地区,改善区域交通运输条件,缩小区域内交通时空距离,加快区域交通一体化进程,是区域经济社会发展的主要组成部分,也是加强区域合作的基础条件。将上述九省区纳入,并考虑与香港、澳门两特别行政区的衔接。《规划纲要》以加快区域公路水路交通基础设施建设为主线,按照"核心辐射、周边通畅、'港路'联动、消除障碍、协同推进"的方针,确定2010年的发展目标是:基本形成区域公路水路基础设施网络骨架,公路水路基础设施能力进一步提高,结构更加合理,功能更加完善;公路水路交通基本适应泛珠江三角洲区域合作、珠江三角洲现代化建设的需要。2020年的目标是:全面建成区域公路水路基础设施网络,区域协调机制高效运转,建立能力充分、衔接顺畅、运行高效、服务优质、安全环保的区域公路水路运输系统,全面适应泛珠江三角洲区域合作及全面建设小康社会的需要。同时明确,区域高速公路网规划为"十射、六纵、五横、六条国际通道及三个环线",总里程约3.73万公里,其中国家高速公路约2.85万公里,地方高速公路约8800公里。珠江三角洲地区形成城际高速公路网,里程为3300公里。同时明确了该区域公路运输枢纽方案,其中重要综合公路运输枢纽为:广州、深圳、福州、湛江、厦门、汕头、岳阳、长沙、南昌、南宁、成都、昆明、贵阳、柳州、桂林、海口等16个城市。

2005年至2009年,交通部(交通运输部)在国家发展和改革委员会、外交部、商务部的支持下，分别编制了我国与东盟、中亚、南亚、东北亚国家公路水路交通合作规划纲要。进入21世纪，和平与发展是时代的主题，亚洲各国之间面临加强合作、共同发展的历史机遇，参与经济全球化，保持我国经济社会全面、快速、协调、可持续发展需要进一步扩大开放，加强与周边国家的区域经济合作与交通合作。广泛开展我国与周边国家的交通合作，是实现我国睦邻、安邻、富邻外交政策的重要手段，是深化我国与周边国家区域合作的具体措施，对我国进一步扩大开放、加快西部大开发、构建我国与周边国家的和谐、稳定、互利、共赢的发展环境，提高我国的国际地位、维护国家安全具有重要的现实意义和深远的历史意义。

《规划纲要》分析了公路水路交通合作在推动和支撑我国与周边国家区域合作中的重要地位和作用，总结了我国与周边国家交通合作取得的成绩、存在问题和发展前景，提出了交通合作的指导思想、发展目标、战略取向，研究了以合作机制为平台、以通道建设为核心、以便利运输为重点、以信息流为辅助的合作框架，提出了交通合作的规划方案、近期重点和政策保障措施。交通合作的主要内容包括：交通基础设施建设、交通运输便利化、海上安全与保安、人力资源开发、人员培训、信息交流等方面的合作项目。

"十五"期间出台的几个区域性公路水路交通发展规划纲要，对相关区域的公路水路交通规划、建设起到了很好的指导、引领作用，为这些区域公路事业的科学化、规范化及可持续发展奠定了基础。与周边国家的公路水路交通合作规划纲要，对发展我国与周边国家睦邻友好关系，开展交通合作，提供了基础支撑。

六、"十五"发展计划（2001年至2005年）

2001年3月5日至15日，第九届全国人大四次会议通过

《国民经济和社会发展第十个五年计划纲要》，对综合交通提出了具体要求，涉及公路及道路运输的内容包括："交通建设要统筹规划，合理安排，扩大网络，优化结构，完善系统，推进改革，建立健全畅通、安全、便捷的现代综合运输体系。加快以'五纵七横'为重点的公路国道主干网建设，全面贯通'三纵两横'。起步建设西部公路的八条新通道，完善路网结构，提高路网通达深度。2005年公路通车里程达到160万公里左右，其中高速公路2.5万公里。充分发挥各种运输方式的优势，发展和完善城市间旅客快速运输、大城市旅客运输、集装箱运输、大宗物资运输和特种货物运输五大系统。以信息化、网络化为基础，加快智能型交通的发展。加快以政企分开为核心的交通运输管理体制和经营机制改革……。"在农业方面，要求"支持农村公路建设，改善农村道路状况，完成国家级贫困县与国道、省道连接线的建设。"在推进西部大开发方面，要求"依托亚欧大陆桥、长江水道、西南出海通道等交通干线及中心城市，以线串点，以点带面，实行重点开发，促进西陇海兰新线经济带、长江上游经济带和南（宁）贵（阳）昆（明）经济区的形成，提高城镇化水平。"

2001年7月6日，交通部以交规划发〔2001〕368号印发《公路、水路交通"十五"发展计划》。

《"十五"计划》的指导思想是：按照建立社会主义市场经济体制的要求，坚持发展综合运输体系的方向，继续实施"三主一支持"长远发展规划，加强西部地区交通建设，加快结构调整步伐，深化改革，扩大开放，以科技进步为动力，以质量为重点，以效益为中心，以创新促发展，实现公路水路交通可持续发展。

《"十五"计划》提出的原则是：坚持"统筹规划，条块结合，分层负责，联合建设"的基本方针；正确处理普及与提高、效率与公平的关系；正确处理建设与养护、建设与运输的关系；正确处理发展与调整、新建与改造的关系；强化质量意识，加强质量管理；坚持科教兴交战略；实施可持续发展战略。

《"十五"计划》确定的总目标是：继续加快基础设施建设，为提前十年建成公路国道主干线系统奠定基础，主枢纽港通过能力有较大增长，水运主通道通航条件进一步改善，西部地区交通建设取得明显进展；交通结构调整取得显著成效，消除影响交通运输生产力发展的体制性障碍并取得实质性突破；交通法制建设有新的推进；交通信息化和科技创新能力提高到新水平；行业文明建设得到进一步加强。

《"十五"计划》提出的公路建设主要目标包括：全面建成"两纵两横三个重要路段"，"五纵七横"国道主干线系统建成 2.6 万公里；到 2005 年，全国公路总里程达到 160 万公里，五年新增 20 万公里，路网密度达到每百平方公里 16.7 公里；高速公路超过 2.5 万公里；二级以上公路里程达到 28 万公里，占公路总里程的 18% 左右；公路通达深度明显提高，全国 99.5% 的乡镇和 93.0% 的行政村通公路。建设 5 万公里 GBM 工程路段，创建 5 条国道文明样板路，完成所有国省干线公路上的危桥改造。公路要重点建设国道主干线系统、区域干线公路网络、县乡公路网络、公路运输服务网络，同时加强国边防公路和边境口岸公路建设。交通"十五"计划明确，要实现"十五"公路建设的目标，总投资需 9500 亿至 1 万亿元。

"十五"期公路水路交通发展取得巨大成就。交通行业紧紧抓住"九五"以来国家扩大内需、实施积极财政政策的历史机遇，乘势而上，开拓创新，获得了快速发展。"十五"成为我国交通事业发展最快、成就最突出的 5 年。基础设施建设成就巨大，"十五"期间，全社会共完成交通建设投资 22355 亿元，是"九五"完成投资的 2.17 倍，一个五年计划完成的投资，比中华人民共和国成立以来完成的投资总和还要高出 52%。全国新增公路里程25万公里，公路网总里程达到193万公里，高速公路新增2.47万公里，达到4.11万公里，二级以上公路新增10.7万公里，达到32.6万公里，乡镇公路通达率增加1.5个百分点，达到99.8%，建制村通达率增加4.7个百分点，达到94.3%。

七、"十一五"发展规划(2006年至2010年)

2005年1月4日，根据国家《国民经济和社会发展"十一五"规划纲要》的要求，交通部以交规划发〔2005〕1号印发《公路水路交通"十一五"发展规划纲要》。在此基础上，2006年9月，交通部以交规划发〔2006〕484号印发《公路水路交通"十一五"发展规划》。

"十一五"交通工作的指导思想是：适应"十一五"期间经济社会发展需要，公路水路交通必须坚持发展是第一要务，充分体现国家战略、科学发展观、构建和谐社会和节约型社会的要求，努力把握我国经济社会发展的重要战略机遇期，围绕全面建设小康社会的宏伟目标，坚持服务于经济社会发展全局，坚持服务于社会主义新农村建设，坚持服务于人民群众安全出行，以转变增长方式为重点，以结构调整为主线，又快又好地提升公路水路交通生产力水平，提高交通持续综合竞争力和国防安全保障能力，在总量、结构、质量等各方面全面发展，作好与其他运输方式的相互衔接，发挥组合效率和整体优势，建设便捷、畅通、高效、安全的综合运输体系。

《交通"十一五"发展规划》明确，"十一五"交通发展必须坚持"以人为本，好中求快，全面协调、科技创新、可持续发展"的原则。与以往的"五年计划"不同的是，"十一五"发展规划在明确保持交通基础设施建设稳定快速发展的同时，还特别强调，要把"以人为本"作为交通发展的价值取向，把满足经济社会和人民群众的交通运输需求作为交通工作的出发点和落脚点，不仅要提供经济、高效、可靠和便捷的运输服务,还要保证公平共享,惠及全社会。把珍视生命、保障运输安全放在首位;使人文关怀、人性化服务贯穿于交通建设和运输管理的始终;特别强调,要正确处理"快"与"好"的关系,既要保持平稳较快发展,更要注重发展的质量和效益,提高管理和服务水平,做到既快又好、好中求快;强调要以节约土地、岸线、能源等为核心内容,以形成集约型增长方式为内在要求,以低投入、低消耗、低排放、高效率为外在特征,加快建设资源节约型交通行业,实现交通发展对资源的少用、用好及循环使用,采取有效措施,避免盲目低水平重复建设。坚持快速发展与可持续发展并重,与环境承载力相协调,最大限度地保护、最小程度地破坏、最积极地恢复生态环境,实现交通发展与自然生态的和谐统一。

《交通"十一五"发展规划纲要》提出的总体目标是:到 2010 年,公路水路基础设施能力明显增加、网络结构基本合理、运行质量有较大改观;基本形成符合社会主义市场经济要求的交通运输市场体系,服务能力和质量大幅提升;交通发展对资源的利用效率显著提高;交通科技创新能力明显增强,职工队伍素质明显提高。形成能力匹配、组织协调、运行有序、管理规范、服务优质、安全环保的公路水路运输系统,与其他运输方式及城市交通发展布局协调、衔接顺畅,服务国防、经济安全的能力进一步增强;公路水路运输紧张状况得到总体缓解。

《交通"十一五"发展规划纲要》确定的公路建设具体目标是:5 年新增公路里程 37 万公里,公路网总里程达到 230 万公里,新增高速公路 2.4 万公里,达到 6.5 万公里,二级以上公路新增 12.4 万公里,达到 45 万公里,县乡公路新增 32.4 万公里,达到 180 万公里,乡镇公路通达率和建制村通达率达到 100%(指所有具备通达公路条件的乡村)。

《交通"十一五"发展规划纲要》提出公路基础设施建设的重点包括：

到 2010 年，国家高速公路网骨架基本形成，国省干线公路技术等级进一步提高。

到 2007 年年底，贯通"五纵七横"12 条国道主干线；到 2010 年，基本建成西部开发 8 条省际公路通道。加快国家高速公路网建设，重点建设规划中的"五射两纵七横"共 14 条路线：五射是北京至上海、北京至台北（不含台湾海峡通道）、北京至港澳、北京至哈尔滨、北京至昆明；两纵是沈阳至海口（不含琼州海峡通道）、包头至茂名；七横是青岛至银川、南京至洛阳、上海至西安（不含崇明至启东长江通道）、上海至重庆、上海至昆明、福州至银川、广州至昆明。东部地区基本形成高速公路网，长江三角洲、珠江三角洲和京津冀地区形成较完善的城际高速公路网络；中部地区基本建成比较完善的干线公路网络，承东启西、连南接北的高速公路通道基本贯通；西部地区公路建设取得突破性进展，实现内引外联、通江达海。加快早期建成的、交通流量较大的高速公路扩容改造建设。

加大国省干线公路改造建设力度，国省干线公路技术等级、质量和服务水平进一步提高。

农村公路交通条件得到明显改善。全面实施并基本完成农村公路"通达工程"（指乡镇、建制村通公路）建设任务，加快推进"通畅工程"（指乡镇、建制村通沥青或水泥路）建设，为加快社会主义新农村建设，进一步解决"三农"问题提供支撑和服务。新建和改造农村公路 120 万公里，基本实现全国所有乡镇通沥青（水泥）路，东、中部地区所有具备条件的建制村通沥青（水泥）路，西部地区基本实现具备条件的建制村通公路（西藏自治区视建设条件确定）。

加快城乡公路运输站场体系建设，国家公路运输枢纽建设取得显著进展。

交通"十一五"发展规划在"建设节约型交通"一章中特别强调,要加快节约型交通建设,提高资源综合利用效率,节约土地、岸线、能源、建筑材料等。明确的具体目标包括:"十一五"末与2005年相比,实现公路每亿车公里用地面积下降20%;沿海港口每万吨吞吐量占用码头泊位长度下降25%;营运车辆、船舶百吨公里能耗下降20%。

最后,提出实现目标的政策措施,包括:积极筹措资金,深化交通改革,加强法制建设,规范交通运输市场,加强规划指导,促进交通可持续发展等。

"十一五"时期,交通运输行业抓住发展机遇,克服各种困难,应对国际金融危机、抗击冰雪地震灾害、保障奥运会及上海世博会等重大考验取得了巨大成就,全面超额完成"十一五"规划建设目标。到2010年,5年新增公路超过60万公里,全国公路网里程达到400.82万公里;5年新增高速公路3.3万公里,达到7.4万公里;"五纵七横"12条国道主干线提前13年全部建成,国家高速公路网建成70%以上;"通达和通畅工程"主要任务基本完成,5年新增农村公路54万公里,达到345.5万公里;乡镇通班车率达到98%,建制村通班车率达到88%。

八、全国公路网规划

根据国务院批准的《国家高速公路网规划》,各省(区、市)积极开展新一轮省级高速公路网或干线公路网规划,并基本于2008年年底前完成。在此基础上,2009年,交通部组织编制了《全国公路网规划图集》。

《图集》分为现状图和规划图,现状图主要反映高速公路以及普通国道和省道现状,规划图主要反映高速公路规划布局。

按照各省(区、市)规划确定的目标(详见表6-3),2020年,我国将建成高速公路 13.62 万公里。

各省区市高速公路（干线路网）规划　　　表 6-3

（本表统计截止时间：2009 年 12 月 31 日）

省份	规划名称（方案简称）	规划目标年	高速公路里程（公里）
北京	北京干线公路网规划	2020	1085
天津	天津市干线公路网规划（"3310"路网）	2020	1200
河北	河北高速公路网规划（五纵七横六条线）	2020	5730
山西	山西省高速公路网规划（人字骨架，两纵十一横十二环）	2020	6160
内蒙古	内蒙古干线公路规划（三横九纵十二出口）	2020	2600
辽宁	辽宁干线公路网规划（三环七射五联六通道）	2010	4000
吉林	吉林省高速公路网规划（五纵五横三环四联，即 5534 网）	2020	5000
黑龙江	黑龙江省干线公路网规划（两环七射六纵三横）	2020	4657
上海	上海市高速公路网规划（两环十一射一纵一横多联）	2020	1000
江苏	江苏省高速公路网规划（五纵九横五联）	2020	5200
浙江	浙江省高速公路网规划（两纵两横十八联三绕三通道）	2010	3500
安徽	安徽省高速公路网规划（四纵八横）	2020	5500
福建	福建省高速公路网规划（三纵八横三环二十五联）	2020	5300
江西	江西省高速公路网规划（三纵四横五环二联）	2020	4650
山东	山东省高速公路网规划（五纵四横一环八联）	2020	6500
河南	河南省高速公路网规划（六纵八横六联）	2020	6280
湖北	湖北省干线公路网规划（六纵五横一环）	2020	5000
湖南	湖南省高速公路网规划（五纵七横）	2030	5616

续上表

省份	规划名称(方案简称)	规划目标年	高速公路里程(公里)
广东	广东省高速公路主骨架规划(九纵五横两环)	2030	8800
广西	广西干线公路网规划(四纵九横五联)	2020	5590
海南	海南省干线公路网规划(一环三纵四横)	2010	810
重庆	重庆市高速公路网规划(三环十射三联)	2020	3600
四川	四川省高速公路网规划(七射五纵两横八联)	2010	3160
贵州	贵州省高速公路网规划(六横七纵八联四环线)	2030	6851
云南	云南省干线公路网规划(国家高速10条,省级高速11条)	2020	6000
西藏	西藏干线公路网规划(三纵两横六通道)	2020	完成"三通"
陕西	陕西省高速公路网规划(两环六辐射三纵七横)	2015	8080
甘肃	甘肃省高速公路网规划(国家高速9条,地方高速8条)	2020	4770
青海	青海省干线公路网规划(四横四纵)	2020	2500
宁夏	宁夏干线公路网规划(三纵六横)	2020	1658
新疆	新疆干线公路网规划(三横两纵两环八通道)	2020	5400
总计里程			136197

第三节 高速公路实现跨越式发展

一、高速公路的加快建设

1998年福州会议后,公路基础设施、特别是高速公路建设步入加快建设的全新阶段。由于党中央、国务院实施积极财政政策,1998年成为我国高速公路建设史以及公路发展史上的一个非常重要而又特殊的年份。从1998年开始,"九五"后三年,公路建设的投资、公路总里程、高速公路里程的增速,远远高过预期。公路基础设施的加快建设，使公路事业崭新的阶段，实现了令世人瞩目的跨越式发展。

1998年6月召开的福州会议明确，加快公路建设，扩大了内需，带动了经济增长。据抽样调查显示，1998年，公路建设平均每月吸纳劳动力253万人，其中157万人为行业以外，占62%。当年累计消耗钢材306万吨、水泥4030万吨、沥青276万吨、木材105万立方米、汽柴油514万吨、砂石类材料4.08亿立方米，不仅公路事业大大加快了发展的步伐，而且拉动了相关产业的生产。1998年完成公路建设投资2168亿元，据专家测算，增加国内生产总值0.35个百分点，扩大内需的效果初步显现。

1998年，交通部共安排公路建设重点项目285个，建设里程2.71万公里，其中高速公路超过1.26万公里。其中，新开工建设项目106个，占37%；续建项目140个，占49%；当年建成完工项目39个，占14%。1998年全年，新增高速公路里程3962公里，使高速公路通车里程达到8733公里，居世界第六位。当年不仅创下了年度建成高速公路的新纪录，而且将高速公路建设计划目标的实施提前了一大步。"两纵两横三个重要路段"中，建成了沈阳至四平、新疆吐乌大等路段，共计1000余公里；"五纵七横"规划中的大部分路段高速公路项目均开工建设，使得"十五"期间我国建成近2万公里高速公路成为可能。

1999年年初，确定当年完成公路建设投资1800亿元。当年，交通部确定重点公路建设项目269个，建设里程约2.65万公里，其中高速公路1.43万公里；项目总投资约5400多亿元，计划安排投资1018亿元，其中中央投资约135亿元，各省（区、市）自筹248亿元，国内贷款520亿元，利用外资115亿元。在重点公路建设项目中，国道主干线项目161个，建设里程超过1.6万公里，其中高速公路1.13万公里。截至1999年底，全年共完成公路建设投资2189.4亿元，超额完成21.6%；其中重点建设项目完成投资983亿元。当年按省份统计，广东公路建设完成投资222.3亿元，居全国之冠；江苏、山东、浙江、河北、四川等省都突破了100亿元；其他各省（区、市）均有不同程度增长。

公路投资再次显示出强劲的拉动作用。根据抽样调查统计，1999年全年，公路建设平均每月吸纳劳动力200多万人，全年消耗钢材440多万吨、水泥4000多万吨、沥青209万吨、木材150万立方米、砂石类材料3.43亿立方米、汽柴油近500万吨。

1999年，是高速公路建设的又一个丰收之年。全国新增公路里程5.8万公里，公路总里程达到133.6万公里。其中，新增高速公路里程2872公里，高速公路总里程突破1万公里大关，达11605公里，跃居世界第四位。北京至锦州、福州至泉州、济南至泰安、成都至雅安、洋浦至九所、高河埠至界子墩等高速公路相继建成通车；山东、河北两省高速公路总里程率先突破1000公里，宁夏回族自治区高速公路建设实现了零的突破。

2000年是"九五"最后1年，交通部确定重点公路建设项目259个，建设里程2.92万公里。其中高速公路超过1.5万公里，项目总投资约5700多亿元。其中，国道主干线项目152个，建设里程1.65万公里；其中高速公路超过1.15万公里，项目总投资约4050多亿元。当年建成通车的高速公路项目达到68个，全年新增高速公路通车里程4709公里；其中，"两纵两横三个重要路段"中的京沈、京沪两个重要路段，分别于当年9月和12月实现高速公路全线贯通，东北、华北、华东之间形成了一条高速公路主干通道，对促进这一地带的交流合作、推动公路运输发展产生了深远的影响。

"九五"期间，公路建设完成投资8974亿元，是原计划的1.77倍。其中，"九五"头两年的1996年和1997年，共完成958.26亿元，不足"九五"完成公路总投资的11%。仅从投资额来看,福州会议后,加快公路基础设施建设的趋势十分明显。

"九五"期间,公路总里程大幅度增长,5年新增公路总里程24.6万公里,超出原计划15万公里,年均新增里程4.9万公里。其中,高速公路发展远远超过预期,5年新增高速公路里程1.3万公里,超出原计划6500多公里,年均增加2835公里;其中,1998年后的3年里,高速公路增长里程达到1.15万公里,速度大大快于"九五"前两年。截至2000年底,"五纵七横"国道主干线建成1.8万公里,占规划里程的一半以上。

截至"九五"计划结束的2000年底,全国公路总里程超过140万公里,公路网密度达到每百平方公里14.6公里,比1995年提高2.5公里;高速公路通车里程达到16314公里,跃升至世界第三位。

从1988年我国实现高速公路零的突破算起,我国高速公路建设用十几年时间,走过了发达国家一般需要40年才能完成的发展历程。

二、西部地区高速公路加快建设

在加快公路建设的同时,公路全行业积极贯彻落实中央实施西部大开发的战略决策,研究提出了以加快公路为重点的西部地区交通建设的目标、任务,并开始实施。

1998年福州会议后,西部地区公路建设的投资增速虽然超过东部,但相对于地广人稀的广袤西部来说,其建设步伐与东部的差距仍然非常大。截至1999年底,全国高速公路达到11605公里,但占国土面积70%的西部地区,只有高速公路2529公里,仅占全国的21.8%。

2000年成都会议后,西部地区公路基础设施建设开始追赶东部的步伐,特别是高速公路,加快了追赶的步伐。以西部几个省份为例:

贵州，2000年仅有高速公路115公里。成都会议后，贵州逐步完善高速公路网规划，由"一横一纵四联线"，到2009年8月《贵州省高速公路网规划》公布的"六横七纵八联四环"，总规划里程已达到6851公里。《规划》明确，2018年，贵州高速公路里程将突破4000公里，2030年完成规划的所有项目。截至2009年底，先后建成贵阳至新寨、贵阳至毕节、贵阳至开阳、关岭至兴仁及兴仁至顶效段等高等级公路，国道主干线规划渝湛线崇溪河至遵义、沪瑞线玉屏至三穗及三穗至凯里、镇宁至胜境关等高速公路，总里程超过1062公里，总投资逾541亿元；到2010年底，贵州高速公路里程达到1507公里。高速公路的迅猛发展，不仅大大改善了贵州省内公路运输状况，也大大促进了与邻近省份的交流合作，更使西南地区其他省份迅速实现了期盼已久的"通江达海"的愿望。

陕西是我国最早建设高速公路的省份之一。西安至临潼高速公路于1990年建成，是西部地区第一条高速公路。此后的10年，陕西高速公路建设受资金所限，发展速度不快。1999年，陕西当年的交通固定资产投资62亿元，高速公路里程达到315公里。成都会议后，陕西高速公路建设迅速升温。2009年，当年交通固定资产投资达到483亿元，10年累计达到了2078亿元，其中公路投资达到2066亿元，占99.42%。截至2009年底，高速公路里程达到2780公里，是10年前的8.83倍；2010年底高速公路里程突破3000公里，达到3403公里，居全国第七，西部第一。全省10市1区74个县通达高速公路，形成了省内当日往返、周边中心城市当日到达的"一日交通圈"。陕西东联西出、贯通南北的交通枢纽地位得到加强。

甘肃，在成都会议后迎来"黄金十年"。交通固定资产投资2000年为50.01亿元，到2009年增加到192.61亿元，10年累计完成1093亿元；高速公路里程由2000年的13公里，到2009

年底达到1644公里，里程增长126倍；到2010年底，高速公路里程达到1993公里。发展速度之快，前所未有。

内蒙古，1999年还没有高速公路。西部大开发10年，到2009年底，高速公路里程达到2176公里；2010年底，高速公路里程达到2365公里。全自治区12个盟市行署政府所在地、通往周边大中城市的重要出口公路均实现高速、一级公路联通，一个东西相连、南北贯通、出口通畅的公路网络初步形成。

西部大开发实施10个年头后的2009年底，西部地区拥有高速公路里程达到18589公里，比西部大开发前增长6.35倍，占全国总里程的比例达到28.6%，占比提升近7个百分点。陕西、云南、广西、四川、内蒙古五省（区）高速公路里程超过2000公里，甘肃、重庆、贵州、宁夏四省（区、市）高速公路里程超过1000公里。青海高速公路和一级公路里程突破400公里，新疆高速公路和一级公路里程突破2000公里。国家高速公路网在西部地区规划里程3.63万公里，占国家高速公路网总里程的42.71%。截至2009年底，已建成1.76万公里，完成48.6%；在建7087公里，为19.5%；待建1.16万公里。

三、高速公路初步成网

1. 最后四省（区）高速公路零的突破

1998年福州会议前，全国近90%的省（区、市）都实现了高速公路零的突破。福州会议后，高速公路建设进入大规模建设、连线成网的重要阶段。在此时期，西部地区仅有的4个没有高速公路的省（区）也在加快追赶。在新世纪交替的三四年间，除西藏外，全国其他省（区）均实现高速公路零的突破。到"十一五"末期，西藏第一条高速公路已经开工，高速公路踏上了雪域高原，中国大陆实现了高速公路全覆盖。

1998年8月20日，全长283.9公里的新疆吐（鲁番）乌（鲁木齐)大(黄山)高等级公路全线通车,其中高速公路里程177.4公里。该路南线由吐鲁番至乌鲁木齐,北线由乌鲁木齐至大黄山。吐乌大高等级公路的全线通车,实现了新疆高速公路零的突破,这也是新疆利用世行贷款建设的第一条公路。

2000年6月30日,全长83.4公里的宁夏姚(伏)叶(盛)高速公路通车,实现宁夏高速公路零的突破。

2001年7月2日,长21公里的青海西(宁)平(安)高速西宁曹家堡机场至韵家口段通车,实现青海省高速公路零的突破。西平高速全长34.78公里,于2002年6月28日全线通车。

至此,除西藏自治区没有高速公路外,中国大陆有30个省(区、市)实现高速公路零的突破。

地处世界屋脊的西藏,到"十一五"末,也开始高速公路的建设步伐。2009年4月28日,全长37.8公里的西藏拉萨至贡嘎机场高速公路开工,西藏没有高速公路的历史很快就将结束。

2. "两纵两横三个重要路段"建成

20世纪的前10年,纵贯"十五""十一五"两个时期,是我国高速公路实现跨越式发展的时期。整体呈现出东部地区稳步推进,中部地区较快发展,西部地区快速增长的态势。

"十五"开局的2001年,当年计划公路投资1900亿元,实际完成突破2600亿元,再创历史新高。当年建成高速公路3123公里,里程突破1.9万公里,达到19437公里,里程超过加拿大,仅次于美国,跃居为世界第二位。当年10月,全长1709公里、贯通川黔桂三省(区)的西南公路出海通道全线贯通。2001年,河南省当年建成高速公路571公里,成为高速公路里程突破1000公里的第7个省份。

随后的几年里,我国高速公路里程继续着快速增长的脚步。2002年完成公路投资3212亿元,首次突破3000亿元。2002年

11月1日,全国高速公路里程突破2万公里。

2003年,全长2389公里的(北)京珠(海)线实现贯通。2004年,全长5700公里的同(江)三(亚)线、全长3980公里的连(云港)霍(尔果斯)线、全长2970公里的沪(上海)蓉(成都)线除个别路段未建成高速公路外,实现以二级以上高等级公路标准全线贯通,标志着"两纵两横三个重要路段"全部完成贯通目标;当年10月份,全国公路建设年度投资突破4000亿元,达到4400亿元,新增高速公路里程达4543公里,高速公路里程突破3万公里。

3. "五纵七横"国道主干线规划提前建成

到2005年底,高速公路里程突破4万公里,达到41005公里,稳居世界第二位,继续快速追赶世界第一的美国。山东、广东两省高速公路里程均已突破3000公里,江苏、河南、河北三省均突破2000公里,而突破1000公里的省份已达到了19个。

"十五"期间,我国共完成公路建设投资1.95万亿元,是"九五"的2.17倍;建成高速公路2.47万公里,是上一个10年建成高速公路总和的1.5倍;"十五"的五年里,年均建成高速公路近5000公里。我国大陆从1988年实现高速公路零的突破,到高速公路跃居世界第二位,仅花费14年时间,却走过了发达国家四五十年的发展历程,实现了跨越式发展。

进入"十一五"后,高速公路在"十五"高速发展的高位上,继续保持快速稳增的势头。

2006年,全年公路建设投资首次突破6000亿元,达到6231亿元,新增高速公路里程4334公里,总里程达到4.53万公里;里程超过3000公里的省份比上一年增加了河南、江苏,达到4个省份;河北、浙江均超过2000公里。

2007年,年增加高速公路里程8574公里,创下年增长里程的新高。"五纵七横"国道主干线规划提前13年全部建成,发挥出路网的整体效益。高速公路总里程越过了 5 万公里大关，达到 53913 公里。河南、山东两省高速公路里程突破 4000 公里；江苏、广东突破 3000 公里；河北、浙江、云南、湖北、安徽、陕西、江西七省超过 2000 公里；高速公路总里程超过 1000 公里的省份已经达到 21 个。

2008 年，高速公路总里程突破 6 万公里大关，达到 60302 公里。高速公路里程达到 3000 公里以上的省份增加了河北、浙江，达到了 6 个。

2009 年，全年完成公路建设投资超过 9668 亿元，同比增长 40%以上，这是"十一五"期间，投资同比增长最快的一年。当年底，高速公路里程达到 6.51 万公里。里程达到 3000 公里以上的省份增加了湖北，达到 7 个。

"十一五"末的 2010 年，当年公路建设投资历史性地突破万亿元大关。高速公路里程突破 7 万公里，达到 74113 公里。高速公路里程突破 3000 公里的省份达到 11 个，新增了陕西、辽宁、江西和山西；高速公路里程突破 1000 公里的省份达到了 26 个。

截至 2010 年底，全国公路总里程历史性地突破 400 万公里，达到 400.82 万公里。"十一五"的五年里，完成公路建设投资达到 4 万亿元，是"十五"期间的 2 倍多。5 年新增高速公路里程 3.31 万公里，年均增长超过 6600 公里。8.5 万公里《国家高速公路网规划》完成 5.77 万公里，已经完成规划的 67.88%；西部开发 8 条省际通道基本贯通。

从 2001 年高速公路跃居世界第二位，到"十一五"末的 2010 年底，我国高速公路里程增加了 5.47 万公里，基本建成了全国性的高速公路运输主干网络。这一成就的取得，仅用时 9 年，不仅将《国家高速公路网规划》的进度提前 50%以上，路网整体的社会和经济效益得以提前发挥，而且为实现以高速公路为龙头的公路基础设施新的跨越式发展奠定了坚实的基础。

四、高速公路改扩建

20世纪80年代末期到世纪之交，我国高速公路已经走过了10余年历程，由于经济发展的增速超过预期，加之早年修建的高速公路标准较低，大多为四车道。这些高速公路投入运营后，车流量平均年增长达10%以上，有的甚至达到20%以上，远远超出设计时的预期。特别是地处经济发达地区、于80年代末90年代初中期建成的高速公路路段，已经开始出现比较严重的拥堵。到90年代中后期，部分使用10多年甚至还不足10年的高速公路路段，即开始实施改扩建。

1996年，为满足日益增长的车流量需要，通车仅7年的广东省广(州)佛(山)高速改扩建工程施工。其横沙至雅瑶段扩建为八车道；雅瑶至谢边段扩建为六车道，2007年底又扩建为八车道。2000年，广佛高速完成第一次改扩建施工。这是我国最早实施改扩建的高速公路工程。

进入20世纪，伴随国家经济的快速发展，高速公路改扩建也开始提速。

2002年5月，有"神州第1路"之称、全长375公里的沈大高速公路改扩建工程开工。改扩建长度348公里，由四车道扩至八车道，全天车流量由5万辆次提升到了15万辆次。工程于2004年完工，实现了工程提出的"设计一流、施工一流、管理一流、质量一流、景观一流"的目标。

沪杭甬高速公路是浙江开建的第1条高速公路，途经嘉兴、杭州、绍兴、宁波四个地市，全长248公里。1995年开始分段投入使用，1998年全线通车。2003年2月，该路"四改八"改扩建工程分三期开始实施：一期工程为杭甬红垦至沾渚段，全长44公里，于2003年底建成通车；二期工程为沪杭枫泾至大井段，全长95.61公里，于2005年底建成通车；三期工程为杭甬沽渚至宁波段全长80.82公里，于2007年12月6日建成通车。车道增加后，通行能力大大提高，设计车流量可从日均5万辆提高到10万辆。

2003年5月，1996年9月通车的江苏省第1条高速公路——沪宁高速公路，也开始按"两侧拼宽，局部分离"的方案实施"四改八"，扩建里程248.20公里，工程于2005年12月底提前贯通。沪宁高速公路改扩建过程中没有中断交通，也未造成严重的拥堵。改建后的沪宁高速行驶更加顺畅。

2005年10月，广东京珠南高速公路"四改六"扩建工程通车。改扩建里程186公里，占其全长的93%。

进入"十一五"后，高速公路的改扩建更加普遍。

作为中国最早建成的高速公路之一——京津塘高速公路，按其车流量的增长以及道路通行的状况，早应进行改扩建施工。鉴于该路的极端重要性，直到为北京奥运服务的工程——京津二高速于2008年7月16日通车，京津两大直辖市有了第二条高速公路主干通道后，京津塘的改扩建才提上日程。2008年底，京津塘高速公路开始全线拓宽，北京段扩为八车道，天津段有30公里路段扩建为六车道，其余为八车道。同时要求，改扩建期间该高速公路的交通不得中断。

2008年，实施改扩建的重要高速公路路段还有：G65包茂高速陕西西安至铜川段、G4京港澳高速河南安阳至新乡段、G30连霍高速河南郑州至洛阳段、G15沈海高速福建福州至泉州段、G30连霍高速陕西西安至潼关段。

此后，实施改扩建的重要高速公路路段包括：2009年3月开工的广东佛开高速公路；2009年7月，黑龙江佳木斯至双鸭山高速改扩建完工；2009年9月，广东广三高速公路改扩建开工；2009年9月开工的G30连霍高速陕西西安至宝鸡段。2010年，G6京藏和G7京新高速的共用线——内蒙古呼和浩特至包头段实施"四改八"；2010年底，G20青银高速济南至青岛段、沈阳绕城高速公路先后改扩建开工。

"九五"末开始，除高速公路的"四改六""四改八"的增容改造外，还有大量高速公路实施白改黑、服务区扩容等改造工程，如湖北的武黄、黄黄，广西的柳南、桂柳高速公路等。

五、高速公路服务区逐步完善

高速公路的运营方式为全程控制出入，因此，为高速公路的使用者提供必要的食宿、休息、车辆维修等服务，保障行车安全、保证运输效率、缓解驾驶员和乘员生理上的过度疲劳，变得十分重要。服务区的建设，成为高速公路和高等级公路的必需。

服务区的服务内容，主要包括休息、停车和服务辅助设施三部分。作为高速公路的功能性设施，服务区是现代化公路体系特别是高速公路体系成熟与否的重要标志之一，服务区管理、运营和服务水平的高低，很大程度上体现着公路的管理水平和行业的精神面貌。

我国高速公路服务区的规划、建设与高速公路的发展密不可分。其发展大体上经历了三个阶段。

第一阶段为起步阶段，从"七五"中后期到"九五"中期，即1988年至1998年。1988年10月25日，随着沈大高速公路上井泉、海湾南两个服务区的开通运营，高速公路服务区作为一个新生事物出现在中国大陆。服务区的管理工作最初是借鉴国外发达国家的管理经验，有些是比照相关行业的管理经验。在实践过程中，一些起步较早的省（区、市），开始结合实际对服务区的经营管理积极进行探索和总结，陆续出台了一些相关管理规范和标准。各省之间还通过自发组织召开研讨会的形式进行探讨，相互交流和学习。这个时期，服务区数量随着高速公路的建成通车而呈现出快速增长态势。这个阶段,服务区的建设与管理普遍存在不足:一是在总体布局上缺乏统一规划,标准不一,差异较大。二是服务区主要集中在各省(区、市)的经济发达地区,管理和经营的区域环境条件比较优越。三是占地面积较小,最小的停车场仅6亩左右;设施设备标准较低,功能不够完善,只能满足顾客较低层次的服务需求。四是管理体制基本上以政府交通主管部门为主,多元化管理只是初露端倪。

第二阶段为快速增长阶段,包括"九五"中后期并贯穿"十五"时期。这一时期,国内GDP快速增长,人民生活水平日益提高,对高速公路服务区的服务需求不断增长且日益多元化,我国进入巩固和完善社会主义市场经济阶段。特别是1998年开始实施积极的财政政策,高速公路得以快速发展,对服务区规划、建设的标准和管理的要求不再只是局限于地方管理,而是把目标定位在达到国内一流水平乃至与国际标准接轨,逐步向管理现代化、规范化、科学化方向迈进,管理手段日臻完善,管理理念向"以人为本,以车为本"的理念转变。同时,开始注重高速公路服务区社会公益属性的发挥,注重了服务功能的扩展。这个阶段,服务区的建设和管理日趋完善,主要表现在:一是在建设上,比较注重功能化需求,在实现原有加油、如厕、购物、就餐等基本服务功能基础上,注重服务区的商业(经营)功能的配套。其主要表现是占地面积呈现出越来越大的趋势,最大的服务区占地面积达到了500亩,而面积的扩大主要是用来开发经营项目。二是管理体制、经营模式日新月异。各地结合自身发展实际,不断在上述两方面进行探索,在全国逐步呈现出"百花齐放"的格局。三是部颁标准对服务区作出明确规范。2004年1月,交通部发布的《公路工程技术标准》中明确,公路交通工程及沿线设施等级分为A、B、C、D四级:A级适用范围为"高速公路",B级适用范围为"一级、二级公路作为干线公路时",C级适用范围为"一级、二级公路作为集散公路时",D级适用范围为"三级、四级公路"。《标准》规定,服务设施配置应符合以下规定:A级应设置服务区、停车区和公共汽车停靠站,其中服务区应提供停车场、公厕、加油站、车辆修理所、餐饮与小卖部等设施,平均间距应为50公里;B级宜设置服务区、停车区、公共汽车停靠站,其中服务区应提供停车场、公厕、加油站、小卖部等设施,平均间距宜为50公里;C级、D级可根据需要设置加油站、公厕等设施。部颁标准颁布的同时,各地也在不断探索和实践过程中,逐步制定出台了一系列管理制度和服务规范。如辽宁省制定实施了《高速公路服务区质量管理标准》,对全省服务区的管理、经营和服务工作的标准、流程及检查、考核、评比程序都进行了详尽规范。各省(区、市)服务区管理部门大部分也都制定了相应的管理标准,并开始参考旅游饭店的评比办法,进行服务区星级评选及创建活动。截至2005年底,全国运营的高速公路服务区约500对,产值达上百亿元。

第三阶段为全面提高阶段,贯穿整个"十一五"乃至其后的更长时间。2006年,是"十一五"规划的起步和开局之年,第十届全国人大四次会议通过的《国民经济和社会发展第十一个五年规划纲要》中,提出了"建设便捷、通畅、高效、安全的综合运输体系"的目标。交通部在《"十一五"公路养护管理事业发展纲要》中,提出了"更好地为公众服务"的新价值观。服务区的建设和管理围绕着"构建一个以人为本的公路服务体系"目标,把规范化、标准化、科学化管理作为服务公众、提升形象的基础性工作,而把服务作为第一位的目标。这个调整具有根本性的意义,标志着高速公路服务区的管理逐步从方便管理,向方便公路使用的理念转变,服务区的经营管理和服务工作进入了全面提升的轨道。

高速公路服务区的规划和建设一直都由各省(区、市)交通主管部门负责,进入"十一五"后,交通部开始对高速公路服务区进行调研,着手制定相关的国家标准。2007年1月11日,交通部组织交通部科研院所等单位,组成了高速公路服务区调研组,开始对高速公路服务区进行考察,为制定高速公路服务区规划、建设和管理的相关标准作准备。对今后服务区的发展,交通部调研组提出了指导方针:一是,要切实以交通量、特性分析需求指导服务区规划、设计;二是,服务区建设规模、服务档次要综合交通量增长速度、地方经济发展水平,既要考虑服务区的功能和发展需求,又要得到社会的理解和支持;三是,要加大服务区前期设计的审批,加强前期设计的深度理念,统筹综合考虑每条路上服务区的建设规模、承受能力。同年,交通部委托辽宁省高速公路管理局,开始制定《高速公路规范化服务标准体系》,其中包含了服务区的服务工作部分。从实际需要看,全国高速公路服务区的行业标准体系包括建设标准、管理标准、经营标准、服务标准、设施设备配置标准和考核评价标准等6个子系统。

这一时期,各省(区、市)交通主管部门加强了高速公路服务区的管理.如河南、辽宁、河北、广西、吉林等省(区)已广泛开展星级服务区的评选和创建,江西、湖南等省开展高速公路服务区的综合环境整治等。

这个时期,理念提升、服务社会、全面发展,成为服务区的主流。一是受国家严格控制用地政策的限制,同时在理念上日趋理性化,各地的服务区建设摒弃了片面追求规模的做法,与我国,尤其是当地的经济发展水平、人文地理条件、公众服务需求等相结合,在服务区的建筑风格、功能设置等方面更加注重适合国情、省情和当地民情。二是在服务功能、品质上注重了高速公路和服务区的品牌创建、形象塑造,注重在"软环境"上下功夫。三是服务区的占地面积有限，但人、车流量却快速增长，如何走出这个两难境地，成为服务区建设中面临的一个新课题。四是在经历了各种试验性质的管理体制、机制和经营模式的探索之后，逐步规范管理体制、适时制定和实施全行业的管理标准，已经成为全国高速公路服务区发展的必然要求。

据不完全统计，截至 2010 年底，我国高速公路已有服务区超过 1400 对，总产值估算近 1000 亿元。高速公路服务区已经初步建立起了具有中国特色、符合国情的管理、经营和服务体系，作为交通公共服务体系的一个重要组成部分，充分发挥了公益性、基础性、服务性等基本功能，在"更好地为顾客服务"过程中创造了良好的社会效益和可观的经济效益。

六、高速公路网的社会和经济效益

截至 2010 年底，我国公路客运量、货运量、旅客周转量、货物周转量在综合运输体系中所占比重，分别为 93.38%、75.7%、53.7% 和 31.3%；仅在货物周转量上少于水运占比的 46.8%，在运输的其他三项主要指标上均占据了基础和主导地位。

在综合运输体系中，公路运输已经成为普及面最广、承担社会运量最大、与百姓生活联系最为密切的运输方式，具有覆盖面广、适应性强、直达性好、机动灵活、交通工具购置费用少、车辆容易操作驾驶等突出优点。同时，公路运输还具有连接其他运输方式的基础性作用。不仅对公路行业本身，高速公路的地位和作用十分突出，而且高速公路网对国民经济的带动和促进作用也十分突出，对实现国土均衡开发、建立统一的市场经济体系、提高现代物流效率和公众生活质量等同样具有重要作用，社会和经济效益更加凸显。正如著名学者胡鞍钢指出的，"交通发展……有力地支撑了现代化第一步战略目标的实现"。

高速公路网的初步形成,其经济和社会效益集中体现在三个方面。

1. 高速公路网对公路运输业的提升作用

高速公路作为公路交通中最高标准、最活跃的组成部分,其本身的连线成网,对公路运输业本身的提升作用十分明显。

首先,高速公路网的初步形成,提升了公路网的等级,促使公路网的结构更加合理,从而提高了公路运输的整体竞争力。截至 2010 年底,全国高速公路里程达到 7.41 万公里,占全国公路总里程虽不足 1.85%,但却承担了 20% 以上的行驶量;同时,国家高速公路网建成 5.77 万公里,完成规划里程的 67.88%,我国高速公路主干线网初步形成,进度比规划提前至少一半,开始提前发挥出巨大的规模效益。

高速公路作为现代化公路基础设施,由于具有较高的技术标准,路面宽、线形平顺、坡度较小以及辅之以现代化的监控、通信等管理措施,一条四车道高速公路的日通行能力,至少是两车道普通二级公路的 7 至 8 倍,六至八车道的更高,其通行的效率是混行交通的普通公路网无法比拟的。据 2010 年的统计,我国高速公路的平均日交通量已经达到 1.82 万辆,是普通国道网日平均交通量的 1.53 倍。据 2010 年的统计数据,高速公路货物平均运距 213.58 公里,其跨省货物运输的平均运距达到了 490 公里。2010 年,全国旅客、货物周转量分别达到 1.50 万亿人公里、4.34 万亿吨公里,分别是 2001 年的 2.08 倍、6.89 倍,货物周转量大幅度增长的原因就在于,随着高速公路连线成网、路网等级整体提高,使得公路运输的平均运距得到了提高。特别是,综合油耗、汽车磨损、节约时间等多种因素,高速公路的运输成本比普通公路要降低 30% 左右,增强了综合运输通道的运力和运量,优化了运输结构,与其他运输方式形成互补和良性竞争,全面提升了综合运输体系的效率和服务质量。

高速公路在车辆运行之中处于全封闭状态，加上标准较高，在平均行车时速大幅度提高的同时，其安全性、舒适性均比普通公路大为提高。高速公路网的形成，大大缩短了城市、地区之间的时空距离，加速了人流、物流的流动，进一步强化了公路运输在综合运输体系中的基础性作用。

其次，从高速公路出现到初步成网，形成一些区域性的综合运输大通道，将各种运输方式更加紧密地衔接起来，为港口、铁路、民航运输以及城际间快速轨道交通提供了快速转运的保障。解决了各种交通运输方式衔接不畅、交通运输整体效率不高的问题。同时，促进了各种交通方式之间的合理竞争与协作。综合交通运输衔接过程中，资源的集约、客运的"零距离换乘"和货运的"无缝衔接"理念自此有了实现的可能。经过多年来不断的调整和优化，客货运输依靠单一或少数运输方式的运输结构有了很大变化，采长补短、相辅相成的综合运输体系不断完善，各种运输方式的优势开始得到较好发挥，人民群众出行有了多种类、多方式、多渠道的选择。高速公路网的不断完善，对发挥各种运输方式的比较优势和整体效率，实现集约高效和可持续发展的意义十分重大。

其三，高速公路促进了公路运输组织结构的改善和运输领域的扩展，使车辆装备水平大幅度提升。长途卧铺客运以及冷藏保鲜运输、集装箱运输、大件运输等专业化运输从普通运输中迅速分离，特种、快速、专业化的大型运输车辆加速普及，公路整体运输效率和质量得到大幅提升。如2007年当年，公路承担了84%的集装箱集疏运量。到2010年底，公路运输车辆数量快速增长，客货车辆大型化、专业化的趋势十分明显。截至2010年底，我国拥有公路营运汽车1133.32万辆，是2001年底764.4万辆的1.48倍。其中，全国拥有载货汽车1050.19万辆、5999.82万吨位，平均吨位5.71吨/辆，分别是2001年底的

2.06倍、3.46倍和1.68倍；在货运汽车中，拥有专用载货汽车53.77万辆，是2001年底的4.27倍。在客运汽车中，拥有大型客车24.78万辆，是2001年的1.48倍。

2. 高速公路对经济发展的支撑作用

高速公路建设发展对国家经济的影响十分显著，主要体现在以下方面。

其一，高速公路有利于带动和促进相关产业发展。高速公路的投资，对国民经济及相关产业的直接拉动作用十分明显。在高速公路的造价中，仅材料费用就占到40%至50%，高速公路征地拆迁、通信监控等交通设施费用在造价中也占有很大比重。据测算，公路建设投资与GDP增长的相关系数是0.4。1998年加快以高速公路为重点的公路基础设施建设以来，高速公路的巨额固定资产投资，带动了钢材、水泥、沥青等产业及相关加工业的生产，带动了工程机械制造及租赁业的发展。据1998年以后近10年的运营统计数据分析，高速公路每1元投入就可带来4元效益；创造了大量的就业机会，约每7亿元投资，可以带来1万人的就业机会。据1991年至2004年的相关统计，包括公路水路在内的交通投资占社会总投资不足3%，而其对经济增长的贡献率保持在12%至18%。同时，高速公路作为公路运输中的活跃因素，对促进消费的作用同样十分突出。公路的发展，特别是高速公路连片成网，极大促进了车辆装备的更新换代，加速了汽车进入家庭的步伐。汽车工业的发展，直接拉动钢铁、电子、机械等产业的发展，近年，随着高速公路联网、自动化监控等管理提升的需求大幅增长，相关的自动化控制、电子、通信产业也相应快速发展，与百姓出行密切相关的导航、地图、出版以及高速公路加油、汽车修理、餐饮服务等第三产业也得到快速发展。

其二，高速公路有利于促进区域经济和沿线经济的发展，推动作用十分强劲。高速公路的运行大大缩短了时空距离,使原有的分散的生产力要素得以优化,并且在更大范围内将不同地区联贯起来,大大增强了不同地区的经济互补,改变了地区范围内的生产力布局,使沿线工农业高新技术、外向型经济、商业和旅游业等各类产业发展和崛起。通过高速的人流、物流、信息流的传输格局,逐渐形成沿高速公路及其连接线分布的新的产业带,并促使第一产业向第二产业、第三产业转移,推动区域经济全面发展。环渤海、珠三角、长三角三大都市圈的逐渐成形,经济的强劲发展,都与该地区高速公路网络整体效益的发挥密切相关,其区域经济实力在国家经济发展中的地位得到进一步提升。三大经济区域中的产业结构已经发生了本质的变化,信息、电子、自动化、金融、咨询、科研、教育等高科技、高附加值的产业迅速发展,钢铁、粗加工等能耗巨大的初级产业的比重大幅度降低,其城市中人民的教育、收入和生活水平与发达国家的差距迅速缩小。区域内的城乡剪刀差也在迅速缩小,城镇化进程加快。地处西部的重庆,自1997年直辖以来,大力发展以高速公路为主干的公路交通基础设施,历经10多年奋战,这个以大城市带动大农村、全国面积最大的直辖市,迅速走过了"八小时重庆""四小时重庆",正向"一小时重庆"迈进。公路的加快发展,使重庆迅速融入了泛珠三角经济区,带动了这个川东传统山城的经济迅速腾飞。

其三,高速公路有利于改善投资环境、扩大沿线对外开放。世界各国的经验表明,良好的投资环境是经济发展重要条件,其必须具备的四大硬件是:港口、通信、机场和高速公路。其中,高速公路起着决定性的作用,因其能进一步沟通沿线与大城市、交通枢纽、工业中心、开放港口的联系,改善投资环境,增强外商投资的吸引力,同时可以改变地区对外开放的格局,使对外经济开放区由沿海城市向内地辐射和扩展。2001年,西南公路出海通道顺利贯通后,云贵川渝等西南内陆省市实现了与广东湛江、广西防城港等出海口的直接连通,给沿线人流物流注入了活力,大大改善了投资环境。2007年12月6日,世界银行驻中国首席代表杜大伟表示,由于高等级公路网的日益完善,中国内陆城市与沿海城市和港口间以及港口进出口运输成本的降低,从两方面促进了内陆企业的发展:运往内陆厂商的原料成本下降,内陆城市市场通道的改善吸引大量外资。与此同时,运输成本的下降带来了经济规模效益,并使创新所得的利润更加丰厚。高技能人才也逐渐变得愿意前往内陆城市,从而使当地技术水平得到提高。

其四,有利于国土资源开发和利用。高速公路通车后,往往商业企业云集沿线,使土地迅速升值,房地产业从无到有。土地增值的效果十分显著。1989年以前,京津塘高速公路沿线地价平稳,但因1991年该线将通车,1990年时,北京段的地价即比上一年上涨1倍多,通车后的1992年,再次翻了一番。杭甬高速公路开工后,沿线地产价格小幅上升,每公顷达到45万至75万元;到杭甬高速通车后,地产价格已经大幅上涨至每公顷150万到225万元。同时,高速公路建设加速了沿线地区土地资源的开发利用,促使沿线地区形成区位优势,能够引导沿线土地利用方式发生相应改变,优化了农业和工商业的土地利用结构,提高了综合经济效益。

其五,高速公路有利于推动农村城镇化发展,繁荣农村经济。农村经济在极大程度上依赖于公路运输,高速公路开通可缩短农产品特别是鲜活农产品的储运时间,保证农用物资的及时调入,有效提高了农村经济市场化、组织化程度,直接推动沿线乡镇企业的快速发展和农村经济结构多元化的调整。高速公路联网,促进了农村鲜活农产品的运输和发展,在全国形成了多个以生产鲜活农产品蜚声中外的地区。鲜活农产品成了当地的"名片",更成了农民脱贫致富奔小康的支柱产业。如山东寿光成为著名的"蔬菜之乡",其新鲜蔬菜可通过高速公路绿色通道远销北京、东北地区,也可通过高速公路、港口大量出口日本等国;海南成为著名的"水果之乡",其生产的热带水果行销全国,成为海南省的支柱产业。这在高速公路没有连片成网之时是不可想象的。江西泰(和)井(冈山)高速、陕西西(安)延(安)高速和贵州贵(阳)遵(义)高速公路的建成,为井冈山、延安以及遵义等著名的、同时也是贫穷落后的革命圣地,带来了川流不息的旅游者,更带来了滚滚的财源,老区人民实现经济翻身、建设小康社会的渴望落在了实处。

3. 高速公路对社会生活的改善作用

高速公路的建设所引发的交通运输方式的变革,深刻地影响到社会和人民生活的方方面面,潜移默化地改变着人们的思想观念和出行方式。

其一,高速公路在救灾抗灾、应付突发事件中作出了突出贡献。1991年初夏的大洪水,铸就了合(肥)宁(南京)高速"救命路"的美名。2008年5月12日14时28分,以四川汶川为中心发生了里氏8级地震,造成巨大的财产损失和人员伤亡,陕西、甘肃南部以及重庆等地受地震波及,也造成了严重损失。在大地震中,地处灾区的成灌、西汉、成渝等高速公路,虽也遭受损失,但在地震当天就由当地公路部门组织抢险,成为最快恢复交通的救灾通道,在地震当天成都、重庆两地机场难以启用的情况下,一批批救灾物资通过高速公路快速运抵灾区,为抗震救灾赢得了宝贵的时间。此后的青海玉树地震、甘肃舟曲泥石流灾害,高速公路都成为重要的救灾运输通道。同时,进入新世纪后,以高速公路为主的公路网在春运、旅游黄金周运输以及煤电油等紧急物资抢运工作中,都作出了突出贡献,充分发挥了"兜底"作用,在危难中更加突显出公路运输的支撑性、基础性作用。

其二,高速公路大幅提高了车辆行驶的安全性。公安交通管理部门的统计显示,高速公路的事故率比普通公路降低40%。2007年,据公安部统计,自2002年以来的5年中,由于公路网中高速公路及高等级公路比率快速提高,我国道路交通的安全性也得到大幅提升,事故死亡率大幅降低,交通事故死亡人数从2002年的10.9万人,逐年降至2007年的8.16万人,年均降幅约7%。

2007年2月12日,在交通部和世界银行联合召开的"中国高速公路绩效评估与跟踪"研讨会上,世行发布的专题研究报告《中国的高速公路:连接公众与市场,实现公平发展》指出,"高速公路网在交通安全上也发挥了重要作用,很多高速公路吸引了其他公路多达70%的交通量,而这些低等级公路的事故率通常比高速公路要高得多,交通分流大量降低了现有公路的事故件数。以京珠高速公路的部分路段为例,湖南和湖北省原有公路的事故件数下降了2/3,广州段的原有公路事故件数则下降了40%"。

其三,高速公路提高了国家整体的机动性。高速公路的快速机动,同样表现在国土防御中。现代战争,后勤运输的能力成为决定战争胜败的关键。我国高速公路网的形成,为中国人民解放军的快速部署、机动以及后勤保障提供了坚实的基础,为维护国家统一、巩固国防、反恐作战提供了重要的交通保障,对国防的巩固具有不可估量的影响。

其四,高速公路在土地利用、节能环保两方面具有较高的综合效益。全立交、大通行量的高速公路为使用者提供了一个高效率、高效益的运行环境。据测算,虽然每公里高速公路的土地占用面积为一般二级公路的2至3倍、造价为2至4倍,但通过能力为二级公路的5至10倍,即单位土地占用和资金投入形成的通过能力高速公路是二级公路的2.5倍以上。相对于普通道路的使用者,高速公路用户获得了节约运输时间、缩短运输距离、降低油耗和车辆磨损等直接的经济收益,高速公路的行车舒适感和高水平安全保障更逐渐成为人们选择出行的决定因素。研究显示,在高速公路上,一般能够保证车辆以经济时速行驶,此时车辆的污染物排放和能源消耗指标都是最低的,废气排放指标仅为普通公路的 1/3 至 1/2。随着高速公路的延伸,一道道绿色的风景线为大地增添了色彩。目前,我国所有高速公路项目都根据国家环境保护法规实施了生态保护和环境美化配套建设,道路两侧的绿化带有效地降低了汽车噪声对周边环境的污染,成为天然的"绿色声屏"。同时,完善的交通工程系统中也专门考虑了环保设施,以切实满足环境评价标准的要求。云南的思茅至小勐养高速公路,不仅为野生象群设置了众多通道,还建成了很多观景台,使人们在行车之余,能驻足观赏野象群的活动。这只是高速公路成为宣传当地历史、人文和自然景观载体的具体实例之一。

2003 年初,国家发改委宏观经济研究院的相关研究结果显示,相比铁路来说,高速公路平均每公里的绝对占地虽然要多一些,但并不像想象的那么大。而且铁路的通行方式单一,线路、车站只为铁路机车独享,社会车辆不可能参与其中,土地的整体利用效率偏低,而且即使建设了铁路,也还是要建设相应的公路设施为其集疏运做配套。在研究数据没有考虑包括高速公路对沿线经济带动、满足人民出行等个性化需求的情况下,对比了总体用地、单位货运能力及客货综合能力后,得出的结论依然是:高速公路的占地物有所值。

其五,高速公路提高了公众的生活质量。高速公路网的初步形成,为城乡居民个性化出行的需求提供了更多选择,使人们出行的机动性、随意性和自由度大幅提高。当前,出行在百姓生活中的地位日益重要。1985 年以来相关统计表明,我国城乡居民的交通消费占消费总额的比重逐年上升。近年来,汽车快速进入普通百姓家庭,据国家统计局公布的数据显示,截至2010年底,我国民用汽车拥有量达到9086万辆,比2005年增长1.1倍;其中,私人汽车保有量6539万辆,比2005年增长1.76倍;民用轿车保有量4029万辆,比2005年增长1.61倍。而私人轿车拥有量达3443万辆,比2005年增长2倍。大众出行和以往最大的不同,就是自驾车出行成为时尚,出行的距离、频次、人数都大幅度提升。如北京,借助于五环、六环高速以及八达岭、京津塘、京沈、京承等放射线高速公路的开通,黄金周旅游已经不能满足人们日常生活的需求,半径200公里以内的自驾游渐成时尚,成为周末高速公路堵车的最直接原因。在上海,居民沿沪宁、京沪等高速公路开展上海、镇江、扬州三地游,到阳澄湖吃"大闸蟹"、到太湖等周边的水乡、古镇旅游成为时尚。据统计,到2007年,上海市居民旅游休闲的半径已经从5年前的150公里,扩展为400公里左右。国内的其他城市由于自驾游的兴起,旅游半径的增长幅度也与上海大抵相似。不仅京沪穗等发达的一线城市自驾游成为时尚,高速公路初步成网后,成都、昆明、西安、南宁、桂林等城市,自驾游也成为居民重要的休闲、度周末方式之一,由此极大地带动了旅游业、餐饮、住宿等相关服务产业的发展,促进了消费水平的提升。

出行方式的改变,扩大了广大公众的视野,活跃了人们的思维方式,改变了消费观念,促进了消费结构的转变。

第四节 干线公路建设与改造

一、国道主干线及重点干线公路建设

1998年福州会议后,国道主干线建设与高速公路建设相生相伴,不断加快发展。"五纵七横"国道主干线系统的建设进度

大幅度提前，成果显著。

1998年当年，交通部确定重点公路建设项目285个，建设里程2.71万公里，除高速公路外的重点项目里程1.45万公里，包括部重点项目205个，省重点58个，其他重点22个。其中，国道主干线项目140个，建设里程13487公里。当年，新增公路里程5.2万公里，全国公路总里程达到127.8万公里；其中，重点干线公路项目新增里程3940公里，除高速公路外的新增里程2790公里。提前两年完成"九五"计划目标。

截至1998年底，"两纵两横三个重要路段"国道主干线中，已建成里程达到7500公里，占45%；在建7500公里，占45%；还有1700公里、约10%里程，处于前期工作的不同阶段。"五纵七横"国道主干线中，已建成1.19万公里，占34%；在建约1.23万公里，占35%；其余1.08万公里处于前期工作阶段。

1999年，确定重点公路建设项目269个，建设里程2.65万公里，除高速公路外的里程1.22万公里。其中，国道主干线项目161个，建设里程1.6万余公里，高速公路以外的干线公路里程4750公里。当年，全国新增公路里程7.32万公里；其中一级、二级公路分别增长2439公里和1.47万公里；全国公路总里程达到135.17万公里。

"五纵七横"国道主干线建设进一步加快，截至1999年底，已累计完成39%，在建33%，待建28%。

"九五"最后一年的2000年，交通部确定重点公路建设项目259个，建设里程共计2.92万公里，其中除高速公路外的里程达1.42万公里。在这些重点公路项目中，国道主干线项目152个，建设里程1.65万公里，除高速公路以外有4970公里。

这一年，国道主干线建设取得突破性进展。2000年9月，"两纵两横和三个重要路段"中"三个重要路段"之一、全长658公里的(北)京沈(阳)线全线通车。该路全线除天津段37.11公里按六车道规划、四车道实施外,其他路段全部按双向六车道高速公路标准建成。作为全国第一条以高速公路标准全线贯通的国道主干线,京沈线的通车,标志着中国公路基础设施建设进入新的发展阶段,即以高速公路标准建设的主干路网开始连片成网。

2000年12月,"两纵两横和三个重要路段"的另一条重要路段、全长1262公里的京沪(北京至上海)线全线通车。该路全线除天津北段京沪代用线的外环线28.5公里为城市快速路标准,山东境内德州齐河至泰安金牛山76公里、江苏境内江阴大桥南北接线51公里为六车道高速公路外,其余均为四车道高速公路。京沪线贯通,连接了京津沪三大直辖市、纵贯冀鲁苏三个经济大省,形成了联结华北和华东两大经济区的公路运输主动脉。

1998年开始加快公路建设,将国道主干线规划的建设速度大大提前。截至2000年底,"五纵七横"国道主干线建成里程达1.8万公里,占规划总里程的52%以上。

2001年是"十五"开局之年,国道主干线建设再传捷报。当年10月底,"两纵两横和三个重要路段"中"三个重要路段"的最后一个路段——全长1709公里、贯通川黔桂三省区的西南公路出海通道全线贯通。该路包括高速公路1015公里,一级公路67公里,二级公路627公里。西南出海通道的贯通,为四川、贵州打开了出海通道,为西部大开发战略的实施提供公路运输保障。

2003年,国道主干线建设又取得新的突破。截至2003年底,"五纵七横"国道主干线已累计建成29391公里,占国道主干线总里程的82.5%;在建4556公里,占国道主干线总里程的12.8%;未开工1663公里,占国道主干线总里程的4.7%。继"三个重要路段"贯通后,"两纵两横"中"两纵"之一、全长2389

公里的(北)京珠(海)线实现贯通；剩下的三条主干线——同(江)三(亚)线、连(云港)霍(尔果斯)线和沪(上海)蓉(成都)线已分别建成94.7%、92.9%和91.9%。

2004年，国道主干线建设取得决定性突破。同三线、连霍线、沪蓉线除个别路段未建成高速公路外，实现高等级公路标准全线贯通。至此，"两纵两横和三个重要路段"完成贯通目标。"五纵七横"国道主干线建设继续顺利实施：全年续建及新开工项目91个；年度施工规模1.03万公里，其中当年新开工2292公里；当年建成国道主干线2239公里，其中高速公路1878公里。截至2004年底，"五纵七横"国道主干线已建成里程达3.13万公里，为规划里程的87.7%。随着《国家高速公路网》规划的颁布，国道主干线规划的大部分路段融入了《国家高速公路网》规划，其建设的标准得到再次提升。

"十五"最后一年的2005年，"五纵七横"国道主干线建设进展顺利。"五纵"中，已有京福、京珠、渝湛、同三四条线实现贯通，二河线900公里在建，预计2007年底将全线贯通；"七横"中连霍、丹拉、沪蓉三条主干线已经贯通；绥满、青银、沪瑞、衡昆主干线预计2007年底贯通。未贯通的主干线中，有将原规划二级公路提升为高速公路标准的路段，也有新开工的路段，还有一些是施工难度较大的路段。截至2005年底，"五纵七横"国道主干线建成近3.31万公里，占总里程的92.8%；在建2494公里，占总里程的7%；未开工66公里，占总里程的0.2%。

"十一五"刚刚开局，"五纵七横"国道主干线的建设进入收尾攻坚阶段。2006年底，已建成里程近3.36万公里，占94.2%；在建1976公里，占5.5%；未开工建设的仅66公里，占0.2%。

2007年12月18日，交通部副部长翁孟勇在国务院新闻办新闻发布会上宣布,经过 15 年建设,总规模 3.56 万公里(其中重合线 1182 公里)的"五纵七横"国道主干线实现基本贯通,其最后 8 个项目约 800 公里将在 2008 年 2 月前完工,比原计划完成时间整整提前 13 年。不仅建设进度大大提前,国道主干线的建设标准也比预计的有所提高,随着《国家高速公路网规划》的实施,国道主干线在贯通的基础上,开始进入按高速公路标准提升的阶段。

全线贯通的"五纵七横"国道主干线中,高速公路占 76%,一级公路占 4.5%,二级公路占 19.5%,不仅提前形成了我国高等级公路运输的骨架网络,而且也初步构成了国家高速公路网的雏形。国道主干线提前成网,对保持国家经济活力,促进社会发展,提升百姓出行质量,促进公路交通事业的全面发展意义重大。

二、路网改造

1998 年加快公路建设后,高速公路、农村公路作为公路建设的两个重点得到快速发展,同时路网改造的投资也在逐年加大,特别是在"九五"后三年的加快建设初期,路网的投资比重在公路建设投资中举足轻重。

1998 年当年,完成路网改造投资 738 亿元。路网技术等级水平又有一定程度的提高,二级以上公路占总里程的比重从 1997 年的 10.67% 提高到 11.3%。

1999 年,路网改造项目完成投资 876 亿元。二级以上公路里程达 16.93 万公里,同比增长 13.42%。

2000 年,路网改造项目完成投资 925.9 亿元。

1998 年至 2000 年的"九五"后三年,路网改造投资共完成 2539.9 亿元,占同时期公路总投资的 38.1%。这一时期,路网改造在公路建设中占有比较重要的地位。截至 2000 年底,全国二级以上高等级公路里程达到 20.30 万公里，占全国公路总里程的 12.08%，分别比 1997 年底增加了 7.68 万公里、1.79 个百分点。

进入"十五"后，路网改造的投资总体上升，但有所起伏。

2001 年，路网改造完成投资 1164 亿元。一级二级公路里程达到 22.46 万公里，在总里程中的占比增加 0.7 个百分点；2002 年，国家继续实行积极的财政政策，全国公路路网改造工程共计投入 1423 亿元，公路路网改造工作的力度进一步加大；2003 年，完成 1538 亿元；2004 年，完成 1710.45 亿元；2005 年，路网改造完成 1500.07 亿元。

"十五"五年，路网改造总投资为 7335.52 亿元，占公路总投资的 37.08%，同比略有下降。截至 2005 年底，全国二级以上高等级公路里程达到 28.48 万公里，占全国公路总里程的 14.75%，同比分别比 2000 年增长 8.18 万公里、2.67 个百分点。

2006 年，路网改造完成投资 1518.63 亿元。全国公路总里程达 345.70 万公里，二级及二级以上高等级公路里程 35.33 万公里，占公路总里程的 10.2%，比上年末提高 0.3 个百分点。

2007 年，路网改造项目完成投资 1399.75 亿元；全国新增公路里程 14.84 万公里，新增高速公路 0.86 万公里，全国公路总里程达到 358.37 万公里，高速公路总里程达到 5.39 万公里，二级以上高等级公路里程达到 38.04 万公里，占公路总里程的 10.6%，比上年末提高了 0.4 个百分点。

2008 年，路网改造完成投资 1779.22 亿元，同比增长 27.1%，增速加快 34.9 个百分点。全国公路总里程达 373.02 万公里，比上年末增加 14.64 万公里。二级及以上高等级公路里程 39.97 万公里，比上年末增加 1.93 万公里，占公路总里程的 10.7%，比上年末提高 0.1 个百分点。

2009年，路网建设完成投资3214.51亿元，增长80.7%；全国新增公路里程13.07万公里，公路总里程达到386.08万公里；二级及以上高等级公路里程达到42.52万公里，占公路总里程的11%，比上年末提高了0.3个百分点。

2010年，路网建设完成投资3357.56亿元，增长4.5%；全国新增公路里程14.74万公里，公路总里程达到400.82万公里；二级及以上高等级公路里程达到44.73万公里，占公路总里程的11.16%，比上年末提高了0.15个百分点。

"十一五"期间，完成路网改造投资11269.67亿元，占公路总投资的27.65%，所占比例降幅较大。截至2010年底，全国二级以上高等级公路里程达到37.32万公里，比2005年底增加8.84万公里。

截至2010年底，全国初步形成了高速公路网、普通国省干线网相互支撑、互动发展的局面。

相比于公路建设投资的快速增长，路网建设的投资虽然绝对数值上升较快，但在国道网中，对老路改造投资的比例却有较大幅度下滑。这与1998年后公路建设资金来源以银行贷款为主有很大关系，老国道网因不具备高速公路那样的投资收益，收费还贷的功能不强，难以得到充足的银行贷款。特别是在燃油费改税后，二级公路收费被逐步取消，国道网融资平台也随之不复存在，国道网改善的资金筹措变得更加困难。加之国道网整体承担的交通量快速上升，干线公路网整体的状况与高速公路相比，路况有较大的差距。投入明显不足，直接造成老国道网的发展速度与高速公路、农村公路无法同日而语。

三、西部开发公路通道建设

2000年的成都会议，成为推动西部十二省（区、市）加快公路建设的"加速器"，从此，西部地区的公路建设进入新的发展时期。

2001年，西部地区交通基础设施建设取得了明显进展。继京沈、京沪高速公路建成之后，西南公路出海通道顺利贯通，标志着"三个重要路段"基本建成。被大山围困的西南地区有了通江达海的干线公路通道。

同时，西部地区8条省际通道也加快了建设步伐。2001年当年，西部8条省际通道工程全部开工。7年后，在"五纵七横"国道主干线基本建成的2007年底，西部地区8条省际通道建成了80%以上；到2009年底，除个别路段在建外，8条省际通道已经基本建成。具体如下：

全长6280公里的阿荣旗至北海公路，是西北地区向南的出海通道，也是西南地区出海、连通珠三角的另一条公路干线。除陕西安康至毛坝、毛坝至陕川界等个别路段正在建设外，其他路段均实现三级以上公路通车。

全长2568公里的兰州至磨憨公路，是西北、西南地区连通边境口岸的公路通道。除甘肃康家崖至临夏、四川雅安至泸沽路段在建外，其余路段已通车。

全长2696公里的阿勒泰至红其拉甫公路，是连接新疆南、北疆及对外口岸的公路运输通道。全线已按三级以上公路通车。

全长2524公里的西宁至库尔勒公路，为西北地区一条东西向的公路通道。已实现三级以上公路通车。

全长1249公里的银川至武汉公路，是西北连通中部地区，通达长江水运大通道的干线公路。除甘肃长庆桥至凤翔路口25公里高速公路在建外，其余路段已按高速公路建成。

全长918公里的西安至合肥公路，是连接西北与华东的公路干线通道。已实现高速公路通车。

全长1052公里的重庆至长沙公路，是连接东中西部地区的公路通道。除重庆黔江至洪安、湖南吉首至茶洞高速在建外，其余路段已按高速公路建成通车。

全长 2897 公里的成都至樟木公路,是西藏向西连通国际口岸、向东通往四川进而连通中东部的公路通道。已按三级公路标准建成通车。

截至 2010 年底,西部开发 8 条省际通道全部建成。幅员辽阔的西部地区,初步建成横连东西、纵贯南北、通江达海、联结周边的公路通道,有力推动了经济带和产业带的形成,西部与中东部地区的交通联系和经济联系明显加强。

四、普通干线公路服务区的产生与发展

服务区,因高速公路而产生,是全封闭、全立交的高速公路必备的服务设施。但同时,它并不专属于高速公路,随着公路基础设施的快速发展,服务区也开始成为普通干线公路的必要设施。

进入"十五"后,各省(区、市)交通主管部门开始加强高速公路服务区的管理,如河南、辽宁、河北、广西、吉林等省(区)广泛开展了星级服务区的评选和创建活动,江西、湖南等省开展了高速公路服务区的综合环境整治等。与此同时,很多省(区、市)在公路规划、建设和养护管理工作中,努力做好"三个服务",提升公路网络整体的服务能力和水平,根据自身的实际情况,开始在国省道干线公路上规划和建设相应的服务设施,服务区不再是高速公路的"专利"。这些省份在国省干线公路建设服务区的实践,为国省干线公路提升服务水平进行了有益的尝试,积累了宝贵的经验。服务区性质的设施在国省干线上方兴未艾。

2002 年,陕西省公路局组织了万人问卷活动。根据调查结果,针对二级公路上没有服务区,陕北、陕南地区很多干线公路上厕所难等问题,陕西省公路局在全省干线公路上,按照"分批实施、因地制宜、经济适用"的原则,统一规划、统一设计,当年在312、210、316、108等国省道上建立了50个卫生服务区。2008年9月底，陕西在108、210、211、307、309、310、312、316国道和106、207、212、308省道的21个统一标识、统一格局的干线公路综合服务区投入使用。这些服务区根据道路等级、交通流量等因素规划建设，选址多在干线公路交叉口、城市出入口和红色旅游区，广泛分布在咸阳、渭南、延安、榆林、铜川、商洛、安康、汉中、宝鸡和西安境内。司乘人员一次停车就能解决就餐、休息、洗漱、加油、车辆检查、路况信息查询等一系列问题，十分符合广大用路者的现实需求。按计划，"十一五"期间，陕西投资5660万元，在国省干线公路上建设了60多个这样的综合服务区。

2003年，205国道山东德州的庆云公路服务区开通，成为山东省国省干线公路服务区的第一个试点。2007年1月23日，"山东省2007年公路工作会议"明确：进一步强化服务意识、增强服务能力、改进服务方式、提高服务水平；在一级和二级公路上逐步建立基本服务区（点），2007年山东各市都将建设一两个公路服务区（点），让在一级和二级公路上出行的公众也能够享受到高速公路的服务设施。

2006年，河北省交通厅公路局借鉴高速公路服务区的做法，建设了一批国省道公路驿站，为过往司机提供免费服务，包括提供饮用水、拖车工具、修车工具、急救用品、临时休息等。司机在这里还可以了解到路况信息和附近的加油站和修理厂分布情况等，受到了广大司乘人员的欢迎。

2006年，《江苏省干线公路服务设施建设规划》通过审批，拉开了江苏省"十一五"期间全面规划建设干线公路服务区的序幕。2008年6月2日，江苏省首批2个普通公路服务区建成并投入使用。它们是位于连接徐州和连云港的323省道上的碾庄服务区和徐庄服务区，均建有停车场、加油站、卫生间、修理间和便利店等,配套齐全,干净方便。试运营后,受到过往司乘人员的称赞。下一步,江苏省将按照统一标准,继续在国省干线公路中的一级公路上建设一批服务区、停车区和小型休息区,同时兼顾部分二级公路。

还有一些省份开始规划国道干线的服务设施,提升国省干线网络的整体服务水平。如2006年7月,在地处山西晋中的董榆省道上,山西省第一个国省干线公路服务区投入运行;2008年5月21日,山西省交通厅在"山西干线公路建设质量现场会"上明确提出,要拓展干线公路服务水平,选择部分旅游干线积极开展小型服务区建设试点,以小型服务区整合沿线店铺摊点,为旅客提供集餐饮、休息、购物、停车于一体的全方位服务。2007年2月份出台的《广东省公路养护管理"十一五"发展规划》中明确提出,"提高高速公路服务区、加油站以及其他相关附属设施的服务水平。逐步建立一、二级公路的基本服务区(点)"。2007年,内蒙古准格尔旗选择在乌兰不浪、刘家渠、曹羊线、广银店等地进行试点,规划建设4个普通干线公路服务区。2010年8月,位于京沈公路上的北京首个普通干线公路歇脚点——富各庄公路服务站开业,并计划于次年建成30余个类似的小型服务站点。

到"十一五"末期,普通国省干线公路服务区建设在部分省份开始普及。比如,陕西省在"十一五"期间,在国省干线公路上建设了69个综合服务区,服务区覆盖了8条国道、17条省道,基本满足普通国省干线公路的使用者就餐、休息、如厕、加油、车辆检查、洗漱及出行信息查询等需求,陕西普通国省干线公路网的服务水平得到根本性的提升。

截至2010年底,根据山西、河南、湖北、湖南、福建、江西、重庆、云南等省(市)规划,将在"十二五"期间,结合国道干线的改造和建设,加快建设普通国道干线公路服务区。

第五节　农村公路的快速发展

据国家统计局公布的数据，2000年，我国乡村人口（相对于城镇人口而言）8.08亿人，占总人口的63.78%。农村公路是广大农村地区最主要的交通基础设施，直接影响着农民的生产和生活。

1998年福州会议和2000年成都会议，不仅给高速公路带来了难得的发展机遇，也使我国的农村公路获得了难得的快速发展期。一直到"十一五"末期的2010年底，农村公路建设的热潮仍在持续。

一、农村公路内涵的逐步明晰

中华人民共和国成立以后，公路行业中所指称的农村公路，一直专指县道和乡道。按照国家规定，通行政村的公路一直坚持由村民"自建、自管、自养"的"三自"方针，交通主管部门公布的公路基础设施统计数据中也不含"村道"里程。

1997年颁布的《公路法》中，明确公路按行政等级划分为"国、省、县和乡道"。"村道"仍没有纳入农村公路的内涵。

1998年10月14日发布的《中共中央关于农业和农村工作若干重大问题的决定》明确提出，"中央和地方都要大幅度增加投入，开展大规模的水利工程、生态工程、农村公路、农村电网和粮食仓储等基础设施建设。"《决定》要求"大幅度增加投入"，把农村公路建设提到了前所未有的高度。

为落实《决定》，国家发展计划委员会和交通部于2000年8月15日联合发布《关于加快农村公路发展的若干意见》，明确了农村公路建设的指导思想和基本原则，提出了规划目标和建设重点；同时强调，将开展通乡、通行政村公路专项调查，摸清不通公路的乡镇、行政村的具体情况,制定解决通达问题的可行方案,使通乡、通村公路更符合当地情况,同时结合国边防公路建设统筹安排。

《若干意见》明确:"农村公路包括县道、乡道(含通行政村的公路),是我国公路网的重要组成部分。"《若干意见》指出,到 1999 年底,我国列入统计的农村公路总里程已近 99 万公里,占全国公路总里程的比重达 73%;全国已有 98.3% 的乡镇和 89.1% 的行政村通了公路。从文字表述和统计结果中,《若干意见》所指农村公路,其内涵已经包括县道、乡道和通行政村的"村道"公路。

2000 年部署、2001 年开始实施的第二次全国公路普查中,除要求对国省道、县乡道和专用公路进行调查外,为全面了解和掌握我国农村道路的现状以及通达情况,还要求对村道也进行调查。普查的标准时间定为 2000 年 12 月 31 日。2002 年 1 月中旬,交通部召开全国公路普查数据审定会,并于同年 2 月 5 日,由交通部和国家统计局联合发布第二次全国公路普查数据。经审定,截至 2000 年 12 月 31 日,全国公路总里程为 168 万公里(不含村道),其中县道、乡道分别达到 46.2 万公里和 80.1 万公里;乡镇和行政村公路通达率分别达到 99.2% 和 90.8%。

2005 年,国务院办公厅以国办发〔2005〕49 号发布的《关于印发农村公路管理养护体制改革方案的通知》中,对"农村公路"的表述为:"农村公路(包括县道、乡道和村道)是全国公路网的有机组成部分,是农村重要的公益性基础设施。"

2005 年 8 月 23 日,《全国农村公路建设规划》出台,村道正式纳入农村公路规划的范畴。

2006 年底,交通部完成农村公路普查后,将县道、乡道以及达到一定技术标准的村道纳入"农村公路"的统计数据,由此,我国农村公路里程达到了 296.5 万公里,其中包括新纳入的村道 142 万公里，虽然仍有相当一部分未达到一定技术标准的农村公路未纳入统计，但这时，农村公路已经作为一个完整的概念出现在国家发布的统计数据中。

至此，农村公路的内涵包括县道、乡道和村道在内，形成一个整体。

二、农村公路建设的快速发展

1. 农村公路建设开始提速

农村公路一直都是我国公路网的重要组成部分，是保障农村社会经济发展最重要的基础设施之一，是解决"三农"问题的重要前提条件，是建设社会主义新农村的重要支撑，是广大农民群众致富奔小康的重要保障。

1998 年福州会议，在提出加快公路主干线建设、加快路网改造和完善的同时，决定投入 200 亿元各级财政资金建设县乡和边防公路，主要目标是：东部地区重要县道原则上按二级以上标准进行路网改造；中西部地区重要县道按三级以上标准进行路网改造，使现有公路等级和路面质量跃上新台阶。计划到 2000 年，新增通公路乡镇 240 个、行政村 3 万多个，进一步提高乡村道路的通达深度。

1999 年，交通部党组将加强农村公路发展战略研究、推动农村公路建设发展列为重要工作。同时，交通部组织了相关课题组，历时一年多，对东、中、西部的川、黔、渝、晋、滇、吉、鲁等 10 个省(区、市)的农村公路进行了考察，并完成了考察报告——《农村公路发展现状调查》。《现状调查》指出，在列入统计的农村公路中，等级公路有 74.24 万公里，占 80.7%，但以四级公路为主，等级标准偏低；有路面里程 84.26 万公里，占 91.5%，但低等级路面占 68.5%；晴雨通车里程 76.28 万公里，占 82.9%；养护里程 85.25 万公里，占 92.6%。总体上，这一时期的农村公路,处于以通为主、注重数量的粗放型发展阶段。主要问题有:缺乏系统规划,建设随意性大;农村公路总量不足,质量较差;建设资金短缺,各级财政投入不足,而且重建轻养、管理薄弱问题突出;缺乏规范化的行业管理,法规制度不健全;发展不平衡,地区间差别大。

1999年9月4日至7日、19日至22日,"全国农村公路建设发展座谈会"分别在甘肃兰州和山东潍坊召开。交通部副部长胡希捷在会议讲话中指出,"加快农村公路发展是促进农村经济发展的必要条件和有效手段。在各种运输方式中,公路交通最能适应农村经济发展和农业生产的运输需求。农村公路是农业最主要的基础设施之一,这已是不争的事实"。加快农村公路发展,要做好三项工作:一是提高认识,加强领导,不失时机地加快农村公路发展;二是认真编制农村公路发展规划;三是认真研究,尽快出台农村公路发展有关政策和地方性法规,促进和保障农村公路的建设和发展。会上,交通部提出《关于加快农村公路发展的若干意见》,供与会代表讨论、研究。

1998年后,农村公路建设投资保持高位,公路里程大幅增长,乡村通公路率有较大提高。1998年当年完成县乡公路投资363亿元,1999年完成县乡公路投资331亿元,2000年完成县乡公路投资307.4亿元。截至"九五"末的2000年,公路通达深度进一步提高。五年中又有600多个乡镇通公路,乡镇通公路比重达到98.3%;有52872个行政村通了公路,村通公路比重达到89.5%,分别比1995年提高1.2%和9.5%。全国公路密度已由"七五"末的每百平方公里12.1公里,提高到14.6公里。国道网中的断头路基本消除,农村交通条件得到较大改善。交通扶贫取得进展,国边防公路建设进一步加强。

2000年7月20日在成都召开的"西部开发交通基础设施建设工作会议"明确,除国道主干线建设和区域路网改造外,乡村公路建设被列为 2010 年前西部地区公路建设的三个重点之一，目标是"提高路网密度和通达深度，有条件通公路的乡、行政村，特别是老少边穷地区有条件的乡、行政村实现通公路，建设总规模约 15 万公里"。

"十五"期间，农村公路迎来了快速发展的黄金时期：

——2001 年"西部地区通县公路建设工程"启动。

——2003 年 2 月 11 日，交通部部长张春贤在"全国交通厅局长会议"上，发出"让农民兄弟走上油路和水泥路"的号召后，"农村公路"建设在行业内、社会上更加深入人心，很快掀起建设高潮。

2. 农村公路获得前所未有的发展机遇

2003 年 3 月中旬，国务院总理温家宝，副总理黄菊、曾培炎对交通部《关于加强农村公路建设的专项报告》分别做出重要批示，充分肯定了交通部对全国农村公路建设安排的意见，对农村公路建设提出了具体而明确的要求。

2003 年 5 月 15 日，交通部召开"全国农村公路建设工作电视电话会议"，交通部部长张春贤作了题为《加强农村公路建设 为全面建设小康社会创造良好的交通条件》的报告。此次会议，明确提出了县际和农村公路建设的发展目标，标志着以"通达"和"通畅"为重点的"县际和农村公路建设工程"正式启动。

2004 年，随着革命圣地及革命老区公路工程、红色旅游公路工程等专项建设的实施，全国农村公路建设进入了快速发展的时期：

——县乡公路投资连年大幅增长。2001 年完成 358 亿元，2002 年完成 495 亿元，2003 年完成 818 亿元，2004 年完成 1242.25 亿元，2005 年完成 1399.04 亿元。投资大幅增长，为农村公路快速发展提供了强劲的动力。

——里程及在公路网中所占比重增长。截至 2005 年底，全国农村公路总里程达到300.5万公里(增加了新纳入统计的村道)。其中,县乡公路里程146.5万公里,村道里程154万公里,比2000年新增54.4万公里,年均新增10.9万公里,农村公路占总里程的比重从2000年的85%增加到2005年的87%。

——农村公路技术等级逐年提高,路面状况不断改善。截至2005年底,全国农村公路里程中村道等级公路56万公里,占村道里程的36%,比2000年新增等级公路20万公路,增长55%;村道中高级次高级路面里程36万公里,占农村公路总里程的12%,比2000年增长26万公里,增长2.8倍。县乡公路中高级次高级路面里程56万多公里。

——通达深度不断增加,通畅水平不断提高,农民出行更加便捷。截至2005年底,乡(镇)、行政村通公路比率分别为99.8%和94.2%,仅2004年至2005年就解决470个乡镇和2.37万个建制村通公路问题;乡(镇)、行政村通沥青水泥路比率分别为75%和54%,仅2004年至2005年就新增2894个乡镇和9万多个建制村通沥青水泥路,乡(镇)和行政村通沥青水泥路比率分别提高7.5个百分点和13.6个百分点。98%的乡镇、81%的行政村通了客运班车。

2006年1月15日召开的"全国交通工作会议"上,交通部部长李盛霖总结"十五"交通发展经验时指出,农村公路建设实现了历史性突破。"十五"五年,全国完成农村公路建设投资4178亿元,是"九五"期间的3倍。2003年以来,启动了中华人民共和国成立以来规模最大的农村公路建设,新改建农村沥青(水泥)路30多万公里,农村沥青(水泥)路总里程发展到63万公里。圆满完成了西部地区通县油路建设任务,建成2.6万公里,惠及17个西部和中部省份、133个地州市、1100个县市区,西部地区基本实现县县通油路。粮食主产区、革命老区、红色旅游公路建设得到加强。"十五"期间,又有278个乡镇和3.6万个建制村实现通公路，全国乡镇、建制村通公路率分别达到99.8%和94.5%，10个省实现乡乡通油路，3个省基本实现村村通油路。"十五"农村公路建设投资力度之大、增长里程之快、经济社会效益之好前所未有，成为公路交通发展的一大亮点，是农民群众得益受惠的民心工程。

"十一五"期间，国家经济的发展和人民生活水平的提高，对公路提出了更高的要求。进一步提升农村公路的建设质量、建立长期化的管理和养护机制成为必然要求。2006年的"全国交通工作会议"要求，"继续做好农村公路规划、建设、管护，精心实施好农村公路'五年千亿元建设工程'，逐步实现'村村通'的目标；加快欠发达地区特别是革命老区、民族地区、边疆地区农村公路建设，帮助农民群众加快脱贫致富步伐，为建设社会主义新农村作出积极贡献"。

按照2006年、2007年中央1号文件的要求，交通部与29个省（区、市）签署了共建农村公路的意见，建立了部省工作协调机制和建设目标考核制度。两年里，农村公路新改建步伐加快，两年分别新改建农村公路里程达到32.5万公里和43.7万公里；农村公路建设的管理进一步加强。2003年到2007年的5年里，新改建的农村公路总里程达到130万公里，占现有农村公路的42%，其中沥青（水泥）路88.7万公里。2007年，交通部组织农村公路质量回访活动，统计数据显示，农村公路总体质量良好，抽检项目质量评定优良率达到67.8%，东、中部地区的质量好于西部地区，县道质量好于乡道和村道，水泥路面质量好于沥青路面，主体工程质量明显好于附属工程质量。随着农村公路里程的快速增长，加强建设质量管理，成为"十一五"时期的重点之一。

截至2007年底，农村公路总里程达321万公里，是改革开放前的5倍多；农村公路里程占全国公路总里程的87.23%；全国乡镇通沥青(水泥)路率达 88.7%,东、中部地区建制村通沥青(水泥)路率分别达 89.7%、79%,西部地区建制村通公路率达 78.1%。加强农村公路建设管理,建立了农村公路数据库。全国 31 个省(区、市)都出台了管理养护体制改革实施方案。

2008 年 1 月 5 日召开的"全国交通工作会议"上,交通部部长李盛霖在讲到农村公路工作时指出,2008 年要"开展农村公路交通安全保障工程试点。组织开展农村公路建设质量年活动,用三年时间,进一步规范农村公路建设市场准入,严格合同管理,建立适合农村公路特点的质量保证体系,落实从业单位质量责任制,建立质量责任档案,强化政府监督,推行群众监督"。

2008 年 2 月 20 日,交通部在北京召开"全国农村公路工作电视电话会议"。会议强调,贯彻落实党的十七大和中央 1 号文件精神,深入落实科学发展观,按照统筹城乡发展、区域发展和经济社会发展的要求,量力而行,突出重点,全面提升农村公路建设质量,健全路站养运发展机制,推动城乡客运协调发展进程,努力实现农村公路交通又好又快发展,更好地服务社会主义新农村建设。会议明确,从 2008 年 3 月至 2011 年 3 月,交通部将在全国开展为期 3 年的"农村公路建设质量年"活动,力争实现农村公路质量意识明显增强、监管力度明显加大、质量水平明显提升、安全状况明显改善、群众满意度明显提高,农村公路主要抽检指标总体合格率提高到 95% 以上,质量保证体系基本健全并有效运行,重大安全事故基本杜绝,质量投诉举报大幅减少。3 月 11 日,交通部印发《农村公路建设质量年活动总体方案》,对活动进行了总体部署。

2008 年当年,全国完成农村公路建设投资 1887 亿元,新改建农村公路 39.1 万公里,其中沥青(水泥)路 26.3 万公里。

2009 年,交通运输部继续加大农村公路建设中央投资比重并向中、西部地区倾斜,加大对"少边穷"地区扶持力度,实施第三批农村公路示范工程。中央车购税安排农村公路投资比上年又有较大幅度增长。全年新改建农村公路38万公里,全国农村公路里程达到336.91万公里,占全国公路总里程的87.26%。全国通公路的乡(镇)占全国乡(镇)总数的99.60%,通公路的建制村占全国建制村总数的95.77%,分别比上年末提高0.36个和2.91个百分点。北京、天津、上海、江苏、浙江、辽宁、山西、安徽八省市提前实现"十一五"农村公路建设目标。

2010年2月21日,交通运输部部长李盛霖在"全国农村公路工作电视电话会议"上指出,要深化细化各项措施,确保全面完成"十一五"农村公路建设任务。同时强调,要按照"突出重点、巩固成果、政府主导、协调发展"的原则,科学制定"十二五"农村公路发展规划,有序推进农村公路持续健康发展。要坚持量力而行、尽力而为,在确定建设重点上突出三个层次:一是通达、通畅任务,要以2020年全国农村公路建设规划目标为依据,确定"十二五"需要完成的通达和通畅任务;二是农村公路改造提高建设任务,包括危桥改造、渡改桥工程、安保工程等,保障农村公路的行车安全;三是优化农村公路网络建设任务,包括县乡道改造、乡村联络线建设等,以提高农村公路的网络化水平。这三个层次建设任务不同、区域不同、建设重点不同、发展目标不同,各地要从实际出发,统筹长远目标和投融资能力,科学确定本地区"十二五"规划发展目标。

截至2010年底,"十一五"农村公路建设目标全部按时完成,农村交通条件进一步改善。"十一五"五年里,全国新增农村公路里程59.13万公里,新改建农村公路186.8万公里;"十一五"期间,部省联手推进农村公路建设,加大对中西部地区和老少边穷地区的倾斜力度,农村公路建设车购税投资总规模是"十五"期的3.2倍。

1998年到2010年的12年，特别是2003年全面启动农村公路建设以后，中国农村公路迎来了名副其实的黄金发展期。到2010年底，全国农村公路里程达350.66万公里，占全国公路总里程的87.49%；其中县道、乡道、村道分别达到55.40万公里、105.48万公里和189.77万公里。全国通公路的乡(镇)占全国乡(镇)总数的99.97%，通公路的建制村占全国建制村总数的99.21%，比"十五"末分别提高6.33个和22.30个百分点。通硬化路面的乡(镇)占全国乡(镇)总数的96.64%，通硬化路面的建制村占全国建制村总数的81.70%，比上年末分别提高4.18个和4.10个百分点，比"十五"末分别提高16.24个和28.81个百分点。农村路网数量、质量都有了大幅度的提升。农村公路的快速成网，通行能力的大幅提升，进一步完善了公路网的整体服务能力，改善了路网的结构，同时为农村经济的发展提供基础性的支撑。

3. 墨脱公路改建工程取得关键突破

特殊的自然地理、地质构造、气候环境，使西藏墨脱成为"高原孤岛"，也造就了墨脱公路建设的六项"世界之最"：地形起伏最大、自然坡降最大、降雨量最大、地震烈度最高、地质灾害最多、地质条件最复杂。

从20世纪60年代初到90年代中期，西藏墨脱公路历经四次修建，均因经济、技术等客观条件所限，始终未竟全功，却有200多名公路建设者先后献出生命、长眠雪山脚下。1995年以后，西藏自治区公路交通部门每年投入资金，在旱季对墨脱公路损毁路段进行整治，勉强实现"旱季南通北阻，雨季北通南阻"，实现了分季节、分路段临时性通行农用车，但全年通车时间不足三个月。如何在雅鲁藏布江大拐弯、雅江大峡谷区域修建一条公路，使墨脱县实现常年通车，不仅在西藏备受关注，也成了全国公路人的一块"心病"。

2009年4月20日,墨脱公路改建工程实现全线开工。这是墨脱公路历史上第五次修建。墨脱公路,起于波密县扎木镇318国道与老扎墨公路的交叉处,经打而曲、波弄贡、金珠藏布、米日、马迪和西莫河,止于墨脱县城莲花广场,路线全长117.28公里,工程概算投资9.5亿元,由国家全额投资。到2010年年底,墨脱公路关键控制性工程——嘎隆拉隧道顺利贯通,为墨脱公路嘎隆拉山至墨脱县城段全面施工和全线贯通扫除了最大障碍,标志着墨脱公路改建工程取得关键性突破。

嘎隆拉隧道的打通,打开了墨脱之门,也打通了墨脱百姓的致富之路,全国公路人锲而不舍、打通墨脱公路的心愿即将实现。

墨脱公路建设,真实展现了我国公路人百折不挠、战胜困难的决心、毅力和智慧,也真实映射出农村公路建设的艰险。

4. 我国农村公路建设成就得到世界同行赞许

中国农村公路建设取得的巨大成就,在国际上产生了重要影响。

2010年10月27日至29日,由国际路联(IRF,国际道路联盟)主办,中国公路学会和山东省交通运输厅举办的"第二届世界农村公路大会"在山东济南召开。这是世界农村公路大会第一次在中国举办,来自34个国家和地区的500多名代表参加了大会。大会以"农村公路的可持续发展与新农村建设"为主题,交通运输部部长李盛霖在发给大会的贺信中指出,加快农村公路建设,既是改善农村生产生活条件、发展农村经济的重要前提,也是增加农民收入的有效途径,更是构建畅通高效、安全绿色的交通运输体系,促进经济社会全面协调可持续发展的坚实基础。世界农村公路大会为各国提高农村公路建设和管理养护水平提供了宝贵的经验和有益的信息,对各国进一步完善农村公路网络、促进农村经济发展和社会进步具有重要意义。

这次会议上,国际路联向我国交通运输部颁发了"农村公路建设与社会公平发展贡献奖",对交通运输部在推动中国农村公路建设和发展方面的工作给予高度肯定。

5. 农村公路建设专项工程

改革开放以来,交通部结合各时期农村公路建设的特点,在不同时期启动实施了多个专项工程。这些专项工程的实施,契合了农村公路建设的实际,取得了良好的效果,成为农村公路建设中的亮点,推动农村公路建设向纵深发展。

这些专项工程包括被简称为"西部通县油路"工程的"西部通县公路建设工程",被简称为"通达和通畅"工程的"县际和农村公路建设工程",以及革命老区农村公路建设、红色旅游公路建设等。

——西部通县油路工程。

福州会议及西部大开发战略实施以后,公路建设取得了长足进展,但是地方路网改造仍然是西部公路建设的最薄弱环节。到2001年底,西部地区还有1个州、3个地区、287个县不通沥青或水泥公路。公路交通制约成为西部大开发的主要瓶颈。为了尽快缓解西部地区公路交通条件与经济发展日益突出的矛盾,交通部制定了《西部地区"十五"公路建设规划目标》,对西部地区路网改造建设提出了明确要求,"十五"期间,计划完成西部干线路网改造4万公里。

2001年6月,国务院总理朱镕基视察四川等西部省份,考察了当地公路交通状况后,做出了"西部地区交通建设是西部开发第一要务"的重要批示,要求加快建设四川甘孜、阿坝、凉山等西部三州通县公路。2001年四季度,国家发展计划委员会和交通部开始全面实施"西部地区通县公路建设工程",这项被简称为"西部通县油路"的工程,重点是解决西部地区地市和县的油路通达问题。由此启动了西部地区通县油路建设的序幕。

按照国务院确定的西部地区范围和部分省(区)享受西部地区优惠政策的决定,通县公路工程的建设范围涉及陕西、甘肃、宁夏、青海、新疆、云南、贵州、四川、重庆、西藏、广西、内蒙古和新疆生产建设兵团等13个省(区、市)和计划单列单位,以及湖北恩施土家族苗族自治州、湖南湘西土家族苗族自治州、吉林延边朝鲜族自治州和黑龙江大兴安岭地区等4个地区,建设项目涉及133个地区的1099个县级单位(含新疆兵团182个团场)。

西部通县油路建设目标是:重点解决西部地区地、州、市和县公路尚未铺筑沥青路面的问题,使西部地区绝大多数的地、州、市和县至少有一条通达省府及地州市至县城的等级公路并加铺沥青路面。根据国家发展计划委员会、交通部下达的通县油路建设年度计划,西部地区通县公路建设项目共计250个,建设总规模2.57万公里,其中二级公路3036公里,三级公路18652公里,四级公路4017公里,总投资373.2亿元,其中中央投资150亿元,地方配套资金223.2亿元。计划到2002年底,通县油路建设工程将完成90%以上,到2003年,除西藏外,西部地区将全部实现县县通油路的目标,共解决西部地区171个国家级贫困县和43个省级贫困县通等级公路的问题。

为切实抓好西部通县油路建设的具体工作,2001年11月1日,交通部在北京召开了"西部地区通县公路建设工作座谈会",交通部部长黄镇东在讲话中,对西部通县油路建设做出了具体安排,要求各省抓住机遇、统筹规划、分层负责、突出重点,确保2002年完成通县公路建设任务。11月9日,交通部印发了《西部地区通县公路建设实施意见》,从组织机构、组织管理、设计标准、施工管理、监理与监督、管理职责等六个方面对西部地区通县公路建设提出了具体要求。同年12月25日,交通部西部地区通县公路建设办公室正式成立,召开了第一次会议,宣布各成员名单和职责分工，制定了年度工作计划，交通部副部长胡希捷到会并讲话。随后，交通部西部地区通县公路建设办公室组织召开了"通县公路建设工作座谈会"，对通县油路建设具体执行情况进行了摸底，建立了250个项目的管理档案。截至2001年底，该工程已有99个项目开工建设，累计完成路基土石方7739.84万立方米，路面工程859.37万平方米，完成投资44.93亿元，占计划投资的12%，其余项目处于设计阶段的有55个，正在招投标的101个。

2002年初，"西部地区通县公路建设工程"全面实施，但在实施过程中，由于西部地区地方配套资金筹措困难等因素，国家发计委、交通部于2002年10月对通县公路建设计划进行了调整，最终确定西部地区通县公路建设项目为252个，总里程2.61万公里，其中一级公路45公里，二级公路5270公里，三级公路1.33万公里，四级公路7479公里；总投资310.12亿元，比原计划缩减了63.08亿元，其中中央投资在原150亿元的基础上，增加了17.03亿元。截至2002年底，通县公路建设累计完成投资264.26亿元，占计划投资的85.2%，其中建成通车116个项目，占项目总数的46%，20个项目完成了交工验收，建设质量得到有效控制，达到良好水平。

2003年，全国农村公路建设力度之大，新改建沥青和水泥路里程之长，前所未有。这一年，国家发展和改革委员会从当年国债资金中安排110亿元，交通部从车购税资金中安排96亿元，用于通县油路及通达工程建设。2003年当年，实际完成农村公路建设投资817亿元，同比增长65.1%。其中，县际及农村公路投资340亿元，新改建达2.37万公里。截至2003年底，除西藏外，西部地区实现了县县通油路，农村公路的面貌焕然一新，农村公路网结构得到明显改善。

在2003年开始的通达和通畅工程中，通县油路建设继续实施。到2005年9月份的统计，全国已累计完成通县公路工程4.3万公里，超额完成西部地区通县油路建设的任务。

2006年1月15日的"全国交通工作会议"上，交通部部长李盛霖总结"十五"期间交通工作的六大突破时指出，"圆满完成了西部地区通县油路建设任务，建成2.6万公里，惠及17个西部和中部省份、133个地州市、1100个县市区，西部地区基本实现县县通油路。""'十五'农村公路建设投资力度之大、增长里程之快、经济社会效益之好前所未有，成为交通发展的一大亮点，是农民群众得益受惠的民心工程。"

——通达和通畅工程。

2003年的"全国交通厅局长会议"上，交通部提出了"修好农村路，服务城镇化，让农民兄弟走上油路和水泥路"的建设目标，受到了广大农民群众的热烈欢迎，引起了社会各界的广泛关注，得到了交通系统上上下下的认同。此次会议明确，加强县际和农村公路建设的主要任务是：今后3年，县际和农村公路计划建设17.6万公里，主要实施"三项工程"：东部地区通村工程，中部地区通乡工程，西部地区通县工程，分别解决东中西部地区乡到村、县到乡以及县际通沥青路或水泥路问题。国家拟安排建设资金500亿元，其中交通部安排车购税150亿至200亿元。2003年启动县际及农村公路建设项目5300多个，建设总里程约为7.8万公里，总投资750亿元，年度计划投资396亿元。此外，2003年，交通部还追加30亿元投资用于农村公路"通达工程"，重点解决乡镇和行政村不通公路问题。交通部部长张春贤强调，县际和农村公路建设是一项长期而又繁重的任务，要解决的问题很多，重点有两个：一是通达问题，主要是提高路网通达深度。目前，全国还有184个乡镇、5.4万多个行政村不通公路，大部分在西部地区，部分中部甚至东部地区也有一定数量的行政村不通公路。二是通畅问题，主要是提高公路技术等级。在全国104.3万公里的砂石路面、土路面及无路面里程中,农村公路就有92.3万公里,占88.5%。还有未纳入统计的村与村之间的简易公路约120万公里,这些公路缺桥少涵,晴通雨阻,抗灾能力低,路况差,急需提高技术等级。

2003年,交通部、国家发改委为落实农村公路建设规划,划出专款安排了通县油路和通达工程的农村公路建设。国家发改委从2003年国债资金中安排110亿元,交通部从车购税中安排96亿元,安排农村公路建设项目近7000个,建设总里程约12万公里。加上地方配套资金,这12万公里农村公路的项目总投资达到420亿元。为加强管理,交通部专门成立农村公路建设办公室,督促、协调建设实施,保证了这些项目在2003年基本完成。

2004年,为贯彻落实中央1号文件加强包括乡村公路在内的"六小工程"建设的指示,交通部计划在"十五"期和本届政府任期内加大投资力度,重点向西部和老少边穷地区倾斜,提高农村公路的"通达率"和"通畅率",总规划32万公里。明确2004年内做好的"八项实事"中包括:继续组织实施通畅工程和通达工程。通畅工程新开工建设西部地区县际公路项目200个、中部地区通乡项目加强公路路网1000多个、东部地区通村项目3000多个。通达工程全年解决42个乡、1.1万个行政村不通公路问题,占不通公路乡村总数的1/5;二是加大对国家商品粮基地公路基础设施建设的规划和指导,突出重点,加强公路路网建设和改造,改善粮食主产区农民的生产生活条件。

据不完全统计,从2003年到2005年9月份,全社会农村公路累计完成投资2858亿元,建成农村公路46.3万公里。其中,通畅工程(西部县际、中部通乡、东部通村公路)三年滚动计划中央资金500亿元全部下达,建设总规模17.25万公里,总投资1432亿元,累计完成投资1155亿元,占总投资的80.6%,累计建成沥青(水泥)公路10万公里,占总规模的58%。通达工程,交通部3年下达计划规模25.7万公里,计划投资563亿元,其中车购税资金172亿元。3年累计完成投资446亿元,占计划投资的79%,建成农村公路13.7万公里,占计划规模的53.3%。西部地区2002年以来建成县际公路4.3万公里,181个乡和9162个村通了公路。截至2005年底,县际和农村公路改造工程完成,新改建农村公路约25万公里,部分市县提前实现村村通公路的目标。

2005年发布的《全国农村公路建设规划》明确,在"十五"的基础上,继续推进农村公路"通畅工程""通达工程"。东部地区继续安排"乡通村"公路建设,全面实现"油路到村";中部地区在继续实施"通村"公路建设的同时,全面实现"油路到乡",基本实现"油路到村";西部地区重点改造"县通乡"公路,加快建设通村公路,基本实现"油路到乡""公路到村"(西藏自治区视建设条件确定)。

截至2005年底,交通部正式对外公布的县乡公路里程达到147.57万公里,形成统计但未对外公布的全国村道里程突破150万公里。其中,县乡公路中高级次高级路面里程56万多公里;村道中等级公路56万公里,占村道的约36%。农村公路的技术等级逐步提高,路面状况不断改善。乡(镇)、行政村通公路比率分别99.8%和94.2%,2004年和2005年,解决470个乡镇和2.3656万个建制村通公路问题;乡(镇)、行政村通沥青水泥路比率分别75%和54%,2004年和2005年,新增2894个乡镇和9万多个建制村通沥青水泥路,乡(镇)和行政村通沥青水泥路比率分别提高7.5个百分点和13.6个百分点。农村公路的通达深度不断增加,通畅水平不断提高,农民出行更加便捷。

2006年1月15日召开的"2006年全国交通工作会议"上,交通部部长李盛霖强调,"十一五"是全面建设小康社会、构建社会主义和谐社会、推进社会主义现代化的关键阶段,交通工作的主要目标就是办成"六件大事"。其中第一件就是:完成"五年千亿元"任务,推进农村公路"通达""通畅"工程,基本实现全国所有具备条件的乡镇、建制村通公路,95%的乡镇和80%的建制村通沥青(水泥)路。具体包括:东部地区基本实现所有乡镇和具备条件的建制村通沥青(水泥)路;中部地区基本实现所有乡镇和88%以上的建制村通沥青(水泥)路;西部地区实现90%以上的乡镇和近50%的建制村通沥青(水泥)路。

——革命圣地及老区农村公路等专项工程。

革命老区大多处在偏僻闭塞、交通不便的山区和几省交界地带。这里经济条件很差,自我发展能力薄弱,长期以来就是公路交通发展的难点。改革开放之初,交通部就把革命老区的公路建设与老区的脱贫致富结合在一起,利用粮棉布"以工代赈"、低值工业品补助修路作为支持老区公路建设的重要政策措施,并取得了良好效果。

革命老区农村公路建设起步比较早的山东沂蒙山区、山西太行山区、湖北与安徽交界的大别山区等都取得了很大的成绩,有力支持了这些老区的经济社会发展。

为进一步加快老区农村公路建设,2004年,交通部启动"革命圣地及革命老区"农村公路建设。2005年,交通部将支持革命圣地农村公路建设列入专项计划,下达专项资金,支持延安、井冈山、遵义、百色和金寨县等革命圣地农村公路建设,安排车购税资金27.14亿元。交通部革命圣地农村公路专项建设计划的重点是乡镇通沥青(水泥)路,建制村通公路及部分通往革命旧址公路的改造。力争3年基本实现延安、井冈山和金寨3个地区所有乡镇通沥青(水泥)路,建制村通公路;遵义和百色地区部分乡镇通沥青(水泥)路,绝大多数建制村通公路。四川省还集中力量加强了"三总"(邓小平、朱德、陈毅)故乡,川北山区的公路建设，共投资 4 亿多元，建设这些地区的农村公路2500 多公里。

革命老区农村公路的建设取得了三方面成效：一是改善了革命老区农民生产生活条件。农村公路建设促进了农村客运网络化建设，大量的新建车站、停靠点、公用停车场，初步形成乡镇有站、行政村有亭、公路沿线有牌的综合运输网络；二是促进了农村经济快速发展。公路建设推动了农村小集镇和农产品市场建设，公路沿线形成一大批商品粮生产、粮畜产销、农业加工、城郊服务、工矿企业等特色规模经济基地；三是加快了优势资源开发步伐。随着交通条件的改善，水能、矿产及旅游等资源开发型项目接踵而至。新旅游景点的开发提升了旅游综合收入，成为县域经济发展新亮点。

同时，2004 年，交通部还启动了红色旅游公路建设，继续加强了国家商品粮基地公路、农村客运站点和农村渡口建设。这些专项工程的建设，有针对性、有重点地解决了农村公路建设中的问题，促进了农村公路建设全面、平衡、协调发展。

三、公路扶贫和援藏公路工作的新发展

1998 年福州会议后，在加快公路建设的背景下，交通扶贫工作进入新的发展阶段。

1. 公路交通扶贫

截至 2000 年底，通过实施"八七扶贫攻坚计划"，国家确定的 592 个重点扶持贫困县农民人均纯收入从 648 元增长到 1337 元，年均增长 12.8%，高于全国平均水平；累计新增公路 32 万公里，通电、通路、通邮、通电话的行政村分别达到 95.5%、89%、69% 和 67.7%，其中部分指标已经接近或达到全国平均水平。全国农村没有解决温饱的贫困人口减少到 3000 万人，占农村人口的比重下降到 3% 左右。除了少数社会保障对象和生活在

自然条件恶劣地区的特困人口以及部分残疾人之外,全国农村贫困人口的温饱问题已经基本解决,"八七扶贫攻坚计划"确定的目标基本实现。

"十五"以后,公路扶贫工作与大力开展的农村公路建设相结合,获得进一步发展。2005年8月发布的《全国农村公路建设规划》在提及农村公路建设资金来源时明确提出,继续利用以工代赈资金和扶贫资金,加大贫困地区农村公路建设的力度。

2006年的全国交通工作会议,对"十一五"农村公路建设和扶贫工作提出如下明确目标:精心实施"五年千亿元"工程,实现"村村通"目标;加快欠发达地区特别是革命老区、民族地区、边疆地区农村公路建设,帮助农民群众加快脱贫致富步伐,为建设社会主义新农村做出积极贡献。

据统计,"十一五"的五年,新建或改扩建扶贫公路里程42.5万公里,自然村通路比例从79%提高到86.9%;我国农村贫困人口从6432万大幅度下降至3597万,扶贫开发重点县的贫困人口从3624万减少到2175万人。农村公路建设在扶贫工作中起到了带动和基础作用。

2. 定点扶贫

——洛阳、阿坝扶贫。

"九五"后期到2000年底,交通部在洛阳扶贫工作中,除继续实施扶贫公路建设外,共启动农业科技项目56个,建立了一批适应山区条件的种植业试验示范基地和养殖业基地,实施后年产生直接经济效益5700万元,大大加快了山区脱贫致富步伐。1994年以来的6年里,交通部共向洛阳投入扶贫公路建设资金3.32亿元,河南省交通厅共投入资金1.86亿元,市县配套、群众集资及民工建勤投入3.87亿元;共新建、改建公路1788.7公里,新建桥梁70座4321延米,修建村简易道路755公里。1998年底,洛阳市实现了乡乡公路晴雨畅通,所有村通机动车。到2000年底，85%的村通公路，创造了洛阳市公路建设史上前所未有的成就，基本解决了山区群众行路难问题。

以实施《2001—2010年中国农村扶贫开发纲要》为标志，从2001年开始，国务院扶贫开发领导小组重新确定了国家扶贫开发工作重点县，将交通部定点帮扶对象调整为洛阳5个县。为此，交通部制定了《2001—2010年洛阳市交通扶贫规划》，重新确立了新时期交通扶贫的指导思想、基本原则、扶贫目标。明确提出新时期交通扶贫的指导思想，是以增加贫困群众收入，提高贫困人口生活水平为核心，以公路交通扶贫为先导，加快贫困地区基础设施建设；以市场为导向，以科技支撑和扶贫开发机制创新为动力，加大农村产业结构调整力度；加大教育扶贫力度，不断提高贫困人口科学文化素质。

"十五"期间，交通部累计向洛阳投入扶贫资金逾5亿元，除公路建设资金外，包括教育扶贫资金1625万元，科技扶贫资金560万元。通过对口帮扶的拉动作用和地方党委政府的努力，洛阳5个贫困县的社会经济发生了明显改变，人民的生活水平有了很大的提高。农民人均纯收入由2000年的1551.2元增加到2005年的2370.2元；5个贫困县的绝对贫困人口由2000年的11.1万人降至2005年的7.7万人；交通希望小学基本满足适龄儿童入学需要，学校设施设备条件有了很大的改善；贫困人口的居住条件和环境有了改善，基本解决了贫困人口饮水和就医看病问题；通过科技示范性项目的带动和交通条件的改善，贫困人口的思想观念发生了根本性的改变，科学种植、养殖已显现出良好的经济效益。开发旅游，发展家庭宾馆，既充分利用了当地的自然资源，又使部分贫困人口走出了生活困境。外出务工人员逐年增加，既解决了人多地少的矛盾，又使他们开阔了眼界，转变了观念，对家乡的发展起到了有力的推动作用。

"十一五"交通部洛阳定点扶贫继续加快发展。2006年2月

10日，交通部在京召开扶贫工作领导小组扩大会议，部署"十一五"扶贫工作。2006年当年，交通部洛阳扶贫开发工作取得新进展。在交通部和河南省交通厅的帮扶下，该市当年共完成各类工程项目934个，其中公路建设项目882个共2373.82公里，桥梁、隧道建设项目52个3390延米，是该市历年来建设项目最多、里程最长、速度最快、质量最好的一年。截至2006年底，洛阳提前一年超额完成了省市下达的目标，除不宜通公路的23个建制村外，已完成全市所有建制村"村村通"工程建设目标。此外，在科技扶贫中，交通部全年共扶持交通科技扶贫项目22个。在教育扶贫方面，筹资新建、改扩建农村中小学17所，举办各类培训班35期，就地转移和输出转移农村富余劳动力3.29万人，使3.34万名贫困农民摆脱贫困。2007年，交通部在洛阳共完成交通扶贫工程148项370公里，修建农村公路桥梁28座680延米，洛阳5个贫困县全部实现建制村通水泥路；实施交通科技扶贫项目20项，实现直接经济效益4850万元，使4.2万农户16万农民受益；全年新建、扩建和修缮交通希望小学15所。此外，还在5个贫困县建设了50个"留守儿童之家"，为100个特困家庭各培训一名高级焊工并安排就业。2008年，交通运输部定点扶贫工作全年实现交通工程建设总投资1.28亿元，科技教育扶贫项目总投资530万元，圆满完成了2008年定点扶贫工作任务，提前两年基本实现了完成洛阳市5个贫困县脱贫的任务目标。

1995年到2009年，交通部（交通运输部）投资洛阳约10亿元，修建公路6500余公里，桥梁、隧道328座，洛阳市地处伏牛山地区的群众彻底告别了行路难。在公路扶贫的同时，还坚持交通扶贫与科技扶贫、教育扶贫、卫生扶贫、信息扶贫多管齐下，为洛阳市扶贫工作和经济社会发展做出了重要贡献。

鉴于20多年来交通部在洛阳扶贫已经取得阶段性成果，洛阳城乡公路面貌发生了根本性变化，2008年"5.12"汶川地震以后，为了结合灾后恢复重建公路建设项目的实施，交通运输部党组根据党中央、国务院安排，从2009年开始，结束洛阳定点扶贫工作，把四川省阿坝藏族羌族自治州作为今后一个时期定点扶贫联络点。

2009年，交通运输部在加快实施汶川地震灾后公路恢复重建规划的同时，积极指导阿坝州编制公路发展规划。从2009年开始，每年安排专项资金重点支持阿坝州黑水、小金、壤塘3个国家扶贫开发工作重点县的农村公路和县城出口通道建设，同时兼顾阿坝州其他骨架公路和农村公路建设，以加快阿坝州脱贫致富的步伐。从阿坝州区位特点和公路发展需求出发，形成了《阿坝州农村公路调查报告》，交通运输部、四川省交通运输厅和阿坝州交通运输局共同组织编制了《2009—2020年阿坝州干线公路网规划》(以下简称《公路网规划》)、《2009—2020年阿坝州交通扶贫规划纲要》(以下简称《扶贫规划纲要》)，提出了"六纵六横"阿坝干线公路网布局体系。2009年开始，规划并实施了41个交通扶贫项目，计划总投资7.66亿元；当年完成投资1.45亿元。2009年3月，交通运输部派出的扶贫联络组进入阿坝开展工作，并创新性地实行了新的挂职方式——"双挂"。即扶贫联络组组长挂职任阿坝州委常委、副州长，扶贫联络组成员挂职任阿坝州交通运输局副局长。这种新型的挂职方式既让挂职干部有实职、有实权、更有责任，又成为锻炼挂职干部、增长其才干的重要手段，有利于部、省对交通扶贫工作的统一部署与组织领导。同时，将"输血"与"造血"相结合，在全国交通运输行业通过分层选拔、组织考核分别从16个省、市有关部门和单位挑选出26名专业技术干部到阿坝州进行交通灾后恢复重建和交通扶贫援助工作，为项目建设提供人才支撑。

截至2010年底，交通运输部阿坝定点扶贫工作取得了初步成效。

——怒江扶贫。

从 1990 年交通部、云南省交通厅把云南省怒江州确定为定点扶贫联系点后,至 2002 年,交通部、云南省交通厅累计投入 4.5 亿元资金,新建和改造完成了 12 个扶贫公路建设项目,总里程 498 公里,修建各类桥梁 75 座,全州通车里程达 2780 公里,比 1990 年新增 1670 公里,结束了该州没有柏油路、没有等级公路的历史。"通县油路"工程使全州现有交通主干道基本实现油路化,怒江州交通面貌发生了巨大变化。其中,1999 年 9 月 9 日,由交通部、云南省交通厅投巨资修建、全长 96.2 公里的独龙江公路全线贯通,标志着我国最后一个少数民族聚居区不通公路的历史一去不返。依托着这条公路,深藏在独龙江峡谷中的 4000 多独龙族同胞,告别了千百年来靠人背马驮运输的历史。该州兰坪铅锌矿和片马口岸资源开发步伐加快,兰坪、泸水两县的财政收入在公路改造结束后实现了翻番。全州财政收入 1995 年仅 4985 万元,2002 年突破 2 亿元大关;口岸群众人均收入由 1990 年的 200 多元猛增至 1200 多元。旅游这一朝阳产业也随交通基础设施逐步完善而升温,2002 年全州共接待国内外游客 50 万人次,旅游综合收入达 2 亿元。

5 年后的 2007 年,怒江州所辖 4 县 29 乡镇的 258 个行政村中,已经有 237 个通公路,通路率达 91.8%,全州公路主干线实现油路化。

2010 年底,怒江州第一条高等级公路——云南 228 省道金厂岭至六库二级公路通车,剑川甸南至兰坪、六库至曼海桥等高等级公路也已经建成通车,六库至丙中洛二级公路建设项目正在全力推进。同时,旅游"大环线"贡山至德钦公路正在抓紧建设,六库至片马口岸油路已改造完毕;丙中洛至西藏察隅公路、福贡至维西公路、丽江至兰坪公路和泸水至腾冲公路目前已完成前期工作,福贡上帕大桥已竣工通车、六库怒江二桥环线工程、大南茂怒江大桥等重要桥梁正在加快建设进度。全州的公路通车里程达到 5000 余公里，是 1989 年公路扶贫开展前的 4.55 倍；29 个乡镇全部通公路，258 个行政村通公路率达到 98.9%；全州已开通农村客运班线 35 条，投入农村客运车辆 1000 多辆。随着道路里程的大幅增加，城乡人流、物流和信息流的快速增大，全州道路运输事业得到迅速发展。干线公路和农村公路的快速发展，有力地促进了广大农村经济社会的发展，有效解决了农民出行难的问题，泸水县率先在各个乡镇开通了农村客运专线，加强农村客运。

截至 2010 年底，通过 20 多年扶贫工作实践，交通部走出了一条以交通基础设施建设为主体，以教育、科技帮扶为两翼的具有交通特色的成功的扶贫之路。

3. 援藏公路工作

改革开放以来，交通部大力支持西藏公路交通基础设施建设，到 90 年代末期，拉萨汽车货运总站、格尔木西藏汽车运输总站等一批现代化建筑拔地而起，改建后的拉萨至贡嘎机场公路平坦畅通，西藏交通基础设施服务水平和能力得到新的提高。"九五"期间公路援藏资金达到 38 亿元。

据不完全统计，1997 年到 2000 年，交通部为加大智力援藏力度，先后拨款 1500 万元，用于改善西藏交通职工学校以及呼和浩特交通学校、青海交通学校、重庆交通学院等院校西藏班的办学条件。

全国交通系统也大力援助西藏交通部门。如，山东省援助日喀则地区交通部门 5000 多万元；江苏省从 1996 年以来，为拉萨市交通局援助资金 2400 多万元；湖北、湖南两省援助西藏西南地区 4450 万元；广东、福建两省援助林芝地区资金 1000 多万元。据不完全统计，"九五"期间，除交通部对西藏的援藏公路建设项目外，全国地方交通部门直接援助西藏交通的资金累计达2.28亿元,在全国各行业中,力度最大。

进入21世纪后,公路援藏工作继续担当着重要角色。2001年6月25日至27日,党中央、国务院在北京召开了"第四次西藏工作座谈会"。中共中央总书记江泽民在讲话中指出,1994年召开"第三次西藏工作座谈会"以来,西藏的改革开放和现代化建设取得了显著成就。全国支援西藏力度加大,国家投资建设了交通、能源、通信、农牧业、社会事业等一批基础性骨干项目,为西藏的长远发展奠定了良好基础。西藏经济发展,社会进步,民族团结,局势稳定,边防巩固,人民安居乐业,是历史上发展和稳定最好的时期之一。会议确定,基础设施薄弱是西藏经济发展的主要制约因素,必须加快公路等设施建设。会议确定国家直接投资的建设项目117个,总投资约312亿元。同时要求加强对口支援。

全国公路交通行业坚决贯彻党中央、国务院的部署,不断加大公路援藏的力度。2001年2月,交通部决定发动地方交通部门和大型交通企业开展向西藏援助公路养护机械活动,要求全国交通系统迅速行动起来,继续发扬"全国交通一家人"的优良传统,帮助西藏自治区购置急需的公路养护机械设备,以实际行动来支援西藏的交通事业。6月,《关于印发〈交通部关于开展援助西藏公路养护机械活动实施方案〉的通知》(厅公路字〔2001〕320号)正式下发,对援助活动的组织和实施作了详细布置。《通知》下发后,各援助单位行动迅速,仅用1个月时间就落实了援助资金。同时,西藏交通厅也积极组织落实机械招标采购、转运等具体事宜,到8月初所有机械全部采购完成,陆续运抵拉萨。8月25日,"全国交通系统援助西藏公路养护机械捐赠仪式"在拉萨布达拉宫广场举行。此次活动,全国共向西藏捐赠公路养护机械75台套,加上3万册交通图书和10台笔记本电脑,捐赠总价值达到3100多万元。内蒙古自治区交通厅、华北高速公路公司和中国公路杂志社等单位在没有援助任务的情况下，主动参加了援助活动；安徽、湖南、江西三省交通厅克服自身公路建设资金紧缺的困难，主动增加了援藏资金数量，体现了"全国交通一家人"的优良传统。

2002年和2003年，交通科技和教育援藏分别完成了汽车站智能化客运管理系统的推广以及西藏远程教育终端站建设、多媒体远程教育课件开发等工作。2005年9月，西藏远程教育站正式开始运行。

"十一五"期间，国家对西藏工作进一步加强。2006年，国务院制定了加快西藏发展、维护西藏稳定的40条优惠政策，涉及"三农"、财税金融、对外开放、社会保障、人才培养等10个方面；2007年1月，国务院确定西藏"十一五"建设项目180个，实际完成188个，总投资1387亿元，主要包括交通、能源和水利等基础设施项目。截至2007年底，累计到位资金202亿元，占"十一五"规划总投资的26%，已有139个项目开工建设，占整个项目的77%以上，48个项目国家投资已全部安排。2009年一年中，青藏、川藏、新藏、滇藏、中尼公路和通县油路建设进展顺利，全区共有49个县通了柏油路。据统计，"十一五"期间，这些项目共投资778.8亿元。

2010年年初，中央"第五次西藏工作座谈会"在北京召开。中共中央总书记胡锦涛强调，全党同志一定要站在党和国家工作全局的战略高度，进一步认识做好西藏工作的重要性和紧迫性，认真落实中央关于西藏工作的一系列方针政策，不断开创西藏工作新局面。

据不完全统计，2001年以来，全国部分省份、中央企业和国家部委参与对口援藏，共安排援藏资金约67亿元，援建项目2876个，广泛涉及农、林、牧、水、电、交通、能源、文化教育、人才培养等各方面。在公路交通援藏方面，除交通部机关及部属有关单位外,还有北京、江苏、上海、山东、黑龙江、吉林、湖南、湖北、安徽、广东、福建、天津、重庆、四川、浙江、辽宁、河北、陕西等18个省份的交通公路部门参与公路援藏工作。多年来,全国交通系统通过干部、资金等方面的援藏工作,带动西藏地区公路交通的快速发展,公路援藏工作取得了显著成效。

"十五"期间,公路交通援藏资金达到130.1亿元,公路建设总规模达到3134公里。"十一五"期间,达到210亿元,公路建设总规模达到1.8万公里。全国公路交通系统在项目资金、设备物资、干部人才、科技教育四方面,给予西藏大力援助,使西藏的公路交通发生了翻天覆地的变化。到2010年底,西藏公路总里程达到5.82万公里,实现所有乡镇和80%以上的行政村通公路,初步建立起以公路为基础,铁路、民航、管道全面发展的综合运输体系。

4. 教育扶贫

"九五"五年里,交通部共投入教育扶贫资金4000万元,加上各省(区、市)交通厅(局)投入的配套资金1.56亿元,共为23个省(区、市)的562个国家重点扶持的贫困县交通部门培养培训人才18.7万人,其中专科生近1万人,中专技校生4万余人;培训各类职工13.6万人。同时,交通部制定了《交通教育扶贫资金管理办法》,加强对交通教育扶贫资金的管理,确保交通教育扶贫资金的专款专用。

"十五"期间,交通部共投入交通教育扶贫资金1800万元,除通过举办培训班、讲师团和研究生班等形式支持西部地区交通干部教育与培训外,还动用交通部希望工程助学专项资金为帮扶地区建设希望学校、中小学危房改造和资助贫困失辍学儿童,同时发动有关单位及社会开展对口帮扶活动;与交通部脱钩的企事业单位,继续按交通部党组"扶贫不脱钩"的要求,一如既往支持教育扶贫工作。此外，还组织捐赠了大量的计算机、桌椅、图书等教育教学用具。

"十一五"后，交通教育扶贫工作以改善教学和师生食宿条件、为贫困地区培训特殊技能人才为重点。如，2007年，交通部确定新建、扩建、修缮交通希望小学13所，投入援建资金近180多万元，主要用于改建教学楼、学生食堂、宿舍、教师办公室、教学设施、硬化学校操场和道路等。2008年，在继续改善教学和食宿条件的前提下，投入100万元，开展百名高级电焊工培训项目，使98名来自贫困家庭的农民青年经过考试，拿到了国家及中国船级社颁发的焊工技术培训合格证书，走上了技工岗位；同时投资50万元，选拔50名水手机工，经过培训取得了上船工作的资格；此外，为洛阳交通系统培训了20名专业人员，提高了其工程招投标、施工设计和监理方面的能力。

5. 扶贫及援藏干部

交通部（交通运输部）公路扶贫和公路援藏工作中，除了资金、技术和教育的支撑外，还有很重要的一个方面，就是派驻了大批挂职干部进驻重点扶贫地区和西藏，同时，全国各级公路交通部门也派驻了大量的扶贫干部，为扶贫和援藏工作做出了突出的贡献。

在河南洛阳，从1994年起至2009年，交通部（交通运输部）派出的扶贫挂职干部共14批达百余名。从2001年起，洛阳交通系统也选派了9批共27名年轻干部到交通部（交通运输部）学习锻炼，双向的挂职锻炼实现了双赢。

1995年2月，交通部驻云南怒江州扶贫工作联络组的10人到达六库。据2003年交通部怒江12年扶贫的统计，共有6位正副部长11次到怒江开展扶贫挂钩工作，先后派出8批共64名干部到怒江开展全方位扶贫。

大规模向西藏派出公路交通干部，始于1994年"第三次西藏工作座谈会"之后。1995年开始,交通部按照中央的"干部援藏为龙头、技术援藏为骨干、资金援藏为附体"的思路,开始全面对口支援西藏交通发展。18个省市交通部门分别对口支援西藏7个地市,西藏交通大跨越时代随之来临。之后,全国交通系统逐步建立起了渠道畅通、进出有序、政策较为完善的对口支援的工作机制,为西藏交通运输的跨越式发展提供了强有力支撑。截至2010年的统计,交通部(交通运输部)从部机关、部属单位共选派6批30余名援藏干部,同时派出50余名专家组成团队,针对西藏交通建设管理方面的现实困难,定期进藏开展技术攻关。各对口援藏交通运输部门也选派6批80余名技术管理干部支援西藏各地市交通运输工作。同时通过双向交流,有力提升了西藏交通运输系统干部整体素质和专业技能,提升了西藏交通行业的领导和决策水平。

十几年里,一大批公路交通行业的援藏干部和工程技术人员响应号召,奔赴条件十分艰苦的雪域高原,西藏公路交通的飞速发展与这些援藏干部付出的智力、体力甚至生命密不可分,作为一个整体——援藏干部为西藏的公路交通事业做出了突出的贡献。其中,陈刚毅成为援藏干部中的光辉典范。角笼坝大桥是交通部重点援藏项目,陈刚毅赶编招标文件,每天只睡三四个小时,有时甚至通宵达旦。当癌症病魔突然向这个荆楚汉子袭来的时候,他以健康、乐观的心态迎接挑战,用独创的"工作疗法"配合治疗。在10个月内的7次化疗期间,陈刚毅先后连续4次进藏工作。在"高原孤岛"、也是全国唯一不通公路的墨脱县,在重新勘察、启动公路建设的过程中,广东佛山的援藏干部许晓珠功不可没。分管公路建设的许晓珠在两年多的时间里,徒步14次进出墨脱,风餐露宿百余天,行程5000多公里,走遍了墨脱县的8个乡(镇)58个建制村中的48个。墨脱公路2009年改建开工,与援藏干部的艰苦努力密不可分。

公路交通系统的扶贫和援藏干部平均年龄在三四十岁，正是年富力强之时，他们到贫困地区和西藏挂职，给派驻地区带来资金支持的同时，也以自己的实际行动送来了新观念、新思路、新技术，为这些地区公路交通发展做出了不可磨灭的贡献，为这些地区永久脱贫和长远发展奠定了坚实的基础。

四、农村公路建设的巨大效益

农村交通条件的改善，让亿万农民群众亲身感受到了党和政府的亲切关怀和改革开放带来的实实在在的成果，为农村经济发展社会进步创造了基础条件，更为加快社会主义新农村建设和构建社会主义和谐社会发挥了重要作用。农村公路的快速发展，取得了巨大的经济和社会效益。

2007年7月28日，交通部副部长翁孟勇出席"农村公路与新农村建设高层论坛"时指出，农村公路建设的效益，主要体现为"五个改变、五个促进"。

一是农村公路改变了交通落后面貌，促进了农民增收。"要想富，先修路"，农村公路通了，农村经济就活了，发展的潜力就被激活了。"公路通了，城乡近了；脑筋活了，门路广了；收入多了，面貌变了"，这是广大农民的切身感受。没有农村交通条件的改善，"山里山外两重天"就无法彻底改变，农产品运输难、出售难、货损多、成本高、价格低的问题也就没法得到有效解决。浙江省金华市婺城区在农村交通条件改善后，大力培育花卉苗木、有机稻米、畜禽养殖、奶牛乳品、果品蔬菜、茶叶、笋竹两用林和水产养殖八大农业特色优势产业，先后建成了"中国茶花之乡""中国桂花之乡""中国南方奶牛与乳制品之乡"，农业产值增加了，农民收入提高了，农村面貌也改变了。这在中国的广袤乡村，已是不争的事实。

二是农村公路改变了消费结构，促进了国内经济增长。扩大内需是我国经济发展的长期战略方针,也是保持经济平稳较快增长的持久动力。农村交通条件的显著改善,解决了农村"买难、卖难"的问题,为我国9亿多农民扩大消费提供了必要条件。正像浙江一位农民说的,"现在城里有的咱农村有,城里没有的咱农村也有"。同时,农村公路建设还直接促进了水泥、钢材、沥青、砂石等建材业的发展。据测算,每年全国农村公路建设约需水泥4500万吨,约占全国当年水泥产量的11%,为扩大内需,拉动经济增长作出了积极贡献。

三是农村公路改变了村容村貌,促进了乡风文明。整洁通畅的农村公路拉近了城乡之间的时空距离,城乡交流日益频繁,城市文明向乡村延伸,有利于农民群众接受现代文明,树立文明科学的生活方式。不少地方在农村公路修通后,相继组织开展了改水、改电、改房、改厕、垃圾污水处理等工程,生活习惯和乡村习俗也在潜移默化中变化。可以说,农村公路不仅是农村经济发展的重要前提条件,也是社会主义新农村"村容整洁"和"乡风文明"建设的重要切入点。

四是农村公路改变了干群关系,促进了基层民主。农村公路建设过程中,推行了民主管理,密切了党群干群关系,促进了农村的平安、稳定、和谐。比如,有相关调研中,贵州省的基层群众普遍反映,如今"干部威信高了,工作劲头足了;农民说话分量重了,怨言少了"。四川省仪陇县结合农村基层民主政治建设,创造了通村公路建设"四权"运行模式,即村党支部行使领导权、村民会议行使决策权、村委会行使执行权、村民代表行使监督权,形成了领导、决策、实施、监督互动互补的保障机制,把实施农村公路建设的过程,作为促进基层党组织建设的过程,探索出一条提升农村基层组织的效能、建立民主决策机制的新路子。

五是农村公路提高了农民生活质量,促进了社会稳定。农村交通条件好了，儿童辍学率低了，到城市医院就医近了，农村地区教育水平和医疗保障水平的提高，为统筹城乡协调发展，改变城乡二元结构，缩小地区差距，维护社会稳定奠定了基础。

农村公路建设取得的巨大成就，得益于党中央、国务院的正确领导，得益于各级党委、政府的高度重视，得益于公路交通行业全体从业者的艰苦付出，得益于全社会特别是广大农民群众的积极参与。农村公路建设已经从最初的交通行业一家推动，转变为全社会的共同参与。

第六节　桥隧建设跻身世界先进行列

1998年福州会议后，国道主干线高速公路建设加快，我国公路桥梁、隧道建设与高速公路建设同步，取得了跨越式发展，特别是桥梁建设，随着长江中下游武汉、江苏段以及上海、重庆等城市的多座世界级桥梁的建成，加之杭州湾、洋山港、舟山连岛工程等几座超长跨海大桥的设计、施工和建成运营，使中国公路桥梁全面跻身世界强国行列。公路隧道建设虽起步稍晚，但同样有声有色、成就斐然，取得了跻身世界前列的成就。公路桥隧的迅猛发展，成为公路基础设施跨越式发展中的一大亮点。

1998年到2010年，可以说是中国桥梁、隧道建设、管理成果十分丰硕的时期。不论在设计、施工的水平，建设的速度、质量，以及建设、运营和管理的实践上，都达到甚至在某些方面超过了世界的先进水平，一举迈入了公路桥梁的强国、隧道的大国行列。

一、桥梁建设全面赶超

1. 桥梁建设突飞猛进

1998年，对于中国、对中国的公路交通行业来说，都是极为特殊的一年。这一年,是改革开放20周年,是"九五"过半的关键之年,又是加快公路建设的第一年,众多的历史性巧合集中到了1998年。

"九五"的最后两年,公路桥梁建设取得了标志性的突破,重点桥梁工程受到党和国家领导人的高度重视。

1999年7月6日,全长5.75公里的济南黄河第二公路大桥竣工通车。该桥为双向六车道,设计行车时速120公里;主桥最大跨径210米,为预应力连续刚构连续梁结构,是当时黄河上设计标准最高、建设规模最大的高速公路桥梁。它的建成,将京福、京沪、济青和济聊四条高速公路联接起来,成为济南绕城高速公路的重要枢纽工程。同年9月28日竣工的江阴长江大桥,主跨1385米,成为继香港青马大桥之后,中国第二座主跨超过千米的大桥。虽然没能拔得头筹,但这却是完全由中国人自己设计、建设的第一座跨千米的大桥。国家主席江泽民参加通车典礼。江阴长江大桥北岸锚碇的巨大沉井基础以及混凝土桥塔均由中国公司施工,后因资金问题本该由英国公司总承包的上部结构施工,实际上也由中国公司最终分包完成。江阴长江大桥的建成,开创了我国内地悬索桥一跨超越千米的纪录,宣告了中国人自主设计建设的巨型长桥时代的到来。12月30日通车的厦门海沧大桥,是世界第二、亚洲第一的特大型三跨连续全漂浮体系钢箱梁悬索桥。这两座大桥,一座跨江、一座跨海,是当之无愧的世界级工程。它们的建成,不仅为世界瞩目,而且标志着我国的桥梁开始向世界水平的全面迈进。

2000年,公路桥梁建设的步伐依然稳健。当年4月和5月,国务院总理朱镕基、副总理吴邦国先后视察南京长江第二大桥工地,并要求把工程建设质量扎扎实实提高到新的水平。同年10月14日,国务院副总理李岚清视察即将开工的润扬长江大桥现场;10月20日,国家主席江泽民参加润扬长江大桥开工典礼并题写桥名。这两座大桥，在设计、施工的技术难度，在工程总量、技术创新等方面，均可独步世界。当年9月开通运营的芜湖长江大桥，是我国自行设计的首座公铁两用斜拉桥，为国家"九五"重点工程，由铁道部和安徽省合资建设，成为20世纪我国公铁两用桥建设的标志性工程。

纵观"八五""九五"的10年，不仅大型公路桥梁工程在我国长江、黄河两大干流及部分海峡间展开，在松花江、辽河、淮河、渭河、沅江、湘江、黄浦江、西江、闽江、乌江、嘉陵江、汉江等各省(区、市)的主要江河上，也建设了一大批过去没有力量修建的现代化公路桥梁。这些桥梁，普遍采用了当时世界上先进的各类桥梁结构型式。

截至2000年底，我国公路桥梁已达到27.88万座、1031.18万延长米。在长江上，已经建成45座公路桥梁，在黄河上已经建成68座公路桥梁，将数千年横亘在我国国土上的长江、黄河两大天堑变为通途。1998年到2000年的三年里，全国新增公路桥梁6.8万座、335.99万延长米，年均增加桥梁2.27万座、112.00万延长米，年均增长速度分别是20世纪90年代前7年的2.75倍和4.14倍。桥梁长度的增长速度大大高于数量，桥梁向长大化发展的趋势十分明显。

进入21世纪，我国桥梁建设保持快速增长的态势。2001年至2010年的十年里，平均每年新增桥梁3.79万座，年均建成近201.71万延长米。年均新增桥梁数量、延长米数分别是"九五"后三年的1.67倍和1.8倍，分别是20世纪90年代前7年的6.27倍和7.45倍。

在跨江跨河桥梁工程大规模建设的同时，我国大型跨海工程也大规模展开。截至2010年底，杭州湾跨海大桥、长江口的上海长江隧桥工程已经建成，珠江口的港珠澳大桥工程已经启动，渤海湾和琼州海峡两个大型跨海工程也正在进行可行性研究。2005年5月25日,全长32.5公里的东海大桥贯通,连接了上海港与浙江嵊泗的崎岖列岛,为满足洋山深水港年吞吐220万标准集装箱疏运需要提供了有力的支撑,这是我国贯通的第一座严格意义上的跨海长桥。于1999年开工的浙江舟山跨海工程,是国家高速公路网联络线之一——甬舟高速(G9211)的重要组成部分。该工程总长48.16公里,5座跨海大桥总长25公里,均按四车道高速公路标准建设。工程于2009年底竣工,其投资、建设规模、施工难度、技术水平可谓前所未有。

伴随着我国西部大开发、中部崛起等重大战略举措的实施,在地形、地貌、水文条件复杂的中西部地区,桥梁工程建设日新月异。以重庆、四川、云南、贵州等西南各省(市)以及地处中部的湖北、湖南等省内的西部地区最具代表性,特别是有"桥都"之称的重庆,这一阶段建设了李家沱长江大桥、马桑溪长江大桥、菜园坝长江大桥、黄花园嘉陵江大桥、石板坡长江大桥复线桥等大型桥梁工程,多次刷新桥梁建设的纪录。此外,随着城市化程度的提高和经济的发展,城市交通模式趋于多样化,也建成了一大批高水平、有特色的城市桥梁。

21世纪头10年,我国先后建成了近百座大跨度公路桥梁,其中最具代表性的包括:南京长江第二大桥、湖北军山长江大桥、湖北阳逻长江大桥、南京长江三桥、润扬长江公路大桥、湖北宜昌长江大桥、苏通长江公路大桥、杭州湾跨海大桥、深圳湾跨海大桥、舟山跨海工程西堠门大桥等,开启了我国桥梁建设全面丰收和超越世界先进水平的新时代,中国也由公路桥梁的建设大国,跻身桥梁建设强国之列。

"十五"开局的2001年,南京长江第二大桥、湖北武汉军山长江大桥、宜昌长江大桥相继建成通车,进一步提升了中国桥梁建设水平。3月26日建成通车的南京长江二桥,全长21.20公里,双向六车道高速公路标准,由三段引线和南、北汊两座大桥组成，其中南汊大桥为钢箱梁斜拉桥，桥长2938米，主跨628米，其跨径在当年同类桥型中居国内第一、世界第三。该桥于次年6月22日以优良的质量等级通过竣工验收，标志着我国成功取得多项深水大跨径桥梁设计建设的关键成果，提高了中国公路桥梁在世界上的地位，先后获得全国"五一"劳动奖状、交通部"十佳"在建项目，被江苏省委、省政府表彰为立功单位，取得了物质文明和精神文明建设双丰收，为中国公路桥梁建设树立起又一个典范。9月19日投入试营运的湖北宜昌长江公路大桥，是沪蓉国道主干线跨越长江的一座特大型桥梁，桥长1206米，主跨960米，为双塔、单跨钢箱梁悬索桥，单孔净跨长度居当时国内同类桥型第三，桥面全宽30米，设计行车时速80公里，桥面高程83.24米，最高通航水位52.18米。该桥的通车，对加快沪蓉国道主干线建设步伐，改善国家公路网主骨架"瓶颈"制约，服务三峡工程，促进西部大开发具有十分重要的意义。9月26日通车的山东利津黄河公路特大桥，长1350米，主桥为630米五跨连续双塔斜拉桥，其310米主跨和115米桩基均创当时全国黄河桥梁之最。12月15日通车的武汉军山长江公路大桥，是京珠、沪蓉两条国道主干线跨越长江的共用特大桥梁，全长4881米，为主跨460米的双塔双索面钢箱梁斜拉桥，主桥长964米，全宽38.8米，设计行车时速120公里，是中国当时最宽的特大公路桥梁。

2002年10月23日，国务院总理办公会讨论通过江苏苏通大桥工程可行性研究报告，标志着"十一五"期间，我国将在斜拉桥的主跨上成为世界第一，并将斜拉桥的主跨延伸至千米以上，实现现代化大跨径桥梁的历史超越。同年11月28日，湖北汉川汉北河公路大桥通车。此桥的通车，将107、316、318三条国道和汉宜、京珠两条高速公路连成一体，构成了武汉地区的外环线，打通了武汉对江汉平原的交通瓶颈，对于促进地方交通建设和社会、经济发展具有十分重要的意义。

2003年6月28日,全长3900米、主跨550米的上海卢浦大桥通车。该桥为一跨550米的钢结构拱桥,建成时居世界同类桥型跨度第一,同时也是世界上首座完全采用焊接工艺连接的大型拱桥。

2004年,长江、黄河上建成一批具备较高水平的桥梁工程,如:安徽安庆、湖北巴东长江公路大桥,以及山东滨州黄河公路大桥、河南郑州第二黄河公路大桥等。湖北巴东长江大桥,7月2日通车,全桥长908米,是209国道湖北境内跨越长江的第一座特大型钢筋混凝土双塔斜拉桥,其索塔高耸纤巧、外形流畅,与雄伟的巫峡出口交相辉映,体现了人工与天然的和谐。山东滨州黄河大桥,7月18日通车,全长1.70公里,创造了钻孔灌注桩120米、采用液压、爬模技术建设32.8米预应力混凝土宽梁等纪录。郑州第二黄河大桥,10月1日通车,全长9.85公里,双向八车道,行车道宽42米,刷新了军山长江公路大桥的宽度纪录。它的开通,使京珠国道主干线最后一段新郑高速开通,京珠国道主干线全线也实现高速公路贯通。12月26日通车的安庆长江大桥,该桥全长5.99公里,主桥长1040米,为五跨连续双塔双索面钢箱梁斜拉桥,其主跨510米,设计行车时速100公里,该桥在钢围堰下水时间、着岩精度、封底时间以及钢梁吊装等方面刷新了长江建桥史上多项纪录。

2005年是"十五"的收尾之年,也是公路桥梁建设的又一个丰收年。这一年,润扬长江公路大桥、南京长江第三大桥这两座世界级特大桥梁工程建成通车。4月30日建成的润扬长江公路大桥,全长23.56公里,全线采用六车道高速公路标准,其南汊主桥为主跨1490米的单跨双铰钢箱梁悬索桥。10月7日建成的南京长江第三大桥,全长15.6公里,为主跨648米的钢塔钢箱梁斜拉桥。这是国内首座钢塔斜拉桥,也是世界首座"人"

字弧线形的钢塔斜拉桥。

截至2005年底,我国公路桥梁总数达到33.66万座、1474.75万延长米。五年间分别净增5.78万座、443.57万延长米,年均分别增加1.16万座、88.81万延长米。在这些公路桥梁中,特大桥和大桥达到24166座、658.49万延长米,分别比2000年增加8926座、291.86万延长米。特别是一批大跨径、深水基础特大型桥梁工程的建成,使我国公路桥梁建设扬名世界,标志着中国公路桥梁建设跻身世界强国之列。

"十一五"的五年,我国公路桥梁建设继续保持建设加速、技术领先、质量提升、管理加强、人才辈出的良好态势,桥梁建设成为我国公路基础设施建设跨越式发展的点睛之笔。中国几代公路桥梁建设者努力的成果,在这一时期集中展现出来,各种桥型的多座特大桥梁工程在跨径、工程量、运营管理等各个方面,居于世界领先地位。特大公路桥梁工程的建设步伐更快,成果不断。

2006年,湛江海湾大桥一期工程主桥及接线工程、全长1.82公里的新疆第一桥——伊犁河特大桥、桥长7.84公里的开封黄河公路特大桥、主跨330米的重庆石板坡长江大桥复线桥、湖南益阳茅草街大桥等桥梁工程通车。

2007年,深圳湾大桥(亦称深港西部通道)、厦门同安大桥、武汉阳逻长江大桥、山东滨州黄河公铁两用大桥通车。

2008年,苏通大桥、杭州湾跨海大桥、贵州镇胜高速北盘江大桥、主跨1108米的广东珠江黄埔悬索大桥、全长10.06公里的厦门集美大桥通车。苏通大桥是目前世界上最大跨径的斜拉桥,主跨长1088米,创造了最大跨径、最大群桩基础、最高索塔、最长斜拉索四项世界第一,形成了包括设计技术、集成施工技术、防灾减灾技术、管理技术在内的大跨径桥梁建设成套技术,突破了千米级斜拉桥建设技术瓶颈,实现了我国桥梁建设技术的新跨越,被誉为我国由桥梁大国向桥梁强国转变的标志性工程。主跨1418米的南京长江第四大桥、全长11公里的安徽马鞍山长江公路大桥、主跨688米的浙江象山港斜拉桥、桥长10.82公里的福建厦漳跨海大桥开工。沪蓉西高速主跨900米的四渡河悬索特大桥合龙。

2009年,港珠澳大桥开工。重庆朝天门大桥通车,其552米的主跨刷新了拱桥的世界纪录;主跨504米的武汉天兴洲公铁两用大桥通车,是世界上主跨最大的公铁两用斜拉桥。全长25.6公里的上海长江隧桥工程通车;国内首座双层公路桥——广东东莞东江大桥通车。主跨1088米的沪瑞高速贵州镇(宁)胜(境关)段坝陵河大桥、主跨900米的沪渝高速湖北巴东四渡河大桥、全长6.3公里的湖北东荆河大桥通车。浙江舟山连岛工程二期长5.45公里的西堠门、长26.54公里的金塘两座大桥通车,该工程实现全线通车。浙江舟山连岛工程,起自舟山本岛国道329线鸭蛋山的环岛公路,经公路和杭州湾大桥相连接,跨4座岛屿,翻9个涵谷,穿2条隧道,由金塘、西堠门、桃夭门、响礁门和岑港五座跨海大桥及接线公路组成,全长48公里。2003年,舟山连岛工程一期工程岑港大桥、响礁门大桥、桃夭门大桥全部建成。2005年2月,二期工程金塘大桥、西堠门大桥获准立项,其中西堠门大桥跨越西堠门水道、连接金塘岛和册子岛,是世界上跨度仅次于日本明石海峡大桥的大跨度悬索桥。2009年12月,整个大陆连岛工程建成后,舟山与宁波、杭州的车程距离大大缩短,再加上已经建成的杭州湾大桥,舟山经杭州湾南岸到达上海的车程缩短到3小时,舟山更紧密地融入长三角经济圈。

2010年,湖北鄂东长江公路大桥、湖北荆岳长江大桥、合建部分全长9.18公里的河南郑(州)新(乡)黄河公铁两用大桥公路桥、上海闵浦大桥、河北滹沱河大桥、辽宁滨海公路辽河特大桥、福建鼓山大桥等特大桥工程建成。同年，福建平潭海峡大桥实现试通车。

截至2010年底，我国公路桥梁达到65.81万座、33048.31万延长米，分别比2005年底增加32.15万座、1573.56万延长米；其中特大桥2051座、346.98万延长米，分别比2005年底增加1175座、201.02万延长米。

据不完全统计，到2010年底，从上海至四川宜宾2884公里的长江通航江段上，已经建成的过江公路大桥达到58座，在建的16座。在黄河上，建成的公路桥梁已经达到88座。

2. 桥梁建设跻身世界强国

统计数据显示，截至2010年底，我国已建成的四大桥型——梁桥、拱桥、斜拉桥和悬索桥中，其最大跨径分别达到330米、552米、1088米和1650米，分别位居世界同类桥梁跨径的第一、第一、第一和第二位；在各类桥型主跨排名前十位中，中国的桥梁均占到一半以上，真正实现了公路桥梁的强国梦。

在四大桥型中，分别跻身前十位的中国公路桥梁如下：

在主跨世界前十位的悬索桥中，中国占五席。它们是舟山跨海工程西堠门大桥(1650米)、润扬长江公路大桥(1490米)、江阴长江公路大桥(1385米)、香港青马大桥(1377米)和武汉阳逻长江大桥(1280米)，分别位列第二、第四、第六、第七位和第十位；

在主跨世界前十位的斜拉桥中，中国占七席。它们是苏通长江公路大桥(1088米)、香港昂船洲大桥(1018米)、湖北鄂东长江大桥(926米)、湖北荆岳长江大桥(816米)、上海长江隧桥工程(730米)、上海闵浦大桥(708米)、南京长江三桥(648米)，分别列第一、第二、第三、第六、第八、第九、第十；

在主跨世界前十位的拱桥中，中国占五席。它们是重庆朝天门长江大桥(552米)、上海卢浦大桥(550米)、重庆巫山长江大桥(460米)、重庆万县长江公路大桥(420米)、重庆菜园坝长江大桥(420米),分别列第一、第二、第六、第七和第八位;

在主跨世界前十位的梁桥中,中国占五席。它们是重庆石板坡长江大桥复线桥(330米)、虎门大桥辅航道桥(270米)、苏通长江大桥专用航道桥(268米)、云南红河大桥(265米)、四川泸州长江大桥(252米),分别列第一、第四、第六、第七和第十位。

同时,在跨江、跨海桥梁工程的建设规模上,中国公路桥梁同样世界领先。截至2010年底,2008年建成、全长36公里的杭州湾跨海大桥,2005年建成、全长32.5公里的上海东海大桥,分别居世界跨海桥梁长度的第一、第二位;2005年建成、全长35.66公里的润扬长江大桥工程,2009年通车、全长25.6公里的上海长江隧桥工程,分别居跨江工程长度的第一、第二位。此外,2009年建成、全长25公里的舟山跨海工程,全长36.48公里、2006年开工的青岛海湾大桥(又名胶州湾跨海大桥),全长35.6公里、2009年底开工的港珠澳大桥,在建设规模上均居于世界领先。

如果说90年代以后,桥梁主跨的突破集中代表着设计、施工等技术方面的超越,那么新世纪后建成的数座巨型跨江、跨海、跨越峡谷的桥梁工程,则代表着我国桥梁在设计、施工、建设及运营方面对世界水平的全面超越。

在跨江、跨海巨型工程突飞猛进的同时,我国的公路桥梁也开始跨越西部的崇山峻岭。2009年11月18日建成的沪渝高速湖北巴东四渡河大桥,全长1365米,由长1105米的大桥和长228.9米的路基组成。大桥主跨900米,桥面宽24.5米;大桥恩施岸索塔高118.2米,宜昌岸索塔高113.6米,塔顶至峡谷谷底高差达650米,桥面距谷底560米,比此前的世界最高桥——

法国米约大桥分别高 307 米和 290 米，被誉为世界第一高悬索桥。同年 12 月 23 日建成的沪瑞高速贵州镇胜段坝陵河大桥，长 2237 米，主跨 1088 米，距河面垂直高度 370 米，东塔高 186 米，西塔高 201 米。坝陵河大桥采用的遥控氦气飞艇技术架设导索、3 节间架设桥梁技术属世界首次；采用的桥面吊机技术、提升桥梁颤振稳定性的抗风措施、机制山砂 200 米以上的高塔混凝土施工等技术为国内首创。此外，2007 年 10 月开工的长沙至重庆通道湖南吉首矮寨大桥，为钢桁加劲梁单跨悬索桥，全长 1073.65 米，悬索桥的主跨为 1176 米，创造了跨越峡谷悬索桥的多项世界第一。2006 年 8 月开工的新疆赛（里木湖）果（子沟）高速公路果子沟大桥，全长 56.17 公里。公路全线共有 5 座特大桥，其中，果子沟特大桥跨径 330 米，主塔高度分别为 209.5 米和 215.5 米，全长 700 米，桥面距果子沟水面 200 米，是国内首座双塔双索钢桁梁公路斜拉桥，也是新疆最高的公路大桥。这些跨高山峡谷的公路大桥，虽然在跨度、工程总规模上与跨江跨海的巨型桥梁无法相比，但跨峡谷的长大桥梁在勘察设计、施工等方面要克服诸如地形险要、地质复杂、气象多变、施工面狭窄、危险性大、吊装难、运输难等难题。这些跨越深山峡谷桥梁的建设，也从一个侧面说明我国公路桥梁的建造水平，已经取得了全面的突破。

我国桥梁建设水平的提高，使得公路桥梁工程不仅在国家级土木工程评奖中屡屡获奖，而且赢得了数个国际桥梁工程界的大奖，成为我国公路桥梁跻身世界强国的重要标志。

2002 年 6 月，在美国匹兹堡世界桥梁技术大会（IBC）上，江阴长江公路大桥荣获首届"尤金·菲戈"大奖，摘得了我国桥梁在世界上的首项桂冠。

（注："尤金·菲戈"奖，以已故著名桥梁设计师尤金·菲戈先生的名字命名，是由国际桥梁大会创立、向全球桥梁设计建

造者颁发的最高奖项,用以表彰已经建成的、富有想象力、创新力的标志性桥梁工程。这项全世界桥梁设计建造的大奖,不仅评奖条件严苛,而且每年只有一项工程可以获奖。自2002年设此奖项以来,我国桥梁工程已三次夺魁。)

2004年9月,上海卢浦大桥在世界桥梁技术大会上,为中国第二次摘得"尤金·菲戈"大奖。

2006年7月,天津大沽桥作为中国桥梁界的优秀代表,第三次摘得"尤金·菲戈"奖。

2007年6月,在美国匹兹堡举行的第24届世界桥梁技术大会上,我国第一座钢塔斜拉桥、世界第一座弧线型斜拉桥——南京长江第三大桥获得"古斯塔夫·林德恩斯"奖。这是该奖项首次授予中国的桥梁工程。

(注:"古斯塔夫·林德恩斯"奖,是国际桥梁会议年度大奖,被誉为桥梁界的"奥斯卡奖",是一项为近期优秀桥梁工程规范设立的杰出成就奖,其评选内容主要涉及以下几个方面:桥梁的实用性、技术含量、材料改革、外观设计、与周边环境的和谐度以及其公众参与度。)

2010年6月8日,在美国召开的第27届国际桥梁技术大会,授予舟山跨海工程西堠门大桥"古斯塔夫·林德恩斯"奖,以表彰该桥建设对世界桥梁发展所做出的突出贡献。

2008年3月,创造出主跨最大、群桩基础规模最大且入土最深、桥塔最高、拉索最长四项世界纪录的苏通大桥,获第25届国际桥梁技术大会颁发的"乔治·理查德森"奖。

(注:"乔治·理查德森"奖,是国际桥梁大会4个奖项中最先设立的一项,设立于1988年,这是一项桥梁工程建设杰出成就奖,主要是针对桥梁设计、工程建设以及学术研究方面进行评比。此前的1995年和2005年,法国诺曼底大桥、希腊瑞昂大桥曾分获该奖项。)

2010年6月8日,在美国召开的第27届国际桥梁技术大会,授予武汉天兴洲公铁两用大桥"乔治·理查德森"奖。该桥为主跨504米的斜拉桥,为世界公铁两用斜拉桥型的跨度之首;同时,其承载2万吨的荷载,是世界上荷载量最大的公铁两用桥。

同在2008年3月,有世界第一钢结构拱桥之称的上海卢浦大桥,获第94届国际桥梁与结构工程协会(IABCE)"杰出结构大奖"。大会宣布的获奖原因称:这不仅是世界上跨径居第二的钢结构拱桥,其跨径仅比552米的世界拱桥第一跨——重庆朝天门大桥少2米,而且是世界上首座除合龙接口外、完全采用焊接技术的拱桥。

2010年3月26日,美国土木工程协会2010年度颁奖大会上,苏通长江大桥工程获得该年度"土木工程杰出成就"奖。这也是中国工程项目首次获此殊荣。颁奖委员会认为:苏通大桥是全球首座超千米跨径斜拉桥,在线性优美和技术领先的同时,施工和环保方面也保持了完美的平衡,是对现代桥梁建设理念很好的诠释,对今后桥梁建设和管理都有极大的促进。

(注:美国土木工程协会"土木工程杰出成就"奖。美国土木工程协会,简称ASCE,成立于1852年,至今已有150多年的历史,会员来自159个国家,包括13万以上专业人员,是目前世界上最大、同时也是最有影响力的土木工程协会。该协会的土木工程杰出成就奖设立于1960年,用于表彰全球范围内近期完成的、对社会发展有重大贡献的土木工程项目及其团队领导人。)

我国公路桥梁建设的发展,不仅涌现了一大批名扬世界的桥梁工程以及设计、施工企业,而且培养了一大批蜚声中外的桥梁设计、建设大师和科研学术权威,大大提升了我国公路桥梁建设的国际地位。成立于1929年的国际桥梁与结构工程协会，是桥梁与结构工程学界最大、最具影响力的国际性学术组织，每年举办一次年会，讨论当年科学研究领域内最前沿的话题，成员已经扩展到100多个国家。继中国著名桥梁大师李国豪1981年被该协会推选为"世界十大著名结构工程专家"后，项海帆院士于2002年当选为国际桥梁与结构工程协会副主席，范立础院士当选为国际桥梁与结构工程协会中国团组主席。2004年，由国际桥梁与结构工程协会中国团组、中国土木工程学会（CCES）、中国桥梁与结构工程协会（IBSE，CCES）与同济大学联合举办的国际桥梁与结构工程协会（IABSE）学术大会在上海召开，国内外学者专家600余人与会，进一步提高了我国桥梁界在国际上的影响力。

除桥梁本身屡获国际大奖，还有更多桥梁的科研、设计、施工、管理等方面的专家享誉全行业，这些名字由生疏到熟悉，已经开始为普通公众所知。更为重要的是，磨练出了一支熟练掌握各种桥梁结构型式、大跨径、深水基础桥梁建设技术，以及具备大型桥梁工程综合管理能力的队伍，培养出一大批从事设计、科研、施工、管理的高素质技术人才。目前，在我国的中央和省级公路部门里，已拥有一批数量可观、技术水平高、设备精良、装备现代化的人才队伍，就连市县一级公路部门也有相当的建桥能力。这些人才和经验为我国公路桥梁的进一步发展，奠定了雄厚的基础。

二、隧道建设快速推进

1. 隧道建设加速发展

1998年，我国长大隧道的勘察设计已经接近或达到国际先进水平，伴随着高速公路建设步伐的大大加快，隧道的建设水平也开始快速提升。1998年福州会议以后，随着公路建设的加快，我国公路隧道也同步迎来加快建设的新时期，开始追赶并跻身于国际先进行列。

1998年，107国道广东段清远至连江高速公路焦冲隧道和石苍岭隧道贯通。焦冲隧道单洞总长4750米，左洞长2401米，右洞长2349米；石苍岭隧道总长4004米，左洞长1994米，右洞长2010米，单洞净宽10.75米，净高7.10米。11月28日，海拔3792米、长1530米的227国道西宁至张掖公路青海省大坂山隧道贯通。1998年4月，福建罗宁高速公路长3180米的飞鸾岭隧道右洞建成，将福州至宁德公路里程缩短24公里，这是长度居当时国内第二的公路隧道。其左洞于次年开工。1998年，我国年新增公路隧道第一次突破100处，达到139处。截至1998年底，我国公路隧道数量首次突破千座大关，达到1096处。

1999年5月1日，云南楚雄至大理高速九顶山隧道左洞试通车。该隧道左洞长3200米，右洞长3209米，是云南高速公路第一座长度超过3公里的隧道。同年12月7日，川藏公路二郎山隧道试通车。该隧道长4176米，使川藏公路里程缩短25公里，康宝到成都的车程缩短到5个小时。12月，沪蓉国道主干线支线四川广安至邻水高速华蓥山隧道贯通。该隧道左洞长4706米，右洞长4704米，双向分离式四车道，是20世纪内我国修建的地质最复杂、最长的公路隧道。12月，左洞长2942米、右洞长2888米、双向分离四车道的广东汕头至梅县高速公路莲花山隧道贯通。12月，三峡库区主干线——渝（重庆）长（寿）高速公路双线平均长2712米、开挖断面15米、高10米、双向六车道的铁山坪隧道实现双线贯通。

2000年3月，长2.34公里的311国道河南老界岭隧道通车。4月18日，长2949米、开挖宽度17米、净高8.25米、单向三车道的京珠高速广东翁源靠椅山隧道右洞贯通；此前的1999年12月22日，该隧道长2981米的左洞贯通。5月，长

3063 米、净宽 13.7 米、双向分离六车道的渝黔高速公路真武山隧道左洞贯通；7 月，该隧道长 3163 米的右洞贯通。9 月，双线平均长 1400 米、净宽 14 米、高 5 米的杭州绕城高速公路黄鹤山隧道贯通。9 月 25 日，福建福州至宁德公路飞鸾岭隧道长 3155 米的左洞通车，实现双线通车。12 月，双洞平均长 3590 米的浙江甬台温高速猫狸岭隧道通车，它与羊角山、岩下徐、牛官头等四处隧道组成隧道群，设置了完善的通风、照明、防灾监控及供配电系统。

20 世纪 90 年代后，新奥法等先进的施工方法已经被广泛采用，建设了一大批隧道工程。隧道内防排水、通风、照明、消防等现代化设施齐备，并设置了电视监控系统、环境监控系统等现代化管理系统。同时，20 世纪 90 年代，我国还用沉埋施工法修建了广东珠江、浙江甬江等水底隧道。我国隧道的建设、运营已经赶上世界先进水平。

截至"九五"末的 2000 年，我国公路隧道数量达到 1684 处、62.77 万延长米，三年的时间，增加数量 727 处，增加长度 35.68 万延长米，分别是 1997 年底的 1.76 倍、2.32 倍；且隧道长度的增长速度明显高于隧道数量的增长。

2000 年实施西部大开发战略后，西部高速公路建设开始加快，公路隧道建设的需求也随之提升，而西部脆弱的生态、复杂的地质地理条件，对公路勘察设计、建设更多了诸多限制条件，也提出了更高的要求。这促进了西部地区公路隧道勘设、施工、建设的发展，也促进了公路隧道建设的技术进步。进入 21 世纪，我国的隧道发展步伐更快，设计、施工以及运营中的防灾减灾等方面的技术迅速缩小了与世界先进水平的差距，在一些领域达到了世界领先水平。

"十五"的五年，我国公路隧道建设步入快车道，不仅传统的山岭隧道得到快速发展，公路隧道建设开始进入跨海越江，城市隧道的建设也进入高潮。

2001年，作为"十五"计划和新世纪开局之年，是我国公路隧道建设史上非常重要的一年。1月8日，我国最长、世界第二的公路隧道——双洞平均长18.02公里的秦岭终南山隧道开工；9月，双洞平均长5179米、净宽10.5米的山西省大同至运城高速公路雁门关隧道开工。这两条特长公路隧道的开工建设，标志着我国公路隧道设计、建设水平，在新世纪的揭幕之年又迈上新的台阶。同年我国建成的重要公路隧道工程有：1月，京珠高速广东境双洞平均长2968米、净宽14米、净高8.35米的靠椅山隧道双线竣工通车；10月20日，双洞平均长3372.5米的福建福州至宁德高速公路赤岭隧道贯通；11月，双洞平均长2622.5米的福建罗源至长乐高速公路红山1号隧道通车，这条全长60公里的路线上，有包括红山1号在内的隧道9处。7月28日，长496米、开挖高度18米、全宽22米、双向四车道的贵州凯里大阁山隧道贯通，这是当时国内单孔跨度最大的公路隧道。

2002年3月2日，长1262米的宁波东外环常洪越江（甬江）隧道通车。4月，双洞平均长1620米的重庆万州至梁平高速公路马王槽隧道贯通，该路长67公里，有15座隧道。6月28日，双洞平均长4010米的212国道重庆至合川高速公路北碚隧道（曾称尖山子隧道）通车，同时通车的还有该高速双洞平均长2498米的西山坪隧道。12月28日，长2660米、单洞净宽13.6米、总宽32米的南京玄武湖水下隧道贯通。

2003年3月25日，云南省元江至磨憨口岸公路双洞平均长3363.5米的大风垭口隧道贯通。4月18日，连接河北和内蒙古承赤公路全长2370米的茅荆坝隧道贯通，这是内蒙古的第一长隧。4月28日，长2880米、双向八车道的上海外环线越江隧道通车；这是上海第一次用沉管技术施工的越江隧道，也是当时亚洲第一、世界第三的沉管隧道工程。9月28日，大运高速雁门关隧道通车。9月29日，长2500米的上海大连路隧道通车。这是我国第一条江底隧道，首次采用两台超大型盾构设备同时掘进，并首次设置了江底联络通道、路下紧急逃生通道，隧道的运营安全性大大提升。11月7日，北京至福州高速公路三明段双洞平均长3407.5米的罗盘基隧道贯通。11月12日，地处福建闽清与尤溪两县交界处、双洞平均长5568.8米的北京至福州高速美菰林隧道通车。11月24日，全长4300米的重庆城口通渝隧道通车，"四小时重庆"最后一道难关被攻克。11月26日，双洞平均长2755米、宽16.88米、高13.46米、双向六车道的云南省昆明至石林高速公路阳宗隧道通车。12月18日，号称吉林第一隧、全长2775米的临江老岭隧道贯通。12月26日，双洞平均长4070米的甘肃兰州至临洮高速新七道梁隧道通车。

2004年3月25日，双洞平均长2087.5米的山西汾(阳)柳(离石柳林军渡)高速薛公岭隧道贯通。4月20日，长2861米的湖南张家界市区至武陵源景区峪园隧道贯通。6月10日，双洞平均长4309米的福州至银川高速福建邵武至三明段雪峰山隧道贯通。6月29日，双洞平均长3585米的贵州崇溪河至遵义高速公路青杠哨隧道贯通。7月16日，双洞平均长2004米、号称江西第一隧的泰和至井冈山津洞隧道贯通。7月20日，双线平均长2810米的云南安宁至楚雄高速大红田隧道贯通。7月31日，号称贵州第一隧、双洞平均长4085米的崇溪河至遵义高速公路凉风垭隧道贯通；这条高速全长118公里，全线海拔高差达1030米，有各类隧道19处，桥隧比达到38%。8月16日，全长3340米、平均海拔3000米以上的青海平安至阿岱高速公路青沙山隧道贯通，成为青海最长的公路隧道。8月25日，西藏第一条公路隧道、全长2447米的拉萨至贡嘎公路嘎拉山隧道贯通。8月29日，沈大高速改扩建工程通车，其中长520米、开挖宽度22.48米、高度15.52米的金州隧道，取代大阁山隧道成为我国跨度最大的公路隧道。9月29日，全长2785米、越江段长1214米、单向三车道的国内第一条双管双层六车道越江隧道——上海复兴东路隧道正式通车；该隧道于2003年10月28日实现双线贯通。9月，长4448米、海拔3300米的317国道鹧鸪山隧道完工，取代二郎山隧道成为当时海拔最高的最长公路隧道。12月28日，长4828米的三峡库区重庆万州至开县高速公路南山隧道贯通。

2005年1月10日，双洞平均长2533米的陕西西安至柞水高速公路南五台隧道贯通。1月26日，陕西黄陵至延安高速最后一条隧道——汉寨隧道贯通，这条全长143公里的高速，共有22条隧道，总长27.36公里。4月9日，秦岭终南山隧道贯通，其平均月掘进达到1060米。4月27日，全长5068米的广东省双和（鹤山共和至高明人和）公路彩虹岭隧道贯通，这是广东省第一长隧。5月2日，陕西西安至汉中高速双洞平均长17.22公里、由三处特长隧道组成的秦岭特长隧道群贯通。6月7日，双洞平均长1805米、双向六车道的江苏第一隧——宁淮（南京至淮安）高速老山隧道贯通。6月12日，双洞平均长3682.5米的广西桂林至梧州高速公路木冲隧道贯通。7月18日，全长2400米、宽15.9米、高10.6米、单向两车道的吉林省长春至珲春高等级公路新交洞隧道贯通。7月22日，双洞平均长3032.5米的安徽省铜陵至黄山高速公路石头岭隧道双线贯通，这是安徽省高速公路第一条特长隧道。9月29日，长2775米的吉林省临江老岭隧道竣工通车。9月，双线平均长6015米的重庆万州至开县高速公路铁峰山二号隧道左线贯通，此前的8月25日，该隧道右线实现贯通，这是当时西南地区建成的最长公路隧道，使两地车程由3个小时缩短至40分钟。10月10日，双洞平均长3745米的湖南常德至吉首高速公路岩门界隧道贯通。10月18日,双线平均长6900米的云南个旧至蒙自大屯公路明珠隧道贯通,成为云南最长公路隧道。11月30日,上海翔殷路过江隧道贯通。2005年4月30日,长5948米、双向六车道的厦门翔安海底隧道开工,这是我国大陆第一座大断面海底隧道。

"十五"计划的五年里,我国公路隧道数量增长、质量提升、技术进步,取得巨大成就。截至2005年底,我国公路隧道达到2889处、152.70万延长米,分别比2000年底增长1205处、89.93万延长米,分别是2000年底的1.72倍、2.43倍。年均增加公路隧道241处、17.99万延长米,远远超过"九五"的速度。公路隧道在长度上的增长,明显快于数量,说明公路隧道向长大化发展的趋势十分明显。这一时期,我国建成、在建的特长公路隧道以山岭隧道为主,除了长度跃居世界前列外,其建设地域覆盖了从东至西、由南到北,涵盖了跨海、越江、高海拔及特殊地质等,隧道的型式也趋于多样化、复杂化,世界最为先进的隧道掘进方法开始普遍应用。

"十一五"期间,公路隧道建设继续保持着快速增长的势头,数量、长度的增长更加迅猛。

2006年2月28日,双洞平均长244米、净宽18.0米、净高5米、双向八车道的深圳南坪快速路雅宝隧道贯通,被誉为"华南第一洞",其扁平率达0.45,跨度之大、高宽比之小在同类隧道中属国内首创。5月24日,川藏公路列衣隧道贯通,标志着我国密度最大的高原公路隧道群——川藏公路海子山至竹巴笼隧道群全线贯通;该群共有7处隧道,总长11.36公里,海拔4200米以上,通车后,川藏公路海竹段缩短里程30公里。5月30日,双洞平均长7530米的浙江台州至金华高速公路苍岭隧道贯通,这是华东地区最长的公路隧道。7月,济晋高速河南段隧道贯通。济晋路全长20.57公里,其中含18座隧道、总长

8.6公里，含26座桥梁8.5公里。7月21日，长4215米的天津至汕头高速广东省广福至梅县城东段广福隧道右线贯通。8月31日，双洞平均长7039米、双向四车道的沪瑞高速湖南邵阳至怀化段雪峰山隧道贯通。该隧道贯通实现横向误差为0毫米（规范误差为300毫米），高程误差7毫米（规范误差为70毫米），实现了精确贯通，创造了特长隧道贯通误差世界最小的纪录。此外，邵怀高速主线长155.69公里，有特大桥、高架桥等各式桥梁199座，单幅长70多公里；隧道14座，单洞长30多公里，隧道、桥梁长度接近全线长度的1/3，成为当时湖南省投资规模最大、难度最高的公路建设项目。9月5日，重庆万州至云阳高速最后一座隧道贯通，至此，该高速28座隧道全线贯通。9月，双洞平均长4721米的山西晋济高速月湖泉隧道贯通，为山西第二长公路隧道。而在建太原至古交高速西山隧道，双洞平均长13.68公里，为山西第一、全国第二长公路隧道。10月，双洞平均长542.5米的黑龙江第一条公路隧道——尚志至海林改扩建工程雾凇岭隧道贯通。12月4日，长1240米、单洞宽19.8米、双洞八车道的重庆白鹤嘴隧道贯通，这是重庆市最宽的公路隧道。12月5日，双洞平均长7690米的西南最长公路隧道——重庆忠县至石柱高速方斗山隧道贯通。12月27日，青岛胶州湾海底隧道开工。该隧道又称青岛胶州湾隧道，是我国最长的海底隧道。隧道长7.8公里，其海底部分长3950米，双向六车道。

2007年1月20日，中国第一、世界第二长的陕西秦岭终南山公路隧道通车。该隧道所在陕西西安至安康高速西安至柞水段，全长43.82公里，含隧道11处，其中秦岭终南山公路隧道双洞等长18.01公里。4月10日，双洞平均长3089米的湖北十堰至漫川关高速隧道全部打通。该路长107公里，共有隧道28座，二道垭隧道是最长的一座。4月16日，双洞平均长3987米的京台高速福建浦南段祝源隧道贯通。5月,双线平均长6664米的重庆忠石高速吕家梁隧道贯通。7月1日,双洞平均长5547米、宽10.25米、高5米的青海省第一条高海拔超长隧道——西久省道拉脊山隧道开工。该隧道位于青海省东部拉脊山区,海拔在3200米至4041米之间。7月18日,双线平均长3031米安徽安庆至江西景德镇高速两省交界处的桃墅岭隧道贯通。6月28日,全长7423米、宽10.25米的山西解州至陌南公路中条山隧道开工,成为国内普通干线公路最长的双向公路隧道。9月30日,陕西西安至汉中高速通车。该路全长255公里,其中含隧道136处,单洞总长达97.41公里。其中秦岭一号、二号、三号隧道双洞平均长分别为6144米、6125米和4930米。10月26日,双洞平均长2818米的渝湘高速重庆武隆至水江段大湾隧道贯通。11月12日,长5333米的四川甘孜州雅江县两河口水电站对外交通专用公路大梁子隧道贯通;这是该州最长公路隧道。同年11月,双洞平均长3352.5米的安徽黄塔桃高速马金岭隧道贯通。该高速全长51公里,共有隧道15处,总长14.40公里。12月17日,双洞平均长2909米的甘肃平凉至定西高速崆峒山隧道贯通。

2008年1月10日,双洞平均长3682.5米的湖北沪蓉西高速野三关隧道全线贯通。1月22日,双线平均长7104.5米的渝湘高速公路水(江)武(隆)段白云隧道贯通,这是渝湘高速第一长隧道,仅次于忠石高速方斗山隧道、渝宜高速摩天岭隧道,居重庆第三位;白云隧道所在的渝湘高速共有武隆、黄草岭、大湾、羊角、白马、长坝、白云7处隧道,双向总长54.8公里,桥隧比例达66%。4月20日,全长2.8公里、世界首条双层双向四车道越江公路隧道——上海上中路越江隧道贯通。5月6日,双洞平均长4580.5米的广东最长高速公路隧道——石牙山隧道双洞贯通。7月14日,双线平均长4285米、净宽15.35

米、净高 8.12 米、双向六车道的重庆外环高速公路施家梁隧道贯通。7 月 17 日，双洞平均长 3700 米的河北第一隧——张家口至石家庄高速黑石岭隧道贯通。这条高速公路全长 76.66 公里，共有 16 座隧道，双线平均长达 12 公里。7 月 21 日，双线平均长 7900 米、号称华东第一长隧的浙江诸暨至永嘉高速括苍山隧道主体完工。7 月 22 日，单洞跨度 18 米、双洞平均长 3600 米的重庆外环高速玉峰山隧道双洞贯通。9 月 26 日，双洞平均长 3337.5 米的广西桂林至梧州高速公路茶子脚隧道贯通。10 月 11 日，双洞平均长 4582.5 米的泉南高速福建泉州至三明段三阳隧道贯通，成为福建省高速第一长隧。10 月 17 日，双洞平均长 2639.5 米的甘肃平凉至定西高速静宁隧道贯通。10 月 30 日，渝宜高速公路巫山至奉节段双洞平均长 7303 米的摩天岭隧道双线贯通。

2009 年 1 月 21 日，双洞平均长 11.20 公里的陕西小河至安康高速包家山隧道贯通。这是我国长度第三的公路隧道，仅次于长 18.01 公里的秦岭终南山隧道和 12.29 公里的宝鸡至天水高速公路麦积山隧道（原名大坪里隧道）。同日，双线平均长 4075 米、3674.5 米的四川都江堰至汶川高速公路紫坪铺、龙溪两座特长隧道贯通。7 月 27 日，双洞平均长 4976 米的、最大埋深 620 米的包茂高速陕西安康至陕川界第二长隧道——凤凰山隧道贯通。7 月 29 日，双洞平均长 4719 米的福建永武高速马坑山隧道贯通。9 月 26 日，连霍高速陕西宝鸡至天水段全线通车，其中双洞平均长 12.29 公里的麦积山隧道成为中国公路第二长隧。9 月，长 3020 米的南京长江隧道右线贯通，其长 3022 米的左线此前于 5 月 20 日贯通。该隧双向六车道。12 月 7 日，双洞平均长 8646 米的湖北省第一长隧——沪蓉西高速龙潭隧道双线贯通。同年 7 月 12 日，全长 2.7 公里、宽 30 余米、双向六车道的云南首条水底隧道——昆明滇池草海隧道开工。11 月 27 日，双洞平均长6556.5米的福建最长的高速公路隧道——沈海高速第四联络线福建宁德至武夷山段洞宫山特长隧道开工。

2010年2月28日，全长5.35公里、双向四车道钱塘江首条过江隧道——杭州庆春路隧道西线贯通。3月6日，双洞平均长3444米的大广高速湖北南段鄂赣隧道贯通。4月3日，双洞平均长4268.5米的江西石城至吉安高速公路五峰山隧道贯通。4月26日，全长8.69公里、双向六车道，其中海底隧道长6.05公里、最深位于海下70米的我国大陆首条海底隧道——厦门翔安隧道通车，标志着我国自行设计、施工海底隧道的能力迈入世界先进行列。4月20日和5月13日，三峡翻坝高速公路鸡公岭隧道长4505米的左幅、4540米的右幅先后贯通。5月28日，全长5853米、总投资33亿元、双向六车道的南京市首条过江隧道——纬七路过江隧道通车。7月29日，双洞平均长6555米的山西太原至佳县高速公路西凌井特长隧道贯通。8月19日，渝宜(重庆至湖北宜昌)高速全线62座隧道全部贯通，其中双洞平均长7353米的摩天岭隧道居首。渝宜高速重庆云阳至巫山段全长209公里，桥隧比达到65%以上，共有46座隧道，其中双洞平均长5公里以上的特长隧道达到8座。8月8日，双洞平均长3804米的安徽最长公路隧道——绩溪至黄山高速公路佛岭隧道实现双线贯通。11月，两洞平均长2900米的湖南省郴州至宁远高速羊角脑隧道双线贯通。12月15日，全长3310米、海拔3700米的墨脱公路嘎隆拉隧道贯通。该隧道纵坡4.1%，为国内坡度最大的隧道，工程难度之大、施工条件之艰苦，为世界公路史上所罕见。12月23日，全长8.28公里、隧道长5.17公里、双向六车道的重庆慈母山隧道工程一期贯通。该工程含慈母山1、2号隧道、兰草溪大桥、长岭岗隧道、温家溪大桥。12月27日，长2969米的杭瑞高速湖北段鸡口山隧道左洞贯通。同年11月30日，工程全长13公里、长7079米的特长公路隧道——317 国道雀儿山隧道工程正式启动，这是世界上第一座海拔超过4300米的隧道，洞口海拔达4378米。同年11月，双线平均长4543.5米的福建厦门至南安高速公路莲花隧道开工。

截至2010年底，我国公路隧道快速增加到7384处、512.26万延长米，分别比2005年底增长4495处、359.56万延长米，分别是2005年底的2.56倍、3.35倍。"十一五"的五年里，年均增加隧道899处、71.91万延长米，分别是"十五"期的3.73倍、4.00倍，实现了跨越式的发展。这一时期，我国公路隧道在施工、运营及管理等技术上，已经全面赶上了国际先进水平。

2. 隧道建设进步显著

新中国建立后的30年里，我国公路翻山越岭，多采用盘山绕行方式。

20世纪80年代后，公路隧道建设开始起步。

20世纪90年代，随着高速公路的飞速发展，我国大型现代化公路隧道进入快速增长时期，公路隧道也不再是公路建设、科技进步中的"配角"，而往往成为高等级公路建设中的"控制性工程"。跨90年代的"八五""九五"时期，我国公路隧道技术水平的进步，集中体现在长度突破、施工技术和设备迅速现代化以及运营监控设施的自动化上。这一时期，我国公路交通部门每年投入大量科研经费，围绕公路隧道工程实际问题，开展科学研究，在隧道的科研、勘察设计、施工技术上取得了诸多重大成果，迅速缩小了与世界先进水平的差距。公路隧道在勘察设计、施工、运营管理等方面，特别是勘察设计方面，赶上了世界先进水平：一是隧道的设计、建设向长大化方向发展的趋势十分明显；二是从以隧道方式穿山越岭，发展到以隧道方式穿越江、河、湖甚至海湾，特别是跨海越江工程越来越多，标志着我国隧道设计和建设技术进步明显；三是城市隧道建设逐步掀起高潮。在隧道施工技术上，我国公路隧道施工已经从传统的钢钎大锤作业，完成了现代矿山法施工中"新奥法"的推广，隧道开挖进度大大提高；在设备上，液压凿岩机广泛应用，盾构机也开始引进，施工的效率、安全大幅度提高。公路隧道的技术突破不仅体现在传统的山岭特长隧道的勘设、施工中，更体现在越江、跨海的大型水下隧道设计和建设上。随着科研水平和施工技术的进步，复杂的地理地质条件、大江大河甚至海湾等天堑已经不再成为公路隧道建设的天然屏障。

2002年11月6日，交通部和世界道路协会(PIACR)在北京联合召开"国际隧道研讨会暨公路建设交流大会"，交通部副部长胡希捷向与会的770位中外专家宣布："中国已经成为世界隧道和地下工程最多、最复杂的国家。由于中国特殊的地理地貌，随着国家对基础设施尤其是公路建设资金的不断加大，中国将是今后隧道和地下工程发展最快的国家。"

"九五"开始，公路隧道工程不再默默无闻，开始在国家级、部级科技奖励中摘金夺银，也开始在国家级的土木工程评奖中崭露头角。

1996年，"公路隧道施工技术规范"获交通部科技进步二等奖。1997年，"宁波甬江水下隧道管段沉放法施工技术"获交通部科技进步二等奖。2008年，"高海拔地区大型公路隧道建设与营运关键技术"获2008年度国家科技进步二等奖；"双洞八车道高速公路隧道关键技术研究"获2008年度中国公路学会科学技术特等奖。2009年，"秦岭终南山公路隧道建设与运营管理关键技术"获2009年度中国公路学会科学技术奖特等奖。2010年，"秦岭终南山公路隧道建设与运营管理关键技术"荣获2010年度国家科学技术进步奖一等奖。公路隧道有关技术获得国家级科技进步奖项，标志着公路隧道建设在科技进步方面取得巨大突破。

如果说获得国家级和部级科技进步奖，还只是得到行业内认可，那么，在国家土木工程评奖中屡获殊荣，则是公路隧道工程获得社会及工程界的广泛认可。

1999年开始的第一届"中国土木工程（詹天佑）大奖"中，还没有公路隧道的身影。2003年，广渝高速公路华蓥山隧道、227国道大坂山隧道获得第三届"中国土木工程（詹天佑）大奖"；2004年，川藏公路二郎山隧道、宁波常洪隧道获得第四届"中国土木工程（詹天佑）大奖"；2005年，上海大连路越江隧道获得第五届"中国土木工程（詹天佑）大奖"；2006年，山西新原高速公路雁门关隧道获得第六届"中国土木工程（詹天佑）大奖"；2007年，南京九华山隧道获得第七届"中国土木工程（詹天佑）大奖"；2010年，武汉长江隧道获第十届"中国土木工程（詹天佑）大奖"。

第七节　公路运输基础地位不断强化

1998年福州会议后，公路基础设施实现了跨越式发展。公路客货运输也获得了快速发展，客货运量及客货周转量均快速增长。

1997年底，公路客运量、旅客周转量、货运量和货物周转量分别为120.46亿人、5541.40亿人公里、97.65亿吨、5271.50亿吨公里，在综合运输体系中的比重分别达到90.8%、55.1%、76.4%和13.7%。到2010年底，公路客运量、旅客周转量、货运量和货物周转量分别为306.30亿人、14913.90亿人公里、242.50亿吨、43005.40亿吨公里，在综合运输体系中的比重分别达到93.38%、53.7%、75.7%和31.3%，分别是1997年的2.54倍、2.69倍、2.48倍和8.16倍。在综合运输体系中，除公路货物周转量有较大幅度增长外，其他各指标占比均保持相对稳定，公路运输的基础性地位进一步巩固。同时，公路运输行业在公路监控、安全管理、信息发布、实时服务等方面的水平也得到了大幅度提升。

汽车拥有量和驾驶员数量大幅增长。1997年,全国民用汽车拥有量达到1219.09万辆;其中,民用载客汽车拥有量、载货汽车拥有量、私人汽车拥有量和分别为580.56万辆、601.23万辆、358.36万辆。汽车驾驶员人数达到2619.25万人。到2010年底,全国民用汽车拥有量迅速增长到7801.83万辆,是1997年的6.40倍;其中,民用载客汽车拥有量、民用载货汽车拥有量、私人汽车拥有量分别达到6124.13万辆、1597.55万辆、5938.71万辆,分别是1997年的10.55倍、2.66倍和16.57倍。汽车驾驶员人数增加到1.51亿人,是1997年的5.78倍。

公路交通的车流量稳步增长。据交通部(交通运输部)统计,国道主干线日平均交通量从2002年的6603辆,上升到2010年的11918辆;全国高速公路平均日交通量从1998年的1.63万辆上升至2010年的1.82万辆。加之,这一时期民用载客汽车的大幅增长,使公路运输出行的方式发生了巨大变革,这对行业的服务水平、安全保障、应急处置等工作提出更高的要求。

这一时期,公路运输全行业的经济总量快速增长。同时,全行业的经营极具活力,在国民经济中继续保持强劲的推动作用。据2009年12月25日公布的《第二次全国经济普查主要数据公报》显示,2008年,全国交通运输、仓储和邮政业法人单位营业总收入达到31168.0亿元,占当年全国国内生产总值314045.43亿元的近10%,比20世纪90年代的6%又有大幅度提升。其中,2008年当年,公路运输行业的营业收入达9128.5亿元,占交通运输、仓储和邮政业总收入的近30%,分别是铁路运输业、航空运输业的2.64倍和3.29倍;公路运输业的营业利润达到1909.6亿元,占交通运输行业总赢利的58.39%,是铁路运输业的近281倍,成为交通运输全行业当年赢利的主要贡献者(详见表6-4)。同时,公路运输业的企业法人单位、从业人员分别达到6.65万个、333.2万人,分别占交通运输、仓储和邮政全行业的44.86%和32.66%。公路运输成为交通运输全行业中最活跃、利润最高的子行业。

2008年交通运输、仓储和邮政业企业法人单位资产总计、营业收入和营业利润统计表　　表6-4

单位:亿元

	资产总计	营业收入	营业利润
合计	74807.4	31168.0	3270.2
铁路运输业	14936.2	3457.6	6.8
道路运输业	24829.4	9128.5	1909.6
城市公共交通业	3517.6	1392.9	-18.3
水上运输业	10502.4	5000.8	902.9
航空运输业	6871.4	2778.0	-275.8
管道运输业	1286.9	344.2	85.0
装卸搬运和其他运输服务业	5585.6	5106.0	441.7
仓储业	5694.5	3020.9	240.3
邮政业	1583.4	939.1	-22.0

这一时期最大的变化是,公路基础设施于"十五"期间实现了跨越式发展,公路基础设施与国民经济和运输发展实现了基本适应,公路客货运输的总量增长迅速,在综合运输体系中的占比保持相对稳定。在综合运输体系中,公路运输业的经济表现最具活力,成为经济总量、吸纳劳动力最多的行业。这一时期,公路运输和其他交通运输方式的关系中,更多体现的已经不是对客源、货源的竞争,而是体现了与其他运输方式的优势互补和互利共赢、相互促进。总体上,这一阶段,公路和铁路、民航的客运量呈现同步快速增长的趋势,与铁路、民航、水运、管道的货运量也呈现同步增长的趋势。

一、公路客运稳步增长

1. 公路客运实现质的飞跃

1998年是改革开放20周年,公路客运取得了长足进步。

1998年当年完成客运量125.7亿人、旅客周转量5943亿人公里,分别是1978年的8.1倍、10.6倍;在各种运输方式的总客运量中,公路运输完成的客运量和旅客周转量所占比重已从1978年的58.7%、29.9%分别上升到1998年的91.2%、55.9%。公路运输站场建设也加快了步伐。公路运输站场和公路主枢纽建设的发展,不仅为提高运输生产组织化程度和运输效率创造了条件,而且对引导"车进站、客归点",建立统一、开放、竞争、有序的公路客运市场起到了促进和保障作用。公路客运在综合运输体系中的地位和作用显著提高。由于高速公路的快速发展和车辆制造水平的快速提升,公路客运的形式和车辆配套较20世纪90年代初中期,已发生了很大变化。班线客车已发展成高、中、普齐全,大、中、小配套,基本可以满足不同层次旅客的需要。20世纪80年代以前清一色普通大型客车的面貌已得到改变,快速客运迅速发展。到1999年底,全国营运客车中已有卧铺客车3.3万辆,其中大中型高级客车1.44万辆,旅客乘车的舒适程度得到较大提高。

如果说1998年的发展,代表着改革开放20年来累积起来的成就,那么,1998年到2010年,就是站在这个高起点上实现了更新、更快的发展。

2000年底,我国公路客运量和旅客周转量分别达到134.74亿人和6657.42亿人公里,在综合运输体系中的占比分别达到91.1%和54.3%。公路客运线路达到12.5万条,日发班次74万个,其中农村客运线路6万多条,日发班次近40万个,占到一半以上。农村公路客运,成为我国公路客运体系中非常重要的基础环节。

在质量上,公路客运的结构进一步完善。一是高档客车的比重进一步增大,运力结构改善已经从高速公路转向普通干线公路,并从中心城市向周边辐射;二是班车客运增幅明显;三是旅游客运活力不减;四是客运市场向规模化、集约化方向发展,公路客运企业多、散、小、弱的局面初步扭转。客运站服务能力进一步提升。除个别欠发达省份,客运站的计算机售票系统已经在绝大部分一级客运站中广泛应用,在沿海省份已经向二级客运站推广,部分地区已经实现远程计算机联网售票,极大地方便了广大乘客。

"十五"期间,我国公路客运继续发展。交通部着力开展运输结构调整,加强宏观指导和政策引导,开展客运企业经营资质评定,通过企业改制改组、兼并联合等途径,形成一批大中型运输企业,对企业经营的集约化、规模化和规范化,起到了促进作用。同时,在京沪高速组织公路旅客运输试点工作,对跨区域组建运输企业和高速公路客运进行了有益的尝试,对农村旅客运输组织进行了公司化经营的探索等,促进了运输市场的发展。2005年,当年全社会完成公路客运量169.74亿人,旅客周转量9292.08亿人公里,分别比世纪之初的2000年增加35亿人和2634.66亿人公里。在综合运输体系中占比分别达到91.9%和53.2%,基础性、主导性地位保持稳定。

进入"十一五",公路客运继续平稳快速增长。公路客运工作在继续运输结构调整、加强运输服务和市场监管的同时,重点加强农村客运市场的管理和引导。2010年,公路客运量、旅客周转量分别完成306.3亿人、14913.4亿人公里,在综合运输体系中的占比分别达到93.38%和53.7%,基础性、主导性地位继续保持稳定;城市公共交通运输总量达870亿人。

"十一五"期间,在应对2008年南方冰冻雨雪灾害、完成

2008年北京奥运会、2010年上海世博会等大型活动交通保障的过程中,公路运输的应急保障体系得以建立并逐步完善,服务能力进一步提升。

2. 长途客运的创新和发展

——高速公路客运品质不断提升。

1998年,高速公路客运获得了突破性的发展。

当年,安徽飞雁、河南宇通、浙江新干线、陕西高客、湖南高客、河北快客、辽宁虎跃等7家高速客运企业相继成立,还有一些实力较强的运输企业和其他行业纷纷投资经营高速公路客运。1998年12月29日,沪杭甬高速公路全线通车后,上海、浙江两省(市)分别组建了快速客运公司。全国规模较大的快速客运企业超过10家,并有多家经营业户参与高速公路快速客运,投放的中高档大中型客车达到3700余辆。高速公路快速客运企业,凭借科学的管理,先进的技术装备,灵活的经营方式和优质的服务,赢得了旅客的欢迎,取得了较好的经济效益,快速客运已显示了强大的生机与活力。

1998年10月21日,交通部令1998年第8号发布《高速公路旅客运输管理规定》。《规定》明确:"高速公路客运的发展以建立快捷、方便、优质、高效的快速客运系统为目标,遵循'合理规划、额度控制、严审资质、购车预审、批量投放、集约经营'的原则。""提倡和鼓励大中型交通汽车运输企业按照现代企业制度的要求,以资产为纽带,实行集约化规模经营,实现规模效益。"《规定》的颁布实施,为高速公路客运业的蓬勃发展奠定了基础。这对高速客运业来说如虎添翼,适应了省际高速客运快速发展,推动企业横向联合,引导企业向规模化、集约化经营的方向发展,对高速公路客运和快速客运市场及车辆装备的发展,也起到了规范和引领作用。高速客运在综合运输体系中更好地发挥了竞争优势,进一步巩固和提高了公路运输在综合运输中的地位和作用。

1999年，全国又有黑龙江龙运、吉林吉运、湖北捷龙、广东省运、广西桂柳等快客企业相继成立，全国具有一定规模和实力的高速客运公司已经达到30多家。其中广东与福建还组建了跨省的深(圳)厦(门)快客公司。

20世纪末期，高速公路客运开展"好路、好车、好服务"的活动，开始为普通公路客运企业学习和模仿，从而扩展了公路客运的空间，提升了公路客运的服务档次和水平。

2000年9月和12月，京沈、京沪高速公路成为"五纵七横"国道网中率先贯通的两条干线高速公路。为提高高速公路客运的运输组织化水平，交通部与沿线各省(市)交通主管部门共同制订了《京沪、京沈高速公路旅客运输组织方案》，并于2001年4月17日正式印发实施。《方案》确定了"统一规划、分步实施、市场调节、行政监督"客运组织原则，规定了除两条高速公路的起讫点北京与上海，北京与沈阳之间开行直通班车外，在两条公路沿线50公里以内的25个城市之间也全面开通区间班车。同时，《方案》对这两条线路上的客运组织工作提出具体要求，对参营企业资质、参营方式、客车车型标准、服务要求等做出明确规定。

正是在这种大背景下，伴随着京沪高速公路的建成通车，全国首家跨省市高速公路快运企业诞生。2001年3月21日，交通部以《关于同意成立新国线运输有限公司的批复》文件，批准由北京华通企业经济发展总公司、上海市长途汽车运输公司、深圳中南实业股份有限公司三家企业，出资成立新国线运输有限公司，该公司于2001年4月20日在北京人民大会堂正式宣告成立。这是全国首家由交通部批准的跨省市高速公路快运企业，以班车客运为主，同时经营旅游客运、集装箱运输、快件运输、物流服务、货运代办、汽车维修服务等业务。它的组建是以资产为纽带,以市场为导向,以强强联合为手段,集中资源和力量,走集约化、规模化经营公路的一次积极探索,也是一次公路运输高起点、高水平服务的有益尝试。它的组建和营运,旨在改变我国公路运输经营主体分散、集中化程度低的局面,不仅打破了以区域为界限划分运输市场的传统封闭做法,同时也为其他运输企业走经营集约化、管理科学化、生产专业化的公路提供了有益的借鉴。

2001年10月24日至26日,交通部在武汉召开"全国公路运输工作会议",进一步明确了"公路建设是基础、发展运输是目的"的指导思想。在研究讨论的基础上,交通部于11月29日发布《公路运输业发展规划纲要(2001—2010年)》,提出新世纪公路运输业发展的指导方针、工作目标及保障措施。

2002年4月起,交通部决定在京沪高速公路开展结点接驳运输试点,旨在提高公路旅客运输组织化水平和运输效率,促进规模化、集约化、网络化经营。

进入"十一五"后,综合运输体系的快速发展,使得高速公路客运发生了深刻的变化。

2007年9月6日,交通部在兰州召开的"全国公路运输工作会议"指出,高速公路日均运送的跨省旅客已达到100万人以上。会议要求,在铁路6次提速的冲击下,更要发挥公路运输业的比较优势,提升服务的水平和能力,同时提出了"十一五"公路运输业发展的总体目标和任务。同年11月,交通运输部发布了《关于促进公路运输业又好又快发展的若干意见》,从深化结构调整、完善市场机制、贯彻安全发展方针、加快信息化建设、加大资金投入、加强应急管理体系建设、理顺运输管理体制、加强行业精神文明建设等8个方面,提出了促进公路运输业发展的政策措施。

随着高铁、动车以及城际铁路的快速发展,单纯的长途、超长线高速公路快速客运受到冲击。国内高速公路长途客运企业开始了不见"硝烟"的转型。在高铁开通之初，很多公路客运集团通过降低票价来与高铁竞争，但收效不大，此后，各公路客运企业就通过加入中短途市场竞争、提升服务水平等，来保证客源。比如辽宁虎跃快客就将业务向中短途转型，同时采取网络售票、推出"住宿—车票"套餐等新业务，采取灵活的运输方式、更加周到的服务来获取客源；杭州长运运输集团有限公司，在企业官方网站推出了各类浙江及周边的旅游景点客运业务，并推行"车票—门票"一体化服务，同时可通过淘宝网购票等。在高铁时代，各企业充分利用与高铁线路垂直的支线运输、中短途接驳、城乡公交中短途客运以及旅游景点客运等业务，并通过各类灵活运输方式、周到服务来提升竞争力。

20世纪90年代至"十五"末期，高速公路快速客运的迅速崛起和发展，扩展了公路客运的空间，提升了公路客运的服务档次和水平，增强了公路客运在综合运输体系中的基础性地位。

——区域交通一体化及城际间公交的发展。

"十五"期间，区域及城市圈交通一体化有了新的突破。

2003年8月，由浙江省运管局发起，江浙沪两省一市公路运输管理部门共同签订了《长三角地区公路运输一体化发展议定书》，标志着长三角区域公路运输一体化合作正式启动。上海市运管部门和江苏、浙江两省同行一起，抓住历史机遇，加强沟通联系，坚持效率、效能优先，开展长三角地区公路运输资源的整合工作，共同推进信息平台、基础设施等方面的建设，提高长三角地区的运管水平。

2003年11月29日，广东、广西、福建、海南、湖南、江西、云南、贵州和四川九省（区）交通厅及重庆市交通委签订了《公路运输一体化合作发展2003年议定书》。按照《议定书》，十省（区、市）将改革行政审批方式，取消省际客运班车对等对开的经营原则,允许具有相应资质的运输企业单开,省际班车计划运力的投放将逐步实行招投标;积极鼓励企业开行跨省旅游客运线路,取消省际旅游包车区域限制和景区限制,推动区域旅游客运发展;十省(区、市)将建立公路运输协调与合作会议制度,每年举办一次协调会,由轮值主席所在省(区、市)召集。

2004年12月10日,在武汉召开的武汉城市圈"8+1"交通发展联席会上,武汉与黄石、鄂州、黄冈、咸宁、天门、孝感、仙桃、潜江8个城市共同签订了合作框架协议。根据协议,"8+1"城市本着合作、协作、联动原则,在公路网、航运网、公路运输、公路口岸建设、科技信息、智能交通和物流信息化等领域推进合作,促进交通资源的优势集成与互补,加快构建适应区域合作发展要求的综合交通网络,逐步实现区域内交通运输一体化。

2005年3月,《长江三角洲地区现代化公路水路交通规划纲要》正式出台。《纲要》对2004年至2020年的长三角公路水路交通发展做出了具体描述。按照《纲要》规划,长三角地区已经形成并将进一步强化"两纵三横一圈"("两纵"分别是:由京沪铁路、京杭运河、高速公路等构成的南北向综合运输大通道;海运、沿海铁路、高速公路为主的南北及对外运输大通道。"三横"分别是:由长江、沿江铁路、高速公路、管道组成的沿江综合运输大通道;由陇海铁路、高速公路等组成的东西向综合运输大通道;由浙赣铁路、高速公路等组成的舟山经宁波、杭州、金华至江西的综合运输大通道。"一圈"指由高速公路、轨道交通构成的都市圈快速交通网)的综合运输通道。《纲要》首次打破了地区、体制及行业界限,从整合长三角地区交通资源的角度出发,通过跨地区的资源整合,完善沿海港口、公路、内河航道、综合运输枢纽布局,建立起智能化、信息化的交通支持系统,为全面提升运输服务和管理水平,建立区域现代化的综合运输体系创造了条件，向着真正意义上的长三角交通一体化方向发展。

这一时期，我国城际公共交通运输也得到快速发展。

2003年9月13日，江苏江阴至靖江的城际公交开通，这是江苏省首条跨省辖市的城际公交线路。江苏博瑞杰公交客运有限公司（由江苏扬子大桥股份有限公司、靖江飞陵运业有限公司、新国线集团江阴运输有限公司共同合资）负责靖江至江阴城际公交的运营，平均每班间隔25分钟左右；客流高峰时，每班间隔15分钟左右。票价由原来的8.5元降为6元，城际公交实行无人售票方式，共设12个站点，靖江设7个站点，江阴设5个站点。城际公交车的开通，使两地间公交的行程时间由原来的1个多小时缩短为15分钟。

2005年9月，广东广州至佛山城际公交开通，首期开通4条线路，最低价2元起步，并根据线路长短和客源情况，各条线路实行分段计价，票价在2元到7元不等，由佛山恒通客运有限公司运营。

2006年11月19日，郑汴（郑州至开封）城际公交开通，共形成城际公交线路6条，票价7元，由河南神象城际公交公司投资运营，成为我国中西部地区首家开通的城际公交。

2007年，作为长株潭一体化重要标志的长株潭城际公交开通运行，共开设线路6条，配备大型高等级客车12台及空调公交车约100台。同年7月，浙江绍兴—诸暨两地城际公交开通，全程51公里，旅途时间约1.5小时，每天始发28个班次，首末班时间分别为早上6时和晚上7时，起讫站点为绍兴汽车西站和诸暨客运中心。

2008年，我国另一条跨区域城际公交——杭州至湖州德清城际公交开始运营。该线路全程50公里，设计用时80分钟，起点站设在德清客运总站，在德清县境内还设立3个公交站点，经杭州北站停靠后,终点站设在武林门。每趟公交车间隔时间为20分钟,全程票价比快客票价低30%左右,控制在10元以内。

2009年10月26日,山东章丘至济南城际快速客运公交开通。该线路为山东首条城际快速公交专线。同年12月31日,上海嘉定至太仓城际公交开通,全程16公里,运行时间20分钟。

2010年1月1日,南京到溧水城际公交正式开通,宁溧线城际公交由南京溧晨汽车客运有限公司经营,该线路共投放18辆48座双开门豪华公交车,先期投放10辆。车辆全部安装GPS设备。这条城际线路沿途停靠7个站点,实行循环方式运行。

我国城际公交从2003年出现到2010年底,上海、河南、山东、江苏等省(市)的多个城市已经开通或者试点城际公交线路,城际公交在全国越来越多的地方,发挥着加强城市之间、城乡之间联系的作用。

3. 农村公路客运服务能力增强

20世纪90年代以后,各级交通主管部门按照"积极扶持,因地制宜,合理规划,加强管理"的方针,积极培育农村公路客运市场,通过发展农村客运,达到"以运助农、促农、兴农"的目的,农村客运得到快速发展。到1998年底,我国有农村客运班线达到4.4万条,日发班次33.9万个;有95%的乡镇和75%的自然村通了客车。1999年,全国乡镇通车率和行政村通车率进一步提高,据20个省(区)的调查,已有40多个县实现了村村通客车。到2000年底,全国农村公路客运班线达到6万多条,日发班次近40万个。

为探索在新时期进一步发展农村客运的经验,2003年3月,交通部以交公路发〔2003〕96号印发《关于加快发展农村客运和开展农村客运网络化试点工作的通知》,组织开展为期两年的农村客运网络化试点工作。按照活动开展的实施方案,在东、中、西部地区，选定了浙江、广东、河北、河南、江西、内蒙古、贵州等7省(区)的15个市(县、区)为交通部的试点地区，共涉及932个乡镇，2.33万个行政村，2766万农村人口。同时，各省也确定了1至2个省级试点地区。为指导各地做好试点工作，交通部发布了《乡村公路营运客车结构和性能通用要求》《汽车客运站级别划分和建设要求》两个行业标准，出台了指导试点地区农村客运发展的政策措施，加强了对各试点地区的检查指导。2004年，交通部开展的农村客运网络化试点工作不断深入，农村客运有了较大发展。截至当年底，全国农村客运车辆达到20.74万辆，营运线路6.55万条；全国农村地区共有等级客运站和简易站7948个，候车亭和招呼站点10.42万个。

从2004年起，交通部将乡镇农村客运站纳入基本建设计划，每年补贴地方5亿至6亿元专项资金，用于农村客运站建设。仅2005年一年，全国就投资14亿元，建成农村乡镇客运站1162个，在建2059个，建设停靠站点16057个，使我国农村客运站点设施落后的局面得到较大改观。

2005年5月24日，交通部在杭州召开"全国农村客运网络化试点工作经验推广会"，在全国范围内推广农村客运试点工作取得的经验。2003年以来的两年里，各试点地区共投资41.6亿元，新改建农村公路近万公里；投资2.28亿元，新建等级客运站122个，简易站137个，候车亭1058个，招呼站9368个。试点地区新增农村客运线路252条，改造客运线路740条，农村客运网络更趋合理，通达深度明显提高。15个试点地区的乡镇客车通达率均达到了100%，通客车的行政村增加了2762个，行政村客车通达率由77.2%上升到90%，通公路的行政村全部开通了客运班车。其中，河北廊坊市、广东中山市、河南濮阳市、江西新余市渝水区、贵州息烽县、内蒙古开鲁县和五原县等7个试点地区的行政村客车通达率达到了100%，实现了"村村通客车"。通过推广农村客运网络化试点经验,制定优惠政策,研发农村客运车辆,加快农村客运站场建设,农村客运的通达深度明显提高。

据统计,"十五"期间,全国共新建农村等级客运站3232个,停靠站点10.2万个。到2005年底,全国乡镇客车通达率达98%,行政村客车通达率达81%;农村客运车辆突破32万辆,同比大增了54%,营运线路达6.6万条。农村客运量在公路客运总量中的占比达到30%左右。农村客运有了进一步的发展,保障了广大农民安全、便利出行。

进入"十一五"后,全国农村公路客运开始从量变到质变过渡。

2006年当年,全国建成等级农村客运站4646个,建设停靠站点2.93万个。2004年以来的三年里,农村公路客运网络化工作成效显著。各地交通部门坚持典型引路,以点带面,积极推广试点地区成功经验,激发了其他地区发展农村客运的积极性,有力促进了农村客运的全面发展。截至2006年底,农村公路总长超过300万公里,建制村客车通达率达到83.2%;全国农村客车和农村客运班线分别达34.4万辆和7.4万条,分别比2005年新增1.98万辆和8424条。

2008年3月27日,交通运输部以交公路发〔2008〕144号发布《关于印发2008年农村公路工作若干意见的通知》,要求全面提升农村公路建设质量,健全路站养运发展机制,推进城乡客运协调发展,努力实现农村公路交通又好又快发展目标。当年,全国农村客运站完成投资25.43亿元,同比增长5.2%,全年完成农村客运量73.29亿人,旅客周转量3214.34亿人公里。截至2008年底,全国农村客运站点数量达到14.25万个;客运班线达到7.82万条,平均日发班次98.05万个,分别是1998年的1.78倍和2.89倍;全国建制村通客运班车率达到86.8%,农村地区出行更加便捷。

2009年12月29日,交通运输部印发《关于进一步加强农村交通运输安全工作的通知》,旨在努力解决农村交通安全存在的突出问题,预防和减少农村公路交通事故,为农村群众出行创造安全畅通的交通环境。至2009年底,全国共有农村客运车辆34万辆,农村客运站14万多个,农村客运线路近8万条,日均发班约100万个,农村客运班车通达全国3.5万个乡镇、55.3万个建制村,全国乡镇、建制村通班车率分别达到98%和87.8%。

2010年,全国继续开展农村客运网络化试点,加快客运站建设,启动了农村客运班车通达工程。到2010年底,全国农村客运班线达8.5万条,乡镇、建制村通班车率分别达到98%、88%。农村地区初步实现公交化出行。

"十一五"期间,各地交通运输主管部门继续大力发展农村客运,在城乡客运一体化建设方面取得了显著成效。如,江苏省在加快交通基础设施建设的同时,进一步推进城乡客运班线发展,基本形成了沟通城乡、覆盖村点的农村客运班线网络。江苏全省16601个建制村,开通农村客运线路2185条,通达建制村15731个,通达率近95%,日均行驶里程346万公里,为广大农民群众提供了方便的出行服务。特别是溧阳、句容等地,在全面推进农村客运通达工程的基础上,积极探索形成了"镇村公交""区域公交""全域公交"等城乡客运一体化发展新模式,成为有效提升农村基本公共服务水平的一大亮点。截至2010年底,山东省农村公路里程达20.3万公里,行政村通油路比例达到99.2%,行政村通客车率达到99.8%。2010年底,随着重庆巫山县管阳镇至当阳乡22公里的农村公路改造工程完工,重庆市农村公路建设"双百"工程,即"建制村通达率100%、乡镇通畅率100%"的目标圆满实现。"十一五"期间,重庆累计投资超过400亿元,新改建农村公路超过5万公里,改建农村渡口1600个、新建渡改桥84座、实施安保工程5000公里,农村公路总里程超过10万公里。解决了550个乡镇通畅、3000个建制村通达问题。先后开行农村客运线路2500条、投入营运车辆1.2万辆,乡镇和建制村通客车率分别达到99.4%、72.6%。农村公路的建设,改变了重庆农村地区长期以来的封闭状况,惠及了千百万农民群众,极大地推动着重庆统筹城乡发展的进程。"十一五"的5年里,青海省新增农村公路2.7万公里,截至2010年底,全省农村公路里程达到4.89万公里,实现所有行政村通公路,农村客运班线增加到682条,客运班车通乡镇率和通行政村率分别达到89%和74%,比"十五"末分别提高了4个百分点和7个百分点。截至2010年底,云南省建制村公路通达率达到98%,按照"路站运管安"一体化的发展思路,至2010年底,开通农村客运班线3441条,投入客运车辆2.7万辆,日发班次4.9万班,全省乡镇通班车率达96%,行政村通班车率达67%,初步形成遍布城乡的客运服务网络,3300多万农民群众受益。

4. 城市公共交通优先发展

城市公共交通是为社会公众提供基本出行服务的公益性事业,是关系人民群众"衣食住行"的重大民生工程。推进城市公共交通优先发展,是深入贯彻落实以人为本执政为民理念、顺应人民群众出行新期待的重大战略决策,也是立足我国实际、符合世界交通运输发展趋势和规律的重大战略选择。2008年国务院大部制改革将城市公共交通管理职能划归交通运输部。交通运输部以推进实施公交优先发展战略为核心,不断加大投入力度,加快完善政策措施和法规标准。各地按照中央的统一部署和要求,积极从规划建设、财政保障、路权优先等方面,加大对城市公共交通发展的支持和投入力度,城市公共交通优先发展进入了新的历史时期。

——优先发展呈现新局面。

党中央、国务院对城市公共交通优先发展高度重视，中央领导多次对城市公交发展做出重要指示。《国民经济和社会发展第十二个五年规划纲要》中明确："实施公共交通优先发展战略，大力发展城市公共交通系统"，并提出将"城市建成区公共交通全覆盖"纳入国家基本公共服务体系，首次将公交优先发展战略上升为国家战略。地方各级人民政府积极出台支持城市公交优先发展的政策措施。福建、湖北、山西等省人民政府制定了优先发展城市公交的实施意见。北京市明确将城市公交补贴纳入公共财政预算。福建省设立了省级公交发展专项扶持资金，用于支持公交场站建设和车辆购置更新。江苏省建立了全省城市客运工作联席会议制度，形成跨部门协调推进机制。上海市将机动车牌照拍卖收入全部用于城市公交发展。杭州、昆明等城市明确从城市土地出让收入中抽取一定比例资金，专项用于城市公交发展。哈尔滨市出台政府规章，规定公交基础设施与城市建设项目主体工程同步规划、同步设计、同步建设、同步验收、同步交付使用。这些做法和措施有力地推动了城市公交基础设施建设和公共交通的优先发展。

——服务水平迈上新台阶。

各地积极加快城市公交线网优化和设施建设，创新服务方式，提高服务品质，多层次、一体化的公共交通服务体系基本形成，城市公交服务覆盖面不断扩大，公交出行分担率稳步提升。2010年北京市公交出行分担率已达到40%。2010年，全国城市公共交通系统客运量达726亿人次，相当于将全国城市居民每年运送100多次，其中轨道交通完成客运量56亿人次。北京、深圳、西安、济南等城市因地制宜地开通了上下班高峰通勤班车、商务快巴、旅游专线、社区接驳公交、学生专线公交等多种形式的公交服务，得到了社会高度认可。各地积极落实对老年人、残疾人乘坐公交车的减免票。江苏溧阳、浙江嘉兴、河南新乡、山东邹平、福建尤溪等地积极创新城乡客运运营模式，推进城乡客运一体化发展，"市民下乡、农民进城"更加便捷。许多城市积极开展公交行业优质文明服务活动，"星级服务"文明线路、"青年文明号"先进班组和模范个人不断涌现，济南公交推行的"公交论语"进车厢、北京"神州第一街、领先大1路"等一大批公交优质服务品牌赢得了社会广泛赞誉。

——设施建设取得新进展。

通过规划、项目和资金引导，各地加快了城市公交基础设施建设步伐，公交线网密度、站点覆盖率不断提高。截至2010年底，全国公共汽电车运营线路达到3.4万条，运营线路总长度达63万公里。轨道交通建设稳步推进，全国共有10多个城市开通轨道交通线路53条，运营线路总长度1471公里，其中地铁、轻轨线路分别为42条、1217公里和5条、169公里。北京、上海、广州、深圳等城市轨道交通网络初步形成。全国10多个城市相继建成了城市快速公交（BRT）系统，运营线路里程近541公里。济南、常州、郑州等城市初步建成了快速公交网络化运营系统，在城市交通系统中的主骨架作用日益显现。全国共开通公交专用车道3726公里，北京、大连等城市探索设置了公交优先通行信号。上海虹桥枢纽、深圳福田枢纽、南京南站枢纽等一批集多种运输方式于一体的综合客运枢纽相继建成，群众换乘更加方便。

——运营管理取得新成效。

各地积极探索城市公交特许经营制度和服务质量招投标制度，加快推进经营主体结构调整，提高城市公交运营管理的制度化、规范化水平。北京等城市将公交经营业务从上市公司剥离，上海市将全市40多家公交企业整合成为7家公交公司，深圳市将 30 多家公交企业整合成为 3 家公交企业，为公交企业做大做强、实现集约化经营创造了条件，有效消除了企业数量多、规模小、逐利性强和不良竞争的弊端，更好地体现了城市公交的公益属性。一些城市积极创新城市公交运营管理模式，深圳的成本制度、济南的星级服务管理、成都的"网运分离"、佛山的公交联合体经营模式等，都为规范公交市场经营和服务质量管理积累了宝贵经验。北京、广州、深圳等部分城市建立了城市交通运行监控中心，实现了对城市轨道交通、公共汽电车的一体化监控和管理，提高了运营监管效率和应急处置能力。

5. 城乡客运一体化加快推进

从 20 世纪 90 年代中后期开始，随着我国城市和乡村人民生活水平的不断改善，城市化进程不断加速，城乡交往不断深入，人员往来不断增加，需求呈现多层次、多类型重叠交织并存状态，随着城市的不断扩大，城乡客运一体化的诉求越来越迫切并得到长足的发展。

——中央加大城乡客运一体化支持力度。

党的十六大提出"统筹城乡发展"战略思想，将城乡一体化发展提到一个崭新的高度。党中央、国务院重视解决"农村、农业、农民"问题，交通部门加大了对农村公路、站场和运输服务的扶持力度，积极探索发展好农村客运政策、措施和有效途径。

2008 年中央 1 号文件《关于切实加强农业基础设施建设，进一步促进农业发展农民增收的若干意见》，指出"要大力发展农村公共交通""完善扶持农村公共交通发展的政策措施，改善农村公共交通服务，推进农村客运网络化和线路公交化改造，推动城乡客运协调发展"。同年，出台了《中共中央关于推进农村改革发展若干重大问题的决定》，其中要求"逐步形成城乡公交资源相互衔接、方便快捷的客运网络"。

2009 年，交通运输部公路运输司组织了"新时期公路运输业发展十大专题大调研"。在《统筹城乡客运协调发展调研报告》中首次提出了"城乡客运一体化"的概念,并对统筹城乡客运发展的总体思路进行了探索。核心内容是以"深入实践科学发展观,以广大城乡居民的切身利益为根本出发点,始终坚持公交优先、城乡一体的发展理念,充分发挥政府主导和部门联动、政策引导和市场互动的机制作用,按照城乡客运协同并进的思路,在分类指导中强调统筹,在共同发展中强化协调,努力形成资源共享、衔接有效、布局合理、结构优化的城乡客运一体化发展格局,全方位、多层次地为城乡居民提供快捷、安全、方便、舒适并且经济、高效的公路客运服务"。坚持"以人为本,均等服务。因地制宜,分类指导。政府主导,多予少取。整合资源,规范管理"为基本原则,并提出了"以提升服务为核心,深入推进城市公交优先发展;以完善网络为重点,大力促进农村客运加快发展;以城乡一体为导向,不断优化城乡客运衔接协调"等三项重点任务。

2009年12月31日,财政部、交通运输部联合发布《城乡道路客运成品油价格补助专项资金管理暂行办法》(财建〔2009〕1008号),明确界定了农村客运燃油价格补贴的原则、对象、范围、标准以及补贴资金管理等,极大促进了城乡公路客运健康发展。2010年,全国继续开展农村客运网络化试点,加快客运站建设,启动了农村客运班车通达工程。2010年2月21日,在"全国农村公路工作电视电话会议"讲话中,交通运输部部长李盛霖第一次提出,将"加快推进城乡客运交通一体化进程"作为落实2010年中央1号文件要求、履行好交通运输部门职责的重要任务。讲话明确提出推进城乡客运一体化进程是实现交通运输服务均等化的必然要求,并要求"各地交通运输部门要认真贯彻落实中央统筹城乡经济协调发展的要求,加快推进城乡客运一体化进程,形成城乡公共客运资源共享、相互衔接、布局合理、方便快捷、畅通有序的新格局。有条件的地方，要用公交化的理念，推进农村客运班线改造；用便捷化的理念，支持城际客运资源整合；用一体化理念，优化城乡客运网络衔接。促进城市公交扩大服务范围，推进公共交通服务均等化"。

2010年12月，交通运输部副部长冯正霖在江苏省城乡客运一体化发展工作会议上表示，发展城乡客运业，要不断提升服务品质和发展质量，全方位满足运输需求。会议提出了"十二五"期间推进城乡客运一体化的目标和工作重点，为下一步工作指明了方向，具有里程碑意义。

——各地积极推进城乡客运一体化发展。

在一系列政策措施引导下，城乡客运统筹发展得到了一定程度的促进，浙江、江苏、重庆、北京等省市率先开展城乡旅客运输一体化的尝试，取得了较好的效果，使当地城乡居民享受到同等旅客运输服务，提高了服务水平。

2008年，重庆市人民政府发布《关于加快农村客运发展的意见》（渝府发〔2008〕112号）文件，作为指导全市城乡公路客运一体化特别是加快农村客运发展的政策依据，为促进全市城乡公路客运一体化工作起到了推动作用。重庆在推进一体化工作中，强调城乡客运无缝对接的重要性，使城乡客运融为一体，通过城乡一体化逐步打破二元结构，真正体现出城乡一体化的和谐、统筹发展。2008年，北京市发布《郊区公共客运改革发展方案的通知》（京政办发〔2008〕2号）和北京市运输管理局《关于实施区县境内公共客运改革发展的指导意见（试行）》等文件，按照推进城乡公共交通一体化的总体要求，远郊区县政府要制订境内客运改革方案，主要内容包括理顺体制、规范运营服务、财政扶持政策、行业监管措施等。

2009年，浙江嘉兴市区城乡公交运营体制改革完成，以承包挂靠经营模式为主的民营化城乡公交在嘉兴市区运行6年之后,将全部改由国有公司经营,为嘉兴城乡居民公交出行提供更好的服务保障。2009年10月,山东全省城乡交通一体化工作启动后,山东省交通运输厅、济南市交通局、章丘市政府建设"区域交通运输现代化、城乡交通一体化"示范区签字仪式及章丘至济南城际快速客运公交开通仪式在章丘举行。作为山东省开通的首条城际快速客运公交线路,该线带动了全省城际公交改造,推动了山东全省加快形成运作高效、舒适快捷的城际快速客运公交线路网络。2009年11月24日,四川省交通运输厅在成都市双流县召开了城乡客运一体化发展现场会,与会代表实地考察了双流县推进城乡客运一体化发展工作所取得的成效。

2010年,江苏省政府出台了《关于加快推进我省城乡客运统筹发展的意见》(苏政办发[2010]143号),对规划衔接、财政投入、投放车型等提出了要求、明确了政策,加大对城乡客运统筹发展的扶持力度。"十一五"期间,江苏省在加快交通基础设施建设的同时,进一步推进城乡客运班线发展,基本形成了沟通城乡、覆盖村点的客运班线网络。到2010年,江苏溧阳、句容等地,在全面推进农村客运通达工程的基础上,积极探索形成了"镇村公交""区域公交""全域公交"等城乡客运一体化发展新模式,成为有效提升农村基本公共服务水平的一大亮点。

6. 出租汽车客运服务能力稳步提升

进入21世纪,随着地方政府机构改革的实施和部门职能的转变,全国出租汽车主管部门已由多家分管逐步过渡到由交通部门一家管理。截至2000年底,全国共有出租汽车82.6万辆。其中,由交通部门主管的58.6万辆,近71%;由建设部门主管的21.5万辆,占约26%;由其他部门主管的2.5万余辆,占3%。在建设部门和其他部门管理的24万辆出租汽车中,交通部门也参与管理的有11万余辆,占47%。其中,北京、河北、黑龙江、上海、浙江、安徽、福建、广西、海南、重庆、西藏、陕西、甘肃、青海等14个省(区、市)的出租汽车全部由交通部门一家管理。在4个直辖市、27个省会(自治区首府)城市、5个计划单列市共36个大中城市中，出租汽车由交通部门管理的城市有20个，即北京、上海、重庆、石家庄、呼和浩特、沈阳、哈尔滨、杭州、合肥、福州、南宁、海口、拉萨、西安、兰州、西宁、宁波、青岛、厦门、深圳；由建设部门管理的城市有14个，即天津、太原、长春、南京、南昌、济南、郑州、广州、武汉、成都、贵阳、昆明、银川、乌鲁木齐；由交通、建设部门共管的城市是大连；由其他部门管理的城市是长沙。

2002年，交通部根据《国务院办公厅转发建设部、交通部等部门关于清理整顿城市出租汽车等公共客运交通意见》和《国务院办公厅关于切实加强出租汽车行业管理有关问题的通知》的精神，加大了对出租汽车行业管理工作的指导力度，会同有关部门提出了出租汽车行业发展的政策措施：一是实行总量调控，保持行业稳定，出租汽车有效里程低于70%的城市和地区原则上不再投放新运力；二是严格规范出租汽车经营权有偿出让和转让行为；三是坚决遏制向出租汽车企业和出租汽车司机的乱收费；四是加大了对出租汽车经营企业的管理力度。由此，出租汽车行业逐步走上稳定、规范发展的轨道。

2005年，交通部认真贯彻落实《国务院办公厅关于进一步规范出租汽车行业管理有关问题的通知》(国办发81号)精神，对出租车经营权有偿使用进行规范，减轻出租车负担，督促出租车企业调整降低驾驶人员的管理费，开展打击"黑车"专项活动，有效应对油价变动对出租汽车行业的影响，消除了少数城市出租车行业的不稳定因素。

2008年，国务院将指导城市客运的职责划入交通运输部，各地也将出租汽车划归交通运输主管部门一家管理，理顺了出租汽车管理体制。

截至 2010 年年底,我国城市出租汽车总数已达 122.57 万辆,企业 8400 多家,从业人员 200 多万人,年客运量 346.28 亿人次,运营里程 1488.85 亿公里,全国所有城市以及经济发达地区的乡镇都有出租汽车运营。出租汽车已成为人民群众出行的重要方式之一,在方便人民群众出行、帮助解决社会就业、提升服务能力、促进经济社会发展等方面发挥了积极作用(表 6-5)。

城市出租汽车数量　　　　　　　　　　　　表 6-5

年　份	城市出租汽车数量(辆)	年　份	城市出租汽车数量(辆)
1998 年	754247	2005 年	937000
1999 年	791411	2006 年	929000
2000 年	826000	2007 年	960000
2001 年	870023	2008 年	969000
2002 年	884195	2009 年	971579
2003 年	903381	2010 年	1225740
2004 年	904000		

来源:交通运输部网站。

7. 旅游、长假客运及自驾游步入快速发展期

20 世纪 90 年代中后期,国民经济快速发展,人民收入增长迅速。从 1995 年开始,国家实行每周双休日制度。从 2000 年开始,实行春节、"五一国际劳动节"和"十一国庆节"三个长假制度,这些因素都极大地促进了旅游业和公路旅游客运的快速发展,公路运输旅游客运呈现出前所未有的大好局面。

——旅游客运及长假客运。

1997 年,我国城乡居民家庭人均可支配收入为 5188 元、农村居民家庭人均纯收入为 2090 元;2000 年至 2002 年,我国城乡居民家庭人均可支配收入分别达到 6280 元、6860 元、7703 元,跨过了 1000 美元大关,具备了跨入汽车社会的物质基础。到 2010 年,我国城乡居民家庭人均纯收入为 19109 元、农村居

民家庭人均纯收入为5919元，分别比1997年底增加了2.68倍、1.83倍。经济的发展、收入的增长、假期的延长，推动了旅游的发展。20世纪90年代末期，特别是进入21世纪后，自驾游步入快速发展时期。

1997年，国内游客人数为6.44亿人次，国内旅游总消费为2112.7亿元；到2010年，国内游客人数已经达到21.03亿人次，国内旅游总消费达到1.26万亿元，分别增长2.27倍和近5倍。既超过国民经济发展速度，也超过全社会客运量发展速度，公路客运成为旅游的重要出行方式。

1998年底，我国旅游客车已达1.5万辆，其中高档客车达3754辆。到"十五"末的2005年底，我国旅游客车已经达到4万余辆，有力保障了旅游事业的发展。

1999年8月，国务院发布《全国年节及纪念日放假办法》后，"五一"和"十一"长假成为与一年一度的"春运"同等繁忙的时段。长假制度的实施，给公路旅游客运发展带来了机遇。

为做好长假期间的客流运输，交通部于2000年发出《关于做好"旅游黄金周"假日运输工作的通知》，要求全国公路运输战线的广大职工节日期间坚守岗位，克服因客流猛增而造成运力紧张的困难，精心组织，调配运力，确保公路旅游客运有序运行，圆满完成节日旅客运输任务。据对旅游景点较多的河南、陕西、山东、安徽、江苏、浙江、湖南、湖北、四川、海南和广西等11个省（区）的调查，以2000年"五一"长假为例，节日7天共完成客运量1.75亿人，日均客流量比2000年春运增长28%，其中旅游客运量7014.8万人；节日期间共投放运力30万辆，其中旅游客车4.2万辆，安全生产情况较好。

从2001年至2007年的7年里，春运、"五一"和"十一"三个长假的客流平稳增长，主要呈现以下特点：一是"五一"和"十一"长假的客流增长大都以中短途旅游和探亲客流为主，特别是

"十一五"后,进入农村旅游的客流大幅增长。二是旅游客流增幅较大。其中北京、上海、浙江、江苏、福建、安徽、重庆、广东、天津、四川、山东、海南、新疆等省(区),以及黄山、泰山、庐山、九寨沟、桂林、三亚、大连、北海、宁波、厦门等风景名胜地区和大中城市郊区旅游客流增幅较大。三是交通部门组织了充足的运力,满足旅游客流的需求。四是在公路管理部门的努力下,节日期间除因个别路段在个别时间因交通流量过大或事故原因出现短时拥堵外,全国公路基本保持畅通。据统计,7年里,春运、"五一"和"十一"长假累计分别运送旅客122.41亿人、19.21亿人(2003年因受"非典"影响取消"五一"长假)和21.86亿人。

2008年取消"五一"长假后,至2010年,"春运"和"十一"长假期间,人们保持了旺盛的出游热情,运输的特点与以前基本相似,但人们对出行舒适度、安全性和公路运输部门的服务能力和水平提出了更高的要求。2010年,"十一"长假发送旅客4.74亿人。

长假制度的实施,极大满足了富裕起来的城乡百姓出外旅游观光的需要,刺激了公路旅游的快速发展。在黄金周期间,各地交通运输部门针对节日旅游的特点,以开往旅游城市、景区、景点的路线为重点,加强运力储备,使百姓换乘更加方便,乘坐舒适性有所提升。同时,管理部门加强监管和监测,畅通投诉渠道,保证城乡公路客运市场秩序井然。

——红色旅游方兴未艾。

进入21世纪,在大力发展农村公路建设的同时,交通部先后启动了革命圣地公路、红色旅游公路等项工程的建设,极大刺激了革命圣地旅游、红色旅游的发展,这不仅给老区人民带来了可观的经济收入,也使广大游客受到了革命传统和爱国主义的洗礼。一些革命老区还通了高速公路,使得贫困落后的革命老区迅速脱贫致富。在井冈山革命老区，随着泰井高速2005年3月31日通车后，旅游人数大幅度上升。2005年当年，井冈山旅游接待量迅速跃升至218万人次，旅游业收入达11亿元，同比分别增长约七成。在广西百色，红色旅游成为革命传统教育和经济发展的一大亮点，每年都在升温。1999年以后，每年到百色参加红色旅游的游客都超过100万人次，促进了百色当地特色加工业和第三产业的发展，促进了产业升级和农民增收。在开展红色旅游的3年里，广西的红色之旅共接待游客2000万人次，收入30亿元。在湖北，据不完全统计，仅2007年1年，该省包含武汉、黄冈、湘鄂西、孝感、麻城等红色系列景区在内的14个国家重点经典景区，共接待游客358.72万人，其中青少年游客约占70%，实现旅游收入8758万元。

截至2007年底，我国推出红色旅游3年多来，全国各级交通主管部门大力建设红色旅游公路。据不完全统计，交通部门仅车购税中拨款就达9亿多元，涉及20个省份，建设红色旅游公路里程约1700公里，同时大力发展红色旅游景区的汽车客运，促进了红色旅游的开展。3年多里，全国红色旅游景区共接待游客4亿人，综合收入达到1500亿元，吸纳直接从业人员近40万人，间接从业人员超过143万人。据统计，2009年全年，全国参加红色旅游的人数突破1亿人，给各革命老区带来的综合经济效益达200亿元。方兴未艾的红色旅游成为老区发展的"催化剂"，正在"反哺"着众多昔日穷乡僻壤的革命老区。

自2004年中央办公厅、国务院办公厅印发《2004—2010年全国红色旅游发展规划纲要》，到2010年底的6年里，红色旅游共接待游客13.5亿人次，2010年当年接待游客人数从2004年的1.4亿人次增长至4.3亿人次，年均增长20.4%，已占到国内旅游人数的五分之一。红色旅游已成为我国旅游业重要组成部分和生力军，取得了良好的政治效益、社会效益和经济效益。

此外,众多省市结合自身的特色,开设具有本地特色的旅游项目。如北京利用2008年奥运会举办之机,推出了奥运场馆游。开发出有北京特色的郊区游、农家游等。河北张家口推出了张北冬季滑雪游、夏季坝上草原游等等,极大带动了当地的经济发展。

——自驾游服务水平不断提升。

进入新世纪,随着我国经济的快速发展,汽车进入家庭的步履开始加快。自驾游很快从沿海及中心城市向乡镇、农村辐射。2000年开始,随着国民收入水平的提升,自驾游开始形成有组织、较正规的出行方式。

节假日特别是"十一"长假的自驾出游,已经成为造成部分公路特别是高速公路拥堵的重要原因。如,2010年"十一"长假期间,北京高速公路的日车流量突破100万辆;同期,辽宁全省高速公路日均出口车流量突破40万辆;江苏省高速公路日车流量突破110万辆;四川高速公路日车流量突破130万辆。再如,甘肃省在节假日期间,高速公路车流量同样增长迅速,2009年日均车流量为2.88万辆,2010年达到9.45万辆,其中自驾车旅游的车流和人员增长贡献巨大,成为甘肃长假期间的一道靓丽风景。据河南省旅游局统计,2010年"十一"长假期间,河南自驾游的人数激增,已经占到省内游客的七成以上。

为更好地满足人民群众的出行需求,进一步提高公路交通应急保障和公共服务能力,"十五""十一五"期间,交通运输部和各地交通主管部门建立了以网站为主要手段的信息发布及出行服务的平台,并根据本地实际情况,通过多种手段提供路况信息,服务于公众的出行。如陕西,早在2002年8月26日就正式开通了"陕西省公路路况信息服务系统",每周都通过网站、电视、电台、报纸、可变情报板、电话等六种方式发布即时路况信息，最多的一天接听的热线电话达到 359 个。2008 年 2 月 5 日，由川高公司与四川省旅游局共同主办的《冬季自驾游指南》发放仪式在四川成雅高速公路收费站举行。《冬季自驾游指南》的内容包括四川具有代表性的冬季旅游景点资料、出行路线、沿途路况、公路里程以及冬季驾驶的注意事项和冰雪路面驾驶技巧等信息。为自驾车游客提供了全面详实的出行信息。此次发放《指南》共计 10 万册，对于当时遭受冰冻灾害的部分自驾车游客来说，无异于雪中送炭。

此外，在交通部引导下，各地大力开展联网收费、智能交通改造等，大力提高公路网络的通过能力。众多地区还推出手机短信提示、提供电子地图等服务，努力为广大车主的出行提供便利。

8. 重点时段客运得到有力保障
——春运运输保障。

历次春运来临之前，全国各级交通运输部门在确保春运任务顺利完成方面做出了积极有力的探索，春运服务保障能力显著提升。1999 年 1 月，国务院办公厅转发劳动保障部等部门《关于做好灾区农村劳动力就地安置和组织民工有序流动工作意见的通知》。《通知》特别要求，针对可能出现的春节前农民工大规模返乡、春节后农村劳动力集中外出、主要输入地区和中转城市农民工大量滞留等问题，制订周密可行的应急预案和措施，要统筹安排运力，确保铁路、公路干线、港口、车站、码头、机场运输安全和畅通。

1999 年春运从 2 月 1 日起，共计 40 天。按照意见要求，各地纷纷发出《关于做好 1999 年春运和民工有序流动工作的通知》。以北京为例，由于节前旅客运输任务量大、客流高度集中，北京地区于 1 月 17 日提前 15 天进入春运。公路客运所需的 20 万辆次车班提前安排到位，另有 800 多部车随时备用。

进入"十五"以后,春运旅客运输量逐年上涨。2003年,全国客流量首次超过18亿人次,其中,铁路运输旅客1.3亿人次,公路16.6亿人次,水运2400万人次,民航运输旅客约870万人次,基本实现了"旅客购票方便,车船航班正点,出行快捷安全,满意程度提高"的目标,创造了春运历年来的最好水平。

2006年1月,由交通部部长李盛霖,副部长翁孟勇、冯正霖、徐祖远、黄先耀分别带领的5个春运检查组,深入到北京、华南、长江沿线、渤海湾、华东等地区的客运站、客运码头、高速公路服务区、收费站、客运班车和客滚船舶,检查安全措施、应急预案的落实情况,运力组织和服务情况。春运期间,全国公路客运投入70万辆大中型客车,日发班次200万个,平均日发送旅客4692万人次,高峰日发送旅客5767万人次,公路客运占春运客运总量九成以上,继续发挥春运骨干作用。

2007年2月,交通部副部长冯正霖在全国春运工作电视电话会议上发表讲话,强调春运以提高运输服务质量为重点,尽最大努力满足旅客出行需求。春运期间,要及时调整班次密度,适时增开包车(船)或加班车(船),确保运力充足。要采取延长售票时间、增设售票窗口、增设售票点等多种措施,最大限度地保障旅客方便购票。要确保广大旅客买得上票,乘放心车,走安全路。

2008年春运开始之后,全国出现了大范围持续降雪、降雨、降温等恶劣天气,给春运工作带来较大影响。2008年1月,交通部发出《关于加强春运期间公路旅客运输和重点物资运输组织工作的紧急通知》,对春运期间全力做好恶劣天气下的公路运输组织工作,迎接可能来到的客流高峰、认真落实运输优惠政策以及严格春运信息报送制度等方面作出部署。

2010年1月6日,全国公路春运工作座谈会在南宁召开。1月26日,国家发展改革委、交通运输部等8部门联合召开2010

年全国春运电视电话会议，交通运输部副部长冯正霖要求交通运输系统全力以赴，科学组织，确保春运安全平稳有序进行。当天，中共中央政治局委员、国务院副总理张德江在北京长途汽车站检查春运工作，慰问交通运输战线干部职工，对优化运力安排、提高服务质量、完善应急预案、确保运输安全等公路运输管理工作做出指示。2月，交通运输部副部长冯正霖、徐祖远及驻部纪检组组长杨利民分别带队赴上海、湖南、湖北、广东、河北等地检查指导公路春运工作。至3月10日春运结束，全国旅客运输量达到25.57亿人次，创历史新高。

——黄金周运输保障。

由于春节的特殊性，旅客主要以返乡探亲为主，而"五一"和国庆期间，除部分返乡旅客外，公路客运承担更多的是出游旅客运输压力。1999年"十一"黄金周，全国出游人数达到2800万人次，假日旅游热潮席卷全国。长假制度的实施，给公路旅游客运发展带来了机遇。

2000年9月，针对"五一"和"十一"，交通部要求重点搞好客流调查和预测，制定周密可行的运输方案，保证旅客通行需求，要求全国公路运输战线的广大职工节日期间坚守岗位，克服因客流猛增而造成运力紧张的困难，精心组织，调配运力，确保公路旅游客运有序运行，圆满完成节日旅客运输任务。

2001年，公路客运在"五一""十一"旅游黄金周运输中发挥了主力军作用。"五一"和"十一"旅游黄金周，全国公路客运分别完成客运量2.75亿人和2.66亿人。2005年，全国旅游客车达到4万余辆，是1998年的2.67倍，高档客车的数量大幅提升，当年"五一"和"十一"黄金周的客运量分别是3.23亿人和3.26亿人。

新世纪以来，特别是进入"十一五"后，农村旅游的客流大幅增长。鉴于此，各地交通部门组织了充足的运力，以满足旅游客流的需求。据统计，7年里，"五一"和"十一"长假累计分别运送旅客19.21亿人（其中2003年因"非典"影响取消"五一"长假）和21.86亿人。

2010年"五一"期间，全国共投入大中型营运客车83万辆，日均发车230万班次，完成公路旅客运输量1.88亿人次，日均6270万人次；投入公交车辆38万辆，完成城市公交运输量6亿人次，日均2亿人次。国庆期间，全国投入大中型营运客车91万辆、日均发班247万班，公路运输量一直在高位运行，全国公路旅客运输量达到4.74亿人次，同比增长10.9%。全国城市公交完成客运量15.3亿人次，同比增长4.6%。公路安全形势总体稳定，重大公路交通事故死亡和受伤人数同比分别下降11.7%和46.4%。针对旅游热点地区，各地交通运输部门及时开通和增加通往旅游城市和旅游景区、景点的客运和公交线路及公交车辆，并结合运输通道情况，适时增加中短途客运车辆、旅游包车等，满足了旅客多样化运输需求。同时，交通运输主管部门和运输企业进一步加大了对从事省际客运班线、超长班线、夜间班线、包车和旅游班线运输企业的安全源头管控力度，有效避免了重特大安全事故的发生。

——重大活动期间运输保障。

北京奥运，实现了中国人的百年梦想。办好奥运，公路运输保障是其中十分重要、复杂的方面。

2007年6月，交通部在多次研究、反复沟通的基础上，制定印发了《北京奥运会及其测试赛公路交通保障及运输服务工作实施方案》，成立了由交通部牵头，北京等涉赛地区交通部门参加的奥运公路交通服务保障协调小组，并就有关工作进行了部署。2008年3月，交通部召开"奥运交通保障工作电视电话会议"，要求全力做好北京奥运会交通保障的各项工作，并对交通部承担的6个方面奥运交通保障任务做出周密部署。6月，交通运输部会同北京市政府等相关部门联合印发了《2008年北京奥运会残奥会期间北京市交通保障方案》，明确了奥林匹克专用车道设置与运行管理、分阶段削减机动车总量等方案。7月，为全力做好北京奥运会开闭幕式交通服务保障工作，奥运会开闭幕式交通服务保障方案出台。在奥运会开闭幕式期间，北京市开通28条奥运会开闭幕式公交专线，7条地铁线路保持24小时运营，机场线根据需求做好24小时运营准备。8月，交通运输部要求奥运会志愿者通勤运输保障各车队，要从细节抓起，为奥运会提供一流的交通服务保障。

奥运会期间，交通运输部从21个省（区、市）抽调836辆达到国Ⅲ排放标准的大型客车和1173名工作人员，组成奥运志愿者通勤保障车队，为4.79万名奥运志愿者提供集中通勤运输服务，开行的通勤班车线路共192条，涉及64所高校、23个竞赛场馆、16个非竞赛场馆和6个交通场站，未发生一起公路交通安全事故和服务质量投诉。

2008年9月6日至17日，第13届残疾人奥林匹克运动会在北京举行。本着"两个奥运，同时筹备，同样精彩"的原则，公路交通部门继续为运动员、观众等提供优质高效的服务。9月，《残奥会开幕式交通出行指南》和《残奥会闭幕式交通出行指南》发布。残奥会期间，北京市交通部门开行28条公交专线、22条常规公交线路、8条地铁线路，持有门票的观众可免费乘坐公共交通工具前往现场。以开幕式当天为例，北京地铁全路网共运送乘客321.75万人次，接受地铁工作人员服务的肢残乘客、盲人乘客等残障乘客达700余人次。

2010年5月1日至10月31日，第41届世界博览会在上海举行。交通运输部成立了由分管公路、水路的两位副部长出任组长的交通运输部上海世博会安保工作协调小组。2月，交通运输部副部长徐祖远主持召开专题会议部署上海世博会安保工作。

4月,上海世博会重点营运车辆联网联控系统正式开通,交通运输部冯正霖副部长出席开通仪式并作重要讲话。世博会期间,园区外部设置了轨道交通世博专线、旅游包车、水门直达等交通工具,为游客提供直达世博园区的服务,而园区内部,则设置了1条轨道交通线、2条观光线、3条地面公交线、4条水门航线和5条越江轮渡航线。园区内外多种交通工具协调配合,多样化地满足了游客往返和参观世博园区的需求。12月,交通运输部公路运输司被国家反恐怖活动领导小组评为"世博安保反恐怖工作先进单位";交通运输部公路运输司牵头负责的交通运输部上海世博会公路交通和公路运输安全保障工作组被党中央、国务院表彰为"上海世博会先进集体"。

二、货运能力大幅提升

1998年后,公路货运快速发展,公路货运量、货物周转量大幅增长,公路货物运输在综合运输中的占比举足轻重。

这期间公路货运的最大变化,就是货物运距的快速增长,突破了传统公路货运只限于中短途运输的局限。据统计,1990年,综合交通的货物平均运距是270公里,铁路达到705公里,而公路的只有46公里,公路平均运距不足铁路的1/15。到1997年底,综合交通货物平均运距、铁路货物平均运距和公路货物平均运距分别达到300公里、771公里和54公里,分别增长11.1%、9.5%和17.4%,公路货物平均运距仍只有铁路的1/14;到2010年底,综合交通货物平均运距、铁路货物平均运距和公路货物平均运距分别达到437.53公里、758.89公里和177.24公里,比1997年分别增长45.8%、-1.6%和2.28倍,公路货运的平均运距大幅提高了两倍多,接近铁路的1/4。

公路货运量、货物周转量和运距的大幅提升,标志着公路货物运输已经完成量变到质变的积累,发生了根本性的变革。

1. 零担及快速货运的发展

零担货运最能体现公路运输品种多样、灵活多变、能实现门到门服务的优势。20世纪90年代末期，在快速客运高速发展的同时，快速货运也开始兴起。随着高速公路网的逐渐形成，快速成为公路货运的一大亮点。

快速运输的货物具有多品种、小批量、高附加值、对时间敏感的特征，涉及诸如部分零担货物、集装箱货物、时令商品、鲜活易腐的货物以及用户要求快速送达的小件物品等。快速货运的要求，体现了时代的要求。快速货运在服务质量和运输速度上双管齐下，增加了小件速递业务等服务品种。部分快速货运企业还与一些客户建立了相对固定的业务关系，对一些产品实行全面包运，有的进而为客户提供仓储服务，实质上已是现代物流的雏形。

1998年，交通部在成都召开"全国公路运输工作会议"，决定公路货运以发展汽车快件货运为突破口，加快公路货运发展。为探索适应国民经济需要的货运组织形式，交通部于1999年重点组织了汽车快件货运试点。试点的目标是建立省内和省际之间的汽车快件货运网络，实现货物运输限时到达；摸索适合中国国情的快件货运经验，逐步完善汽车快件货运的管理规章和业务操作规程、规范；探索适合开展快件货运的企业运行机制；培育一批具有现代企业形象、一定规模的新型公路货运企业。为实现汽车快件货运试点的目标，制定了相关的措施与要求。根据各省（自治区、直辖市）交通主管部门的意见，交通部确定了以下18家汽车运输企业参加全国快件货运试点：浙江杭州长运集团公司、辽宁北方快速货运集团有限责任公司、北京零担运输公司、江苏常州市飞龙快件运输有限公司、四川绵阳市公路运输服务站、广东威盛交通实业有限公司、天津市大毕庄货运站、江西公路快运有限责任公司、安徽合肥汽车运输总公司、长沙市联运总公司、重庆市汽车运输(集团)有限责任公司、河北省快速货运有限公司、广西南宁汽车运输总公司、福建省汽车运输总公司、上海大众交通(集团)股份有限公司、山东省快速货运有限公司、吉林吉运集团快货运输公司、黑龙江省龙运货运代理(股份)有限公司。

到2000年底,汽车快速货运有了很大的发展:上海、四川、湖北、广西、福建、江苏、山东等省(区、市),分别制定了本地区的汽车快件货运发展规划。在试点过程中,部分企业采用承诺式服务,保证承运货物限时到达等手段,提高汽车快件货运的服务质量,深受货主单位的好评。上海大众集团公司和河北省快运公司,运用GPS技术,对本公司承运货物和运输车辆实施定位监控,使公司和货主及时了解运输车辆或所运货物的位置。在一些路网条件较好和经济比较发达的地区,有些客运公司充分发挥客运定线、定班运行的优势,利用客车底部货仓开展快件货物运输,不仅增加了企业的经济收入,也为汽车运输企业拓宽经营领域闯出了新路子。如河北省快速货运公司已经开通了省际6条、省内12条快货班线,达到了外通15个省的50多个大中城市,内联全省11个地级市,初步实现了"定线、定班、定点、定时"运输,省内11个地级市的分公司实现了微机联网。浙江省杭州长运集团公司采取自营、共营、合资经营、联运等多种经营方式,开通省际快件班线131条、省内快件班线31条。公路快件货运的开展,引导企业更加重视运输网络的开发和利用,促进运力结构和企业结构的调整,提高了货运服务的质量。

到2000年底,我国货物运输经营业户已突破300万户、营业性货运车辆486万辆、各种货运站场突破1500个,已经形成一定规模。公路货物运输的发展呈现良好态势,公路货物运输组织方式迅速调整。在进一步巩固普通货物运输市场占有率的基础上，快件货运、出租货运、搬家运输以及特种货物运输和物流服务等方式得到大力发展，一个与国民经济发展需求相适应的多样化、多层次的公路货物运输组织结构已基本形成。

随着中国社会经济的不断发展、人民生活水平不断提高以及中国加入世贸组织，公路运输面对国内和国际运输市场的激烈竞争。21世纪初，我国公路运输企业的集约化、规模化经营水平和组织化程度还比较低，运输结构调整已成为公路运输业的工作重点。"十五"时期，交通部继续以快速货运为重点，推动货运经营和组织结构的调整。

2002年，山东省快速货运有限公司成立。依托该公司两年多的运营实践，《公路快速货运系统》于2004年底通过鉴定，并达到国内领先水平。该项目是集研究、设计、开发、建设和运营为一体的示范性工程项目，项目研究提出了符合现代公路快速货运特点的企业经营体制、机制和营运生产模式。车辆装备选型实用，货运场站建设合理，信息系统技术先进，其中公路货运企业的体制设计、条形码技术在公路货运企业的应用和货物跟踪技术等方面具有创新性。该项目成果显示，公路快速货运是高效、优质的现代化运输生产方式，其先进的经营理念、生产模式及现代化经营管理手段，适应公路货运行业升级改造的需要，对促进公路运输的现代化，提高运输服务能力具有重要意义。项目也具有显著的示范意义。

在各地，越来越多的企业开始涉足快速货运业务，公路快速货运开始融入现代物流，成为现代物流业的一个重要环节。如，在经济活跃、货运发达的浙江，据2002年的统计，本省内涉足快速货运的大型企业就有杭州长运、余姚舜发、湖州长运、宁波市运、丽水汽运、杭州八方、浙江传化、宁波中通、宁波富帮、金华中宇等。在浙江省经营快运的外省份企业包括上海佳吉、光大快运、北京宅急送、双利达快运等，除杭州、宁波外，这些企业同时还把快运业务扩展至温州、台州、绍兴等地。美国联合包裹运送服务公司（UPS）、联邦快递、敦豪全球快递等全球快递运输巨头，也已在杭州、宁波等地建立了快件处理中心，参与到快速货运业的竞争之中。这种万马奔腾的活跃景象，如果没有高速公路网的支撑是不可想象的。

到"十五"末的2005年，快件运输、直达运输和保时运输等具有快递运输特点的业务发展迅猛，已经从原来零担运输中分离出来。我国公路快件运输的网络已经基本建立，公路运输的时效性得到大幅提升。

从"十五"以来到"十一五"末，与快速客运的发展类似，公路零担货运迅速融入到公路货运体系之中，成为现代化物流的一个重要环节，而不再以独立的形式存在。也因此，公路货物运输的货运量、货物周转量和平均运距，才实现了大幅度的增长，从而改变了公路货运的形式。

2. 物流的崛起

物流系外来词汇，源于日本资料中对英语"logistics"的翻译。国家标准《物流术语》（GB/T 18354—2006）将"物流（logistics）"定义为：物品从供应地到接收地的实体流动过程，根据实际需要，将运输、储存、装卸、搬运、包装、流通加工、配送、信息处理等基本功能实施有机的结合。《现代汉语词典》第6版，将"物流"定义为：产品多供应地到接受地的流动转移。一般经过包装、运输、存储、养护、流通加工、信息处理等环节。

总之，现代物流，是以满足消费者的需求为目标，利用现代化信息传播和管理手段，将制造、运输、销售等市场因素进行统一考虑、统一实施的一种经济行为。具体说就是，把合适的产品，以合适的数量、合适的价格，在合适的时间、合适的地点提供给客户。

20世纪90年代中期，现代物流开始在我国公路货运中应用。20世纪到90年代末期，物流业在我国兴起，并依托迅速崛起的高速公路网而稳步发展。现代物流的发展，挑战着传统公路运输以"货物"为主体的运作方式，为客户提供全过程、门到门的服务，成为现代物流企业的主业。

20世纪90年代末期，随着对外开放的进一步扩大，一方面增大了对物流服务的需求，另一方面外资企业也带来了先进经营理念，于是便涌现出了上海天地物流等一批服务水平较高的中外合资物流企业，从而带动了国内物流业的发展。物流已经不只是"货物"的流动，而是提供包括"货物"和"服务"在内全过程的服务。如沈阳公路主枢纽集团为十几家用户提供物流服务，其中仅为米其林轮胎股份有限公司提供仓储、包装、国内外运输、报关报验和订船订舱等综合性物流服务一项业务，其年盈利就达200多万元。一些省级交通主管部门，也逐步认识到物流对地区经济发展的重要作用，开始以公路主枢纽为基础，规划和建设物流中心，为物流企业的发展提供良好的环境和便利条件。北京、上海、沈阳等城市在当地政府的支持下，物流中心先后进入建设和运作阶段。同时，交通部与德国经济合作与发展部进行了多次合作，在国内外召开物流研讨会，进行学术交流；派团到日本、澳大利亚等国家进行物流方面的考察和培训。2000年，举办了两次中德物流培训和到国外交流考察活动，这在一定程度上缓解中国物流方面人才匮乏的状况，进一步促进了中国物流业的发展。在交通部门的推动下和以往工作的基础上，公路货物运输业已普遍开始进行物流生产组织方式的探索和尝试。

"十五"时期，全社会公路年度货运量达到100亿吨以上的高位，实现了32%的增量，年度货物周转量迈过了8000亿吨公里，实现了61%的增长。结合公路货运业经营和组织结构调整，各地交通运输主管部门对公路货运及物流发展给予足够的重视。

如辽宁省在公路货运发展方面，充分发挥骨干企业的主体优势，积极发展物流业、快运业和大型特种运输，以沈阳、大连两个中心城市为中心，推动传统货运业的结构调整和产业升级，全省物流企业已初步形成5大门类，即以沈阳主枢纽集团胜宝旺仓储公司为代表，由传统运输企业实行经营转型形成的物流企业；以大连金门、大久、日通等运输企业为代表，依托港口资源优势从事国际货代和港口物流的物流企业；以沈阳金通公司为代表，建设物流园区、开展产前物流服务的物流企业；以大连柴油机厂为代表，社会工商企业转变观念，大胆引入第三方物流（指生产经营企业为集中精力搞好主业，把原来属于自主经营的物流活动，以合同方式委托给专业企业，同时通过信息系统与物流企业保持密切联系，以实现对物流全程管控的一种物流运作与管理方式），参与企业供应链组织的物流企业；以辽宁北方仓储配货有限公司为代表，社会运输企业进入商品流通领域，开展物流配送的物流企业。

"十五"中期，鉴于国家经济和物流业发展的广阔前景，各地交通主管部门将推动现代物流发展列入重要日程，加强了物流基础设施的规划和建设，如天津、上海、北京、深圳等城市，都在规划建设物流园区。在规划的全国45个公路主枢纽货运站场中，增加了物流服务功能，修订和完善交通基础设施规划，促进现代物流的发展。同时，广大公路运输企业也纷纷加大资金投入，拓展经营领域，推动传统公路货运向现代物流转变。现代物流开始由沿海向中西部发展。2003年12月27日，河南省豫鑫交通发展有限责任公司被授予"中国物流实验基地"，这是中西部地区唯一获此称号并获得中国物流发展专项基金扶持的物流企业，成就了河南省物流第一品牌。

2004年3月，交通部组织8家企业开展现代物流试点。经过不同模式的试点和总结，同年7月，交通部与国家发改委、商务部、公安部、铁道部、民航总局、税务总局、工商总局、海关总署等八部委联合下发了《关于促进我国现代物流业发展的意见》，从政策上解决了重复征收企业营业税和所得税以及在货物通关、货车在城市内通行等方面的问题。实践证明，试点工作促进企业加大了物流基础设施和网点建设，整合了资源，结合现代信息系统的开发，树立起"以客户为中心"的服务新理念，成功实现了企业经营方式转变，赢得了市场。

据2005年末统计，我国全社会物流总额突破48万亿元，涵盖了包括仓储、交通运输和邮电通信及其相关产业在内的物流系统中。全国物流业的总收入为1.88万亿元，其中在运输领域达到1.59万亿元，物流业增加值占当年全国GDP的6.7%，占服务业全部增加值的16.5%。在地域上，已经形成环渤海、长三角、珠三角和环台海四大物流圈，并开始向内地形成扇面型辐射，中西部地区也开始以大的港口和枢纽城市为中心，形成区域物流集散中心。通过拓展服务领域，增加服务项目，加强信息化建设等，我国很多物流企业积极向现代物流企业转变。

在"十一五"头两年，公路货运发展的强劲势头依然不减，货运量、货物周转量分别增长了20%以上，特别是货物周转量迈过了1万亿吨公里门槛。2010年，全国物流总额达到125.4万亿元，物流业增加值达2.7万亿元，占GDP的比重为6.9%，占服务业增加值的比重为16%。在物流业增加值中，交通运输业增加值为1.97万亿元，占72%以上。"十一五"的五年里，我国社会物流总额达到446万亿元，同比增长1.8倍，扣除价格因素，年均增长15%左右，远大于GDP的增速。其中交通运输业的增加值在物流业的增加值中稳定在70%左右，全国物流园区总体数量已经超过600家。

据2010年全国重点企业物流统计调查显示，2009年排名前50位的企业物流业务收入共达4506亿元。"十一五"时期，我国物流实现了平稳较快发展，总量已有相当规模。随着我国物流业不断加快对外开放和与国际市场接轨的步伐，物流企业快速成长，基本上形成了由多种所有制、不同经营规模和服务模式构成的物流企业群体。一是原有的国有物流企业加快重组改制和业务转型，由传统的运输、仓储向综合型物流企业转变；二是民营物流企业规模迅速扩大，部分企业年业务收入超过百亿元；三是部分生产或商贸企业的物流公司，以原有业务为基础向社会扩展，成为专业化的物流服务提供商；四是世界知名的跨国物流企业通过并购重组等多种方式相继进入中国，物流市场更加开放。

3. 大宗、应急物资货运

改革开放后，特别是进入21世纪后，随着经济的高速发展，国民经济和人民生活对能源、原材料以及生活必需品等大宗货物的运输提出了更高要求。

2001年加入WTO后，中国经济保持高速增长，全社会固定资产投资和国家经济的快速增长，重化工业产品的流通与配送的货运量巨大，使得公路交通货运量和周转量大幅快速攀升。特别是"十五"后期以来，由于经济的高速发展，部分地区能源、人民群众生活必需品等数次出现供应紧张问题，公路交通运输行业顾全大局，按照国务院的统一部署，出色地完成了电煤、原油、猪肉等大宗物资和生活必需品的运输。从综合货运量中所占的比例来看，公路运输在国家大型工矿基地建设和生产，煤炭、原油等大宗能源的勘探和运输，建筑工业、交通基础设施建设、人民生活和生产资料的运输等方方面面都发挥出重要的、基础性的保障作用。

21世纪后，我国煤炭每年增产2亿吨以上；2003年，我国超过日本成为第二大石油消费国，当年石油消费量达到2.51亿吨，此后每年石油消费的增幅都在20%左右，在铁路运力短时期内无法大幅提升的情况下，公路运输更多地承担起电煤、石油的运输任务。

2003年开始，我国国民经济进入新一轮快速增长周期，特别是我国东南沿海地区，对煤电燃油的需求快速增长，煤电供需矛盾日益突出。2004年，中国煤电油运持续紧张。全国各级交通主管部门和运输企业将煤炭、石油、粮食、化肥及农用物资作为运输保障重点，加强了运输市场监测，优先安排运力，采取有效措施，保证各种重要物资的运输。全国公路运输保障应急预案全面建立，成立了自上而下的应急指挥体系，畅通了信息联络渠道。当年，全国公路运输系统共准备应急运力4万辆，总吨位23万多吨，同时印制了4.5万张《公路运输特别通行证》，发放给应急运输车辆，对持证车辆实行免费通行的优惠政策。2004年，在集中治理超载超限期间，对鲜活农产品运输车辆实行"不检查、不卸载、不罚款"的"三不"政策，有力保障了鲜活农产品的运输。

为贯彻落实党中央、国务院的有关指示，确保电煤等重要物资的运输，缓解华东、华南地区电煤供应紧张，全力保障电力部门迎峰度夏，自2004年7月28日至8月27日，交通部组织开展了为期1个月的"公水联运、抢运电煤"活动。2004年7月29日，国务院总理温家宝和国务院有关部门领导，在北京视察交通运输和治理公路超限超载运输时指出，要加强运力协调和配置，确保电煤和重点物资的运输，确保社会生产和人民生活不受影响，实现经济平稳较快发展。在"公水联运、抢运电煤"期间，交通部门开辟了大同—张家口—北京—天津港、大同—张家口—北京—京唐港两条电煤运输通道，之后再通过水路将电煤运输到华东、华南地区，有效缓解了南方地区电煤供应紧张的局面。据统计，1个月里，通过公路运输调进天津、京唐两港的煤炭达到272.6万吨，日均进港8.8万吨。这项工作得到了国务院领导的充分肯定,也受到了华东、华南地区电力企业的普遍欢迎。

2004年和2005年,交通部连续两年开辟电煤公路水路联运通道,保障重点物资运输。这两年,由于铁路运能的相对紧张,公路运输在重点物资运输保障中发挥了重要作用。在煤炭、成品油、粮食、化肥、铁矿石、鲜活农产品六大重点物资的运输中,开展集疏运工作,并通过开辟专门通道,保障了重点物资尤其是煤炭、粮食的运输(表6-6)。

2005年公路运输的重点物资运输量　　表6-6

单位:亿吨

物资名称	各种运输方式共同发送物资量	公路运输发送量	公路发送量占比(%)
煤炭	21.6	5.4	25.0
成品油	1.6	0.1	6.3
粮食	3.6	2	55.6
化肥	1.4	0.4	28.6
铁矿石	7.3	0.5	6.8
鲜活农产品	5	4.9	98.0
	40.5	13.3	32.8

"十一五"期间,我国经济进入了新一轮的增长周期,受基础设施建设飞速发展,房地产爆发式增长,制造业突飞猛进以及国家大规模投资的刺激,钢铁、煤炭、建材、石化、能源等重化工业增长很快,重化工业增长速度大大超出其他行业。"十一五"以来的数据显示,我国重工业产值占整个规模以上工业总产值的比重保持在70%以上,工业结构重型化的趋势十分明显。以大宗生产资料为主,重化工业产品的流通与配送货运量巨大,对中国货运业的发展带来极大影响。

以重化工业为主要特征的原材料运输,占据着铁路、水路、公路运输的很大比例，由于铁路运力不足，很多重化工业产品只能依靠公路运输，这就带来了公路运输市场需求的快速增长，这也是公路超限超载难以抑制的原因之一。长距离煤炭运输，本应采用经济高效的铁路或水路运输方式，但由于铁路运力不足，用重型卡车运输煤炭，占据着煤炭运输的很大比例，大约有70%左右的煤炭通过公路运输，其中很大一部分是长距离的运输。由于这些大宗原材料物资运输需求的增长，直接带动了重卡市场的快速增长，这也是中国重卡市场在"十一五"期间超常规发展的重要因素之一。

除大宗能源产品由公路运输外，重要工农业物资的公路运输保障能力也不断加强。仅以2006年为例，全年通过公路运输发送成品油、粮食、化肥和铁矿石分别达到1.6亿吨、3.3亿吨、1.7亿吨和5.2亿吨，占上述重点物资2006年运输总量的98%、94%、100%、65%。其中由公路运输全程承运的分别为0.16亿吨、1.98亿吨、0.53亿吨和0.74亿吨。

2006年，为缓解局部地区、个别时段的运输紧张，有效应对突发事件，交通部门建立了全国应急运输保障体系，共储备货运应急运力3.83万辆。全国各级交通主管部门和运输企业都建立了应急运输组织领导机构，自上而下建立了从主管部门到企业、车队、驾驶员之间的通信联络制度，确保发生紧急情况时，能以最快速度集结运力，完成应急运输任务。应急运输保障体系的建设，在保障百姓生活必需品运输、国家抢险救灾等应急运输方面，发挥了巨大的作用。

2007年，针对全国生猪及猪肉等副食品供应趋紧的状况，交通部于8月2日发出紧急通知，要求各级交通部门和运输企业对生猪、猪肉等鲜活农产品运输的运力安排进行全面检查，要按照国务院和交通部的各项要求，加强市场监控，完善应急预案，切实做好生猪、猪肉等鲜活农产品的运输保障工作。同时要求，各级公路交通部门进一步强化运输市场的动态监测，特别要调查生猪饲养大县（农场）、规模化养猪场的运输需求，帮助解决饲料和生猪运输中存在的问题。在生猪运输组织中，还要积极配合有关部门，做好卫生防疫工作，采取必要措施，防止通过运输环节传播生猪疫情。交通系统在继续做好生猪及猪肉运输工作的同时，着力加强城镇居民生活必需品的运输保障。

据 2008 年的一次调查显示，公路货物运输中，货运量比重排前三位的货类依次为：矿物性建筑材料占 19.4%、煤炭及制品占 14.1%、水泥占 8.5%；货物周转量比重为前三位的货类依次为：煤炭及制品占 14.7%、农林牧副渔业产品占 11.8%、机械设备电器类占 10.3%。按货物流向分，2008 年全国各省的省内货运量 160.1 亿吨，占全国公路货运量的 83.5%。

2008 年和 2010 年年初，因突然降温及大雪影响，贵州以及华东等地分别出现电煤及燃油紧张，贵州、河北京唐港及华东等地的交通运输主管部门启动应急货运方案，快速缓解紧张局面，保障这些地区冬季能源的需求。据统计，仅 2010 年 1 月 1 日至 7 日，通过协调山西、陕西和内蒙古等地以及唐山周边公路运输部门，通过京唐港就抢运电煤 73 万多吨。

4. 集装箱运输

20 世纪 90 年代末期，集装箱运输的专业汽车获得较大发展。1998 年底，我国公路集装箱中转站已经达到 147 个。

进入 21 世纪，公路集装箱车辆及运量持续迅猛增长。截至 2001 年底，我国公路专用集装箱货车达到 2.6 万辆，比上年增加 0.6 万辆，增幅达 30% 以上。当年公路运输集装箱 1115.6 万标准箱，总重达到 1.24 亿吨。

自 2001 年 12 月中国正式加入 WTO 后，进出口贸易有较大幅度增长，公路集装箱运输业进入快速发展阶段。2002 年进出口贸易总额同比1999年上升了71.5%,2001年完成的公路国际标准集装箱比1999年上升了90.55%。国家经贸委、铁道部、交通部等部门于2002年4月10日联合发布《关于加快发展我国集装箱运输的若干意见》,从建立高效、统一的管理和协调机制,完善集装箱运输政策法规体系,规范集装箱运输市场秩序,改善口岸服务环境,大力推动集装箱多式联运发展,促进内贸集装箱运输快速发展,合理规划建设集装箱运输基础设施以及加强集装箱运输支持保障系统建设等八个方面提出指导性意见,为促进和规范公路集装箱运输市场的发展起到了积极作用。集装箱运输成为公路货运中发展最快的方式之一。

截至2005年底,全国集装箱运输车辆达到5.87万辆,是2000年的近3倍;当年公路运输集装箱已达2465万标准箱,是2000年的2.64倍;货运量2.71亿吨,是2000年的2.62倍。

2006年至2007年,我国公路运输集装箱运量继续快速增长。2006年,全社会公路运输集装箱及其货运量分别达到3517.83万标准箱、3.67亿吨。2007年,全社会公路运输集装箱及其货运量分别达到4616.02万标准箱、5.32亿吨,公路货运承担了当年全国84%的集装箱集疏运量。

2008年,我国全社会公路集装箱运输量及货运量分别达到6767万标准箱、7.14亿吨,同比增幅达到46.60%和39.10%,在全球经济危机的背景下,继续大幅增长。

到2010年,全国拥有公路集装箱运输车辆12.8万辆,是2005年的2.18倍;全国有公路集装箱运输经营业户9896户,是2006年的1.71倍,其中公路集装箱运输企业8993户,占90.9%。

5. 大件运输纪录不断刷新

1998年12月,山东济南大型汽车运输公司、中远天津运输公司、渤海石油运输公司共同完成了齐鲁石油化工总公司乙烯装置改造工程4台超大型设备运输任务,最大件的重量达到920吨,直径4.53米。创造公路大件运输重量的新纪录。

2004年以来,有关部门先后组织协调了30万千瓦及60万千瓦发电机定子、锅炉汽包、大型水电转轮体和大型燃气轮机组,以及大型电力变压器、重型机械装备、大型石化装备和其他重大工程项目所需机械产品的运输。2004年3月至2005年4月,在交通部及有关部门成功组织协调下,为三峡工程左岸机组生产的容量84万千伏安、单件重量380吨的4台大型变压器,顺利完成公路运输,为三峡工程建设做出了贡献。针对一些承担国家重大装备制造任务的重点企业反映的情况,国家发展改革委、交通部门提出,在加强车辆超限超载治理工作的同时,要高度重视并规范超限运输管理工作,提高工作效率,增强服务意识,做好国家重点工程的大型设备运输工作。

2004年5月21日,中远物流在惠州港专用码头成功接卸中海壳牌南海石化项目核心设备——单件重量为1284吨的裂解反应器。该设备长94.3米、宽9.1米、高9.6米,创国内船车大件滚卸单重和国内公路运输单重新纪录。

2004年10月,山东交运集团大件运输公司执行了海南海口至新疆喀什大型设备运输任务,运距6200公里,历时15天,创国内大件运输百吨以上大型货物运输距离最远纪录。

"十一五"期间,我国公路大件运输继续快速发展。据统计,2006年,全国共有大型物件运输经营业户1867户,有大型物件运输车辆数和吨位数分别为9830辆和17.2万吨;到2010年,全国共有大型物件运输经营业户4913户,有大型物件运输车辆数和吨位数分别为28944辆和57.04万吨。大件运输继续不断刷新纪录。

2007年3月13日,中远物流使用4纵列30轴线平板车,完成单件总重1452.8吨特大加氢反应器滚装、滚卸操作,刷新全国最重件运输纪录。此前的 2007 年 2 月,中远物流研发的"大件货物滚装上下船辅助决策系统"通过鉴定。

2008 年 5 月 5 日,上海交运大件物流公司将长达 106 米、重 1200 吨的福建炼化一体化项目的丙烯精馏塔,成功从常熟兴华港运抵泉州,创造了中国公路大件运输单件长度的新纪录。

2008 年 6 月 4 日开始,天津石化相关大件设备的运输历时 1 年,经过路线为:临港工业园码头、海滨大道、上高公路、北围堤路、大乙烯工地,全程约 35 公里。共运送大件设备 92 台,总重 2.15 万吨,其中最重的净重 1192 吨,最长的为 61.33 米。

2010 年 4 月,中国远洋物流有限公司成功承运世界首批三代核电 AP1000 机组——山东海阳核电设备。该项目一号核岛钢制安全壳(CV)底封头,直径 40 米、高 15.5 米、重 1050 吨,这是中远物流继成功承运世界首批三代核电 AP1000 机组最大结构模块 CA20 后,顺利完成的 AP1000 最大件运输任务。该项目创造了我国公路超宽件运输新的纪录。

2010 年 9 月 18 日,由德阳飞龙运有限公司承运的彭州石化炼化一体化大型设备碱塔、低压脱丙烷塔,经眉山、成都,于次日到达德阳市小汉镇。该塔长 53.5 米,重达 186 吨,车货总长 67 米,其长度已逼近四川省大件公路技术指标的极限值 69 米,刷新了该路 1987 年建成以来货运长度的纪录。

6. 快递运输迅猛发展

中国邮政 EMS(Worldwide Express Mail Service,全球邮政特快专递)业务于 1980 年 7 月开办,是我国最早开办邮政快递的国有企业。1984 年开办了邮政特快专递业务。EMS 目前已成为拥有员工 2 万余人,拥有国内一流的航空和陆路运输网络,全国共有 200 多个处理中心,业务通达国内 2000 个城市、全球 200 多个国家和地区。

我国民营速递企业于 20 世纪 90 年代初期大量涌现,最具代表性的是顺丰和申通公司,于1993年分别在珠三角和长三角创业。1998年后,民营速递企业每年的业务量以120%至200%的速度递增,一大批大中型民营快递企业如东方万邦、宅急送、申通、圆通、大田等都逐步发展壮大起来。如北京宅急送公司成立于1994年,十年里,其业务已遍布全国1000多个城市,目前有华北区、华东区、华南区、华西区四大区,近300家分支机构,并有数百家合作公司,年递增率超过65%。

20世纪80年代,世界各大快递公司开始进入中国市场。目前,以敦豪(DHL)、联邦快递(FeDex)、美国联合包裹运送服务公司(UPS)和TNT为首的四大外资快递巨头,占据着中国国际快递业务市场。

随着经济的发展,快递业随之迅猛发展。快递的业务范围很快就不仅限于邮政业务的信函、文件等领域。从快递货品的范围来看,在网络信息化技术的助力下,已经涉及社会生活的方方面面、渗入人们日常生活和工作的各个层面;运输方式也已突破汽车零担、航空或铁路货运等单一的范畴,呈现出涵盖整个流通过程在内的新型现代化物流的特征。

据2007年7月份全国首次快递服务统计调查结果显示,截至2006年底,全国经营快递业务的法人企业达到2422家,从业人员22.7万人,业务量达到10.6亿件,实现业务收入300亿元,其业务发展十分迅猛。从被调查的企业的从业人数、业务量、业务收入的发展情况看,2006年与2005年相比,快递服务新增快递法人企业404家,增幅为20%。所有被调查快递企业的从业人员数量增长36.3%,快递业务量增长22.4%,快递业务收入增长25%。2005年至2006年,大体上全国GDP增长1%,快递规模增长2.5%。根据初步测算,2006年国有、民营、外资快递企业分别实现快递业务收入148.4亿元、52.4亿元、98.8亿元,分别占快递业务总收入的49.5%、17.5%、33%。

2006年国有、民营、外资快递企业分别完成业务量61927.5万件、28571.8万件、15493.6万件，分别占总业务量的58.4%、27%、14.6%。调查显示，被调查企业2006年年末从业人员为22.7万人，比2005年增长了36.3%。在被调查企业中，注册资本在100万至500万元之间的快递企业从业人员增幅最大，达到58.9%。数据表明，快递服务的发展对于吸纳劳动力、促进就业发挥着积极的作用，且发展速度仍然迅猛，行业潜力很大。

截至2010年底，我国已经拥有快递企业上万家，在国家邮政局获得快递业许可证的达8000余家。市场占有率第一的仍是邮政EMS，即便在国际快递市场，邮政EMS的业务量也位居前三。快递市场已经形成国家邮政EMS、国有非邮快递、民营快递、外资及中外合资快递企业多元共存、相互竞争发展的格局，业务规模迅速增长的趋势仍在继续。2010年，全国规模以上快递企业共完成业务量23.4亿件，业务收入完成574.6亿元，占行业总收入的比重达45%。

7. 在抢险救灾及突发事件应对中的突出贡献

在综合交通中，公路覆盖面最广，也是最易受到极端天气影响的运输方式。我国又是多灾地区，每年除了区域性、日常性的抗洪抗雪、抢险救灾外，在全国性的大灾面前，广大公路干部职工总是站在最前线，以自己的汗水甚至生命，保障着公路"生命线"的畅通。

——1998年全国抗洪救灾。

1998年发生了全国性的洪涝灾害，长江、嫩江、松花江流域发生史上罕见的洪灾，交通基础设施和运输生产遭到严重损失。据不完全统计，当年全国公路水毁里程达到2.9万公里，冲毁桥梁3160座，因灾造成的直接损失达到70多亿元。交通系统在自身遭受巨大损失的情况下，按照党中央、国务院和地方各级政府的统一指挥，组织动员广大干部职工，全力投入抗洪抢险战斗。在防汛抗洪期间，全国交通系统投入抗洪抢险的人数达到 89.3 万人，投入车辆 67 万余台次，运送救灾人员 470.4 万人次，救灾物资 1395 万吨。公路收费站免费优先放行运送抗洪抢险物资、人员的车辆 95.8 万台次。为迅速修复水毁公路、桥梁等设施，交通部及时投入资金 3.7 亿元，各级交通部门积极增拨资金，调集力量，连续作战，保障公路运输，确保了抗洪抢险物资和人员的输送。众多公路、水运通道被当地党委、政府、解放军和人民群众誉为抗洪救灾的"生命线"。

——2003 年抗击"非典"。

2003 年春，面对"非典"疫情，全国公路运输系统按照党中央、国务院的统一部署，坚持防控疫情与交通发展两手抓。一方面，制定处置紧急突发情况的预案，实施旅客登记、卫生防疫、巡视测温、信息报告和进站上下客等五项防控制度，严格防止"非典"疫情通过车船等交通工具传播；另一方面，全力做好各项运输保障工作，制定并实施行业振兴计划，努力克服"非典"给运输生产带来的不利影响。

防控"非典"期间，交通部先后下发了 43 个文件，自上而下形成了统一领导、齐抓共管、运转协调、各负其责、群防群控的领导体系。制定客运和货运应急预案，下发 800 余张《防非典紧急物资运输特别通行证》，共出动 8.73 万车次运输车辆，运送各类紧急物资 28.4 万吨，其中重要设备 3063 台。严格执行五项防控制度，共出动 965 万人次工作人员，共对 7950 万辆次车辆、11.5 万艘次船舶进行消毒，消毒用品用量达 6.4 万吨。全国交通系统共配备 463 门框式红外测温仪、14114 台便携式红外测温仪、82.78 万支温度计，先后检查 8.1 万名发烧的旅客，共发现"非典"病人 3 人，疑似病人 4 人；处理涉及交通堵塞或中断的问题 360 件（次）；共参加 4815 个临时交通卫生检疫站的检查工作，累计在道路上检查过往车辆 5249 万辆（次）。同时，建立起华北及山东、辽宁等七省(区、市)联合控制疫情扩散的联防机制。

防控"非典"期间,全国交通行业累计投入资金9.97亿元。广大干部职工克服道路旅客运输运量大、点多面广、流动分散,防控"非典"疫情工作量大、任务艰巨等困难,努力拼搏、全力以赴构筑起一条防控"非典"的坚固防线,最终实现了"交通不断、货流不断、人流不断,传染源切断"的"三不断一切断"的目标,防控"非典"实现了"零传播",圆满完成了防止"非典"疫情通过交通工具扩散、保证防"非典"紧急物资和社会生产生活物资及时运输的任务。

——2008年抗击南方冰冻雨雪灾害。

自2008年1月10日开始,我国大部分地区遭受到自西向东的大范围雨雪冰冻灾害影响,四次大范围的雨雪冰冻天气,南方各省尤为严重。据截至1月28日的不完全统计,第一、二次雨雪就已造成安徽、河南、湖南、湖北、江西、贵州等14个省(区、市)7786万人受灾。截至2月12日,这次雨雪冰冻灾害共造成21个省(区、市)受灾,直接经济损失1111亿元,因灾死亡107人,失踪8人,紧急转移安置151.2万人。仅湖南、贵州、江西、安徽、湖北、广西、四川等省份的救灾人员就投入775万人次,紧急运输发放了大量的方便食品、口粮、食用油、饮用水、取暖燃料和棉衣等物资,累计救助的公路、铁路滞留人员655.5万人。此次雨雪冰冻灾害,持续时间之长、造成灾害程度之严重不亚于1998年全国性的大洪水,在很多省份为百年一遇。特别是南方各省,缺少应对冰雪的经验和措施,对电力、交通和人民生活的影响更加严重,加之此次灾害横贯整个2008年春运,更使交通运输和人民生活雪上加霜。

大范围雨雪冰冻灾害给交通造成了严重影响。全国先后23个省份公路受灾,其中13个省份公路交通多次中断,"五纵七横"国道主干线中有9条近2万公里多处路段被迫封闭,约六七千公里路段封堵。在公路上累计滞留的车辆70.5万辆,受灾滞留人员约216.1万人次,公路直接经济损失125亿元。在抗雪保通战斗中,交通部门的干部职工发扬了无私奉献的"铺路石"精神。交通部于1月29日召开"公路抢通省际会商视频会议",迅速启动抢险物资运输应急预案,部署和协调公路抢通工作:确保电力设备、人民生活等物资的运输;协调各省统一行动,采取高速公路限时、限量、限速通行,国省干线公路绕道疏散,无条件提供饮食等措施,救助、疏散和分流高速公路及各地的滞留车辆和人员。同时,动员公路干部职工,全力抢通因冰冻堵塞的路段,为高速公路滞留车辆提供绕行。2月3日,中共中央政治局常委会召开会议,强调要千方百计"保交通、保供电、保民生"。各级交通部门坚决贯彻中央精神,全身心投入抗灾保通决战。截至2月4日,京珠、沪蓉等重点高速公路干线的受阻路段全部抢通,标志着南方冰灾导致堵塞的高速公路和各主要国省干线公路全部开通。据不完全统计,截至2月12日,交通部门上路除雪破冰保通的干部职工累计达368.4万人次,10名干部职工因公殉职,836人负伤,累计投入机械设备29万多台次、应急运力18.6万辆,直接投入资金达到25.1亿元,其中融雪、防滑材料等物资价值约10亿元,减免救灾车辆通行费达21亿元。在1月26日至2月10日的16天里,交通系统出色完成了抢运电煤2000万吨的任务,确保大灾期间华东、华南地区主要的煤炭供应,为确保社会稳定、经济发展和人民群众正常生产生活做出了突出贡献。

——四川汶川抗震救灾。

2008年5月12日14时28分,四川汶川发生里氏8级强震,烈度达到11度,强烈震感波及全国近30个省(区、市)。破坏特别严重的地区面积超过10万平方公里,受灾最严重的是四川北川、什邡、绵竹、汶川、彭州等地，灾区涉及甘肃、陕西、重庆、云南等省（市），造成直接经济损失8451亿余元。震中汶川，地处成都平原西北边缘山区，属欧亚板块与印度板块互相挤压的断裂带，山高谷深，地质不稳，地理环境极其复杂险恶。公路交通是大部分受灾县份惟一的交通方式。这种地理环境下，平常滑坡、塌方等公路地质灾害都频繁发生，强震之下，公路交通的损失尤其惨重，仅四川一省公路所受的直接损失就以千亿元计。此次强震，造成震中地区15条国道、省道、干线公路断通，多处机场关闭，通源、通信、供水等系统大面积瘫痪。

交通运输部反应迅速，震后1小时就开始研究抗震抢险措施，当晚就派出工作组进川指导抗震救灾。抗灾过程中，交通部迅速启动应急预案，协调各省，在地震初期采取抢通与保通并重的措施，重点确保抢险救灾物资和人员的运输。随后，组织各省全力支援四川公路抢通、保通，调动海事直升机投入抢险，迅速下拨公路抢修资金，迅速制定出台了公路灾后重建的措施。同时，调用民航运力，以最快的速度调集人员和物资，投入抢险；四川、甘肃、陕西等受灾较重省份的公路部门迅速行动，积极投入抢通公路的斗争。

作为受灾最重省份，四川省交通厅所属部门及广大干部职工的出色表现，集中代表了交通行业的面貌。在遭受地震灾害时，公路交通干部职工舍小家、顾大家，发扬了不怕疲劳、连续奋战、敢打硬仗的行业精神，表现出不畏艰险、不怕牺牲的奉献精神。地震发生时，四川省公路局立即组织映秀至日隆公路施工项目办和映日公路施工单位投入抢通，迅速打通了邓生至日隆公路。四川省交通厅迅速动员，第一支交通抢险队震后6小时，就抵达213国道都江堰紫坪铺灰窑沟塌方现场投入抢险。5月13日凌晨，第一支公路损毁踏勘小分队沿213国道徒步前往震中——汶川映秀镇。5月15日21时30分,经四川公路交通部门广大干部职工日夜奋战,317国道理县至汶川段全线抢通,这是汶川震中打通的第一条公路"生命线"。5月16日,通往重灾区县城的3条公路通道基本抢通,它们是:进入汶川的317国道,进入茂县的302省道,进入北川和绵竹的105省道。同日,甘肃省被破坏的最后一条国省干线公路——206省道陇南大岸庙至姚渡公路抢通。5月17日9时20分,汶川西线方向317国道第三次抢通,当日12时,首批救灾运输车辆和救灾人员由西线抵达汶川。据不完全统计,截至5月17日,四川交通系统共紧急调集并投入抢险机械设备5300多台(套)、人员1.53万人,实现了公路抢通的第一阶段目标。甘肃、陕西、重庆、云南等地交通部门也迅速行动,投入公路抢通和物资抢运。从全国范围看,截至5月13日,中断、受损的16条高速公路全部恢复通行,为抢险救灾人员、物资的运输赢得了最为宝贵的时间。到5月18日,四川重灾区所有县城基本实现至少一条公路与外部连通,县通乡镇公路已打通150余条,连接了131个受灾乡镇;同时,甘肃高速公路、国省干线及受地震影响损毁的22条县道、71条乡道和1085条村道全部抢通。到5月20日16时,四川重灾区绵竹、什邡、彭州、崇州的主要公路通道均已抢通,受灾最重的19个县的439个乡镇中,已有393个乡镇恢复速公路交通。当日19时30分,汶川通往茂县的公路被打通。到5月26日,四川439个受灾乡镇中具备抢通条件的公路抢通了407条。汶川西线三次阻断、三次抢通的战斗历程,成为重灾区大多数公路艰难抢通的真实写照。

　　据不完全统计,截至强震发生一周后的5月19日,陕西、重庆、甘肃等省(市)投入抗震救灾公路运输的车辆就达5.9万辆次,运送的救灾物资74.7万吨,减免车辆通行费4018万元。截至5月31日,陕西、重庆、甘肃和四川通过公路运送救灾物资的车辆达到24.3万辆，运送救灾物资累计达292万吨。全国累计减免的公路通行费2.18亿元。

此外，全国各地交通部门积极行动，大力支援重灾区的抗震救灾。截至5月26日，重庆、浙江、甘肃、湖南、云南、河南、湖北、山西、贵州、陕西等10个省份共有1379人、235台大型机械设备和176辆保障车在四川灾区开展公路抢通、保通和通乡、通村公路建设。全国交通部门和企业向四川捐赠机械179台套。

——青海玉树抗震救灾。

2010年4月14日7时49分，青海玉树地区发生里氏7.1级地震。

地震发生后，交通运输部立即启动国家公路交通运输突发事件应急一级响应，成立了抗震救灾工作小组，并组织青海、甘肃交通运输部门和正在附近施工的武警交通部队，全力抢通灾区受损公路，震后6小时就抢通了214国道和玉树机场路单车道。震后21小时实现了214国道、308省道和玉树机场公路全幅通车，使通往灾区的4条救援通道全部畅通。同时，按照国务院抗震救灾总指挥部"保畅通、保运输、保安全"的要求，交通运输部第一时间动员近600辆客车，运送伤员。同时协调青海及周边省份投入1000余辆应急运输货车，运送救灾物资2.5万吨。

4月23日，交通运输部印发《关于开展向青海灾区捐赠公路抢通保通机械设备活动的通知》，在全国交通运输系统组织开展向灾区捐助挖掘机、装载机、推土机等公路抢险机械的活动。

4月24日，玉树抗震救灾工作全面转入安置受灾群众、恢复生产生活秩序和灾后恢复重建阶段。按照国务院和青海省抗震救灾指挥部的要求和统一部署，交通运输部和青海省交通厅及时调整工作重点，组织和动员全行业力量积极投入到保畅通、保运输、保安全和交通基础设施重建工作中,并向国务院报送了《青海玉树灾后重建公路保通方案》,得到国务院批准。《方案》在客观分析玉树特殊地理和交通环境的基础上,对3年灾后重建公路客货运输需求情况进行预测,提出灾后重建的思路、总体目标、重点任务和保障措施等,为玉树灾后重建提供了公路设施和运输保障。

——甘肃舟曲抢险救灾。

2010年8月7日22时许,甘肃省甘南藏族自治州舟曲县境内突降暴雨,暴雨引发山洪泥石流,致使从岷县通往舟曲县的210省道岷县至代古寺公路、从迭部通往舟曲县的313省道迭部至舟曲公路、从武都通往舟曲县的313省道两河口至舟曲公路完全中断。舟曲公路管理段、舟曲临时路政大队办公楼部分楼层和舟曲汽车站被泥石流淹没。舟曲公路管理段院内3户人家2户淹没,院外11户人家约40名职工及家属淹没。

接到报告后,省交通运输厅连夜召开紧急会议,安排部署公路交通抢通事宜,迅速启动交通抢险应急预案。迅速调集甘南、陇南公路总段和参与陇南灾后重建的交通队伍以及武警交通六支队紧急赶赴受灾路段,其中携带大型机械的甘南公路总段和武警交通六支队最早投入到抢通工作中。省交通运输厅已做好了物资和运力储备工作,在宕昌、岷县、武都、甘南组织了80辆大客车和200辆大货车,随时待命。

到8月8日9时30分,210省道岷县至代古寺公路抢通;8日10时15分,313省道两河口至舟曲公路抢通;8日12时40分,313省道迭部至舟曲公路抢通。至此,在灾害发生的不到15小时里,甘肃省公路交通部门共投入大型装载机、运载车30余台,抢修人员500余人,抢通了因灾阻断的从三个方向进入舟曲的三条公路。

到8月8日13时许,甘肃省交通运输厅已从岷县调集17辆大型货车，向舟曲装运帐篷 6 车、方便面 1 万箱、矿泉水 10 万瓶、点心 1 万斤。截至 8 月 10 日 15 时 30 分，甘肃省交通运输部门成功转运受灾群众 2400 余人。

三、场站服务水平不断提高

随着公路加快建设，公路运输场站的建设也逐步加快，从 1998 年到"十一五"期间《国家公路运输枢纽布局方案》发布后，公路运输场站建设进入枢纽化阶段，并出现与综合运输枢纽融合的趋势。

"九五"中后期，公路运输枢纽及场站建设迅速发展。

1998 年，全国已有汽车客运站 7.5 万个；当年，全国共建成货运站和交易市场 3076 个，其中集装箱中转站 147 个、零担货运站 740 个、货运交易市场 1548 个。公路运输站场和公路主枢纽建设的发展，不仅为提高运输生产组织化程度和运输效率创造了条件，而且对引导"车进站、客归点"，建立统一、开放、竞争、有序的公路运输市场起到了促进和保障作用。公路运输在综合运输体系中的地位和作用显著提高。

1999 年，货运场站的建设受到各级交通主管部门的重视。当年投入使用的各类公路货运站场比 1998 年增加 45 个；场站功能增加，可以提供货物的配载、集疏运、仓储、分检和物流服务等；设施水平也有了很大程度的提高，其中有的已使用计算机进行站场作业管理。

2000 年，随着场站设施的不断完善，运营机制的不断创新，各地更加注重依靠科技进步改善经营管理。除个别经济欠发达省(区)外，客运站的计算机售票系统已经在绝大部分一级客运站中得到广泛应用，在沿海发达地区已经推广到二级客运站，部分地区已经实现远程微机联网售票。在货运方面，有形货运交易市场与现代科技手段嫁接，提高了货源组织效率，一些全国性的货运信息服务企业，利用计算机和网络技术通过对货源信息和车源信息的组织来实现为空车配载、为货主找车，业务量正在逐步扩展。

进入 21 世纪后，综合运输枢纽和公路运输场站建设继续加快发展。

"十五"期间，全国 45 个公路主枢纽中，共有 716 个站场建设项目，其中客运站 329 个、货运站 341 个、信息中心 46 个。截至 2002 年底，除成都、乌鲁木齐主枢纽外，全国公路主枢纽工程，共建成客运站 95 个、货运站 41 个，信息中心 18 个；在建客运站 40 个、货运站 39 个、信息中心 3 个。

2003 年，公路主枢纽建设安排了客运站及货运站场以及部分枢纽信息中心建设项目，年度投资计划 9.5 亿元，其中中央投资 2.06 亿元；实际完成投资 3.6 亿元，为年度计划的 39%。建设的项目包括：石家庄南焦客运站、长春凯旋路客运站、上海综合物流中心、四川成都高碑物流中心、重庆龙头寺汽车站、西安市长安路客运站以及贵阳二戈寨物流中心等主枢纽项目；建成的项目包括：哈尔滨哈西客运站、江苏南京客运东站、宁波客运指挥及信息服务中心、河南郑州信息中心、武汉青山客运站等。在继续推动公路场站枢纽建设的同时，2003 年开始，交通部开展农村客运网络化试点，农村公路客运场站、停靠点建设成为重点，农村公路客运通达深度明显提升。

2007 年《国家公路运输枢纽布局规划》出台后，公路站场建设进入新的阶段。2009 年，中央投资计划安排国家公路运输枢纽项目 57 个，项目总投资 67 亿元，年度计划安排投资 29 亿元，其中车购税投资 6.9 亿元，主要建设项目包括厦门新站综合交通枢纽、武汉杨春湖客运换乘中心、重庆两路交通换乘枢纽、西安市城南客运站等。2010 年，中央投资计划安排国家公路运输枢纽项目 77 个，当年安排车购税投资 11.3 亿元。主要建设项目包括：上海虹桥综合交通枢纽、南京客运南站综合枢纽、成都东客站综合交通枢纽公路客运场站等。枢纽站场建设速度明显加快，运输站场长期滞后于公路网发展的局面得到初步改观。

截至 2010 年底，《国家公路运输枢纽布局规划》确定的 179 个国家公路运输枢纽中客、货运枢纽已分别建成 21% 和 13%。

四、运输市场监管理念创新

1998 年以后，党中央、国务院"实施积极财政政策，加快基础设施建设，扩大内需"的决策。公路里程的快速发展，给公路货运的发展创造了良好条件。1998 年至 2002 年，国民经济逐步恢复，公路货运量也开始大幅度增加。2001 年中国加入 WTO 后，GDP 逐步快速增长，公路货运量增长率大幅上升，加入 WTO 直接推动了公路货运发展。

这一时期，完成交通企业改革脱钩任务后，交通部开始致力于公路运输市场的监管，着力于运输结构的调整。这一时期市场整顿的重大进步是，制定实施了一系列可长期执行的规章制度，使市场整顿成果得以持久巩固。

1. 运输结构全方位、深层次调整

中共十六大以后，传统运输格局发生显著变化，公路运输业的发展由以往单纯"规模增长"向兼顾"服务质量"方向转变。公路运输业在综合运输体系中，充分发挥"机动灵活、送达快、门到门"的优势，参与运输分工协作，并逐步成为高附加值商品以及长途运输的重要力量。但是铁路提速、民航崛起，也使公路运输与综合运输体系中其他运输方式之间的竞争加剧。为了进一步发挥公路运输业在综合运输体系中的比较优势，公路运输业实行了全方位、深层次的运输结构调整政策。2007 年全国交通工作会议提出调整结构是做好"三个服务"的重要保障，并指出运输结构调整要引导运输管理、运输组织结构和运力结构向信息化、专业化和规模化方向发展,促进运输产品多样化。2008年全国交通工作会议强调在八个方面下功夫。其中第二个方面就是运输结构调整。具体要求有:优化运输组织结构、优化运力结构、发展公共客运、推进城乡交通一体化和区域交通一体化。这些反映出,这一阶段结构调整是对运输组织结构、经营结构、运力结构的全方位、深层次调整,而不仅仅局限于上一阶段运输主体规模扩大这一表层。深化调整具体表现在以下方面:

——组织结构调整。

就货运而言,交通运输主管部门一直推进的集约化、规模化企业运输结构调整,通过兼并改制,组建了一批大型、专业的货运集团,但运输企业总体上"多、小、散、弱"的局面,没有得到明显改善。如,2009年底,全国货运经营业户每户拥有货车1.46辆,比2002年增长22%。全国共有公路货物运输经营业户622.1万户,比2002年增长57%;其中普通货运503.1万户,集装箱运输0.95万户、危险货物运输9073户,大型物件运输3252户。

由此可见,截至"十一五"末期,在公路货物运输业务构成中,分散的普通货物运输业务占了绝对多数,表明我国公路货运尤其是普通货运的组织化管理仍有待大力完善、组织化程度有待大力提高。

——运力结构调整。

货运车型结构调整,以切实提高运输效率、降低能耗和实现货物运输厢式化、确保运输安全为目标,采取了一系列措施。如,结合治理超限超载工作需要,降低大吨位车辆和集装箱运输车辆的收费公路通行费标准,引导多轴重型车辆和集装箱运输车辆的发展;从源头上限制车辆"大吨小标",为引导运输车辆朝标准化、厢式化、大型化和多轴化方向发展,实现甩挂运输,构建快速货物运输系统奠定了基础,并配合有关部门开展"大吨小标"车型的吨位恢复工作;研究制定货运车辆推荐车型和重点监管车型的管理办法,提高市场集中度,推进车型的标准化和规范化;引导车型向重型化、小型化及专业化趋势发展,专用载货车辆发展迅速,同时遏制货运企业的低效率扩张。

货运组织方面,主要采取大力发展甩挂运输等方式。开展甩挂运输加快了牵引车周转,提高了运力利用率,减少了车辆对公路资源的占用和消耗,适应了生产企业零库存要求,从而提高了企业运输效率和经济效益。2009年1月1日,国务院《关于实施成品油价格和税费改革的通知》的发布实施,为汽车甩挂运输扫清了规费征收制度上的障碍。2009年12月,交通运输部联合国家发改委、公安部、海关总署、保监会等四部委下发《关于促进甩挂运输发展的通知》,围绕制约甩挂运输的制度和政策障碍,提出了8条促进甩挂运输发展的具体政策措施,为甩挂运输的发展营造了良好的发展环境。根据《通知》精神,交通运输部和国家发改委2010年10月18日共同出台《甩挂运输试点工作实施方案》(交运发〔2010〕562号)。2010年11月26日至27日,交通运输部、国家发改委在福州召开"全国甩挂运输试点工作会议",向全国首批26个甩挂运输试点项目的37个企业进行了授牌,标志着全国甩挂运输试点工作正式启动。《实施方案》选定了浙江、江苏、上海、山东、广东、福建、天津、内蒙古、河北、河南10个省以及中外运长航集团、中国邮政集团等作为首批试点省份(单位)。为配合推广甩挂运输试点,交通运输部启动了《公路甩挂运输标准化导则》《甩挂运输车辆技术要求》《厢式挂车技术条件》《货运挂车系列型谱》4个标准的制定和修订工作,我国甩挂运输进入到实质发展阶段。

——经营结构调整。

20世纪90年代末及进入21世纪后,随着公路条件的不断改善以及车辆技术状况的提高,高价值货类对运输时效要求更高,导致公路货物运输的经济运距显著延长。运距超过 500 公里的普通货物运输已十分普遍,2000 公里以上的零担班线也大量出现。汽车运输门到门、快速简便的优势日益明显,不仅是中短距离运输,在中长距离运输中也发挥着越来越重要的作用。这些都为物流业崛起和公路货运多元化发展提供了必要的前提条件。

20 世纪 90 年代中后期,随着现代物流在我国公路货运中兴起,各级交通部门逐步认识到了物流发展的重要作用。

1998 年,交通部在成都召开"全国公路运输工作会议",着重研究了如何加快公路货运发展问题,决定货运以发展汽车快件货运为突破口。为探索适应国民经济需要的货运组织形式,交通部于 1999 年重点组织了汽车快件货运试点。

1999 年 11 月 15 日,交通部令 1999 年第 5 号发布《汽车货物运输规则》。在交通部门的引导下,公路货物运输在进一步巩固普通货物运输市场占有率的基础上,大力发展汽车零担快件货运、集装箱运输以及特种货物运输和现代物流业等,开始向经营多元化方向发展。

进入新世纪以后,货运经营结构的调整主要体现在货运企业向物流企业的大力转变,积极发展货物专用运输、大型物件运输、危货运输、鲜活农产品运输等方面。经过调整,运输时效性大大提高。一个多样化的、适应国民经济发展需求的公路货物运输经营结构已基本形成,物流领域进入实质性加快发展阶段。为引导货运企业向物流企业的转化,国家采取了一系列措施。

面对物流业快速发展的新形势,2001 年,国家发改委等六部门发布了《关于加快我国现代物流发展的若干意见》,是我国现代物流发展的纲领性文件。2001 年 3 月 1 日,交通部发布了

《关于促进运输企业发展综合物流服务的若干意见》，提出了交通行业发展现代物流的指导思想。2002年，国家经贸委、铁道部、交通部、外经贸部、海关总署、国家质检总局六部委，以（国经贸运行〔2002〕203号）联合发布《关于加快我国集装箱运输的若干意见》，有力地提高了与物流发展密切相关的综合运输组织协调能力，改善了物流服务环境。2002年6月，外经贸部发布《关于开展试点设立外商投资物流企业工作的有关问题的通知》，在江苏、浙江等地开展外商投资物流企业试点工作。2003年，交通部开展公路运输企业发展现代物流试点工作，共选取了8家企业。通过试点，探索总结了公路运输企业发展现代物流的运营组织模式，以及现代物流发展对物流市场经营主体的客观要求，同时还对行业现行政策法规存在的问题进行了全面梳理，对不适应处进行了修改调整。2006年4月5日，交通部发布《建设节约型交通指导意见》，对物流业发展提出了具体发展措施：要求建立和完善现代物流体系，推进交通运输业与生产企业、营销企业的协调合作；大力拓展交通运输的仓储配送和代理等多种服务功能，扩展经营服务领域，促进大型运输企业由承运人向物流经营人转变，发展第三方物流。

新世纪以来，由交通部（交通运输部）牵头，积极发展货物专用运输、大型物件运输、集装箱运输等，专项货物运输业户在货运经营户中比重快速增长，专用载货车辆发展迅速。尤其是商品汽车运输及大型物件运输业户增长较快。同时，通过保障鲜活农产品运输、保障重点物资运输及应急运输等工作，促进公路货运经营向多样化方向发展，不仅较好地满足了国民经济发展的需要，同时也增强了公路运输在综合运输体系中的竞争力，产生了巨大的经济和社会效益。

2. 深入整顿治理运输市场

为维护正常的市场秩序，促进行业经济健康发展，交通部持续开展公路运输市场秩序整顿活动。

开展公路运输市场管理年活动。这项活动由交通部自2000年开始,活动的主题是"加强管理、规范行为、健全机制、确保有序"。总的目标是通过整顿市场秩序、打击非法营运和不正当竞争、清理挂靠车辆、制止违章超载、淘汰技术性能不合格的营运车辆等途径,达到"市场秩序明显好转、服务质量明显提高、促进公路运输业健康发展"的目标。为巩固扩大公路运输市场管理年活动成果,交通部2001年在全国范围又开展了第2个公路运输市场管理年活动。

清理整顿公路货运秩序。交通部认真执行2000年12月国务院办公厅发出的《国务院办公厅转发交通部等部门关于清理整顿公路客货运输秩序意见的通知》,着力整顿货物运输秩序。针对化学危险货物运输上存在的问题,提出重点在"巩固提高,务求实效"上下功夫。并在公路客货运输秩序明显好转,经营行为明显规范,企业管理明显增强,安全状况明显改善,运政管理明显改进,服务质量明显提高等"六个明显"的整顿目标方面取得了阶段性成果。2002年,各级交通部门对货物运输秩序进行整顿,整顿工作的重点是:严厉打击非法经营活动,打破地区封锁和地方保护,建立全国统一的公路运输市场,继续开展公路化学危险货物运输专项整治工作,加强公路运输安全管理,确保人民群众生命安全。在各省、自治区、直辖市交通部门在对本省清理整顿工作进行自查的基础上,交通部于2002年8月组织了6个互查组,对全国的公路货物运输秩序清理整顿工作进行了互查。2002年12月,交通部又会同建设部、财政部、公安部组成联合检查组,对吉林、浙江、四川省的公路货物运输秩序清理整顿工作进行了抽查,结果表明,公路货物运输秩序清理整顿工作取得重大成效,达到了清理整顿的预期目的。

在危货运输市场整顿方面,采取了以下措施:一是2005年

7月12日,交通部令2005年第9号发布《道路危险货物运输管理规定》。《规定》严格了市场准入,严防违规车辆进入危险货物运输市场,建立了公路危险货物运输分类管理制度,引入"车辆损害管制"概念,加强了对非经营性公路危险货物运输的管理。二是加强对危货运输的规范管理及对从业人员的系统教育。"十五"期间,交通部根据《中华人民共和国道路运输条例》和《危险化学品安全管理条例》,颁布了《公路危险货物运输从业人员培训教学计划和教学大纲》,要求驾驶人员掌握公路危险货物运输车辆基本要求,熟知公路危险货物运输安全及事故应急措施;组织编写了公路危险货物运输从业人员培训丛书,包括《公路危险货物运输从业人员培训教材》《公路危险货物运输安全监管手册(政策、法规篇)》《公路危险货物运输安全监管手册(国家、行业标准篇)》《公路危险货物运输重大事故案例》等。三是制定相关行业标准。2004年和2005年,交通部先后发布有关行业标准,包括《汽车运输危险货物规则》《汽车运输、装卸危险货物作业规程》《公路危险货物运输车辆标志》等,大大提高了行业管理的标准化程度。四是"十五"期间,交通部与国家安监总局、公安部、国家质检总局、卫生部等10个部门,先后联合开展了五次全国性的公路危险货物运输专项整治工作。通过专项治理,我国从事危险货物运输的经营业户由2001年的2.5万户下降到2005年的0.73万户,危险货物运输车辆数2005年达到13.2万辆,平均每户拥有车辆为18.1辆,治理效果显著。

五、车辆管理及安全服务水平提升

1. 汽车维修与检测市场的发展与管理

"十五"和"十一五"期间,是机动车维修市场加速形成的重要时期。中国正式加入WTO之后,随着我国汽车工业的生产规模与市场规模迅速扩大,汽车维修市场格局发生深刻变革,社会维修企业稳步增长,合资、独资、私营、个体各种经济形式并存,自主投资、自主建厂的市场化趋势日益明显。经营业态也不断丰富,呈现出三位/四位一体维修店(3S/4S 店)、快修连锁店、综合类维修企业互为补充、各自发展的市场格局,行业整体素质明显提高。为更好地加强公路运输市场管理,引导公路运输发展,2004 年 4 月 14 日,国务院令第 406 号发布《中华人民共和国道路运输条例》,首次以行政法规的形式确立了公路运输管理的基本制度和市场运行的基本规则,确立了维修行业管理的法律地位。2005 年 6 月 24 日,交通部发布《机动车维修管理规定》(交通部令 2005 年第 7 号),从经营许可、维修经营、质量管理、监管检查、法律责任等方面对机动车维修市场管理做出规定,法制体系日趋完善,各级公路运输管理机构依法实施机动车维修市场管理,并逐步建立形成了维修合同制度、维修质量保证期制度、维修竣工出厂检验制度和竣工检验合格证制度等。2002 年,全国机动车维修量首次突破 1 亿辆次,到 2010 年底达到 2.5 亿辆次,八年间,我国机动车年维修量增加了 1.5 倍,维修能力显著增强。初步形成了以一类企业为骨干、二类企业为基础、三类企业为补充,汽车综合性能检测站为技术支撑,多种经济成分协调发展的机动车维修市场服务体系,较好地适应了经济社会发展要求,满足了广大人民群众多层次、多样化、多品牌、覆盖各种车型的消费需求。机动车维修业在创造自身价值的同时,逐渐发展成为汽车后市场的驱动引擎,拉动了汽车配件、保险、职业教育等上下游产业的发展,有力支撑了我国汽车工业发展和进步。

这期间,实施了客车类型划分及等级评定制度、货车及汽车列车推荐车型制度及燃料消耗量准入制度等,大力提升了车辆装备水平、推进了现代物流发展。

2. 加强驾驶员培训管理

2004 年,《〈中华人民共和国道路交通安全法〉实施条例》

《中华人民共和国道路运输条例》等行政法规相继出台，首次以国家行政法规的形式明确，交通部门负责对驾驶培训机构和驾驶员培训工作的管理，公安部门负责对驾驶员考核与发证的管理工作。

为了强化培训质量管理，交通部制定实施了《中华人民共和国机动车驾驶员培训教学大纲》(交公路发〔2004〕778号)，并组织业内专家编制了图文并茂的《安全驾驶 从这里开始》培训教材，进一步规范了驾驶员培训的教学行为，提升了驾驶培训教学质量，有序推动了机动车驾驶培训行业的发展。截至2004年底，全国机动车驾驶员培训机构增至4021所(不含北京市、天津市)，比2003年增加了926所，同比增长了29.9%。随着我国国民经济的繁荣发展，人民生活水平和物质财富的极大提升，私家车逐步进入普通家庭，驾驶技能由作为一门谋生的职业技能，逐步转变为许多家庭成员必备的生活技能。机动车驾驶培训市场稳步增长，截至2005年底，全国共有机动车驾驶员培训机构5939所(不含北京市、天津市)，比2004年增加了1928所，同比增长了47.7%。

2006年1月12日，交通部修订了1996年第11号部令，发布《机动车驾驶员培训管理规定》(交通部令2006年第2号)；同年11月23日，交通部发布《公路运输从业人员管理规定》(交通部令2006年第9号)，对普通机动车驾驶员和公路运输驾驶员实施分类培训管理，提出推行计时培训制度，并对机动车驾驶员培训机构的经营活动进行了规范，为机动车驾驶员培训提供了良好的经营环境，由此出现了社会各界多方办学的局面。各类机动车驾驶员培训机构数量迅速增加，促进了驾驶培训业务的发展。此后机动车驾驶员培训机构的数量以每年400至600所的速度增加，截至2010年，全国共有机动车驾驶员培训机构9492所(不含北京市、天津市)。同时，师资力量(教练员)和教学设备(教学车辆)也得到迅猛发展。截至2010年,全国共有教练员37.20万人,教学车辆31.50万辆。

这一时期,驾驶员培训能力得到明显提升,服务水平明显改善。培训模式也从传统的师傅带徒弟的方式,进入到新型的教员讲授、学员学习的类似于老师与学生的关系。2006年,《机动车驾驶员培训管理规定》发布后,要求机动车驾驶员培训机构实施计时培训,建立了计时预约培训制度,并向社会公布联系电话和预约方式。这标志着,驾驶员培训中学员的地位从被动变为主动,使机动车驾驶培训机构和教练员变成服务主体,从而促进了驾驶员培训质量的大幅提升。据统计,1993年我国的万车死亡率为27.24,到2010年已降至3.15,驾驶员培训质量的提高是其中重要的利好因素。

3. 运输安全管理稳中趋好

进入20世纪90年代,全国公路交通安全状况逐步下滑,安全形势十分严峻。1990年,全国共发生公路交通事故25万余起,造成49271人死亡;2002年,全国共发生公路交通事故77万余起,造成109381人死亡,事故起数和死亡人数达到了历史最高点。1998年以后的5年间,群死群伤重特大公路交通事故起数反复波动,年均在47起左右,安全形势十分严峻。

在党中央、国务院及地方各级党委、政府的正确领导下,公路交通安全管理相关多个部门共同努力,通力协作,下大力气加强公路交通运输安全生产管理,健全公路交通安全和公路运输安全生产各项法规政策,在人、车、路等多方面实施了一系列卓有成效的安全保障措施,大力加强安全监管和目标考核,全国公路交通安全和公路运输安全形势逐步趋于稳定和好转。2010年,全国共发生公路交通事故近22万起,造成65225人死亡;发生一次死亡10人及以上的重特大公路交通事故34起,造成461人死亡。

进入21世纪，各级交通运输主管部门认真履行安全监管职责，加强运输安全管理，取得了较好成效。

2002年，各级交通主管部门大力加强公路客运、营运驾驶员从业资格、汽车客运站、危险货物运输安全监管。6月29日，《中华人民共和国安全生产法》(中华人民共和国主席令第70号)正式公布，自2002年11月1日起施行。这是我国第一部全面规范安全生产的法律。8月3日，交通部发布《关于加强道路运输安全生产监督管理工作的意见》(交公路发〔2002〕356号)，提出了公路运输安全监督管理工作的指导思想和加强公路运输安全监督管理工作的主要措施，明确了交通部门在公路运输安全监督管理方面的主要任务是"严把运输经营者市场准入关，严把营运车辆技术状况关，严把营运驾驶员从业资格关，搞好汽车客运站安全监督"。按照"三关一监督"公路运输安全监管职责，各级交通运输部门积极开展公路运输市场整顿工作，严格客运企业的审批，将公路通行条件作为客运线路审批的重要依据。认真贯彻落实《营业性公路运输驾驶员职业培训管理规定》，基本实现了营运驾驶员持证上岗。加强客运站安全监管，强化客运站进出站车辆检查，在一级客运站和部分客流较大的二级客运站配备危险品安全检查仪，有效防止"三品"(易燃、易爆、危险化学品)进站、上车和超员车辆出站。组织开展危险化学品运输专项整治，着重落实企业资质认定、车辆技术认定和从业人员资格管理三项制度，通过整治，危险品运输中存在的业户多、规模小、车辆技术等级不达标等问题基本得到了解决，业户数量全国平均减少了60%，经营规模基本上达到了至少10辆车以上的要求，危险货物运输市场秩序进一步好转。

2003年，全国交通部门认真落实党中央、国务院关于做好公路交通安全工作的各项部署，继续落实"三关一监督"的各项要求，全面落实安全生产责任制，对发生的重特大公路运输事故，各级交通主管部门按照"四不放过"，即"麻痹思想不放过，事故苗头不放过，违章作业不放过，安全漏洞不放过"的原则进行查处；大力加强了农村客运安全工作。10月22日，国务院印发了《关于同意建立全国道路交通安全工作部际联席会议制度的批复》（国函〔2003〕110号），同意建立由公安部牵头、交通部等15个成员单位组成的全国公路交通安全工作部际联席会议制度，促进了部门协作配合，实现了信息共享。

2004年，各级交通部门认真落实国务院《关于进一步加强安全生产工作的决定》，深入开展公路运输企业安全生产专项整治工作，对农村客运市场中存在的货车、拖拉机、农用运输车等非法载客现象加强治理。同时，通过实施全国治超、安保工程等专项活动，大力整治安全隐患，保障了安全。

"十一五"期间，各级交通运输主管部门和公路运输管理机构，通过深入贯彻落实《道路运输条例》及配套规章，着力推动公路运输安全生产规范化、制度化建设，构建起公路运输安全生产管理长效机制。2007年，通过强化"三关一监督"安全监管职责，进一步夯实了公路运输安全管理基础。

2008年1月3日，交通部发布《汽车客运站安全生产规范》，建立了以确保"三不进站、五不出站"为核心的客运站安全生产管理体系，"三不进站"即：危险品不进站、无关人员不进站（发车区）、无关车辆不进站，"五不出站"即：超载客车不出站、安全例检不合格客车不出站、驾驶员资格不符合要求不出站、客车证件不齐全不出站、"出站登记表"未经审核签字不出站。2月，科学技术部、公安部、交通部联合实施了《国家公路交通安全科技行动计划》，以群死群伤特大恶性交通事故为重点开展交通参与者行为干预技术、车辆安全与运输组织技术、公路基础设施安全保障技术、公路交通管理与安全保障技术等四个方面关键技术研究和典型示范工程。2008年，公路运输行业经历了南方低温雨雪、四川汶川地震、北京夏季奥运会及残奥会的考验,圆满完成了有关保障任务。

2009年,按照党中央、国务院的重要部署,公路运输行业积极开展"安全生产年"活动,连续4次组织开展了全国交通运输系统的安全隐患排查、执法和治理行动。2010年,各级交通运输主管部门和公路运输管理机构进一步强化公路旅客运输企业安全生产主体责任落实,大力推进科技在公路运输安全保障中的应用,公路运输安全保障能力明显提升。5月20日,交通运输部、公安部、安监总局联合下发了《关于进一步加强和改进公路客运安全工作的通知》,明确了农村客运安全监督管理实行"县管、乡包、村落实"的政策,乡镇政府落实公路运输安全机构、人员和经费,履行安全管理职责。7月19日,国务院下发了《关于进一步加强安全生产工作的通知》(国发〔2010〕23号),对公路运输企业的安全生产工作提出了明确要求。这一年,交通运输部投入8000余万元建成全国重点营运车辆联网联控系统,新建全国公共交换平台和15个省级平台,改扩建15个省级平台,改造、接入系统的GPS服务运营商700余家,接入系统的车辆达35万余辆,确保了世博会、亚运会及亚残运会期间公路运输安全、畅通,没有发生安保责任事故。

六、出入境汽车运输的新进展

1999年,出入境汽车运输快速发展,出入境车辆达70万辆次,全年完成出入境客货运量分别达到303万人、310万吨(不含港澳两个特别行政区)。当年,中国政府与塔吉克斯坦政府签署了《中塔两国政府汽车运输协定》。塔吉克斯坦成为第12个与中国政府签署双边、多边运输协定的国家。

2000年,出入境车辆增长到85万辆次,客货运量分别达到438万人和344万吨(不含港澳两特别行政区),同比分别增长

21.43%、44.55%和10.97%。

"九五"期间，我国边境公路设施改造及运输线路继续延伸。如，2000年，黑龙江省佳木斯至同江口岸220公里公路全部建成二级路。至此，黑龙江省牡丹江至绥芬河、东宁口岸，鹤岗至萝北口岸，佳木斯至同江口岸的道路均已建成二级路，为发展黑龙江与俄罗斯间的出入境汽车运输提供了物质保障。黑龙江省与俄罗斯，签订了佳木斯经同江延伸至俄比罗比詹的客货运输协议，开通了虎林至列索扎沃斯克的旅游运输线路。

2000年，各边境省（区）加强了出入境汽车运输企业的管理。黑龙江、吉林、新疆等省（区）交通主管部门，开展了本地区出入境汽车运输企业经营资格年审工作，黑龙江共有21家企业通过年审；吉林省共对30家企业进行了年审，24家企业合格；新疆对全区32家出入境汽车运输企业进行了年审，重点审验了从事出入境运输的车辆技术状况，共有900多辆汽车通过了审验。通过年度审验，保障了出入境汽车运输的健康发展。

"十五"期间，出入境汽车运输继续稳步增长。2001年，全年出入境汽车运输共完成客货运量567万人、487万吨，出入境汽车达113万辆次，到2005年，分别增长到795.7万人、973万吨和132万辆次。

为进一步推动出入境汽车运输发展，交通部于2003年8月14至15日，在黑龙江省绥芬河市召开"全国出入境汽车工作座谈会"，从运输规模不断扩大、对外合作不断深入、内部关系逐步理顺、市场秩序初步规范以及口岸基础设施建设取得明显进展五个方面，回顾了中国出入境汽车运输工作取得的成绩。提出正确处理好"四个关系"，即国与国、政府与企业、交通部门与其他政府部门以及加强运输管理与发展当地经济的关系。提出加快出入境运输发展的六项政策措施：加强政府间对话，协商解决出入境运输中遇到的问题；借鉴国外的成熟经验，推进中国加入有关国际运输便利公约；加快立法步伐，加强制度化建设；加大市场监管力度，维护公平竞争的良好秩序；加快口岸交通基础设施建设；简化办事程序，提高管理效率。

2003年，为贯彻"全国出入境汽车工作座谈会"会议精神，加快口岸交通基础设施建设，适应中国与周边国家出入境汽车运输发展的需要，交通部组织开展对黑龙江、吉林、辽宁、内蒙古、新疆、广西、云南、西藏、广东9个省（区）口岸交通基础设施、出入境汽车运输量、出入境汽车运输企业、已开通和拟开通出入境汽车客货运输线路的调查，了解了公路口岸基础设施的现状及存在问题，为制订相应措施、发展出入境汽车运输打下了基础。

2005年4月13日，交通部令2005年第3号发布《国际道路运输管理规定》，实现出入境公路运输的依法管理。

"十一五"期间，国际公路运输继续取得新进展。与"十五"后几年相比，客运量有所回落，但保持基本稳定。2006年，国际公路客运量为703.78万人，到2010年达到780万人。货运量则呈现快速增长的态势。2006年，货运量为1029.94万吨，2010年达到2963万吨。

国际公路运输市场健康发展，经营企业和客货运线路的发展更趋完善。截至2007年底，全国从事国际道路运输的企业已达181家，拥有国际道路客货运输车辆4848辆，其中旅客运输车辆492辆、2.2万个客位；货物运输车辆4356辆，计10万多吨位。到2010年底，全国从事国际公路运输的企业达224家；运输车辆达到11715辆，其中客车592辆、货车9686辆。国际道路运输企业的规模和实力不断壮大，由原来的小、弱、散，逐步向集约化、专业化发展，由单一型运输企业逐步向以生产、包装、贸易、代理、运输等综合性企业发展；运输车辆也由车型单一、小吨位，向集装箱车、厢式货车、危险品、鲜活冷藏车、大吨位车辆等专业方向发展。企业规模的壮大，运力结构的调整，提高了我国运输企业在国际道路运输市场上的竞争力。

2007年，我国已与俄罗斯、蒙古、哈萨克斯坦、吉尔吉斯斯坦、塔吉克斯坦、乌兹别克斯坦、巴基斯坦、尼泊尔、缅甸、老挝、越南、柬埔寨和泰国等13个国家签署了政府间汽车运输协定，商定开通了242条国际道路运输线路，实际开通的国际道路客货运输线路共有201条，其中客运线路100条，货运线路101条。其中，最长的货运线路是乌鲁木齐至阿拉木图，全程1740多公里；最长的客运线路是昆明至万象，全程1380多公里。这些线路通过的对外开放口岸已达到69个。到2010年，我国与周边国家开通国际公路客货运输线路263条，其中客运线路125条、货运线路138条(详见表6-7)。

中国与周边国家国际公路运输线路开通情况 表6-7

(截至2010年底)

接壤区域		货运线路(条)	分属省份及条数		客运线路(条)	分属省份及条数	
东北亚区域	中—俄	37	黑龙江	20	35	黑龙江	21
			吉林	7		吉林	5
			内蒙古	10		内蒙古	9
	中—朝	9	吉林	8	2	吉林	2
			辽宁	1			
	中—蒙	12	新疆	4	10	新疆	4
			内蒙古	8		内蒙古	6
中亚区域	中—哈	35	新疆	35	37	新疆	37
	中—吉	11	新疆	11	10	新疆	10
	中—塔	1	新疆	1	1	新疆	1

续上表

接壤区域		货运线路（条）	分属省份及条数		客运线路（条）	分属省份及条数	
南亚区域	中—巴	3	新疆	3	3	新疆	3
	中—越	11	广西	8	12	广西	9
			云南	3		云南	3
	中—老	13	云南	13	13	云南	13
	中—尼	2	西藏	2	2	西藏	2
	中—缅	4	云南	4	0	—	—
合计		138	—	138	125	—	125
总计				263			

"十一五"期间，交通部（交通运输部）及各地交通运输主管部门、运管部门，在规范国际公路运输市场、促进运输市场发展上，做了很多工作。2006年，交通部组织有关人员分赴吉林、广西、黑龙江、新疆、云南等边境省（区）进行调研，听取了有关部门和单位的意见和建议，撰写了《国际道路运输发展现状及政策措施调研报告》，对国际道路运输发展及其现状做出客观分析，并提出了发展思路和相关政策建议。2006年和2007年，各省（区）结合实际情况，通过本省（区）人大常委会，修改和完善了辖区的国际道路运输法规，如广西、内蒙古、吉林等省（区）人大颁布了《道路运输条例》，进一步明确了道路运输管理机构在口岸的地位和作用。同时，各省（区）公路运输管理机构更加注重基础工作，完善了规章制度和工作程序，建立起一系列规章制度。如，云南省道路运输管理局制定了《云南省国际道路运输管理工作规范》和《云南省规范国际道路运输市场实施方案》，黑龙江省运管局印发了《黑龙江省国际道路运输管理经营规范》《黑龙江省国际道路运输经营许可工作程序》《黑龙江省国际道路运输单证管理办法》，新疆运管局制定了《国际道路运输单证领用制度》等。

第八节　建设管理全面加强

一、建设市场管理的法制化

1998年6月20日，交通部部长黄镇东在"福州会议"上发表讲话，阐述完成公路建设任务的主要措施时指出，要加快公路建设市场监管，确保工程质量。黄镇东强调，各级交通主管部门和建设业主单位，要严格按照公路建设市场管理的有关规定，实行基本建设"四项制度"，以提高工程质量、规范市场行为、控制工程造价为重点，搞好建设市场的管理；要严格基本建设程序管理，加强设计、招标文件的审查和施工、监理单位的资格预审，规范建设单位项目报建、开工报告审批和招投标行为，强化对建设、施工单位和中介机构的监督约束，杜绝非法分包、转包；要完善质量保证体系，加强技术指导和监督，加大质量监督力度；交通主管部门要深入一线检查、指导，对履约差和出现严重质量问题的单位及时严肃查处直至清退出场。

1998年12月28日，交通部令1998年第9号发布《公路工程施工监理招标投标管理办法》，规范施工监理的招投标市场行为。

"九五"期间，公路建设市场的迅猛发展，对市场管理提出更高要求，交通部坚持依法治理，加快公路建设市场规章制度建设的步伐，同时加强市场运行的监管力度。

2000年，交通部依据《招标投标法》，加强了公路工程招投标管理，建立了部省两级评标专家库，对公路工程招投标实行"专家评标、项目法人定标、交通主管部门监督"制度，认真查处了招投标中的违法违规问题；进一步开展公路市场主体的资信登记和资质审查工作，审查工作实行集体审批制度，并通过媒体公示，接受社会监督，增强了资质审查工作的透明度；加强对公路工程施工项目经理的资质申报和审查工作；建立起公路勘察设计、施工企业联系制度；依法查处和打击了扰乱公路建设市场秩序的行为，对公路建设项目实行"双合同制"（施工合同和廉政合同）管理，对群众投诉的招投标问题和工程质量问题及其他扰乱公路建设市场秩序的行为进行了查处。

2000年8月28日，交通部发布《公路建设市场准入规定》《公路建设四项制度实施办法》以及《公路建设监督管理办法》（交通部令2000年第6号、第7号、第8号），进一步强化公路建设市场的监管。

《公路建设市场准入规定》以建立"统一开放、竞争有序"的公路建设市场体系为目的，以规范公路建设行为、加强行业管理为出发点，对项目法人的资格审查、对从业单位的资信登记以及对审查、登记的程序和标准做出了明确规定；对公路建设项目法人的组织机构、人员配备、管理能力提出了要求，对从事设计、施工、监理等公路建设的从业单位资信登记的申报审批程序做出了明确规定。

《公路建设四项制度实施办法》依据《公路法》第23条规定和《招标投标法》《合同法》《建设工程质量管理条例》的有关要求制定。主要目的在于解决公路建设质量管理中存在的职责不清、责任不明、招投标行为不规范、合同执行不严格等问题。对公路建设项目如何实施项目法人责任制、招标投标制、工程监理制和合同管理制提出了具体要求。对实行项目法人责任制度，规定项目法人按照分类分别对建设项目筹划、资金筹措、建设实施、运营管理、债务偿还和资产管理全过程负责；对实行招标投标制度，对招标、投标、评标等主要环节提出了具体要求；对实行工程监理制度，明确监理责任，确保对工程进行有效控制；对实行合同管理制度，规定了各类合同的主要内容，合同双方的权利、义务及合同的执行、变更、纠纷处理办法等。

《公路建设监督管理办法》根据《公路法》第 20 条的规定制定,明确了交通主管部门的监督职责和监督内容,规定了公路建设实行工程质量举报制度,各级交通主管部门和各建设单位在公路建设活动中接受社会的监督;强调了基本建设程序各环节的工作质量与审批手续,对建设市场、质量与安全、建设资金的监督管理提出了明确要求,同时对违反规定的单位和个人分别予以处罚。

上述 3 个部令从市场管理、建设管理、政府监督方面对公路建设管理行为进行了规范,是加强公路建设行业管理的重要规章,对推动公路建设法制化管理、规范公路建设市场、确保建设质量具有十分重要的意义。

"十五"开始,公路建设市场管理以加强法制体系建设和落实、加快推进现代工程管理制度、加强市场行为监管为主线。

为落实国务院召开的"全国整顿和市场经济秩序工作会议"精神,2001 年 5 月 21 日,交通部发布《关于整顿和规范公路建设市场秩序的若干意见》,提出整顿公路建设秩序的主要目标是:所有大中型公路建设项目必须符合国家基本建设程序规定,实现依法建设;按照国家规定要求招标的项目必须实行招标,杜绝规避招标、假招标和评标过程中的弄虚作假、暗箱操作等行为;加强对工程质量和安全的监督管理,杜绝重大、特大质量和安全事故发生,争取用 1 年左右的时间,使公路建设市场秩序明显好转。同时明确,到"十一五"末,基本建立起统一开放、竞争有序的公路建设市场体系。整顿公路建设市场秩序工作以贯彻《公路法》《招标投标法》为龙头,以落实《公路建设市场准入规定》《公路建设四项制度实施办法》《公路建设监督管理办法》及相关法规为基点,以开展第 3 个"公路建设质量年"为载体。

2002年6月6日，交通部令2002年第2号发布新修订的《公路工程施工招标投标管理办法》。同年，还修订发布了《公路工程国内招标文件范本》《关于加强国际金融组织公路贷款项目执行管理规定》，编制了《公路工程施工招标评标委员会工作指南》《公路工程决算编制办法》等规范性文件，同时加大了执法力度。

为进一步提高工程质量和建设管理水平，明确质量和管理责任，有效完备基本建设程序，2004年3月31日，交通部令2004年第3号发布重新修订的《公路工程竣（交）工验收办法》，自当年10月1日起实施。新《办法》规定公路工程验收分交工验收和竣工验收两阶段，明确了从业单位在交工验收中的责任和交通主管部门竣工验收的管理权限、竣工验收委员会组成原则、工作程序。

2004年11月22日，为贯彻落实国务院办公厅《关于进一步规范招标投标活动若干意见》，交通部就进一步加强公路建设项目招投标管理，规范招投标活动提出具体意见，要求各地交通主管部门加快清理有关招标投标管理的各类规范性文件。同时要求各省区市交通主管部门严格执行《公路建设项目评标专家库管理办法(试行)》的规定，建立公路建设从业单位的信用评价指标体系，依法履行对招投标的监管，逐步在公路工程咨询、招标代理单位选择中推行招标方式。2004年12月21日，交通部令2004年第14号发布修订后的《公路建设市场管理办法》，废止了1996年7月版的《公路建设市场管理办法》。新《办法》提出了项目建设管理单位的概念，规定项目法人可委托具备法人资格的项目建设管理单位进行项目管理；提出新的质量保证体系，即"政府监督、法人管理、社会监理、企业自检"，将原来的三级质量保证体系改为四级，更加强调项目法人在工程质量中应负的管理责任；提出建立公路建设市场信用管理体系，要求政府交通主管部门加强对公路建设从业单位和从业人员市场行为的动态管理；突出了以人为本的理念，要求施工单位和劳务分包人按照合同按时支付劳务工资，落实各项劳动保护措施；凸显可持续发展理念，要求采取有效措施保护环境和节约用地等。

2005年5月8日，交通部令2005年第4号发布经修订的《公路工程质量监督规定》。新《规定》针对公路建设的特点，准确定位政府质量监督职能；明确监督内容和事项，落实各方质量责任；规定专业质量监督机构标准，保证监督工作质量；适应形势需要，提出政府监督高速公路、一般公路、农村公路的具体形式，从而健全了监督体系，保证了政府监督到位。

2006年1月15日，交通部部长李盛霖在"2006年全国交通工作会议"的工作报告中，总结"十五"成就时指出，交通运输和建设市场监管有重大进展，建设市场管理进一步规范，先后制定公路、水运建设市场管理的规范性文件11个，健全完善了公路建设市场的"四项制度"，实施了质量终身责任制。

进入"十一五"后，公路建设市场管理在加强法制体系建设、市场监管的同时，着力于市场信用体系建设，更加强调实施法制化、规范化、标准化管理。

为促进公路事业持续、快速、健康发展，加强公路建设监督管理，维护公路建设市场秩序，交通部重新制定了《公路建设监督管理办法》，并于2006年6月8日以交通部令2006年第6号发布，自当年8月1日起施行，2000年版的《公路建设监督管理办法》同时废止。新办法进一步明确了交通部与地方政府交通主管部门的职责，特别增加了企业投资项目的管理程序，突出强调设计的严肃性和验收程序的规范性，对建设市场管理也提出新的要求。同年12月5日，交通部印发《关于建立公路建设市场信用体系的指导意见》。确定公路建设市场信用体系建设的总目标是：用5年左右时间，建立起比较完善的公路建设市场信用体系，使我国公路建设管理水平和建设市场的规范化程度迈上一个新台阶。公路建设市场信用体系建设的主要内容包括信用信息征集、信用评价、建立信用信息平台、信用奖惩机制。

2008年，交通运输部着重管理创新，在公路建设市场监管和服务两方面加强工作，推进信息化管理和信用管理，使市场管理水平稳步提升，工程质量稳步提高。一是进一步完善建设法规。当年6月4日，交通运输部以交公路发〔2008〕116号发布《关于严格落实公路工程质量责任制的若干意见》，明确公路工程建设过程中各方在工程质量管理方面的责任，并建立工程质量责任登记制度和责任追究制度，加强质量管理，进一步提高工程质量和耐久性；8月18日，交通运输部发布了《关于进一步加强公路工程施工招标评标管理工作的通知》，对工程施工招标评标工作的主要问题进行分析，并对招标文件编写、清标、评标时间、评标委员会工作等提出了明确要求。二是进一步规范市场秩序。各级交通主管部门完成了公路建设项目施工许可情况的清理，完善了手续；深入实施招标文件、资格预审和评标报告备案审核制度；20多个省份出台公路建设市场信用体系的规定，推选信用评价及后续管理工作。质量责任制逐步落实，公路工程质量稳中有升。

2009年，在加强招投标监管、严格市场准入管理的同时，强化了市场信用体系建设，并将之纳入法制轨道。2009年11月27日，交通运输部分别以交公路发〔2009〕731号和交公路发〔2009〕733号文件发布《公路建设市场信用信息管理办法（试行）》《公路施工企业信用评价规则（试行）》，初步形成全国统一的信用管理体系；同年，开发了"全国公路建设市场信用信息管理系统"，基本实现数据传输、信息汇总、评价统计、结果发布等信用信息管理功能，使全国各地的公路建设市场信用体系建设工作稳步开展。

2010年，交通运输部继续在全国深入开展信用体系建设，主要做了以下工作：组织各省（区、市）交通运输主管部门及有关施工企业完成信息录入，初步建成了公路建设项目及从业企业和人员信息库，同时督促各地深入信用体系建设，包括制度配套、开发省级信用平台、实施企业信用评价等；开办10期信用体系建设培训班，参训人员2000余人，达到了解读和宣传《公路建设市场信用信息管理办法》和《公路施工企业信用评价规则》的目的。达到了基本建立信用制度框架，形成信息平台的目标，在建设市场中初步形成诚实信用的氛围。

在系统总结福建、陕西、浙江、广东、江苏等地规范化、信息化、标准化工程实践经验的基础上，2010年交通运输部对公路建设提出"发展理念人本化、项目管理专业化、工程施工标准化、管理手段信息化、日常管理精细化"的"五化"要求，加快推行现代工程管理。

截至2010年底，公路建设市场已经形成了比较完整的法规体系，形成了比较完善的市场监管体制，构成了比较完善的公路建设市场运作机制。

二、公路建设质量年及公路工程质量管控

1998年"福州会议"后，公路建设步伐开始加快，公路工程质量成为公路建设管理的重中之重。

1998年9月18日，交通部在北京召开的"第二次全国加快公路建设电话会议"上，交通部副部长李居昌通报了当年全国加快公路建设的情况。在肯定加快建设以来取得的成绩的同时，李居昌特别强调，要加强公路工程质量管理，认真实行公路工程质量责任追踪制度、专业技术人员培训制度和全过程质量把关制度。同年10月9日，交通部在北京召开"第三次全国加快公路建设电话会议"，交通部部长黄镇东强调，公路建设要把确

保工程质量放在第一位，进度服从质量；各级领导要牢固树立质量意识，切实抓好公路建设质量；要派专业技术干部深入施工现场，严把质量关。

10月19日至25日，为贯彻《国务院办公厅关于加强建设项目管理确保工程建设质量的通知》和国务院领导关于加强工程质量管理的一系列指示精神，交通部组织了5个专家组，对全国17个省份总里程2622公里的24个重点在建项目进行质量检查。这些项目涵盖了"两纵两横三个重要路段"和两条省级重要干线，结果表明，这些重点公路建设项目均执行了国家基本建设程序，特别是国家计委审批立项的项目和外资贷款项目，较好地贯彻了《公路建设市场管理办法》对设计、施工、监理、咨询单位的要求，按程序规范把好质量关。各级领导能正确认识加快建设进度与质量的关系，采取措施加强项目管理、强化质量监督机制。沿线各级政府和广大群众为工程建设创造了良好的外部环境。从检查情况总体上看，工程质量水平较好，而且在不断提高。在肯定成绩的同时，调查报告指出，质量通病并未根治，在市场管理方面仍不够规范，一些地区存在保护主义，一些不符资质的设计、施工、监理企业进入市场，有的甚至实施内部监理。队伍素质不高、投入不足、随意变更设计、不按规范施工等现象不同程度存在，造成一些路段通车不久即开始修补。

1998年10月25日，辽宁沈四高速公路青洋河大桥因局部桥面混凝土厚度不足、强度过低、加强钢筋缺漏等问题，造成车辆损毁、2死2伤的严重交通事故，被媒体曝光；同时期被媒体集中曝光的还有当年6月10日试通车的云南昆禄公路，这条全长72公里的二级公路，由于层层分包、转包，监理队伍无资质，试通车18天后即由于部分路基下沉、边坡坍塌、路面断裂、防护墙损坏，致使交通中断。两起事故经众多国家级报纸及电视媒体曝光后，造成极坏的社会影响，给加快公路建设蒙上了一层阴影。

同年11月17日，交通部在北京召开"第四次全国加快公路建设电话会议"，交通部副部长李居昌通报了公路工程质量检查情况和青洋河大桥质量事故处理情况，同时强调，"绝不能为完成当年投资任务而忽视质量，绝不能为献礼赶工忽视质量，绝不建有质量隐患的工程。"

针对加快公路建设过程中出现的问题，经国务院批准，交通部于1998年12月10日至12日召开"全国公路建设质量工作会议"。会议突出强调了公路建设质量是公路的灵魂，是公路的生命，要求全系统牢固树立"百年大计，质量第一"的观念，不搞"豆腐渣"工程，不搞"水一冲就垮"的公路。会议要求公路建设要把质量放在项目管理的第一位，不断提高质量意识，完善质量法规，加强质量基础工作，健全质量保证体系，提高质量管理水平。到20世纪末，公路建设竣工工程质量全部达到合格标准，优良品率达到70%以上，分项工程验收优良品率达到85%以上，国家重点项目质量优良品率达到85%以上，努力消除主要质量通病，使公路工程质量再上一个新台阶。会议提出加强公路建设质量工作的十项措施：一是各级领导干部必须增强质量意识，抓好公路建设质量；二是严格基建程序管理，杜绝"三边"工程；三是精心设计，加强设计的现场服务；四是加强质量自检，提高施工质量水平；五是完善监理体制，严格工程监理；六是规范招投标行为，建立公平、公正、公开的建设市场秩序；七是实行动态管理，强化对建设市场的监管；八是建立质量举报和事故报告制度；九是依靠科技进步，组织科技攻关，提高建设质量；十是采用经济手段，奖优罚劣。会议强调，提高公路建设质量，关键是落实质量措施。

针对加快进程中建设质量出现波动的问题，1999年2月1日，国务院副总理温家宝在"全国基础设施建设工程质量工作会议"上讲话指出，总体上看我国基础设施建设和重大工程质量是好的，但必须清醒认识到，当前工程质量的问题相当严重。温家宝列举了重庆綦江县人行桥坍塌造成54人死伤、沈四高速青洋河大桥局部坍塌、云南昆禄公路质量事故、1998年九江防洪大堤决口等工程质量问题，要求彻底查清事故的原因和责任，严肃处理有关责任人，向群众做出交代。温家宝强调，各地和有关部门要通过这些血的教训，引起高度重视，把确保工程质量作为一项大事来抓，采取得力措施，检查事故隐患，堵塞漏洞，杜绝重大质量事故发生，确保人民生命财产的安全。会议要求，建立层层负责的质量责任制，严格执行建设程序，建立健全招标投标制度，严格工程监理，严禁挪用建设资金，加强政府监督和社会舆论监督等十项措施。温家宝最后强调，质量问题，说到底是一个是否讲认真的问题，一定要以高度的历史责任感，以对国家、对人民、对子孙后代高度负责的精神，上下一致，认认真真，努力把全国基础设施工程质量提高到一个新的水平。建一流工程，创历史业绩，让中央放心，让全国人民放心。

1999年2月13日，为贯彻国办《通知》和全国工程质量会议精神，交通部以交公路发〔1999〕79号下发《关于开展公路建设质量年活动的通知》，将1999年定为"公路建设质量年"，公布了"公路建设质量年"活动实施方案，确定1999年4月为"质量年活动宣传月"，明确了质量年活动的指导思想是：以整顿公路建设市场、规范市场运作行为为龙头，以项目质量管理和现场控制为重点，以治理和消灭质量通病为突破口，解决主要质量问题，杜绝重大质量事故，提高质量管理水平，建设优质工程，促进公路事业持续健康发展。交通部同时明确，以1999年为开始，连续3年开展"公路建设质量年"活动，总体安排是：第1年打基础，见成效；第2年抓巩固，上台阶；第3年再提高，上水平。公路建设质量年的开展,在加快建设初期很快掀起了重视公路工程建设质量的高潮。

1999年2月24日,交通部发布《公路工程质量管理办法》,对公路建设质量及工程质量监督机构的管理进行全面规定。在1999年2月27日召开的"全国交通基础设施建设工程质量现场会"上,交通部要求建立健全质量责任制,开始在全国推行公路工程质量终身负责制。

1999年2月27日至3月1日,交通部在南京召开"全国交通基础设施建设工程质量现场会"。交通部部长黄镇东讲话指出,在落实1998年加强公路质量管理十项措施的基础上,将落实以下措施:一是建立工程质量终身责任制。按照分级管理、分级负责的原则,建立层层负责的终身质量责任制。有关质量责任人要对经手的工程质量负终身责任,如果工程出现质量问题,不管调到哪里,不管担任什么职务,都要追究相应的责任。二是全面推进项目法人责任制,项目法人对工程质量负全责。今年新开工的大中型交通建设项目,必须建立项目法人责任制后才准许开工,运作不规范的要在今年内完成整改。必须赋予项目法人相应的权力,各地交通主管部门领导不要兼任法人代表和总监理工程师,其工作重点应放在监督检查上。三是严禁挤占挪用公路建设资金。四要加强公路建设市场管理。通过规范的招标投标,择优选定施工队伍和监理单位;加强对中标单位的管理,严禁转包或者将主体工程分包以及非主体工程的层层分包;业主不得向施工单位和监理单位指定分包商及材料供应商等。

在开展"公路建设质量年"活动中,各地交通主管部门以"规范业主行为、提高设计质量、巩固施工质量、强化监理质量"四个环节为工作重点,对工程质量加强监管。1999年至2001年,通过连续3年的质量年活动,取得了预期的效果:一是质量教育深入人心，质量意识明显增强。二是规章制度逐步健全，质量管理纳入了法制化轨道。这3年，是公路建设管理规章颁布实施最多的3年，交通部制定和修改完善了与《公路法》相配套的多个规章、办法，各地交通主管部门也制定出台了本地区的工程建设和质量管理的一系列规范性文件。三是市场监管得到加强，市场秩序明显好转。特别是2001年，交通部对发生重大质量、安全事故和采用不正当手段谋取中标的10家施工企业，对负有直接责任的两家监理单位进行了通报批评，并对其中的7家施工企业进行了取消1至2年资信登记的处罚，在社会上产生了强烈震动，收到了良好的效果。四是质量管理机构得到健全，招投标行为逐步规范。截至2001年底，质量监督机构对国道主干线和国省道建设项目的监督覆盖面达到100%，对县乡公路建设的覆盖面逐步扩大。"政府监督、社会监理、企业自检"三级质量保证体系在全国公路建设中得到广泛实施。项目法人负责制、招标投标制、工程监理制和合同管理制在工程项目管理中得到全面贯彻。中央和地方投资建设的国道主干线建设项目，全部实行了招标投标制度；大部分省(区、市)对国道和路网建设项目也普遍采用了招投标方式选定施工和监理单位。"专家评标、项目法人定标、政府交通主管部门实施监督"的评标体系已基本建立起来。五是质量通病得到有效治理，工程质量明显提高。从1999年开始的3年间，交通部先后派出22个检查组，对153个项目进行了质量大检查，检查里程1.5万余公里，覆盖了全国30个省(区、市)。从总体上看，工程建设质量稳步上升，全面完成了质量年活动实施方案中提出的质量控制目标。六是涌现了一批优秀工程项目和先进集体，"两个文明"建设得到加强。

交通部于2001年12月19日召开"全国交通工程建设质量工作会议"，交通部副部长胡希捷指出，"公路建设质量年"活动开展的3年，是我国公路建设历史上完成投资最多、发展速度最快、建设成就最为突出的3年,也是我国公路建设质量管理最为扎实、工程建设质量上了一个新台阶的3年。"质量年"活动启示我们:提高质量意识是确保工程质量的重要基础;始终坚持明确的目标,从基础做起,抓主要矛盾是搞好工程质量工作的有效途径;严格市场准入是提高工程质量的基本前提;完善的规章制度是提高工程质量的可靠保证;加强各环节的质量控制是提高工程质量的关键所在;依靠科技进步是提高工程质量的根本措施。会议明确,"十五"期间做好交通工程建设质量工作的主要思路是:坚持以工程建设质量为中心,全面加强交通基础设施建设项目的全过程管理;坚持以建立"统一开放,竞争有序"的交通建设市场体系为目标,为交通工程建设创造良好的外部环境;坚持以科技进步为主动力,不断提高建设项目的质量水平;坚持以拓宽质量视野、更新质量观念为着眼点,树立交通工程建设质量管理工作的新形象,把交通工程建设推向一个新阶段。为此,确定"十五"加强和改进质量管理工作的措施包括:树立新的质量观念,把质量意识贯穿到工程建设项目管理的全过程;规范交通建设市场秩序,强化工程质量管理;继续落实质量责任制,提高工程建设质量监督水平;坚持以科技进步为主导,大力开发推广和应用新技术、新材料、新工艺、新成果;认真贯彻西部大开发战略,把西部地区公路建设质量作为工作重点,认真抓紧抓好。

到"十一五"末期,公路建设项目质量管理日益成为公路建设市场督查、推行现代工程管理等工作的重要组成部分,公路工程质量总体得到稳步提升。

三、工程监理市场的发展

福州会议后到"十五"期间,短短的七八年时间,公路基础设施建设实现了跨越式发展,公路建设投资以每年20%的速度快速增长，公路主骨架的贯通改变了人们的生产和生活方式。巨大的交通建设市场形成了巨大的需求，公路工程监理队伍规模迅速壮大，公路交通监理也迎来了全面推行的新阶段。

1999年8月7日，交通部在兰州召开"全国交通基本建设质量监督工作经验交流会"。会议讨论了新形势下质监机构定位及监督工作重点的转移，明确了今后一个时期工作的主要内容，进一步推动了质量监督在全国更全面有效地展开。会后，东北、华北、华东、西北、西南、华南地区相继召开了质监网会，研究和交流开展质监工作的情况，促进了质监工作水平的提高。

1999年8月9日，交通部以交人劳发〔1999〕406号下发《关于调整交通部基本建设质量监督总站主要职责、内设机构和人员编制的通知》，确定部质监总站仍为部机关直属事业单位，副局级，由水运司归口管理，其业务分别由公路司、水运司领导；主要职责包括：执行国家和部有关工程质量工作的方针、政策和法规，拟订工程质量监督、监理和试验检测方面的政策、法规、标准并监督执行；在部指导下，负责工程质量管理；监督工程建设规模、内容和投资方向；参与工程建设市场管理；配合主管部门对工程质监机构实施资质管理，组织机构和人员的资质考核、复查等；部质监总站内设办公室、公路工程质监处、水运工程质监处；编制25名。交通部提升质监总站行政级别、扩大人员编制，为推动全国工程质量监督工作的全面开展奠定了良好的基础。

到1999年底，已有59个部管质监机构通过交通部考核验收；当年，新批准公路工程监理单位监理资质45家，到1999年底，获部批准监理资质的公路监理企业达到157家，其中甲级54家，临时甲级43家；通过交通部审批的公路工程监理工程师达到4183名，专业监理工程师4832名。1999年，很多省份也根据交通部有关要求，对地市级质监机构实施考核验收，公路交通行业质监体系基本形成，公路工程监督覆盖面达到80%，一些地区的质监工作已向设计质量监督延伸。各地质监机构根据国家和交通部有关法规、规章，结合当地的实际情况，制定了相应的管理制度。质量监督工作已基本走上规范化、法制化的轨道。在加强质监队伍建设，确保政府监督规范运作方面，各地质监机构也做了大量工作，制定了一批有约束力的管理制度和工作准则。

2000年，公路行业重点开展工程监理规范管理工作。年初，交通部组织召开了部分省区质量监督、工程监理工作座谈会，交通部副部长李居昌对监理工作提出要求：一是要坚持政企分开，促使监理企业真正走向市场，保证其独立、公正地开展工作。二是深化改革，建立现代企业制度，转化经营机制，按照《公司法》进行改制，可吸收个体和集体资本，搞多种经济成分，使投资主体和企业经营多样化。三是整顿监理市场，规范监理运作行为。抓好监理企业的市场准入，严格按合同办事，禁止监理转包和非法分包。四是加强队伍建设，提高人员素质，强化监理手段、促进技术进步，加强监理职业道德教育。当年，有36家公路监理单位、631人和1919人，分别获得交通部公路工程监理资质、公路工程监理工程师和专业监理工程师资格，取消了1家监理单位的资质；4家试验检测机构的甲级资质获得批准。同时，交通部组织对12个省份的22项总长2984公里的公路工程在建项目进行质量检查，结果表明，各省(区、市)公路建设质量年活动开展情况较好，工程质量总体向好，项目管理和质量基本处于受控状态。

经过十几年的发展，截至2001年底，省级质监机构全部建立，85%以上的地方建立了质监机构，质量监督网络基本形成并逐步完善；全国已经有数百家从事公路监理的企业，数万从业人员。为顺应监理行业的快速发展以及政府职能转变的需要，

2002年4月13日,中国交通建设监理协会正式成立,有231家监理企业加入协会,其中公路工程监理单位183家。

在各级质监机构基本建立并逐步完善的基础上,2002年和2003年,交通部开始加强对工程监理市场的整顿,着力于市场制度完善、净化等工作。2002年7月11日,交通部以交公路发〔2002〕295号印发《关于治理整顿公路监理市场秩序的意见》,要求解决监理人员无序流动、素质参差不齐、监理工作不到位、招投标行为不规范等方面的问题;同时,开展了监理单位的资质核查工作。通过核查,促使监理单位人员基本稳定、监理试验检测设备能够满足监理工作基本需要,监理市场的管理进一步规范化。2003年,在继续对监理单位不同程度存在的违约、管理不力等问题进行处罚的同时,加强了工程监理行业未来发展的研究。当年结题的《公路水路施工监理管理机制研究》,提出了"十五"及2010年各类公路水路施工监理人员的需求数量;提出了加快公路工程监理队伍发展的目标、措施及监理人员的发展计划;提出了建立以人力资本为基础的股份制监理企业和合伙制监理企业以及以人力资本为主导地位的监理企业法人治理结构的监理企业改革方案;得出了市场经济条件下政府对监理行业的管理模式是以市场为基础的宏观调控模式的研究结论;提出了考虑公路工程施工监理技术含量和工作量、公路等级、工程复杂程度等因素的公路工程施工监理费取费方法,得出了公路工程监理费取费标准应比原标准至少提高1倍、并取消国内、国外监理取费标准不一致的非公平性取费标准的建议。2004年6月22日,交通部以2004年第5号部令发布《公路水运工程监理企业资质管理规定》,明确监理企业资质,是指监理企业的人员组成、专业配置、测试仪器的配备、财务状况、管理水平等方面的综合能力,对企业资质等级和从业范围、申请与许可、监督检查等做出明确规定,对甲、乙等级别资质企业的人员、业绩、设备配备等都做出详细的规定。同年5月,实行"以考代评"改革,在全国首次组织公路、水运监理工程执业资格考试,5700人取得监理工程师资格。2004年10月14日,交通部在沈阳召开"全国交通基本建设质量监督工作会议",交通部副部长冯正霖指出,交通行业推行工程监理制度,已经走过了试点起步、全面推广两个阶段,目前已经进入规范市场、走职业化发展的提高阶段。2004年上半年,根据部质监总站汇总分析,全国在建项目总体质量良好:路基工程、路面工程以及桥梁工程监督检查的一次合格率均在90%以上,质量运行态势平稳,已完工程合格率达100%,重点工程优良率达100%。沈大高速公路改建工程、南京长江第二大桥、开阳高速公路等一大批建设项目取得了优异成绩。近5年间,先后有20余个公路、水运项目获得了鲁班奖等国家建设工程优质奖项。在建设规模巨大、建设速度加快的情况下,我国公路工程能够取得这样好的成绩,能够建成如此众多的一流工程,是与交通质量监督机构和广大质量监督人员的辛勤工作和严格管理分不开的。但应该清醒看到,还有很多问题有待解决,如:工程监理市场主体力量不强,职业化进程推进力度不够;试验检测技术装备能力不足,难以适应工程建设需要;在实体质量上,还存在着不均衡现象,一些地方质量通病依然存在,个别高速公路路面早期破损、提前大修问题比较突出,质量事故时有发生等。这些问题必须引起高度重视,采取积极措施予以认真解决。冯正霖要求,今后要重点夯实五个方面的基础:继续大力加强质监人才队伍建设,在提升人员政治、专业素质上下功夫;认真落实质量监督责任制;以系统观点建立健全质量监督规章、技术法规体系;规范和发展工程监理、试验检测市场;以科技进步推动质量监督工作上水平。

"十一五"时期,面对蓬勃发展的公路建设市场和监理事业,如何建立竞争有序、运行规范的监理市场，如何规范监理行为，充分发挥监理作用，保证工程质量和安全，仍是这一时期工作的重点。

2006年4月30日，交通部以交质监发〔2006〕179号发布《关于2006年交通基本建设质量监督工作的意见》，着重要求各地进一步明确质量监督职责，加强监理市场整顿、规范监理行为，加强对监理企业的动态管理，同时加强培养试验检测市场；5月25日，交通部以部令2006年第5号颁布《公路工程施工监理招标投标管理办法》，于当年7月1日施行，着力于规范企业参与工程监理市场的行为。同时，交通部强化公路工程监理企业资质就位工作，对新申报的企业实施严格审查；为解决监理人员无序流动问题，建立了执业登记制度，着手建立监理人员诚信体系；建立公路水运工程检测企业等级评定和检测人员资格管理制度，开发检测人员与机构信息系统，构建起总站和省站两级数据库，开展了检测人员全国统考。

2007年，对监理行业是个有纪念意义的年份，这是中国交通基础设施建设实施工程监理制度20周年。交通部修订了《公路工程施工监理规范》，将环保、安全监理纳入工作范围；在加强企业资质评审、人员执业资格考试的同时，以"数据保真"为重点开展为期3年的试验检测专项治理，全年共完成36家甲级及专项检测机构的审查和评定，完成6万检测人员考试。到2007年底，具有交通部公路监理资质的企业达677家，具有交通部监理工程师和专业监理工程师资格证书的人员达5.1万人，监理行业从业人员10余万人，已形成队伍规模大，专业覆盖面全，行业特点鲜明的交通监理市场，监理已成为建设市场的主体之一，成为工程项目实施阶段不可缺少的管理队伍。

四、农村公路建设管理

1. 农村公路的建设管理

国家实施西部大开发后，农村公路建设步入快速发展期。

"十五"是农村公路全面启动的时期,在农村公路建设上,交通部着重于规范市场行为,加强了行业指导和工作协调,迅速将农村公路建设推向高潮。

2001年四季度,国家计委和交通部启动西部地区通县公路建设工程。2003年,作为我国农村公路建设全面加快发展的起步之年,为加强农村公路建设市场的指导和管理,交通部重点做了以下工作:与国家发改委联合制定《县际及农村公路改造工程管理办法》,同时交通部制定《县际及农村公路改造工程实施意见》,为农村公路顺利实施提供政策指导;组织召开"全国农村公路建设电视电话会议",会后组织编印《农村公路建设文件汇编》和《农村公路建设有关政策文件摘编》,收集部分地区农村公路建设经验总结的短片,发放各地学习贯彻,促进了经验交流;对内蒙古、宁夏、青海、甘肃、湖南、广西、云南、辽宁、吉林等9个省(区)的县际及农村公路建设情况进行检查调研,对四川、安徽、贵州、甘肃等省农村公路廉政建设情况进行调研;加强农村公路建设的信息交流,每月对农村公路建设进展情况进行通报,绘制全国县际公路电子地图等。为督促、协调全国农村公路建设实施,成立了由交通部领导挂帅的县际和农村公路领导小组,下设县际及农村公路改造工程办公室。从此,农村公路建设开始在国家层面纳入公路建设行业管理的范畴。

2004年7月12日,交通部以交公路发〔2004〕372号印发《农村公路建设指导意见》,明确农村公路建设中应坚持"因地制宜、量力而行、节约土地、保护环境、保证质量、注重安全"的原则,并特别提出,受地形、地质等自然条件和经济条件限制,技术指标无法完全达到等级公路标准的路段,可以采用技术标准要求的极限最小值,甚至可以降低个别技术指标。10月,交通部分别在广西、贵州两省区组织了市县级基层管理人员的专业培训活动,为基层解决实际困难。针对农村公路建设中普遍存在的技术水平不高、技术管理人员不足的问题，各级交通部门着力开展了旨在提高技术、管理人员素质的指导和培训工作。

2005年发布的《全国农村公路建设规划》明确要求，省（区、市）人民政府对农村公路建设要发挥主导作用，制定本省规划，加强农村公路建设的组织管理，加快建设步伐。2005年，交通部发布的《公路工程质量监督规定》，提出了农村公路建设政府监督的实现形式，对健全农村公路建设质量监督体系，保证政府监督到位奠定了基础；同时，继续大力加强农村公路建设从业人员的业务培训、加强农村公路建设指导、开展农村公路建设宣传等。同年，交通部组织起草《农村公路建设管理办法》，开始着力将农村公路建设市场纳入法制化轨道。2005年10月22日至23日，交通部和国家发改委联合在太原召开"全国农村公路工作座谈会"，提出加快农村公路发展七项措施：一是坚持规划引导，有序推进农村公路建设；二是坚持实事求是，合理把握农村公路建设标准；三是坚持尊重民意，维护好农民群众切身利益；四是坚持责任意识，切实加强建设与养护资金的筹集和使用管理；五是坚持质量第一，建立健全质量保证体系；六是坚持创新理念，走资源节约型发展之路；七是坚持预防为主，建设廉洁工程。

经过"十五"的努力，截至2005年底，农村公路整体网络水平迈上了新的台阶，通达深度不断增加，通畅水平不断提高，农民出行更加便捷。农村公路建设加快过程中，政府的主导作用特别突出，形成了较完整的政策体系，各省（区、市）创造出的很多好经验得以快速推广，农村公路建设开始纳入规范化管理。

"十一五"全国农村公路建设继续快速发展，交通部（交通运输部）进一步加强了农村公路建设市场的法制化、规范化管理，加强了行业指导，保持农村公路建设的平稳快速发展，农村公路建设质量稳定提升。

2006年1月27日,交通部以部令2006年第3号发布的《农村公路建设管理办法》要求,各地制定符合当地实际的农村公路建设程序,建立工程质量责任追究制和安全生产责任制,省级交通部门要加强农村公路建设质量的督导,建立健全农村公路建设资金管理制度,要充分调动群众积极性、切实维护农民利益等。11月8日,交通部以交人劳发〔2006〕627号发布《关于设立部公路司农村公路处的通知》,以进一步加强农村公路建设管理,推进农村公路有序健康发展;同时,各地也制定了配套规章制度,明确了管理责任。全年,交通部及各地农村公路主管单位共培训基层农村公路技术和管理人员6万余人。同时,在深入调研、加大宣传方面做了大量工作。

2007年,交通部加强了与地方党委、政府的沟通和协调,建立了部省工作协调机制。围绕农村公路建设质量、安全、技术等关键环节,不断加大监管和指导力度,强化质量责任制,较好地保证了农村公路建设质量。当年,重点推广了以下农村公路建设经验:广东省徐闻县充分调动农民群众修路积极性、多渠道筹资建设农村公路的经验;四川省仪陇县实行"一事一议"、民主决策建设农村公路的做法;江苏省在农村公路建设中推行纪检监察巡查制等经验。达到以点促面的目的,取得了良好效果。

为实现农村公路发展由规模速度型向质量效益型转变,提高农村公路建设质量和安全水平,交通部决定自2008年起在全国开展为期3年的农村公路建设质量年活动。2008年当年,各地交通主管部门按照交通运输部总体部署,高度重视,加强领导,精心策划,科学组织,质量年活动取得了阶段性成果,实现了第一年打好基础、初见成效的目标:一是,2008年3月11日制定印发了《农村公路建设质量年活动总体方案》,提出了活动的指导思想、目标及阶段安排，并明确了活动的有关要求和具体措施。二是，5月份组织开展了质量年宣传月活动。三是抓住质量年活动的契机，进一步研究探索农村公路建设质量保证机制。通过建立健全质量保证体系，落实各方质量管理责任，有效提升建设质量水平。四是加强督查工作，交通运输部分别对甘肃、青海、江西、福建、河南和湖北等省份质量年活动开展情况及农村公路建设质量状况进行了专项督查。部质监总站也结合重点公路建设项目督查，对江苏、山西、河北、内蒙古、辽宁、新疆等省区的农村公路项目进行了质量督查，重点对路面基层、水泥（沥青）混凝土路面面层、桥梁工程实体质量进行实地检测，对外观质量进行检查，对项目内业资料进行抽查。经过第一个质量年活动的开展，农村公路建设质量管理出现了"三个转变"：从偏重于事后验收，向注重设计、施工、验收全过程管理转变；从偏重于抓施工单位管理，向注重抓所有参建单位的管理转变；从偏重于政府监督，向政府监督与社会监督相结合转变。农村公路建设质量管理明显得到了加强，质量水平稳步上升。2008年全国农村公路质量抽检总体合格率为93.5%，较2007年提高了1.8个百分点，其中，路基、路面和桥梁工程质量抽检指标合格率较2007年同比分别增长1.8、2.6和2.1个百分点，全国农村公路质量实现了质量年活动总体方案确定的"一年增长一个百分点"的目标。

　　2009年，交通运输部继续将农村公路工作作为交通运输工作的重点之一。4月16日至17日，交通运输部在西安召开"全国农村公路建设现场会"，总结交流了农村公路建设和养护管理的经验，推广了陕西省农村公路管理的有效做法和河北省农村公路建设"七公开"的经验，全面部署了2009年的农村公路工作。各地交通运输主管部门按照部的统一部署，加大投资力度，强化质量监管，深化管养改革，推动客运发展，农村公路各项工作又迈上了一个新台阶。全年工作呈现出"工作力度不断加大，建设速度继续加快，管养改革深入推进，建设质量稳步上升，示范效果初步显现，社会服务显著增强"的特点。2009年，各级交通运输主管部门按照质量年活动总体安排，认真落实会议要求，狠抓"管理、技术和监管"三个关键问题，质量管理取得了实效。

2010年是"十一五"最后1年，也是3年农村公路建设质量年活动的收官之年，交通运输部按照质量年活动总体安排，继续围绕"管理、技术和监管"狠抓落实，于4月2日发布《关于做好2010年农村公路建设质量管理工作的通知》，要求抓好设计、检测、原材料进场、施工现场和工程验收等几个关键环节，强调有关部门要抓好质量监管，要求"把农村公路建设质量年活动抓细、抓实、抓好，建设高质量的、让群众满意的放心工程，更好地为社会主义新农村建设服务。"同时要求总结好质量年活动的经验。各地积极探索加强质量管理的有效做法，创新管理方式，对质量问题实行"一票否决""零容忍"，保证农村公路建设处于受控状态，农村公路建设质量得到较大幅度提升。如，青海省交通厅印发《青海省农村公路建设工程质量责任追究办法》开始试行。《办法》将涉及农村公路建设全程的建设、设计、施工、监理和试验检测等5类单位纳入质量责任追究范围，并规定农村公路建设工程质量监督检查、质量事故责任追究实行统一领导、分级管理。同时，还对各相关单位、部门工程质量责任期、建设项目管理职责、农村公路建设等各方质量责任做出规定。河北省交通运输厅公路局借鉴2005年以来在全省实施的高速公路建设"十公开"做法，创造性地在农村公路建设领域推行"七公开"，使农村公路发展规划、建设计划公开，建设资金补助政策公开，招标过程公开，施工过程管理公开，质量监督公开，竣工验收公开，资金使用公开。河北省怀来县甚至对全县的工程队建立了日常监督公示机制，在日常建设中派专人对各个工程队的建设水平进行考核，为工程队设立信誉档案并公示，为农村公路建设过程中的工程队选择作好铺垫。

"十一五"的五年里，交通运输部每年都把农村公路作为年度工作的一件大事来抓，组织召开电视电话会议和现场会、经验交流会，安排部署农村公路重点工作。五年里，先后与27个省（区、市）人民政府签署了《关于落实中央1号文件农村公路建设任务的意见》，明确了部省建设责任，细化了目标任务。各地也通过层层签订责任状，有效落实了农村公路建设主体责任；湖北、山东、河南、黑龙江四省出台了《农村公路条例》。为期3年的农村公路建设质量年活动的实施，基本实现了农村公路主要抽检指标"一年提高一个百分点"的目标，农村公路工程实体质量有了大幅提高。

2. 农村公路建设示范工程

为更好地探索农村公路建设经验，提高建设管理水平，服务社会主义新农村建设，交通部于2003年开始，确定甘肃甘州至民乐县际公路、湖北仙桃通乡公路和山东寿光市通村公路等7个示范单位作为第一批示范工程。第一批示范工程共39个项目，总里程592公里，总投资5.55亿元，涵盖了东、中、西部地区。同年10月27日，交通部在沈阳召开"东中部地区农村公路示范工程经验交流会"，会议组织参观了沈阳康平县、抚顺和盘锦两市农村公路建设成果，山东、安徽、福建、黑龙江、江西等省介绍了实施农村公路建设示范工程的经验。

2004年6月8日，为进一步总结推广农村公路示范工程建设的经验，交通部于武汉召开"中西部地区农村公路建设现场会"。中西部地区19个省份交通主管部门的相关代表参会。与会代表参观了湖北省仙桃、潜江两市农村公路示范工程建设成果，7个省市的农村公路建设基层管理代表在大会上交流建设经验。会议全面总结了农村公路示范工程的建设经验,高度评价了农村公路建设对改善农民出行、活跃农村经济、促进城乡交流、推动农村经济发展的重要作用,并号召各级交通部门坚持从农民群众的需求出发,从实际出发,继续加快农村公路以及农村客运网络化建设。会议要求各级交通主管部门,正确处理好农村公路建设6个重大关系的问题,即农村公路建设能力与规模的关系,农村公路建设与维护群众利益的关系,农村公路建设与主干线建设的关系,工程质量与建设速度的关系,建设与养护的关系,农村公路建设与农村客运站点管理的关系。

2005年,结合第一批农村公路示范工程项目的总体实施情况,在征求相关省市意见的基础上,交通部确定广西田阳县、贵州遵义县、江西井冈山市、陕西安塞县四个革命老区以及江苏邳州县、重庆江津市、福建福清市、山西晋中市共8个农村公路项目,作为第二批示范点。本次农村公路示范工程,意在探索研究的主要内容包括资金、养护、质量和技术等方面。通过示范工程,研究农村公路筹资的形式,资金使用监管的有效方式,"一事一议"发动群众的组织方式,降低造价的有效措施和途径,以及乡镇客运站点建设的有关问题等;在建设管理体制方面,重点研究项目前期工作及可行的基建程序、建设管理体制,解决好征地拆迁和维护群众利益的关系,减轻农民负担等;在质量管理方面,研究政府监督、社会监理、群众参与的有效方式和经验,民工投劳工程的质量管理,山岭重丘区和水网地区农村公路质量要点和主要控制经验;在技术标准方面,研究因地制宜掌握技术标准和质量标准,探索实用、耐用的路面结构,简便、有效的农村公路防护技术和防、排水设施设置,地质灾害路段的避让与防治;在养护管理方面,探索农村公路自管自养、统筹建养、民养公助等多方式的养护管理模式。此外,除交通部确定的示范点外,各地交通主管部门还将确定本地区的农村公路建设示范工程。

2008年6月24日，为贯彻落实中央关于加大对少数民族地区、边疆地区、贫困地区支持力度的精神，探索适合"少边穷"地区实际的农村公路筹资、建设、管养和运营等方面的有效做法，交通运输部以交公路发〔2008〕147号印发《关于确定第三批农村公路建设示范工程单位的通知》，明确开展为期3年的农村公路建设示范工程活动，确定内蒙古呼伦贝尔、黑龙江黑河、湖北恩施、湖南湘西、广西河池、四川阿坝、贵州铜仁、云南临沧、陕西安康、甘肃甘南、青海玉树、宁夏固原、新疆喀什及新疆生产建设兵团农十师等14个地（市、州）作为第三批农村公路建设示范单位。2009年7月2日，交通运输部以交公路发〔2009〕333号印发《第三批农村公路建设示范工程实施指导意见》，要求加强对各地示范工程的指导检查。当年，部领导分别带队到各自定点联系的示范工程单位进行调查研究，指导工作。各示范单位按照部的要求，成立了专门的领导机构，组建了具体的实施部门，制定了适合本地区实际的示范工程实施方案，确定了示范内容和实施重点，积极探索"少边穷"地区推进农村公路建设管理的经验和做法，取得了初步成果。如，内蒙古呼伦贝尔扎兰屯市在建设资金上实行农民"一事一议"集一块、政府给予资金补贴一块、交通部门机械设备和技术人员支持一块的多渠道集资模式，有效地推动了农村公路的快速发展；贵州铜仁地区在养护管理方面，建立了乡镇交通管理站，小修保养经费列入地、县财政预算，2009年在全省农村公路养护管理工作评比中荣获第一名；云南临沧市树立"交通一盘棋"思想，把以工代赈项目、扶贫项目、烟草部门的烟区公路项目、民宗部门民族项目、移民部门的移民安置项目中涉及公路建设的资金全部整合用于通建制村公路建设，并把交通基础设施建设收取的建安营业税全额用于农村公路示范工程建设；宁夏固原市针对质量管理工作建章立制，出台《固原市行政村通沥青水泥路建设管理办法》《固原市农村公路交竣工验收办法》等 5 个管理文件，从源头规范项目建设管理行为；广西河池市建立"五定"责任制，即定项目、定人员、定资金、定质量、定工期，成立 4 个巡回督查组，聘请老党员进行社会监督，各县区均建立中心试验室，保障工程质量；青海玉树州组建农村公路建设质量稽查组，严把施工队伍资质关、检测验收关、日常监控关；甘肃甘南州建立农村公路质量检测体系，设立施工现场公示牌，公布质量举报电话，公示项目竣工验收质量评定结果。第三批示范工程的投资达到 278.6 亿元，建设里程跃升至 8.77 万公里。

至此，交通部（交通运输部）历时 7 年，先后确定三批共 29 家单位作为农村公路建设示范单位，通过示范引导，探索总结了农村公路建管养运发展经验，起到了典型引路、以点促面的效果。

2010 年，交通运输部及各地交通运输主管部门，继续按照《指导意见》要求，制定本地区示范工程实施方案，确定内容和重点，取得了一定成果。示范工程的开展，各地因地制宜，探索了农村公路筹资、建设、管理和养护的方式，取得了以点带面的效果。

第九节　养护与管理的新进展

一、公路养护理念转变

1998 年福州会议后，加快公路建设成为公路行业的主旋律。进入 21 世纪后，随着基础设施特别是高速公路的加快发展，公路行业的工作重心有所调整，"建养并重"成为行业必须努力解决的首要问题。顺应行业发展的需要，在交通部（交通运输部）

的领导下，各省（区、市）公路交通部门不断努力，公路养护由传统行业管理开始向现代化服务业转变。

根据交通部提出的"管养分离，事企分开"的原则，到"九五"末期全国公路养护初步实现了"养护生产单位由事业型向企业型转变，养护任务由指定养护向合同养护转变，养护形式由分散的小道班向大道班（工区、站）和机械化作业转变"的"三个转变"。在此基础上，2001年5月28—29日交通部在南昌召开"全国公路养护管理工作会议"，交通部副部长胡希捷做了题为《面向新世纪、树立新观念、推动公路养护管理工作再上新台阶》的报告，对"九五"期间公路养护管理工作的成绩和经验进行了总结评价，提出了"十五"期间公路工作方针、目标任务和实施措施。会议提出"建养并重、强化管理；深化改革、调整结构；依靠科技、提高质量；依法治路、保障畅通"的32字公路养护管理工作方针，同时提出要牢固树立"建设是发展，养护管理也是发展""以人为本、以车为本""以体制创新促进养护管理发展""通过科技创新实现公路可持续发展"的四个新观念，对于做好新世纪公路养护管理工作具有很强的指导意义。

会议明确"十五"公路养护管理的总体目标是：公路网总体技术水平显著提高，服务水平明显改善；公路养护技术进步的主导作用显著增强，管理信息化程度与发达国家的差距明显缩小；公路管理法规体系基本健全，公平竞争、规范有序的公路养护工程市场基本建立。这是一次承上启下、共商新世纪公路养护管理发展大计的重要会议。

为切实提高公路养护和管理水平，适应新世纪经济和社会发展的需要，2001年6月22日交通部以交公路发〔2001〕327号、328号分别印发《公路养护与管理发展纲要（2001～2010年）》和《公路养护工程管理办法》。

《纲要》提出，新世纪头十年公路养护与管理的原则：一是坚持以保障公路完好畅通为基本出发点;二是坚持"统一领导、分级管理",进一步深化公路管理体制改革;三是坚持依法治路,推进公路管理工作规范化、法制化;四是坚持"以人为本"的服务理念,切实加强行业管理,着力引导公路养护工作向专业化、机械化、市场化方向发展,提高养护资金使用效益和公路养护质量;五是坚持科技兴路,提高公路行业整体技术水平,大力推进公路管理信息化进程;六是坚持统筹规划,突出重点,积极帮助和扶持西部地区及贫困、边远地区加强公路养护管理;七是坚持实施可持续发展战略,合理使用、节约和保护资源;八是坚持加强精神文明建设,大力弘扬"铺路石"精神。《纲要》提出,要在实现"十五"目标的基础上,到 2010 年再上一个新台阶。

《办法》分总则、一般规定、小修保养、中修工程、大修工程、改建工程、附则等七章四十三条,明确公路养护工程管理工作的原则是"统一领导,分级管理",对养护工程的实施做出详细规定。同时,为提高公路养护和管理水平,2001 年起交通部发布了《公路水泥混凝土路面养护技术规范》《公路沥青路面养护技术规范》《公路养护工程预算编制导则》《公路隧道养护规范》《公路养护安全作业规程》《公路桥涵养护规程》等行业标准。

进入新世纪后,公路养护开始逐步纳入规范化管理的轨道。交通部站在新的历史起点上,提出了做好"三个服务",实现交通又好又快发展,建设现代交通业的总体思路。为理清思路,明确任务,扎实有效地推进"十一五"公路养护管理工作,交通部于 2006 年 5 月 11 日至 13 日在济南召开了"全国公路养护管理工作会议"。交通部部长李盛霖和副部长冯正霖出席会议并讲话。

这次会议以实现公路交通又快又好发展为基本出发点,提出了"更好地为公众服务"的新价值观,提出"公路建设是创造财富,养护管理是保护财富"的理念。会议强调保障桥梁安全是目前公路养护管理工作中最紧迫、最重要的任务,同时要求在全国全面推广预防性养护。在高速公路管理方面,地指出"高速公路管理没有特区,建设可以放开,管理要集中统一"。在养护资金方面,强调"当建设和养护发生矛盾时要先保养护"。会议还提出实现"三个转变",即"在思想认识上,要从管理向服务转变;在工作方式上,要从方便管理者向方便使用者转变;在管理手段上,要从依靠行政手段向运用法律、行政、经济等综合手段转变"。着力提高公共服务能力成为此次会议的核心,也成为今后公路养护管理工作的重心。

2006年9月5日,交通部以交公路发〔2006〕482号文正式印发《更好地为公众服务——"十一五"公路养护管理事业发展纲要》。《纲要》肯定了"十五"期间养护工作取得的成绩,同时指出与快速增长的公路交通出行需求相比,公路养护管理事业总体上还处于较低水平,体现为"两个仍显不足"和"两个依然突出",即公路基础设施的有效供给和科技的主导作用仍显不足,体制性障碍及约束性因素依然突出。《纲要》认为,未来五到十年是我国全面建设小康社会承前启后的关键时期,为此"十一五"公路养护管理事业应遵循的基本原则:一是坚持以人为本、用户至上;二是坚持建养并重、协调发展;三是坚持统筹规划、分类指导;四是坚持深化改革、体制创新;五是坚持科技兴路、环保节约;六是坚持依法治路、保障畅通。《纲要》确立的公路养护管理事业发展目标是:到2010年,基本形成畅通、安全、和谐、高效的公路基础设施网络;基本建成以人为本、用户至上的公共服务体系,体制环境有所优化,舆论环境日趋友好;以资金、制度、人才、科技为核心的支持保障系统基本完善;公路养护管理事业可持续发展能力明显提高,公路养护的基础性地位显著增强,在保障公路基础设施有效供给、支撑交通新的跨越式发展中的作用更加突出。具体目标有：二级以上公路里程达到45万公里，国道中二级及二级以上公路所占比例达到80%；国省干线平均好路率达到88%，其中高速公路优等路率达95%，全国公路平均好路率达到76%。《纲要》站在新的历史起点上，为"十一五"时期公路养护工作指明了方向，明确了目标，使公路养护管理全面迈入协调可持续发展的轨道。

二、公路养护事业的新发展

在加快公路建设的背景下，"九五"时期后三年，公路养护事业在养护生产、体制改革、精神文明建设等方面均获得较快发展。

1999年9月19日至21日，交通部和中国公路运输工会在乌鲁木齐市召开了"全国公路养护'双百佳'经验交流会"，并授予北京市清水道班等100个道班为"全国文明道班"，马富银等100名养路职工为"全国优秀养路工"称号。"双百佳"表彰活动是继1990年全国公路系统"双十佳"表彰之后，对公路系统双文明建设成果的又一次检阅，是推动全国公路行业精神文明建设和养护管理工作面向新世纪的重大举措。"双百佳"是广大养路职工和养护道班的杰出代表，为交通行业树立了"以路为家，爱岗敬业，艰苦奋斗，无私奉献"的"铺路石"精神。"双百佳"表彰活动在全国公路系统引起强烈反响，促使各地掀起了"学双百，创先进"的热潮，特别是对进一步加强行业精神文明建设、激励全体公路职工奋发向上和献身公路事业起到了积极推进作用。

1999年，全国公路改造、大中修共投入资金637亿元，全年完成大中修里程4.59万公里。截至1999年底，全国公路平均好路率达到68%，国省干线好路率达到75%，已经提前完成交通部制订的"九五"时期公路养护目标。

为推动和促进全国干线公路养护管理工作，了解和掌握"九五"时期全国公路养护管理工作所取得的成绩和经验，2000年交通部组织各省（区、市）交通厅（局）和公路管理机构的有关人员，对全国干线公路养护与管理工作进行了检查。检查内容主要包括：各省（区、市）国省干线公路养护计划安排、公路路况、养护质量、收费路桥、GBM工程、文明样板路、公路管理站（道班）、路政管理和治理"三乱"等。共计行程3万多公里，实际检查28178公里，占全国国省干线公路31万公里的9.1%。从检查情况看，全国干线公路基本做到路面平整、行车舒适、路基边坡稳定、路肩整洁、排水畅通、构造物完好，养护质量有了明显提高；沿线交通设施齐全、醒目，许多路段实现了乔、灌、花、草相结合的立体绿化，基本达到了"畅、洁、绿、美"的公路交通要求。检查获前十名的省份依次为：上海、山东、河北、北京、天津、辽宁、江苏、河南、广东、安徽。检查结果显示，全国干线公路好路率达77.54%，较1997年检查时提高了6.35%。

为准确掌握公路信息，交通部会同国家统计局于2000年3月7日联合发出《关于开展第二次全国公路普查工作的通知》，要求2001年开展全国县道以上公路路况普查。2002年8月30日，交通部、国家统计局在河北省秦皇岛市联合召开了"第二次全国公路普查总结表彰会"，对137个第二次全国公路普查先进集体、306名先进个人进行了表彰，标志着第二次全国公路普查圆满结束。此次普查不但全面掌握了全国公路交通的基本情况，更重要的是建立了规范有序的公路路网分布体系，统一了路线命名和编号；实现了公路属性数据库管理，初步建立了全国县级以上的公路数据库；基本完善了数据采集及代码标准，为不同信息系统的数据交换提供了标准支持；培养和锻炼了一大批懂业务、熟悉计算机的技术人才。同时，会议对下一步全国公路数据库的完善工作提出了要求。至此，全国公路数据库初步建成，随后，交通部进一步做了数据库的完善和升级工作。全国公路数据库的建设，为公路决策科学化、管理信息化奠定了坚实基础。

"九五"期间，路网技术状况进一步提高，公路养护运行机制改革初见成效。截至2000年底，全国公路养护里程达到130.40万公里，全国公路平均好路率达到69.77%，国省干线公路好路率达到77.59%，超额完成了"九五"时期公路养护工作目标。

"九五"时期，我国高速公路净增里程1.3万公里。截至2000年底，我国高速公路里程达到1.6万公里。其中，仅1998年至2000年的"九五"后三年就增加了1.15万公里；"五纵七横"国道主干线已建成1.8万公里，占规划里程的一半以上。加快公路建设以来，高速公路里程的快速上升，给行业管理提出了新的要求。为了进一步提高高速公路的服务质量和养护管理水平，规范和促进高速公路的养护管理工作，2001年交通部首次组织"全国高速公路养护管理工作检查"。此次检查共对全国除新疆、甘肃、青海、宁夏、内蒙古和西藏六省（区）之外的25个省（区、市）118条（段）高速公路进行检查，涉及养护、路政、收费和运营管理等各方面工作，检查总里程达1.12万公里，占同期全国高速公路总里程的70%。经综合评比，获总分前十名的省份为：河北、江苏、福建、上海、吉林、河南、辽宁、山东、北京和黑龙江。与以往的公路检查相比，这次检查采用了先进仪器，根据实际数据对检查路段进行科学评价；发动社会公众参与评价。检查工作结束后，交通部印发的检查情况通报指出，我国的高速公路从无到有、从少到多，且已跃居世界第二位，成绩喜人，但做好养护管理工作的责任重大。

2002年11月1日，我国高速公路突破2万公里。针对高速公路养护管理大检查暴露出的问题，为进一步加强高速公路养护和管理，2002年12月4日交通部下发《高速公路养护质量检评办法(试行)》，决定自2003年4月1日起在全国试行。同时，为培育公路养护工程市场，规范养护工程招投标，2003年3月21日交通部以交公路发〔2003〕89号印发《公路养护工程市场准入暂行规定》和《公路养护工程施工招标投标管理暂行规定》，为加强公路养护市场行业管理、提高养护管理水平提供了法规保障。

21世纪之初的5年，正值我国国民经济发展的"十五"时期，公路交通保持了持续快速健康发展的良好势头。为总结"十五"期间全国公路养护管理工作经验，查找工作中存在的问题，研究"十一五"时期公路养护管理发展思路，2005年9月至11月交通部组织开展了"全国干线公路养护管理工作检查"。检查的对象为全国所有干线公路以及省、市、县各级交通主管部门和公路管理部门的内业管理。检查内容包括路况和管理规范化两部分，对受检公路的路况水平、养护质量、公路管理体制、养护运行机制、公路养护、桥梁养护、路网结构改造工程、农村公路养护管理、路政管理、收费公路管理、高速公路管理、对外服务、公路管理信息和行业文明建设等进行全面检查。全国公路养护管理大检查取得了四方面成效：一是体现建养并重的工作方针，进一步改善了全国干线公路服务水平；二是提高了公路管理规范化、制度化水平；三是对"十五"养护管理工作进行了全面总结；四是为"十一五"公路养护管理工作发展指明了努力方向。检查标准中所确定的指标充分考虑了"十一五"时期公路养护管理工作的重点，仅服务及保畅的要求就达30项。同时强化了全行业"以人为本、以车为本"的工作理念。

"十五"期间，全国公路养护在里程大幅度增加的基础上，路况水平有了飞跃发展。截至2005年底，全国公路养护里程达

184.01万公里，占公路总里程的95.3%；全国干线公路平均好路率为83.1%，比"九五"末增长近6个百分点；高速公路的公路技术状况指数（MQI值）保持在95%以上，路况水平大幅提高。

"十一五"时期，随着农村公路建设的快速发展，全国公路养护事业也迎来新的发展机遇和新的挑战。

2005年9月至2006年底，交通部组织了"全国农村公路通达情况专项调查"工作，并从2006年起在全国公路总里程和管养里程统计中增加了农村公路的数据。截至2007年底，全国公路养护里程达到304.00万公里，占公路总里程的84.8%，全国公路养护的任务十分艰巨。在大幅度增加农村公路里程的情况下，全国公路网平均好路率达到83.1%，公路通行效率明显提高。

为顺应管理信息化、养护机械化以及公路养护里程快速增长的趋势，改变过去路况评测、管理决策、养护生产主要靠人工和经验的传统方式，2007年11月28日交通部颁布新版《公路工程技术状况评定标准》（JTG H20—2007），于2008年2月1日实施。新《标准》的最大特点就是由路面、路基、桥隧构造物及沿线设施四部分内容共同构成公路技术状况指数（MQI）；各种铺装材料路面的路况用路面使用性能（PQI）体现，而不同路面的路面使用性能又由路面损坏、平整度、车辙、抗滑性能和结构强度等技术指标，通过检测值乘以该项目的权重系数计算得出。在检测中，《标准》明确要求路面损坏状况、平整度、车辙、抗滑及结构强度等项检测宜采用自动化的快速检测或相关设备进行。这样，就以公路技术状况指数（MQI）和路面使用性能（PQI）两项主要指标取代了原来的好路率指标。新标准、自动化快速路况检测方式的推广，加速了"十一五"时期养护生产管理方式的革新，加速了公路养护观念和实际生产方式的转变，即由原来主要依靠拼体力、凭经验向着养护生产机械化、养护管理信息化、养护队伍专业化的方向转变。公路养护管理方式的转变，大大提升了公路行业服务社会经济发展和人民群众出行的水平和能力。

"十一五"期间，公路养护生产和管理最明显的发展趋势，就是向信息化、专业化、机械化的方向转变，并在预防性养护、科学养护的决策体系建设等方面有了较大的提升。尽管东中西部地区的发展的程度不同、进度有快有慢，但各省（区、市）公路养护的面貌比"十五"期间均有较大改观。

据统计，"十一五"时期全国共投入 4540 亿元用于干线公路养护，同比增长 2.2 倍。截至 2010 年底，全国公路养护里程 387.59 万公里，占公路总里程的 96.7%，比上年末提高 1.2 个百分点，比 2006 年底提高 19.1 个百分点；高速公路的公路技术状况指数（MQI）平均达到 94.2，公路路面使用性能（PQI）达到 93.02，优良路率达到 99.23%；普通国道、省道的公路技术状况指数分别达到 84.83 和 82.91，达到《公路技术状况评定标准》确定的优秀标准，优良路率达到 75.24%；农村公路的公路技术状况指数（MQI）达到 61.4。高速公路和普通国省干线公路的平整度比"十五"期间明显提高。

"十一五"期间，尽管全国公路养护取得明显进步，但相比基础设施建设的跨越式发展，仍然相形见绌。尤其严重的是，公路基础设施的快速增长更加剧了养护资金投入不足的矛盾。特别是随着高速公路、农村公路的快速发展，普通国省干线公路投入不足，成为路网结构的"短板"，急需升级改造。养护基础工作仍显不足，难以满足快速增长的养护里程的需求。加快公路建设的现实，客观上更加促使各级政府将工作重心放在建设上，长期积累的"重建轻养"问题没能得到扭转。公路建设多元化投资的现状，加剧了改革中长期积累的管理体制、运行机制不顺的问题，造成在公路基本成网的大好形势下，公共服务、应急处置等方面能力不足、协调不力，公路交通安全形势依然严峻。

三、公路路政管理

1999年，为了做到依法行政、依法治路，同时结合贯彻落实交通部出台的《超限运输车辆行驶公路管理规定》，各地公路部门重视和加强了公路法制建设。河北、内蒙古、山东、四川等省(区)通过省(区)人大或省(区)政府出台了有关公路路政管理的法规、规章。同时，各地还加强了路政执法队伍建设，通过组织军事化训练、举办执法培训班等形式，规范路政执法行为，提高了路政人员的执法水平。

1999年10月，交通部印发了《关于开展交通行政执法监督检查的通知》，对全国交通系统开展1999年度交通行政执法监督检查工作进行了部署。11月和12月，交通部组织有关人员组成南、北方两片执法监督检查组，对浙江、上海和北京、天津、河北的交通行政执法工作情况进行检查。检查涉及公路路政、运管及规费征稽等执法门类。检查结果表明，各地方交通立法步伐加快，行政执法主体得到规范，执法行为、处罚程序和文书也较为规范，法制工作机构健全，行政处罚罚缴分离制度初步建立。

2000年，各地结合加强治超管理和贯彻落实《公路法》，积极推进依法治国、依法治路，加强了路政执法队伍建设工作。通过加强教育、强化监督、严格考核等措施，有效提高了路政队伍的执法水平，规范了执法行为。同时，各地还积极争取各级地方政府的重视和支持，充分发挥职能部门和政府的优势，在清理违章建筑、控制公路红线方面加大了治理力度。

"十五"时期，结合超限超载运输治理，公路路政工作进一步加强。

2002年，公路管理的建章立制工作取得显著成绩。为建立健全较为完善的公路管理行政法规，交通部颁布《公路监督检查车辆管理办法》，完成《路政管理规定》的重新制定。2003年1月27日，交通部以2003年第2号部令重新发布《路政管理规定》，于4月1日起施行。新《规定》共十章六十八条，主要内容包括：一是明确了"统一管理、分级负责、依法行政"的路政管理工作原则；二是明确了路政管理的执法主体和八项主要职责；三是明确了路政管理许可的范围、审批程序以及路政案件管辖的权限，管理方与相对方相应的权利与义务；四是明确了路政处罚、公路赔(补)偿、路政强制措施所适用的条件、范围和实施程序；五是明确了交通主管部门和公路管理机构在路政管理中的监督检查职责；六是明确了路政管理的人员、装备的一些具体要求，提出了加强路政内务管理的八项制度。与1990年发布的《公路路政管理规定(试行)》相比，新《规定》增加了路政管理许可、路政内务管理和监督检查三方面内容，呈现两个新特点：一是对路政管理的人员与机构的规定更具体，提出了更高的要求。明确了路政管理的八项职责，要求路政管理人员必须实行公开录用、竞争上岗，取消了原计划经济体制下的兼职路政管理员和义务路政管理员的做法。二是规范和简化了路政处理、处罚程序。首次将路政处罚与公路赔(补)偿分离，要求完全按照民事程序来协商处理公路赔(补)偿案件。同时，对路政处罚、公路赔(补)偿和路政强制措施分门别类进行表述，提出了当场处理措施，明确了适应范围，极大地方便了管理相对人，提高了路政管理效率，简化了办事程序。新《路政管理规定》的颁布实施，完善了以《公路法》为龙头的公路管理法规体系，有利于公路的保护和公路使用效率与经济效益的提高，有利于促进公路管理水平的提高和执法队伍的建设。

2004年开始，路政工作的重点围绕贯彻落实《公路法》、治理超限超载、规范执法行为、建设执法队伍等主线开展。

进入"十一五"时期,路政管理工作面临愈加复杂的形势。从行业外看,随着社会进步和法制建设的不断完善,对执法人员依法行政的要求越来越高;经济的发展、公路网的完善、人民群众出行频率和距离的快速增长,使路政管理的时间和空间大大延伸,路政管理的内容、形式和难度大大提高。从行业内看,大规模的建设,公路里程的快速发展相应带来了大量的管理任务。随着国家高速公路网规划和"十一五"农村公路建设规划的实施和逐步完成,公路管理的责任、任务更加突出。特别是在公路养护工作逐步推向市场的条件下,以公路保护为核心的路政管理显得尤为重要。建设服务型行业和负责任政府部门的要求,也给公路路政管理提出了全新的挑战。由于各地路政管理体制不尽相同,公路管理机构在履行职责时受到了不同程度的影响和制约,路政队伍存在用人制度不健全、培训和管理不够全面规范、路政执法人员素质有待提高等问题,制约着公路路政管理工作的发展。

为应对新时期、新形势对路政管理的工作定位、内容、方式提出的新的要求,2006年交通部进一步加强了公路路政管理的法规建设,继续推动《公路保护条例》的起草工作;为了进一步规范公路路政执法人员行为,提高执法水平,组织起草了《公路路政执法行为规范》。2006年11月9日,"全国公路路政管理座谈会"在浙江杭州召开。会议提出,力争到2010年形成以《公路法》为龙头,《公路管理条例》《收费公路管理条例》《公路保护条例》等为主体,地方法规和部门规章为补充的较为完善的公路管理法律法规体系,为公路管理工作提供更加有力的法律保障。会议提出了"十一五"时期我国公路路政管理的总体目标是:构建一个科学完善的公路保护法规体系,建设一个高效运转的路政管理体制,塑造一支能打硬仗的路政执法队伍,搭建一个便捷实用的综合信息系统。会议提出今后一个时期我国公路路政管理工作的五项任务：一是加快公路管理法治化进程，健全公路管理法律法规体系；二是必须合理定位路政管理，逐步理顺路政管理体制；三是加强路政执法队伍建设，进一步规范执法行为；四是建立长效机制，继续巩固和扩大治超工作力度；五是加快管理信息化建设步伐，创新路政管理手段，提升服务水平。

"十一五"期间，路政工作取得了显著成绩。一是在路政管理工作的定位上，打破了路政管理工作只是单纯的保护路产、维护路权的概念，从提高公路综合服务水平和公路安全保障能力的高度把握其内涵和外延；二是在工作思路上，跳出了过去简单的行政许可和路政执法的环节，兼顾行政执法的事前、事中、事后管理，变被动执法为主动执法，变管理型执法为服务型执法，变易引发矛盾冲突的执法为和谐的人性化执法，寓服务于执法之中，寓服务于管理之中；三是在工作内容上，彻底打破了狭隘的计划经济范畴，从"大路政"、公共服务的理念出发，坚持把高速公路、农村公路的路政管理自觉纳入工作范畴，探索建立专业路政队伍管理与群众管理互动机制，实现了对国省干线公路、县乡道路的全面覆盖，基本实现了"有路必管、管必到位"。

四、治理超限超载

1. 全国统一治超和长效治超机制的建立

改革开放初期，即20世纪80年代中期以后，随着经济的快速发展，运输市场的开放，道路运输市场的竞争日益激烈，超限超载运输开始抬头。特别是90年代中后期以后，全国公路运输车辆超限、超载现象极为普遍。

运输车辆的超限超载，导致公路和桥梁严重损毁。109国道北京段因运煤车辆超限超载严重,改造后仅一年时间公路路面损坏严重,特别是进京的半幅路面破坏情况更加严重,直接经济损失达 3000 多万元。山西省每年因超限运输损坏需维修和加固的桥梁达 180 多座,1997 年超限车辆还压垮了 109 国道上的大坊城桥和郭家坡桥,给国家造成了巨大的经济损失。超限超载运输车辆无序行驶公路,给道路交通安全带来事故隐患,如爆胎翻车、刹车失灵、发动机超负荷运转等情况时有发生。超限超载运输也是直接导致公路运输价格长期不能到位、运输业户恶性竞争、运输市场秩序混乱、难以有效进行运力和车型结构调整的主要原因。

针对上述情况,早在 1989 年交通部就曾经在全国组织开展超限车辆的治理工作。1997 年《公路法》颁布实施后,交通部根据《公路法》有关规定,于 1999 年启动了超限运输车辆管理规定的制订工作。2000 年 2 月 13 日,交通部以 2000 年第 2 号部令发布了《超限运输车辆行驶公路管理规定》,明确从 2000 年 4 月 1 日起在全国范围内开展超限运输车辆行驶公路的专项治理工作。

《超限运输车辆行驶公路管理规定》发布后,各地加大了宣传力度,加强和规范管理,并采取有效措施,狠抓重点路段和地区的治理工作,使超限运输现象得到了一定程度的遏制,取得了一些成效:一是超限运输车辆行驶公路的比重已由治理初期的 90% 下降到 70%。部分地方运价有所回升,运力、运量关系得到一定平衡。二是加强超限运输管理在全社会引起了积极的反响。各地交通主管部门、运输企业和个体业户普遍反映,开展超限运输车辆行驶公路专项治理工作,对于推动道路运输结构调整、整顿运输市场秩序、促进公路运输业的良性循环和健康发展起到了积极作用。

但是,车辆超限超载作为世界性的难题,即使在法制健全、管理规范的发达国家也不同程度地存在。进入21世纪以后，违法超限运输一度十分普遍，而且有"越治越超"之势，对交通安全、公路基础设施、运输市场及汽车生产秩序造成极大危害。一是诱发了大量道路交通安全事故，给人民生命财产造成巨大损失。据统计，70%的道路安全事故是由超限超载引发的，50%的群死群伤重特大道路交通事故与超限超载有直接关系。二是严重损坏了公路基础设施。超限超载车辆的荷载，远远超过了公路和桥梁的设计荷载，造成路面损坏、桥梁断裂。全国公路因车辆超限超载每年损失超过300亿元。三是导致运输市场恶性竞争。车主以超限超载来获取超额利润，超得越多赚得越多，形成了"超限超载→运力过剩→压价竞争→再超限超载"的恶性循环。四是阻碍了汽车工业的技术进步。一些汽车生产改装厂家为迎合超限超载运输需求，竞相生产和非法改装"大吨小标"车辆。"大吨小标"车辆的畅销，使得按标准设计和实标吨位生产的车辆受到冷落，汽车工业失去了技术进步的原动力。

鉴于上述情况，2003年11月26日上午国务院总理温家宝在国务院第30次常务会议上，提出了车辆超限超载问题，并就如何治理做出重要指示。当天下午，交通部召开部长办公会进行专题研究，起草了《关于加强车辆超限超载治理工作的报告》，提出了"广泛宣传，统一行动；多方合作，严管重罚；把住源头，经济调节；短期治标，长期治本"的综合治理思路，并报请国务院统一部署全国综合治理超载超限运输工作。国务院副总理黄菊、国务委员华建敏等分别于12月1日、2日做出重要指示，赞同采取综合手段治理超载超限运输，要求公安、交通两部门按照国务院常务会议精神，联合组织，统筹部署，要求国务院办公厅秘书局提出专题会议方案，征求相关部门意见。12月4日，温家宝做出"要治理就要坚决治好，不能半途而废"的重要批示，要求"注意采取综合措施"。2004年4月15日，"全国道路交通安全工作部际联席会议第一次全体会议"召开，研究通过了交通部起草的《在全国开展超限超载治理工作实施方案》。

2004年4月30日，经国务院同意，交通部会同国家发改委、公安部、质检总局、安全监管总局、工商总局、国务院法制办等七部委办，联合发布了《关于在全国开展车辆超限超载治理工作的实施方案》，决定在全国统一联合开展新一轮、规模宏大的机动车辆超限超载治理工作。5月11日，交通部、公安部等七部委办联合召开"全国治理超限超载工作电视电话会议"，对全国统一治超进行动员部署，明确经过一个多月的广泛宣传，将从6月20日起在全国集中开展统一治超工作。5月26日，交通部召开"全国交通系统治理车辆超限超载工作会议"，交通部部长张春贤发表《迎难而上 务求必胜 坚决打好这场治超工作攻坚战》的讲话，对全国治超工作进行动员部署。同时要求各级交通主管部门必须全面加强领导，切实搞好协调配合，做好五项工作：一是做好集中治理前的各项准备；二是加强组织领导；三是做好沟通协调；四是加强信息工作；五是搞好监督检查。

2004年5月28日，由交通部牵头、七部委办参加的全国治理车辆超限超载工作领导小组成立，交通部部长张春贤任组长，公安部副部长白景富、国家发改委副主任欧新黔、交通部副部长冯正霖、国家工商总局副局长刘玉亭任副组长。2004年6月18日，全国治超领导小组办公室发布《关于在全国开展车辆超限超载治理工作的公告》，决定从6月20日起在全国统一启动专项治超工作，并要求通过一年的集中治理使车辆超限超载现象得到有效遏制，通过三年综合治理从根本上解决车辆超限超载问题。

2004年6月20日开始，各地交通、公安部门在以34万公里国省道干线公路为主的全国公路网上，"统一口径、统一标准、统一行动"，全面开展联合治超工作。截至当年底，全国治理车辆超限超载工作取得阶段性成果,超限超载运输车辆的比例从治理前的80%,稳定在10%左右。

2005年,治超工作全面进入"巩固成果、依法严管、重点突破、有效推进"的阶段。当年3月,交通部、公安部、国家发改委等七部委会同中宣部,联合印发《2005年全国治超工作要点》,强调要坚持贯彻国务院总理温家宝关于"充分认识这项工作的复杂性,坚持综合治理,注重运用法律和经济手段,建立长效、有效的管理机制,以巩固成果"的批示精神,落实国务院副总理黄菊关于"要巩固和扩大治理车辆超限超载运输工作成果,综合采取经济、法律、行政手段,继续加大治理工作力度"的要求,按照"巩固成果、力度不减、突出重点、有效推进"的工作思路,在确保交通畅通和满足社会运输需求的前提下,提高政府对公路、车辆、运输市场的监管能力和公共服务水平,继续保持和加大工作力度,坚持综合治理,逐步建立长效治理机制,坚定不移地做好全国车辆超限超载治理工作。同年6月1日,国务院办公厅印发了《关于加强车辆超限超载治理工作的通知》(国办发〔2005〕30号),为进一步推进治超工作提出了要求,提供了依据,强化了手段,坚定了信心。

在全国各地和有关部门的共同努力下,治超工作取得明显成效。2005年,车辆超限超载比例大幅下降,始终控制在10%以下。道路交通安全形势明显好转,全国共发生道路交通安全事故41.7万起,下降11%,死亡89749人,首次回落到10万人以下。因车辆超限超载而造成的道路交通事故明显下降。85%以上的"大吨小标"车辆恢复核定吨位,90%以上的运输业户合法装载运输,市场恶性竞争减少,公路养护压力减轻,路况和交通基础设施的完好率稳中有升。农产品及重要物资运输畅通,公路货运量大幅增加,公路通过效率和运输效益明显提高,资源消耗明显降低,社会反响良好。

2006是全国开展集中治超工作的第三年,工作逐步转入"突出源头治理,强化执法力度,完善监控网络,建立长效机制"的阶段。2006年2月28日,交通部、公安部、国家发改委、中宣部、国家质检总局、国家安全监管总局、国家工商总局、国务院法制办、国务院纠风办等九部委办联合在北京召开"2006年全国治理车辆超限超载工作电视电话会议",传达学习了国务院领导重要批示精神,进一步贯彻落实国务院办公厅《关于加强车辆超限超载治理工作的通知》要求,总结过去两年治超经验,研究部署2006年工作,继续巩固和扩大治理成果,完善治超长效机制,推进治超工作有序深入健康开展。会议指出,这一阶段治超工作取得了五项主要成效:一是车辆超限得到有效控制;二是交通安全形势明显好转;三是车辆生产改装行为逐步规范;四是公路设施得到有效保护;五是治超工作环境大为改善。存在的五个方面突出问题:一是巩固成果压力大;二是治超力度不平衡;三是暴力抗法现象增加;四是集中治理力度有所下降;五是油价持续上涨影响了治超深入开展。会议强调,2006年全国治超工作将转入"突出源头治理,强化执法力度,完善监控网络,建立长效机制"的新阶段,主要任务有五个方面:坚持以建立健全治超长效机制为中心;强化路面执法和源头监管两个力度;着力提高依法治超、自主创新、联动治理三个能力;完善治超工作机制、治超执法队伍、治超监控网络、经济调节机制四项建设;力争实现立法、科学治超、舆论引导、服务、提高管理水平等五个方面的新突破。

为进一步贯彻落实《国务院办公厅关于加强车辆超限超载治理工作的通知》(国办发〔2005〕30号)精神,巩固和扩大治理成果,加快治超长效机制建设,推进全国治超工作有序深入开展,2006年3月1日交通部、公安部、国家发改委、中宣部、国家质检总局、国家安全监管总局、国家工商总局、国务院法制办、国务院纠风办等九部委办联合发出《关于印发〈2006年全国治超工作要点〉的通知》，要求结合本地实际，认真组织实施。2006年全国治超工作要点包括下列几个方面：继续加强对治超工作的组织领导；依法治超，加强路面治超执法力度；进一步加强和规范车辆生产、改装及牌证管理；进一步加强源头监管；加快治超长效机制建设。

2006年，交通部加快了《公路设施保护条例》《治超检测站点管理办法》等规章的起草工作。全国有近20个省份在高速公路上试行了计重收费，有效抑制了超限超载运输的经济利益驱动。各地在治超工作中始终高度重视舆论宣传，如通过报刊杂志等平面媒体开设专版，或者通过广播电视以及网络进行积极宣传，对治超工作的顺利开展起到了良好的推动作用。

2007年10月18日，交通部、公安部、国家发改委等九部委以交公路发〔2007〕596号下发《关于印发全国车辆超限超载长效治理实施意见的通知》。《通知》明确提出，从2008年起，再用三年时间，着力构建治超工作长效机制。《意见》明确了交通、公安、工商等各部门的分工；明确继续贯彻路面治理、源头监管、经济调节等工作措施，同时要求在加强组织领导、完善工作机构、落实工作责任、强化宣传及规范执法等方面加强保障。《意见》明确，要继续综合运用行政、法律、经济手段和各种技术措施，夯实基础，规范行为，确保治超工作持续长效开展。进一步巩固和扩大治理成果，从根本上规范车辆装载和运输行为，基本杜绝车辆"大吨小标"和非法改装现象，真正建立起规范、公平、有序的道路运输市场，维持良好的车辆生产、使用秩序和道路交通秩序，确保公路设施完好和公路交通安全。

2007年11月20日，"2007年全国治理车辆超限超载工作电视电话会议"在北京召开。会议总结了2004年以来集中治超的工作经验，并明确提出从2008年起的三年里，着力构建治超工作的长效机制,重点开展治超工作秩序以及总重超过 55 吨的非法超限超载车辆的整顿。全国治超工作领导小组组长、交通部部长李盛霖强调,要认真学习领会国务院总理温家宝的重要批示,进一步贯彻落实《国务院办公厅关于加强车辆超限超载治理工作的通知》,进一步统一思想,坚定信心,团结协作,坚持不懈,努力推进全国治超工作长效机制的建设。会议充分肯定全国集中治超工作取得的明显成效:一是车辆严重超限态势得到遏制,货车超限超载率从治理前的 80% 以上下降到 10% 以内,北京等十多个省(市)已经控制在 3% 以下;二是道路交通安全形势明显好转,在汽车总量增加 15% 的情况下,道路交通事故率年均下降 15% 左右;三是汽车生产、改装行为进一步规范,已公布的近 300 万辆在用"大吨小标"车辆基本恢复核定吨位;四是公路设施得到保护,因车辆超限超载对公路桥梁造成的经济损失每年减少 160 亿元左右;五是公路通行效率有所提高,货车平均运行时速提高了 20%,公路货运量和周转量分别稳步保持 7% 至 9% 和 9% 至 12% 的增长速度;六是运力结构得到调整,符合国家汽车生产标准的四轴、五轴等多轴大吨位货车的销量连续三年保持增长态势。

2008 年 3 月,交通部开展治超检测站点建设情况的调查。

2009 年 7 月 24 日,"全国治超工作现场会"在太原举行。全国治超工作领导小组组长、交通运输部部长李盛霖强调,自 2004 年 6 月以来全国治超工作取得明显成效:初步统计,截至 2009 年 4 月全国累计投入执法人员 5015.3 万人次,累计检查载货车辆近 5 亿辆,其中查处超限超载车辆约 3355 万辆,卸载车辆 906 万辆,卸载重量累计 5315 万吨。部分地区形成了区域联动格局和治超的长效机制。

全国治超工作虽然取得显著成效,但恶性超载的局势仍然严峻。2009 年 7 月 15 日,3 辆严重超载车辆在天津津晋高速港塘互通立交匝道因逆行进入，为避让正常行驶车辆偏离行车道并密集停滞，形成巨大偏载，导致桥梁梁体向右倾斜倒塌，造成6死7伤。其中三辆核载分别为34吨、38吨和27吨的货车分别装载了118.2吨、119.76吨和123.77吨货物，恶性超载的程度十分恶劣。2010年，严重违法超限超载现象在一些地区和路段明显反弹。据公安部统计，当年前三季度仅因货车交通事故就造成1.89万人死亡。2007年以来，年均货车发生交通事故4.3万起，造成1.9万人死亡。

2010年6月，基于部分地区超限超载反弹、桥梁安全隐患较多的现实，交通运输部要求加强公路桥梁安全和治超管理，强调要进一步加强治超执法力量配置，加大路面治超执法力度，严格执行非法超限超载车辆现场卸载或转运。对非法超限超载严重反弹的地区，要强化部门或区域联动治理，组织集中整治行动，坚决遏制反弹势头。实行计重收费的地区，要更加重视并切实加强路面治超执法，坚决杜绝非法超限超载车辆（特别是车货总重55吨以上的）非法超限超载车辆继续行驶公路和桥梁。各地道路运输管理机构要加强货物运输源头监管，坚决遏制非法超限超载车辆出场上路上桥。

2. 计重收费的逐步推广

21世纪头十年的初中期，在治超取得一定成效的同时，交通部及有关部门针对路面执法中暴露的"治理成本高、难度大、易反弹"等特点，在一系列调查研究的基础上，多次就"开展计重收费，强化经济调节手段治理超载超限"做出部署、提出要求，并上报国务院领导批示。计重收费作为收费公路治超的一种经济调节手段和路面严格执法的有力补充，逐步在全国得到推广。

2003年12月，交通部报送国务院《关于加强车辆超限超载治理工作的报告》中就建议按照"多轴优惠、计重收费、短期治标、长期治本"的思路,对超限超载进行综合治理。

2004年4月,七部委颁发的《关于在全国开展车辆超限超载治理工作的实施方案》提出"采取经济手段,调节车辆超限超载的利益关系,指导计重收费试点工作,适时逐步推广"。

2005年3月,七部委和中宣部印发的《关于印发2005年全国治超工作要点的通知》提出:"要实施和规范计重收费,以华东区域为重点,在更大范围内开展收费公路车辆通行费计重收费工作"。

2005年6月,国务院办公厅下发的《关于加强车辆超限超载治理工作的通知》,要求加强治理超限超载长效机制建设,强化经济调节手段,抓紧对现行车辆通行费征收标准和计量方式进行调整和完善。为尽快建立治理超限超载的长效机制,2005年10月26日交通部以交公路发〔2005〕492号文印发《关于收费公路试行计重收费的指导意见》。《意见》规定,计重收费的实施范围必须是经过省级人民政府同意的收费公路,实施对象为对照国家规定应当缴纳车辆通行费的所有载货类机动车。主要政策措施包括:重新核定试行计重收费后新的车辆通行费基本费率;根据车辆车货总重合理计算确定车辆通行费收费标准;统一并明确公路承载能力认定标准。同时明确了各省(区、市)制定计重收费基本费率标准应坚持的原则。《意见》通过调整和完善现有车辆通行费的征收方式,确立了公平、合理、科学的车辆通行费征收方式,对于遏制车辆超限超载运输的利益驱动,降低合法运输业户的运输成本,规范货运市场经济秩序,保护公路、桥梁等基础设施,保障交通安全畅通,促进交通事业健康发展具有重要的意义。

2006年3月,八部委办《关于印发2006年全国治超工作要点的通知》,在"加快治超长效机制建设"一节中指出:要"从实际出发,开展收费公路计重收费工作……在确保突出治理效果的前提下，开展收费公路计重收费，通过经济手段，消除超限超载车辆的非法利润。同时，要正确处理好计重收费与治超执法的关系，确保计重收费与治超执法工作互相促进，互动互补，通过经济和行政手段对超限超载车辆实施全路网监控。"

2007年11月22日，在"2007年全国治理车辆超限超载工作电视电话会议"上，全国治超工作领导小组组长、交通部部长李盛霖指出，必须坚持源头监管，在经济调节环节，"继续推广并规范计重收费管理模式，鼓励集装箱运输车和厢式运输车发展，降低合法运输车辆的成本，消除超限超载车辆的非法利润空间"。

2009年7月24日，在太原召开的"全国治超工作现场会"上，李盛霖强调："实行计重收费的路段，要严禁对总重超过55吨的车辆收费放行。""要调整完善收费公路计重收费模式，在切实降低合法装载运输车辆的通行费负担的同时，正确处理好治超与计重收费的关系。各地可借鉴山西的做法，在收费公路入口处配备不停车监测系统，严格落实对非法超限超载车辆的入口阻截劝返和卸载纠正放行制度，实现治超执法监控网络与计重收费经济调节网络的有机衔接。绝不能只搞计重收费，不开展治超执法工作。"

2010年6月11日，交通运输部发出紧急通知，针对全国接连发生的因车辆严重超限超载导致桥梁垮塌的事故，要求各地进一步加强桥梁安全和治超管理；强调"实行计重收费的地区，要更加重视并切实加强路面治超执法，坚决杜绝非法超限超载车辆特别是车货总重55吨以上的非法超限超载车辆继续行驶公路和桥梁"。

从2001年9月天津市彩虹大桥安装公路动态电子计重收费系统开始，到2010年底的10年里，计重收费在全国大部分省份得到推广应用，成为用经济调节、长效治超的重要技术手段。

五、公路应急处置体系建设

道路交通点多、线长、面广,各级公路主管部门在日常工作中承担了大量重点紧急物资抢运保障任务,涉及抢险救灾、医疗卫生、基建、粮食、鲜活农产品、城市居民生活用品等物资运输。为此,交通部门不断加强应急反应能力建设,完善应急预案,建立健全应急管理体制和机制,努力做到突发事件发生时能够快速反应、及时妥善处置,全行业应急管理能力不断提高。

2003年春天,突如其来的"非典"疫情给全国卫生系统的应急处置、信息公开工作出了难题,也给公路交通行业应急处置能力和应急体系建设提出了严峻挑战。

2003年7月,中共中央总书记胡锦涛在"全国防治'非典'工作会议"上指出,我国突发事件处理和管理危机能力不强,一些地方和部门缺乏应对突发事件的能力和准备。同年5月7日,国务院第七次常务会议审议通过了《突发公共卫生事件应急条例》。12月,国务院办公厅成立应急预案工作小组。2004年1月,国务院召开各部门、各单位"制定和完善突发公共事件应急预案工作会议"。交通部按照此次会议精神,着手交通应急处置与体系建设。

2005年1月,《国家突发公共事件总体应急预案》经国务院常务会议讨论通过,将突发公共事件分为自然灾害、事故灾难、公共卫生事件、社会安全事件4类,分为特别重大(Ⅰ)、重大(Ⅱ)、较大(Ⅲ)和一般(Ⅳ)4级。按照不同的责任主体,应急预案体系分为国家总体应急预案、国家专项应急预案、部门应急预案、地方应急预案、企事业单位应急预案5个层次。2005年7月,交通部制定出台《公路交通突发公共事件应急预案》。该预案作为国家级部门预案和公路交通领域的总体预案,对公路基础设施建设、公路交通中断、道路运输重特大事故等突发事件应急做出明确安排，要求建成功能齐全、反应灵敏、指挥有力的交通应急管理体系，指导公路应急运输保障工作的顺利开展。

公路基础设施既是自然灾害的受害者，也是抗灾防灾的重要载体。2005年，各地按照交通部的总体部署，组织实施公路灾害防治工程，在基本掌握我国公路灾害分布规律与危害程度的基础上，建立起相对完善的公路灾害防治监管体系，使我国公路受灾害影响严重的局面初步改观，尽量避免同类灾害在同一个路段重复发生，努力降低公路灾害的发生率和经济损失。同时，交通部着力提升公共服务能力，与国家气象局合作，开展"公路气象减灾预警预报"以及道路运输气象预警预报工作，受到了社会公众的好评。

2008年以来，我国连续发生两场重大自然灾害，彰显了公路网作为"生命线"的基础性、战略性作用的同时，也暴露出公路交通专业力量薄弱、应急反应较慢、应急物资和机械储备不足、应急处置能力不强等问题。2008年，国务院实施大部制改革时确定，交通运输部要"负责国家高速公路及重要干线路网运行监测和协调"及"负责撰写有关公路、路网运行管理应急，组织实施应急处置工作"。为此，交通运输部提出应抓好以下工作：从部到省，各级公路部门应抓紧推进路网管理与应急处置中心建设；尽快明确加强路网运行监测与协调管理的政策措施；加快建立公路综合服务体系，进一步拓展公众出行服务能力；继续做好公路交通应急保障能力建设。

2008年4月2日，交通运输部召开部务会议，审议并原则通过包括《公路交通突发公共事件应急预案（修订稿）》在内的公路、水运及救捞应急预案。交通运输部部长李盛霖强调，要从政治和全局的高度认识制定和落实各项预案的重要性，增强忧患意识和责任感、使命感，进一步改进交通运输应急管理工作。各单位一把手要切实负起责任，一级抓一级，制定、修改、完善和实施好各级各类应急预案，使交通运输行业应急管理的各项工作真正落到实处。2008年，针对年初南方低温冰冻雨雪灾害和"5·12"汶川地震抢险救灾工作中出现的问题和不足，交通运输部组织对《公路交通突发公共事件应急预案》进行修订和完善。

2009年2月25日，交通运输部就《公路交通突发事件应急预案》向全国各地征求意见。在此基础上，同年5月15日以交公路发〔2009〕226号文正式印发《公路交通突发公共事件应急预案》。预案修改主要集中在5个方面：一是明确了应急预案的定位。二是理清了应急预案体系。三是确定了应急管理机构组成和职责。四是丰富了应急运行机制，提高了预案的可操作性和执行力。五是强化了应急保障能力建设。

截至"十一五"期末的2010年底，我国公路交通应急管理工作机制初步建立。交通运输部建立了应急领导小组、应急工作组、日常管理机构、专家咨询组和现场工作组等。其中，应急领导小组是公路交通突发事件的指挥机构，担负组织、协调、调度、指挥的总职责；应急工作组下设综合协调、公路抢通、运输保障、通信保障、新闻宣传、恢复重建、总结评估、后勤保障等8个小组；现场工作组是指定成立并派往事发地的临时机构。同时，正在着手建立公路网监控与应急处置中心，作为应急日常管理机构，在应急领导小组领导下开展工作。在应急工作流程方面，明确3个步骤：一是预测预警，包括涉及公路交通突发事件的预警信息来源、分级、启动与终止以及资源征用；二是应急处置，包括应急响应的级别、启动程序、现场指挥与协调、信息报送与处理、程序终止等；三是恢复重建，包括善后处理、调查评估、征用补偿、恢复重建等。

各地公路交通部门依托公路养护及道路运输企业，初步建立起专兼结合的应急抢险队伍，储备了一定数量的应急运力、工程机械和物资。

在加强通信与信息建设方面，各地均启动了部省两级公路网管理与应急处置中心平台建设，已实现交通运输部与17个省（区、市）的公路视频数据接入共享。

交通运输部及各省公路交通主管部门应急管理体系的确立，初步形成了路网运行数据收集、突发事件预报预警、突发事件处置及信息公开服务等多项业务流程和工作模式，建立起一套面向全行业的路网运行管理与突发事件处置业务体系，形成了面向媒体、面向公众的公开、及时、透明的信息服务体系。随着处置能力的提升，全国公路应急管理体系在2010年先后成功应对北方强降雪、青海玉树地震、南方强降雨、甘肃舟曲泥石流等重大自然灾害的行动中，经受住了考验，取得了初步的成果。

六、公路绿化

1998年福州会议后，随着公路基础设施的快速延伸，公路绿化工作也得到快速发展。公路绿化不仅是公路养护的日常工作之一，而且是公路设计、建设施工中与公路环保、景观建设、边坡防护密不可分的重要科目。

1998年7月21日，交通部以交公路发〔1998〕444号文，发布《公路环境保护设计规范》。《规范》把绿化纳入了公路环境总体设计之中，强调"公路工程与自然环境融为一体""公路构造物与周边环境协调并成为新的人文景观""提供良好视觉环境"等原则。伴随着GBM工程实施、文明样板路创建等活动的开展，公路绿化的水平得到进一步提高。

2000年7月21日在成都召开的"西部开发交通建设工作会

议"上,国务院副总理吴邦国讲话强调,要注意生态环境的保护和治理,"改善生态环境,提高环境质量,是西部地区开发建设必须研究解决的一个重大课题。西部发展不能以牺牲环境为代价。公路建设项目在勘测、设计、施工中要充分考虑生态环境保护和水土保持,保护耕地,节约用地。取石挖土要与造地、绿化相结合,避免造成新的水土流失。公路建设要同时安排其两旁的防护和绿化工程,形成公路沿线的绿色长廊,努力把公路建设与周边环境改善结合起来,使之协调和谐地发展"。进入21世纪,公路绿化已纳入到景观设计、环保之中,环保示范工程首先在西部开花结果。2003年9月完工的四川川主寺至九寨沟公路,贯彻了交通部建成"精品工程"和"环保示范工程"的要求,是实践"勘察设计新理念"的典型代表。川九路因海拔高度变化较大,穿越多个生态区,为与环境协调,绿化方案根据公路所在的不同生态区进行分段设计,最大限度地减少边坡的开挖和保护原有植被。路线布设上尽量使路基不伤及原有边坡。开挖的边坡采取铺挂植被网和铁丝网进行生态防护或栽种乔木进行掩饰。此后,按新理念设计建设环保公路在全国得到推广,涌现出一批景观、环保俱佳的公路工程。云南思小高速公路、四川雅西高速公路、湖北的沪蓉西高速公路和神宜公路、宁杭高速公路江苏段等,成了集生态、环保、旅游、景观于一体,人、车、路和自然环境、人文环境有机结合的一道道赏心悦目的风景线。

"十五"期间,公路绿化里程逐年增加。2005年底,全国公路绿化里程突破百万公里,达102.63万公里,占当年公路总里程193.05万公里的53.16%。

2006年1月15日召开的"全国交通工作会议"上,交通部部长李盛霖发表题为《站在新的历史起点上,推进"十一五"交通事业又快又好发展》的主题报告,谈到"十一五"交通工作要注意把握的几个问题时指出："在交通发展理念上，要坚持交通与自然相和谐，依靠科技进步，节约土地，保护环境，促进交通的可持续发展。"进入"十一五"时期，公路环保的理念已融入到规划、建设和养护日常工作之中，公路绿化作为公路环保的重要内容，发展水平进一步提高。

2006年5月召开的全国养护管理工作会议上，交通部副部长冯正霖指出，到2010年力争全国所有可绿化的公路全面绿化，形成带、网、片、点相结合，层次多样、结构合理、功能完备的绿色长廊，使绿色通道与生态环境、城乡绿化美化融为一体。

2006年，随着全国农村公路正式纳入全国公路总里程统计数据中，全国公路绿化里程大幅增长，达到123.58万公里，但在公路总里程中的占比却大幅下降，为35.7%。

"十一五"期间，全国公路绿化里程保持着快速增长。截至2010年底，全国公路绿化里程达到194.34万公里，占公路总里程的48.5%，比2006年底提高12.7个百分点。

七、农村公路养护管理

改革开放以后，随着经济建设的发展，农村公路建设不断延伸。特别是进入"十五"时期后，农村公路建设迎来快速发展期，在取得巨大成就的同时，管理养护好庞大的路网成为必须面对的问题。

2006年年底完成的"全国农村公路通达情况专项调查工作"显示，截至2005年12月31日包括县道、乡道和村道在内的我国农村公路里程达到296.5万公里，其中村道142万公里。这是村道首次纳入国家正式统计范畴，标志着村道已经正式被确认为国家公路网的重要组成部分。从此，县、乡、村道开始以"农村公路"这个整体跃入了人们的视野。到2010年年底，全国农村公路里程已经达到350.66万公里，成为全国公路网中不可分割的重要组成部分。

据统计，从2003年交通部党组提出加快农村公路建设为工作重点，到2007年的5个年头里国家共投入农村公路建设车购税资金1022.4亿元、国债资金303亿元，带动地方共计完成农村公路建设投资6486亿元。"十一五"时期的5年里，农村公路建设车购税投资是"十五"期间的3.2倍，总投资超过万亿元。

投资的大幅度增长，里程的快速增加，使农村公路不仅成为农民的致富路，而且其本身就沉淀了巨大的财富。"公路养护管理工作是体现、发挥、强化公路功能的重要保障"，这一点对于农村公路发展显得更加重要。农村公路里程的增长，在促进农村经济发展中的地位越来越突出，广大农民对农村公路的建设、养护、管理等提出了更高的要求。随着农村公路里程的快速增长，农村公路养护管理的问题迅速摆到各级政府和公路管理部门面前，成为必须解决的问题。

2001年5月28日，交通部在南昌召开"全国公路养护管理工作会议"，交通部副部长胡希捷在讲话时提出"建设是发展，养护管理也是发展"的理念。在阐述关于农村公路养护管理问题时，胡希捷明确指出："就我国的现状而言，农村公路就是指县乡公路和通村公路。"各级交通主管部门要认真研究农村公路的发展和养护问题，做好以下工作：编制切实可行的发展规划；结合农村费税改革切实保证养护资金来源，根据各级政府的责任，加大农村公路建设和养护管理的投入；研究制定公路农村公路发展中有关政策和地方性法规，促进农村公路健康发展。

2005年9月29日，国务院办公厅以国办发〔2005〕49号发布《关于印发农村公路管理养护体制改革方案的通知》，明确农村公路管理养护改革的目标是：力争用3年左右的时间，基本建立符合我国农村实际和社会主义市场经济要求的农村公路管理养护体制和运行机制,保障农村公路的日常养护和正常使用,实现农村公路管理养护的正常化和规范化。《方案》指出,农村公路原则上以县级人民政府为主负责管理养护工作,省级人民政府主要负责组织筹集农村公路养护资金,监督农村公路管理养护工作。各省、自治区、直辖市人民政府可结合当地实际,对有关地方政府及其交通主管部门管理养护农村公路的具体职责做出规定,同时对稳定农村公路养护资金渠道、推进管养分离和养护市场化、完善配套措施等作出明确规定,从国家层面明确农村公路管理体制改革方案,为强化全国农村公路的养护管理、扭转"重建轻养"的倾向提供了依据。

到2008年3月,按照"建养并重"的指导思想,全国31个省(区、市)积极推进管养体制改革,均按照国务院办公厅和交通部的要求,出台了《农村公路管理养护体制改革实施方案》,积极落实养护机构、人员和资金,为实现农村公路管理养护正常化和规范化奠定了基础。农村公路养护开始纳入法制化、规范化的轨道。

"十一五"期间,交通部(交通运输部)先后提出抓好农村公路"责任主体、机构人员、养护经费"的"三落实";搞好农村公路养护管理体制"三结合",即"专业养护与农民承包相结合,养护管理与路政管理相结合,政府投入与群众参与相结合";重点做到"认识、责任、考核"的"三到位";实现各地农村公路管理养护体制和运行机制基本建立,进一步明确养护资金筹措渠道,日常养护管理工作得到初步落实。

到2010年底,全国农村公路列养里程达到337.86万公里,占农村公路总里程的96.3%。全国县级养护机构基本到位,乡(镇)机构逐步完善。

但"十一五"时期农村公路养护依然存在"地区间发展不平衡,管理养护未能落实到位,安全保障水平有待提高,抗灾能力仍然薄弱,运输服务能力尚显不足"等问题。特别是县乡村各级政府作为农村公路的责任主体,养护资金筹措不够有力,缺口非常大,"有路必养"的问题还有待解决。

八、GBM 工程及文明样板路创建

1. 工程实施

1998 年加快公路建设后,GBM 工程与养护管理工作结合更加紧密。进入 21 世纪后,GBM 工程、文明样板路创建有了进一步的发展。2001 年 6 月 22 日颁布的《公路养护与管理发展纲要(2001—2010 年)》中明确,全国新增 GBM 工程实施里程 10 万公里,创建 10 条部级国道文明样板路,使全国 75%的国省干线公路达到 GBM 工程标准。

"十五"期间,GBM 工程得到全面推广,里程大幅度增加。截至 2005 年底,全国有 18 万多公里国省干线公路实施了 GBM 工程,占全国国省干线公路里程的 50%以上,社会经济效益显著。2005 年,全国国道网年平均交通拥挤度为 0.44,比上年降低 17.5%。

1998 年、1999 年,按照《"九五"国道文明样板路建设规划》,交通部完成了 307、312 国道以及 319 国道四川、重庆段的文明样板路创建;2000 年,开始实施 320 国道的文明样板路创建。

到 2000 年底,全国已创建文明样板路 5.49 万公里,占国、省干线公路总里程的 15%。

截至 2006 年底,全国已完成 107、104、102、324、307、312、319、320、204、210、202、109、105 等 13 条国道约 3.4 万公里部级文明样板路的创建,占全国国道总里程的 25%以上。

"十一五"期间,全国文明样板路创建工作得到全面发展。5 年里,吉林共创建文明样板路 3450 公里;浙江创建高速公路文

明样板路29条段3030公里，占高速公路总里程的90%，创建普通公路文明样板路55条4349公里；山东建成文明样板路1.34万公里，占干线公路里程的70%以上；海南创建文明样板路1500公里；宁夏建成部省级文明样板路1733公里，占2007年宁夏国省干线里程的近60%。

2. 实施GBM工程和文明样板路的意义

经过多年推广GBM工程和文明样板路创建，我国路网的整体路况和管理水平提高了一大步，形成了广为人知的"畅、洁、绿、美"公路养护管理新理念、新要求。

由于20世纪80年代初以前增加的公路多数以"先通后畅"为原则，许多等级公路是由简易公路通过逐年养护改造形成的。随着国民经济的快速发展，这些公路既难以适应发展的需求，也不可能全部新建或改建。GBM工程的实施和文明样板路的创建，弥补了一些路段的"先天不足"，并取得了以下三个效果：一是提高了公路网整体服务水平。"畅、洁、绿、美"是GBM工程和文明样板路创建的基本标准，实施的国省干线好路率常年保持在90%以上，达到了"路面平整、路拱适度、排水通畅、路基稳定、边坡坚实、行车舒适、路容美观、管理规范"的总体要求。二是产生巨大的经济效益。汽车时速提高了40%左右，公路通行能力提高25%以上，同时减少汽车磨损，降低油耗20%以上，大大降低了公路运输成本。三是产生了明显的社会效益。GBM工程的实施和文明样板路创建，美化了公路沿线的环境，使脏乱差现象大为改观，基本杜绝了"三乱"现象，有效带动了沿线的精神文明建设，沿线群众卫生意识、交通意识、环保意识增强，交通事故大幅降低，文明水平不断提升。

九、公路安保工程和灾害路段整治

2001年以来，我国连续3年交通事故死亡人数超过10万人。我国汽车保有量只占世界的2%，道路交通事故死亡人数却占到全世界的15%左右，多年高居世界第一，对我国经济社会发展和国际声誉造成很大负面影响。随着全面建设小康社会进程的推进，全社会机动化水平的提高，预防交通事故、降低交通事故死亡率已经成为全社会的一项十分紧迫的任务。

2003年，国家有关部门建立了"全国道路交通安全部际联席会议制度"，并先后于2003年9月5日、2004年1月15日和4月15日召开会议，专题研究和部署道路交通事故预防工作。

造成道路交通事故的直接原因中，驾驶员素质不高、操作技能差、安全意识不强是最主要因素。从公路基础设施看，尽管经过近年来的大规模建设，公路总体技术状况有了很大改善，但依然难以满足社会需求。截至2003年底，公路通车总里程达到180.98万公里，但四级及等外公路里程仍有120多万公里，约占70%。这些公路大多是通过民工建勤等方式修建的，受资金、自然条件等因素的限制，路况差，混合交通严重，安全设施不足。特别是一些早期建成的山区公路"先天不足"，安全防护设施不到位，群死群伤的特大交通事故在一些地势险峻路段时有发生。

为提高公路设施的功能和服务水平，减少和降低因公路设施不完善导致的交通事故，在2003年"全国交通工作会议"上，交通部提出："利用科技成果，加强公路的安全设施，推广一些地方在危险路段安装警示标志、防撞护栏、防护墩的经验和做法。"从2003年上半年开始，交通部公路司对重庆市实施的公路"生命工程"进行了调研，并向部党组上报了《关于实施公路安全保障工程有关问题的请示》。交通部有关领导分别做出批示，要求抓紧实施此项工程。同年，交通部开始实施"西部山区公路交通安全保障工程"，在危险路段完善安全设施，增设警示标志，加装防护栏、防撞墩等。

2003年5月20日,交通部以交公路发〔2003〕191号发出《关于加强公路沿线地质灾害防治工作的紧急通知》。针对5月11日凌晨贵州三穗县台烈镇三穗至凯里高速公路正在施工的平溪特大桥3号墩附近发生山体滑坡,致35人死亡的重大灾害事故,《通知》要求各级公路交通主管部门加强安全监管,杜绝重大灾害、安全和质量事故,同时明确要做好防灾预案、加强公路建设前期工作、做好地质灾害危险性评估、做好灾害地段的预加固及截排水,要求省级公路管理机构要做好防汛抢险预案及报警工作等。

为确保安保工程的顺利实施,交通部成立以部公路科学研究院为支撑单位的公路安保工程技术组,并于2003年9月在全国展开调查摸底工作。根据调查,全国国省干线公路共有待实施路段17万处5万公里。在此基础上,交通部编制了《2004年安保工程实施计划》,明确2004年在60条国道和24条省道上实施安保工程,改造行车安全隐患路段3.6万处,实施里程1.1万公里。2004年3月初,交通部制定并下发《公路安全保障工程实施方案》,提出了实施路段的判定标准和技术规定,确定了实施目标、工作任务和实施步骤,提出了保证措施。同时,选取了地形、线形较为复杂的210国道陕西省宁陕县境内的27公里路段作为试验段,提前组织了实施。根据试验段积累的经验,交通部编制了《公路安全保障工程实施暂行技术要求》,并于2004年5月下发。

按照国务院开展"五整顿、三加强"(即整顿驾驶员队伍、整顿路面行车秩序、整顿交通运输企业、整顿机动车生产及改装企业、整顿危险路段,加强责任制、加强宣传教育、加强执法检查)工作的部署,交通部部长张春贤在2004年"全国交通工作会议"上指出,用3年时间在全国国省干线公路和重要旅游公路上实施以"消除隐患,珍视生命"为主题的"公路安全保障工程"。整治完成全国国省干线公路 10 万处约 3 万公里急弯、陡坡、视距不良等行车危险路段，重点是二级以下山区公路、旅游公路和行车危险路段；结合文明样板路创建，改善 210、319、202、105、109 等 5 条国道的安全防护设施。会议要求各级交通主管部门，精心组织，把这件为民造福的好事办实、办好。2004 年，各级公路交通部门共在 56 条国道、300 条省道和 200 多条旅游公路上实施了安保工程，改造行车安全隐患 7.8 万处 4.5 万公里，增设防护栏 6000 公里，完善标志、标线 2.3 万公里，完成投资 21 亿元，其中交通部补助资金 8 亿元。通过对全国 117 个项目 4757 公里实施路段的抽样调查，安保工程实施后的事故发生率比实施前降低 58%。

2005 年，交通部全面加强对各地安保工程技术指导，重点对 210、109、202、105、319 等国道示范工程建设进行指导和督促。截至 2005 年底，全国改造完成行车安全隐患路段 21 万处 6.1 万公里，新增设钢护栏 7106 公里、钢筋混凝土墙式护栏 6210 公里，完善各类标志近 20 万块、减速设施 1 万余处，施划标线 6 万余公里，整治视距不良路段 2.3 万处。

2003 年至 2005 年，安保工程实施 3 年，全国累计投入资金 90.1 亿元，有 66 条国道、1051 条省道和 253 条县道共 27.8 万处行车隐患路段得到处治，累计里程达 8.5 万公里，超额完成 2004 年年初交通部确定的 3 年 17 万处、5 万公里行车安全隐患路段的处治任务。完善公路防护设施和服务设施，提高了公路行车安全水平，有效降低了交通事故死亡率和重特大交通事故的发生率，切实保障了人民群众的生命财产安全，取得了显著经济和社会效益。根据对安保工程 219 个实施路段 5625 公里里程的抽样调查，年均交通事故起数从安保工程实施前的 7211 起降至安保工程实施后的 2182 起，年平均降低交通事故 5029 起，降低率达 69.74%；年均重特大交通事故起数从安保工程实施前的822起降至安保工程实施后的188起，年平均降低重特大交通事故634起，降低率达77.13%；年均死亡人数从安保工程实施前的2739人降至安保工程实施后的507人，年均减少2232人，降低率达81.49%。

  2006年5月11日，"全国公路养护管理工作会议"在济南召开。会议明确，围绕"十一五"养护管理总体要求和目标，加大路网结构改造力度。"十一五"期间，交通部继续组织实施"公路安全保障工程""危桥改造工程""公路灾害防治工程"，并给予一定的导向性投资。各地要积极落实资金，结合公路大中修工程，不断拓展GBM工程和文明样板路的实施内涵，统筹安排实施路网结构改造工程，做到实施一处、治理一处，提高行车安全性、公路抗灾能力和服务水平，确保到"十一五"期末国省干线公路上的安全隐患路段、已出现的危桥基本整治完成。有条件的地方，要逐步把路网结构改造工程向县乡公路延升，解决县乡公路安全防护设施不足、危病桥数量多、抗灾能力弱的突出问题。高度重视临铁公路、桥梁的安全防护工作，将其纳入安保工程的实施范围，通过1至2年的集中整治，力争基本消除公铁相交或相邻点段的安全隐患，保证人民群众的生命财产安全。

  2006年8月23日，交通部以交公路发〔2006〕441号发布《干线公路灾害防治工程试点工作方案》，目标是：完成全国10个省(区)共24个试点路段的公路灾害防治工程实施工作，提高试点路段的抗灾能力、通行能力和行车安全水平。探索总结适合我国国情的公路灾害防治工程技术措施和组织实施方法，为全面实施积累经验。《方案》要求，工程实施后的二级公路应能够抵御50年一遇的洪水袭击，三四级公路应能够经受25年一遇的洪水威胁；提出的主要任务是：结合近年来特别2006年以来公路水毁、震毁的灾害发生情况，依托路面大中修工程、危桥改造、公路灾毁修复工程和安保工程实施工作,以增设和完善试点路段的灾害防护设施为重点,推广科研成果,采用成熟的工程措施,对公路边坡、路基、桥梁构造物和排(防)水设施进行综合处治,全面提高公路防灾能力。《方案》同时明确了工作步骤及工作要求等。

"十一五"期间,国省干线公路安保和灾害防治工程实施任务圆满完成,共整治安全隐患路段36万处12万公里,实施里程超过原计划20%;处治公路灾害路段1.03万公里,国省干线公路技术状况和安全水平得到稳步提升。公路安保、灾害路段整治工程在全国国省干线公路全面推开的同时,开始向农村公路延伸。

据统计,从2004年至2010年的7年时间里,全国共投入资金245.9亿元,改造安全隐患里程25.4万公里,整治视距不良路段15.5万公里,加装护栏5339.8万延长米、标志102.6万块、减速设施16.2万处,施划标线总长达30.83万公里,增加避险车道1728处。此外,大量加装了反光镜、示警桩、示警墩等设施。公路安保工程的建设取得了显著成效。全国二级及二级以下公路发生的交通事故由2004年的24.41万起下降至2010年的9.77万起,死伤人数分别由2004年的6.65万人、25.25万人下降到2010年的3.42万人、11.57万人,直接财产损失由2004年的8.92亿元降至2010年的3.14亿元。经济效益明显,社会效益更是无法估量。

公路安保工程和公路地质灾害防治工程受到广大人民群众的高度赞扬,使"安全、经济、环保、有效"的理念深入人心。"十一五"末期,交通运输部明确,"十二五"期间将继续加大公路安保工程、公路灾害防治工程的资金投入规模,在继续深入实施国省干线公路安保工程的同时,积极向农村公路延伸,加大对西南地区安保工程的支持力度,要求基本完成国省干线及县道安保工程实施任务，基本完成国省道抗灾能力明显不足路段的灾害防治任务。同时，交通部将建立长效机制，把实施安保工程的成熟经验和部分做法逐步上升为规章制度，并在公路工程技术标准体系中予以体现，并提出把安保工程"安全、经济、环保、有效"的理念以及此类综合性的治理措施融入日常养护管理工作中，进一步提升公路养护管理的水平，更好地做好"三个服务"。

十、桥梁养护和危桥改造

我国大部分公路桥梁建成于20世纪50年代至70年代，加之"九五"以来国民经济的快速发展，公路通车里程的不断延伸，公路交通的流量大幅增加，运输车辆的吨位和轴荷也有较大提升，特别是各种超限超载车辆对公路桥梁造成了永久性损害，大批桥梁的技术状况不能满足行车安全的需要，桥梁养护管理工作中的一些突出问题日益显现。一是重视程度不够，基础工作薄弱，养路不养桥现象突出；二是检测手段落后、技术水平低，缺乏专业的桥梁养护技术人员；三是养护资金严重不足，不能保障桥梁的正常维修保养；四是超载、超限运输车辆得不到有效管控。这些问题，已经严重影响了公路桥梁养护管理工作的正常进行，影响了公路的安全和畅通，降低了公路整体服务水平，桥梁养护工作任务越来越艰巨。据统计，截至2000年底我国公路桥梁共27.88万座，其中危桥达到9597座，占桥梁总数的3.4%。一些南方经济发达地区城市的危桥比重甚至达到1/5至1/4。

面对桥梁养护工作亟待加强的现状，交通部采取了一系列措施：一是加大了危桥改造力度，组织制定了《"十五"干线公路危桥改造工作规划》，并加大了投资力度，决定从2001年起，分5年时间，每年下拨2亿元资金扶持各省（区、市）的危旧桥改造工作，争取到2005年底消灭国省干线公路上的危桥；二是对桥梁养护工作给予高度重视，召开了"全国桥梁养护管理技术交流会"，对桥梁养护改造技术进行了总结和推广，为全面加强桥梁养护工作奠定了技术基础；三是严格了桥梁养护工作制度，要求各地必须切实执行"桥梁养护工作制度"，明确桥梁管护责任，确保行车安全；四是加大科研力度，开展了新结构、大跨径桥梁养护技术研究的前期工作。交通部在2001年西部交通建设科技项目中设立了"公路旧桥检测评定与加固技术研究及推广应用"项目，通过该课题的研究，提出一套完整、实用的公路旧桥检测、评定与加固成套技术标准，为我国公路危旧桥的改造提供技术支持，确保危旧桥的改造工作科学合理、经济安全。

从2002年起，交通部决定加大危桥改造的补助投资力度，由原来每年2亿元提高到5亿元。据统计，2002年全国共完成1512座6.8万延长米危桥的加固、改造任务。2004年是交通部实施危桥改造的第四年，交通部重点从"完善规章制度，健全技术标准，强化监督检查，加大投资力度"等方面入手，全面加强桥梁养护与管理工作。一是修订《公路桥梁养护管理工作制度》，建立桥梁检查、评定和养护管理工作的逐级考评体系，明确相关单位的责任和义务，强化各级交通主管部门的监管职责，确保桥梁养护的各项技术政策和管理制度落到实处。二是制定《桥梁养护质量评定标准》，通过整合现有的科研成果，提出桥梁病害评价的量化指标，提供桥梁缺陷、病害、损伤图例库，统一桥梁检查评判标准，以易于技术人员掌握。三是加大对重点桥梁的监管力度，建立全国桥梁管理系统。结合全国公路数据库建设和养护质量评定工作，全面加强全国公路桥梁的技术管理工作，并以此为依据开展桥梁养护的监督检查工作。四是完善相关技术标准和技术指导意见，编写桥梁养护、危桥加固、桥梁检测与评定等方面的手册或指南。五是继续加大危桥改造工程投资力度。力争通过 3 到 5 年的努力，构建更为成熟的桥梁技术管理体系、行政管理体系、监督检查体系，确保相关政策、制度落到实处，提高中国桥梁养护管理水平，使危桥、险桥持续出现的非正常态势得到有效控制。2004 年初，交通部下拨专项资金，用于全国 951 座计 7.33 万延长米危桥的改造工作。截至当年底，全国共完成改造危桥 1712 座 11.48 万延长米，总投资达 15.9 亿元。同时，交通部对"十五"时期前 3 年全国危桥改造情况进行了总结，并对部分省份的实施情况进行了抽查。"十五"时期前 3 年全国共投入资金 63.1 亿元，完成维修、加固和改造危桥 8326 座 62.3 万延长米。

据统计，从 2001 年起至 2005 年实施危桥改造的 5 年里，全国投入资金 87.4 亿元，其中中央投资 21.9 亿元，改造危桥 7665 座 55.3 万延长米，超额完成"十五"期初确定的改造危桥 5397 座 33.6 万延长米的任务，全国桥梁安全形势进一步改观，国省干线公路没有发生因失养引发的桥梁坍塌事故。

2006 年，交通部继续组织在全国范围内开展危桥改造工程。全年完成危桥改造 1719 座 11.12 万延长米，总投资达 15.5 亿元。其中，交通部补助资金 5 亿元，占 32%。自"十五"期初开展危桥改造工作以来，全国共投入危桥改造资金 102.9 亿元，除改造了期初已发现的 5397 座危桥外，对后期新增危桥也列入计划进行改造，共改造危桥 9384 座 66.4 万延长米。

在实施危桥改造工程的同时，交通部着力完善相关管理制度，组织有关人员对 1991 年的《公路桥梁养护管理工作制度》进行修订，并于 2007 年 6 月 29 日以交公路发〔2007〕336 号文正式印发实施。《制度》主要明确了有关养护机构和监管部门的职责，对桥梁的检查、养护、评定提出具体要求。此外还按照"防治结合、立足于防"的原则，逐步推行预防性养护工作，主要包括：加强动态管理和病害监测，建立公路路况评价机制和桥梁技术状况预警机制；研究公路、桥梁技术状况衰减规律，确定公路、桥梁的最佳养护时机和周期，及时安排养护工程；建立信息管理系统，完善决策机制。

2007年，全国先后发生了广东325国道九江大桥被违规航行货船撞击致桥孔倒塌和湖南凤凰县"8.13"沱江堤溪大桥垮塌事故。2007年8月17日，交通部专门召开全国电视电话会议，针对湖南凤凰县"8.13"沱江堤溪大桥垮塌特别重大事故有关情况进行通报，传达胡锦涛、温家宝等党中央、国务院领导的重要指示精神，部署开展以桥梁为重点的交通基础设施安全隐患排查治理专项行动，全面加强公路桥梁建设管理及使用安全工作。交通部部长李盛霖要求各地交通部门迅速行动，深入开展以桥梁为重点的交通基础设施安全隐患排查治理专项行动。李盛霖强调，在建桥梁和投入使用的桥梁都要分别从六个方面进行排查。在建桥梁主要是：一查基本建设程序，二查勘察设计，三查项目管理，四查工程实体质量，五查工程原材料，六查施工工艺。投入使用的桥梁主要是：一查是否明确桥梁养护管理的责任单位和监管单位；二查是否对桥梁定期进行技术检测，并建立完整的管理档案资料；三查是否落实桥梁养护工程师制度并按技术规范要求进行桥梁养护维修；四查是否对行驶桥梁的重车实施超限超载监控和治理；五查对已确认的危桥是否采取相应的管制及监测措施；六查是否按规定建立桥梁突发事件应急预案。同时，还要求各地采取有效措施，从5个方面加大治理力度：一是严防死守，加强对存在安全隐患危桥的通行管理。二是边查边改，切实加强在建桥梁安全隐患的治理工作。三是进一步加大治超力度，严禁超限超载车辆上桥。四是建立健全桥梁突发事件应急预案。各地交通主管部门要尽快制定以预防和处置桥梁事故的突发事件应急预案，明确工作职责和程序。桥梁养护管理单位要单独制定针对重要和特大型桥梁的应急预案。各地公路管理机构要以桥梁为重点，加强公路巡查工作力度。五是集中开展公路危桥改造活动。

专项行动从2007年8月开始至10月中旬基本结束，共排查在用桥梁38万余座，约占全国桥梁总数的70%。从排查结果看，无论是在建桥梁还是在用桥梁的安全基本处于受控状态，在建项目安全隐患基本得以全面排查和整改，在用桥梁安全运营基本得到有效保证，各项管理制度基本得到落实，排查治理专项工作效果明显。

同时，针对2007年的两起桥梁事故，为加大危桥改造力度，确保公路桥梁安全运营，为群众出行和经济发展创造更安全、更畅通的公路交通环境，2007年交通部决定在原补助投资的基础上，用3年时间共安排45亿元，进一步加大危桥改造投资力度，从2008年起用3年时间基本完成现有国省干线公路上全部危桥以及县道、乡道公路危桥中重要危桥的改造任务（以《2006年全国公路养护统计年报》数据为准）。通过3年集中改造，到2010年年底实现以下工作目标：一是全面完成国道、省道公路上的危桥改造任务；二是基本完成县道上中桥及以上跨径的危桥改造任务；三是基本完成乡道上大桥及以上跨径的危桥改造任务。各省（区、市）交通主管部门在确定本辖区内3年集中改造目标时，既要确定本辖区内集中改造危桥的具体范围，又要按照"先重点，后一般""先国省干线，后县乡公路""先大跨径，后小跨径"的原则，分年度提出2008年至2010年危桥改造实施建议计划。同时，除3年改造的危桥外，各省（区、市）交通主管部门对辖区内通航河流上由于挖砂、河道迁移致使桥梁墩台存在安全隐患的桥梁，要按照有关要求对其防撞设施和防撞能力进行全面调查摸底和统计汇总，按照基本建设程序，做好改造或重建，以提高桥梁的安全水平。

2009年6月29日凌晨，黑龙江省铁力市铁力西大桥桥体垮塌事件，造成21人落水，其中4人死亡4人重伤，8辆汽车坠河。垮塌原因为桥龄过长、桥面行驶车辆超载(单车60吨)。2009年7月15日1时33分，津晋高速公路港塘互通立交A匝道桥发生桥梁倒塌事故，造成6人死亡。事故的直接原因是：在单车道的A匝道桥上，为避让前方逆行车辆，3辆严重超载车辆密集靠边停置并偏离行车道，形成巨大偏载，导致梁体向右倾斜并引发桥梁倒塌。为贯彻落实国务院领导有关批示精神，进一步加强桥梁安全管理，防止类似上述桥梁垮塌事故再次发生，2009年7月上旬到9月底交通运输部在全国范围内组织开展桥梁安全隐患排查和治理专项行动。各地通过单位自查、主管部门抽查、省交通厅督查，形成了全范围、多层次的检查体系。全国共排查重点桥梁35.45万座，计1919.98万延长米，约占全国桥梁总数的60%，包括国道、省道、县道上所有桥梁及部分农村公路桥梁，新建成的桥梁及专项行动开展前已检查过但未纳入排查范围的桥梁。经排查，全国现有公路危桥9.77万座，占桥梁总数16.4%，与2008年年底数基本相当。排查结果显示，各地对桥梁养护和安全管理工作十分重视，部颁《公路桥梁养护管理工作制度》和《桥涵养护技术规范》基本得到落实，国省干线和部分农村公路上的桥梁明确了管养和监管单位，各省(区、市)基本建立了桥梁养护工程师制度，对桥梁检查、检测工作的重视程度明显提高。

据统计，"十一五"期间全国完成危桥改造1.13万座，计87万延长米。全国危桥比例持续下降，桥梁安全通行能力得到提升。

十一、"绿色通道"建设

1998年11月和1999年11月，交通部、公安部、国务院纠风办等两部一办先后开通了全长5046公里的海南至上海(分南北两线)和全长 2299 公里的山东寿光至黑龙江哈尔滨两条"绿色通道"。加上已经开通的山东寿光、海南至北京"绿色通道",已经开通的 4 条通道总计里程达到 1.1 万公里,贯穿全国 18 个省份,将最北边的黑龙江与最南端的海南省连为一体。同时,一些省份也相继建立了具有区域特点的鲜活农产品公路运输"绿色通道"。为确保"绿色通道"畅通,将这件利国利民的好事落到实处,"两部一办"于 1999 年 11 月在黑龙江哈尔滨召开会议,进行了专题部署。

2000 年开始,交通部从巩固和加强源头管理入手,指导各省在抓"绿色通道"建设时把工作延伸到瓜菜运输生产第一线,从源头上做好保障工作。此后,结合公路"三乱"整治、文明样板路创建等工作,指导各地公路交通主管部门开展了"绿色通道"畅通活动,不断完善管理制度,健全管理机构,明确目标和责任,将"绿色通道"工作推向深入。

为落实中央"三农"政策和 2005 年中央一号文件要求,2005 年 1 月 13 日交通部、公安部、国务院纠风办等七部门,在广泛调研的基础上以交公路发〔2005〕20 号发布《关于印发全国高效率鲜活农产品流通"绿色通道"建设实施方案的通知》,提出 2005 年底前基本建成布局为"五纵二横"的全国鲜活农产品流通"绿色通道"网络。其中,"五纵"为银川至昆明、呼和浩特至南宁、北京至海口、哈尔滨至海口、上海至海口,"二横"为连云港至乌鲁木齐、上海至拉萨。该网络总长 2.7 万公里,直接连通了全国 29 个省会城市以及 71 个地市级城市,覆盖了全国所有具备一定规模的重要鲜活农产品生产基地和销售市场,为鲜活农产品跨区域运输提供了快速便捷的主通道。

2006 年 1 月 12 日,交通部发布《关于开通全国"五纵二横"鲜活农产品流通"绿色通道"的公告》,宣布全国"五纵二横"鲜活农产品流通"绿色通道"全部开通,标志着覆盖全国的鲜活农产品流通"绿色通道"网络基本建成。

全国"绿色通道"网络开通后,整车运输新鲜蔬菜、新鲜水果、鲜活水产品、活的畜禽和新鲜的肉、蛋、奶等鲜活农产品的合法运输车辆在享受快捷交通、良好路况的同时,还享受到多项优惠政策。到2007年底,全国31个省(区、市)的"绿色通道"路段全部落实减收车辆通行费的优惠政策,并实现了省内外车辆无差别减免的目标。据统计,从2005年到2008年的4年,全国共减免通行费约175亿元。此外,各地交通部门还在全国"绿色通道"网络上设立了5700余个"绿色通道"专用道口,并在沿线设置了路线指示牌和专用标志牌,引导驾驶员正确选择行驶路线,极大地方便了鲜活农产品运输车辆优先、快速通过。从各有关方面反映的情况看,"绿色通道"的建立和优惠措施的施行,带动了农业经济的发展,促进了农产品市场的繁荣和农民收入的增加,得到了农民群众和农产品运输企业和运输业户的广泛欢迎。

2010年11月26日,交通运输部、国家发改委、财政部三部委以交公路发〔2010〕715号颁布《关于进一步完善鲜活农产品运输绿色通道政策的紧急通知》。《通知》明确,从2010年12月1日起全国所有收费公路(含收费的独立桥梁、隧道)全部纳入鲜活农产品运输"绿色通道"网络范围,对整车合法装载运输鲜活农产品车辆免收车辆通行费。新纳入鲜活农产品运输"绿色通道"网络的公路收费站点,要按规定开辟"绿色通道"专用道口,设置"绿色通道"专用标识标志,引导鲜活农产品运输车辆优先快速通过。同时明确,增加农产品的品种,细化"整车合法装载"的认定标准,提高"绿色通道"的通行效率。

截至2010年底,覆盖全国所有收费公路的鲜活农产品运输"绿色通道"网络全部建成,贯穿全国31个省(区、市),连接31个省会、首府、直辖市和71个地级城市,覆盖了全国所有具备一定规模的鲜活农产品生产基地和销售市场,对整车合法装载运输鲜活农产品的车辆全部免收通行费,并实现优先便捷通行,使农民群众得到实惠。同时,各省(区、市)也结合本地情况,建立起区域性的"绿色通道",对国家"绿色通道"形成有益补充。

第十节　费税改革的推进与完成

一、养路费完成历史使命

1998年12月3日,财政部、交通部下发《关于加强养路费等交通规费征收工作的紧急通知》。面对养路费征收日趋困难的局面,《通知》指出:为理顺税费关系,合理筹集交通维护和建设资金,国务院决定对交通和车辆收费进行费税改革。为确保改革顺利进行,国务院有关部门在广泛征求意见和调查研究的基础上,逐步完善改革方案。但是1998年9月份以后,一些地方的单位和个人借交通和车辆费改税之机,偷、逃养路费等交通规费,有的地方甚至出现暴力抗费事件,给国家造成了严重的经济损失。为了维护国家利益,做好改革前后有关费税征收的衔接工作,确保改革前有关规费及时足额征收,要求做好以下5项工作:一是,在国家尚未实施交通和车辆收费改革之前,各级人民政府要加强对养路费等交通规费征收工作的领导,做好协调,及时解决问题,维护秩序,确保交通规费的正常收缴。二是各有关部门要积极配合、支持交通征稽机构做好养路费等交通规费的征收工作,严禁利用特权拒缴养路费等交通规费。三是各级交通征稽机构要进一步统一思想、提高认识,做到应征不漏。对违反规定,偷、逃养路费等交通规费的单位和个人,应给予严肃查处,直至追究刑事责任。四是各地交通规费征稽人员要坚守岗位,恪尽职守,照章收费。五是1999年度交通规费统一按月计征。

1999年初,由于车主对国家税费改革理解的不正确,养路费征收工作难度加大,第一、二季度全国养路费收入大幅下滑,征收形势严峻。为了做好国家规费的征收工作,一方面交通部积极与财政部协商,于1999年5月22日再次联合下发《关于切实做好公路养路费等交通规费征收工作的通知》,要求各地稳定队伍,继续做好养路费征收工作,同时对养路费等交通规费的征收做出具体规定;另一方面各地公路交通部门积极争取当地政府的支持,加大宣传力度,使广大车主打消了侥幸心理,自觉按章缴费。同时,各地养路费征稽部门加大了稽查力度,积极追缴拖欠的费款。经过努力,1999年公路养路费征收工作的被动局面得到扭转,养路费收入下滑的势头得到初步遏制。

2000年1月14日,国务院转发了交通部、财政部、公安部、国家发展计划委等部门制订的《关于继续做好公路养路费等交通规费征收工作的意见》,明确要求在交通和车辆税费改革方案正式实施前,各地要严格执行现有相关规定,继续做好养路费等交通规费的征收工作。《意见》在养路费征收环境十分困难的情况下,为交通征稽部门的养路费等规费征收工作提供了强有力的支持。各地公路交通部门根据《意见》要求,积极争取地方政府和有关部门支持,通过政府通告、媒体宣传等多种方式,加大政策宣传力度,打消广大车主的侥幸心理,促使其按章缴费;同时加大稽查力度,积极追缴拖欠费款。经过努力,公路养路费征收工作被动局面得到扭转,养路费征收环境明显改善。

截至2000年底,我国除部分收费公路的养护资金来源于车辆通行费外,其他公路养护资金主要来源于公路养路费、民工建勤和各级财政拨款。其中公路养路费仍是最主要的资金来源。

"十五"期间,各地交通征稽部门克服重重困难,加强与有关部门协作，不断运用先进科技手段，加大了征费、稽查力度，确保养路费等规费的征收。

2004年，交通部加大了公路养路费管理方面的政策法规建设力度，启动了《公路养路费征收管理办法》的修订工作。为解决公路养路费征收工作中存在的车主抗费逃费严重、车辆"外挂"突出等问题，交通部于2005年加大了对养路费征收工作的管理力度。2005年12月14日，交通部以交公路发〔2005〕625号印发《关于规范转籍车辆公路养路费征收工作的通知》，明确转籍车辆养路费手续衔接的程序、养路费的退费途径以及历史遗留问题的解决措施，有效解决了这个群众反映比较突出的问题。

据统计，"十五"时期全国公路征稽部门共征收养路费3449亿元，为确保加快公路基础设施建设资金的筹集做出了贡献。

"十一五"期间，针对养路费征收管理工作中存在的问题，国务院和交通部（交通运输部）加强了养路费的征收与管理工作。

2006年12月22日，国务院办公厅以国办发〔2006〕103号发出《关于在燃油税正式实施前切实加强和规范公路养路费征收管理工作的通知》，明确要求"在燃油税正式实施前，各地区、各有关部门要按规定继续做好养路费的征收管理工作，保障公路建设和养护的资金需求"，并就进一步加强和规范养路费征收管理做出部署：一是提高思想认识，继续做好养路费征收管理工作；二是完善征收管理政策，建立规范有序的征收秩序；三是加大征收管理力度，确保及时足额征收；四是改进征收方式，提高服务水平。

为贯彻落实国务院通知，2007年1月5日交通部召开"全国公路养路费征收管理工作电视电话会议"，要求按照国办《通知》，切实做好公路养路费征管工作。3月8日，交通部发出《关于进一步规范公路养路费征收管理工作的通知》，要求各地深刻领会国办《通知》精神,切实加强养路费征收管理工作的领导和组织;严格执行新的缴费时间;统一滞纳金计征办法;规范养路费征收标准;统一养路费减免及征收政策;统一养路费征收计量核定办法;统一并规范缴免费凭证管理;统一调驻车辆缴费管理;加强养路费使用监管,确保专款专用。

同时,为加强异地车辆的养路费征收工作,交通部会同国家发改委、公安部、财政部、国家税务总局和国家工商总局,于2007年6月1日以交公路发〔2007〕271号文印发了《关于在全国开展车辆外挂治理工作的实施方案》,明确了外挂车辆认定标准、治理措施及阶段性要求,要求各地按照"规范税费征收和执法行为为本,教育引导为先,鼓励和劝返为主,查纠并重、依法治理"的原则,积极稳妥地开展车辆外挂治理活动。经过努力,截至2007年底全国车辆外挂现象得到初步遏制,进一步规范公路养路费征收秩序。

2007年下半年,由美国次贷危机引发了国际经济动荡。2008年,国际经济出现大幅衰退,国际油价在4个月里从每桶147美元狂跌至44美元,回到了2005年的水平,跌幅高达70%。尽管我国经济也受到较大冲击,在经济减缓、增长受阻的不利因素下,国家还是决定抓住油价低谷的机遇,启动成品油费税改革。2008年12月5日,国家发改委、财政部、交通运输部和税务总局联合发布公告,就《成品油价格和税费改革方案(征求意见稿)》向社会公开征求意见。征求意见于12月12日结束。《方案》明确,在不提高现行成品油价格的前提下,将汽油消费税单位税额由每升0.2元提高到1元,柴油由每升0.1元提高到0.8元,其他成品油单位税额相应提高。《方案》明确,由燃油消费税替代的相关费用包括公路养路费、航道养护费、公路运输管理费、公路客货运附加费、水路运输管理费、水运客货运附加费等六项,与此同时逐步有序取消已审批的政府还贷二级公路收费。《成品油价税费改革方案》于 2009 年 1 月 1 日实施。

从 1994 年动议实施燃油费改税开始，1997 年出台的《公路法》在法律上正式确立征收燃油税代替养路费等交通规费，到 2009 年开始实施成品油价税费改革，其间的十几年养路费都备受社会和公众注目。

至 2008 年底，从 1950 年开征的养路费走过了 59 年的风雨历程，为中国公路的建设、养护提供了最大、最稳定、最有保障的资金来源。特别是改革开放以来，随着我国汽车保有量的快速攀升，养路费、车购费(税)等规费的征收成为各级政府和交通主管部门实施公路建设、筹集政府资本金的主要来源，也是超过 300 万公里公路养护的主要资金来源，为我国公路建设、养护和可持续发展做出了突出的贡献。

据有关调查统计显示，2003 年以来全国每年征收的公路养路费中，用于公路日常养护、小修保养、大中修和改建工程的费用比例约占 45%，用于公路新建项目补助的公路建设费用约占 15.5%，用于农村公路养护和建设补助的费用约占 15%，用于生产设施费、科研教育费、路政管理费、路况及交通量调查费等公路养护事业费约占 15%，用于职工劳动保险、退休离休人员费等其他支出约占 4%，地方财政安排用于交警经费约占 2.5%，按照国务院规定划入地方水利建设基金约占 3%。

这一时期公路事业取得的跨越式发展，与养路费的征收、与 20 万规费征稽人员付出的辛勤汗水甚至生命密不可分。

二、"车购费改税"改革圆满完成

1998 年《公路法》正式实施后，为理顺国家税费关系，2000 年 10 月 22 日国务院批准了财政部、国家发展计划委、国家经贸委、交通部等 12 个部门制定的《交通和车辆税费改革实施方案》

(国发〔2000〕34号文),决定自2001年1月1日起先行实施车辆购置税,此项资金从此纳入国家财政预算管理。《实施方案》明确了税费改革的指导思想、基本原则和改革的主要内容,对车辆购置税和燃油税的征收环节、税收分配与使用安排、改革的配套措施等作了原则性规定。同日,国务院令2000年第294号颁布《中华人民共和国车辆购置税暂行条例》,自2001年1月1日起实施。已征收15年的车辆购置附加费被车辆购置税替代,车购费正式退出交通规费征收的舞台。

2002年1月3日,国务院办公厅以国办发〔2002〕4号文转发中央编办等部门《关于车辆购置税费改革人员划转分流安置意见的通知》,对车辆购置税费改革人员划转分流安置工作提出具体意见,包括人员划转工作原则、人员基数核定、干部和职工划转、离退休人员划转、分流人员安置等。《通知》明确,原车购税征管部门中的国家公务员由国税系统全部接收;离退休人员中,2002年7月31日前办理离退休手续的人员、2002年7月31日后至2004年6月30日前达到退休年龄的人员,经省车购税改革领导小组审核批准,省交通部门办理退休手续后,由国税系统接收。事业单位干部和职工录用接收另有一套程序:各省以市(地)为单位,分别按照各地车购税原有事业干部人数的80%和工人人数的20%核定各市(地)录用接收事业单位干部和职工的编制数额。

经国务院、中央编办批准,核定全国车购税行政编制为6957名,事业编制537名,共7494名。这意味着在全国1.2万余名车购费征管工作人员中,有4000多名车购费征管人员需要分流安置。这些人员原则上安置到交通部门其他空缺岗位工作,如充实养路费稽征队伍,参与一批已建和新建高速公路的收费和管理工作,同时鼓励自谋职业,领办或创办企业、公益性事业单位,利用车购税稽征现有资产组织从事其他业务工作等。

2004年11月,全国车购税费改革工作会议召开。国家税务总局、交通部、人事部、财政部、中央编办发出《关于做好车辆购置税费改革人员财产业务划转移交工作的通知》,决定2005年1月1日起车辆购置税由国税部门负责征收。会议强调,做好车购税人员、财产、业务划转移交工作,是车购税费改革的重要环节,也是车购税征收工作顺利运行的组织保证和物质基础。这标志着,在"十五"末期车购税费改革进入最后人员划转分流安置、业务财产划转移交接收阶段,车购费改税改革圆满完成。

三、养路费征稽机构改革和征费人员分流安置

1999年10月,修订后的《公路法》第三十六条对"费改税"做了进一步的说明。作为改革的大方向,"公路养路费"退出历史舞台被排上日程。

2000年10月,国务院批转财政部、国家发展计划委、经贸部、交通部等部门《交通和车辆税费改革实施方案》的通知明确:"考虑到当前国际市场原油价格较高,为稳定国内油品市场,燃油税的出台时间,将根据国际市场原油价格变动情况,由国务院另行通知。"2006年,国务院办公厅下发了《关于在燃油税正式实施前切实加强和规范公路养路费征收管理工作的通知》,要求在燃油税正式实施前,要继续做好公路养路费等交通规费的征收管理工作,确保足额征缴。

2008年12月18日,国务院以国发〔2008〕37号发布《关于实施成品油价格和税费改革的通知》,决定于2009年1月1日正式实施成品油价格和税费改革。在征费人员分流安置问题上,《通知》明确:"要按照转岗不下岗、待安置期间级别不变、合规合理的待遇不变的总体要求,由省、自治区、直辖市人民政府负总责,多渠道安置,有关部门给予指导、协调和支持,确保

改革稳妥有序推进。各地要锁定改革涉及的征稽收费人员数量，严格把关，防止突击进人。""对公路养路费征稽人员的安置措施：一是交通运输行业内部转岗；二是税务部门接收；三是地方人民政府统筹协调，多种渠道安置改革涉及人员。""人员安置工作指导意见由交通运输部会同中央编办、财政部、人力资源社会保障部、税务总局制订，报国务院批准后实施。"

交通运输部根据中央决定，配合国家发改委、财政部等部门修改完善税费改革方案，积极反映交通运输行业的意见，积极争取政策支持，协商研究改革涉及人员安置实施方案。2009年1月16日召开的"2009年全国交通运输工作会议"上，交通运输部部长李盛霖强调，成品油价格和税费改革从今年1月1日起实施，妥善做好改革涉及人员的安置工作是顺利推进改革的重要保证。由交通运输部会同国家发改委等部门拟定《关于实施成品油价格和税费改革人员安置工作指导意见》，上报国务院审批。

"十一五"时期后两年，对于交通征稽来说是名副其实的改革年。各省(区、市)都按国务院、交通运输部有关交通征稽改革的精神，除按国家规定，经严格考试将人员转岗至国税、地税部门外，各地交通运输部门在地方人民政府的领导下，与有关部门密切协作，广开安置和就业渠道，统筹安排，积极稳妥地做好了这次改革涉及人员的安置工作。

这期间唯一的特例就是，海南省在全国率先完成了燃油费改税，于1994年成立省交通规费征稽局，不存在养路费征稽部门的改制问题。

第十一节 深化体制机制改革

一、部机关职能调整及大部制改革

交通部行政职能与内设机构在1998年重新调整后，到"十五"期末保持基本稳定,未再进行重大改革和调整。与公路行业相关的调整,仅是2002年1月9日交通部决定成立西部地区通县公路建设办公室,具体负责指导西部地区通县公路建设工作,制定西部地区通县公路建设技术政策,协调解决建设过程中有关重大事项等。

2006年11月8日,交通部以交人劳发〔2006〕627号印发《关于设立部公路司农村公路处的通知》,决定在公路司增设农村公路处,以进一步加强农村公路建设管理工作,全面扎实推进农村公路发展。新设立的农村公路处主要职责是:组织拟定农村公路建设的行业政策和法规并监督实施,参与拟定农村公路养护管理、农村客运场站建设方面的政策规章和技术标准,归口管理农村公路建设和农村客运场站建设工作,监督管理中央投资计划内的农村公路建设、渡口改造及渡改桥工程、农村公路养护工程和农村客运场站建设,监督管理农村公路建设市场,调查处理涉及农村公路建设工作中出现的投诉举报问题。同时,负责组织农村公路的宣传、经验交流和技术培训工作,组织推广农村公路建设和养护新技术、新材料、新工艺,并承担交通部农村公路建设领导小组办公室的日常工作等。

2008年2月27日,中共第十七届二中全会通过《关于深化行政管理体制改革的意见》,提出了深化行政管理体制改革的指导思想、基本原则和总体目标,明确指出:"深化行政管理体制改革要以政府职能转变为核心。加快推进政企分开、政资分开、政事分开、政府与市场中介组织分开,把不该由政府管理的事项转移出去,把该由政府管理的事项切实管好,从制度上更好地发挥市场在资源配置中的基础性作用,更好地发挥公民和社会组织在社会公共事务管理中的作用,更加有效地提供公共产品。"《意见》强调各级政府要按照加快职能转变的要求,结合实际、突出管理和服务重点;合理界定政府部门职能,明确部门责任，确保权责一致；按照精简统一效能的原则和决策权、执行权、监督权既相互制约又相互协调的要求，紧紧围绕职能转变和理顺职责关系，进一步优化政府组织结构，规范机构设置，探索实行职能有机统一的大部门体制，完善行政运行机制。《意见》的出台，标志着新一轮国务院机构改革启动。

2008年3月11日，在第十一届全国人大一次会议上，国务委员兼国务院秘书长华建敏就《国务院机构改革方案》做了说明，并提请大会审议。其中，涉及公路交通系统的是：组建交通运输部，加快形成综合运输体系。《方案》指出："为优化交通运输布局，发挥整体优势和组合效率，加快形成便捷、通畅、高效、安全的综合运输体系，组建交通运输部。将交通部、中国民用航空总局的职责，建设部的指导城市客运职责，整合划入该部。交通运输部的主要职责是，拟订并组织实施公路、水路、民航行业规划、政策和标准，承担涉及综合运输体系的规划协调工作，促进各种运输方式相互衔接等。同时，组建国家民用航空局，由交通运输部管理。为加强邮政与交通运输统筹管理，国家邮政局改由交通运输部管理。考虑到我国铁路建设和管理的特殊性，保留铁道部。同时，要继续推进改革。不再保留交通部、中国民用航空总局。"

2008年3月19日，交通运输部正式成立。经中央批准，李盛霖任交通运输部党组书记、部长；李家祥、翁孟勇任党组副书记、副部长；高宏峰、冯正霖、徐祖远任党组成员、副部长；杨利民任党组成员、驻部纪检组组长；马军胜任党组成员。3月23日，在北京建国门大街11号原交通部大楼前，"中华人民共和国交通运输部"正式挂牌。

2009年3月2日，国务院办公厅以国办发〔2009〕18号发布《关于印发交通运输部主要职责、内设机构和人员编制规定的通知》（即交通运输部"三定"方案），明确交通运输部主要职责调整如下：将原交通部的职责，原中国民用航空总局的拟订民航行业规划、政策和标准职责，原建设部的指导城市客运职责，整合划入交通运输部；将组织推广公路水路行业设备新技术、协调闲置设备调剂等职责交给事业单位；加强综合运输体系的规划协调职责，优化交通运输布局，促进各种运输方式相互衔接，加快形成便捷、通畅、高效、安全的综合运输体系；加强统筹区域和城乡交通运输协调发展职责，优先发展公共交通，大力发展农村交通，加快推进区域和城乡交通运输一体化；继续探索和完善职能有机统一的交通运输大部门体制建设，进一步优化组织结构，完善综合运输行政运行机制。

交通运输部主要职责包括：承担涉及综合运输体系的规划协调工作，会同有关部门组织编制综合运输体系规划，指导交通运输枢纽规划和管理；组织拟订并监督实施公路、水路、民航等行业规划、政策和标准；组织起草法律法规草案，制定部门规章；参与拟订物流业发展战略和规划，拟订有关政策和标准并监督实施；指导公路、水路行业有关体制改革工作；承担道路、水路运输市场监管责任；组织制定道路、水路运输有关政策、准入制度、技术标准和运营规范并监督实施；指导城乡客运及有关设施规划和管理工作，指导出租汽车行业管理工作；负责汽车出入境运输、国际和国境河流运输及航道有关管理工作；负责提出公路、水路固定资产投资规模和方向、国家财政性资金安排意见，按国务院规定权限审批、核准国家规划内和年度计划规模内固定资产投资项目；拟订公路、水路有关规费政策并监督实施，提出有关财政、土地、价格等政策建议等共11项；交通运输部管理中国民用航空局、国家邮政局；负责牵头，会同国家发展和改革委员会、铁道部等部门建立综合运输体系协调配合机制；会同有关部门组织编制综合运输体系规划，承担涉及综合运输体系规划有关重大问题的协调工作。国家发展和改革委员会负责综合运输体系规划与国民经济和社会发展规划的衔接平衡。城市地铁、轨道交通方面的职责分工为：交通运输部指导城市地铁、轨道交通的运营；住房和城乡建设部指导城市地铁、轨道交通的规划和建设。两部门要加强协调配合，确保城市地铁、轨道交通规划与城市公共交通整体规划的有效衔接。

交通运输部的内设机构包括办公厅、政策法规司、综合规划司、财务司、人事劳动司、公路局、水运局、道路运输司、安全监督司、科技司、国际合作司和公安局等12个，以及机关党委和离退休干部局。

与1998年的机构改革相比，此次调整的主要变化是：拆分公路司职能，成立公路局，将道路运输管理的职能划入新成立的道路运输司；新成立安全监督司；将体改法规、科技教育司分别更名为政策法规司、科技司。此次改革集中体现了转变政府职能，实施政企分开，加强综合交通协调和专业化管理，建设服务型政府的精神。调整后，与公路行业关系密切的几个主要业务司局职责规定如下：

政策法规司：组织起草相关法律法规草案和规章，承担有关立法规划和协调工作；承担机关有关规范性文件的合法性审核工作；承办相关行政执法、行政复议和行政应诉工作；组织开展政策研究；承担新闻宣传工作；指导公路、水路行业有关体制改革；指导行业节能减排工作。

综合规划司：组织编制综合运输体系规划，承担有关协调工作；组织起草相关行业发展战略和规划，参与拟订物流业发展战略和规划，提出有关政策和标准；承担有关规划和建设项目的审核工作；提出国家有关专项资金投资政策和资金安排建议并监督实施；组织编制港口规划，承担岸线使用审查工作；承担有关环境保护、利用外资、统计、信息工作。

公路局：承担公路建设市场监管工作，拟订公路建设、维护、路政、运营相关政策、制度和技术标准并监督实施；承担国家高速公路及重要干线路网运行监测和协调；承担国家重点公路工程设计审批、施工许可、实施监督和竣工验收工作；承担公路标志标线管理工作；指导农村公路建设工作；起草公路有关规费政策并监督实施。

安全监督司（应急办公室）：拟订并监督实施公路、水路安全生产政策和应急预案；指导有关安全生产和应急处置体系建设；承担有关公路、水路运输企业安全生产监督管理工作；依法组织或参与有关事故调查处理工作；组织协调国家重点物资运输和紧急客货运输；承担国防动员有关工作。

道路运输司（出租汽车行业指导办公室）：承担城乡道路运输市场监管，指导城市客运管理，拟订相关政策、制度和标准并监督实施；承担运输线路、营运车辆、枢纽、运输场站等管理工作；承担车辆维修、营运车辆综合性能检测、机动车驾驶员培训机构和驾驶员培训管理工作；承担公共汽车、城市地铁和轨道交通运营、出租汽车、汽车租赁等的指导工作；承担跨省客运、汽车出入境运输管理；按规定承担物流市场有关管理工作。

科技司：组织拟订公路、水路行业科技、教育、信息化政策并监督实施；组织协调有关重大科技项目研究；承担有关标准、质量和计量工作；承担涉及综合运输体系的标准协调工作。

交通运输部行政编制为398名（含两委人员编制7名、援派机动编制3名、离退休干部工作人员编制61名）。其中，部长1名、副部长4名，司局级领导职数56名（含总工程师2名、安全总监1名、总规划师1名、机关党委专职副书记1名、离退休干部局领导职数3名）。

2009年3月下旬至7月，交通运输部新增设的道路运输司、安全监督司,更名后的公路局、政策法规司、科技司等内设机构先后组建完成。

二、各地交通管理体制及公路管理体制机制改革

公路管理体制改革一直都是公路行业的重点和难点。1998年加快公路建设后,随着高速公路的快速发展,特别是高速公路建设投资的多元化,以地方政府为主引入银行贷款建设高速公路的模式成为高速公路基础设施建设快速发展的重要动力,也促使高速公路建设、运营和管理从传统公路管理体制中分离出来成为必然。到"十一五"时期结束的2010年,高速公路、普通国省干线公路和农村公路的管理逐步分开,特别是高速公路网和国省干线普通公路网的管理分割,违背了公路网需要统一协调管理的客观需求,国省干线公路资金严重不足、管理体制机制日趋下放、养护管理手段严重缺失的现象比较普遍。

1. 各省(区、市)交通行政管理体制改革

(1)交通行政管理体制改革

1998年6月20日召开的福州会议上,交通部部长黄镇东在全国加快公路建设工作会议上的讲话中,明确指出必须加快公路基础设施建设,对深化公路管理体制改革提出了明确要求。

黄镇东指出,我国现行的公路管理体制在公路规划、建设、养护、管理等方面都发挥了十分重要的作用。但是,随着改革开放的不断深入,传统管理体制的种种弊端逐步暴露出来。主要问题是:政企不分,事企不分,大锅饭严重;机构重叠,职能交叉,关系不顺;人员膨胀,队伍庞大,成本增加。

深化公路管理体制改革的指导思想是:以党的十五大精神为指针,以"三个有利于"(即有利于发展社会主义社会的生产力,有利于增强社会主义国家的综合国力,有利于提高人民的生活水平)为标准,以《公路法》为依据,按照建立社会主义市场

经济体制的要求，精简机构，理顺关系，消除弊端，加强管理，提高效率，努力构筑一个科学合理的公路管理体系，建设一支高素质的专业化公路管理队伍，逐步建立符合社会主义市场经济体制要求的公路管理体制。

改革的基本原则是：按照建立社会主义市场经济体制的要求，转变管理职能，政企分开、事企分开；按照精简、统一、效能的原则，调整机构，精兵简政；按照权责一致的原则，明确职能，划分权限，克服多头管理、政出多门的弊端；按照依法治国的原则，加强公路法制建设，依法行政；按照质量、效益原则，改革公路养护体制。

改革的主要任务：一是改革管理机构，建立一支高素质的专业化管理队伍。依据《公路法》，公路管理机构从中央到地方按四级设置，每一级设立一个公路管理机构，在政府交通主管部门的领导下行使本辖区内公路的规划、建设、养护、路政和收费公路等有关行政管理职责，同时规范名称。各级公路管理机构在改革中，都要政企分开、事企分开，转变职能，精简机构，压缩编制，加强对公路管理人员的培训，严格按照标准录用公路管理人员，建立起精简高效、运转协调的管理机构，培养一支高素质的管理队伍。二是建立符合现代企业制度的高速公路经营管理体制。高速公路的经营管理要按照现代企业制度的要求，组建高速公路经营公司，实行企业化管理。高速公路的路政管理职责，由省级交通主管部门或授权省级公路管理机构行使。高速公路经营公司也要减员增效，避免人员膨胀。高速公路的收费站点要规范合理设置，避免多次收费。三是改革养护体制，提高养护质量和效率。当前主要解决事企分开，将养护向社会化、专业化、机械化方向转变，推行养护工程费制度，压缩养护队伍等四方面问题。四是改革、完善公路和建设市场管理。五是严格审批，规范收费公路的管理。六要加强公路法规体系建设。

1999年初,党中央、国务院以中发〔1999〕2号文下发《中共中央、国务院关于地方政府机构改革的意见》。《意见》及国务院总理朱镕基在九届人大二次会议所做的《政府工作报告》均指出,地方政府的机构改革将正式启动并确定为改革的重点工作之一。地方政府机构改革主要原则是人员要精简一半,机构设置要与国务院组成部门相应对口。交通部和其他部门一样,在指导地方交通部门实施交通机构改革方面做了大量工作。1999年2月,交通部组织开展了"地方交通行政管理体制基本模式"的课题研究,经过3个月深入研究,针对当前地方交通管理体制中的主要问题,提出了交通行政管理体制的基本模式、主要职能和基本管理模式、管理方式;提出了一厅三局的地方交通行政管理体制基本模式,即以省(自治区、直辖市)交通厅(局、委)为领导,以公路局、道路运输局和港航局等专门管理机构为主线,以科学合理的条块关系为联系的省(区、市)、地市、县乡分级管理的模式。1999年3月,交通部组织召开各地方交通厅(局)自愿参加的"交通部机关机构改革情况介绍会",受到各省的欢迎。1999年6月,交通部印发《地方交通行政管理体制基本模式研究》,作为交通部对交通行业体制改革的指导意见。

1999年下半年到2000年底,各地稳妥推进交通行政管理体制改革,并取得一定成效。截至2000年底,全国31个省(区、市)交通厅(局、委)中,已完成机构改革工作和按照新的职能、职责正常运转的有29个,占93.5%;新疆、西藏两自治区已将交通厅的改革意见和"三定"方案报到地方政府主管部门,待批准实施。据各省(区、市)交通厅(局、委)机构改革的具体实施情况及上报意见汇总,按照交通部《模式研究》的原则性指导意见制定"三定"方案、设立对口机构的约占90%以上,除海南省外,其余各省(区、市)基本上采用了"交通厅+专业管理局"的行业管理体制模式。其中，河南、重庆等省市还根据《模式研究》的精神，重新设置了必要的专业管理机构。重庆市不仅与陕西省、北京市一样实现了城乡道路运输管理一体化的模式，而且还实现了城乡交通建设与管理一体化的大交通运行管理模式，为在新形势下搞好交通行业管理探索和走出了一条行业管理体制改革的新路子。

(2)4个直辖市及其他中心城市交通行政管理体制改革

中心城市，包括4个直辖市、27个省会城市和大连、青岛、宁波、厦门、深圳等5个沿海城市，共计36个。

"九五"末期，特别是进入21世纪以后，北京、天津、上海、重庆4个直辖市及其他各中心城市的交通行政管理体制改革，基本按照城乡道路管理一体化模式进行，建立起综合交通运输管理的体制。

——4个直辖市交通管理体制改革

2000年8月，重庆市政府组建市交通委员会，在原市交通局、市公用局、市经委交通处、市港口局、市交通战备办基础上，统一了公路、水路和包括公共汽车和出租车在内的城市公交运输的行业管理职能，初步建立起大交通体制。重庆市交通委下设市公路局、市运管局、市交通执法总队等，对公路交通实施行业管理。重庆市公路局作为市交通委的直属事业单位，仍然负责全市的普通公路建设、养护等工作。

2002年，北京市公路局实行事企分开改革。2003年2月，北京市组建市交通委员会，下设北京市路政局、市运输局、市交通执法总队，对城市公共交通、公路水路客货运输、公路和城市道路建设实行统一管理。北京市路政局负责城市道路、公路、城市轨道等交通基础设施的建设、养护和管理工作。

北京和重庆的公路交通管理体制在"十五"期间就完成了大部门制架构，在2008年大部制改革后仍基本保持，未做大的变动。

1981年9月,上海市市政工程管理局成立后,上海公路处一直作为上海市市政工程管理局的直属单位,从事公路规划、建设监管、路政管理、养护管理等。2008年10月上海市人民政府发布的《政府机构改革方案》明确:组建市城乡建设和交通委员会。将市建设和交通委员会的职责、市农业委员会的参与指导郊区城镇规划建设职责、市市政工程管理局的重大工程规划建设和资金安排等职责,整合划入市城乡建设和交通委员会。不再保留市建设和交通委员会、市市政工程管理局。上海公路处由此成为上海市城乡建设和交通委员会负责全市公路、高速公路行业管理的直属事业单位。

1991年1月,天津市公路管理局成立后,一直承担该市的公路业务管理。2001年初,天津市完成了同一行政区域内并存的市管公路所和区管公路所的合并重组,在各行政区域内成立了由市公路管理局垂直统一管理的分局;路政管理由市公路管理局路政总队在各区县及高速公路设16个支队,实施路政派驻式管理。2007年1月,天津市委、市政府决定撤销市政工程总公司(市政工程局)和市公路管理局,组建市政公路管理局,为主管全市市政、公路建设和管理的正局级直属事业单位。2009年5月28日,根据《中共中央办公厅国务院办公厅关于印发〈天津市人民政府机构改革方案〉的通知》(厅字〔2009〕25号)和天津市委、市政府《关于印发〈天津市机构改革实施方案〉的通知》(津党发〔2009〕15号),天津市人民政府启动新一轮机构改革,有关公路交通的改革包括:组建天津市建设和交通委员会作为市政府组成部门,负责城乡建设、基础设施管理,编制及负责公交、出租车发展规划、管理,指导城市排水、道路、桥梁和公路工作;天津市交通运输和港口管理局作为市政府直属机构,负责执行国家交通工作方针、政策,拟定本市交通工作战略和法规,协调交通运输行业管理和现代物流业,组织建立综合运输体系等;天津市政公路管理局作为市政府直属事业单位,负责全市市政道路桥梁及公路建设和管理,下设公路处、高速公路管理处、公路养护工程处、地铁管理处等,对公路、地铁交通运输实施行业管理。

——中心城市交通管理体制改革

2002年,为了进一步了解和掌握中心城市交通行政管理体制改革状况,更好地指导地方交通行政管理体制改革工作,交通部对广州、武汉、哈尔滨、沈阳、杭州、福州、南宁、昆明、西宁、乌鲁木齐、西安等中心城市的交通行政管理体制改革情况进行了调研,汇集了全国31个中心城市交通局(委)的"三定方案",对全国中心城市交通行政管理体制如何适应社会主义市场经济发展的趋势及走向进行了专题研究。

研究表明,全国各中心城市交通局(委)从2001年下半年开始,按照部署,积极推进机构改革。截至2002年12月底,全国中心城市31个交通局(委)基本完成了机构改革工作。从各中心城市交通局(委)的"三定"方案来看,许多交通局(委)都根据交通形势发展的需要,对机构设置进行了改革和调整。特别值得指出的是,有近10个中心城市实现了城乡道路运输管理一体化的模式,而且其中有多个中心城市初步实现了综合运输管理体制的模式。

2008年12月29日,交通运输部以厅函体法〔2008〕172号文印发《深化中心城市交通运输行政管理体制改革研究》。《研究》指出,据调查显示,截至2008年,除4个直辖市外,其他32个中心城市的交通运输管理模式大致有3种:

一是实施"一城一交"综合管理模式,即由市交通运输局(或交通委)对交通运输规划、道路(城市道路和公路)和水路运输、城市公交、出租汽车实施行业管理,市域内与铁路、民航等其他交通方式的协调也实施统一管理,从而实现了从规划、建设到运营管理的全方位管理体制。实施"一城一交"模式的有广州、成都等8个城市。

二是实施城乡道路运输一体化管理模式,即由市交通局(委)对公路和水路客货运输、城市公交和市域内的道路客运及出租车实施统一管理。实施城乡道路运输一体化管理的中心城市包括沈阳、哈尔滨等8个城市。

三是实施传统的多部门交叉管理,即由交通、城建、市政、城管、公安等多部门分别对公路、水路、港口、轨道、民航等综合交通运输实施管理。实施传统多部门交叉管理的中心城市包括大连、南京等16个城市。

2009年各地交通运输管理实施"大部制"改革后,到2010年年底经过新一轮的深化改革,实施第三种模式——即多部门交叉管理模式的中心城市大幅减少。除天津、大连等极少数中心城市外,绝大部分中心城市已实施"一城一交"或城乡道路运输一体化管理模式。

从中心城市交通管理体制演变及发展现状来看,由传统的分散管理发展到城乡交通运输一体化管理和"一城一交"是中心城市交通管理体制改革的大势所趋,是社会经济及城市发展的必然选择。事实上,实行一体化管理体制和"一城一交"模式的中心城市在社会经济运行方面所体现出的巨大活力,也从侧面印证了体制优势在当今社会经济发展中的重要作用。

(3)各地交通运输行政管理体制改革

2008年三季度,交通运输部基本完成内设机构的改革和调整。2008年下半年开始,各地启动交通运输行政管理机构改革。2009年初至2010年底,各省(区、市)基本完成适应大部制改革的交通行政管理机构的组建。多数省份是在原交通厅基础上,增加指导城市公共汽车交通、出租车管理的职能;江苏、浙江等少数省份,将地方铁路、民航产业的管理职能也归入省交通运输厅,初步形成了综合交通运输的管理体制。

截至2010年底,31个省(区、市)适应大部制改革的省级交通运输行政部门的职能调整和机构建设工作全部完成。综合运输体系雏形的形成以及2009年燃油费税改革的实施,对下一阶段公路管理体制改革产生了重要影响。

各省(区、市)交通运输行政管理体制改革具体时间及名称见表6-8。

各省(区、市)交通运输行政管理体制改革时间表　表6-8

年份	日期	挂牌后的行政管理机构名称
2009年	1月21日	云南省交通运输厅
	1月下旬	宁夏回族自治区交通运输厅
	2月16日	青海省交通厅
	2月26日	河南省交通运输厅
	3月10日	陕西省交通运输厅
	3月16日	河北省交通运输厅
	4月15日	浙江省交通运输厅
	5月	海南省交通运输厅
	6月17日	山东省交通运输厅
	6月20日	安徽省交通运输厅
	6月23日	山西省交通运输厅
	6月26日	湖北省交通运输厅
	7月2日	吉林省交通运输厅
	7月19日	辽宁省交通厅
	7月23日	贵州省交通运输厅
	7月31日	江西省交通运输厅
	8月4日	甘肃省交通运输厅
	8月11日	福建省交通运输厅
	10月13日	广西壮族自治区交通运输厅

续上表

年　份	日　期	挂牌后的行政管理机构名称
2009 年	10 月 21 日	广东省交通运输厅
	10 月 28 日	湖南省交通运输厅
	12 月 24 日	西藏自治区交通运输厅
	12 月 25 日	黑龙江省交通运输厅
2010 年	1 月 13 日	四川省交通运输厅
	1 月 20 日	江苏省交通运输厅
	10 月	内蒙古自治区交通运输厅
2011 年	1 月 12 日	新疆维吾尔自治区交通运输厅

2. 高速公路管理体制改革

——管理体制及路政管理

福州会议后到 21 世纪之初，我国高速公路基础设施实现了跨越式发展。到 2002 年底，全国高速公路里程突破千公里的省份达到 10 个，其中辽宁、山东和浙江已率先实现省会到地市通达高速公路，初步形成高速公路网络并开始发挥整体效益。

随着高速公路里程的快速增长，高速公路在国民经济、社会发展和综合运输体系中的地位和作用明显增强，多元化的管理体制在实际运行过程中已暴露出诸多问题和矛盾。截至 2001 年底，据交通部调查显示，问题主要表现在五个方面：

一是管理模式各异，体系较乱。全国高速公路管理大致分为四种模式，且每种模式中机构、职能各异，人为加剧公路管理政出多门、分割严重，无法实现路网有效管理。

二是机构数量多，协调难度大。全国 27 个省市区（除青海、西藏、内蒙古、甘肃 4 个省区）共有路段管理机构或公司 239 个，管理里程从几公里到几十公里不等，同时这些路段管理机构又分属 89 个不同管理单位，协调统一的难度很大。

三是管理主体多元化，行业管理难到位。有的省份成立了由省政府直接管理的高速公路集团公司，并与省级交通主管部门处于同等的行政级别，行业管理难以实现；大量高速公路管理主体是公司化企业，其中有中外合资企业、国有企业以及上市公司，有的企业以自主经营、自负盈亏、决策程序为由，游离于交通主管部门的行业管理之外，导致社会公共利益受到损害，政府宏观管理目标、社会公众利益和企业经营目标三者难以统一。

四是政企并存，定位不清。既有事业型的高管局（处），企业型的公司，又有既政且企的集团，还有"一个单位，两块牌子"的政企混合体。这种设置直接导致高速公路管理主体定位不清，不同部门对管理主体的分类和认识不一，带来的后果是工作不协调、不规范，扯皮摩擦不断。

五是分散经营，路网分割严重。多个利益主体分散管理，独立行事，严重影响了路网统一，使公路所特有的社会经济效能无法得以充分发挥，加大了管理成本。一些地方不同管理单位之间缺乏必要的沟通和联系，出现意外情况后，不能及时采取交通疏导措施，给行车带来不便，影响整体路网畅通。

为了尽快规范高速公路管理，保证其健康持续发展，2002年7月交通部党组研究决定，加强高速公路管理工作，尽快对高速公路管理体制问题进行研究，提出指导性意见。2002年9月，交通部在重庆召开了"高速公路管理座谈会"，对高速公路管理的基本情况和存在的问题进行了专题讨论和深入研究，并向交通部党组提出了加强和改进高速公路管理工作的意见。随后，交通部又将高速公路管理体制问题作为2003年的重点研究课题进行全面研究，以期提出切实可行的改革意见。

关于高速公路管理体制问题，国务院副总理黄菊在2006年"全国交通工作会议"上讲话强调，要建立健全高效、顺畅、安全、便捷的高速公路体制，消除高速公路管理的体制性障碍，更好地发挥高速公路的整体效益。2006年5月11日,交通部在济南召开"全国公路养护管理工作会议",交通部部长李盛霖在讲话中明确指出,当前高速公路管理中存在一些问题,主要表现在两个方面:一是投资主体多元带来了管理主体的多元,形成了分割管理、各成体系的局面,影响了路网的完整性,不利于发挥规模经济和网络经济效应。二是交通部门的管理职能在弱化,一些地方的高速公路管理游离于行业监管之外,优质资产的衍生效益不能用于还贷和滚动建设,影响了债务的偿还和下一轮建设资金的筹措。同时,提出理顺高速公路管理体制,应坚持从有利于维护国家利益和公众利益,有利于维护高速公路网络的完整性,有利于提高管理效率、降低管理成本,有利于尽快建成国家高速公路网出发,既鼓励各地继续探索,同时又要统一认识、依法规范,并明确了"十二字"方针,即"明确产权,集中统一,依法监管"。产权明确指:高速公路是国家的公益性基础设施,这个属性不应因投资来源和投资主体的不同而改变。不管是事业单位管理模式,还是企业管理模式,不管是国有企业,还是其他所有制企业,都不能改变国家对高速公路的所有者地位。《公路法》明确规定,国务院交通主管部门主管全国公路工作,县级以上地方人民政府交通主管部门主管本行政区域内的公路工作。这个"主管"涵盖了规划、建设、养护、路政管理、监督检查等几个方面。高速公路管理理应纳入交通部门的行业管理,这里不应该有特区。集中统一指:高速公路是国家路网的骨干,其大动脉作用的形成,是国省干线公路和农村公路干支匹配的结果。没有其他公路的顺畅连接,"大动脉"可能成为"大孤岛"。公路的网络性,决定了管理的统一性。只有集中管理,才能最大限度地发挥网络效应。因此,要处理好前期融资建设和后期集中管理的关系,解决多元化管理、分割式管理带来的问题。依法监管指:高速公路具有很强的公共服务职能。即使是企业投资的高速公路，其本质也是一种政府监管下的特许经营。对于目前实际存在的事业和企业单位两种体制，都应该继续探索，不断完善。事业模式要引入竞争机制，提高管理效率；企业模式要加强政府监管，保障公共利益。交通部门既不应"越位"，干预企业的经营自主权；也不应"缺位"，不去行使监管职责。

2007年7月，交通部党组审定并正式印发《建设创新型交通行业指导意见》。《意见》明确："要创新管理体制机制，规范管理行为，提高公共管理效能，完善适应交通生产力发展水平的管理体制。重点是解决好高速公路管理主体多元问题，建立统一、高效的公路管理体制。"

2008年1月5日，交通部部长李盛霖在"2008年全国交通工作会议"主报告中指出，要努力提高交通"三个服务"的能力和水平，把握好交通发展的阶段性特征，推进交通由传统产业向现代服务业转型，这实质上就是推进现代交通业的发展。其关键是要努力做到"三个转变"，即：交通发展由主要依靠基础设施投资建设，向建设、养护、管理和运输服务协调拉动转变；由主要依靠增加物质资源消耗，向科技进步、行业创新、从业人员素质提高和资源节约环境友好转变；由主要依靠单一运输方式的发展，向综合运输体系发展转变。在体制机制改革方面，要推进和完善高速公路管理体制的改革。

2008年年初南方地区大面积的冰冻雨雪灾害，将高速公路多元化管理体制的弊端暴露无遗，再一次客观上促进了高速公路管理体制的改革。

2009年1月16日在北京召开的"2009年全国交通运输工作会议"上，交通运输部部长李盛霖在谈到交通运输面临的新形势、新任务时再次强调，当前和今后一个时期是推进我国交通运输科学发展的关键阶段，必须把科学发展观的要求贯穿于交通运输改革发展的全过程，加快交通运输结构调整，转变交通运输发展方式，大力发展现代交通运输业，努力做到"三个转变"是发展的关键。要主动适应成品油价格和税费改革，探索构建交通运输发展的新体制和新机制。

到"十一五"末期，从全国范围来看虽然高速公路管理体制仍然是没有统一模式的多元化管理，但在不断改革探索的过程中多数省（区、市）结合本省实际，选择交由省级公路管理机构或组成高速公路管理局（包括省级集团公司）负责管理，高速公路管理体制向统一管理迈进的趋势更加明显。

截至2010年底，除西藏自治区没有高速公路外，其他30个省（区、市）的高速公路管理体制大致分为以下四种模式：

一是交通主管部门统一领导，公路管理机构实施行业管理。在这种模式中，省级交通主管部门对全省所有高速公路实施宏观管理，路政、养护、收费等行业管理职能由省公路管理机构全面承担，各路段由企业性质公司或省厅设立的事业单位管理。采用此模式的有宁夏等7省（区、市）。

二是交通主管部门下设高速公路管理局（管理中心、省高指）直接管理。在这种模式中，省级交通主管部门下设的高管局对绝大部分高速公路实施行业管理，其规格与省公路管理局平级或高半级（副厅级）。省高管局负责行业管理，再按照路段下设高速公路管理处或所，全面负责路政、运营、养护、收费和管理等工作；其余路段由企业负责经营。采取此种模式的有山西、辽宁等省区。

三是由集团公司统一管理。一种是集团公司直属省级人民政府管理，如北京、山东等省市；一种是由交通运输主管部门下属的集团公司管理，如内蒙古、重庆等。

四是由交通主管部门领导，各路段成立公司或管理段，按一路一公司模式管理。如广东。

与管理体制对应，30个省(区、市)高速公路的路政管理也呈现多种模式。甚至实行同一管理体制的省份，路政管理的具体做法也不尽相同。总体来看，与管理体制相似，全国高速公路路政管理模式也很复杂，各不相同，归纳起来大致有以下几种：

一是明确由省公路管理机构统一负责高速公路路政业务管理，如江苏、河北、山东等省；

二是由省高管局(高等级公路管理局或中心)负责实施，如山西、吉林、青海等省；

三是省交通运输管理机构下属的路政执法(或交通综合执法)机构管理，如重庆、广东等省市；

四是由省政府或交通厅下属高速公路管理企业负责。

同一模式下的路政管理也各不相同，难以细分。

高速公路管理体制，特别是路政管理的模式，影响高速公路网络整体路权的维护。一是按照《公路法》等行业最高法律规定，非公路管理机构不具备路政执法的权力。因此，非公路管理机构负责的路政管理模式，均存在执法主体不明的问题。二是按照交通部发布的机构改革方案，省域内交通公路管理机构应该按"一省一厅一局"的模式设置，将省级公路管理机构中路政执法拆分，单独成立路政执法部门的做法，违背了加强公路管理的客观要求。

——其他方面的运营管理

除上述管理体制和路政管理外，与普通公路一样，高速公路的交通安全管理由公安交通安全管理部门负责；与普通公路管理不同，高速公路的运营还包括有收费管理、通信监控管理、养护管理、服务区等辅业的管理等。

养护管理：与普通公路不同，高速公路养护一开始就按市场化的模式运作。根据市场化程度不同，可以分为自行养护和对外承包两种模式(含只外包专项大中修和完全市场化两种)。

自行养护模式中，除了采用成立养护中心的方法外，还有部分地方通过成立养护公司完成自己的养护业务。养护公司尽管是以独立经济单位存在，但业务还是以高速公路的养护任务为主。与养护中心的方式相比，该方式更符合市场化发展趋势。不过，养护公司作为独立经济实体需要缴纳税收，一定程度上加大了养护成本。按计量方式不同，高速公路养护又可以分为计量式养护、绩效式养护两种模式。计量式模式指的是合同双方在签订养护合同时，合同内容规定业主根据施工单位的实际工作量再支付最终的养护工程款项。养护工程款项是根据养护定额或者按照双方事先约定的某个价格计算得到。大部分养护模式都属于该种模式。绩效式养护模式，即路况绩效合同管理模式，可大大降低养护费用。如广深高速公司采取这种模式后，每车道单公里的养护费用由原来的2万多元降低到1.6万多元，养护质量得到提升，好路率达到100%，路段成绩通常在90分以上，最高甚至达到98分，顾客投诉减少。基于路况绩效合同管理模式与行业提倡的"高速公路全寿命"管理理念相一致，是实现"全寿命"管理的理想解决方案。这种做法主要关注的是工作效果，而不是关注具体的工作量。但这种管理模式的缺陷在于，只能适用于日常保洁及小修保养项目，并不适用于大修、改造工程。作为一种模式本身而言，关键在于这种模式是否能够跟当地的实际情况相符合，是否能够提高养护质量和降低养护成本。

收费管理：高速公路收费由最初单设收费站收费到一条路的联网收费，从一条路的联网收费到全省联网收费再到跨省联网收费，从原来的人工收费到计算机联网收费，从传统的联网收费到电子不停车收费，是历史的进步和技术发展的必然结果。2001年，浙江首先实现了省内联网收费。2003年10月20日，京沈高速公路跨区联网收费系统正式开通。从2007年起，交通部以京津冀和长三角地区为重点实施示范工程，着力在全国推广应用电子不停车收费系统(ETC)和非现金收费方式,共在全国开通了 400 余条 ETC 车道,ETC 用户数量在不到一年的时间内突破了 50 万。有测试结果表明,人工半自动收费每条车道高峰每小时通行能力只有 200 辆车。如果使用不停车收费,每条车道每小时可以通过 1000 辆车,即一条不停车收费车道的通行能力相当于 5 条人工收费车道,通行效率明显提高。同时,使用不停车收费相对于人工半自动收费的入、出口车道,单车可以节约油耗约 0.03 升,每条不停车收费车道与人工半自动收费车道相比减少排放二氧化碳约 50%、一氧化碳约 70%、碳氢化合物约 70%,节能减排的作用也非常明显。此外,实施联网不停车收费,推行非现金支付,符合国家货币电子化的发展方向,是国家实施金融电子化工程在公路交通行业的具体体现。截至 2010 年底,全国已有 28 个省(区、市)实现了本省域内高速公路联网收费,开通电子不停车收费系统(ETC)的车道数约 2000 个,全国用户数量突破 130 万,全国联网收费的高速公路里程超过八成。

通信监控管理:由通信、监控和收费三大系统组成的高速公路机电系统,是顺利实施高速公路管理最主要的手段。监控主要由两部分组成,一是高速公路的交通运行监控,二是收费监控。随着我国绝大部分省份高速公路连线成网,高速公路网内的车流量持续增加,单独路段的异常事件影响的范围越来越广,就必然要求相邻路段、甚至是相邻省份的各路段之间能互通协调,通信、监控以及收费三大系统的联网也就成为大势所趋。各省高速公路信息管理系统一般均包括收费、通信、监控 3 个子系统,与之相对应产生的是数据、语音和图像,而"一卡通"技术实现了两个"三网合一"。截至 2010 年底,全国有 20 个省实现高速公路联网监控,路网监控与信息采集设备布设逐步加密,部分高速公路实现了全程监控。全国监控系统联网正在建设当中。

服务区管理：高速公路服务区是高速公路的重要组成部分，主要作用是为行车提供物质支持服务，为旅客及驾驶员、公路管理人员提供生产生活服务。服务区中的设施，既包括公益性设施，也包括经营性设施，具有公益性与经营性的双重属性。服务区提供的服务，既有公共性质的服务，也有私人性质的服务。与其他服务业相比，高速公路服务区有自身的服务特征，即服务对象的特定性、服务需求的多样性、服务功能的综合性、地域文化"窗口"效应与传播性，以及具有应急保障的特殊性等。自1988年10月25日沈大高速公路井泉服务区开业运营以来，截至2010年底的不完全统计，我国高速公路共有服务区约1500对，其管理模式大致有三种：一是"块"管理体制。即在省属地级交通主管部门实行行业领导下，服务区管理由高速公路集团公司所辖的各路公司或路段管理处负责日常管理与运营。大部分服务区实行该模式。二是"条"管理体制。即成立专门高速公路服务区运营公司，由省高管局（或高速集团）、服务区运营公司、服务区组成三级垂直管理体制，如辽宁、天津、河北、浙江、湖北及甘肃等省市。三是"条块"结合模式，如陕西、山东等省。经过20多年的发展，截至2010年年底随着高速公路网络的初步形成，服务区的经营以自营、承包、租赁、合作经营和BOT五种模式为主。"十一五"期间，随着投资模式的不断扩展，高速公路服务区的投资经营模式有更加多样化的趋势，管理体制和经营模式的变化更加多元化，股份制、合资以及连锁店等方式开始出现。

3. 国省干线公路养护管理体制和运行机制改革

"九五"中后期，在基本完成交通行政管理体制改革后，各地公路养护管理体制继续深化改革。改革基本延续了20世纪90年代初中期的形式，在"条条、条块、块块"3种公路管理模式间抉择，但有了加快建设周期的特点。总体上说，公路管理体制又一次陷入了错综复杂的局面。实行"条条"模式的省份有增有减；而实行"条块结合"模式的省份当中，公路管理体制再一次出现了分割、重组、化整为零的趋势。

到2009年，随着燃油费改税改革的实施以及人员安置的现实需要，一些省份公路管理部门的路政管理职责被拆分，养护管理、路政管理职责进一步分开。同一时期，养护运行机制的改革集中在引入市场运行机制，重点是剥离公路管理机构中的生产部门和人员，实施管养分离，实现事企和政企分开。

进入21世纪，实行"条条"管理模式的省份有增有减。特别是海南、广西将曾经撤销或下放的体制，又恢复或上收到省一级统管。宁夏的改革，实现了由省级公路管理机构——宁夏公路管理局统一管理高速公路、普通干线公路的体制。而江西、湖南的做法不同，分别于2003年和2009年将公路管理体制下放。实行"条块结合，以条为主"的省份，有的将"条""块"的比重做了调整。如河北在2000年以前养路费切块到市，养护项目由市自主安排。"十五"时期后，河北省交通厅将养路费分成管理人员经费、日常养护经费、路政管理经费和养护工程经费四大块，前三项由省交通厅按核定的人员和任务等项下拨各市，而包括大中修、危桥改造、安保工程、文明样板路建设等在内的养护工程费由省交通厅统一安排，进一步加强了公路养护管理的力度。

截至2010年底，实施"条条"或"条块结合，以条为主"模式的有北京、河北、山西、辽宁、山东、广西、海南、贵州、云南、西藏、甘肃、宁夏、青海、新疆等14个省(区、市)。

适应加快公路建设的需要，21世纪以后的公路管理体制改革实施"以块为主"模式管理的省份有所壮大，改革历程因"省"而异。如2000年按照《江苏省公路养护运行机制改革指导意见》，江苏确定"先机制后体制"的改革思路，建立起"省级目标考核、市级量化考核、全面计量支付"的养护机制。2002年后，着重推进"管养分开、事企分开"的改革，将养护、工程、三产等生产单位从公路部门中剥离出来，完成了公路管理机构从生产者到管理者的转变。从2000年开始，浙江经过3次下放，将公路管理和路政机构合并，县乡公路管理机构和专业公路管理机构合并，实现了省、市、县都只有一个统一公路管理机构，实现了事企分开、管养分开，加快了养护市场化进程。

到2010年底，实行"块块"模式的有天津、内蒙古、吉林、黑龙江、江苏、浙江、上海、河南、安徽、江西、福建、湖北、湖南、广东、重庆、四川、陕西等17个省（区、市）。

在养护运行机制改革上，各地普遍按照"管养分离、事企分开"的原则实施。到"十一五"末期，大多数省（区、市）完成养护生产的市场化转变。以江苏、浙江、上海、广东等为代表的省份已经基本实现养护生产市场化，其他大多数省份也确立起按工程量下拨资金的养护计量支付制度，提高了效益。如山西从2001年开始，剥离附属于省公路局、各分局的工程施工单位，组建路桥集团及12个公路开发公司，实现了公路建设与养护分开；在公路段一级，组建了路面机械化养护中心，路基养护实行全社会招标，实现了路面养护专业化、路基养护社会化，从而精简了分局、公路段的机构和人员。山东努力推进养护主体多元化，2002年济青高速为主体资产的山东基建在上交所上市后，济菏高速、东营黄河大桥等重点项目也成立了合资合作公司，实行经营性养护管理；同时，通过资产重组和股份制改造，培育了一批"功能齐备、规模适度、技术先进"的养护生产实体，大大减轻了公路管理机构的负担，初步实现了养护生产单位由事转企，养护任务由计划指定向合同养护转变，道班由形式分散的小道班向大道班机械化转变。安徽省1998年开始实行"条块结合,以块为主"的管理模式,2002年开始深化改革。一是改革人事用工制度,对各级公路管理机构定机构、定编制、定职责;二是取消养护生产人员事业编制,实行定额养护;三是加强51个机械化养护工区的管理,对道班进行生产重组,形成100个中心道班,调整形成200个小道班,实行市级管理区域公路养护内部招投标,而后逐步形成统一开放的养护市场。在逐步上收体制的同时,广西在公路养护运行机制改革中主要采用计件工资制和承包制,打破了养护职工的"铁饭碗",实现了传统观念的转变,路况好路率逐年提高。贵州从"十五"初期开始,按交通部《公路养护与管理发展纲要(2001-2010)》的要求,结合实际深化养护管理机制改革,要求各地市公路局因地制宜,不搞"一刀切",2004年在各地市公路局组建起养护中心、养护站,2005年起全面推选公路小保养工程费制,改变了养护生产中计划经济的模式。西藏公路管理局从1998年开始制定了"四定两打破"的改革方案,即:在人事制度上,机关人员一律定岗、定员、定责和定经费总额;在用工制度上,打破身份界限;在分配制度上,彻底打破"铁工资",按照《西藏公路养护小修保养定额》,实现公路养护的计量支付,初步实现了市场化转变;2005年进一步实施机关干部职工竞争上岗。青海从2001年起,按交通部"管养分离,事企分开"的原则,改革公路养护运行机制,实行建养分离、主辅剥离、理顺关系、压缩机构、精简人员,解决了机构重叠、管理层次偏多等问题。宁夏从1999年起分三步改革养护运行机制。一是养护生产引入"招标竞争";二是采用"模拟法人",培育主体,组建了25个养护中心;三是"管养分离",成立公司,在"十五"时期最后一年完成清产核资、人员分离、方案审批、工商注册等工作,成立宁夏中通、积通公路养护工程股份有限公司,在养护运行机制改革上迈出了实质性的一步。

21世纪的第一个十年里,各地除积极探索养护管理体制机制改革外,在公路路政执法改革上也在不断探索。早在1994年4月,重庆即在第一条高速公路——成渝高速公路是试行"统一管理、综合执法"的模式。2005年在试点成功基础上,组建了重庆市交通行政执法总队,统一承担公路水路行业路政、运政、征稽以及高速公路上的监督处罚执法工作,解决了分散、多头、重复执法的体制弊端。安徽于2003年实行全省高速公路路政管理体制改革,将省高速公路总公司和其他公司承担的路政管理职能统一收归省公路局承担,2005年9月正式成立安徽省公路路政总队,与省公路局一个机构、两块牌子,负责全省高速公路、普通国省干线公路的路政管理。2004年9月,内蒙古自治区成立了处级建制的公路路政执法监察总队,与自治区公路局合署办公,形成了总队、支队、大队三级路政管理体制。燃油税费改革后,内蒙古自治区公路路政执法监察总队(自治区收费公路监督管理局)于2010年7月28日挂牌成立,自治区路政总队成为交通运输厅的直属单位。2007年7月9日,广东省交通厅综合行政执法局正式挂牌成立,承担起全省公路的路政执法职能。2009年完成燃油费税改革后,先后有云南、甘肃、陕西、辽宁、青海、黑龙江、新疆等省(区)成立直属省交通运输管理部门的省级路政执法机构,将省公路局的路政执法职能划入省级路政执法机构。

2009年11月成立的江西省公路路政管理总队,只负责全省高速公路的路政执法工作,普通国省干线公路的路政管理仍归省公路局负责。

截至2010年底,按高速公路、普通国省干线、农村公路技术标准分级实施公路路政管理的省(区、市)还有北京、宁夏、山西、吉林、河南、福建、湖北、湖南、广西、贵州、四川等省份。由省级公路管理机构统一负责省域内所有公路路政管理的省(区、市)有：上海、天津、河北、浙江、江苏、山东、海南、西藏、宁夏。

4. 农村公路管理体制改革

按照《公路管理条例》和《公路法》的规定，农村公路由县级人民政府负责养护管理，省公路管理机构负责行业指导和补助资金。地市交通局下设县乡公路管理处，县交通局设地方公路养护段。根据里程多少，养护段下设道班负责日常养护保通工作。资金来源为拖拉机养路费和省补助资金。21世纪以来，国家实施新农村战略。2003年2月11日，交通部部长张春贤在阐述加强农村公路建设和适应加快城镇化进程的问题时，明确提出加快农村公路建设的总目标是："修好农村路，服务城镇化，让农民兄弟走上油路和水泥路。"从此，农村公路建设力度不断加大，农村公路得到长足发展。随着通县、通乡、通村公路里程的增加，养护工作的重要性日益突出，养护资金缺口越来越大。各地探索了一些养护办法，取得了一些经验。

2005年9月29日，国务院办公厅以国办发〔2005〕49号文印发《农村公路管理养护体制改革方案》。《方案》分5个部分，分别对改革的指导思想和目标、管理体制和职责、养护资金渠道、养护运行机制、改革配套措施作出规定，主要精神可以概括为"落实责任、保障投入、健全机制、平稳推进"16个字。《方案》明确，农村公路包括县道、乡道和村道，是全国公路网的有机组成部分，是农村重要的公益性基础设施；农村公路管理养护体制改革的目标是：力争用3年左右的时间，基本建立符合我国农村实际和社会主义市场经济要求的农村公路管理养护体制和运行机制，保障农村公路的日常养护和正常使用，实现农村公路管理养护的正常化和规范化。《方案》提出，建立健全以县为主的农村公路管理养护机制；建立稳定的农村公路养护资金渠道，加强资金使用管理；实行管养分离，推进公路养护市场化。

2006年5月11日召开的"全国公路养护管理工作会议"强调,"十一五"期间要构建农村公路养护长效机制,到2010年实现全国农村公路"有路必养"。

为进一步落实2006年中央1号文件和国办发〔2005〕49号文件精神,2006年7月28日交通部、国家发改委、财政部以交公路发〔2006〕400号文联合下发《关于进一步做好农村公路管理养护体制改革的通知》,要求2006年12月底前各省(区、市)研究提出适合本辖区的农村公路管理养护体制改革实施方案,并报交通部、国家发改委和财政部备案。同时,要积极研究提出符合本地实际的农村公路管理养护制度、技术规范、养护定额、质量评定标准和验收标准等行政、技术管理制度,通过建章立制不断规范和加强农村公路管理养护工作。

2010年2月21日,交通运输部部长李盛霖在北京召开的"全国农村公路工作电视电话会"上强调,到2009年底全国农村公路总里程达到333.6万公里,占全国路网的87%以上,巩固农村公路建设成果,实现农村公路常态化养护和规范化管理十分重要。要解决各地存在的认识不统一、责任不落实、人员不到位、资金无保障等问题,就要深入贯彻落实农村公路管养体制改革要求,做到"三个到位"。一是认识到位。如果说前几年是农村公路大建设时期,那么今后就要转入大养护阶段了。要牢固树立"建设是发展,管养是可持续发展"的理念,把加强管养作为转变发展方式、加快发展现代交通运输业的重要内容,作为延长公路使用寿命、降低资源消耗的实际举措,作为履行政府公共服务的具体体现,真正实现"有路必养"。二是责任到位。加强农村公路养护管理是成品油费税改革成果的实际体现。按照财权与事权相一致的原则,农村公路应当由县级人民政府负责,实行"省市指导,以县为主"的管理体制。各省交通运输主管部门要制定相应管理办法,改变主体不清、责任不明、管理交叉的矛盾,明确界定责任主体,建立公共财政用于农村公路养护管理的稳定的资金渠道。农村公路养护工程费用除按国办 2005 年 49 号文件规定的标准,在中央转移支付地方的燃油税中列支外,不足部分和日常养护费用由地方各级人民政府财政统筹解决,纳入财政预算支出。同时,要建立和完善县、乡农村公路管理机构,降低行政成本,使有限的农村公路养护管理资金发挥出更大的使用效益。三是考核到位。要加强行业管理,完善规章制度,健全技术标准体系和考评体系。充分发挥县乡人民政府的主体作用,真正实现农村公路建设养护管理工作由部门行为向政府行为的转变。

截至 2010 年底,全国农村公路列养里程 337.86 万公里,占农村公路总里程的 96.3%,列养率同比提升 2 个百分点。2010 年,各地农村公路管理养护体制和运行机制基本建立,养护资金筹措渠道进一步明确,日常管理养护工作得到初步落实。各省(区、市)相继出台农村公路管理养护体制改革实施方案并付诸实施。如山东省总结推广"枣庄模式",建立农村公路管理养护长效机制;陕西将日常养护资金纳入地方公共财政预算,稳定了农村公路养护的资金渠道;吉林省开展养护管理年活动,有效提升了农村公路管养水平。各地进一步完善管理机构,充实人员,加强了农村公路的路政管理,推动管养工作水平的提升。全国县级养护机构基本到位,乡镇一级机构逐步完善。年内,各省(区、市)加强养护大中修工程的实施,特别是针对早期建成的县乡公路出现的"油返砂"问题及时安排养护大中修工程。

三、交通企业深化改革

1999 年 1 月 2 日,中共中央办公厅以中办发 27 号文批复交通部与直属企业脱钩方案,交通部与所经办 31 家交通企业完成脱钩，涉及总资产1727亿元，职工总数32.5万人。这一年开始，交通部有关交通企业的工作转变为推进国有企业改革，引导企业以资产为纽带实施兼并和重组，推行现代企业制度等。

"九五"期末，为及时了解企业脱钩后的生产经营情况，掌握行业发展趋势和企业经营动态，指导企业改革、加强行业管理、适时调整政策，交通部在公路勘察设计施工企业和道路运输企业中逐步建立起联系制度。

2000年3月20日，为建立道路运输企业联系制度，交通部公布88家重点联系企业名单，其中84家是各省（区、市）推荐的地方企业，4家是中央企业。同时明确，交通部将每3年重新核定一次重点联系企业名单，以确保其行业代表性。同月，交通部印发《关于建立交通上市公司联系制度的通知》，明确建立交通上市公司联系制度的目的和具体办法。8月3日，交通部颁布《公路勘察设施施工企业联系制度》，明确了基本思想、原则、主要内容和重点联系企业的基本条件、主要任务、权利等。按照"统一领导、分级联系"的原则，一个一定时期内相对固定的动态跟踪系统建立，中央、省、地市三级交通主管部门重点联系的企业达到全行业企业总量的30%。

2001年11月6日至8日，第一次交通上市公司联系会在福建厦门召开。围绕加强上市公司管理、提高经营质量、促进持续健康发展的主题，会议在交流经验、研究发展的同时指出，法人治理结构问题是中国上市公司存在的共性问题、体制问题，仅靠上市公司自身难以解决，需要通过整个社会经济环境改善、监管部门加强监管、行业主管部门提出要求、上市公司自身努力才能逐步改善。

2001年11月28日至29日，第二次交通上市公司联系会在江苏南京召开，主题是"交通上市公司规范化管理和可持续发展"。公路、运输、交通工业及水运、港口及部分交通控股和拟上市公司共40个单位代表出席了会议。会议认为，交通企业进入资本市场10年来，推动了我国证券市场发展，已经成为中国上市公司的一个重要组成部分。交通上市公司通过资本市场运作和发展极大支持了交通建设，取得了良好社会和经济效益。但在交通上市公司自身不断发展和完善过程中，仍然存在相关立法滞后、管理体制不健全、管理水平参差不齐等问题。希望政府部门完善相关政策、法规，为交通上市公司发展提供良好的环境和条件，促进其健康、稳定、可持续发展。

"九五"末期和"十五"期间，公路交通企业的股份制改造和上市工作是建立现代企业制度工作的重要方面，取得重要进展。

1999年1月28日，湖南高速发行A股8000万股在深交所上市；4月29日，厦门路桥股份有限公司定价发行A股9500万股在深交所挂牌上市；8月10日，东北高速定价发行A股3亿股在上交所上市；8月31日，扬州亚星客车股份有限公司定价发行A股6000万股在上交所上市；9月27日，华北高速定价发行A股3.4亿股在深交所挂牌上市。

2000年1月12日，中通客车股份有限公司发行4500万股在深交所上市；5月18日，江西赣粤高速公路股份有限公司发行社会公众股1.2亿股在上交所上市；7月29日，路桥集团国际建设股份有限公司1.15亿股社会公众股在上交所上市；12月21日，广西五洲交通股份有限公司发行社会公众股8000万股在上交所上市。

"十五"时期开局之年的2001年，股份制改造和上市工作继续取得进展。2001年1月5日，福建发展高速公路股份有限公司成功募集2亿股并于2月在上海证券交易所上市；1月16日，宁沪高速股份有限公司增发1.5亿股A股在上交所上市；12月25日，深圳高速股份有限公司增发1.65亿股A股在上交所上市。截至2001年底，全国交通行业上市公司已达45家，占全国上市公司的 4%，共发行 A、B、H 股 53 只，融资 550 亿元。其中，公路上市公司筹集了 250 亿元资金，为公路基础设施建设提供了支持。

2002 年 2 月 28 日，山东基建股份有限公司发行 A 股 5.05 亿股在上交所上市；7 月 16 日，江西长运股份有限公司发行 3000 万 A 股在上交所上市。

四、武警交通部队的改革

组建于 1966 年 8 月 1 日、1985 年编入武警部队序列、受交通部和武警总部双重领导的武警交通部队，于 1999 年 2 月转隶武警总部统一管理，不再接受交通部管理。

2009 年 7 月 1 日，国务院、中央军委批准交通运输部、水利部、武警总部联合上报的《武警水电、交通部队纳入国家应急救援力量体系方案》。方案提出，在不增加编制员额、不调整基本部署、不改变保障方式的前提下，按照"整体纳入、重点建设、平战结合、逐步优化"的原则，将两支部队纳入国家应急救援力量体系，建设成为遂行救援急难险重任务的"国家队"和专业骨干力量。武警交通部队主要担负公路、桥梁、隧道、机场、港口等交通设施的抢修保通和特殊时期、特定条件下重要公路桥隧的管护任务，实行由武警总部和交通运输部双重领导体制。

2010 年 1 月，国务院、中央军委决定，交通运输部部长李盛霖兼任武警交通部队第一政治委员、武警交通指挥部党委第一书记。

第十二节　行业法规体系建设

一、《公路法》修正

《公路法》颁布实施后，根据实际情况，全国人大常委会于

1999年和2004年对《公路法》分别做出《关于修改〈中华人民共和国公路法〉的决定》，对《公路法》进行第一、第二次修正，确立了"费改税"的原则，进一步明确了各级公路管理部门进行公路管理的主体地位和职责。

1999年10月31日，第九届全国人大常委会第12次会议通过了《关于修改〈中华人民共和国公路法〉的决定》。明确将第二十一条第一款修改为："筹集公路建设资金，除各级人民政府的财政拨款，包括依法征税筹集的公路建设专项资金转为的财政拨款外，可以依法向国内外金融机构或者外国政府贷款。"第三十六条修改为："国家采用依法征税的办法筹集公路养护资金，具体实施办法和步骤由国务院规定。""依法征税筹集的公路养护资金，必须专项用于公路的养护和改建。"同时，删去第七十六条。此次修正，将公路建设资金与公路养护资金的筹集，由政府依法收费的方式改变为以征税的方式。这项改革的实施涉及所有现行的道路维护建设和车辆管理方面的行政事业收费和政府性基金，明确开征新的税种，取消不合法和不合理的收费，保留少量的必要规费，把不体现政府行为的收费转为经营性收费。具体的实施方案有待国务院根据《公路法》和相关法律的规定制定颁布。《公路法》的第一次修正表明，我国"费改税"的改革在法律上取得了突破性进展，对于我国政治体制改革与经济体制改革产生了深远影响，更对公路规费的征收产生了重大影响。

2004年8月28日，第十届全国人大常委会第11次会议通过了《关于修改〈中华人民共和国公路法〉的决定》。修正前，《公路法》第五十条第一款规定："超过公路、公路桥梁、公路隧道或者汽车渡船的限载、限高、限宽、限长标准的车辆，不得在有限定标准的公路、公路桥梁上或者公路隧道内行驶，不得使用汽车渡船。超过公路或者公路桥梁限载标准确需行驶的，必须经县级以上地方人民政府交通主管部门批准,并按要求采取有效的防护措施;影响交通安全的,还应当经同级公安机关批准;运载不可解体的超限物品的,应当按照指定的时间、路线、时速行驶,并悬挂明显标志。"第十届人大常委会第11次会议在解释《关于修改〈中华人民共和国公路法〉的决定》时指出,经与国务院法制办、审改办及公安部、交通部研究认为,对机动车超过限载标准行驶实行审批的目的,主要是根据路面、桥梁的承载能力对超限行驶加以控制,避免造成交通事故和损坏道路设施,为此由交通主管部门负责审批较为适当。交通主管部门审批后,再由运输单位根据审批结果,向公安部门报告行驶路线、时间,请求公安部门提供协助,维持交通秩序,而不必由两个部门审批。据此,《决定》删去了上述条款中"还应当经同级公安机关批准"的规定。第二次修正明确了公路交通部门在日常公路管理中的主体地位。

二、法规体系逐步完善

《公路法》颁布实施后,公路法制建设步入全新的时代,公路行业法制建设开始围绕完整的法规体系开展,地方公路法制建设也迈上了新的台阶。

1998年加快公路建设后,伴随《公路法》的宣传、实施和修正,公路法制建设进入全面发展、完善和规范的时期。这一时期,立法的步伐大大加快,确立了公路法规体系的框架。立法涉及公路行业的方方面面,如公路投融资、建设市场准入、质量管理、运输市场规范、运输市场管理、执法监督检查等各个方面的法规体系都得到确立和完善。

1999年,交通部组织编制并于2000年发布了《公路、水路交通法规体系框架和实施意见》,明确要求建立9个法规子系统。涉及公路行业的有公路法规系统、道路运输法规系统两个子系统，计划用10年时间实施。《意见》的出台，确立了公路行业法规体系的基本框架。在这个框架指导下，公路交通法制工作步入规范化、法制化的轨道。"九五"期末和"十五"期间，公路法制建设在以下方面取得较完善、快速的发展：

——收费公路管理立法取得重大突破。2004年9月13日，国务院以国务院令第417号发布《收费公路管理条例》。《条例》的立法进程启动较早，交通部早在1997年8月即成立了《条例》领导和编写两个小组，开始有关工作。根据1999年10月31日第九届全国人大常委会第12次会议通过修改的《中华人民共和国公路法》第六十八条精神，交通部正式起草了《收费公路管理条例》，对设立收费公路的技术等级和规模条件、审批权限和程序、收费标准和收费期限的确定、公路收费权质押登记、公路收费权转让等方面做出了规定。2002年，交通部配合国务院法制办，对《收费公路管理条例》作了进一步修改和完善。这是我国规范收费公路管理的重要法规。它总结和肯定了近20年来中国收费公路发展的成功经验，借鉴了世界各国的立法成果，既规范了经营者的经营管理行为，又兼顾了社会公众的合理需求；既强化了政府的行业管理，又维护了经营者的合法利益。

——公路建设市场管理继续加强。1998年加快公路建设后，围绕公路建设市场的规范，围绕确保公路建设质量，交通部出台了一系列规章和措施，迅速遏制住质量下滑的苗头，建立了规范、完善的公路建设市场准入和监管体系。1999年2月24日，交通部发布《公路工程质量管理办法》，对公路建设设计、施工、监理、材料和设备采购等环节的质量管理及工程质量监督机构的管理进行全面规范，确立了建设单位全面负责，监理单位负责施工过程监管，设计、施工单位质量自检和政府部门质量监督相结合的质量管理体制，并规定公路工程在设计使用年限内实行质量终身负责制等。2000年8月28日，交通部发布

《公路建设市场准入规定》《公路建设四项制度实施办法》和《公路建设监督管理办法》。2002年6月6日交通部颁布《公路工程施工招标投标管理办法》。2004年3月31日，交通部发布修订后的《公路工程竣(交)工验收办法》。2004年12月21日，交通部发布新修订的《公路建设市场管理办法》，针对公路建设市场中存在的突出问题，提出了有效解决的新观点、新思路、新举措，对容易出现腐败的环节加强了监管，对资金使用做出了明确规定。2005年5月8日，交通部颁布《公路工程质量监督规定》。2005年5月9日，交通部颁布《公路工程设计变更管理办法》。2007年10月16日，交通部颁布《经营性公路建设项目投资人招标投标管理规定》。

公路养护与管理日益细化。为治理超限超载运输，遏制公路、桥梁损坏严重的势头，2000年2月13日交通部发布《超限运输车辆行驶公路管理规定》，为2004年开始全面"治超"做好了法律准备。2003年1月27日，交通部发布《路政管理规定》。2005年10月27日，交通部印发《关于收费公路试行计重收费的指导意见》。

——交通执法队伍建设规范化。1999年，交通部组织制定了《交通行政执法人员执法标志管理规定》，发布了《加强交通行政执法队伍建设的意见》。同年11月起，组织对浙江、上海、河北及北京、天津等省(市)的交通行政执法情况进行检查。截至1999年底，全国交通系统包括公路路政、道路运政、交通规费征稽以及水运行政执法等部门有30余万名交通行政执法人员。2000年1月14日，交通部颁布实施《公路监督检查专用车辆管理办法》，首次统一了公路路政、征稽、运政管理等执法车辆的式样，进一步提升了公路行业的形象。为加强交通行政执法队伍建设，2000年五六月间，交通部召开了公路、水运和海事三大系统的3个座谈会，并于2000年10月召开"全国交通行政执法队伍建设工作会议",黄镇东部长在会议上明确提出7项措施。会后,各级交通主管部门高度重视交通行政执法队伍建设,认真抓好落实,制定加强队伍建设的规划、措施和实施意见,加强执法监督,并给予交通行政执法队伍建设财力、物力的必要保证。2000年,交通部还印发了《交通行政执法人员岗位培训工作检查验收办法》。这些措施在规范交通行政执法队伍监管、提高交通执法队伍整体素质、提高服务能力等方面取得了明显成效。

"十五"期间,交通部认真贯彻实施《中华人民共和国行政许可法》,大力改革交通行政审批制度,清理行政审批项目,规范行政许可行为,取得了重大进展。

2000年5月21日,国务院法制办传达朱镕基总理指示,先后发出清理行政审批项目的多个文件。改革开放以来,交通系统进行了几次大的行政体制改革,在改革中越来越重视政府职能的转变,在政企分开方面取得了较大进展。企业与政府已经全部脱钩,部分政府职能已转移给企业、社会团体和中介组织,交通部门的宏观调控、监督检查、提供服务等职能得到加强。但从市场经济发展的需要,特别是从WTO规则的要求来看,交通部门的职能转变还没有到位,主要存在的问题:一是行业管理中存在"错位""越位""缺位";二是惯于使用"内部文件""行政命令"等随意性大、透明度低的方式管理;三是行政审批事项过多过细,办事程序过于繁琐,效率低下。为此,改革交通部行政审批制度,关键是要做到彻底转变管理职能和管理方式,改变过去管理工作中无所不包、无所不能的传统习惯,从直接管理运输经济活动向监督、服务运输经济行为转变,从侧重微观市场准入向全面规范市场主体转变,坚持有所为、有所不为。根据《国务院批转关于行政审批制度改革工作实施意见的通知》的具体要求,交通部及时成立了行政审批制度改革工作领导小组,确定了"解放思想,实事求是,充分发挥交通运输市场在资源配置中的基础性作用,把制度创新和从严治政摆在突出位置,努力突破影响交通生产力发展的体制性障碍,加强和改善宏观调控,规范行政行为,提高行政效率,推进交通部门的廉政建设"的指导思想,结合交通行业管理工作的实际把清理整顿交通经济事务的行政审批作为重点,对涉及道路、水路运输市场、运输安全、运输服务收费等方面的行政性审批进行认真清理,抓住项目审批这个重点,结合开展党风廉政建设和反腐败斗争,深入调查研究,采取有力措施,积极推进行政审批制度的改革。截至2001年底,交通部共清理出行政审批项目86项。

2003年,交通部按照新一届政府的部署和要求,贯彻落实国务院行政审批制度改革工作领导小组《关于搞好已调整行政审批项目后续工作的意见的通知》精神,从转变政府职能的高度认识"经济调控、市场监管、社会管理、公共服务"的管理职能和做好取消行政审批项目后续监管工作的重要性。组织力量对取消的28项仍需要加强监管的行政审批项目进行科学研究、分析和论证,并按国务院"加强监管,防止管理脱节"的总体要求,从实际出发,提出相应的后续措施,制定具有交通行业管理特点的后续监管办法,并于2003年8月12日以交体法发〔2003〕322号文印发实施《关于公布已取消和改变管理方式的交通行政审批项目后续监管措施的通知》。这标志着交通部行政审批制度改革工作取得了阶段性成果。2003年,以交通部令第11号废止了219件已不适应社会主义市场经济体制要求及交通行业管理需要的规章,上报公布349件现行有效的交通规章目录,对继续有效但需要修改的规章提出了修改意见。2004年11月3日,交通部又发布《交通行政许可监督检查及责任追究规定》,强调各级交通行政机关应对交通行政许可实施过程进行监督检查,对违法行为依法进行责任追究,坚持有错必纠、违法必究,以保障有关法律、法规和规章的正确实施。同年11月22日，交通部发布《交通行政许可实施程序规定》，对交通行政许可的实施机关、内容、公示方式等做出明确规定。2005年底，交通部组织建成"交通部行政许可网上公示系统"，大大提高了部机关实施行政许可的透明度。

到"十五"时期结束的2005年，交通法制建设实现了历史性的突破。仅"十五"期间，交通部就制定和修订54件部颁规章，清理废止了247件部颁规章，精简了48%的行政审批项目。公路交通法制建设不断加强，基本形成了门类齐全、覆盖面广的交通法规体系，为依法行政、依法治交奠定了坚实的基础。

"十一五"时期是交通运输行业转变发展方式、着力可持续发展的关键时期。交通部(交通运输部)在法规建设上取得突破，在部门规章上进一步完善和发展了公路建设、养护以及农村公路建设、养护和管理各个方面的规章，对已经形成的公路法规体系进行修订、细化，进一步完善了全行业法制建设，使公路行业法规体系日趋完善。

"十一五"期间，公路管理法规建设取得新突破。2005年开始，交通部连续3年将《公路保护条例》(注：正式出台的名称为《公路安全保护条例》)列入一类立法计划。截至2010年底，交通运输部配合国务院法制办完成了《公路安全保护条例》的审核修改和相关立法协调工作，《条例》制定工作取得实质性进展，只待国务院批准发布并正式实施。《公路安全保护条例》的施行，将意味着实施20多年的《中华人民共和国公路管理条例》完成了历史使命。在加紧《公路安全保护条例》立法的同时，2008年12月27日国务院以国务院令第543号文发布《关于修改〈中华人民共和国公路管理条例〉的决定》，并于2009年1月1日起施行。这次修改，为适应成品油价格改革的要求，主要对公路建设资金筹集的条款进行修改，删除了有关养路费及征稽检查的条款。

2008年大部制改革后,城市公共客运的管理职能划归交通运输部,《城市公共交通条例》被国务院列入2008年一类立法计划。2008年,交通运输部就重新起草工作进行系列调研,形成了《城市公共交通条例(征求意见稿)》,同时抓紧其立法进程。2009年,交通运输部配合国务院法制办继续开展《城市公共交通条例》的审核工作。

"十一五"期间,公路部门规章建设进一步完善。在公路建设方面,2006年1月交通部颁布《农村公路建设管理办法》,是交通部颁布的第一部规范农村公路建设的公路行业规章,对农村公路建设的规范化、标准化起到了奠基作用。2006年,交通部重新修订颁布《公路建设监督管理办法》,进一步明确了交通部与地方政府交通主管部门职责,增加企业投资项目的管理程序,突出设计的严肃性和验收程序的规范性,对建设市场管理提出新的要求。2006年发布的还有《公路工程施工招标投标管理办法》《公路工程施工监理招标投标管理办法》和《公路工程施工招标资格预审办法》等规章,分别废止数年前发布的相应规章。新发布的这些《办法》,对工作程序做出更加明确的表述和要求,同时强化了招标投标环节的监管,加强了管理过程的规范化,强调了权利和责任的对等。在公路养护管理方面,2006年交通部制定了《公路路网结构改造工程项目管理办法(试行)》,对纳入车购税支出预算的公路路网结构改造工程项目的各环节管理做出明确规定;2007年重新修订并颁布《公路桥梁养护管理工作制度》,进一步明确了桥梁养护的责任主体,强化了监管责任,完善了管理制度,并增加了应急处置等内容。在规范养路费征管方面,2007年交通部发出《关于进一步规范公路养路费征收管理工作的通知》,要求切实按国办精神,加强养路费征收管理工作的领导和组织,统一滞纳金计征办法,规范养路费征收标准。

在收费公路管理方面，2008年交通部、国家发展改革委、财政部联合颁布《收费公路权益转让办法》，在总结收费公路管理十几年经验教训的基础上，就行业监管的内容、办法、方式做出具体规定，对转让项目的审核、受让方的选择、招投标的监管及收费经营管理和公路养护情况实施监管等都有详细的规定。在2001年至2006年公路投资额从2670亿元增长到6231亿元、国家财政投资比例从20.22%下降到11.09%的大背景下，《转让办法》的出台规范了公路建设的市场行为，在不改变公路作为公共产品属性的前提下，保持了公路建设投融资市场的开放，坚持依靠市场多渠道筹融资，弥补了国家财政投入的严重不足，明确了社会资本进入公路市场特许经营的实质，维护了公路建设市场的快速、健康和平稳发展。在交通运输行政执法监管方面，2010年交通部颁布《交通运输行政执法评议考核规定》，使交通运输行政执法的考核实现标准化，更具可操作性。

此外，交通部2008年起草、修改并于2009年颁布了《关于开展交通立法后评估工作的指导意见》，明确了开展交通立法后评估工作的指导思想、基本原则、主要步骤以及相关要求，建立起交通运输立法后评估工作制度，对提高立法质量起到良好的促进作用。2009年开始，按照全国交通运输工作会议和全国交通运输法制工作会议的要求，交通运输部开展综合运输法规体系建设的研究，并在前期研究基础上召开了有国务院法制办、国家发展改革委、民航局、邮政局、北京交通委及相关科研院校专家参加的座谈会，听取了相关建议，2010年起草了《关于建立综合运输法规体系框架的实施意见》。

这一时期，以《公路法》为基础，在《公路、水路交通法规体系框架和实施意见》的指导下，公路法规体系的建设成效显著，公路法规、规章覆盖了公路建设、养护、管理以及公路执法的各个方面。

三、公路行业法律、行政法规及主要部门规章

1. 法律

《中华人民共和国公路法》两次修订。1999年10月31日,第九届全国人大常委会第12次会议通过了《关于修改〈中华人民共和国公路法〉的决定》,我国"燃油费改税"的改革在法律上取得了突破性进展。2004年8月28日,第十届全国人大常委会第11次会议通过了《关于修改〈中华人民共和国公路法〉的决定》,明确了公路交通部门在日常公路管理中的主体地位。

2. 行政法规

《收费公路管理条例》。经2004年8月18日国务院第61次常务会议通过,2004年9月13日以国务院令第417号公布,自2004年11月1日起施行。这是我国第一部规范收费公路管理的行政法规,共六章六十条,总结和肯定了近20年来中国收费公路发展的成功经验,借鉴了世界各国的立法成果。《条例》既规范了经营者的经营管理行为,又兼顾了社会公众的合理需求;既强化了政府的行业管理,又维护了经营者的合法利益。交通部于1997年8月成立了《条例》领导和编写两个小组,开始有关工作,后根据1999年10月31日第九届全国人大常委会第12次会议通过经修改的《中华人民共和国公路法》第六十八条精神起草了《收费公路管理条例》,对设立收费公路的技术等级和规模条件、审批权限和程序、收费标准和收费期限的确定、公路收费权质押登记、公路收费权转让等做出了规定。2002年,交通部配合国务院法制办对《收费公路管理条例》作了进一步修改和完善。与以往有关收费公路管理的规定相比,《条例》突出以下创新:一是政府还贷公路可以实行"统一管理、统一贷款、统一还款"。这是为减少收费站点而新增的措施,有利于对收费公路及站点的总量控制,降低管理成本,加强资金监管;二是规定

高速公路及其他封闭式收费公路应当实行计算机联网收费，借助信息化技术，减少收费站点；三是强调收费公路经营者有强制性养护公路的义务，限制了公路经营企业过于追求利润、不愿投资养路的行为；四是对公路收费权转让做出限制性规定，有利于消除收费权转让中的弊端；五是通过法律手段对中西部地区实施政策倾斜，如其中规定中西部地区收费最长收费期限延长5年、二级公路可以收费等。《条例》的施行，为各级政府及交通主管部门加强收费公路管理，解决收费站点过多、过密等问题提供了法律依据。

《公路管理条例》修订。根据2008年12月27日《国务院关于修改〈中华人民共和国公路管理条例〉的决定》修订，重新发布并于2009年1月1日起施行。修改如下：一、将第九条第一款修改为："公路建设资金可以采取以下方式筹集：国家和地方投资、专用单位投资、中外合资、社会集资、贷款和车辆购置税。"二、将第三十三条改为第三十一条，删除该条中有关设立"公路征费稽查站卡"的规定，并将这一条修改为："经省、自治区、直辖市人民政府批准，公路主管部门可以在必要的公路路口、桥头、渡口、隧道口设立收取车辆通行费的站卡。"三、删除第十八条、第十九条、第三十五条。此外，对其他条文的顺序做出相应调整。

《公路安全保护条例》的制定。2005年开始，交通部连续3年将《公路保护条例》列入一类立法计划。2007年1月，在前期大量起草工作的基础上，形成《中华人民共和国公路保护条例（征求意见稿）》，并送国务院有关部门征求意见。同时，展开两次专题调研，召开两次有全国人大法工委、国务院法制办和有关专家参加的论证会。同年9月28日，《公路保护条例（送审稿）》经第10次部务会议审议通过。10月24日，交通部正式提请国务院审议《公路保护条例（送审稿）》。2008年年初，国务院法制办启动了《公路保护条例》的审核修改工作。2008年上半年,交通运输部配合国务院法制办就有关部委、地方政府等反馈意见进行了详细梳理和研究,并进行了两次集中改稿。在此基础上,7月份交通运输部配合国务院法制办就审核修改过程中集中反映出来的管理体制、养护体制、治理超限超载等问题进行了深入调研。8月,配合国务院法制办根据调研情况对送审稿做了修改,并于8月15日由国务院法制办在网上全文公布《中华人民共和国公路保护条例(征求意见稿)》,征求社会各界意见。9月,针对网上意见进行了再次调研。10月,结合对网络意见的研究情况,配合国务院法制办对送审稿再次修改完善,并由国务院法制办发送各有关部委征求意见。2009年,交通运输部配合国务院法制办,开展《公路安全保护条例》的审核工作。到2010年底,交通运输部已经配合国务院法制办完成《公路安全保护条例》的审核修改和相关立法协调工作。作为《公路管理条例》的替代法规,《公路安全保护条例》立法工作的基本完成,标志着公路法规体系建设取得实质性进展。

3. 国务院法规性文件

国务院办公厅《关于加强车辆超限超载治理工作的通知》。根据国务院的统一部署,从2004年6月开始交通部、公安部、发展改革委、中宣部、工商总局、质检总局、安全监管总局和法制办等八部门联合在全国范围集中开展了车辆超限超载治理工作,取得了初步成效。但是超限超载车辆数量依然较大,暴力抗法、野蛮闯关事件时有发生,个别地方工作出现松懈,超限超载有所反弹,治理超限超载的长效机制亟待建立和完善。为此,2005年6月1日,国务院办公厅以国办发〔2005〕30号文发布《关于加强车辆超限超载治理工作的通知》并施行。《通知》强调,近年来车辆超限超载违法运输现象十分严重,不仅损坏公路基础设施,引发大量的道路交通事故,而且直接导致道路运输市场的恶性竞争和车辆生产使用秩序的混乱。《通知》要求做好以下工作：一是加强领导，落实治理工作责任；二是明确重点，坚决遏制车辆超限超载运输；三是标本兼治，加强治理超限超载长效机制建设；四是加强舆论引导，充分发挥新闻媒体的作用；五是规范执法行为，确保道路运输畅通。

国务院办公厅关于印发《农村公路管理养护体制改革方案》的通知。为加强农村公路的管理和养护，确保公路完好畅通，更好地为农村经济社会发展服务，2005年9月29日国务院办公厅以国办发〔2005〕49号文发布《农村公路管理养护体制改革方案》并施行。《方案》明确指出，农村公路（包括县道、乡道和村道）是全国公路网的有机组成部分，是农村重要的公益性基础设施。改革开放以来，我国农村公路快速发展，但管理、养护滞后的问题十分突出，管理养护主体不明确、责任不落实，养护资金缺少稳定渠道、投入严重不足，养护机制缺乏活力、养护质量不高等，直接影响农村公路正常使用、行车安全和长远发展。《方案》分5个部分对改革的指导思想和目标、管理体制和职责、养护资金渠道、养护运行机制、改革配套措施做出明确规定。《方案》的总体思路是：以明确各级政府的职责为主线，以创新和完善管理体制为手段，以确定稳定的资金来源为保障，辅之以必要的配套措施，进而建立完善的农村公路养护与管理体系。主要精神可以概括为"落实责任、保障投入、健全机制、平稳推进"16个字。

国务院办公厅《关于在燃油税正式实施前切实加强和规范公路养路费征收管理工作》的通知。2006年12月22日，国务院办公厅以国办发〔2006〕103号文发布并施行。《通知》强调，公路养路费是公路建设和养护的主要资金来源。1999年10月修订的《中华人民共和国公路法》规定，国家采用依法征税的办法筹集公路养护资金，具体实施办法和步骤由国务院规定。随后，《国务院批转财政部、国家计委等部门〈交通和车辆税费改革实施方案〉的通知》(国发〔2000〕34号)明确指出,先行出台车辆购置税。考虑到国际市场原油价格较高,为稳定国内油品市场,燃油税的出台时间将根据国际市场原油价格变动情况,由国务院另行通知。同时要求,在燃油税正式实施前,要继续做好公路养路费等规费的征收管理工作,确保足额征缴。目前在养路费征收管理工作中存在的主要问题是:少数车主对征收养路费的法律法规和政策存有模糊认识,逃缴、漏缴养路费;为争抢费源,部分地区随意降低征收标准,吸引外地车辆改挂本地牌照;征收环境亟待改善,暴力抗费事件时有发生,造成国家规费大量流失,不利于公路建设和养护的顺利进行。目前,国际油价仍在波动,实施燃油税改革的时机还需进一步观察。因此,在燃油税正式实施前,各地区、各有关部门要按规定继续做好养路费的征收管理工作,保障公路建设和养护的资金需求。

国务院办公厅转发《全国道路交通安全工作部际联席会议关于进一步落实"五整顿""三加强"工作措施意见》的通知。2007年5月9日,国务院办公厅以国办发〔2007〕35号文发布并施行。国办转发的《意见》指出,为有效预防和减少道路交通事故发生,促进全国道路交通安全形势持续稳定好转,提出总体要求是:全面推进"平安畅通县区"创建活动,继续深入落实"五整顿"(整顿驾驶员队伍、整顿路面行车秩序、整顿交通运输企业、整顿机动车生产改装企业、整顿危险路段)"三加强"(加强责任制、加强宣传教育、加强执法检查)工作措施,实现事故起数、死亡人数、万车死亡率"三下降",一次死亡10人以上的特大道路交通事故进一步减少,到2007年底实现万车死亡率不超过5.7的目标,为党的十七大胜利召开、迎接2008年北京奥运会、保障国民经济又好又快发展创造更加安全、有序、畅通的道路交通环境。同时明确,采取严格机动车驾驶人培训、考试和管理，科学管理道路交通秩序，加强对运输企业安全监管，强调机动车生产和使用监管，继续开展危险路段的排查整治，推动农村道路交通安全管理，进一步加大交通安全宣传教育力度，严格落实道路交通安全责任等措施，实现上述总体目标。

国务院办公厅《关于进一步加强安全生产工作坚决遏制重特大事故的通知》。2007年8月31日，国务院办公厅以国办发明电〔2007〕38号文发布。《通知》强调，2007年以来全国安全生产继续保持了总体稳定、趋于好转的发展态势，事故总量有较大幅度下降。但安全生产形势依然严峻，煤矿、冶金、建筑施工、道路交通、水上交通等行业领域重特大事故时有发生，特别是湖南省凤凰县堤溪大桥垮塌等重特大事故，给人民群众生命财产造成严重损失。这些事故充分说明，一些地方和企业安全生产责任不落实、措施不得力、监管不到位、现场管理混乱等问题依然比较突出，事故隐患仍然大量存在，在防范自然灾害引发的事故灾难方面还存在许多薄弱环节，预警机制不够健全。《通知》要求进一步强化组织领导和责任落实，严密防范自然灾害引发事故灾难，全面排查治理工业等行业领域事故隐患，继续深化重点行业领域的安全专项整治，认真做好抢险救援和事故调查处理工作，大力加强宣传和舆论引导工作等，切实吸取教训，做好安全生产。

国务院办公厅《关于开展重大基础设施安全隐患排查工作的通知》。2007年9月18日，国务院办公厅以国办发〔2007〕58号文发布。《通知》指出，多年来我国重大基础设施建设成效显著，为保障国民经济社会发展发挥了重要作用。但是，近期一些在建或使用中的桥梁发生坍塌事故，反映出基础设施的设计审查、建设施工、维护保养、检查评估以及监督管理等方面仍然存在许多薄弱环节。为确保我国重要基础设施建设好、管理好、维护好、运行好，国务院决定开展全国重大基础设施安全隐患排查工作。《通知》提出重点排查对象和工作分工、主要内容、工作要求等。其中，公路交通设施要求以桥梁为重点，排查所有在建和投入使用的公路、桥梁和隧道工程，包括：长大隧道和跨江跨海特大桥梁；大跨径圬工砌体桥梁；地质、地形条件复杂的桥梁和隧道；交通繁忙特别是超限超载车量较为集中的桥梁；高路堤、深路堑、地质复杂路段的公路和桥梁。排查工作由交通部牵头，会同发展改革委、建设部和各省（区、市）人民政府组织实施。《通知》明确，对重大安全隐患可分别采取警告、加固、防护、拆除、封闭等措施，各归口管理部门要组织梳理归纳并修订不能满足实际需要的标准、规范和规程等。

国务院办公厅《关于转发发展改革委交通运输部财政部逐步有序取消政府还贷二级公路收费实施方案的通知》。2009年2月27日，国务院办公厅以国办发〔2009〕10号文发布。《通知》强调，逐步有序取消政府还贷二级公路收费是国务院决定实施成品油价格和税费改革的一项重要内容，各地区、各有关部门要高度重视、精心组织、加强领导、通力合作、周密部署、落实责任；要按照实施方案的要求，制定具体工作方案，明确工作目标和任务，着力解决取消政府还贷二级公路收费涉及的人员安置、债务偿还等问题，积极稳妥地做好逐步有序取消政府还贷二级公路收费的各项工作，确保社会稳定；对工作中出现的新情况新问题，要及时与发展改革委、交通运输部、财政部沟通，并定期通报工作进展情况。

中共中央办公厅、国务院办公厅印发《关于开展工程建设领域突出问题专项治理工作的意见的通知》。2009年7月9日，中共中央办公厅、国务院办公厅以中办发〔2009〕27号文发布。《通知》明确，为认真贯彻落实《中共中央关于印发〈建立健全惩治和预防腐败体系2008—2012年工作规划〉的通知》（中发〔2008〕9号）的有关要求，针对工程建设领域存在的突出问题：

一是一些领导干部利用职权插手干预工程建设，索贿受贿；二是一些部门违法违规决策上马项目和审批规划，违法违规审批和出让土地，擅自改变土地用途、提高建筑容积率；三是一些招标人和投标人规避招标、虚假招标，围标串标，转包和违法分包；四是一些招标代理机构违规操作，有的专家评标不公正；五是一些单位在工程建设过程中违规征地拆迁、损害群众利益、破坏生态环境、质量和安全责任不落实；六是一些地方违背科学决策、民主决策的原则，乱上项目，存在劳民伤财的"形象工程"、脱离实际的"政绩工程"和威胁人民生命财产安全的"豆腐渣"工程等，用两年时间加以治理。这样做的目的在于，规范工程建设领域市场交易行为和领导干部从政行为，维护社会主义市场经济秩序，促进反腐倡廉建设。同时，就工程建设领域突出问题专项治理工作提出总体要求、任务、阶段性目标、治理重点和主要措施等。

4. 部门规章和规范性文件

——《公路管理条例实施细则》修改

《中华人民共和国公路管理条例实施细则》。1988年6月28日以交通部令1988年第1号发布。2009年5月27日经第5次部务会议通过，2009年6月13日以交通运输部令2009年第8号发布《关于修改〈中华人民共和国公路管理条例实施细则〉的决定》。《细则》修改后包括总则、职责、建设、养护、路政、规费、责任和附则等八章六十六条。此次修正主要是为配合成品油价和税费改革的有关规定，删除了有关"公路养路费"的条款以及有关"公路征费稽查站卡""征费检查"等有关内容，并明确对国省道新建、改建及县道建设可用税费改革后形成的交通资金补助，同时对逃缴公路规费的罚则也做出相应修改。

——关于法制建设及行政管理

《交通行政复议规定》。根据1999年4月29日九届全国人大常委会第9次会议通过的《行政复议法》，2000年6月27日以交通部令2000年第5号发布并施行，内容包括二十五条。1992年版《交通行政复议管理规定》同时废止。

《公路、水路交通法规体系框架和实施意见》。2000年1月11日，交通部以交体法发〔2000〕20号文发布并施行，明确到2010年初步形成门类齐全、分工合理、上下有序、内外协调的公路、水路交通法规体系，推进依法治交通的进程，为交通改革、发展提供有力的法律保障。《实施意见》明确建议交通九个法规子系统，其中涉及公路的主要有以《公路法》为龙头法的公路法规系统、以《道路运输法》为龙头法的道路运输法规系统。其中，公路法规系统除《公路法》外，包括其配套行政法规，如《公路管理条例》《收费公路管理条例》及《高速公路管理条例》（待制定）等；配套规章包括公路网规划管理规定（含公路命名编号管理）、公路建设管理规定（含公路工程勘察设计、可行性研究、概算预算编制、造价及定额、建设项目法人负责制、建设资质认证、招标投标、监理、竣工验收、项目后评价等）、公路工程质量管理规定、公路养护管理规定（含标志标线）、公路渡口管理规定（1990年3月7日交通部令1990年第11号颁布，4月1日施行）、公路路政管理规定（含建筑控制区管理、超限运输车辆行驶公路管理办法、公路损害赔偿和补偿）、收费公路管理条例实施细则（含公路收费权有偿转让、公路收费权质押管理等）。2010年，交通运输部开展了综合交通运输法规体系框架的研究，起草《关于建立综合运输法规体系框架的实施意见》。

《交通行政许可实施程序规定》。2004年11月22日以交通部令2004年第10号发布，2004年11月5日第24次部务会议通过，2005年1月1日起施行。《规定》对交通行政许可的实施机关、内容、公示方式等做出明确规定。同时以交通部令2004年第11号发布《交通行政许可监督检查及责任追究规定》，2005年

1月1日实施,要求各级交通行政机关对行政许可实施过程进行监督检查,对违法行为依法追究责任。

《交通法规制定程序规定》。2006年11月9日经第15次部务会议通过,11月24日以交通部令2006年第11号发布,2007年1月1日起施行,内容包括总则、立项、起草、审核、审议与公布、备案、修订、解释和废止、附则等七章五十五条,旧《交通法规制定程序规定》(交通部令1992年第38号)同时废止。为进一步规范交通立法行为,建立健全工作机制,新《规定》对旧版《规定》进行全面修订,着重强化了立法责任制、"开门立法"机制和总工程师介入等。

交通行政执法五项规范。针对交通行政执法机构和人员存在的服务意识不强、执法行为不规范、风纪不严整等问题,2008年12月30日交通运输部以交体法发〔2008〕562号文发布《关于印发交通行政执法风纪等5个规范的通知》,正式发布《交通行政执法风纪》《交通行政执法用语规范》《交通行政执法检查行为规范》《交通行政处罚行为规范》和《交通行政执法文书制作规范》等五项规范,对交通运输行政执法人员、着装、行为、语言以及处罚行为、文书等做出详细规定。

《交通运输行政执法评议考核规定》。2010年7月27日以交通运输部令2010年第2号发布,2010年10月1日起施行,内容包括总则、执法评议考核的内容与标准、执法评议考核的组织与实施、奖惩、附则等五章二十七条。《规定》主要确立6项制度:一是细化了考核评议的内容与标准,使执法评议考核工作具有可操作性;二是直接规定了不达标的六种情况(即考核的否决制度),完善评议考核制度的整体结构,强化管理工作力度;三是设立评议考核的加分制度,进一步发挥执法评议考核工作的激励作用;四是考核结果复核制度;五是执法反馈制度;六是奖惩制度。《规定》的出台将交通运输行政执法的考核纳入制度化、规范化、标准化的轨道。

《交通运输行政执法证件管理规定》。经 2010 年 12 月 23 日交通运输部第 11 次部务会议通过，2011 年 1 月 4 日以交通运输部令 2011 年第 1 号发布，内容包括总则、证件申领、证件发放与管理、监督检查与责任追究、附则等五章三十七条，自 2011 年 3 月 1 日起实施。交通部令 1997 年第 16 号发布的《交通行政执法证件管理规定》同时废止。新《规定》针对 1997 年版《交通行政执法证件管理规定》执行过程中出现的执法队伍素质不够高、人员数量膨胀、结构不合理、执法行为不规范、风纪不严明、违法或粗暴执法等问题，加强了对证件申领、发放、年审和执法人员的培训考试等制度的管理，将证件申领、培训、考试、发放、年审和责任追究连贯统一起来，对暂扣、收缴和吊销执法证件等做出明确规定，为加强执法人员的管理提供了强有力的法制措施。

——关于公路规划

《公路网规划编制办法》。2010 年 3 月 1 日，交通运输部以交规划发〔2010〕112 号文发布。该《办法》是在 1990 年版《办法》的基础上，根据我国经济社会近 20 年巨大发展变化，经反复修订完成。《办法》特别强调，公路网规划编制应在贯彻国家方针政策、严格执行相关法规制度及规范标准的前提下，满足经济社会发展要求，与生产力布局、国土规划和城镇体系规划相适应，与其他运输方式相衔接，应该注重经济和社会效益，集约利用土地，保护环境，实现可持续发展。1990 年 4 月 21 日交通部以〔90〕交计字 225 号发布、于 1990 年 5 月 1 日实施的《公路网规划编制办法》同时废止。

《公路建设项目可行性研究报告编制办法》。2010 年 4 月 12 日，交通运输部以交规划发〔2010〕178 号发布并施行。《办法》明确公路建设项目可行性研究报告的主要内容包括：影响区域经济社会及交通运输的现状与发展、交通量预测、建设的必要性、技术标准、建设条件、建设方案及规模、投资估算及资金筹措、经济评价、实施安排、土地利用评价、工程环境影响分析、节能评价和社会评价等，特别复杂的重大项目还应进行风险分析。其中，新增加的内容有土地评价、节能、社会评价、环境保护、风险评估等。1988年交通部颁布的《公路建设项目可行性研究报告编制办法》同时废止。

——关于公路建设管理及市场监管

《公路工程质量管理办法》。1999年2月24日，交通部以交公路发〔1999〕90号文发布。《办法》对公路建设中的设计、施工、监理、材料和设备等环节的质量管理以及工程质量监督机构的管理做出全面规定，确立了建设单位全面负责，监理单位控制，设计、施工单位保证，与政府监督相结合的质量管理体制，并规定公路工程在设计使用年限内实行质量终身负责制。

《公路建设市场准入规定》。2000年8月28日，以交通部令2000年第6号发布，2000年10月1日起施行。《规定》包括总则、准入条件、审批程序、动态管理、罚则、附则等六章，对进入公路建设市场的准入条件、审批程序、动态管理及违规行为的处罚做出规定。2004年7月15日，根据《交通部关于废止8件交通规章的决定》，废止此规定。

《公路建设四项制度实施办法》。2000年8月28日，以交通部令2000年第7号发布，2000年10月1日起施行。《办法》包括总则、项目法人、招标投标、工程监理、合同管理、罚则和附则等七章，管理范围涵盖项目法人、勘察设计、施工监理单位、提供服务的社会中介机构及重要的设备、材料供应单位等。2004年7月15日，根据《交通部关于废止8件交通规章的决定》，废止此办法。

《公路工程竣（交）工验收办法》。2004年3月31日，以交通部令2004年第3号发布,自2004年10月1日起施行。《办法》分总则、交工验收、竣工验收、罚则和附则等共五章三十三条。

《公路建设市场管理办法》。2004年12月21日,以交通部令2004年第14号发布,2005年3月1日起施行。《办法》包括总则、管理职责、市场准入管理、市场主体行为管理、动态管理、法律责任和附则等七章五十八条。1996年7月11日以交通部令1996年第4号颁布的《公路建设市场管理办法》同时废止。新《办法》在以下方面有所创新:提出项目建设管理单位概念,规定项目法人可委托具备法人资格的项目建设管理单位进行项目管理,是适应国家投资体制改革和公路建设引入民间资本的需要,也是提高项目管理水平的需要;提出了收费公路建设项目法人和项目建设管理单位进入公路建设市场的备案制度;提出了新的质量保证体系,即"政府监督,法人治理,社会监理,企业自检";提出建立公路建设市场信用管理体系。同时,要求落实以人为本、可持续发展等理念。

《公路工程质量监督规定》。2005年5月8日,以交通部令2005年第4号发布。《规定》共三十九条,对从事公路新建、改建及养护大修等工程的从业单位,对公路工程质量实施监督的行政行为做出规范,明确了公路工程质量监督的主要内容、质量监督的职责、质监机构的基本条件、各有关单位的职责、行政处罚措施等。

《公路工程设计变更管理办法》。2005年4月6日经第7次部务会议通过,5月9日以交通部令2005年第5号发布,7月1日起施行。《办法》共二十七条,明确了重大设计变更、较大设计变更和一般设计变更的具体情形,强调对重大、较大设计变更实行审批制。同时,对变更设计提供的材料进行了细化。

《公路建设监督管理办法》。2006年6月8日,以交通部令

2006年第6号发布,同年8月1日起施行。《办法》包括总则、监督部门的职责与权限、建设程序的监督管理、建设市场的监督管理、质量与安全的监督管理、建设资金的监督管理、社会监督、罚则和附则等九章,进一步明确了交通部和地方政府交通主管部门的职责,增加企业投资项目的管理程序,突出强调设计的严肃性和验收程序的规范性,同时对建设市场管理提出新的要求。交通部令2000年第8号公布的《公路建设监督管理办法》同时废止。

《关于实施公路建设项目施工许可工作的通知》。2005年6月14日,以交通部交公路发〔2005〕258号文发布,对公路建设项目施工许可程序、有关要求等作出明确规定。

《公路工程勘察设计市场招标、投标管理办法》。2001年8月1日经第9次部务会议通过,2001年8月21日以交通部令2001年第6号发布,2002年1月1日起施行。《办法》包括总则、招标、投标、开标、评标、中标、法律责任、附则等六章五十五条。

《农村公路建设质量管理办法(试行)》。2004年7月9日,交通部以交质监发〔2004〕370号发布并施行,包括总则、交通主管部门质量管理职责、工程质量监督机构(组织)职责、建设各方质量管理与质量责任、工程质量控制要点、附则等六章三十一条。同年7月12日,交通部以交公路发〔2002〕372号发布《农村公路建设指导意见》及《农村公路建设暂行技术要求》,对农村公路建设及技术标准给予具体指导。

《农村公路改造工程管理办法》。2005年9月26日,国家发改委、交通部以发改交运〔2005〕1829号联合颁布《农村公路改造工程管理办法》,包括总则、组织机构、计划及前期工作管理、工程组织与管理、建设资金管理和附则等六章二十二条,加强了农村公路改造工程建设的管理。

《农村公路建设管理办法》。2006年1月27日经第2次部务会议通过,以交通部令2006年第3号发布,自同年3月1日起施行。这是交通部颁布的第一部规范农村公路建设管理的行政规章,内容包括总则、标准与设计、建设资金与管理、建设组织与管理、工程验收、法律责任和附则等七章,要求农村公路建设应当由地方人民政府负责,明确应当遵循"统筹规划、分级负责、因地制宜、经济实用、注重环保、确保质量"的原则,确立了"政府投资为主,农村社区为辅,社会各界共同参与"的多渠道筹资建设机制。

《公路工程施工招标资格预审办法》。2006年2月16日,交通部以交公路发〔2006〕57号文发布,2006年5月1日起施行,内容包括总则、资格预审程序和要求、资格预审申请、资格评审、资格评审报告、附则等六章四十九条。1997年8月1日交通部发布的《公路工程施工招标资格预审办法》(交公路发〔1997〕451号)同时废止。

《公路工程施工监理招标投标管理办法》。2006年5月25日,以交通部令2006年第5号发布,2006年7月1日起施行,包括总则、招标、投标、开标、评标和中标、法律责任、附则等六章,明确了公路工程施工监理招标投标管理的总则,对招投标活动的主体资格、活动程序、法律责任及适用范围等都做了明确规定。交通部1998年12月28日发布的《公路工程施工监理招标投标管理办法》(交通部令1998年第9号)同时废止。

《公路工程施工招标投标管理办法》。2006年6月23日,以交通部令2006年第7号发布,于2006年8月1日起施行。《办法》包括总则、招标、投标、开标、评标和中标、附则等五章五十七条,明确公路、公路桥隧及相关安全、防护、监控、通信、收费、绿化、服务、管理等附属设施的新建、改建与安装工程,总额在3000万元以上、单项合同价200万元以上的项目均需公开招投标,规范了公路建设市场招投标行为。2002年6月6日交通部发布的《公路工程施工招标投标管理办法》(交通部令2002年第2号)同时废止。

——关于公路养护管理

《超限运输车辆行驶公路管理规定》。2000年2月13号以交通部令2000年第2号发布,2000年4月1日起施行。《规定》包括总则、申请与审批、通行管理、法律责任和附则等五章,明确超限运输车辆行驶公路管理实行"统一管理、分级负责、方便运输、保障畅通"的原则,对超限车辆的界定、行驶需提供的书面申请和资料等都做出详细规定。

《公路养护工程管理办法》。2001年6月22日,交通部以交公路发〔2001〕327号文发布,2001年8月1日施行。《办法》包括总则、一般规定、小修保养、中修工程、大修工程、改建工程、附则等七章四十三条。《办法》规定,公路养护工程管理应把工程质量放在首位,建立、健全质量控制体系,严格验收制度;在公路养护大、中修工程中,各地公路管理机构应引入竞争机制,逐步推行招投标制、工程监理制度;改建工程应实行招投标制度、工程监理制度和合同管理制度;小修保养经费由省级公路管理机构实行定额计量管理。

《路政管理规定》。2002年11月26日经第12次部务会议通过,2003年1月27日以交通部令2003第2号发布,2003年4月1日起施行。《规定》包括总则、路政管理许可、路政案件管辖、行政处罚、公路赔偿和补偿、行政强制措施、监督检查、人员与装备、内务管理和附则等十章六十八条,明确赋予县级以上人民政府交通主管部门或其设置的公路管理机构实施保护公路、公路用地及公路附属设施(即路产)的行政管理职权。与1990年发布的《公路路政管理规定(试行)》相比,为适应新的执法要求,《规定》增加了路政管理许可、路政内务管理和监督检查等内容,并对路政处罚、公路赔补和路政强制措施进行了分门别类的表述,提出当场处理措施,明确了适用范围,提高了路政管理效率,简化了办事程序,方便了管理相对人,提升了服务水平。1990年9月24日交通部发布的《公路路政管理规定(试行)》同时废止。

《高速公路养护质量检评方法(试行)》。2002年12月4日交通部以交公路发〔2002〕572号发布,自2003年4月1日起施行。《方法》明确高速公路养护质量采用高速公路养护质量指数MQI和相应分项指标确定,并根据其值域分为优、良、中、次、差5个等级,当MQI值小于75时应采取相应维修措施,改善路况,提高高速公路服务水平。同时明确,高速公路养护质量评定所需数据检测,应采用现代化检测设备,以提高数据精度和质量。《方法》为"十五""十一五"时期用现代化检测设备、评分方法评定高速公路及公路养护质量打下了技术基础。

《农村公路养护管理暂行办法》。2008年4月24日,交通运输部以交公路发〔2008〕43号发布并施行,内容包括总则、资金筹措与管理、养护工程管理、路政管理、附则等五章三十条。这是交通运输部第一个专门规范全国农村公路养护管理工作的文件,明确农村公路养护管理职责,明确养护管理资金的筹集和管理,加强农村公路养护工程的监管,强化农村公路的路政管理。《办法》的出台,对加强农村公路养护管理,推进养护管理工作正常化、规范化、制度化发挥了重要作用,对提高农村公路养护质量水平和服务水平具有重大意义。

——关于收费公路管理

《收费公路权益转让办法》。2007年6月15日经交通部第七次部务会议通过,2008年8月20日交通运输部、国家发改委、财政部以交通运输部令2008年第11号联合发布,自2008年10月1日起施行,内容包括总则、收费公路权益转让条件、收费公路权益转让程序、转让收入使用管理、收费公路权益转让后续管理及收回、法律责任、附则等七章五十条。《办法》明确将收费公路划分为政府还贷公路和经营性公路，强调国家严格限制政府还贷公路转让为经营性公路，主要针对收费公路建成通车后，转让方将其合法取得的收费公路权益有偿转让给受让方的交易活动进行规范。其重点包括：严格转让条件，明确强调四类禁止转让的限制条件，即：一是将一个依法批准的收费公路项目分成若干段转让收费权，二是将收费公路权益项目与非收费公路权益项目捆绑转让，三是受让方没有全部承继转让方原对政府和社会公众承担的责任、义务，四是将政府还贷公路权益无偿划转给企业法人。此外，《办法》规范了转让、受让的主体行为、转让的程序、转让收入的使用管理等。1996年10月9日以交通部令1996年第9号发布的《公路经营权有偿转让管理办法》同时废止。

——关于公路规费征管

《关于继续做好公路养路费等交通规费征收工作的意见》。2000年1月14日，国务院转发交通部、财政部、公安部、国家计委等部门联合制定。《意见》明确提出：在税费改革方案实施前，各地要严格执行现有规定，做好养路费等交通规费征收工作。《意见》的出台，扭转了1998年和1999年由于部分车主对国家税费改革产生误解导致养路费征收困难的局面，征收环境明显改善。

《关于规范转籍车辆公路养路费征收工作的通知》。2005年12月14日，以交公路发〔2005〕625号文发布。《通知》特别就省际间转籍车辆养路费征收时间的计算、重复征费及逃费界定等问题进行详细规定，进一步规范了养路费征管工作。

《关于进一步规范公路养路费征收管理工作的通知》。2007年3月8日，以交公路发〔2007〕111号文发布。《通知》明确要求各省（区、市）公路交通主管部门，按照国办《关于在燃油税正式实施前切实加强和规范公路养路费征收管理工作的通知》（国办发〔2006〕103号）要求，继续做好养路费征收管理工作，同时统一了滞纳金计征办法和养路费减免及征收行为，规范了养路费征收标准，统一并规范了缴免费凭证管理。

——关于节能环保

《交通行业实施节约能源法细则》。2000年6月16日，交通部以交体法发〔2000〕306号文发布，内容包括总则、节能管理、合理使用能源、节能技术进步措施、法律责任、附则等六章三十六条。

《公路、水路交通实施〈中华人民共和国节约能源法〉办法》，2008年6月25日经第七次部务会议通过，2008年7月16日以交通运输部令2008年第5号发布，2008年9月1日起施行，内容包括总则、加强节能管理、交通用能单位合理使用与节约能源、法律责任、附则等五章三十一条。2000年6月16日原交通部发布的《交通行业实施节约能源法细则》同时废止。

此外，"九五"时期以来地方性公路法规及规章建设快速发展。1998年加快公路基础设施建设后，根据建设市场加快发展、养护管理需求增强以及提升行业服务能力、转变发展方式的需要，地方公路法规及规章建设呈现快速发展的态势，各省人大、省政府有关公路管理、路政管理、高速或高等级公路管理、农村公路管理、公路征费管理等方面立法明显加快，体系更加完备，法制建设成效显著。

四、技术政策及技术标准

1. 西部地区公路建设主要技术政策

为实施党中央、国务院做出的加快西部地区大开发战略决策，认真落实《加快西部地区公路发展总体规划》，促进西部地区公路建设实现跨越式和可持续发展，根据西部地区建设条件，针对西部地区公路发展中存在的共性问题，交通部于 2004 年 1 月 8 日发布了《西部地区公路建设主要技术政策建议》。

《西部地区公路建设主要技术政策建议》涉及规划、设计、施工三个阶段，覆盖工程地质、道路、桥梁、隧道、沿线设施、环境保护等多个技术领域。

在规划阶段明确提出，西部公路建设应该："量力而行，适度超前"；提倡全寿命分析的思想，统筹考虑建设与养护管理全过程；坚持"以人为本"的指导思想，重视公路交通安全问题；公路建设中应考虑国土资源综合利用；应在统筹考虑综合运输体系的基础上，结合本地区特点，做好公路网规划，保证规划的科学性、连续性、严肃性；开展对公路沿线自然灾害和地质灾害的调查和监测；在线位选择中，应重视地质、生态因素，既要注重对地质不良路段的避绕，又要减少对周边环境的影响，还要考虑路线对沿线经济的促进和拉动作用；应把走廊带作为不可再生的资源，统筹规划、合理布局、近远结合、综合利用。

在总体设计阶段要：明确指导方针、设计原则、指标体系以及各专业间设计界面与衔接方式；提出运营期工程结构的耐久性、车辆行驶的安全性、养护维修的可行性、防灾减灾的有效性等的解决方案；优先采用有利于生态保护的建设方案。

在施工阶段明确：有条件的地区，应尽量利用原地形，避免深挖高填；高填方或土石混填路堤，应切实做好压实度控制；冻土、黄土、盐渍土、沙漠、湿地等特殊土质，应采用有效措施保证路基强度与稳定性。应合理控制边坡高度。高边坡应针对不同地质情况进行专项设计。高边坡施工应按照自上而下、防挖结合、严格控制爆破强度的原则，重视坡顶的卸载、坡体的加固、坡脚的支护，并加强施工监控。边坡防护形式应与水土保持、生态保护相结合，尽可能与自然环境相协调。应高度重视公路防、排水系统的设计与施工，根据各地降水强度和地形地貌的实际情况进行综合设计，使其具有足够的汇水、导水、排水功能，保证路基及边坡的稳定性，提高公路的防灾能力。交通工程及沿线设施的建设应服务于车辆安全运行及管理需求。收费系统设置应统筹考虑并以节约、高效为原则，高速公路应实施联网收费；通信中心宜集中设置；在交通量不大的地区，服务区设施宜适当简化，间距可适当加大；在特殊气象环境、长隧道等区段应设置监控系统；山区公路应加强安全防护设施。工程设计中应重视土石方平衡，取弃土场应有设计并与水土保持措施统筹考虑；公路绿化要注重实效，鼓励采用乡土树草；路侧绿化应注意与绿色通道建设、边坡防护和环境保护相结合。应在重点工程中有针对性地开展专题研究，切实解决工程中的实际问题，形成具有西部特点的公路交通成套技术。

同时明确，应贯彻"稳定、培养、引进相结合"的人才发展战略，根据各地区的情况制定相关政策和具体措施，建立激励机制，培养适应公路发展需求的人才队伍。

2. 公路工程技术标准

1997年版《公路工程技术标准》(JTJ 001—97)自颁布执行以来，顺应并指导我国公路基础设施建设，特别是高速公路建设，为我国公路跨越式发展提供有力地技术支持。到2001年底，公路工程标准规范已有62本，其中从1956年到1990年的34年间制定了34本规范，而20世纪90年代的10年时间内就新增了28本规范。新增加的规范内容主要涉及环境保护、新技术、新材料、新工艺以及质量检测等方面。从标准发展过程看，具有分工越来越细、周期越来越短、内容越来越丰富、覆盖面越来越宽、理论不断完善、技术不断更新、与国际接轨的趋势越来越明显的特点。基于以上特点，现有标准的体系编号已不能容纳新增的标准，同时公路工程的建设、养护、管理等实践又要求标准体系有更大的扩容空间，因此体系的修订迫在眉睫。

为适应公路交通发展三阶段目标（即"2010年实现全面改善、2020年实现基本适应、2040年基本实现现代化"）的需要，我国高速公路的建设正从东部沿海地区向中、西部延伸，从平原、丘陵地区向山区延伸，对技术标准提出了新的要求。随着公路通车里程特别是高速公路通车里程不断增长，公路行业对有关公路技术指标的理解不断深化，发达国家的相关经验和技术也不断被引入和消化吸收，交通部于2001年正式下达《公路工程技术标准》的修订任务。

2002年7月10日，交通部批准发布新修订的《公路工程标准体系》（JTGA01—2002）。该体系由中国工程建设标准化协会公路工程委员会承担编制，明确规定今后公路工程标准制订与管理遵照该体系执行。现行公路工程标准未列入体系表中、现阶段仍适用的，今后视具体情况逐步予以废止或转为协会标准。该体系弱化了国标与行标的区别，只列出需要由行政机关发布的标准，其余标准由协会组织审批发布。此外，体系表中所列标准是目前预见所需的。对于未来需要的标准，在编号时考虑了增加所需的空间。

《公路工程标准体系》（JTGA01—2002）的颁布使公路工程标准的构成更加科学和系统，更加适应公路工程建设、养护及管理的需要。《公路工程标准体系》依据《公路法》《标准化法》，参照《标准体系表编制原则和要求》（GB/T13016—91），结合我国公路工程标准化工作的实践制定。其范围包括公路工程从规划到养护管理全过程所需要制定的技术、管理与服务标准，也包括相关的安全、环保和经济方面的评价等标准。

该体制的制定原则是：按建设程序及管理和使用者的不同分类；尽量扩大标准适用范围，在保持相对全面的前提下，合理控制标准的数量，行政标准立足于政府需要管的标准；以制定本行业范围内需统一的要求为主，兼顾相关行业的内容；按兼顾发展、动态管理的原则，既充分考虑当前可预测到的工程经济、技术及管理中需协调的各种要求、指标和概念，同时又要适当留有余地，便于随着科学技术的发展不断地更新和充实；按照安全可靠、提高效益、有利环保、规范管理与服务的原则确定标准的项目；在体系中未涵盖，或某标准不够具体，需要制定协会标准的，其体系与编号应符合该标准的制定原则。

该体系的组成单元是标准。内容最单一的标准是某一门类下的某专项标准。由行政部门发布的标准的体系结构层次为两层：一层为门类，包括综合、基础、勘测、设计、检测、施工、监理、养护管理等规范；另一层为专项内容，如设计类中桥涵部分的公路砖石与混凝土桥涵设计规范、公路钢筋混凝土与预应力混凝土桥涵设计规范、公路桥涵地基与基础设计规范等专项规范。

为配合《公路工程技术标准》的修订，交通部共进行了11个关键技术专题的研究，2003年7月研究成果通过验收。2003年11月《公路工程技术标准》(报批稿)完成，并于2004年1月29日以交通部公告形式发布，同年3月1日起施行，原《公路工程技术标准》(JTJ 001—97)同时废止。

修订后的《公路工程技术标准》(JTG B01—2003)，全面总结了1997年以来中国公路建设的经验，充分借鉴和吸收了国外相关标准和先进技术，体现了安全、环保及"以人为本"的指导思想和修订原则，以小汽车为准评定交通量，适应了我国步入汽车社会的现实需求；设计行车时速、路基压实度等标准有所提升，公路桥梁和隧道的技术标准大幅提升，代表了当时和未来公路桥隧的发展方向。此外，设计洪水频率、荷载、道路交叉等指标也做出相应调整。《标准》主要修订内容包括：

(1)适应交通量：高速公路、一级公路适应交通量不变。本次修订将"小客车"作为设计交通量换算的标准车型,二、三、四级公路对应的适应交通量进行了相应修订,对同一设计车速而言,适应交通量的变化不大。

(2)折算系数:车辆折算系数由 1997 版《标准》中的 3 类 11 种调整为 4 种(即小客车、中型车、大型车和拖挂车)。人力车、畜力车、自行车作为路侧干扰因素考虑。

(3)设计速度:高速公路中取消时速 60 公里;一级公路增加时速 80 公里;二级公路调整为 80 公里和 60 公里;三级公路调整为 40 公里和 30 公里;四级公路调整为 20 公里一档。时速 60 公里的高速公路和 40 公里的二级公路仍然保留,但限定使用路段和长度。

(4)硬路肩宽度:四车道高速公路设计行车时速 120 公里时,一般值保留 3.50 米;设计行车时速 80 公里时,一般值由原来的 2.75 米调整为 2.5 米。

(5)中央分隔带宽度:高速公路整体式路基中央分隔带宽度一般值由原来的 1.5 米修订为 2 米,特殊条件下可采用 1 米。

(6)路基压实度:高速公路、一级公路 150 厘米以下的路堤压实度标准从 90% 提高到 93%,特殊干旱或特殊潮湿地区允许适当降低压实度标准。

(7)桥梁划分标准:特大桥的单孔跨径由 100 米调整至 150 米;多孔跨径总长由 500 米调整到 1000 米。

(8)桥梁设计洪水频率:由于特大桥的分类标准做了调整,所以高速公路和一级公路特大桥设计采用的洪水频率由 1/300 降低到了 1/100。

(9)汽车荷载模式:桥梁结构整体计算采用车道荷载,桥梁局部加载以及涵洞、桥台、挡土墙的计算采用车辆荷载。

(10)汽车荷载分级:高速公路、一级公路汽车荷载标准采用公路—Ⅰ级;二、三、四级公路汽车荷载标准采用公路—Ⅱ级。

(11)隧道：短隧道的划分标准由 250 米提高到 500 米；按照安全为本的原则给出了公路隧道的各断面组成部分及其最小侧向宽度；隧道内的纵坡应小于 3%，短于 100 米的隧道不受此限；隧道洞口与洞外连接路段间应设置不小于 3 秒设计速度行程长度，且不小于 50 米的过渡段，以保持横断面过渡的顺适。

(12)路线交叉：对公路交叉设计的标准、规模和主要技术指标做了相应修改。

实践证明，新版《标准》适应了新时期公路运输的发展需要，对我国公路建设事业的健康发展给予了更好地指导，极大推动了公路事业的现代化进程。

第十三节　科技进步与人才培养

这一时期，公路行业的快速发展，特别是西部大开发的实施，对公路行业科技创新的需求大幅度提升。公路全行业坚持改革开放，始终面向公路交通发展主战场，以科学的战略规划指导科教发展，以改革创新的举措推进科教发展，走符合中国国情和公路交通发展实际的科教发展道路。我国公路行业科技进步和人才培养取得了显著成效。公路交通科技创新体系建设，显著提升了交通科技创新能力；公路建设养护技术的突破，支撑了公路基础设施的跨越式发展；公路桥梁关键技术创新，推动我国跻身于世界强国之列；公路隧道技术的进步，支撑着我国成为公路隧道建设大国；公路运输技术进步，提高了运输服务水平和效能；公路安全、环保和节能减排的技术进步，增强了公路交通的可持续发展水平和服务社会的能力；公路交通信息化技术的开发和应用，提升行业整体水平，为推进公路交通现代化提供了强有力的技术支撑；决策支持技术的成果，推进了公路行业科学决策能力的不断提升；培养造就了一支理念先进、技术精湛,懂科学、善管理的人才队伍,在全行业逐步建立起科学发展的理念,为我国公路事业的快速发展提供了强有力的科技和智力支撑。

一、科技发展战略与改革管理

1. 强化科技创新,引领公路行业科学发展

1998年加快公路建设后,"九五"期后三年公路基础设施建设不断加快。2000年西部大开发战略实施,随着高等级公路在西部的延伸,对行业科技创新的需求大幅度提升,公路行业科技创新步伐同时加快。

进入21世纪,科学发展理念在公路事业发展中得到了前所未有的重视和体现。公路交通科教发展在整体战略规划和管理思路上发生重大转变。交通部强化了科教发展战略和中长期规划的研究制定与组织实施。

2003年,我国启动了"国家中长期科学和技术发展规划"的编制工作。按照国家有关部署,交通部在2004年8月正式启动《公路、水路交通中长期科技发展规划》的编制工作,目的是分析交通科技发展状况、发展环境以及交通科技发展的趋势,总结经验,找出问题,明确思路,确定发展战略,为未来交通科技发展搭建框架,为交通领域技术开发选择好主攻方向,凝练一批重大科技项目,充分发挥政府的指导作用,为交通科技发展寻找最佳切入点。编制工作分为三个阶段:一是编制公路、水路交通科技发展战略;二是编制公路、水路交通中长期科技发展规划;三是编制公路、水路交通"十一五"时期科技发展规划。

2004年底,交通部部务会议审议并原则通过《公路水路交通科技发展战略》,待修改后正式公布。2005年2月交通部正式公布的《公路水路交通科技发展战略》指出,未来交通发展的重点

是扩充能力、优化结构、提高质量、改善服务、保障安全、保护环境,任务十分艰巨。科学技术是第一生产力,是交通发展的重要推动力量,对交通发展将产生重大影响。充分依靠科技进步,全面提升交通行业的科技含量,是走新型工业化道路、实现交通更快更好发展的必然选择。

《战略》明确,展望交通发展未来,交通科技的使命是:支撑交通基础设施建设,扩充运输能力;提高交通网络利用效率,保障运输供给;促进多种运输方式协调发展,改善运输服务;增强交通出行安全保障,提高运输品质;推动资源节约型和环境友好型行业建设,实现交通可持续发展。

《战略》明确,交通科技发展的指导方针是:按照"以人为本、需求引导、综合集成、强化创新、重点突破"的基本方针,全面实施"科教兴交"和"人才强交"战略,推进交通科技发展的战略性调整,提升公路水路交通的总体科技水平,为实现全面建设小康社会公路水路交通发展目标提供强有力的科技支撑。战略目标是:建设适应交通现代化要求和符合交通科技自身发展规律的创新体系,形成强大的自主创新能力。建立布局合理、资源共享、配置优化的交通科研基地和信息共享平台,形成一支高水平的交通科技队伍,突破一批关键技术,达到国际先进水平,全面提升公路水路交通的科技含量,为实现全面小康社会公路水路交通发展目标提供科技支撑,为交通全面协调可持续发展提供有力保障。

《战略》强调,交通科技发展具有牵动性、前瞻性、关键性,涉及公路行业的重点有以下六方面:

一是智能化数字交通管理技术。其战略取向是:推进公路水路交通的信息化进程,改善运营管理,优化资源配置,大幅度提高交通网络的通行能力、运输效益和服务水平,实现公路水路交通质量、效益的协调发展。

二是特殊自然环境下的建养技术。其战略取向是：攻克特殊自然环境下的建养关键技术，支撑交通基础设施建设，改善交通网络的状况与性能，实现加快发展、扩充能力的目标，提高交通设施的使用品质和使用寿命。

三是一体化运输技术。

四是交通科学决策支持技术。其战略取向是：面向交通改革与发展的重大决策问题，开展交通决策支持技术的研究，实现公路交通决策的科学化和民主化。

五是交通安全保障技术。其战略取向是：研究开发交通安全保障技术，降低交通伤亡数量及事故率，建立一个更安全更可靠的公路水路交通系统。

六是绿色交通技术。其战略取向是：开展以环保和节能为重点的绿色交通技术的研究，缓解我国环境污染和资源短缺的压力，促进21世纪公路水路交通可持续发展目标的实现。

《公路水路交通科技发展战略》和《公路水路交通中长期发展纲要（2006—2020）》的出台，确定了"十一五"时期到2020年公路交通发展的战略方针、目标、重点及实施策略，顺应了公路事业快速、平稳发展的现实要求，为公路事业的可持续发展提供了有力的支撑。

2005年9月，交通部发布实施《公路水路交通中长期科技发展规划纲要（2006—2020年）》；2006年二三月份，交通部分别发布《公路水路交通"十一五"科技发展规划》《"十一五"交通教育与培训规划》和《"十一五"西部交通科技发展规划》等。这些"战略"和"规划"明确要求以科学发展观为指导，把增强创新能力作为公路交通发展的战略基点，以科技创新为引领，优化产业结构，转变增长方式，提高发展效率，增强服务能力，走以创新促发展的新道路，把"以人为本""和谐发展""可持续发展"作为公路交通科技发展的核心理念，把自主创新的意识贯穿到公路科技进步各个环节,为公路交通全面协调可持续发展提供强有力支撑和保障。2005年10月17日,交通部在长春召开"全国交通科技工作会议",进一步强调了这个指导思想,提出到2020年交通科技发展具有全局性、前瞻性、关键性的战略重点:包括智能化数字交通管理技术、特殊自然环境下公路建养技术、一体化运输技术、交通科学决策支持技术、交通安全保障技术和绿色交通技术等6个方面,同时提出该战略实施要凝聚全行业、全社会的力量参与,并要求公路交通科技管理部门要重点抓好科研组织开发和创新能力建设两项工作。《纲要》确定"十一五"及此后公路交通科技发展的两大重点任务,即科学创新体系建设和科技重点领域研发,并将科技创新体系建设任务分为重点科研实验基地平台、科技信息资源共享平台和优秀科技人才等三项工程,将科技重点领域研发任务分为基础研究行动、重大技术突破和应用技术推进等三类研发计划加以推进实施。

"十五"期间,一大批工程技术研究的进展和应用,为交通基础设施建设提供了保障:在完善高等级公路技术框架体系的基础上,开发并形成了特殊地质地理条件下公路建养的多项成套技术;突破了高山深谷高墩大跨弯桥的设计、施工技术难题;在公路桥梁、隧道取得重大进展的时期,一大批具有世界级技术难度的大型公路桥梁、隧道工程建成并投入使用,使我国公路桥隧建设的技术提升到新的水平,一些工程、技术水平跻身于世界前列。同时,在这一时期实施的"公路安保工程"、现代信息技术应用、提升科学决策水平、公路环保节能等也都取得了显著的成效。

"十一五"期间,公路交通全行业的发展面临转变发展方式的重大课题。公路交通科技坚持面向公路交通发展主战场;注重运用现代信息技术以及新能源、新材料等高新技术;坚持原始创新、集成创新和引进消化吸收再创新并重;坚持突破牵动性技术，攻克关键性技术，储备前瞻性技术，以点带面，重点突破，全面推进。

2006年7月，交通部印发《建设创新型交通行业的指导意见》。7月21日交通部在北京召开"建设创新新型交通行业工作会议"，交通部部长李盛霖做了《建设创新型交通行业，推进交通事业又好又快发展》的工作报告，提出交通全行业做好"三个服务"、树立"四个理念"和实现"四个创新"的思路，明确了公路水路交通转型发展的指导思想。

2007年，交通部组织、开展了"交通由传统产业向现代服务业转型战略""资源节约型、环境友好型交通发展模式"等重大课题的研究，在全面总结交通发展的成功经验、深入分析交通发展面临的新形势和新要求、深刻把握交通发展规律的基础上，提出了交通由传统产业向现代服务业转型、促进现代交通业发展的重大战略，明确了未来交通发展的方向、总体要求和重点任务。在此基础上，制定并发布了《关于加快发展现代交通业的若干意见》，对当时及其后一段时期公路交通行业的发展具有重要的战略指导意义。

2008年1月，交通部部长李盛霖在"全国交通工作会议"上明确提出，发展现代交通业，就要努力做到"三个转变"和增强"四个环节"，要求在"三个转变"和"四个环节"中公路交通科技创新能力和人才竞争能力都要起到重要的支撑作用。

2009年，交通运输部与科技部建立部际会商机制，制定了智能交通、交通安全等技术研究与应用的工作方案，启动了"十二五"科技教育发展规划的编制，组织参与了国家科技规划编制的前期工作等。

2010年10月，交通运输部在杭州召开"全国交通运输科技大会"，明确提出"科技强交"的战略，并对"十二五"时期交通运输科技发展提出了"五个面向"的具体要求，全面部署了"十二五"时期交通运输科技工作的重点任务。交通运输部部长李盛霖在《深入实施科技强交战略 为发展现代交通运输业提供支撑和保障》的讲话中,高度评价了"十一五"时期公路交通科技取得的丰硕成果,明确了"十二五"期间交通运输科技工作的思路和任务。

2. 科教体制改革

1998年以来,行业科技教育管理体制按照党中央、国务院有关精神,围绕加快公路发展主题,实施"科教兴交",深化科教改革。

1999年,为贯彻落实第三次全国教育工作会议和全国技术创新大会精神,根据国家对科研机构管理体制改革的总体要求,交通部出台《交通部直属科研机构体制改革方案》,重组了"交通部科学研究院"。另外,按照教育体制改革的要求,提出了交通院校体制改革方案,并报教育部。

2000年,根据《国务院办公厅转发教育部等部门关于调整国务院部门(单位)所属学校管理体制和布局结构实施意见的通知》和《国务院办公厅转发科技部等部门关于深化科研机构管理体制改革实施意见的通知》精神,交通部对科教管理体制改革工作进行了总体部署,编制完成了部属院校、科研院所的转制方案,完成了对部属9所普通高校、成人高校、中等专业学校和技工学校管理体制的调整。此次还完成了部属14个科研院所科技管理体制改革,其中重庆公路科研所进入招商局集团,部计算机应用研究所进入中国路桥(集团)总公司,交通部科学研究院、部公路科学研究所继续由交通部管理。

进入21世纪以后,各省(区、市)交通厅(局、委)直属的交通科研院(所)也开展多种形式的改革探索。2002年8月,江苏省交通科学研究院在全国率先完成由全民事业单位到全部由员工持股的股份制企业的转换,成为全国交通科研设计院所中首家完成企业转制的单位。改制后，江苏交科院严格按照现代企业制度和法人治理规范的要求，建立起符合科技型企业发展规律的运行新机制。

"十五"和"十一五"期间，这些院所在市场经济环境下大都展现出了新的活力，无论是发展理念、运行机制，还是发展业绩都有很大变化，为行业技术服务的能力明显提高。各级政府交通主管部门在发挥行业所属的科研机构、高等院校服务功能的同时，注意面向全社会，采取更加开放的科技管理政策，引入竞争机制，让更多的社会优秀科技力量参与到交通科技领域研发活动中来。到"十五"末期，由中央和地方交通科研机构、相关高等院校和企业等组成的多形式、多层次的交通科研体系已基本形成。

3. 完善行业科技政策和管理

1998年以来，公路行业科技管理日趋科学化和规范化。通过加大公路科技的投资力度，科技发展规划的制定与实施，行业技术政策的引导和激励，明确了科技发展方向，调动了各方的积极性，为公路科技的创新发展提供了良好的环境，推动了公路科技事业的持续进步和发展。

加大交通科技资金投入，强化科技经费监管。这个时期，公路交通行业不断完善资金筹集政策，建立政府和工程业主、交通企事业单位共同组成的多元化、多渠道、高效率的科研经费筹措机制、投入机制和利益共享机制，从增加投入总量、促进投入主体多元化等方面盘活存量，吸引增量，使公路科技资金投入不断加强。"十五"期间，各级政府交通科技经费累计投入突破60亿元，"十一五"时期突破100亿元。同时健全经费监管制度和约束机制，逐步建立绩效评价、评估机制，强化监督，提高资金使用的规范性、安全性和使用效益。交通科技资金投入保障体系的形成，保证了公路科技的可持续发展。

经国务院领导同意，2000年交通部发布《交通部关于加强技术创新、推进交通事业发展的若干意见》，指出各省（区、市）的交通主管部门在有交通规费来源时，每年应当提取其交通规费的1%至1.5%用于技术创新，集中研究解决制约本地区交通运输发展的关键问题，推动本地区交通运输的快速发展。《意见》提出要进一步加大交通科技资金投入力度，明确各省（区、市）交通主管部门除每年提取交通规费的1%至1.5%用于重大专项技术研究开发外，对重点公路基建工程项目还要提取其投资的1%建立先进技术研发专项基金，由各地交通主管部门统筹安排、专款专用，以加大政府对技术推广应用和产业升级的扶持力度。2004年9月29日，交通部发布了《交通部科技项目管理办法》，对科技项目的管理内容做出了具体的规定。2007年3月，交通部印发《交通部决策支持研究项目管理实施细则》，促进软科学项目管理的科学化、规范化和制度化，充分发挥决策支持研究对科学决策的支撑作用。

建立西部交通建设科技项目专项计划。"十五"期间，根据交通部党组"以实用工程为主，以公路、水路交通建设中重点技术问题为主，以长期想解决而现在还没有解决的技术问题为主，以交通运输发展需要的共性技术和基础研究为主"的指导原则，针对西部公路交通发展中的关键技术问题，交通部组织全国交通科技力量开展联合攻关，形成一批适用、先进的成套技术，培养了一大批交通科技创新和管理人才，切实保障了西部交通基础设施建设的质量和进度，有效提高了西部乃至全国交通行业的整体技术水平。

出台一系列加快科技创新体系建设的政策。一是鼓励产学研结合开展科研。通过政府的主导和推动，鼓励企业成为科技创新的主体，促进企业、高校、科研单位的有机整合和良性互动，积极推动多种形式的产学研联合，形成富有活力和效率的科技创新体系，充分发挥高校和科研院所的技术优势，推进交通科技进步。二是建设科研实验基地平台。交通部"十五"期间启动了以重点实验室为切入点的科研实验基地平台建设工作，于2005年7月组织制定了《关于推进交通行业重点实验室建设的实施意见》《交通行业重点实验室管理办法》和《交通行业重点实验室认定与评估工作实施细则》，组织开展了对第一批16个部级重点实验室的评估工作。2006年9月，交通部印发《"十一五"交通行业重点实验室认定指南》，要求结合实际，按照指南提出的研究方向，做好交通行业重点实验室的培育工作。

形成一整套鼓励成果转化和促进标准化的政策措施。"十一五"时期以来，全国各级交通主管部门高度重视科技成果转化工作，在交通科技成果的推广应用上展开了一系列富有成效的工作，积极探索新的途径。

"十一五"期间，交通部提出了通过示范工程推广应用科技成果的新办法，组织启动了四川雅泸、湖北沪蓉西、重庆绕城、山西忻阜等4个科技示范工程，以政府交通主管部门为主导，以实体工程为载体，以产学研相结合的方式开展科技集成创新和成果推广应用。示范工程的全面推进，成效十分明显，已成为交通科技成果(特别是西部交通科技项目成果)推广应用的新载体。为了加强交通标准化的管理工作，规范交通标准化各参与方的行为，明确交通标准化工作的程序，促进交通技术进步，2006年12月交通部制定了《交通标准化工作规则》。

完善交通科技人才培养政策。交通行业按照以人为本的原则，通过完善人才的引进、培养、使用、奖惩、晋升等环节相关机制，为人才的成长提供良好的政策和制度环境。在人才队伍建设上，坚持把发现、培养、使用和凝聚优秀科技人才作为交通科技发展的重要任务，逐步建立起鼓励优秀科技人才脱颖而出的机制。各地交通主管部门不断完善人才选拔培养办法，健全人才培养工作体系，注重在实践中培养人才；以重大科研或工程项目为依托，引入竞争机制，支持优秀年轻人才担任重大工程项目、重大课题组负责人，使优秀人才在实践中锻炼成长。例如依托西部交通建设科技项目，搭建了培养人才的平台。超过1.3万名科研、设计、施工以及管理人员参与了西部项目研究开发成果推广应用与技术服务工作。通过参与项目科技活动，西部地区共有7人次获得了国家级科技荣誉，710人获得了省部级科技荣誉。截至2006年底，西部项目参研人员中已有680人晋升为高级技术职称，615人晋升为中级职称。

在完善政策的同时，交通部不断加强行业科技和科研项目管理。1999年，交通部研究提出了重大科技项目招投标管理办法和招投标的有关规定，并加强了对项目执行情况的检查。到"十五"后期，交通科技工作在管理理念上发生了新变化。一是充分利用全社会、全行业的科技资源，为交通新的跨越式发展服务；二是注重发挥市场机制的作用，大力推进科技创新，从规划、制度等各方面为科技创新体制建设营造良好的环境；三是将求真务实的工作作风贯穿到交通科技工作的全过程，努力提高行政能力。2010年，交通部正式颁布实施修订后的《交通运输部科技项目管理办法》。修订后的《办法》以强化项目各方管理责任为核心，进一步明确了"项目第一承担单位"和"项目保证方"的职责；以优化项目管理工作流程、强化验收程序为手段，进一步增强了科技项目管理工作的可控性和实效性；以加强科技成果推广为导向，明确将成果转化方案列入项目研究考核指标；以充分发挥专家咨询作用、强化监督检查、提高科技项目管理工作科学性和社会参与度为重点，进一步完善了专家咨询程序和监督检查方面的要求；以加强对科研诚信不良责任人惩戒为抓手，着力推行科研信用记录和责任追究。

二、公路科技工作

1. 西部交通建设科技项目

为贯彻落实中央关于西部大开发的战略部署，2000年7月20日交通部部长黄镇东在"西部开发交通建设工作会议"的讲话中明确指出，加快西部地区交通建设要坚持科技创新，依靠技术进步。为支持西部地区交通建设，加快科技创新步伐，交通部将出台加大对西部地区交通建设科技专项经费投入的政策，提高西部地区交通建设的科技含量和技术水平，组织力量对西部地区交通建设有重大影响的课题进行科技攻关，力争有所突破和创新。

2001年，交通部正式启动"西部交通建设科技项目"。项目设立专项资金作为西部交通建设科技经费，以提高西部地区交通建设的整体水平、运输效率和队伍素质，促进西部地区交通的跨越式发展。为加强西部交通科技项目的领导和组织协调工作，交通部成立了交通部西部交通建设科技项目领导小组，下设交通部西部交通建设科技项目管理中心，具体负责项目的组织实施和经费管理等工作。同年，为切实推动西部交通科技工作，规范西部交通科技项目的管理，交通部制定了《西部开发"十五"交通科技项目规划》《西部交通建设科技项目管理暂行办法》和《西部交通建设科技项目招投标管理暂行办法》。

"十五"期间，交通部共安排西部交通建设科技项目306项，完成投资15.41亿元，共有332家单位、1.2万人参与研究。在公路方面的253个项目中，研究范围涵盖了特殊地区公路、桥隧、安全保障、环保、运输和标准规范等主要技术领域，在以下九大方面取得进展与突破：特殊地质地区公路修筑技术；公路隧道建设关键技术；桥梁建设与在用桥梁检测加固技术；公路路基、路面修筑技术；低交通量公路修筑技术；交通建设生态保护技术；防灾减灾技术；公路交通安全保障技术；交通信息化技术。这些项目的完成，有力地支持了西部地区 8 条国道主干线、8 条省际公路通道等数百项重点工程的建设。据不完全统计，西部项目的科技投入产出比为 1∶19.1，产生直接经济效益 290 多亿元。

截至 2005 年底，306 个项目中有 128 个项目通过鉴定验收。128 个项目中，97%的项目达到国际先进或国内领先水平，部分成果达到国际领先水平；42 项获国家科技进步奖或省部级科技进步奖；近百项科研成果纳入到公路、水路相关工程技术规范，增补、修订国家和行业标准规程 262 项，形成 133 项设计、施工技术指南(手册)，1 项部颁技术政策和 1 项指导意见；获国家专利授权 15 项。在国内外核心期刊上发表学术论文 926 篇，其中三大索引收录 56 篇。在这些项目中共培训西部地区交通管理和技术人员超过 2 万人次，培养研究生 1000 余人。

"十一五"期间，共安排西部科技项目 450 项，总投资达到 18.55 亿元(不完全统计)，完成验收 284 项。据统计，这一时期西部科技项目的投入产出比进一步提升，达到 1∶22 以上，综合效益更加显著。

"十一五"时期西部交通科技取得的明显进展主要体现在路面设计技术、公路边坡安全评价技术、拱桥建设关键技术、震后桥梁评价及加固技术、多年冻土地区公路修筑成套技术、岩溶地区公路修筑成套技术、高海拔地区大型公路隧道建设与营运关键技术、废旧沥青再循环利用成套关键技术、膨胀土地区公路修筑成套技术、盐渍土地区公路建设养技术以及公路工程基础理论研究等方面；取得突破的成果主要包括桥梁工程全寿命设计理论与设计方法、千米级斜拉桥建设关键技术、大跨钢桁梁悬索桥建设关键技术、桥梁检测技术、特长公路隧道建设运营关键技术、隧道节能技术、公路交通安全应用技术等。

"十一五"期间，多年冻土地区公路修筑成套技术、膨胀土地区公路建设成套技术、大跨高墩桥梁抗震设计关键技术、秦岭终南山公路隧道建设与运营管理关键技术等获国家科技进步一等奖，其他诸多项目获国家级、部省级科技进步奖。在公路科技中，西部项目成为摘金夺银的主力。

2. 行业联合攻关项目

2001年4月，交通部在北京召开"行业联合科技攻关工作座谈会"，明确提出"十五"时期行业联合科技攻关将进一步解放思想、转变观念、更加紧密地联合起来，形成强有力的综合优势。要有所为、有所不为，使行业联合科技攻关项目能突出重点，集中力量研究解决行业性强、区域特性明显、与公路发展紧密结合的关键技术。应充分重视科技成果的推广应用，在各个方面加大行业联合攻关力度，结合项目开展加强科技人才和学科带头人的培养。充分利用行业联合科技攻关的组织形式，采用多种方式加强行业科技创新工作，调动东、中、西部的科技优势和力量，参与西部交通建设的科技工作，加强科技成果的信息交流，使行业联合科技攻关工作在更广泛的领域展开。

"十五"期间，行业联合科技攻关取得众多成果。"路面表面破损自动分析采集系统的研究与开发""沥青摊铺机弯道摊铺自动控制技术研究与开发""斜拉桥养管检测评估技术研究""北方地区高性能沥青混凝土路面裂缝成因及预防""重载条件下现有水泥混凝土路面结构增强与排水措施的研究"等都对公路建设有着重要的推进作用。

2005年，为加强行业联合攻关项目的管理，《交通部行业联合科技攻关项目管理办法》《交通部行业联合科技攻关项目实施细则》出台，进一步规范联合科技攻关项目计划的管理，推动交通科技创新体系的建设，促进项目实施过程中各方主管人员的协调与沟通和及时掌握项目动态，促进行业联合攻关工作的深入开展。

"十一五"期间,行业联合攻关继续突出重点,面向行业的重点、难点发展。完成的项目涵盖高速公路设计技术、施工技术、筑路材料,运输及运输安全控制技术,大型公路桥梁建设技术,行业节能环保,高速公路沥青路面材料设计、病害治理技术,公路及桥隧养护等。完成的项目从公路勘察设计、施工建设、养护管理、维护运营和决策管理的各个方面,解决了公路网通江达海、穿山越岭的众多现实技术难题。

3. 交通信息化

"九五"期间,以计算机技术为基础的信息技术,逐步成为公路交通行业技术体系的主导技术之一。

——行业信息化发展。

以"GPS、航测遥感和 CAD 集成技术研究"以及"GIS 在公路设计中的应用技术研究"为代表,我国公路设计集成系统包括公路网规划系统、公路投资效益分析系统、路线辅助设计系统、路线评价系统、施工管理系统、工程监理系统和项目后评估系统等方面总体达到国际先进水平,为我国公路勘测设计部门提供了新的成套的设计技术。

2000 年底,以交通运输信息网络(CTInet)建设为主体的"金交"工程取得新进展:网管中心的建设工作已经完成,基本实现"三网一库"中的"专网"物理功能;以拨号为主的入网方式,已经覆盖了全国绝大多数交通行业主网单位,共有 400 多个用户;为实现交通部多级政府办公业务网奠定了基础。交通运输 EDI(电子数据交换)中心建设部分完成,并通过验收。办公和政府网站建设方面,利用交通政务信息系统接收 270 个信息采集点的信息;各省(市、自治区)交通厅局不同程度建设了政府机关局域网,开发、应用了网络化信息系统;为加大政府对社会的公众服务,交通部建立了交通部政府网站,许多省(市、自治区)交通厅局也建立了对外服务网点,基本实现了政府职能和有关信息网上发布。在网络信息安全方面,建立了保密安全屏障和管理措施,并形成了完整体系。国家技术创新项目——公路快速货运系统建设启动,并在北京、上海、沈阳和石家庄等13个公路主枢纽城市得到应用。同年,"国道主干线设计集成系统研究开发"通过验收,并在北京—珠海、上海—成都国道主干线等14项国家重大工程实际应用,使设计效率较传统方法提高2至3倍,提高了公路勘察设计行业的市场竞争力。此外,区域性的联网收费系统、区域性的公路、水路售票系统等也得到很好的推广应用。

"十五"期间,交通部大力推进部机关"三网一库"和全行业信息化建设,使交通信息化建设迅速迈上新的台阶。

2001年,交通部发布《公路、水路交通信息化工作指导意见》和《公路、水路交通信息化"十五"发展规划》,明确提出了交通行业信息化建设指导思想、原则和要求;为规范交通部机关信息化工作的管理,制定了《部网管中心信息安全暂行规定》《部政府网站建设与管理暂行办法》《部网管中心日常工作管理暂行办法》《部信息网络管理暂行办法》《部机关信息化办公设备管理暂行规定》等规章制度。为向社会更好、更快捷的提供信息服务,交通部对政府网站进行重新规划和改版,为各司局设计了信息发布网页。研发的"部机关办公业务系统"于10月15日推广运行,包括公文处理、政务信息、信息专报、电子邮件、日程安排、信息查询、后勤服务、司局信息发布等功能,同时连接了部长专用办公系统、交通法律法规库以及司局主页(网站),推进了办公自动化进程。

2002年8月,全国交通信息化工作会议召开,明确了今后3至5年交通信息化建设的基本方针、指导思想、主要目标和实施重点。

2003年以后,交通部先后发布《交通电子政务建设总体方案》《交通(公路水路)信息化建设指南》《交通电子政务建设标准化指导意见》《交通信息资源开发利用指导意见》等规范性文件,促进了行业信息化建设。当年2月,交通部政府网站获得由信息产业部颁发的"政府上网工程网站建设示范单位"证书和奖牌。2003年12月,交通部政府网站完成了第三次改版,增加了全文检索查询功能,开设了部有关政府管理和服务专栏,增加了视频和图片新闻,实现历史数据的入库和采、编、发系统的安装。交通部政府网站已经成为行业政务公开和信息发布的重要窗口,是交通行业最权威、最具影响力的网站之一。同年,部机关办公业务系统和数据库应用也取得新的成效,科技文献检索、交通人才、公路施工企业信息以及交通基本建设质量监督、西部科技项目等系统实现网上应用,大大提升了公路交通行业管理的质量和服务水平。

"十五"期间,各省级公路交通主管部门信息化工作也取得较快进展。至2004年底,全国所有省(市、自治区)交通主管部门都在互联网上建立了自己的网站,增加了文件及表格下载、公开办事程序、路况信息报送系统、交通服务热线系统、资费查询系统、网上审批公示等内容。有22个省交通厅制定了交通信息化规划或方案,23个省交通厅开发了OA(办公自动化)系统,20个省交通厅建立了道路运输管理系统或运政管理系统,17个省交通厅建立了行业信息网络,6个省交通厅建立了视频会议系统,19个省交通厅实现了与省政府网络的连接。同时,高速公路收费、监控、通信系统,运政管理系统,交通地理信息系统,客运联网售票系统的建设正蓬勃开展。尤其是京沈高速公路联网收费开始实施以及国务院颁布《收费公路管理条例》以后,各省(区、市)都积极加快高速公路联网收费系统建设,开通省内联网收费的省份已达到17个,同比增143%。信息技术在智能交通和现代物流领域中的应用和标准建设工作也取得了较快进展。截至2005年底，以连通41个省厅级一类节点单位、为行业管理单位提供快速安全网络平台服务的交通部信息化二期工程建成，开通了交通视频会议系统和可视电话系统，同时实现湖北、福建、西藏、上海等地的公路监控图像及公路远程移动监控信号的接入，为下一步交通行业应急指挥平台的建设奠定了基础。交通部信息化二期工程的完成，标志着公路交通行业完成了"信息高速公路网"的架构工作，构建起覆盖全行业主要交通管理部门、大型交通企事业单位以及重要公路和港口的信息传输、监控的网络系统，行业信息收集能力和应急处置能力得到提升，行业信息化建设水平迈上新台阶。

"十一五"期间，交通信息化建设速度明显加快，开始融入交通政务、运输管理、道路监控管理、出行服务等多个领域，成为公路交通科技工作的重点之一。

2006年，交通部编制《公路水路交通信息资源目录体系总体框架》《关于加强和规范公路水路交通运输行业卫星定位系统建设的指导意见》，修订和制订了"道路运输电子政务平台"系列标准，促进了行业信息资源的有效整合。交通部政府网站完成第五次改版，日访问量从"十五"末的3.2万人次快速上升至6.4万人次。在国务院办公厅、国务院信息化工作办公室组织的2006年部委政府网站绩效评估中，交通部政府网站从2004年、2005年位列第11名和第10名上升到位列第4名。同时，完成部机关政务外网基础设施发行，保证了政府网办公及信息发布的安全；通过互联网及加密技术，完成与180多个交通政务信息报送一级单位的连通，形成虚拟信息专网；启动了部省道路运输管理系统联网工作。

2007年，交通部制定并印发《公路水路交通信息化标准建设方案(2007—2010年)》，明确了今后几年交通信息化标准建设的目标、重点任务、保障措施以及重点制(修)订的325项标准,涵盖交通电子政务、智能交通、现代物流、信息通信等多个领域。交通信息基础数据元标准总则、公路等部分正式出台。这是交通部组织制订的第一批行业业务应用系统基础数据元标准,对于推动交通电子政务建设、促进交通信息资源整合将发挥重要的作用。与此同时,道路运输、建设项目、交通统计、收费公路等8个交通信息基础数据元标准的研究制订,以及道路运输、建设项目、交通统计、收费公路等公路交通信息基础数据元标准的研究制订也全面展开。当年5月,智能运输系统(ITS)电子收费系列国家标准正式发布实施,为全面推动我国智能运输电子不停车收费系统(ETC)建设奠定了坚实的技术基础,同时也为全国部分区域实施的联网不停车收费试点工程建设提供了重要支撑。2007年,交通部择优选取14个省市,开展省级公路交通信息资源整合和服务推广工程,目的是围绕"建、管、养、征、运"等相关业务领域开发面向行业科学决策、市场监管和公众服务的各种应用,并完成省级出行信息服务系统的建设;组织开展了13个试点省份道路运输管理信息平台的连通,上传数据达970万多条,为进一步开展其他部级管理与服务系统建设奠定了良好基础。

2007年,在国信办组织的政府网站绩效评估中,交通部政府网站位列第三名,跻身政府网站的领先行列。

2007年,以联网收费为代表的智能交通应用已实现从研究试验转向集成应用。交通部调研表明,截至当年底,我国大陆实行高速公路收费的29个省份中已有27个实现了省区市内不同范围联网。同年,国家"十一五"时期科技支撑计划项目——"国家高速公路联网不停车收费和服务系统"重大项目全面推进,京津冀、长三角地区均已广泛开展系统建设,其中北京市已经基本完成建设任务。此外,在集装箱跟踪、道路运输管理等领域广泛使用了 IC 卡和射频识别技术，提高了交通运输的效率。

2007 年 10 月，在科技部、交通部、北京市以及公安部、建设部共同组织下，"第 14 届智能交通世界大会"在北京举行。大会以"智能交通创造美好生活"为主题，与大会同时举办的国际智能交通展览会，涉及交通运输、建设、信息通信、汽车、能源等相关行业，展现智能交通技术的综合应用和发展趋势。这是智能交通世界大会首次在中国召开，也是首次由发展中国家主办。我国在智能交通建设领域取得的成就，受到世界同行的关注。

"十一五"时期后三年，交通信息化建设紧紧围绕加快电子政务建设、提高政府信息服务和行业管理水平、发展智能交通等方面开展工作。

在政府网站建设方面。2008 年，交通运输部网站开通了"政府信息公开"子站，内设交通运输部政务信息公开指南、目录以及信息公开管理查询系统，作为交通运输部信息发布和政民互动的主渠道作用越来越明显。2009 年，交通运输部网站开通新版公路出行信息服务功能，更新了公路地图数据，增加和完善了路况信息、路况地图、自驾规划、交通设施、路线查询等功能，出行服务信息的有效性、可靠性和时效性得到明显改善。同年 12 月，交通运输科技信息资源共享平台开通，至此交通运输部平台和 8 个子平台已初步建成并实现信息共享。2010 年，交通部运输部网站积极推进行政许可网上办理，建立行政许可网上办理和电子监察平台，实现 95% 部行政许可网上办理。同年，交通部政府网站再获国务院部委机构政府网站绩效评估第三名。截至 2010 年底，全国所有省级交通运输主管部门都建设了交通政务门户网站，向社会公众提供政策法规等政务信息，部分地区实现了行政许可网上受理，部分省交通运输厅网站在本省政府网站绩效评估中名列前茅。交通出行信息服务系统已在全国23个省份得到推广,实现气象、路况等信息的实时更新。

在部省道路运输管理系统联网方面。2008年,部省道路运输管理系统第二批联网工作完成,又有8个省份通过验收,形成道路运输经营业户、营运车辆、从业人员等基础数据库,加强了数据质量监督,开展了营运车辆联网异地稽查关键技术的研究和应用工作,组织开发并评估了国际道路运输管理与服务系统,推动了陆路交通国际电子口岸发展。同时,启动了公路交通运输信息共享与服务系统一期工程和公路建设市场诚信及工程质量信息服务系统建设工程,旨在通过建设"公路管理信息服务系统""道路运输信息服务系统""交通法规信息服务系统""交通财会信息服务系统""公路建设市场诚信及项目监测系统"和"公路建设质量与安全监督系统"等重要的行业管理与服务信息系统,搭建资源共享的交通运输行业政府公共信息服务平台和管理信息平台。到2010年,联网的省份增加到29个。

——智能交通及工程信息化。

进入21世纪,我国在公路智能交通系统研究和应用上取得重大突破,并开始在国际上产生重要影响。这期间的成果包括:提出我国智能交通系统体系框架,从而奠定了我国智能交通系统建设的理论和方法;首次在国际上提出双片组合式电子收费方法及工程实施方法,并在实际工程中大规模应用;建设我国第一个智能交通系统重点实验室,在我国首次实现了车路信息交换、定位、磁性车辆导驶为一体的智能车路试验系统;在ITS标准化方面,于2003年9月成立了"全国智能运输系统标准化技术委员会",并逐步形成较为完善的标准规范体系,发布和制定的55项标准,涵盖了基础设施、短程通信、电子收费、信息服务、紧急事件管理、综合运输及其管理、车辆辅助驾驶与自动公路、ITS示范城市和重点工程急需的指导意见等8个领域。

通过网络环境下不停车收费系统行业联合攻关，创新性地提出了以双片式电子标签加双界面 CPU 卡的组合式电子不停车收费技术(ETC)方案，实现了 ETC 系统和 IC 卡人工半自动收费系统的有机结合，为我国在网络环境下实施 ETC 技术提供了技术支撑。为适应我国高速公路跨越式发展的需要，解决省域内联网收费的技术障碍，"十五"时期国家科技攻关计划中安排了"跨省(区、市)国道主干线电子(收费)支付研究与应用"课题，开发出了跨省(区、市)联网收费标准平台软件和跨平台数据通信中间件软件，解决了不同软硬件平台收费系统的联网；建立了联网收费系统信息安全体系和可用性评估体系，提出了电子收费 ETC 运营管理模式，研究开发了联网收费数据综合应用方法及其应用软件，并将研究成果运用于 2003 年交通部 4 个示范工程之一——"跨省(区、市)国道主干线京沈高速公路联网收费示范工程"。该项成果打破了京沈高速公路的各个路段分界，实现了多个路段法人主体之间的联网收费；探索出了一整套跨省(区、市)高速公路联网收费建设与管理经验，制订了一套京沈高速公路联网收费统一的运营管理制度，实现了区域高速公路由分段管理向跨省(区、市)综合管理的转变，为进一步探索和完善高速公路的管理体制和新的运营模式奠定了基础。截至 2007 年底，我国已有 24 个省(区、市)实现省域高速公路联网收费，标志着我国在联网收费系统框架、软硬件平台、编码与数据交换、清分与结算和联网收费管理等方面拥有可靠的技术和丰富的实践经验。交通信息技术成套解决方案和电子收费设备、自动发卡机、可变情报板等监控外场设备等核心硬件设备以及监控、通信、收费软件的全部国产化，一批有中国特色和自主知识产权的技术和系统的形成，是我国交通信息技术处于国际水平的显著标志。

2008 年，京津冀、长三角地区跨省市区域联网不停车收费示范工程取得阶段性成果。当年共建设 ETC 车道 190 条,为高速公路用户提供了更为便捷的出行服务,也有效地推进了交通节能减排工作。同时,大部分省(区、市)均建有道路或水路 GPS 监控中心,有效地提高了车辆运营和船舶安全管理的水平。

2010 年是中国智能交通发展的"物联网"年。交通运输部加快推进了基于物联网的智能交通有关工作,启动了"物联网技术推动现代交通运输业发展策略研究"和"新一代智能交通技术发展战略研究"两个战略研究课题,组织编制了《基于物联网的智能交通发展思路》。

——物流信息化建设。

物流信息化是物流业发展的关键。交通信息化的发展,在物流信息化方面也取得不少成果。

2008 年,交通运输部组织引导河南、浙江、广东、北京等省市开展省级公路货运物流信息平台建设,建立了一批企业大型物流信息平台。

2009 年,交通运输部组织了面向交通运输管理部门、交通运输企业以及技术提供商的物流信息化发展情况调研工作,初步摸清了行业物流信息化发展的情况。

2010 年,交通运输部开展了《IC 卡道路运输电子证件技术标准》《道路运输管理和服务卫星定位系统建设指南》和《营运车辆异地稽查信息交换与共享技术指南》的制定工作。同时,基于 16 个省物流公共信息平台共建联盟,组织开展了物流公共信息平台标准的研究工作,形成了标准体系框架。

"十一五"时期是我国公路交通信息化建设成效显著、成果集中体现的时期,公路基础设施运行管理的水平得到增强,行业主管部门市场的监管能力得到提升,交通安全监管与应急能力得到提高,公路交通公共信息服务水平得到明显改善。公路交通行业初步改变了传统形象,开始迈入"数字交通"的新时代。

4. 软科学研究和决策支持技术

1998年加快公路建设后，公路软科学研究继续围绕行业发展的热点问题展开，发展战略和规划研究得到加强，为"十五"时期公路交通行业的科学决策和可持续发展提供了科学依据。

进入21世纪，公路软科学研究进一步规范和加强。2004年，《交通部软科学研究项目管理实施细则》出台，严格定义软科学项目为：纳入交通部科学技术项目计划，以实现决策科学化、民主化和管理现代化为目标，综合运用自然科学、社会科学和工程技术等知识，采用定性与定量相结合的分析手段和现代科学技术方法的跨学科、多层次的科研项目。软科学项目规范化管理制度建立。

"十五"期间，交通部围绕事关交通事业发展的全局性、战略性和政策性问题开展一系列软科学研究，投入经费3940万元，安排研究课题104项，研究范围涉及公路交通发展战略规划、政策法规、体制改革、结构调整、职能转变等方面，取得重要研究成果，为交通立法、战略规划制定、公路建设养护体制改革、道路危险品货物运输安全、交通行业职业资格建立等提供理论依据和决策支持。如《公路水路交通发展的"三阶段"战略目标》研究，评价了公路水路交通发展现状，分析了公路、水路交通发展三阶段及其主要标志，明确了公路、水路交通发展三阶段的主要目标，进而指导交通发展战略和长远规划的编制与实施；《国家高速公路网规划》研究，提出了中国历史上第一个高速公路骨架布局，也是最高层次的公路通道，分析了规划的背景和意义，以我国高速公路发展现状为基础，结合我国国情和国家经济社会发展需求，拿出了我国高速公路网"7918"规划方案，对于确保高速公路项目建设有序进行、建立和完善综合交通运输体系、促进经济发展和社会进步都具有重要作用。

"十一五"期间，转变发展方式、建设现代交通业成为行业发展的主题。软科学研究课题的综合性、社会性更加突出，学科交叉的趋势日益显著。这一时期，公路交通软科学研究进一步围绕行业可持续发展，促进行业发展科学决策、建设物联网和智能交通、发展低碳环保交通、推动行业提升服务水平等战略问题展开。

软科学及决策支持技术的研究成果，为不同发展阶段下公路行业创新理念、理清思路，促进科学和民主决策，保证行业又好又快发展提供了重要的技术支撑。例如，《建设创新型交通行业发展战略研究》系统地提出了建设创新型交通行业的发展战略，明确了建设创新型交通行业的指导方针、总体目标、重点任务和保障措施，为交通行业贯彻落实党中央、国务院建设创新型国家的重大战略决策，推进行业理念创新、科技创新、体制机制创新和政策创新发挥了重要作用；《交通由传统产业向现代交通服务业转型战略研究》提出了转型的实质就是发展现代交通业，明确了发展现代交通业的内涵、总体要求、基本原则、战略目标以及战略重点、保障措施，为出台《关于加快发展现代交通业的若干意见》提供了重要支撑。

5. 新技术推广

1999年和2000年，共有8项成果通过验收。如"公路沙害综合治理技术推广"，于2000年9月14日在内蒙古自治区伊克昭盟乌审旗通过验收。内蒙古自治区先后在不同地区分别进行了工程方法治理公路沙害以及以植物治沙为主、工程治沙为辅，模拟自然植物群落，建立人工植被系统消除沙害的实验，并取得了经验。全自治区9个公路沙害严重的盟市用3年时间推广了"公路沙害综合治理技术"，共治理国道公路沙害183公里，省道公路沙害118公里，旗县公路沙害84公里，建设网围栏19万延米，造林种草65万亩，使公路沿线大部分沙丘、沙地由治理前的流动状态变为固定状态，植被覆盖度由治理前的10%左右上升到80%以上，确保了治理路段公路的畅通，促进了当地经济的发展。在推广过程中，积极尝试了综合治理公路沙害与当地产业相结合的途径，在与沙产业、经济林、药用植物的相结合方面取得进展，收到一定的产业经济效益。

"十五"时期以后，新技术及理念的推广进一步结合西部开发、公路安保工程、勘察设计典型示范工程等展开，应用性更强，更具针对性，工作取得明显成效。如2002年1月"水泥混凝土路面滑模施工技术推广"项目在海南省海口通过验收。经过新世纪之交3年的推广，已在18个省（区、市）内建成高等级公路3500公里，其中高速公路2304公里，施工技术水平达到国际先进水平，并在推广中取得了18项国内首次采用的技术创新和工艺进步。同时，培养了一大批掌握水泥混凝土路面滑模施工技术骨干。截至2002年年底，举办培训班88次，培训技术人员5000人次以上。

再如，"高原地区筑养路职工劳动卫生保护综合措施（二期推广）"项目于2002年1月23日在青海省西宁市通过验收。青海省交通医院在青海、西藏、新疆、甘肃3500米以上高海拔地区养路、筑路单位进行一期推广的基础上，2002年进行了二期推广。通过对云、贵、川高原（山）海拔2000米以上地区和宁夏、内蒙古沙漠地区的筑养路职工工作、生活保健、劳动卫生和劳动保护情况的调研和总结，充实和完善了该项目措施，并编写了《实用高原野外作业诊疗学》《高原劳动卫生与劳动保护》《高原心理卫生与心身疾病保健》和科普手册等系列教材。该项目的推广不仅丰富了我国高原劳动卫生和劳动保护的内容，而且对中国高原交通系统广大筑养路职工的劳动保护、健康保障和生活质量的改善起到重要的作用，具有明显的社会和经济效益。

又如，"GPS、航测遥感、CAD集成技术推广应用"于2003

年获国家科技进步二等奖。在推广应用过程中，根据西部公路交通的实际情况，针对信息源数据过滤等问题，共进行了32项技术的二次开发，实现了应用软件的用户化、推广应用的规范化，保持了该项成果在技术上的先进性与实用性，并在西部地区12个省的13个设计单位的40多项工程、4000余公里的公路设计中推广应用。

2004年，为推广四川省川主寺至九寨沟公路示范工程的经验，交通部选择在江西省景婺黄高速公路、甘肃省宝鸡至天水高速公路、广东省双凤至平台高速公路等12个社会影响大、路网功能明确、沿线自然特性突出、工程较具代表性的山区公路建设项目作为勘察设计典型示范工程，以探索在不同区域、不同自然条件下的公路勘察设计经验，为今后的勘察设计工作提供有益的借鉴。通过示范工程的开展，新的设计理念逐步深入人心，普遍反映效果良好。

同时，"十五"期间为进一步促进科技成果的推广应用，交通部除在官方网站、行业媒体加强宣传外，还通过中央电视台、《科技日报》等社会主流媒体对西部公路科技项目的进展和成果进行跟踪报道，对有关公路建设的新技术、新工艺和新材料的成果进行广泛宣传。

"十一五"期间，交通部（交通运输部）积极探索新技术推广应用新途径，采取多种措施加大推广力度。西部交通科技项目自2001年启动以后，取得一大批成果。为加快科研成果转化，充分发挥科技对交通发展的引领和支撑作用，西部科技项目成果推广成为工作重点之一。

2007年，交通部启动四川雅泸、湖北沪蓉西、重庆绕城、山西忻阜高速公路等4个科技示范工程。此外，还实施了"材料节约与循环利用专项行动计划"，组织吉林、贵州、湖北省等交通厅提出了高等级路面再生技术、废旧橡胶粉筑路应用技术、聚合物改性水泥混凝土技术、机制砂混凝土技术等6项技术推广应用方案,并分别在重庆和北京召开了"交通资源节约和环境保护新技术研讨会"和"废胎胶粉在沥青路面中应用技术交流会",进一步扩大了专项行动计划的影响。

"十一五"期间的新技术推广工作,通过开展示范工程,编制设计施工技术指南建议稿,举办技术交流会或培训班,制作技术宣传片等多种措施,科技成果取得明显成效。西部项目成果推广率达到了60.7%,明显高于全行业40%的水平;西部成果推广覆盖了除港澳台和海南省外全国所有的省级行政区,并涵盖了公路桥梁、道路运输、环保节能和安全保障等主要公路交通专业领域。

三、公路勘设及建养技术

"十五"期间,公路建养科技以国道主干线和西部地区公路建设的关键技术、装备开发,建成的高速公路和等级公路养护、改造技术和装备开发为重点。特别是通过组织西部公路建设关键技术的研发,在勘测设计、施工、养护管理及生态环境保护方面开展了系统研究,形成了特殊地质地区公路修筑成套技术;通过大规模开展大粒径碎石、土石混填、新老路基接合部处治、路桥过渡段等路基技术研究,初步解决了一般路基稳定和各类软弱土处治等问题;通过高速公路早期病害、隧道路面结构与材料、桥面铺装材料与技术等项目研究,有效提高了公路服务性能,保证了公路的质量品质,降低了运营期间的修复费用;从边坡设计理论与方法、边坡加固新材料开发与应用、边坡加固施工工艺、高路堤的沉降变形规律与压实技术等方面入手,开展了边坡稳定加固成套技术研究,建立了相对较完善的路基边坡稳定性评价方法;通过山区公路混凝土透水基层研究、路基路面排水系统施工技术的等研究、完善了公路排水评定及设计方法；农村公路建养方面，开展了低造价县乡道路修筑技术研究、油砾石路面技术开发及西部地区农村公路建设关键技术研究等，推动了农村公路特别是西部地区农村公路建设的全面开展；公路养护方面，在高等级路面激光检测技术及成套检测装备研究、沥青路面快速检测及养护技术研究、水泥混凝土路面养护技术研究等方面取得突破，使道路检测精度、决策水平和技术大幅提升。

"十一五"期间，在公路建养技术重点研发方向，一是进行长寿命路面关键技术研究，从结构、材料、工艺入手解决路面早期损坏问题，形成我国重交通沥青路面的修筑技术，保证路面在使用寿命内的使用功能，降低公路的全寿命成本，通过预防性养护和不定期表层维修，力争路面的使用寿命达10至20年；二是进行交通资源节约与环保新技术研究，开展以节约土地、能源、材料以及资源综合利用和环境保护为重点的关键技术研发，建立循环经济的技术发展模式，促进交通与自然的和谐发展，为建设资源节约型、环境友好型交通提供技术支撑。

1. 勘察设计技术

勘察设计理念的更新。进入21世纪，特别是"十一五"时期，我国公路勘察设计在坚持新的思维、新的理念、新的标准、新的追求为根本原则的基础上，充分结合国情和不同的地域现状，围绕着基础设施建设、安全保障、环境保护等关键技术问题，在勘察设计理念、数字化与信息化勘察技术、安全设计理论、智能设计技术等方面开展了大量的基础性研究和工程实践，突破了一批勘察设计关键技术，取得了一批丰硕的科技成果，使勘察设计理念和技术水平取得了显著进步，创新能力显著提高。具体表现在：

可持续发展的设计新理念得到深入贯彻，地形地质和环境景观选线、节能环保设计等多种形式在具体设计中得到落实；

基于驾驶员心理和视觉感受的公路安全性设计理论研究不断深入，公路安全设计与评价分析方法日渐成熟；全寿命周期可靠性设计得到广泛认可，相关规范的制（修）订等都越来越多地考虑工程全寿命周期的安全性、适用性和耐久性等；计算机技术、网络技术、信息技术的不断开发与应用正迅速地改变着传统的勘察设计模式与习惯；遥感技术、激光雷达扫描技术、地震勘察技术、深水勘探技术等多种先进的信息化地质勘察手段在复杂地形地质和边远困难地区广泛应用与集成再创新丰富了勘察手段，极大提升了公路勘察设计的质量和效率。例如南京至杭州高速公路建设中，高度重视环保设计、动态跟踪设计，应用"珠链"景观设计理念，使一系列贴近自然的景观被巧妙地结合在一起，并突出公路的功能设计，从而使设计成果的整体风格和谐统一，整条公路与周围自然环境相互交融，给道路使用者以独特的视觉感受。

这一时期，数字化技术在勘察设计应用方面成果丰硕。2000年完成的国道主干线设计集成系统研究开发，围绕国道主干线及公路网的建设形成了GPS、航测遥感、CAD集成设计技术+公路通行能力和公路投资综合效益分析+GIS和公路数据库集成系统为核心的成套集成技术。该集成技术覆盖了公路网规划、公路设计、公路修建、建设项目评价、公路管理的全过程，为公路网规划、公路工程项目建设规模的确定、公路项目优化设计和科学决策提供了方法和先进手段，达到了国际先进水平。

这一时期，以数字化地图（DLG）、数字地面模型（DTM）为基础进行数据文件处理，大大减少了内业工作量，提高了工效。通过推广数字地面模型系统BID-Land、路线与互通立交集成BID-Road、利用集成技术成果进行公路勘察设计的整体化解决方案等成果，实现了公路规划勘察设计环境评估全过程的一体化、自动化和集成化，使公路设计由二维设计提升为空间三维设计,由静态设计提升为动态化设计,有效减少了公路测量野外工作量,大大地提高了设计效率和设计质量。

公路计算机辅助设计(CAD)、(Card/1)道路设计软件、仿真技术、全球定位系统等数字化技术的普遍采用,实现了空间三维设计,使平均设计效率提高了2至3倍。

GPS、航测遥感、CAD集成技术推广应用。该项目获2003年度国家科学技术进步奖二等奖,在西部地区12个省份的13个设计单位、40多项工程、4000余公里的公路设计中推广应用。通过方案的优化比选,采用该技术设计可节省土石方工程量5%至10%。

山区公路景观设计CAD的开发。针对复杂地形的山区公路,借助于计算机技术,在传统公路平、纵、横线形设计的基础上,研究开发了以数字化三维实景为平台的山区公路景观设计CAD技术,形成了山区公路景观设计系统。通过三维环境,实现具有实时和交互特性的山区公路景观三维实景设计。

2. 公路建养技术

西部大开发实施以后,高等级公路建设向西部地区迅速延伸。西部公路科技项目的开展,攻克了西部地区黄土、岩溶、冻土、沙漠等特殊地质环境下的筑路难题,取得显著成果。

——岩土工程及公路修筑技术。

黄土地区公路修筑技术。针对我国黄土分布面积广,具有湿陷性、易溶蚀,易冲刷和各向异性等特点,提出了黄土地区公路修筑成套技术:黄土浸水对路基与边坡等构筑物影响的评价、边坡防护、路基压实标准、路基施工方法及工艺、湿陷性黄土地区病害的防治等成套技术;制定出黄土边坡防护的设计原则与评价准则,为我国黄土地区筑路提供了有力的技术支撑。

沙漠地区公路修筑技术。提出了沙漠地区公路路基横断面设计指南,形成了设计、施工、养护、质量检测等一系列成套技术，建立了公路防沙体系，总结出一套适于各地区的公路沙害治理模式，形成了沙漠筑路的成套技术，为我国沙漠公路的修筑提供了有力的技术支撑。

冻土地区公路修筑技术。通过"多年冻土地区公路修筑成套技术研究"，摸清了水热力三场耦合的规律和公路冻害的成因机理，进而采用热力棒、聚氨酯板、遮阳板、热沥青下封层、植被覆盖等多种措施促进路基的稳定性，解决多年冻土地区公路修筑这一世界性难题，为多年冻土乃至季节冻结地区路基修筑奠定了坚实基础。青藏公路多年冻土地区公路修筑养护研究的基础资料和技术成果，为青藏铁路的建设提供了科学实践依据和理论技术基础。

岩溶地区公路修筑技术。岩溶在我国广泛分布，其中裸露岩溶区面积约为130万平方公里，占国土陆地面积的13.5%。针对岩溶地区岩石破碎、山体不稳、大小溶洞暗流不断、工程地质灾害严重，给公路建设带来的难题，经研究提出了岩溶地区公路工程地质勘察中各种方法的适用条件、工程稳定性综合评价理论和方法、具地域特色的景观设计方法、石方边坡绿化、美化和生态恢复技术岩溶地区公路建设中的关键技术。

盐渍土地区公路修筑技术。盐渍土主要分布在新疆、青海、宁夏、甘肃等省（区），受盐渍化影响，形成严重的公路病害。通过路基挤密桩加固、土工布隔水、修筑万丈盐桥试验路等措施，有效治理了此类公路病害，减少了养护费用，减轻了养护工劳动强度，提高了公路使用效率，对其他盐渍土地区筑路有参考价值。

膨胀土地区公路修筑技术。针对膨胀土遇水膨胀、失水收缩的特性及其对公路建设的影响，首次提出公路膨胀土路基填料分类、膨胀土地基分类、膨胀土路堑边坡分类和膨胀土场地分类的方法，形成了完整的膨胀土工程分类体系；提出了《膨胀土地区公路工程地质勘察指南》和《膨胀土地区公路路线设计指南》；利用 GIS 软件平台建立数学模型进行二次开发，提出了"数字化全国膨胀土地理信息系统"。

红层软岩地区公路修建技术。针对红层软岩特点，建立了红层软岩岩体结构类型划分体系及稳定性的结构分析方法，提出了近水平地层边坡、倾斜地层边坡、断（层）褶（曲）破碎地层边坡 3 种岩体结构类型红层软岩边坡稳定性分析评价方法及防护与加固技术（包括生态防护技术），并在四川、重庆、云南、甘肃等省的 12 个高等级公路建设项目中广泛应用。

草炭土地区公路建设技术。针对草炭土地区公路建设中路基路面中存在的不均匀沉陷、塌陷、开裂、冻胀和翻浆等突出病害和隐患，系统地分析研究了草炭土地基路基结构的变形规律，比较了评价处治对策效果，确定草炭土路堤的极限最大及最小填筑高度，与传统处治对策相比可降低建设成本 15% 至 20%，产生的直接经济效益十分显著。

农村公路建设技术。通过平原、丘陵、山岭地区的不同地形条件和经济发展状况研究，交通部发布了《农村公路建设指导意见》，加强了农村公路建设标准的技术指导，引入"受限路段"概念，对原有桥梁利用和"村镇路段"提出了具体要求。交通部发布的《西部县乡道路路基路面设计与施工指南》，可操作性强，对县乡公路的修建具有重要指导作用。同时，系统总结了沥青路面和水泥路面在农村公路中的使用现状和特点，提出了一整套适合我国国情的农村公路建设标准、规范和指导意见，对加快农村公路建设提供了技术支撑和专业指导，有力地推动了我国农村公路建设的发展。

——公路路面技术。

西部地区合理路面厚度及路面结构技术。通过系统的材料研究、施工工艺研究和加速加载试验验证研究，提出了合理沥青路面结构组合形式，以提高沥青路面结构的长期使用性能。此项研究成果包括 50 种不同路面结构形式，形成可供现实应用的技术标准。

西部地区地方性材料在公路路面中的应用技术。针对西部地区的交通状况和地理气候特点，使西部地区公路建设达到因地制宜、就地取材、确保工程质量、节省工程造价和保护自然环境的目的。研究成果涉及西部地区的 12 个省（区、市），对公路的路线方案选择、路面结构设计、工程施工、养护以及材料开发和应用等方面均有重要的参考价值。

新老路基结合部处治技术。针对路基拓宽工程的实际问题，总结了路基拓宽工程中新老路基结合的主要方式及其分类方法、常见病害及其成因机理，提出了新老路基不协调变形的计算方法，建立了基于不协调变形控制的路基拓宽设计理论和方法，系统地提出了不同条件下新老路基结合部的处治技术及其施工控制，形成了《新老路基结合部处治设计施工技术指南》。

废轮胎橡胶粉在筑路工程中的应用技术。对橡胶沥青及橡胶粉沥青混合料的路用性能及力学特性开展了全面、系统的研究，制定的技术标准、指南、工法，成为我国 70% 以上橡胶沥青路面工程的设计和施工依据。已经成立橡胶沥青生产、施工企业百余家，从业人员过万人，总计的年产值超过 20 亿元。

新型路面沥青材料的应用技术。乳化沥青、SMA 沥青、彩色沥青、EAS 沥青封层等新型路面沥青材料具有良好的稳定性、耐久性和表面功能，在公路建设、养护中得到广泛应用。

路面材料再生技术。进入 21 世纪，90 年代建成的高速公路陆续进入大中修期，每年有 12% 以上的沥青路面需要翻修，沥青废弃量达到 220 万吨之巨，而且这一数字还在以每年 15% 的速度增长。伴随着我国大量高等级公路进入大修、重建阶段，废旧路面材料的再生利用问题重新受到重视和广泛关注。SMA

罩面、微表处、碎石封层、雾封层等预防性养护新技术逐步在我国得到推广应用。到"十一五"期末，路面材料再生从工艺和施工方式上分，已经有表面再生、全深式再生以及厂拌热再生、厂拌冷再生、就地热再生和就地冷再生等方法，并发展出相应的成套设备和施工技术，大大降低了公路建设和养护的成本，提高了效率，也大大提升了公路行业的环保水平。

——公路养护管理技术。

沥青路面快速检测及养护技术。成功开发出我国首个具有完全处方知识产权和国际先进技术水平的"路况快速检测系统（CiCS）"装备，并与"七五"期间研制的路面自动弯沉仪（ABB）及路面抗滑性能检测车（RiCS）组成了一个完整的路面快速检测装备体系。与传统人工检测方法比较，这套装备能提高路面损坏检测速度18倍以上；具有稳定、可靠、实用的特点，能适合高速公路繁忙交通，也能用于一般公路差路况的检测（稳定性）；既能用于大规模、长时间的网级路况检测，也能用于项目级系统的精确检测（可靠性）。该系统的研发为公路养护实现路面状况自动检测提供了科学可靠的手段，彻底改变了公路养护管理、路况水平检测靠人工观察、手工操作的状况。

公路排防水系统。在公路排水系统设计方法、山区公路沥青面层排水技术研究、路用防排水材料的开发以及路基路面排水系统施工技术等方面形成了相关的成果和技术指南，为保证公路的安全畅通提供了有力的技术支撑。

此外，这一时期在干线公路路面养护管理系统研究、货车超限超载治理技术研究、预防性养护机制研究、旧水泥路面薄层沥青罩面与层间技术一体化研究等方面取得了大量成果，为实现公路养护的自动化检测、科学化决策、机械化施工、预防性养护奠定了坚实的技术基础。

3. 桥梁建养技术

这一时期，江阴长江大桥、润扬长江大桥、苏通长江大桥等大型跨江公路桥梁工程，杭州湾跨海大桥、舟山连岛工程等巨型跨海桥梁工程以及西部地区多座跨越深沟高谷的公路桥梁成功建设的背后，科技水平的迅速提升和人才队伍的快速成长，成为主要的支撑力量。

——桥梁勘察设计技术。

21世纪以后，我国桥梁从方案设计、初步设计到施工图设计的图样完全实现计算机化。设计计算除了通常采用的平面杆系计算外，还较多地采用了空间计算、弹塑性稳定计算、考虑大变形或索挠度的非线性分析以及局部的分析计算等。各种桥梁构造、分析和计算都取得了一定的成果。

"九五"时期以后，桥梁设计的技术进步集中体现在设计手段、结构分析和设计理念方面。除了设计自动化外，越来越重视美学和概念设计，这也是桥梁设计现代化的重要标志之一。

21世纪以后，桥梁CAD得到快速发展。"十五"期间，由中交第二公路勘察设计研究院主持研发的桥梁设计集成CAD系统（Bid-Bridge）通过鉴定，并于2003年获国家科技进步二等奖。该系统实现了常见桥梁初步设计、施工图设计，并可以自动化出图。此外，在公路中小桥工程设计中，初步形成了一套技术完善、有大量工程实践的标准图，包括T梁、小箱梁、空心板和常见墩台基础形式等的设计，为高速发展的公路建设提供了技术支撑。"十一五"期间，中交第一公路勘察设计研究院完成了数字三维集成CAD技术研发，实现了道路、桥、隧、附属工程及周边环境设计的三维立体化设计，道路设计真正进入三维时代。

这一时期，桥梁设计软件不仅能完成设计和绘图，还能通过快速优化和仿真分析，应用虚拟现实技术，使业主可以逼真地看到桥梁建成后的外形、功能、景观效果等。同时，可以模拟地震、台风、潮汐等特殊气候条件下桥梁的表现，以便于业主对桥梁外观、景观进行直观的决策。

——桥梁施工技术。

这一时期，大跨径桥梁的建设技术趋于成熟，斜拉桥、悬索桥的建设快速发展。桥梁工程已经从单一桥型向桥隧结合、多种桥型组合的协作体系演变。这是我国现代化斜拉桥、悬索桥大发展的时期，在施工方法上有很多创新。

桥梁基础。在大型悬索桥和斜拉桥施工中，桥塔或主墩都属深水基础；而锚碇基础一般都是超大型陆地基础。这一时期，大型桥梁的深水基础已经由管柱基础、沉箱基础发展成为钢管桩基础、大型沉井基础和复合式基础。钻孔灌注桩的直径由小到大，由1米至1.5米发展到3米至4米；深度达到80米至100米；由等截面向变截面发展。在一些特别重要的特大桥梁的主桥基础中，往往采用灌注桩桩底压浆技术，增大承载力和耐久性，减小沉陷。高桩承台的应用领域不断扩大，不仅用于梁桥，而且开始应用于特大跨径斜拉桥、悬索桥甚至拱桥。

钢管桩的优点是在工厂制造，质量有保证，施工速度快。在上海南浦大桥及杨浦大桥的桥基处均有很深的淤泥层，建设中采用了钢管桩。近年又在东海大桥及杭州湾跨海大桥的一部分基础中采用。

沉井基础刚度大，承载能力大，稳固牢靠，在一些水深很大的河流上建桥，或基础要承受很大水平力的情况下，仍然是优先考虑的方案之一，是桥梁主要基础之一。如1999年建成的江阴长江大桥，北锚碇要随约50万千牛顿的水平力，采用了长宽深为69米×51米×58米的沉井基础。首节沉井采用钢壳混凝土，并利用土模支承。这种经济实用的施工方法，为此后大型桥梁基础设计、施工积累了宝贵经验。此后，苏通大桥南锚碇创新下开挖深度最大的地下连续基础，南京长江四桥南锚碇创造出我国首个∞形的锚碇，泰州大桥北锚碇沉井以长宽深67.9

米×52.4米×58.5米刷新沉井体积纪录。

由双壁钢围堰和钻孔灌注桩相组合的复合基础，是目前深水基础用得最多的基础形式。军山长江大桥、南京长江二桥等都采用复合基础，远比沉井基础经济得多。

地下连续墙因施工振动小、噪音低、墙体刚度大、防渗性能好、地质适应性强及可建成任何形式等特点，有被较多采用的趋势。目前，主要用作悬索桥锚碇基础的支护结构。虎门大桥的西锚碇、润扬长江大桥的北锚碇、阳逻长江大桥的南锚碇都采用地下连续墙作为支护结构。

冰围堰基础的施工方法再次出现于2000年开工的润扬大桥南锚碇施工中。

桥梁结构施工。我国斜拉桥建设取得的成就主要包括：主梁，已经由前一时期的混凝土梁发展到采用组合梁、钢梁及混合梁；桥塔，由单一的混凝土塔发展到可根据桥位的具体地质水文情况建设钢塔和混合塔；主索，苏通大桥最长索已达526米，此外还发展了防护、减振及抗风雨振等方面的技术；施工控制理论方面，如自适应法、卡尔曼滤波法、无应力法等不断得到完善和提高，尤其无应力法的实际工程应用有较大突破；创新桥型——钢管混凝土梁斜拉桥是我国独创的一种桥型，如主跨径达140米的广东南海紫纲桥就是成功的建设实例。

悬索桥的施工中，采用了很多独创的技术。2004年开工、主跨900米的湖北恩施四渡河大桥，桥面至谷底高达560米，号称世界第一高悬索桥。该桥施工中，在世界上首次创造性地采用发射火箭牵引导索过河的方法，获得成功。主跨1650米的舟山西堠门大桥，则采用直升飞机牵引导索过海的方法。除此之外，我国在悬索桥的技术上不断创新，在许多方面达到国际先进水平，包括：扁平钢箱梁设计、建造、架设和拼接技术；钢桁架梁设计、建造、架设和拼接技术；组合梁或混凝土梁设计、建造和架设技术；主缆架设、成缆、防护技术；生产关系锚和重力式锚的设计与施工技术；自锚式悬索桥加劲梁、缆索设计、建造和架设技术；悬索桥整体施工控制技术等。

这一时期，拱桥从钢筋混凝土拱向前发展，出现大量的钢管混凝土拱，进而由钢拱桥连连刷新拱桥的主跨纪录。2001年开工的钢管混凝土拱桥——重庆巫山长江公路大桥，将420米的主跨纪录一下拉到460米。钢管混凝土拱的技术创新点是：完成了钢管混凝土拱桥设计方法与计算理论研究，编制出设计软件；形成了钢管混凝土拱桥结构设计与合理构造形式，编制了设计指南；突破了钢管混凝土拱桥施工关键技术，编制了施工指南、钢管制作验收标准及施工控制软件；形成了钢管混凝土拱桥养护维修技术，编制了钢管混凝土拱桥养护维修指南。在钢拱桥建造施工中，桥梁的部件实现工厂化生产，在施工现场完成组装，各工艺过程的控制精度要求非常高。主跨552米的钢拱桥——重庆朝天门大桥的顺利建成，解决了高温高湿地区钢桁梁部件的设计、加工工艺、变形控制以及组装中的技术难题，创新性地解决了长大杆件、节点横梁、桥面板块及超大型节点板的制作等一系列复杂工艺问题，为此后大型同类钢桥的设计、建造积累了经验。此外，我国在石拱桥技术上继续领先。2000年建成的晋城至焦作高速公路上位于山西晋城的丹河新桥，以主跨146米位居石拱桥主跨世界之首。

梁桥的发展仍以预应力混凝土梁为主。预应力混凝土梁已经由连续梁为主发展到连续刚构为主。梁桥的技术成就主要体现在以下技术的发展和创新上：预应力混凝土结构及钢-混组合结构、混合梁结构的设计技术；三向预应力设计技术、真空压浆技术；防开裂与下挠技术；悬臂施工技术。

这一时期，在巨型跨江越海桥梁工程的建设中，取得了一系列关键性技术突破和创新。如苏通大桥，主要围绕5项关键进行研究:一是超过 1000 米的大跨径,对结构体小、阻尼限位装置和抗风、抗震、静力稳定性及结构非线性的分析等;二是深水群桩基础的设计与施工,包括桩的设计、桩底注浆技术、施工工艺、桩基承台施工平台、超大型承台的施工技术以及冲刷防护技术等;三是 300 米的高塔,对钢-混组合结构设计,施工质量的监测与保证混凝土浇筑技术及抗台风等;四是长索的设计与施工,首次采用强度为 1770 兆帕、直径 7 毫米钢丝的平行钢丝索,寿命 50 年,采用多重防腐系统、可更换、多重减振措施等;五是长跨径连续刚构的设计与施工,主要采取了防止长期运营中跨中梁下挠的措施。这些丰硕的、具有创新性的科研成果,为苏通大桥设计、施工奠定了坚实的基础,使大桥不到 5 年的时间顺利建成,也为世界超大跨斜拉桥的技术做出重大贡献。

跨海长桥和连岛工程是桥梁工程中很特殊的一类,因超大的建设规模和桥址区恶劣的气候、水文、地质条件使得施工难度大大增加,也为以后桥梁的运营和维护增加了难以预知的困难。这些跨海工程的技术成就主要表现为:结构耐久性设计技术;风浪耦合分析技术;离岸深水远洋结构的设计、施工、测量和控制技术等。如围绕杭州湾跨海大桥关键的技术突破,不仅确保该桥在 4 年半的时间里顺利建成通车,也为其他跨海大桥提供了一些可借鉴的经验。

此外,在山区高等级公路的高墩弯桥建设技术中,获得了一些关键性的技术突破,保证了高速公路向高山深谷的延伸,主要有高墩大跨径弯桥上下部结构形式、预应力设置及分析、收缩徐变和温度效应的分析、箱梁薄壁墩空间分析、全过程稳定分析、支撑布置对箱梁结构影响、动力及地震反应三维分析、施工方法和监控方法等。

——桥梁检测、运营及养护管理技术。

世纪之交及 21 世纪后,我国桥梁质量检测及管理系统向精细化、系列化、规范化迈进。

交通部根据我国公路桥梁养护管理和国省道干线公路危桥改造的迫切需要,秉承"集成创新,重点突破,完善技术体系"的原则,开展深化开发研究,取得了一批集成、创新成果,建立了桥梁的质量检测—检测参数评价—结构技术状况评价—承载能力评定—维修加固等完整的技术体系。成果主要体现在:

结构损伤与寿命预测评价技术。通过对典型桥梁典型损伤的定量检测及对结构承载性能的影响分析,提高了桥梁安全评价的准确性。在此基础上,引入桥梁全寿命周期的概念,通过对桥梁材质劣化和结构耐久性能退货的机理研究,应用时变可靠度理论和风险分析,实现了对桥梁剩余寿命的预测,适应了桥梁现代管理的需要。

无损检测技术及装备。针对我国公路混凝土桥梁量大面广的特点,以混凝土强度、内部缺陷、表层损伤、电阻率、钢筋锈蚀电位、碳化深度、钢筋分布和保护层厚度、荷载试验等为主要检测参数,实现了桥梁无损检测关键设备的国产化;改进完善了桥梁试验测试手段和装备,进一步研究开发了超声波检测装置、混凝土保护层测试装置等先进的检测仪器设备,并均已实现国产化。这些成果解决了我国公路桥梁承载力检测评定的关键技术难题,形成了《公路桥梁承载能力检测评定规程(报批稿)》等行业技术指南与标准,使我国公路桥梁的承载力检测评定工作有法可依。

长期监测和诊断技术。该技术主要针对大跨径桥梁,主要体现在桥梁健康监测系统的发展应用方面。目前数十座大桥上均安装有桥梁健康监测装置,如广东虎门大桥和江苏的江阴、润扬和苏通大桥等大型公路桥梁等。

桥梁技术状况评价与承载力评定。"公路桥梁检测、评定与加固技术研究及推广应用"技术,创造性地建立起桥梁承载力评定参数的理论模型，攻克了桥梁技术状况检查评估结果、质量状况及耐久性参数检测评估数据、桥梁工作性能测试结果和使用荷载调查结果在桥梁承载力评定中合理有效应用的技术难题。

在用桥梁维修加固技术。提出的桥梁加固后评价体系解决了桥梁加固目标评价、实施过程评价、技术性评价、效益性评价、影响性评价和持续性评价等关键技术难题。依据研制的加固工程质量检验评定方法与标准，交通部于2008年颁布了《公路桥梁加固设计规范》，为桥梁加固的科学化、规范化奠定了坚实基础。

桥梁养护管理技术。已经建立起适合国情的桥梁养护管理工作制度。坚持"预防为主，安全至上"的方针，实行"统一领导，分级管理"的桥梁养护制度。交通部颁布了《公路桥梁养护管理工作制度》《公路桥涵养护规范》(JTG H11-2004)，通过大力推广桥梁管理系统等现代管理手段，提升了我国公路桥梁的管理水平。

大型桥梁的运营管理技术。大桥在建成后，在运营过程中的制度和技术创新保证了大桥的安全顺利运营。如1999年建成的江阴长江大桥，由江苏扬子大桥股份有限公司负责管养。公司实行总经理负责制，实施总经理、管理部门、执行单位三级式管理。公司在大桥运营管理中，严格按《江阴大桥维护手册》办事，注重"四新"技术应用，及时管养，全面提升了桥梁技术状况。截至2010年年底，江阴大桥运营10多年，日车流量已经从开通之初的1.3万辆突破5万辆，累计过桥车辆突破亿辆，经济和社会效益显著。多年来，特别是21世纪以来，我国多座大型跨江越海桥梁工程的安全运营，表明我国大型桥梁已经初步确立起适合国情的运营管理制度和体系，相关检测评估和决策支持技术也日趋成熟，整体管理运营水平已经追赶上国际的先进水平。

4. 隧道建管技术

1998年福州会议后，公路隧道建设与高速公路、桥梁建设同步开始了跨越式的发展。为适应我国公路隧道建设快速发展的需求，突破和解决重点工程建设和养护管理方面面临的重大技术难题，交通部加大了对公路隧道科研的支持力度。以秦岭终南山特长公路隧道为代表的一大批超长穿山隧道以及胶州湾、厦门、珠江等海底隧道的建成，成为科技成果支撑公路隧道建设发展的范例。

据统计，仅2001年至2008年，针对隧道建设和养护中的难点、焦点和热点问题，交通部就在隧道工程方向设立西部项目32项，直接投入研究经费6593万元，涉及隧道设计技术、施工技术、基础理论研究、检测评估、维修加固与养护管理技术、防灾减灾等各方面。

一大批重点科研项目和重大工程的顺利完成表明，制约我国特长高等级公路隧道建设与运营的技术瓶颈被突破，施工技术有了重大进步，基本解决了隧道选型、安全快速施工以及特长隧道通风、照明、运营安全控制等难题，形成了一批创新型技术和装备，部分成果达到国际领先或先进水平，填补了国内诸多空白，为国家重点工程项目建设、行业技术标准的制修订、隧道行业的整体技术进步发挥了重要作用，对公路隧道的又好又快发展起到了保驾护航的关键作用。

——标准规范体系日趋完善。

这一时期，为进一步满足建设市场、行业管理的需要，引导公路隧道建设进入规范化轨道，交通部有关规范的发布更加密集。1999年发布《公路隧道通风照明设计规范》，2003年发布《公路隧道交通工程设计规范》《公路隧道养护技术规范》。在新出台规范的同时，随着国内建设经验的日趋丰富和隧道建设数量的加速增长，交通部对原有规范加紧修订，如2004年新版

《公路隧道设计规范》发布。在规范的指导下，我国山岭隧道的长度及单洞跨度均得到了极大提高，单洞长度已由不足500米发展到了18.02公里，居于世界前列；单洞最大跨度已由普通两车道发展到了四车道甚至五车道，标志着我国长大山岭隧道的建设已经跻身世界先进水平。

——勘察设计技术显著进步。

这一期间，公路隧道勘察设计发展重点体现在特殊结构形式公路隧道设计技术、复杂恶劣自然环境下公路隧道的设计技术、特长公路隧道工程配套技术等方面取得显著进步，解决了我国山区众多恶劣地质地理条件下、多结构型式公路隧道的设计难题。

特殊结构隧道的设计。与常规的公路隧道结构形式相比，我国过去在特殊结构隧道上的设计和施工经验几乎是空白。为适应西部地区特殊地形条件，满足高速公路路线方面的要求，这一时期重点针对连拱隧道、小净距隧道、分岔隧道、特大跨扁平隧道、棚洞形隧道、超深竖井、单层衬砌隧道、喷射防水层技术等新型隧道结构形式，在其设计理论和施工方法等方面开展研究，解决了众多非常规结构隧道在设计荷载、结构形式、支护衬砌参数等方面的问题。

复杂恶劣自然环境下公路隧道的设计技术。在特殊地质条件下的隧道建设方面，结合公路隧道建设的发展需求，重点针对我国西部地区复杂恶劣的自然地理条件（黄土、多断层、富水岩溶地区、寒冷气候、高地应力、高地震烈度和活动断层带等）的公路隧道展开研究，解决了安全环保进洞、超前地质预报、抗防冻、防排水、环境保护、应急救援等技术难题，提出了相关地质条件下公路隧道的断面形式、衬砌结构参数、抗震及减震技术、通风、防冻、防排水设计技术。研究成果处于国际先进或领先水平，达到了对依托工程优化设计、保障安全、减灾防灾、节约建设资金的目的，同时提高了相关方面的理论及技术水平。

特长公路隧道工程配套技术。西部地区公路隧道朝着长度更长、埋深更深的趋势发展。为了解决我国公路特长隧道建设需求增多和相关技术比较落后的矛盾，从长大隧道施工技术、施工安全、环境保护等方面开展了系统研究，形成了较为系统的特长公路隧道建造技术，不仅保障了上述依托隧道的成功建成，而且提升了我国特长公路隧道的整体建造水平，使我国山岭公路隧道建造水平迅速跃升至世界前列。

——隧道施工技术。

施工方法的巨大进步。重点在信息技术应用、复杂地质条件下合理施工方法研究和合理施工时机与控制技术方面取得突破。同时，山岭隧道新奥法设计施工得到广泛普及。在水下隧道施工中，盾构、沉管和钻爆3种常见的技术手段已经能成熟掌握和应用。到"十一五"末期，总体上看我国绝大多数公路隧道施工已采用大型钻爆机械化施工方法，少数公路隧道根据地质条件、工期要求和建设环境等因素选用了切割法和沉管法等施工方法。盾构机和全断面掘进机在公路隧道建设中依然是空白。

信息化施工技术。建立了公路隧道建设三维数字化平台，在此基础上应用监控量测信息及其综合管理分析系统对围岩和支护结构进行跟踪反馈分析，实现对复杂地质条件下公路隧道施工的实时监控、动态控制预测和远程管理，动态显示公路隧道施工过程。利用隧道监测数据库管理软件、施工动态数值模拟分析软件、施工动态反馈分析软件、隧道洞口边仰坡稳定性分析软件，实现隧道的动态自动化设计、施工、监测与管理。

合理施工及复杂施工技术。对黄土隧道、高海拔地区隧道施工技术展开研究，取得了黄土隧道和高海拔地区隧道的开挖方法、施工工艺，有效地指导了复杂地质条件下隧道的设计、施工和养护。掌握了溶洞、地下暗河等复杂岩溶条件隧道不良地质处治技术，公路瓦斯隧道揭煤防突技术，千枚岩地层隧道支护结构及爆破技术，超深大断面竖井岩爆预防技术及预防措施等处治技术，保证了隧道施工安全，增强了隧道在复杂地质条件下的通过性。

针对隧道工程中常见的复杂地质和地理现象，展开了一系列的专项研究，并突破了复杂条件下隧道施工技术的瓶颈，为提高隧道使用品质和寿命、降低工程造价和养护成本提供了强大的技术支撑。

水下隧道施工技术。20世纪90年代末期以后，我国开展了大量水下公路隧道技术攻关，取得了长足的进步。这不仅确保了工程建设的顺利开展，而且集成创新出具有我国自主知识产权的建设技术，并达到国际先进水平，为我国庞大的水下隧道建设储备了技术和人才资源，并具备了参与国际重大水下隧道工程项目竞争的实力。

——隧道安全运营及管养技术进步。

长隧道通风照明技术。随着我国公路隧道建设数量、规模、方式的不断发展，公路隧道照明、通风逐渐成为隧道建设的关键技术，甚至是安全行车的控制性因素。为此，交通部组织有关单位实施一大批公路隧道营运通风照明技术规范编制和技术攻关课题，并于1999年编制完成《公路隧道通风照明设计规范》。《规范》系统且全面地对公路隧道营运通风、照明设计做了相应规定。

隧道检测、监控与防灾技术。特长隧道检测、车辆监控与防灾技术难度极大，是隧道开通运营后的世界性难题。经过科技攻关和不断积累，我国公路隧道检测、运营及安全技术有了长足进步，解决了病害调查、检测技术、评价方法、维修加固和养护管理平台的问题,建立了公路隧道检测评价指南,重点突破了隧道长期监测系统、检测评价模型和全寿命数字化建设与养护管理技术。

四、公路安全、环保及运输技术

进入 21 世纪后,我国公路安全和环保的理念和技术取得突破性发展,道路运输技术也实现突破,为公路交通运输转变发展方式做出重大贡献。

1. 公路安全保障技术

——安全保障技术的发展。

"十五"期间开展的"西部公路交通工程设施系列标准研究",针对西部地区特殊地理和地质条件下交通工程设计、施工、验收的技术需求,制定适合西部地区公路建设的交通工程系列标准,以指导西部公路建设,对西部开发具有重大意义。通过试验研究,编制了《公路交通安全设施使用指南》和《公路收费标准使用指南》,有效地帮助使用者更好地理解和使用制修订完成的标准。

为适应公路建设的可持续发展,交通部开展了修订《公路工程技术标准》(JTJ001—97)专题研究。适应了我国交通工程及沿线设施总体技术逐步趋向成熟的发展需求,强调了安全设施的配套设计和普通公路尤其是低等级公路危险路段安全防护设施的设置。

随着公路基础设施的加快发展,公路交通安全评价的研究不断深入,技术水平不断提升。2004 年,《公路项目安全性评价指南》及其辅助软件同时发布。这是我国第一部有关道路安全评价的技术指南,为在我国推行公路交通安全评价工作提供了技术指导。

2004 年开始全面实施的公路安保工程,是公路安全保障的技术成果在全国公路行业第一次大规模推广应用，取得了良好的经济效益和社会效益。2008年2月，科技部、公安部、交通部联合发起《国家道路交通安全科技行动计划》，通过3部门协同合作，建立起符合国情的道路交通安全保障技术、标准、措施和可持续发展的体系，贯彻有关公路建设"安全、环保、节约"的新理念，推进安全保障工程"针对性、宽容性、创造性"的原则，使我国公路交通安全建设与管理水平开始产生从量到质的飞跃。

"十一五"期间，交通部（交通运输部）从国家层面制订的交通安全战略，国家重点基础研究发展计划（973计划）、国家高技术研究发展计划（863计划）、国家自然科学基金、西部交通建设科技项目以及各省（市）科委科技项目中，都设置了公路交通安全科研项目。在此期间，在公路安全方面取得的主要成果有"山区双车道公路路线设计参数研究""西部地区公路交通安全评价研究""公路交通安全应用技术研究"等，初步形成一系列保障公路交通安全的应用技术、管理技术和标准规范体系，首次建立了公路交通安全数据库，编制了我国第一部《公路交通安全手册》，为公路交通安全建设提供了强有力的技术支撑和保障。

——公路灾害气象预报能力建设。

随着高速公路网的逐步形成，影响公路交通安全的因素在不断增多，作用机理更加复杂，特别是气象因素对公路行车安全的影响日益突出。为避免公路交通延误、减少恶劣气候诱发交通事故，2005年7月交通部与中国气象局在北京签署《关于共同开展公路交通气象监测预报预警工作的备忘录》，明确双方将共同努力，建设交通气象监测、预报、警报和评估系统，逐步建立科学高效的公路交通气象信息预测发布机制，及时向社会公众提供准确全面的气象信息，预防灾害性降水、大雾、积雪、结冰、大风甚至高温对道路交通产生的重大影响，减少交通事故,降低公路基础设施维护费用,引导合理布局交通干线。

"十一五"期间,针对影响公路安全的大雾、冰雪等恶劣气象条件,公路行业开展了恶劣气象预报预警、交通安全管理对策和应急预案研究;基于 GIS 技术,进行了恶劣气象条件下公路交通安全管理系统的集成开发,取得一定成果。同时,交通部设立公路气象服务与应急处置中心,对全国主要公路进行气象预报服务,并在出现重大恶劣天气或突发事件时向有关省级交通主管部门发布"重大公路气象预警",协调地方做好应急处置工作。这些都为快速缓解灾害气候影响、保障公路运输畅通发挥了重要作用。

2010 年 8 月 31 日,交通运输部和中国气象局联合发布《关于进一步加强公路交通气象服务工作的通知》,要求共同推进公路交通气象观测站点网络建设,建立健全有效的公路交通气象应急工作联运机制,同时就促进公路交通气象服务的信息共享和集约化发展、加强交通气象服务标准化建设做出明确规定。

——公路安全技术。

20 世纪 90 年代以后,特别是 21 世纪以来,我国在公路交通安全技术上取得的科技成就包括以下 9 个方面:

一是编制了我国第一本《交通工程手册》和《公路交通安全手册》。这两本手册为公路设计、管理人员和公路投资规划决策人员提供了公路交通安全性定量分析的工具,对交通运输规划、设计、建设、养护、预防、改造等起到指导和建议的作用。

二是道路交通安全立法取得突破。2004 年 5 月 1 日,我国第一部《道路交通安全法》开始施行,为我国的道路交通安全管理提供了法律依据和保障。

三是构建了集交通事故数据、公路属性数据、交通流数据为一体的开放式公路交通安全数据库系统,为公路安全决策、安全治理及开展深度交通安全科学研究工作奠定了坚实的数据基础，有效地扭转了长期以来我国公路交通安全研究缺乏基础数据支持的被动局面。

四是完成公路交通安全标准规范制（修）订，使我国公路交通安全建设走向标准化、规范化的道路。

五是事故黑点鉴别技术取得突破。通过建立事故数据库，利用可靠的模型方法从事故数据库中识别出黑点，分析黑点工程技术因子，然后实施改善，并在改善后进行监测和开展效果评价。事故黑点鉴别方法在全国逐步推广实施，以致形成制度化实施方案，每年各省从路网中发现处治事故黑点，由公路硬件环境所诱发的事故率逐步减少。

六是建立了基于事故资料的事后分析技术和基于驾驶员生理心理特征、交通流运行安全特征和道路交通基础设施安全性特征等非事故资料的事前分析技术，实现对公路规划、建设、运营各个阶段的安全水平评价，为事故的预测和预防奠定基础。

七是建立了长大下坡、平交路口、隧道进出口、雾区公路、林区公路等特殊路段成套的安全保障技术，解决了我国这一阶段公路交通安全领域的热点和难点问题。

八是公路交通安全管理技术取得突破。在动态实时管理方面，建立了灾害性天气等突发事件条件下的道路交通安全行车控制标准和实时的管理对策与决策技术；在静态管理方面，针对不同的分析周期，建立了安全状态评价和预测技术以及安全资源优化分配等决策技术。

九是建立起以系统工程的观点和方法管理与协调，适合我国国情的公路安全管理系统；初步建立了道路交通安全管理系统的框架体系，分析了系统的机构组成、工作机制和功能结构。

2. 公路环保技术

——确立公路"安全、舒适、环保、和谐"设计的新理念。

"十五"期间，通过川主寺至九寨沟公路精品、示范工程的建设，完成了"川九路环保与景观设计关键技术"等项目的研究，提出了"安全、舒适、环保、和谐"的设计建设指导思想和灵活性设计、宽容性设计、多学科团队设计等设计新理念。该路的改建工程，经历了原路简易改造、按公路标准改造、最大限度保护自然环境3个阶段，理念不断升华，确立起公路建设充分尊重自然、保护自然、与环境保护同步的理念，实现了设计、建设由新产品向作品的转变。

为更好地指导新时期的公路建设，交通部发布了《新理念公路设计指南》和《降低造价公路设计指南》，逐步从设计延伸到工程建设的全过程中。

此后，通过"神农架至宜昌公路"等项目的研究，提出"自然的就是最美的"观点，树立了科技引领、资源节约、环境友好的一系列公路建设新理念，进一步提出："把保护生态环境作为设计的第一追求，把恢复好生态环境作为施工的第一原则，把科技创新促进生态保护作为建设的第一动力，把自然环境原生态作为验收的第一关口"的理念。

——公路环保法规和标准。

进入21世纪，交通环保法规建设及标准化工作取得明显进展。

2001年，交通部出台《建设项目竣工环境保护验收管理办法》。次年，启动建设项目竣工环境保护验收调查，不仅检查了环评报告书及其批复文件的执行情况，也为环评预测和环保设计的改进与优化提供了实际的工程经验。

2002年《环境影响评价法》实施后，交通部于当年开展"西部地区公路建设中的环境保护对策研究""公路建设战略环境影响评价技术的研究"等。通过研究，建立了包括公路规划环境影响评价基本程序、公路规划环境影响评价指标体系、公路规划环评技术方法等在内的公路建设战略环境影响评价体系，为我国公路规划环评工作的开展提供了技术支撑。

2004年，交通部先后发布《关于在公路建设中实行最严格的耕地保护制度的若干意见》《关于在公路建设中严格控制工期确保工程质量的通知》《关于开展公路勘察设计典型示范工程活动的通知》。

2006年2月，交通部发布《公路建设项目环境影响评价规范》(JFGB03—2006)，1996版的《规范》同时废止。适应环境保护工作的新要求，新版《规范》引入了分段、分级评价的原则，对社会环境影响评价、生态环境影响评价、声环境影响评价和环境空气影响评价等内容做出较大调整。

——工程生态保护与恢复技术。

"九五"期间，特别是21世纪以来，我国在生态环保与恢复技术上取得了巨大的进步。

大力推行公路生态保护与恢复技术。在建设过程中，尽可能保护原有植被和野生动物，在施工中不得不破坏的植被和环境也尽可能实施生态恢复。通过西部交通科技项目和行业联合攻关的大量试验研究，我国攻克了典型地区公路生态恢复的一系列关键技术难题，取得了众多成果。在路域动植物保护方面，由原来的"重恢复"向"重保护"转变。在路域植被恢复方面，针对各地自然条件，形成了各具特色的植被恢复技术，大力推行防污与清洁生产技术。在声环境保护、噪声治理方面，1989年贵黄公路首次应用声屏障技术。此后，开发了生态型声屏障建造技术，包括生态型声屏障材料制备方法、生态型声屏障选型和景观塑造技术，进而编制出生态型声屏障施工技术规范。2005年，交通部发布行业标准——《公路声屏障材料技术要求和检验方法》。在污水处理方面，21世纪以来陆续开发了服务区污水处理土壤渗滤技术、人工湿地处理技术等实用技术，实现了服务区污水的达标排放。在桥面径流处理方面，开发出多功能桥面径流串联处理系统,并取得了实用新型专利,为公路沿线的水环境保护做出了贡献。

景观保护与利用技术显著提升。随着人们生活水平提高,出行需求大幅提升,加之汽车进入家庭,对出行的要求不仅仅局限于"走得了",而且进一步要求"走得好";不仅要快捷通达,而且要舒适美观,对公路与自然融为一体的"景观"提出更高要求。这一时期,交通部在景观设计建设方面加强了引导。2004年5月,交通部发布的《公路勘察设计典型示范工程咨询示范要点》中明确:公路景观要坚持自然性原则,重点体现对原有景观资源的保护、利用和开发,以及公路主体与原有自然及社会环境的相融。同时特别强调"不破坏就是最大的保护"的理念。2006年,交通部在重新修订发布的《公路建设项目环境影响评价规范》里,将"景观影响评价"独立成章。有了示范工程、标准规范的引导,景观逐步成为公路建设的重要主题之一。

3. 道路运输技术

——道路运输技术进步。

"十五"期间,道路运输技术进步的重点是:路网运营以智能运输系统建设为龙头,以提高路网使用效能和道路通行能力为目标,重点研究开发各种网络系统关键技术;道路运输以高速公路客运系统、快速货运系统和现代物流服务系统建设关键技术为重点,坚持不懈地开发公路交通安全、节能降耗和环境保护关键技术;以信息技术为突破口,实现运输设施、装备和运营管理的有效集成,大幅度提高效率和质量,提升运输安全性,改善运输管理,提高为社会提供各种运输服务的能力和质量。

着手研究超载超限治理技术、运输组织技术,开发优化公路运输结构和提高服务水平的新技术,推广运输信息管理及应用技术等,为提高道路运输组织管理水平、解决运输效能不高、遏制超限超载运输奠定了坚实的技术基础。

"十一五"期间，在智能交通技术研究开发方面，建成区域高速公路联网电子不停车收费示范车道，实施精确气象预报，完成与大经济区域联网信息服务相关、具有自主知识产权的关键技术及应用示范，形成相关的成套标准规范等。通过集成开发路上行驶车辆的信息采集和计量技术，为未来道路用户费用征收模式的改革提供前瞻性技术支撑。

道路客运技术主要成就体现在：以"高档次车辆、高服务质量、高速度直达"为特征，适应旅客对运输直达性和准时性要求，提高运输效率，提升旅客服务水平。初步实现了800公里当日抵达、400公里当日往返的实效指标。高速客运平均车日行程在650公里左右，相当于普通客运的2倍多，效益大大提高。经营道路快速客运的企业普遍进入了良性循环的状态，投资收益率在10%至20%之间。

道路货运技术成就体现在：以干线公路网为依托，以45个公路主枢纽为中心、运输站场为结点，建立起面向全社会的道路运输系统。通过"上门取货、集零为整，送货到门、化整为零"的运输服务形式，及时适应消费者的个性需求，将道路运输的服务水平推进到新阶段。运输半径由原来的300公里扩展到600—800公里，一些高附加值的货物运距已达2000多公里。

——道路运输技术进步成效显著。

20世纪90年代以后，特别是21世纪以来，道路运输技术进步取得了以下突出效果：

提高了运输装备技术水平，进一步改善车辆构成。以切实提高乘坐舒适性、运行可靠性和确保运输安全为目标，调整客运车型结构；以切实提高运输效率、降低能耗和实现货物运输厢式化、确保运输安全为目标，调整货运车型结构。大力发展载重8吨以上的重型柴油货车和集装箱牵引车辆，进一步提高重型车辆比重;发展了适合承运冷藏货物、散装货物、液态和气态等货物的特种专用车辆。加快货运车辆厢式化进程,逐步淘汰现有的普通敞篷货车,实现货物无裸露运输。通过车型结构调整,形成了中长途货运由大吨位重型货车运输,短途货运和货物集散由中型、轻型货车运输的格局。

调整了运输组织结构,提高了运输服务水平。道路旅客运输以"人便于行"和提高旅客运输生产效率为根本目标,充分利用公路沿线的服务区,积极进行"结点接驳"运输组织实践,通过联网售票和联网调度协作实现一体化的客运组织,通过服务内容增值开发为单纯的客运注入旅游、小件运输、汽车联网租赁等附加服务,完善了客运服务体系,提高了客运服务水平。道路货物运输以"货畅其流"和提高货物运输生产率为根本目标,以现代化电子数据传输技术(EDI)和全球卫星定位系统(GPS)为手段,通过对传统的货运组织进行改革,推进货运的现代化进程,提高集约化、规模化的运作效率;大力推广应用货物散装运输技术,在快件和零担货物运输领域积极推广应用集中再运输的组织方式,提高业务覆盖率和车辆实载率;积极推广集装箱甩挂运输、汽车列车运输技术和托盘、标准化集装单元在货物运输领域的应用;以大型集团为载体,在已有货物运输网络的基础上积极应用现代化的信息技术,按照业务需要重新规划调整业务网点,并将业务网点纳入一体化网络协作体系,有效降低了成本,提高了生产效率和经济效益。

推广应用道路运输信息化技术,提高了运输管理水平。将现代通信、电子商务、电子数据交换、全球定位系统和地理信息系统等先进的信息技术引入道路运输领域,以高时效的货物运输为服务对象,依托多层次、网络化的货运市场体系集散货源,通过科学有效的运输组织,加强道路运输生产各环节间及与其他运输方式间的衔接,使运输与生产、仓储、流通诸领域相互协调，实现了货物安全、准确、快速的流动。采用电子计算机进行行车作业计划编制、作业计划下达、线路车辆运行管理、汽车保修安排货运业务受理、运输工作的统计分析与运费结算等，提高了管理水平、工作效率。

应用汽车技术状况诊断新技术，提高了汽车维修的现代化水平。将汽车综合性能检测与不解体诊断技术的推广紧密结合起来，广泛应用于汽车维修生产过程中，为视情修理作业提供可靠的科学依据，进一步提高了汽车维修行业的科技含量和维修质量；开发和应用客车故障随车诊断系统，汽车诊断专家系统，激光和超声波诊断技术等，提高汽车维修作业的专业化能力和现代化水平。

五、科研基础设施建设

以行业重点实验室建设为重点，大力促进了行业科研基础设施建设。

1998年，交通部发布《重点实验室建设管理办法》，同时按国家重点实验室标准建成了道路工程、汽车运用工程、工程机械3个实验中心。此外，建成了筑机构造实验室、低温实验室等一批专业实验室和公共教学实验室。1999年，制定了《交通部重点实验室认定办法》《交通部重点实验室认定指标体系》及《交通部重点实验室专家现场认定工作程序》等。首批确定的公路行业重点实验室有6个：交通部公路科学研究所"道路结构与路用材料实验室"，交通部重庆公路科学研究所"客车实验室"，西安公路交通大学"道路结构与材料实验室""人—车—环境系统安全实验室"，长沙交通学院"道路工程实验室"，重庆交通学院"结构工程实验室"。

"十五"期间，为适应交通运输事业改革和发展的需要，加强交通系统普通高等院校和科研院所实验室的建设和管理，交通部加快了行业重点实验室建设,管理也更加规范、严格。2001年,交通部明确在"十五"期间部级重点实验室建设投资将达3000万元。随后,逐步建设了一批能够代表交通高等教育和科学研究学术水平、实验水平和管理水平的部级重点实验室,加速培养和造就高素质的交通专门人才,促进科技成果向生产力的转化。2003年,"国家智能交通系统工程技术研究中心""公路交通环境工程研究中心""中交集装箱运输工程研究中心""交通物流工程研究中心""公路交通安全工程研究中心"等一批国家、部级公路技术研究开发中心相继建成,为创建交通科技创新体系打下了基础。2005年8月,交通部对直属科研单位和高等院校建设的16个重点实验室进行了评估,有14个重点实验室通过了评估。这一阶段,全行业建成了2个国家级工程研究中心,建设了17个交通部重点实验室。交通科研开发机构基本建设投资实际完成额持续增长。

进入"十一五"后,交通行业重点实验室建设按照"总体部署、分步实施、远近结合、解决急需"的要求稳步推进。

2006年9月发布的《公路水路交通中长期科技发展规划纲要(2006—2020年)》中,明确提出:强化交通行业重点实验室建设,培养一批具有国际水平的学术带头人,引进和稳定一批高层次人才,形成一支结构更加合理、创新能力更强的研发队伍;培养或引进若干名院士,提升实验室科研水平;取得一批具有国际先进水平的交通科研成果。同时明确交通行业重点实验室要围绕交通中长期科技发展目标,以交通科技优先发展的8大类30个领域为主攻方向,其中7大类26个领域涉及公路运输的方向,包括:

公路工程类——路面结构技术,高等级公路养护成套技术,特殊地质条件下的公路建养技术,长大桥、隧建养技术,大型公路工程构造物的检测与诊断技术等;

材料工程类——新材料开发与应用技术，交通建设和养护材料再生技术等；

运输工程类——现代物流管理技术，集装箱运输成套技术，多式联运技术等；

决策支持类——运输经济研究，决策评价方法与技术，现代交通规划技术，土资源综合利用技术等；

交通安全类——交通设施保安技术，道路安全保障技术，车辆安全技术，交通防灾减灾技术，交通应急处理技术，特殊气候条件下的交通安全技术等；

环保节能类——公路环保新技术，车辆节能技术，交通领域循环经济问题研究等；

智能交通类——空间信息应用技术，智能公路系统关键技术，智能航运系统关键技术等。

2006年全国交通科研开发机构基本建设总投资额实际完成3.18亿元，交通部直属科研开发机构的基本建设投资额为2.16亿元，占67.9%，同比上升3.2个百分点。企事业单位与各省（区、市）所属科研开发机构的基本建设投资额为1.02亿元，占总投资额的32.1%。科研基础条件得到明显改善。

至2007年底，按照"择需择优、合理布局、分步实施"的交通行业重点实验室认定原则，交通部按计划完成了"十一五"前两批行业重点实验室的认定工作，共18个交通行业重点实验室通过认定。至此，通过交通部评估认定的交通行业重点实验室达到32个，分布在公路工程、运输工程、交通安全和智能运输等专业技术领域。

2008年，交通部（交通运输部）完成"公路基础设施耐久与安全实验室"申报国家重点实验室、"公路养护技术工程中心"申报国家工程技术中心的工作。2009年，组织开展了"十一五"时期第三批行业重点实验室认定工作，8个重点实验室通过认定，提前完成《公路水路交通"十一五"科技发展规划》中确定的行业重点实验室建设任务。

至此,"十一五"期间认定的交通行业重点实验室共26个,其中涉及公路运输行业的18个(见表6-9)。

公路行业重点实验室列表　　　　　　表6-9

序号	实验室名称	依托单位
1	隧道建设与养护技术交通行业重点实验室(重庆)	重庆交通科研设计院
2	长大桥梁建设施工技术交通行业重点实验室(武汉)	中交武汉港湾工程设计研究有限公司
3	桥梁结构抗风技术交通行业重点实验室(上海)	同济大学
4	公路交通安全技术交通行业重点实验室(北京)	交通部公路科学研究院
5	桥梁结构抗震技术交通行业重点实验室(重庆)	重庆交通科研设计院
6	旧桥检测与加固技术交通行业重点实验室(西安)	长安大学
7	旧桥检测与加固技术交通行业重点实验室(北京)	交通部公路科学研究院
8	长大桥梁健康检测与诊断技术交通行业重点实验室(南京)	江苏省交通科学研究院有限公司
9	季节性冻土区公路建设与养护技术交通行业重点实验室(长春)	吉林省交通科学研究所
10	季节性冻土区公路建设与养护技术交通行业重点实验室(哈尔滨)	黑龙江省交通科学研究所
11	高速公路养护技术交通行业重点实验室(沈阳)	辽宁省交通科学研究院
12	智能交通技术交通行业重点行业实验室(北京)	交通部公路科学研究院
13	交通安全特种材料与智能化控制技术交通行业重点实验室(哈尔滨)	哈尔滨工业大学
14	干旱荒漠区公路工程技术交通行业重点实验室	新疆交通科学研究院
15	黄土地区公路建设与养护技术交通行业重点实验室	山西省交通科学研究院
16	公路交通环境保护技术交通行业重点实验室	交通部公路科学研究院
17	运输车辆运行安全技术交通行业重点实验室	交通部公路科学研究院
18	运输车辆检测、诊断与维修技术交通行业重点实验室	山东交通学院

六、教育与人才培养

1. 发展历程

1998年7月,国务院作出《关于调整撤并部门所属学校管理体制的决定》,对中央部门所属211所学校的管理体制进行调整。

1998年8月,交通部在大连召开"交通高等教育工作会议"。交通部部长黄镇东作了《贯彻落实党的十五大精神,努力推进跨世纪交通高等教育的改革与发展》的主题报告。会议回顾了交通高等教育所取得的成绩,分析了现实状况,交流了经验,研究了交通高等教育的改革与发展问题,明确了交通高等教育的工作目标和基本思路,以及面向21世纪继续推进"交通人才工程"的组织实施等问题,为交通高等教育工作面对知识经济的挑战再上新台阶打下了良好的基础。

1998年下半年,在加快公路建设的大背景下,深化公路教育管理体制改革,加快人才培养步伐,加强教育市场引导和监管,加强宏观调控和政策指引,成为交通教育工作的重点。公路行业教育事业进入全新的、更快发展的时期。

1999年6月15日,党中央和国务院召开改革开放以后的第三次"全国教育工作会议"。会议以"提高民族素质和创新能力为重点,深化教育体制和结构改革,全面推进素质教育,振兴教育事业,实施科教兴国战略,为实现党的十五大确定的社会主义现代化建设宏伟目标而奋斗"为主题,提出了"国运兴衰,系于教育;教育振兴,全民有责"的口号。会议期间,发布了《中共中央、国务院关于深化教育改革全面推进素质教育的决定》。

为贯彻第三次"全国教育工作会议"精神,落实"科教兴国"战略,深化教育体制改革,推进素质教育,1999年开始交通部在教育方面重点做了如下工作:一是按照教育体制改革的要求,提出了交通院校体制改革方案,并报教育部。二是启动交通科技教育"十五"计划和2015年规划的研究工作,组织完成了2015年交通人才需求预测和交通教育发展战略研究,编制了交通教育建设"十五"计划及2015年发展规划。三是加强部属院校的基本建设。四是推进交通高校教学改革,加强重点学科建设,推进"211工程"建设。五是加强职业技术教育与岗位培训和继续教育工作,全面推进素质教育等。六是开展交通科技教育扶贫和智力援藏等工作。

2000年,交通部根据国务院转发教育部、科技部关于科教体制改革的总体部署,做了以下工作:一是编制完成了部属院校转制方案,完成了对部属9所直属院校管理体制的调整,其中1所高校(大连海事大学)继续留交通部管理,3所高校(武汉交通科技大学、西安公路交通大学、南京交通高等专科学校)分别与其他院校合并划归教育部管理,其他5所(上海海运学院、南通医学院、重庆交通学院、长沙交通学院、济南交通高等专科学校)高校独立划归地方管理。同时完成了部属成人高校、中等专业学校和技工学校的管理体制和布局结构调整。原独立建制的两所管理干部学院中,北京交通管理干部学院留在交通部,武汉交通管理干部学院转归湖北省管理。二是开展了交通科技教育发展战略、规划、方针和政策研究,提出了21世纪继续实施"科教兴交"战略的任务、指导方针、总体思路和目标。三是加强了交通行业职业技术教育和岗位培训。编制完成了"十五"干部培训工作规划;印发了《交通行政执法人员岗位培训工作检查验收办法》;组织开展了交通系统大中型企业领导干部工商管理知识培训和地(市)交通局长、省(地)公路局长岗位培训,培训人数1200余人。截至2000年底,全国交通系统组织的岗位培训共培训20万人。四是继续实施交通科技教育扶贫。

21世纪初,交通系统基本完成教育体制改革。交通教育行政也从管理交通部直属及共建院校,转变为以加强宏观调控、制定政策和编制发展战略,推动公路教育的整体发展为重点。这一时期交通教育的主要工作:一是重点支持公路院校的学科建设,加大对重点实验室的投入。二是努力实施"创新型人才培养、技能型人才培养和管理人才培养"3个平台建设。其中创新型人才培养平台主要依托高等院校和科研院所,技能型人才培养平台主要依托职业技术院校,管理干部培养平台主要依托交通培训机构。三是通过教学指导委员会对专业建设、学科发展提出阶段性意见和要求。

2001年,交通部编制出台《"十五"交通教育培训规划》,制定了《"十五"交通行政执法人员提高学历层次教育实施意见》和《"十五"全国地方交通行政干部教育培训实施意见》,组织完成了公路、汽车等4个国家重点建设专业整体教学改革方案、教学计划、专业设置标准的编制及35门主干专业课程教学大纲的制定工作,组织了公路、汽车等4个国家重点建设专业主干专业课程教材的开发工作,组织开展交通行政执法人员的岗位培训和继续教育。为使交通系统优秀青年科技人才尽快成长,当年确立了42个人才项目,并鉴定和评审了13个人才项目。

2003年,为贯彻落实《国务院关于大力推进职业教育改革与发展的决定》,交通部与教育部等六部委联合下发了《教育部等六部门关于实施职业院校制造业和现代服务业技能型紧缺人才培养培训工程的通知》,印发了《教育部办公厅、交通部办公厅、中国汽车工业协会、中国汽车维修行业协会关于确定职业院校开展汽车运用与维修专业领域技能型紧缺人才培养培训工作的通知》,启动了相关的师资培训和教材建设等工作。另外,出台了《2003年—2005年交通部支持西部地区干部培训计划》。根据这个计划,组织举办各种培训班,为西部地区培训干部5000人;组织专家讲师团深入西部地区,开办专题讲座或研修班,培训5000人；采取攻读硕士、承担重大科研课题和到东部对口交流等措施，为西部地区培养300名高层次科教人才；为西藏自治区交通厅建设了1个现代远程教育培训网络终端教学站。

2004年，加强了交通职业教育教学改革与发展研究工作，完成19项交通职业教育教学改革研究项目立项；组织编写出版了4本交通干部培训教材，使全年参加专科及本科学历教育的交通行政执法人员达到4万余人。

2005年交通部发布的《公路水路交通科技发展战略》和《公路水路交通中长期科技发展规划纲要(2006—2020)》，明确了进一步全面实施"科教兴交"和"人才强交"战略，建设高素质交通科技队伍，重点抓好人才培养、吸引、使用3个关键环节，发挥市场在人力资源配置方面的基础性作用；提出要加快交通行业职业技术培训，鼓励有条件的交通企业、科研单位和大专院校设立人才培养专项基金，加大人才培养力度，提高行业技术应用能力，吸引优秀人才投身于交通事业，"十五"时期引进专门人才100万人，为交通发展提供智力支持和人才保障。

进入"十一五"时期，公路教育工作紧紧围绕建设创新型行业、建设现代交通业，实现公路行业健康、可持续发展的总目标展开。

2006年1月，党中央、国务院召开"全国科学技术大会"。为学习贯彻全国科技大会精神，2006年1月18日交通部颁布的《关于深入学习贯彻全国科学技术大会精神的意见》指出，要深刻理解建设创新型国家对促进交通又快又好发展的重要意义，要将贯彻全国科学技术大会的精神作为交通行业当前和今后一个时期的重点工作，增强自主创新的责任感、使命感和紧迫感，始终把提高交通行业的创新能力摆在突出的位置，认真落实"人才强交"战略，注重创新人才队伍的建设，坚持在创新中发现人才，在创新中培育人才，在创新中凝聚人才。2006年2月，交通部印发《公路水路交通"十一五"科技发展规划》。《规划》在发展目标中明确 2010 年的目标包括，培育一支数量充足、结构合理、素质优良、勇于创新的科技人才队伍，形成比较完整的科研梯队，为交通发展提供智力支持和人才保障。同时印发的《"十一五"交通教育与培训发展规划》，进一步明确了交通教育与培训工作的指导思想、发展目标和主要任务，指导交通行业人力资源支持保障体系的建设，推动交通教育与培训工作的开展，提出建立交通行业管理干部培训平台，交通专业技术和创新人才培养平台，技能型、应用型人才培养平台的任务。

2007 年以后，交通教育培训工作围绕落实《"十一五"交通教育与培训发展规划》，加快交通人力资源支持保障体系建设步伐，凝聚全社会和行业内的教育培训资源为交通事业发展服务。主要工作内容包括：一是加强部属院校的管理；二是稳步推进交通人力资源支持保障体系建设；三是加快发展各项培训工作；四是加大基础研究项目应用的力度。特别是在加强管理干部培训方面做了大量工作。如 2009 年交通运输部完成西部培训项目 65 项，开展培训 113 期，培训干部 2.5 万名，培养研究生 417 名。再如 2010 年将全国交通局长培训作为重点，组织了 3 期培训班，400 余名来自全国各地的地市县交通局长参加培训。培训围绕加快发展现代交通业和"五个努力"以及基层交通主管领导所关注的有关公路建设、运输管理等领域的热点、难点问题，达到了全面提升基层领导干部业务能力、加强对部重点工作理解、转变交通发展观念、促进现代交通运输业发展的目的。

2. "人才工程"及人才培养

按照 1998 年"全国交通高等教育工作会议"的要求，进一步实施交通人才工程，培养了大批高素质的人才，为交通行业的发展提供了人才保障。

"九五"期间，交通部按照《交通行政执法人员三年岗位培训工作规划》，重点抓了交通行政执法人员岗位培训。截至2000年10月底，全国交通系统参加公路路政、道路运政、交通卫生行政等门类岗位培训的交通行政执法人员达19.5万人，超额完成培训计划。

进入"十五"时期以后，实施"人才强交"战略，普通高校公路专业造就了一支师生比例合理，学科、职称、学位、年龄结构优化，整体水平高、发展态势好的师资队伍，为提高教学质量和办学水平打下了坚实的基础。仅据原直属交通部的12所普通高等院校不完全统计，为行业培养了各领域本专科的专业人才近百万人。他们成为公路建设和科研领域的骨干和栋梁。

进入21世纪，国家经济和公路事业的飞速发展对人才队伍建设提出了更高的要求。交通部围绕国家及行业发展对人才队伍建设提出的新要求，对人才队伍建设和管理加强了指导。

为落实2001年中共中央办公厅和国务院办公厅发布的《关于加强专业技术人才队伍建设的若干意见》精神，2002年交通部出台的《公路水路交通行业专业技术人才资源开发"十五"规划》提出，面向公路、水路交通行业，加强交通人才资源开发工作的宏观指导、组织协调和信息服务，改革管理方式，突出行业特点，创新人才机制，优化人才环境，大力提高人才素质和创新能力，为交通事业的发展提供人才保障和智力支持。《规划》提出人才资源开发的适应性、整体性、全面性、指导性等原则，明确了"到2005年，初步建立科学化、制度化、规范化的交通行业人才资源开发的工作机制、政策体系和信息服务体系，形成尊重知识、尊重人才、鼓励创新和创业的良好氛围，使交通行业人才成长环境得到根本改善，交通人才队伍的整体素质得到明显提高，基本适应交通事业发展对各类交通人才的需求"的主要目标，提出了建立交通人才资源开发工作机制、营造有利于交通人才成长的良好环境、建立交通人才资源信息服务体系、努力提高交通人才的整体素质、大力培养急需人才、建立健全交通重点学科(专业)学术技术梯队、建立交通重要岗位从业人员准入控制机制、加大西部交通人才资源开发力度等8项主要任务。

根据人事部等七部委《新世纪百千万人才工程实施方案》和交通部2002年《公路水路交通行业专业技术人才资源开发"十五"规划》，2003年5月交通部在总结原直属单位实施"十百千人才工程"经验的基础上，制定了今后10年交通行业重点学科青年学术技术带头人培养方案，即《新世纪十百千人才工程实施方案》。《方案》确定十百千人才工程的总体目标是：根据交通事业三阶段发展目标，特别是第一阶段目标对高层次专业技术、管理人才的需求，用10年左右的时间，在对交通事业发展影响重大的交通主干学科领域里，培养造就一大批不同层次的学术技术带头人，重点是实现第一阶段目标所急需的高层次专业技术、管理人才。各省(区、市)交通厅(局、委)和中央管理的交通企业及交通院校和部直属单位共选拔千名左右交通主干学科领域的青年拔尖人才作为人才工程的第二层次人选进行重点培养，争取造就百名左右在交通行业有较大影响、在本学术技术领域有较高造诣的带头人；每个交通企事业单位要把本单位主干学科领域的青年拔尖人才作为人才工程的第三层次人选进行重点培养，争取在交通行业造就数千名在本地区和本系统有较大影响、在本学术技术领域有一定造诣的青年学术技术骨干。

2003年12月，包括交通部在内的六部门联合发出《教育部等六部门关于实施职业院校制造业和现代服务业技能型紧缺人才培养培训工程的通知》，优先确定在计算机应用与软件技术、汽车运用与维修等4个专业领域，在全国选择确定500多所职业院校作为技能型紧缺人才示范性培养培训基地；通过校企合作等方式，不断加强基地建设，扩大基地培养培训能力，2003—

2007年相关专业领域共输送毕业生100万人，在相关专业领域共提供短期技能提高培训300万人，缓解劳动力市场技能型人才的紧缺状况。

2004年9月，"全国交通职业教育工作会议"在呼和浩特召开。会议指出，交通事业的可持续发展为交通职业教育创造了更大的发展空间，交通行业发展是交通职业教育发展的动力。要树立"合适的教育才是最好的教育""把学生培养成为社会所需要的人才就是最大成功"的观念，主动担负起培养高素质劳动者和高技能人才的重任，尤其要加强技能型紧缺人才的培养；要继续做好西部地区交通干部培养工作，实施"5531工程"。同时强调，要进一步做好交通行业职业资格制度建设，抓好农村劳动力转移培训，加大交通职业教育和培训的投入等工作。会后，交通部和教育部共同印发了《关于进一步推动交通职业教育改革与发展的若干意见》。到2005年年底，"5531"计划共培训西部地区交通管理和技术人员超过2万人，培养研究生300余人。同时，依托西部"十五"西部科技项目的实施，273名博士研究生、686名硕士研究生完成学位论文并获学位，使西部人才的整体水平得到较快提升和加强。

2005年，为完善关键行业专业人员资格评价和技能鉴定体系，建设一支高素质的交通专业人才队伍，经中编办批准，交通部成立交通专业人员资格评价中心(交通部职业技能鉴定指导中心)。评价中心负责拟定交通部职业资格评价和职业技能鉴定工作的规划、规章制度和实施办法等；组织实施交通行业职业资格的考核认定和特有工种职业技能鉴定，指导职业资格制度建设及职业技能鉴定工作；负责职业资格的注册管理，考试大纲和教材编写，考试命题和试题库建设管理，考试培训机构资格审核认定，教育评估，继续教育标准拟定等10项职责。同年6月15日，交通部在湖南长沙召开首届"中国交通系统人才工作座谈会"。会议强调了新的形势和新要求下做好交通人才工作的重要性和迫切性,明确了今后一段时期的主要任务和重点工作。

进入"十一五"时期,交通部(交通运输部)加强了职业资格制度的建设和管理。2007年7月19日,交通部在哈尔滨召开首届"全国交通行业职业资格工作会议",认为交通行业职业资格工作正在稳步推进,并逐步走上了制度化、规范化的轨道,取得了阶段性成果;提出交通行业职业资格工作的指导思想和发展目标,指出交通行业职业资格制度建设工作要坚持统筹规划、分步实施,分类管理、整体推进,统一领导、分工协作,严格质量、注重实效的基本原则。会议还部署了今后一个时期的工作任务。会议对指导推动交通行业职业资格工作发挥了十分重要的作用。2007年12月28日,交通部和劳动保障部共同制定并联合印发了《汽车运输调度员等8个国家职业标准》,对包括汽车运输调度员、沥青混凝土摊铺机操作工、公路重油沥青操作工、压路机操作工、水泥混凝土摊铺机操作工、平地机操作工等在内的8个工种制定了国家职业标准。《标准》成为从业人员从事职业活动,接受职业教育培训和职业技能鉴定,以及用人单位录用、使用人员的基本依据。同年,交通部建立了勘察设计土木工程师制度、理货人员从业资格制度等,交通职业资格制度进一步完善。

2008年,交通运输部先后印发《交通行业管理干部培训平台建设的指导意见》和《交通行业管理干部培训平台建设管理办法》,加强教育与培训工作,推进了人力资源支持保障体系建设。

2009年7月,交通运输部发布《关于加强交通运输职业资格工作的指导意见》,从提高思想认识、健全制度体系、严格从业管理、推进制度衔接、选拔技能人才、做好基础工作、加强组织管理等7个方面,提出更加科学、规范推进交通运输职业资格工作的 24 项措施。同年 8 月,交通运输部在呼和浩特召开"全国道路运输职业资格工作座谈会"。会议讨论了《关于加强道路运输职业资格工作的意见(征求意见稿)》,强调要以道路危货运输从业人员、长途汽车客运驾驶员、出租汽车驾驶员和机动车检测维修从业人员等 4 项职业资格制度为重点,在道路行业 10 类从业人员中建立和实施职业资格制度。同年 10 月,交通职业资格管理信息系统主体工程开始试运行,交通职业资格网网站、职业技能鉴定教务管理系统、机动车检测维修专业技术人员职业水平考试考务管理系统、评价中心办公子系统同时投入试运行。

2010 年 4 月,交通运输部发布《关于加强道路运输职业资格工作的意见》,并加强了道路运输从业资格考试工作。同年 8 月,交通运输部与人力保障部联合发布《公路养护工国家职业技能标准》,进一步规范了公路养护行业的从业行为。

3. 行业教育及培训

——高等教育。

1999 年,交通部组织召开了"部属普通高校教学改革工作座谈会"。西安公路交通大学"211 工程"建设项目被列为国家级项目。进入 21 世纪,交通高校完成管理体制的改革。交通部对交通高等教育院校加强了宏观指导,对共建高校继续给予全力支持。

2001 年,由交通部牵头,会同铁道部、民航总局组建了"2001—2005 年高等学校交通运输学科教学指导委员会",其中下设的交通工程、公路运输等 4 个分委员会有关人员由交通部聘任和管理。同年,交通部召开了"学校交通运输学科教学指导委员会工作会议",明确了指导思想、主要目标和工作任务,并通过了工作章程。2002 年,交通部召开"交通高校科研管理工作座谈会",启动了交通应用基础研究项目申报,同时开展年度交通类专业青年教师在职攻读博士学位资助项目立项，共立项14项。2003年，交通部进一步调整交通高等教育工作思路，由管理直属院校为主转变为加强行业指导为主，加强了交通高校的教育管理。2004年，交通部与铁道部、民航总局共同组织开展了《交通运输学科专业发展战略》和《交通运输学科专业规范》的研究，进一步吸引高校（特别是原交通系统高校）发展交通主干学科，鼓励和支持各高校承担和开展面向交通发展的重大科研活动。2005年，交通部在支持共建高校、引导交通类院校为交通行业服务方面更进了一步，与教育部签署共建长安大学的协议，积极支持重庆交通学院申报博士学位授予单位和更名为重庆交通大学（该校桥梁与隧道工程、道路与铁道工程被增列为博士学位授权点）。

进入"十一五"后，交通部（交通运输部）继续支持交通主干学科发展。2006年，交通部组织召开"交通高校科研工作座谈会"，完成了2006年度交通应用基础项目的立项，指导高校交通运输学科教学指导委员会完成了交通运输学科发展战略研究和专业规范制定，4门交通主干课程被评为国家精品课程。2007年，为进一步加强行业与高校的联系，促进交通主干学科发展，交通部分别与山东省人民政府出台《关于共建山东交通学院的意见》。当年，包括交通部共建高校在内的一批交通主干学科被列入国家重点学科，交通院校在国家组织的教学评估中取得优良成绩。

2008年，交通运输部继续加强与高等院校的联系，促进了交通主干学科的发展。同年，受教育部委托，交通运输部牵头与铁道部共同完成高等学校交通运输与工程学科专业教学指导委员会筹建工作，成立了交通工程、道路运输与工程、轨道运输与工程、航空运输与工程等分委员会。与上一届委员会相比，专业涵盖交通运输与工程建设两大领域，更便于行业参与教学指导工作,有利于交通人力资源支持保障体系的建设。

进入21世纪,交通高校的科研实力不断增强,通过参与行业科研课题的研究,不仅为公路事业贡献了应有的力量,也获得了可观的科研经费,实现了行业和院校的双赢。例如,重庆交通大学根据西南地区特点,发挥其桥梁与隧道工程学科的优势,在大跨径拱桥、长大隧道、桥梁新结构新工艺、旧危桥加固改造与技术等研究方面取得了技术优势,形成了自身特色,其中获国家科技进步一等奖1项、詹天佑大奖1项、茅以升桥梁大奖提名1项;道路与铁道工程学科在山区道路结构、高边坡处治、三峡库区公路建设技术处灾害防治等方面取得了优势,解决了山区公路建设的一系列难题。山东交通学院在汽车综合性能测试仪、BQ150型注浆泵、单体液压锚杆机、便携式轴载仪、高等级公路多功能养护车等实用技术研究、生产和推广方面取得突出成绩。长沙理工大学以应用开发为主攻方向,承担的混凝土桥梁施工期和使用期安全控制关键技术在湖南、湖北、广东、广西等省(区)60余座桥梁施工控制和评定加固中得到成功应用,获得了2006年度国家科技进步二等奖。

——职业教育。

"九五"中后期,交通职业教育继续快速发展。

1999年,11所电视中专分校被评为第二批部级示范性分校。根据《关于开展评定交通部中等专业学校重点专业点的通知》精神,交通部组织专家对有关省(区、市)地区交通技工学校的公路施工与养护专业进行评审,江苏、山东等省(区、市)公路技工学校的公路施工与养护专业被评定为部级重点专业点。

2000年,交通部完成了公路与桥梁、汽车运用与维修等重点专业整体教学改革方案的研究和专业设置标准的制定,并通过教育部组织的专家评审。同年,交通系统有24所学校被教育部批准为国家级重点中专学校,11所被评为省部级重点中专学校，43所技工学校被评为省部级重点技工学校。同时，交通系统的职业中专、技工学校和普通高校一起完成了管理体制和布局结构的调整。

进入21世纪，在完成教育管理体制改革后，为继续支持交通职业技术教育，交通部提出了"坚持行业指导，推动交通职业教育与行业发展的紧密结合"的战略。在交通部（交通运输部）及各级交通、公路主管部门的支持下，交通职业技术学校在新的体制下开辟出新的发展天地。

"十五"期间，交通部及各级交通、公路主管部门继续大力支持交通系统的职业技术学校发展。交通部与教育部、劳动和社会保障部等相关部委紧密合作，加强了职业技术院校的工作指导；在教材编写、大纲审定等方面强化了行业指导手段，加强了师资培训。

"十五"时期，交通部在职业教育方面取得以下成就：理顺了交通职业教育教学指导委员会的工作关系，明确了工作目标和任务；重点抓好交通职业教育教材建设、教学改革研究及师资培养；组织交通职业院校围绕交通类专业推进教学改革。

进入"十一五"时期后，交通职业技术教育有了新的发展，在促进交通主干学科发展、提高交通专业技术人才培养、建设交通人力资源支持保障体系、为职业技术教育营造良好环境等方面取得了显著成效。2006年2月，交通部印发《"十一五"交通教育与培训发展规划》。按照《规划》要求，交通部启动了交通人力资源支持保障体系的建设项目，积极推进技能型人才培养工程，进一步改善了交通主干专业的办学条件，引领交通教育培训机构为交通事业发展服务。2007年，各级交通公路主管部门加强了行业与高等院校的联系，支持交通高职院校争创国家示范院校。四川交通职业技术学院、湖南交通职业技术学院、云南交通职业技术学院、贵州交通职业技术学院等4所交通高职院校被列为国家示范性高等职业院校建设单位。

——干部职工教育与培训。

1997年开始的交通行政执法人员岗位培训,于1998年全面展开。到2000年10月底,全国交通系统参加公路路政、道路运政、交通通信、交通卫生行政等门类岗位培训的交通行政执法人员达19.5万人。到2000年11月,《交通行政执法人员三年岗位培训工作规划》全面完成。通过上述一系列做法,培养造就了一支具有文明服务意识、具有专业知识和法律知识的交通行政执法队伍。

"十五"期间,围绕为实现交通全面协调可持续发展提供智力支持和人才保障的目标,交通部及交通系统各部门、单位紧密结合交通行业结构调整、交通基础设施建设、安全生产、工程质量、行业科技创新和西部大开发等重点工作,大力开展各种类型的培训和继续教育工作。

2001年,为贯彻《中共中央国务院关于深化教育改革全面推进素质教育的决定》和《中共中央关于印发〈2001年~2005年全国干部教育培训规划〉的通知》精神,交通部制定和印发了《"十五"交通教育培训规划》《"十五"交通行政执法人员提高学历层次教育实施意见》和《"十五"全国地方交通行政干部教育培训实施意见》,并在全国交通系统组织实施。2005年9月,西藏远程教育站举行挂牌仪式并投入运行;同年,支持新疆生产建设兵团远程教育站建设工作顺利落实。

"十五"时期,每年参加各类培训的交通干部职工达到120万人以上。同时,交通部还重点开展了交通行政执法人员学历层次教育,通过北京交通管理干部学院与相关交通高等院校联合的方式开设了交通运输管理、公路工程管理等专业,仅2002年和2003年招生就达到2万人,2004年参加专科及本科学历教育的交通行政执法人员达到4万余人。

2005年,交通部出台《"十一五"交通教育与培训发展规划》,要求充分利用全社会的优质教育与培训资源,实施管理干部队伍能力建设工程、专业技术人才培养工程、技能型人才培养工程,努力构建开放的交通人力资源支持保障体系,培养和造就爱岗敬业、积极进取、技能精湛的交通行业从业人员队伍。

进入"十一五"时期,交通部(交通运输部)继续着力于西部地区干部培训,结合专题培训班继续大力开展交通职工培训教育。"十一五"时期头3年,共完成西部干部培训项目约240期,培训西部地区交通管理干部和专业技术人员2.44万人;举办西部交通建设与发展讲师团29期,培训2.2万人;为西部地区交通系统培养研究生680名。"十一五"期间,交通部(交通运输部)继续采取合作、联合的方式,开办各种专题研究班,带动了全行业干部培训工作;进一步加强了交通部与各省(区、市)交通厅(局、委)及地方政府的沟通,为交通事业的新发展培养了人才。

截至2008年,公路行业95%的各级领导干部至少参加过一次系统的职工教育培训,职工中的专门人才比例达到30%左右,其中高级技术职务专业人才达到5%;公路职工初中及以下文化程度的人员比例由1978年的63.4%下降至25.4%,受过中高等职业教育人员由5.5%提高到36.2%。

——远程教育。

1999年,交通部电视中专的在校学生人数达到5万余人,占当年全国交通系统成人中专在校生人数的78%。交通部电视中专培养的人才不仅数量大,而且质量高,有较强的适应能力。据抽样调查显示,该校的毕业生大都回到基层生产一线,成为生产、业务和技术管理工作的骨干,其中30%至40%的毕业生担任了中层以上领导职务,并在实际工作中做出了很大的成绩。当年,总校及所属分校、工作站的专职管理人员达到1700余人,兼职教师达到3200余人,建立起了一支结构比较合理、水平较高、热爱交通教育事业、熟悉成人中专教育和远程教育规律的教职工队伍。

截至1999年底,交通部电视中专在30个省(区、市)建立了64所分校(直属工作站)和近400个工作站(二级分校),形成了由600余个教学班组成、覆盖全国30个省(区、市)的庞大的交通电视教育网络。其中,在老、少、边、贫地区建立的工作站达56个,在校生达9166人,全部为公路、汽车专业的学生。这一年,交通部电视中专共组织编写文字教材及辅导材料130余种,制作140余门课程的音像教材7000学时,制作实操、实验、专题片30余部,复制发行音像教材50多万盘,初步形成了适合公路交通行业成人和职业教育特点、适应远程教育需要的教材体系。

1999年,根据国家教育体制改革的统一安排,交通部撤销部电视中专学校,但公路交通系统的远程教育并未就此止步,而是在改革重组中获得了新的发展。调整交通远程教育,适应了交通部《"十五"交通教育培训规划》的要求。2001年11月,由北京交通管理干部学院牵头,联合交通系统40多家院校、培训机构成立了全国交通现代远程教育培训网络协作组,以北京交通大学雄厚的教学及师资力量为后盾,以东方集团卫星网络技术有限公司先进的远程传播技术和设备为平台,在交通系统开展现代远程教育试点工作,构建交通现代远程教育培训网络,开展交通现代远程教育培训。

为适应公路职工多层次接受教育培训的需求,公路远程教育开始积极探索举办中专层次远程教育的途径。交通远程职业技术学校是2004年7月由教育部、交通部批准成立的专业开展交通中等职业学历网络教育试点工作的远程职业技术学校。2005年3月14日,交通远程职业技术学校举行成立揭牌仪式。

截至2008年6月，该校已在全国建立了13所分校，在校生达到1.63万人。交通远程职业技术学校成立以来，共招收7届学员，培养毕业生近2万人，累计注册达3.43万人。

到2008年，交通现代远程教育培训网络已在全国建立了35个教学中心，覆盖了全国27个省(区、市)。各教学中心教学设施完善，教学管理队伍健全，教学管理工作规范。交通现代远程教育已经开设了交通运输管理、公路工程与管理、会计学(财务会计)、汽车运用技术、汽车运用工程、物流、路政管理和计算机应用等专业，有一整套公路工程与管理、交通运输管理、财务会计等专业的各两个层次的10个教学计划、109门课程的教学大纲，编写了27门课程的教材、76门课程的自学指导书和毕业设计(论文)指导书。教学管理实行"五统一"，即统一教学计划、统一教学大纲、统一教材、统一考试命题、统一考试时间。在师资方面，由北京交通大学、全国各交通院校及北京交通管理干部学院的优秀教师构成交通现代远程教育培训师资库，并成立教学指导专家组、专业委员会、教材编委会，对教学、资源建设、教学质量进行监督指导。在教学手段上，公路远程教育已经实现卫星与互联网结合的教学方式，实现网上辅导答疑、多媒体课件辅助教学以及面授和辅导相结合的方式授课。

实践证明，采用现代化手段进行远程教育，投资少见效快、覆盖面广，适合公路交通行业的特点，能够大幅度提高干部职工队伍的科学文化素质；可以按市场经济发展的需要，拓宽服务范围，实现主动灵活办学。这种办学方式是与传统学校面授教育并行、充满生机活力的新型教育模式和培养应用型人才手段之一，已经成为我国交通成人高等、中等专业教育和职业技术教育的重要组成部分。

专题记述

一、行业精神文明创建与文化建设

公路行业,在日复一日、年复一年修路架桥和养护管理的平凡工作中,逐步孕育出具有行业特点的"铺路石"精神——"以路为家,爱岗敬业;艰苦奋斗,无私奉献"。

改革开放以后,全体公路从业者在继承和发扬"铺路石"精神的同时,又在行业精神中注入了"锐意改革、勇于创新、敢为人先、追求卓越"的时代精神。

进入90年代后,在行业加快发展的同时,广大公路从业者不断加深对行业文化建设的思考,创新行业文化建设的形式和内容,逐渐形成了具有行业特点的公路文化。

1. 行业精神文明建设历程

党的十一届三中全会后,公路系统各单位学习、贯彻中央精神,大力开展精神文明创建活动,行业文明建设不断取得新的进展。

——"两学一树"活动(学雷锋、学严力宾、树行业新风)。

"六五"、"七五"期间,公路交通行业广泛开展"五讲四美"活动,1991年10月7日至11日,交通部与全国海员工会、全国公路运输工会联合在北京召开"全国交通系统'两个文明'建设表彰大会",表彰1989年至1990年全国交通系统两个文明建设先进单位、先进集体134个,劳动模范275名;同时还表彰了抗洪救灾先进单位60个、先进个人68名。国务院副总理朱镕基接见部分参会代表并进行座谈。交通部部长黄镇东在会议讲话中，回顾和总结了开展"两学一树"活动的情况，进一步提出"精神文明建设和思想政治工作要'进班组'，更重要的是要'进班子'，首先要把领导班子建设好"，明确了加强"两班建设"（班子和班组建设）的指导思想。此后，又相继召开了"班组建设经验交流会"、"'双基'（基本理论、基本路线）教育经验交流会"和"地方交通行风建设经验交流会"，使行业精神文明建设活动不断深入。

1992年3月，结合行业精神文明创建，交通部发出《关于开展百名厅局长交通运输服务质量察访活动的通知》，组织发动了全国交通系统的"质量万里行"，取得了道路运输服务质量的第一手资料，为运输文明单位创建活动的深入开展奠定了基础。

为贯彻党的十四大和十四届三中全会精神，总结交流交通系统社会主义精神文明建设和思想政治工作的经验，1993年11月16日，交通部在上海召开"全国交通系统精神文明建设经验交流会"。交通部部长黄镇东在讲话中，总结了行业精神文明"重在建设"，思想政治工作"贵在创新"等七个方面的基本经验，即：以经济建设为中心；以提高职工队伍素质为根本任务；以加强领导班子建设为关键；以加强基层班组建设为基础；以具有交通行业特点的工作为重点；以搞好思想政治工作自身改革为动力；以加强领导为保证。强调各级领导必须真正做到"两手抓，两手都要硬"，并指出"不重视两手抓的领导干部是不称职的领导干部，不善于两手抓的领导干部也不是合格的领导干部"。黄镇东强调，按照交通部党组决定，交通系统各单位要在继续学习杨怀远"为人民服务到白头"的"小扁担"精神、深入开展"两学一树"活动的同时，迅速开展学习包起帆、"华铜海"轮先进事迹的活动。当年，公路行业继续深入开展了创建文明客运站、队的活动。同年,交通部组织15个检查组,对道路客运服务质量进行了检查,促进了道路运输服务质量的稳步提升。

——"三学"活动(学包起帆、学华铜海、学青岛港)。

1995年5月,交通部与山东省政府联合在青岛召开了"深化改革、加强管理现场经验交流会"。交通部部长黄镇东发表讲话,总结推广青岛港苦练内功,以发展生产力为目标,以深化企业内部改革为动力,以强化各项基础管理为手段,以加强领导班子建设为关键,使企业焕发出生机和活力的经验。会议正式提出开展"三学"。7月17日,交通部决定,在全国交通系统开展向青岛港学习的活动。9月13日,交通部和团中央联合发出通知,决定在全国交通系统青年职工中开展争当"青年岗位能手"和创建"青年文明号"的活动,组织和引导广大青年职工弘扬艰苦奋斗、敬业爱岗精神,立足本岗、争创一流,全面提高青年职工的职业道德、职业技能和服务水平。9月底,在建国46周年之际,交通部邀请百名优秀养路工代表进京参加国庆观光。9月29日,百名养路工与交通部、全国公路运输工会领导亲切座谈。交通部部长黄镇东在讲话中,对全国84万养路工人在交通建设中作出的重要贡献给予了充分肯定,对于他们长年在艰苦的工作和生活条件下敬业爱岗、无私奉献的精神给予了高度赞扬。同时希望广大养路工人响应交通部党组的号召,向包起帆、"华铜海"轮和青岛港学习,在养路队伍中涌现出更多的包起帆式先进个人、"华铜海"式先进集体和青岛港式先进单位。

1995年9月25日至28日,党的十四届五中全会召开。为贯彻十四届五中全会精神,交通部决定在"九五"期间,行业精神文明创建工作要重点抓好"两大工程"(交通基础设施建设工程和交通人才培养工程),搞好"两班建设"(班子和班组),实现"两个提高"(提高交通职工队伍的素质,提高交通行业的文明程度)。在这个大的背景下,1995年11月30日,在广州召开的

"全国交通系统学习'华铜海'轮经验交流会"上,交通部部长黄镇东代表交通部党组提出,"九五"期间,交通系统要把"学习包起帆、学习'华铜海'轮、学习青岛港"活动,作为加强两个文明建设的重要内容和任务,通过"三学"活动,造就一批又一批包起帆式的具有鲜明时代精神的先进个人,造就一批又一批"华铜海"轮式的艰苦创业、爱国奉献的先进集体,造就一批又一批青岛港式的深化改革、苦练内功、两个文明建设同步发展的先进单位。开展"个人学包起帆,集体学'华铜海'轮,单位学青岛港"的"三学"活动,被正式列入交通系统"九五"精神文明建设任务之中。

1991年至1995年,全国交通系统以职工队伍和行业风气建设为重点,切实加强精神文明建设,涌现两个文明建设先进单位83个,先进集体73个,全国和部级劳动模范、先进工作者787人,"五一劳动奖章"获得者222人,巾帼建功先进个人88人、先进集体49个,见义勇为先进个人144名。

——"三学一创"活动(学包起帆、学"华铜海"轮、学青岛港,创建文明行业)。

1996年10月,党的十四届六中全会做出《中共中央关于加强社会主义精神文明建设若干重要问题的决议》,明确提出"要以服务人民、奉献社会为宗旨,开展创建文明行业活动"。为了贯彻落实十四届六中全会精神,交通部于1996年12月9日在南京召开"全国交通系统创建文明行业大会",结合新的形势,会议将"三学"活动延伸为"三学一创",要求以"三学"为载体,达到"一创"的目标。交通部部长黄镇东作了《贯彻六中全会精神,努力创建文明行业》的主题报告,提出在全国交通系统开展"三学一创"的活动,用10至15年的时间,将全国交通系统建设成为文明行业的奋斗目标。同年,交通部成立精神文明建设指导委员会,制定了《全国交通行业精神文明建设"九五"规划和

2010 年远景目标》和《全国交通系统创建文明行业实施办法》，公布了《交通行业文明公约》。交通系统各单位认真贯彻落实交通部的部署。

1996 年和 1997 年，在"三学一创"活动开展的过程中，交通部将全国交通系统创建文明行业的总目标分解为公路交通、水运交通、基础设施建设单位、行政执法部门和领导机关等五类具体奋斗目标，由各系统、各部门全力抓落实。为此，各单位相继成立了精神文明建设领导机构，制定创建文明行业的规划、措施和标准，深入开展了示范"窗口"、"讲文明、树新风"、争创"青年文明号"和"青年岗位能手"、"巾帼建功"以及创建文明车、船、港、站、路等活动，使全行业"三学一创"活动的内容不断丰富，向深度和广度延伸。

1997 年 10 月 14 日至 17 日，交通部召开了"全国公路系统创建文明行业经验交流会"，会议从河北石家庄开到山西太原，推出了公路行业的五个先进典型，即：山西在修建太原至旧关高速公路中创造的"自力更生、艰苦奋斗、不屈不挠、勇于奉献"的"太旧精神"；加强行业管理，开展"争做文明使者"的河北石家庄出租汽车行业；坚持为人民服务宗旨、三十年学习雷锋不动摇的山东青岛长途汽车站；以路为家、爱岗敬业，当好"铺路石"的四川甘孜公路总段养路工陈德华；清正廉洁、秉公执法，当好人民公仆的辽宁抚顺运管处稽查科长朱同汝。交通部部长黄镇东发表题为《认真学习贯彻党的十五大精神，把全国公路系统创建文明行业推向前进》的讲话，提出全国公路系统精神文明建设的五项基本任务。此次会议安排别具一格。石家庄的会议未安排统一接站，10 月 14 日报到当天，各地公路交通部门的 200 多名参会代表，分别从机场、车站自行前往会议驻地，亲身考察了石家庄市出租汽车行业的服务质量。石家庄市出租车行业整洁文明的形象以及从业者周到礼貌的服务，得到代表们普遍称赞。15日下午,6辆大客车载着全体与会代表,沿太旧高速西上太原。会议组织方特意安排车队走了一段太行山间的307国道老路。在太旧高速工程纪念展厅里,讲解员为全体代表展现了为修建太旧高速,山西省3000万父老乡亲拧成一股绳,勒紧裤带、克服千难万险支援工程建设那一幕幕感人的瞬间;讲述了建设过程中,8位公路人献出生命的鲜活事迹。太旧高速建设中的攻坚克难,旧道与新路交通条件的强烈对比,让代表们亲身感受到"太旧精神"的可贵。会后,公路全行业以身边的这些先进典型为榜样,迅速掀起文明行业创建的热潮。

1997年11月20日,"全国道路运输系统创建文明行业座谈会"在山东青岛召开。会议充分肯定了道路运输系统精神文明建设取得的成果,确定了道路运输系统创建文明行业今后15年的远期目标和3年近期目标及主要措施。

1998年,交通部印发了《全国交通系统创建文明行业实施办法》,进一步将"三学一创"活动引向深入。这一年的6月至9月,长江、松花江、嫩江流域发生历史罕见的特大洪涝灾害。大灾面前,全体公路职工在交通部、当地政府及各级公路交通主管部门统一领导下,全力以赴投身抗洪抢险斗争,为确保公路特别是重要抗洪运输路线的畅通做出了巨大贡献。全行业深入开展两个文明创建活动的成果在抗洪救灾中得到充分体现。交通部在当年表彰劳动模范、先进工作者和集体、巾帼建功标兵和集体的同时,还表彰了"抗洪抢险模范养路工"柯琴芳、"抗洪抢险模范保卫干部"张玉金和"抗洪抢险优秀大学生"李伟。据不完全统计,1998年全国交通系统参加抗洪救灾的人数达89.3万人。其中,公路行业共投入抢险资金25亿元,救灾运输车辆68万台次,运送救灾人员104万人,运送救灾物资1154万吨。全国交通系统职工共捐款捐物合人民币1.48亿元,其中职工个人捐款捐物合计人民币9515万元,单位捐款捐物合计5312万元。

1998年8月18日，交通部、共青团中央在黑龙江哈尔滨召开"全国公路收费站系统青年文明号活动经验交流会"，强调要引导这项活动向更深层次和更广阔的范围发展。要以改革创新的精神不断研究青年文明号活动中的新情况，解决新问题，把青年文明号活动提高到一个新水平，推进创建文明行业目标的实现。

1999年9月19日，交通部和中国公路运输工会在乌鲁木齐召开"全国公路养护'双百佳'经验交流会"，表彰100个"全国文明道班"和100名"全国优秀养路工"，这是继1990年全国公路系统表彰"双十佳"后，对公路行业两个文明创建成果的又一次集中检阅，不仅在全行业中牢牢地树立起"铺路石"精神，而且通过广泛的宣传，"铺路石"精神也在全社会得到广泛认可。"双百佳"表彰活动在全国交通行业特别是公路行业中引起强烈反响，各地掀起了"学双百，创先进"的热潮。

1999年10月26日至28日，交通部在山东青岛召开"全国交通系统创建文明行业经验交流会"。会议回顾了全国交通系统加强精神文明建设，开展创建文明行业活动的情况，总结交流了各单位创建工作的经验，现场考察了青岛市交通系统和青岛港务局的基层单位。交通部部长黄镇东在会上作了《总结经验，突出重点，把创建文明行业活动提高到新水平》的工作报告，部署在全国交通系统开展创建文明行业活动、促进两个文明建设协调发展的任务。交通部提出了《关于加强交通行政执法队伍建设的意见》，做出了《关于在全国交通系统推广安徽省淮北市运输管理处经验的决定》。

2000年，为贯彻落实"中央思想政治工作会议"精神，交通系统各单位干部职工认真学习了江泽民总书记在中央思想政治工作会议上的重要讲话。7月，交通部组织各级党政部门和交通职工思想政治工作研究会，通过召开座谈会、研讨会、发放问卷等形式进行了大量、深入的调查研究，对职工思想主流和存在问题及原因进行了认真分析，提出了对策建议。在此基础上，交通部研究制定《关于加强和改进交通职工思想政治工作的若干意见》，要求全国交通系统各单位认真学习贯彻中央思想政治工作会议精神，结合交通行业实际，强化思想政治工作。

为落实1999年交通部"青岛会议"精神和加强交通行政执法队伍建设，2000年，交通部召开"公路系统交通行政执法队伍建设座谈会"，对交通行政执法队伍建设的现状进行广泛深入调研，认真研究如何加强交通行政执法队伍建设的任务和措施。2000年10月，交通部在合肥召开"全国交通行政执法队伍建设工作会议"，交通部部长黄镇东在工作报告中，总结了几年来交通行政执法队伍建设的情况，分析了交通行政执法队伍建设面临的新形势，明确了进一步加强交通行政执法队伍建设的指导思想、任务目标，部署了加强交通行政执法队伍建设要采取的措施。同时，安徽淮北市运管处、江苏镇江运管处等47个单位在会上作了经验交流。这次会议对加强交通行政执法队伍建设产生了积极的推动作用。

2000年，按照全国道路运输系统文明单位评选条件和相关规定，经过自下而上的推荐、评选和审核，交通部决定对被评为1998—1999年度全国道路运输系统以下8个门类的562个文明单位进行表彰：命名山东省青岛汽车站等179个汽车客运站为文明汽车客运站；江西省宜春地区汽车运输公司205车队等39个客运汽车队为文明客运汽车队；福建省福州市出租汽车公司等60个出租汽车客运企业为出租汽车客运文明企业；浙江省杭州长运集团公司货运站等46个货运汽车站（场）为道路货运文明单位；北京市汽车修理公司等78个汽车维修企业为汽车维修文明企业；上海市通运汽车综合性能检测站等33个汽车检测站为文明汽车检测站；广东省深圳市深港机动车驾驶学校等36所汽车驾驶学校为文明汽车驾驶学校；安徽省淮北市运输管理处等91个道路运政管理机构为运政管理机构文明单位。交通部给受表彰的文明单位颁发了荣誉奖牌，并号召道路运输系统各单位认真组织开展学先进活动，规范行业行为，树立行业新风，努力创造一流服务业绩，为实现道路运输系统创建文明行业的目标而努力。

"九五"的五年里，公路交通系统深入开展"三学一创"活动，从点到线，逐渐扩展到全行业，取得了显著成效，形成了良好的工作格局：一是创建活动深入人心，基本形成了党政重视、全员参与、活动覆盖全行业的局面；二是创建活动主体的面貌发生了深刻变化，职工队伍思想道德素质和科学文化素质不断提高；三是创建活动目标任务明确，管理服务水平不断提升；四是创建活动载体丰富多样，职工群众发动广泛深入；五是创建活动成果显著，行业风气明显改善。"九五"期间，全国交通系统涌现出省部级以上先进单位2849个，获全国"五一劳动奖状"的单位71个，省部级以上文明行业80个，青年文明号1790个，巾帼建功集体291个，被中央文明委命名的全国创建文明行业工作先进单位和全国精神文明建设先进单位62个。

——"三学四建一创"活动。

（学包起帆、学"华铜海"轮、学青岛港，建设"交通基础设施优质廉政工程"、建设"交通行政执法素质形象工程"、建设"交通运输通道文明畅通工程"、建设"交通运输企业安全效益工程"，创建文明行业）

"十五"期间，新的形势对公路交通行业两个文明建设提出了新的要求，为适应形势的发展，行业文明创建活动注入了新的内容。

为了深入贯彻落实"三个代表"重要思想，总结"九五"期间交通行业精神文明建设经验，进一步加强"十五"期间全国交通行业精神文明建设，2001年初，交通部组织对全行业精神文明建设进行广泛调研，调研工作深入到十几个省的100多个基层单位，取得了丰硕成果。在此基础上，同年10月16日至19日，交通部在南京召开"全国交通系统创建文明行业工作会议"。交通部部长黄镇东发表题为《实践"三个代表"重要思想，深化创建文明行业活动》的讲话，全面总结了"九五"期间全国交通系统开展"三学一创"活动的情况，同时要求，"十五"期间在全国交通行业广泛深入地开展"三学四建一创"活动，将"九五"行业精神文明创建工作的成果进一步引向深入，并提出要抓好"四大工程"，即简称为"四建"的"建设'交通基础设施优质廉政工程'、建设'交通行政执法素质形象工程'、建设'交通运输通道文明畅通工程'、建设'交通运输企业安全效益工程'"。交通部制定印发了《全国交通行业精神文明建设"十五"规划》，明确了全国交通行业精神文明建设的奋斗目标、主要任务和活动载体。

"十五"期间，全国公路行业以开展"三学四建一创"活动为中心，结合树立典型和加强宣传，不断推动行业文明建设向纵深发展。2003年9月10日，中宣部、交通部、中华全国总工会和四川省委，联合在北京人民大会堂召开"陈德华先进事迹报告会"，宣传陈德华带领雀儿山五道班的养路工人，二十年如一日，在极其恶劣的自然环境中精心养护公路，保障川藏公路畅通无阻，连续多年实现雀儿山冬季无翻车、无死亡、无事故、无纠纷的感人事迹。2004年4月20日，由中宣部、交通部、人事部、全国总工会、山东省委联合举办的"许振超同志先进事迹报告会"在人民大会堂隆重举行。交通部部长张春贤在报告会上指出，要迅速在全国交通系统掀起学习宣传许振超先进事迹的热潮，弘扬"振超精神"，创造"振超效率"，培养造就一大批许振超式的有高尚理想情操的、创新型的专业型人才和实用型人才，为交通事业的发展提供智力支持和人才保障，不断推进交通事业快速、健康、可持续发展。2004年7月5日，交通部授予为抢修水毁公路而殉职的云南省盈江县交通局局长赵家富"交通局长的楷模"荣誉称号；8月4日，张春贤发表署名文章，号召全国交通系统以赵家富为榜样，努力实践立党为公、执政为民，提高执政能力，加快交通事业的发展。

2005年5月10日，交通部追授积劳成疾、英年早逝的北京市路政局门头沟分局副局长曹广辉"公路局长的楷模"荣誉称号。

2005年12月16日，交通部在北京召开"全国交通行业精神文明建设工作座谈会"。会上，交通部部长张春贤提出"两个负责任"，即"做负责任的政府部门，做负责任的行业"，给行业精神文明建设提出新的目标和标准。张春贤强调，做到"两个负责任"，关键要在"做"字上下功夫，关键在实践。真正做到"两个负责任"，交通部门和交通行业的文明程度将提高到一个新的水平，将向全社会展示全新的行业形象。把"两个负责任"作为检验行业精神文明建设成效的重要标准，进一步增强广大交通职工的历史责任感，努力使"两个负责任"成为交通主管部门和交通行业的共同准则和自觉行动，营造"负责任光荣，逃避责任可耻"的风气，为做到"两个负责任"提供思想保障和制度保障。

"十五"期间，全国交通行业精神文明建设紧紧围绕经济建设这个中心，以广泛开展"三学四建一创"活动为重点，在统一思想、振奋精神、促进发展、保持稳定等方面做了卓有成效的工作，干部职工综合素质明显提高，行业凝聚力、战斗力明显增强，对全社会精神文明建设的影响力明显提升。五年来，全国交通行业获得全国劳动模范、先进工作者荣誉称号的有119人；获得"全国五一劳动奖章"的个人263名、"全国五一劳动奖状"的集体113个；获得中央文明委表彰的文明单位92个、创文明行业先进单位146个；获得交通部、人事部表彰的劳动模范399名、先进工作者388名、先进集体370个；获得交通部表彰的交通文明行业68个、创建文明行业先进单位184个;获得交通部、团中央表彰的全国交通系统青年岗位能手221名、青年文明号186个;获得交通部、全国妇联联合表彰的巾帼建功标兵6名和巾帼文明示范岗13个。此外,还有一大批子行业、单位获得省级文明行业、文明单位等荣誉称号。这期间,公路交通行业涌现出陈德华、赵家富、曹广辉以及润扬长江公路大桥等全国重大先进典型,激励着公路交通全行业的干部职工。

——"学树创"活动(学先进、树新风、创一流)。

"十一五"期间,交通系统行业精神文明创建在典型引路的基础上,深入开展"学先进、树新风、创一流"活动,特别是结合公路行业的特点,开展了全方位的精神文明创建活动。同时,为进一步升华多年来行业精神文明创建的成果,增强行业的内在凝聚力,提升社会影响力,树立公路行业良好的社会形象,公路部门启动了行业文化的研究和探讨,并在实践中取得初步成果。

2006年6月26日,交通部在武汉召开了"全国交通行业精神文明建设工作会议",明确提出"十一五"行业文明建设要以践行社会主义荣辱观为主线,以开展"学先进、树新风、创一流"活动为载体,明确思路,突出重点,扎实推进行业精神文明建设再上新台阶。会议明确,"学先进"就是学习包起帆、许振超、陈刚毅等先进典型,激励广大交通干部职工见贤思齐、积极向上;"树新风"就是要努力实践社会主义荣辱观,树立执政为民、求真务实、公正执法、清正廉洁的新政风,树立敬业奉献、诚实守信、文明服务、开拓创新、团结和谐的行业新风;"创一流",就是站在新的历史起点上,追求更高的标准,创建一流的队伍、一流的业绩、一流的行业。会议强调,"学先进、树新风、创一流"活动,是"三学四建一创"活动的继承和发展,是新时期交通行业"两个文明"建设有机结合的结果。会议明确了"十一五"期间开展"学树创"活动、践行社会主义荣辱观要做好的 8 项工作。同时,讨论了《全国交通行业"十一五"时期精神文明建设指导意见》和《交通文化建设实施纲要》。《纲要》的行业文化建设总体目标是:力争用 5 年左右的时间,初步建立起符合社会主义先进文化前进方向和交通发展战略,具有鲜明时代特征和行业特色的交通文化体系。通过交通文化建设,凝练交通行业核心价值观和行业理念,树立行业形象,营造团结和谐、充满活力的良好氛围,增强行业凝聚力和影响力,激发行业的创造力,树立交通社会良好形象,推进交通事业又快又好发展。

2006 年,交通部先后推出了全国重大先进典型——"新时期援藏交通工程技术人员的楷模"陈刚毅及"新时期知识型产业工人"孔祥瑞。

2006 年 7 月,交通部、青海省人民政府命名包括丹拉国道主干线青海境内路段、享堂至杨沟湾、环青海湖公路、西宁至湟中、西宁至大通、西宁至互助、西宁至共和公路等共计 1270 公里的路段为"高原千里文明通道"。在创建活动中,青海省交通厅稳步推进文明施工、文明养护、文明运输、文明执法、文明收费和文明管理,极大地促进了青海省旅游、体育等各项事业的发展。"高原千里文明通道"的创建,与公路的建设、管理密切相关,强调在行业日常工作过程中,融入服务社会的深刻内涵,改变了传统的管理方式,体现了新时期的人文关怀以及道路与自然和谐发展的理念,取得了非常明显的社会效益和经济效益。

2007 年,交通部对《全国交通系统创建文明行业实施办法》进行修订,形成了《全国交通行业精神文明建设表彰决定》,并于 7 月 6 日印发执行。2007 年,在培养树立典型方面,交通系统开展向江西梨温高速玉山管理处职工熊文清、南京中央门长途汽车站以全国劳模李瑞命名的旅客服务班组——"李瑞班"学习的活动。

2007年12月2日，交通部和山西省人民政府联合在太原召开命名表彰大会，联合命名大运高速公路为"千里文明高速公路"，同时对在大运千里文明高速公路创建和"五比五看、服务创优"立功竞赛活动中作出突出贡献的先进集体和个人进行表彰。"五比五看"活动中，收费站"五比五看"的内容为：比业务技能，看考核成绩；比责任心强，看工作态度；比奉献大小，看优质服务；比团队协作，看集体素质；比创新精神，看社会效益。班组"五比五看"的内容为：比发卡准确，看差错高低；比文明礼仪，看规范操作；比放行速度，看畅通能力；比延伸服务，看顾客满意；比收费作业，看任务完成。大运高速公路，通过对"五比五看"的认真落实，在管理服务、文化建设、队伍素质等方面的水平和能力不断提高，受到各方面的好评，为山西省高速公路管理服务水平的提高树立了榜样，成为山西高速服务的品牌形象，同时也在全国树立了典范。

2008年年初发生的冰冻雨雪灾害，特别是5月12日四川汶川发生大地震，公路交通行业全体干部职工奋起抗震救灾，集中展现了多年来精神文明创建的丰硕成果。大灾面前，交通（运输）部机关及全国相关公路、交通行业的干部职工，反应迅速，以自身的行动，生动地诠释了艰苦奋斗、勇于创新、不畏艰险、默默奉献的行业精神，涌现出众多先进集体和个人，在社会上引起强烈反响。同年，围绕"迎奥运讲文明树新风"，交通运输部在全行业开展礼仪知识竞赛、形象展示等活动，提升了行业的文明服务水平。

2009年，公路行业围绕行业核心价值体系的构建，围绕做好"三个服务"，深入开展"学树创"活动及多种形式的文化建设实践活动；围绕交通运输行业软实力建设，深入开展"五个一工程"（2006年《全国交通行业"十一五"时期精神文明建设工作指导意见》要求,"十一五"期间,要围绕弘扬社会主义荣辱观,实施"五个一工程",即形成一批交通文化研究成果,总结提炼一种交通精神,征集确定一个交通行业徽标,创作一批交通文艺作品,完善一批交通博物馆,全面增强交通文化的吸引力和感召力)建设;在出租车行业深入开展以"规范管理、守法经营、诚信服务"为主要内容的文明创建活动;围绕建设和谐交通,深入开展了志愿服务活动。

"十一五"的五年,是交通运输行业改革发展任务繁重、发展成就显著的五年,也是精神文明建设大事多、成绩突出的五年。五年里,全行业坚持观念转变和思路创新,深入开展"学树创"活动,不断丰富群众性文明创建活动,积极探索行业文化建设的途径,提升行业软实力,提升行业的社会影响力。五年里,全行业共有83家单位被中央文明委命名为文明单位,2038个集体被交通运输部和人力资源社会保障部、共青团中央、全国妇联命名为文明行业、青年文明号、巾帼文明岗等部级先进集体,75%以上的省级交通运输部门被交通运输部和省委省政府命名为文明单位;142名个人获得党中央、国务院授予的全国劳动模范、先进工作者称号,1954名个人获得交通运输部和人力资源社会保障部、团中央、全国妇联等授予的劳动模范、文明职工标兵、青年岗位能手、巾帼建功标兵等部级荣誉称号。

2010年9月17日,交通运输部在合肥召开"全国交通运输行业精神文明建设工作会议"。中共中央政治局委员、国务院副总理张德江致信祝贺,要求交通运输部门要坚持物质文明和精神文明同规划、同部署、同建设,继续把精神文明建设摆在交通运输工作的重要位置。会议认真总结了"十一五"时期行业精神文明建设工作,分析新形势,把握新要求,明确新思路,提出部署了"十二五"时期行业精神文明建设的目标和任务。交通运输部部长李盛霖在讲话中强调,交通运输行业门类广、从业人员多，联系千家万户、服务亿万群众。"十二五"期间，交通运输行业要紧紧围绕发展现代交通运输业的目标，加大行业精神文明建设，以职业道德建设和改进公共服务为着力点，抓住人民群众反映强烈的热点、焦点问题，切实抓好政风行风建设，着力提升公众对交通公共服务的满意度。为此，践行社会主义核心价值体系，推进行业核心价值体系建设，将成为交通运输行业精神文明建设的首要任务。

"十一五"期间，交通运输部组织有关部门对行业核心价值体系进行了研究，提出了以行业使命、共同愿景、交通精神、职业道德为主要内容的行业核心价值体系。

其中，行业使命是：发展现代交通，做好"三个服务"——这是行业核心价值体系的统领，解决的是服务方向和肩负责任的问题。

共同愿景是：建设一个畅通高效安全绿色的现代化交通运输系统，实现人便于行、货畅其流，让人们享受高品质的运输服务，让经济社会发展更加充满活力，让交通与自然、与社会更加和谐——这是行业核心价值体系的主题，解决的是价值取向和奋斗目标的问题。

交通精神是：艰苦奋斗、勇于创新，不畏风险、默默奉献——这是行业核心价值体系的精髓，解决的是精神动力和精神风貌的问题。

职业道德是：爱岗敬业、诚实守信、服务群众、奉献社会——这是行业核心价值体系的基础，解决的是交通运输职工行为规范和职业操守的问题。

2. 公路行业"文明示范窗口"建设

"八五"期间，结合文明创建和行业纠风工作，交通系统重点抓好"窗口"行业和有关单位的精神文明建设。1992年4月开始，交通部要求各省（区、市）交通厅（局）的领导及部属运输单位的领导,以乘客、货主身份深入到车、船、港、站等运输基层单位,亲自体察交通运输服务状况,进行服务质量察访调查活动。经过厅局长们的察访,既看到经交通部门职工多年努力,道路条件、运输服务设施、规范服务、文明待客等有了很大的提高,也看到了服务中的一些问题,在分析原因、研究对策的基础上,提出了改进服务的措施。6月,交通部发出《关于开展1992年度公路、水路旅客运输文明单位评选活动的通知》,提出了"八五"期间实现"客运服务质量标准化、客运服务管理规范化、客运服务过程程序化"的"三化"目标。当年交通系统共评出240个部级文明单位或集体,其中公路行业文明车站、车队172个。这项活动,把交通行业文明"窗口"创建活动推上一个新的台阶。1993年2月10日,交通部下发《关于转发中共中央宣传部、国务院办公厅〈关于开展纪念学雷锋题词30周年活动的意见〉的通知》,强调在"两学一树"中抓好交通"窗口"单位行业风气和职业道德建设。

1996年10月,十四届六中全会作出关于精神文明建设的决议,其中提出"各行各业特别是与群众生活关系密切的'窗口行业',都要根据自身特点,对职工普遍进行职业责任、职业道德、职业纪律的教育,加强岗位培训,规范行业行为,树立行业新风。"

1997年,中宣部提出创建文明行业的工作思路是,突出一个主题(为人民服务、树行业新风),抓好一批"窗口"(创建文明行业从示范"窗口"抓起),做到三个"着力"(在思想教育上着力、在制度建设上着力、在狠抓落实上着力)。交通部积极参加了中宣部和国务院纠风办组织开展的十大"窗口行业""为人民服务、树行业新风"活动,向社会公布了五类30个文明示范"窗口"单位,公布了优质服务标准和保证措施。行业文明示范"窗口"活动迈上了新的台阶。

1996年，针对出租汽车行业发展较快、服务质量参差不齐的问题，交通部加强了出租汽车行业的精神文明建设，于6月3日发出《关于在全国交通系统学习推广石家庄市出租汽车行业开展"争做文明使者"活动经验的通知》；6月4日，交通部和河北省在北京联合召开学习推广石家庄出租汽车行业争做文明使者活动、弘扬社会新风座谈会；8月12日，交通部在石家庄市召开了"全国学习推广石家庄市出租汽车行业'争做文明使者'活动经验现场会"，在全国出租汽车行业普遍开展学习石家庄出租汽车行业的活动。在12月9日召开的"全国交通系统创建文明行业大会"上，交通部正式公布石家庄出租汽车行业为文明示范"窗口"。

1996年12月9日，交通部在南京召开"全国交通系统创建文明行业大会"，提出把全国交通行业建设成为文明行业的奋斗目标。交通部部长黄镇东在会上讲话指出，加强队伍建设是创新建文明行业的根本任务，要对干部职工进行四项教育，即：进行中国特色社会主义理论教育，解决理想信仰和思想观念问题；进行职业责任、职业道德、职业纪律教育，解决全心全意为人民服务问题；进行社会主义民主法制教育，解决法制观念淡薄和纪律松弛问题；进行廉政勤政教育，解决党风政风问题。同时对创建文明行业提出八项措施，即制定规划、完善标准、推行《交通行业文明公约》、实行社会服务承诺制度、公布示范"窗口"单位、开展青年文明号和青年岗位能手活动、建立社会监督机制、加大文明创建物质投入等。会议要求示范"窗口"单位努力做到：安全优质地满足人民群众在生产、工作和生活上对交通运输的需要；形象地展示和传播交通行业精神文明建设的要求和成果；在全行业的两个文明建设中起到榜样示范效应；通过体现国有交通企业的优势，展示社会主义制度的优越性，进一步维护党和政府的威信。大会确定并由交通部向社会公布了包括汽车客运站、汽车客运队、公路收费站等在内的五大类30个文明示范"窗口"单位，公布了12项优质服务标准和5项监督保证措施。这12项优质服务标准包括：一是要保证环境清洁优美，秩序优良有序，供水、卫生、候车、候船等服务设施完备，指示图表、标志齐全；二是工作人员按规定统一着装上岗，挂牌服务，使用文明礼貌用语，主动、热情、规范服务，让旅客满意；三是确保安全、优质运输，保证班车、班船正班和始发正点；四是严格执行国家运价政策，严禁乱收费、乱罚款；五是严禁超售车、船客票和超载运行，严禁甩客、倒客，保证旅客的合法权益和正常的运输秩序；六是提高工作质量、保证售票、检票无差错；七是及时、准确地向旅客提供车、船的运行信息，耐心、周到地做好咨询服务；八是保证餐饮质量和合理价格，对少数民族和有困难的旅客提供特殊餐饮服务；九是客船卧铺配用床单、衬单、被套、枕套，每单航次换洗一次，二等舱以上按人次换洗；十是客船到港旅客下船前，不在客舱内清理卧具，不锁闭卫生间；十一是对老、弱、病、残、孕等重点旅客实行优先照顾和特殊服务，对突发情况能及时、妥善地处理；十二是客运站、汽车站、收费站、客船严禁设置不规则广告和不规则商业摊点。五项监督保证措施包括：一是实行示范"窗口"所在单位党政一把手责任制度，出现问题追究领导责任；二是由示范"窗口"单位按照部颁优质服务标准，并根据本单位情况，实事求是地向社会公布服务承诺措施；三是各示范"窗口"单位向社会公布行风监督电话，设立行风举报箱，聘请行风监督员，定期召开行风座谈会，接受社会监督；四是各示范"窗口"单位如发生严重行风问题，取消其示范单位资格和申报本届全国交通系统先进单位(集体)资格；五是交通部要加强对"为人民服务，树行业新风"活动的检查、监督和指导，各省(区、市)交通部门要抓好本地区、本系统文明优质服务工作的落实。会后,交通系统各单位认真贯彻落实交通部的部署。

1997年3月18日,"全国交通系统示范'窗口'工作会议"在北京召开,进一步检查和落实文明示范"窗口"建设工作。会议指出,创建文明行业从示范"窗口"抓起,充分发挥它们的表率作用,是一个用典型引路的行之有效的工作办法。当前的关键是,示范"窗口"能否真正起到示范和样板作用。"窗口"单位的工作,和人民群众的生产生活息息相关,它的优劣直接影响到群众的切身利益。群众又是从切身利益的体验中,感受社会主义制度的优越性,感受党的路线、方针、政策的正确。从某种意义上说,"窗口"单位的工作状况,体现了社会的文明程度。因此"窗口"单位的文明建设就不仅仅是一个社会问题和经济问题,而且是与政治相关的一个重要问题了。这次会议,对示范"窗口"建设工作提出了一系列明确要求,其中包括统一思想,加强领导,突出主题,依靠群众,总结创新,增加投入,以点带面等等。这次会议之后,示范"窗口"单位切实增加自己的社会责任感,提高示范工作的自觉性,用自己的模范行为为全行业树立榜样;非"窗口"单位和非示范"窗口"单位认真学习示范"窗口"好的做法和经验,从而形成一个比学赶帮超的氛围,推动公路行业精神文明建设快速发展。这些会议,进一步明确了示范"窗口"工作的任务和要求,使示范"窗口"单位提高了使命感和责任感,健全制度规范,改善环境设施,提高服务水平,得到了社会好评。除此之外,当年交通部在全国范围内组织评选了道路运输精神文明先进单位522个,包括客运站(队)、货运站(场)、汽车维修、综合性能检测站、出租汽车客运企业和道路运政机构。精神文明建设工作已列入各级交通主管部门的议事日程,管理部门依法管理、经营者依法经营已形成良好的风气。

1998年,交通系统深入开展示范"窗口"活动,以点带面,促进全系统"窗口"单位的创建文明行业工作。对部颁 30 个示范"窗口"单位进行了检查并听取了汇报,促进示范"窗口"工作向深入发展。到 1998 年底,据全国 20 个省(区、市)交通厅的不完全统计显示,自 1996 年 12 月"南京会议"以来,各省交通系统厅局级以上文明示范"窗口"已达到 600 多个。

1999 年 10 月,"全国交通系统创建文明行业经验交流会"在山东青岛召开。会议提出要提高"窗口"单位的文明程度,发挥其辐射作用,同时对交通系统文明"窗口"创建提出具体的要求。

进入 21 世纪,交通系统继续大力推进"文明示范窗口"建设。

2001 年,交通部颁布了 60 个全国交通系统文明示范"窗口"。

2005 年底,交通部部长张春贤提出"两个负责任"(做负责任部门和负责任行业),并将其作为检验行业精神文明建设成效的重要标准后,全行业"窗口"创建工作再一次深入。

2006 年,交通部在武汉召开"全国交通行业精神文明建设工作会议"。交通部部长李盛霖指出,"十一五"期间,交通行业将进一步改进管理、服务手段和方式,方便群众办事,提高服务效率和质量,精心打造一批新的知名服务品牌。要在交通职工中广泛开展服务礼仪宣传和实践活动,规范行业服务行为,引导交通职工知礼仪、重礼节;在服务"窗口"设立宣传社会主义荣辱观的标识,在为乘客提供安全正点、热情周到服务的同时,加强对乘客的文明提示,倡导遵章守纪、文明礼让、友爱互助,共同维护公共秩序。同时强化科学管理,完善岗位行为规范和考核机制,逐步实现全行业生产、管理和服务的科学化、制度化、规范化,努力为社会提供安全、优质、便捷的交通设施和服务。交通部门还将加大投入,改善"窗口"单位的服务条件,营造功能完备、整洁美化、舒适便利的交通服务环境;建立全国统一的公路交通服务热线，拓展服务功能，提高处置交通突发事件的能力；加快建设以"电子政务"、"电子商务"为龙头，以管理和服务为主要内容的交通信息系统，采用现代管理方法和技术成果，进一步提高服务水平。

2007年，是深入贯彻党的十六届六中全会精神，进一步落实"十一五"规划，全面推进社会主义和谐社会建设的重要一年。面对2008奥运年，交通部提出要树立文明服务新风尚，"窗口"服务部门要以提高服务能力、服务水平为重点，深入开展"文明礼仪伴我行"主题实践活动和文明示范"窗口"创建活动；以奥运赛事举办城市和关联地区为重点，开展"迎奥运、讲文明、树新风"活动，实施"窗口"行业奥运培训计划，广泛开展文明交通、文明乘车活动，为奥运会的成功举办提供文明规范的交通环境。交通部要求兴起"迎讲树"活动新热潮，继续实施"交通服务设施改善工程"等六项工程，适时组织对"迎讲树"活动开展情况的检查、督促和调研，总结典型经验，宣传先进事迹，开展"迎讲树"交通形象展示活动。组织开展"争创文明服务示范窗口"和"争做文明优质服务标兵"活动，不断提高交通行业的社会公共服务水平和服务能力，在奥运会前和奥运会期间着力优化交通环境，做好交通服务。

2009年3月21日，交通运输部和中华全国总工会以交体法发〔2009〕147号印发《出租汽车行业进一步开展精神文明创建活动的意见》，从2009年3月开始，以全国地市级以上城市为重点、覆盖出租车数量在100辆以上的县级城市和乡镇，在全国出租汽车行业开展精神文明创建活动。活动延续到了2010年底，建立起出租车行业文明创建活动的长效机制。活动取得了众多成果，如，安徽省交通运输厅提出在宣传发动阶段启动"我为安徽增光彩、美化流动窗口、展现出租汽车风采"的"三优"（优化乘车环境、优化车厢服务、优化员工队伍）、"三满意"

(乘客满意、市民满意、政府满意)的系列竞赛活动。湖北省交通运输厅以开展"双创"(创"文明优质企业"、创"文明出租汽车")活动为基础,以抓好各地中心城区车站码头、宾馆饭店以及各旅游景点等群众接触面广、社会影响大的场所和地区出租汽车服务质量为重点,制定切实可行的出租汽车行业文明创建具体实施方案和工作计划,创新载体,在出租车驾驶员之间开展服务竞赛、对手赛、星级示范车等创建活动;在企业和班组(车队)中开展创文明单位、品牌企业、刚毅车队等创建活动;在出租车行业中组织开展"的士节""的士运动会"及演讲比赛等创建活动,掀起新一轮文明创建活动的高潮。上海市建设和交通委员会以"迎世博"为契机,广泛开展"出租小车厢,文明大世界"主题实践活动。在全行业中广泛开展"擦名片灰尘,振行业雄风"的主题大讨论,落实迎世博600天各项工作任务,使每一辆出租车都成为演绎世博精神,展现城市文明的流动窗口。在大众、强生等5大出租调度室开通英语服务频道,在浦东、虹桥国际机场候客站,出租车司机下车为乘客提携、放置行李,让来沪宾客在第一时间就能感到"宾至如归"。重庆市主城出租品牌车队于5月亮相,带动全体出租车驾驶员向以往的各类陋习说"不",推出了第一批出租车品牌车队,包括有公运爱心车队、市租和谐车队、辣妹子车队、互邦的士雷锋班、高博大学生的士班、国泰农民工的士队、嘉阳志愿者车队等10个车队,每个车队都有各自服务对象和服务特点。江西省交通运输厅下发了《关于评选全省出租车行业精神文明创建活动文明企业和优秀驾驶员的通知》,在全省开展"评优创先"活动。江西省赣州市开展了全市出租汽车行业"十佳"出租车以及"二十佳"出租汽车驾驶员的评选表彰。鹰潭市在"评优创先"活动中,涌现出了为数众多的"星级出租车"、"优秀驾驶员"以及拾金不昧的高青太、救死扶伤的徐小林、鹰潭市"文明市民"刘奇军等一批模范先进出租汽车驾驶员。同时，江西省还普遍开展了"高考爱心车队"活动，南昌、宜春出租车驾驶员从 2002 年起，连续 7 年开展了免费接送高考考生活动，赢得了社会各界的广泛好评，树立了良好的窗口形象。

文明示范"窗口"的创建对全行业的精神文明建设起到了良好的模范和带头作用，有力地带动了公路行业精神文明建设不断向前发展。"文明示范窗口"活动的深入开展，以实际行动，在全行业树立起服务社会的理念，在全社会树立起公路全行业的良好形象。

3. 纠正行业不正之风和治理公路"三乱"

改革开放以后，道路运输事业获得快速发展，服务公众的能力不断提升。进入"八五"后，在深入开展精神文明创建等活动的同时，针对公路及运输管理执法中出现的一些问题，全国交通系统深入开展了行业纠风和治理"三乱"工作。

——摸清发生在公路上的不正之风的基本情况。

1991 年 6 月，交通部决定成立部纠风领导小组，由交通部部长黄镇东任组长，下设办公室。交通部纠风领导小组办公室于 1991 年 7 月，在辽宁大连召开有 12 个部属企事业单位领导人员参加的"纠正行业不正之风座谈会"，制定了以坚决制止利用交通运输工具谋取私利，刹住少部分船员走私闯关、倒买倒卖为主要内容的阶段性目标，交通部发出了《关于部属企事业单位进一步加强廉政建设，纠正行业不正之风的通知》。同年 12 月，对贯彻《通知》情况进行的检查表明，走私闯关、倒买倒卖等行业不正之风受到根本遏制，客运质量和服务态度有明显改进，执法人员"吃、拿、卡、要"的现象明显减少。同时，各级交通部门对照有关法规，对收费、罚款、集资项目进行了自查和清理，取消了一些不合法、不合理的收费和罚款项目。同时，清理了一大批交通检查站卡，据不完全统计，仅河南、河北、黑龙江、山东和湖北五省共撤掉站卡 2600 多处,减少站卡 90%左右。

1992 年 4 月,交通部在山东菏泽召开"全国地方交通行风建设经验交流会",制定了纠风工作的阶段性目标。同时,组织百名厅局长进行了察访活动,对道路运输中存在的不正之风进行了总结,提出了解决的措施,并落实到工作之中,取得了较好的效果。

为进一步解决公路沿线的"乱设卡、乱收费、乱罚款"的"三乱"等歪风,1993 年开始,交通部把治理公路"三乱"作为开展反腐败斗争的重要内容。1993 年 4 月中下旬,交通部沿 107 国道组织进行了行风调查,并向国务院纠风办报送了《关于 107 国道"三乱"情况的调查报告》,向公安部发出《107 国道"三乱"情况的调查通报》。为了加强职业道德建设,7 月 12 日,交通部决定编写《职业道德丛书》。8 月 12 日,交通部下发《关于贯彻落实国务院纠正行业不正之风专项治理工作座谈会精神的通知》,强调指出解决当前纠风中急待解决的突出问题。8 月 25 日,交通部发出《关于清理行政性收费情况的紧急通知》。10 月 28 日和翌年 1 月 16 日,交通部分两批取消了不合理收费 54 项。11 月 15 日,发出了《关于近期治理在公路上乱设卡、乱罚款、乱收费问题的紧急通知》。11 月 18 日在上海召开了有各省厅长参加的"治理乱收费座谈会",决定克服消极腐败现象,坚决纠正行业不正之风。11 月 25 日,交通部召开"全国交通系统电话会议",对治理乱收费问题做出部署;随后,交通部派出 15 个检查小组调查了解公路上乱收费的情况,要求各地厅局长也上路检查。1993 年里,交通部先后组织有关省、地、县 2000 多名交通厅局长上路检查,总行程达 32 万余公里,同时由交通部 19 名部、局领导带队,组成 15 个检查组分赴 25 个省(区)的 34 条国道、60多条省道,行程 2.1 万余公里进行检查。通过采访、座谈等方式广泛听取了运输企业经理、司机以及旅客、货主、采购员、个体运输户的意见，掌握大量一手资料，摸清了公路"三乱"的基本情况。这一年，全国交通系统共撤销收费站卡467处，取消不合理收费项目238项。同时明确，"三乱"治理是长期任务，要继续贯彻"常抓不懈，综合治理"的方针，有关部门要齐抓共管，相互配合，依靠地方政府综合治理。要按照社会主义市场经济的原则，制定配套的政策法规，使之有法可依，将设置公路收费站卡或各项制度规范化。

——结合治理"三乱"开展创建文明样板路活动。

1994年，交通系统进一步强化"三乱"治理的手段和力度，取得了阶段性成果。4月，交通部以107国道为典型，结合公路GBM工程同步实施"三乱"治理的方式，开展了创建"文明样板路"活动，得到了沿线各省(市)政府的支持；7月份，国务院专门发出《关于禁止在公路上乱设站卡乱罚款乱收费的通知》；随后，交通部会同国家计委、财政部联合制定下发了《关于在公路上设置通行费收费站(点)的规定》，对收费站点的设置原则、条件、标准、布局、审批权限及公开性、透明度等方面提出了具体要求。交通、公安两部于8月13日召开"贯彻国务院文件精神电话会议"，国务院副总理邹家华到会讲话。会后各省公路交通部门传达贯彻了会议精神，制定了治理公路"三乱"工作计划。交通部提出，1994年治理公路"三乱"的重心和主攻方向是整顿收费站卡，从摸清公路收费站、检查站底数入手，按照《关于在公路上设置通行费收费站(点)的规定》进行清理。9月份，交通部会同国务院纠风办组成联合检查组，对107国道全线及106、207、318、319、320、324等国道的部分路段进行明察暗访，行程5600多公里；11月份，交通部组织有关省(市)完成了对107国道创建"文明样板路"的检查验收。从此，这种将GBM工程和治理"三乱"等工作有机结合、创建"文明样板路"的方式，成为行业纠风的重要工作方式之一,成为交通系统行业纠风工作的一大亮点,一直延续了下来。

1995年,治理公路"三乱"结合国务院纠风办组织的"国道万里行"及"三乱"暗访活动展开。

纵观"八五"期间的行业纠风工作,全国公路行业通过典型引路、建章立制,在治理公路"三乱"方面取得了显著的成效。特别是在全国开展"文明样板路"活动,将纠风和治理"三乱"工作与公路养护管理等日常工作紧密结合,创造出部门联动、合力共建的良好局面,取得了非常好的治理效果和良好的社会反响。

——实现国省道基本无"三乱"目标。

"九五"期间,公路事业步入加快发展时期。根据中共中央、国务院对治理公路"三乱"工作的部署,交通部确立了"以国道、省道为重点,重在严格规范站点设置,标本兼治,在治本上下功夫,同时加强监督检查,巩固成果,努力实现国道、省道基本无'三乱'"的工作目标。

"九五"开局的1996年,交通部进一步加强了公路"三乱"案件的查处。当年9月23日和11月28日,两部一办(交通部、公安部和国务院纠风办)先后联合召开新闻发布会,分两批公布了22个省(区、市)实现国省道基本无"三乱"。当年,全国共组织8000多人次,对28万余公里国省公路、17万余公里县乡公路开展大检查;全年共查处公路"三乱"案件207起,处理违纪人员335人,进一步规范了行业执法行为,加强了交通执法队伍建设。到当年底,在全国范围内,多家单位上路拦车检查、罚款和给执法人员下达收费、罚款指标的问题基本得到解决。到1996年底,已有107、104、102等三条、计5000余公里国道先后建成"文明样板路",加上各省级公路交通部门建设的样板路,全国建成的"文明样板路"突破1万公里,起到了很好的示范作用。

1997年4月24日,两部一办以国纠办发〔1997〕7号发布《关于公布第三批实现国道、省道基本无"三乱"省(区)名单的通报》,标志着全国实现国省道基本无"三乱"的治理目标。但《通报》明确指出:"两部一办"制定的"六条标准"限定在国道、省道上,是"基本"无"三乱",不是无"三乱";全部上了名单不等于在治理工作中没有问题,有的"三乱"现象特别是县乡道上的"三乱"现象还时有发生;前两年的工作重在治标,已有的工作基础比较脆弱,利益驱动等深层次问题尚未得到解决,反弹的可能性依然存在;达到上名单的标准不易,巩固治理成果更难。《通报》同时强调,基本无"三乱"并不代表可以一劳永逸,如果哪个地区放松了治理,出现擅开口子、批准多家上路及下达收费罚款指标的政府和部门行为;发生重大恶性案件或连续发生公路"三乱"问题;群众关于公路"三乱"问题的举报急剧增多,对治理工作的满意率明显下降;批设站卡过多过密,就必须从基本无"三乱"的地区名单中将其撤下来,并公之于众,促其重点整治。

为进一步巩固治理成果,规范"三乱"治理工作,1997年6月2日,两部一办发布《公路"三乱"出现反弹、取消国道省道基本无"三乱"地区资格检查标准的通知》,提出了6条考核标准,确定了违反考核标准的地区,先由省宣布摘掉该地区基本无"三乱"的牌子,情况特别严重的,由两部一办报经国务院后,宣布摘掉该省基本无"三乱"牌子。7月3日,《中华人民共和国公路法》颁布后,交通部下发了《关于认真贯彻落实〈公路法〉,进一步做好治理公路"三乱"工作的通知》,要求各省对全国公路收费站点和执法队伍进行一次清理整顿。交通部仍将组织上路明察暗访作为当年治理公路"三乱"的主要工作,同时将群众来信来访作为查处重点,加大了案件查处力度,对个别不按时调查群众反馈情况的省(市)发出《督察通知书》督办,提高了结案率,得到群众好评。

1998年,治理公路"三乱"行动进一步延伸至县乡公路,同时两部一办联合对3条"绿色通道"的"三乱"情况进行明察暗访。当年,全国交通系统撤销违规站点110个,处理各类"三乱"案件601起,处分违规违纪人员338人;配合"三乱"治理,交通部还组织对收费还贷公路进行了审计。

——实现所有公路基本无"三乱"。

1999年,交通系统在巩固全国国省道基本无"三乱"的基础上,全面开展清理整顿收费站点的工作。1月7日,交通部下发《关于清理整顿公路收费站(点)的通知》,并于3月在吉林长春召开会议做出专题部署。当年,全国共撤并收费站点271个。10月,两部一办下发《关于印发实现所有公路基本无"三乱"考核办法的通知》,组织各省对县乡公路实现所有公路基本无"三乱"进行全面摸底检查,分期分批公布了实现所有公路基本无"三乱"的地市,公路"三乱"治理出现了巩固与争创并举的良好趋势。

2000年9月,两部一办和国家林业局发出《关于印发实现所有公路基本无"三乱"实施方案及量化考核评分标准的通知》,提出用三年时间实现全国所有公路基本无"三乱"的目标,并制定了具体措施与方法;两部一办会同国家林业局、建设部组成联合检查组,先后对吉林、山东、江苏、海南等四省进行了检查和考核验收工作,全国大多数省(区、市)对实现所有公路基本无"三乱"表现出极高的热情和工作积极性,争创达标活动达到了预期目的。

到2000年底,公路行业纠风工作取得明显成效。"文明样板路"创建从1994年起按"每年一条路"的计划进行,已经创建5.49万公里,占国、省干线公路总里程的15%;"绿色通道"自1999年开通寿光至哈尔滨一线后,已开通4条,初步形成贯穿南北18个省、总里程1.1万公里的网络；国省干线公路"三乱"治理的成果得到巩固并向县乡公路延伸，形成了监督检查的良好局面，各省地市形成了争创无"三乱"的格局；各级交通主管部门广泛开展了提高交通行政执法人员素质的工作，为行业风气的好转打下了坚实的基础。

进入"十五"后，交通系统仍将纠风工作作为重中之重，坚持纠建并举，加大了工作力度。同时，进一步建章立制，行业纠风工作继续深入。

这一时期，多年公路行业纠风、"三乱"治理的成果开始集中显现。2001年12月26日，两部一办宣布北京、上海、江苏、海南等四省(市)实现所有公路基本无"三乱"的争创目标，成为全国第一批实现所有公路基本无"三乱"的省(市)，这是继1997年全国31个省(区、市)实现国、省道基本无"三乱"后行业纠风、"三乱"治理工作取得的又一重大成果，标志着全国公路"三乱"治理进入新的阶段。

2002年6月28日和11月22日，两部一办先后发布通报，公布了第二批8个、第三批5个实现所有公路基本无"三乱"的省(区、市)。至此，全国实现所有公路基本无"三乱"的省(区、市)达到17个，公路"三乱"治理取得明显成效。2003年，全国公路交通系统再接再厉，深入开展行业纠风工作：撤销300个收费站点，展开了从根本上解决公路"三乱"的对策研究，加大了检查和案件查处的力度。2004年，根据国务院纠风工作会议精神，交通部召开"全系统纠风工作会议"，明确提出2004年和今后一个时期纠风工作的指导思想、工作思路和主要任务，要求推广重庆市创新工作机制、从源头上治理公路"三乱"的工作经验。当年，交通部先后下发了《关于解决交通建设领域拖欠工程款问题的实施方案》和《关于做好清欠工作维护农民利益的紧急通知》，建立起纠风工作快速反应机制和责任追究机制，这些措施,为建立纠风工作长效机制奠定了基础。截至2004年底,全国23个省(区、市)实现所有公路基本无"三乱"。全国有11条国道通过验收,成为"文明样板路",行业纠风和治理公路"三乱"工作得到党中央、国务院肯定。

2005年是"十五"的最后一年,公路"三乱"治理取得决定性的成果。2005年2月5日,交通部、公安部、国务院纠风办召开新闻发布会,浙江、福建、四川、贵州、宁夏5省区成为第五批实现所有公路基本无"三乱"的省(区)。

两部一办指出,经过10年的努力,全国治理公路"三乱"工作取得显著成绩。截至目前,全国已有28个省(自治区、直辖市)实现了所有公路基本无"三乱"。但由于产生公路"三乱"的源头性问题尚未完全解决,治理公路"三乱"仍存在一些突出问题,个别地区甚至出现反弹现象。2004年九十月间,国务院纠风办通过对河北、山西、内蒙古、河南、陕西、湖南、湖北等七省区暗访,发现治理公路"三乱"工作中的问题如下:政府和有关部门违规或越权批设站点。有的省级政府将只有在发生重特大疫情时才能设立的临时性动物、植物防疫检查站批准为长期固定检查站,个别地区的农牧部门越权审批动物防疫检查站,有的还在站内开展其他经营项目。公路通行费收费站偏多、一站多点。虽然各地继续加大对各类公路站点进行清理、撤并,2002年以来,已累计撤并道路收费站点836个、各种检查站和非法站点1988个,但一些省份的公路通行费收费站总量仍然偏多。有的地方还存在站间距不符合国家规定以及一站多点等问题。执法行为不规范。有的地方的执法部门变相下达收费罚款指标,导致公安交警乱罚款;有的地方交通路政、运政人员违规上路拦车;个别执法人员收费罚款使用过期票据或不给票据;有的交管协勤人员、收费站工作人员不按规定佩戴协勤证或上岗证;不少治理超限超载监测站没有做到交通、公安部门共同组织实施，不称重即认定超载、罚款放行、重复罚款等问题在一些地方时有发生。

2005年，全国公路系统进一步加强"三乱"治理工作。全年上路检查8435人次，行程140余万公里，撤销公路收费站200个，查处290起"三乱"案件，处理675人。到年底，随着广东、云南、山西等三省达到所有公路基本无"三乱"的标准，全国31个省(区、市)全部实现所有公路基本无"三乱"的目标。公路"三乱"治理工作取得了阶段性的成果。

——探索解决公路"三乱"问题长效机制。

"十一五"期间，交通部(交通运输部)积极从源头上探索解决公路"三乱"问题的长效机制，加强并规范了收费公路的管理工作。

2006年12月20日，国务院纠风办、交通部等五部门联合发布《关于取消公路基本无"三乱"地区资格的暂行办法》，进一步加强治理"三乱"工作的监督和管理。各级交通部门按照"机构不撤、力度不减、人员不散"的要求，积极探索治理公路"三乱"的长效机制。

2007年4月，"全国纠风工作会议"对违规减免车辆通行费工作进行了专门部署。5月30日，交通部会同监察部、国务院纠风办联合下发《关于进一步开展清理违规减免车辆通行费工作的通知》，清理工作全面展开。同时，在全系统初步建立起查处公路"三乱"问题快速反应机制，保证公路"三乱"信访举报得到快速、及时查处，进一步巩固了治理工作成果；交通部先后制定印发《关于推行交通行政执法责任制的实施意见》《交通行政执法忌语》和《交通行政执法禁令》，进一步规范了公路交通执法行为。

2009年4月28日至29日，交通运输部在福建厦门召开"全国交通运输系统纠风工作会议"。会议明确，要以"保增长、保民生、保稳定"为主线，开展专项治理，坚决纠正损害群众利益的不正之风。会议充分肯定全国公路交通行业纠风工作取得的显著成效，同时也指出，一些不正之风尚未从根本上得到纠正。特别是取消养路费等"六费"后，一些地方运管机构超编运行或机构设置不规范形成的体制机制等深层次问题短时间内难以消化，趋利执法、粗暴执法、执法扰民的现象还不同程度地存在。为此，要以落实燃油税费改革政策为重点，坚决防止公路"三乱"反弹；以畅通"绿色通道"为重点，推动中央强农惠农政策落实；以规范执法行为为重点，加强交通行政执法队伍建设；以纠风工作载体建设为重点，深入开展文明创建活动，为交通运输实现快速发展、科学发展、安全发展和协调发展提供坚强保证。同时，会议要求加强源头治理，建立和完善纠正不正之风的长效机制，最大限度防止新的不正之风产生。

到2009年底，全国已经建立起统一的查处公路"三乱"的快速反应机制，畅通了鲜活农产品运输车辆的"绿色通道"。治理公路"三乱"的长效机制初步建立。

"十一五"的五年里，公路"三乱"治理工作力度不减，共组织上路检查近7万人次，查处"三乱"案件1458起，给予党纪政纪处分或组织处理共1200多人。5年里，全国绿色通道共依法减免鲜活农产品运输车辆通行费354亿元，为减少运输成本、减轻农民负担做出了应有的贡献。同时，在2007年违规减免车辆通行费清理过程中，共清理违规免费车辆22万台，收缴违规发放的各类通行费减免卡2.77万张，初步将违规减免行为控制在了10%以下，挽回车辆通行费损失4亿余元。

此外，在治理公路"三乱"的同时，公路交通全行业还为解决拖欠工程款和拖欠农民工工资做了大量工作。2004年初，国务院召开"全国清理拖欠工程款电视电话会议"，明确提出从当年起、用三年时间解决拖欠工程款问题，用一年半时间解决拖欠农民工工资问题。当年,交通部成立了交通建设项目清欠工程指导办公室,狠抓清欠工作。当年,完成清欠近38亿元,完成中央本级预算拨款投资项目的清欠任务;农民工工资拖欠问题于2005年春节前完成。截至2005年底,全行业共解决拖欠工程款115亿元,解决比例达到91%,公路建设清欠工作取得阶段性成果。"十一五"期间,全国公路系统继续抓紧清欠工作,特别是农民工工资拖欠的问题。据不完全统计,2008年至2010年的三年里,全国共处理基础设施建设领域拖欠农民工工资问题近5800件,涉及拖欠款项4.93亿元。

4. 公路行业文明先进典型

20世纪90年代以来,公路行业全体从业者在继承发扬老一辈公路人"铺路石"精神的基础上,又在工作中注入了"锐意改革,勇于创新;敢为人先,追求卓越"的时代精神,涌现出一批又一批先进典型。他们以自己出色的工作、坚定的信念和勇于创新的精神,向全社会传播了公路行业的文化。

(1)"沈大精神"——解放思想、敢为人先的典型。

辽宁省在修建我国大陆第一条较长距离的高速公路——沈阳至大连高速公路的过程中,为我国大规模高速公路的建设摸索出一条成功的路子。由此产生了以"解放思想,敢为人先"为核心内容的"沈大精神"。

沈大高速公路是国家"七五"期间重点建设项目,1984年6月开工,历经6年多艰苦奋战,于1990年9月全线375公里建成通车。它是当时我国公路建设项目中规模最大、标准最高、技术复杂、质量要求高、工期紧的艰巨工程。

沈大高速公路全部工程由我国自行设计、自行施工,除少量关键设备进口外,其余设备和材料都采用国产产品。当时国内没有高速公路的技术标准和实践经验,从1979年起,辽宁就邀请日本、美国等国专家进行高速公路的技术交流。1980年起,多次派出技术人员到日、美等国专题考察高速公路相关技术。同时，辽宁还先行翻译刊印了日本《高速公路设计要领》，作为沈大高速公路设计的主要借鉴标准，结合我国和辽宁的实际情况制定出自己的技术标准。此外，辽宁还在交通部的大力帮助和指导下，派出多批次技术人员学习京津塘高速公路规划设计中的具体做法。沈大高速公路的成功建设，为我国摸索并形成一整套自己的高速公路建设标准、规范和方法。

为建设好这条高速公路，辽宁省政府提出了"政治动员、行政干预、经济补偿、各方支援"的建设方针，工程建设指挥部提出了"团结拼搏，艰苦奋斗，从严要求，争创一流"的口号。

沈大高速公路的建设，离不开科学的态度和严格的管理。辽宁省交通厅在建设过程中，严格标准，健全制度，明确责任；健全了监理机构；实行质量否决权；搞好人员培训，提高管理水平，在职工中树立起从严求实的理念。

由于万名筑路职工团结一心，精心设计，精心施工，沈大高速公路取得了工程造价低、速度快、质量好的优异成绩，受到了辽宁省政府的通令嘉奖。1989年7月，交通部在辽宁召开了高等级公路建设现场会，交流、推广了沈大高速公路的建设经验。

1993年，沈大高速公路建设荣获国家科技进步一等奖，1994年获第六届国家优秀工程设计金奖。

2004年8月29日，沈大高速"四改八"拓改工程竣工，成为中国大陆第一条全程八车道的高速公路。

（2）"润扬大桥精神"——勇于创新、追求卓越的典型。

润扬长江公路大桥是长江上第一座由悬索桥和斜拉桥组合而成的桥梁，总投资58亿元，2000年10月开工建设，2005年4月30日建成通车。大桥北起扬州市绕城公路，跨经长江世业洲，南迄沪宁高速公路，全长35.66公里。在大桥建设过程中逐步形成的润扬精神集中体现了改革创新的时代精神。

四年多里，在交通部和江苏省委、省政府领导下，大桥全体建设者一直保持强烈的责任感和紧迫感，把建好润扬大桥看作加快区域发展、构建和谐社会的一项重要工程。润扬大桥让苏北更快地融入长三角经济圈，为江苏新一轮跨江发展源源不断地注入新的动力。

四年多里，大桥建设者着力实践并弘扬了勇于创新的精神。大桥在建设过程中创造出当时8项全国第一：第一大跨径、第一大锚碇、第一特大深基坑、第一高塔、第一长缆、第一重钢箱梁、第一大面积钢桥面铺装和第一座刚柔相济的组合型桥梁。润扬大桥建设的两大难点是南北两个锚碇的施工，这集中体现了润扬大桥技术上的创新和突破。两根"定海神针"牢牢地承受着大桥全部的重量。润扬大桥悬索桥的北锚碇由近6万立方米混凝土浇筑而成，要承受6.8万吨的主缆拉力。它的成功，使中国建桥能力步入了一个新的天地。

追求卓越的创优精神，是润扬大桥建设中的一大特点。创优不仅体现在速度上，更体现在质量上。在质量、安全管理方面，大桥建设者坚持一院三审、两院制和设计会审制度，建立完善了质量保证体系，强化施工全过程质量控制，健全"横向到边、纵向到底、控制有效"的质检体系，单位工程优良率达到100%。

2005年9月，交通部在江苏扬州召开"全国交通系统基础设施建设廉政工作经验交流会"，全面总结了润扬大桥建设过程中形成的以纪检监察派驻制度为代表的一系列廉政建设经验。润扬大桥工程被树为全国交通基础设施建设的典范。

润扬大桥的成功，使我国在特大型桥梁工程的勘察设计、施工组织以及工程管理等方面实现了重大突破，标志着我国特大型桥梁工程在设计、施工技术和管理等方面全方位跻身世界先进行列，中国人从此具备建设特大型桥梁工程的能力。

(3)青藏公路109道班——甘当路石、扶危救险的典型。

青藏公路109道班(第14工区)，位于海拔5231米的唐古拉山口，负责唐古拉山垭口段40公里路段的养护。109道班是整个青藏公路从格尔木到拉萨36个工区中海拔最高的，自然条件极其恶劣，年平均气温在零下8摄氏度，最低可达零下40摄氏度，空气含氧量仅为海平面的一半，一年中有120多天刮着八级以上大风。

唐古拉山，又名当拉山，在藏语中意为"高原上的山"，在蒙语中意为"雄鹰飞不过去的山"。109道班的十几名养路工，就常年坚守在被称为"生命的禁区"的唐古拉山口。他们不仅长期奋战在这种恶劣的环境中，担负着养护青藏公路、保障畅通的繁重任务，而且遇大雪封山、车辆受阻、旅客被困时，还要夜以继日地挖雪开路、疏导车辆、为司乘人员提供食宿；在当地牧民遭受雪灾时，109道班要抗雪救灾，保护群众的生命财产；平常的日子里，遇到车辆出事故、抛锚时，他们还要抢救伤员，为司乘人员排忧解难。109道班就像是唐古拉山口的"避风港"、"救护站"，常年跑青藏公路的司乘人员都把109道班看作他们温暖的"家"。

从巴恰担任109道班的第一任班长那天起，109道班就定下了一条规矩：道班工人不论何时何地，只要遇到有困难的人，就要不惜代价帮助。巴恰的话语朴实而坚定："是党把我从农奴培养成一名共产党员，党员不为群众做点事，还算得上党员吗？"第二任班长扎才上任后，专门在109道班门口立了块牌子，上面写着："有困难，请找109道班。"109道班第三任班长玛尔丁一上任，为了更好地帮助过往的旅客，要求每个工人每周必须掌握40个汉字，并在年底进行考试。玛尔丁说："109道班为民助民的优良传统，不能到我这里丢了。"

109道班从1954年12月底成立到2010年的50多年里，救助过多少困难百姓、灾区群众，帮助过多少过往的司乘人员和旅客，谁也说不清，也没法精确统计。从109道班的工作日志可以粗略地看出他们的付出：仅在被交通部命名为"天下第一道班"前一年的1989年，109道班就救助遇险的司乘人员、旅客600多人次，帮助拖车、卸车、装车、看守事故车辆600多台次。这仅仅是一年里并不完全的统计数字，由此可以想见，109道班这半个多世纪的坚守所做出的贡献是何等巨大，在那样艰苦的自然环境里长年恪守一份责任，确实令人敬佩！

1990年12月14日，交通部正式命名青藏公路109道班为"天下第一道班"，并号召交通系统全体干部职工向"天下第一道班"学习，发扬"甘当路石、道班为家，人在路上、路在心上"的道班工人精神，为公路事业发展作出更大贡献。

(4) 江苏新浦汽车站"雷锋车"——学习雷锋、服务公众的典型。

1963年，江苏省连云港市新浦汽车总站职工响应毛泽东主席"向雷锋同志学习"的号召，开展了"学习雷锋"的活动。当年春天，新浦汽车总站的服务员发现，许多旅客要到500多米外的火车站转车，而火车站的旅客又要到汽车站来转车，很是辛苦，特别是一些携带行李较多和行动不便的老弱病残旅客尤为辛苦。于是，长途服务组的几位服务员拿着3根小扁担和几条绳子，为旅客免费运送行李。后来，车站为他们购置了一辆平板车，旅客们便把这辆车称为"雷锋车"。从平板车到铁板车，再到脚踏三轮车、旅游观光车，"雷锋车"已经换了9辆，服务人员换了8茬，免费运送老弱病残旅客30万人次，义务运送行包达40多万件，行程7万公里。

"雷锋车"给新浦汽车总站创造了显著的两个文明佳绩。新浦汽车总站不仅连续18年获得"全国文明站"称号，连续20年获得"江苏省文明单位"称号,还先后荣获"全国五一劳动奖状"、"全国三八红旗集体"、"全国学雷锋先进集体"等中央、省、市级荣誉称号 300 多项。"雷锋车"精神还培育出各类先进人物 500 多人次,其中有 2 位全国人大代表,有数十位全国服务标兵和省、市级劳模。1999 年 9 月汽车站被中央文明委授予"全国精神文明建设工作先进单位",2001 年在建党 80 周年之时,中共中央授予汽车站为"全国先进基层党组织"。2002 年 11 月 25 日,"雷锋车"组被中国雷锋工程委员会授予"全国第六届中国集体雷锋标兵"光荣称号。2005 年"雷锋车"组被中宣部列为全国先进典型,2006 年在全国第十次军民学雷锋经验交流大会上被命名为"中国第一雷锋车"。此外,汽车站经济效益也十分可观:1998 年的站务收入是 1690 万元,到 2002 年猛升到 4084 万元。

"雷锋车"的事迹传遍全国,新浦汽车总站的"雷锋车"也成为这支特殊群体的"领头车"。"雷锋车"无私奉献为人民,创造了与时俱进的"雷锋车精神"。连云港市委、江苏省委在向社会发出学习号召、要求学习"雷锋车"时,将"雷锋车精神"的内涵概括为四个方面:助人为乐、奉献社会的人生追求;爱岗敬业、为民服务的道德风尚;团结协作、争创一流的进取意识;矢志不渝、持之以恒的坚强意志。"雷锋车精神"的实质,就是全心全意为人民服务的无私奉献精神,是雷锋精神在社会主义市场经济条件下的弘扬和延伸。

2007 年,时任交通部副部长黄先耀高度赞扬"雷锋车"班组"宁愿自己千般苦、不让旅客一时难"的敬业奉献精神,并指出,"雷锋车"是新浦汽车总站职工在交通运输的生动实践中创造的知名服务品牌,是全国交通行业精神文明建设的一面旗帜。对于引领交通职工积极投身"学树创"主题实践活动、更好地贯彻落实交通部党组提出的"三个服务"、构建和谐交通、扎实推进交通事业又好又快发展，具有十分重要的现实意义。

(5)四川雀儿山道班养路工陈德华——以路为家、爱岗敬业的典型。

陈德华的藏族名字叫扎西降措，是四川省甘孜公路总段雀儿山五道班的班长。1983年，25岁的藏族青年陈德华，子承父业来到雀儿山五道班当上了一名养路工。雀儿山最高峰海拔6168米，川藏公路从雀儿山5050米处经过，五道班位于海拔4899米处，山上终年冰雪不断、草木不生，被称为"生命禁区"。1988年，陈德华成为雀儿山五道班第十六任班长、也是第一任藏族班长，并于1989年加入中国共产党。

在"春夏不长草，氧气吃不饱，终年雪不断，四季穿棉袄"的雀儿山上，一般人不要说干活，就连走路都困难。陈德华却带领职工弘扬"甘当高原铺路石"的精神，年复一年，日复一日，平均每年要清除公路塌方近3000立方米，铲除积雪50万立方米。陈德华参加养路工作20多年来，立志养路，以道班为家，人在路上，路在心上，艰苦奋斗，无私奉献，团结带领全班工人，在极其艰苦困难的条件下，以顽强的毅力和无私忘我的精神，克服许多难以想象的困难，长期战斗在岗位上，做出了不平凡的业绩，受到全国总工会、交通部多次表彰，1991年以来，他曾先后荣获全国交通系统劳动模范、四川省十大杰出青年、全国劳动模范、全国优秀共产党员等光荣称号，曾多次受到江泽民、胡锦涛等党和国家领导人的接见。在1997年10月召开的全国公路系统创建文明行业经验交流会上，陈德华被树为全国公路系统五个先进典型之一。

陈德华25年如一日，用实际行动，谱写了一曲敬业爱岗、无私奉献的人生之歌。

2003年9月10日，陈德华先进事迹报告团在北京人民大会堂举行报告会。会上，中宣部副部长、中央文明办主任胡振民指出，陈德华同志是一个普通的高原养路工，但他在平凡的工作中做出了不平凡的业绩。陈德华是千千万万公路交通战线职工的光荣和骄傲，也是我国工人阶级的光荣和骄傲，是交通战线学习的榜样，也是全社会学习的榜样。学习陈德华，就要像他那样牢记宗旨，服务群众，做"三个代表"重要思想的实践者；像他那样爱岗敬业，勤奋工作，做中国特色社会主义事业的建设者；像他那样艰苦奋斗，甘于奉献，做伟大民族精神的弘扬者。

(6) 援藏技术干部陈刚毅——忠于职守、顽强拼搏的典型。

陈刚毅是湖北省交通规划设计院楚通公路工程公司副总经理，高级工程师。1986年从湖北交通学校毕业后，分配到湖北省交通规划设计院工作。20多年来，他一直战斗在交通重点工程建设第一线，以强烈的事业心和高度的责任感投身交通建设，先后参加了武黄、宜黄、黄黄、京珠等高速公路的建设。通过刻苦钻研技术和工程实践的锻炼，他逐渐成长为一名善于设计、施工、管理的复合型人才。

陈刚毅于2001年开始，多次参加技术援藏。在他担任湖北省援藏项目——山南地区湖北大道工程建设项目总工程师兼工程技术部主任期间，坚持原则，秉公办事，严把技术关、质量关和廉政关，把湖北大道项目建成了精品工程、示范工程和标志性工程，创造了设计、建设质量、工期等十个第一，受到西藏自治区政府和山南地区政府的高度评价。2002年该项目被评为全国公路建设优质工程。2003年4月，受湖北省交通厅委派，陈刚毅担任交通部重点援藏项目——西藏昌都地区214国道角笼坝大桥项目法人代表。他带领项目组，克服恶劣自然环境和工作、生活上的诸多困难，艰苦创业，大胆创新，精心管理，狠抓质量。在此期间，他不幸身患癌症，但仍心系工程，以对党和人民高度负责的精神，把全部的智慧、心血和汗水都倾注到交通事业上，以顽强的意志与病魔抗争，呕心沥血，忘我工作。在手术后 7 次化疗期间，4 次进藏，忠于职守，确保了工程安全、优质、高效推进，为西藏地区跨径最长、技术难度极大的特大桥提前建成通车作出了突出贡献。陈刚毅同志先后被授予"湖北省劳动模范"、"全国交通系统劳动模范"荣誉称号，并荣获全国五一劳动奖章。

2006 年 5 月 29 日上午，中组部、中宣部、中央保持共产党员先进性教育活动领导小组、中华全国总工会、人事部、交通部、湖北省委、西藏自治区党委在人民大会堂隆重举行"陈刚毅同志先进事迹报告会"，宣传"新时期援藏交通工程技术人员的楷模陈刚毅"的先进事迹。中央政治局常委、书记处书记、国家副主席曾庆红强调，陈刚毅是践行"三个代表"重要思想、落实科学发展观、体现共产党员先进性的模范。曾庆红指出，陈刚毅的感人事迹，来源于生命不息、奋斗不止的拼搏精神，来源于立足本职、岗位成才的进取精神，来源于恪尽职守、忘我工作的敬业精神，来源于淡泊名利、清正廉洁的自律精神。这种拼搏、进取、敬业、廉洁的崇高精神，是新时期我国工人阶级主人翁精神的集中体现，是全面建设小康社会、积极建设创新型国家的宝贵精神财富，是值得广大党员、干部特别是全国交通战线干部职工和工程技术人员认真学习的。曾庆红希望，在学习陈刚毅事迹和精神的过程中，有千千万万个陈刚毅式的先进人物涌现出来，为中国特色社会主义伟大事业和党的建设新的伟大工程增光添彩。

（7）焦裕禄式的交通局长高发明——心存大爱、忘我工作的典型。

高发明，生前任山东省滨州市交通局局长。因长期超负荷工作、积劳成疾，于 52 岁的壮年病逝。

高发明于 1957 年 8 月出生于滨州市滨城区梁才办事处小高

村。1974年5月参加工作后，先后在惠民地区中心医院、惠民地区卫生局、滨州地区行署办公室、滨州市政府办公室、滨州市交通局等单位工作。他干一行、爱一行、精一行，不论在哪个单位、那个岗位，都干出了不平凡的业绩。

自2003年5月任滨州市交通局局长后，连续6年，都是跟基层站所或值班的同志在一起，没有和家人欢度过春节。他经常带病坚持工作，2005年12月，他发着高烧进京跑项目，上午在宾馆输液，下午继续跑。由于长期超负荷工作，积劳成疾，2008年8月，他被诊断患上了一种较为罕见的小肠溃疡——克罗恩氏症。医生叮嘱要长时间打针吃药，卧床静养。他全然不顾，拿上药品回到单位继续工作。由于没有及时诊治，加上工作劳累，病情加重，腹部两侧出现多处血斑。2008年9月27日，山东省交通厅考察滨州农村公路建设，高烧39度的他在汇报工作时三次便血，鲜血浸透了衣裤。因为失血过多，他背着同事和家人到医院输血，直到去世后，同事们才在他车辆的储物箱里发现了2800元的输血单。随着病情恶化，高烧不止、腹痛难忍，身体极度虚弱的他，不得不住进市人民医院。身体稍有好转，他就偷着跑到滨州西客站工地上了，急得大夫护士四处找。直到2009年1月份，因大量便血晕倒在卫生间才又住了院。医院检查诊断后发现病情恶化，不得不转到南京军区总医院进行手术治疗。手术后第三天醒来，他想的第一件事，就是要陪同人员了解单位的工作情况。手术后第十天，他就咬牙起床锻炼身体，企盼早日回到岗位工作。临出院时医生再三叮咛他，虽然手术非常成功，但需要绝对静养6个月以上，否则就有生命危险。但他一回到滨州，就把医生的忠告置之脑后，当日连家都未回，直接到市交通局承担的农业重点开发项目——超有机蔬菜生产基地去视察工作。忘我的工作，导致他在术后短期内病情复发。他隐瞒病情仍旧坚持工作。2009年12月12

日，他实在坚持不住才到医院检查，结果显示此时他血液中的白血球已不及正常人的1/3，血小板几乎查不到，生命危在旦夕，医生严厉要求他立即住院治疗。此时正值滨州市交通建设"十二五"规划编制的关键时期，涉及滨州黄河三角洲高效生态经济区未来五年数亿元交通项目的立项问题，必须立即向上级汇报。他不顾医生的竭力劝阻，毅然离开医院，妻子不得不为他代签了为医院免责的保证书。他生命的最后五天，一刻也没有停止工作。12月13日，与县区一位局长研究工作；12月14日，与市交通局稽查队研究公路交通治理超载超限问题，晚上他又用两个小时修改第十一届全国运动会滨州赛区表彰大会的发言材料，并给代替他发言的副局长发去短信，要求发言必须声音洪亮、字正腔圆，充分展示市交通局的精神面貌；12月15日，向有关领导汇报了"十二五"交通建设规划情况，晚上又按照领导要求对"十二五"规划进行修改；12月16日，他把一切工作安排好后，赶赴济南检查病情，8时46分他给一名副局长发去短信，要求把修改的"十二五"规划报有关领导，下午收到有关同志的工作汇报信息后，发出了他人生的最后一个信息："很好。"12月17日9时，高发明溘然长逝，永远地离开了他挚爱的交通事业。

高发明始终保持与时俱进、开拓创新的进取精神。他志存高远，追求卓越。任何工作都争创一流，力求完美。在职期间，他克服资金、技术、人才等方面的困难，负重奋进、创新实干，几年间先后建设了2条国家主干道，3条省高速；完成农村公路建设1.3万余公里，全市100%的乡镇、99%的村通客车。他通过市场化运作，招商引资10.6亿元，建成了建筑面积21.3万平方米的全国最大单体车站——滨州西客站，为把滨州打造成黄河三角洲区域物流中心奠定坚实基础。这期间，滨州所有重大的交通建设项目，无不浸透了他的心血和汗水。

高发明顾全大局、无私奉献，对事关全市发展大局的重大建设项目，不管分内分外，他都不讲条件、不计得失、不折不扣完成。他常对同事们讲："市委、市政府安排给我们的任务，既是责任，又是信任，滨州发展，交通先行。"许多干部群众都深有感触地说："再艰巨的任务，再大的困难，只要交给高发明，就等于交给了圆满完成。"

高发明坚持原则，淡泊名利。他经常说："我是农民的儿子，老百姓的孩子，领导和人民这么信任咱，把这么重要的工作交给咱，只有拼命工作才对得起自己的良心。"他先后五次让出省市二等功。在重大工程建设中，他顶得住说情的条子，顶得住亲情的缠绕，顶得住环境的考验，顶得住金钱的诱惑。近年来，滨州进入大发展、大建设时期，交通局承担了100多项重大项目，总投资150多亿元，他都严格按招投标程序进行，在招标过程中，邀请纪检委、检察院、公证处全程监督，所有工程项目没有出现经济问题。他六岁失去母亲，由外祖母及舅舅抚养长大。在他担任局长后，舅舅找到他，请求给经营五金生意的表弟一点照顾。面对亲情和原则，他毅然选择坚持原则。

高发明同志是一个至善至孝、心存大爱的人。他对自己的身体毫不顾惜，但对别人却始终怀着关爱之心。交通系统每个干部职工的大小事情都牵着他的心。谁家老人生病了、哪个职工有难处了，他总是千方百计去解决。1994年，他外祖母病重瘫痪在床，白天他忙于工作，晚上陪着外祖母，给她翻身、擦身、按摩、端屎端尿，直到外祖母去世。他的老家有个孤寡老人，他每次回家都专程去看望老人并留下二三百元，感动得老人说："天底下哪有你这样的好人！"他在南京军区总医院住院手术期间，有个瘦弱的孩子没钱住院，站在走廊里等换药，他看到后极为难受，请孩子到他病房并给了他500元钱，鼓励他好好治病。

5. 公路文化的兴起与拓展

1997年9月,党的十五大报告指出,有中国特色社会主义的文化,就其主要内容来说,同改革开放以来我们一贯倡导的社会主义精神文明是一致的。文化相对于经济、政治而言;精神文明相对于物质文明而言。只有经济、政治、文化协调发展,只有两个文明都搞好,才是有中国特色的社会主义。

新世纪以后,党的十六大、十七大报告都强调,在文化与政治、经济日益融合的新世纪里,文化在综合国力竞争中的地位越来越强,我们必须坚持社会主义先进文化的前进方向,兴起社会主义文化建设新高潮,提高国家文化软实力。文化建设,被提升到了关乎国家全面发展的战略高度。

中国有着悠久灿烂的文明史,作为生活必需品之一,道路一直与人类文明的发展相生相伴。中国现代意义上的公路出现于20世纪初。中国的公路在诞生之初,即传承了中华文化的优秀基因,同时也吸收了"公路"带来的近现代文化。

公路的行业文化,是广大公路从业者在公路建设、养护、管理和运输生产实践活动中所创造的物质财富和精神财富的总和,特指其精神财富。它包括行业发展实践中逐步形成的、为全体从业者认同并遵守的、带有行业特点的宗旨、精神、理念和价值观等。它是我国社会主义文化的重要组成部分,也是国家软实力的重要组成部分。

(1)公路行业文化建设的实践。

20世纪90年代后,特别进入新世纪以来,广大公路从业者们在实现公路基础设施快速发展,不断提高行业服务国家经济、社会和公众能力的同时,在长期的行业精神文明创建活动中,积累起宝贵的精神财富,不断丰富、发展并凝聚成了既具有公路行业本质特点、又具有鲜明时代精神的公路行业文化;公路文化的内涵不断丰富,表现形式更加多彩。通过有意识地加强行业文化理论研究与实践引导,加以系统的提炼总结,公路行业文化建设取得了不少成果。

20世纪90年代后末期,中华人民共和国建国50周年来临之际,交通部组织编撰出版了《中国公路水运交通五十年》以及《中国交通50年成就》大型画册丛书;同时,启动了公路、水运大型系列谱志的编撰工作。

2002年11月15日,《中国桥谱》出版发行。中共中央总书记江泽民题写了书名。《中国桥谱》收录了上自先秦、下至2000年的共1299座桥,其中有古代桥梁300多座,总结概括了21世纪之前我国桥梁科技、工艺和建筑艺术成就,向全行业和全社会系统展示了我国桥梁的发展和成就,促进了行业文化的传播和普及。此后,交通部又启动了《中国路谱》的编撰工作。

2006年6月26日召开的"全国交通行业精神文明建设工作会议"上,交通部部长李盛霖在讲话中提出,要"加强交通文化建设,努力增强行业软实力"。2006年7月14日,交通部印发《全国交通行业"十一五"时期精神文明建设工作指导意见》和《交通文化建设实施纲要》,明确了"十一五"交通行业精神文明建设和文化建设的任务。

《指导意见》指出,交通文化建设,就是按照以人为本的价值理念,以建设具有鲜明时代特点和交通行业特色的交通精神文化为核心内容,以不断增强广大干部职工的精神力量,增强行业凝聚力,提高行业影响力,为交通事业又好又快发展营造良好的文化环境。各系统、各地区、各单位要把交通文化建设摆在重要的议事日程,力争文化建设在今后五年内取得明显进展。一是要紧紧围绕建设创新型行业的战略目标,大力弘扬拼搏进取、自觉奉献的爱国精神,求真务实、勇于创新的科学精神,不畏艰险、勇攀高峰的探索精神,团结协作、淡泊名利的团队精神,不断推进文化建设,营造有利于创新的良好文化氛围。二是要积极开展特色文化建设活动。三是要积极引导交通文化产品的创作。"十一五"期间,要围绕弘扬社会主义荣辱观,实施"五个一工程"。四是要广泛开展丰富多彩的干部职工文化体育活动。

在《实施纲要》中明确,交通文化建设的基本内容是:培育、总结和提炼鲜明的交通行业核心价值观,增强行业的凝聚力;结合交通发展战略,提炼行业理念,形成以"服务人民、奉献社会"为核心的职业道德体系;完善相关行业制度,寓行业价值观和行业理念于制度之中,规范职工行为;统一规范行业外在形象,寓行业价值观和行业理念于外在形象之中,美化工作生活环境,建立行业标识体系,树立行业的良好社会形象;积极引导交通文化产品创作,广泛开展丰富多彩的文化体育活动,提高员工身心素质,促进职工的全面发展。交通文化建设的总体目标是:力争用五年左右的时间,初步建立起符合社会主义先进文化前进方向和交通发展战略,具有鲜明时代特征和行业特色的交通文化体系。通过交通文化建设,凝炼交通行业核心价值观和行业理念,树立行业的良好社会形象,营造团结和谐、充满活力的良好氛围,增强行业凝聚力和影响力,激发行业的创造力,推进交通事业又好又快发展。

《指导意见》和《实施纲要》的发布,标志着公路交通文化建设进入实质开展阶段。

2007年,按照《指导意见》和《实施纲要》的要求,交通部组织开展交通文化建设研究,按照行业文化、系统文化、组织文化、专业文化四个层次,组织1个总课题、22个子课题开展研究;组织开展交通文化建设"五个一"工程,建成了包括公路、桥梁在内的一批博物馆;开展交通文化调研。

2008年,在交通运输部推动下,通过重点收集、挖掘、整理行业物质文化成果,出版了多卷本《21世纪交通文化建设研究与实践》系列丛书,在行业核心价值理念和体系研究等方面取得了一定成果。丛书中涵盖公路交通行业的诸多方面,包括:"系统文化"中的《公路文化》《公路执法文化》《征稽文化》《道路运输文化》,"专业文化"中的《路文化》《桥文化》《车文化》《站文化》等。其中,"系统文化"侧重于交通行业不同系统的特色文化研究,重点阐述了各系统具有特色的价值理念;"专业文化"侧重于不同专业领域的特色文化研究,重点收集、挖掘和整理了交通行业的物质文化成果。整个研究工作坚持以社会主义核心价值观为指导,将"铺路石"这个行业的传统精神与包起帆、许振超、陈刚毅等先进典型所展现的时代精神有机结合,在建设交通行业核心价值理念体系方面做出了积极探索。同时,交通运输部推出包括黑龙江省大庆市交通局、河北省张家口市汽车客运总站、邯郸县交通局、江苏省南京市交通局、安徽省六安市裕安区交通局、江西赣粤高速公路股份有限公司、山东省青岛市交通运输集团、山东省泰安市交通局、河南省卫辉市交通局等12家单位在内的首批交通文化建设示范单位。

2009年7月,由交通运输部委托中国公路杂志社编撰的《中国路谱》,由人民交通出版社出版发行。该书介绍了历代的路网、规划,收录300多条不同时期、不同特色、具有代表性的公路、城市道路及农村公路等,是一部具有权威性、科学性、知识性的有历史文献和科普专著。《中国路谱》的出版,使公路、水路交通领域的船、桥、路、港四大谱志全部出齐,为行业文化建设增添了又一抹亮色。

2010年,交通运输部推出了第二批交通文化建设示范单位。

2009年11月21日至22日,交通运输部在合肥召开"交通运输文化建设示范单位座谈会"。会议指出,当前,交通运输行业已进入一个发展的重要战略机遇期,交通运输发展面临新形势、新趋势、新任务、新挑战。交通运输文化建设的最核心内容就是构建并大力弘扬行业核心价值体系：发展现代交通业、做好"三个服务"的行业使命；建设更安全、更通畅、更便捷、更经济、更可靠、更和谐的现代化公路水路交通运输系统的共同愿景；艰苦奋斗、勇于创新、不畏风险、默默奉献的行业精神；爱岗敬业、诚实守信、服务人民、奉献社会的职业道德。要将"三个服务"的价值理念，融入交通建设，贯穿于服务全过程，完成好各项工作。今后一个时期，交通运输文化建设工作的设想是弘扬一个交通运输行业核心价值体系，打造十大交通运输文化品牌，创建一百家交通运输文化建设示范单位，培养一千名交通运输时代楷模，不断开创交通运输文化建设工作的新局面。

2010年8月20日，交通运输部以交政法发〔2010〕413号发布《关于印发交通运输文化建设十百千工程方案的通知》。明确的总体目标是：从2010年至2015年期间，在全国交通运输行业打造十大交通运输文化品牌，创建一百家交通运输文化建设示范单位，培养一千名交通运输先进典型。交通运输行业核心价值体系得到较好践行，文化建设长效机制进一步完善，发展现代交通运输业的共同思想基础更加牢固，职工队伍素质明显提高，行业"三个服务"能力明显提升，行业凝聚力和战斗力明显加强，推动交通运输事业又好又快发展的精神动力明显增强，交通运输文化建设进入一个崭新的局面。

"十一五"期间，各地公路主管部门根据本地域的实际，开展行业核心价值观和行业文化的研究、提炼和深入实践，使得加快基础设施建设的"硬件"成果与做好"三个服务"、发展现代交通业等"软件"有机结合，取得了一定的成果，形成了具有特色的行业文化。

(2)公路建设孕育了公路文化。

汽车发明以后，才有近现代"公路"的概念。公路，由古代的道路延伸演变而来，与道路有着千丝万缕的联系，又是道路现代化的集中代表。

中华人民共和国成立后，随着经济的发展，公路事业也得到快速发展。改革开放以后，特别是20世纪90年代以来，公路事业发展的步伐不断加快。1998年福州会议后，公路全行业抢抓机遇，到21世纪初，以高速公路为代表的公路基础设施取得了跨越式发展，成就为世界瞩目。

在公路事业不断加快发展的过程中，公路基础设施水平实现了从量到质的转变。在这个过程中，公路全行业的发展理念不断刷新，全体从业者的思想水平不断提升，在传统的、以"铺路石"精神为代表的行业文化里注入了全新的内涵，支撑着公路事业的加快发展。

同时，随着公路基础设施的不断延伸，公路网络的初步形成，公路与人们日常生产、生活的联系更加密切。随着经济的发展，人民生活水平的不断提高，在人们日常生活"衣食住行"四大要素中，"衣食"作为基础得到解决，不再像以前那样备受关注，而"住"和"行"却越来越备受瞩目。公路事业的发展，促进了社会的发展，改变了人们的生活，增进了经济和文化的交流，对人们生产、生活以及思想产生了深远的影响。

相对于铁路、民航、水运等运输方式来说，公路从诞生之初就具有自身突出的特点，这就决定了公路在文明和文化传播上具有自身的优势。

公路交通最开放。迄今为止，公路仍是各种运输方式中最开放的，人们不需要付出太大代价和掌握太复杂的技术，就能亲自驾驶汽车等交通工具来使用公路，如果是乘用公共交通工具出行，那代价就更加低廉。

公路最具包容性。能够容纳从步行、非机动车到汽车等多种出行方式，现代的高速公路能满足飞机起降，因此能满足广大公众多样化出行的需求。

公路网络最密集。在各种交通方式中,公路的网络最密集,连接着最为广大的公众,甚至在西部广大地区和我国众多农村地区,公路是人们出行唯一的交通方式,其重要性不言而喻。我国公路客运量在综合交通中占到90%以上,这种客运量的绝对优势证明,公路是人们日常生活中必需的交通方式。

公路交通最具基础性。在综合运输体系中,公路交通承担着联接铁路、民航、水运等其他运输方式的任务,在运输服务中,最具基础性、支撑性作用。

公路交通最具个性。公路交通是最具个性的出行方式,也最具随意性,符合当今社会出行的大众化、个性化、多样化的需求。

从公路行业本身来看,公路在文化传播、交流上扮演着重要的角色。公路拥有最为庞大、细密、精巧的网络,这个截至2010年底达到400.82万公里的庞大网络,联结了中国几乎全部的人口,促进了全中国各民族的沟通。公路的最主要功能就是流通,借助于现代化的交通工具,它几乎能不间断地完成数量庞大的人和物的运输,几乎可以把这些人和物运达陆地国土的任何一个地点。数量庞大的人和物在广阔区域内的快速流动,必然会加速不同地域文化、地区文明之间的交流和传播。

公路本身具有的这些特性,决定了公路行业向社会提供的不仅仅是公路这个物质产品本身,还必然包括运输过程中衍生出来的众多精神产品。就如著名的丝绸之路一样,它已经不仅仅是作为一条古代的商路、作为物质的存在,更重要的是,它已经成为东西方文化交流、文明融合以及各民族团结的象征。现代化的公路网,加之便捷、舒适的现代化运输工具,大大缩短了时间和空间的距离,成为在广度和深度上传播文明和文化的理想手段。

公路对于文化的作用大致可分为如下几个方面。

一是，公路建设促进了民族团结。

我国少数民族地区地域广阔，地形复杂，自然环境恶劣，人口稀少且分布极不平衡。受自然、历史等多方面因素影响，少数民族地区交通较为落后，成为社会经济发展的障碍。在绝大多数少数民族地区，公路交通是最主要的交通方式，甚至在很多地区是唯一的交通方式。

为改善少数民族地区的交通落后状况，新中国成立后，中央人民政府投入巨大的人力、财力筑路修桥。著名的川藏、青藏公路和新疆的天山独库公路成为其中的典型代表。改革开放以后，特别是 2000 年国家实施西部大开发战略以来，国家不断加大对西部地区公路交通建设的支持力度，在着力实施八条省际通道等国省干线建设的同时，对农村公路给予了大力支持，使西部地区的农村公路取得了长足的进展。

截至 2010 年底，西部大开发八条省际通道已基本建成；农村公路通车里程是 10 年前的 3 倍多；在西藏、新疆、内蒙古等少数民族聚居省(区)，99.9%以上的乡镇已通达公路；除西藏建制村通达率为 85%以外，其他省(区)建制村通公路率均达到 97%以上，通达率最高的青海、宁夏达到 100%。公路通达率的大幅提升，为广大少数民族群众脱贫致富、发展生产、迅速步入现代文明奠定了坚实的基础。口岸公路是加强少数民族地区对外交流、推进兴边富民行动的重要基础设施，目前我国已正式加入亚洲公路网。交通部根据少数民族地区经济社会发展及对外开放的需要，对国家兴边富民行动确定的 135 个边境县公路建设给予重点支持，加大边境口岸基础设施建设投入，提升边境地区对外经济合作水平。

据国家统计局有关数据显示，截至 2010 年底，民族八省区(内蒙古、宁夏、新疆、西藏、广西以及贵州、云南、青海)国内生产总值(GDP)达到4.21万亿元，比2005年增长1.42倍，比2000年增长3.84倍；人均国内生产总值达到2.30万元，比2005年增长1.29倍，比2000年增长3.58倍。

民族八省区地区生产总值和人均生产总值增速均高于全国平均水平，迈开追赶东部地区经济的步伐，其中，公路交通基础设施的快速发展功不可没。公路基础设施的发展，给广大少数民族地区的经济发展带来了活力，为民族地区经济社会的发展提供了有力支撑，给各民族物质、文化的交流发展提供了便利，成为巩固民族区域自治制度和各民族团结和睦的重要保证。

二是，公路建设架设起国际友谊的桥梁。

除立足本国公路建设外，改革开放以后，特别是20世纪90年代以来，我国积极参与援建发展中国家的公路。这些援建公路为促进我国同发展中国家的友好往来架起了友谊的桥梁。

目前，中国是援助柬埔寨道路、桥梁建设最多的国家，中国提供的无偿援助、无息贷款、优惠贷款促进了柬埔寨的社会经济发展。

2004年5月，由中国政府援建的昆(明)曼(谷)公路老挝境内80公里的路段，对中、老、泰三国的友好合作与经济发展发挥出很大的推动作用。

2005年11月10日，中国援建蒙古国扎门乌德至二连浩特公路改造项目建成通车，增强了中蒙两口岸间的通关能力，也为进一步加强中蒙两国贸易交往和友好往来提供了更好、更快捷的通道。

在非洲，中国政府也援建了许多公路。自20世纪80年代以来，中国公司在肯尼亚已承建了数百公里的等级公路，其建设质量受到了肯尼亚各界的高度评价。中国公路桥梁建设总公司从1999年至2005年的6年时间里，为埃塞俄比亚建设了5条公路，总长达300多公里。2003年5月9日，中国援建赤道几内亚的涅方—恩圭公路通车。它的建成，使该国大陆地区的南北交通大动脉全线贯通，对赤几的经济建设和社会发展有着十分重要的意义。2006年6月19日，中国政府援建加纳的阿克拉至库马西公路改扩建项目竣工。该段公路总长18公里，是连接加纳首都与中部地区以及加纳内陆邻国与加纳特马海港的重要交通干线。2007年4月12日，在卢旺达大屠杀13周年之际，由中国政府援建的大屠杀纪念中心道路举行了竣工移交仪式。这条道路把位于卢旺达首都基加利市郊区的大屠杀纪念中心与附近的干线公路连接起来，给参观者和附近居民带来极大的便利，也表达了中国政府和人民对在那场大屠杀中死难者的深切哀悼。2007年11月5日，中国在尼日尔援建的第二座大桥奠基仪式在尼日尔首都尼亚美举行。大桥建成后将减少中国援建的第一座大桥的拥堵情况，使跨越尼日尔河变得更加方便。2007年12月，中国上海建工集团接受了在埃塞俄比亚承建立交桥的项目。这座立交桥建在埃塞俄比亚首都亚的斯亚贝巴，是该国第一座互通式立交桥工程，也是非洲第一座互通式立交桥。

此外，中国还为亚洲、非洲的许多国家培养了大量公路建设方面的专业人才。

中国对亚洲和非洲提供的公路桥梁援助，为当地的经济发展作出了突出贡献。以路为"媒"，使中国与这些国家结下友谊，体现了中国为世界和平、合作和发展事业所作出的不懈努力，拓展了中国的外交空间和国际影响。

三是，公路建设传播了新的思想观念。

公路从根本上改变了人们的生活方式，也对文明的传播和人们的思想观念起着潜移默化的影响。

在农村，从2006年2月，中共中央、国务院下发了《关于推进社会主义新农村建设的若干意见》，交通部开始实施农村公路建设通畅、通达工程。一条条公路打开了农村封闭的大门，一批又一批农民走出穷乡僻壤，开阔了眼界，扩大了视野。市场经济观念沿路传播，新鲜的事物、丰富的信息和先进的科学技术被引进了农家大院，逐步增强了广大农民的商品意识、竞争意识、开放意识和发展意识，拓宽了发展经济、脱贫致富的思路，许多农民通过门前的公路，一改过去那种足不出户、难舍本土、小富即安、小进即满的状况，纷纷兴起办厂热、运输热、经商热、种植热等，现代经营理念也成为农民的共识。农村公路拉近了城乡之间的距离，城市的文明也开始向乡村延伸。农民开始进行村容村貌的改进。道路的发展还加快了农村科学文化的普及。从1996年开始，中央宣传部等14部委联合开展了文化、科技、卫生"三下乡"活动，把科普知识送到田间地头，把义诊药箱背进偏远山村，把先进文化带到村村寨寨。持续不断的"三下乡"热潮吹拂着农村的山山水水，也温暖着亿万农民的心窝，活动开展十多年来，硕果累累，"三下乡"播撒的种子在山区开出文明之花。

在城市，四通八达的公路连接了家庭与生活、工作、学习的地方。高速公路则大大缩短了空间和时间的制约，在将人们带到不同目的地的同时，也改变了人们的生活方式。目前，驱车从南昌到沪、浙、粤、闽、鄂、湘等周边省（市）的距离全部都缩短在8小时内。有人形象地说，上午在广州喝早茶、中午在南昌品赣菜、晚上去看夜上海已不是梦想。

在旅途中，人们可以尽情地欣赏沿途的自然风景和人文景观，从而获得精神上的抚慰。1999年"黄金周"制度的出台，极大地释放了大众压抑多年的旅游欲望，将人们的出行愿望推向了高潮。交通部积极支持各地的旅游公路建设，各省（区、市）也都将此作为当地公路建设的重点项目。2005年初，中宣部和国家发改委联合有关部门组织编制《全国红色旅游发展规划纲要》。为推动全国红色旅游工作发展，改善红色旅游交通基础条件，交通部根据《全国红色旅游发展规划纲要》总体要求及有关省份公路交通实际情况，制定了红色旅游公路建设规划。2006年，交通部进一步加大了对有关省份红色旅游公路建设的支持力度，共安排红色旅游公路建设项目50个，涉及20个省(区、市)，建设里程约1466公里，项目总投资约54.7亿元。全国共有34个红色旅游公路项目建成投入使用，通车里程为868.5公里。2007年，红色旅游公路建设新开工44个项目，建设里程991公里。此外，还有16个续建项目约621公里正在加紧建设。交通部还会同各地交通主管部门加强了对红色旅游公路项目的技术指导和质量监督。截至2010年底，我国农村居民国内游客总人数达到10.38亿人次，农村居民国内旅游总花费达到3176亿元，分别比1995年增长1.71倍和12.48倍。

四是，公路建设积累了丰富的精神财富。

新中国成立后，几代筑路人和养路人为我们留下了无愧于时代的丰厚的精神财富。改革开放后，广大的公路从业者发扬艰苦奋斗、甘于奉献的精神，在公路建设不断加快的过程中，广大公路从业者锐意改革、创新进取，取得了令世人瞩目的成就，也为行业传统的"铺路石"精神注入了新的内涵；先后涌现出陈德华、陈刚毅等由中央宣传部主持宣传推广的全国先进人物，涌现出"雷锋车"组等一批先进集体，集中体现了公路行业既传统又现代的文化特质，反映了我国公路改革发展和行业精神文明建设过程中取得的丰硕成果，体现了广大公路职工的良好道德品质和精神风貌，成为实现公路事业又好又快发展的宝贵财富和精神源泉。

综上所述，公路建设促进民族团结、架起友谊桥梁、传播新的思想观念、积累了丰富的精神财富，其中"民族团结""友谊桥梁""思想观念""精神财富"均属文化范畴，这说明在公路建设过程中确实孕育起了具有很强的公路行业特色的文化。

(3)公路文化创建提升了公路建设品位。

一方面,公路孕育了公路文化,另一方面,公路文化也提升了公路建设的品位,改变了公路从业者的形象。犹如物质文明孕育了精神文明,精神文明也升华了物质文明,二者密不可分。

改革开放以来,公路系统的文化建设取得了长足的进步,使公路基础设施的品位不断提升。公路文化的发展给公路基础设施建设注入了新的活力。公路不再仅仅是纯物质的基础设施,一些具有创新型设计、建设、管理理念的公路开始产生。

2007年,《204国道江苏段扩建工程文化公路规划》通过专家评审。江苏省在204国道的改建中,最早将"文化公路"作为一个整体的概念,摆在了世人面前。204国道从烟台至上海,全长1000多公里,其中江苏段长549公里,占了一半。而且,这条国道的历史源头就在江苏境内。204国道的历史可以一直追溯到唐代的"长丰堰"。唐大历元年(766年),淮南黜陟使李承率众筑捍海堰,北自楚州盐城,南至海陵泰州,全长250公里,但年久失修,逐渐残破湮没。到了宋仁宗天圣二年(1024年),范仲淹被任命为兴化县令,经过三年奋战,建成了流传千古的防洪大堤——"范公堤"。虽然后来黄河夺淮,这里沧海变成桑田,但到了清光绪年间,清政府修筑通榆公路,也就是204国道的前身,从东台富安至阜宁射阳这一段全部利用"范公堤"作为路基。现在,公路旁边还有一条"串场河",正是当年建范公堤时挖出来的河道。

江苏在此段文化公路的建设中,在串场河桥梁设计上,加入相关的文化元素,通过浮雕等来体现范公堤的典故。在全长549公里的公路上,则充分利用江苏文化的几个典型区域,将沿途四种不同的文化连接起来。204国道江苏段穿过江苏文化的几个典型区域,从南至北经过苏州、南通、盐城和连云港四个城市,每个城市都有着不一样的自然文化遗产和历史文化遗产,人们依次可以领略到独具特色的吴文化、海派文化、江淮文化、楚汉文化。

204国道沿线还有众多的名胜古迹，比如盐城有中国最早的海关、董永墓、新四军军部，南通有著名的狼山风景区、长寿村等，这些都在道路旁用统一标识指示。此外，沿途的景观设置也尽量体现出地域特色，突出自然，避免"行道树"的人工痕迹。例如在盐城段展示出芦苇丛等湿地风貌，体现出与海盐文化有关的植物文化；苏州境内则透出水网密布的江南韵味。根据需要，沿途设置了一些观景台，人们不用离开公路，就可以欣赏到沿途的美丽风景。沿途风景、文化的展示，特别强调去除人为的雕饰，而是与当地的人文、自然景观、风光协调一致，突出当地的特色和文化，让人们在沿路的行程里不知不觉地感受到文化的气息。

2010年初，建成后的204国道成为一条色彩缤纷的道路。每一段的服务区等相关建筑都突出各自的主题色：连云港蓝色，盐城红色，南通金色，苏州绿色。国道主干线上的桥梁设计外观，与当地地域的建筑风格相结合，例如苏南特有的粉墙黛瓦。而徐福的家乡连云港则在路边立起徐福雕塑。在各地的服务区内，不仅通过文化墙、电子触摸屏等介绍当地旅游景点，还在特定日子里进行地方剧演出，游客在服务区就可以欣赏到原汁原味的通剧、昆曲。服务区内还设置有特色的实物展示区：连云港的东海水晶展，盐城的现代汽车展，南通的红木家具展，苏州的盆景展等。

可以看出，所谓"文化公路"，就是在公路规划、建设、管理全过程中，自然地融入文化元素，使之与沿线的人文、历史、自然风光相融合，产生和谐自然的美感，赋予公路更多的文化内涵和人文色彩，目的在于将人们的思路从公路单一的交通功能中解放出来，在行程的不知不觉中给人以审美发现和文化感知,使公路与当地的人文、历史和自然风光"自然"地融合在一起,变成联结行路人与当地文化的纽带。

在公路建设上融入文化内涵的事例还有许多,它们大多是将地域文化运用到景观建筑和其他景观设施的造型、材料、色彩、结构形式、组合方式、图像和文字中,表达某种特定的精神含义,如历史文化、民俗文化、行业文化的融入等,还通过在重要景点建立雕塑、壁画和标志性组合景观,以加强深化、升华景点的文化主题。

例如,贵州凯(里)麻(江)高速公路老猫冲隧道两洞口之间,就设置了以苗族风情跳芦笙为主题的浮雕图案,展示苗族人民庆典时盛大、欢乐的节日气氛。图案通过对苗族典型代表乐器芦笙和锣鼓以及崇拜的牛(牛角)进行变异组合,伴随波涛与彩云之间的互变,形成天地合一的自然美景,表现出苗族人民以开放的姿态,迎接新世纪的挑战和对美好未来的憧憬。

云南昆(明)石(林)高速公路在临近石林的隧道洞口造型方案设计中,以石林景点为剪影的艺术浅浮雕,可说是未见石林,先见其影。另外,把绚丽多彩的民族图案提炼成简洁的符号,应用到边坡挡墙的美化上,也不失为一种表现地域文化的手法。

重庆至湛江高速公路是西南出海大通道,也是一条连接诸多旅游城市的多彩之路。进入遵义境内,沿途山峦起伏,树木青翠,飞瀑流泉。娄山关、遵义、赤水等地,是当年红军长征之路,这些字眼无不蕴含着深厚的文化积淀。

杭州绕城高速公路则将"西湖十景"拷贝到公路边坡上,广西衡昆线柳南高速公路在路边雕塑了"六景石林",湖北襄十高速公路将湖北最美的人文景观浓缩后展示给世人,宁杭高速公路则以黄鹤欲飞冲天的雕塑造型,展现了江浙人民奋发向上的精神风貌。

在公路基础设施大发展的今天,行业文化对物质的促进作用得到更充分的体现。随着我国公路和城市道路的快速发展，国家对道路绿化的规模和功能提出了更高的要求，道路绿化规模从最初的行道树，到道路的全方位绿化，使绿化功能从单纯的环保和水保功能，发展到一种融科学、艺术、园林、生态、环保、美学等多种功能的景观绿化。公路开始承载更多的文化底蕴和时代特征。

云南思(茅)小(勐养)高速公路是昆明到曼谷国际大通道的一段，公路全长97.7公里，2003年6月20日正式开工建设，2006年4月6日通车。思小高速在设计、建设中突出了创新，坚持了"安全、环保、和谐、服务"的理念。思小高速是我国唯一一条穿越热带雨林的高速公路，在整体设计上引入了"宁桥勿填、宁隧勿挖"的理念，尽量减少了开挖，保护了周边环境。在管理过程中，按照云南省委、省政府和省交通厅提出的"建设一条人与自然和谐发展的生态环保高速公路"的总体方向，以及"保护自然、回归自然、融入自然、享受自然"的工作思路，引进了精细化无缝隙管理理念，常思"小"处，从细节做起，从小处做起，确保了工程质量，保护了自然。同年5月13日，中共中央总书记胡锦涛到云南视察工作时，全程考察了思茅至小勐养高速公路，对思小高速建设给予了充分的肯定与赞许，并指出："只要认真落实了科学发展观，不仅开发建设与环境保护可以共赢，人与自然也完全可以和谐相处。"

川九公路是通往世界级风景区——九寨沟的重要通道，位于四川省阿坝州境内，起于松潘县境川主寺，止于九寨沟口，连接四川省九寨沟和黄龙两大世界自然文化遗产。原有的川九公路技术标准偏低，纵横交错的公路网分割自然环境，给生物的繁衍造成影响，甚至会造成水土流失，形成沿线带状污染，加速一些动植物灭绝。2002年7月，四川省委做出改建川九公路的决策。该项目路线全长94.14公里，总投资3.94亿元。工程于2002年10月动工，2003年9月完工。为了建设好第一条在全国有示范意义的生态旅游公路，四川省公路局贯彻交通部"安全、舒适、环保、示范"的建设宗旨，明确提出：川九路建设要以生态环境保护为核心，坚持"以人为本"，充分满足人们对出行的安全性、舒适性、愉悦性要求；在生态环境保护上，要突出与当地的自然风光相谐调。这些理念的确立，带来了公路建设设计、施工、管理等全方位的理念创新和工作创新。今天，当人们行进在川九路上时，几乎感觉不到人工雕琢的痕迹，似乎川九路与环境的和谐是与生俱来的。其实，这种感觉正是新的公路建设理念创造的奇迹。川九路开创了交通建设与自然相和谐的典范，是交通新跨越的一项标志性工程。川九路建设的经验，得到交通部的高度重视。2004年，交通部选择江西省景德镇经婺源至黄山高速公路、甘肃省宝鸡至天水高速公路、广东省双凤至平台高速公路等12个项目，共计约1400公里不同等级的山区公路，作为勘察设计典型示范工程，以探索在不同区域、不同自然条件下的公路勘察设计经验，为今后的勘察设计工作提供有益的借鉴。

随着《全国交通行业"十一五"时期精神文明建设指导意见》和《交通文化建设实施纲要》的深入实施，公路行业文化将焕发出更加灿烂夺目的光彩；到"十一五"末期，随着公路网的不断完善，公路与沿线的自然景观、人文风情融合得更加紧密，公路已经成为文化传播不可或缺的重要载体。随着公路基础设施建设的深入开展，会有更多公路被升华成为融人文、自然、科技、环保为一体的文化载体，成为向社会传播公路行业精神文明的重要媒介。

二、收费公路

收费公路并非中国一家独有，其历史可以追溯到200年前的美国。18世纪末期，美国私营公司建设的费城至兰开斯特公路是世界上第一条真正意义上的收费公路。此后，由于铁路的崛起，19世纪后期以来的大约100年时间里，收费公路几乎绝迹。20世纪20年代中期开始，随着汽车工业的发展，收费公路开始在美国、日本复苏。20世纪90年代以来，收费公路在世界各国得到了快速发展。据不完全统计，20世纪90年代，全世界有20多个国家实施收费公路政策。到2006年，全世界拥有收费公路的国家已达60多个。

发达国家早期修建收费公路的目的与我国当前类似，即利用通行费收入为公路基础设施建设筹措资金。但是随着公路大规模建设阶段的结束以及道路交通拥堵、空气污染的出现，发达国家收费公路政策目标已经开始向引导合理出行、调整交通需求、治理大气污染等方向转变。这样的转变，在我国的大城市甚至一些中小城市，也已经成为必需。

在广东省从1981年开始试点"贷款修路，收费还贷"政策，并取得成功的基础上，1984年国务院54次常务会议决定实施"贷款修路，收费还贷"政策。这是在我国改革开放初期交通基础设施严重滞后、国家财力有限的特殊历史阶段采取的一项重要政策，是符合我国社会主义初级阶段国情、适应国家财力支撑状况的实际、支撑公路基础设施加快发展的一项创举。

收费公路政策的实施，有效缓解了公路建设资金不足的矛盾，极大地加快了我国公路建设步伐，使我国公路交通基础设施取得了持续快速发展的历史成绩和跨越式发展。日益完善的公路基础设施网络，为合理开发国土资源、促进区域经济协调发展、引导产业优化布局提供了强有力的基础设施保障，同时也对构建国家现代化的交通运输体系、促进国民经济持续发展与社会和谐进步产生了重要而深远的影响。

1. 收费公路的缘起

在中国大陆，收费公路首先出现在得改革开放风气之先的广东省。

改革开放初期,在经济快速发展的带动下,广东城乡客货交流频繁,尤其是珠三角地区,"三来一补"企业蓬勃发展,粤港两地之间运输繁忙。然而,公路基础设施严重滞后,特别是广州至深圳、珠海、湛江、汕头等4条公路主干线上,渡口多、等级低,堵车现象严重,成了全国最大的"停车场",群众意见大,已经到了非改不可的地步。要解决公路的"瓶颈"问题,广东省公路部门面临着建设资金严重不足的困境。根据交通部的公路技术规范,每昼夜通行2000车次以上的公路,应改为二级公路。当时,广东只有316公里公路达到二级标准。急待上马改造的105国道、107国道改造工程等6个项目共需资金35.89亿元,资金筹集成为最大的难题。在短期内不可能获得国家几十亿元拨款的情况下,广东省公路部门根据外商有兴趣投资公路、希望能收回投资并获得一定回报的实际情况,在广东省政府的重视和支持下,广东省交通厅于1981年率先提出了"贷款修路、收费还贷"的设想。

1981年初,广东省交通厅经与港澳知名人士柯正平、何贤、霍英东等商谈,并就《关于引用外资改建广州—珠海(拱北)公路的意见》一文上报广东省政府。1981年4月,广东省政府批复原则同意《意见》,并决定按二级公路标准分期分批改建105国道广州—佛山—珠海公路。第一期工程重点解决4个渡口改建桥梁、相应引道接线以及穿城改线路段的建设。1981年8月10日,广东省公路建设公司与澳门南联公司签订了《关于贷款建设广珠公路四座大桥协议书》,确定由澳门南联公司贷给广东省公路建设公司1.5亿元港币,专供广州至拱北公路上三洪奇、容奇等4处渡口改建大桥及其引道接线附属工程之用。另外,《协议书》还规定,4座大桥在3年内全部竣工,建成后以收取车辆通行费的方式偿还借款本息。这是中国大陆第一个"贷款修路,收费还贷"的协议书。

1984年1月1日,广深公路上设置的中堂、江南两个大桥收费站正式收费,成为我国最早的公路收费站。同年广珠公路上设置的容奇、三洪奇、细滘、沙口4个大桥收费站也陆续开始收费。

广东的做法,作为公路建设向社会融资的成功实践,在全国公路交通基础设施建设领域引起了积极反响,也得到了中央有关部委的高度关注,并进行了调研和论证,为中央决策提供了科学依据。

2. "贷款修路、收费还贷"的实施及成效

1984年12月,国务院做出"贷款修路,收费还贷"决定后,全国各地相继出现利用贷款、集资、外资等多种渠道筹集资金建设的路桥隧工程。

"七五"期间,收费公路平稳发展,成为公路行业筹集建设资金、弥补资金短缺的一条重要市场渠道。从1981年至1990年,仅广东省借款用于公路桥梁建设的资金达80多亿元,共修建1200多座、共7万多延米桥梁,新建、改建二级以上公路1800多公里,公路交通状况得到明显改善。

1993年11月,中共十四届三中全会提出建设有中国特色社会主义市场经济体制之后,收费公路融资渠道和手段进一步多元化,通过国际、国内资本市场发行股票和转让收费经营权的直接融资方式增多,逐步形成了"国家投资、地方集资、社会融资、利用外资"的公路建设投融资发展模式。

从1994年1月广东省中山市268省道岐江公路转让公路收费权开始,到2005年底,全国公路收费权转让项目总数达222个,转让公路(含桥梁、隧道)里程9399公里,实现转让资金收入861亿元。

1997年7月3日,第八届全国人大常委会第26次会议审议

通过的《中华人民共和国公路法》，对"贷款修路、收费还贷"政策做出进一步规定，明确收费公路有两种形式：一是收费还贷型，即由县级以上地方人民政府交通主管部门利用贷款或向企业、个人集资建成的公路，交通主管部门或其所属机构作为收费公路投资、建设、养护、管理以及收费经营的行为主体，其收费性质属于行政事业性收费，是政府行为；二是收费经营型，就是由国内外经济组织依法受让收费权的公路或者由国内外经济实体依法投资建成的公路。各类国内外经济实体是收费公路投资、建设、养护和收费经营的行为主体。其路政、交通安全等仍然由政府有关部门负责。《公路法》同时明确，筹集公路建设资金，可以依法向国外金融机构或外国政府贷款建设公路，鼓励国内外经济组织投资建设公路，成立开发、经营公路企业；可以依照法律、法规的规定发行股票、公司债券；可以有偿转让公路收费权，并明确转让收费权的收入必须用于公路建设。这些规定扩展了公路建设资金筹集渠道，把收费经营公路纳入法制化发展轨道。

1998年，为应对东南亚金融危机，中国政府实施积极财政政策，把加快基础设施建设作为扩大内需的重点，公路交通基础设施被国家确定为优先发展的建设投资领域，国内各商业银行对收费公路建设的贷款力度开始加大，一批重要的国道主干线和省级干线公路建设项目得以加快实施。最明显的就是全国公路建设年度投资规模迅速提高到2000亿元以上。在20世纪90年代后期，相继出现一些公路上市公司，到1998年底，全国公路行业已有13家上市公司，共募集资金170多亿元。1999年4月26日，国务院批复交通部、中国人民银行《关于收费公路项目贷款担保问题的请示》，明确公路建设项目法人可以收费公路收费权质押方式向国内银行申请抵押贷款。

截至2000年底的统计，经过16年的发展，我国收费公路总里程突破 9 万公里,达到 9.42 万公里,占公路总里程 5.61%,占全国等级公路里程的 7.7%;收费还贷桥梁、隧道总长 22.89 万延米。其中已建成的高速公路,约 1/2 的一级、二级公路以及 2/3 的 1000 米以上大桥、隧道均为贷款建设,收费公路及桥隧占到二级以上高等级公路的近 43%,撑起了公路主干线网的半壁江山。

"贷款修路,收费还贷"政策在全国各地逐步推行,特别是 1998 年福州会议后,银行贷款实质性进入公路市场,大大加快了我国公路建设的步伐,主要成效体现如下:

为加快公路基础设施建设提供了强有力资金支持。收费公路政策的实施促进了公路投资主体多元化、投资渠道多样化局面的形成,市场化的筹融资形式,为我国公路基础设施建设开拓了资金来源,缓解了长期以来公路建设资金严重短缺的问题。据不完全统计,截至 2000 年底,我国公路建设累计投融资增加额高达约 6600 亿元,是 1985 年至 2000 年公路建设总投资额的 60%;其中银行贷款达到 5000 亿元以上,成为公路建设投资的主要来源。这期间,收费公路政策增加的投资建成的高速公路和一级、二级公路分别达到 0.92 万公里、1.15 万公里和 7.52 万公里,约占同期二级以上高等级公路建设里程的 56%。

推动高等级公路的快速发展。截至 2000 年底,我国大陆高速公路里程突破 1.6 万公里,跃居世界第三;此外,一级、二级公路分别达到 2.01 万公里、15.27 万公里。其中,90% 以上高速公路、80% 一级公路和 45% 的二级公路里程的增长,得益于收费公路政策的实施。

促进路网规模扩大和技术等级、结构的优化升级。截至 2000 年底,二级以上高等级里程达到 18.9 万公里,占到公路总里程的 13.48%,已经分别比 1984 年增长了 8.95 倍、5.58 倍。二级以上高等级公路的大幅度增长,优化了路网结构,大大提升了公路客货运输的能力和水平。同时高等级公路建设资金的解决，使得政府主管部门有能力将有限的资金投入三级、四级和等外公路的改造、扩建中，公路网整体结构水平与15年前已不可同日而语。

此外，筹融资渠道的拓展和创新，在直接推动基础设施加快建设的同时，也加快了公路行业管理运营、科研技术、人才培养等环节的创新，促进了综合运输体系的发展和调整，对公路行业乃至综合运输体系的长远发展产生了深远的影响。

截至2010年底，我国公路总里程400.82万公里，其中高速公路7.41万公里，一二级公路37.31万公里。我国收费公路里程为15.49万公里，其中政府还贷性收费公路10.16万公里，经营性收费公路5.33万公里，累计投资总额达到3.65万亿元，其中银行贷款总额达2.37万亿元，总体负债率不足65%，低于国内银行业认定的80%的放贷警戒线。

如果没有这项政策，我国二级以上高等级公路很难得到快速发展，公路交通对国民经济和社会发展的"瓶颈"制约将不会在短时间内得到有效的缓解。

3. 世界银行对收费公路政策的评价

"贷款修路，收费还贷"政策的实施，不仅在国内得到各省（市、自治区）政府和公路交通主管部门的热烈响应，产生了深远影响，其所取得的成就，也受到世界银行的关注。

2007年2月12日，在交通部与世界银行联合召开的"中国高速公路绩效评价与跟踪"研讨会上，世界银行发表最新研究报告——《中国的高速公路：连接公众与市场，实现公平发展》，回顾了1991年至2005年的15年里，中国在高速公路发展方面取得的突出成就，比较了中国与其他发达国家在高速公路发展上的异同，对中国优先发展交通基础设施以推动经济增长、实现公平发展的收费公路予以肯定。

世行报告指出，在中国，"道路交通的重要性不言而喻，在过去的十年间，道路交通在所有陆路运输中（不包括管道和水运）的份额大幅提高，旅客周转量从45%增加到了60%，货物周转量从24%增加到30%。道路运输系统为中国经济和社会的持续发展做出了巨大贡献。"

"在第八、第九和第十个五年计划期间，即1990年到2005年期间，中国建成了大约41000公里收费高速公路，其主体构成了国道主干线系统，将进一步扩展为85000公里的'国家高速公路网'。"

"……。还没有任何其他国家，能够在如此短的时间内大规模提高其道路资产基数。这些公共建设工程同时，帮助发展了一系列融资、管理、建设和道路运营等支持性技能。"

世界银行东亚与太平洋地区可持续发展总局局长狄福安指出："中国15年来高速公路网的快速发展令人震惊，与50年前美国州际公路网的发展速度相仿。高速公路的建设发展降低了运输成本，缩短了运输时间，提高了中国的市场竞争力。"

同时，世行报告也指出，未来中国公路将面临收费、还贷、养护等等方面的众多挑战。

据统计，2005年，中国GDP以1.65万亿美元排名世界第七，而人均GDP仅排在世界第128位，还是名副其实的发展中大国、穷国。以这样的人均GDP排名，取得高速公路里程排名稳居世界第二的发展成就，收费公路政策的作用有目共睹。

4. ETC（电子不停车收费系统）的兴起与推广

ETC系统，应用无线电射频识别与计算机等信息化技术自动完成对车辆的识别、收费、车道设备控制及收费数据处理等，可允许车辆以二三十公里的时速通过收费站，一条ETC车道在收费站的通行能力相当于4至6条人工收费车道，大大提升了收费站的工作效率，减少了车辆在收费站的通行时间和交通拥堵。相比于人工收费来说，ETC 的技术优势和经济、社会效益十分明显。

随着高速公路的发展，"九五"之初，交通部及一些省（市、自治区）公路交通主管部门开始关注 ETC 技术，一些省（市、自治区）开始了引进 ETC 技术的尝试。1996 年，通过引进美国企业的技术，北京在首都机场高速公路开通了 2 条 ETC 车道；此后，又陆续在八达岭高速等一些路段试验过欧洲等国家和地区的主流电子不停车收费技术，但未能实现大规模应用。稍后，广东更进一步。广东省为在全省开通统一的联网不停车收费系统，于 1998 年开始研讨 ETC 系统的建设方案，并邀请交通部、建设部等部门及有关科研院校的专家、学者提供咨询，组织交通部和广东省有关部门及单位联合对 ETC 系统的关键技术进行攻关。到 20 世纪末期，广州—佛山高速公路的 ETC 用户已经达到数万。但这一时期，由于高速路尚未实现联网，技术上缺乏统一标准，除个别路段外，整体路网车流量较小，个别路段应用的信息卡也不能用到其他路段上，难以发挥网络优势，极大阻碍了 ETC 的推广。

2000 年 9 月 6 日，交通部以交公路发〔2000〕463 号发布《高速公路联网收费暂行技术要求》（五章三十五条）明确，高速公路应首先实现省（自治区、直辖市）内联网收费，逐步实现省际间的联网，为全国联网收费电子货币化做好基础工作；要积极推行预付卡（储值卡和记账卡）、一卡通和一卡多用的付款方式，以减少现金比例，为用户提供方便；新建收费站预留电子不停车收费车道时，匝道收费站入口、出口收费车道总数不得少于 4 条，主线收费站的入口、出口不得少于 6 条。同时对联网收费的软硬件平台及功能、结算模式等做出指导。《技术要求》的出台，为 ETC 的发展打下了良好的技术基础。

进入 21 世纪，交通部为改善高速公路的管理，提高高速公路通行的效率,树立高速公路的服务形象,开始将 ETC 作为重要的技术手段和服务方式进行推广。随着标准的确立以及不停车收费技术(ETC)的推广应用,为收费公路特别是高速公路的联网收费、提升服务水平、提高行车效率和广大用户的行车舒适度奠定了坚实的技术基础。

2003 年 10 月 20 日,在交通部的协调和主导下,京沈高速公路联网收费示范工程建成,全长 658.7 公里、跨两省两市的京沈高速公路成为我国第一条实现跨省联网收费的高速公路,主线收费站由 7 个减少到 3 个,大大提升了效率、方便了公路的使用者。京沈高速公路联网收费示范工程的建成,摸索出高速公路由分割式管理向网络化综合管理转变的模式,提高了高速公路的管理水平和使用效率,实现了高速公路的信息化和网络化管理,突破了不同收费平台、系统间对接的技术瓶颈,对促进各省省内联网乃至全国高速公路联网收费都具有重要的示范意义,这大大加快了全国高速公路联网收费的进程。

"十一五"期间,ETC 系统建设进入快速发展的时期。

2007 年 1 月底,交通部组织召开"京津冀和长三角区域高速公路联网电子不停车收费联席会议",详细介绍了国家科技支撑计划项目——"国家综合智能交通技术集成应用示范"课题中"国家高速公路联网不停车收费和服务系统"的主要研究内容,以及京津冀和长三角区域高速公路联网电子不停车收费示范工程的技术方案。会议的召开,引起全行业的极大关注,标志着交通部组织实施的京津冀和长三角区域高速公路联网电子不停车收费示范工程项目正式启动。

2007 年 10 月 19 日,交通部以 2007 年第 35 号公告发布《收费公路联网收费技术要求》。对提高收费公路通行效率和服务质量,规范联网收费的规划建设和运营管理做出明确规定。

2008 年 8 月 21 日,交通运输部以交公路发〔2008〕275 号发布《高速公路区域联网不停车收费示范工程暂行技术要求》，进一步指导、规范高速公路区域联网不停车收费示范工程建设。

2008年12月31日，长三角区域ETC示范工程取得初步成果，率先在上海与江苏实现互联互通。

2009年7月，"国家高速公路联网不停车收费和服务系统"通过验收鉴定。其课题的技术成果和形成的标准规范体系，在国内首次建成了京津冀和长三角区域联网不停车收费示范工程，共计300多条电子不停车收费车道，用户超过12万；建成了广东和北京两个省域公路路网管理与应急处置示范系统；建设实施了国家高速公路网服务、监管及应急处置系统示范工程，完成了国家公路路网管理会商室的建设，首次实现了部分高速公路收费站和不停车收费系统相关数据以及15个省市的监控数据的接入，能够通过广播、短信、互联网、电视、路侧、电话6种方式为公众服务；首次初步形成了国家、省市两级公路路网的监管与服务网络的架构。ETC系统技术上的突破，为ETC示范工程的建设铺平了道路，也为ETC的全面推广奠定了坚实的技术、管理基础。

2009年8月，交通运输部召开"全国联网不停收费暨京津冀、长三角高速公路联网不停车收费示范工程省部级联席会议"，提出全国不停车收费系统联网总体规划意见，进一步推进两个试点地区高速公路ETC联网工作。会上，上海、江苏、浙江、江西、安徽四省一市确定，由浙江牵头解决ETC系统互联互通的技术问题，争取于2009年年底前实现四省一市的ETC互联互通。2009年11月，安徽与上海、江苏实现ETC互通。2010年7月，江西与上海、江苏、安徽实现ETC互通。长三角ETC互联互通的目标基本实现。

2010年9月28日，京津冀两市一省实现ETC系统互联互通，覆盖了北京15个条段、天津6个条段、河北20个条段高速公路。三地的 ETC 用户在这 41 条段高速公路实现了一卡通行，并享受 9.5 折优惠。

至此，交通部（交通运输部）组织实施的京津冀、长三角两区域高速公路 ETC 联网示范工程，按计划圆满建成。

2010 年 11 月 30 日，交通运输部、国家发改委、财政部联合以交公路发〔2010〕726 号发布《关于促进高速公路应用联网电子不停车收费技术的若干意见》，对高速公路应用 ETC 技术提出基本思路、原则和工作目标，在主要任务中要求全面推进收费公路联网收费、在重点地区实施高速公路 ETC、加大 ETC 车道建设力度、建立完善的 ETC 客户服务体系等，同时明确了保障措施与鼓励政策。

经过 10 年来的大力提倡和发展，截至 2009 年底，全国 ETC 的终端用户达到约 52 万，开通车道数 1292 条；到了 2010 年底，全国使用 ETC 终端的用户跃升到 130 万，开通车道数突破 2000 条，同比分别增长 1.5 倍和 0.55 倍。以 ETC 系统技术为支撑的高速公路联网收费建设，进入快速普及、高速发展的新时期。

5. 二级公路收费治理

我国收费公路的发展起步于二级公路，发展速度也很快。到 21 世纪之初，即我国"贷款修路，收费还贷"政策实施十几年后，我国收费公路总里程达到 9.42 万公里，其中二级收费公路里程和收费站总量均占其总量的 60% 以上。

随着高速公路的逐步成网，二级公路的骨架路网作用逐渐削弱，而大量收费二级公路及收费站点的存在，引发了一系列问题，社会反响十分强烈。如，因要在主路上设站且投资主体不一，因此二级公路收费站点过多、过密，且收费标准不统一、额度偏高，最为社会公众和媒体诟病；为追求利润最大化，一些公路运营企业在养护方面投入过少，加之行业管理手段缺乏，造成公路路况下降较快，路况较差；有些二级公路收费机构技术落后，导致人员多、开支大，还贷额过少；随着高速公路的快速发展以及收费二级公路总量的增长，收费二级公路的经营状况不容乐观，给还贷造成更大压力。这些负面影响，成为收费公路发展的最大障碍。

这一时期，顺应社会的要求和行业发展的需要，交通部在保证公路基础设施建设快速平稳发展的同时，加强了收费公路的管理，并开始对收费二级公路进行政策调整。

2004年9月13日，中华人民共和国国务院令第417号发布《收费公路管理条例》，在第二条明确指出："收费公路，是指符合公路法和本条例规定，经批准依法收取车辆通行费的公路（含桥梁和隧道）。"第十条规定："县级以上地方人民政府交通主管部门利用贷款或者向企业、个人有偿集资建设的公路（以下简称政府还贷公路），国内外经济组织投资建设或者依照公路法的规定受让政府还贷公路收费权的公路（以下简称经营性公路），经依法批准后，方可收取车辆通行费。"同时，《条例》对收费公路的建设、站点设置、权益转让、经营管理等都做出严格规定。《条例》充分肯定了"贷款修路，收费还贷"政策的积极作用，规范了收费公路建设、运营管理、转让中的行为；同时明确，政府还贷公路收费期限最长不超过15年，中西部省份最长不超过20年；经济性公路的收费期限最长不超过限25年，中西部省份最长不超过30年。此外，《条例》还就收费公路的等级和规模、收费标准确定、收费权益转让、经营管理、法律责任等做出明确规定。《条例》中明确规定的实行联网收费、减少站点、强化服务等具体措施，对收费公路的发展起到了积极的指导和推动作用。

2004年11月11日，交通部和国家发改委联合以交公路发〔2004〕622号发布《关于降低车辆通行费收费标准的意见》，针对车辆"大吨小标"、超限超载日益严重的问题，提出调整收费标准的原则、措施和组织实施方案。

2006年11月27日，交通部以交公路发〔2006〕654号发布《关于进一步规范收费公路管理工作的通知》。要求加强收费公路建设项目的审批管理，进一步规范收费站点的设置并加强管理，对政府还贷收费公路和经营性收费公路要严格界定，同时依法对收费公路实施监管。《通知》强调，"各省级交通主管部门还要研究本地的收费公路总量控制指标，控制收费公路建设规模，特别是要严格控制二级收费公路的规模。"《通知》的出台，明确了"十一五"及此后一段时期，收费公路管理将更加严格、规范，更加注重质量和服务。

2007年6月27日，国家审计署审计长李金华，在向第十届全国人大常委会第二十八次会议所做的《2006年度中央预算执行和其他财政收支的审计工作报告》中，指出了收费公路存在的问题。

2008年2月27日，国家审计署办公厅以审计署公告2008年第2号发布《18个省市收费公路建设运营管理情况审计调查结果》。《审计调查结果》指出，"贷款修路、收费还贷"政策是正确的，对加快公路建设、促进经济社会发展起到了重要作用：一是加快了公路建设，二是推动了综合交通运输体系发展，三是促进地方经济发展。同时，截至2005年底，各级地方政府已停止了4124公里收费公路、桥隧的收费，撤销收费站点653个。《审计调查结果》在肯定成绩的同时也指出，尽管如此，一些地方政府和交通部门在发展公路的指导思想和收费公路政策的实施中，存在一些认识偏差，加上相关管理法规建设滞后，收费公路建设、运营、管理中存在一些问题，影响了政策的执行效果，亟待解决。

在《审计工作报告》和《审计调查结果》公布后，交通部党组十分重视，先后召开近十次部党组会议，就其中的问题逐个研究，提出了很多收费公路治理的政策措施，着手在全行业解决这些问题，并取得了初步的成效。全国公路行业都感受到了治理二级公路收费的巨大压力。

2008年12月18日，国务院发布《关于实施成品油价格和税费改革的通知》，明确从2009年1月1日开始实施成品油价格和税费改革，取消养路费等六项涉路规费；同时明确，将逐步取消政府还贷二级公路收费。

2009年5月5日，交通运输部、国家发改委、财政部联合召开的"取消政府还贷二级公路收费进展情况新闻通气会"，交通运输部新闻发言人何建中指出，在年初实施成品油价格和税费改革时，国务院确定了逐步有序取消政府还贷二级公路收费的方案，确定的目标是：从2009年起到2012年年底前，东、中部地区逐步有序取消政府还贷二级公路收费，使全国政府还贷二级收费公路里程和收费站点总量减少约60%。何建中指出，截至目前，我国已有山东、江苏等12个省份分两批全部取消了政府还贷二级公路收费，共撤销二级公路收费站点1263个，占全部政府还贷二级公路收费站总量的65%，减少收费二级公路里程7.08万公里，已经提前完成第一阶段治理任务。其中，第一批山东、江苏、安徽、福建、江西5个试点省份共撤销政府还贷二级公路收费站388个，涉及公路里程21325公里；第二批黑龙江、吉林、辽宁、河北、河南、湖北、湖南7个省共撤销政府还贷二级公路收费站点875个，涉及公路里程49519公里。何建中强调，取消政府还贷二级公路收费工作进展顺利，总体情况良好，得到了广大车主和群众的赞誉。

2009年初实施的燃油费改税的改革得到彻底执行，统计数字表明，治理二级公路收费取得显著成果：截至2010年底，全国全部撤销政府还贷二级公路收费的省份达到17个，撤销站点总数达到1723个，涉及公路里程达到9万余公里。向着全部取消政府还贷收费二级公路的目标又迈进了一大步。

据统计,2009年到2010年的两年里,在高速公路、一级公路和二级公路分别增长1.38万公里、1.02万公里和2.35万公里的前提下,收费公路总里程下降5.53万公里,减少收费公路总里程达到36%,为今后一定时期内收费公路保持合理规模、公路基础设施继续保持快速发展奠定了良好的基础。

三、公路环保与节能减排

公路交通基础设施建设不可避免会对自然环境产生影响,养护公路要产生大量废料、废气,占用土地、污染环境。同时,道路交通运输工具也要消耗大量的石油资源,产生大量废气和其他废旧材料的污染。据2008年统计,我国交通运输业(含公路、水运和城市公交客运)石油消费量约占全国石油终端消费总量的36%,其中公路运输、城市客运在交通运输业,中的消耗比例分别约为44%和15%,是名副其实的石油能源消耗大户。而据2004年统计,我国交通运输业二氧化碳排放总量为2.9亿吨,其中公路运输占其中的68%,也是名副其实的排放大户。

节约资源、保护环境是我国的基本国策。公路交通是建设资源节约型、环境友好型社会的重要领域,走资源节约、环境友好的发展道路是发展现代公路交通行业的重要内容,关乎国家经济发展甚至国家能源安全的大局。这一时期公路交通行业以实现交通增长方式的根本性转变为目标;以提高资源利用效率和环境保护水平为核心;采取了强化规划的龙头作用、树立注重节约资源与保护环境的公路交通发展和消费新理念、加大资金投入力度、建立相应的激励与约束机制、组织实施示范工程等有力措施,加快了建设资源节约型、环境友好型公路交通的步伐。

1. 公路环保

公路交通行业认真贯彻落实以坚持保护优先、开发有序的原则，采取了一系列促进公路交通发展与生态环境相和谐的政策措施：按照国家环保法律、法规要求，加强公路交通建设项目的环境影响评价工作；公路交通建设项目需要配套建设的环境保护工程，必须与主体工程同时设计、同时施工、同时投入使用；配合国土绿化战略，实施公路绿色通道工程；完善公路交通环保法规规章体系，促进行业环境保护工作规范化、制度化；推进公路行业环保标准、规范不断完善，环保技术不断发展；健全环境保护协调、监管机制等，公路交通行业环保事业不断发展，成效显著。

自1973年8月5日第一次全国环境保护会议开始，公路行业对行业环保工作更加重视。到80年代末，在公路建设项目环境评估、交通降噪、动物保护等方面做了很多工作，取得了一定成效。

"八五"期间，公路行业环保工作继续加强。1991年5月29日，交通部环境保护委员会召开第二次会议，审议了《交通部环境保护管理规定》和《交通部"八五"环境保护计划和10年设想》。同年8月至11月，组织部署北京、辽宁等9个省市交通主管部门开展环保自检，同时派出2个检查组到这9个省市的44个单位进行抽检，促进了环保工作的开展。

1992年，交通部编制完成三项环保行业标准。同时，在公路基础建设环节，加强了"三同时"（即公路新建、改建和扩建工程项目的环保设施，必须与主体工程同时设计、同时施工、同时投产使用）管理。1992年全年，完成环境影响评价报告书预审项目的公路建设项目达到8项，包括：杭州—枫泽高速公路、四平—长春高速公路、沪杭高速路上海段、佛山—开平高速路、西安—宝鸡一级公路、泉州—厦门高速路、贵州—遵义汽车专用路、合肥—南京一级公路。同年，开始实施汽车节能产品公布制度，加强了对汽车产品的行业指导力度。

1993年，在第一次全国环境保护会议召开20周年之际，公路行业环保已取得显著成效：行业环保法规基本配套，颁布了《交通行业环境保护管理规定》《交通部基本建设环境保护管理办法》《交通部环境监测工作条例》《交通部清洁工厂标准》等规章以及《汽油车怠速污染物排放标准》《柴油车自由加速度排放标准》等标准规范；到1993年底，各级交通管理部门、企事业单位逐步设立了环境保护管理机构、监测机构、污染防治队伍以及科研、教育、信息队伍，专兼职交通环保人员达9000余人；公路基本建设"三同时"制度得到推行；在公路建设环境保护和污染治理方面取得一定成效；截至1993年底，交通行业环境监测站已达28个，从事汽车尾气监测的汽车检测站已达59个；以交通部环境监测总站牵头的交通环境监测网初具规模，从事环境监测的专业人员已达500余人。

1994年，交通部机关机构改革后，相应调整了交通部环保委成员。当年，交通部重点狠抓了公路基建项目"三同时"工作，共完成了31个建设项目环境影响报告书的预审。

1995年，交通部环保委举行第五次会议，总结了1993年第二次全国交通环境保护会议以来的公路交通环保工作及主要问题，确定了1995年和1996年的交通环保工作重点。当年，交通部组织完成《交通基本建设项目环境保护设计规范》（公路）、《交通基建建设项目环境影响评价规定》（公路）。

"八五"期间的公路环保工作，在行业环境保护管理、机构建设、执法监督、污染防治、环境监测以及科研信息交流等方面取得一定成效，但总体而言仍处于初步发展的水平，整个行业环保工作开展很不平衡，在国家层面推进较快，但各地方交通环保工作进展缓慢，情况不容乐观。

"九五"期间,交通部进一步加强公路行业环保机构和规章建设、强化公路项目环境保护管理工作。

"九五"开局之年,交通环保在机构建设方面首先打开新局面。经中编委批准,1996年5月29日,交通部环保中心正式成立。该中心为部直属一级事业单位,主要职责是:负责交通行业环境监测和船舶废弃物信息跟踪系统的管理,承担环境影响评价和环保工程;环保和监测技术的研究,组织技术交流、培训和咨询服务等工作。交通部环保中心的建立,不但加强了交通部环境保护的机构建设,加强了行业环保工作的力量,而且对行业环保工作起到很大的促进作用。

1996年8月20日,"交通部环保委员会第六次扩大会议"在北京召开。会议传达了"第四次全国环境保护会议"精神,总结了几年来交通行业环保工作基本情况,并且提出了下一段交通行业环保工作任务和部环委会的主要工作安排。

1997年,交通部环保办公室独立处室机构获准成立,同时部内计划、建设、公路、财会等相关司局派员成为部环保办的兼职成员,从而加强了部环保办的工作力量,促进了公路行业交通环保工作的开展。2000年,成立了交通部第四届环境保护委员会,加强了环境保护的领导。这期间,交通部组织完成了《交通建设项目环境保护管理办法》的修改和《交通环境保护法规汇编》目录的审查工作;同时,为适应环境保护发展的要求,交通部根据公路建设项目环境影响评价经验,着手对《公路建设环境影响评价规范》进行修订。

在强化机构和法规建设的同时,1997年开始,针对过去对新建工程项目的环境影响评价工作抓得较多,而"三同时"管理抓得不够的实际,交通部在进一步抓紧环评工作的同时,重点抓了交通建设项目的"三同时"工作。1997年至2000年,交通部共完成99项公路工程环境影响报告书的预审,完成29项公路工程环保验收。这期间，公路交通大中型工程建设项目环评和环保"三同时"执行率大幅提升到 95% 以上，其中 1998 年达到了 100%。"三同时"工作和环保验收工作的不断加强，将公路工程项目环保工作纳入公路建设的日常管理之中，促进了各地在公路建设、养护工程中环保工作的加强。

"九五"期间，交通部还多次举办了环境保护监理培训班，为公路建设单位培养环境保护监理技术人员，初步扭转了对公路工程施工阶段环境保护监督不利的问题。期间，交通部与国家环境保护主管部门、有关专家就公路环境影响报评价的生态、噪声和环境保护对策、大气污染问题的评价等方面达成一致意见；在公路建设生态环境保护、粉尘、噪声等污染防治上也取得了较大成绩。

"九五"期间，公路环保工作取得明显成效。一是行业内环保意识普遍增强。随着有关环境保护的法律、标准的颁布以及一系列环境保护管理办法等措施的实施，全行业的环保意识普遍增强，保护环境并尽可能改善环境的责任感和自觉性有所提高。二是在公路规划、设计、施工、养护等环节严把环保关。公路建设中各环节的工作都与环境保护息息相关。因此，在公路建设的规划、设计等阶段，都强调了保护景观、水质、湿地、基本农田、生物、文物等，熟土保护、土地复垦、绕避生态敏感地区等措施得到高度重视和实施；公路工程施工阶段注重控制施工噪声、粉尘污染等，强调文明施工，并加大监管力度；在公路设施养护管理阶段注重路域绿化、植被恢复，改善路域系统内的空气质量、声环境和水环境治理。贯穿于公路勘设、施工和养管全过程的环保工作，对减轻污染、保护环境产生了良好的效果。三是行业环保标准、规范不断完善，环保技术不断发展。交通部陆续颁布了《公路建设项目环境影响评价规范》《公路工程环境保护设计规范》《公路工程绿化规范》，完善了行业内的环保标准、规范,使环保工作有章可循。此外,组织实施"控制新建公路对环境有害影响研究和示范"、"交通湿地保护规划"等一批环保课题研究,在促进公路建设环保技术不断提高的同时,培养起一支具有较高素质、多学科综合知识的公路环保队伍。四是合理用地取得显著成绩。为了贯彻"十分珍惜、合理利用土地和切实保护耕地"的基本国策,交通部组织编制了《公路建设项目用地指标》,对合理控制公路建设用地规模,促进设计、科研人员探讨节约用地技术途径,都起到了积极作用。此外,大力发展高速公路,客观上起到了集约利用土地、提升公路运输安全和效率的作用。

随着西部公路建设的加快,公路环保的任务日趋加重。进入"十五"期,交通部及公路全行业继续加大公路环境保护工作力度。

2001年5月9日至11日,交通部在云南昆明召开"全国第一次交通建设项目环境保护工作会议"。各省(区、市)交通主管部门及交通企事业有关单位代表参加,国家环保总局代表受邀参会。会议全面总结了"九五"期间交通行业污染治理工作的成绩与经验,分析了交通行业在污染治理方面存在的问题与不足,讨论并确定了交通行业2001年至2010年环保工作的主要思路,明确了交通环保工作未来五年的奋斗目标:全面落实交通建设项目"环境影响评价"和"三同时"制度,将工程环境影响评价、大中型交通建设项目环保单验收和环保"三同时"执行率均提升到98%以上,初步实现交通建设项目环境保护监管的制度化、规范化与信息化,建立具有交通行业特色的、管理先进、效果显著的交通环保体系。

"十五"期间,交通部加大了环保法制建设力度,在公路设计、建设和养护过程中逐步树立起新的理念。2001年,交通部组织制定了《公路建设项目环境保护验收规定(讨论稿)》,组织编撰了交通部第一部《交通环境保护法规标准选编》；2002 年，组织制定了《公路建设项目环境保护验收规定（征求意见稿）》《公路边界噪声标准（讨论稿）》；2003 年，修订发布《交通建设项目环境保护管理办法》《公路工程技术标准》，充分体现了公路工程安全、环保和以人为本的原则；2004 年，修订了《交通行业环境监测管理办法》，制定了《交通环保统计报表管理规定》《交通行业环保登记备案管理办法》的初稿，下发《关于交通行业实施规划环境影响评价有关问题的通知》，同时就《国务院关于落实科学发展观加强环境保护的决定（草案代拟稿）》《建设项目环境保护管理条例》《西部开发生态环境保护与建设监督条例》《建设项目环境影响评价机构资质管理办法》《声环境质量标准及测量方法》《建设项目环境监理工作指南》等有关公路环保的法规规章提出修改意见；2005 年，完成《交通行业环境监测管理办法（修订）》《交通行业环保统计管理办法》的征求意见稿，颁布《交通行业环境保护专家库管理办法（试行）》，并就《大气污染防治法（修正案）》《环境影响评价法（修正案）》《国务院关于落实科学发展观加强环境保护的决定》《国家"十一五"环境保护规划》《进一步加强山区公路建设生态保护和水土保持工作的指导意见》《声环境质量标准及测量方法》《建设项目环境监理工作指南》《环境影响评价技术导则》《建设项目竣工环境保护验收调查技术规范》等法规的制定、修订提出具体修改意见。

为全面落实科学发展观，树立全新的发展理念，大力推行耕地保护、水土保持及生态恢复。交通部于 2003 年大力推广川九路勘察设计的新理念。

（注：川九路勘察设计的新理念。2003 年，交通部将四川省川主寺至九寨沟公路的改建工程，作为落实生态保护和可持续发展战略，促进公路与自然环境相和谐的"全国示范性公路"。该项公路示范工程于 2002 年 10 月正式动工修建，2003 年 9 月

建成通车。项目在实施过程中，积累了"理念是灵魂、管理是关键、设计是核心、施工是保证"的宝贵经验，得出了"不破坏就是最好的保护"的体会，探索出"设计上最大限度地保护生态环境，施工中最小程度地破坏和最大限度地恢复生态环境"的指导原则。明确提出了公路设计和建设中必须做到"六个坚持，六个树立"，即：第一，坚持以人为本，树立安全至上的理念；第二，坚持人与自然相和谐，树立尊重自然、保护环境的理念；第三，坚持可持续发展，树立节约资源的理念；第四，坚持质量第一，树立让公众满意的理念；第五，坚持合理选用技术指标，树立设计创作的理念；第六，坚持系统论的思想，树立全寿命周期成本的理念。）

2004年4月至6月，交通部先后下发了《关于在公路建设中实行最严格的耕地保护制度的若干意见的通知》《关于开展公路勘察设计典型示范工程活动的通知》《关于在公路建设中严格控制工期确保工程质量的通知》，组织实施了12条公路勘察设计典型示范工程，召开了全国公路勘察设计工作会议，继续大力推广勘察设计新理念和严格保护耕地的制度；于2005年出台《关于进一步加强山区公路建设生态保护和水土保持工作的指导意见》，对山区公路建设中的生态保护和水土保持加强了指导。在"十五"中后期，这些密集发布的、与行业环保密切相关的规范性文件，明确要求在公路建设中树立环境保护、资源节约、可持续发展的新理念，推行公路与自然环境相协调，按照"安全、舒适、环保"和"不破坏就是最大的保护"的方针，坚持最大程度保护、最小程度破坏、最强力度恢复，建设生态路、环保路、安全路。特别是有关实行最严格耕地保护制度的《若干意见》，提出了在公路建设中实行最严格的耕地保护制度的总体要求和具体措施，制订了从项目立项和可行性研究阶段，工程设计、实施阶段到项目竣工验收等环节规范用地、科学用地、合理用地和节约用地的具体要求。其出台，在全国加快公路建设的进程中，掀起保护耕地、集约用地、科学用地的新潮流，使"十分珍惜、合理利用土地和切实保护耕地"的基本国策在公路建设中得以充分实施。

"十五"期间，公路环保理念得以推广，行业环保工作不断加强，更显实效。五年里，交通部共组织完成了 236 项公路建设项目环境影响报告书、报告表审查；会同国家环保总局完成 51 项公路项目的竣工环境保护验收，完成 67 项公路建设项目环境影响评价大纲的审查；开展了广东深圳—汕头高速公路的环境保护后评价工作。据统计，"十五"期间，在公路工程项目快速增长的前提下，交通部管项目环境影响评价执行率达到了 95% 以上，环保"三同时"的执行率达到 90% 以上。在理顺环评工作重点、使环评更加务实的同时，交通部加强了工厂设计、施工、验收过程的环境保护管理，使交通建设项目环境保护"三同时"更加落实，更有实效。

在进一步加强工程设计、施工、验收过程的环境保护管理，会同国家环保总局，继续狠抓公路建设项目环保"三同时"的前提下，交通部于 2004 年开始，以宁夏银川—古窑子公路、沪瑞国道主干线贵州境三穗—凯里段和湖南境邵阳—怀化段的工程环境监理试点为重点，开展公路工程环境监理工作。分别编制了工程环境监理实施方案，在上海、银川、凯里、邵阳分别组织了工程环境监理培训班，参加培训的人员约 300 人，经考试合格后颁发培训结业证书和上岗证书，初步建立起环境监理工作的队伍。公路工程环境监理试点总体达到预期目标：通过实施较严格的工程环境监理，对于生态环境影响和生态恢复、控制施工期扬尘、噪声、废弃物处理、减少工程临时用地的影响、绿化和景观保护、环保工程等，都起到了重要作用，有效地解决了施工期的环境问题，受到社会各界的好评。在试点基础上，交通部于2004年以交环发〔2004〕314号下发《关于开展交通工程环境监理工作的通知》，要求全国交通行业广泛开展工程环境监理工作，并进一步明确了开展交通工程环境监理工作的具体实施方案。同年，交通部环保办会同部质监总站对环境监理教材进行了进一步修改，并于2005年正式出版，作为工程监理人员培训的标准教材，开始大力开展环境监理人员的培训，着手建立从事工程环境监理的队伍。2005年，交通部在全国交通行业广泛开展工程环境监理工作：建设单位要依据工程环境影响报告书、工程设计等文件的要求，制定施工期工程环境监理计划，在施工招标文件、施工合同、工程监理招标文件和监理合同中明确施工单位、工程监理单位的环境保护责任和目标任务，并作为评标和考核的内容。工程环保监理的推广，使公路环保工作深入到工程一线，促进了公路行业环保工作的开展。

"十五"期间，在环境监测、机构建设和环保宣传方面，交通部也做了大量有效工作。

环境监测方面。2001年和2002年，交通部组织完成了公路环境、交通污染源、交通建设项目环境等监测工作，获得监测数据近20万个，编制了《交通环境质量年报》。

机构建设方面。2002年，交通部组织召开"交通行业环境监测工作会议"，总结交流了近几年交通行业监测工作成绩、经验和不足，研究了行业环境监测工作新方向、新任务。按照统一部署，湖北、广西、山西、河南、河北、江苏、新疆、广东等省（自治区）交通厅（局）设立了厅（局）环境监测中心站，开展了交通建设项目施工期运营期环境监测和环境影响评价工作，为地方交通环境保护工作的开展奠定了组织基础。

"十五"期间，是公路行业环保工作开始深入人心、广泛开展的时期。公路行业环保工作在法规建设、机构建设、工程环保监管、环境监测、技术进步等各方面都取得长足进展，公路环保工作得到很大加强，工程环境监理得到全面推广，公路工程环境后评估工作开始起步，行业环保工作打开了新的局面。

"十一五"期间，公路行业环保工作迈上了新的台阶。

在推广环保新理念方面。根据"十五"示范工程总结的经验，立足"十一五"时期公路环保工作，2006年，交通部进一步提出"不破坏就是最好的保护，在设计上最大限度地保护生态环境，在施工中最小程度地破坏和最大限度地恢复生态环境"的公路交通建设新理念，对工程各环节提出了具体要求：在公路交通建设项目前期的环境影响评价工作中，要求建设单位在工程设计、施工和试运营各阶段全面提高环境保护意识，明确建设单位、施工单位和监理单位各自的环保责任，采取有效措施最大限度地保护生态环境，防止水土流失，防止环境污染；在工程设计上，充分考虑地形地貌，尽量节约土地资源，尽可能避开自然保护区、饮用水源保护地、风景名胜区、地质公园、居民集中居住区等环境敏感目标；在施工中，要按照要求使用工程临时用地，有效控制水、气、声带来的环境污染；在公路建设项目竣工环境保护验收时，认真落实环保要求，对临时占地进行恢复，治理各种污染物，满足环境保护"三同时"的要求。同时，按照社会效益、经济效益、环境效益相统一的原则，要求全行业实事求是地做好环保工作，使各项环保措施和要求切实符合实际，符合国家经济发展的水平。

在环保法规标准建设方面。2006年，交通部修订了《交通行业环境监测管理办法》，制定了《交通环保统计报表管理规定》；2007年，完成了《交通行业环境监测管理办法》《交通行业环保统计规则》的起草和初步征求意见稿，开展了《公路水路交通环境保护中长期发展规划》的研究；2008年，完成制定《交通运输行业公路水路环境监测管理办法》《交通运输行业公路水路环境统计报表制度》，参与《规划环境影响评价条例》《大气污染防治法》《环境影响评价技术导则—声环境》《建设项目竣工环境保护验收技术规范—公路》《建设项目环境保护分类管理办法》等法规和文件的制定、修订。从而在"十一五"期间,初步形成了公路交通环保的法规体系。

在加强环保管理方面。一是进一步加强环保审评、验收工作。2006年4月,交通部在陕西西安召开"2006年交通行业环境影响评价单位会议",要求进一步统一思想、统一认识,提高建设项目环境影响评价工作的质量和效率,保障水运、公路交通基础设施建设的顺利实施。同年,根据《交通行业环境影响评价专家库管理办法》,经各省(市、自治区)交通主管部门推荐,初步建立了交通行业环境影响评价专家库,入库人员已经超过200人。据不完全统计,"十一五"前三年,交通部(交通运输部)主持完成200余项公路建设项目环境影响报告书审查;完成150余项交通建设项目行业审查意见;会同国家环保总局完成近90项公路水运项目竣工环境保护验收。

二是继续加强工程环境监理工作。2006年8月,交通部在上海召开"交通行业工程环境监理试点工作总结会议",总结了公路工程环境监理试点工作的经验。当年,在全国公路建设项目中开展环境监理工作,云南、广东、湖北、山西、西藏交通厅等已经组织开展了工程环境监理培训。2007年,交通部环保办会同部质监总站,积极推动交通建设项目的工程环境监理工作,主要包括全面推动公路重点工程的环境监理制度,强化环境影响报告书、初步设计环保篇章的行业管理,保证工程项目通过环保竣工环保验收等。交通部环保办协助交通部质监总站开展了公路工程环境监理人员培训。

三是以工程创建带动公路环保工作的开展。2008年,交通运输部组织开展"交通运输行业资源节约环境友好工程"创建活动,制定了《资源节约环境友好交通工程评选办法》和《资源节约环境友好交通工程评选标准》，并向环境保护部推荐了广东渝湛高速、湖南常张高速两项公路工程，申报"国家环境友好工程"，其中湖南常德至张家界高速公路工程获得了"国家环境友好工程"称号。

开展全国公路交通环保调查。2007年，为支撑交通运输行业发展模式的重大转变，对各级交通运输管理部门开展环保工作提供科学依据，满足新形势下交通环保工作的实际需求，交通部组织开展了"全国第一次公路水路交通环境保护调查"。为此，2007年4月，交通部成立"公路水路交通环境保护调查领导小组"，加强对全国公路水路交通环境保护调查的领导。调查内容主要有：交通设施建设期、营运期污染源情况，污染物排放、生态影响、环境风险、环保设施运行情况，环保投资、"三同时"执行情况，绿化、机构设置和环境管理等方面内容以及公路运输企业和车辆维修企业污染物排放情况等内容。

2008年8月21日，"全国第一次公路水路交通环境保护调查工作总结会议"在南昌召开。会议明确，近年来，我国交通事业取得了巨大成就，为我国经济社会发展提供了有力的支撑。同时，各级交通主管部门和交通行业各单位以科学发展观为统领，认真贯彻落实环境保护政策、法规，使交通环保事业得到较大发展。调查结果表明，交通行业近几年单位能耗、COD（化学需氧量）、氨氮和二氧化硫排放量呈现不断下降趋势，在生态环境保护和环境污染防治等方面取得了显著成效，履行国际公约、承担国际义务的能力不断提高，已经走上了交通运输和环境保护协调发展的良性循环道路。但是，随着我国经济和社会的发展，环境保护的要求不断提高，交通基础设施建设和运输生产过程中的环境问题仍在不断凸显。根据本次调查，交通环保仍在管理体系、环保投入、环保人员、环保设施、生态保护、污染物治理、能耗结构、污染事故处置等诸多方面不能适应经济社会和交通运输事业的快速发展。

"全国第一次公路水路交通环境保护调查"的结果表明：交通环保管理体系逐步完善；交通环保法规体系基本健全；交通环保投资不断加大；自然生态保护日益加强；污染防治工作成效显著；公路运输企业环保工作不断加强。

截至2010年底，"十一五"公路交通行业环保工作取得明显成效。在公路规划领域，公路工程的规划阶段均设置专门的环保篇章，专门对规划实施的环境影响和应对措施进行分析和论证；在公路规划方案的确定过程中，尽量避让自然保护区、水源保护区和珍稀动植物保护区等生态环境敏感目标，尽可能节约了土地和岸线等资源。在基础设施建设领域，同步设计和建设了相应的环保设施，行业污染治理能力得到明显提升。截至2008年底，全国交通建设累计投资约400亿元用于环保"三同时"建设。相继建成了川九路、神宜路、渝湛高速、思小高速等环保、景观方面的示范工程，体现了公路设计和建设的新理念；实施了水土保持、湿地恢复、动物通道等生态保护工程。自然资源利用集约化趋势日趋明显。2010年，公路单位货运周转量的占地面积比2005年明显下降。在公路基础设施建设过程中，积极推广表层土、疏浚土、废旧沥青、弃渣等资源的再利用。公路工程项目实施之前，全部依法开展了建设项目环境影响评价报告的编制工作，在项目实施过程中开展工程环境监理，工程交工验收后开展了环境保护专项验收调查工作并形成竣工环保验收调查报告。行业建设项目环评执行率、环评和竣工环保验收通过率都达到100%。在公路客货运输领域，"十一五"期间，尽管公路交通业营运规模和运输周转量都有较大增长，但污染物排放总量仍得到有效控制。如2008年，高速公路服务区污水处理率达到88%，噪声敏感点达标率高于90%，污水处理率比"十五"末增长了10%，公路污水回用率达26%。行业污染贡献率不足1%，维持在较低水平。同时，在污染应急机制和预案体系方面，建立了相对健全的管理及法律法规体系，基本形成了层次清晰、运行顺畅的污染事故应急预案体系，初步具备了应急处置能力。在行业环保管理能力方面，各级交通运输主管部门逐步建立了行业环境保护管理机构，初步明确了环境保护的管理职责。按照国家有关法律和规定，对交通运输规划环评、项目环评、环保验收等各方面都开展了行业管理工作，确保国家环保法规和要求落到实处；行业环境保护法规体系初步建立；部分省份相继建立了交通环境监测中心站,,较好地满足了建设项目环境影响评价和竣工环保验收的需要；从2006年开始开展第一次全国公路水路交通环境保护调查和统计以后，基本掌握了行业环保总体情况，初步建立起部、省两级的环保统计体系。在行业环保科技创新方面，交通运输部相继投资建设了公路交通环境保护技术实验室等一批行业环保实验室，购置了交通环保实验仪器和设备，环保科研的硬件条件得到了进一步改善。组织开展了一批公路水路交通环保领域的重大科研课题，各省也相继开展了环保课题研究，在公路生态环境保护、资源集约利用、节能减排、船舶污染防治及溢油应急处置等领域取得了一些科研成果，在实际应用中取得了较好的效果。

2. 节能减排

道路运输的主要工具——机动车，是石油终端产品的主要消耗者，而且与发达国家相比，我国汽车每百公里平均油耗高20%以上。公路运营期间车辆排放的大气污染物，对大气的污染程度深，持续性长。

针对公路交通运输节能减排的严峻形势，公路交通主管部门加强节能减排组织建设和工作指导，采取了有效的政策措施：一是优化运输结构，通过政策引导、税收优惠等，发展专业化、大吨位运输车辆；二是加大政府宏观调控、经济调节力度，将运输工具的节能性能作为运输市场准入的一项重要考核标准，加大对高能耗、低效率运输工具的使用限制，促进节能交通工具的推广应用；三是利用现代信息技术和手段，加强运输组织管理，降低空驶率，提高运输效率；四是加强车辆购置管理和在用车辆污染排放的控制与治理，组织实施"空气净化—清洁汽车行动"工程；五是完善节能法规标准，建立节能减排统计、监测和考核体系；六是对机动车特别是客货营运汽车，加强节能减排技术的推广应用以及人员培训等等，取得了显著成效。

我国汽车每百公里平均油耗比发达国家比较

同发达国家相同或相近车型的燃油效率相比较，我国汽车每百公里平均油耗比发达国家高20%以上。其中，轿车油耗比日本高20%~25%，比欧洲高10%~15%，比美国高5%~20%；轻型载货车比国外同类车高25%以上，中型载货车高1.1倍以上。

来源：《中国节能技术政策大纲》(2006修订版，公路运输部分)

机动化交通工具运行所排放的各种污染物

同道路机动车的尾气，包括碳氧化物(CO_2、CO)、碳氢化物(H_nC_m)、氮氧化物(NO_x)、硫氧化物(SO_x)、Pb、微颗粒(PM)等等。在城市的空气污染物中，机动车产生的二氧化碳排放量占人类活动产生量的五分之一，氟氯碳化物(CFCS)达三分之一，而氮氧化物的排放量更高达二分之一。

来源：资源节约型、环境友好型交通发展模式研究

在技术改造和推广方面。1991年，交通部和国家计委联合发出通知，部署社会车辆"四车三机"(即老车型跃进及东风、北京130、212等三种车型及发动机)的改造工作。到1991年底，

全国各地有10万辆车完成改造。同年，交通部汽车节能中心通过国家技术监督局计量认证。到1991年底，汽车运输行业与上年相比，除汽油客车单耗增长2.8%外，汽油货运、柴油货运、柴油客运单耗下降水平均为5%左右；当年，公路运输行业环比节油3.51万吨，超额完成年度节能工作目标。

1992年，进一步完善能源消耗定额考核制，正式颁布实施《汽车、船舶节能产品公布规则》，以交通部汽车运输行业能源利用监测中心的检测结果为基础，与国家计委、国务院经贸办联合向社会推荐了第一批汽车燃油、润滑油料添加剂；积极推广汽车驾驶节油操作技术。

1993年，通过严格的测试，交通部与国家计委、国家经贸委等部门召开专家评审会，优选出5项产品，作为"八五"第二批在用汽车节能技术推广项目，包括：国产在用汽车燃用RON90汽油技术；汽油机射流燃烧系统；WB-1（武斌）溢流式高效节油净化器；SXL系列机油净化滤芯；天王星TRIWON抗磨节能剂。同时继续实施汽车节能产品公布制度，经过严格测试和专家评审，不定期向社会公布达标的节能产品，由企业自行选用。

1994年，公布重点推广在用车船节能产品和技术30项，并积极推广汽车驾驶节能操作技术，同时加强了对企业节能技术改造项目的引导。

1996年，交通部会同国家计委、国家经贸委发布1995年至1996年全国重点推广在用车船共18种节能产品和技术。

在加强节能立法和工作监管方面。1991年上半年，为安排落实节能工作，交通部召开了地方交通厅（局）节能工作会议，9月举办了各交通厅（局）专职节能工作人员培训班，提高节能管理工作水平。1991年，交通部继续对全国50家地方重点汽车运输企业能源消耗状况实行监控，每半年公布一次各企业运输生产情况，能源消耗水平，开展交流。

1993年，面对燃料市场开放、单车承包后能耗上升、不易监管的局面，交通部充分发挥汽车节能技术服务中心和节能协会的作用，做好信息培训、技术交流和培训工作，引导和指导企业自觉开展节能降耗工作。同时加强对汽车节能产品的监督管理和市场引导。

1994年初，交通部下发《交通节能工作要点》；同年，制定了《1995年至2010年的中长期节能规划》，明确了节能任务、目标和方向。根据当年改革力度加大的现实，交通部加强能耗统计工作，督促有关单位和企业开展节能。同时，加强节能法规的制定，明确分三年制定诸如《交通行业能源统计抽样办法研究》《交通行业基建和技改项目可研报告增列节能篇的办法》《在用汽车燃润油节能添加剂评定方法》《在用车船节能产品（技术）推广应用办法》等，明显加快了节能工作的立法进程。

进入"九五"后，交通部继续加强了节能减排的法规建设。1996年，交通部出台《汽车节油试验评定方法》；同年，分别组织公路运输、公路工程等行业的调研，了解节能现状、存在问题和对策。1997年，召开公路行业环保专家筹备会议，研究修改行业监测法规和召开监测工作会议。对新世纪行业的节能减排工作进行探讨。

在加强宣传方面。1991年全国开展节能宣传周活动以后，每年全国节能宣传周，交通部及各有关单位都通过行业的报刊开辟专栏专刊、举办节能知识竞赛等多种多样的宣传活动，宣传公路行业节能先进企业的经验和先进节能技术；大多数公路运输企业都利用节能宣传周，召开专题会议、研究节能工作，节能降耗的理念和措施逐步落到实处。

进入21世纪后，交通部（交通运输部）除继续加强公路行业节能产品的推选、行业节能减排的引导工作外，特别是加强了节能工作组织机构建设,加强了法规建设和工作引导。

加强节能减排法制建设和政策引导。2006年,交通部发布了《建设节约型交通指导意见》《关于交通行业全面贯彻落实国务院关于加强节能工作的决定的指导意见》《货运汽车推荐车型工作规则》等一系列节能政策和具体实施要求,推动了行业节能工作。节能标准方面:提出了制(修)订能源消耗相关标准的计划;完成了《汽车汽车节油技术试验评定方法(GB/T 14951)》《汽车节能产品使用技术条件(JT/T 306)》的修订工作,为今后在交通行业开展节能降耗工作奠定坚实的基础。此外,参与了全国人大《节约能源法》执法检查工作,参与了《节约能源法》修订工作,组织开展了交通行业"十五"期间节能工作调研,开展了节能产品(技术)推优工作。同时,针对行业节能统计制度已经不能适应当前形势发展需要的情况,交通部组织有关科研单位、企业开展了包括道路运输行业在内的交通能源消耗统计与分析方法研究。该课题研究成果的应用将建立交通行业能源消耗统计与分析制度,为国家提供交通运输行业能源消耗数据,为部制定规划、研究制定节能技术经济政策提供依据。

2007年11月1日,在交通部印发的《关于促进道路运输业又好又快发展的若干意见》中明确提出节能减排工作要求:加大运力结构调整,控制运力投放。在客车实载率低于70%的线路不投放新的运力,鼓励能源利用率高的大型柴油客车投入干线客运,进一步推进货运汽车及汽车列车推荐车型工作,研究探讨推进鼓励甩挂运输的相关政策,在《驾驶员培训大纲》中增加节能降耗知识等内容。

《中华人民共和国节约能源法》于2008年4月1日起施行,为了更好地贯彻《节能法》,结合交通行业实际,交通运输部对《交通行业贯彻〈中华人民共和国节约能源法〉细则》进行了修订,于7月16日以交通运输部令2008年第5号颁布了《公路、水路交通实施〈中华人民共和国节约能源法〉办法》。此外，同年还颁布了《公路水路交通节能中长期规划纲要》《营运客车燃料消耗量限值及测量方法》《营运客车燃料消耗量限值及测量方法》；印发了《关于印发2008年全国交通行业节能减排工作要点的通知》。同年9月23日，交通运输部印发了《公路水路交通节能中长期规划纲要》。

2009年2月26日，交通运输部印发《资源节约型环境友好型公路水路交通发展政策》，对公路交通行业调整产业结构、转变发展方式，走资源节约、环境友好的发展道路提出具体指导。《政策》指出，"十五"以来，全国公路单位运输周转量用地面积降低了30%左右，营运车辆能源利用效率持续改善，节约资源、保护环境在行业战略规划、政策法规、标准规范、科技创新中得到更加充分的体现。新时期新阶段，建设资源节约型、环境友好型公路交通发展的基本方针是：坚持发展速度和结构质量效益相统一，坚持将节约资源与保护环境贯穿于公路水路交通发展的全过程，坚持政府引导和市场调节相结合、坚持发挥科技创新的引领作用；明确到2020年，公路交通发展的主要指标与2005年相比：公路单位运输周转量用地面积下降25%左右，营运客车、营运货车单位运输周转量能耗分别下降5%和16%左右，营运车辆主要污染物排放总量减少30%、单位运输周转量主要污染物排放量减少50%；为此提出的主要政策包括：加快产业结构调整，提高交通发展质量，集约节约利用资源，大力发展绿色交通，实现交通安全发展，强化交通科技创新，提升公共服务能力等7大类共计29项。

2010年，交通运输部部长李盛霖主持召开了2次部务会、3次部节能减排工作领导小组会议和多次节能减排专题会，研究部署2010年节能减排工作。同年，交通运输部印发了《2010年交通运输行业节能减排工作要点》，明确了任务分工，将节能减排任务目标和重点工作落到实处。国务院第 109 次常务会议和国务院节能减排工作电视电话会议召开后,部党组迅速传达学习,坚决拥护和认真贯彻落实会议精神,研究部署交通运输行业加大节能减排工作力度的具体措施,印发了《关于进一步加大工作力度确保完成今年节能减排重点工作任务的通知》,进一步细化分解任务目标和重点工作,为确保完成 2010 年节能减排重点工作任务赢得了时间,提高了节能减排工作的执行力。各级交通运输主管部门和企事业单位认真贯彻落实部节能减排工作部署,将节能减排、低碳发展作为自我发展的主动行为,形成了一级抓一级,层层抓落实的良好工作局面。同年,交通运输部启动《公路水路交通运输节能减排"十二五"规划》的制定。

加强节能减排组织建设和工作指导。2006 年,为完成"十一五"交通行业的节能总目标,交通部两次召开部务会议对交通行业节能问题进行专题研究,向国务院上报《交通行业全面贯彻落实〈国务院关于加强节能工作的决定〉实施方案的报告》,并向各省(市、自治区)交通厅(局、委)、部属各单位下发了《关于交通行业全面贯彻落实国务院关于加强节能工作的决定的指导意见》。同年 11 月,交通部成立了以部长李盛霖为组长、副部长黄先耀为副组长,相关司局领导组成的交通部节能工作协调小组,同时调整充实了交通部能源管理办公室的职责和人员。地方各级交通主管部门也根据节能减排工作的实际情况,成立了相应的领导机构,部分大型交通企业设立了能源管理岗位。同时,加大运力结构调整力度,严格控制运力投放,提高车辆实载率,规范港口基本建设工程节能评估、审查工作,加强了节能宣传及教育工作。

2008 年,为加强交通运输节能减排管理组织建设,建立相应的协调机制,交通运输部将部节能工作协调小组调整为部节能减排工作领导小组,并对节能减排工作领导小组和能源管理办公室的职责和人员做出调整、充实，进一步明确了部内各司局的职责分工。地方各级交通运输主管部门也根据节能减排工作的需要，成立了相应的领导机构，部分交通企业设立了专兼职的能源管理岗位。同年6月18日，交通运输部在北京召开"全国交通运输行业节能减排工作视频会议"，在各省(市、自治区)、新疆生产建设兵团交通厅(局、委)和长江、珠江航务管理局设立了33个分会场。高宏峰副部长作了"推进节能减排，发展现代交通"的讲话。会议的主要任务是：学习贯彻《节约能源法》和《国务院关于加强节能工作的决定》，落实全国节能减排工作会议精神及国务院节能减排综合性工作方案，总结交通运输行业开展节能减排工作的经验，研究部署下一阶段全行业节能减排任务和工作重点。会议还宣布了交通运输部《关于给交通行业首批节能示范项目授牌的决定》，公布了《交通行业第二批节能减排示范项目》名单，涉及公路行业的包括：液力缓速节能技术应用、煤层气在道路交通运输领域的开发利用、优选客车最佳使用油耗区打造节能型高速公路客运、严格营运车辆准入优化车辆技术结构、网络建设和科技信息化在公路货运中的应用、河南物流信息系统、大容量双层客车运用、隧道节能照明系统在景鹰高速公路高傍下隧道的应用、沥青混合料厂拌冷再生技术在昌九公路改造中的应用等。9月9日，交通运输部部长李盛霖主持召开"部节能减排工作领导小组第二次会议"，专题研究交通运输行业贯彻落实《国务院关于进一步加强节油节电工作的通知》《国务院办公厅关于印发2008年节能减排工作安排的通知》和《国务院办公厅关于深入开展全民节能行动的通知》等文件精神，会后印发了《关于交通运输行业深入开展节能减排工作的意见》。

继续大力开展车用节能产品推选，开展车辆油耗准入和退出计划及相关研究，在运输生产设备和运营管理环节上狠抓节能减排。"十五"期间，2003年和2005年，交通部分别开展了第一、二批全国重点推广在用车船节能产品（技术）推选工作，公布了31项重点推广的在用汽车节能产品技术目录；"十一五"期间，2007年和2009年，交通部（交通运输部）分别发布第一、二批全国重点推广在用车船节能产品名录，共发布32项汽车节能产品技术。这些产品，均由车用节能产品技术拥有单位申请，各省（自治区、直辖市、计划单列市）交通主管部门推荐，经检测机构检测和交通部组织专家评审产生，同时颁发了"汽车船舶节能产品（技术）公布证"。

2007年，交通部提出了"营运车辆燃料消耗准入与退出专项行动计划"，内容包括制定《营运客车燃料消耗限值与测量方法》《营运货车燃料消耗限值与测量方法》两项标准和"营运车辆油耗限值实施方案"。起草了《营运客车燃料消耗限值及测量方法》标准草稿和实车验证实验方案，并对标准草案的范围、车型分类、实验速度及速度权重等方面进行了完善。按计划完成了《营运客车燃料消耗限值与测量方法》标准制定工作，通过了行业评审，为实行营运车辆燃料消耗准入与退出制度奠定了基础。同时选择交通行业在运力结构调整、运输组织优化、实行现代化管理和新技术（产品）应用等节能方面取得成功经验的9个道路运输项目，在交通企业中广泛推广，进一步推动交通企业节能工作向纵深发展，起到以点带面，全面提高交通企业节能减排水平的作用。

2008年，交通运输部研究建立了交通节能减排统计、监测和考核体系。交通行业能耗统计制度已经在交通运输部统计工作中统一部署；继续开展"营运车辆燃料消耗准入与退出专项行动计划"，内容包括制定《营运客车燃料消耗限值与测量方法》《营运货车燃料消耗限值与测量方法》两项标准和《营运车辆燃料消耗量限值标准实施方案》；持续开展交通节能减排示范活动。

到2008年底,"专项计划完成",形成了强制性交通行业标准《营运客车燃料消耗量限值及测量方法》(JT 711-2008)和《营运货车燃料消耗量限值及测量方法》(JT 719-2008)的制订工作,并完成了标准宣贯材料编写工作。这两项标准分两个阶段规定了营运客、货车的燃料消耗量限值,其中第一阶段的限值将使约15%的高油耗车辆不得进入道路运输市场;第二阶段将第一阶段限值再降10%左右。确定的这两个阶段的限值充分考虑了道路运输实际需求,又给汽车制造企业留出了技术改造空间和时间,科学合理,具有较强的可操作性。能够引导汽车制造企业提高产品性能,降低油耗水平,促进道路运输企业控制燃料消耗,推进行业技术进步,为交通运输行业实施营运车辆燃料消耗量准入与退出制度提供技术支持。经对在用车应用这两项标准进行节能分析,若按每年我国营运客货车保有量增长7%,使用寿命按有关规定的营运车报废期8年进行测算,当实施第二阶段燃油消耗限值后,可节能9.38%。完成了《道路运输车辆燃料消耗量检测和准入管理暂行办法》(草案),适用于拟进入道路运输市场的国产和进口车辆燃料消耗检测和准入管理。该办法的实施将为交通运输行业实施营运车辆燃料消耗量准入与退出制度提供依据。

2010年,根据国务院节能减排主要任务分工方案,交通运输部重点开展以下四项节能工作。一是实施燃料消耗量限值标准。2010年3月12日,交通运输部召开"道路运输车辆燃料消耗量检测和监督管理办法实施工作部署电视电话会议",对相关工作进行全面部署;印发了《道路运输车辆燃料消耗量道路试验检测实施细则》《关于对进口车辆办理〈道路运输证〉工作有关事项的通知》等文件,发布了过渡期车型表和达标车型表,将432家企业的2.8万个车型纳入"过渡期车型表"管理,公告和公示了6批达标车型共计1200个(1557种配置);建立燃料消耗量准入工作信息发布制度。6月至7月,各省级交通运输主管部门及运管机构对本辖区执行车辆燃料消耗量限值标准的情况开展自查;10月,交通运输部组成3个督查组,分赴9个省(市、自治区),对各地贯彻执行《道路运输车辆燃料消耗量检测和监督管理办法》(交通运输部令2009年第11号)工作情况进行了专项督查,督查表明9个省份运管机构均能按照2009年第11号部令的规定对总质量超过3.5吨拟进入道路运输营运市场的客、货车辆进行了燃料消耗量限值核查,共核查车辆总数约21万辆,其中核查出不达标的车辆约5000多辆(占核查车辆总数的2%),均未予办理《道路运输证》,做到了从源头上促进节能减排。二是对客车实载率低于70%的线路不投放新运力。8月13日,交通运输部以交运发〔2010〕390号印发《关于进一步加强道路客运运力调控推进行业节能减排工作的通知》,从提高认识、控制新增运力、规范运力许可、加强信息监测、加快结构调整以及强化行业监管等六个方面提出了具体要求和政策意见,并对全国100座重点城市的103个汽车客运站实施重点监测,每周一报。从督查和监测的总体情况来看,各地积极贯彻执行了《通知》要求,截至2010年底,运力增幅平均下降了30%。三是大力推行公路甩挂运输。2010年6月2日,交通运输部与国务院法制办,就甩挂运输的法规制约问题进行专题协商。7月22日,交通运输部召开"甩挂运输试点工作专题会议",明确了扶持政策和工作要求。随后启动了《甩挂运输标准化导则》等四个标准的制修订工作。11月,交通运输部与国家发展改革委联合印发了《甩挂运输试点工作实施方案》,选定浙江、江苏、上海等10省(区、市)以及中外运长航集团、中国邮政集团等作为首批试点省份(单位),并在福州召开了甩挂运输试点工作会议,全面部署推进甩挂运输试点工作。四是大力加强公共机构节能。

多年基础设施建设的成果积累,以及节能减排工作实施,公路行业节能减排取得明显成效。

一是,截至2010年底,通过大力推进综合运输体系建设,运输结构进一步优化,特别是公路运输、城市公共交通等节能环保的比较优势日益显现。2010年底,全国二级及二级以上公路、有铺装路面和简易铺装路面公路所占比重分别比"十五"末提高了1.3、20.2和2.3个百分点,为交通运输节能减排提供了良好的物质基础。研究证明,汽车在普通等级路面上行驶的油耗比在高等级路面上高近20%,一般道路比一类道路油耗高23%,等外道路比一类道路高40%,高速公路网的节能减排效果十分显著。实际统计结果表明,截至2010年底,全国营运车辆单位运输周转量能耗比"十五"末下降了5%。

二是,努力改善车船运力和工程机械装备结构,交通运输装备的大型化、专业化和标准化趋势明显,2010年底营运货车平均吨位比"十五"末提高了36.1%,整体能效水平显著提高。

三是,加快调整交通运输企业组织结构,企业的集约化程度和用能管理水平有效提升。交通运输结构的不断优化,使节能减排的网络效应、规模效应和集约效应得到充分发挥,大大提升了交通运输系统节能减排的整体水平。

四、国际与地区合作交流

进入90年代后,交通运输领域结合国家总体外交大局,以"服务战略、把握大局、突出重点、实质合作"为方针,以促进我国经济发展为中心,不断深化与周边国家的区域交通合作,扩大与发达国家包括技术在内的多方面合作,密切与发展中国家的合作关系,充分利用区域合作平台,大力促进与周边国家的互联互通,落实国家"走出去"战略,加大参与国际组织事务的力度,着力构建一个全方位、多层次、多渠道的交通运输领域国际合作格局。

"八五"至"十一五"的 20 年里,公路交通行业在对外合作领域取得了众多成果。

1. 双边公路交通国际合作

90 年代以来,公路交通部门按照"大国是关键、周边是首要、发展中国家是基础"的外交方针政策,结合我国交通发展的实际需要,与有关国家和地区的交通部门开展了广泛和深入的双边合作,为我国的经济发展服务。

——建立双边合作机制。

截至 2010 年底,我国与 80 多个国家签订了双边交通合作文件,为我国与有关各国的交通运输合作打下了坚实的基础。交通部(交通运输部)每年派出 10 个左右部长级代表团出访 20 多个国家,每年接待 10 个左右外国部长级代表团访华。2004 年至 2008 年,共与 37 个国家签订了 45 项各类合作协议,极大地促进了我国与其他国家政府间在交通领域的合作。除政府部门外,中外交通企业和民间机构之间的合作也很活跃。我国公路运输企业与周边 10 多个国家开展了国际汽车运输业务,交通建设企业在亚、非、拉美等地区承建了大量交通基础设施工程项目,交通科研机构和院校与有关国家积极开展了科学技术研究与教育培训合作。

在已建立的中外交通运输合作机制中,中越"两廊一圈"交通合作、中国—哈萨克斯坦交通合作分委会、中国—墨西哥交通通信工作组、中美商贸联委会运输合作工作组、APEC 运输工作组、中俄运输分委会及中澳运输工作组,为全方位推动和落实我国与相关国家的交通运输合作发挥了重要作用。此外,交通部(交通运输部)还与日本国土交通省、韩国交通建设省等外国交通主管部门建立了副部级会议机制。

——双边公路技术交流与合作。

中越"两廊一圈"交通合作。"两廊"是指以昆明至河内、南宁至河内的交通线为核心的两条经济长廊,"一圈"是指环北部湾经济圈。

为实施"两廊一圈"交通合作项目,2007年4月2日至4日,交通部部长李盛霖率团访问越南,双方签署了《关于交通基础设施工程建设合作谅解备忘录》,为具体实施"两廊一圈"交通工程合作项目奠定了法律基础。通过不懈努力,双方已陆续实施了相关公路桥梁项目,为最终将"两廊一圈"打造成为开放型的国际经济走廊迈出了坚实的步伐。

中俄总理定期会晤机制运输合作分委会及工作组会议。1996年12月,首次中俄总理会晤在莫斯科举行,双方决定成立中俄总理定期会晤委员会,并下设经贸、能源、运输等合作分委会,由两国副总理分别担任委员会的中、俄方主席。中俄总理定期会晤每年举行一次。同时举行了首次中俄总理定期会晤委员会会议暨运输合作分委会及海运、河运、汽车运输和公路工作组会议。

截至2008年底,中俄运输分委会及工作组会议已举行过12次会议。在公路领域,双方就涉及公路和汽车运输的执行情况、运输线路的延伸及新线路的开通、制定公路运输车辆过境运输的程序、第三者责任保险等多项议题进行了充分交流与协商,并达成广泛共识,取得了丰硕成果。双方同意加强在公路交通运输领域的合作及不断深化中俄在交通基础设施建设及运输领域的合作。

随着改革开放的深入,中俄在公路运输领域的合作不断扩大,开通了佳木斯—同江—下列宁斯科耶—比罗比詹、延吉—珲春—克拉斯基诺—乌苏里斯克、海拉尔—满洲里—后贝加尔斯克—赤塔的中俄国际公路运输。对振兴黑龙江的经济和老工业基地的建设发挥了重要作用。

中日公路技术交流会。1985年,中国交通部和日本国土交通省之间建立了中日公路技术交流会议制度，每年举行一次，轮流在两国举行。截至2010年底，已举行过25次公路技术交流会。就公路工程技术标准、公路桥梁设计规范体系及基础理论、公路交通事故和地震灾害、异常气象下的公路管理、隧道和桥梁建设的新技术、ITS的运用、大跨径桥梁建设中的新技术等公路建设与管理方面的问题进行交流与研讨。

中日公路技术交流会的举办，有利于学习国外的先进技术和理念，对我国的公路建设、特别是高速公路和大跨径桥梁的建设与管理，起到了重要作用。通过技术交流，我国工程技术人员对日本的隧道平纵线形、大断面及通风照明等在设计、施工工艺、管理机制与管理水平等方面均有了新的认识。

中韩公路技术交流。1997年，中国交通部和韩国建设交通部签订了《公路合作协议》，建立了中韩公路技术交流会议制度，每年举行一次，轮流在两国举行。截至2010年，已举行了15次技术交流会。双方就公路和桥梁的养护管理制度与技术、高速公路信息化管理及计算机辅助设计集成技术、抗震设计与管理、路面的施工、管理与环境保护、恶劣气象条件下公路网安全运行保障等新技术进行交流与研讨，特别是在大跨径斜拉桥的建设施工方面，韩国采用的钢筒填沙构筑围堰的施工方法，将海上变为陆地进行施工，从而提高施工安全性的做法，很值得我国借鉴。

此外，通过技术交流，学到了韩国在公路管理方面的成功经验，对提高我国的公路管理水平，在公路的养护管理中更好地发挥投资效益，具有很好的借鉴价值。特别是对制定公路养护管理的长期发展战略和规划，具有积极的意义。

中加合作。1990年5月3日，中加技术合作"综合运输管理培训"项目由中国经贸部代表和加拿大驻华大使分别代表两国政府签署了谅解备忘录。该项目由加拿大政府提供款项。"综合运输管理培训"项目共有10个子项目。交通部和国家计委为中方执行单位,其中交通部负责3个子项目:(1)交通运输经济发展培训中心;(2)公路评价管理系统;(3)公路桥梁使用功能评价与数据库开发技术。该项目于1993年9月开始执行,1994年全面实施。

1991年7月29日,根据加拿大国际开发署(CIDA)与经贸部签订的综合运输培训和交通运输系统培训项目的备忘录,确定加方就交通运输(公路、水运)经济发展培训中心、公路桥梁使用功能评价与数据库开发技术、公路评价管理、计算机模拟技术、自适应环境评价和管理、环境保护(包括干散货码头的粉尘污染、高速公路的交管系统及空气污染)等问题的研究中7个子项目的内容向中方提供培训。

1998年4月22日至24日,交通部和加拿大国际开发署(CIDA)在北京举办了"中加路面与桥梁管理系统国际研讨会"。两国专家就该系统在交通领域的应用进行了广泛的交流。为使综合运输管理培训项目能有延续效果,经交通部批准成立了中加交通人才发展中心。同年11月27日,该中心在中国交通部公路试验场挂牌。中加交通人才发展中心发挥中加合作的优势,举办各类培训班(有国内培训和赴加拿大培训两部分),推动交通领域的人才培养。2002年11月,加拿大国际开发署还和项目执行机构与交通部共同签署了项目执行计划,加拿大国际开发署提供500万加元的无偿援助,用于中国西部道路建设所需的技术支持与人员培训,项目执行期为5年。

1998年11月,中加合作成立的交通人才发展中心正式在北京挂牌,开展业务。1999年中加合作单位联合举办了10期培训班,共培训121人;培训分国内培训和赴加拿大培训两部分,从而为今后继续开拓中加技术培训市场打下了基础。

2000年,中加就合作开展《中国西部公路开发和科研机构的改革项目》达成正式协议。明确加拿大国际开发署通过培训、交流、示范工程等形式，技术支持西部地区公路建设。该项目的执行时间为 3 至 4 年。2001 年，交通部经与加拿大国际开发署多次商谈，确定把"中国西部道路发展"作为新一轮中加合作项目，参与加方项目执行机构的招标工作，确定加拿大 TTA 和 NDLEA 两个单位为加方项目执行机构。2001 年 10 月，提出了有关项目实施方案建议，并与加拿大国际开发署和加方项目执行机构专家进一步交换了意见，达成了共识。

2004 年，新一轮中加合作"西部道路发展项目"全面实施。交通部先后派出 3 期培训团赴加拿大接受培训。加方派出专家对新疆、内蒙古、甘肃、四川、陕西、黑龙江、贵州、青海和云南等省（区）交通建设中的技术问题进行考察并提供技术援助。2004 年 7 月，中加双方在内蒙古共同举办了"交通建设与性别平等"研讨会。双方专家和有关方面的代表就交通领域性别平等以及如何发挥女性的作用等问题进行了深入探讨。

中德物流合作。为推动中国道路运输企业向物流服务方向转变，学习和借鉴国外的先进经验和市场经济理念，2000 年，交通部和德国培训机构 IN. WENT 签署协议，开展多项技术交流与培训活动。德国专家从中国道路运输行业和各级交通运输主管部门中组织选拔人员，经过各省市交通主管部门推荐，交通部组织英语测试和德语专家面试后，再到北京对外经贸大学德语培训中心进行短期培训并考试合格后，赴德国进行为期 1 年的货物与物流业务培训。2002 年 4 月，第一批赴德的 16 名学员完成在德国一年的培训任务回到各自工作岗位。2002 年 6 月，德国 CDG 专家第三次来中国挑选 2003 年至 2004 年度赴德培训学员，培训的主题是"货运中的物流与运输规划"。经过我国各省交通主管部门和运政管理机构的推荐和交通部初审，最后经德国专家考核，有 11 名来自 10 个省（区、市）道路运输行业的青年人通过考核，进入德语培训中心接受赴德前的德语训练。

到 2008 年底，该项目已实施培训近 200 人。通过培训，德国先进的物流组织方法和管理经验在中国道路运输行业中得到应用。

中美交通科技合作。1986 年 9 月，中国公路代表团赴美国回访，与美国联邦公路总署签订中美交通运输科技合作协定附件一："关于开展公路科技合作"的协议。1987 年 5 月，应美国陆军部副部长道森邀请，交通部副部长郑光迪率科技代表团赴美国进行工作访问。双方签署了中美交通运输科技合作议定书附件二和中美交通运输科技合作议定书展期备忘录，并就交通运输合作领域和项目交换了意见。双方商定了执行计划，并在当年 6 月正式签字。1996 年，中美双方正式签署《中美交通运输科技合作议定书延长协议》。

应中国交通部邀请，2005 年 4 月 19 日至 29 日，以玛丽·彼得斯为团长，美国运输部联邦公路管理署代表团一行 17 人来华访问。4 月 22 日，代表团访问交通部，与冯正霖副部长会谈，双方交换了加强两部公路合作的想法，美方代表团还与交通部公路司、国际合作司、规划司、人劳司、科技司有关人员进行讨论和交谈，取得一系列成果，双方制定了在 10 个方面开展合作，重点在 5 个方面优先开展合作的计划，并延续了有关人员培训的项目。代表团还访问了科技部、建设部、北京市、江苏省和上海市，参观了一些中国的大型公路桥梁建设工程。

中英合作。继"六五"期间英国海外开发署无偿提供地区使用的项目——路面养护管理系统软件 BSM 系统和部分设备在辽宁营口地区试运行后，"七五"期间，英方又无偿提供了省市级使用的路面养护管理系统软件 HDM3 及部分有关设备，在云南开展合作研究。其间，英国专家先后 4 次来华，举办讲习班、培训班；中方 3 人赴英培训工作两周。通过合作，完成了 HDM3 与云南省养护管理系统的连接和汉化工作。到该项目圆满完成的1991年9月，已完成了云南省内4327公里干线公路检测，建立数据库，开发了部分快速经济的检测设备，为自行开发路面养护管理系统起到重要的参考作用。

1993年11月，英国运输部科技代表团一行3人来华，与国家科委、北京市、建设部及交通部等有关部委，回顾了中英政府间内陆运输科技合作谅解备忘录项目的执行情况，并对双方感兴趣的项目进行了探讨。其中交通部负责执行的项目包括：(1)双方对英国海外署资助的交通部与伯明翰大学执行的路面管理系统项目的继续合作表示满意。该项目紧密结合交通部"八五"科研及新技术推广项目，使用英政府提供的赠款培养1名博士生和4名硕士生，分别研究开发路面养护管理系统的投资效益分析模型及专家系统等，其中1人已学成回国。此外，还有2人在英国接受公路工程方面的在职培训。(2)"公路、港口工程及财务管理培训班"项目是根据中国从计划经济到市场经济转换这一形势的需要，组织对来自全国各省交通厅及各港航企业的主管财务工作的厅局长、处长、总会计师等人员，就宏观和微观的经济管理、基建项目的预评估、后评估、项目资金的筹措方法及还贷方法、投资效益分析方法、费率和价格的确定，以及资金回收和在建工程项目的资金控制管理等方面的内容进行了培训。(3)为提高中国公路运输的经济效益，交通部公路所与河南省交通厅、郑州市交通局与英国交通研究院(TRL)共同开展了郑州公路货运研究。最后，双方准备针对郑州的公路货运情况共同提交一份报告。(4)根据"客车车身的CAD及动态检测技术"项目的执行计划，交通部选派1人赴英国城市大学进修，为期6个月。除上述项目外，双方还对公路建设养护的质量控制、质量保证、轻型客车的开发及公路客运研究等方面的合作进行了探讨。

中澳合作。澳大利亚国际发展援助局与中国经贸部自1987

年 12 月签署《中澳技术合作"公路研究设备项目"谅解备忘录》以来，引进了澳大利亚的以微处理器为基础的自动化公路数据采集设备、路面强度、平整度、交通调查、材料试验、车辆运行情况研究以及路面加速加载试验研究等设备系统，显著地提高了中国公路数据检测和路面研究的技术水平。其间，中方 11 个团组 29 人赴澳培训，2 个团组 7 名高级技术管理人员赴澳考察；澳方在华召开学术讨论会，进行技术培训的中方参加人员约 250 人次。该项目由澳大利亚公路研究所和交通部公路科研所共同执行，于 1991 年 6 月圆满结束。

1990 年 9 月，交通部参加了中国、澳大利亚交通运输协调小组第四次会议，讨论了中澳在交通运输以及基础设施建设方面的合作事宜。

中芬合作。"七五"期间，中国和芬兰就公路路面管理系统展开合作。由芬兰政府出资，与山东省合作，共同开发了地区路面管理系统。20 世纪 90 年代末期，该系统投入使用，成为我国路面管理系统的重要组成部分。

1999 年 9 月，中国交通部副部长张春贤率团访问芬兰期间，代表交通部签署了《中芬公路合作协议》。2002 年 11 月，交通部部长张春贤会见了来华访问的芬兰交通部长基莫·萨西一行，就进一步开拓在公路领域的合作、推动由芬兰政府贷款资助中国吉林、青海两省公路建设项目事宜交换了意见。2004 年四五月间，胡希捷副部长在芬兰访问期间，就推动和落实中芬公路合作协议下吉林、青海两省合作项目，分别与芬兰交通通信部和公路局进行磋商，并就其他事宜广泛交换了意见。2007 年 7 月，冯正霖副部长访问芬兰期间，就中芬在公路领域的深入合作交换了意见。

目前，我国交通行业的双边合作已形成覆盖面广、内容丰富、实质性强的良好局面，成为我国整体经济外交工作的重要组成部分，为我国交通事业的发展发挥了重要作用。

中荷合作。2005年6月6日，荷兰交通公共工程、水管理部公共工程和水管理司凯茨司长到访中国交通部，与部公路司司长张剑飞会谈，共同探讨中荷共同面对的诸如城市人口密度过高导致交通堵塞、城市间公路管理如何衔接、内河航运系统整合等问题，并一致愿意在互利的基础上进一步开展公路、水运信息化方面的合作。作为中荷交通合作启动的第一步，双方于2005年10月26日至28日在交通部举行研讨会。会上对ITS、交通和运输安全、内河航运、道路定价和资产管理、私有企业的角色以及战略和改革等6个专题进行详细讨论，并确定合作内容，形成了针对每个专题的长期合作清单以及短期合作清单。

中瑞合作。为进一步推动中瑞公路领域实质性合作，应中国交通部邀请，瑞典国家公路管理局一行3人于2005年9月9日至19日访问中国。访问期间，交通部派员陪同瑞典代表团参观109国道北京段公路安全保障工程示范段，并到山东、河南实地考察国道、高速公路以及市际公路的交通状况，并和两省公路管理部门人员就如何提高公路安全水平进行交流。随后，瑞典代表团和交通部以及公路科学研究所、北京市路政局等单位有关人员进行交流，双方就公路交通安全战略、限速标志设置等一些技术问题进行探讨。双方讨论了在公路安全方面开展多种合作的可能性和途径，一致认为在改善中国公路交通安全方面有很大合作潜力，并明确具体合作形式、领域以及时间计划。

2006年，瑞典沃尔沃研究与教育基金会，批准了交通部科学研究院的申请，资助3000万瑞典克朗，建立"中国城市交通可持续研究中心"。到2010年，该中心已建成国内城市交通领域知名、在国际上有一定影响力的研究机构，作为交通运输部城市公共交通领域的重要智囊库，"中心"着力于推动建立以公共交通为导向的城市发展模式，形成安全、高效、便捷、绿色的城市客运服务体系。

2. 区域交通合作

区域公路交通合作是我国对外经济合作的重要支撑。90年代以后，特别是进入新世纪以来，我国主动顺应区域经济合作大潮，积极推进区域交通合作。交通部参与的区域交通合作有中国—东盟10+1交通合作、大湄公河次区域交通合作、上海合作组织交通合作等，签署了《中国—东盟交通合作谅解备忘录》和《大湄公河次区域六国便利货物和人员跨境运输协定》，为中国与周边国家建立长期稳定的交通合作关系提供了制度上的保障。上海合作组织交通合作取得了实质性进展，第三届国际丝绸之路大会成功召开，与会的12国交通部长共同签署了部长联合声明。

——中国—东盟10+1交通合作。

东盟是中国的好邻居、好朋友、好伙伴。双方在政治、经济、社会文化等多个领域合作不断深化和拓展，在国际事务中一直相互支持、密切配合。我国已同东盟所有成员建立了外交关系。1991年，中国与东盟开始正式对话，1996年7月正式成为东盟的全面对话伙伴国。中国首次出席了1996年7月举行的中国—东盟对话伙伴国会议。自1997年中国和东盟领导人发表联合声明、确立睦邻互信伙伴关系以来，双方关系已形成政治互信与经济合作良性互动、各领域合作全面发展的好局面，并确立了"面向和平与繁荣的战略伙伴关系"。交通是中国与东盟领导人确定的十大重点合作领域之一。经过双方的共同努力，中国—东盟交通部长会晤机制呈现出良好的发展势头，并取得实质性进展，在本地区经济合作中发挥着日益重要的作用。

中国—东盟10+1交通部长会议。2002年，黄镇东部长与东盟10国交通部长共同倡议成立10+1交通部长会议机制，得到双方领导人的充分肯定，并于当年在印尼举行了第一次中国—东盟交通部长会议。此后，11国交通部长们每年定期会晤，举行例会,至今已举行7次会议。特别是自2004年签署《中国—东盟交通合作谅解备忘录》以来,双方确定了中长期合作领域和方向,并在该谅解备忘录框架下开展一系列合作项目,签署了海运协定和海事合作谅解备忘录,建成了连接东盟国家的多条公路、铁路、内河、海运及民航运输线路,并开展了人员技术培训与交流等方面的合作。中国—东盟交通部长会议的特点是务实效,求实绩。以项目为主,突出重点,全力推进区域内交通运输协调发展及东盟一体化进程。

为建立长期稳定的合作关系,双方在2008年召开的第七次部长会议上,又通过了未来10至15年的《中国—东盟交通合作战略规划》。规划中的"四纵三横"七大运输通道,涉及海陆空约90个基础设施建设项目,连接中国与东盟十国主要城市和工农业生产基地。当前的工作重点是确定规划的潜在优先项目,并对优先项目进行排序,意在双方确定优先项目清单后,启动资金的动员工作,为稳步推进各领域相关项目的实施做好基础性工作。该规划的顺利实施,有助于推进中国与东盟交通运输的协调发展,促进本地区综合运输网络的完善。

在人力资源开发合作领域,双方在交通基础设施建设、航运管理、海上安全与保安、海上搜救、船舶技术、高级船员、区域性溢油(有毒有害物质)防备与应急、港口国监督、农村公路发展以及马六甲海峡海事调查等多个领域,开展了有效的合作,共同举办了12批次培训班或研讨会,培训人数达168人次,包括资助东盟学员在大连海事大学攻读海上安全与环境管理硕士学位的10位学员,总投入金额达420万元。

总体讲,我国与东盟10国海陆空全方位交通合作格局已形成,在交通领域的合作不断深化。

《中国—东盟交通合作战略规划》。未来10至15年《中国—东盟交通合作战略规划》以中国—东盟自贸区建设为远景,以

《中国—东盟交通合作谅解备忘录》为框架，对中国—东盟交通领域的全方位合作进行了部署与把握。

《规划》提出，以基础设施建设为重点，以便利运输为核心，在中国与东盟之间建立无障碍、高效、安全、环保的国际交通运输体系。《规划》建议，中国—东盟要构建国际运输大通道的交通战略布局。根据《规划》，未来中国与东盟国家间要建设"四纵两横"中国对接东盟十国的国际运输大通道。国际运输大通道将由多种运输方式组成，通道沿线分布了多个中心城市，集中大量的资源、人口、产业，将形成多条跨国经济走廊。这些通道使中国连通东盟十国，包括：中缅通道、昆明—曼谷—新加坡通道、中越通道和海上运输通道等。

一纵 中缅通道：中缅通道是从中国云南省进入缅甸境内，并通向印度洋的战略性综合运输大通道。起点是中国云南省昆明市，终点为缅甸仰光市，沿线主要城市有中国的昆明、楚雄、大理、保山、腾冲、瑞丽和缅甸的八莫、腊戍、曼德勒、仰光等。中缅通道由公路、水路等共同组成。

公路通道包括三条线路，自西向东分别为：昆明—大理—瑞丽—陇川章凤口岸—八莫港—仰光，昆明—大理—保山—瑞丽口岸—曼德勒—仰光，昆明—大理—临沧—清水河口岸—腊戍—曼德勒—仰光，其中相当部分线路已被纳入亚洲公路网。

水路通道即伊洛瓦底江，主要位于缅甸境内，可与公路形成陆水联运通道。

二纵 昆明—曼谷—新加坡通道：昆明—曼谷—新加坡公路、新加坡至昆明的泛亚铁路、澜沧江—湄公河国际航道等国际运输路线组成的综合运输通道。

昆明—曼谷公路（简称"昆曼公路"），又称南北经济走廊，是大湄公河次区域经济合作的重点项目之一，是连接中国与东盟的重要经济通道，该公路全长约1850公里。是中国西南陆路连接泰国湾最便捷的路径，路线为昆明—磨憨—南塔—会晒—清孔—清莱—曼谷，全长约1850公里，可以和新加坡连接。

昆明—曼谷—新加坡通道的建设，有利于带动沿线各地经济社会发展，加强东南亚各国的物资交流，加快湄公河流域的开发。国际交通大通道的贯通，有利于促进中国与东盟国家人员往来、经贸合作和旅游业的发展，使中国与东盟的经济联系更加密切。

三纵 中越通道：该通道连接中国昆明、南宁等西南地区中心城市以及河内、胡志明市等越南中心城市，防城港、钦州、北海、湛江、海口等中国沿海城市和港口，海防、鸿基、岘港、胡志明市等越南红河三角洲地区及越南沿海主要港口和城市，沟通河口、友谊关、东兴等中越水陆口岸。沿线地区分布有煤炭、铝土矿、锰、稀土等丰富的矿产资源以及多样的旅游资源，形成了中国与东盟之间贸易活跃、联系密切的重要经济走廊。

四纵 海上运输通道：海上运输通道连通中国与东盟9个国家，开辟了中国沿海港口通往北部湾、泰国湾、孟加拉湾等沿岸国家的海上航线，是中国与东盟外贸物资运输的主要通道，在开展旅游客运合作方面具有很好的前景。

一横 马六甲海峡通道：是连接印度洋和太平洋的重要海上通道，是东亚与非洲、欧洲连接的海上交通捷径，是东亚国家和东盟国家与欧洲、非洲、南亚各国海上贸易的主要通道。

二横 中缅孟印通道：中缅孟印运输通道是联系中国云南、缅甸、孟加拉国和印度的一条东西向国际运输大通道。该通道自中国云南昆明，经中缅腾冲、瑞丽边境口岸和缅甸密支那、腊戍，横向联系缅甸中心城市曼德勒、孟加拉国首都达卡等重要的政治、经济中心和印度加尔各答港、孟加拉国吉大港等孟加拉湾上的重要港口，并通过印度西孟加拉邦首府加尔各答向西通往印度腹地，可以为本地区与南亚地区国际货物运输和人员流动提供便利的交通通道条件。

为落实中国—东盟领导人在第 10 次会议上达成的关于拟订中国—东盟未来 10 至 15 年的交通发展战略规划共识，中方将继续在交通基础设施建设、运输便利化以及人力资源开发合作领域与东盟各国积极开展合作，中国将优先建设中国西南和华南地区与东部、中部地区联系的省际通道和出海通道，重点支持与东盟国家的口岸交通基础设施建设，使东盟与中国内地的人员、物资流动更加顺畅、便捷，推进区域交通运输便利化，实现区域交通协调发展。

——大湄公河次区域经济合作(GMS)。

澜沧江—湄公河是一条连接东南亚六国(中国、老挝、缅甸、泰国、柬埔寨、越南)的重要国际河流。该河流发源于我国青海唐古拉山脉的西南侧，上游为我国的澜沧江，从我国云南省出境后叫湄公河，流经缅甸、老挝、泰国、柬埔寨和越南，注入南中国海，全长 4880 公里。中国内河 2130 公里，流经青海、西藏、云南三省(区)，总流域面积 81 万平方公里。中缅界河 31 公里，老缅界河 234 公里，老泰界河 976 公里，老挝内河 777 公里，柬埔寨内河 502 公里，越南内河 230 公里。该流域具有丰富的航运、灌溉、发电、矿产资源和生物资源，堪称东南亚国家的母亲河。

大湄公河次区域经济合作(GMS)机制。大湄公河次区域六国均为发展中国家，优越的地理位置和共同发展的愿望，使他们把密切交通联系、提高本地区国际竞争力和促进一体化视为平等发展和繁荣的基石。我国自 20 世纪 90 年代初开始参与澜沧江—湄公河的国际开发合作。1992 年，在亚洲开发银行的倡议下，六国举行首次部长级会议，共同发起了大湄公河次区域经济合作(GMS)机制。

2000 年，中老缅泰四国交通部长就开通澜沧江—湄公河国际航运在缅甸大其力正式签署《澜沧江—湄公河商船通航协定》，黄镇东部长代表中国政府在文件上签字。2001 年 6 月 26 日，四国商船正式通航典礼在我国云南景洪举行，正式实现了四国通航。但由于老缅界河段的礁石、滩险碍航，成为通航的最大安全隐患。为确保船舶航行安全，减少人员伤亡和财产损失，中国政府出资 500 万美元帮助老缅境内航道实施排障工程，对严重碍航的礁石、滩险进行了整治。经过 2002 年和 2003 年两次枯水期排障施工及 2004 年 4 月份的航标安设工作，已全部按计划圆满完工。改善后的河道安全性大大提高，过往船舶的装载吨位已由 60 吨提高到 100 至 150 吨，装载能力提高 80% 至 100%，通航期也由 6 到 7 个月提高到 10 至 11 个月，航运经济效益得到显著提高。

大湄公河次区域经济走廊建设。随着澜沧江—湄公河国际航运的开展，大湄公河次区域地区的四个经济走廊（南北经济走廊，东西经济走廊，南部经济走廊以及其他走廊）也加快了建设步伐。上述走廊的具体走向可概述为"三纵两横"。

▲三纵：（1）云南昆明—云南大理—云南德宏—缅甸曼德勒—缅甸仰光；

（2）云南昆明—云南西双版纳—老挝—泰国曼谷；

（3）云南昆明—云南红河—越南河内—越南海防。

▲两横：（1）缅甸毛淡棉—泰国彭世洛—老挝沙湾拿吉—越南岘港；

（2）缅甸仰光—泰国曼谷—柬埔寨金边—越南胡志明市。

涉及我国公路运输线路和口岸的通道主要集中在南北经济走廊上，共 4 条线路：

一是昆曼公路。其走向为：昆明—玉溪—元江—磨黑—思茅—小勐养—磨憨（中国）—磨丁—会晒（老挝）—清孔—清莱—曼谷（泰国），涉及中老磨憨—磨丁和老泰会晒—清孔两对口岸。

该线路全长1800公里，其中中国境内624公里，老挝境内段改造后为229公里，泰国境内890公里。老挝境内229公里路段（中国政府、泰国政府和亚行各投资3000万美元）于2007年建成，并且于2008年3月在老挝首都万象举行的第三次GMS领导人会议上举行竣工和象征性通车仪式。此外，该通道上连接老泰两国的跨湄公河第三座大桥（清孔会晒大桥），已确定由中泰两国政府各提供一半资金共同建设。目前大桥项目已进入工程施工招标阶段，将于2010年2月正式开工建设，预计2012年9月竣工通车。随着昆曼公路的贯通，边贸发展提速迅猛，2008年7月云南边境小额贸易即达1.1亿美元，同比增长72.8%。

二是昆明—河内—海防公路。其走向为：昆明—弥勒—新哨—开远—蒙自—河口（中国）—老街—河内—海防（越南），涉及中越河口—老街一对口岸。该线路全长950公里，中国境内段407公里已全部改造成高速公路。越南境内段尚在改造之中。连接中越边境口岸河口—老街的红河界河公路大桥，于2009年9月1日竣工通车。

三是昆明—腊戍公路。其走向为：昆明—楚雄—大理—保山—龙陵—瑞丽（中国）—木姐—腊戍（缅甸），涉及中缅瑞丽—木姐一对口岸。该线路全长910公里，中国境内730公里。其中昆明—楚雄—大理—保山段576公里已建成高速公路，利用亚行贷款的保山—龙陵段78公里也已建成通车，龙陵—瑞丽的54公里二级路正在利用亚行贷款改建成高速公路，2012年将完成升级改造。

四是南宁—河内公路。其走向为：南宁—友谊关（中国）—友谊—谅山—河内（越南），涉及中越友谊关—友谊一对口岸。该线路全长380公里。中国境内179公里为高速公路，越南境内段目前为二级路，已列入高速公路升级改造计划。

中国境内南宁—友谊关的南友高速公路已于2005年12月

28 日建成通车，这是第一条从中国通往东南亚国家的高速公路，总投资 37 亿多元，被称为"南疆国门第一路"。南友高速公路通车后，从广西南宁至中越边境友谊关的行车时间由原来的 5 小时缩短为 2 小时。南宁至友谊关高速公路的建成，对于加快构筑广西出境运输通道体系，充分发挥广西作为中国—东盟自由贸易区的桥头堡作用，具有十分重要的政治、经济意义。随着新建友谊关电子口岸的投入使用，加快了通关效率，加上南友高速公路续建南山互通连接新建的凭祥国际物流园，其国际大通道的重要作用得到了充分发挥，我国进出口越南等东南亚国家货物的大型货车，日夜通行在南友高速公路上。据不完全统计，经广西凭祥市的进出口贸易额，2005 年为 60.83 亿元，2006 年上升为 79.29 亿元，2007 年截至当年 11 月底已达 111.52 亿元；经广西宁明县的进出口贸易额，2005 年为 3.48 亿元，2006 年为 5.02 亿元，2007 年 11 月底为 6.16 亿元，宁明县爱店口岸已成为东南亚最大的中药材边贸集散地；经广西龙州县的进出口贸易额，2005 年为 5.04 亿元，2006 年为 6.3 亿元，2007 年 11 月底为 5.97 亿元。南友高速公路发挥了国际大通道的重要作用。

《大湄公河次区域便利货物及人员跨境运输协定》。在次区域交通合作中，除硬件建设外，中国与 GMS 其他五国还致力于软件政策的建设，由交通部牵头组织国内相关部门与 GMS 其他五国商谈《大湄公河次区域便利货物及人员跨境运输协定》(以下简称《便运协定》)。该协定是亚行在 GMS 经济合作框架下进行的一项重要工作，旨在实现 GMS 六国之间人员和货物的便捷流动，促进该区域的经济发展。该协定最初由老挝、泰国和越南三国政府于 1999 年 11 月签署，柬埔寨、中国和缅甸三国政府分别于 2001 年 11 月、2002 年 11 月和 2003 年 9 月加入，并于 2003 年 12 月 31 日生效。

根据《便运协定》第 28 条、第 29 条规定，各国成立国家便利运输委员会并组成六国联合委员会，分别负责《便运协定》及其附件和议定书的实施和监督、评估和解决实施过程中存在的问题。各国便利运输委员会均由其交通运输部门牵头，运输、海关、动植物检验检疫、边检等部门参与。经国务院批准，我国于 2003 年成立国家便利运输委员会，委员会由交通部牵头，成员单位为国家发展改革委、外交部、财政部、公安部、交通部、商务部、海关总署、质检总局、云南省、广西壮族自治区和中国道路运输协会，交通部部长任委员会主席，交通部、公安部、海关总署、质检总局、云南省、广西壮族自治区各一位政府副职任副主席；上述各部门有关司局长为委员。

由于《便运协定》只是框架协定，执行该协定需要配套的 17 个附件和 3 个议定书作支撑。在亚行的资助和协调下，GMS 六国从 2003 年 2 月开始对这些附件和议定书进行谈判，前后共组织了 12 次谈判，时间跨度长达 4 年，完成 17 个附件和 3 个议定书以及 3 个备忘录的谈判和定稿工作，分期分批于 2007 年 3 月全部签署，随后进入逐步实施阶段。

——上海合作组织交通部长会议机制。

上海合作组织的前身是由中国、俄罗斯、哈萨克斯坦、吉尔吉斯斯坦和塔吉克斯坦组成的"上海五国"会晤机制。1996 年 4 月 26 日，中国、俄罗斯、哈萨克斯坦、吉尔吉斯斯坦、塔吉克斯坦五国元首在上海举行首次会晤，从此，"上海五国"会晤机制正式建立。"上海五国"会晤机制为推动各成员国之间的合作，维护地区和世界的和平、安全与稳定做出了重要贡献。

2001 年 6 月 14 日，"上海五国"元首在上海举行第六次会晤，乌兹别克斯坦以完全平等的身份加入"上海五国"，签署了《上海合作组织成立宣言》和《上海合作组织宪章》，明确将鼓励各成员国开展交通领域的有效合作作为该组织的宗旨和任务之

一、各成员国总理签订的《上海合作组织成员国政府间关于区域经济合作的基本目标和方向及启动贸易和投资便利化进程的备忘录》也将交通列为重点合作领域。

2002年11月20日，上海合作组织首次交通部长会议在吉尔吉斯斯坦比什凯克举行，标志着上海合作组织交通部长会议机制诞生。会议讨论了在上合组织框架内开展交通运输合作问题，确定了交通运输合作的主要方向为消除交通运输壁垒、建立和完善国际交通运输走廊、大力发展过境运输。

目前，上海合作组织框架内的交通合作主要有两个内容：一个是《便利运输协定》的谈判工作。跨国便利运输的问题，由于各国政策的不同以及一些人为因素，比如不规范收费等，造成了很大的非物理性障碍，即使有路也不能实现快速便捷的运输，而且还提高了贸易成本。《便利运输协定》的谈判及签署也是一个重要的项目，它的主要目的是解决多国之间的过境运输问题，达到过境运输的便利化。目前各方已经就协定草案全部28个条款中的18个条款全部内容以及其余条款的部分内容达成了一致，从这个角度来讲，进展是非常快的。《便利运输协定》的签署，将为本组织道路运输便利化提供可靠的法律保障，对新疆实现东联西出、建立欧亚大陆桥以及国际贸易中心发挥重要作用。另一个重点合作就是通道建设项目的合作。其中，中吉乌公路和E—40公路是上海合作组织在交通领域的示范性项目。中吉乌公路从新疆开始，连接中亚；E—40公路穿越俄、哈、乌、吉四国。在这两条线路被确定为示范性项目之后，哈萨克斯坦、蒙古、阿富汗等国又分别提出希望我国重视并参与中哈俄运输通道、中蒙俄运输通道、中吉塔阿运输通道的建设。下一步则要实现欧亚连接。

上海合作组织区域公路运输通道建设。开展上海合作组织区域经济合作，对区域内各国之间实现经济优势互补、合理配置资源，扩大区域内的经贸发展和人员往来，增强区域整体竞争力，促进区域内各国经济发展，均有重要意义。而发展交通运输是开拓经贸合作潜力、促进区域经济合作发展的先决条件。《上海合作组织成员国多边经贸合作纲要》中明确交通运输合作是上海合作组织的优先领域之一，而公路运输则是重中之重。第一，本组织大多数成员国为相邻内陆国，客货运输集散地之间距离一般为500至1000公里，在现有的交通基础设施条件下，采用公路运输是必然的选择。比如：喀什—比什凯克630公里，行驶时间12小时（通关时间占2个多小时），乌鲁木齐—阿拉木图1052公里，行驶时间12至13小时（通关时间不计）。第二，由于贸易商品种类繁多，有着不同的运输和时限要求，而公路运输灵活便捷的组合方式、运输路线、特别是集装箱运输的发展，使得公路运输发展的空间潜力尤为可观。为此，各国已达成共识，要在上海合作组织交通部长会议框架内加快建设贯通中国—中亚—欧洲的三条东西运输通道。

一是中国—哈萨克斯坦—俄罗斯—欧洲（欧亚洲际运输通道之北通道）。这是我国经过哈萨克斯坦、俄罗斯连接欧洲的重要通道。中国国内公路通道由连霍国道主干线和霍尔果斯、吉木乃、巴克图、阿拉山口口岸公路组成，它是目前欧亚联系的主要陆路通道之一。

二是中国—哈萨克斯坦—里海—欧洲（欧亚洲际运输通道之中通道）。这是我国经过哈萨克斯坦腹地到达里海，然后进一步延伸至欧洲的便捷通道。

三是中国—中亚—伊朗—土耳其—欧洲（欧亚洲际运输通道之南通道）。南通道横贯我国东、中、西部，东起连云港，途经西安，西抵新疆乌鲁木齐、阿克苏、喀什，通过吐尔尕特和伊尔克什坦口岸可以联系吉尔吉斯斯坦，并通过吉尔吉斯斯坦到达乌兹别克斯坦、塔吉克斯坦和土库曼斯坦，通过我国新疆维吾尔自治区的卡拉苏等口岸到达塔吉克斯坦等中亚国家,再经伊朗和土耳其,通过博斯普鲁斯海峡到达欧洲。沿线经过中亚的比什凯克、杜尚别、塔什干、霍罗格、胡詹等中亚国家的首都和重要城市,是经过中亚国家最多、沿线人口最密集的通道。通过这条通道,将我国与中亚主要国家以及西亚和欧洲连接在一起。

实施上合组织交通网络性建设项目是我国领导人提出的倡议并得到了有关国家的积极响应。通过中方无偿援助、优惠买方信贷、国际金融组织贷款、资源换项目等多种融资合作模式,塔乌公路项目顺利完工。中国政府已向吉尔吉斯斯坦共和国提供 6000 万元人民币的无偿援助,援建中国—吉尔吉斯斯坦—乌兹别克斯坦的中吉乌公路,开辟新的运输通道。中吉乌公路、E—40 公路被确定为上合组织示范性项目并进展顺利。此外,我国正在积极探讨参与中哈俄、中蒙俄、中塔、中阿(富汗)、中伊(朗)等国际公路通道建设项目等。

在重点推进中国与上海合作组织区域公路运输大通道的基础上,我国已加大资金投入建设和正在规划建设通往本区域国家的 12 条公路运输线路的中国境内路段,将把中国乌鲁木齐、喀什等重要城市通过霍尔果斯、伊尔克什坦、卡拉苏等口岸与中亚国家、俄罗斯、欧洲连接起来。

《上海合作组织成员国政府间国际道路运输便利化协定》。2002 年成立的上海合作组织交通部长会议机制,确定了近期区域交通合作的主要任务:制定多边国际公路运输便利化协定,完善多边、双边道路运输法律文件等;建立和完善区域公路运输网;开展国际公路运输合作,研究发展多种形式货物运输和综合运输体系;落实上海合作组织总理理事会议批准的"《上海合作组织成员国多边经贸合作纲要》落实措施计划"中明确的交通领域合作项目,保障《亚洲公路网政府间协定》在各成员国之间的执行等。在亚洲开发银行支持下成立的中亚区域经济合作

(CAREC)体系框架中，形成了交通运输协调委员会机制。

在促进运输便利化方面，为落实国家主席胡锦涛在上合组织第三次元首峰会上提出的"先从交通运输领域入手，尽快签订多边公路运输协定，并切实有效地落实"的倡议，交通部完成了《上海合作组织成员国政府间国际道路运输便利化协定（草案）》的谈判工作，正着手开展该协定附件的谈判准备工作。该协定将有利于统一、协调上合组织各成员国过境运输政策和法律，促进本地区实现国际公路运输便利化，对深化上合成员国的睦邻友好关系、促进各国经贸发展和便利人员往来发挥重要作用。

到"十一五"中期，中国已与本组织其他成员国之间开通出入境汽车运输口岸25个，其中中国对俄口岸15个，对哈口岸7个，对吉口岸2个，对塔1个。在已开通的路线中，比较重要的有牡丹江—绥芬河—乌苏里斯克、满洲里—赤塔、乌鲁木齐—阿拉山口—塞米巴拉金斯克、乌鲁木齐—霍尔果斯—阿拉木图、喀什—吐尔尕特—比什凯克等。其中乌鲁木齐经阿拉山口口岸至哈萨克斯坦塞米巴拉金斯克是目前中外间开通的最长的国际汽车客货运输线路，全程1363公里。多条客货直达运输线路的开通，促进了我国与中亚国家间客货运量的迅速增长，在经贸交流中发挥了重要作用。

——与周边国家开展国际公路运输合作。

为构建我国与周边国家的国际公路运输通道，新世纪以后，我国加快了通往口岸、口岸地运输场站的公路建设。2001年以来，全国交通系统在口岸公路投资累计100多亿元，新建、改建通往边境口岸的公路3000多公里，改变了口岸现场的通关环境和查验部门的办公条件，提高了口岸的工作效率和通关能力。

我国已与俄罗斯、蒙古、哈萨克斯坦、越南、老挝等13个周边国家签署了政府间汽车运输协定，并商定开通了242条国际公路运输线路，这些线路通过的对外开放口岸已达到69对。

国际公路运输已经成为中国同周边国家沿边地区对外贸易和人员往来的重要运输方式之一。到"十一五"期间,已有黑龙江、吉林、辽宁、内蒙古、新疆、云南、广西、广东、西藏9个省(区)同周边国家及香港、澳门特别行政区开展了出入境汽车运输,基本打通了我国东北、西北和西南与周边国家间的陆上运输通道。经过20年的发展,四通八达的国际公路运输把我国和世界联系了起来,通道建设已经呈现出良好的发展势头,前景十分美好。而一系列国际公路运输协定的签署与实施,又推动了国际公路运输通道的建设。

就中国与中亚地区国家而言,中国计划新修建12条通往中亚国家的公路运输通道,这些新的国际通道中国段均位于新疆境内。这些道路将连通中国、俄罗斯、哈萨克斯坦、塔吉克斯坦、巴基斯坦等邻国,其中最长的一条国际运输线将从新疆首府乌鲁木齐出发,在伊尔克什坦口岸出境,途经塔什干、马什哈德、德黑兰、伊斯坦布尔,最后连接欧洲,该线路在新疆境内共1680公里,工程已于2010年前建成。

新疆与中西亚八国接壤,拥有中国最长的边境线和17个国家一类口岸,有着发展国际客货运输的先天优势。国际客货运输线路的繁荣,为新疆从事国际公路运输的企业带来了希望。据统计,新疆拥有专门从事国际公路运输的车辆1500余辆,与周边国家已开通国际道路客货运输线路101条。新疆已成为中国对外开放一类口岸最多、开通国际运输线路最多、最长的省区。

从地理上看,中哈两国的边界大部分是山区,只有一些地方较为平坦,自然通道比较多。过去开放的主要是阿拉山口和霍尔果斯口岸,有很多自然通道并没有开放。随着两国之间的经贸、人员往来的迅速增长,出现了很多点到点的人、货交通需求。

在新增加22条线路后,到2007年,中哈之间开通的陆路交通线路达到了 64 条。其中，旅客运输线路达到 33 条，货物运输线路达到 31 条。2008 年，中哈又新开通 7 条直达国际道路客货运输线路。这 7 条线路为：5 月 1 日起新开通乌鲁木齐—霍尔果斯口岸—卡拉干达、乌鲁木齐—吉木乃口岸—卡拉干达、乌鲁木齐—巴克图口岸—卡拉干达、乌鲁木齐—阿拉山口口岸—卡拉干达 4 条直达国际道路货物运输线路。9 月 1 日起开通乌鲁木齐—吉木乃口岸—卡拉干达、乌鲁木齐—巴克图口岸—卡拉干达、乌鲁木齐—阿拉山口口岸—卡拉干达 3 条直达国际道路旅客运输线路，使中哈之间的陆路交通线路增至 71 条，成为中国在中亚地区开通国际公路运输线路最多的国家。中国与哈萨克斯坦国际运输线路呈多元化发展格局。

新世纪以来，中哈两国经贸发展迅猛，2008 年以来，中哈两国仅客运量涨幅就达 30% 以上。哈萨克斯坦正在逐渐成为中国与中亚国家交往的交通枢纽，中国与中亚各国的货物和旅客可以通过哈萨克斯坦很容易地到达对方国家，这对密切这一地区的人民和各国彼此的经济关系都十分有利。

2008 年 10 月，巴基斯坦伊斯兰堡平地卡力曼公司 2 辆集装箱货车由伊斯兰堡出发，通过我国红其拉甫口岸，经喀什、吐尔尕特口岸，途经吉尔吉斯斯坦，最后到达哈萨克斯坦阿拉木图。这标志着中国、巴基斯坦、吉尔吉斯斯坦、哈萨克斯坦四国过境直达货物运输正式开通。

1995 年 8 月，中、巴、吉、哈四国政府签署了《中巴吉哈四国过境汽车运输协定》，但各国由于在过境费用收取方面及其他方面存在意见分歧，一直未正式开展"四国过境运输"。此次过境运输是自四国过境运输协定签署以来，经红其拉甫口岸的首次正式运行的过境汽车运输，在沿途各国不需装卸货物、中转，真正意义上做到了直达过境运输。车辆只需在中、巴、吉、哈四国境内办理司乘人员和车辆的有效过境手续，就可无阻碍通行，降低了运输成本。同时，这也给我国以及周边其他国家的国际间过境运输带来了新的机遇，进一步拓展了对外贸易的发展空间。

——中欧道路交通合作。

欧盟 FP6 国际合作项目 SIMBA 旨在促进欧洲和中国、印度、巴西及南非在道路交通领域特别是智能交通、基础设施以及汽车方面的合作研究，对于发展中国家具有特殊的重要意义。

中国与欧洲国家在道路交通领域有着良好的合作关系。随着中欧科技合作协定的签订，中方科研机构也成功地参与了欧盟研究和技术开发框架计划。SIMBA 项目是欧盟框架计划道路交通领域中中国参与的第一个项目。基于该项目，中欧双方建立了合作和对话的机制，在道路基础设施、智能交通、汽车等方面开展了卓有成效的合作，初步确定了道路安全、电子收费、新能源汽车等优先发展的合作领域。

近年来，随着中欧政治、经济关系的不断提升，中欧在交通领域的合作也在不断深化。欧盟在跨境道路运输方面有着一套较为成熟的法律体系和管理体制，在道路运输节能减排、道路安全、智能交通、新能源汽车等领域有好的经验和做法，中欧在这些方面加强交流与合作，共同分享经验和成果，对促进我国今后道路交通的可持续发展将起到积极的推动作用。

3. 与国际组织的合作

自 1971 年联合国第 26 届大会通过决议，恢复中国在联合国的合法席位以来，联合国各专门机构及其他一些政府间和非政府性的国际组织相继通过决议，承认中华人民共和国政府是代表中国的惟一合法政府，我国与国际组织间的多边合作逐步拓宽和加强。

我国在公路交通运输的多边合作舞台上，积极参与国际规则的制订，成功举办世界性高级别大会，加入亚洲公路网，国际地位和影响力不断提升。我国经济的飞速发展,综合国力与国际地位的不断提升,使世界各国的目光越来越聚焦中国,也吸引了交通运输领域的诸多世界性高级别会议落户中国。

——与亚太经社会(ESCAP)的合作。

联合国亚洲及太平洋经济社会委员会(简称"亚太经社会")是本地区建立最早、代表性最为广泛、也是联合国在亚太地区惟一的政府间综合性经济社会发展组织。多年来为开展区域与次区域合作、促进亚太地区的经济发展做出了积极贡献。亚太地区加强区域合作,迅速融入世界,已成为世界经济的主要推动力。

亚太经社会从1959年开始规划连接亚洲地区各国的"亚洲公路网",其宗旨是协调并推动亚洲地区国际公路运输的发展,促进亚洲各国贸易往来,繁荣旅游业,从而刺激亚洲地区的经济发展,便利区域经济贸易和文化交流。根据设想,该路网将成为连接亚洲地区各国首都、工业中心、重要港口、旅游及商业重镇的交通运输网。目前,亚洲地区已有31个国家的公路加入了亚洲公路网,入网公路里程达到13万公里。

交通部从1998年起对亚洲公路网问题进行了专题研究,在与相关部委充分协商的基础上,提出了我国加入亚洲公路网线路的布局方案。路线总长约为2.6万公里,占亚洲公路网总里程的1/5。

目前我国加入亚洲公路网的路线和路段主要分布在我国的西北、西南和东北地区,基本上保证每一边境省份至少有一条路线与周边国家亚洲公路网的公路相连。这些路线和路段加入亚洲公路网,有利于促进我国中西部地区与周边国家和地区开展经贸和旅游方面的合作,并为建立中国—东盟自由贸易区和加强上海合作组织各成员国间的合作发挥了积极作用。

加入亚洲公路网只是公路路线的加入,是基础设施规划建设上的概念，并不意味着一国在运输权益上对外国的开放，外国车辆在未得到允许的情况下不可以自由进入该国。是否允许外国车辆入境、通行车辆数、通达距离等运输权益中的具体问题仍需有关国家通过双边或多边谈判签署汽车运输协定来确定。

为以法律的形式定型亚洲公路网，亚太经社会积极推进制订了《亚洲公路网政府间协定》。我国积极参与了协定的起草工作，并于2004年2月正式签署了《亚洲公路网政府间协定》。

构建亚洲公路网，实现过境运输便利化，正成为亚太区域合作中各国优先发展的新热点。新世纪里，中国全方位参与整个亚太区域的跨境交通合作，积极同周边国家构建联合体系，包括同中亚国家一道重振"丝绸之路"，打通和东盟各国的便利运输线路。中国政府重视亚太经社会的作用，交通部（交通运输部）将继续积极参与本地区及跨地区的公路交通合作，扩大与各国的交流，发展平等互利的伙伴关系，促进共同发展与繁荣。

——与亚太经合组织（APEC）的合作。

亚洲太平洋经济合作组织（简称"亚太经合组织"）是亚太地区重要的政府间区域经济合作组织，是本区域国家和地区加强多边经济联系、交流与合作的重要组织之一，是我国参与世界经济全球化和区域经济一体化进程、推动改革开放和经济建设的重要渠道。该组织也是联系太平洋两岸的重要纽带。

1989年1月，澳大利亚总理霍克访问韩国时建议召开亚太国家部长级会议，以讨论加强经济合作问题。1989年11月5日至7日，澳、美、日、韩、新西兰、加拿大及东盟六国在澳大利亚首都堪培拉举行了亚太经济合作组织首届部长级会议，宣告亚太经济合作组织成立。此后，APEC运输部长会议每两年举行一次。中国于1991年加入APEC。

亚太经合组织的宗旨和目标是："相互依存，共同受益，坚持开放性多边贸易体制和减少区域内贸易壁垒"。该组织的最高活动是非正式首脑会议，它是区域内国家首脑个人非正式的集会，就有关经济问题发表见解，进行意见交流。APEC 会议最大的成果在于提供了各个国家之间的协调和沟通的平台。

亚太经合组织运输工作组于 1991 年成立，宗旨是促进成员在运输领域的自由化和经济合作，在 APEC 地区建立安全、有利环境、高效以及在各种运输方式和各成员之间更具竞争性的区域一体化的综合性运输体系，每年举行两次工作组会议。

交通运输是亚太经合组织最早开展合作的优先领域之一。各经济体携手合作，发挥集体智慧，遵循协商一致的原则，提出了诸多切实可行的倡议，实施了诸多富有成果的项目，有力地推动了本地区运输业向着《茂物宣言》确定的目标前进，为亚太地区贸易和投资的自由化与便利化作出了贡献。10 多年来，我国在交通、能源、人力资源开发、环保和科技等领域充分利用了 APEC 的信息和技术。目前，我国已成为 APEC 成员投资的主要市场之一。

加入 APEC 后，交通部与该组织进行了卓有成效的合作。1995 年 6 月，交通部部长黄镇东率中国交通运输代表团赴美国出席在华盛顿召开的第一届亚太经合组织（APEC）运输部长会议，随后，顺访日本，考察日本的高速公路、港口和明石大桥。1997 年 6 月，交通部副部长刘松金率中国代表团访问加拿大和秘鲁，出席在加拿大维多利亚召开的 APEC 第二届运输部长会议。2007 年 3 月 28 日，交通部部长李盛霖出席在澳大利亚举行的第五届 APEC 交通部长会议，会议通过了《部长联合声明》。期间与澳大利亚运输和地区服务部签署了部门间《公路水路运输合作谅解备忘录》。

现在，APEC 已发展成为亚太地区最重要、最具活力、最有影响力、成员最多、参与层次最高的区域经济合作组织。APEC 成立以来，为推动亚太地区经济合作与交流、促进成员间贸易投资发展，发挥了重要作用。中国十分重视 APEC 的作用，一直积极参与有关问题的磋商，并积极推动 APEC 进程的"两个轮子"，即贸易投资自由化与便利化以及经济技术合作的不断深化。该组织于 1994 年的各经济体领导人会议上通过了发达经济体于 2010 年、发展中经济体于 2020 年实现贸易投资自由化目标的时间框架。为促进目标的实施，各成员均必须制定实现 APEC 贸易投资自由化单边行动计划，该计划共计 15 个领域，交通运输被列入其中的"服务"领域。各经济体的单边行动计划在各领域分现状、近期目标、中长期目标等，还要定期修订。我国的单边行动计划在"服务领域"的"交通运输"部分，也说明了现状，并提出了与加入 WTO 的承诺相一致的近期和中远期目标。

——与国际路联(IRF)的合作。

国际道路运输联合会(简称"国际路联"，英文简写为 IRF)成立于 1948 年，总部设在瑞士日内瓦，现有 69 个正式成员和 100 多个联系成员。2002 年在罗马尼亚首都布加勒斯特举行的第 28 届世界大会上，中国道路运输协会被接纳为该联盟的正式成员。以中国道路运输协会会长王展意为团长的中国代表团出席了本届大会。

国际路联的宗旨是鼓励与推动建设和养护更加实用、安全的道路及道路网络。目前，国际路联在中国和欧洲的道路基础设施项目是要复兴连接欧洲和远东地区洲际公路的基础设施，帮助复苏中亚经济。

中国加入国际路联表明，世界上人口最多的国家愿意更积极地参加国际道路交通合作，中国的加入使国际路联提出的关于建立新丝绸之路的设想有可能成为现实。

古"丝绸之路"是一条横贯亚洲、连接欧亚大陆的陆上商贸通道，已有两千多年的历史，曾为促进东西方文明的交流发挥过极其重要的作用。为满足现代亚欧大陆经贸活动的需求，国际路联提出了"复兴丝绸之路"的倡议。"新丝绸之路"由中国连云港出发,沿当年丝绸之路向西延伸,经中亚和欧洲诸国直达大西洋,构成了对亚欧大陆经贸活动发挥巨大作用的"新欧亚大陆桥"。为实现复兴丝绸之路的目标,国际路联积极推动中亚各国的交通交流与合作。头两届"国际丝绸之路大会"分别在土库曼斯坦的阿什哈巴德和乌兹别克斯坦的塔什干举行。

2004年10月26日,由中国交通部、国际路联和陕西省人民政府联合主办的"第三届国际丝绸之路大会"在西安举行。这是改革开放以来我国在公路建设领域举办的第一次高级别、大规模的国际会议。大会以复兴丝绸之路为主题,共有来自丝绸之路沿线11个国家的交通部部长、副部长和政府代表,亚太经社会、上海合作组织和世界银行、亚洲开发银行等国际组织与国际金融机构的代表以及国内外交通领域的专家、学者和企业代表总计600余人出席。会议推动了新丝绸之路乃至亚欧大路运输走廊的快速发展,在国际上产生了深远的影响。

丝绸之路的远景将是一条全长为1.5万公里,多条连接中国腹地与西欧工业中心的现代化公路。它不单纯是一条公路,而是多条道路组成的网络,是一条西起荷兰鹿特丹,东抵陕西西安的现代化、环保型公路。

全长4395公里的连云港至霍尔果斯高等级公路自2003年10月8日正式通车后,沿线经过6个省(区),受益人口超过4亿人,过去汽车从连云港到乌鲁木齐需要15天时间,现在只需要50多个小时,这是中国第一条全线贯通的东西向高等级国道主干线,也是作为"新丝绸之路"和亚洲公路网的重要线路,象征着复兴丝绸之路在中国大陆境内业已形成。

2008年5月14日至16日,国际路联"第四届国际丝绸之路大会"在土耳其伊斯坦布尔举行。会议以"从历史连接走向现代网络"为主题,旨在进一步加强"丝绸之路"沿线国家在道路运输,特别是交通基础设施领域的务实合作。交通运输部副部长翁孟勇率团出席了大会并在部长级会议上发表主旨演讲。

除复兴"丝绸之路"的合作之外,我国在其他方面与国际路联的合作不断加强。2005年9月25日,由交通部和国际路联共同主办、中国道路运输协会承办的"第三届欧亚道路运输大会"在北京开幕。该大会是我国在道路运输领域举办的又一次高规格国际会议,引起了亚欧大陆有关国家政府和交通运输业的广泛关注。亚欧主要国家的交通部长积极与会并一致通过了《亚欧交通部长级会议部长联合声明》(即北京联合声明)。大会宣传了我国道路运输发展的成就,促进了我国与中亚乃至欧洲国家在道路运输领域的合作,为区域道路运输的发展创造了良好的条件。

2010年10月27日至29日,由国际路联主办,中国公路学会和山东省交通运输厅承办的"第二届世界农村公路大会"在济南召开。国际路联主席卡比拉、总干事西贝莉,交通运输部副部长冯正霖,中国公路学会理事长李居昌,山东省人民政府副省长才利民,原交通部副部长胡希捷等领导出席会议。交通运输部部长李盛霖在向大会发出的贺信中指出,加快农村公路建设既是改善农村生产生活条件、发展农村经济的重要前提,也是增加农民收入的有效途径,更是构建畅通高效、安全绿色的交通运输体系,促进经济社会全面协调可持续发展的坚实基础。中国政府历来十分重视农村交通事业的发展,一直把加快农村交通基础设施建设作为经济发展的重要方面,投入了大量人力、物力和财力,使农村公路建设取得了可喜的成就。

大会的主题为"农村公路可持续发展与新农村建设",旨在加强国际间在农村公路建设、养护管理以及运输领域的合作,通过交流,促进世界各国发展农村公路,为广大农村提供道路交通,以推动农村经济发展和社会进步。共有34个国家的500

余名代表参会，29位中外专家作了29场关于农村公路建设的主题报告，与会代表进行了形式多样的专题讨论、学术沙龙等活动。

会议期间，与会代表参观了"中国农村公路发展历程与成果"展览，现场考察了山东省泰安市农村公路和新型农村社区的建设，以及"四位一体"站所在农村交通建、管、养、运方面的新突破。参会的国际代表主要来自亚非国家，他们表示，中国农村公路的发展历程与本国有许多类似之处，中国的成功经验很有借鉴意义，表示要把中国农村公路建设和管理经验带回去，推动本国政府改善农村环境、促进农村经济社会发展。

——与世界道路协会(PIARC)的合作。

世界道路协会(PIARC)成立于1909年，是一个专门从事公路设施的规划与管理、设计与施工、运行、安全和维护等方面的信息交流的非营利、非政府性的国际组织。该协会自成立以来，在世界各地举办过22届世界公路会议，目前有93个政府会员、129个国家的其他会员，已成为世界公路领域以交流和传播公路技术知识和信息为主要内容的最具权威、影响最大的国际性组织。

世界道路协会从1969年起每四年在有关成员国召开一次国际冬季道路会议，现已召开12次会议。1979年经国务院批准，中国公路学会作为集体会员加入该组织。1983年，我国由集体会员改为政府会员，参加单位也由中国公路学会改为交通部公路司。

世界道路协会把在世界各国设立公路技术交流中心(Technology Transfer Centers)作为协会的一项重要工作内容。目前，在世界各国已组建了将近50个公路技术交流中心。并鼓励在发展中国家和经济转型国家组建"公路技术交流中心"，其主要任务是推进全球公路领域知识和信息的交流，加强世界公路领域专业人员、机构之间的联系,以提高全球公路技术的创新能力。

2002年10月,世界道路协会秘书长科特(Jean·Francois·Corte)先生和当时中国第一代表——交通部公路司司长冯正霖签署成立世界道路协会中国公路技术交流中心备忘录。2002年11月6日,世界道路协会中国技术交流中心(TTC)正式挂牌,交通部副部长胡希捷和世界道路协会主席三谷浩为中心揭牌。中心挂靠在交通部公路司,并在交通部科学研究院设立了秘书处。

中国公路技术交流中心的宗旨是通过技术交流推动道路和交通领域的技术创新和技术进步。该中心按照备忘录中规定的义务和职责,进行信息的收集与传播、举办学术研讨会及邀请外国专家讲学、开展国内和国际培训、国际互联网、全球公路网(WIN)节点、中国交通信息网(CTNET)、中国交通网的利用、道路运输研究文献资料的联机检索(如 IRRD 数据库、中国公路运输文摘数据库等)、提供道路运输技术支持和咨询、举办国际会议和展览会等。

世界道路协会于1994年为各个国家能够共享全球公路交通的技术合作与交流而倡导组建了全球公路交通技术交流网(World Interchange Network, WIN)。该网络为各国尤其是发展中国家和经济转轨国家的公路专家进行信息交流提供了一种崭新的交流体系。WIN 是一个非营利性的非政府国际组织,其主要任务是推进全球公路领域信息的交流,加强对公路各个方面有疑难的专业人员及机构之间的联系。交通部科学研究院于1995年加入了由世界道路协会倡导并组建的全球公路技术交流网,成为该网的中国节点。

2002年11月6日至8日,中国交通部与世界道路协会在北京联合举办了"国际隧道研讨会暨国际公路技术交流大会",胡希捷副部长出席了会议。本次会议促进了各国隧道建设和运营管理技术的交流,提升了各国公路界对隧道工程、特别是隧道运营管理重要性的认识,反映了当今世界隧道建设和运营管理的最高水平和发展趋势。会议宣传并向世界展示了中国公路和隧道的建设成就,扩大了中国公路交通在国际上的影响,加强了交通部与世界道路协会的合作,架起了中国公路、隧道界与国外同行交流的桥梁,也开辟了广阔的合作前景。

——与 ITS 世界大会的交流与合作。

智能交通系统(Intelligent Transport System 或者 Intelligent Transportation System,简称 ITS)是将先进的信息技术、通信技术、传感技术、控制技术以及计算机技术等有效地集成运用于整个交通运输管理体系,从而建立起的一种大范围、全方位发挥作用,能够实时、准确、高效地综合、传输和处理有关信息的运输和管理系统。

20 世纪 90 年代初,智能交通的探索已在美国、日本、欧洲起步,一场变革风暴正在酝酿。1994 年,国际交通界专家将这一新的交通发展形式正式命名为智能交通系统。同年 10 月,第一届智能交通世界大会在法国巴黎召开。

ITS 世界大会是由各国 ITS 协会组织发起的旨在交流、探讨国际 ITS 先进理念、管理、技术及解决方案的国际会议,有智能交通界的"奥林匹克"之称。从 1994 年开始,大会每年举办一届,目的是推动智能交通领域前沿技术的学术交流,推广智能交通新技术和新产品的应用。主办城市分别从欧洲、亚太地区和美洲国家中轮流选定。随着世界各国对智能交通重要性的认识,智能交通世界大会的规模也在逐届扩大,大会已成为智能交通领域规模最大、范围最广、影响最强的综合性国际会议。

1994 年我国部分科技界的学者参加了在法国巴黎召开的第一届 ITS 世界大会,为中国 ITS 的开展揭开了序幕。1995 年,公路交通系统的科技工作者参加了在日本横滨举行的第二届 ITS 世界大会;同年底,交通部指示部公路科学研究所进行智能交通发展的有关研究，开始描绘我国智能交通的宏伟蓝图。

1996年，交通部公路科学研究所开展了交通部重点项目《智能运输系统发展战略研究》工作，1999年《智能运输系统发展战略研究》一书正式出版发行。1999年，由交通部公路科学研究所牵头，全国数百名专家学者参加的"九五"国家科技攻关重点项目——《中国智能交通系统体系框架研究》工作全面展开，由此，ITS在我国公路行业开启了快速发展、赶超世界先进水平的步伐。2001年课题完成，通过科技部验收，2002年出版《中国智能交通系统体系框架》一书。

这期间，我国的科技、交通部门与国外ITS同行间的交流、合作也方兴未艾。2000年，由科技部主办，全国ITS协调指导小组办公室协办的"第四届亚太地区智能交通（ITS）年会"在北京举行；同年，交通部会同科技部、公安部共同主办了"2000年ITS国际研讨会"。2001年，交通部在ITS领域与日本、美国和欧盟等进行了合作与交流，并与日本合作开发了电子不停车收费系统中的有关产品；同年，交通部副部长张春贤率团访问澳大利亚和加拿大，并出席在悉尼召开的ITS世界大会。2002年，交通部与科技部共同组织了"第二届北京国际智能交通系统（ITS）展览与研讨会"。

2003年11月，科技部副部长马颂德第一次率中国政府代表团，参加在西班牙马德里举办的"第十届ITS世界大会"，科技部联合交通部、建设部、公安部和北京市政府联合申办"2007年第十四届ITS世界大会"获得成功，标志着中国的智能交通系统建设将在更加开放、竞争与合作并存的环境中加速发展。

2004年10月18日至22日，交通部、北京市政府、科技部、公安部组团参加了在日本名古屋市召开的"第11届ITS世界大会"。10月21日下午，大会举办了"中国日"专场，中国代表团介绍了ITS在中国的发展情况和展望。在本届大会的技术论坛上,交通部 ITS 中心和国内的一些专家、学者共发表了 20 多场演讲。同时,中国代表团组织北京、上海、青岛、杭州等四个城市参加了本届大会的 ITS 应用和成果展示。中国的 ITS 第一次在世界舞台亮相,受到世界的关注。

2007 年 10 月 9 日至 13 日,"第 14 届智能交通世界大会"在北京召开。经国务院批准,科技部、交通部、公安部、建设部和北京市人民政府共同主办了此次大会,这也是智能交通世界大会第一次在发展中国家举办。此次大会得到了国际智能交通领域三大组织:美国智能交通协会(ITS American)、日本智能交通协会(ITS Japan)、欧洲智能交通协会(ERTICO)的大力支持。

围绕着"智能交通创造美好生活"这一主题,大会邀请世界各国的政府、组织、企业和专家,向与会者介绍智能交通领域最新的政策和管理理念,集中展示最新设备、技术成果和成功案例,并共同展望智能交通未来发展趋势。大会期间共举办了 3 场全体会议、10 场行政会议、60 场特别会议、14 场科学会议、106 场技术会议和 6 场互动会议,主题涉及政策与战略、经济与发展、安全与保安、环境与效率、技术与应用等方面。本届大会同时吸引了世界各国的交通运输、汽车、能源以及 ITS 综合应用领域的领军企业参会参展,共计有 163 家来自国内外的智能交通组织、科研机构和企业将最前沿的智能交通成果进行了展示,4 万多人参观了展览,有 1100 多人参加了奥运交通控制中心、大容量公交、中日智能交通展示等 4 项技术考察,有 3000 多位来自国内外的同行参加了会议。

10 月 10 日上午,"第 14 届智能交通世界大会部长论坛"在北京展览馆报告厅举行。此次论坛由交通部主办,主题为"信息化促进和谐交通——资源节约、环境友好、科技创新",来自中国、印度、日本、韩国、挪威、瑞典、美国、欧盟等的 8 位部长级官员从不同的角度阐述了智能交通发展取得的成功经验,交流了智能交通发展的设想与目标。交通部副部长翁孟勇在论坛的主旨发言中指出，在交通运输领域，越来越多的国家注重依靠信息技术，提高交通基础设施的运营效率，提高公众出行的安全性和便捷性，降低货物运输与综合物流成本，增强经济活力和提升国际竞争力。特别是在自然资源日趋紧张、生态环境更加脆弱的今天，最大限度地开发利用信息技术，降低交通发展对资源的占用和消耗，减少对生态环境造成的不利影响，已经成为交通实现可持续发展的必然选择。中国一直积极探索应用现代信息通信等高新技术，改善交通运输系统的管理和运行效率，智能交通系统的开发应用就是其中之一。经过近10年的发展，智能交通技术在中国已经从概念引入发展到广泛应用阶段，并在基础理论研究、关键技术攻关、应用系统建设、相关产品研发等方面取得了一系列的成果。目前，智能交通系统已经有效地应用于道路运输管理、高速公路联网收费、城市交通管理、城市间道路交通管理、集装箱跟踪、港口管理、海事管理等领域。

翁孟勇强调，中国正在制定一个从国情出发，既满足一个处于工业化进程中的发展中国家所产生的巨大交通需求，又体现保障安全、最有效地节约和集约利用资源、最大程度减少对环境影响的交通发展战略。实施这个战略的途径就是大力推进理念创新、体制机制创新、科技创新和政策创新。实施这个战略的交通政策将把转变交通发展方式放在更加突出的位置，使发展由主要依靠资金、土地、劳动力等生产要素的规模投入，逐步转变到更多地依靠提高生产要素的利用效率，更加重视节能、节材、环保和土地、岸线的集约利用，重视发展交通循环经济。同时，中国还将致力于提高交通运输安全水平，更加关注社会公平，减少贫困，缩小城乡差距，满足公众的基本交通需求。在这个转变过程中，科技创新是关键。要通过大力推进以信息技术为代表的高新技术、现代管理技术的集成创新和应用，促进综合运输体系的有效衔接，全面提升交通运输的供给能力、运行效率、安全性能和服务水平，促进交通产业升级和结构优化。

"第14届ITS世界大会"首次在中国成功举办，标志着中国道路交通ITS技术的进步和快速发展，得到了国际上的认可和重视，为推动中国ITS的深入发展起到了很好的推动作用。

——与国际农村公路焦点组织（IFG）的合作。

2004年3月10日至14日，经交通部批准，由云南省公路规划勘察设计院和国际农村公路焦点组织（IFG）共同举办的IFG第四次国际农村公路研讨会在云南昆明召开。

参加此次IFG会议的代表共140人，其中有来自柬埔寨、英国等20个国家和国际劳工组织、世界粮农组织的国外代表64人，来自中国20个省份的代表76人。

IFG是由英国国际发展部（主要资助方）和多家咨询公司发起成立的研究团体，专门研究为贫困地区提供可持续交通便利，在扶贫框架内为农村公路工程的知识和信息交流提供平台，并为农村公路相关研究寻求资金支持。云南省公路规划勘察设计院是IFG的单位成员。

这次会议是IFG第一次在中国召开的大型国际会议，同时也是中国第一次召开有关农村公路的国际会议。会议主题包括道路改善与扶贫战略结合、农村公路社会效益分析、低流量道路封层技术、农村公路建设经验、云南弹石路面施工现场和IFG今后发展道路等。会议确定将《弹石路面技术规范》（手册）作为IFG成立以来的第一个项目成果。IFG秘书处表示，弹石路面技术成本低廉、主要依靠人工工作，有利于保护环境而且养护成本较低，是一项值得推广的技术。

这次会议为中国农村公路的建设与发展提供了对外交流的

平台和桥梁。会议对各国制定农村公路发展战略和政策，提高各国农村公路建设水平和管理水平，具有一定的借鉴和促进作用。

4. 援外与国际公路工程承包

改革开放以来，公路交通工程成为我国援外建设与国际工程承包的重点之一。20世纪90年代以后，随着我国公路基础设施建设水平的不断进步，我国公路施工企业迈开了海外工程承包的步伐。通过援外公路建设项目，我国树立了良好的国际形象；通过积极参与国际公路工程竞争，我国公路施工企业迅速走出国门，实现了业务规模、整体实力的跨越式增长。

——援外公路工作。

我国以经济援助方式对外承担公路交通项目开始于1956年。1976年前，大部分援外项目都采取无偿、赠送、长期无息贷款和低息贷款等方式运作。1976年至1980年代初，这种方式有所改变，有的技术合作由受援国自费，由我国派遣技术人员，仅收取少量生活津贴或技术服务费用。同时，为进一步发挥受援国积极性，减少我国大量提供一般商品的困难，有少数援建项目的当地费用改由受援国全部或部分提供。20世纪80年代后期，我国对外援助方式开始了重大改革，主要是实行援外方式的多样化和援外资金来源的多样化，尽可能减少无息贷款，开始推行优惠贷款、援外项目合资合作方式，对贫困友好国家适量增加无偿援助，对公路、桥梁的援助相应减少。改革的目的，一方面是帮助受援国建设在当地有资源、有市场的生产性项目；另一方面是推动国内有实力的企业到发展中国家开拓市场，将援助与承包工程、贸易、投资等互利合作结合起来。

进入20世纪90年代后，我国开始大力推行援外优惠贷款，通过银行提供本金、政府贴息的方式，扩大援外资金来源，促进对外互利合作。优惠贷款经过10多年的发展，已成为我国对外援助主要方式之一。援外方式改革以后,作为援外工作重点之一,援外公路工程有了新的发展。从20世纪90年代中后期到2000年以前,我国先后援建了赞比亚公路水毁修复工程、也门谢赛公路水毁修复工程、赤道几内亚63公里公路的测设任务、肯尼亚21公里甘—塞路和首都内罗毕3条市容修整公路工程以及埃塞俄比亚首都环城路部分工程等项目。特别是埃塞俄比亚首都环城路部分工程是我国政府筹资1.08亿元、作为多边援助款实施,这是改革开放以后我国援外的一种新举措。

进入21世纪以后,我国在援外公路工程建设方面与国际组织加强合作,力所能及地承担了国际义务。先后援建的公路项目有:喀喇昆仑公路巴基斯坦雷科特桥至红其拉甫口岸全长335公里的改扩建路段、利用我国政府向上海合作组织成员国提供的9亿美元出口优惠买方信贷建设的塔乌公路修复改造项目、蒙古扎门乌德至我国二连浩特的公路改造工程、亚洲公路网昆曼公路老挝段85公里丛林路段、云南腾冲至缅甸密支那公路境外段96公里路段、柬埔寨7号公路项目、马拉维卡隆加—奇提帕公路项目、尼日尔尼亚美二桥等。

在全球化日益深入和中国经济社会加速发展的新形势下,援外工作面临着新的任务和挑战。党的十七大报告明确提出,要继续加强同广大发展中国家的团结合作,深化传统友谊,扩大务实合作,提供力所能及的援助。

20世纪90年代以来,公路援外在改革开放的大潮推动下,按照互利共赢的原则,取得显著成绩,其意义重大,影响深远。一是树立了我国良好的国际形象,扩大了政治影响,促进了广大发展中国家的经济社会发展。我国援建的公路援外工程大多地处亚非发展中国家。这些国家经济落后,自然环境差,公路工程是他们发展民族经济、脱贫致富的先决条件,而且众多工程地质条件复杂,施工环境恶劣,别的国家不愿意承担。而我国克服种种困难，努力做到了质量好、速度快、造价低，使受援国扩大了就业，减少了贫困人口，促进了经济发展和社会进步，得到了受援国政府和人民的好评。二是为受援国培训了技术力量。技术落后是受援国经济社会发展水平不高的直接原因。在援外公路工程建设中，当地的技术人员和工人与我国援外人员一道工作，朝夕相处。我国援外人员克服一切困难，向他们传授工程建设的技术和经验。往往是完成一个项目，带出一批技术骨干，为受援国自力更生、发展经济建设起到了很好的推动作用。三是发展了与受援国人民的友谊。在援外工作中，公路援外工作人员与受援国人民广泛接触、交往，做了大量的对外友好工作，同受援国人民建立了深厚的感情。

公路援外工程的建设，为受援国发展民族经济、捍卫民族独立起到了积极的作用，促进了我国同受援国之间的友好关系。进入 21 世纪后，我国加强与众多国际组织的合作，承担了力所能及的援助义务，逐步树立起负责任大国的形象，为巩固我国的国际地位，提高我国的国际声誉起到了很好的促进作用。

——国际公路交通工程承包。

中国对外承包工程自改革开放以来快速发展。完成营业额从 1985 年的 6 亿美元，到 2003 年增加到 138 亿多美元。2004 年的前 11 月，我国对外工程承包完成营业额 144.8 亿美元，新签合同额达到 207.5 亿美元，首次突破 200 亿美元。到 2008 年，我国年度完成对外承包营业额 566 美元，新签合同额达到 1046 亿美元；当年，我国对外承包工程的国家快速增长，已经与 200 多个国家开展业务，形成了市场多元化的格局。

按地域分，我国对外承包工程营业额主要分布于亚洲、非洲和欧洲，分别占 44.2%、37.1% 和 9.5%，其余拉美、北美、大洋洲等地合计不足 10%。按行业分，我国对外工程承包主要分布于房屋建筑、交通运输、石油化工和电力工业等传统项目上。其中，交通运输业占近25%。

20世纪90年代以来，随着公路建设的快速发展，我国公路基础设施建设企业在资金、设计、建设等方面的实力不断增强，遵循"平等互利，讲求实效，形式多样，共同发展"的原则，我国公路建设企业跨出国门，跻身国际工程市场竞争中。

20世纪90年代中期以前，在海外的中国公司基本以从事房建、公路、桥梁和水电大坝的土方工程为主，即只能靠出卖劳动力挣到"辛苦钱"，拿到5000万美元的项目就是了不得的大事。新世纪以后，随着金融、技术、管理水平提升，形成了从项目立项、勘察、融资、施工、资金回收等"一条龙"综合服务能力，并且不比任何欧美发达国家的企业逊色。除了依然保持在房屋建筑领域的行业优势以外，我国对外工程承包的产业领域迅速向工程总承包、咨询、输出技术标准等技术含量高的领域拓展，在这些过去由发达国家公司统治的"地盘"上成为有力的竞争者。在业务总量规模快速增长的同时，我国公路基础设施建设企业对外工程承包的单项规模也在急剧增大，单项合同金额屡创新高。2008年，中交集团旗下中港公司中标马来西亚槟城第二跨海大桥项目，合同总额6.8亿美元，成为中马两国最大的合作项目，这已是此前签订最大海外公路基础设施项目的20多倍。

为适应我国政治经济发展需要，为国家筹集资金，促进社会主义现代化建设事业，经国务院批准，交通部于1979年2月12日组建成立了中国公路桥梁工程公司，对外开展公路、桥梁工程的承包业务。该公司与交通部援外办公室为同一机构、两块牌子，由交通部援外办主任兼任总经理。1980年，经国务院批准，交通部成立中国港湾建设（集团）公司，除负责承建我国沿海、长江沿岸大中型港口、泊位外，还开展国际工程承包。1980年8月1日，中国公路桥梁工程公司与交通部援外办分离并独立组建。1983年4月，中国公路桥梁工程公司第一工程公司、第二工程公司、第一设计公司、第二设计公司、北京设计公司等单位相继成立。1984年3月1日，交通部又将中国公路桥梁工程公司与交通部援外办合并，组建中国公路桥梁工程公司。1989年10月18日，交通部将西安筑路机械厂并入中国公路桥梁工程公司，成立中国公路建设总公司。1991年1月，该公司改组为中国公路桥梁建设总公司。1997年11月18日，该公司正式更名为中国路桥(集团)总公司。2005年12月8日，中国路桥(集团)总公司和中国港湾建设(集团)总公司合并组建了中国交通建设集团有限公司，形成了拥有员工7万余人，资产总额逾780亿元，拥有46家全资或控股企业、17家参股企业、2家上市公司的集团公司，在公路和港口工程勘察、设计、施工等方面的实力大大增强。2006年10月8日，经国务院批准，由中国交通建设集团有限公司整体重组改制并独家发起设立的股份有限公司——中国交通建设股份有限公司成立，并于同年12月15日在香港联合交易所主板挂牌上市交易，成为中国第一家实现境外整体上市的特大型国有基建企业。2008年7月，中交股份入选世界500强，名列426位、中国大陆建筑企业第一位，成为中国建筑行业最具有代表性的公司。其业务已经遍及世界100多个国家和地区。截至2010年，仅中交股份1个公司在海外的在建项目就达400个、总金额突破290亿美元，且无一亏损。这标志着，通过整体提升市场布局、推广"中国标准"和打造完整产业链，中国的企业已经在海外公路交通工程竞争中建立起过硬的"中国品牌"。

改革开放初期，中国路桥积极开展国际工程承包。先后进入亚洲的中东以及非洲市场，靠过硬的施工技术、优良的工程质量和良好的市场信誉，在亚洲、非洲等等地赢得了广阔的市场。20世纪80年代中期以后，中国路桥不断拓宽对外工程承包与合作领域，由窗口型向实业化转变，自主经营方面呈现多元化发展格局。自1990年开始，中国路桥逐步转向自营为主的"三自"管理型模式，即自行投资、自负盈亏、自我经营，海外业务得到进一步发展。1997年亚洲金融危机爆发后，以中国路桥等大型企业为主，我国对外公路工程承包开始了面向全球市场的多元化征程。

从20世纪五六十年代的对外经济援助，到八九十年代的对外经济技术合作，我国的施工企业受限于技术、设备水平，那时"走出去"的口号是"抢占国际市场份额"，即"保本就干"。但是有份额不代表有盈利，规模的扩张不一定能带来质量、效益的提升。到了新世纪，企业自身需求变了，海外生存环境变了，要跻身国际公路交通工程市场，"走出去"就不能靠长期在小型、低端项目中参与恶性竞争，企业既赚不到钱，也提升不了技术与管理，实际上是一种资源浪费。

进入21世纪以后，凭借我国企业施工技术、施工水平的迅速提升，加之传统的质量和管理优势，我国对外公路工程承包在保持中东、非洲地区传统市场的基础上，开始了向外拓展的步伐，亚洲特别是东南亚地区成为对外公路工程承包的重点，同时实现了向拉美、欧洲和北美市场的开拓。

2005年10月，由中交集团旗下中路公司负责设计施工总承包的东南亚最大跨海大桥——总合同额1.9亿美元、90%由中国政府提供买方信贷的印度尼西亚泗水—马都拉海峡大桥开工，各承建单位精心组织、精心施工，确保了工程质量。该桥于2009年6月11日建成通车。这是中国企业在海外承建的最大的现代化斜拉桥项目，也是中国企业"走出去"的较早签约和初见成效的国际工程项目之一，在印尼社会引起较大反响，开始在国际公路工程建设中树立起中国企业的整体品牌形象。泗水—马都拉海峡大桥的建设，对中国公路交通建设企业进军海外具有重要的里程碑意义。因为此前的海外工程，即便中国企业凭借成本优势和技术优势脱颖而出，许多海外项目的资金、技术、材料、人员、施工都是中国的，却要采用西方标准建设，由西方监理公司负责监理，中国企业常处于受人牵制的被动局面，技术效应和经济效益难以得到有效保证。而泗马大桥却全部采用中国标准，由此带动我国相关产品、设备、材料出口总额逾5.5亿元人民币，收获了巨大的社会效益和经济效益。

2006年，通过与来自日本、韩国、欧美等众多公司的激烈竞争，中交集团成功获得美国旧金山—奥克兰海湾大桥全部4.5万吨钢结构的建造任务，这是发达国家桥梁建设市场首次被中国企业敲开大门。新海湾大桥是世界上抗震等级最高的桥梁，这座桥在质量上有着非常苛刻的要求，即使在美国也是头一次建造。2007年12月，钢桥项目开工，桥面制作正式开始；2008年3月，钢塔制作开始；2009年12月，第一船桥面钢箱梁发运；到2010年底，该桥梁钢结构工程进展顺利，将按计划于2011年全部制造完成。其中，钢桥第13段钢箱梁总重达到1670吨，是所有钢结构中最重的一段，创造了世界单吊最重的纪录。美国旧金山—奥克兰海湾大桥为世界同类钢结构桥梁中技术难度最高的项目，钢结构工程的建设标志着中交集团在大型钢构制造领域，已达到国际先进水平。正如英国《金融时报》报道中指出的："中国建筑企业进军欧美的脚步可能像他们在发展中国家一样令人印象深刻。"在美国这个技术、质量、管理及环保标准要求极高的市场高质量完成项目，对其他高端市场的辐射作用不言而喻。进入美国市场，也标志着我国的公路基础设施建设已经扭转了低端的形象，跻身世界最高端市场。

2008年10月21日，中交集团旗下中国港湾中标马来西亚槟城第二跨海大桥项目，合同总额14.5亿美元，合同工期42个月，其中中国政府应马来西亚政府要求，为项目提供8亿美元优惠贷款,这是中国政府境外提供的最大单一项目优惠贷款,同时也是中马两国间最大的合作项目,更是中国企业在境外实施的最长的跨海桥梁项目。该桥设计全长22.5公里,其中陆上引桥6公里,跨海桥16.5公里,桥面宽28.8米,为"V"型墩钢连续钢构桥,通航净空150米,通航净高30米,双向四车道加双向摩托车道,引桥为采用50米等跨预应力混凝土连续箱梁桥,设计时速80公里,是马来西亚第九个五年规划(2006年至2010年)的优先发展项目。工程2008年11月8日开工,建成后将是东南亚最长的跨海大桥。该项目的建成将成为中马两国政府间合作的标志性工程。与泗马大桥一样,该桥按照中国的技术标准建造,通过这个项目输出中国先进的桥梁技术,展示我们国家公路桥梁建设的先进水平。这一时期,中交集团还承建了塔吉克斯坦第二大城市胡占德市的锡尔河大桥、乌干达乌索罗提—多科洛—里拉公路改造升级等项目。

从世界范围来看,谁掌握了标准,谁就掌握了现在和未来;谁缺失标准,谁将永远没有话语权。为此,2009年12月7日,交通运输部、中国进出口银行和中交股份联合开展了"中国交通建设标准"外文版编译出版工作,以推动"中国交通建设标准"走出国门。

"十一五"末期,中交股份开始从承建基础设施项目向投融资转型。如,在牙买加投资7.5亿美元建设高速公路BOT项目,获得经营期50周年;2009年,中交股份以唯一建设公司类发起人的身份投资参与"中国—东盟投资合作基金"等,这些都为中交股份转变发展方式,提升国际竞争力做了有益的尝试。

从改革开放以后,特别是20世纪90年代以来,我国交通行业以中国路桥和中国港湾两大公司为主导,经营海外业务,已经承揽了国际工程项目和劳务合同1500多项,累计完成合同额140亿美元、营业额135亿美元。中交股份及其旗下的中港集团

(CHEC)已经在国际建筑工程行业中创建了自己的品牌,并连年入围被誉为国际工程界"晴雨表"的美国《工程新闻记录》(ENR)杂志评出的世界最大 225 家国际承包商之列。2008 年 4 月,在 ENR 评选的 2007 年最新一期国际承包商 225 强榜单中,中交集团以年国际营业收入 25.4 亿美元、同比上升 302%的增幅,将排名提升了 31 位,在上榜的 49 家中国内地承包商中第一次超过中建总公司,跃居第一位,并且在亚洲企业范围内首次超越 jgc、chiyoda 两家日本公司,成为亚洲承包商之首。

2010 年,继 2008 年成功进入中亚,2009 年成功进入拉美市场后,中交股份又成功进入东欧市场,承建了塞尔维亚一座跨越多瑙河的大桥。到 2010 年底,中交股份已经拥有海外机构 83 个,市场范围发展到全球 70 多个国家和地区。据商务部统计,中国对外工程承包新签合同额约 1300 亿美元,完成营业额约 900 亿美元,中交股份占比均超过了 8%,成为我国公路交通项目海外承包建设的主力军。

在中交股份等传统对外企业在海外公路市场建功立业的同时,一些国家级及具有较强施工实力的省级企业集团,也迈开了大步进军海外公路市场的步伐,取得了丰硕的成果。

五、港澳台公路概况

改革开放以后,中国大陆和香港、澳门、台湾三地的经济、人员往来日益密切。中国大陆首条收费公路,就是因为广州至深圳的公路,无法满足穗港间客货运输快速增长的需求,拥堵不断,国家又无力投入资金改造,才首开了"贷款修路,收费还贷"的先河。

1997 年 7 月 1 日和 1999 年 12 月 20 日,中华人民共和国政府先后对香港、澳门恢复行使主权,香港、澳门特别行政区先后成立。从此,香港、澳门的历史翻开了新的一页。

1949年，中华人民共和国成立后，由于众所周知的原因，海峡两岸长期隔绝。大陆改革开放后，1979年对台湾商品开放市场，到2002年，大陆成为台湾第一大出口市场。1993年，海峡两岸邮政部门正式互办挂号函件业务；1996年，大陆中国电信与台湾"中华电信"建立直接电信业务。1995年12月、1996年8月，澳门航空、港龙航空先后开辟澳台、港台间航线，实现中国大陆经澳门、香港与台湾"一机到底"的间接通航。1997年4月，福建福州、厦门和台湾高雄间的海上试点直航开始运行。以上的通商、通邮和通航，还属于间接、局部的范畴。直到2008年12月15日，大陆和台湾实现了"大三通"，即真正意义上不通过第三方的两岸直接通邮、通航和通商。海峡两岸以现代化的交通、邮电为纽带，加速了人员、信息和经济的直接交往，从而翻开了两岸关系的新篇章。

与祖国大陆一样，港澳台三地的公路交通，同样具有很强的基础性、支撑性的作用，与民众的日常生活关系最为密切，在促进经济发展、人民生活水平提高方面，作用十分显著。

1. 香港公路

——香港简况。

香港，得名于香江，位于中国大陆南部东海岸线珠江口的东侧，西与澳门隔珠江口遥遥相望，相距约60公里；北与广东深圳市接壤，距广州市约200公里。香港地理位置十分重要，向南延伸进南中国海，是世界航运要冲，是我国南部与西太平洋地区的贸易枢纽。

香港的陆地总面积约1104平方公里，由81平方公里的香港岛、47平方公里的九龙半岛及976平方公里的新界和260多个外岛组成。

2010年底，香港人口709.76万人，96%为中国人，英语及汉语粤语占统治地位，汉语普通话在1997年回归祖国后开始普及。人均 GDP 达到 3.18 万美元，仅次于澳门的 4.97 万美元。

香港港的集装箱吞吐量一直位居世界大港的前列，直到 2005 年和 2007 年分别被新加坡港和上海港超越后，才退居世界第二和第三位。目前，香港有海上航线 20 多条，通往世界 120 个国家和地区的 1000 多个港口，每年进出港旅客达 1000 多万人次。2010 年，香港港货运吞吐量 2.68 亿吨，集装箱吞吐量达 2370 万标准箱，继续保持高位运转，无论从港口设施运行条件、船舱吨位、货物处理量和客运量而言，香港都仍是世界排位名列前茅的大港。

山多地少、人口密集、以及作为远东贸易中心的角色，决定了香港海陆空交通在经济发展和社会生活中占有重要的地位。2010 年，香港道路里程达到 2075 公里，公共交通乘客量达到 12.99 亿人次，日均乘客量为 356 万人次，周日平均乘客量达 380 万人次，基础性、支撑性的地位突出。

2010 年，香港国际机场起降飞机 30.65 万架次，客运量达 5090 万人次，货运量 410 万吨，均刷新历史纪录。自 1998 年启用以来直到 2010 年，香港国际机场被评为五星级机场的世界前三甲，其中有 8 年排名第一；在年客运量逾 4000 万人次的机场中，已连续四年被国际机场协会推选为全球最佳。

——公路管理及建设。

20 世纪 80 年代，香港经济进入快速发展时期。财力的充实，使当时的港英政府更加重视道路等基础设施的建设。

1986 年 6 月 1 日，香港路政署正式成立，其前身为工程拓展署路政处。该署负责有关公用道路系统的策划、设计、兴建及维修工作。该署也负责规划及协助铁路网的实施。路政署约有 469 名专业人员及 1606 名其他职系的人员，设有四个主管部门：总办事处（下设市区和新界区办事处），主要工程管理处，铁路拓展处和港珠澳大桥香港工程管理处；其中，总办事处设有会计、部门行政、研究拓展、测量、路灯、工程、桥梁及结构等7个部和策划、训练、公共关系、品质管理、合约顾问、安全及环境顾问、环境美化、保养工程账目及工料测量、技术服务、土力顾问等10个组。

香港路政署的成立，适应了道路规划的组织、建设日趋繁复的需要，为香港跨世纪的公路发展奠定了组织基础，香港道路进入到有组织的快速发展时期。一些世纪工程得以酝酿并完成，如青马大桥、昂船洲大桥两座世界级的大桥，以及深圳湾公路大桥、汲水门桥、汀九桥、西区海底隧道、大榄隧道、南湾隧道等重要的道路桥隧工程等；此外，于2009年12月15日开工、全长近50里的港珠澳大桥工程，其工程建设规模刷新了香港公路桥梁、隧道的纪录，建成后将拥有世界上最长6.7公里的六车道沉管行车隧道及近30公里长的跨海大桥，总长近50公里的建设规模，将使之成为世界最长的桥隧组合公路工程。

据统计，1986年至2006年，路政署年度开支占香港政府全年开支的3%至7%，主要的工程支出占路政署开支的59%至89%。路政署成立后，其主要工程的建设投资在20多年里呈总体上升趋势，但并不稳定，最高的1994至1995和1995至1996两个财年分别为89.67亿港元、83.11亿港元，2004至2005、2005至2006两个财年也分别达到较高的83.21亿港元、71.87亿港元。而2009至2010财年，路政署的财政预算大幅跃升为154.69亿港元。

统计表明，香港道路里程在进入20世纪90年代后，进入快速增长期。

1989年底，香港约有道路1465公里，其中港岛402公里，九龙376公里，新界687公里。道路交通设施中，有5条主要行车隧道、630条行车天桥和桥梁、371条行人天桥和202条行人隧道。有牌照的车辆共34.54万辆。1989年，香港公路工程的开支约22亿港元，比上年增加近44%；用于改善及维修现有道路的费用约5亿港元。香港道路系统的主要部分包括：连接港岛南岸香港仔与新界北部落马洲边境通道的1号干线；经过香港仔隧道、海底隧道和狮子山隧道3条隧道；由海底隧道沿着北岸伸展、穿过东区走廊直达东部筲箕湾和柴湾的8号干线；由海底隧道沿着北岸伸展、穿过高士打道、夏悫道和干诺道直达西部坚尼地城的7号干线；由九龙湾填海区沿机场隧道、东西九龙走廊、荃湾路、屯门公路和元朗北绕道直达青山公路与落马洲边境连接通道交界处的2号干线；以及沿着分隔九龙与新界的山麓延伸、连接观塘与荔枝角两地的4号干线。另外，有两项新的主要道路工程——5号干线和6号干线正在施工。5号干线是连接沙田与荃湾的双程主干线，长7公里，于1990年完工，成为新界环回公路系统的一部分。6号干线包括东区海底隧道、观塘绕道、大老山隧道、连接大老山隧道与吐露港公路的T6道路等主要工程，于1991年年中完成，改善了狮子山隧道的挤塞情况。东区海底隧道是香港第二条海底隧道，于1989年9月21日通车。这条连接港岛鲗鱼涌与九龙茶果岭的双管海底隧道设有公路和铁路两部分。1989年末，使用东区海底隧道的车辆平均日达2.27万辆次，占港岛两条海底隧道日总行车量的16%。

至2010年底，香港道路里程达到2075公里，与1989年相比，港岛、九龙的道路里程分别增加40公里和近100公里，新界增加里程约470公里，不仅公路基础设施建设向新区拓展的趋势十分明显，而且建设的质量和水平也已不可同日而语。

——香港干线公路编号系统。

香港陆地面积狭小，仅相当于上海的1/6强，且境内山多地少。在1104平方公里的陆地面积中，650平方公里属天然山坡，境内山陵与华南丘陵连为一体，地貌构造体系与广东南部实为一体。这样的地貌使香港成为全世界人口最为稠密的地区之一，土地资源十分宝贵。

截至2010年底，香港道路里程有2075公里，大致由公路、桥梁、隧道及街道组成，名称会被冠以干线、公路、走廊、路、道、绕道、街、里、巷以及桥、隧道等。其中冠以干线、公路名称的，多数设计为快速干线公路（也即高速公路），为容许大量汽车使用且多线分隔的道路，使用者可由此避开繁忙的街道、里或巷，更快更直接地通达其他区份。

香港于1968年发布《香港长远道路研究》，推出了第一代干线编号系统。1974年，第二代编号系统推出，共有9条已建成的干线及2条建议干线；第二代编号系统基本沿用第一代的编号规则，主要不同在于将部分相接的干线进行合并，并废除了区域干线编号。

2003年，香港运输署发表《香港方向指示标志综合检讨研究》报告，将沿用了近30年的第二代干线编号重新编制，使驾驶者更方便使用快速干线系统。新的干线编号系统称为第三代编号系统，于2004年2月1日期正式开始使用并沿用至今（见表7-1）。

第三代系统把9条干线分为三大类：南北向、东西向和环回路。

其中，南北向干线，包括1号、2号和3号干线，其编号次序分别依所穿过海底隧道的启用日期先后而编订；东西向干线，包括4号、5号、7号和8号干线，是按其地理位置由南至北编号；环回干线，系将原有的1号和2号干线位于新界的部分，加上原5号干线重新编成一条环回新界的干线——9号干线。

在第三代编号系统中，6号干线为预留的规划线，而2003年至2007年新建的10号干线，没能包括在第三代编号系统中。

专题记述

表 7-1

香港主要干线公路及其桥隧、高架道路

编号	起止点	组成部分	已通车	主要桥梁、天桥及高架路	主要隧道
1号	港岛香港仔—新界沙田近何东楼	香港仔海旁道、黄竹坑道、香港仔隧道、黄泥涌峡天桥、香港海底隧道、康庄道、公主道、窝打老道、狮子山隧道公路（包括狮子山隧道）及沙田路。1966年至1984年建设	20.9公里	坚拿道天桥：1972年先于红磡海底隧道建成；1976年延伸至香港仔隧道跑马地出口	香港海底隧道：1972年通车；狮子山隧道：两管道分别于1967年、1978年建成；香港仔隧道：1983年通车；
2号	港岛鲗鱼涌—新界沙田马料水	大老山公路、大老山隧道、观塘绕道、鲤鱼门道、东区海底隧道。1986年至1991年建设	18.8公里	观塘绕道：1991年建成，为海上高架道路	东区海底隧道：1989年通车；大老山隧道：1991年通车
3号	港岛区西营盘—新界元朗	西区海底隧道（西隧）、西九龙公路、青葵公路、长青隧道、长青桥、青衣西北交汇处、青朗公路。1993年至1998年建设	27.4公里	汀九桥：1998年建成；长青桥：1997年通车	西区海底隧道：1997年通车；长青隧道：1997年通车；大榄隧道：1998年通车

续上表

编号	起止点	组成部分	已通车	主要桥梁、天桥及高架路	主要隧道
4号	港岛东区柴湾—中西区坚尼地城	干诺道西天桥、林士街天桥、干诺道、夏悫道、告士打道、维园道及东区走廊。1984年至1997年建设。另,特别行政区政府计划在中环、湾仔填海区建设中环湾仔绕道,工程于2010年奠基,将于2017年通车	15.3公里	东区走廊:1989年通车,为海上高架道路;干诺道西天桥:1997年建成	—
5号	九龙区牛头角—新界荃湾	启福道、启德隧道、东九龙走廊、漆咸道北、漆咸道南、加士居道、西九龙走廊、荔枝角道、荔枝角大桥、葵涌道以及荃湾路(快速公路路段)。1968年至1997年建设	17.9公里	东九龙走廊:1982年通车;西九龙走廊:1977年至1997年分四期建设	启德隧道:1982年通车
6号	西九龙—新界将军澳(预留规划)	中九龙干线、东南九龙T2主干道及将军澳—蓝田隧道。计划2015年开工,2016年通车	—	—	将军澳蓝田隧道:2016年通车
7号	新界葵涌—将军澳	呈祥道、龙翔道、观塘道、鲤鱼门道、将军澳道、将军澳隧道、将军澳公路、环保大道。1961年至1990年建设	17.6公里	—	将军澳隧道:1990年通车

续上表

编号	起止点	组成部分	已通车	主要桥梁、天桥及高架路	主要隧道
8号	新界大屿山—沙田	大屿山公路、青屿干线(含汲水门大桥、马湾高架路、青马大桥)、青衣西北交汇处、长青公路、青沙公路(含南湾隧道、昂船洲大桥、昂船洲高架道路、荔枝角高架道路、尖山隧道、沙田岭隧道及大围隧道)。1995年至2009年建设	33.1公里	青马大桥:1997年建成;汲水门大桥:1997年建成;昂船洲大桥:2008年建成	南湾隧道:2005年通车;尖山隧道:2008年通车;沙田岭隧道:2008年通车
9号	又称新界环回干线,以城门隧道收费亭为起止点,逆时针环绕新界	城门隧道公路、大埔公路沙田段、吐露港公路、粉岭公路、新田公路、青朗公路(锦田河以北一段)、元朗公路、屯门公路、青山公路荃湾段(近柴湾角)、象鼻山路、城门隧道。1974年至2007年建设	70.7公里	—	城门隧道:1990年通车
10号	深圳湾口岸—屯门蓝地	深圳湾公路大桥(深港西部通道)、港深西部公路。2003年至2007年建设	10.9公里	深圳湾公路大桥:2007年建成	—

到 2010 年底，香港已经形成由多条公路、走廊以及相关的桥梁、隧道组成的 10 条主要公路干线，连接港岛、九龙及新界，承担着香港大部分的汽车运量。而其他道路等级较低，多为早期兴建，亦多位于新界乡郊地带，正在逐步实施改造。

这 10 条干线公路，已通车的里程约 232 公里，占全港公路总长的 11% 强。

——香港干线公路建设历程。

1974 年，香港动工开始兴建第一条快速公路——屯门公路，在第三代编号系统中成为 9 号干线的一部分。于 1978 年局部通车，1983 年全线通车。虽然是香港首条限制进入的快速公路，但由于兴建时间较早，其行车线宽度只有 3.3 至 3.5 米，而香港规定的快速公路行车道宽度为 3.65 米，严格来说屯门公路并未达到香港快速公路的标准。

香港首条标准的快速公路，则是于 1985 年通车的新界吐露港公路。这也是现在 9 号干线的一部分，全长 11.3 公里，为全线双向分离的六车道或八车道干线公路，限制行车时速 100 公里，仅次于限制时速 110 公里的北大屿山（8 号干线、1997 年建成）公路。

1986 年香港路政署成立后，香港道路进入快速发展阶段。与此前重点发展港岛、九龙等中心商贸区道路的做法不同，20 世纪 90 年代，香港的道路开始以新机场建设为核心来展开。新机场位于新界西大屿山赤鱲角，正式名称为香港国际机场。1998 年 7 月新机场启用后，即替代香港启德机场，成为香港到目前为止唯一的民航机场。该机场于 2001 年至 2010 年在国际五星级机场排名评比中均位列三甲，其中有 8 年位列第一，在国际民航业的地位十分显赫。

在新机场建设的十大核心工程中，道路工程占到一半，即：青屿与大屿山干线、北大屿山快速公路、西区海底隧道、3 号干线葵涌段及青衣段、西九龙快速公路等五项。这些道路工程主要建设于20世纪90年代，成为当时香港道路建设的标志性工程。这些道路工程建设主要情况如下：

青屿干线。1991年开工，1997年竣工，总投资118.6亿港元。该线在2004年公布的编号系统中，作为8号干线的重要组成部分，连接位于大屿山与青衣岛，全线为双向六车道全分离公路。截至2010年，这是唯一连接大屿山和香港其他地区的陆路通道，由连接青衣与马湾的青马大桥、马湾高架道路及连接马湾与大屿山的汲水门大桥组成，全长3.5公里，分上下两层行车。两座桥的露天上层为三线双程分隔快速公路，有盖的下层则为两条港铁机场快线和东涌线的路轨，和两条供紧急时使用的单线行车道路。车速限制80公里，下层行车道路限速为50公里。在正常情况下，下层行车道路不会开放使用。只会在特别情况下，例如路段普遍吹强风，或发生严重交通事故，上层道路封闭等，才会开放使用。下层行车道路并没有与马湾连接。青屿干线上的汲水门、青马两座大桥，是该线路的重点工程，也是闻名世界的重要桥梁。汲水门大桥，跨越汲水门，将马湾和大屿山青洲仔半岛连接起来。大桥主跨430米，为公铁两用双塔双索面斜拉桥，两桥塔高均为150米，连引道全桥长820米，桥面离海面高47米；其结构钢重量4800吨，混凝土7.3万立方米。汲水门大桥于1992年12月21日动工，1997年建成，工程总投资16.43亿港元。汲水门大桥曾是世界主跨最大的公铁两用斜拉式桥梁，此纪录于2000年被横跨丹麦与瑞典、主跨长490米的厄勒海峡大桥打破；于2009年再次被主跨504米的武汉天兴洲公铁两用斜拉桥超越。青马大桥，主跨达1377米，两座桥塔均高206米，桥面离海面62米，连引道全长为2160米。大桥在青衣岛侧采用隧道式锚碇，在马湾岛侧采用重力式锚碇，加劲桁梁高7.54米，高跨比1/185，纵向桁架之间为空腹式桁架横梁，中部空间容纳行车道及路轨，大桥上层桥面中部和下层桥面路轨两侧均设有通气空格，形成流线型带有通气空格的闭合箱型加劲梁。青马大桥于1992年5月开工，1997年5月通车，仅结构用的钢材总重即达5万吨，总造价71.44亿港元。青马大桥刚一通车，就成为香港连接大屿山、香港国际机场及市区的干线咽喉，也成为香港重要的地标建设和旅游景点。截至2010年底，青马大桥仍然是世界上主跨最大的公铁两用重载大桥，也是世界主跨第七大的悬索桥。

北大屿山公路。建设时称北大屿山快速公路，也是8号干线的一部分，系沿大屿山北岸填海造地兴建。连接通往大屿山赤鱲角香港国际机场的机场路以及通往市区的青屿干线。全长12.5公里，全线均为双向六车道高速公路，于1992年开工，1997年竣工，总投资63.6亿港元。该路是目前香港限速最高的快速公路，限制车速110公里。

3号干线葵涌至汀九段。3号干线以纵向连接港岛西营盘至新界元朗间的交通，1993年动工，全线1998年竣工。其葵涌至汀九段主要包括青葵公路、长青隧道、长青公路、青衣西北交汇处、汀九桥及其高架引道等，总投资82.4亿港元。此干线中的重点路段及工程包括：青葵公路，由葵涌高架道路及长青桥（即蓝巴勒海峡桥）组成，连接长青隧道青衣东出入口以及荔枝角西九龙公路的快速公路，车速限制80公里。葵涌高架道路是一条离地面达20米的高架道路，绕经葵涌货柜码头，接驳长青桥及西九龙公路，全长3公里。此段道路为双向八车道分离公路，也是香港唯一的双向八车道高架道路。长青桥，长500米，为双向六车道分离公路桥，由葵涌高架道路连接长青隧道。长青隧道，于1993年开工，1997年5月通车。位于新界青衣岛，是香港第一条双向分离的六车道公路隧道。两条分离的隧道均宽17米、高10米，而隧道两管道之间则以13至20米宽的岩柱相隔。长青隧道施工，主要采用两部电脑化的隧道钻挖机并配合爆破技术以进行，每次爆破可开凿 5 米。当时，工程师为求安全，将爆破用的药粉控制在只在钻孔内经拌和后方能产生爆破，以减少工地内囤积大量爆炸物，从而提升工地与周边环境的安全度。隧道的西侧部分约有 1/3 的长度为经风化、断裂严重的火山岩带；而隧道的东面则是埋深很浅而坚硬的花岗岩区，由于其硬度关系，当时需要采用爆破技术去贯通隧道，但隧道的贯通主要还是以钻挖技术去进行。各种因素作用，增加了隧道建筑的难度。汀九大桥，1994 年 8 月开工，1998 年 5 月通车，总投资 17.3 亿港元。大桥为全长 1177 米、主跨 448 米+475 米的三塔式斜拉桥，连引道全长为 1875 米。汀九桥的三座单柱桥塔，分别坐落于蓝巴勒海峡中的人工岛、汀九岬及青衣岛西北岸，分别高 194 米、167 米及 162 米。全桥结构钢重量 8900 吨，混凝土 2.9 万立方米。

西九龙公路。建设时称西九龙快速公路，1993 年开工，1997 年完成，总投资 26.6 亿港元。该路后成为 3 号干线一部分，连接青葵公路、昂船洲大桥及西区海底隧道。全线均为双向分离的六车道快速公路，限速 100 公里。西九龙公路长 4.2 公里，南段约 2.2 公里建在地面；北段约 2 公里则为架空道路，架空道路下用作容纳港铁机场快线及东涌线。公路还包括了两个较大型的交汇处：荔湾交汇处和油麻地交汇处，其中油麻地交汇处设有预留位置，连接 6 号干线的中九龙干线往东九龙方向。

西区海底隧道。是香港第三条过海行车隧道，也是香港首条双向分离六车道的沉管式过海隧道，设计日均行车量达到 18 万辆次。隧道全长 2 公里，连接香港岛的西营盘干诺道西和九龙佐敦附近的西九龙填海区。1993 年 9 月 2 日动工兴建，1997 年 4 月竣工，工程造价 65 亿港元。因该隧道由中信泰富、招商局国际等四家公司组成香港西隧道有限公司，以 BOT 方式建设运营，获得了30年的专营权，又因为其造价高，收费变得昂贵，通车后其车流一直偏低，未能达到分流香港海底隧道车辆的目的。根据2008年统计数据，该隧道的日均行车量达4.89万辆次。

上述工程总投资超过356亿港元，占到机场核心计划投资1553亿元的23%。20世纪90年代后，港岛、九龙这两个传统中心城区的道路工程规模相对较小，未能被列入重点实施。新机场核心工程的实施，特别是青马、汀九、汲水门等几座大桥的建成，改变了香港传统的商贸活动格局，将香港曾经被海域阻隔的几个重要大岛——大屿山、青衣岛和马湾纳入香港商圈之中，从而对香港人口过于集中于港岛、九龙半岛的状况有所改善。据2001年统计，全港各区人口统计中，新界西及大屿山的人口密度均有较大幅度增加。

1996年，即香港回归祖国的前1年起，香港工务科开始每年定期与中国建设部举行会议，推动双方的交流。2000年，香港运输局首次组团到北京访问中华人民共和国交通部，促进了大陆与香港公路交通同行间的交流与合作。

进入21世纪后，香港道路建设仍处在快速发展中。这期间，建设的重点除继续加强新界与本港的连通、加强本地干线公路的改善外，还重点实施融入珠三角的公路工程。2001年至2010年期间，香港重点建成或实施的工程包括深港西部通道、后海湾干线、8号干线青衣至长沙湾及长沙湾至沙田段等；2009年12月，开工建设港珠澳大桥。

8号干线青衣至长沙湾段、长沙湾至沙田段等。青衣至长沙湾段工程，于2002年4月开工，2009年12月竣工，总投资117亿港元，工程包括青衣西高架道、南湾隧道、青衣东高架道、昂船洲大桥及昂船洲高架道等。其中，南湾隧道，长1200米，为双线六车道分离式公路隧道，穿越青衣山，连接青衣西部西草湾及东南就南湾角,直接接驳昂洲大桥。隧道于 2005 年贯通,于 2009 年与大桥昂船洲大桥一同通车。昂船洲大桥,是香港回归祖国后最重要的一项桥梁工程,2005 年正式动工,2009 年 12 月通车,实际总投资 37 亿港元。该桥为主跨 1018 米的斜拉桥,全桥长 1596 米,跨径仅次于苏通长江大桥位居同类桥型的世界第二。其桥塔高度为 298 米,为两座圆锥型单柱子体桥塔,桥面距海面 73.5 米,为双向六车道分离式公路桥。该桥属 8 号干线的一部分,也是香港首座位于市区的大型跨海大桥,跨越蓝巴勒海峡,连接了葵涌和青衣的 8 号和 9 号集装箱码头。该桥总共有 224 条斜拉索,总重达 1.4 万吨。其桥塔型式系在全世界首次采用,上部采用高 118 米不锈钢、下部采用混凝土,使得桥塔整体纤细挺拔,极富现代感。为使桥梁突出香港国际大都会的形象,香港路政署早在 2000 年,就以国际性桥梁设计比赛的形式,邀请全世界的桥梁专家,以建筑技术及美观为准则开展设计。比赛中,共 16 支设计联合会通过参赛资格预审,提交了 27 份桥梁设计方案,参加第一阶段比赛;有 5 个设计方案进入第二阶段的竞赛,最终选出的夺冠作品作为该桥的设计蓝图。在夺冠的 4 家设计联合体中,以英国合乐集团有限公司(Halcrow Group Ltd)领衔,其中包括上海市政工程设计研究院。长沙湾至沙田段工程,于 2002 年 11 月开工,2008 年 3 月竣工,总投资 61.2 亿港元,工程包括荔枝角高架道路、尖山隧道、沙田岭隧道等。尖山隧道和沙田岭隧道,均为双向六车道分离式公路隧道,总长 2.1 公里,行车限速分别为 80 公里和 70 公里,均于 2008 年 3 月通车。

深港西部通道。港深两地均称之为深圳湾公路大桥,是香港与广东深圳合作的大型公路项目,工程由香港新界西北的鳌磡石北延至港深界,横跨后海湾,连接深圳的蛇口,全长 5.5 公里,主体工程即深圳湾公路大桥。其中香港段 3.5 公里,深圳段2公里。2003年8月，深港西部通道工程于新界西北正式开工，香港段的费用达32亿港元。该工程设南、北两个通航孔，分别由主跨210米和180米的独塔单索面钢箱梁斜拉桥构成，非通航孔由跨径75米的等截面箱梁高架引桥组成。由深、港双方各自兴建高架引桥及斜拉桥连至深港分界线。从高处鸟瞰，通道略呈S形跨越深圳湾，两座塔高近140米的斜拉桥的桥塔分别略向北、南侧倾，互相仰靠对方，形态犹如两座桥塔互相牵引各自的高架引道，至中间的深港分界线，象征着两地人民热切渴望更加紧密的团结。深港通道工程，虽然由深港两地政府分别投资和建设，但在桥面宽度、行车道宽度、路面横坡等方面，深港双方均有严格统一的技术标准。整个工程按高速公路标准设计，限制行车时速100公里，桥面宽38.6米，设双向分离式六车道加两侧紧急停车带。因此大桥建成后成为一个完整的整体，连接部分没有任何痕迹，外部造型和桥梁结构完全一致。主体工程于2005年底完成，2007年7月1日正式通车。作为港深间的第4条公路通道，也是深港间唯一的高速公路大桥，深港西部通道缓解了落马洲、文锦渡、沙头角等通道的交通拥堵，将蛇口到香港的车程缩短到不足15分钟。

后海湾干线。现称港深西部公路，连接深圳湾公路大桥与元朗公路，现为10号干线的一部分。于2003年6月动工，2007年7月通车，全长5.4公里，为双向六车道高速公路标准，限制行车时速100公里，总投资45.9亿港元。

港珠澳大桥。工程起点是香港大屿山，经大澳，跨越珠江口，最后分成Y字形，一端连接珠海，一端连接澳门。港珠澳大桥主体工程于2009年12月15日正式开工建设，一期计划于2015至2016年完成。大桥全长接近50公里，工程建设内容包括港珠澳大桥主体工程、香港口岸、珠海口岸、澳门口岸、香港接线以及珠海接线。主体工程采用桥隧组合方式，大桥工程全长 29.6 公里，海底隧道长 6.7 公里，包含离岸人工岛及海底隧道，将会在三地形成"三小时生活圈"，设计寿命 120 年，总投资将超过 700 亿元。港珠澳大桥海底隧道采用两孔一管廊截面形式，是迄今为止世界上埋深最深、规模最大、单节管道最长的海底公路沉管；沉管全部采用工厂法流水预制，完成舾装后拖运至施工地点进行安装。

大桥落成后，将成为仅次于宁波杭州湾大桥、青岛胶州湾大桥的世界第三长的跨海桥梁。大桥的建成将对珠江三角洲地区的很多方面产生影响，例如在交通方面，从香港到珠海的公路交通将从三四小时缩短到三四十分钟，将在促进香港、澳门和珠江三角洲西岸地区经济上的进一步发展具重要战略意义。

此工程是名副其实的世纪工程，其构想最初于 1983 年由香港商人胡应湘先生提出；1987 年广东珠海市委、市政府开始酝酿开辟珠港跨海通道；1992 年，《伶仃洋跨海工程可行性研究报告》正式开展；1997 年 12 月，国务院正式批准伶仃洋大桥项目立项，项目规划连接香港和珠海，后该方案因故未能实施；2002 年初，港商再次提出建桥事宜；2003 年 7 月，国家发改委完成港珠澳大桥的论证报告；2005 年初，确定港珠澳大桥珠澳方 Y 型建桥方案及落脚点；2009 年 10 月 28 日，国务院正式批准港珠澳大桥工可报告。至此，历经 26 年风雨，港珠澳大桥由梦想变为现实。

——香港的代表性公路工程。

狮子山隧道——第一条陆上公路隧道。隧道为分离式，第一条隧道于 1967 年通车，第二条隧道于 1978 年竣工，长度均为 1.4 公里。截至 2010 年底，香港共计有公路行车隧道 15 条，总长近 30 公里。

香港海底隧道——第一条海底隧道。俗称红磡海底隧道或简称红隧，1969 年开工，1972 年建成通车，全长 1.86 公里，是贯通香港岛与九龙半岛、连接维多利亚港两岸的第一条海底隧道，也是第一个实行 BOT 模式的公路运输工程项目。截至 2010 年底，香港有三条横跨维多利亚港的海底隧道，另两条是东区、西区海底隧道。

屯门公路——第一条"快速公路"。连接荃湾与屯门，工程分两期进行。一期工程于 1974 年 10 月开工，1978 年 5 月竣工，建设一条三车道公路，容纳双向交通。第二期工程建设复线行车道，于 1978 年 7 月开工，1983 年 5 月完工，将屯门公路建设为长 17 公里、双向六车道的快速公路。

大老山隧道——最长的隧道。隧道双线分别长 3913 米和 3945 米，连接钻石山及小沥源，于 1988 年 7 月开工，1991 年 6 月完工。

青马大桥——最大跨度的桥梁。1992 年 5 月开工，1997 年 5 月通车。主跨是位于青衣与马湾之间的悬索桥，跨度 1377 米，主缆由 2.7 万吨钢丝编组而成。除此桥外，香港还有 4 座跨度超过 200 米的大桥，它们分别是：主跨 1018 米的昂船洲大桥、主跨 475 米的汀九大桥、主跨 430 米的汲水门大桥和主跨 210 米的深圳湾公路大桥。其中，截至 2010 年底，青马大桥和昂船洲大桥分别在世界前十大路径的悬索桥和斜拉桥中，位列第七和第二，成为香港具有世界水平的标志性公路桥梁工程和标志性建筑物。

2. 澳门公路

——澳门简况。

澳门，位于中国大陆南部东海岸线珠江口的西侧，东与香港隔珠江口遥遥相对，相距 60 公里，北距广州 145 公里。

澳门由澳门半岛与南部的凼仔、路环两座离岛组成。澳门半岛，北与广东省珠海市相接，而与南面的凼仔岛则由澳凼大桥、友谊大桥和西湾大桥相连，凼仔岛和路环岛则因为路凼连贯公路的填海建设,使海床越来越浅,逐渐变成了陆地。这些填海所造的"陆地",将凼仔、路环两离岛连为一体,形成了路凼城。由于不断填海造地,澳门陆地部分已由19世纪初的10.28平方公里,逐步扩展至1999年回归时的23.5平方公里。而到2010年底,澳门陆地面积已经达到29.7平方公里,面积约为香港的1/37。

截至2010年底,澳门人口55万人,其中中国籍居民占95%以上,葡萄牙籍和菲律宾籍分别占2%和1%。其官方语言是汉语和葡萄牙语,市民日常以粤语交流,以汉语(粤语)为日常用语的人口超过97%。

澳门经济以博彩业、旅游业、金融业和服装业为四大支柱产业,每年进入澳门的旅游人数达到1000万人次以上。2010年,澳门人均GDP为4.97万美元。

——澳门的交通运输。

澳门虽然地域狭小,却是基础设施建设非常完备的现代化城市。而以50余万的常住人口,每年要接待逾千万人次各国旅游人员,其交通运输的服务水平显得举足轻重。

道路是澳门重要的交通基础设施,在经济发展和市民生活中,具有基础性的地位。截至2010年底,全澳有道路行车总里程413公里,道路密度达到惊人的每平方公里近14公里,是中国大陆的34倍、香港的7倍多;行驶车辆达19.66万辆(见表7-2)。

澳门公路、桥梁发展统计　　　　表7-2

年份	澳门半岛(公里)	离岛(公里)	桥梁(公里)	总里程(公里)
1999	173	133	15	321
2000	173	134	17	324
2001	177	139	17	333
2002	179	145	17	341
2003	180	148	17	345

续上表

年份	澳门半岛(公里)	离岛(公里)	桥梁(公里)	总里程(公里)
2004	184	157	21	362
2005	182	164	21	367
2006	189	173	21	383
2007	195	185	21	401
2008	196	187	21	404
2009	198	194	21	413
2010	199	193	21	413

澳门的航空业从无到有，发展迅猛，已在澳门市场经济中占据非常重要的位置，有望成为澳门的第五大支柱产业。1980年初，中葡双方商定建设澳门国际机场。1992年填海动工，于1995年竣工。在2008年大陆和台湾实现直航之前，两地旅客的转运是澳门机场的重点之一。到2010年，经澳门国际抵达及离境的商业航班已达3.47万架次，主要往来于中国台湾(38%)、大陆(28%)、泰国(9%)和马来西亚(8%)；往来港澳、内地的直升机航班1.87万架次，客运量达408万人，货运量3.24万吨。

水运在澳门交通运输中的地位同样十分重要。2010年，全澳往来香港、内地的客轮分别为12.13万班次和2.59万班次，增幅分别为10%和19%；海运集装箱吞吐量达到9.13万标准箱(见表7-3)。

澳门机动车及交通运输量统计表　　　　表7-3

年份	行驶机动车(辆)	商业飞机及直升机航班(班次)	客运班船(班次)	民航货运量(吨)	海运集装箱总吞吐量(标准箱)
2000	113231	42025	74965	68027	102111
2001	114765	47189	74246	76070	94679
2002	122345	53175	77467	111259	106171

续上表

年份	行驶机动车（辆）	商业飞机及直升机航班（班次）	客运班船（班次）	民航货运量（吨）	海运集装箱总吞吐量（标准箱）
2003	130472	49472	76975	141223	112129
2004	141258	59820	86328	220828	130708
2005	152542	62849	91614	227229	117482
2006	162874	67539	95836	220573	132734
2007	174520	70142	105105	180935	138685
2008	182765	66522	105289	100767	126335
2009	189350	56464	131595	52464	88548
2010	196634	53408	147200	52166	91318

——道路管理与建设。

澳门土地工务运输局，其名称确定于1999年12月20日中华人民共和国澳门特别行政区成立之日，但这个局的前身，却是和澳门有着几乎同样漫长历史的市政管理部门。

19世纪中叶，澳门逐渐确立起国际商埠的地位，开始由渔村向都市的演化，对公共工程的需求随之增加，于是公务部门应运而生。到1867年，澳门工务局的职能不断扩大，包括市政、军事和防御工程建设，公共建筑、街道、桥梁、码头、马路等建造、检查和管理，工程维修保养，建筑用地的度量和批给以及参与兴建与私人楼宇有关的街道准线制定等等，几乎涉及城市建设的各个方面。此后，工务局的职能依然不断扩充，也分别出现如"工务局""工程公所""工务专理局""工务港口及运输厅"等名称。

1981年，葡澳政府对行政架构进行大改革，新设5个政务司，分管不同职能机关。而"工务运输厅""建设计划协调司"及"邮电司"等部门则由5个政务司之一的"计划设备暨建设政务司"管辖。同年,"工务运输厅"升格为司级,改称为"工务运输司"。

1984年及1989年,"工务运输司"先后两次架构重组,其中第二次重组与"建设计划协调司"合并成"土地工务运输司"。1990年,"土地工务运输司"正式成立,其原来隶属的"计划设备暨建设政务司"亦易名为"工务暨运输政务司"。随着中华人民共和国澳门特别行政区的成立,"土地工务运输司"于1999年12月20日正式改称为"土地工务运输局"。

澳门民政总署,是澳门特别行政区政府于2002年1月2日正式成立的统管民政及市政事务的部门,大致上承袭了澳门原来的临时市政机构的职能,为居民提供文娱康乐、卫生监督、执照发放、园林绿化、道路渠务和交通运输管理等公共服务,但并非市政机构的延续。前身之市政机构(临时澳门市政局、临时海岛市政局)在民署成立后同时被撤销。民政总署所辖交通运输部,主要负责澳门的交通运输管理职能。

2008年5月13日,澳门交通事务局正式成立。该局的成立,整合了澳门民政总署交通运输部的大部分职能、土地工务运输局有关交通规划的职能以及两部门涉及交通路政的对外服务职能。新局负责规划、整治、维修、管理和监察澳门道路交通、配套设施和交通工具,配合治安部门维持交通秩序,宣传及推广交通安全等工作。

该局设有三厅十二处,负责研究、规划运输政策,道路维修、管理车辆、设置及维修交通及行人建设。由交通事务局直接管理的是:行政及财政、组织及资讯、法律辅助及公共关系四个处;同时,交通事务局下辖交通规划及建设、交通管理和车辆及驾驶员事务三个厅,交通规划及建设厅下辖交通规划处、道路工程处和交通设备处,交通管理厅下辖运输管理处、协调处和稽查处,车辆及驾驶员事务厅下辖驾驶执照处和车辆处。

其中，交通事务局交通规划及建设厅的职责是：负责研究、筹备和执行关于道路及交通的整治与规划的工作，以及关于交通设备和道路工程的事务。一方面致力研究交通安排，并为确保车辆及行人交通安全和畅顺建议必需的措施；另一方面，为改善交通运作、加强预防交通事故及交通安全，也实施道路重整及其他工程。同时，为优化交通运作，还将负责完善路面标记，设置和保养交通标志牌、交通讯号灯及交通监控系统等。

——澳门重要路桥隧工程。

澳凼大桥。又称嘉乐庇大桥，是连接澳门半岛与凼仔岛之间的第一座跨海大桥。1970年6月动工，1974年10月5日建成通车。由葡萄牙桥梁专家贾多素设计，以当时澳门总督嘉乐庇的名字命名，总投资1400多万澳门元。后因市民日常称其为澳凼大桥，后将桥名正式确定为澳凼大桥，嘉乐庇大桥反而成了别称。桥长2569.8米，宽9.2米，引桥长2090米，设双向两车道；两侧为0.8米的人行道。桥由6个桥墩支撑，最大跨度73米，高度35米，桥面可行驶大型载重汽车，桥下可全天候通行大型客轮。该桥主桥塔形状，采用澳门英文名称"macau"的首字母"M"状双拱门设计，大桥弧度很大，如长虹卧波，造型独特；入夜后，桥灯闪亮，如珠连串，在海水的映衬下又增添了璀灿的光彩。在不同季候，无论日夜，大桥都被烘托出秀丽的身影，既呈现雄伟壮观之态，更予人玲珑飞动之感，赋予澳门古城以现代感，建成后形成"镜海长虹"成为澳门的八景之一。因为建成年代相对较早并已接近预计使用期限，目前该大桥只限小型车和客运巴士通过。

松山隧道。是澳门最长的行车隧道，1989年2月18日开工，1990年11月17日建成通车。位于二龙喉街和罗理基博士大马路之间，呈西北至东南走向。长284.85米，高7.22米，宽10.5米，设双向两车道，设计行车时速40公里，两端皆连接行车天桥。该隧道通车大大改善了澳门半岛北区、中区至新口岸间的交通，开辟了北部工业区通往机场和九澳港的运输线。

全澳最早也是最短的行车隧道是凼仔隧道。位于凼仔西北角，穿过海拔100多米的小潭山，连接凼仔西北马路和柯维纳马上路，缩短了由澳凼大桥到赛马场要绕小潭山一周的路途。该隧道建成初期效用不大，而自1979年初赛马场启用后，其使用率才有所增加。

友谊大桥。是澳门最长的大桥。工程建设时称新澳凼大桥。为缓解澳凼大桥的堵车，葡澳政府于1989年成立大桥办公室，负责新桥的设计和招标。工程由葡资公司投得，与中资工程公司合作兴建。大桥于1990年8月开工，1994年4月落成，同年7月正式通车。桥位位于澳凼大桥以东，连接澳门半岛新口岸水塘北角（外港码头处）与凼仔北安码头，主桥长3300余米，引桥长800多米，桥宽18米，设双向四车道，车道两旁各设1.5米宽的人行道，总投资6亿澳门元。大桥主跨为斜拉桥型，以柱梁及混凝土块建成主塔，桥面呈波浪型。桥中两拱设行船通道，用钢索吊塔加高，使两处桥面平均离水面30米高，吊塔之间距离是112.05米，塔顶距离水面56米，塔间航道为70米宽，在靠近凼仔处为单航道，在靠近半岛处为双航道，分别供来往内港和外港码头的船只通行。大桥在凼仔一端设分层回旋枢纽与澳门国际机场及九澳深水港的道路系统相连；澳门半岛一端，则在外港码头与市区道路系统相连，往北就以800米长的高架海上走廊直通珠海拱北边检站，与珠海道路网相连。友谊大桥对澳门具有重要的作用。在市内运输方面，承担疏导重型车辆的责任。对外方面，则是为了适应澳门国际机场、九澳深水港和路凼新城建设的需要，承担了澳门整体发展的重要责任。建成后，友谊大桥与澳凼大桥被统称为"镜海长虹"，也成为澳门的重要人文景观。

莲花大桥。为第一条而且是唯一一条连接澳门和珠海横琴的跨境大桥，也是京珠高速公路及105国道向澳门延伸的公路桥梁工程，大桥跨越十字门水道，西连珠海横琴岛，东接澳门路环岛和凼仔岛的填海区。大桥东临澳门国际机场，北距珠海市区约16公里，西南距珠海机场、珠海港分别为43公里和50公里。澳门桥口位于路凼连贯公路旁、由填海而成的路凼城，珠海桥口为横琴。

1994年9月28日，珠海市政府致函新华社澳门分社，请与葡澳政府联络大桥建设事宜。大桥位于澳门的一侧属涉外项目，需要珠澳双方同意。1997年4月30日，中葡关于澳门与内地大型基建协调小组第一次会议在北京召开，"横凼大桥"（莲花大桥最初冠名）被列入第一批协调重点项目。双方认为开辟珠澳第二通道是必要的、可行的。随后，成立了大桥技术工作小组。同年10月，澳门亚洲公司、中铁（澳门）有限公司正式筹建。

大桥于1998年6月29日正式动工，1999年11月主桥合龙，2000年3月正式通车。莲花大桥由左右两幅桥组成，双向六车道，造价人民币2亿元，珠澳双方各出资一半。大桥的设计颇具匠心，为双圆形曲线引桥立体换向方案，不仅解决了珠海桥头的纵向用地，解决了车辆换侧问题，还形成了独特的造型和艺术建筑。这两个特大的圆形曲线换向匝道桥，长1756米，宽30米。从空中俯瞰，犹如两个硕大的"9"字，似乎寓意着"九九归一"。大桥建成后，成了珠海和澳门之间一道新的风景线。

西湾大桥。是连接澳门半岛和凼仔岛的第三座大桥，位于澳凼大桥以西，北起澳门半岛融和门，南至凼仔码头，于2002年10月8日开工，主桥于2004年6月28日期合龙，2005年初正式通车。两座主桥塔均采用"M"造型，高85米，设计为竖琴斜拉索式桥梁，跨度180米；桥总长2200米，宽28米，分上下两层。上层为双向六车道，下层箱式结构为双向四车道，以保证8级台风时的正常交通，桥内预留了铺设轻型铁轨的空间。总投资5.6亿澳门元，由中铁(澳门)有限公司、中铁大桥局和中铁大桥勘测设计院三家公司组成的联合体中标承建。

城市步行系统。为理顺澳门半岛(本澳)的交通问题，澳门特区政府遵循可持续发展的原则，于2007年底提出了构建以架空轻轨系统为主干，巴士及的士为基础，步行系统为辅助，多种公交方式既合理分工，又紧密衔接的"公共交通优先发展"的发展策略，并以"公交优先，鼓励步行"作为首阶段的重点工作。其中，通过构建适合本澳城市特点和合符居民出行习惯的步行系统，鼓励居民使用无污染的出行方式，以最大程度地替代现时对私人交通工具的过分依赖，有助于解决交通挤塞等问题，促进社会可持续发展。特区政府经过科学和系统的交通流量分析，初步拟定两条步行系统的试行路线，由电梯、常速及变速输送带、电动手扶梯、平路或斜坡及楼梯组成，有盖全天候的设计，使得行人无论天气好坏、白昼黑夜都有一个舒适和安全的步行环境，同时还可与现有建筑或商场相连，方便市民出行，其设计元素包括环保、节能，增添街道绿化及节日气氛，并以连接至目前的巴士站和日后的轻轨站为建造方向。

其首阶段试行路线有两条。一是从关闸出发，抵达筷子基区后，可分道至林茂塘区及经美副将马路直达外港码头。此路线一方面能方便居民往来筷子基和林茂塘一带，以至外港码头，另一方面因应路线沿途的学校和街市等设施，且区内人流量较高和活动频繁，将能分摊区内繁重的交通流量。二是连接凼仔旧城区至路凼城。此路线除有助在路凼城上班及活动的居民外，还可藉此吸引旅客前往旧城区，刺激人流，盘活该区经济。

港珠澳大桥。2009年12月15日，大桥珠澳人工岛工程正式开工，标志着港珠澳大桥工程正式开工。珠澳口岸人工岛，填海总面积达 216 公顷，是港珠澳大桥重要组成部分，由于口岸人工岛位于广东省水域，因此澳门填海部分也由珠海市完成，日后澳门口岸约占当中的 71.8 公顷。未来港珠澳大桥三地口岸将"三地三检"，口岸设施由各方自行兴建及独立管辖。澳门口岸设施将包括一幢边检大楼，占地面积约 2.4 万平方米。境内设有约 2000 个车位的停车场，由于经大桥来澳车辆不会进入澳门范围，口岸设有境外停车场，泊位约 5500 个。口岸日后的出、入境验证车道各有 18 条，设有境内、外上下客区及物流装卸货区、轻轨站辅助设施等。位于口岸人工岛西南侧将设有桥梁，连接日后黑沙环新填海区。

3. 台湾公路
——台湾简况。

台湾，包括台湾本岛及兰屿、绿岛、钓鱼岛等 21 个附属岛屿，澎湖列岛 64 个岛屿。其中台湾本岛面积为 35873 平方公里，总陆地面积约 3.6 万平方公里。

台湾岛，是中国的第一大岛，位于中国东南沿海的大陆架上，东临太平洋，东北邻琉球群岛，西隔台湾海峡与福建省相望，扼守着西太平洋航道的中心，是中国大陆与太平洋地区各国海上联系的重要交通枢纽。

台湾岛属多山地形，高山和丘陵面积占全部面积的 2/3 以上，形成本岛东部多山脉、中部多丘陵、西部多平原的地形特征。台湾岛有五大山脉、四大平原、三大盆地，分别是中央山脉、雪山山脉、玉山山脉、阿里山山脉和台东山脉，宜兰平原、嘉南平原、屏东平原和台东纵谷平原，台北盆地、台中盆地和埔里盆地。台湾岛位于环太平洋地震带和火山带上，地壳不稳，是一个多震的地区。中央山脉为台湾最长的山脉，起自北部的三貂角到南部鹅銮鼻，全长 320 公里，约占全岛南北长度的 4/5，将台湾岛分为东西两部。台湾岛的海岸线长达 1600 多公里，岸线曲折多港湾，航海运输历史悠久。

台湾气候冬季温暖，夏季炎热。北回归线穿过台湾岛中部，北部为亚热带气候，南部属热带气候。除高山之外的地区，年平均气温为22摄氏度，年降水量多在2000毫米以上。河流众多，雨量充沛，水资源丰富。

据台湾"内政部"统计，截至2010年底，全省总户数793.70万户，共2316.21万人。全省平均人口密度为每平方公里640人，台北市人口密度最高，达到每平方公里9635人。台湾居民中，汉族占总人口的98%；少数民族约占2%。

在行政区划上，台湾省下辖基隆、新竹、嘉义3个省辖市，宜兰县、桃园县、新竹县、苗栗县、彰化县、南投县、云林县、嘉义县、澎湖县、屏东县、花莲县、台东县12个县。还设有"福建省政府"，所辖金门、连江（马祖）2个县（计14个县）。台湾当局分别于1967年和1979年将台北市、高雄市定为"行政院院辖市"，又于2009年和2010年将台北县、台中市、台南市升格为"院辖市"，台北县改名为新北市。

——台湾经济。

20世纪60年代末70年代初，台湾当局陆续提出一系列基础设施建设计划，特别是1973年10月第一次石油危机爆发后，台湾逐步推出基础设施的"十大建设计划"，包括6项交通基础设施建设、3项重工业项目和1项能源项目。它们分别是：中山高速公路、西部纵贯铁路电气化、北回铁路、台中港第一期工程、苏澳港第一期工程、桃园国际机场、高雄炼钢厂、高雄造船厂、石油化学工业和核能发电厂。"十大建设"的总投资达2580亿元新台币（约合60亿美元）。到70年代末，十大建设工程大部分完工，台湾省建立起了发达的公路与港口交通运输系统以及现代化的钢铁与石油化学工业，奠定了台湾经济腾飞的重要基础，形成了重工业与轻工业配套的比较完整的工业体系，台湾经济迈上了一个新的台阶。

到 1978 年，台湾重工业产值在制造业中的比重达 58%，彩色电视机产量超过 200 万台；1979 年，工业产品出口比例突破 90%，与 30 年前刚好相反；对外贸易突破 300 亿美元，跃居世界第 21 位，初步确立了台湾经济的实力与国际地位。

经过几十年的发展，台湾经济取得了较快发展。到 1992 年，台湾"国内生产总值"（GDP）达到 2000 亿美元，跃居世界第 20 位，人均"国内生产总值"超过 1 万美元，居世界第 25 位，外贸总额达到 1500 亿美元，高居世界第 14 位，外汇储备 900 多亿美元，居世界第 3 位。到 2000 年，台湾"国内生产总值"突破 3000 亿美元，"人均国民生产总值"近 1.4 万美元，对外贸易进出口额双双突破 1400 亿美元，总额达 2800 亿美元，外汇储备达 1067 亿美元。2010 年，台湾人均"国内生产总值" 1.86 万美元。（在两岸四地中排名第三。）

——台湾的交通运输。

新中国成立后，大陆和台湾曾长期隔绝。大陆改革开放后，随着两岸交流的日益频繁和台湾风景名胜的不断开发建设，宝岛迷人的风光越来越吸引游人观赏、游览。到 2010 年，仅大陆赴台旅游人数就已经达到 300 万人次。台湾的民航、铁路、公路和水运交通发达，已经初步形成现代化的交通运输网络，为进出台湾的旅客提供了便捷、多样化的交通服务。

公路。台湾的公路十分发达，到 2010 年底，由高速公路、环岛公路、横贯公路、纵贯公路、滨海公路、联络公路 6 个系统，构成了纵横交织、四通八达的公路网络，里程达 4 万多公里，其中高速公路突破 1000 公里。

2010 年，台湾公路客运量达到 10.46 亿人次，货运量达到 6.35 亿吨，客货运的收入分别达到新台币 271.7 亿元、1107.2 亿元；岛内公路运输中占主导地位的高速公路，全年各收费站通行车辆5.55亿辆次。截至2010年底,台湾全省机动车拥有达到2172.1万辆,其中摩托车1484.5万辆,汽车687.6万辆。

从客货运量来看,台湾的公路运输无疑是陆上最重要的交通运输方式。

水运。台湾岛有河流50多条,都发源于中央山脉,向四方分流入海。有浊水溪、下淡水溪和淡水河三条主要河流,都很短小。水力蕴藏量丰富,但内河航运则难于发展。台湾岛有环海港口20余处,对外贸易的物资主要依靠海上运输。其中对外开放港口有基隆、高雄、花莲、苏澳和台中。高雄、基隆和台中是台湾的三大港口。其中,高雄港最大,20世纪八九十年代开始直至21世纪之初,其吞吐量排名都稳居世界第三至第五位;基隆港次之,其吞吐量也曾于20世纪八九十年代位列前八。直至2007年以后,才逐渐被上海、深圳、广州、宁波和青岛等大陆港口超越。

2010年,台湾岛内各港进出船舶总量7.46万艘,总吨位13.3亿吨;旅客吞吐量66.96万人;货物装卸量达到6.06亿吨,集装箱半年量1273.7万标准箱。其中,高雄港的货物装卸量和集装箱吞吐量分别达到4.23亿吨和918.1万标准箱,仍居世界第12位;基隆港的货物装卸量和集装箱吞吐量分别达7668万吨、176.4万标准箱;台中港分别达到1.07亿吨和135.7万标准箱。

民航。台湾可供民航使用的机场中,桃园和高雄机场为国际机场;台北松山、花莲、台中、嘉义、台南、台东机场为省内机场;梨山、阿里山为直升机场;马公、绿岛、兰屿、小琉球、七美屿、望安为离岛小型机场。以上机场中以桃园、台北、高雄、花莲4个机场为最大。台湾有飞至日本、美国、菲律宾、新加坡、泰国、印度尼西亚、港澳及中国大陆等地的国际国内航线93条，另外岛内有以台北、高雄为中心，飞至马公、花莲、台东、嘉义、台中、台南、梨山、日月潭、恒春、绿岛的定期航线。

2010年，台湾岛内各机场客运总量达到3945.5万人次，货运总量达到186.4万吨，起降飞机达36.04万架次。其中桃园国际机场全年起降飞机15.60万架次，客货运量分别达到2511.4万人次、176.7万吨；高雄国际机场4.13万架次。

铁路。台湾铁路可以分成东、西两线。西线包括纵贯铁路及支线：纵贯铁路由基隆经台北、桃园、新竹、苗栗、台中、彰化、云林、嘉义、台南至高雄，现已实现了电气化；支线主要有宜兰线(基隆-苏澳)、屏东线(高雄-枋寮)、竹南至彰化纵贯平行的海线和山线、淡水线、新竹线、集集线(二水-车埕)、阿里山森林线(嘉义-沼平)，东线主要有台东线和新修筑的北回铁路：台东线自花莲到台东；北回铁路自宜兰线的南圣湖站，沿台湾东北海岸向南，经苏澳至花莲与台东线连接。此外，1991年建成通车的南回铁路(屏东-台东)已使台湾形成环岛铁路网。近年来，台湾又在建设台北市地下铁道及高雄至屏东的双轨铁路。

2010年，台湾普通铁路运送旅客1.90亿人次，实现客运收入146.3亿元；完成货运量1511万吨，实现货运收入9.97亿元新台币。台湾高速铁路运送旅客3694万人次，客座利用率49%。城市捷运系统全年运送旅客5.51亿人次，实现收入118.3亿元新台币。

——台湾公路建设及发展历程。

公路是台湾陆上最重要的交通运输方式。

台湾公路在日本占领时期曾有相当程度的发展。1945年8月15日本无条件投降。同年10月25日，台湾光复。据统计，到1946年，台湾公路总里程达17272公里，其中省道1138公里,县道 2601 公里,乡道 13533 公里。但光复初期,台湾公路实际通车的路线仅占总里程的 40%,不足 7000 公里,实际路况也不容乐观。从光复后直到 1950 年以前,台湾交通建设的主要工作就是修复原有公路。

20 世纪 50 年代到 60 年代中期,在美国援助的支持下,台湾当局开始了新的公路建设,包括东西横贯公路、麦克阿瑟公路(台北至基隆)及台东、花莲公路等相继启动。到 1964 年,按实际载运吨位统计,台湾公路客货运量超过铁路,从而取代铁路成为台湾陆上最重要的交通运输方式。

1968 年 7 月,"台湾公路十年建设计划"制订。进入 20 世纪 70 年代后,台湾在一系列重大经济建设计划中,都把公路交通基础设施建设放在重要地位。特别是 1973 年 10 月全球石油危机后,台湾提出的"十大建设"中,交通运输项目占六项,中山高速公路是其中的重中之重。

到 20 世纪 70 年代末期,"十大建设"完成之时,台湾已经初步形成现代化的公路交通运输体系,但东西向的联接受中央山脉的阻隔,公路交通依然不畅。1978 年,继"十大建设"后,台湾开始推行"十二项建设计划",交通运输占其中的 5 项。到 20 世纪 80 年代中期,台湾开通了几条横贯东西的公路,打通了中央山脉的分隔,使东部和西部间的车程缩短一半,实现了台北、花莲、台中、台南间旦夕可达,本岛内公路交通基础设施进一步完善。据统计,到 1984 年底,台湾公路总里程达到 1.7 万余公里,主要干线除中山高速公路外,还有环岛公路、东西以及北部、南部三条横贯公路。

1984 年台湾开始实施的"十四项建设计划"及 1991 年至 1996 年实施的"六年国建计划"中,交通运输项目仍占有重要地位,台湾公路基础设施建设再次得到较大规模的发展。这些计划包括:继续拓宽改善中山高速公路,兴建北部第二高速公路、北宜高速公路、第二高速公路后续计划、南横高速公路、东部高速公路等；投资近1700亿元新台币，兴建12条东西向四车道以上的高等级公路联络线；投资946亿元新台币，实施"西部滨海公路升级快速公路计划"。截至20世纪90年代末，上述工程大部分完成，也有的延续到了21世纪。

经过光复后65年的建设，到2010年底，台湾的公路总里程突破4万公里，路网密度突破每百平方公里111公里，已经形成完整的公路交通运输网络。

——台湾公路网构成及管理。

公路遍及台湾及澎湖地区各乡镇。台湾的公路网有多种分类办法。按行政系统，可分为"国道"、省道、县道、乡道、专用公路和普通道路；按运输功能和技术等级可分为：高速公路、快速公路、主要公路、次要道路和地区公路等；亦可依运输功能与地理走向结合分为：高速公路系统、快速公路系统、环岛公路系统、横贯公路系统、纵贯公路系统、滨海公路系统以及联络公路；依技术标准可分为一级至六级公路等。

按照台湾"公路法"规定，依行政级别，将公路分为"国道"、省道、县道、乡道、专用公路共五级，总长度40262公里。除以上五级公路外，其余为普通道路。而道路又分为由水土保持局管理的农路、由林务局管理的林道、位于都市计划区内的市区道路(含市区快速道路、巷弄)和其他普通产业道路及私人道路等。

台湾"国道"共10条，除"国道"三甲——台北联络线外，均为高速公路。其中最重要的有三条："国道一号"，即中山高速公路；"国道三号"，即福尔摩沙高速公路，但现在一般都称之为第二高速公路或二高，其正式名称"福尔摩沙高速"反而较少有人知道；"国道五号"，即蒋渭水高速公路，但一般称为北宜高速公路，是台湾目前唯一东西向的高速公路(见表7-4)。

台湾地区"国道"列表 表7-4

序号	编号	名称	起讫点	大致走向	长度（公里）	现况
1	"国道一号"	中山高速公路	基隆—高雄	南北	372.7	全线完成拓宽
2	"国道二号"	桃园环线	桃园机场—莺歌系统	东西	20.4	全线通车
3	"国道二甲"	大园支线	西滨公路—大园交流道	东西	2.0	未通车
4	"国道三号"	福尔摩沙高速（也称第二高速）	基隆—林边	南北	432.0	全线通车
5	"国道三甲"	台北联络线	台北—深坑	东西	5.6	全线通车
6	"国道四号"	台中环线	清水—丰原	东西	18.5	部分通车
7	"国道五号"	蒋渭水高速（也称北宜高速）	南港—苏澳	南北	54.3	部分通车
8	"国道六号"	中横高速（也称水沙连高速）	雾峰—埔里	东西	38.0	部分通车
9	"国道七号"	港都高速（也称高雄港东侧联外高速）	高雄—仁武	南北	27.1	未通车
10	"国道八号"	台南支线	南市—新化	东西	15.5	全线通车
11	"国道十号"	高雄支线	左营—旗山	东西	33.8	全线通车

台湾省道包括台湾快速公路和台湾省道，共计94条（见表7-5）。

台湾主要省道（快速公路）列表 表7-5

序号	编号	起讫点	大致走向	长度（公里）	现况
1	台61线（也称西部滨海快速公路）	八里—台南2至7号道路	南北	305.7	部分通车
2	台61甲线（又称台北港联络道）	八里—台北港	南北	2.3	全线通车
3	台61乙线	彰滨—和美	南北	6.5	全线通车
4	台62线（又称东西快速万里瑞滨线）	万里—瑞滨	东西	24.4	全线通车

续上表

序号	编号	起讫点	大致走向	长度（公里）	现况
5	台62甲线	基隆—瑞芳	南北	5.6	全线通车
6	台63线	台中—草屯	南北	21.2	全线通车
7	台64线	八里—新店	东西	28.7	全线通车
8	台65线	五股—土城	南北	16.8	全线通车
9	台66线	观音—大溪	东西	27.2	全线通车
10	台68线	新竹—竹东	东西	23.5	全线通车
11	台68甲线	新竹市竹东镇四重埔—北兴路	东西	1.2	全线通车
12	台72线	后龙—汶水	东西	31.0	全线通车
13	台74线(又称中彰快速公路)	快官—雾峰	东西	39.2	全线通车
14	台74甲线(又称彰化东外环道)	乌日—花坛	东西	10.5	全线通车
15	台76线	汉宝—草屯	东西	32.6	全线通车
16	台78线	台西—古坑	东西	43.5	全线通车
17	台82线	东石—水上	东西	34.7	全线通车
18	台84线	北门—玉井	东西	41.8	部分通车
19	台86线	台南—关庙	东西	20.0	全线通车
20	台88线	凤山—潮州	东西	22.5	全线通车

除"国道"和省道外，台湾还有县道147条、乡道2360条以及专用公路35条。

在具体公路管理体制上，台湾地区采取了分级管理、属地管理与委托管理相结合的管理策略。

台湾的"国道"和省道公路，主要由台湾当局"交通部"下属的公路总局(公总)、台湾区国道高速公路局(高公局)和台湾区国道新建工程局(国工局)等机构负责管理和建设。其中，公路总局，设立于 1943 年，主要负责台湾省道的规划、测量、新建、施工与养护美化，并接受各县政府委托，代为养护县道；除此之外，还负责车辆牌照、驾驶人驾照、车辆规格检验等公路监理业务。高公局，其前身成立于 1970 年，为建设中山高速公路成立的"交通部高速公路工程局"。1978 年中山高速公路建成后，改制为"交通部台湾区国道高速公路局"，主要负责台湾"国道"高速公路的管理、养护及营运。国工局，其前身之一是 1987 年为建设福尔摩沙北部路段成立的"交通部北部第二高速公路工程处"，其二是于 1989 年成立的"交通部南宜快速公路工程筹备处"。1990 年，因为北二高与南宜路均为台湾高速网络的一环，将两工程机构整合为"交通部台湾区国道新建工程局"，主要负责规划、计划、兴建台湾"国道"。此后，由于苏花高速公路等国道后续计划搁浅，国工局处于"无路可建"的尴尬境地，面临被撤并的局面。

除国省道公路外，县市政府负责所辖区域内县道、乡道与专用公路的养护管理；直辖市内的道路由直辖市政府自行管理。

——台湾重要公路及桥隧工程。

中山高速公路，编号为"国道一号"，又称南北高速公路，简称中山高。地处台湾本岛西部沿海的平原地区，纵贯南北，是台湾最早、也是全中国最早建成通车的高速公路，至今都是台湾陆上公路运输最重要的命脉。中山高速公路，在 20 世纪 70 年代台湾的"十大建设"中位列第一，建成后被编为"国道一号"，以中国革命的先驱者孙中山的名字命名。该路北起基隆，南至高雄凤山，中以支线连接中正国际机场（今称桃园国际机场），串联起台湾本岛西部的基隆、新北、台北、桃园、新竹、苗栗、台中、彰化、云林、嘉义、台南和高雄等重要市县，其中基隆、高雄港是台湾地区的重要海港，台北桃园、高雄是台湾地区重要的航空港，台北、基隆、高雄等市是台湾重要的中心城市和经济中心。该路全长 372.9 公里，按宽 28 米、双向四车道高速公路标准建设，限制行车时速 100 至 110 公里。沿线有长 560 米的大业、396 米的中兴两处隧道，均地处基隆市。该路 1971 年 8 月 14 日正式开工，其前身麦克阿瑟公路经拓宽并入该路；1974 年 7 月 29 日，38.26 公里的三重到中坜路段率先通车；1978 年 10 月 31 日中沙大桥启用，中山高速全线正式通车。此后一直到北二高建成前的将近 20 年间，中山高速公路一直是台湾省唯一的高速公路。2006 年 2 月，该路全线开通 ETC 系统。

第二高速公路，编号为"国道三号"，是台湾第二条南北向高速公路，俗称"第二高速公路"，简称"二高"。2004 年全线通车后，为避免其简称"二高"与"国道"二号——桃园环线混淆，将其正式名称定为福尔摩沙高速公路。但人们仍习惯以最早建设的"北二高"来代称此路，其简称"二高"也一直在沿用，正式名称并不通行。该高速北起基隆，南至屏东，与中山高速基本同向，纵贯台湾西部平原地区的南北，主线全长 430.5 公里，限制时速 90 至 110 公里。与中山高速不同的是，二高不像中山高速贯通的是台湾本岛西部的主要经济市县。在设计之初，就考虑到平衡地区、城乡经济发展的需要，避免征地成本过高、与城市通勤车辆交叉混行等问题，在选线中刻意避开了人口稠密、经济发达的都会区，而落脚于本来开发程度较低的乡村。二高建设时从北部基隆开始，始称"北部第二高速公路"，简称北二高，于 1987 年开始建设，1997 年通车；此后，陆续开工建设的南二高、中二高，沿用了北二高的命名方式；直到 2004 年中二高的龙井至快官路段贯通，该路才算是全线通车，其建设期长达 17 年，总投资 4580 亿元新台币；2006 年 2 月，该路开通 ETC 收费系统。该路建成后，确实起到了分流中山高速车流、带动乡村地区经济发展的目的。由于选线相对偏远，该路全线设有 15 处隧道，其中全长北向长 1875 米、南向长 1848 米、各三车道的木栅隧道是该线最长的隧道,此外,长度超过千米的隧道还有:长 1252 米的基隆隧道、1744 米的福德隧道、1204 米的新店隧道、1223 米的兰潭隧道和 1843 米的中寮隧道。同样由于选线偏远,桥梁也是二高重要的组成部分。高屏溪斜拉桥,为二高后续计划高屏段的一座重要桥梁,是台湾第一座高速公路斜拉桥,结构为不对称独塔单面斜拉索,主跨 330 米,塔高 183.5 米。桥梁全长 510 米,主跨部分由钢箱梁组合而成,其余部分为预应力混凝土箱型梁。钢箱梁部分采用节块全断面焊接工艺,以求外观更加简洁平顺。这也是台湾第一座采用全断面焊接工艺的桥梁。碧潭桥,又称为北二高碧潭桥、国道三号碧潭桥,是二高的另一座重要桥梁。位于新北市新店区碧潭,于碧潭吊桥下游约 250 米处,跨越新店溪,全长约 800 米。落成后成为碧潭的新地标,是台湾第一座预应力混凝土拱桥,与碧潭吊桥及碧潭大桥合称"碧潭三桥"。

北宜高速公路,编号为"国道五号",也称"蒋渭水高速公路",起自台北,止于宜兰,全线双向四车道,是台湾地区首条东西走向的高速公路。其名称源自起讫地名,而冠以"蒋渭水高速"之名,系为纪念出身宜兰的著名抗日领袖蒋渭水。目前,该路通车路段为长 54.3 公里的台北南港至苏澳段,其苏澳至花莲及台东段高速尚在计划建设之中。北宜高速中,雪山隧道是其控制性工程。雪山隧道,原名坪林隧道,东行和西行线分别长 12917 米和 12942 米,各两车道,限制行车时速 90 公里。该隧道是台湾最长的公路隧道。建成同时,取代台湾铁路隧道成为陆上最长的交通隧道。1991 年 7 月开工,2006 年 6 月 16 日通车。除了东行、西行两座主隧道,还包括中间的导坑。两座主隧道中间,有 28 座横向的人行联络隧道、8 座车行联络道,加上抽排风系统所挖掘的竖井、3 处通风站、3 座通风中继站合计 12 处横向通风隧道、6 座通风竖井及一号竖井顶部排风用横向排气隧道等等，共计 58 组隧道。雪山隧道是北宜高速的头号控制工程，施工期间遭遇到台湾工程史上前所未有的困难，通车时间比计划晚了整整 8 年。极度恶劣的地质条件是工程延误的首要原因，其中包括了 6 处地震带断层、98 处剪裂带及 36 处地下涌泉。有施工人员形容，雪山隧道就像是"泡在水里长大的隧道"。整个工程使用两大一小 3 部全断面隧道钻掘机（TBM）进行快速挖掘。其中 1 部大型 TBM，在进行隧道东口工程时，通过硬度比钢还要高的四棱砂岩地层，一度遭遇每秒 750 升的大涌水。在挖掘过程中，共发生过 63 次岩盘崩落，全断面钻掘机曾 26 度受困；位于西行线的另一部在 1997 年 12 月 15 日的一次隧道崩塌事故中，被大量土石掩埋而报废。之后施工单位为了加快工程进度，在第二号竖井内增开新的工作面，并用传统钻爆法施工，才大幅改善整体施工进度。

中横公路，全称东西横贯公路或中部横贯公路，简称中横公路。东起花莲县太鲁阁，西至台中县东势镇，全长是台湾第 1 条连接东西部的公路系统，与南横公路、北横公路并列为台湾三大横贯公路。中横公路贯穿台湾本岛中央山脉，所经的地形多样。省道台 8 线是此条公路的主线，长 191 公里，另有宜兰、雾社 2 条支线，分别长 112 公里和 42 公里。1956 年 7 月，该路由"台湾省公路局"成立的"横贯公路工程总处"实施，由于台风、地震及工程意外等，到 1960 年 5 月通车时，共造成 212 人死亡，702 人受伤，总投资 4.3 亿元新台币。中横公路通车之后，由于景观随四季多变，加上险峻的太鲁阁峡谷的开凿，成为早期台湾八景之一，也成为众多台湾邮票的主题。

苏花公路，为台湾省道台 9 线的一段。起于宜兰县苏澳，止于花莲县，全长 118 公里。全路修建在台湾东海岸沿线，东临西太平洋，西靠中央山脉北段峭壁，地势险峻。因公路沿线山光海色，雄奇壮丽，成为台湾乃至全世界最负盛名的"景观公路"之一；尽管景色壮丽，苏花公路由于建设年代较早，等级不高，也是每逢大雨必会塌方的公路，也被称为"死亡公路"。"死亡公路"之说，最早源于台湾"交通部公路总局"公布的数据：从1997年至2008年5月间，苏花公路发生的交通事故共造成1046人死亡，1.35万人受伤；自2002年至2009年，苏花公路仅因大小塌方而致道路单向或双向中断受阻的次数便多达202次。除天灾外，因台湾东部海岸盛产大理石、石灰石等工业原料，常年行驶的重载货车使苏花公路雪上加霜。天灾加上人祸，使苏花公路成为一条集"美景"与"死亡"于一身、让人爱恨交织的公路。太鲁阁大桥，位于苏花公路，横跨立雾溪，为往来宜兰、花莲间的必经桥梁。全长约1208米，主桥510米，宽26.6米。桥身为简支纳尔逊式钢拱桥，共有五跨，外观呈浅蓝色带灰白色，夜晚因灯光投射，成为花莲县一处景点。该桥原称"立雾溪大桥"，为了解决绕路及交通拥堵，投资7.4亿元新台币，将台9线截弯取直，并新建长约2.4公里的道路，1999年2月动工，2002年7月3日通车启用。

八卦山隧道，为台湾省道快速公路——台76线的控制性工程，连接彰化县员林镇与南投县草屯镇，左线长4928米，右线长4935米，于1996年11月开工，左线和右线分别于2002年和2003年贯通，2005年4月全线正式通车。左右线隧道高度和宽度均为4.7米和6.5米，限制行车时速80公里。在雪山隧道通车前，八卦山隧道曾是台湾第一长的公路隧道。

鹏湾跨海大桥，位于屏东县大鹏湾风景区，是大鹏湾环湖道路的一部分，横跨大鹏湾潟湖中唯一的出海口，是台湾首座、也是唯一的开启式景观桥。该桥于2009年开工，工期三年。设计为单塔单面非对称复合式斜拉桥，两分钟内桥面可开启至75度角，桥长195米，主塔高71米，包括引道在内全桥长579米，桥面宽30米，包括机动车、自行车及人行道。

大 事 记
（1991—2010 年）

1991 年

年内，"LRS—600 型沥青乳化设备的研制"获国家科技进步三等奖。

年内，"2000 年公路运输发展战略的研究（第一期）""DDC型集装箱自动称重灌包机"等 2 项公路成果获交通部科技进步二等奖。

1 月 11—14 日，李鹏总理视察天津港和京津塘高速公路，并为京津塘高速公路题词："把京津塘高速公路的建设和管理达到国际第一流水平"。

1 月 26—29 日，"1991 年全国交通工作会议"在北京召开。交通部部长钱永昌做了《再接再厉，抓好"八五"，为交通事业的新发展而奋斗》的工作报告。会议的中心议题是：总结"七五"期间交通发展的成就和经验，研究"八五"期间交通发展计划和指导思想，部署 1991 年的工作任务。

1 月 28 日，贵州省政府发布《贵州省高等级公路养护管理暂行办法》。

2 月 2 日，交通部发布《全民所有制交通企业承包经营责任制实施办法（试行）》。

2 月 21 日，交通部发布《国、省干线 GBM 工程实施标准》。

3 月 2 日，七届全国人大常委会第 18 次会议决定，任命黄镇东为交通部部长，同时免去钱永昌交通部部长职务。

3 月 4 日，河北省政府发布《河北省高速公路管理办法（试行)》。

3月18日,全长70.30公里、被称为"楚天第一路"的武汉至黄石一级汽车专用公路(后更名为武黄高速公路)建成通车。

4月8日,交通部发布《公路科学养护与规范化管理纲要》(1991年至2000年)。

4月20—23日,交通部部属高校书记、院校长会议在重庆召开。

5月10—13日,中共交通部党组在南京召开全国交通纪检工作会议。

5月14日,我国西南地区第一条高等级公路——贵阳至黄果树公路正式建成通车。贵黄公路建有全长778.72米的我国第一座公路声屏障。

5月14日,交通部重点工程建设青年功臣评奖活动领导小组,对在19项重点工程建设中做出突出贡献的49名青年工程技术人员,颁发青年功臣奖。

5月16—20日,交通部在天津召开干部人事工作会议。

5月17日,安徽省人民政府令第22号发布《安徽省高速公路管理暂行办法》。

5月22日,朱镕基副总理莅临交通部听取工作汇报。

6月1日,交通部发布《关于1991年至2000年交通企业设备管理现代化纲要》。

6月4—5日,交通部"七五"国家科技攻关总结表彰会议在北京召开。

6月12—15日,全国交通厅(局)科研所所长工作会议在太原召开。

6月13日,交通部发布《公路、水运基本建设利用国外贷款项目管理暂行办法》。

6月15—19日,交通部部属企业和双重领导港口企业工作会议在秦皇岛召开。

6月24日，山东省烟(台)青(岛)一级公路全线通车。

7月9日，交通部以(91)交体字471号印发《关于进一步搞活部直属和双重领导大中型交通企业的若干意见》。

7月13—16日，交通部全国地方交通建设前期和基本建设工作会议片会(东北、西北、华北)在银川召开。

7月16日，交通部发出《关于进一步加强抗洪救灾工作的紧急通知》。

7月18日，交通部向安徽等22个受灾省份拨出干线公路紧急抢通费5000万元，以紧急抢通受灾地区的干线公路。7月21日，交通部副部长郑光迪率领抗洪救灾工作组赴安徽、江苏灾区，慰问灾区交通职工，调查了解灾区交通灾情，与当地政府、交通部门研究进一步搞好抗洪救灾，抢修水毁公路、航道，尽快恢复交通运输生产。刚刚建成的合肥至南京高速公路成为安徽省会合肥通往外界的唯一通道，被誉为"救命路"。9月18日，交通部又向安徽等13个省(市)下拨在建公路项目水毁补助款3870万元。

7月23日，中国港湾工程公司更名为"中国港湾建设总公司"。

7月31日，中国道路运输协会正式成立。全国政协主席李先念为协会题词："振兴道路运输，繁荣国民经济"。交通部副部长王展意当选中国道路运输协会第一届理事会会长。

8月2日，经国务院同意，交通部、财政部联合转发《国务院关于发布〈车辆购置附加费征收办法的通知〉》。

8月5—8日，交通部全国地方交通建设前期和基本建设工作会议片会(华东、中南、西南)在广州召开。

8月12日中国公路桥梁工程公司更名为"中国公路桥梁建设总公司"。

8月22—9月3日期间,江泽民总书记、李鹏总理等党和国家领导人在交通部部长黄镇东陪同下,参观国家"七五"科技攻关成果展览会交通馆。

8月24日,交通部印发《全国交通专用通信网总体规划》。

8月24日,陕西省政府发布《关于加强咸阳机场汽车专用公路管理的通告》。

9月2日,在"七五"国家科技攻关总结表彰大会上,交通部主持的"七五"国家科技攻关项目中,有5项公路成果被国家计委、国家科委、财政部授予国家"七五"科技攻关成果奖。这些项目是:"JT6120高级大型客车""高等级公路半刚性基层沥青路面和抗滑表层技术""高等级公路路线CAD系统""高等级公路桥梁CAD系统""干线公路路面评价技术"。同时,交通系统的凤懋润、王守礼、毕华林、沙庆林、高孝洪等被授予国家"七五"科技攻关突出贡献人员称号。

9月9日,交通部、总后勤部联合发布《国防、边防公路建设项目前期工作管理规定》。

9月23日,公安部、交通部联合发出《关于进一步开展打击公路"车匪路霸"专项斗争的通知》。

9月26日,中共中央通知,刘锷同志任中共交通部党组纪律检查组组长(副部级)。同意刘松金、刘锷同志任中共交通部党组成员。

9月26—27日,交通部主持的国际集装箱运输系统(多式联运)工业性试验,通过了国家组织的验收鉴定。

10月4日,全长136公里的合(肥)宁(南京)高速公路通车,实现安徽省高速公路零的突破。

10月6日,中共中央宣传部、司法部批复同意《关于在全国交通系统开展法制教育的第二个五年计划》。

10月7—11日,全国交通系统两个文明建设表彰大会在北京召开。会议表彰了文明建设先进单位2个、先进集体134个、劳动模范275名；表彰了抗洪救灾先进单位60个、先进个人68名。国务院副总理朱镕基接见了参加会议的部分代表并进行座谈。

10月15日，交通部、国家计委、财政部、国家物价局联合发布《公路养路费征收管理规定》。

10月17日，国务院任命刘松金为交通部副部长。

10月17日，交通部发布《部属企事业单位承包经营责任审计暂行规定》。

10月28日，武汉交通管理干部学院成立。

11月8日，交通部以(91)交体字773号文印发《关于进一步搞好地方交通企业的若干意见》。

11月11日，交通部和国家物价局联合制定印发了《公路汽车征费标准计量手册》，统一了全国汽车征费计量标准。

11月19日，上海南浦大桥竣工通车。这是上海市区跨越黄浦江的第一座大桥，桥宽30.35米，总长8346米，其中主桥全长846米。主桥为一跨过江的双塔双索面叠合梁结构斜拉桥，主跨423米。标志着我国斜拉桥跨径突破400米。

11月20日，交通部在青岛召开交通系统外事和引进智力工作会议。

11月25日，中国公路建设总公司总承包修建的黄石长江公路大桥正式开工。

12月3日，交通部发布《公路桥位勘测设计规范》。

12月12日，北京至石家庄高速公路北京段三期工程通车，国务院副总理邹家华为通车仪式剪彩。

12月15日，铜陵长江公路大桥开工，国务院副总理邹家华致电祝贺。

12月17日，江泽民总书记参加汕头海湾大桥开工典礼并为大桥建设奠基。

12月19日，厦门大桥正式通车，江泽民总书记为大桥通车剪彩。

12月21日，全长7公里的沪杭甬高速公路钱塘江二桥段建成通车，标志着浙江省实现高速公路零的突破。位于杭州的钱塘江二桥，是我国首座公铁平行连续梁桥，公路和铁路的正桥均为18孔三向预应力钢筋混凝土箱型连续梁桥，全长1340米。

1992年

年内，2项公路科技成果获国家科技进步奖。其中，"DDC型集装箱式自动称重灌包机"获二等奖；"2000年公路运输发展战略研究"获三等奖。

年内，11项公路成果获交通部科技进步二等以上奖项。其中，"JT6120新型客车及底盘研制""高等级公路半刚性基层沥青路面和抗滑表层成套技术""高等级公路路线综合优化和计算机辅助设计系统的开发研究""高等级公路桥梁计算机辅助设计系统的开发研究"等5项获一等奖；"干线公路路面评价保护系统（沥青路面）""现有钢筋混凝土桥梁结构部分关键检测设备研制及应用技术""自动弯沉仪的研制和应用技术""汽车轮胎翻新技术的研究（聚酯胎子午胎）""汽车排放对环境影响和防治技术的研究""交通系统动态仿真及网络规划方法的研究"等6项获二等奖。

1月11—14日，全国交通工作会议在北京召开。国务院副总理朱镕基到会讲话。交通部部长黄镇东做了题为《管好行业，搞好企业，调整结构，提高效益》的报告。

1月16日，交通部发布《交通部监察工作规定》，自1992年3月1日起施行。原《交通部监察工作暂行规定》同时废止。

1月23日，交通部发布《交通战备储备器材管理办法》，自

1992年2月1日起施行。原《战备钢桥储备管理暂行规定》和《交通战备储备器材租赁管理试行办法》同时废止。

2月25日，交通部和全国海员工会、全国公路运输工会第三次联席会议在北京召开。

3月16日，交通部印发《交通教育十年规划和"八五"计划纲要》。

3月17日，交通部监察工作会议在武汉召开。

4月6日，交通部决定授予江西省吉安汽车运输公司汽车司机晏军生烈士"人民的好司机"荣誉称号。同日，中共交通部党组、交通部联合发出《关于开展学习晏军生同志英雄模范事迹活动的通知》。

4月15—18日，全国地方交通行风建设经验交流会在山东省菏泽地区汽车运输公司召开。

4月24日，交通部纪律检查工作会议在浙江省富阳县召开。

5月5日，交通部、国家物价局联合发布《国际集装箱超期使用费计收办法》，自1992年7月1日起施行。原《国际集装箱超期使用费计收办法》同时废止。

5月9日，交通部副部长林祖乙、蒙古国运输总局局长尼亚姆达瓦·戈尔桑达格温，分别代表本国政府，在北京签署了《中国和蒙古国政府汽车运输协定实施细则》。

5月11日，交通部决定，从1992年10月1日起，启用《中华人民共和国道路运输证》。

5月16日，交通部发布《公路工程施工监理办法》，自1992年6月1日起施行。原《公路工程质量监理暂行办法》和《公路工程施工监理暂行办法》同时废止。

6月10日，交通部发布《公路工程质量监督暂行规定》，自发布之日起施行。

6月14日，沪宁高速公路江苏段正式开工。国务院副总理邹家华、交通部部长黄镇东出席了奠基仪式。

7月2日,首都机场高速公路全线开工。中共中央政治局委员李锡铭、国务院副总理邹家华出席奠基仪式。

7月21日,交通部、国家统计局联合发布《公路、水路运输全行业统计工作规定》,自1992年10月1日起施行。

7月25日,交通部印发《关于深化改革、扩大开放、加快交通发展的若干意见》(简称"二十五条")的通知。《意见》简化了外商投资公路项目的审批手续,为公路市场的招商引资开辟了更广阔的渠道。

7月31日,交通部发布《公路客车质量检查评定办法》。

8月6日,交通部发布《交通法规制定程序规定》《交通行政复议管理规定》《交通企业合同管理规定》,均自1992年9月1日起施行。

8月7日,交通部决定成立中国公路工程咨询监理总公司。

8月20日,中共中央组织部同意李居昌任交通部党组成员,免去王展意、林祖乙交通部党组成员职务。

9月5日,国务院决定,任命李居昌为交通部副部长;免去王展意、林祖乙副部长职务。

9月9—12日,全国道路、水路运输管理工作会议在太原举行。

9月21日,陕西省政府发布《关于加强三(原)铜(川)汽车专用公路管理的通告》。

9月26日,交通部部长黄镇东、哈萨克斯坦共和国交通部部长伊辛加林在北京签署了《中华人民共和国政府和哈萨克斯坦共和国政府汽车运输协定》。

9月,李居昌副部长兼任武警交通部队第一政治委员。

10月22—27日,"1992年国际公路、水运交通技术与设备展览会"在北京展览馆举行。15个国家和地区的200多家公司和厂商参展。江泽民总书记为展览会题词:"加快改革开放,为实现我国交通运输业现代化而奋斗";李鹏总理题词:"发展经济,交通先行"。

11月11日,交通部副部长李居昌会见美国联邦公路总署副署长洛克伍一行,就中美公路行业方面的相关事宜交换了意见。

12月4日,招商局集团有限公司在北京人民大会堂隆重集会,纪念招商局成立120周年。中共中央总书记江泽民接见招商局集团领导、老同志和原招商局部分船长,对招商局成立120周年表示祝贺。党和国家领导人叶飞、谷牧、邹家华等共400多人出席了纪念会。

12月8日,上海杨高路正式通车。

12月17日,交通部发布《汽车维修企业开业条件(试行)》《汽车专项修理业户开业条件(试行)》。

12月17日,交通部部长黄镇东和俄罗斯联邦副总理绍欣在北京签署了《中华人民共和国政府和俄罗斯联邦政府汽车运输协定》。

12月,全长65公里的海南省环岛东线高速公路海口至黄竹段(右幅)竣工通车,海南省实现高速公路零的突破。

1993年

年内,2项公路成果获国家科技进步奖。其中,"高等级公路半刚性基层沥青路面抗滑表层成套技术"获二等奖;"高等级公路桥梁计算机辅助设计系统的开发研究"获三等奖。

年内,7项公路成果获交通部科技进步二等以上奖项。其中,"路面路基探测用冲击雷达研究""我国水泥混凝土路面发展对策及修筑技术研究"等2项获一等奖;"LB1000型沥青混凝土搅拌设备""公路工程抗震设计规范""LTY8沥青混合料摊铺机""矩阵交融决策管理系统""WB230轮胎式稳定土拌和机"等5项获二等奖。

1月8日,交通部、国家体改委、国务院经贸办以交体发(1993)18号联合发布《全民所有制交通企业转换经营机制实施办法》。

1月10日,经交通部批准,中国交通进出口公司更名为中国交通进出口总公司。

1月11—14日,全国交通工作会议在北京召开。交通部部长黄镇东在会上做了《把思想认识统一到十四大精神上来,把十四大精神落实到交通工作中去》的工作报告。

1月15日,交通部与中国海员工会、中国公路运输工会第四次联席会议在北京召开。交通部部长黄镇东、副部长李居昌,中国海员工会、中国公路运输工会主席张士辉等出席会议并讲话。

1月18日,全国交通工程建设质量监督工作会议在昆明召开。

2月13日,交通部以交体发〔1993〕111号印发《认真贯彻执行〈全民所有制工业企业转换经营机制条例〉的意见》。

2月18日,交通部批准成立"交通部交通法律事务中心"。

3月15日,交通部批准交通部科学技术情报研究所更名为交通部科学技术信息研究所。

3月19日,山西省政府发布《关于加快建设高等级公路的若干政策规定》。

4月1日,交通部党组纪检组与监察部驻交通部监察局合署办公。

6月18—23日,全国公路建设工作会议在山东济南召开。邹家华副总理出席会议并讲话。黄镇东部长在会上做了题为《解放思想,加快步伐,实现公路建设新目标》的报告。会议强调加快公路建设步伐,明确了率先建成"五纵七横"国道主干线中的

"两纵两横和三个重要路段"。

6月21日,交通部发布《出租汽车客运服务规范(试行)》。

6月30日,经国家经贸委批准,中通车辆机械集团成立。该集团有123家成员单位,核心企业是中国公路车辆机械总公司。

9月7日,交通部反腐败斗争动员大会在北京召开。

9月15日,上海杨浦大桥通车。邓小平题写了桥名。该桥总长7658米,主桥长1172米、宽30.35米,为双塔空间双索面钢-混凝土结合梁斜拉桥结构,主跨602米,超越南浦大桥成为当年的全国第一,也跃居世界第一。

9月20日,全长18.74公里的首都机场高速公路建成通车。国务院总理李鹏出席通车典礼并剪彩。

9月25日,全长142.69公里的京津塘高速公路全线通车。国务院副总理邹家华出席通车仪式并为通车剪彩。

10月25日,交通部召开全国交通系统深入开展治理乱收费电话会议。

11月3日,北京至石家庄高速公路全线贯通。国务院副总理邹家华为京石高速公路北京段通车剪彩。

11月16日,全国交通系统精神文明建设经验交流会在上海召开。邹家华副总理代表国务院向大会发了贺信。交通部部长黄镇东在会上做了题为《重在建设、贵在创新》的报告。

12月2日,交通部部长黄镇东,副部长刘松金、郑光迪、刘锷分别带领检查组分赴各地,检查公路、水路治理"乱设卡、乱收费、乱罚款"情况。

12月18日,济南至青岛高速公路建成通车。济青高速公路全长318.2公里,是山东省第一条高速公路。

12月28日,《中华人民共和国政府和巴基斯坦伊斯兰共和国政府汽车运输协定》在北京签署。

12月28日,广州珠江水下隧道建成。该隧道全长1238.5米,河中段全长475米,南北走向,隧道共有3条管道,分3个孔,西侧两孔为双车道汽车管道,东侧一孔管道设计时为广州地铁一号线的双轨管道。这是我国大陆首次采用沉管法设计施工的大型水下公路隧道。

12月30日,河南三门峡黄河公路大桥通车,209国道一举跨越黄河天堑。大桥全长1310.09米,宽18.5米,设计车辆荷载等级为汽-超20,挂-120。主桥上部构造为105+4×160+105米预应力钢筋混凝土连续刚构;下部为双墙薄壁式墩身,桩径为1.8米的群桩基础。

12月,山东东明黄河公路大桥、湖南湘潭湘江二桥建成通车。山东东明黄河公路大桥位于山东省东明县与河南省濮阳市交界处,主体为国内首座刚构—连续组合体系,桥梁全长4142.14米,桥宽18.5米。湖南湘潭湘江二桥全长1830.35米,桥宽20.5米。主桥为等截面钢筋混凝土连续箱梁。设计荷载等级为汽—超20,挂—120。

1994年

年内,7项公路科技成果获交通部科技进步二等奖。它们分别是:"道路沥青包装生产线""'七五'技改客车生产技术科技成果(扬州客车总厂)""公路桥梁管理信息系统""LQB—1200型混合料(沥青)强制拌和设备""压磁式混凝土绝对应力计及应力仪研究""客车CAD系统的开发研究""公路航测遥感及计算机辅助设计实用技术的研究"。

1月1日,根据国务院通知,车辆购置附加费即日起由车辆落籍所在地的交通征稽部门直接向车辆所有单位(或个人)征收。

1月18日,全国交通工作(电话)会议在北京召开。交通部部长黄镇东做了题为《加大交通改革力度,加快培育和发展交通运输市场的步伐》的工作报告。

2月1日，位于209国道的湖北郧阳汉江公路大桥通车，为全长601米、主跨414米、总宽15.6米的斜拉桥，是我国第一座地锚式大跨度预应力混凝土斜拉桥。

2月4日，西藏自治区扎木镇至墨脱县公路粗通建成，自此，全国实现了县县通公路。

2月25日，国务院批准交通部机关"三定方案"。

3月2日，交通部、中宣部在北京联合举办了包起帆同志"新时期创业精神"报告会。"包起帆精神"从此推向全国。

3月26—30日，交通部纪检监察工作会议在北京召开。

4月5—7日，交通部在北京召开治理公路"三乱"座谈会。

4月15日，国务院发文规定，新增的"以工代赈"资金主要用于修筑公路。

4月20日，全国公路建设座谈会在河北省石家庄市召开。

4月28日，重庆开始在全长114公里的成渝高速重庆段，试行集安全、征稽、运管、港航、路政执法为一体的"统一管理，综合执法"的"重庆模式"。交通综合执法体制改革正式启动。

5月6日，中国政府和尼泊尔政府在北京签订两国汽车运输协定。

5月31日，交通部印发《107国道文明建设样板路实施标准》。

6月1—3日，交通部在贵阳市召开全国交通扶贫工作座谈会。

6月4日，中国政府和吉尔吉斯共和国政府在北京签订两国汽车运输协定。

6月20日，交通部出台《交通部严禁用公费变相出国（境）旅游若干规定》。

7月1日,全长13.15公里的甘肃省天(水)北(道)高速公路通车,甘肃省实现高速公路零的突破。

7月14日,交通部发出《关于部机关直属事业单位机构设置问题的通知》,将交通部档案馆、交通部机关文印室、交通部外事服务所、交通部基本建设质量监督总站、交通部电视声像中心等5个单位调整为部机关直属事业单位。

7月15日,联合国危险货物运输专家会议,通过了中国关于危险物隔离提案。

7月15日,湖南省人大常委会发布《湖南省高等级公路管理条例》。

7月18日,交通部、国家计委、财政部联合发布《关于在公路上设置通行费收费站(点)的规定》。

7月20日,国务院印发《关于禁止在公路上乱设站卡乱罚款乱收费的通知》。

8月13日,交通、公安两部在北京联合召开贯彻国务院《通知》、治理公路"三乱"电话会议。

9月25日,辽宁省人大常委会发布《辽宁省高速公路管理条例》。

9月27—28日,全国汽车综合性能检测站行业管理工作现场会在江苏省南通市召开,并对江苏省汽车综合性能检测中心站进行了首家认定。

10月8日,经国家教委批准,集美航海学院等五所院校合并组建为集美大学。

10月11日,交通部公布了《关于107国道通行费收费站点的通告》。

10月,成渝高速中梁山隧道、缙云山隧道及宋家沟一号、二号隧道通车,总长1.2万余延米。其中,中梁山隧道左右洞分别长3165米、3163米,是当年国内建成的最长公路隧道。

11月4日，全国交通企业转机建制座谈会在贵阳市召开。

11月11日，交通部机关搬迁至北京建国门内大街11号的新办公楼办公。

11月15—26日，交通部对107国道文明建设样板路进行了验收。107国道全线达标。

11月16—18日，交通部委托中远(集团)总公司在北京，召开交通部直属航运单位及沿海港口参加的学习"华铜海"轮经验交流会。

11月18日，全国公路行业唯一的经济新闻类期刊——《中国公路》杂志创刊。

11月18—20日，全国汽车运输业车辆技术管理经验交流会在西安市召开。

11月18—21日，在全国第13次勘察设计工作会议上，交通系统分别获全国最佳工程设计特奖1项，全国第6届优秀工程设计金奖2项、银奖2项、铜奖3项，国家设计大师6名，全国优秀勘察设计院长12名。

11月22日，江苏省江阴长江公路大桥举行开工典礼。交通部黄镇东部长参加典礼并在现场主持召开了第一次领导小组协调会。

11月22日，中华人民共和国政府和越南社会主义共和国政府在河内签订两国汽车运输协定。

12月2日，交通部部长黄镇东为杨怀远著《为人民服务到白头》一书作序。序中写道："我希望交通系统的广大干部职工能一读此书，把全心全意为人民服务的精神学到手，在各个岗位上开花结果，为谱写精神文明建设的新篇章作出贡献。"

12月18日，京石高速公路河北段全线224公里双幅建成通车，标志着总长269.6公里的京石高速公路实现全线通车。邹家华副总理出席通车典礼。

12月20—24日，交通部在南宁市召开全国交通系统职业技术教育改革与发展工作会议。

12月25日，川藏、青藏公路通车40周年，江泽民总书记题词："加强民族团结和军民团结，发展交通，开发边疆，建设西藏。"李鹏总理题词："振兴经济，交通先行。"

12月26日，全长64.4公里的河南省郑州至开封高速公路建成通车，实现河南省高速公路零的突破。邹家华副总理致电祝贺。

12月28日，大连港客运站服务员司胜战同志荣获全国总工会授予的"全国十佳职业道德标兵"称号。

1995年

年内，2项公路科技成果获国家科技进步三等奖。它们是："公路航测遥感及计算机辅助设计衫技术的研究"和"道路沥青包装生产线及包装材料"。

年内，"压磁式混凝土绝对应力设计及应力仪"获国家发明三等奖。

年内，6项公路科技成果获交通部科技进步二等奖，它们是："高原驾驶员心理、生理、心理卫生、驾驶作业环境与安全行车研究(富氧机除外)""部分预应力混凝土公路桥梁截面设计原理的研究""丁苯橡胶沥青在高等级公路上应用的成套技术""高等级公路(沥青混凝土路面)机械化施工组织与机械综合作业定额应用研究""防治贵黄公路噪声屏障技术的研究""汽车检测诊断设备在汽车维修生产中的应用"。

1月10—13日，交通部在北京召开全国交通工作会议。黄镇东部长做了题为《认清形势，统一思想，推进交通改革和发展》的工作报告。邹家华副总理12日到会与部分代表进行了座谈。会上，黄镇东部长倡议，在全国交通行业开展为西藏养路职工"送温暖活动",得到全国交通行业积极响应。在随后不到3年的时间里,各地共捐赠、补贴资金3905万元,援建了156座道班房。

2月16日和19日,交通部先后派出驻河南洛阳扶贫工作组和驻云南怒江扶贫工作组共26名干部,分赴洛阳、怒江两地11个国定贫困县,开展定点挂钩扶贫工作。

2月20—23日,交通部1995年纪检监察工作会议在上海召开。

2月24日,国务院、中央军委令第173号发布《国防交通条例》。

2月24—27日,交通部在上海召开全国交通审计工作会议。黄镇东部长、刘锷副部长出席了会议。审计署刘鹤章副审计长参加了会议。

3月1日,国务院任命洪善祥为交通部副部长。

3月1日,交通部成立"211工程"(211工程:面向21世纪,重点建设100所高等院校和一批重点学科)领导小组,黄镇东部长任组长,刘锷、洪善祥副部长任副组长。

3月4—7日,全国交通企业财务工作会议在杭州市召开。

3月9日,交通部副部长李居昌代表中国政府在巴基斯坦首都伊斯兰堡与哈萨克斯坦、吉尔吉斯斯坦、巴基斯坦三国政府代表正式签署了中、哈、吉、巴四国政府过境运输协定。

3月20日,交通部发布《交通行政执法监督规定》,自1995年7月1日起施行。

3月25日,交通部成立现代企业制度改革试点领导小组,并确定了广州海运(集团)公司、中国远洋运输集团、中国长江航运集团、上海海运(集团)公司、交通部第一航务工程局、交通部第三航务工程局、交通部第一公路工程总公司、营口港务局、交通部第二航务工程勘察设计院作为部属及双重领导企业建立现代企业制度试点单位。

3月,交通部以交公路发(1995)243号印发《国家干线公路文明建设样板路实施标准》。

4月10日,交通部党组下发《交通部关于"不准接受可能对公正执行公务有影响的宴请"的规定》和《交通部关于"不准参加用公款支付的营业性歌厅、舞厅、夜总会等娱乐活动"的规定》。

4月20—22日,交通部与中国海员工会在北京举办了原招商局船员起义45周年纪念活动。20日,在人民大会堂召开了纪念会,全国政协副主席杨汝岱出席了纪念会。

4月26—5月2日,国家经贸委主办的第二届全国企业技术进步展览会在北京举行。展览期间,江泽民总书记、李鹏总理等中央领导在交通部黄镇东部长的陪同下参观了该展览会交通馆。

5月9日,交通部发布《汽车客运站管理规定》,自发布之日起施行。

5月12日,交通部发布《交通女职工劳动保护实施办法》。

5月17日,财政部、交通部联合发布《交通运输企业成本费用管理核算办法》。

5月,交通部、公安部、国务院纠风办等两部一办会同国家林业局,在全国开通了第一条"绿色通道"——全长500公里的山东寿光至北京"绿色通道"。

6月18日,沟通四条国道的武汉内环线的重要桥梁——武汉长江二桥通车,主跨400米,为双塔双索面钢筋混凝土斜拉桥,是长江上此类桥型的第一座桥。

6月21—25日,交通部在合肥召开"全国公路养护管理工作会议"。会议总结交流了公路养护管理工作中的先进经验,研究了进一步改革和完善公路管理的运行机制,讨论制定了"九五"期间公路养护管理工作方针、发展和实施措施。

7月4—8日，全国培育和发展道路运输市场工作会议在浙江省杭州市召开。

7月17日，交通部决定，在全国交通系统开展向青岛港学习的活动。

7月21日，云南省人大常委会发布《云南省高等级公路管理条例》。

8月1—4日，交通部在吉林召开全国交通成人与职业技术教育工作会议。

8月14日，交通部发布《全国在用车船节能产品（技术）推广应用管理办法》。

9月6日，交通部以交公路发〔1995〕828号发布《省际道路旅客运输管理办法》，自1996年1月1日起施行。

9月13日，交通部与共青团中央联合发出通知，决定在全国交通系统广大青年职工中开展争当"青年岗位能手"和创建"青年文明号"活动，组织和引导广大青年职工弘扬艰苦创业和敬业爱岗精神，立足本职岗位，争创一流成绩，全面提高青年职工的职业道德，职业技能和服务水平。

9月20—22日，全国道路客运工作会议在黑龙江省哈尔滨市召开。

9月21日，全长340公里的成（都）渝（重庆）高速公路通车，结束了四川（226公里）、重庆（114公里）没有高速公路的历史。

9月29日，交通部洪善祥副部长出席太平洋经济合作委员会（PECC）第十一届大会，并做了题为《中国公路、水运交通事业的发展规划和利用外资政策》的讲演。

9月29—10月1日，在建国46周年之际，交通部邀请了100名优秀养路工代表进京参加国庆观光活动，养路工人首次登上了天安门城楼。9月29日，交通部领导与百名养路工进行了座谈。

10月9—14日，国家经贸委、国家计委、国家科委和全国总工会联合组织开展表彰"八五"全国节能先进企业（单位）活动。交通系统的青岛远洋运输公司、上海海运（集团）公司、上海长江轮船公司、大连港务局、苏州汽车客运总公司、江苏省港航集团运河公司、南京港务管理局分别荣获"八五"全国节能先进企业称号；交通部能源管理办公室、交通部水运行业能源利用监测中心武汉工作站、天津港务局节能办公室荣获"八五"全国节能先进单位称号。

10月16—19日，交通部在山东省青岛市召开了全国交通行业勘察设计工作会议。

10月24—27日，交通部在山东省泰安市召开了全国交通扶贫工作会议。交通部部长黄镇东做了题为《提高认识、把握机会，坚决打好交通扶贫攻坚战》的报告。

11月1—3日，交通部在北京召开了全国交通科学技术大会。会上，黄镇东部长做了题为《实施科教兴交战略、推动交通事业持续发展》的报告。3日，国务委员、国家科委主任宋健同志出席了会议闭幕式并讲话。

11月6日，交通部发布《公路工程基本建设项目设计文件编制办法》。

11月8日，浙江宁波甬江隧道建成。该隧道位于宁波镇海的甬江入海口，为单孔两车道汽车隧道，全长1019米，水下段长420米。

11月30—12月2日，全国交通行业学习"华铜海"轮经验交流会在广州召开。

12月4日，交通部发布《道路大型物件运输管理办法》。

12月16日，黄石长江公路大桥建成通车。该桥全长2580米，为主孔跨度245米的连续刚构桥。其主跨居亚洲第一，世界第二。

12月20日，交通部发布《公路工程造价人员资格认证管理办法》。

12月25日，交通部发布的《关于加快培养交通系统跨世纪专业技术人才的实施意见》明确提出，各单位要加强学术或技术梯队建设，积极参与国家"百千万人才工程"。

12月26日，铜陵长江公路大桥建成通车。该桥全长2592米，主孔跨度432米。

12月27日，交通部党组批准《交通教育事业"九五"计划和2010年发展规划》。

12月28日，汕头海湾大桥建成通车。中共中央总书记江泽民、全国人大常委会副委员长田纪云、国务院副总理邹家华等党和国家领导人参加了通车典礼。该桥是我国第一座大跨度跨海悬索桥。

12月28日，全长68公里的青岛至黄岛一级汽车专用公路建成通车。

12月28日，全长120公里的郑州至洛阳高速公路建成通车。

1996年

年内，"我国水泥混凝土路面发展对策及修筑技术研究"和"公路桥梁管理信息系统"2项公路成果获国家科技进步三等奖。

年内，"京津塘高速公路工程建设成套技术"获交通部科技进步特等奖；"公路、水路交通运输网络规划技术研究""公路隧道施工技术规范""三级公路数据库管理系统的研究与实施""核子密度与含水量测定仪的研制与路面结构层压实度的控制""交通部CAD工程支撑软件"等5项公路成果获交通部科技进步二等奖。

1月1日，交通部第三次交通工业普查开始登记，交通部副部长洪善祥任普查领导小组组长。普查工作于1996年12月底完成。

1月4日，交通部发布《公路、水运工程监理工程师资质管理办法》。

1月9—11日，交通部在昆明召开"九五"期间交通建设利用国外贷款项目工作会议，研究落实了"九五"期间交通建设利用国外贷款项目的前期工作。

1月15日至7月，交通部对实行任期经济责任制和任期目标责任制的63个部属企事业单位的经济责任进行全面审计，为完善经济责任制和考核使用干部提供了重要依据。

1月18日，全长145.7公里的西(安)宝(鸡)一级公路建成通车。国务院副总理邹家华、交通部副部长李居昌等出席了通车典礼。

1月23—26日，1996年全国交通工作会议在北京召开，国务院副总理吴邦国向大会致信祝贺。黄镇东部长做了《齐心协力，奋发图强，扎扎实实做好"九五"交通工作》的工作报告。会议主要任务是：贯彻落实中共十四届五中全会精神，回顾总结"八五"及1995年交通工作，安排部署"九五"及1996年各项工作任务。

1月28日，全长138公里的江西省(南)昌九(江)高速公路通车，江西实现高速公路零的突破。

2月16日，交通部发布《交通职业技术教育规划纲要(1996至2000年)》和《交通成人教育规划纲要》。

3月7日，"吴福-振华交通教育奖励基金"捐赠仪式在北京举行。该基金是由全国政协常委、澳门知名人士吴福先生捐资人民币300万元、振华海湾工程有限公司捐资人民币200万元共同设立的，用于奖励在交通教育战线勤奋工作的教职工和品学兼优的学生。

3月11—14日，交通部党组在北京召开纪检监察工作会议。会议传达了中央纪委六次全会和国务院第四次反腐败工作会议精神，研究部署了1996年交通纪检监察工作。

3月14日，国家审计署对全国交通行业审计全面开始。

3月15—16日，交通部在石家庄召开交通部第三次治理公路"三乱"工作座谈会。

3月16—18日，交通部在西安召开全国交通审计工作会议。

3月20日，交通部印发《交通教育事业"九五"计划和2010年发展规划》。

3月26—28日，交通部在江苏苏州召开全国交通系统宣传工作座谈会。

3月29日，交通部、公安部、国务院纠风办在北京联合召开第二次全国治理公路"三乱"电话会议。国务院副总理吴邦国到会讲话。

3月，吉林省开始公路管理体制和养护运行机制改革，在桦甸县首次尝试"国路民养"，之后在全省推广，第一次以省为单位进行公路管理体制改革，组建了全国第一个民营养护公司，第一次实行了"事企分离、管养分离"，引起全国公路系统关注。

4月1日，交通部、财政部以交财发〔1996〕286号联合发布《车辆购置附加费管理暂行规定》，并自发布之日起实施。

4月4日，中央机构编制委员会办公室批准交通部成立交通部环境保护中心，原设在部水运科学研究所的交通部环境监测总站同时撤销。

4月16日，交通部副部长刘锷与俄罗斯运输部第一副部长别甫琴柯，分别代表两国政府在黑龙江省黑河市签署了关于中俄两国共同建设黑河大桥的有关协议。

4月19—21日，交通部在江苏无锡召开交通行业清理整顿标准验收总结会议。会议完成了交通行业 1041 项国家标准、行业标准清理整顿工作，清理结果是：保留 921 项标准，合并及废止 120 项标准。

5 月 2—6 日，交通部部长黄镇东赴云南怒江傈僳族自治州，对交通部扶贫点的扶贫工作进行调研。

5 月 8 日，在国家国有资产管理局组织召开的全国清产核资工作总结会议上，交通部被授予"八五"清产核资先进单位。

5 月 10 日，国家"八五"重点工程——312 国道六盘山公路隧道贯通。

5 月 23 日，交通部、团中央在武汉联合召开全国交通系统争当"青年岗位能手"、创建"青年文明号"活动推进大会。

5 月 28 日，交通部决定，设立交通部"希望工程"助学基金。该基金用于资助交通部定点扶贫的 11 个国家贫困县部分失、辍学儿童的书杂费和奖励这 11 个县的在读大学生、研究生中学习和表现较突出者。

6 月 4 日，国务院令第 198 号颁布《城市道路管理条例》，自 1996 年 10 月 1 日起施行。《条例》第十五条规定"县级以上城市人民政府应当有计划地按照城市道路技术规范改建、拓宽城市道路和公路的结合部，公路行政主管部门可以按照国家有关规定在资金上给予补助。"

6 月 4 日，交通部、河北省政府联合在北京召开学习推广石家庄出租汽车行业"争做文明使者"、弘扬社会新风座谈会。

6 月 25 日，全长 144 公里的山西太(原)旧(关)高速公路建成通车，这是山西省第一条高速公路，也是我国在山岭重丘区建设的第一条高速公路。国务院副总理邹家华、交通部部长黄镇东等出席了通车典礼。中共中央总书记江泽民题写了"太旧高速公路"路名，国务院总理李鹏为太旧高速公路题词："群策群力建设高速公路，如虎添翼振兴山西经济。"

7月1日，中共中央政治局常委、中央军委副主席刘华清为武警交通部队组建30周年题词：铺路架桥为民造福，艰苦创业以苦为荣。

7月1—3日，交通部在吉林召开全国交通基本建设质量监督、工程监理工作会议。

7月6日，国务院印发《关于加强预算外资金管理的决定》。决定自1996年起将养路费、车辆购置附加费、公路建设基金、港口建设费等13项数额较大的政府性基金（收费）纳入财政预算管理。

7月11日，交通部令1996年第4号发布《公路建设市场管理办法》。这是公路建设领域第一部较全面、系统地阐述公路建设管理程序和公路建设有关各方义务、责任的综合性管理办法。

7月，海南省实施公路管理体制改革，撤销省公路局，引起全行业反响。

8月6—8日，交通部在长沙召开全国道路运输管理工作会议。

8月15日，广东省高速公路发展股份有限公司向境外发行的1.35亿股B股在深交所上市，成为中国第一家上市的公路建设企业，其股票也被称为"中国公路第一股"。

8月28—30日，交通部在广州召开"八五"科技成果推广经验交流和展示会。

8月29日，国务院副总理李岚清在国家教委主任朱开轩等陪同下，视察西安公路交通大学。

8月，三峡水利枢纽前期准备工程关键项目之一——主跨900米、通过特种施工车辆的西陵长江大桥竣工，为钢箱梁悬索桥，主跨居当时国内第一、世界第七，这是我国悬索桥跨度上的一次明显突破。

8月，广西邕宁邕江大桥通车，为主跨312米的中承式钢管混凝土拱桥，主跨居当时世界同类桥型之首。

9月13日，交通部发布《交通食品卫生监督管理办法》。

9月15日，全长274公里的沪(上海)宁(南京)高速公路建成通车，其中江苏段长248.21公里，江苏省实现高速公路零的突破。中共中央总书记江泽民题写了"沪宁高速公路"路名。

9月19日，全长133.26公里的吉林省长(春)(四)平高速公路建成通车，吉林省实现高速公路零的突破。吉林省委书记张德江题词："祝贺长平高速公路胜利通车！"

9月24—25日，交通部在上海召开部直属企业扭亏增盈工作会议。

9月27日，交通部在广西玉林召开全国交通系统汽车运输企业加强管理经验交流会。

10月1日，三峡专用公路全线通车。此前的1996年1月22日，该路双洞平均长3599米的控制性工程——木鱼槽隧道贯通。

10月5日，国家科委批复《交通部直属科研机构科技体制改革总体方案》，将交通部列为国家科技体制改革试点部门之一，并要求用3年时间努力把公路、水运工程和船舶运输3个科研中心建设成为国家重点科研机构。

10月7日，交通部印发《汽车维修行业发展规划》。

10月9日，交通部令1996年第9号发布《公路经营权有偿转让管理办法》。

10月24日，10月24日、12月18日交通部分两批公布了公路施工企业资信登记名单。192家公路施工一级资质企业和140家中央有关部门直属公路施工二级资质企业通过了资信登记。

10月25日，全长45公里的云南省昆(明)嵩(明)高速公路通车。这是云南省高速公路零的突破。

11月1日，102国道(北京至哈尔滨)全线通过了交通部组织的"文明样板路建设"验收。

11月3日，交通部部长黄镇东与瑞典王国驻华大使林德思，分别代表本国政府在北京签署了《中华人民共和国交通部和瑞典王国运输通信部关于交通科技领域合作的谅解备忘录》。

11月14日，全长31.2公里的北京至八达岭高速公路(一期)工程——北京至昌平段建成通车。国务院副总理吴邦国、国务委员罗干、交通部部长黄镇东等出席了通车典礼。

11月20日，全长145公里的浙江省杭(州)甬(宁波)高速公路建成通车。

11月28日，国务院总理李鹏、副总理吴邦国考察沪宁(上海至南京)高速公路。

12月9—11日，交通部在南京召开全国交通系统创建文明行业大会。会上，交通部党组提出用10至15年时间把全国交通行业建成文明行业的奋斗目标。

12月12日，交通部参加中宣部和国务院纠风办组织的十大"窗口"行业开展"为人民服务，树行业新风"活动，向社会公布了交通行业30个示范"窗口"单位、"12项优质服务标准"和"5项保证措施"。

12月12—13日，交通部与亚洲开发银行在昆明召开澜沧江—湄公河次区域经济合作第三次交通论坛会议。

12月15日，全长55.1公里的湖南省长(沙)(湘)潭高速公路建成通车，湖南省实现高速公路零的突破。

12月23日，《中国交通报》刊登国务院总理李鹏关于建设全国统一的综合交通运输网络体系讲话的摘录。李鹏总理的讲话对今后我国公路、水运建设的发展目标和方针政策做了精辟的阐述，对搞好"九五"交通建设和实现2010年奋斗目标具有重要指导意义。

12月24日,根据国务院办公厅《关于转发国家教委等部门〈关于加快解决职工住房问题意见〉的通知》,交通部批准部直属院校"九五"期间教职工住宅(即交通部直属院校安居工程)建设计划,并于1996年启动。

12月24日,全长93公里的河南省郑(州)许(昌)高速公路建成通车。

12月30日,交通部成立信息化工作领导小组。交通部副部长洪善祥任领导小组组长。

12月31日,交通部发布《公路建设项目后评价报告编制办法》《公路建设项目后评价工作管理办法》。

12月底,历时4年,由福建省委省政府组织实施的、总投资130亿元的三千公里二级公路"先行工程"胜利完成。其中,驻闽部队做出了重要贡献。

1997年

年内,"京津塘高速公路工程建设成套技术"获国家科技进步一等奖;"公路、水路交通运输网络规划技术研究"获国家科技进步三等奖。

年内,"道路沥青及沥青混合料路用性能的研究"获交通部科技进步一等奖;"沥青路面设计指标与参数的研究""合芜、合宁高等级公路建设若干关键技术的研究与应用""陕西省农村公路发展战略研究""大跨钢管混凝土劲性骨架混凝土拱桥收缩、徐变等非线性因素影响研究""干旱缺水地区路基压实的研究""滑模摊铺水泥混凝土路面修筑成套技术研究""高等级公路碾压混凝土路面施工成套技术的研究""干线公路路面评价养护管理系统推广应用""高密实度摊铺机的研制""宁波甬江水下隧道管段沉放法施工技术"等10项公路成果获交通部科技进步二等奖。

1月9日,1997年全国交通工作(电话)会议召开,主会场设在北京。黄镇东部长做了《认清形势,稳中求进》的工作报告。会议的主要任务是:贯彻中共十四届五中、六中全会和中央经济工作会议以及李鹏总理关于交通工作的重要谈话精神,总结1996年交通工作,分析交通工作形势,部署1997年主要任务。

1月30日,安徽省人大常委会发布《安徽省高速公路管理条例》。

3月4日,交通部发出通知,在全国交通系统深入开展"巾帼建功"活动。

3月14日,交通部、铁道部联合颁布《国际集装箱多式联运管理规则》。

3月18日,全长2384米的312国道六盘山隧道建成通车。六盘山公路隧道工程,全长12.37公里,其中隧道横穿六盘山分水岭,全长2385米,宽9米,高5米,引道长9981米。

3月18—19日,交通部召开全国交通系统示范"窗口"工作会议。

3月27日,国务院、中组部决定任命胡希捷为交通部副部长、党组成员。

4月29日,交通部、共青团中央联合命名表彰1995—1996年度全国交通系统岗位能手102名和全国交通系统青年文明号112个。

5月1日,全长138.5公里的广西桂(林)柳(州)高速公路建成通车。国务院总理李鹏题写了路名,广西高速公路实现零的突破。

5月,香港青马大桥建成,为当时中国跨径最大的悬索桥,主跨1377米。此桥为全世界最长的公路、铁路两用的重载悬索大桥,其设计、施工技术居世界前列。

5月,重庆万县、涪陵两座长江公路大桥竣工。其中,万县长江公路大桥主跨420米,居当时钢管混凝土箱型拱桥的主跨世界第一。涪陵长江公路大桥是一座双塔双索面 PC 梁斜拉桥，倒 Y 形主塔高 163 米，主跨 330 米，桥面宽 18 米，四车道，引道长 5.3 公里，桥高 163 米。

6 月 1—12 日，交通部副部长洪善祥出访越南并签署《中越汽车运输协定议定书》。

6 月 2—4 日，交通部在湖南召开全国车辆购置附加费征收工作会议。

6 月 9 日，主跨 888 米的广东虎门大桥建成通车，江泽民总书记题写桥名。该桥总投资近 30 亿元，大桥全长 4.61 公里，其主航道桥跨径 888 米，是我国公路上的第一座跨度近 900 米的大型悬索桥；辅航道桥为三跨预应力混凝土连续刚构箱型梁，主跨 270 米刷新了当时连续刚构梁桥的世界纪录。

6 月 10 日，交通部成立防震减灾领导小组。该领导小组办公室设在部基建司。

6 月 12 日，交通部召开纪检监察电话会议，交通部部长黄镇东在会上做了《突出重点，加大力度，狠抓落实，务必在近期内取得反腐败斗争明显成效》的讲话。

6 月 12 日，交通部决定成立中国便利运输委员会办公室。中国便利运输委员会 1996 年经国务院批准成立。

6 月 19 日，交通部以交科发〔1997〕362 号发布新修订的《公路、水运交通主要技术政策》。

6 月 19 日，吉林省人民政府令第 62 号发布《吉林省高速公路管理办法》。

6 月 24 日，交通部副部长刘松金率中国代表团出席在加拿大维多利亚召开的 APEC 第二届运输部长会议。

6 月 24 日，上海徐浦大桥通车，为主跨 602 米的斜拉桥，当时主跨居世界第一。

6 月 26 日，交通部副部长李居昌率中国代表团出席在智利圣地亚哥召开的第二届亚太地区基础设施部长论坛会议。

6月30日，呼(和浩特)包(头)高速公路(半幅)建成通车，该路全长150.4公里。内蒙古高速公路实现零的突破。

7月1日，《全国公路网规划图集》出版，国务院副总理吴邦国为图集题词："加速公路建设，造福全国人民。"

7月3日，《中华人民共和国公路法》经第八届全国人民代表大会常务委员会第二十六次会议通过，以中华人民共和国主席令第86号发布，于1998年1月1日实施。

7月11日，交通部举办《公路法》颁布记者招待会。全国人大法律委员会、法工委原副主任邬福肇和交通部副部长李居昌就《公路法》的主要内容、基本原则、《公路法》颁布的意义和作用等回答了记者的提问。

7月17日，交通部发布《公路工程试验检测机构资质管理暂行办法》。

7月23日，交通部召开全国交通系统学习贯彻《公路法》电话会议，交通部部长黄镇东在会上部署了学习、宣传、贯彻《公路法》的工作任务，号召交通系统的干部职工为《公路法》的实施做好准备。国务院法制局副局长李适时到会并讲话。

7月31日，交通部发出通知，在全国交通系统开展"讲文明、树新风"活动。

8月1日，交通部发布《公路工程施工招标资格预审办法》和《公路工程施工招标评标办法》，于1997年10月1日正式施行。

8月5—8日，交通部在南戴河召开"交通部搞好国有大中型企业座谈会"。出席会议的有交通部部长黄镇东、副部长刘松金、李居昌、洪善祥，部内各司局领导，部直属企业、双重领导企业党政领导。黄镇东部长做了《坚定信心，扎实工作，搞好国有大中型交通企业》的讲话。国务院副总理吴邦国到会接见了全体会议代表并讲话。

8月30日,全长324.5公里的黑龙江省哈(尔滨)同(江)公路建成通车。

8月,贵州省人民政府决定改进公路管理体制,第三次将市(州、地)所属的9个公路养护总段由地方收回省交通厅公路局统一管理。

9月8—11月15日,交通部对全国干线公路养护与管理工作进行了大检查,对照交通部发布的《国省干线公路养护和管理检查计分标准》,按千分制严格考核。这是中华人民共和国成立以来首次组织的全国性干线公路检查。实际检查里程2.87万公里,约占全国国省干线公路里程的10%,检查面之广、内容之细超过了以往。1997年也因此被称为全国的"公路养护年"。

9月19日,全长83.55公里的吉林省长(春)吉(林)高速公路建成通车。

9月22日,交通部决定,在全国开展"创建车购费征收文明窗口"活动。

9月25日,交通部、铁道部联合联合发布《关于贯彻实施〈国际集装箱多式联运管理规则〉的通知》。

10月5日,京沈高速公路辽宁省沈(阳)山(海关)段开工。

10月6日,全长132.86公里的黑龙江省哈(尔滨)大(庆)高速公路建成通车。

10月14—17日,交通部在河北省石家庄市和山西省太原市召开全国公路系统创建文明行业经验交流会。开始在全国交通系统学习和推广"太旧精神"、石家庄出租汽车行业、青岛长途汽车站以及养路工陈德华、稽查科长朱同汝等五个先进典型的事迹。

10月16日,交通部发布《交通行政执法证件管理规定》,自1998年1月1日起施行。

10月23日，国家计委批准南京长江二桥正式开工。

10月28日，全长97.5公里的广西壮族自治区钦(州)防(城)高速公路建成通车。

11月18日，路桥集团及其核心企业——中国路桥(集团)总公司在北京正式挂牌成立。

11月18日，交通部召开关于"公路法宣传月"电话会议。交通部部长黄镇东部署了"公路法宣传月"的各项工作。

11月20日，全国道路运输系统创建文明行业座谈会在山东青岛召开。

11月20日，重庆江津长江公路大桥试通车。大桥主体为连续钢构，全长1360米，主桥为140米+240米+140米三跨连续刚构。重庆岸引道为14×50米简支T梁，连续空心板梁。

11月26日，交通部发布《公路工程技术标准》(JTJ001-97)，自1998年1月1日起施行。

11月26日，交通部令1997年第16号发布《交通行政执法证件管理规定》。

11月26日，全国汽车维修管理工作会议在北京召开。

12月3日，交通部、财政部联合发布《关于违反〈车辆购置附加费征收办法〉的处罚规定》。

12月6日，中港集团及其核心企业——中国港湾建设(集团)总公司在北京正式挂牌成立。

12月12日，交通部、财政部联合发布《关于印发〈养路费收支预决算编制暂行办法〉的通知》。

12月12日，交通部发布《关于进一步加强质量监督管理工作的通知》

12月15日，全长81.90公里的福建省泉(州)厦(门)高速公路通车。福建实现高速公路零的突破。

12月19日，交通部环境保护中心成立。

12月19日，中国交通进出口总公司加入招商局集团。

12月20日，全长3455米、宽13.1米、高7.3米、单向三车道的北京八达岭高速二期控制性工程——潭峪沟隧道竣工，成为当时国内及亚洲长度最长、跨度最大的三车道公路隧道。

12月22—24日，交通部在武汉召开"全国高速公路快运系统建设座谈会"，明确了今后建立快运系统的目标、基本原则和重点。

12月30日，全长216.05公里的石(家庄)安(阳)高速公路建成通车。

12月，全国交通行业为西藏养路职工"送温暖活动"提前完成，各地共捐赠、补贴资金3905万元，援建了156座道班房。

1998年

年内，"道路沥青及沥青混合料路用性能的研究"获国家科技进步二等奖；"高密实度摊铺机的研制""大跨钢管混凝土劲性内架混凝土拱桥收缩、徐变非线性因素影响研究"等2项公路成果获国家科技进步三等奖。

年内，"北京市公路管理信息系统"获交通部科技进步一等奖；"212国道泥石流、滑坡处治技术研究""公路桥梁可靠度研究""《公路、水路主要技术政策》修订稿的编制研究""无源网络的计算机优化制作""运输系统规划与模型(著作类)"等5项公路成果获交通部科技进步二等奖。

1月1日，《中华人民共和国公路法》实施。后根据1999年10月31日第九届全国人大常委会第十二次会议《关于修改〈中华人民共和国公路法〉的决定》第一次修正；根据2004年8月28日第十届全国人大常委会第十一次会议《关于修改〈中华人民共和国公路法〉的决定》第二次修正。

1月1日起，交通部对实行任期经济责任制的部属企事业单位进行经济责任审计,为完善经济责任制和有关部门考核聘用干部提供参考依据。

1月12—13日,交通部公路司与河北省交通厅共同组织了石家庄至太原公路河北段竣工验收工作,该项目被评为优良工程。

1月14—15日,交通部在北京召开了全国交通工作会议。会议的主题是:高举邓小平理论伟大旗帜,贯彻落实党的十五大精神和中央经济工作会议精神,认清形势,明确思路,部署1998年的工作任务,推进交通行业两个文明建设。李鹏总理、吴邦国副总理分别给会议致信,充分肯定了交通工作取得的成绩,对下一步的交通工作做了重要指示。交通部部长黄镇东做了题为《认真贯彻十五大精神,创造交通工作新业绩》的工作报告。

1月19日,交通部发布《交通部国防交通储备器材管理规定》。

1月21日,交通部发布《交通部学术和技术梯队管理暂行办法》。

2月11日,交通部印发《关于加强公路工程项目验收工作的通知》。

2月13—14日,交通部党组在北京召开纪检监察工作会议。部党组书记、部长黄镇东在会上讲话。会议传达了中央纪委二次全会和国务院第六次反腐败工作会议精神,研究部署了1998年交通纪检监察工作。

2月18日,交通部胡希捷副部长率代表团访问乌兹别克斯坦并代表中国政府在塔什干签署了《中华人民共和国政府、吉尔吉斯斯坦共和国政府、乌兹别克斯坦共和国政府汽车运输协定》。

2月26日,交通部令1998年第4号发布《汽车租赁业管理暂行规定》。

3月3日，交通部召开全国交通系统治理公路和水上"三乱"电话会议。黄镇东部长到会讲话，部署了1998年治理公路和水上"三乱"工作。

3月3日，交通部和全国妇联决定：授予崔桂荣等95名同志全国交通系统"巾帼建功"标兵称号；授予北京市公路局京石分局收费一所等46个单位全国交通系统"巾帼建功"先进集体称号。

3月4日，交通部令1998年第2号发布《道路运输车辆维护管理规定》。后根据2001年8月20日交通部令2001年第4号发布《关于修改〈道路运输车辆维护管理规定〉的决定》修正。

3月9日，交通部1998年第3号令发布《道路运输行政处罚规定》。

3月10日，交通部在福建省召开十年交通教育扶贫工作总结会议。

3月26—28日，交通部在北京召开加快公路基础设施建设座谈会，黄镇东部长要求以对党和人民高度负责的精神，贯彻落实中共中央关于加快公路建设的决策。

4月22日，国务院决定：任命张春贤为交通部副部长，同时免去刘松金交通部副部长职务。

5月12日，交通部副部长张春贤在北京与瑞典工业和贸易部代表签署了"对中国EDI信息网络（一期）工程的技术合作"文件，瑞方同意向我赠送39套AMTRIX EDI中心系统软件和22套AMTRIX EDI接点系统软件。

5月17—18日，交通部公路司与广东省交通厅共同组织了深圳至汕头高速公路东段工程竣工验收工作。该工程被评为优良工程。

5月19—22日，交通部公路司与山西省交通厅共同组织了太原东山过境高速公路、汾阳至柳林公路竣工验收工作。两条公路均被评为优良工程。

6月2日,交通部印发《交通部跨世纪优秀专业技术人才专项经费资助项目及优秀青年科技人才项目管理暂行办法》。

6月12日,交通部发布《汽车维修质量纠纷调解办法》。

6月18日,国务院办公厅在《关于印发交通部职能配置、内设机构和人员编制规定的通知》(国办发〔1998〕67号)中,决定交通部内设10个职能司(局、厅)和直属机关党委,机关行政编制为300名。此次改革在确定各司局职责时,全部取消了直接干预企业管理的职能,进一步理顺了体制,加强了宏观调控和行业管理。

6月20—23日,交通部在福州召开全国加快公路建设工作会议。吴邦国副总理参加会议,并做了题为《提高认识,狠抓落实,进一步加快公路建设步伐》的讲话,黄镇东部长做了工作报告。国务院办公厅、国家发展计划委员会、国家经贸委、财政部、中国人民银行、中国证监会、中国工商银行、中国建设银行、国家开发银行等有关部门和金融单位的领导出席了会议。此次会议标志着,全国公路建设进入新的快速发展时期。7月中旬,党中央、国务院决定加大基础设施投入,公路建设投资规模从年初的1200亿元,调增到1600亿元。

6月30—7月3日,受香港特区政府邀请,交通部部长黄镇东参加香港回归祖国周年庆祝活动,会见了特区行政长官董建华先生。

7月1日起,国务院决定在客运附加费中每人公里增加1分钱,全额用于公路建设。

7月7日,交通部发布《全国交通系统创建文明行业实施办法》。

7月21日,交通部以交公路发〔1998〕444号文,发布《公路环境保护设计规范》。

7月22日,湖北省阳新县公路局半山董道班青年养路工柯琴芳,在长江特大洪涝灾害中为抢救儿童献出21岁的生命,被湖北省政府追认为革命烈士。10月8日,交通部授予柯琴芳"抗洪救灾模范养路工"荣誉称号,同时授予张玉金"抗洪抢险模范保卫干部"、李伟"抗洪抢险优秀大学生"荣誉称号。1998年,在长江、松花江流域的洪涝灾害中,近百万公路交通职工奋不顾身,投入抗洪救灾。

7月22日,交通部在北京召开第一次全国加快公路建设电话会议。交通部部长黄镇东通报了上半年加快公路建设情况,要求进一步鼓足干劲,再接再厉,努力实现1998年加快公路建设目标。

7月26日,因遭遇特大洪涝灾害,长江航道石首至武汉段封航。汛期内,全国公路水毁2.9万公里,冲毁桥梁3160座,长江沿线码头被淹76个,长江航道封航达43天,共计807公里。

7月29—31日,交通部在北京召开第二次全国加快公路建设座谈会。交通部部长黄镇东传达国务院第12次总理办公会议精神,1998年全国公路建设投资规模从1600亿元扩大到1800亿元。

8月17日,交通部召开交通系统贯彻全国纠风工作会议精神电话会议。黄镇东部长讲话。会议传达了全国纠风工作会议精神,部署了下半年纠风工作。

8月17日,交通部、国家发展计划委员会联合发布了《汽车运价规则》,自1998年10月1日起施行。

8月18—20日,交通部、共青团中央在黑龙江省哈尔滨市联合召开全国公路收费站系统青年文明号经验交流会。交通部副部长张春贤、共青团中央书记处书记孙金龙在会上分别讲话。

8月20日，全长283公里的新疆维吾尔自治区吐(鲁番)乌(鲁木齐)大(黄山)高速公路建成通车。交通部胡希捷副部长出席通车典礼。新疆实现高速公路里程零的突破。

8月21日，交通部、铁道部联合发布《关于实施〈国际集装箱多式联运管理规则〉有关问题的通知》。

8月28日，全国交通高等教育工作会议在大连海事大学召开。交通部黄镇东部长出席了会议，并做了题为《认真贯彻党的十五大精神，推动跨世纪交通高等教育的改革与发展》的报告。

8月31—9月4日，交通部公路司与黑龙江省交通厅共同组织了同江至三亚公路佳木斯至哈尔滨段、绥芬河至满洲里公路绥芬河至刘秀屯段的竣工验收工作。两路段被评为优良工程。

9月3日，华北高速公路股份有限公司、东北高速公路股份有限公司、湖南长永高速公路股份有限公司、广西五洲交通股份有限公司被批准为第一批使用国家特批指标在国内发行A种股票的公路公司。

9月8—15日，第三次中韩公路交流会议在中国举行。韩国公路代表团访问了北京、西安、桂林、南京、上海等地，参观了深圳至汕头高速公路东段工程。

9月11—14日，交通部公路司与陕西省交通厅共同组织了临潼至渭南高速公路、周至渭河大桥竣工验收工作。两项工程均被评为优良工程。

9月12日，朱镕基总理视察内蒙古兴安盟洪水灾情时，对内蒙古公路交通工作做出指示："搞好规划，用三到五年的时间，把通往旗县的油路连通。"

9月16—17日，交通部公路司与广东省交通厅共同组织了汕头海湾大桥竣工验收工作。该桥被评为优良工程。

9月18日，交通部在北京召开第二次全国加快公路建设电话会议。交通部副部长李居昌通报了1月至8月全国加快公路建设情况，强调要认真实行公路工程质量责任追踪制度、专业技术人员培训制度、全过程质量把关制度。

9月21日，人事部、交通部决定：授予付淑琴等213人"全国交通系统劳动模范"荣誉称号；授予张书芳等137人"全国交通系统先进工作者"荣誉称号；授予首都高速公路发展公司等180个单位"全国交通系统先进集体"荣誉称号。

9月22—27日，乌兹别克斯坦共和国尤努索夫副总理和吉尔吉斯斯坦共和国交通通信部部长萨特巴尔济耶夫应邀访华，交通部部长黄镇东与乌兹别克副总理举行了会谈；交通部副部长胡希捷同乌兹别克副总理、吉尔吉斯交通通信部部长共同签署了《中华人民共和国交通部、吉尔吉斯斯坦共和国交通通信部、乌兹别克斯坦共和国国家汽车运输总公司关于建立国际汽车运输行车许可证制度的协议》和《〈中华人民共和国政府、吉尔吉斯斯坦共和国政府、乌兹别克斯坦共和国政府汽车运输协定〉实施细则》。

10月6日，九江长江港监局局长陈纪如在九江沉船堵口决战中表现突出，被中华全国总工会授予全国"五一"劳动奖章。湖北省公路运输管理局作为抗洪救灾先进集体，被中华全国总工会授予全国"五一劳动奖状"。

10月8日，交通部决定：授予柯琴芳同志"抗洪抢险模范养路工"荣誉称号，授予张玉金同志"抗洪抢险模范保卫干部"荣誉称号，授予李伟同志"抗洪抢险优秀大学生"荣誉称号；交通医院医疗防疫服务队等3个单位和李凤歧等3人被评为中央国家机关支援抗洪抢险救灾先进集体和先进个人。在1998年抗洪抢险救灾中，全国交通系统投入人力89.3万人，投入车辆67万台次，船舶3.2万艘次，投入救灾物资20.7万吨，提供救生衣18769件，单位和职工捐款计人民币1.48亿元，公路收费站免收抗洪抢险救灾车辆通行费3122万元。

10月9日，交通部在北京召开第三次全国加快公路建设电话会议。黄镇东部长做了题为《弘扬抗洪精神，推动公路加快建设》的讲话，要求公路建设要把确保工程质量放在第一位，进度服从质量；各级领导要牢固树立质量意识，切实抓好公路建设质量；要派专业技术干部深入施工现场，严把质量关。

10月19—25日，为贯彻落实《国务院办公厅关于加强建设项目管理确保工程建设质量的通知》精神，交通部组织了五个专家组，对河北、山东、江苏、湖南、吉林、辽宁、天津、北京、四川、贵州、广西、湖北、安徽、福建、陕西、河南16个省（区、市）在建的24个重点项目进行了检查。这24个重点项目建设总里程2622公里，投资规模达752亿元，涵盖了在建国道主干线"两纵两横三个重要路段"和两条省级重要干线。

10月21日，交通部令1998年第8号发布《高速公路旅客运输管理规定》。

10月21—23日，交通部与香港贸发局在北京联合举行了BOT项目学术研讨会，交通部副部长李居昌到会并致辞。

10月28日，全国道路运输工作会议在成都召开。交通部副部长李居昌在会上做了题为《以市场为导向，深化企业改革，促进道路运输持续快速健康发展》的报告。

11月10日，交通部公路司与交通部公路科学研究所共同组织了公路交通试验场项目的竣工验收工作。该项目被评为优良工程。

11月13—14日，交通部公路司与甘肃省交通厅共同组织了312国道树屏至徐家磨汽车专用二级公路竣工验收工作。该路被评为优良工程。

11月15—17日，交通部公路司与宁夏回族自治区交通厅共同组织了312国道六盘山隧道工程竣工验收工作。该工程被评为合格工程。

11月17日,交通部在北京召开第四次全国加快公路建设电话会议。交通部部长黄镇东做了题为《再接再厉,超额完成公路建设任务》的报告,副部长李居昌通报了公路工程质量检查情况和辽宁省沈四高速公路青洋河大桥质量事故处理情况,要求决不能为完成1998年任务赶工期而忽视质量,决不能为献礼工程赶工期而忽视质量,决不建设有质量隐患的工程。

11月19—26日,交通部李居昌副部长率代表团访问巴基斯坦并签署《〈中华人民共和国政府、哈萨克斯坦共和国政府、吉尔吉斯斯坦共和国政府、巴基斯坦伊斯兰共和国政府过境运输协定〉实施细则》。

11月27—29日,"十五"交通建设前期工作会议在成都召开,交通部部长黄镇东讲话指出,一要继续抓好建设项目前期工作;二是明确"十五"建设项目前期工作的完成时间;三是要着手开展"十五"计划的编制工作。

11月28日,海拔3792米、长1530米的227国道西宁至张掖公路青海省大坂山隧道贯通。

12月3日,财政部、交通部联合发布《关于加强养路费等交通规费征收工作的紧急通知》。

12月4日,湖北省交通厅、长航集团等4个抗洪先进集体,哈尔滨市交通局副局长印有伦等5名抗洪模范受到国家防汛抗旱总指挥部等三部门表彰。

12月5日,宁波北仑港20万吨级矿石中转码头和上海至南京高速公路江苏段被中国建筑业协会评为1998年度中国建筑工程鲁班奖(国家优质工程)。

12月6—11日,中俄第三次运输分委会和海运、河运、公路运输工作组会议在北京举行,交通部洪善祥副部长作为中方副主席和工作组中方组长出席会议。

12月10—12日,交通部在北京召开全国公路建设质量工作会议，黄镇东部长做了题为《提高认识，狠抓落实，以质量为本加快公路建设》的报告。会议要求，提高认识，狠抓落实，以质量为本加快公路建设。

12月28日，国家发展计划委员会对云南昆禄公路、辽宁沈四公路青洋河大桥质量事故发出通报并做出处理决定。

12月28日，交通部令1998年第9号发布《公路工程施工监理招标投标管理办法》。

12月29日，国家重点建设项目——上海至杭州高速公路建成通车。

12月30日，国道主干线沪蓉公路湖北黄石至黄梅段建成通车。

12月31日，交通部与所办的经济实体和管理的直属企业脱钩。

12月底，1998年全年，全国公路建设完成的投资额达到2118亿元，超额完成当年投资任务。

1999年

年内，"虎门大桥建设成套技术"获交通部科技进步特等奖；"万县长江大桥特大跨（420米）钢筋混凝土拱桥设计施工技术研究""澳门机场人工岛工程建设成套技术"等2项公路成果获交通部科技进步一等奖；"高等级公路下伏空洞的危害程度勘察、处治及质量检验技术研究""M3000型强制间歇移动式沥青混合料搅拌设备""板壳力学中的加权残值法""沥青路面结构可靠性研究""公路路基结构可靠性研究（路堤部分）"等5项公路成果获交通部科技进步二等奖。

年内，京津塘高速公路、沪宁高速公路江苏段、105国道广东番禺洛溪大桥、贵州江界河大桥、九江长江大桥、上海杨浦大桥、首都机场高速公路四元立交桥、杭州钱塘江二桥基础工程等公路、桥梁工程获得"第一届中国土木工程詹天佑奖"。

1月7日，交通部印发《关于认真做好公路收费站点清理整顿的通知》，提出了清理整顿公路收费站点的实施方案(试行)。

1月11日，国务院总理朱镕基在交通部部长黄镇东《关于当前我国高速公路建设发展问题的报告》上批示："可以适当作些宣传。"

1月18—20日，全国交通工作会议在济南召开。中共中央政治局委员、山东省委书记吴官正出席了开幕式。会上，黄镇东部长做了《努力做好世纪之交的交通工作，以优异成绩迎接建国五十周年》的工作报告。

1月20日，交通部1999年安全生产工作会议在济南召开。黄镇东部长、洪善祥副部长在会上分别讲话。

1月22日，湖北省人大常委会发布《湖北省公路路政管理条例》。

1月28日，全长138.43公里的广西柳州至桂林高速公路通过了交通部组织的竣工验收，工程质量优良。

1月31日，全长97.47公里的广西钦州至防城港高速公路通过交通部组织的竣工验收，工程质量优良。

2月3日，全国交通系统廉政工作电话会议在北京召开，黄镇东部长讲话。

2月3日，交通部发布《关于对〈公路水运工程监理单位资质管理暂行规定〉的补充规定》。

2月9日，全国人大常委会委员长李鹏视察了厦门海沧大桥，对大桥的建设质量、速度表示满意。

2月10日，交通部发出明传电报《关于加强财务管理、严禁挪用资金建设楼堂馆所的紧急通知》，提出了保证建设资金运行安全的八条规定。

2月13日，交通部印发《关于开展公路建设质量年活动的通知》，公布了"公路建设质量年"活动实施方案，全面启动了连续3年的"公路建设质量年"活动。

2月24日，交通部发布《公路工程质量管理办法》。

2月27日，全国交通基础设施建设工程质量现场会在南京召开。交通部部长黄镇东到会讲话。

2月，武警交通部队转隶武警总部统一领导管理，不再实行交通部和武警总部双重领导的管理体制。

3月9日，交通部在京举行了"吴福—振华交通教育奖励基金"第二次颁奖仪式。

3月15日，全国交通审计工作会议在武汉召开，交通部副部长李居昌到会讲话。

3月中旬开始，按照"公路建设质量年"活动的总体部署，交通部组织40多名专家，分成七个检查组对南方14个省份的48个公路重点建设项目进行了1999年第一次公路建设质量大检查。

3月27日，全国政协主席李瑞环视察了云南昆（明）玉（溪）高速公路，并对昆玉高速公路的绿化工作做了指示。

3月27日，全国交通系统治理公路、水路"三乱"暨清理整顿收费站点工作会议在吉林长春召开。

4月5日，各级交通主管部门采取多种形式集中宣传质量年活动，交通部副部长李居昌赴北京八达岭高速公路清河收费站参加了现场宣传活动。

4月6日，交通部与中宣部联合邀请新华社、人民日报、中央电视台、中央人民广播电台、光明日报、经济日报等13家新闻单位，召开"高速公路新闻宣传通气会"。会议确定开展"高速公路万里行"新闻采访活动。11家新闻单位共派出记者41人次，分三组对长江三角洲、珠江三角洲和环渤海经济圈的21条高速公路、6座桥梁共27个公路建设项目进行了采访报道，产生了良好的社会影响，为实施加快公路基础设施建设、扩大内需战略营造了良好的舆论氛围。

4月9日，交通部在北京召开"关于落实国家计委重大项目稽查办整改意见的座谈会"，广东、陕西、云南等11个省参加了会议。

4月15日，黑龙江省人大常委会发布《黑龙江省公路条例》。

4月17日，云南省第一条由企业出资控股并参与建设、第一条六车道高速公路——全长85.71公里的昆明至玉溪高速公路通车。2001年，昆玉高速公路获云南省优质工程一等奖。2002年，昆玉高速公路获中国建筑业协会颁发的中国建筑工程"鲁班奖"。

4月17日，四川省巴中地区通江县彭坎岩公路桥在拆除引孔残体时垮塌，施工人员6人死亡，11人受伤，直接经济损失42.5万元。

4月18日，广深珠高速公路虎门大桥通过了交通部组织的竣工验收，工程质量优良。该桥为主航道主跨888米的悬索桥。

4月23日，全国公路建设电话会议在北京召开。交通部部长黄镇东到会讲话，副部长李居昌通报了对公路工程质量和建设资金使用的检查情况。

4月26日，国务院批复了交通部、中国人民银行关于收费公路项目贷款担保问题的请示，明确：公路建设项目法人可以收费公路的收费权质押方式向国内银行申请抵押贷款。

5月1日，云南楚(雄)大(理)高速九顶山隧道左洞试通车。该隧道左洞长3200米，右洞长3209米，是云南高速公路第一座长度超过3公里的隧道。

5月11日，交通部和团中央联合发出《关于表彰1997至1998年度全国交通系统青年岗位能手的决定》，有104人受到表彰。

5月15日，全国人大常委会委员长李鹏视察了正在建设中的济南绕城高速公路北线、西线和济南黄河第二公路大桥，并题写了"济南黄河第二公路大桥"桥名。

5月22日，交通部、财政部联合印发《关于切实做好公路养路费等交通规费征收工作的通知》，对养路费等交通规费征收工作提出了要求。

5月25—6月2日，交通部副部长李居昌率团参加在香港举行的第三届亚太地区基础设施部长论坛会议，会后访问越南并代表中国政府签署了中越河口至老街界河桥协定。

6月9日，交通部令1999年第1号发布《交通通信管理规则》。

6月16日，全国公路工作会议在重庆召开。交通部副部长李居昌讲话。

6月22日，交通部公路司和英国公路署在长春举行"中英公路养护管理研讨会"。

6月23日，中共中央总书记江泽民视察济南黄河第二公路大桥。

6月26日，全长144.99公里的浙江省杭（州）甬（宁波）高速公路通过了交通部组织的竣工验收。

7月5日，交通部令1999年第2号发布《中华人民共和国营业性道路运输机动车准驾证管理规定》。

7月6日，济南黄河第二公路大桥、潍坊至莱阳高速公路、济南至德州高速公路齐济段建成通车。山东省高速公路通车里程率先在全国突破1000公里，达到1085公里。

7月12日，交通部、公安部、国务院纠风办联合发出《关于禁止在水路上乱设站、乱收费、乱罚款的通知》。

7月13日，全长2592米的安徽省铜陵长江公路大桥通过了交通部组织的竣工验收，工程质量优良。

7月16日，全国车辆购置附加费征收工作会议在贵阳召开。

7月16日，全长2580.08米的湖北省黄石长江公路大桥通过了交通部组织的竣工验收，工程质量优良。

8月6日，全国交通基本建设质量监督工作经验交流会在兰州召开。会上，20个先进质量监督站、155名优秀监督工程师和35名优秀监督员受到交通部表彰。

8月9日，交通部以交人劳发〔1999〕406号文印发《关于调整交通部基本建设质量监督总站主要职责、内设机构和人员编制的通知》，确定部质监总站仍为部机关直属事业单位，副局级。

8月13日，黄镇东部长参加国家主席江泽民和塔吉克斯坦总统拉赫莫诺夫在大连举行的会晤，并代表中国政府签署了中塔汽车运输协定。

8月15—28日，交通部副部长胡希捷率团访问德国和荷兰，探讨双方在交通领域的合作问题。

8月19日，交通部发布《公路工程行业标准管理办法》，自1999年10月1日起施行。

8月20日，交通部对交通系统122名优秀科技工作者和104名优秀教育工作者进行了表彰。

8月26日，三峡库区主干道公路——渝(重庆)长(寿)高速公路双线平均长2712米、开挖断面15米、高10米、双向六车道的铁山坪隧道实现双线贯通。

9月4日至7日、19日至22日，全国农村公路建设发展座谈会分别在甘肃兰州、山东潍坊召开。

9月7日，全国人大常委会副委员长田纪云视察了成都至九寨沟旅游环线公路，并题词："发展经济，交通先行。"

9月上旬开始，交通部组织了1999年第二次公路建设质量大检查，分成四个检查组对中、西、北部地区的13个省(自治区、直辖市)的37个公路重点建设项目进行了检查。

9月10—24日，交通部副部长张春贤率团访问芬兰、瑞典和乌兹别克斯坦，代表交通部签署了中芬公路合作协议，并出席了在塔什干举行的第二届"复兴古丝绸之路"国际会议。

9月16日，中央精神文明建设指导委员会作出《关于表彰全国精神文明创建工作先进单位的决定》，全国交通系统有34个单位荣获全国创建文明行业先进单位称号，有28个单位荣获全国精神文明建设先进单位称号。

9月19—21日，交通部和中国公路运输工会在乌鲁木齐联合召开"全国公路养护'双百佳'经验交流会"，表彰100名优秀养路工和100个文明道班。双百佳的表彰，在全国公路系统引起强烈反响。

9月23日，中央军委副主席迟浩田视察了济南绕城高速公路西、北环线。

9月25日，全长40公里的京沈高速公路北京段建成通车。北京市委书记贾庆林、交通部部长黄镇东出席通车典礼。

9月25日，全长154.4公里的福建省福(州)泉(州)高速公路、全长170公里的京沈高速公路辽宁山海关至锦州段、全长193公里的海南省环岛高速公路(西线)洋浦至九所段等三段高速公路建成通车。

9月27日，全国部分交通厅(局)长座谈会在北京召开。会议就交通改革与发展中的重大问题进行了深入探讨。

9月28日，全长2888米、主跨1385米的江阴长江公路大桥建成通车，中共中央总书记江泽民为大桥通车剪彩。这是当时中国大陆地区跨径最大的悬索桥，世界排名第四。

9月28日，济南绕城公路一期工程化马湾至临沂高速公路、博山至莱芜高速公路；全长109.8公里的安徽省高河埠至界子墩高速公路；全长37公里的京沈高速公路天津段等高速公路工程建成通车。

9月，为迎接建国五十周年，交通部组织编辑的《中国交通50年成就》大型系列画册丛书和《中国公路水运交通五十年》专集出版。中国公路杂志社参与了《中国公路水运交通五十年》第一篇"公路交通"大部分章节的编撰工作。

10月1日，由交通部、铁道部、民航总局负责制作首都国庆五十周年群众游行交通彩车，圆满完成了国庆游行任务，并被首都国庆游行总指挥部评为最佳彩车。交通部被评为最佳承办单位。

10月1日，全长78公里的陕西省渭南至潼关高速公路建成通车。

10月7日，全长132.86公里的黑龙江省哈尔滨至大庆段高速公路扩建工程通过了交通部组织的竣工验收，工程质量等级合格。

10月8日，全长83.56公里的吉林省长春至吉林高速公路通过了交通部组织的竣工验收，工程质量优良。

10月18日，"光辉的历程——中华人民共和国50周年成就展"在京闭幕，交通展区获"最佳设计装修奖"和"优秀组织奖"。展会期间，国务院总理朱镕基等到展出现场参观。

10月20日，交通部在北京召开全国加快公路建设执行情况电话会议，通报1至9月份全国加快公路建设执行情况。交通部副部长李居昌到会讲话。

10月25日，209国道湖北十堰市郧县滔河大桥拱架局部坍塌，死亡5人，伤1人。

10月26日，中纪委书记、中华全国总工会主席尉健行视察了济南绕城高速公路和济南黄河第二公路大桥。

10月26—28日，全国交通系统创建文明行业经验交流会在山东青岛召开。交通部部长黄镇东到会讲话。

10月31日，第九届全国人大常委会第12次会议通过了《关于修改〈中华人民共和国公路法〉的决定》，我国"燃油费改税"的改革在法律上取得了突破性进展。

10月31日，京沪高速公路济南至泰安段建成通车，标志着全国高速公路突破1万公里。山东省委书记吴官正、交通部部长黄镇东出席了通车仪式。本年底，全国高速公路里程达到11650公里，跃居世界第四。

11月1日，四川省广元市宝轮桥在施工过程中拱架突然垮塌，死亡10人，重伤3人，轻伤13人。

11月3日，交通部印发《关于清理整顿有偿转让公路收费权工作的实施方案（试行）》，要求到2000年底完成有偿转让公路收费权项目的清理工作。

11月6日，全长55公里的宁夏石（嘴山）中（宁）高速公路银川段建成通车，标志着宁夏回族自治区高速公路实现了零的突破。

11月8日，山东寿光至哈尔滨蔬菜运输绿色通道开通工作会议在哈尔滨召开。这是继寿光至北京、海南至北京、海南至上海三条绿色通道后全国开通的第四条绿色通道。至此，全国绿色通道总里程已达1.1万公里，途径18个省（自治区、直辖市）。

11月9日，交通部与德国联邦经济合作和发展部在山东省青岛市举办了"国际物流研讨会"。中德企业家、政府官员就物流中心的建设和如何促进物流的发展进行了交流和讨论。

11月10日，全长21.5公里的京沈高速公路廊坊段通车。至此，京沈高速北京至锦州段实现通车。京沈高速是"两纵两横三个重要路段"的重要路段之一，分北京、廊坊、天津、宝坻至山海关、山海关至沈阳五段建设，全长659公里。其中，北京段40公里，于1999年9月25日通车；廊坊段西接北京，东连天津；天津段西接廊坊，东连河北唐山，全长 37.18 公里，1999 年 9 月 25 日通车；宝坻至山海关段，全长 199.31 公里，1999 年 8 月 1 日通车；山海关至沈阳的山海关至锦州段长 170 公里，于 1999 年 9 月 26 日通车。最后一段锦州至沈阳段，计划 2000 年通车。

11 月 15 日，交通部令 1999 年第 5 号发布《汽车货物运输规则》。

11 月 16 日，交通部发布了 1999 年版《公路工程国内招标文件范本》，于 2000 年 1 月 1 日起施行。

11 月 19 日，全国加快公路建设执行情况电话会议在北京召开。会议通报 1999 年 1 月至 10 月份全国加快公路建设的情况。交通部副部长李居昌到会讲话。

11 月 22 日，加快西部地区交通建设与发展座谈会在京召开。交通部部长黄镇东讲话。

11 月 26 日，加强安全生产工作紧急电话会议在京召开。交通部部长黄镇东讲话。

11 月 29—12 月 5 日，交通部副部长李居昌率团赴俄罗斯参加第四次中俄运输分委会，并代表交通部签署了中俄运输分委会海运、河运、汽车运输和公路工作组第四次会议纪要。

11 月 29 日，交通部发布《关于进一步做好公路建设安全生产工作的通知》。

11 月 30 日，交通行业技术创新电视电话会议在北京召开。交通部副部长张春贤讲话。

12 月 1—30 日，交通部派出六个检查组分赴全国各地进行交通安全大检查。

12 月 6 日，全长 57 公里的京珠高速公路广珠段建成通车。

12 月 10 日，中纪委书记、中华全国总工会主席尉健行视察了正在建设中的西安绕城高速公路（北段）。

12月11日，全长77公里的湖南省益阳至常德高速公路建成通车。

12月13日，交通部发布了《关于表彰1998至1999年度全国道路运输系统文明单位的决定》，共有562个单位受到表彰。

12月28日，新组建的交通部科学研究院正式挂牌。

12月28日，全长245公里的成都至雅安高速公路、全长88公里的成都至乐山高速公路建成通车。

12月30日，中国首座三跨全漂浮悬索桥——福建厦门海沧大桥建成通车。中共中央总书记江泽民为该桥题写了桥名。

12月30日，西安公路交通大学"211工程"建设项目经国家发展计划委员会批准立项。

2000年

1月11日，交通部以交体法发〔2000〕20号发布并施行《公路、水路交通法规体系框架和实施意见》。

1月14日，国务院办公厅转发了交通部、财政部、公安部、国家发展计划委等部门制订的《关于继续做好公路养路费等交通规费征收工作的意见》。

1月23—27日，2000年交通工作会议在昆明召开。国务院副总理吴邦国向大会致信祝贺。交通部部长黄镇东作了《面向新世纪开创新局面》的工作报告。会议主要任务是：贯彻落实中共十五届四中全会和中央经济工作会议精神，回顾1999年交通工作，安排部署2000年各项工作任务。

1月27日，2000年交通安全生产工作会议在昆明召开。交通部部长黄镇东、副部长洪善祥分别讲话。

2月12日，交通部发布《交通建设项目审计实施办法》。

2月13日，交通部令2000年第2号发布《超限运输车辆行驶公路管理规定》。

2月17日,青海省首条高速公路——全长34.8公里的国道主干线丹(东)拉(萨)公路平安至西宁段高速公路开工建设。

2月25—26日,全国交通财务工作暨交通规费征收工作会议在西安召开。交通部副部长李居昌到会讲话。

2月28日,全国交通系统纪检监察工作会议在杭州召开。交通部部长黄镇东、驻部纪检组长刘锷分别讲话。

4月15日,西藏有史以来最高等级的公路——青藏公路羊八井至拉萨段二级公路改建工程破土动工。该路段长66公里,平均海拔在4000米左右。

4月17日,朱镕基总理视察南京长江二桥建设工地时强调:要以对国家、对人民、对历史极端负责的精神和一丝不苟的认真态度,扎扎实实地把工程建设质量提高到一个新水平。

4月18日,在原西安公路交通大学、西北建设工程学院和西安工程学院的基础上组建的长安大学正式挂牌。

4月18日,长2949米、开挖宽度17米、净高8.25米、单向三车道的京珠高速广东翁源靠椅山隧道右洞贯通;1999年12月22日,该隧道长2981米的左洞贯通。

4月27日,国务院决定,任命翁孟勇为交通部副部长,同时免去李居昌的交通部副部长职务。

4月28日,全长85.5公里的重庆至长寿高速公路建成通车,成为重庆直辖后建成的第一条高速公路。该路的铁山坪隧道,双线平均长2712米、开挖断面15米、高10米、双向六车道,于1999年12月底实现双线贯通。

5月19日,全长140.5公里的同(江)三(亚)国道主干线福建漳州至诏安高速公路主线开工建设。

5月22日,《平凡的十五年——车辆购置附加费征稽工作全纪录》一书出版发行。全国人大常委会委员长李鹏为该书题写了书名,交通部部长黄镇东作序。

5月27日，在原武汉交通科技大学、武汉汽车工业学院和武汉工业学院的基础上组建的武汉理工大学正式挂牌。

5月30日，国务院副总理吴邦国视察南京长江第二大桥。

6月16日交通部以交体法发〔2000〕306号发布《交通行业实施〈中华人民共和国节约能源法〉细则》。

6月27日，交通部令2000年第5号发布《交通行政复议规定》。

6月30日，全长83公里的宁夏回族自治区石(嘴山)中(宁)高速公路姚伏至叶盛段建成通车。

7月20—21日，"西部开发交通建设工作会议"在成都召开，国务院副总理吴邦国出席会议并讲话，黄镇东部长做了题为《贯彻落实中央决策加快西部交通建设为实施西部大开发战略作出贡献》的工作报告。会议确定了《加快西部地区公路交通发展规划纲要》。

8月15日，交通部和国家发展计划委以交规划发〔2000〕418号联合发布《关于加快农村公路发展的若干意见》，提出农村公路建设的指导思想与基本原则，同时明确规划目标和建设重点。

8月20—9月20日，交通部机关和在京直属单位开展了"利用重大典型案件对党员干部进行警示教育活动"。

8月26日，江苏省人大常委会发布《江苏省公路条例》。

8月28日，交通部令2000年第6、第7、第8号分别发布《公路建设市场准入规定》、《公路建设四项制度实施办法》和《公路建设监督管理办法》。

9月10日，全国政协主席李瑞环视察了济南绕城高速公路和济南黄河第二公路大桥。

9月15日，沈阳至锦州高速公路建成通车，标志着全长659公里的北京至沈阳高速公路全线贯通。国务院副总理吴邦国做了重要批示，全国人大常委会副委员长邹家华为通车剪彩。京沈高速公路是"两纵两横三个重要路段"中的"三个重要路段"之一,是我国第一条全程双向六车道的高速公路。

9月21日,全长58.8公里的北京至大同高速公路山西段建成通车。该路段是中国第一条高荷载、超重型水泥混凝土路面高速公路。

9月22日,云南省人大常委会发布《云南省收费公路管理条例》。

9月25日,福建罗宁高速公路飞鸾岭隧道长3155米的左洞通车,实现双洞通车。该隧道长3180米的右洞于1998年4月建成通车,一举将福州至宁德间的公路里程缩短24公里。

9月28日,全长79公里的黑龙江哈尔滨至绥化高速公路建成通车。

10月14日,国务院副总理李岚清视察了润扬长江公路大桥现场。

10月18日,山东聊城至河北馆陶高速公路竣工通车仪式在聊城市举行。全国人大常委会副委员长铁木尔·达瓦买提和全国政协副主席张克辉出席了通车仪式并为通车剪彩。

10月20日,江苏润扬长江公路大桥举行开工典礼。中共中央总书记江泽民参加典礼并题写桥名。

10月22日,国务院批准了财政部、国家发展计划委、国家经贸委、交通部等12个部门制定的《交通和车辆税费改革实施方案》(国发〔2000〕34号文),决定自2001年1月1日起先行实施车辆购置税。同日,国务院令2000年第294号发布《中华人民共和国车辆购置税暂行条例》,自2001年1月1日起实施。已征收15年的车辆购置附加费被车辆购置税替代。

10月24—25日,部分省市交通厅局长座谈会暨交通行业审计通报会在北京召开。会议主要任务是:分析形势,总结经验,研究讨论2001年工作任务、"十五"交通发展目标和新世纪交通发展思路，为 2001 年全国交通工作会议做准备，并通报交通行业审计情况。

10 月 26 日，山东省人大常委会发布《山东省高速公路管理条例》。

10 月 28 日，全长 56 公里的青岛至银川国道主干线山西省夏汾高速公路、全长 33.9 公里的连霍国道主干线西安绕城高速公路北段建成通车。

10 月 29 日，全长 112.1 公里的云南玉溪至元江高速公路建成通车。

10 月 31—11 月 2 日，全国交通行政执法队伍建设工作会议在合肥召开。交通部部长黄镇东、副部长翁孟勇分别讲话。

11 月 3 日，全长 265.5 公里的新疆乌鲁木齐至奎屯高速公路建成通车。

11 月 5 日，全长 185.4 公里的湖南衡阳至枣木铺高速公路开工建设。

11 月 5 日，交通部副部长胡希捷访问马来西亚、孟加拉和巴基斯坦，推动与三国在交通领域的合作。

11 月 18 日，全长 133.6 公里的江西九江至景德镇高速公路建成通车。

11 月 22 日，全长 145 公里的山东曲阜至张山子高速公路建成通车，标志着山东省高速公路总里程突破 2000 公里。

11 月 28 日，全长 88 公里的四川隆昌至纳溪高速公路建成通车。

12 月 5—7 日，交通部在长沙召开全国公路行业管理工作会议，交通部部长黄镇东到会讲话。会议进一步明确了"统一规划，分级管理"的公路管理方针以及"一省一厅一局"的机构设置模式。

12 月 7—17 日，交通部副部长张春贤访问巴西和日本，与巴西交通部探讨了交通运输合作事宜并考察巴西交通基础设施；与日本建设省签署了中日公路科技交流合作协议。

12月12日，全长126公里的宣化至大同高速公路河北段建成通车。

12月14日，京沪高速公路全长107公里的江苏新沂至淮阴段、全长153公里的淮阴至江都段建成通车。至此，江苏省高速公路总里程突破1000公里，达到1106公里。

12月18日，全长1262公里的京沪高速公路全线建成通车，这是"两纵两横三个重要路段"中的"三个重要路段"之一。到2000年底，我国高速公路突破1.6万公里，跃居世界第三位。其中山东高速公路里程突破了2000公里，河北、辽宁、广东、江苏、四川等省突破1000公里。

12月18日，安徽省人大常委会发布《安徽省公路路政管理条例》。

12月19日，交通部组织了"京沪高速公路千里行活动"，交通部部长黄镇东主持出发仪式，副部长胡希捷参加了活动。

12月22—23日，国家税务总局、交通部联合在重庆市召开了部署车辆购置附加费改税工作会议。

12月26日，全长45公里的四川广安至邻水高速公路建成通车。该路上的华蓥山隧道，左洞长4706米，右洞长4704米，是20世纪内我国修建的地质最复杂、最长的公路隧道。

12月28日，交通部组织编撰的《90年代的交通工作》一书出版发行。这是一本文件汇编，收录了1991—2000年间交通部召开的23次重要工作会议的文件。

12月30日，全长112.7公里的广西宜州至柳州高速公路建成通车。

2001年

年内，虎门大桥工程、万县长江公路大桥、上海市南北高架道路、八达岭高速公路(二期)、交通部公路交通试验场、澳门机场人工岛场道、长春至吉林高速公路等公路、桥梁工程获得"第二届中国土木工程詹天佑奖"。

1月1日，征收了15年的车辆购置附加费即日起为车辆购置税取代，征收标准不变。

1月8—9日，2001年全国交通厅局长会议在郑州召开，交通部部长黄镇东作了题为《承前启后，开拓进取，推进交通改革发展再上新台阶》的工作报告。国务院副总理吴邦国对2001年交通工作作了重要批示。会议的主要任务是：贯彻落实中共十五届五中全会和中央经济工作会议精神，回顾总结"九五"交通工作，研究部署"十五"及2001年工作任务。在交通厅局长会议召开的同时，召开全国交通系统纪检监察工作会议，会后紧接着召开全国交通安全工作会议和"十五"交通建设前期工作会议。

1月8日，长度国内第一、世界第二的公路隧道——双洞平均长18.02公里的秦岭终南山隧道开工。

1月12日，全长约8.6公里的川藏公路二郎山隧道工程全面通车。该工程包括二郎山隧道、别托山隧道、和平沟大桥及山岭重丘区三级公路接线等。其中二郎山隧道全长4176米，海拔2200米，是国家"九五"公路重点建设项目，于1999年12月7日建成试通车。

1月12日，吉林省人大常委会发布《吉林省公路管理条例》。

1月16日，交通部、水利部联合发布《公路建设项目水土保持工作规定》。

2月7日，交通部副部长张春贤与国家开发银行副行长姚中民，就"十五"期间交通建设使用国家开发银行贷款问题交换了意见，并印发了《交通部与国家开发银行关于加强合作的会议纪要》。

2月15日，交通部部长黄镇东与俄罗斯驻华大使罗高寿签署《中华人民共和国政府与俄罗斯联邦政府关于共同建设室韦—奥洛契额尔古纳河界河桥的协定》。

2月16—17日，全国交通系统交通战备工作会议在福州召开，交通部副部长张春贤出席会议并讲话。

2月27日，江苏省和交通部在江苏镇江联合召开润扬长江公路大桥省部现场办公会。江苏省省长季允石，交通部部长黄镇东、副部长胡希捷出席会议。黄镇东部长作了题为《质量，润扬长江公路大桥建设的根本》的讲话。

2月28日至3月1日，全国交通审计工作会议在合肥召开，交通部副部长胡希捷出席会议并讲话。

3月15日，改版后的交通部政府网站对外开通。

3月19日，全国公路普查培训会在京召开，标志着第二次全国公路普查工作全面展开。

3月22—24日，江阴长江公路大桥通过了交通部组织的竣工验收。该桥为主跨1385米钢箱梁悬索桥，是此前国内已建成的同类桥型跨径最大的，列世界第四位。

3月23日，交通部发布《关于简化公路建设项目审批程序的通知》。3月23日，交通部印发《关于开展第二个道路运输市场管理年活动的通知》。

3月26日，南京长江二桥建成通车。国务院副总理吴邦国出席典礼并剪彩。该桥是国家"九五"重点基础设施建设项目，全长21.20公里，双向六车道高速公路标准，由三段引线和南、北汊两座大桥组成，其中南汊大桥为钢箱梁斜拉桥，桥长2938米，主跨628米，其跨径在同类桥型中居国内第一、世界第三。中共中央总书记江泽民题写了桥名。

3月29日，全国第一家由交通部批准的跨省（市）高速公路快运企业——新国线运输有限责任公司正式挂牌成立。

3月29日，交通部与国务院新闻办联合召开"九五"交通成就与"十五"交通发展目标新闻发布会。

4月2—3日,西部交通建设座谈会在贵阳召开,交通部副部长张春贤出席会议并讲话。会议明确了"十五"和2001年西部地区交通建设目标。

4月11日,交通部部长黄镇东与来访的澳大利亚副总理兼运输部长约翰·安德森代表两国政府共同签署了《公路水路交通合作谅解备忘录》。

4月11—26日,交通部分别在杭州、南昌和乌鲁木齐召开了三个片区公路建设工作座谈会。会议总结了两年来开展"公路建设质量年"活动的经验,研究落实公路建设的各项工作,对开展整顿和规范公路建设市场秩序工作做了具体布置。

4月17日,交通部发布《道路货物运输企业经营资质管理办法(试行)》。

4月20—21日,全国整顿和规范公路、水路运输和建设市场秩序工作会议在京召开。交通部部长黄镇东、驻部纪检组组长刘锷、副部长翁孟勇出席会议。黄镇东部长讲话。

4月20—30日,全国政协副主席万国权在交通部副部长胡希捷陪同下,在福建、广东对道路运输立法问题进行调研,实地考察了福州、泉州、厦门、汕头、深圳的汽车客运站、货运交易市场、汽车检测线、汽车修理厂和物流企业等。

5月15—22日,中韩第6次公路技术交流活动在韩国首都汉城举行。

5月17日,交通部印发《"十五"交通审计工作意见》,提出了"十五"期间交通审计工作的指导思想、发展目标、工作重点和主要措施等。

5月18日,交通部部长黄镇东陪同国务院总理朱镕基,在北京接见了应交通部邀请来华访问的德国交通部长库尔特·波德维希一行。随后,中德两国部长签署了《公路合作谅解备忘录》。

5月21日,交通部发布《关于整顿和规范公路建设市场秩序的若干意见》。

5月21日,交通部印发《全国道路化学危险货物运输专项整治实施方案》。

5月28—30日,全国公路养护管理工作会议在南昌召开。交通部副部长胡希捷出席会议并做了题为《面向新世纪、树立新观念、推动公路养护管理工作再上新台阶》的讲话。

5月29日,交通部公布《2001至2010年公路水路交通行业政策及产业发展序列目录》。这是我国政府交通主管部门第一次比较全面和系统地发布公路、水路交通行业政策。

5月30日,福建省人大常委会发布《福建省公路路政管理条例》。

6月5日,国务院副总理李岚清在江苏省委书记回良玉、省长季允石等的陪同下,视察了润扬大桥建设工地。这是李岚清副总理2000年10月以来第二次视察润扬大桥工地。

6月5日,交通部印发《"十五"交通教育培训规划》,明确了"十五"期间交通行业教育培训工作指导思想、主要目标和工作任务。

6月7日,交通部印发《道路运输业结构调整的若干意见》。

6月9—12日,国务院总理朱镕基在四川省视察时,作出加快建设三州(甘孜、阿坝、凉山)通县公路的指示。交通部副部长张春贤参加了12日的座谈会。

6月13日,交通部发布《公路工程竣工文件材料立卷归档管理办法》。

6月16—23日,国家重点建设项目青藏公路整治工程(二期工程,长203.6公里)通过了国家发展计划委、总后军交运输部和交通部联合组织的竣工验收。

6月22日，交通部以交公路发〔2001〕327号、328号分别印发《公路养护工程管理办法》及《公路养护与管理发展纲要(2001至2010年)》。

7月1日，青海省首条高速公路——全长34.78公里的平安至西宁段建成通车，实现了青海省高速公路建设零的突破。

7月2日，交通部印发《公路水路交通信息化"十五"发展规划》。

7月6日，交通部印发《公路、水路交通"十五"发展计划》。

7月8日至14日，交通部部长黄镇东访问菲律宾和韩国，分别就中菲、中韩加强双方部门间和企业间合作交换了意见。

7月19日，交通部与国家经贸委等七部委联合发布《关于进一步做好"三绿工程"工作的意见》，共同开展以"开辟绿色通道、培育绿色市场、提倡绿色消费"为主要内容的"三绿工程"。

7月28日，长496米、开挖高度18米、全宽22米、双向四车道的贵州凯里大阁山隧道贯通。

8月14—15日，部分交通厅局长座谈会在河北省南戴河召开，交通部部长黄镇东出席会议并讲话。

8月17日，交通部部长黄镇东与来华访问的塔吉克斯坦共和国交通部长萨利莫夫签署了《汽车运输协定实施细则》。

8月20日，交通部令2001年第4号、第5号分别发布《道路车辆维护管理规定》《道路运输处罚规定》。

8月21日，交通部令2001年第6号发布《公路工程勘察设计招标投标管理办法》，自2002年1月1日起实施。

8月25日，全国交通系统援助西藏公路养护机械的捐赠仪式在西藏拉萨布达拉宫广场举行。此次活动援助总金额达3100万元。

8月29日，交通部批复润扬长江公路大桥(主桥4700米，接线工程18.95公里)主体工程开工报告。

8月29日，国务院原则同意交通部提出的西部开发8条省际公路通道建设规划方案，并简化建设项目前期工作程序。

9月19日，湖北宜昌长江公路大桥试营运。这是沪蓉国道主干线跨越长江的一座特大型桥梁，桥长1206米，主跨960米，为双塔单跨钢箱梁悬索桥。

9月22—23日，交通部在四川甘孜召开三州通县公路建设现场办公会。交通部部长黄镇东做了题为《抓住机遇，齐心协力，全面完成三州通县公路建设任务》的讲话。

9月23日，贵州省人大常委会发布《贵州省公路路政管理条例》。

9月25日，陕西省人大常委会发布《陕西省公路路政管理条例》。

9月26日，山东利津黄河公路特大桥通车。该桥长1350米，主桥为630米五跨连续双塔斜拉桥，其310米主跨和115米桩基均创当时全国黄河桥梁之最。

9月29日至10月10日，交通部副部长张春贤率团访问澳大利亚和加拿大，并出席在悉尼召开的智能运输系统（ITS）大会。

9月29日，交通部发布《公路工程勘察设计招标评标办法》。

10月10日，国家经贸委、交通部、公安部联合发布《关于进一步规范卧铺客车生产、使用和管理有关工作的通知》。

10月11日，交通部令2001年第7号发布《营业性道路运输驾驶员职业培训管理规定》。

10月15日，交通部机关办公业务系统运行。

10月16—19日，全国交通系统精神文明建设会议在南京召开。会议的主要任务是：总结"九五"交通系统"三学一创"活动情况，表彰两个文明建设先进典型，部署"十五"交通系统开展"三学四建一创"的工作任务。交通部部长黄镇东出席会议并讲话。

10月20日,双洞平均长3372.5米的福建福州至宁德高速公路赤岭隧道贯通。

10月24—26日,全国道路运输工作会议在武汉召开。交通部副部长胡希捷出席会议并作了题为《以"三个代表"重要思想为指导,推进道路运输业实现跨越式发展》的讲话。

10月25日,交通部与国家发展计划委联合发出《关于印发〈关于鼓励对国际标准集装箱运输车辆通行费实行优惠,促进公路集装箱运输业发展的意见〉的通知》。

10月25日,投资规模达373亿元的西部地区通县公路建设工程正式启动。该工程涉及17个省(自治区、直辖市)、250个县,改建公路里程2.5万公里。

11月1日,西部地区通县公路建设工作座谈会在北京召开,对西部地区通县公路建设做出全面部署。

11月6日,第17次中日公路技术交流活动在日本进行。

11月20日,交通部和外经贸部以交通部令2001年第9号联合发布《外商投资道路运输业管理办法》。

11月20—24日,国务委员司马义·艾买提在重庆市视察交通建设情况,对设立重庆直辖市以来该市交通建设所取得的各项成绩给予肯定。

11月29日,交通部印发《道路运输业发展规划纲要(2001—2010年)》。

12月1—6日,交通部副部长胡希捷率团考察印尼巽他海峡大桥等项目。

12月4日,西南公路出海通道(辅助通道)全线贯通。4日至7日,交通部组织了"西南公路出海通道千里行"活动。该线途经川、黔、桂三省区,全长1709公里,由二级以上高等级公路构成,是"两纵两横三个重要路段"的组成部分,也是国家西部大开发战略实施以后率先完成的大型基本建设项目，总投资255亿元。

12月15日，武汉军山长江公路大桥通车。该桥是京珠、沪蓉两条国道主干线跨越长江的共用特大桥梁，位于武汉市西南郊、武汉关上游28公里处，全长4881米，为460米五跨连续双塔双索面钢箱梁斜拉桥，主桥长964米，全宽38.8米，设计行车时速120公里。

12月18日，2002年全国交通厅局长会议在西安召开。会议的主要任务是：贯彻落实党的十五届六中全会和中央经济工作会议精神，回顾总结2001年交通工作，研究部署2002年工作任务。交通部部长黄镇东作了《把握形势，抓住机遇，扎扎实实做好2002年交通工作》的工作报告。在交通厅局长会议召开后，还召开了交通科技创新工作会议、交通质量工作会议、交通安全工作会议和中国入世后交通行业面临的形势和任务专题会议。

12月25日，交通部西部地区通县公路建设办公室成立，负责协调西部地区通县公路建设。

12月25日，交通部发布《交通企事业单位领导人员任期经济责任审计规定》。

12月26日，交通部与公安部、国务院纠风办、国家林业局、建设部联合召开新闻发布会，公布全国第一批实现所有公路基本无"三乱"省市名单。北京、上海、江苏、海南四省市率先实现了所有公路基本无"三乱"。

12月26—28日，交通部和国家统计局在山东青岛联合召开第二次全国公路普查工作布置会。交通部副部长胡希捷出席会议并讲话。

12月27日，交通部印发《国家重点公路建设规划》。

12月29日，交通部印发《交通部部属单位对外投资和多种经营管理办法》。

12月31日，中国高速公路总里程突破1.9万公里，达到19331公里，世界排名由第三位升至第二位。

2002年

年内，"公路通行能力研究的装备与技术"获国家科技进步二等奖。

1月18日，大连海事大学交通信息工程及控制、轮机工程两个学科被评为高等学校国家级重点学科，实现交通部国家级重点学科零的突破。

1月18日，湖北省人大常委会发布《湖北省交通建设管理条例》。

1月21—24日，西部地区通县公路建设工作座谈会在京召开。

1月31日，交通部党组召开2002年全国交通系统纪检监察工作电视电话会议。交通部部长黄镇东作了题为《转变作风，扎实工作，夺取交通系统党风廉政建设和反腐败工作新成绩》的工作报告。

2月11日，国务院总理朱镕基在重庆视察外环高速公路。

2月26日，中央纪委决定，任命金道铭为中央纪委驻交通部纪律检查组组长，免去刘锷的中央纪委驻交通部纪律检查组组长职务。

3月2—3日，东南沿海交通战备基础设施建设办公会在福建厦门召开，交通部部长黄镇东和副部长张春贤出席会议。

3月2日，长1262米的宁波东外环常洪越江(甬江)隧道通车。

3月17—18日，全国交通财务与审计工作会议在成都召开，交通部副部长胡希捷出席并讲话。

3月24日，印度尼西亚总统梅加瓦蒂访华期间，中华人民共和国交通部副部长胡希捷、印尼驻华大使库斯蒂亚分别代表两国主管部门签署了在建设交通基础设施方面开展经济技术合作的部门间协议。

3月27日,重庆市人大常委会发布《重庆市公路路政管理条例》。

4月12日,国家经贸委、铁道部、交通部、外经贸部、海关总署和国家质量监督检验检疫总局联合发布《关于加快发展我国集装箱运输的若干意见》。

4月15日,国务院办公厅下发《关于治理向机动车辆乱收费和整顿道路站点有关问题的通知》。

4月22日,交通部发布《关于做好道路运输业规划编制工作的通知》。

4月24日,交通部副部长张春贤会见澳门特区运输工务司司长欧文龙一行,双方就京珠高速公路延伸等问题交换了意见。

4月25日,交通部副部长胡希捷会见乌兹别克斯坦公路协会总工程师阿吉巴耶夫一行,就中吉乌公路的进展情况交换了意见。

5月9日,交通部政府网站再次改版开通仪式在部机关大楼举行。交通部副部长张春贤出席仪式。

5月10—12日,全国交通基础设施建设前期工作会议在太原召开。交通部部长黄镇东,副部长张春贤、胡希捷和纪检组长金道铭出席会议。

5月16日,驻部纪检组长金道铭到湖北省交通厅和襄樊市交通局调研交通基本建设重点工程源头治理腐败情况。

5月17—19日,东部、中部片区公路建设调研座谈会在长春召开。

5月19日,应交通部邀请,越南运输部副部长钱光线一行考察中国交通基础设施情况。

5月20日，交通部召开交通系统安全生产电视电话会议，交通部部长黄镇东作了讲话。

5月24日，交通部副部长胡希捷率团出席中俄总理定期会晤委员会运输合作分委会及海运、河运、汽车运输和公路工作组第六次会议，与俄方就如何解决在汽车运输中存在的问题交换了意见。

5月29日，经国务院批准，中国道路运输协会正式成为国际道路运输联合会(IRU)会员。

6月6日，交通部令2002年第2号发布《公路工程施工招标投标管理办法》。

6月7日，交通部副部长翁孟勇陪同国务院安全生产检查组到交通部检查工作。

6月18日至19日，全国交通系统反腐败抓源头工作座谈会在江苏无锡召开，驻部纪检组长金道铭出席并讲话。

6月21日，南京长江二桥通过交通部组织的竣工验收。

6月27—28日，西部地区交通基础设施建设廉政工作座谈会在银川召开，驻部纪检组长金道铭出席并讲话。

6月28日，交通部、公安部、国务院纠风办联合发布《关于公布第二批实现所有公路基本无"三乱"省(区、市)名单的通报》，天津、内蒙古、辽宁、吉林、黑龙江、安徽、山东、甘肃等8个省(区、市)实现所有公路基本无"三乱"。

6月28日，双洞平均长4010米的212国道重庆至合川高速公路北碚隧道(曾称尖山子隧道)通车，同时通车的还有该高速双洞平均长2498米的西山坪隧道。

7月5日，公安部、交通部、国家安全生产监督管理局联合召开预防道路交通事故电视电话会议，交通部副部长胡希捷出席并讲话。

7月11日，交通部印发《关于治理整顿公路监理市场秩序的意见》。

7月15日，西部地区通县公路建设现场交流会在贵阳召开。交通部部长黄镇东、副部长胡希捷、张春贤和国务院西部办、国家计委、财政部等部门负责人出席会议。

7月31日，交通部党风廉政建设工作情况通报会在北京召开。交通部部长黄镇东讲话，驻部纪检组长金道铭通报了有关情况。

7月31日，湖南省人大常委会发布《湖南省实施〈中华人民共和国公路法〉办法》。

8月15日，国务院总理朱镕基对西部地区通县公路建设作出"百年大计、质量第一"的重要批示。

8月15日至16日，全国交通信息化工作会议在成都召开。交通部副部长张春贤出席并讲话。

8月30日，交通部、国家统计局在河北秦皇岛市联合召开第二次全国公路普查总结表彰会，交通部副部长胡希捷和国家统计局副局长林贤郁分别讲话。

9月2—15日，由国家安全生产监督局、国家质量技术监督检验检疫总局、公安部、交通部等有关部门组成的国务院安全生产委员会办公室危险化学品安全管理专项整治督察组，对全国部分省市的道路危险货物运输专项整治工作进行了督查。

9月9日，交通部发布《关于贯彻落实〈国务院办公厅关于开展旅游市场打假打非专项整治工作的通知〉的通知》。

9月10—20日，建设部、国家发计委、交通部等8部委对部分省份整顿和规范建设市场秩序情况进行联合检查。

9月11—13日，交通系统纪检监察工作研讨会在南宁召开。驻部纪检组长金道铭出席并讲话。

9月16日，交通部发布《公路养护工程预算编制导则》。

9月20日，交通部部长黄镇东率团赴印度尼西亚出席首次中国—东盟交通部长会议。

9月23日，交通部部长黄镇东会见来华访问的新加坡交通部长姚照东一行。

9月24日，交通部发布《交通部行业财务指标管理办法》。

9月24日，交通部副部长洪善祥会见日本国土交通省技监代表团。

9月25日至26日，全国高速公路管理体制座谈会在重庆召开。交通部副部长胡希捷出席并讲话。

9月28日，交通部治理公路"三乱"暨安全生产工作会议在北京召开。交通部部长黄镇东、国务院纠风办副主任胡玉敏出席并分别讲话。

9月30日，中共中央决定，任命张春贤为交通部党组书记，同时免去黄镇东的交通部党组书记职务。

10月10日，环京周边交通系统维护十六大稳定工作会议在北京召开，交通部副部长洪善祥出席并讲话。

10月22—25日，第六届国际公路水运交通技术与设备展览会在京举办。交通部党组书记、副部长张春贤参观了展览会，副部长翁孟勇出席开幕式并致开幕词。

10月23日，国务院总理办公会讨论通过苏通大桥工程可行性研究报告。

10月28日，全国人大常委会决定：任命张春贤为交通部部长，同时免去黄镇东的交通部部长职务。

11月3日，交通部部长张春贤陪同国务院总理朱镕基，出席在柬埔寨金边召开的首次大湄公河次区域经济合作、第六次东盟与中、日、韩（10+3）、东盟与中国（10+1）等领导人会议，并陪同朱镕基总理与柬埔寨国王西哈努克、首相洪森、参议院议长谢辛和国民议会议长拉那烈以及新加坡总理吴作栋进行了双边会谈。张春贤部长代表中国政府签署了《大湄公河次区域便利跨境客货运输协定》。

11月5—6日，全国交通安全生产工作会议在杭州召开。交通部副部长洪善祥出席并讲话。

11月6—8日，国际隧道研讨会暨公路建设技术交流大会在北京举行，这是世界道路协会（PIARC）首次在中国举办的大型公路技术交流国际会议。

11月15日，反映中华民族桥梁建设历程的鸿篇巨制——《中国桥谱》出版发行。中共中央总书记江泽民为该书题写了书名。

11月16日，交通部令2002年第6号发布《公路监督检查专用车辆管理规定》。

11月18日，交通部部长张春贤会见来华访问的乌克兰运输部长基尔帕一行，双方就加强公路运输合作交换了意见。

11月20日，交通部副部长胡希捷率团赴吉尔吉斯共和国出席首次上海合作组织交通部长会议。会上签署了《联合声明》和《会议纪要》。

11月22日，交通部、公安部、国务院纠风办联合发布《关于公布第三批实现所有公路基本无"三乱"省（区、市）名单的通报》，河北、江西、湖北、陕西、新疆等5省（区）实现所有公路基本无"三乱"。

11月25日，交通部部长张春贤会见来华访问的芬兰交通部长基莫·萨西一行。11月25日，交通部发布《关于对参与公路工程投标和施工的公路施工企业资质要求的通知》。

12月4日，交通部发布《高速公路养护质量检评方法（试行）》《交通统计工作管理规定》。

12月20日，交通部、建设部、财政部、公安部组成联合检查组，对吉林、浙江、四川等省的道路客货运输秩序清理整顿工作进行了抽查。

12月28日,《世界银行货款公路项目培训总结报告汇编》出版发行。

12月29日,交通部副部长胡希捷会见随德国总理来华访问的德国交通部长施托尔佩一行。

12月30日,交通部下发《关于公布2002年度道路客货运输企业一级二级经营资质评审结果的通知》。

2003年

年内,"GPS、航测遥感、CAD集成技术推广应用"获国家科技进步二等奖。

年内,"丫髻沙大桥转体设计与施工成套技术研究""水泥混凝土路面滑模施工技术推广"等2项成果获2003年度中国公路学会科学技术一等奖;"公路汽车污染物排放因子的研究"等8项成果获二等奖;"交通流模拟建模理论、方法及其关键技术研究"等40项成果获三等奖。

年内,江阴长江公路大桥、芜湖长江大桥、南京长江第二大桥、香港红磡绕道与公主道连接路、广渝高速公路华蓥山隧道、227国道大坂山隧道、京沈高速公路绥中至沈阳段、北京市四环路工程等公路、桥梁、隧道工程获得"第三届中国土木工程詹天佑奖"。

1月13日,云南昆玉高速公路荣获中国建筑工程最高奖——鲁班奖。该公路是213国道的一段,全长85.7公里。

1月27日,交通部令2003年第2号发布《路政管理规定》。

2月8日,交通部公布2002年度公路工程"三优"奖评选结果,共评出优秀勘察奖11项,优秀设计奖29项,优质工程奖12项。

2月12—13日,全国交通厅局长会议、交通安全工作会议在杭州召开。交通部部长张春贤作了《认真贯彻党的十六大精神,努力实现交通新的跨越式发展》的工作报告。会议分别部署了2003年交通工作任务和交通安全工作目标。

2月27日,全国交通系统纪检监察工作会议在北京召开。会议部署了2003年交通系统党风廉政建设和反腐败工作任务。

3月8日,国家发展计划委、建设部、铁道部、交通部、信息产业部、水利部、中国民航总局联合发布《工程建设项目施工招标投标办法》,自2003年5月1日起施行。

3月14日,国家发展计划委、交通部联合印发《县际及农村公路改造工程管理办法》。

3月19日,交通部上报国务院《关于公路国道主干线建设问题的报告》和《关于加强农村公路建设问题的报告》。国务院总理温家宝、副总理黄菊、曾培炎分别作出批示。

3月21日,交通部印发《公路养护工程市场准入暂行规定》和《公路养护工程施工招标投标管理暂行规定》。

3月25日,云南省元江至磨憨口岸公路双洞平均长3363.5米的大风垭口隧道贯通。

3月31日,中共中央政治局常委、国务院副总理黄菊来到交通部视察指导工作。

4月1日,面对"非典"疫情的严峻形势,交通部及时提出要"抓试点、抗'非典'、促重点"的方针。之后,交通部先后下发了43个文件,自上而下形成了统一领导、齐抓共管、运转协调、各负其责、群防群控的领导体系。全国交通行业共投入9.97亿元资金防控"非典"。制定了客运应急预案和货运应急预案,运送各类紧急物资28.4万吨。建立了华北及山东、辽宁等七省(自治区、直辖市)联合控制疫情扩散的联防机制。先后派出6批13个检查组,分赴16个省(自治区、直辖市)检查交通部门防控"非典"措施的落实情况。实现了"交通不断、货流不断、人流不断、传染源切断"的"三不断一断"的目标。

4月2日，中共中央政治局委员、书记处书记、中央组织部部长贺国强到交通部视察指导工作。

4月3日，京珠高速公路粤境北段公路正式通车。该段公路全长109.93公里，是施工难度最大的山区高速公路之一。

4月18日，连接河北和内蒙古承赤公路全长2370米的茅荆坝隧道贯通，这是内蒙古的第一长隧。

4月23日，交通部发布《收费公路车辆通行费车型分类》(JTJ/T 489-2003)交通行业标准，于2003年10月1日起实施。

4月28日，长2880米、双向八车道的上海外环线越江隧道通车。这是上海第一次用沉管技术施工的越江隧道，也是当时亚洲第一、世界第三的沉管隧道工程。

5月13日，交通部令2003年第5号发布《交通建设项目环境保护管理办法》。

5月15日，全国农村公路建设工作电视电话会议召开。国务院副总理黄菊做出重要批示。

5月16日，交通部发布《公路隧道养护技术规范》(JTG H12-2003)行业标准，于2003年10月1日起实施(第7号公告)。

5月22日，中共中央组织部任命冯正霖为交通部党组成员。

5月30日，交通部发布《交通基础设施建设重点工程实施纪检监察人员派驻制度的暂行办法》。

6月3日，国务院任命冯正霖为交通部副部长。

6月11日，交通部发布《关于加强公路数据库建设与管理工作的若干意见》、《交通基础设施建设廉政合同考核暂行办法》。

6月27日，世界上最大跨径的斜拉桥——苏通长江大桥主桥正式开工建设。该桥路线全长32.4公里，是中国建桥史上工程规模最大、技术与施工条件最复杂、建设标准和科技含量最高的一项现代化特大型桥梁工程，其中跨江大桥(包括主桥、辅桥和南北引桥)长约8200米，主桥为双塔斜拉桥。江苏省省长梁保华、交通部副部长胡希捷共同为主桥基础开钻打桩启动钻机按钮。

6月28日，上海卢浦大桥建成通车。大桥全长3900米，主跨为550米钢结构拱桥，双向六车道。

7月22日，交通部部长张春贤、副部长冯正霖分别会见国际道路联盟总干事威斯特惠斯先生一行，就进一步加强双方的未来合作交换了意见。冯正霖副部长与威斯特惠斯先生签署了涉及该组织内台湾会员问题的《谅解备忘录》。

8月12日，交通部以交体法发〔2003〕322号印发实施《关于公布已取消和改变管理方式的交通行政审批项目后续监管措施的通知》。

8月22日，中国第一条沙漠高速公路——全长116公里的陕西榆林至靖边高速公路正式通车。

8月29日，交通部部长张春贤会见巴哈马交通部长格莱尼丝·汉纳·马丁女士一行，双方就如何解决大城市交通堵塞及减少交通事故问题和进一步加强两国交通领域的合作交换了意见。

9月1日零时，京沈高速公路全线使用统一的纸质通行券，采用手工和计算机系统并行的通行费拆分与结算模式，实现高速公路联网收费系统正式切换。

9月10日，交通部、中宣部、全国总工会、四川省委共同组织，全国劳模、五一劳动奖章获得者、317国道四川雀儿山道班班长陈德华先进事迹报告会在北京人民大会堂隆重举行。会前，中共中央政治局委员、全国人大常委会副委员长王兆国亲切接见了陈德华以及先进事迹报告团的全体成员。

9月15日，中共中央国家机关工作委员会国工委〔2003〕160号文通知，金道铭兼任中共交通部直属机关委员会书记，免去张春贤的中共交通部直属机关委员会书记职务。

9月16日，交通部部长张春贤会见塞黑共和国对外经济关系部部长布兰科·卢科瓦茨等一行。双方就中塞黑在公路、水运方面进一步合作进行了磋商。

9月18日，交通部副部长胡希捷出席在云南大理举办的第十二次大湄公河次区域合作部长级会议，签署了《大湄公河次区域便利货物及人员跨境运输协定》备忘录，至此，中老缅泰越柬六国已全部加入该协定。

9月20日，青海省人民政府令2003年第33号发布《青海省高等级公路管理办法》。

9月23日，交通部和江苏省人民政府在江苏镇江召开润扬大桥第三次部省现场办公会及第五次技术专家组会议。交通部部长张春贤、副部长胡希捷，江苏省省长梁保华、常务副省长蒋定之等出席。

9月23日，全长31.7公里的陕西省延安至安塞高速公路建成通车。该公路是西部大开发省际通道阿荣旗至北海线的重要组成部分，也是革命圣地延安建成的第一条高速公路。

9月24日，山西省人民政府令2003第166号发布《山西省高速公路管理暂行办法》。

9月28日，双洞平均长5179米、净宽10.5米的山西省大同至运城高速公路雁门关隧道通车。

9月29日，长2500米的上海大连路隧道通车。这是我国第一条江底隧道，首次采用两台超大型盾构设备同时掘进，并首次设置了江底联络通道、路下紧急逃生通道，隧道的运营安全性大大提升。2002年12月16日，大连路隧道东线贯通。

10月20日，京沈高速公路联网收费工程正式开通运行，这是国内第一条跨省(市)联网收费的高速公路。交通部部长张春贤、副部长冯正霖出席开通仪式并讲话。

10月21—31日，交通部部长张春贤率团出席在缅甸召开的第二次中国—东盟10+1交通部长会议,就签署中国—东盟交通领域长期合作谅解备忘录等达成共识。

10月27日,交通部在沈阳召开"东中部地区农村公路示范工程经验交流会",总结推广第一批农村公路建设示范工程成果。

10月29—30日,交通环境保护工作三十周年总结表彰大会在长沙召开,交通部副部长洪善祥出席会议并讲话,湖南省副省长郑茂清及省有关领导出席会议。

11月4日,山东省人民政府令2003年第164号发布《山东省超员和超载运输车辆管理办法》。

11月6日,交通部印发《中国交通电子政务建设总体方案》(交科教发〔2003〕461号)和《交通(公路水路)信息化建设指南》(交科教发〔2003〕62号)。

11月7日,人事部、交通部、教育部、铁道部、民航总局和国家自然科学基金委员会联合在长沙组织召开"第五届全国交通运输领域青年学术会议"。

11月7日,北京至福州高速公路三明段双洞平均长3407.5米的罗盘基隧道贯通。

11月10日,全长132公里的陕西靖边至王圈梁高速公路西段实现主线贯通。该公路是国家规划的"五纵七横国道主干线"中青岛至银川高速公路的一段,也是中国公路主骨架网中唯一经过陕北地区的高速公路。

11月12日,地处福建闽清与尤溪两县交界处、双洞平均长5568.8米的北京至福州高速公路美菰林隧道通车。

11月16日,全长78公里的云南昆明至石林高速公路正式建成通车。该公路是云南通向贵州、广西和中国通向越南等东南亚国家国际大通道的重要路段。

11月17日,交通部和江苏省人民政府举行隆重仪式,聘请

35位中外桥梁专家为苏通大桥建设的技术顾问、技术专家。江苏省省长梁保华、交通部副部长胡希捷向专家们颁发顾问聘书和专家聘书。

11月24日,全长4300米的重庆城口通渝隧道通车,"八小时重庆"最后一道难关被攻克。

12月1日,交通部向国务院报送的《关于加强超限超载治理工作的报告》,引起国务院领导的高度重视。国务院总理温家宝12月2日批示"注意采取综合措施","要治理就要坚决治好,不能半途而废"。12月1日零时起,北京、天津、河北、山西、内蒙古等华北五省(自治区、直辖市)开始对车辆超限超载进行联合治理,开辟了跨区域、跨部门互动治超模式,遏制超限运输对公路造成的损害。

12月2日,交通部令2003年第11号发布《关于废止219件交通规章的决定》。

12月5—12日,交通部部长张春贤随同国务院总理温家宝访问美国和加拿大,并签署《中美海运协定》、《中美交通科技合作备忘录》和《中加交通科技合作谅解备忘录》。

12月9日,杭州湾跨海大桥技术专家组正式成立,交通部副部长胡希捷任组长,副部长冯正霖、交通部总工程师曹右安、浙江省交通厅厅长赵詹奇任副组长,技术专家组成员由25名国内资深公路桥梁专家组成。

12月26日,同三国道主干线山东莱西至汾水、206国道烟台至新河、乳山至海阳高速公路建成通车,标志着山东省高速公路通车里程突破3000公里。

12月26日,双洞平均长4070米的甘肃兰州至临洮高速公路新七道梁隧道通车。

12月29日,国务院副总理黄菊、曾培炎听取交通部有关《国家高速公路网规划》的汇报。

12月31日，交通部、商务部以交通部令2003年第12号发布《关于〈外商投资道路运输业管理规定〉的补充规定》。

2004年

年内，"行车荷载作用下湿软路基残余变形及其控制技术研究""公路客运站危险品检查仪"等2项成果获2004年度中国公路学会科学技术一等奖；"三塔单索面预应力混凝土斜拉桥建造技术"等14项成果获二等奖；"公路卧铺客车卧位舒适性研究"等41项成果获三等奖。

年内，宜昌夷陵长江大桥、武汉军山长江公路大桥、川藏公路二郎山隧道、宁波常洪隧道、连云港至徐州高速公路、上海大众试车场、京珠国道湘（潭）耒（阳）高速公路、西安绕城高速公路等公路、桥梁、隧道工程获得"第四届中国土木工程詹天佑奖"。

1月4日，交通部、卫生部联合印发《突发公共卫生事件交通应急规定》。

1月8日，交通部印发《西部地区公路建设主要技术政策建议》。

1月11日，2004年全国交通工作会议在北京召开。张春贤部长作了《坚持科学的发展观，为促进经济社会全面发展提供交通运输保障》的工作报告。会议提出，坚持在交通改革发展中贯彻落实"五个坚持""五个统筹"的要求，坚持全面、协调和可持续的新发展观。

1月16日，全长253公里、总投资88.6亿元的江西省赣粤高速公路泰和经赣州至定南段建成通车。

1月29日，交通部发布《公路工程技术标准》（JTG B01—2003）。

1月31日，交通部发布《公路安全保障工程实施方案》。

2月9日，全国交通系统纪检监察工作会议在沈阳召开。

3月11日，国务委员兼国务院秘书长华建敏视察交通部值班室、海上搜救中心和救捞值班室。

3月31日，交通部令2004年第3号发布《公路工程竣(交)工验收办法》。

4月6日，交通部印发《关于在公路建设中实行最严格的耕地保护制度的若干意见的通知》(交公路发〔2004〕164号)。

4月14日，国务院令第406号发布《中华人民共和国道路运输条例》。

4月15日，中组部通知，任命徐祖远为交通部党组成员，同时免去洪善祥的交通部党组成员职务。

4月20日，由中宣部、交通部、人事部、全国总工会、山东省委联合举行的许振超先进事迹报告会在北京人民大会堂举行。会前，中共中央政治局常委、国务院副总理黄菊亲切接见了报告团一行，高度赞扬许振超的事迹。会上人事部副部长侯建良宣布，人事部、交通部决定授予许振超全国交通系统劳动模范荣誉称号；全国总工会副主席、书记处第一书记张俊九宣布，中华全国总工会决定授予许振超全国"五一"劳动奖章，并当场向许振超颁发了全国"五一"劳动奖章和荣誉证书。

4月23日，国务院任命徐祖远为交通部副部长，免去洪善祥的交通部副部长职务。

4月26日，交通部部长张春贤出席联合国亚洲及太平洋经济社会委员会第六十届年会，并最终签署亚洲公路网政府间协定。

4月27日，全国公路安全保障工程实施工作座谈会在重庆召开，标志着这项工程在全国正式启动。

4月30日，经国务院同意，交通部、公安部、发改委、质监总局、安全监督局、工商总局、法制办联合印发《关于在全国开展车辆超限超载治理工作的实施方案》(交公路发〔2004〕219号),并决定于6月20日9时起,在全国启动车辆超限超载集中治理工作。

4月30日,交通部副部长胡希捷出席大湄公河次区域便利运输联委会第一次会议,并访问芬兰和法国。先后签署大湄公河次区域便利运输协定第一阶段议定书和新的《中法公路合作协议》。

5月11日,交通部、公安部、发改委、质监总局、工商总局、安全监督局、法制办等七部委召开电视电话会议,部署全国集中开展治理车辆超限超载工作。

5月14日,交通部首次组织全国公路、水运监理工程师执业资格统一考试。共有1.6万余人报名参加考试,5700余人取得了执业资格。

5月25日,交通部部长张春贤在北京会见印度尼西亚安置与地区基础设施建设部部长苏纳诺,签署两部关于泗水—马都拉大桥建设项目实施协议;同日,在北京会见肯尼亚公路、公共工程和住房部部长奥丁加一行,签署部门间公路建设领域合作谅解备忘录。

5月26日,中共中央政治局常委、国家副主席曾庆红,中共中央政治局委员、国务院副总理回良玉在云南省委书记白恩培、交通部副部长冯正霖等陪同下看望并慰问云南省盈江县交通局局长赵家富的家属。

5月26日,交通部召开"全国交通系统治理车辆超限超载工作会议",交通部部长张春贤发表《迎难而上务求必胜坚决打好这场治超工作攻坚战》的讲话,对全国治超工作进行动员部署。

6月8日,交通部在武汉召开"中西部地区农村公路建设现场会",进一步总结推广农村公路示范工程建设的经验。

6月10日,纪念交通审计20周年暨2004年全国交通审计工作会议在北京召开。

6月10日，双洞平均长4309米的福州至银川高速福建邵武至三明段雪峰山隧道贯通。

6月20日，全长69.7公里、总投资20.45亿元的四川广安至南充高速公路与达州至重庆高速公路正式建成通车。该路是国道主干线上海至成都高速公路的重要路段。

6月25日，中国驻匈牙利大使吴祖寿在布达佩斯代表中国交通部和匈牙利经济与交通部签署部门间道路、内河运输及相关基础设施发展领域合作谅解备忘录。国家主席胡锦涛和匈牙利领导人出席了签字仪式。

6月29日，双洞平均长3585米的贵州崇溪河至遵义高速公路青杠哨隧道贯通。

6月30日，交通部令2004年第5号发布《公路水运工程监理企业资质管理规定》。

7月2日，湖北巴东大桥通车。该桥是209国道湖北境内跨越长江的第一座钢筋混凝土特大型双塔斜拉桥梁，全长908米。

7月9日，交通部以交质监发〔2004〕370号发布《农村公路建设质量管理办法(试行)》。

7月12日，交通部以交公路发〔2004〕372号印发《农村公路建设指导意见》及《农村公路建设暂行技术要求》。

7月13日，国务院总理温家宝在交通部关于全国治理车辆超限超载工作有关情况的报告上做出重要批示："请黄菊、永康同志阅示。治理公路超限超载运输工作取得了明显成绩，要坚持彻底治理。在治理过程中要注意及时解决出现的新问题，把治理与严格规范公路收费结合起来，保证农副产品绿色通道畅通，鼓励依法增加运量，缓解当前运输紧张状况。"

7月14日，国务院副总理黄菊在交通部关于全国治理车辆超限超载工作有关情况的报告上批示："要按家宝总理批示精神,巩固成绩,完善措施,从当前经济发展和交通运输的实际出发,充分运用价格、法规、综合管理等手段,进一步抓好'治超'工作。"

7月16日,双洞平均长2004米、号称江西第一隧的泰和至井冈山津洞隧道贯通。

7月18日,山东省滨州黄河公路大桥建成通车,总投资6.96亿元。

7月20日,交通部编制并印发《2010年公路水路交通信息化发展思路及2004—2005年规划方案》。

7月21日,交通部部长张春贤与美国运输部长诺曼·峰田就进一步加强双方在交通领域的合作深入交换了意见。国务院副总理黄菊接见了峰田一行。

7月22日,中组部通知,黄先耀任交通部党组成员,同时免去胡希捷交通部党组成员职务。

7月28日至8月27日,交通部组织开展了"公水联运、抢运电煤"活动,有效缓解了电煤运输紧张状况。

7月29日,国务院总理温家宝和国务院有关部门负责人在北京视察交通运输和治理公路超限超载运输时指出,要加强运力协调和配置,确保电煤和重点物资的运输,确保电力迎峰度夏,确保社会生产和人民生活不受影响,实现经济平稳较快发展。同时对进一步做好交通运输工作提出7点要求。

7月31日,号称贵州第一隧、双洞平均长4085米的崇溪河至遵义高速公路凉风垭隧道贯通。这条高速全长118公里,全线海拔高差达1030米,有各类隧道19处,桥隧比达到38%。

8月4日,交通部部长张春贤发表署名文章,号召全国交通系统以赵家富为榜样,立党为公、执政为民,提高执政能力,加快交通事业的发展。

8月8日,国务院任命黄先耀为交通部副部长,免去胡希捷的交通部副部长职务。

8月16日,中国、墨西哥常设委员会交通和通讯工作组首次会议在北京举行。交通部部长张春贤和墨西哥通讯与交通部部长佩德罗·塞里索拉就在中墨常设委员会框架下开展交通领域合作深入交换意见。

8月16日,青海省最长的公路隧道——青沙山隧道顺利贯通。隧道全长3340米,平均海拔3000米以上,是平(安)阿(化隆回族自治县阿岱)高速公路的控制性工程。

8月20日,交通部、公安部、发改委、中宣部、质监总局、工商总局、安全监督局、法制办八部委召开全国第二次电视电话会议,对全国集中开展车辆超限超载治理工作进行再部署、再动员。

8月20日,安徽省人大常委会发布《安徽省高速公路管理条例(修订)》。

8月25日,西藏第一条公路隧道、全长2447米的拉萨—贡嘎公路嘎拉山隧道贯通。

8月28日,第十届全国人大常委会第11次会议通过了《关于修改〈中华人民共和国公路法〉的决定》,明确了公路交通部门在日常公路管理中的主体地位。

8月29日,沈大高速公路改扩建工程全线竣工通车。改造后,沈大高速全路段为八车道,设计行车时速120公里,昼夜通行能力跃升至13万至15万辆次。全国人大常委会委员长吴邦国出席通车仪式并亲切慰问沈大高速公路建设者。其中,长520米、开挖宽度22.48米、高度15.52米、单洞四车道的金州隧道,取代大阁山隧道成为我国宽度最大的公路隧道。

9月8日,川、青、藏三省(区)在拉萨举行庆祝活动,隆重纪念青藏、川藏公路建成通车50周年。

9月13日,国务院令第417号发布《收费公路管理条例》。

9月16日,交通部发布《公路建设项目工程决算编制办法》。

9月20日,交通部公布2003年度公路工程三优评选结果,共评出优秀勘察奖1项、优秀设计奖4项、优质工程奖5项。

9月25日,青海省人大常委会发布《青海省公路路政管理条例》。

9月26日,江西省全长169公里、总投资44亿元的昌傅至金鱼石高速公路,全长177公里、总投资47亿元的温家圳至沙塘隘高速公路建成通车。

9月28日,全长123公里、工程总投资27.5亿元的内蒙古呼和浩特至集宁高速公路试通车。该公路是内蒙古通往京津、东南沿海的主要交通干线。

9月29日,交通部发布《交通部科技项目管理办法》(交科教发〔2004〕548号)。

9月29日,全长2785米、越江段长1214米、单向三车道的国内第一条双管双层六车道越江隧道——上海复兴东路隧道正式通车;该隧于2003年10月28日实现双线贯通。

9月30日,河南省新乡至郑州高速公路建成通车,标志着"五纵七横国道主干线"的重要一纵——北京至珠海国道主干线全线贯通。

9月30日,全长37公里、总投资21.9亿元的黑龙江省哈尔滨绕城公路西段建成通车。

9月,长4448米、海拔3300米的317国道鹧鸪山隧道完工,取代二郎山隧道成为当时海拔最高的最长公路隧道。

10月1日,郑州第二黄河大桥通车。该桥全长9.85公里,双向八车道,行车道宽42米,刷新了湖北军山长江公路大桥的宽度纪录。

10月8日,连云港至霍尔果斯国道主干线全线建成高等级公路。连霍国道主干线横贯中国东中西部,全长4395公里,经过苏、皖、豫、陕、甘、新六省(自治区),沿线地区约有4亿人口。

10月14日,交通部在沈阳召开"全国交通基本建设质量监督工作会议"。

10月18日,210国道文明样板路及公路安全保障工程示范路全线建成并通过交通部检查验收。

10月26日,交通部部长张春贤出席第三届国际丝绸之路大会,并签署12国部长联合声明。

10月27日,我国高速公路里程突破3万公里,年末里程达3.42万公里,居世界第二位。

11月2日,交通部副部长冯正霖率团出席在塔吉克斯坦首都杜尚别举行的上海合作组织成员国交通部长第三次会议,签署《上海合作组织成员国交通部长第三次会议纪要》。

11月4日,皖西北首条高速公路——全长187公里、总投资35.5亿元的界(首)阜(阳)蚌(埠)高速公路全线贯通。

11月5日,交通部部长张春贤在北京会见奥地利副总理兼交通部长戈尔巴赫,双方就交通领域的合作交换了意见。

11月11日,经国务院同意,交通部和国家发改委联合印发《关于降低车辆通行费收费标准的意见的通知》(交公路发〔2004〕622号)。

11月16日,国务院总理温家宝在《交通部关于报送全国车辆超限超载治理工作进展情况的函》上再次做出重要批示:"要充分认识这项工作的复杂性,坚持综合治理,注重运用法律和经济手段,建立长期、有效的管理体制,以巩固成果。"

11月16日,交通部令2004年第12号发布《交通行业内部审计工作规定》。

11月22日,交通部令2004年第10号、第11号分别发布《交通行政许可实施程序规定》《交通行政许可监督检查及责任追究规定》。

11月24日,交通部部长张春贤出席在老挝首都万象召开的第三次中国—东盟交通部长会议及中国—东盟领导人会议。11月27日,张春贤部长与东盟秘书长王景荣在老挝万象共同签署《中国—东盟交通合作谅解备忘录》,确定中国—东盟交通领域合作长期目标,东盟10国外长出席签字仪式。

11月25日,交通部调整体改法规司主要职责、内设机构和人员编制(交人劳发〔2004〕648号)。

11月29日,河南省人大常委会发布《河南省高速公路条例》。

12月10日,中国船东协会和中国道路运输协会被民政部授予全国首届先进民间组织荣誉称号。同日,劳动和社会保障部授予青岛港(集团)有限公司许振超"中华技能大奖";授予江苏省交通厅窦建敏、吉林省交通厅刘晓霞、南通港务(集团)有限公司严汉圣"全国技术能手"称号;授予青岛港(集团)有限公司"国家技能人才培育突出贡献奖"。

12月12日,全长162.80公里、总投资38.78亿元的河南许(昌)平(顶山)南(阳)高速公路全线通车。该路是国家规划的重点干线公路——日照至南阳公路的重要组成部分。

12月13日,甘肃省兰州至海石湾、兰州至临洮、山丹至临泽等6条高等级公路建成通车。6条高等级公路总长528.23公里,总投资112.57亿元。

12月17日,国务院常务会议原则通过《国家高速公路网规划》。

12月21日,交通部令2004年第14号发布《公路建设市场管理办法》,废止了1996年7月版的《公路建设市场管理办法》。

12月23日,交通部调整离退休干部局主要职责、内设机构和人员编制(交人劳发〔2004〕769号)。

12月24日，全长183公里、总投资50.9亿元的湖南临湘至长沙高速公路项目通过部省联合验收。

12月26日，2005年全国交通工作会议在北京召开。国务院副总理黄菊到会讲话，交通部部长张春贤作了《以科学发展观为统领，加强行政能力建设，促进交通运输全面协调可持续发展》的工作报告。

12月26日，总投资13.2亿元的安徽省安庆长江公路大桥建成通车。

12月28日，福建三(明)福(州)、漳(州)龙(岩)高速公路正式通车。三福高速公路是(北)京福(州)国道主干线的重要组成部分，全长260公里；漳龙高速公路是国家重点公路厦(门)昆(明)线的重要组成部分，全长117公里。

12月29日，全长48公里、总投资27.1亿元的重庆雷神店至崇溪河高速公路建成通车；同日，全长93公里、总投资38亿元的武汉绕城公路东北段建成通车。

12月30日，根据《国务院关于第三批取消和调整行政审批项目的决定》(国发〔2004〕16号)和《国务院对确需保留的行政审批项目设定行政许可的决定》(中华人民共和国国务院令第412号)，交通部2004年经国务院批准取消行政许可项目9项，调整行政许可项目3项，设定行政许可项目6项，依法继续实施的行政许可项目39项。

12月31日，2002年至2003年度中央国家机关优秀(杰出)青年评选揭晓，交通部公路所路桥通监理公司董事长兼总经理郭大进荣获"中央国家机关十大杰出青年"称号。

2005年

年内，"公路养护关键技术及系列装备的研究"获2005年度国家科技进步二等奖。

年内,"三跨连续全飘浮悬索桥体系研究与应用""新老路基结合部处置技术"等2项成果获2005年度中国公路学会科学技术一等奖;"荆州(沙)长江公路大桥关键技术研究"等28项成果获二等奖;"水泥混凝土桥面防水系统设计与施工技术研究"等47项成果获三等奖。

年内,上海卢浦大桥、岳阳洞庭湖大桥、湖北宜昌长江公路大桥、上海大连路越江隧道、湖南临湘至长沙高速公路等公路、桥梁和隧道工程获得"第五届中国土木工程詹天佑奖"。

1月4日,交通部印发《公路水路交通"十一五"发展规划纲要》。

1月13日,交通部部长张春贤在国务院新闻办公室举行的新闻发布会上宣布,《国家高速公路网规划》正式出台。国家高速公路是中国公路网中最高层次的公路通道,全长8.5万公里,由7条首都放射线、9条南北纵向线和18条东西横向线组成,简称为"7918网",将连结我国人口超过20万的城市,覆盖10亿人口。

1月13日,交通部、公安部等七部委联合印发《全国高效率鲜活农产品流通"绿色通道"建设实施方案》(交公路发〔2005〕20号)。

1月13日,浙江省人大常委会发布《浙江省公路路政管理条例》。

1月21日,交通部发布《公路水路交通科技发展战略》(交科教发〔2005〕29号)。

1月21日,交通部全面启动驾驶员素质教育工程。

1月31日,全国交通系统廉政工作会议在河北廊坊召开。

2月2日,《农村公路建设规划》经国务院第八十次常务会议审议通过。

2月2日,交通部发布《关于深入开展公路勘察设计典型示范工程活动的通知》（交公路发〔2005〕44号），新增18个公路典型示范工程。

2月4日，交通部副部长翁孟勇在北京会见毛里塔尼亚驻华大使恩盖德·凯尤一行，双方签署《中毛公路水路交通基础设施领域合作协议》。

2月5日，交通部、公安部、国务院纠风办联合召开新闻发布会，公布四川、福建、浙江、贵州、宁夏第五批实现所有公路基本无"三乱"省份名单。

2月6日，交通部与国家发改委、中宣部等12家单位联合印发《全国红色旅游精品线名录》和《全国红色旅游经典景区名录》。

2月7日，交通部发布《全面建设小康社会公路水路交通发展目标(行业版)》。

2月24日，《中华人民共和国机动车驾驶员培训教学大纲》新闻发布会召开。

2月26日，国家主席胡锦涛等中央领导同志对《关于加强交通行业廉政工作情况的汇报》作出重要批示。

3月2日，交通部、公安部、发展改革委等八部委联合印发《2005年全国治超工作要点》（交公路发〔2005〕89号）。

3月4日，交通部印发《长江三角洲地区现代化公路水路交通规划纲要》、《振兴东北老工业基地公路水路交通发展规划纲要》，规划期均为2004年至2020年。

3月25日，交通部发布《交通信息化示范工程管理暂行办法》。

3月28日，全国交通系统纪检组长(纪委书记)会议在武汉召开。

3月29日，交通部副部长冯正霖出席中哈交通合作分委会第一次会议，双方签署分委会条例和第一次会议纪要，并建立合作机制。

3月29日,全国交通系统纠风工作座谈会在武汉召开。

3月30日,交通部发布《交通行业树立和落实科学发展观指导意见》。

3月31日,吉林省人大常委会发布《吉林省高速公路路政管理条例》。

4月5日,交通部确定江苏、福建、江西、山西、广西、贵州、重庆、陕西交通厅(委)8个农村公路建设示范工程单位。

4月5日,中华人民共和国外交部部长李肇星出访巴基斯坦,代表中国交通部与巴基斯坦交通部签署《中巴道路运输协定实施细则》。

4月8日,国务院副总理回良玉对"绿色通道"工作做出批示:"在全国建立顺畅、便捷、低成本的鲜活农产品流通网络,对提高农产品流通效率,促进农民增收和农业发展具有重要作用。此事交通部等单位抓得很得力,也很有成效。望按《绿色通道建设实施方案》要求,认真组织实施好。"4月9日,国务院副总理黄菊批示:"赞成良玉同志意见,继续抓好鲜活农产品流通网络建设,支持农业发展,促进农民增收。"

4月11日,双洞各长18.02公里的陕西秦岭终南山公路隧道贯通,总投资27.93亿元。该隧道是世界上最长的双洞高速公路隧道。

4月13日,交通部令2005年第3号发布《国际道路运输管理规定》。

4月16日,交通部党组授予润扬长江公路大桥"交通建设项目典型"荣誉称号。

4月23日,国务院总理温家宝在四川大巴山区考察农村公路。

4月25日,交通部、共青团中央授予张立维等114人"全国交通系统青年岗位能手"荣誉称号；命名北京首都公路发展有限责任公司八达岭高速公路清河收费站等96个青年集体；命名北京市门头沟区交通局稽查大队等212个青年集体为"2004年度全国青年文明号"。

4月26日，国务院作出《关于表彰全国劳动模范和先进工作者的决定》，其中授予交通行业113人全国劳动模范和先进工作者荣誉称号。

4月27日，国务院纠风办、交通部、公安部联合印发《关于2005年治理公路"三乱"工作的实施意见》（国纠办发〔2005〕5号）。

4月27日，全长5068米的广东省双和（鹤山共和至高明人和）公路彩虹岭隧道贯通，这是广东省第一长隧。

4月30日，江苏润扬长江大桥建成通车。大桥全长35.66公里，由北汊斜拉桥、南汊悬索桥等组成。其中南汊悬索桥主跨1490米，是当时中国第一、世界第三的特大跨径悬索桥。

4月30日，我国大陆第一条大断面海底隧道——福建厦门翔安海底隧道正式动工。翔安隧道全长约9公里，其中海底隧道5.95公里，隧道连同两端连接线工程，总投资约39.5亿元。

5月2日，陕西西安至汉中高速双洞平均长17.22公里、由三处特长隧道组成的秦岭特长隧道群贯通。

5月8日，交通部令2005年第4号发布《公路工程质量监督规定》。

5月9日，交通部令2005年第5号发布《公路工程设计变更管理办法》。

5月10日，北京市路政局门头沟分局副局长曹广辉积劳成疾，英年早逝。交通部于9月16日追授其为"公路局长的楷模"。

5月20日，山西省人民政府令第177号发布《山西省公路车辆通行费收取办法》。

5月24日,全国农村客运网络化试点工作经验推广会议在杭州召开。

5月25日,国务院作出《关于表彰全国民族团结进步模范集体和模范个人的决定》。其中,青海省交通厅等集体被授予全国民族团结进步模范集体称号;湖南省交通厅厅长李安等被授予全国民族团结进步模范个人称号。

5月25日,全长32.5公里的东海大桥贯通,连接了上海港与浙江嵊泗的崎岖列岛,为满足洋山深水港年吞吐220万标准集装箱疏运需要提供了有力的支撑。这是我国贯通的第一座严格意义上的跨海长桥。

6月1日,国务院办公厅发布《关于加强车辆超限超载治理工作的通知》(国办发〔2005〕30号)。

6月2日,交通部部长张春贤与秘鲁外交部副部长阿曼多·莱卡洛斯在北京签署《中秘公路水路交通技术合作谅解备忘录》。国家主席胡锦涛和秘鲁总统托莱多出席签字仪式。

6月6日,交通部发布《关于完善公路基本建设工程概算预算编制办法有关内容的通知》(交公路发〔2005〕230号)。

6月7日,双洞平均长1805米、双向六车道的江苏第一隧——宁淮(南京至淮安)高速老山隧道贯通。

6月14日,交通部发布《关于实施公路建设项目施工许可工作的通知》(交公路发〔2005〕258号)。

6月16日,交通部令2005年第6号发布《道路货物运输及站场管理规定》。2008年7月23日交通运输部令2008年第9号修正。

6月20日,2005年全国治理车辆超限超载工作电视电话会议在北京召开。

6月24日,交通部令2005年第7号发布《机动车维修管理规定》。

6月26日，交通部、教育部在北京人民大会堂签署共建长安大学协议。

7月6日，交通部印发《2005年全国治理车辆超限超载工作任务分工意见和工作督导活动方案》。

7月7日，浙江省人民政府令第193号发布《浙江省高速公路运行管理办法》。

7月8日，交通部印发《关于推进交通行业重点实验室建设的实施意见》(交科教发〔2005〕308号)

7月12日，交通部令2005年第9号发布《道路危险货物运输管理规定》。

7月12日，交通部令2005年第10号发布《道路旅客运输及客运站管理规定》。2008年7月23日交通运输部令2008年第10号修正。

7月14日，交通部副部长翁孟勇出访埃及、西班牙和毛里塔尼亚。期间与埃及签署《中埃公路水路交通合作谅解备忘录》。

7月20日，交通部副部长徐祖远在北京会见俄罗斯运输部总局局长莫斯科维切夫一行，双方签署《中俄运输合作分委会海运河运汽车和公路工作组第九次会议纪要》。

7月22日，双洞平均长3032.5米的安徽省铜陵至黄山高速公路石头岭隧道双线贯通。这是安徽省高速公路第一条特长隧道。

7月27日，交通部、中国气象局联合签署共同开展公路交通气象预报工作备忘录。

7月29日，中共中央总书记胡锦涛视察山西太长高速公路和农村公路。

7月29日，全国大型交通企业安全工作会议在辽宁大连召开。

8月10日，交通部发布《关于预防和解决交通建设领域拖欠工程款的若干措施》(交公路发〔2005〕352号)。

8月15日，交通部副部长冯正霖在北京会见尼泊尔驻华大使纳兰德拉·拉吉潘迪，双方签署《中尼关于尼泊尔借道中国西藏公路进行货物运输的议定书》。

8月23日，《公路水路交通基础设施"十一五"建设规划》经第27次部党组会议审议并原则通过。

8月23日，交通部发布《全国农村公路建设规划》。

8月31日，交通部副部长翁孟勇在北京会见韩国建设交通部次官金容德一行，双方签署《中韩两部物流领域合作谅解备忘录》。

9月1日，交通部与国家发改委联合发布《农村公路改造工程管理办法》。

9月6日，交通部发布《中央车购税投资补助农村公路建设计划管理暂行办法》(交规划发〔2005〕405号)。

9月16日，交通部党组追授原北京市路政局门头沟公路分局副局长曹广辉"公路局长的楷模"荣誉称号。

9月21日，交通部发布《公路水路交通中长期科技发展规划纲要(2006至2020年)》(交科教发〔2005〕439号)。

9月23日，交通部发布《关于进一步加强山区公路建设生态保护和水土保持工作的指导意见》(交公路发〔2005〕441号)。

9月24日，全国交通系统基础设施建设廉政工作经验交流会在南京召开。

9月26日，第三届欧亚道路运输大会和欧亚交通部长级会议在京召开。大会通过《第三届欧亚道路运输大会北京宣言》《欧亚交通部长级会议联合声明(北京联合声明)》。

9月26日，国家发改委、交通部联合印发《农村公路改造工程管理办法》(发改交运〔2005〕1829号)。

9月26日,2005年全国交通审计工作座谈会在贵州召开。

9月29日,国务院办公厅发布《农村公路管理养护体制改革方案》(国办发[2005]49号)。

9月29日,号称吉林第一隧、全长2775米的沈(阳)长(白)公路临江老岭隧道通车。

9月至11月,交通部开展全国干线公路养护与管理大检查。此次检查的对象为全国所有公路(国、省、县、乡道),以及省、市、县各级交通主管部门和公路管理部门。

9月,双线平均长6015米的重庆万州至开县高速公路铁峰山二号隧道左线贯通,此前的8月25日,该隧道右线实现贯通,这是当时西南地区建成的最长公路隧道,使两地车程由3个小时缩短至40分钟。

10月7日,南京长江第三大桥建成通车。该桥全长15.6公里,主桥采用主跨648米的双钢塔钢箱梁斜拉桥,为国内第一座钢塔斜拉桥,也是当时中国最大跨径的斜拉桥。

10月10日,双洞平均长3745米的湖南常德至吉首高速公路岩门界隧道贯通。

10月17日,交通部党组审议并原则通过《泛珠江三角洲区域合作公路水路交通规划纲要》、《2005至2010年全国红色旅游公路专项建设计划》。

10月17日,全国交通科技工作会议在长春召开。

10月18日,双线平均长6900米的云南个旧至蒙自大屯公路明珠隧道贯通,成为云南最长公路隧道。

10月21日,交通部、国家发改委在太原联合召开全国农村公路工作座谈会。

10月21日,中央精神文明建设指导委员会授予交通行业57个单位全国文明单位称号,授予交通行业121个单位全国精神文明创建工作先进单位称号,授予交通行业4人全国精神文明建设先进工作者称号。

10月27日,交通部印发《关于收费公路试行计重收费的指导意见》(交公路发〔2005〕492号)。

11月3日,交通部成立防控高致病性禽流感领导小组,全面组织领导全国交通系统防控禽流感工作。

11月3日,交通部部长张春贤在北京会见荷兰运输、公共工程和水管理部部长佩斯一行,双方签署《中荷交通合作谅解备忘录》。

11月5日,交通部发布《关于开通全国"五纵二横"鲜活农产品流通"绿色通道"的公告》,全长5500公里的"哈尔滨至海口"鲜活农产品流通部级示范"绿色通道"全线开通。

11月14日,交通部发布《关于调整交通部基本建设质量监督总站内设机构人员编制等有关事宜的通知》(交人劳发〔2005〕536号)。

11月17日,交通部部长张春贤赴老挝出席第四次中国—东盟"10+1"交通部长会议。

11月22日,交通部印发《关于"十一五"交通审计工作的指导意见》。

11月27日,全长176公里的陕西禹门口至阎良高速公路建成通车。

12月1日,交通部编制完成《京津冀暨环渤海地区现代化公路水路交通规划纲要》、《中部地区崛起公路水路交通规划纲要》。

12月2日,交通部成立交通专业人员资格评价中心(交通部职业技能鉴定指导中心)。

12月5日,交通部副部长冯正霖在北京会见法国运输、建设、旅游和海洋部代表来昂·贝特朗,双方签署《中法运输、建设、旅游和海洋部海上救助合作协议》《中法运输、建设、旅游和海洋部公路合作协议》。

12月8日,中国交通建设集团有限公司挂牌成立。该集团由原中国路桥(集团)总公司和中国港湾建设(集团)总公司重组合并而成,是特大型的国有企业,注册资金45亿元,总资产逾780亿元;2006年在内地和香港同步上市。

12月14日,交通部印发《关于规范转籍车辆公路养路费征收工作的通知》(交公路发〔2005〕625号)。

12月16日,全国交通行业精神文明建设工作座谈会在北京召开。

12月20日,交通部发布《交通部行业联合科技攻关项目实施细则》(厅科教字〔2005〕455号)。

12月21日,国务院总理温家宝对农村公路建设做出重要批示,强调要按照国务院通过的《农村公路建设规划》总体要求,完善政策措施,抓好落实。12月23日,国务院副总理黄菊对农村公路建设做出批示,要求交通部总结经验,继续抓好农村公路规划、建设、管护,为建设社会主义新农村作出新的贡献。

12月29日,第十届全国人大常委会第十九次会议决定:免去张春贤交通部部长职务,同时任命李盛霖为交通部部长。

12月30日,交通部发布《促进中部地区崛起公路水路交通发展规划纲要》。《规划纲要》包括我国中部地区的山西、安徽、江西、河南、湖北、湖南六省。同日,交通部发布《泛珠江三角洲区域合作公路水路交通基础设施规划纲要》,纳入包括广东、福建、江西、湖南、广西、海南、四川、贵州、云南九省区,并考虑与香港、澳门两特别行政区的衔接。

2006年

年内,"沙漠地区公路建设成套技术研究""特大跨径桥梁钢塔和深水基础设计施工创新技术研究""润扬长江公路大桥建设关键技术研究""国家高速公路网规划研究"等4项成果获2006年度中国公路学会科学技术特等奖;"高液限土路基稳定技术研究"等16项、"软土地基处理新工艺的研究"等33项、"沈大路改扩建工程路面加铺技术的研究"等65项成果分获一、二、三等奖。

年内,江苏润扬长江公路大桥、杭州市复兴大桥(钱江四桥)、广州丫髻沙大桥主桥、上海市沪闵路高架道路二期工程、广东省西部沿海高速公路崖门大桥、山西新原高速公路雁门关隧道、沪瑞国道主干线宜兴至溧水高速公路、北京市五环路等公路、桥梁、隧道工程获得"第六届中国土木工程詹天佑奖"。

1月10日,李盛霖部长会见澳大利亚运输和地区服务部长沃伦·特拉斯,双方就中澳交通合作及APEC运输部长会议等事宜交换了意见。

1月12日,交通部发布《关于开通全国"五纵二横"鲜活农产品流通"绿色通道"的公告》(交公路发〔2006〕373号)。

1月12日,交通部令2006年第2号发布《机动车驾驶员培训管理规定》。

1月15日,2006年全国交通工作会议在北京召开。国务院副总理黄菊出席会议并讲话,交通部部长李盛霖作了《站在新的历史起点上,推进"十一五"交通事业又快又好发展》的工作报告。

1月15日,"五纵七横"国道主干线北京至福州公路福建段通车。至此,国道主干线北京至福州公路全线贯通。

1月16日,全国交通系统廉政工作会议在北京召开。

1月23日,交通部、公安部、安全监管总局联合印发《关于进一步加强水路公路危险化学品运输管理的通知》(交海发〔2006〕33号)。

1月27日,交通部令2006年第3号发布《农村公路建设管理办法》。

2月6日，2006年全国农村公路电视电话会议在北京召开。

2月13日，交通部副部长翁孟勇访问越南，进一步推动与越南在交通领域的合作，并签署了中越政府间《共同建设河口至老街红河界河公路大桥协定》及其议定书。

2月16日，交通部以交公路发〔2006〕57号发布《公路工程施工招标资格预审办法》，2006年5月1日起施行。

2月20日，交通部部长李盛霖与巴基斯坦港口与海运部长巴巴尔·高里签署了《中华人民共和国交通部和巴基斯坦伊斯兰共和国交通部关于改造喀喇昆仑公路的合作谅解备忘录》。

2月20日，国家发改委批复同意建设宁波象山港大桥及其接线工程。同年9月24日，象山港大桥举行奠基典礼，中共浙江省委书记习近平出席。

2月22日，交通部印发《公路水路交通"十一五"科技发展规划》(交科教发〔2006〕70号)、《"十一五"交通教育与培训发展规划》(交科教发〔2006〕71号)。

2月27日，交通部与审计署签订《交通部审计署财务管理与审计工作共建协议》，交通部部长李盛霖、副部长冯正霖和审计署审计长李金华出席签字仪式。

2月28日，2006年全国治理车辆超限超载工作电视电话会议在北京召开。

2月28日，双洞平均长244米、净宽18.0米、净高5米、双向八车道的深圳南坪快速路雅宝隧道贯通，被誉为"华南第一洞"，其扁平率达0.45，跨度之大、高宽比之小在同类隧道中属国内首创。

3月1日，交通部、公安部、国家发改委等九部委联合发布《2006年全国治超工作要点》(交公路发〔2006〕76号)。

3月6日，交通部下发《关于认真做好春季高致病性禽流感防控工作的通知》。

3月11日,以许振超同志先进事迹为内容的《金牌工人》首映式及"振超精神"座谈会在北京钓鱼台国宾馆举行。

3月17日,交通部治理交通建设领域商业贿赂电视电话会议在北京召开。

3月24日,交通部部长李盛霖与西班牙发展大臣阿尔瓦雷斯签署了部门间《交通合作谅解备忘录》。

3月26日,交通部副部长翁孟勇出访意大利和肯尼亚,就加强与两国在交通领域的合作深入交换了意见,并签署了中意部门间《公路水路和物流领域合作谅解备忘录》。

4月5日,交通部与国家开发银行签订《"十一五"期间支持交通基础设施建设和交通科技创新开发性金融合作协议》,交通部部长李盛霖、副部长冯正霖与国家开发银行行长陈元出席签字仪式。

4月5日,全国交通系统纠风工作会议在安徽召开。

4月6日,国家西部开发八条通道之一的兰州至磨憨公路云南省思茅至小勐养段高速公路通车。

4月10日,交通部印发《2006年交通建设安全生产工作的意见》(交质监发〔2006〕152号)。

4月13日,交通部部长李盛霖会见香港环境运输及工务局长廖秀冬,双方就CEPA相关问题以及大型基础设施建设等问题交换了意见。

4月20日,交通部发布《公路建设优秀勘察奖、优秀设计奖评选管理办法》、《公路建设优秀工程奖评选办法》。

4月30日,交通部印发《交通建设安全专项整治工作实施方案》(交质监发〔2006〕189号)。

5月11日至13日,交通部在济南召开全国公路养护管理工作会议,提出以服务公众为核心,实现公路畅通、安全、和谐、高效。同时，会议透露，过去5年，全国交通系统共撤销公路收费站点1000多个，全国31个省(自治区、直辖市)全部实现所有公路无"三乱"的目标。

5月16日，交通部副部长黄先耀访问墨西哥并出席中墨两国常设委员会第二次会议，与墨方签署中墨部门间《关于道路、海洋和内河运输及相关基础设施建设领域合作谅解备忘录》；随后代表团访问了加拿大，就两国在交通领域的合作、中加《海运协定》的修改等事宜与加方交换了意见。

5月18日，交通部印发《公路水路交通信息化"十一五"发展规划》(交规划发〔2006〕210号)。

5月19日，人事部、交通部联合发布《机动车检测维修专业技术人员职业水平评价暂行规定》和《机动车检测维修专业技术人员职业水平考试实施办法》(国人部发〔2006〕51号)。

5月20日，交通部副部长冯正霖会见朝鲜陆海运省副相蔡斗永，双方就《中朝汽车运输协定》等事宜交换了意见。

5月24日，川藏公路列衣隧道贯通，标志着我国密度最大的高原公路隧道群——川藏公路海子山至竹巴笼隧道群全线贯通；该群共有7处隧道，总长11.36公里，海拔4200米以上。

5月25日，交通部令2006年第5号发布《公路工程施工监理招标投标管理办法》。

5月25日，交通部部长李盛霖会见法国运输部长多米尼克·佩尔邦，双方就两国在交通领域的合作交换了意见。

5月29日，中组部、中宣部、中央保持共产党员先进性教育活动领导小组、中华全国总工会、人事部、交通部、湖北省委、西藏自治区党委在北京人民大会堂联合举办了陈刚毅先进事迹报告会。报告会前，中共中央政治局常委、书记处书记、国家副主席曾庆红，中共中央政治局委员、书记处书记、中组部部长贺国强接见了报告团全体成员。

5月30日，双洞平均长7530米的浙江台州至金华高速公路苍岭隧道贯通。这是华东地区最长的公路隧道。

5月31日，交通部编制完成《海峡西岸公路水路交通发展规划纲要》(交规划发〔2006〕244号)。

5月，为深化交通体制改革、理顺公路管理体制，海南省公路养护质量监督中心更名为海南省公路管理局。海南省在1996年的公路管理体制改革中撤销公路局，曾在全行业引起强烈反响。

6月8日，交通部令2006年第6号发布《公路建设监督管理办法》。

6月23日，交通部印发《关于在交通系统开展平安建设的意见》(交海发〔2006〕315号)。

6月23日，交通部令2006年第7号发布《公路工程施工招标投标管理办法》。

6月26日，交通部在武汉召开全国交通行业精神文明建设工作会议，提出要在全国交通行业开展"学先进、树新风、创一流"活动，扎实推进行业精神文明建设再上新台阶。

6月26日，总参军务部、总政保卫部、总后军交运输部、公安部办公厅、交通部办公厅联合发布《关于组织开展打击盗窃、伪装军车号牌专项斗争的通知》(政保发〔2006〕7号)。

7月7日，交通部印发《公路路线设计规范》(JTG D20至2006)、《公路交通安全设施设计规范》(JTG D81至2006)、《公路交通安全设施设计细则》(JTG/T D81至2006)、《公路交通安全设施施工技术规范》(JTG F71至2006)。

7月14日，交通部印发《全国交通行业"十一五"时期精神文明建设工作指导意见》和《交通文化建设实施纲要》(交体法发〔2006〕349号)。

7月15日，交通部、公安部等七部委联合发布《关于进一步完善"五纵二横"鲜活农产品流通绿色通道网络实现省际互通的通知》(交公路发〔2006〕373号)。

7月15日,交通部副部长冯正霖赴土耳其、瑞典和芬兰访问,重点推介中交集团参与土耳其大型建设项目,推动与瑞典、芬兰在公路领域的深入合作。

7月18日,交通部印发《建设创新型交通行业指导意见》。

7月21日,建设创新型交通行业工作会议在北京召开。交通部部长李盛霖提出了建设创新型行业的思路。

7月28日,交通部、国家发改委、财政部联合发布《关于进一步做好农村公路管理养护体制改革的通知》(交公路发〔2006〕400号)。

8月3日,交通部发布《公路路网结构改造工程项目管理办法(试行)》(交公路发〔2006〕410号)。

8月23日,交通部印发《干线公路灾害防治工程试点工作方案》(交公路发〔2006〕441号)。

8月28日,全长1.1公里、宽19米、单向四车道的重庆石板坡长江大桥复线桥竣工通车。该桥于2003年12月开工,总投资4.28亿元,其桥墩主跨度达到330米,为当时世界第一跨径的梁桥。

8月29日,交通部发布《公路交通出行信息服务工作规定》(试行)和《交通部公路交通阻断信息报送制度》(试行)(交公路发〔2006〕451号)。

8月31日,双洞平均长7039米、双向四车道的沪瑞高速湖南邵阳至怀化段雪峰山隧道贯通。该隧道贯通横向误差0毫米(规范误差为300毫米)、高程误差7毫米(规范误差为70毫米),创造了特长隧道贯通误差的世界最小纪录。

9月2日,交通部部长李盛霖会见希腊运输和通讯部长米哈里斯·利亚彼斯,双方共同探讨了中希公路合作及欧亚运输通道等合作事宜。

9月4日，交通部部长李盛霖会见土耳其公共工程与安置部长法鲁克·欧扎克，双方就交通基础设施领域的合作交换了意见，并一致同意支持两国交通建设企业开展互利合作。

9月5日，交通部以交公路发〔2006〕482号文正式印发《更好地为公众服务——"十一五"公路养护管理事业发展纲要》。

9月6日，交通部部长李盛霖赴韩国和希腊访问。在韩期间出席了首次中日韩三国海上运输与物流部长级会议。访希期间与希腊运输和通讯部签署了部门间《公路运输合作谅解备忘录》。

9月12日，交通部副部长翁孟勇会见国际道路联盟（IRF）主席施华洛世奇，双方就如何进一步加强合作交换了意见。

9月15日，交通部副部长冯正霖出席上海合作组织杜尚别总理会议，与其他成员国交通部门负责人签署了《关于加快制定〈上海合作组织成员国政府间国际道路运输便利化协定（草案）〉的谅解备忘录》。

9月18日，交通部部长李盛霖、副部长徐祖远会见波兰运输部长耶日·波拉契克，双方就两国交通合作交换了意见。

9月22日，交通部发布《"十一五"交通行业重点实验室认定指南》（厅科教字〔2006〕322号）。

9月26日，第八届国际公路水运交通技术与设备展览会及2006中国交通发展论坛在北京举行。

9月24日，中国公路"零公里"标志正式落成于北京天安门广场正阳门前。9月26日，中国公路"零公里"标志设置工作新闻发布会在北京举行。9月27日，中国公路"零公里"标志正式向社会公众开放。

9月29日，交通部政府网站完成第五次改版，中国公路信息服务网正式投入试运行。

9月30日，陕西黄陵至延安高速公路建成通车。该路全长

143.2公里,是包茂高速陕西境的重要组成部分,全线有隧道22处、长27.36公里。2005年1月26日,该路汉寨隧道贯通,标志高速全线实现贯通。

10月25日,交通部印发《关于交通行业全面贯彻落实国务院关于加强节能工作的决定的指导意见》(交体法发〔2006〕592号)。

10月29日,"五纵七横"国道主干线上海至瑞丽公路贵州玉屏至凯里段高速公路通车。

10月,双洞平均长542.5米的黑龙江第一条公路隧道——尚志至海林改扩建工程雾凇岭隧道贯通。

11月2日,交通部印发《关于加强和规范公路水路交通运输行业卫星定位应用系统建设的指导意见》(交科教发〔2006〕617号)。

11月8日,交通部发布《关于设立部公路司农村公路处的通知》(交人劳发〔2006〕627号),决定在部公路司增设农村公路处,以进一步加强农村公路建设管理工作,全面扎实推进农村公路发展。

11月16日,交通部发布《交通建设工程重大生产安全事故应急预案》(交质监发〔2006〕647号)。

11月20日,国家高速公路网规划的大庆至广州高速公路河南省濮阳至周口段通车。

11月23日,交通部令2006年第9号发布《道路运输从业人员管理规定》。

11月24日,交通部令2006年第11号发布《交通法规制定程序规定》。

11月24日,交通部部长李盛霖会见科威特公共工程大臣贝德尔·侯迈迪,双方就两国在交通领域的合作交换了意见,并一致同意支持中国港湾工程有限责任公司在科威特承建大型交通基础建设项目。

11月26日,国家高速公路网上海至西安高速公路河南信阳至南阳段通车。

11月26日,交通部部长李盛霖作为中国政府特使出席墨西哥新总统卡尔德龙就职仪式,并与墨西哥新任运输和通讯部长特列斯举行会谈。

11月26日,交通部副部长冯正霖会见莫桑比克通讯和交通部副部长奥古斯托,双方就中莫交通合作交换了意见。

11月28日,交通部印发《关于进一步规范收费公路管理工作的通知》(交公路发〔2006〕654号),要求暂停收费公路收费权转让。

11月28日,G45大庆至广州高速跨黄河的河南开封黄河公路特大桥通车。该桥于2004年9月开工建设,总投资约20亿元,全长7.8公里,主桥长1010米,桥宽37.4米。

11月底,新疆伊犁州伊犁河特大桥试通车。该桥于2004年4月开工,全长1.82公里,总投资3.3亿元。

12月4日,交通部副部长翁孟勇会见世界银行东亚太平洋地区副行长詹姆斯·亚当斯一行,双方就公路水路交通行业与世行的合作等问题交换了意见。

12月5日,交通部发布《关于建立公路建设市场信用体系的指导意见》。

12月5日,双洞平均长7690米的西南最长公路隧道——重庆忠县至石柱高速方斗山隧道贯通。

12月6日,交通部发布《环渤海地区现代化公路水路交通基础设施规划纲要》(交规划发〔2006〕682号)。

12月8日,交通部印发《关于集中清理违规减免特权车人情车车辆通行费的实施方案》。

12月14日,交通部部长李盛霖参加首次中美战略经济对话,并就中美交通合作,尤其是公路建设的投融资等问题与美国运输部长助理安德鲁·斯坦伯格交换了意见。

12月18日,交通部部长李盛霖会见澳大利亚副总理兼运输和地区服务部长马克·维尔,双方就2007年3月在澳召开的APEC第五届运输部长级会议以及更新《中澳公路与水运合作谅解备忘录》等事宜交换了意见并达成一致。

12月20日,国务院纠风办、交通部等五部门联合发布《关于取消公路基本无"三乱"地区资格的暂行办法》(国纠办发〔2006〕9号)。

12月21日,交通部发布《交通标准化工作规则》(厅科教字〔2006〕411号)。

12月22日,国务院办公厅发布《关于在燃油税正式实施前切实加强和规范公路养路费征收管理工作的通知》,要求在燃油税正式实施前,要继续做好公路养路费等交通规费的征收管理工作,确保足额征缴。同时,对征费标准、减免范围、治理"外挂车"、规范征收行为等作出了全面规范。

12月25日,交通部发布《机动车维修企业质量信誉考核办法(试行)》(交公路发〔2006〕719号)。

12月26日,湖南益阳茅草街大桥竣工通车。该桥全长2.85公里,主桥为80米+368米+80米三跨连续自锚中承式钢管混凝土拱桥,于2000年10月奠基开工,总投资5亿元。

12月27日,长7.8公里、海底部分长3950米、双向六车道的青岛胶州湾海底隧道开工。该隧道又称青岛胶州湾隧道,是我国最长的海底隧道。

12月28—29日,2007年全国交通工作会议在北京召开。交通部部长李盛霖作了《努力做好"三个服务",推进交通事业又好又快发展》的工作报告。

12月30日,广东湛江海湾大桥工程竣工通车。该工程2003

年7月30日开工,包括全长3981米的湛江海湾大桥和约21公里长的四车道一级公路接线。大桥主桥为双塔双索面混合梁斜拉桥,斜拉桥主跨为480米,是广东继虎门大桥后最大规模的桥梁工程,被称为"广东省第一跨海大桥"。

2007年

年内,"沙漠地区公路建设成套技术研究"和"特大跨径桥梁钢塔和深水基础设计施工创新技术研究"荣获2007年度国家科技进步二等奖。

年内,"多年冻土地区公路修筑成套技术研究""苏通大桥主桥基础施工成套技术研究""岩溶地区公路修筑成套技术研究""大吨位50米预应力混凝土箱梁整体预制和梁上运输架设技术"等4项成果获2007年度中国公路学会科学技术特等奖;"超深特大型圆形地下连续墙悬索桥锚碇创新技术研究与应用"等19项、"川主寺至九寨沟公路环保与景观设计关键技术研究"等48项、"五河口预应力混凝土斜拉桥关键技术研究"等43项成果分获一、二、三等奖。

年内,南京长江第三大桥、厦门海沧大桥、上海中环线北虹路地道、南京九华山隧道、沈阳至大连高速公路改扩建、江苏沿江高速公路常州至太仓段、湖北省襄樊至十堰高速公路、山西省祁县至临汾高速公路等公路、桥梁、隧道工程获得"第七届中国土木工程詹天佑奖"。

1月5日,"全国公路养路费征收管理工作电视电话会议"召开,交通部副部长冯正霖出席会议并讲话。

1月15日,"2007年全国交通系统廉政工作会议"在北京召开。

1月16日,交通部部长李盛霖会见了加拿大国际贸易部长戴维·埃默生一行,随后出席了加方举办的"亚洲—太平洋门户计划研讨会"并致开幕词。期间双方签署了交通部门《公路水路交通技术合作谅解备忘录》。

1月20日，我国自行设计、施工、监理和管理的世界最长双洞单向公路隧道——西（安）柞（水）高速公路秦岭终南山公路隧道正式竣工通车。该隧道单洞长18.02公里，双洞长36.04公里，为世界最长的双洞公路隧道，而按单洞里程计算，仅次于挪威单洞双向行车的莱尔多公路隧道。秦岭隧道的通车，将西柞高速公路穿越秦岭路段里程缩短了约60公里。

1月21日，交通部副部长徐祖远率团出访挪威、法国和西班牙，深化了与上述三国的双边交通合作。

1月25日，交通部副部长翁孟勇会见了德国交通、建设与城市规划部国务秘书亨内克斯一行，双方就公路卫星收费、防止交通事故、温室气体排放等领域的合作交换了意见。

2月6日，交通部会同人事部、建设部联合发布《勘察设计注册土木工程师（道路工程）制度暂行规定》《勘察设计注册土木工程师（道路工程）资格实施办法》和《勘察设计注册土木工程师（道路工程）资格考核认定办法》(国人部发〔2007〕18号)。

2月7日，交通部副部长翁孟勇出席在泰国举行的"第五次中国—东盟交通部长会议"。会议发表了《联合新闻公告》。

2月8日，国务院扶贫办、交通部、河南省政府在人民大会堂举行交通扶贫电影《木扎岭》首映式。

2月8日，全国交通建设领域清理拖欠农民工工资电视电话会议召开。交通部部长李盛霖出席并讲话。

2月14日，交通部令2007年第1号发布《公路水运工程安全生产监督管理办法》。

2月26日，"全国农村公路工作电视电话会议"召开，交通部部长李盛霖出席并讲话，副部长冯正霖总结了2006年全国农村公路建设情况，对2007年农村公路工作做出部署。

2月28日,中央电视台大型年度节目《感动中国2006》评选揭晓,天津港煤码头公司操作队队长孔祥瑞作为全国产业工人代表,当选"2006感动中国年度人物"。

3月2日,交通部与全国妇联联合表彰全国交通行业巾帼建功标兵和巾帼文明岗。

3月8日,交通部印发《关于进一步规范公路养路费征收管理工作的通知》(交公路发〔2007〕111号)。

3月12日,交通部交通节能网开通。

3月16日,交通部印发《关于成立交通部财会专家咨询委员会的通知》(交人劳发〔2007〕126号)。

3月17日,全长7528.47米、桥长2520米、总投资10亿元的福建厦门同安大桥工程通车。该工程按主车道双向六车道、辅道双向四车道城市快速路标准建设,将同安至翔安间的行程从30分钟缩短为5分钟。

3月23日,交通部副部长翁孟勇会见了以色列副总理兼运输与道路安全部长莫法兹一行,双方就进一步深化交通领域的合作交换了意见。

3月26日,交通部副部长翁孟勇会见了西班牙发展部大臣阿尔萨瓦斯一行,双方就加强两国交通合作交换了意见。

3月28日,交通部部长李盛霖出席在澳大利亚举行的第五届APEC交通部长会议,与澳大利亚运输和地区服务部签署了部门间《公路水路运输合作谅解备忘录》,并顺访越南、香港。访越期间,进一步推动了我国企业"走出去",并与越南交通部签署《关于交通基础设施建设合作谅解备忘录》;对香港的访问,进一步密切了内地与香港的联系。

3月29日,交通部发布《全国交通系统法制宣传教育第五个五年规划》。

3月30日,交通部印发《2007年农村公路工作若干意见》。

4月2日，交通部、国家发改委、财政部联合向国务院办公厅上报《关于落实中发〔2007〕1号文件精神加快农村公路发展的工作安排》。

4月9日，交通部部长李盛霖会见了柬埔寨公共工程部长孙占托一行，双方就加强两国交通合作交换了意见。

4月9日，交通部印发《关于开展京津冀三角区与高速公路联网不停车收费示范工程建设的通知》（交公路发〔2007〕161号）。

4月11日，交通部令2007年第4号发布《交通建设项目委托审计管理办法》。

4月11日，李盛霖部长、翁孟勇副部长会见了美国运输部长玛丽·彼得斯一行，双方就进一步深化中美交通合作交换了意见，并就有关危险货物运输合作达成广泛共识。

4月13日，国家科技支撑计划启动实施工作会议在北京召开。

4月17日，交通部与团中央联合评选表彰全国交通行业青年岗位能手和青年文明号。

4月18日，交通部发布《全国农村公路通达情况专项调查主要数据公报》。《公报》称，截至2005年12月31日，符合专项调查方案要求的全国农村公路总里程达到296.5万公里，其中县道50.7万公里，乡道98.8万公里，首次进行详细调查并正式纳入统计范围的村道公路为142万公里。截至2007年底，全国县道达51.44万公里，乡道达99.84万公里，村道达162.15万公里。

4月19日，2007年"全国交通系统纠风工作会议"在山西忻州召开。

4月20日，交通部新闻发言人办公室成立。新闻办主任（即部新闻发言人）由交通部体改法规司司长担任。

4月24日,中宣部、交通部、全国总工会、天津市委在人民大会堂联合举行"孔祥瑞先进事迹报告会"。会前,中共中央政治局委员、全国人大常委会副委员长、中华全国总工会主席王兆国接见了报告团全体成员。

4月25日,交通部发布《防抗台风等极端天气应急预案》(交函搜救〔2007〕165号)。

4月28日,交通部印发《关于进一步做好公铁立交安全整治工作的通知》(交公路发〔2007〕214号)。

4月29日,交通部发布《国家公路运输枢纽布局规划》。

5月9日,国务院办公厅以国办发〔2007〕35号转发《全国道路交通安全工作部际联席会议关于进一步落实"五整顿""三加强"工作措施意见》的通知。

5月12日,交通部副部长翁孟勇出席国际道路联盟"第一届环黑海公路暨第四届国际丝绸之路大会",并访问阿根廷。

5月18日,交通部印发《关于进一步加强交通行业节能减排工作的意见》(交体法发〔2007〕242号)。

5月30日,交通部会同监察部、国务院纠风办联合印发《关于进一步开展清理违规减免车辆通行费工作的通知》(监发〔2007〕3号)。

5月,双线平均长6664米的重庆忠石高速吕家梁隧道贯通。

6月1日,交通部、国家发改委、公安部等六部委局联合印发《关于在全国开展车辆外挂治理工作的实施方案的通知》(交公路发〔2007〕271号)。

6月3日,交通部副部长冯正霖率团出访科威特、阿联酋和阿尔及利亚,进一步推动了与三国的双边交通合作。出访期间,冯正霖副部长出席了中港公司与科威特公共工程部关于巴比延岛项目合作的签字仪式。

6月6日,交通部部长李盛霖会见英国运输部大臣亚历山大一行，双方就加强两国交通合作交换了意见，并就签署部门间合作谅解备忘录达成一致。

6月7日，交通部印发《关于在交通行业开展节能示范活动的通知》(交体法发〔2007〕289号)。

6月15日，广东佛山市南海个体船舶"南桂机035"由佛山高明驶往顺德途中，航经广东西江佛山段九江大桥水域时，因违规操作，触碰325国道九江大桥，造成大桥约200米桥面坍塌。途经此桥的4台汽车和在附近桥梁施工的2名工人相继落水，8人死亡，1人失踪，坍塌桥面砸在"南桂机035"船舶，造成该船沉没。

6月15日，交通部印发《关于北京奥运会及其测试赛公路交通保障及运输服务工作实施方案的通知》(交公路发〔2007〕302号)。

6月18日，交通部召开电视电话会议，学习贯彻《中央纪委关于严格禁止利用职务上的便利谋取不正当利益的若干规定》。

6月18日，主跨径1088米、世界最大跨径的斜拉桥——苏通长江公路大桥主桥顺利合龙。

6月19日至7月17日，由交通部组织并得到中宣部支持的"老区新路"采访活动启动。活动涉及百色、大别山、沂蒙山、太行山四个革命老区，记者团行经广西、安徽、湖北、山东、河北、山西六省区，就老区交通建设情况以及交通发展在推动老区社会主义新农村建设、发展现代农业等方面的作用等进行了实地采访。中央有关媒体分别在7月8日、11日、15日、18日推出专题报道。

6月26日，全长36公里、世界最长的跨海大桥——杭州湾大桥全线贯通。

6月27日，交通部副部长翁孟勇会见了保加利亚经济能源部副部长亚内娃一行，双方就加强交通合作交换了意见。

6月29日,"推进治理交通建设领域商业贿赂专项工作电视电话会议"在北京召开。

6月29日,交通部发布《公路桥梁养护管理工作制度》(交公路发〔2007〕336号)。

7月1日,连接深圳和香港两地的深圳湾大桥(即深港西部通道)建成通车,中共中央总书记、国家主席胡锦涛出席通车仪式。全长5545米,其中深圳侧桥长2040米,香港段3505米,桥面宽38.6米,全桥的桩柱共457支,共12对斜拉索,呈不对称布置,独塔单索面钢箱梁斜拉桥。

7月1日,双洞平均长5547米、宽10.25米、高5米的青海省第一条高海拔超长隧道——西久省道拉脊山隧道开工。该隧道位于青海省东部拉脊山区,海拔在3200米至4041米之间。

7月3日,交通部发布《国家高速公路网命名和编号规则》(JTG A03至2007),并以京沪高速公路(编号G2)作为示范工程。

7月6日,交通部发布《全国交通行业精神文明建设表彰规定》。

7月9日,交通部印发《公路运输枢纽总体规划编制办法》。

7月10日,全国治理车辆超限超载工作领导小组在交通部召开"2007年治超领导小组工作会议"。交通部部长李盛霖主持会议,副部长冯正霖参会并向领导小组成员通报了三年来的治超工作情况及下步工作设想。

7月12日,交通部发布《交通预算项目绩效考评管理试点办法》(交财发〔2007〕367号)。

7月13日,交通部副部长冯正霖会见了吉尔吉斯斯坦驻华大使苏尔塔诺夫一行,双方就发展两国道路运输合作交换了意见;同日,交通部副部长冯正霖会见了日本国土交通省道路局局长宫天年庚一行,双方就公路桥梁建设管理合作交换了意见。

7月19日,"全国交通行业职业资格工作会议"在北京召开。

7月24日,"国家高速公路路线命名和编号实施工作电视电话会议"在北京召开。交通部副部长冯正霖出席会议并讲话。

7月27日,北京市人大常委会发布《北京市公路条例》。

7月28日,"农村公路与新农村建设高层论坛"在北京中华世纪坛成功举办。

7月30日至31日,交通部召开"全国农村公路通达情况专项调查总结表彰暨统计工作布置会",标志着自2005年9月开始的全国农村公路通达情况专项调查工作圆满结束。调查规范了统计范围和统计口径,并初步建立了农村公路数据库和电子地图。此前的2007年4月23日,交通部正式发布了《全国农村公路通达情况专项调查主要数据公报》。

8月13日,湖南省湘西土家族苗族自治州凤凰县正在建设的堤溪沱江大桥(全长328米,4×65米石拱桥,桥宽13米),发生特别重大坍塌事故,造成64人死亡、4人重伤、18人轻伤,直接经济损失3974.7万元。相关责任人受到严肃处理,24人移送司法机关,33人受到党纪政纪处分。

8月17日,交通部召开"全国桥梁安全工作电视电话会议",部署开展以桥梁为重点的交通安全基础设施隐患排查治理专项行动。至11月初,全国共排查在用桥梁38万余座,排查四五类桥梁56904座。

8月18日,"全国交通系统法制工作座谈会"在辽宁省大连市召开。

8月20日,全长6.98公里的山东滨州黄河公铁两用桥公路桥正式通车。该桥跨越黄河主河槽的主桥长781.5米,南北两跨各为120米,中间三跨各为180米,5孔一联。主桥分为上下两层,上层为宽19米、双向四车道的一级公路桥,总投资12.08亿元。这是黄河上第一座公铁两用大桥。

8月23日,"交通部干部人事工作会议"在北京召开。

8月28日,交通部印发《关于学习推广河北省高速公路建设十公开等廉政建设典型经验的意见》(交监察发〔2007〕453号)。

8月30日,交通部部长李盛霖率交通部第一督查组赴广东省和海南省,对"两防"专项整治活动进行督查;同日,交通部副部长徐祖远率国务院安全生产隐患排查暨"两防"专项整治活动督查组赴辽宁省开展督查。

8月31日,国务院办公厅以国办发明电〔2007〕38号发布《关于进一步加强安全生产工作坚决遏制重特大事故的通知》。

9月1日,党中央和中组部决定:杨利民任中央纪委驻交通部纪检组组长、交通部党组成员;同时免去金道铭中央纪委驻交通部纪检组组长、交通部党组成员职务。

9月4日,"全国交通系统基础设施建设廉政工作经验交流会"在河北廊坊召开。

9月5日,交通部发布《交通部行政事业单位政府采购管理办法》(交财发〔2007〕474号)。

9月6日,"全国道路运输工作会议"在兰州召开,交通部部长李盛霖出席会议并讲话。

9月9日,交通部部长李盛霖会见了波兰运输部长波拉契克一行,双方签署了部门间《公路内河航运基础设施建设合作谅解备忘录》;同日,交通部副部长冯正霖会见了葡萄牙公共工程、运输和通讯部国务秘书安娜·保拉一行,双方签署了部门间《公路水路交通合作谅解备忘录》。

9月13日,驻部纪检组组长杨利民会见了香港特区政府运输及房屋局局长郑汝桦女士,就港珠澳大桥的建设、华南地区港口协调发展、航运人才培养以及船舶注册等问题交换了意见。

9月17日,交通部印发《关于进一步加强交通基础设施领域社会资金财务管理的指导意见》(交财发〔2007〕502号)。

9月17日，交通部副部长翁孟勇率"两防"专项整治活动督查组赴上海市和江苏省，督查"两防"专项整治活动。

9月18日，国务院办公厅以国办发〔2007〕58号发布《关于开展重大基础设施安全隐患排查工作的通知》。

9月18日，交通部部长李盛霖访问欧盟总部，与欧盟委员会雅克·巴罗特副主席签署《中华人民共和国交通部与欧洲联盟委员会道路运输和内河合作谅解备忘录》。

9月21日，交通部发布《公路、港口、航道、船舶等交通信息基础数据元标准》(交通部公告2007年第29号)。

9月23日，驻部纪检组组长杨利民以交通部高级顾问身份率团访问希腊和德国，进一步深化了与两国在交通领域的合作。

9月26日，交通部发布《国家高速公路网相关标志更换工作实施技术指南》(交通部公告2007年第30号)。

9月27日，交通部副部长翁孟勇会见了日本国土交通省审议官柴田耕介一行，双方就进一步加强中日交通合作交换了意见。

9月30日，陕西西安至汉中高速公路通车。该路全长255公里，其中含隧道136处，单洞总长达97.41公里。其中秦岭一号、二号、三号隧道双洞平均长分别为6144米、6125米和4930米。

10月9日至13日，"第十四届智能交通世界大会暨部长论坛"在北京成功举办。"智能交通世界大会"是国际智能交通领域规模最大、层次最高，融学术、技术、管理、展示、交流合作于一体的世界性大会。这是大会首次在我国举行，也是首次在发展中国家举行。此次大会的主题是"智能交通创造美好生活"。

10月16日，交通部令2007年第8号发布《经营性公路建设项目投资人招标投标管理规定》。

10月16日，交通部、财政部联合印发《关于进一步规范全国公路养路费票据管理等有关问题的通知》(财综〔2007〕58号)。

10月18日，交通部、公安部等九部(委、办、局)联合发布《关于印发全国车辆超限超载长效治理实施意见的通知》(交公路发〔2007〕596号)。

10月19日，交通部发布《收费公路联网收费技术要求》(交通部公告2007年第35号)。

10月24日，交通部印发《关于进一步加强民族地区交通工作的若干意见》。

10月28日，交通部副部长冯正霖会见了白俄罗斯运输部副部长阿纳托里·雷金一行，双方就进一步加强两国交通合作交换了意见。

10月31日，交通部以交公路发〔2007〕596号正式印发《全国车辆超限超载长效治理实施意见》。

10月31日，总长189公里的陕西吴堡至靖边高速公路建成通车，"五纵七横"国道主干线青岛至银川高速公路陕西段全线贯通。

11月14日，交通部令2007年第9号发布《关于废止47件交通规章的决定》。

11月14日，翁孟勇副部长会见了伊朗道路与运输部副部长哈米德·贝赫巴哈尼一行，双方就进一步加强双边合作交换了意见，交通部海事局与伊方签署了互认航海证书协议。

11月14日，"全国公路建设座谈会"在云南召开，交通部副部长冯正霖主持会议并讲话。

11月19日，交通部副部长冯正霖会见立陶宛外交部副国务秘书尤西斯一行，双方就2009年欧亚交通部长会议深入交换了意见。

11月20日，"全国治理车辆超限超载电视电话会议"在北京召开，交通部部长李盛霖主持会议，副部长冯正霖参会。与会的交通部、公安部等九部委,开始着力构建治超工作的长效机制。

11月23日,交通部发布《公路运输站场投资项目可行性研究报告编制办法》。

11月27日,中韩物流合作第三次会议在北京举行,交通部副部长翁孟勇和韩国建设交通部部长助理姜英一分别率团出席了会议并致辞。双方就物流标准化、物流专业人才培训和陆海联运汽车运输合作等议题交换了意见。

12月13日,"国家便利运输委员会第一次全体会议"在北京举行。交通部副部长翁孟勇就该委员会成立4年来,在推动我国国际道路运输便利化方面所做工作向大会做了报告。

12月18日,国务院新闻办举行"'五纵七横'国道主干线基本贯通新闻发布会"。交通部副部长翁孟勇宣布,全长3.5万多公里的"五纵七横"国道主干线于2007年底基本贯通,其中高速公路里程达到76%,实现了本届政府的建设目标。

12月20日,交通部印发《关于推进交通产品认证工作的意见》(交体法发〔2007〕738号)。

12月22日,济南至青岛南线高速公路建成通车。该路全长307.8公里,双向六车道,设计行车时速120公里。

12月26日,江苏泰州长江大桥开工。跨江主桥及夹江桥全长9.73公里,桥面宽33米,主桥采用主跨2×1080米的三塔双跨钢箱梁悬索桥,计划2011年建成。

12月26日,全长10公里、总投资20亿元的武汉阳逻长江大桥通车。该桥也称武汉长江五桥,是京珠、沪蓉等国道主干线武汉绕城公路的控制性工程,桥宽33米,双向六车道,设计行车时速120公里,为一跨过江双塔单跨悬索桥,于2003年11月开工。

12月28日,交通部会同劳动和社会保障部联合发布《汽车运输调度员等8个国家职业标准》(劳社厅发〔2007〕27号)。

12月29日,交通部印发《关于加快发展现代交通业的若干意见》(交科教发〔2007〕761号)。

2008年

年内,"多年冻土地区公路修筑成套技术"获2008年度国家科技进步一等奖;"岩溶地区公路修筑成套技术""高海拔地区大型公路隧道建设与营运关键技术""润扬长江公路大桥建设关键技术研究"等3项公路成果获2008年度国家科技进步二等奖。

年内,"废旧沥青再循环利用成套关键技术"获2008年度国家科技发明二等奖。

年内,"膨胀土地区公路修筑成套技术研究""沪宁高速公路江苏段扩建工程管理与关键技术研究""杭州湾跨海大桥混凝土结构耐久性成套技术研究与应用""双洞八车道高速公路隧道关键技术研究"等4项成果获2008年度中国公路学会科学技术特等奖;"沥青路面快速检测及养护技术的研究"等18项、"沥青路面再生利用关键技术研究"等36项、"沥青路面结构体内排水技术研究"等59项成果分获一、二、三等奖。

年内,广州新光大桥、上海共和新路高架道路工程、江苏宿迁至淮安高速公路等公路、桥梁工程获得"第八届中国土木工程詹天佑奖"。

1月5日,全国交通工作会议在北京召开。国务院副总理曾培炎致信祝贺,交通部部长李盛霖作了《认真贯彻党的十七大精神,努力提高交通"三个服务"的能力和水平》的工作报告。

1月5日,国务院将《公路保护条例》列入2008年一类立法计划(国办发〔2008〕3号)。

1月7日,交通部发布《机动车检测维修专业技术人员职业水平证书登记管理办法》(交职评发〔2008〕12号)。

1月10日，我国南方地区开始出现大范围罕见低温雨雪冰冻天气，交通运输受到严重影响。

1月11日，交通部政府网站在2007年中国政府网站绩效评估中名列第三位。

1月19日，交通部成立应对低温冰冻雨雪天气应急处置临时工作机构，印发《关于积极应对雪雾等恶劣天气切实加强公路保畅工作的紧急通知》。

1月22日，2008年全国交通系统廉政工作会议在北京召开，交通部部长李盛霖出席会议并讲话，驻部纪检组组长杨利民作工作报告。

1月22日，双线平均长7104.5米的渝湘高速公路白云隧道贯通。1月24日，交通部印发《关于发布交通部招投标挂牌监督管理建设项目等有关事项的通知》（交监察发〔2008〕33号）。

1月24日至26日，驻部纪检组组长杨利民赴贵州检查春运及公路、水路保通工作，并与贵州省政府交换意见。

1月25日，温家宝总理到京石高速公路河北涿州服务区视察公路保畅、农产品运输和春运工作，看望慰问交通干部职工。

1月25日，交通部印发《关于在春节前启动鲜活农产品运输应急机制的紧急通知》（交公路明电发〔2008〕4号），决定在全国启动鲜活农产品运输应急机制，1月26日至2月5日，全国"绿色通道"对鲜活农产品运输车辆一律免收车辆通行费。

1月25日，交通部发布《关于确保重点物资运输的紧急通知》（交水明电〔2008〕0102号）。

1月27日，国务院召开煤电油运电视电话会议，针对大范围雨雪冰冻灾害给煤电油运造成的严重影响，部署各项保障工作，交通部部长李盛霖出席会议并讲话。1月28日至2月2日，交通部部长李盛霖陪同国务院总理温家宝紧急赶往湖南，指挥抗雨雪冰冻灾害救灾工作。温家宝总理要求加快公路除冰除障进度，尽早疏通京珠大动脉，保证南北通道畅通，畅通煤炭运输的交通要道。

1月29日，中共中央政治局召开会议研究雨雪冰冻灾情，提出"保交通、保供电、保民生"的总体要求，交通部副部长冯正霖参加会议。会后，交通部党组立即召开会议，传达中央政治局会议精神，提出了力保干线公路畅通、力保重点物资运输、力保绿色通道畅通、力保运输安全、力保运价稳定的"五个力保"工作目标。并于当天下午召开重点受灾省份公路抢通工作视频会商会，全面部署抗雨雪冰冻灾害救灾工作。

1月30日，交通部副部长翁孟勇陪同国务院副总理曾培炎赴河北考察电煤运输工作；交通部副部长冯正霖陪同中央政治局常委习近平赴贵州考察救灾工作；副部长徐祖远陪同中央政治局常委李克强赴四川考察救灾工作；副部长黄先耀陪同中央政治局常委贾庆林赴安徽考察救灾工作；驻部纪检组组长杨利民陪同中央政治局常委贺国强和副总理吴仪赴江西考察救灾工作。

1月30日，交通部建立了电煤运输保障指挥和协调机制，成立协调领导小组和工作小组；同日，交通部印发《关于进一步做好交通电煤运输保障工作的紧急通知》（厅水运便〔2008〕4号）。

2月1日，国务院总理温家宝再次到湖南长沙指导抗雨雪冰冻灾害救灾工作，同行国务院有关部门及湖南省委、省政府领导分成"通路、保电、安民"三个小组讨论。交通部部长李盛霖牵头"通路"小组商讨具体应对措施。

2月1日，交通部召开交通电煤运输应急保障工作座谈会。

2月2日，交通部部长李盛霖与中共中央政治局委员、广东省委书记汪洋，广东省省长黄华华以及公安部、解放军驻粤部队、武警总队的有关领导一起召开会议，决定打通韶关段，确保京珠高速公路畅通。

2月3日，胡锦涛总书记主持召开中共中央政治局常委会议，进一步研究部署抗雨雪冰冻灾害救灾工作，强调要千方百计保交通，交通部副部长翁孟勇参加会议。当日，京珠高速公路全线基本恢复正常交通，湖南、广东境内路段的抢通工作全面完成。

2月3日，交通部印发《关于进一步加强水路电煤抢运保障工作通知》（厅水运便〔2008〕42号）。

2月5日，交通部部长李盛霖部长陪同国务院总理温家宝赴贵州、江西考察救灾工作。

2月7日，交通部印发《关于在春节期间确保浙江省电煤运输的紧急通知》（交水明电〔2008〕0204号）。

2月18日，交通部与科技部、公安部联合启动国家道路交通安全科技行动计划。

2月20日，交通部组织召开全国农村公路工作电视电话会议，对2007年及本届政府五年来的农村公路建设成就进行了全面总结，提出了今年和今后一个时期农村公路发展的指导思想和工作重点。

2月21日，交通部印发《关于确保广西区电煤运输的紧急通知》（交水便字〔2008〕2号）。

2月26日，全国交通审计工作会议在海南省海口市召开。交通部副部长黄先耀出席会议并讲话，海南省委常委、常务副省长方晓宇出席会议并致辞。

3月10日，交通部召开全国奥运交通保障工作电视电话会议，交通部副部长冯正霖部署火炬公路传递、进京货车绕行、组建应急保障车队、涉赛区域交通安全保障等有关工作。

3月11日，交通部印发《关于印发农村公路建设质量年活动总体方案的通知》（厅公路字〔2008〕52号），正式启动为期三年的农村公路建设质量年活动。

3月15日,交通部印发《关于推进交通行业管理干部队伍培训平台建设的指导意见》(交科教发〔2008〕120号)。

3月19日,交通运输部正式成立。根据十一届全国人大一次会议通过的国务院机构改革方案,新组建的交通运输部整合了原交通部、原中国民用航空总局的职责以及原建设部的指导城市客运职责,并负责管理国家邮政局和新组建的国家民用航空局。同日,召开了交通部、民航局、邮政局司局级领导干部大会,中组部副部长王尔乘宣读交通运输部党组成员任命决定:经中央批准,李盛霖任交通运输部党组书记、部长;李家祥、翁孟勇任党组副书记、副部长;高宏峰、冯正霖、徐祖远任党组成员、副部长;杨利民任党组成员、驻部纪检组组长;马军胜任党组成员。3月23日,"中华人民共和国交通运输部"在北京建国门内大街11号原交通部大楼前正式挂牌。

3月21日,昆明至磨憨高等级公路建成通车,标志着云南昆明至泰国曼谷国际大通道中国路段全线贯通。

3月25日,交通运输部发布《交通行业职业资格工作中长期规划纲要》(交评价发〔2008〕136号)。

3月25日,国务院召开第二次常务会议,讨论扶持农业的政策措施,并研究决定,将"绿色通道"实行鲜活农产品全免通行费政策延长至今年年底。3月26日,交通运输部印发《关于将"绿色通道"全免通行费政策延长到今年年底的紧急通知》(〔2008〕交公路发三字38号)。

3月27日,交通运输部印发《关于印发2008年农村公路工作若干意见的通知》(交公路发〔2008〕144号),要求全面提升农村公路建设质量,健全路站养运发展机制,推进城乡客运协调发展,努力实现农村公路交通又好又快发展目标。

3月27日,浙江省台州市路桥勤丰船务有限公司所属"勤丰

128"轮从镇海空载驶往天津途中,违规通过金塘大桥的非通航孔,船艏艉和驾驶台相继与金塘大桥非通航孔 E19 至 E20 桩位之间箱梁发生触碰,造成大桥箱梁脱落并压置于"勤丰128"轮舱面与驾驶台部位,4名船员死亡。

3月30日,交通运输部副部长翁孟勇出访越南,与越南交通部副部长黎孟雄签署了《中越政府关于将中越友谊关—友谊出入境站点及昆明—百色—南宁—友谊关—友谊—谅山—河内路线列入便运协定议定书的谅解备忘录》。

4月11日,交通运输部副部长翁孟勇会见香港特区政府政务司唐英年司长,双方就香港与内地交通的往来与交流、港珠澳大桥等问题交换了意见。

4月11日,中国人民解放军总参谋部、总政治部、总后勤部、交通运输部、公安部联合召开打击盗用伪造军车号牌专项斗争电视电话会议。交通运输部副部长徐祖远出席会议并讲话。

4月14日至8月24日,为保障外省市进京省际客运班车尾气排放在北京奥运会期间达到国Ⅲ排放标准,交通运输部组织21个省(自治区、直辖市)交通主管部门,对1983辆外省市进京省际客运班车进行了尾气排放改造治理。从车辆购置税中列支专项资金4957.5万元,对每辆车辆发放补助2.5万元。

4月15日,2008年全国交通系统纠风工作会议在郑州召开。驻部纪检组组长杨利民出席会议并讲话。

4月22日,公安部、交通运输部、中国人民解放军总参谋部、总政治部、总后勤部联合印发《关于加强涉及军车号牌及相关证件违法犯罪活动查处工作的意见》(政保〔2008〕4号)。

4月24日,交通运输部发布《农村公路养护管理暂行办法》,出版《农村公路养护技术手册》。

4月25日,交通运输部印发《关于表彰杭州湾大桥建设项目安全无事故的通知》(交质监发〔2008〕51号)。

4月26—28日，第九届国际公路水运交通技术与设备展览会暨2008年中国交通发展论坛在北京举办。

4月27日，总长141.1公里的云南富宁至砚山高速公路建成通车，标志着五纵七横国道主干线衡阳至昆明公路全线贯通。

4月28日，交通运输部发布《公路水运工程质量安全督查办法》(交质监发〔2008〕52号)。

4月29日，交通运输部印发《关于做好北京奥运会火炬接力境内传递公路转场交通保障工作的紧急通知》(交公路明电〔2008〕0402号)。

5月1日，总长36公里、世界最长的跨海湾大桥——杭州湾跨海大桥建成通车。该桥总投资118亿元，是同三国道主干线跨越杭州湾的便捷通道，双向六车道，设计行车时速100公里，于2003年11月14日开工。

5月12日，翁孟勇副部长会见法国生态能源可持续发展及国土整治部国务秘书比斯罗，双方就中法在海运、救捞、公路和民航领域方面的合作进行了探讨。

5月12日14时28分，四川汶川发生8级特大地震，四川、甘肃、陕西等省的公路基础设施遭受严重破坏。交通运输部立即启动公路交通运输突发事件一级响应，并于当日印发《关于紧急应对并做好四川汶川地震抗灾救灾工作的紧急通知》，启动国家公路交通运输突发事件应急一级预案，对全国交通系统抗震救灾工作进行全面部署。交通运输部副部长翁孟勇陪同国务院总理温家宝紧急前往四川灾区。

5月12日至7月7日，在"5.12"四川汶川地震抗震救灾运输保障工作中，交通运输部组织四川等省交通运输主管部门投入应急保障客车18102辆、货车41748辆(其中重庆、云南、贵州、陕西、甘肃5省市客车225辆、货车768辆)，运送人员101万人次、物资39.4万吨。

5月13日，交通运输部召开抗震救灾工作会议和受灾省份视频会商会，部署抗震救灾工作。交通运输部派出由总工周海涛带队的技术专家组赶赴四川，指导公路抢通工作。

5月14日，驻部纪检组组长杨利民出席在土耳其伊斯坦布尔召开的主题为"道路运输——推动和平与繁荣"的国际道路运输联合会第31届世界大会，并发表了题为《深化亚欧合作，复兴陆上丝绸之路》的演讲。会议期间还参加了"复兴丝绸之路"部长级会议。会后，顺访了土耳其、沙特、阿联酋，与三国就双边交通合作进行了探讨，进一步推动我国交通基建企业"走出去"。

5月15日，交通运输部印发《关于继续全力做好四川汶川地震抗震救灾交通保障工作的紧急通知》（交公路明电发〔2008〕28号），要求各地做好抗震救灾工作的抢通、保通、保运、保安全。当晚21时30分，西线成都经雅安、小金、马尔康、理县到震中汶川的公路全线打通。

5月17日，四川汶川地震灾区北线从松潘和黑水南下通往茂县县城的213国道全线抢通。

5月17日，交通运输部副部长翁孟勇陪同国务院副总理王岐山出访美国，参加第四次中美战略经济对话。期间，翁孟勇副部长与美国运输部巴雷特副部长共同签署了《中美交通合作联合声明》。

5月18日，国务院副总理张德江到交通运输部视察工作并就四川汶川抗震救灾工作做出重要指示，强调一切为了抗震救灾，全力以赴保障交通运输。5月19日，交通运输部召开会议，研究部署下一阶段交通运输系统抗震救灾工作，确定"全力保通干线，努力抢通支线，力保运输畅通，启动灾后重建"的指导原则。5月20日，交通运输部印发《关于组织全国各地交通部门对口支援四川灾区开展公路抢通保通工作的紧急通知》，动员并开始组织全国交通运输系统对口支援四川灾区的公路抢通保通工作。

5月22日，中央政治局委员、国务院副总理回良玉亲赴灾区，在四川广汉机场亲切慰问交通运输部和香港特区政府飞行服务队抗震救灾直升机联合机组人员。

5月23日，交通运输部印发《关于开展向汶川地震四川灾区捐赠公路抢通保通小型机械设备活动的通知》(交明电公路〔2008〕0506号)。

5月26日，交通运输部副部长冯正霖陪同国务院副总理、国务院抗震救灾总指挥部副总指挥回良玉，赴汶川灾区公路堵塞段考察抢通工作，看望和慰问奋战在公路抢通一线的解放军、武警部队官兵和交通干部职工。

5月27日，交通运输部印发《关于深入开展交通行业节能减排示范活动的通知》(交体法发〔2008〕98号)。

5月27日，国务院副总理张德江在交通运输部《关于交通运输系统抗震救灾抢通保运有关情况的报告》上做出重要批示，充分肯定交通运输系统抗震救灾工作，要求下一阶段在重点保障抗震救灾交通运输的同时，科学调度，为全国经济社会平稳健康发展提供交通运输保障。

5月29日，甘肃省人大常委会发布《甘肃省高速公路管理条例》。

5月30日，交通运输部发布《关于给交通行业首批节能示范项目授牌的决定》(交体法发〔2008〕108号)。

5月30日，在浙江杭州举行的中越两国汽车运输事务级会议上，双方草签了《中越两国政府关于修改〈中越两国政府汽车运输协定〉的议定书》和《中越两国政府关于实施两国政府汽车运输协定的议定书》。

5月31日，交通运输部副部长翁孟勇陪同国务院副总理张德江，视察213国道都江堰至映秀公路抢通保通工作，慰问了积极参与抗震救灾、抢通保通的一线职工。

6月1日，交通运输部召开全国电力迎峰度夏暨做好地震灾区电力保供视频会议，副部长徐祖远出席会议并讲话。

6月4日，交通运输部印发《关于严格落实公路工程质量责任制的若干意见》(交公路发〔2008〕116号)。

6月6日，交通运输部、中国农业发展银行联合印发《交通运输部、中国农业发展银行关于加强合作，共同促进农村公路建设的通知》(交财发〔2008〕118号)。

6月11—16日，交通运输部党组成员、驻部纪检组组长杨利民带队，先后赴四川、陕西、甘肃受到四川汶川特大地震影响的重灾区，看望慰问抗震救灾一线的交通系统干部职工，对抗震救灾物资款物使用管理情况进行监督检查。

6月16日，交通运输部副部长高宏峰会见沙特运输部大臣贾巴拉·本·伊德·苏来斯里，双方就中沙两国在交通运输领域方面的合作进行了探讨。

6月17日，在国家副主席习近平访问朝鲜期间，交通运输部副部长冯正霖与朝鲜陆海运省第一副相车善模分别代表本国政府正式签署《中华人民共和国政府和朝鲜民主主义人民共和国政府汽车运输协定》。

6月17日，交通运输部副部长翁孟勇出访美国，出席第四次中美战略经济对话，并与美方签署中美交通合作联合声明，成立中美交通论坛。

6月18日，交通运输部召开全国交通运输行业节能减排工作视频会议。

6月20日，国家将农村客运燃油补贴中央财政负担比例由原来的50%提高到100%。

6月24日，交通运输部印发《关于确定第三批农村公路建设示范工程单位的通知》(交公路发〔2008〕147号)，从"老少边穷"

地区选择了 14 个地市州作为示范工程单位，加大了对这些地区技术和管理的支持力度。

6月 24 日，交通运输部发布《关于严格落实公路工程质量责任制的若干意见》。

6月 30 日，主跨 1088 米、全长 34.2 公里的苏通长江公路大桥工程通车。工程于 2003 年 6 月 27 日开工，总投资 64.5 亿元。苏通大桥在国际上首创了静力限位与动力阻尼组合的新型桥梁结构体系及关键装置与设计方法；开发了内置式钢锚箱组合索塔锚固结构和大型群桩基础结构及设计方法；在国际上首创了大型深水群桩基础施工控制技术；并且在国际上首次提出了千米级斜拉桥的施工控制目标、总体方法、过程与内容以及控制精度标准。

7月 1 日，福建厦门集美大桥通车。该桥工程 2006 年 12 月 20 日开工，主线全长 10.06 公里，其中跨海大桥 3.82 公里，下穿隧道长 1.36 公里。主线道路为双向六车道，桥梁总宽 36 米，项目概算总投资 29.55 亿元。

7月 3 日，交通运输部印发《国家高速公路网里程桩号传递方案》（交公路发〔2008〕157 号）。

7月 4 日，全国交通行业治理商业贿赂对策课题研究成果座谈会在辽宁召开。驻部纪检组组长杨利民出席会议并讲话。

7月 5 日至 8 月 24 日，为做好北京奥运交通运输保障工作，交通运输部从 21 省市区抽调 836 辆达到国Ⅲ排放标准的大型客车和 1173 名工作人员，组成奥运志愿者通勤保障车队。在北京奥运会期间，实际投入 588 辆客车，为 4.79 万名奥运志愿者提供集中通勤运输服务，安全和服务情况良好，未发生一起道路交通安全事故和服务质量投诉。

7月 9 日，交通运输部、中国农业银行共同举办"十一五"期间开展全面合作的电视、电话会议，签署《"十一五"期间全面合作框架协议》。

7月11日，交通运输部印发《关于转发国务院法制办行政复议法律文书示范文本的通知》(厅体法字〔2008〕64号)。

7月12日，全长2.7公里、宽30余米、双向六车道的云南首条水底隧道——昆明滇池草海隧道开工。

7月13日，总长167.2公里的同三国道主干线黑龙江方正至哈尔滨段扩建工程通过交通运输部组织的竣工验收。

7月15日，交通运输部印发《关于确保迎峰度夏及奥运期间重点物资运输的通知》(交水明电〔2008〕0719号)。

7月16日，交通运输部令2008年第5号发布《公路、水路交通实施〈中华人民共和国节约能源法〉办法》。

7月16日，交通运输部印发《关于贯彻落实两办规定制止党政干部公款出国(境)旅游专项工作方案的通知》(交监察发〔2008〕178号)。

7月21日，交通运输部发布《交通财会十百千万人才工程实施方案》(交财发〔2008〕175号)。

7月22日，河北廊坊至涿州、北京至化稍营高速公路一期工程建成通车。至此，河北省高速公路通车总里程突破3000公里。

7月22日，交通运输部令2008年第8号发布《道路旅客运输班线经营权招标投标办法》。

7月22日，交通运输部发布《中共交通运输部党组巡视工作暂行办法》(交党发〔2008〕15号)。

7月23日，交通运输部令2008年第9号、第10号分别发布《道路货物运输及站场管理规定》、《道路旅客运输及客运站管理规定》。

7月24日，2008年全国大型交通企业安全工作会议在福建招商局集团漳州开发区召开。交通运输部副部长徐祖远出席会议并讲话。

7月27日，交通运输部在北京国际新闻中心，举行改革开放30年中国水路交通发展新闻发布会。

7月29日，交通运输部印发《关于加强北京奥运期间特资危险爆炸货物运输装卸作业安全管理工作的通知》（交水运便字〔2008〕385号）。

8月1日，交通运输部发布《贯彻落实〈建立健全惩治和预防腐败体系2008—2012年工作规划〉实施办法》（交党发〔2008〕16号）。

8月1日，江西省人大常委会发布《江西省公路路政管理条例》。

8月15日，国务院法制办印发《关于公布〈中华人民共和国公路保护条例（征求意见稿）〉公开征求意见的通知》。

8月18日，交通运输部印发《关于进一步加强公路工程施工招标评标管理工作的通知》（交公路发〔2008〕261号）。

8月18日，驻部纪检组杨利民组长率队到甘肃调研灾后交通重建和农村公路建设工作。

8月20日，交通运输部、国家发展改革委、财政部以交通运输部令2008年第11号联合印发《收费公路权益转让办法》。

8月22日，交通运输部部长李盛霖、副部长冯正霖会见了俄罗斯运输部长列维京，双方就奥运会交通保障、中俄交通合作等问题深入交换了意见。

8月25日，交通运输部发布印发《高速公路区域联网不停车收费示范工程暂行技术要求》（交公路发〔2008〕275号）。

8月27日，在国家主席胡锦涛访问塔吉克斯坦期间，交通运输部副部长冯正霖与塔吉克斯坦交通通讯部部长阿舒罗夫分别代表本国政府正式签署《中华人民共和国政府和塔吉克斯坦共和国政府国际汽车运输协定》。

8月27日，交通运输部发布《公路水运工程试验检测机构等级标准》及《公路水运试验检测机构等级评定程序》(交质监发〔2008〕274号)。

8月29日，交通运输部发布《道路运输驾驶员诚信考核办法(试行)》(交公路发〔2008〕280号)。

9月1—3日，交通运输部部长李盛霖陪同国务院总理温家宝考察了四川灾区。

9月1日，驻部纪检组杨利民组长率部调研组深入甘肃省甘南藏族自治州，对部确定的第三批农村公路建设示范工程进行考察调研；9月3日，杨利民赴青海循化撒拉族自治县、海南和海北藏族自治州等地调研农村公路、国省道干线公路的建设和养护工作。

9月2日，国务院总理温家宝在国务委员兼国务院秘书长马凯，交通运输部部长李盛霖，四川省委书记刘奇葆、省长蒋巨峰等陪同下，考察213国道都(江堰)汶(川)路映秀至彻底关路段。并在回答记者的提问时指出，交通部门的干部职工以顽强拼搏的精神创造了修复、修建公路史上的奇迹，他们的业绩是史无前例的，他们的精神也是史无前例的。

9月16日，交通运输部印发《关于发布国家高速公路网相关标志更换工作实施技术指南第1号修改单的通知》(交公路发〔2008〕305号)。

9月23日，交通运输部印发《关于加强奥运会后交通基础设施建设工程质量安全管理工作的紧急通知》(交质监发〔2008〕325号)；同日，交通运输部发布《公路水路交通节能中长期规划纲要》(交规划发〔2008〕331号)。

9月23—24日，第二次中国—东盟交通合作战略规划研讨会在上海召开。

9月24日，交通运输部深入学习实践科学发展观活动领导小组及办公室成立。

9月25日,交通运输部部长李盛霖率队就开展学习实践科学发展观活动到浙江调研,征求地方交通运输部门的意见和建议。

9月27日,交通运输部印发《关于成立部党组巡视办公室的通知》(交党发〔2008〕25号)。

9月28日,交通运输部印发《关于交通运输行业深入开展节能减排工作的意见》(交体法发〔2008〕333号)。

9月29日,党中央、国务院在人民大会堂召开北京奥运会、残奥会总结表彰大会,对在北京奥运会、残奥会作出贡献的集体和个人进行了表彰。

10月13日,交通运输部党组印发《关于印发交通运输部党组开展深入学习实践科学发展观实施方案的通知》(交党发〔2008〕29号)。

10月14日,交通运输部举行全国交通运输系统劳动模范尼玛拉木同志先进事迹报告会。副部长高宏峰主持报告会并讲话。

10月14日,交通运输部召开深入学习实践科学发展观活动动员大会,部长李盛霖作动员报告。

10月21日,交通运输部副部长冯正霖会见了哈萨克斯坦运输通信部副部长卡西姆别克,双方共同出席了中哈交通合作分委会第12次会议。

10月22日,交通运输部部长李盛霖率队赴甘肃、青海等地就收费公路问题、高速公路和国省道干线贯通问题进行调研。

10月27日,交通运输部部长李盛霖率队到中国气象局走访,商谈与气象部门加强合作,提高交通运输安全和应急保障能力。

10月27日,交通运输部副部长翁孟勇带队先后对四川灾后公路交通重建和四川、云南加快干线公路与农村公路建设、促进城乡统筹和区域协调发展进行专题调研。

10月28日，陕西西安至商洛、商洛至陕豫界高速公路建成通车，沪陕高速公路陕西段实现全线贯通。

10月28日，驻部纪检组杨利民组长率队赴宁夏，就农村公路建设和服务型交通运输政府机关建设等问题进行调研。

10月30日，交通运输部部长李盛霖率队赴安徽就完善收费公路发展政策和推进高速公路"断头路"建设等问题进行调研。

10月30日，交通运输部副部长徐祖远带队分别在北京和上海就完善行业管理体制，提高公共服务能力和水平进行专题调研。

11月3日，交通运输部发布《交通行政复议责任追究管理办法》和《交通行政复议人员资格管理办法》（交体法发〔2008〕423号）。

11月4日，交通运输部副部长高宏峰带队赴湖南长沙就构建节能减排长效机制和深化地方交通运输行政管理体制改革进行专题调研。

11月6日，交通运输部副部长高宏峰出席第七次中国—东盟交通部长会议，会议发表了中国—东盟交通部长联合声明，并顺访菲律宾、文莱、印尼，进一步推动我国企业"走出去"。

11月8日，中交集团旗下中国港湾中标承建的马来西亚槟城第二跨海大桥项目开工。这是中国政府境外提供的最大单一项目优惠贷款，同时也是中马两国间最大的合作项目，是中国企业在境外实施的最长的跨海桥梁项目。该桥设计全长22.5公里，其中陆上引桥6公里，跨海桥16.5公里，桥面宽28.8米。

11月10日，交通运输部副部长冯正霖带队赴湖北就公路交通应急体系建设、收费公路等情况进行专题调研。

11月11日，国务院召开专题会议，研究实施成品油价格改革和交通与车辆税费改革。翁孟勇副部长参加会议。

11月12日，国务院成立由发展改革委、财政部、交通运输部、农业部、税务总局等五部门组成的改革工作小组，正式启动完善成品油价格形成机制、推进燃油税费改革的有关工作。

11月12日，上海国际航运中心洋山深水港区三期工程（一阶段）通过国家验收，徐祖远副部长主持竣工验收会议。

11月13日，驻部纪检组杨利民组长率队到河北省张家口市进行加快农村公路建设和管理、加强党风廉政建设的工作调研。

11月13日，交通运输部召开部务会议，研究成品油价格和税费改革相关工作，决定成立部燃油税改革工作组，在部统一领导下开展相关工作。

11月13日，国务院成品油价格和税费改革工作小组研究和讨论完善成品油价格形成机制、推进燃油税费改革方案，提出将取消政府还贷二级公路收费纳入改革范围。

11月14日，国务院成品油价格和税费改革工作小组决定将取消政府还贷二级公路收费纳入改革范围。交通运输部建议明确替代"六费"的转移支付资金"资金属性不变、资金用途不变、地方预算程序不变、地方事权不变"的"四不变"原则。

11月16日，国务院成品油价格和税费改革工作小组召开第二次工作小组全体会议，研究细化改革实施方案，冯正霖副部长参加。

11月18日，国务院副总理李克强听取交通运输部等四部委关于成品油价格和税费改革有关准备情况的汇报，定于2008年12月1日启动改革。交通运输部部长李盛霖、副部长冯正霖参加会议。

11月20日，交通运输部、发展改革委、财政部、税务总局联合召开各省（区、市）政府副秘书长、价格、财政、交通运输主管部门负责人座谈会，听取地方有关部门的意见。

11月20日，交通运输部副部长翁孟勇出访南非、安哥拉，旨在深化双边交通运输合作,推动企业"走出去"。

11月21日,交通运输部、发展改革委、税务总局联合召开专家座谈会,听取经济、财税、价格、能源和交通运输等方面的专家对完善成品油价格形成机制实施燃油税费改革的意见。

11月22日,交通运输部、发展改革委、财政部联合召开基层人员座谈会,就成品油价格和税费改革问题听取基层单位和有关代表的意见。

11月24日,交通运输部、发展改革委、财政部和税务总局联合向国务院副总理李克强专题汇报改革方案,初步决定向社会公开征求意见。根据李克强副总理指示,成立国务院成品油价格和燃油税费改革领导小组,并下设八个工作组。

11月26日,国务院第37次常务会议审议并原则通过成品油价格和税费改革方案,定于2009年1月1日实施改革。

11月27日,交通运输部制定《实施燃油税费改革相关人员安置工作意见》和《取消政府还贷二级公路收费工作实施方案》,并函送相关部委征求意见。

11月27日,双洞平均长6556.5米、福建最长的高速公路隧道——沈海高速第四联络线福建宁德至武夷山段洞宫山特长隧道开工。

11月27日,贵州镇(宁)胜(境关)高速公路北盘江大桥通车。该桥位于贵州省关岭县与晴隆县交界的北盘江大峡谷,主桥为单跨636米的简支钢桁梁悬索桥,全桥长964米,桥面宽28米,桥面至水面的高度为320米,项目总投资为4.3亿元,成为我国已建成跨度最大的钢桁梁悬索桥。

11月30日,国务院燃油税费改革领导小组人员安置组召开第一次会议,研究成品油价格和税费改革涉及人员安置有关问题。交通运输部副部长冯正霖主持会议;同日,交通运输部研究提出《国务院燃油税费改革领导小组人员安置组工作方案》以及政府还贷二级公路收费站一次性全撤方案和分批次选择性撤站方案。

11月30日，交通运输部印发《关于开展"监理企业树品牌监理人员讲责任"行业新风建设活动的通知》（交质监发〔2008〕419号）。

12月1日，国务院召开31个省（区、市）常务副省长（副主席、副市长）座谈会，听取地方对成品油价格和税费改革方案的意见。李克强副总理参加会议并讲话。

12月2日，交通运输部、发展改革委、财政部、税务总局联合向全国人大财经委和预算委汇报成品油价税费联动改革方案并听取意见。

12月2日，交通运输部印发《关于暂缓征收2009年度公路养路费等交通规费的紧急通知》（交公路发〔2008〕145号）。

12月2日，国务院副总理李克强召集交通运输部、发展改革委、财政部、税务总局和国办秘书局的主要负责同志研究成品油价格和税费改革有关事宜，决定采用选择性取消政府还贷二级公路收费方案。

12月3日，交通运输部印发《关于印发贯彻深入开展志愿服务活动实施方案的通知》（交体法发〔2008〕488号）。

12月5日，国家发改委、财政部、交通运输部、税务总局联合发布公告，向社会公开征求对《成品油价格和税费改革实施方案》的意见。同日，交通运输部印发《关于在成品油价税费改革前后做好交通运输行业稳定工作的紧急通知》。

12月5日，交通运输部印发《关于在加快交通基础设施建设中进一步加强监督检查的通知》（交监察发〔2008〕496号）。

12月7日，双洞平均长8646米的湖北省第一长隧——沪蓉西高速公路龙潭隧道双线贯通。

12月8日，交通运输部召集14个省份研究讨论取消政府还贷二级公路收费问题并就初步方案征求意见。

12月8日，交通运输部、公安部、发展改革委、财政部、税务总局联合发布《保障国家成品油价税费改革方案平稳出台工作方案》。

12月14日，国务院燃油税费改革领导小组人员安置组召开第二次会议，研究和修改《成品油价格和税费改革人员安置工作指导意见）（征求意见稿）。交通运输部副部长冯正霖主持会议。

12月15日，交通运输部印发《贯彻落实国务院办公厅关于进一步加强管理促进出租车行业健康发展的通知》。

12月16日，交通运输部部长李盛霖赴河北廊坊市就二级公路收费问题进行调研，并与河北省省长胡春华交换意见，召集安徽、河北、重庆三省交通厅主要领导就取消政府还贷二级公路收费问题进行座谈。

12月16日，广东广州珠江黄浦大桥竣工通车。该桥南汊桥全长1748米，主跨为1108米的单跨钢箱梁悬索桥，桥宽34.5米；北汊桥主桥全长2467.5米，主桥为独塔双索面四孔连续钢箱梁斜拉桥，桥宽34.5米。

12月17日，国务院第40次常务会议审议通过成品油价格和税费改革方案。

12月18日，中央政治局常委会听取成品油价格和税费改革有关情况汇报，同意出台改革方案，交通运输部部长李盛霖列席了会议。同日，国务院印发《国务院关于实施成品油价格和税费改革的通知》（国发〔2008〕37号）。

12月18日，交通运输部发布《交通行业服务标准体系表》（厅科教字〔2008〕169号）。

12月22日，财政部、发展改革委、交通运输部、监察部、审计署联合印发《关于公布取消公路养路费等涉及交通和车辆收费项目的通知》（财综〔2008〕84号）。

12月22日，交通运输部召开全国交通运输厅（局）长会议，对实施成品油价格和税费改革进行动员部署，并就逐步取消政府还贷二级公路收费实施方案征求意见。

12月24日，总长244.4公里的福建浦城至南平高速公路建成通车，京台高速公路浙江衢州至福建南平段实现贯通。

12月24日，交通运输部召开农村公路建设领导小组第六次会议，会议讨论分析了当前农村公路工作存在的问题和面临的形势，研究确定了2009年农村公路工作的基本思路、工作重点和主要措施。

12月25日，交通运输部印发《关于加强收费公路权益转让工作廉政建设的意见》（交监察发〔2008〕552号）。

12月27日，国务院令第543号发布《关于修改〈中华人民共和国公路管理条例〉的决定》，并于2009年1月1日起施行。

12月28日，交通运输部、发展改革委、财政部召集有意在2009年1月份取消政府还贷二级公路收费的15个省份的有关部门进行座谈。

12月29日，交通运输部以厅函体法发〔2008〕172号印发《地方交通运输大部门体制改革研究》《深化中心城市交通运输行政管理体制改革研究》两个文件。

12月29日，交通运输部发布《公路工程施工监理招标文件范本》（交质监发〔2008〕557号）。

12月30日，交通运输部、发展改革委、财政部联合起草了《关于〈取消政府还贷二级公路收费实施方案〉的请示》以及实施方案和国务院转发代拟稿。同时，江西省人民政府要求加入第一次全撤站的试点省份，并在请示稿中予以明确。

12月30日，交通运输部以交体法发〔2008〕562号发布《关于印发交通行政执法风纪等5个规范的通知》，正式发布《交通行政执法风纪》、《交通行政执法用语规范》、《交通行政执法检查行为规范》、《交通行政处罚行为规范》和《交通行政执法文书制作规范》等五项规范。

12月31日,《中国交通运输改革开放30年》(综合卷、公路卷、地方卷、企业卷)由人民交通出版社出版发行。

2009 年

年内,"千米级斜拉桥结构体系及设计施工关键技术""水下无封底混凝土套箱关键技术研究""电子不停车收费标准体系及成套检测技术""秦岭终南山公路隧道建设与运营管理关键技术""农村公路数据采集与建设项目管理一体化技术研究及应用"等5项成果获2009年度中国公路学会科学技术奖特等奖;"道路水泥混凝土组成设计研究"等29项成果获一等奖;"城市快速干道生态环保综合技术研究与示范"等48项成果获二等奖;"高速公路既有路基湿度状态及稳定性评价研究"等74项成果获三等奖。

年内,重庆长江大桥复线桥、北京丰北路(三环路至四环路)改扩建工程、重庆菜园坝长江大桥、渝湛国道主干线高桥(粤桂界)至遂溪高速公路、苏州绕城高速公路(西南段)、常州快速公交一号线等公路、桥梁工程获"第九届中国土木工程詹天佑奖"。

1月7日,交通运输部发布《公路水运工程监理信用评价办法(试行)》(交质监发〔2009〕5号)。

1月11日,交通运输部部长李盛霖会见了澳大利亚基础设施、交通运输、地区发展与地方政府部部长安东尼·阿尔巴尼斯,双方深入探讨了中澳交通合作事宜。

1月12日,国务院将《公路保护条例》列入2009年一类立法计划(国办发〔2009〕2号)。

1月15—16日,2009年全国交通运输工作会议在北京召开,中央政治局委员、国务院副总理张德江出席会议并讲话。

交通运输部部长李盛霖作了题为《应对挑战　科学发展　为保持经济平稳较快发展做好交通运输保障》的工作报告。

1月20日，交通运输部部长李盛霖会见了马来西亚运输部长翁诗杰，双方就中马交通合作事宜交换了意见。

1月21日，双洞平均长11.20公里的陕西小河至安康高速包家山隧道贯通。这是我国长度第三的公路隧道，仅次于长18.02公里的秦岭终南山隧道和12.29公里的宝鸡至天水高速公路麦积山隧道(原名大坪里隧道)。

1月22日，2009年全国交通运输系统廉政工作电视电话会议在北京召开。

2月8日，交通运输部副部长冯正霖出访日本、韩国，出席了中日交通副部级第五次会议、中韩物流合作第四次会议，续签部门间《关于公路科学技术执行协议》，并见证上海海事大学与长安大学和韩国仁荷大学的校际合作协议签字仪式。

2月20日，交通运输部、公安部在全国开展为期三个月的集中打击"黑车"等非法经营的专项治理活动，并联合召开了打击"黑车"等非法从事出租汽车经营专项治理活动电视电话会议，交通运输部副部长冯正霖出席并讲话。

2月21日，交通运输部部长李盛霖会见了马耳他基础设施、交通和通讯部部长奥斯汀·盖特，双方深入探讨了中马交通合作事宜。

2月24日，交通运输部印发《关于建立公路水运工程建设安全监管长效机制的若干意见》(交质监发〔2009〕78号)。

2月26日，交通运输部发布《资源节约型、环境友好型公路水路交通发展政策》。

2月26日，交通运输部召开深入学习实践科学发展观活动总结大会。

2月27日，国务院办公厅以国办发〔2009〕10号发布《关于转发发展改革委交通运输部财政部逐步有序取消政府还贷二级公路收费实施方案的通知》。

3月2日，国务院办公厅发布《交通运输部主要职责内设机构和人员编制规定》（国办发〔2009〕18号），明确交通运输部主要职责、内设机构、人员编制及其他有关事项。

3月9日，交通运输部副部长翁孟勇会见了立陶宛交通与通讯部国务秘书阿米纳斯·马修利斯，双方就亚欧交通部长会议及加强双边交通合作交换了意见。

3月12日，交通运输部与中央人民广播电台签署战略合作协议。

3月16日，交通运输部召开部机关机构改革动员大会，部长李盛霖做了题为《全面落实"三定"规定，努力开创交通运输科学发展新局面》的动员讲话。

3月23日，交通运输部与科技部建立了两部会商机制，交通运输部部长李盛霖、副部长高宏峰在科技部与全国政协副主席、科技部部长万钢、副部长杜占元进行了第一次会商。

3月24日，按照交通运输部"三定"方案，公路司、水运司、科技教育司分别更名为公路局、水运局和科技司，并增设道路运输司和安全监督司。增设的道路运输司，职责范围不仅包括道路运输管理职能，还新增对城市客运、地铁运营、出租车、物流行业管理的职能。

3月25日，交通运输部副部长高宏峰会见了瑞典沃尔沃研究与教育基金会评估组董事会主席，双方就"中国城市可持续交通研究中心"项目交换了意见。

3月26日，交通运输部与科技部联合举办中国国际节能减排和新能源科技博览会。中央政治局常委全部出席，交通运输部部长李盛霖、副部长高宏峰出席相关活动。

3月26日，湖北省人大常委会发布《湖北省高速公路管理条例》。

4月10日，交通运输部印发《关于切实加强交通运输基础设施新一轮加快建设时期安全监管工作的紧急通知》（厅质监字〔2009〕92号）。

4月12日，交通运输部副部长翁孟勇会见了安哥拉公共工程部部长弗兰西斯科·卡内罗，双方深入探讨了中安交通合作事宜。

4月13日，交通运输部发布《公路水运工程混凝土质量通病治理活动实施方案》（交质监发〔2009〕174号）。

4月13日，交通运输部印发《关于开展2009交通运输安全生产年活动的实施意见》。

4月14日，国务院发布《关于推进上海加快发展现代服务业和先进制造业建设国际金融中心和国际航运中心的意见》（国发〔2009〕19号）。

4月16—17日，交通运输部在西安召开"全国农村公路建设现场会"，推广陕西农村公路管理的有效做法和河北农村公路建设"七公开"的经验，全面部署2009年的农村公路工作。

4月20日，交通运输部令2009年第3号、第4号分别发布《关于修改〈道路货物运输及站场管理规定〉的决定》《关于修改〈道路旅客运输及客运站管理规定〉的决定》。

4月22日，交通运输部举行全国交通运输行业"宇通杯"机动车驾驶员节能技能竞赛活动启动仪式。交通运输部副部长冯正霖出席启动仪式。

4月24日，国际道路运输、城市公交车辆及零配件展览会在北京举办。交通运输部副部长高宏峰出席开幕式并参观展览。

4月28—29日，全国交通运输系统纠风工作会议在福建厦门召开。

4月29日，交通运输部副部长徐祖远会见了挪威贸工部国务秘书瑞克·琳达女士,双方就中挪交通合作事宜交换了意见。

4月29日,主跨552米的世界第一拱桥——重庆朝天门大桥通车。该桥全长1721米,主桥为190米+552米+190米三跨连续中承式钢桁系杆拱桥。上层为双向六车道行车道+两条人行道,下层为双向地铁车道+两行车道,大桥于2004年底开工。

5月6日,交通运输部部长李盛霖会见了新加坡交通部部长林双吉,双方深入探讨了中新交通合作事宜。

5月7日,交通运输部发布《交通运输部机关各司局内设机构人员编制及岗位设置》(交人劳发〔2009〕211号)。

5月7日,交通运输部发布《交通基础设施建设领域领导干部八项规定》(交监察发〔2009〕212号文件)。

5月11日,交通运输部副部长翁孟勇会见了加纳道路部长乔·吉地苏,双方就加强中加公路基础设施建设合作事交换了意见。

5月11日,交通运输部印发《关于进一步促进公路水路交通运输业平稳较快发展的指导意见》。

5月12日,交通运输部部长李盛霖赴四川出席纪念汶川特大地震一周年活动。

5月15日,交通运输部以交公路发〔2009〕226号正式印发《公路交通突发公共事件应急预案》。

5月25日,交通运输部发布《关于规范部机关工作人员在项目评审等活动中收取有关报酬行为的暂行规定》(交监察发〔2009〕246号文件)。

5月26—6月6日,为落实中非合作论坛北京峰会有关加强基础设施建设合作倡议,交通运输部副部长冯正霖出访德国、埃塞俄比亚、肯尼亚,参加国际交通论坛部长级会议,推动我国交通基建企业在埃塞俄比亚、肯尼亚开拓市场。

5月27日,驻部纪检组组长杨利民会见了蒙古道路、运输、建筑和城市建设部哈·巴特图拉格部长,双方就中蒙道路运输领域合作交换了意见。

6月1日,交通运输部全面启动主题为"关爱生命,安全发展"的交通运输安全生产月活动。

6月1日,交通运输部副部长翁孟勇会见了牙买加交通和工程部长麦克尔·亨利,双方就加强中牙交通基础设施建设领域合作交换了意见。

6月8日,交通运输部、国家发改委联合发布《道路运输价格管理规定》。

6月10日,交通运输部副部长高宏峰出访哈萨克斯坦、斯里兰卡,出席第五届欧亚国际道路运输大会,推动了中斯两国交通运输及基础设施建设领域合作。

6月10日,交通运输部召开全国交通运输法制工作会议。副部长高宏峰出席会议并讲话。

6月11日,交通运输部成立安全生产委员会及其办公室。

6月11日,由中交集团旗下中路公司负责设计施工总承包的东南亚最大跨海大桥——总合同额1.9亿美元、90%由中国政府提供买方信贷的印度尼西亚泗水—马都拉海峡大桥竣工。

6月13日,交通运输部令2009年第8号发布《关于修改〈中华人民共和国公路管理条例实施细则〉的决定》。

6月15日,中国交通建设监理协会在民政部组织的全国性行业协会商会评估中被评为4A级。

6月15日,交通运输部李盛霖会见了波兰基础设施部采·格拉巴尔采克部长,双方就中波交通合作问题交换了意见。

6月25日,交通运输部发布《公路水运工程试验检测信用评价办法(试行)》(交质监发〔2009〕318号)。

6月26日,交通运输部令2009年第11号发布《道路运输车辆燃料消耗量检测和监督管理办法》。

6月26至28日，交通运输部党组成员、驻部纪检组组长杨利民，率部督查组对江西省交通运输系统贯彻落实中央扩大内需政策、加快农村公路建设情况进行督查。

7月1日，国务院、中央军委批准交通运输部、水利部、武警总部联合上报的《武警水电、交通部队纳入国家应急救援力量体系方案》。方案提出，在不增加编制员额、不调整基本部署、不改变保障方式的前提下，按照"整体纳入、重点建设、平战结合、逐步优化"的原则，将两支部队纳入国家应急救援力量体系，建设成为遂行救援急难险重任务的"国家队"和专业骨干力量。武警交通部队实行由武警总部和交通运输部双重领导体制，主要担负公路、桥梁、隧道、机场、港口等交通设施的抢修保通和特殊时期、特定条件下重要公路桥隧的管护任务。

7月1日，交通运输部组织开展行业安全治理和隐患排查。

7月6日，交通运输部启动专项治理滚装运输车辆非法夹带危险化学品行动。

7月9日，中共中央办公厅、国务院办公厅以中办发〔2009〕27号发布《关于开展工程建设领域突出问题专项治理工作的意见的通知》。

7月10日，交通运输部部长李盛霖会见了加拿大交通、基础设施建设及社区事务部部长贝尔德，双方深入探讨了中加交通合作事宜。

7月16日，交通运输部党组成员、驻部纪检组组长杨利民与甘肃省委常委、省纪委书记蒋文兰，分别代表驻部纪检组和甘肃省纪委签署了《连云港至霍尔果斯高速公路天水过境段预防腐败及工程廉政部省联建工作协议》。

7月16日，交通运输部印发《关于加强交通运输职业资格工作的指导意见》（交评价发〔2009〕365号）。

7月20日，交通运输部成立了由部长李盛霖担任组长，副部长冯正霖和驻部纪检组组长杨利民担任副组长的工程建设领域突出问题专项治理工作领导小组。

7月22—24日,全国车辆超限超载治理工作现场会在山西召开,交通运输部部长李盛霖出席会议并讲话。

7月23—24日,2009年全国大型交通运输企业安全工作会议在内蒙古呼和浩特召开。交通运输部副部长徐祖远出席会议并讲话。

7月,由交通部委托中国公路杂志社编撰的鸿篇巨制——《中国路谱》,由人民交通出版社出版。该书收录300多条不同时期、不同特色、具有代表性的公路,是一部具有权威性、科学性、知识性的历史文献和科普专著。《中国路谱》的出版,使公路、水路交通领域的船、桥、路、港四大谱志全部出齐。8月5日,交通运输部批复交通部科学研究院设立道路结构与材料研究中心,并将交通部科学研究院交通可持续发展研究中心更名为城市交通研究中心。

8月9日,交通运输部成立无线电管理领导小组及其办公室。

8月10日,交通运输部印发《关于进一步加强公路水运工程工地试验室管理工作的意见》(厅质监字〔2009〕47号)。

8月19日,交通运输部部长李盛霖会见了英国运输大臣安德鲁·阿尔尼斯,双方就中英交通合作并签署部门间合作谅解备忘录事宜交换了意见。

8月21日,交通运输部部长李盛霖出席武警水电交通部队纳入国家应急救援力量体系工作部署会。

8月25日,交通运输部部长李盛霖出席全国交通运输系统工程建设领域突出问题专项治理工作电视电话会议。

9月1日,交通运输部副部长冯正霖会见了俄罗斯运输部良莫夫副部长,双方共同出席了中俄运输分委会第十三次会议。

9月1日，《求是》杂志在2009年第17期上刊登了交通运输部部长李盛霖的署名文章——《骄人的业绩宝贵的经验》。

9月8—9日，作为新中国成立60周年成就宣传报道的重要组成部分，由中宣部安排的"共和国部长访谈录"邀请交通运输部部长李盛霖，围绕60年来交通运输的发展历程，讲述相关领域的辉煌成就、巨大变化和成功经验。人民日报、新华社、中央人民广播电台、中央电视台4家媒体给予集中报道。

9月9日，交通运输部召开全国交通运输系统安全稳定工作电视电话会议。交通运输部部长李盛霖出席会议并讲话，副部长冯正霖主持会议，副部长徐祖远出席会议。

9月10日，交通运输部开展行业安全生产大检查。

9月14日，交通运输部部长李盛霖、副部长高宏峰出席交通运输部与交通银行战略合作协议签署仪式。

9月20日，由中宣部、新闻出版总署组织出版的国家级重点图书《辉煌历程——中国交通运输60年》出版。

9月25日，交通运输部部长李盛霖会见了印度尼西亚公共工程部部长佐克·基尔曼多，双方深入探讨了签署两国交通基础设施领域合作及部门间合作谅解备忘录等相关事宜。

9月25日，湖北武汉东荆河大桥通车。该桥全长6.3公里，其中主桥全长4.4公里，总投资4.7亿元，为湖北最长公路桥梁。

9月28日，交通运输部部长李盛霖会见了荷兰运输公共工程和水管理部大臣卡米尔·欧林斯，双方就签署中荷交通合作并签署部门间合作谅解备忘录等事宜进行了深入探讨。

9月28日，全国首座双层公路大桥——广东东莞东江大桥建成通车。该桥于2006年8月8日开工，主桥为重达1.56万吨的整体钢桁梁，总长1.5公里，采用了有曲线加劲弦的全新结构，兼有悬索桥的建筑景观。上层的莞深高速为双向六车道，下层的北五环路为双向八车道，全桥共14个车道，桥宽36米，设计行车时速100公里。

10月7日，胡锦涛总书记考察北京市的交通工作，对城市公共交通发展做出重要指示："交通问题是关系群众切身利益的重大民生问题，也是各国大城市普遍遇到的难题。""要解决城市交通问题，必须充分发挥公共交通的重要作用，为广大群众提供快捷、安全、方便、舒适的公交服务，使广大群众愿意乘公交、更多乘公交。"

10月12日，国务院副总理张德江在交通运输部关于国庆节期间交通运输有关情况的报告上做出重要批示，对国庆黄金周期间交通运输保障工作给予高度评价，鼓励全国交通运输系统再接再厉，不断提高交通运输服务水平。

10月13日，驻部纪检组组长杨利民出访澳大利亚、马来西亚、新加坡，落实中澳交通合作谅解备忘录，确定了中澳交通合作谅解备忘录优先合作项目，深化中马、中新交通合作内容，部署了槟城二桥开工建设的具体工作，推动我国交通企业承揽在马、新两国的交通工程项目。

10月16日，交通运输部印发《交通运输部总工程师安全总监总规划师主要职责》（交人劳发〔2009〕578号）、《交通运输部内设机构主要职责》（交人劳发〔2009〕579号）和《关于交通规费管理等职责分工有关事宜的通知》（交人劳发〔2009〕580号）。

10月21日，上海世博会公路交通和道路运输安全保障工作会议在上海召开。交通运输部副部长冯正霖出席会议并讲话。

10月21日，交通运输部印发《关于推动公路水路交通运输行业IC卡和RFID技术应用的指导意见》。

10月28日，全国交通运输行业"宇通杯"机动车驾驶员节能技能竞赛决赛在郑州市举行。交通运输部副部长冯正霖出席决赛开幕式并观摩比赛。

10月31日，上海长江隧桥工程通车。该工程采用南隧北桥方案，隧道长8.95公里，桥梁长16.65公里，为双向六车道高速公路标准，总投资123亿元。

11月4日，全国交通运输行业"厦工杯"筑养路机械操作手技能竞赛决赛在江苏省镇江市举行，交通运输部副部长高宏峰出席决赛开幕式并观摩比赛。

11月5日，交通运输部部长李盛霖主持召开治理建设领域突出问题领导小组会议。

11月10日，交通运输部部长李盛霖、副部长冯正霖分别会见了来华出席上合组织交通部长第四次会议的上合成员国、观察员国、特邀国及国际组织，李盛霖部长主持召开了上海合作组织成员国政府第三届交通部长会议。

11月18日，交通运输部副部长冯正霖会见了来华出席中日交通副部级会议的日本国土交通省大口清一审议官。

11月21—12月1日，国务院总理温家宝对优先发展城市公共交通做出两次重要批示，要求国务院有关部门深入研究落实公交优先发展战略的相关问题，并加快研究提出促进城市公共交通优先发展的政策措施。

12月10日，交通运输部副部长高宏峰出访越南、泰国，出席并联合主持了第八次中国—东盟交通部长会议并签署《会议联合声明》，推动了湄公河第三大桥的建设。

12月12日，交通运输部成立节能减排工作领导小组及其办公室。

12月14日，交通运输部等七部委印发《关于加强重大工程安全质量保障措施的通知》。

12月15日，港珠澳大桥开工。交通运输部部长李盛霖陪同中央政治局常委、国务院副总理李克强到广东参加港珠澳大桥开工仪式。

12月22日,交通运输科技信息资源共享平台开通仪式暨国家图书馆交通运输部分馆签字仪式在北京举行,交通运输部副部长高宏峰与文化部副部长周和平为平台开通剪彩并为国家图书馆交通运输部分馆揭牌。

12月23日,沪瑞高速公路贵州关岭与黄果树瀑布交界的坝陵河大桥通车。大桥全长2.24公里,为主跨1088米钢桁加劲梁悬索桥,距河面垂直高度370米,概算总投资为14.5亿元。

12月26日,武汉天兴洲公铁两用大桥通车。该桥2004年9月28日开工,其南汊主桥为双塔三索面三片主桁双层桥面钢桁梁斜拉桥,正桥长4.66公里,主跨504米,是最大跨度的公铁两用斜拉桥,总投资110亿元。其公路桥为六车道,设计行车时速80公里。

12月29日,交通运输部印发《关于进一步加强农村交通运输安全工作的通知》。

12月29日,浙江舟山连岛工程西堠门大桥竣工通车,也标志着这项巨型跨海工程全线通车。舟山跨海工程,是国家高速公路网联络线之一——甬舟高速(G9211)的重要组成部分。该工程于1999年9月26日开工,总长48.16公里、总投资130亿元,包括金塘、西堠门、桃夭门、响礁门和岑港5座跨海大桥,总长25公里,均按四车道高速公路标准建设。其中金塘大桥全长18.5公里;西堠门大桥为主跨1650米的悬索桥,主跨居国内第一、世界第二。

12月31日,交通运输部、国家发展改革委、公安部、海关总署、保监会联合印发《关于促进甩挂运输发展的通知》(交运发〔2009〕808号)。

12月31日,财政部、交通运输部联合发布《城乡道路客运成品油价格补助专项资金管理暂行办法》(财建〔2009〕1008号)。

2010 年

年内,交通运输部推荐的"千米级斜拉桥结构体系、设计及施工控制关键技术""秦岭终南山公路隧道建设与运营管理关键技术"荣获2010年度国家科学技术进步奖一等奖;交通运输部与云南省科技厅联合推荐的"高原山区高速公路建设支撑技术"荣获二等奖;此外"永久性沥青路面结构设计理论与方法、关键技术及工程应用"荣获二等奖。

年内,"复杂地形地质条件下山区高速公路建设成套技术""公路运行速度体系、安全性评价与工程应用技术研究""超大'∞'字型地连墙深基础设计及施工成套技术""长大桥梁深水超大型沉井基础施工成套关键技术研究"等4项科技成果获2010年度中国公路学会科学技术奖特等奖;"公路交通安全应用技术研究"等19项成果获一等奖;"排水性沥青路面应用研究"等45项成果获二等奖;"冷铺超薄复合改性沥青混凝土路面技术研究"等62项成果获三等奖。

年内,东海大桥、苏通长江公路大桥、重庆朝天门长江大桥、武汉长江隧道、云南思茅至小勐养高速公路、南京至淮安高速公路等公路、桥梁工程获"第十届中国土木工程詹天佑奖"。

1月1日,交通运输部公路工程评标专家管理系统正式运行。

1月7日,交通运输部召开农村公路建设领导小组第七次会议,传达贯彻中央农村工作会议和中央1号文件精神,讨论分析了当前农村公路工作存在的问题和面临的形势,研究确定了2010年农村公路工作的基本思路、工作重点和主要措施。

1月12日,交通运输部印发《关于进一步畅通鲜活农产品运输"绿色通道"优先保障农产品运输的紧急通知》(交公路明电〔2010〕1号),确保"两节"期间全国鲜活农产品运输"绿色通道"

高效畅通，价格稳定。

1月14日，交通运输部部长李盛霖会见了挪威贸工部大臣特隆德·吉斯克一行，双方就进一步深化两国交通运输领域合作问题交换了意见。

1月15—16日，全国交通运输工作会议和全国交通运输系统廉政工作会议在北京召开，中共中央政治局委员、国务院副总理张德江出席会议并讲话。交通运输部部长李盛霖在全国交通运输工作会议上做了题为《全面完成"十一五"目标任务加快发展现代交通运输业》的工作报告，强调要"转变发展方式、加快发展现代交通运输业，要切实做到'五个努力'"。即努力推进综合运输体系发展、努力提高交通运输设施装备的技术水平和信息化水平、努力促进现代物流业发展、努力建设资源节约型环境友好型行业、努力提高安全监管和应急保障能力。

1月22日，山东省人民政府发布《山东省治理超限和超载运输办法》。

1月26日，中共中央政治局委员、国务院副总理张德江在北京长途汽车站检查春运工作，慰问交通运输系统干部职工，对优化运力安排、提高服务质量、完善应急预案、确保运输安全等工作作出指示。

1月27日，交通运输部发布《公路工程竣（交）工验收办法实施细则》。

1月，国务院、中央军委任命交通运输部部长李盛霖兼任武警交通部队第一政治委员、武警交通指挥部党委第一书记。

2月1日，交通运输部印发《交通运输行业知识产权管理办法》。

2月2日，为贯彻落实全国交通运输工作会议精神，进一步加强桥梁安全管理，推进危桥改造治理工作，根据2009年全国公路桥梁安全隐患排查结果，交通运输部印发《关于对重点危桥治理实行挂牌督办的通知》,对国家高速公路网中11座重点危桥的治理实行挂牌督办。

2月11日,交通运输部发布《全国交通运输行业精神文明建设表彰规定》(交政法发〔2010〕97号)、《交通运输部财政拨款结转和结余资金管理办法》(交财发〔2010〕94号)。

2月12日,交通运输部发布《道路运输车辆燃料消耗量达标车型车辆参数及配置核查工作规范》(厅运字〔2010〕33号)。

2月21日,交通运输部印发《加强预算执行管理规定》(交财发〔2010〕99号)。

2月21日,交通运输部组织召开全国农村公路工作电视电话会议。会议传达贯彻了中央农村公路工作会议和中央1号文件精神,全面总结了2009年及"十一五"前四年的农村公路工作,提出了2010年和"十二五"农村公路发展的指导思想和工作重点。

2月28日,全长5.35公里、双向四车道钱塘江首条过江隧道——杭州庆春路隧道西线贯通。

3月1日,交通运输部发布《公路网规划编制办法》(交规划发〔2010〕112号)。

3月2日,交通运输部在上海召开交通运输系统公路、水路世博安保工作动员部署视频会议,会议由交通运输部副部长冯正霖主持,副部长徐祖远作动员部署讲话。

3月4日,交通运输部部长李盛霖会见了马里装备和运输部长艾哈迈德·迪亚纳·塞梅加一行,双方就开展两国交通运输领域合作问题交换了意见。

3月5日,交通运输部印发《关于做好2010年农村公路工作的若干意见》(交公路发〔2010〕119号),要求以"农村公路建设质量年活动"为载体,以第三批农村公路建设示范工程为导向,继续加快农村公路建设,推进管理养护工作的常态化、规范化,确保全面完成"十一五"农村公路建设任务,为统筹城乡经济社会发展作出新的贡献。

3月8日,交通运输部副部长冯正霖会见了黑山共和国副总理兼财长伊戈尔·卢克西奇和交通、海事和电信部部长安德里亚·隆帕尔一行,双方就开展两国交通运输领域合作问题交换了意见。

3月8日,交通运输部印发《交通运输部事业单位国有资产管理暂行办法的通知》(交财发〔2010〕123号)。

3月10日,为期40天的2010年春运结束,全国道路客运共完成客运量22.9亿人次,比去年同期增长8.7%,创历史新高。中共中央政治局委员、国务院副总理张德江对全国道路水路春运组织工作做出批示,给予高度评价。

3月16日,交通运输部部长李盛霖会见了新加坡财政、交通第二部长陈惠华一行,双方就进一步加强两国交通运输领域合作事交换了意见。

3月16日,交通运输部印发《交通运输系统继续深入开展"安全生产年"活动方案的通知》(交安监发〔2010〕144号)。

3月17日,交通运输部副部长高宏峰会见了芬兰议会运输与通信委员会主席马蒂·科赫宁一行,双方就进一步深化两国交通运输领域合作问题交换了意见。

3月17日,交通运输部印发《关于开展公路水运工程平安工地建设活动的通知》(交质监发〔2010〕132号)。

3月23日,第二届中日交通交流促进会议在日本东京举行。交通运输部道路运输司与日本国土交通省汽车交通局围绕中小货运汽车企业监管、道路运输节能减排等主题进行了交流和讨论。

3月24日,交通运输部召开部属单位基本建设管理工作电视电话会议,交通运输部副部长徐祖远出席会议并讲话,驻部纪检组组长杨利民主持会议。

3月24日，交通运输部部长李盛霖会见了韩国驻华大使柳佑益一行，双方就中韩陆海联运及中日韩运输及物流部长会议问题交换了意见。

3月25日，交通运输部发布《关于公路水运工程试验检测专项治理活动情况的通报》(厅质监字[2010]69号)。

3月29日，交通运输部部长李盛霖会见了立陶宛交通与通讯部部长埃利吉尤斯·马修利斯一行，双方就在华召开第二届亚欧交通部长会议问题交换了意见。

3月31日，交通运输部召开全国公路水运工程平安工地建设活动部署电视电话会议。

4月2日，交通运输部印发《关于做好2010年农村公路建设质量管理工作的通知》(厅公路字[2010]73号)，要求确保全面完成质量年活动的各项目标。

4月4日，交通运输部安委会针对部分地区、行业(领域)重特大事故频发，部署安全生产大检查工作。

4月8日，交通运输部印发《关于在初步设计阶段实行公路桥梁和隧道工程安全风险评估制度的通知》(交公路发[2010]175号)。

4月12日，交通运输部发布《公路建设项目可行性研究报告编制办法》(交规划发[2010]178号)。

4月13日，交通运输部公布交通高等职业教育示范院校的认定结果：浙江交通职业技术学院、青岛港湾职业技术学院、江西交通职业技术学院、湖北交通职业技术学院、天津交通职业技术学院、南通航运职业技术学院、广西交通职业技术学院、山东交通职业学院、新疆交通职业技术学院9所交通高等职业技术学院被认定为交通高等职业教育示范院校。

4月14日7时49分，青海省玉树县发生7.1级地震。地震发生后,交通运输部立即启动国家公路交通运输突发事件应急一级响应,成立了抗震救灾工作小组,并组织青海、甘肃交通运输部门和正在附近施工的武警交通部队,全力抢通灾区受损公路,震后6小时抢通214国道和玉树机场路单车道;震后21小时实现了214国道、308省道和玉树机场公路全幅通车,使通往灾区的4条救援通道全部畅通。4月24日,玉树抗震救灾工作全面转入安置受灾群众、恢复生产生活秩序和灾后恢复重建阶段。按照国务院和青海省抗震救灾指挥部的要求和统一部署,交通运输部和青海省交通厅及时调整工作重点,组织和动员全行业力量积极投入到灾后恢复重建保畅通、保运输、保安全和交通基础设施重建工作中,并向国务院报送了《青海玉树灾后重建公路保通方案》,得到国务院批准。

4月15日,交通运输部印发《关于加强公路抢通保通和运输保障全力做好青海玉树抗震救灾工作的紧急通知》(交公路明电〔2010〕3号)。同日,经商财政部同意,交通运输部向青海省交通部门紧急拨付了1000万元的抢险救灾专项资金,支持青海玉树灾区开展公路抢通保通工作。

4月19日,青海玉树特大地震发生后,部直属机关广大党员干部职工一边积极行动抗震救灾保畅通,一边踊跃捐款献爱心。共计捐款180余万元。8月8日,甘肃舟曲特大泥石流灾害发生后,交通运输部直属机关干部职工再次慷慨解囊,捐款达73.7万余元。

4月20日,下层桥面宽28米、双向六车道的上海闵浦大桥全面通车。该桥全长3982.7米,一跨过江的主跨达708米,设计时将地方道路与高速公路在跨越黄浦江时形成双层共线。上层为桥面宽43.8米、双向八车道、设计时速为120公里的高速公路,于2009年12月31日率先开通。

4月21日,交通运输部与国家安全监管总局联合发布《关于对厦门翔安隧道安全生产工作给予表彰的通报》(交质监发〔2010〕202号)。

4月21日,交通运输部部长李盛霖主持召开第4次部务会暨抗震救灾领导小组扩大会议,及时传达贯彻国务院抗震救灾总指挥部会议精神和要求,并对下一阶段抗震救灾工作提出了具体的要求。会前,全体与会人员为青海玉树地震遇难同胞默哀。

4月23日,交通运输部、公安部、安监总局联合印发《关于进一步加强和改进道路客运安全工作的通知》。

4月23日,交通运输部印发《关于开展向青海灾区捐赠公路抢通保通机械设备活动的通知》(交公路明电〔2010〕3号)。在全国交通运输系统组织开展向灾区捐助挖掘机、装载机、推土机等公路抢险机械的活动。

4月24日,中共中央政治局委员、国务院副总理张德江对交通运输部呈报的《关于交通运输系统开展抗震救灾工作进展情况及下步工作安排的续报》上做出重要批示。

4月26日,全长8.69公里,双向六车道,其中海底隧道长6.05公里、最深位于海下70米的我国大陆首条海底隧道——厦门翔安隧道通车,标志着我国自行设计、施工海底隧道的能力迈入世界先进行列。

4月28日,交通运输部印发《关于严格执行标准进一步加强高速公路建设项目管理工作的通知》(交公路发〔2010〕215号)

5月5—5月7日,国务院总理温家宝,副总理回良玉、张德江等国务院领导在交通运输部呈报《关于组织实施青海玉树灾后重建公路保通有关情况的报告》上做出重要批示。

5月7日,交通运输部发布公路工程行业标准——《公路环境保护设计规范》(JTG B04至2010)。

5月12日,交通运输部副部长冯正霖会见了瑞典企业、能源和交通部国务秘书雷夫·泽特伯利一行，双方就两国交通运输领域合作问题交换了意见。

5月13日，交通运输部副部长翁孟勇会见了美国运输部部长拉·胡德一行，双方就深化两国交通运输领域合作问题交换了意见。

5月13日，交通运输部部长李盛霖主持召开了第三届中日韩运输及物流部长会议，会上三国部长共同签署了联合声明，中韩草签了中韩陆海联运汽车货物运输协定及议定书。

5月14日，交通运输部部长李盛霖在湖北省武汉市出席"车、船、路、港"千家企业低碳交通专项行动启动仪式。

5月17日，福建福州鼓山大桥建成通车。该桥全长4812米，主桥全长1520米，总投资14.26亿元。

5月17—23日，交通运输部部长李盛霖出访老挝、缅甸，与缅甸联邦建设部签署了关于发展瑞丽至皎漂公路通道项目的合作谅解备忘录。

5月18日，交通运输部印发《关于交通运输部规划研究院主要职责机构设置和人员编制的批复》（交人劳发〔2010〕237号），明确了部规划研究院的主要职责、人员编制和机构设置。

5月19日，交通运输部副部长高宏峰会见了加拿大国库委员会主席兼亚太门户部部长斯托克韦尔·戴一行，双方就进一步加强两国交通运输领域合作问题交换了意见。

5月19日，交通运输部办公厅发布《交通运输部部门预算编制工作规程（暂行）》（厅财字〔2010〕104号），对部门预算编制的程序和行为进行了规范。

5月24日，交通运输部副部长高宏峰会见了坦桑尼亚基础设施发展部副部长赫兹克一·池布伦耶一行，双方就深化两国交通运输领域合作问题交换了意见。

5月25日至6月5日，交通运输部副部长翁孟勇出访德国、希腊、英国并出席 ITF 年会，推动了我国与希腊、英国在海事、海运、交通环保等领域的合作。

5月26日，第十届中国国际交通技术与设备展览会在北京开幕。交通运输部副部长高宏峰出席开幕式并参观展览。

5月28日，全长5.85公里、双向六车道的南京市首条过江隧道——纬七路过江隧道通车。

6月3日，交通运输部副部长翁孟勇会见英国运输部副国务大臣迈克·佩宁一行，双方就加强两国交通运输领域合作问题交换了意见。

6月4日，2010年第一期全国交通局长培训班结业典礼在部机关举行。李盛霖部长、高宏峰副部长出席典礼并为培训班学员颁发了结业证书。李盛霖部长做了讲话。结业典礼前李盛霖部长、高宏峰副部长及部分司局领导和与会代表进行了座谈。

6月7日，交通运输部组织交通运输部科学研究院、公路科学研究院、中交集团第一公路勘察设计院有限公司，人民交通出版社等单位开展对口支援西藏交通教育培训工作，共援助110万元公路试验检测设备、2800册交通专业图书。

6月9—22日，交通运输部部长李盛霖陪同中共中央政治局委员、国务院副总理张德江出访巴基斯坦、斯里兰卡、希腊、奥地利，与巴、斯、希交通主管部门分别签署了部门间合作谅解备忘录，与奥地利草签了部门间合作文件。

6月12—13日，交通运输系统工程建设领域突出问题专项治理工作推进会在广东广州召开，交通运输部党组成员、副部长冯正霖，部党组成员、驻部纪检组组长杨利民出席会议。

6月16—25日，交通运输部副部长高宏峰出访老挝、新加坡、柬埔寨，出席了在老挝万象举行的大湄公河次区域交通便利联委会第三次会议，并与柬埔寨公共工程和运输部签署了道路桥梁基础设施发展合作备忘录。

6月22日，交通运输部副部长翁孟勇会见肯尼亚北部及干旱地区发展部部长穆罕默德·艾尔米，双方就两国交通领域合作交换意见。

6月26日，河北省人民政府发布《河北省治理货运车辆超限超载规定》。

7月6日，交通运输部部长李盛霖会见了土耳其交通部比纳里·耶尔德勒姆部长一行，双方就两国交通运输领域合作问题交换了意见；同日，李盛霖部长会见了缅甸国家和平与发展委员会第一秘书长迪哈杜拉·丁昂敏乌一行，双方就进一步深化两国交通运输领域合作问题交换了意见；同日，翁孟勇副部长会见了欧盟运输总司总司长马希亚斯·鲁特一行，双方就两国交通运输领域合作问题交换了意见。

7月7日，2010年全国大型交通运输企业安全工作会议在河北北戴河召开。交通运输部副部长徐祖远出席会议并讲话。

7月7日，交通运输部发布《2010年全国干线公路养护管理检查方案》，正式启动"十二五"公路养护管理检查。

7月9日，交通运输部与住房和城乡建设部联合发布《公路建设项目经济评价方法与参数》。

7月15日，吉林省人民政府发布《吉林省高速公路管理办法》。

7月27日，交通运输部令2010年第2号发布《交通运输行政执法评议考核规定》。

7月28日，交通运输部部长李盛霖会见了新加坡交通部部长兼外交部第二部长林双吉一行，双方就进一步深化两国交通运输合作交换了意见。

7月28日，交通运输部发布《交通运输部安全委员会成员单位安全生产工作职责》（交安委发〔2010〕4号）。

7月29日，交通运输部部长李盛霖会见了英国前首相布莱尔，双方就两国交通运输合作问题交换了意见。

7月29日，双洞平均长6555米的山西太原至佳县高速公路西凌井特长隧道贯通。

7月底，历时3年多的国家高速公路网命名编号实施工作全面完成。

8月2日，交通运输部部长李盛霖会见了埃及交通部部长阿拉·法赫米一行，双方就进一步加强两国交通运输领域合作问题交换了意见。

8月4日，交通运输部总规划师戴东昌会见了马来西亚工程部副部长杨昆贤一行，双方就两国交通运输合作问题交换了意见。

8月6日，交通运输部印发《关于集中开展严厉打击非法违法生产经营建设行为专项行动的通知》（交安委发〔2010〕2号）。

8月8日凌晨，甘肃省舟曲藏族自治县发生特大山洪泥石流灾害，多条公路受损。按照国务院统一部署，交通运输部立即启动公路突发事件应急预案。当日，李盛霖部长率专家组赶赴灾区现场指导公路抢通保通工作，甘肃省交通运输厅和武警交通部队迅速调集应急救援队伍赶赴一线，全力抢通受损路段。截至8月8日12时30分，舟曲县灾区以及周边省份通往灾区的所有公路已经全部抢通；8月11日1时，被泥石流覆盖的313省道通往舟曲县城中心路段打通。

8月8日，双洞平均长3804米的安徽最长公路隧道——佛岭绩溪至黄山高速公路佛岭隧道双线贯通。

8月9日，交通运输部发布《关于加快公路建设市场信用体系建设的通知》（交公路发〔2010〕380号）。

8月9日，交通运输部发布《关于做好青海省玉树地区地震灾后恢复重建道路运输保障工作的通知》（交运发〔2010〕381号）。

8月13日,交通运输部部长李盛霖主持召开第八次部务会,贯彻落实《国务院关于进一步加强企业安全生产工作的通知》。

8月17日,公安部、交通运输部联合召开加强公交客运安全防范工作电视电话会议,强调加强安全防范工作组织领导,严格公交客运安全监管,落实企业安全防范主体责任。交通运输部副部长冯正霖出席会议。

8月17日,交通运输部印发《关于贯彻落实国务院通知精神进一步加强企业安全生产工作的意见》(交安监发〔2010〕394号)。

8月17—19日,全国公路建设座谈会在福建省厦门市召开。交通运输部副部长冯正霖出席会议并讲话。部内有关司局,各省级交通运输主管部门分管领导、建设处长、质监站长,部分公路建设项目法人、设计、施工、监理单位及行业协会的代表参加会议。会议系统总结了"十一五"公路建设成就,部署了公路建设重点工作,提出"加强推行现代工程管理,全面提高公路建设管理水平"的总体要求,以及"发展理念人本化,项目管理专业化,工程施工标准化,管理手段信息化,日常管理精细化"的"五化"管理要求。

8月18日,交通运输部总规划师戴东昌会见了奥地利部长顾问葛农特·格利姆一行,双方就加强两国交通运输合作问题交换了意见。

8月19日,党中央、国务院在西宁召开全国抗震救灾表彰大会,交通运输行业共有13个集体和18个个人获得全国抗震救灾英雄集体和全国抗震救灾模范荣誉称号。

8月19日,福建厦门翔安海底隧道总结表彰大会召开。交通运输部副部长冯正霖出席会议并讲话。

8月20日,交通运输部印发《关于进一步加强交通运输中央企业安全生产监督管理的通知》(交安监发〔2010〕534号)。

8月20日，人力资源社会保障部、交通运输部联合发布《公路养护工国家职业技能标准》。

8月22日至9月2日，交通运输部副部长徐祖远出访乌克兰、俄罗斯、英国，出席了中俄总理定期会晤委员会运输合作分委会及海运、河运、汽车运输和公路工作组第十四次会议。

8月23日，交通运输部部长李盛霖会见了南非交通部部长恩德贝莱一行，双方共同签署了部门间交通运输合作谅解备忘录。

8月24日，交通运输部部长李盛霖会见日本国土交通省大臣前原诚司，双方就两国交通领域合作交换意见。

8月24日，交通运输部部长李盛霖、副部长高宏峰率部有关司局领导到科技部，与科技部部长万钢、党组书记李学勇及有关司局领导进行部际会商，取得了重要成果。科技部表示将交通运输"十二五"科技需求纳入国家科技发展总体规划之中，对符合国家战略的交通运输重大科技项目给以支持。

8月31日，中美交通论坛城市拥堵工作组研讨会在北京召开，双方交流探讨了城市公共交通发展、城市交通拥堵治理方面的措施和经验。

9月7日，交通运输部部长李盛霖、副部长徐祖远会见了波兰基础设施部部长采扎礼·格拉巴尔赤克一行，双方就进一步加强两国交通运输领域合作问题交换了意见；同日，翁孟勇副部长和韩国国土海洋部金熙国次官共同签署了中韩陆海联运汽车货物运输协定签字仪式。

9月10—15日，交通运输部副部长冯正霖出访缅甸，出席了中缅公路通道联合工作组第一次会议。

9月13日，交通运输部发布《基本建设项目竣工财务决算编审规定》(交财发〔2010〕477号)。

9月15日，交通运输部部长李盛霖会见了印度道路运输和公路部部长纳特一行,双方就两国交通运输领域合作问题交换了意见。

9月17日,港珠澳大桥技术专家组召开第一次会议,交通运输部副部长翁孟勇、冯正霖出席会议并向专家颁发聘书,冯正霖副部长发表讲话。国家发展改革委、国务院港澳办、粤港澳三地政府有关负责人出席会议。

9月17—18日,全国交通运输行业精神文明建设工作会议在合肥召开。会议确定了交通运输行业核心价值体系内容,交通运输部部长李盛霖、副部长翁孟勇、高宏峰及驻部纪检组组长杨利民出席会议。

9月28日,辽宁省滨海公路辽河特大桥通车。该桥总投资12.62亿元,为主跨436米、主高150.2米、桥面宽32.6米的双塔双索面斜拉桥。这是东北地区第一座钢箱梁斜拉桥,被称为"东北第一桥"。

9月28日,湖北鄂东长江公路大桥通车。该桥又称黄石长江二桥,是沪渝高速和大广高速湖北段的共用过江通道,工程全长15.15公里,大桥全长6.3公里,主桥主跨为926米的组合梁斜拉桥,设计为双向六车道,总投资近30亿元,2006年8月开工。

9月29日,河南郑(州)新(乡)黄河公铁两用大桥公路桥通车。该桥是郑州至新乡郑新黄河大桥G107复线工程及京广铁路客运专线跨越黄河的共用特大桥梁,公路部分全长11.65公里,公铁合建长度为9.18公里,在国内第一次采用边桁倾斜的空间三主桁钢桁结构,是河南省境内第一座特大型公铁两用黄河桥。

9月30日,河北省张石高速石家庄北出口支线的控制性工程——滹沱河特大桥工程通车。这座特大桥位于南水北调中线工程干渠滹沱河倒吸虹工程之上,为三跨中承式提篮系杆拱桥,全长2577米,总宽34.5米,双向六车道高速公路标准。

10月8日,交通运输部副部长翁孟勇与土耳其交通部签署了部门间交通基础设施建设和海事合作谅解备忘录。

10月8日,交通运输部召开全国交通运输安全工作暨全国海事工作电视电话会议,李盛霖部长及冯正霖、徐祖远副部长出席了会议。

10月14日,交通运输部副部长翁孟勇会见了科威特公共工程部次官阿布杜阿齐兹·库莱布一行,双方就两国交通运输领域合作问题交换了意见。

10月14—15日,交通运输部组织举办2010年全国交通运输行业"卡尔拉得杯"机动车检测维修职业技能竞赛活动决赛和总结表彰会。

10月15—17日,交通运输部与深圳市政府在广东省深圳市共同举办"中国(深圳)国际物流与运输博览会"。会展期间,召开了"提高货运效率,促进物流发展"研讨会。

10月15—26日,交通运输部冯正霖副部长访问黑山、塞尔维亚,考察了两国交通基础设施建设情况。

10月21—29日,第二届世界农村公路大会在济南召开,大会主题为"农村公路的可持续发展与新农村建设"。交通运输部部长李盛霖向大会发了贺信,副部长冯正霖出席了会议并致辞。与会各方就促进世界范围农村公路发展进行了广泛而深入的探讨,对于加强各国在农村公路发展方面的交流合作、推动全球农村公路建设具有重要意义。

10月24—26日,交通运输部党组在部党校举办"加快转变发展方式、推进现代交通运输业发展"专题学习班,深入学习贯彻党的十七届五中全会精神。

10月24—31日,交通运输部副部长翁孟勇访问韩国并出席了第17届世界ITS大会。

10月25日,交通运输部副部长冯正霖会见了新加坡交通部常务秘书蔡承国一行,双方就进一步加强两国交通运输合作问题交换了意见。

10月27日,交通运输部部长李盛霖会见了保加利亚交通、信息技术和通信部部长阿列克桑德尔茨韦特科夫一行,双方就加强两国交通运输领域合作问题交换了意见;同日,李盛霖部长会见了格鲁吉亚总理尼卡·吉拉乌利一行,双方就加强两国交通运输合作问题交换了意见。

10月27日,交通运输部令2010年第5号、第6号分别发布《关于修改〈道路危险货物运输管理规定〉的决定》《放射性物品道路运输管理规定》。

10月28日,五年一届的全国交通运输科技大会在杭州召开。大会回顾总结了"十一五"交通运输科技工作,表彰了科技创新团队和先进个人,全面部署了"十二五"科技工作。交通运输部部长李盛霖和副部长高宏峰出席大会并分别做了大会主报告和大会总结。李盛霖部长在主报告中明确提出"科技强交"战略,并对"十二五"交通运输科技创新提出了"五个面向"的具体要求,全面部署了"十二五"交通运输科技工作的重点任务。

10月,"十一"黄金周期间,全国道路旅客运输量达到4.74亿人次,同比增长10.9%,假日运输秩序井然,张德江副总理作出批示给予肯定。

11月1日,交通运输部、中国海员建设工会联合印发《关于开展100个全国模范道班和100名全国模范养路工评选工作的通知》,在全国范围内开展了模范道班和模范养路工的评选工作。

11月2日,交通运输部部长李盛霖会见了列支敦士登副首相兼经济、交通、建设部部长马丁·迈尔一行,双方就开展两国交通运输领域合作问题交换了意见。

11月5日,交通运输部发布《机动车检测维修从业人员职业资格标识管理办法》(交评价发〔2010〕636号)。

11月6日，交通运输部部长李盛霖会见了德国前总理施罗德，双方就两国交通运输合作交换了意见。

11月8日，交通运输部印发《关于解决当前政府投资公路水运工程建设中带有普遍性问题的意见》（交监察发〔2010〕648号）。

11月9日，交通运输部印发《关于西藏自治区交通运输厅选派人员赴江苏等6省在建项目进行建设管理培训的通知》（厅公路字〔2010〕215号），组织西藏公路建设人员赴江苏等省份进行学习培训，帮助提高西藏公路建设管理水平。

11月11日，交通运输部与深圳市政府在深圳签署《共建国家"公交都市"示范城市合作框架协议》。

11月11—22日，交通运输部副部长冯正霖访问文莱、马来西亚、印尼，出席了第九次中国东盟交通部长会议。

11月15日，交通运输部印发《关于加快推进交通电子口岸建设的指导意见》（交水发〔2010〕670号）。

11月24日，2010中国绿色产业和绿色经济高科技国际博览会在北京举行。交通运输部副部长高宏峰等中央12部委领导陪同中共中央政治局常委、国务院副总理李克强参观了博览会。同日，中共中央政治局常委李长春在高宏峰陪同下参观了博览会交通运输节能减排绿色发展示范展区，听取了交通运输行业节能减排绿色发展汇报，并对交通运输行业节能减排和智能交通发展作出重要指示。

11月25日，交通运输部令2010年第9号发布《关于废止24件交通运输规章的决定》。

11月26日，根据国务院第133次常务会议精神和国发〔2010〕40号文件要求，交通运输部、国家发展改革委、财政部联合印发《关于进一步完善鲜活农产品运输绿色通道政策的紧急通知》（交公路发〔2010〕715号），明确了"扩大鲜活农产品运输

'绿色通道'网络""增加鲜活农产品品种"等五项主要政策措施。通知要求2010年12月1日起，全国所有收费公路(含收费的独立桥梁、隧道)全部纳入鲜活农产品运输"绿色通道"网络范围，并对整车合法装载运输鲜活农产品车辆免收车辆通行费。

11月26—27日，交通运输部、国家发展改革委在福州联合召开甩挂运输试点工作现场会，全面启动甩挂运输试点工作。

11月29日，交通运输部副部长冯正霖会见了刚果(布)大型工程委员会委员兼部长让·雅克·布雅一行，双方就加强两国交通运输合作交换了意见。

11月30日，福建平潭海峡大桥试通车。该桥总长4976米，主桥长3510米，采用双向二车道二级公路标准，设计行车时速80公里，总投资11亿多元。同时通车的福清市渔溪镇至平潭高速公路，全长41公里，总投资45.75亿元，与海峡大桥一起构建起福建第一大岛——平潭岛的陆路便捷通道。

11月30日，工程全长13公里、长4378米的特长公路隧道——317国道雀儿山隧道工程启动。该隧道净宽9米、净高5米，二级公路标准，设计行车时速40公里，是世界上第一座海拔超过4300米的公路隧道。

12月2日，交通运输部副部长翁孟勇主持召开了中日韩运输及发展论坛，三国共同签署了东北亚物流信息服务网络合作机制文件。

12月6日，中央国家机关工委副书记俞贵麟对创先争优活动联系点交通运输部海事局进行了调研指导，指出：深入开展创先争优活动要着力加强"四个融入"(融入工作、融入队伍、融入组织、融入制度)。

12月6日，交通运输部部长李盛霖会见了斯洛文尼亚交通部部长帕特里茨克·弗拉契尔一行，双方就两国交通运输合作问题交换了意见；同日，李盛霖部长会见了黑山交通、海事和通信部部长安德里亚·隆帕一行,双方就两国交通运输合作问题交换了意见。

12月8日,交通运输部道路运输司被国家反恐怖活动领导小组评为"世博安保反恐怖工作先进单位"。

12月9日,湖北省荆岳长江公路大桥通车。该桥采用双向六车道高速公路标准,建设总里程5.42公里,其中跨长江大桥长4302.5米,主桥为主跨816米的双塔混合梁斜拉桥,于2006年11月开工。

12月10日,交通运输部副部长翁孟勇主持召开了第三届中美交通论坛,双方签署了部长联合声明,进一步深化了中美交通运输领域的合作。

12月10日,交通运输部发布《关于在全国交通运输行业开展向姚泽炎同志学习的决定》(交政法发〔2010〕734号)。

12月10日,交通运输部公布交通中等职业教育示范院校认定结果:江苏省交通技师学院、浙江交通技师学院、山西省交通高级技工学校、宁夏回族自治区交通学校、云南省交通高级技工学校、广西交通运输学校、山东省交通运输学校、内蒙古自治区交通高级技工学校、上海市公用事业学校、河南省交通高级技工学校、广东省交通运输高级技工学校11所院校被认定为交通中等职业教育示范院校。

12月10日,中美交通论坛在广东省深圳市召开。北京与纽约、北京与洛杉矶、深圳与旧金山交通部门签署了缓解城市交通拥堵备忘录。

12月14日,交通运输部发布《公路工程标准勘察设计招标资格预审文件》和《公路工程标准勘察设计招标文件》(交公路发〔2010〕742号)。

12月15日,全国交通运输系统工程建设领域突出问题专项治理工作电视电话会议在交通运输部机关召开。部党组成员、副部长冯正霖,部党组成员、驻部纪检组组长杨利民,中央工程治理领导小组办公室主任付奎同志出席会议并讲话。

12月15日,西藏墨脱公路的关键控制性工程——嘎隆拉隧道贯通。交通运输部党组副书记、副部长翁孟勇出席贯通仪式并讲话。中央主要媒体组织开展了"打开墨脱"系列报道。该隧道全长3310米、海拔3700米,纵坡4.1%,为国内坡度最大的隧道,工程难度之大、施工条件之艰苦为世界公路史上所罕见。

12月16日,交通运输部组织召开全国交通运输系统支持新疆公路建设项目管理协调会。21个省市的交通运输主管部门、高速公路建设管理单位的负责同志,以及中国交通建设股份有限公司、武警交通指挥部负责同志参加了会议。部党组成员、副部长冯正霖同志提出"政治任务动员、经济规律运作"的模式,以代建制方式,发挥行业合力,支持新疆公路建设,加强对新疆公路建设的指导和协调。

12月17日,交通运输部印发《关于交通运输部管理干部学院主要职责机构设置和人员编制的通知》(交人劳发〔2010〕745号),明确了部管理干部学院的主要职责、人员编制和机构设置。

12月21日,中共中央政治局委员、国务院副总理张德江在交通运输部上报的《关于农村公路建设有关情况的报告》上做出重要批示:"十一五"期间,我国农村公路建设取得了显著成绩,对改善农村面貌、发展农村经济发挥了主要作用。"十二五"期间,要继续加强农村公路建设,特别是要加强"老少边穷"地区的公路建设。中共中央政治局常委、国务院总理温家宝圈阅了报告。

12月22日,交通运输部副部长翁孟勇会见了刚果(布)代总书记兼国务部长伊西多尔·姆武巴一行,双方就两国交通运输合作问题交换了意见。

12月25—29日，交通运输部部长李盛霖陪同国务院总理温家宝访问巴基斯坦、印度，并与巴基斯坦交通部共同签署了《中巴交通部加强中巴技术合作和公路交通运输谅解备忘录》。

12月27日，党中央、国务院在北京人民大会堂召开上海世博会安全保障表彰大会。交通运输部上海世博会公路交通和道路运输安全保障工作组被党中央、国务院表彰为"上海世博会先进集体"。2010年，按照党中央、国务院的部署，交通运输部周密部署，严密组织，圆满完成上海世博会公路水路安全保卫工作。期间，成立了世博会安保工作协调领导小组，召开了交通运输系统公路水路世博安保工作动员部署会议和决战决胜誓师大会，会同公安部召开了三次"环沪护城河"工作会议，指导动员全国交通系统，特别是上海及环沪各省交通、海事等部门，严把公路、水路关口，确保了万无一失。12月27日，部直属系统共有4个集体和6名个人被党中央、国务院授予2010年上海世博会先进集体和先进个人称号。

12月31日，交通运输部部长李盛霖、副部长冯正霖出席中朝鸭绿江大桥启动仪式。

2010年，按照国务院的部署，交通运输部圆满完成广州亚运会公路水路安全保卫工作。期间，交通运输部成立了安保工作协调领导小组，召开了会议进行动员部署，加强公路水路旅客携带物品和托运行包的安全检查，指导公安、海事加强船舶、人员、货物和港口码头的安保管控，为亚运的成功举办提供了强有力的支持和保证。

附 录

公路交通行业主要指标对比(1978—2013年)

(以下各表均不含香港、澳门特别行政区及台湾省统计数据)

1. 国民经济主要指标及交通、公路固定资产投资对比表

时期	年 份	国内生产总值(亿元)	进出口贸易总额(亿美元)	全社会固定资产投资(亿元)	交通固定资产投资①(亿元)	公路建设投资(亿元)	公路投资占交通固定资产投资(%)
"五五"	1978	3645.2	206.4	668.7	24.85	5.76	23.18
	1979	4062.6	293.3	699.4	25.50	6.04	23.69
	1980	4545.6	381.4	910.9	24.39	5.19	21.28
	1981	4891.6	440.2	961.0	19.82	2.94	14.83
	1982	5323.4	416.3	1230.4	25.74	3.67	14.26
"六五"	1983	5962.7	436.2	1430.1	29.98	4.05	13.51
	1984	7208.1	535.5	1832.9	52.42	16.36	31.21
	1985	9016.0	696.0	2543.2	69.64	22.77	32.70

续上表

时期	年份	国内生产总值（亿元）	进出口贸易总额（亿美元）	全社会固定资产投资（亿元）	交通固定资产投资①（亿元）	公路建设投资（亿元）	公路投资占交通固定资产投资（%）
"七五"	1986	10275.2	738.5	3120.6	106.46	42.45	39.87
	1987	12058.6	826.5	3791.7	122.71	55.26	45.03
	1988	15042.8	1027.9	4753.8	138.57	74.05	53.44
	1989	16992.3	1116.8	4410.4	156.05	83.81	53.71
	1990	18667.8	1154.4	4517.0	180.53	89.19	49.40
"八五"	1991	21781.5	1357.0	5594.5	215.64	121.41	56.30
	1992	26923.5	1655.3	8080.1	360.24	236.34	65.61
	1993	35333.9	1957.0	13072.3	604.64	439.69	72.72
	1994	48197.9	2366.2	17042.1	791.43	584.66	73.87
	1995	60793.7	2808.6	20019.3	1124.78	871.20	77.46
"九五"	1996	71176.6	2898.8	22913.5	1287.25	1044.41	81.13
	1997	78973.0	3251.6	24941.1	1530.43	1256.09	82.07
	1998	84402.3	3239.5	28406.2	2460.41	2168.23	88.12
	1999	89677.1	3606.3	29854.7	2460.52	2189.49	88.98
	2000	99214.6	4742.9	32917.7	2571.73	2315.82	90.05

续上表

时期	年份	国内生产总值（亿元）	进出口贸易总额（亿美元）	全社会固定资产投资（亿元）	交通固定资产投资①（亿元）	公路建设投资（亿元）	公路投资占交通固定资产投资（%）
"十五"	2001	109655.2	5096.5	37213.5	2967.94	2670.37	89.97
	2002	120332.7	6207.7	43499.9	3491.47	3211.73	91.99
	2003	135822.8	8509.9	55566.6	4136.16	3714.91	89.82
	2004	159878.3	11545.5	70477.4	5314.07	4702.28	88.49
	2005	184937.4	14219.1	88773.6	6445.04	5484.97	85.10
"十一五"	2006	216314.4	17604.4	109998.2	7383.82	6231.05	84.39
	2007	265810.3	21765.7	137323.9	7776.82	6489.91	83.45
	2008	314045.4	25632.6	172828.4	8335.42	6880.64	82.55
	2009	340903.0	22075.4	224598.8	11142.80	9668.75	86.77
	2010	397983.0	29740.0	251683.8	13212.78	11482.28	86.90
"十二五"	2011	473104.1	36418.6	311485.1	14464.21	12596.36	87.09
	2012	519470.1	38671.2	374694.7	14512.49	12713.95	87.61
	2013	568845.2	41596.9	447074.4	15220.66	13692.20	89.96

注①：交通固定资产投资包括公路、内河、沿海和其他四项。

2. 全国人口与旅客运输比较表

时期	年份	全国人口（万人）	平均每人每年乘用交通工具次数（次）					
			合计	火车	汽车	轮船	飞机
"五五"	1978	96259	2.6386	0.8466	1.5503	0.2394	0.0024
	1979	97542	2.9696	0.8857	1.8312	0.2497	0.0031
	1980	98705	3.4627	0.9341	2.2572	0.2679	0.0035
	1981	100072	3.8457	0.9523	2.6137	0.2756	0.0040
	1982	101654	4.2198	0.9830	2.9572	0.2753	0.0044
"六五"	1983	103008	4.5687	1.0295	3.2713	0.2642	0.0038
	1984	104357	5.0808	1.0862	3.7404	0.2489	0.0053
	1985	105851	5.8569	1.0591	4.4988	0.2919	0.0071
	1986	107507	6.4012	1.0100	5.0620	0.3200	0.0093
	1987	109300	6.8288	1.0291	5.4318	0.3559	0.0120
"七五"	1988	111026	7.2919	1.1047	5.8590	0.3152	0.0130
	1989	112704	7.0218	1.0098	5.7185	0.2822	0.0114
	1990	114333	6.7581	0.8371	5.6685	0.2379	0.0145
	1991	115823	6.9594	0.8209	5.8943	0.2253	0.0188
	1992	117171	7.3470	0.8508	6.2454	0.2262	0.0246
"八五"	1993	118517	8.4091	0.8898	7.2624	0.2284	0.0285
	1994	119850	9.1187	0.9073	7.9594	0.2183	0.0337
	1995	121121	9.6812	0.8483	8.5931	0.1975	0.0422

续上表

时期	年份	全国人口（万人）	平均每人每年乘用交通工具次数（次）				
			合计	火车	汽车	轮船	飞机
"九五"	1996	122389	10.1702	0.7694	9.1684	0.1871	0.0454
	1997	123626	10.7208	0.7489	9.7438	0.1826	0.0455
	1998	124761	11.0360	0.7499	10.0721	0.1683	0.0465
	1999	125786	11.0856	0.7963	10.0886	0.1523	0.0484
	2000	126743	11.6659	0.8290	10.6309	0.1530	0.0530
"十五"	2001	127627	12.0204	0.8239	10.9914	0.1461	0.0590
	2002	128453	12.5194	0.8221	11.4848	0.1455	0.0669
	2003	129227	12.2846	0.7526	11.3315	0.1327	0.0678
	2004	129988	13.5970	0.8598	12.4975	0.1465	0.0933
	2005	130756	14.1257	0.8840	12.9813	0.1547	0.1058
"十一五"	2006	131448	15.3989	0.9559	14.1538	0.1677	0.1215
	2007	132129	16.8605	1.0268	15.5203	0.1728	0.1406
	2008	132802	18.0494	1.0994	16.6187	0.1807	0.1431
	2009	133450	22.3072	1.1424	20.8249	0.1672	0.1427
	2010	134091	24.3828	1.2500	22.7662	0.1670	0.1996
"十二五"	2011	134735	26.1723	1.3822	24.3902	0.1823	0.2176
	2012	135404	28.0940	1.3983	26.2696	0.1902	0.2359
	2013	136072	15.6020	1.5477	13.6212	0.1730	0.2601

3. 公路基础设施与通达情况对比表(从2006年起,村道纳入统计,当年纳入的村道有142万公里。)

时期	年份	总里程（公里）	高速公路（公里）	一、二级公路（公里）	公路密度（公里/百平方公里）	不通公路乡（镇）		不通公路建制村（队）	
						数量（个）	比重（%）	数量（个）	比重（%）
"五五"	1978	890236	0	—	9.27	5018	9.5	213138	34.2
	1979	875794	0	11767	9.12	5730	10.7	227721	32.6
	1980	888250	0	12783	9.25	5138	9.4	—	—
	1981	897462	0	14637	9.35	5474	10.0	—	—
	1982	906963	0	15896	9.45	5155	9.3	—	—
"六五"	1983	915079	0	17422	9.53	4710	8.5	—	—
	1984	926746	0	19021	9.65	5485	9.2	265078	36.7
	1985	942395	0	21616	9.82	4945	8.3	228286	31.7
	1986	962769	0	24510	10.03	4039	6.8	218410	30.2
	1987	982243	0	29340	10.23	3214	5.6	234206	32.4
"七五"	1988	999553	147	34622	10.41	6500	9.7	197518	28.9
	1989	1014342	271	40202	10.57	3180	5.6	181825	25.0
	1990	1028348	522	45993	10.71	2299	4.0	190462	26.0
	1991	1041136	574	50626	10.85	2116	3.7	181489	24.6
	1992	1056707	652	58351	11.01	1632	3.3	169175	22.9
"八五"	1993	1083476	1145	67949	11.29	1548	3.1	159111	21.7
	1994	1117821	1603	78723	11.64	1455	3.0	150253	20.5
	1995	1157009	2141	94490	12.05	1395	2.9	130196	20.0

续上表

时期	年份	总里程（公里）	高速公路（公里）	一、二级公路（公里）	公路密度（公里/百平方公里）	不通公路乡（镇）数量（个）	不通公路乡（镇）比重（%）	不通公路建制村（队）数量（个）	不通公路建制村（队）比重（%）
"九五"	1996	1185789	3422	108769	12.35	1335	2.7	120048	19.0
"九五"	1997	1226405	4771	126201	12.78	709	1.5	105802	14.2
"九五"	1998	1278474	8733	140522	13.32	591	1.3	92017	12.3
"九五"	1999	1351691	11605	157673	14.08	808	1.8	80750	11.0
"九五"	2000	1679848	16285	203006	17.50	341	0.8	67786	9.2
"十五"	2001	1698012	19437	207316	17.70	287	0.7	59954	8.2
"十五"	2002	1765222	25130	224611	18.40	184	0.5	54425	7.7
"十五"	2003	1809828	29745	241832	18.85	173	0.4	59963	8.1
"十五"	2004	1870661	34288	265237	19.49	167	0.4	49339	7.1
"十五"	2005	1930543	41005	284823	20.11	75	0.2	38426	5.7
"十一五"	2006	3456999	45339	307967	36.01	672	1.7	89975	13.6
"十一五"	2007	3583715	53913	326506	37.33	404	1.0	77334	11.8
"十一五"	2008	3730164	60302	339442	38.86	292	0.76	46178	7.14
"十一五"	2009	3860823	65055	360148	40.22	152	0.40	27111	4.23
"十一五"	2010	4008229	74113	373173	41.75	13	0.03	5075	0.79
"十二五"	2011	4106387	84946	388655	42.77	11	0.03	3986	0.62
"十二五"	2012	4237508	96200	405726	44.14	12	0.03	2891	0.45
"十二五"	2013	4356218	104438	419957	45.38	10	0.03	1892	0.30

4. 公路桥梁、特大桥、大桥、隧道、渡口数量对比表

时期	年份	桥梁 座	桥梁 万米	特大桥 座	特大桥 万米	大桥 座	大桥 万米	隧道 处	隧道 万米	渡口 处
"五五"	1978	128210	328.31	—	—	—	—	—	—	705
	1979	127200	363.65	—	—	—	—	374	5.19	671
	1980	130003	368.61	—	—	—	—	—	—	655
	1981	132903	379.39	—	—	—	—	—	—	669
	1982	136383	390.61	—	—	—	—	—	—	680
"六五"	1983	138983	399.25	—	—	—	—	—	—	675
	1984	142429	410.95	—	—	—	—	—	—	658
	1985	145950	422.14	—	—	—	—	—	—	653
	1986	150895	438.84	—	—	—	—	—	—	670
	1987	155864	455.35	—	—	—	—	—	—	659
"七五"	1988	160786	474.41	—	—	—	—	—	—	648
	1989	166312	491.65	—	—	—	—	—	—	631
	1990	168543	505.56	—	—	—	—	—	—	626
	1991	173083	522.57	—	—	—	—	—	—	625
	1992	177239	538.06	—	—	—	—	—	—	596
"八五"	1993	184215	561.78	—	—	—	—	682	13.55	580
	1994	189596	588.95	—	—	—	—	726	15.61	571
	1995	196416	627.89	521	47.49	9244	147.46	797	18.35	555

续上表

时期	年份	桥 座	桥 万米	特大桥 座	特大桥 万米	大桥 座	大桥 万米	隧道 处	隧道 万米	渡口 处
"九五"	1996	202371	659.04	664	54.59	9739	158.28	858	22.17	539
	1997	210822	695.19	667	59.83	10314	167.80	957	27.09	518
	1998	220001	745.35	794	72.62	11030	180.42	1096	34.01	505
	1999	230778	800.57	934	88.40	11785	194.11	1217	40.67	517
	2000	278809	1031.18	1457	131.69	13783	234.94	1684	62.77	525
"十五"	2001	284117	1064.97	1580	141.56	14429	248.25	1782	70.46	532
	2002	299397	1161.22	1900	171.86	15891	276.12	1972	83.51	533
	2003	310774	1246.61	2155	196.26	17417	306.17	2175	100.08	514
	2004	321626	1337.64	717	117.56	20672	445.66	2495	124.56	503
	2005	336648	1474.75	876	145.96	23290	512.53	2889	152.70	502
"十一五"	2006	533620	2039.91	1036	171.45	30982	638.58	3788	184.18	4628
	2007	570016	2319.18	1254	208.58	35816	782.24	4673	255.55	4629
	2008	594629	2524.70	1457	250.18	39381	884.37	5426	318.64	4544
	2009	621907	2726.06	1699	288.66	42859	981.90	6139	394.20	3979
	2010	658126	3048.31	2051	346.98	49489	1167.04	7384	512.26	4376
"十二五"	2011	689417	3349.44	2341	404.28	55229	1330.05	8522	625.34	3872
	2012	713393	3662.78	2688	468.86	61735	1518.16	10022	805.27	2147
	2013	735291	3977.80	3075	546.14	67677	1704.34	11359	960.56	2182

注：2003 年颁布的《公路工程技术标准(JTG B01—2003)》规定：特大桥标准为多孔跨径总长>1000 米，单孔跨径>150 米；大桥为 100 米≤多孔跨径总长≤1000 米，40 米≤单孔跨径<150 米。其标准远高于同时废止的《公路工程技术标准(JTJ 001—97)》规定的：特大桥为多孔跨径总长≥500 米，单孔跨径≥100 米。因此，2004 年开始，公路特大桥按大幅提高的新标准统计，数量大幅下降，而大桥数量大幅上升。

5. 全社会客运量及构成

时期	年份	客运量合计 (万人)	铁路 客运量(万人)	铁路 构成(%)	公路 客运量(万人)	公路 构成(%)	水运 客运量(万人)	水运 构成(%)	民航 客运量(万人)	民航 构成(%)
"五五"	1978	253993	81491	32.1	149229	58.8	23042	9.1	231	0.09
	1979	289665	86389	29.8	178618	61.7	24360	8.4	298	0.10
	1980	341785	92204	27.0	222799	65.2	26439	7.7	343	0.10
	1981	384763	95219	24.7	261559	68.0	27584	7.2	401	0.10
	1982	428964	99922	23.3	300610	70.1	27987	6.5	445	0.10
"六五"	1983	470614	106044	22.5	336965	71.6	27214	5.8	391	0.08
	1984	530217	113353	21.4	390336	73.6	25974	4.9	554	0.10
	1985	620206	112110	18.1	476486	76.8	30863	5.0	747	0.12
	1986	688212	108579	15.8	544259	79.1	34377	5.0	997	0.14
	1987	746422	112479	15.1	593682	79.5	38951	5.2	1310	0.18
"七五"	1988	809592	122645	15.1	650473	80.3	35032	4.3	1442	0.18
	1989	791376	113807	14.4	644508	81.4	31778	4.0	1283	0.16
	1990	772682	95712	12.4	648085	83.9	27225	3.5	1660	0.21
	1991	806048	95080	11.8	682681	84.7	26109	3.2	2178	0.27
	1992	860855	99693	11.6	731774	85.0	26502	3.1	2886	0.34
"八五"	1993	996634	105458	10.6	860719	86.4	27074	2.7	3383	0.34
	1994	1092881	108738	9.9	953940	87.3	26165	2.4	4038	0.37
	1995	1172596	102745	8.8	1040810	88.8	23924	2.0	5117	0.44

续上表

时期	年份	客运量合计（万人）	铁路 客运量（万人）	铁路 构成（%）	公路 客运量（万人）	公路 构成（%）	水运 客运量（万人）	水运 构成（%）	民航 客运量（万人）	民航 构成（%）
"九五"	1996	1245356	94796	7.6	1122110	90.1	22895	1.8	5555	0.45
"九五"	1997	1326094	93308	7.0	1204583	90.8	22573	1.7	5630	0.42
"九五"	1998	1378717	95085	6.9	1257332	91.2	20545	1.5	5755	0.42
"九五"	1999	1394413	100164	7.2	1269004	91.0	19151	1.4	6094	0.44
"九五"	2000	1478573	105073	7.1	1347392	91.1	19386	1.3	6722	0.45
"十五"	2001	1534122	105155	6.9	1402798	91.4	18645	1.2	7524	0.49
"十五"	2002	1608150	105606	6.6	1475257	91.7	18693	1.2	8594	0.53
"十五"	2003	1587497	97260	6.1	1464335	92.2	17142	1.1	8759	0.55
"十五"	2004	1767453	111764	6.3	1624526	91.9	19040	1.1	12123	0.69
"十五"	2005	1847018	115583	6.3	1697381	91.9	20227	1.1	13827	0.75
"十一五"	2006	2024158	125656	6.2	1860487	91.9	22047	1.1	15968	0.79
"十一五"	2007	2227761	135670	6.1	2050680	92.1	22835	1.0	18576	0.83
"十一五"	2008	2867892	146193	5.1	2682114	93.5	20334	0.7	19251	0.67
"十一五"	2009	2976898	152451	5.1	2779081	93.4	22314	0.7	23052	0.77
"十一五"	2010	3269508	167609	5.1	3052738	93.4	22392	0.7	26769	0.82
"十二五"	2011	3526319	186226	5.3	3286220	93.2	24556	0.7	29316	0.83
"十二五"	2012	3804035	189337	5.0	3557010	93.5	25752	0.7	31936	0.84
"十二五"	2013	2122991	210592	9.9	1853463	87.3	23535	1.1	35397	1.67

注：以下各表格中2008年、2013年公路和水运客货运量及周转量因统计口径变化，不宜进行历史比较

6. 全社会旅客周转量及构成

时期	年份	旅客周转量合计(亿人公里)	铁路 旅客周转量(亿人公里)	铁路 构成(%)	公路 旅客周转量(亿人公里)	公路 构成(%)	水运 旅客周转量(亿人公里)	水运 构成(%)	民航 旅客周转量(亿人公里)	民航 构成(%)
"五五"	1978	1743.06	1093.22	62.7	521.30	29.9	100.63	5.8	27.91	1.60
	1979	1968.46	1216.17	61.8	603.29	30.6	114.01	5.8	34.99	1.78
	1980	2281.34	1383.16	60.6	729.50	32.0	129.12	5.7	39.56	1.73
	1981	2499.60	1472.63	58.9	839.00	33.6	137.81	5.5	50.16	2.01
	1982	2742.75	1574.84	57.4	963.86	35.1	144.54	5.3	59.51	2.17
"六五"	1983	3095.01	1776.51	57.4	1105.61	35.7	153.93	5.0	58.96	1.91
	1984	3620.35	2046.38	56.5	1336.94	36.9	153.53	4.2	83.50	2.31
	1985	4436.39	2416.14	54.5	1724.88	38.9	178.65	4.0	116.72	2.63
	1986	4896.82	2586.71	52.8	1981.74	40.5	183.06	3.7	146.31	2.99
	1987	5411.46	2843.06	52.5	2190.43	40.5	195.92	3.6	182.05	3.36
"七五"	1988	6209.42	3260.31	52.5	2528.24	40.7	203.92	3.3	216.95	3.49
	1989	6074.58	3037.41	50.0	2662.11	43.8	188.27	3.1	186.79	3.07
	1990	5628.34	2612.63	46.4	2620.32	46.6	164.91	2.9	230.48	4.09
	1991	6178.36	2828.10	45.8	2871.74	46.5	177.20	2.9	301.32	4.88
	1992	6949.35	3152.24	45.4	3192.64	45.9	198.35	2.9	406.12	5.84
"八五"	1993	7858.05	3483.30	44.3	3700.70	47.1	196.45	2.5	477.60	6.08
	1994	8591.43	3636.05	42.3	4220.30	49.1	183.50	2.1	551.58	6.42
	1995	9001.90	3545.70	39.4	4603.10	51.1	171.80	1.9	681.30	7.57

续上表

时期	年份	旅客周转量合计（亿人公里）	铁路 旅客周转量（亿人公里）	铁路 构成(%)	公路 旅客周转量（亿人公里）	公路 构成(%)	水运 旅客周转量（亿人公里）	水运 构成(%)	民航 旅客周转量（亿人公里）	民航 构成(%)
"九五"	1996	9164.80	3347.60	36.5	4908.79	53.6	160.57	1.8	747.84	8.16
	1997	10055.50	3584.90	35.7	5541.40	55.1	155.70	1.5	773.52	7.69
	1998	10636.70	3773.40	35.5	5942.81	55.9	120.27	1.1	800.24	7.52
	1999	11299.80	4136.00	36.6	6199.20	54.9	107.30	0.9	857.30	7.59
	2000	12261.06	4532.60	37.0	6657.42	54.3	100.54	0.8	970.50	7.92
"十五"	2001	13154.96	4767.00	36.2	7207.08	54.8	89.88	0.7	1091.00	8.29
	2002	14125.93	4969.38	35.2	7805.77	55.3	81.78	0.6	1268.70	8.98
	2003	13810.50	4788.61	34.7	7695.60	55.7	63.10	0.5	1263.19	9.15
	2004	16309.00	5712.10	35.0	8748.35	53.6	66.25	0.4	1782.30	10.93
	2005	17466.75	6061.96	34.7	9292.08	53.2	67.77	0.4	2044.93	11.71
"十一五"	2006	19197.21	6622.12	34.5	10130.85	52.8	73.58	0.4	2370.66	12.35
	2007	21592.58	7216.31	33.4	11506.77	53.3	77.78	0.4	2791.73	12.93
	2008	23196.70	7778.60	33.5	12476.11	53.8	59.18	0.3	2882.80	12.43
	2009	24834.94	7878.89	31.7	13511.44	54.4	69.38	0.3	3375.24	13.59
	2010	27894.26	8762.18	31.4	15020.81	53.8	72.27	0.3	4039.00	14.48
"十二五"	2011	30984.03	9612.29	31.0	16760.25	54.1	74.53	0.2	4536.96	14.64
	2012	33383.09	9812.33	29.4	18467.55	55.3	77.48	0.2	5025.74	15.05
	2013	27571.64	10595.62	38.4	11250.94	40.8	68.33	0.2	5656.75	20.52

7. 全社会货运量及构成

时期	年份	货运量合计（万吨）	铁路 货运量（万吨）	铁路 构成（%）	公路 货运量（万吨）	公路 构成（%）	水运 货运量（万吨）	水运 构成（%）	民航 货运量（万吨）	民航 构成（%）	管道 货运量（万吨）	管道 构成（%）
"五五"	1978	319431	110119	34.5	151602	47.5	47357	14.8	6.4	—	10347	3.2
	1979	318258	111893	35.2	147935	46.5	47080	14.8	8.0	—	11342	3.6
	1980	310841	111279	35.8	142195	45.7	46833	15.1	8.9	—	10525	3.4
"六五"	1981	298642	107673	36.1	134499	45.0	45532	15.2	9.4	—	10929	3.7
	1982	311974	113532	36.4	138634	44.4	48632	15.6	10.2	—	11166	3.6
	1983	323956	118784	36.7	144051	44.5	49489	15.3	11.6	—	11620	3.6
	1984	339995	124074	36.5	151835	44.7	51527	15.2	15.0	—	12544	3.7
	1985	745763	130709	17.5	538062	72.1	63322	8.5	19.5	—	13650	1.8
"七五"	1986	853557	135635	15.9	620113	72.7	82962	9.7	22.4	—	14825	1.7
	1987	948229	140653	14.8	711424	75.0	80979	8.5	29.9	—	15143	1.6
	1988	982195	144948	14.8	732315	74.6	89281	9.1	32.8	—	15618	1.6
	1989	988435	151489	15.3	733781	74.2	87493	8.9	31.0	—	15641	1.6
	1990	970602	150681	15.5	724040	74.6	80094	8.3	37.0	—	15750	1.6
"八五"	1991	985793	152893	15.5	733907	74.4	83370	8.5	45.2	—	15578	1.6
	1992	1045899	157627	15.1	780941	74.7	92490	8.8	57.5	0.01	14783	1.4
	1993	1115771	162663	14.6	840256	75.3	97938	8.8	69.4	0.01	14845	1.3
	1994	1180273	163093	13.8	894914	75.8	107091	9.1	82.9	0.01	15092	1.3
	1995	1234811	165855	13.4	940387	76.2	113194	9.2	101.1	0.01	15274	1.2

续上表

时期	年份	货运量合计（万吨）	铁路货运量（万吨）	铁路构成（%）	公路货运量（万吨）	公路构成（%）	水运货运量（万吨）	水运构成（%）	民航货运量（万吨）	民航构成（%）	管道货运量（万吨）	管道构成（%）
"九五"	1996	1298312	170915	13.2	983860	75.8	127430	9.8	115.0	0.01	15992	1.2
	1997	1278087	172019	13.5	976536	76.4	113406	8.9	124.7	0.01	16002	1.3
	1998	1267200	164082	12.9	976004	77.0	109555	8.6	140.1	0.01	17419	1.4
	1999	1292650	167196	12.9	990444	76.6	114608	8.9	170.0	0.01	20232	1.6
	2000	1358124	178023	13.1	1038813	76.5	122391	9.0	196.7	0.01	18700	1.4
"十五"	2001	1401177	192580	13.7	1056312	75.4	132675	9.5	171.0	0.01	19439	1.4
	2002	1482737	204246	13.8	1116324	75.3	141832	9.6	202.1	0.01	20133	1.4
	2003	1561422	221178	14.2	1159957	74.3	158070	10.1	219.0	0.01	21998	1.4
	2004	1706226	249017	14.6	1244990	73.0	187394	11.0	276.7	0.02	24734	1.4
	2005	1862066	269296	14.5	1341778	72.1	219648	11.8	306.7	0.02	31037	1.7
"十一五"	2006	2037060	288224	14.1	1466347	72.0	248703	12.2	349.4	0.02	33436	1.6
	2007	2275822	314237	13.8	1639432	72.0	281199	12.4	401.8	0.02	40552	1.8
	2008	2585937	330354	12.8	1916759	74.1	294510	11.4	407.6	0.02	43906	1.7
	2009	2825222	333348	11.8	2127834	75.3	318996	11.3	445.5	0.02	44598	1.6
	2010	3241807	364271	11.2	2448052	75.5	378949	11.7	557.4	0.02	49972	1.5
"十二五"	2011	3696961	393263	10.6	2820100	76.3	425968	11.5	552.8	0.01	57073	1.5
	2012	4100436	390438	9.5	3184475	77.8	458705	11.2	541.6	0.01	62274	1.5
	2013	4102495	396697	9.7	3076648	75.0	559738	13.6	557.6	0.01	68851	1.7

8. 全社会货物周转量及构成

(周转量单位均为：亿吨公里；构成单位均为：%)

时期	年份	货物周转量合计	铁路周转量	铁路构成	公路周转量	公路构成	水运周转量	水运构成	民航周转量	民航构成	管道周转量	管道构成
"五五"	1978	9928.2	5345.19	53.8	350.27	3.5	3801.76	38.3	0.97	0.01	430	4.3
	1979	11013.5	5598.71	50.8	350.99	3.2	4586.72	41.6	1.12	0.01	476	4.3
	1980	11628.6	5716.87	49.2	342.87	2.9	5076.49	43.7	1.41	0.01	491	4.2
"六五"	1981	11746.8	5712.01	48.6	357.76	3.0	5176.33	44.1	1.70	0.01	499	4.2
	1982	12539.6	6119.86	48.8	411.54	3.3	5505.25	43.9	1.98	0.02	501	4.0
	1983	13465.5	6646.53	49.4	462.68	3.4	5820.03	43.2	2.29	0.02	534	4.0
	1984	14919.6	7247.64	48.6	527.38	3.5	6569.44	44.0	3.11	0.02	572	3.8
	1985	18365.1	8125.66	44.2	1903.00	10.4	7729.30	42.1	4.15	0.02	603	3.3
"七五"	1986	20147.5	8764.78	43.5	2117.99	10.5	8647.87	42.9	4.81	0.02	612	3.0
	1987	22228.4	9471.49	42.6	2660.39	12.0	9465.06	42.6	6.50	0.03	625	2.8
	1988	23825.7	9877.59	41.5	3220.39	13.5	10070.38	42.3	7.30	0.03	650	2.7
	1989	25591.7	10394.18	40.6	3374.80	13.2	11186.80	43.7	6.90	0.03	629	2.5
	1990	26207.6	10622.38	40.5	3358.10	12.8	11591.90	44.2	8.20	0.03	627	2.4
"八五"	1991	27986.6	10972.00	39.2	3428.00	12.2	12955.40	46.3	10.10	0.04	621	2.2
	1992	29217.6	11575.55	39.6	3755.39	12.9	13256.20	45.4	13.42	0.05	617	2.1
	1993	30510.6	11954.64	39.2	4070.50	13.3	13860.80	45.4	16.61	0.05	608	2.0
	1994	33261.0	12457.50	37.5	4486.30	13.5	15686.60	47.2	18.59	0.06	612	1.8
	1995	35729.7	12870.25	36.0	4694.90	13.1	17552.20	49.1	22.30	0.06	590	1.7

续上表

时期	年份	货物周转量合计	铁路 周转量	铁路 构成	公路 周转量	公路 构成	水运 周转量	水运 构成	民航 周转量	民航 构成	管道 周转量	管道 构成
"九五"	1996	36528.0	13044.40	35.7	5011.20	13.7	17862.50	48.9	24.93	0.07	585	1.6
"九五"	1997	38367.9	13253.30	34.5	5271.50	13.7	19235.00	50.1	29.10	0.08	579	1.5
"九五"	1998	38045.7	12517.10	32.9	5483.38	14.4	19405.80	51.0	33.45	0.09	606	1.6
"九五"	1999	40495.8	12838.40	31.7	5724.30	14.1	21262.80	52.5	42.30	0.10	628	1.6
"九五"	2000	44452.0	13902.10	31.3	6129.40	13.8	23734.20	53.4	50.27	0.11	636	1.4
"十五"	2001	47591.0	14575.00	30.6	6330.44	13.3	25988.89	54.6	43.70	0.09	653	1.4
"十五"	2002	50542.9	15515.56	30.7	6782.46	13.4	27510.64	54.4	51.55	0.10	683	1.4
"十五"	2003	53859.2	17246.63	32.0	7099.48	13.2	28715.76	53.3	57.90	0.11	739	1.4
"十五"	2004	69442.1	19288.70	27.8	7840.86	11.3	41428.69	59.7	71.80	0.10	812	1.2
"十五"	2005	80257.9	20725.87	25.8	8693.19	10.8	49672.28	61.9	78.90	0.10	1088	1.4
"十一五"	2006	88952.5	21954.41	24.7	9754.25	11.0	55485.75	62.4	94.30	0.11	1664	1.9
"十一五"	2007	101524.5	23797.00	23.4	11354.69	11.2	64284.85	63.3	116.39	0.11	1972	1.9
"十一五"	2008	110421.8	25106.29	22.7	32868.19	29.8	50262.74	45.5	119.60	0.11	2065	1.9
"十一五"	2009	121211.3	25239.20	20.8	36383.50	30.0	57439.90	47.4	126.30	0.10	2022	1.7
"十一五"	2010	137329.0	27644.10	20.1	43005.40	31.3	64305.30	46.8	176.60	0.13	2198	1.6
"十二五"	2011	159323.6	29465.79	18.5	51374.74	32.2	75423.84	47.3	173.91	0.11	2885	1.8
"十二五"	2012	173804.5	29187.09	16.8	59534.86	34.3	81707.58	47.0	163.89	0.09	3211	1.8
"十二五"	2013	168164.8	29173.89	17.3	55738.08	33.1	79187.50	47.1	170.29	0.10	3895	2.3

9. 国内客货运输平均运距对比

时期	年份	客运平均运距（公里）						货运平均运距（公里）					
		综合平均	铁路	公路	水运	民航	综合平均	铁路	公路	水运	民航	管道
"五五"	1978	68.63	134.15	34.93	43.67	1208.70	310.81	485.40	23.10	802.79	1515.63	415.58
	1979	67.96	140.78	33.78	46.80	1174.24	346.06	500.36	23.73	974.24	1537.50	419.68
	1980	66.75	150.01	32.74	48.84	1152.95	374.12	513.80	24.11	1083.96	1584.27	466.51
"六五"	1981	64.96	154.66	32.08	49.96	1249.97	393.34	530.50	26.60	1136.86	1808.51	456.58
	1982	63.94	157.61	32.06	51.65	1336.61	401.99	539.22	29.69	1132.02	1941.18	448.68
	1983	65.77	167.53	32.81	56.56	1506.19	415.66	559.55	32.12	1176.02	1974.14	459.55
	1984	68.27	180.53	34.25	59.11	1500.58	438.82	584.14	34.73	1274.95	2073.33	455.99
	1985	71.51	215.52	36.20	57.88	1549.52	246.26	621.66	35.37	1220.63	2128.21	441.76
"七五"	1986	71.15	238.23	36.41	52.96	1465.89	236.04	646.20	34.16	1042.39	2126.21	412.82
	1987	72.55	252.76	36.90	50.30	1420.33	234.42	673.39	37.40	1168.83	2181.81	412.73
	1988	76.70	265.83	38.87	58.21	1504.22	242.58	681.46	43.98	1127.94	2236.33	416.19
	1989	76.76	266.90	41.30	59.25	1455.73	258.91	686.13	45.99	1278.59	2236.81	402.15
	1990	72.84	272.97	40.43	60.57	1388.43	270.01	704.96	46.38	1447.29	2211.46	398.10
"八五"	1991	76.65	297.44	42.07	67.87	1383.47	283.90	717.63	46.71	1553.96	2233.52	398.64
	1992	80.73	316.19	43.63	74.85	1407.21	279.35	734.36	48.09	1433.26	2334.61	417.37
	1993	78.85	330.30	43.00	72.54	1411.76	274.64	742.71	48.44	1415.26	2393.93	409.57
	1994	78.61	334.39	44.24	70.13	1365.64	283.26	773.94	50.13	1464.79	2240.84	405.51
	1995	76.77	345.10	44.23	71.81	1331.44	290.77	786.20	49.93	1550.63	2205.55	386.28

续上表

时期	年份	客运平均运距(公里)					货运平均运距(公里)					
		综合平均	铁路	公路	水运	民航	综合平均	铁路	公路	水运	民航	管道
"九五"	1996	73.59	353.13	43.75	70.13	1346.25	281.80	766.33	50.93	1401.75	2168.04	365.81
	1997	75.83	384.20	46.00	68.98	1373.93	300.30	770.84	53.98	1696.12	2333.79	361.96
	1998	77.15	396.84	47.27	58.54	1390.51	300.52	764.42	56.18	1771.33	2387.62	347.90
	1999	81.04	412.91	48.85	56.03	1406.76	313.75	770.52	57.80	1855.26	2484.90	340.19
	2000	82.93	431.38	49.41	51.84	1443.83	326.20	771.11	59.00	1939.21	2555.45	340.19
"十五"	2001	85.75	453.31	51.38	48.21	1450.49	340.35	760.61	59.93	1985.84	2556.73	335.79
	2002	87.84	470.56	52.91	43.75	1476.26	341.68	763.99	60.76	1939.66	2550.79	339.13
	2003	87.00	492.35	52.55	36.81	1442.15	344.26	769.09	61.20	1816.65	2643.73	336.12
	2004	92.27	511.09	53.85	34.80	1470.16	406.97	774.60	62.98	2210.78	2595.00	329.47
	2005	94.57	524.47	54.74	33.50	1478.94	431.02	769.64	64.79	2261.45	2572.26	350.55
"十一五"	2006	94.84	527.00	54.45	33.38	1484.65	436.12	761.71	66.52	2231.00	2697.96	463.87
	2007	96.93	531.90	56.11	34.06	1502.85	445.64	757.29	69.26	2286.10	2896.28	460.15
	2008	80.88	532.08	46.52	29.10	1497.47	426.30	759.98	171.48	1706.66	2934.03	428.36
	2009	83.43	516.81	48.62	31.09	1464.21	432.30	757.14	174.77	1804.31	2833.24	453.47
	2010	85.32	522.77	49.20	32.27	1508.83	437.53	758.89	177.24	1805.72	3177.38	439.69
"十二五"	2011	87.87	516.16	51.00	30.35	1547.57	430.96	749.26	182.17	1770.65	3119.59	505.57
	2012	87.76	518.25	51.92	30.09	1573.69	423.87	747.55	186.72	1781.27	3006.96	515.63
	2013	—	—	60.70	—	—	—	—	181.16	—	—	—

ISBN 978-7-114-13829-4